KB136838

조선시대 지주제 연구

조선시대 지주제 연구

이 세 영 지음

혜안

이 책의 목적은 조선전기의 '農莊制'('농장주-노비'관계)와 조선후기의 '地主制'('지주-전호'관계)를 가능한 한 '있었던 그대로', 혹은 '事實대로' 傳하려는 것이다.

그동안 사회경제사적인 관점에서 조선시대를 설명하려는 연구방법론으로 세 가지가 있었다. 첫째는 20세기 초반에 일제의 관학자들 가운데 사회경제사학자들이 주장했던 것으로서 이른바 '停滯性理論'과 '封建社會缺如論'이었다. 이는 한국사는 20세기 초까지도 일본의 후지와라(藤原)시대 말기(일본사의 고대 말기) 단계에 머물러 있었다는 것, 따라서 한국사에는 봉건(제)사회가 결여되어 있으며, 이로 인해 조선사회는 '內在的'으로는 근대사회로 발전해 갈 수 없었다는 것이었다. 이것은 역사연구방법론으로서 하나의 '假說'이라기보다는 일제의 관변경제사학자들이 일제의 식민침략과 식민통치를 정당화하고 합리화해 주기 위하여 전혀 '事實'에 근거하지 않은 채 造作한, 따라서 일종의 정치담론이자 조선지배 이데올로기였다. 그런데 근래에 이것을 실증적 측면에서 옹호하고 있는 이른바 '植民地近代化論'이 제기되었다. 1980년대 중반부터 우리나라의 일부 근대경제사학자들은 조선사회가 19세기에 이르러 생산력의 급격한 하락으로 존립의 위기('19세기 위기'설)를 맞고 있었을 때에 일제가 반도조선에 '進出'하여 대한제국을 병합하고 식민통치를 하면서 식민지조선을 收奪했다기보다는 近代化시켜 주었다는 것, 그리고 그것을 바탕으로 오늘날의 한국자본주의사회가 있게 되었다고 주장하고 있다. 즉 그들은 조선사회가 19세기에 이르러 생산력이 떨어지고 있었다는 것과 일제의 '植民地近代化'를 실증하려고 함으로써 결국은 일제의 식민침략과 식민통치를 정당화하고 합리화해 주고 있는 셈이다. 그런 의미에서 '근대경제사학'은 '植民史學'의 아류라고 볼 수 있을 것이다.

둘째는 조선봉건사회와 그 생산양식으로서 農莊制·地主制의 '實在' 여부에 대해 첫째 가설과 대척점에 있었다고 할 것으로서, 1960년대 이래 우리나라 사회경제사학자들이 주장해 왔던 '內在的發展論'과 조선후기 경제사연구에서의 '資本主義萌芽論'이었다. 전자는 '한 나라의 역사를 停滯的·他律的인 것으로 보지 않고, 나라 안에서 일어나는 契機의 법칙적 전개에 의해 발전해 가는 것으로 인식하는 방법론'인 것으로서, 여러 계기 가운데 특히 생산력과 소유·생산관계의 대응과 모순, 그리고 이의 지양과 계급투쟁을 사회발전의 원동력으로 삼는 데서 사적유물론의 방법론과 크게 다르지 않은 것이었다. 그리고 후자는 근대사회는 곧 자본주의사회라는 전제 하에 '내재적발전론'에 비추어 조선후기를 중세사회의 해체기이자 근대자본주의사회로의 이행기라고 보고, 거기서 자본주의의 '萌芽'를 찾고자 한 것이었다. 그런데 '자본주의맹아론'은 그 실증적인 연구 성과가 있었음에도 불구하고 조선후기사회를 근대자본주의사회와의 대비 속에서만 이해한 나머지 조선후기사회 자체에 대한 이해가 부족하였을 뿐만 아니라 조선후기 이후의 여러 발전 가능성과 진로를 볼 수 없었으며, 따라서 변혁주체의 설정에서도 부르주아적 계급성을 드러낼 수밖에 없었다. 또한 실증 방법이 과도하게 '浮彫的'이었다는 비판도 免할 수 없었다.

셋째는 서구역사학계의 '總體的奴隷制論'이었다. 그것은 따지고 보면 일제의 '식민사학'의 밑알이 되었던 이른바 '아시아적생산양식론'이었다. 이는 19세기 중반에 마르크스가 생산양식의 繼起的인 발전단계를 말하는 가운데 식민지 인도 총독의 피상적이고 단편적인 보고서를 자료로 하여 인류역사의 최초의 단계에 비정한 '아시아적생산양식'이 1930년대 이후 두 차례의 논쟁을 거치면서 '노예제'로 규정되었던 데서 비롯된 것이었다. 이에 의하면, 인류역사가 시작된 이래 19세기 말까지 아시아사회는 오직 한 사람, 즉 왕만이 자유인이고 나머지 모든 인민은 노예적 존재였다는 것이었다. 그런데 문제는 '아시아노예제사회론'

이 제국주의시대 이래 오리엔탈리즘의 세례를 받고 오늘날까지도 유럽과 미국의 역사학계에서 '유령'이 아닌 '지식권력을 지닌 실체'로서 횡행하고 있다는 사실이다. 2000년에 미국 시애틀에 있는 워싱턴 대학의 아시아지역학과를 방문했을 때 학과장이 '조선시대에 농민이 있었느냐'고 반문했을 때 받았던 충격을 지금도 잊을 수 없다. 지금도 세계역사학계에서는 불행하고 안타깝게도 우리들이 아닌 그들의 말과 글이 여전히 인용되고 있는 현실이 지속되고 있음을 보고 있다.

나는 근래에 교양과목으로 '역사란 무엇인가?'를 강의하면서, 역사란 '事實이라는 딱딱한 속 알맹이'와 '그것을 둘러싸고 있는, 논쟁의 여지가 많은 해석이다'라는 매우 적확한 정의를 발견하고 그것을 확신하면서 '事實과 해석, 事實과 가치 사이에서 균형을 잡는 역사가'가 될 것을 다짐하고 있다. 그리고 위의 첫째와 셋째의 假設은 '事實'은 차치하고서라도 '史實'에 의해서도 전혀 실증되지 않은 말 그대로의 '假設'일 뿐이었다고 단정하고 있다. 그리하여 어떻게 하면 조선시대의 農莊制·地主制를 '있었던 그대로' 전해주는 '事實'에 다가갈 수 있을지를 고민하였다.

그런데 주지하다시피 우리 앞에 놓여 있는 것은 史官들이 국왕과 사대부들 간의 대화를 기록한 '史實'들을 모아 편찬한 史書와 사대부들과 그 후손들이 私撰한 文集들뿐이다. 그러나 이들 기록이 어느 정도나 '事實'을 말하고 있는지는 의문이 아닐 수 없다. 조선후기의 문신(戶曹參議)이자 학자였던 尹愭(英祖 17년, 1741~純祖 26년, 1826)의 「作史之法」이라는 글은 그 '事實'들이 어떻게 기록되었는지를 살필 수 있는 한 단면을 보여준다.

> 역사를 쓰는 법은 그 요점이 그 事實을 기록하는 데 있을 뿐이다. 사실을 기록하면 사람의 善惡, 일의 是非, 세상의 治亂을 상고하여 알 수 있다. 그렇지 않으면 黑白이 뒤바뀌고 朱紫가 뒤섞여 후세 사람들이 무엇을 근거로 당시의 진면목을 증험할 수 있겠는가. …… 이른바 역사서란 모두 돈을 받거나 쌀을 구하면서 위세와 인정에 휘둘릴 뿐이다. 간혹 허락하지 않았던

자가 있더라도 몇이나 되겠으며, 몰래 고쳐 준 자와 바꿔 쓴 자가 또 얼마나 되는지 알 수 없으니, 그 선악과 시비와 치란에 대해 어떻게 사실을 알 수 있겠는가. …… 내가 일찍이 正祖朝에『實錄』을 謄修하는 일에 참여했을 때 記注의 本草 및 여러 재상들이 고친 것을 보았더니, 勢家에 대해서는 오로지 포장을 일삼아 찬양하지 않은 경우가 없어 긴요치 않은 말도 모두 썼으며, 외롭고 한미한 자에 대해서는 온통 누락시키기도 하고 소략하게 쓰기도 하였다. 그렇다면 사실이 뒤바뀌고 보태고 빼서 실제 사적을 잃었음을 미루어 알 수 있다.

즉, '史實'을 모두 '事實'로 여겨서는 안 된다는 것, 특히 큰 재산과 위세를 가진 勢家에 관한 '史實'은 실제의 事跡을 잃었을 것이기('失其眞跡') 때문에 더더욱 믿을 수 없다는 것이다. 그렇다면 '勢家地主', 이를테면 '京華兩班地主'에 관한 '事實'은 아예 누락되었거나 있더라도 소략하거나 曲筆되었을 것이었다. 그것은 사대부들이 殖貨·管利·致富해서 큰 부자가 되거나, 혹은 토지를 겸병하여 대지주가 되어서는 혹시라도 節義와 廉恥를 버린 '貪官'으로 지목되거나 단죄되는 것을 가장 수치스럽게 생각하고 있었으므로 위세와 재물을 휘둘러서 가능한 한 기록되는 것을 피하려고 했을 것이기 때문이다.

이러한 차에 내가 주목한 것은 사관의 曲筆 속에서도 貴戚·公卿·宰相·士大夫·鄕班들 가운데 직권과 위세를 빙자하여 비리·비위·부정한 방법으로 지주가 되었던 자들, 즉 '貪官地主'들에 대한 諫官·御史들의 諫言·證言들이었다. 간관과 어사들은 누구의 눈치도 보지 않고 탐관지주들의 비리·비위 '事實'을 국왕에게 直言하고 있었던 것이다.

수령으로 하여금 해택에 제방을 쌓고 간척하게 했으며, 沿海의 개간지와 내지에 죽 잇닿은 良田을 私占하여 농장을 조성했다. 官에서 종자를 대어주고, 수령이 監農하게 했다. 官倉에 저축한 곡식의 절반은 일꾼들의 식량이 되었고, 인근의 민인들은 모두 耕墾하는 종이 되었다. 농장이 있는 곳마다 모두

怨聲이 자자했다. 또한 농장은 招納한 避役人들과 逋亡人들의 소굴이 되었다. …… 尹百源은 그의 친조카였는데 죄를 짓고 귀양 가던 날, 百口의 노비와 성 주위의 기름진 땅을 협박과 우격다짐으로 빼앗아서 자기 것으로 만들었다. …… 奴 表倫은 자기 주인인 윤원형의 위세를 믿고, 다른 사람의 토지·노비·우마 등을 빼앗는 등 못하는 짓이 없어서 本邑 및 인근 고을의 민인들이 그 침학을 견디지 못했다.

위 기사는 대사헌 李鐸과 대사간 朴淳이 明宗 20년(1565) 8월 14일에 당대의 '權臣' 尹元衡(?~明宗 20년. 中宗의 繼妃이자 明宗의 어머니인 文定王后의 동생)의 죄목을 26조로 정리하여 올린 封書의 일부이다. 이 짧은 기사에서도 윤원형의 농장 조성과 관련된 鄙俚·非違 사실의 일부가 어김없이 드러남을 볼 수 있다. 이러한 판단에 근거하여, 나는 담론 분석방법을 이용하여 간관과 어사들의 諫言과 證言을 분석하고 추적하면 조선시대의 농장제·지주제의 진면목을 보여 줄 수 있으리라는 결론을 얻었던 것이다.

이 책을 쓰면서 새삼 다시 확인한 사실이 있다. 그것은 언제 어디서나 하나의 사회·체제의 모순과 문제는 소수에 의한 권력과 자산의 독점에서 기인한다는 것, 따라서 그것은 억눌리고 수탈당하면서 자기의 노동에 기초한 자기의 소유가 보장되는 또 다른 사회·체제를 갈구하는 다수에 의해서 그 소수가 打倒되고 絶滅됨으로써 해결되리라는 것, 그럼으로써 옛날의 세상은 새로운 세상으로 바뀔 것이라는 사실이다.

이 책을 쓸 수 있었던 것은 필자로 하여금 40여 년 동안 '好學'의 길을 걸을 수 있도록 이끈 崔完秀 선생님의 가르치심과 金容燮, 崔承熙, 李泰鎭, 鄭萬祚, 李景植, 朴秉濠, 李鎬澈, 李樹健, 李樹煥, 金泰永, 金鴻植, 李榮薰, 宮嶋博史 선생님들, 그리고 유봉학, 이영호, 朴準成, 都珍順, 김건태, 崔元奎, 趙映俊, 趙圭煥 동학들의 훌륭한 조선시대 사회경제사 연구 업적이 있었기 때문이다. 이 자리를 빌려 진심으로 감사를 드린다. 바쁜 출판 일정 가운데서도 이 책의 출판을 선뜻 맡아서 고생하신 혜안의 오일주 사장님과 김태규 실장님, 그리고 편집부 여러분들께도 감사드린다. 또한 이 책의 출판비용을 지원해 준 한신대학교에도 감사드린다. 끝으로 이런 책을 왜 쓰냐고 하면서도 30년 동안 필자의 건강을 보살펴 준 아내 정은주, 그리고 사랑하는 이상윤·이상희에게도 고마움을 전한다.

2017년 11월 양산동 연구실에서

이 세 영

목차

본 책의 기초가 된 이미 발표된 論著

1. 「朱子의『孟子集註』에 보이는 '井田制'의 성격」『역사문화연구』第32輯, 2009.
2. 「조선시대의 陳田 開墾과 土地所有權」『한국문화』52, 2010.
3. 「조선전기의 陳荒處 起耕과 土地所有權」『역사문화연구』第40輯, 2011.
4. 「조선전기의 '農莊的 地主制'-'私田型'·'開墾型' 農莊 形成을 중심으로-」『역사문화연구』第45輯, 2013.
5. 「조선전기의 '農莊的 地主制'-'私債型'·'權力型' 農莊 形成을 중심으로-」『한국문화』62, 2013.
6. 「18, 9세기 양반토호의 지주경영」『한국문화』6, 1985.
7. 「제2장 18·19세기 兩班土豪地主의 地主經營」『朝鮮後期 政治經濟史』, 혜안, 2001.
8. 「조선후기의 勸分과 富民의 실태」『역사문화연구』第34輯, 2009.

제1부

古代·中世時代의 土地收租權과 土地所有權

제1장 朱子가 말하는 井田制와 三代의 稅法

1. 머리말

고대·중세시대의 토지를 둘러싼 소유관계·생산관계는 두 가지였다. 하나는 王土思想에 근거하여 '名目的 土地所有權'을 보유하고 있는 국가('田主')와 최초의 閒荒處·閑曠處를 起耕함으로써 그 경작지에 대해 '本源的 土地所有權'을 획득한 개개의 경작자('佃客') 사이에 성립된 소유관계·생산관계로서 '田主-佃客'관계('田主佃客制')였다. 여기서 국가는 '전주'로서 '收租權'을 가지고 경작자인 '전객' 농민으로부터 단위 경작지의 총 생산량 가운데서 일정량(조선시대의 경우 법정세율은 1/10이었다)을 田租(田稅)로서 收租(收稅)하였다. 그리고 국가는 이 수조권을 일정기간 관청·관료에게 양도해 주는 토지제도를 수립했는데, 그러한 토지제도로는 통일신라시기의 '官僚田制', 고려시기의 '田柴科制度', 조선전기의 '科田法'과 '職田法', 조선후기의 '民結免稅制' 등이 있었다.

또 하나는 '地主-佃戶'관계('地主佃戶制'; '地主制')였다. 여기서 지주는 두 부류였다. 하나는 농업생산력의 발달에 따라 토지소유 분화가 일어나는 가운데 전객농민 가운데서 토지를 집적하여 지주가 된 자들이었고, 또 하나는 전객농민들의 토지를 겸병한 봉건지배층과 閭巷富民·富商大賈 등이었다. 반면에 대부분의 전객농민들은 토지를 잃고 佃戶로 전락하였다. 그러한 과정에서 '地主'와 이의 토지를 佃作하게 되었던 '佃戶' 사이에 성립된 소유관계·생산관계가 '地主-佃戶'관계('地主佃戶制'; '地主制')였다. 그런데 '地主'는 왕토사상('國王=田主')

과 소유권 개념사의 관점에서 보면 '時主('私主'·'時占者'·'時執者')일 뿐이었고, 따라서 '지주-전호'관계는 '時主-時作'관계였다. 또한 '지주' 역시 전객의 지위에 있었으므로 국가의 수조권적 지배를 받을 수밖에 없었고 따라서 '지주-전호'관계는 '국가=전주-전객'관계에 부속되어 '국가-전객[지주-전호]'관계가 성립하게 되었다. 여기서 지주는 전호농민으로부터 地代로 打租, 혹은 賭租를 수조하였다('打租制' ; '賭租制'). 그리고 이러한 '지주-전호'관계로는 통일신라말기에 '田莊制', 고려시대 말기와 조선전기에 '農莊制', 그리고 조선후기에 '地主制' 등이 발달하고 있었다.

이 두 가지의 토지소유관계·생산관계 가운데서 중국과 우리나라의 고대·중세시대에 기본적이고 지배적이었던 것은 '田主佃客制'로서 '국가-자영농민(小農)'관계였다. 그리고 중국과 조선시대의 儒者들은 그 원형을 周代에서 시행되었었다고 믿고 있던 井田制에서 찾고 있었고, 이 정전제가 시행되었던 周代의 사회를 가장 이상적인 사회로 생각하고 있었다. 그런데 17세기 말엽 이후 王室·戚臣, 士大夫·鄕班, 庶民地主·富商大賈 등의 토지겸병과 이에 따른 지주제의 발달로 소농이 몰락해 감에 따라 국가의 수조권적 토지지배는 관철되지 못하고 있었다. 그리고 茶山이 지적했듯이, 19세기에 이르러서는 왕정제와 봉건체제는 지주제의 발달과 모순의 심화로 인한 농민층의 몰락, 그리고 田政의 문란으로 인한 국가 재정의 고갈로 인하여 그 존립 자체가 위기에 놓였었다. 이에 다산을 비롯한 여러 儒者들은 왕정제·봉건국가를 존속시키기 위한 토지개혁론으로서 '井田論'을 제론하였다. 그것은 봉건지배층과 지주계층의 '井田難行說'을 반박하는 한편, 周나라의 정전제를 조선의 地勢와 '時宜'에 맞게 시행하여 '국가-전객[지주-전호]'관계를 '국가-자영농민'관계로 전환시키자는 것이었다.

이 글은 우리나라 고대·중세시대의 기본적인 토지소유관계·생산관계였던 '田主佃客制'와 국가의 '수조권적 토지지배'가 중국 고대의 周나라에서 시행되었었다고 하는 井田制와 3代의 稅法(貢·助·徹法)에서 비롯되었다고 보고, 그것에 대한 朱子의 해석을 살펴보고자 한 것이다.

孟子(390~305 B.C.)는 전국시대에 齊 宣王, 梁 惠王, 滕 文公 등에게 三代의

왕정과 문물제도를 본받아 '仁政'을 펴도록 유세하였다. 그런데 맹자는 전국시대의 여러 제후들이 자기의 주장을 받아들이지 않자 물러나 자신의 문도들과 함께『孟子』7편을 편찬하였다. 여기에 後漢末 趙岐가 章句를 부쳐서 각 편을 상·하로 나누어 14편으로 만들었다. 그러나 가장 오래된『孟子』의 註釋書인 趙岐의『孟子章句』14편은 散佚되었다. 다만 宋 朱熹(1130~1200)가 그간의 많은 학설을 종합하여 만든『孟子集註』가 현존하고 있다. 조선시대에는 내각에서『永樂大全』을 간행, 반포함으로써 儒者들은 오로지 이『孟子集註』만을 읽을 수 있었다. 따라서 주자는 조선 유학자들에게 절대적인 영향을 미치고 있었다.

맹자는「滕文公章句 上」의 3章에서 三代의 토지제도와 세법을 말하고 있다. 그리고 3章을 마무리하면서 그는 "此其大略也"라 하여 전체적으로 그 내용이 '大略'일 뿐이라고 말하고 있다. 주자는 그 이유를 춘추전국시기에 제후들이 井田制에 관한 典籍을 모두 없애버렸기 때문이라고 설명하고 있다. 그러면서도 주자는,

> 내가 살펴보건대, 喪禮와 經界의 두 章에서 孟子의 학문이 큰 것임을 알 수 있다. 이 때문에 비록 禮法이 廢壞된 뒤를 당하여 制度와 節文을 다시 살필 수 없었지만 능히 소략한 것을 가지고 상세히 하였고 옛 것을 미루어 새 것을 만들어서 이미 지나간 자취에 급급하지 않으면서도 능히 先王의 뜻에 부합하였으니, 참으로 名世亞聖의 재주라고 이를 만하다.[1]

라고 하여, 맹자 학문의 핵심이「喪禮」와「經界」두 章에 있고 전국시대에 이르러서는 예법이 이미 무너져 과거의 제도들을 살펴볼 수 없게 되었지만 맹자는 그 소략한 것을 상세하게 복구하고 또 새로운 제도를 만들어 先王의 뜻을 잃지 않게 하였으니 亞聖이라고 부를 만하다고 평가하고 있다. 그러나

---

1) 成白曉 譯註, 1996,『孟子集註』(傳統文化研究會)(이하 이 책을 저본으로 한다), 153쪽의「滕文公章句 上」. "愚按 喪禮經界兩章 見孟子之學 識其大者 是以 雖當禮法廢壞之後 制度節文 不可復考 而能因略以致詳 推舊而爲新 不屑屑於旣往之迹而能合乎先王之意 眞加謂名世亞聖之才矣."

맹자 스스로 평가했듯이 그 내용은 매우 소략한 것이었고, 그것마저도 秦의 '焚書坑儒'이후 漢儒들의 附會를 거친 것이었기 때문에 모두 믿을 수는 없는 것이라고 주자는 말하고 있다. 특히 程子는 맹자가 설명하고 있는 周代의 '爵祿制'에 대해 의문을 제기하고 있다. 즉 정자는,

> 孟子 때에는 先王과의 거리가 멀지 않았고, 典籍들이 진나라의 불태움을 겪지 않았다. 그런데도 爵祿을 반열하는 제도에 대해 이미 그 상세함을 듣지 못하였다. 지금의 禮書들은 모두 불탄 뒤에 주워 모은 것이고 漢儒들이 일시적으로 附會한 것에서 많이 나왔으니, 어찌하여 이것을 모두 믿어 句마다 해석을 하고자 한단 말인가? 그렇다면 그 일을 진실로 일일이 다시 회복할 수 없을 것이다.[2]

라고 하여, 맹자의 周代 爵祿制에 관한 서술은 믿을 수 없다는 것이었다. 심지어 주자는 "이 장의 설명은 「周禮」와 「禮記」의 '王制'와 같지 않으니 상고할 수 없다. 빼버리는 것이 가할 것이다."[3]라고 하여 그 부분은 아예 빼버리는 것이 좋다고까지 말하고 있다. 이로 보면, 井田制를 비롯한 三代의 토지제도와 세법에 대해서는 『孟子』와 심지어 주자의 『孟子集註』까지도 매우 비판적으로 읽고, 또 제한적으로 이해해야 할 필요가 있을 것이다.

2. 夏·殷·周의 分田制

맹자는 늘 '仁·義'의 도리를 강조하였고, 여러 제후들에게 '仁·義·禮·智'를 기본이념으로 하는 '仁政'을 펼 것을 주장하였다. '仁'을 베푸는 왕정의 기본

---

2) 위의 책, 295쪽 「萬章章句 下」. "孟子之時 去先王未遠 典籍未經秦火 然而班爵祿之制 已不聞其詳 今之禮書 皆掇合於煨燼之後 而多出於漢儒一時之傳會 奈何欲盡信而句爲之解 乎 然則其事固不可――追復矣."
3) 위의 책, 295쪽 「萬章章句 下」. "此章之說 與周禮王制不同 盡不可攷 闕之可也."

정책은 두 가지였다. 하나는 인민들에게는 '恒産'('常産')을 마련해 주는 것('制民 之産' ; '制民常産')이었다. '恒産'이란 부모와 처자를 부양하되 풍년에는 배부르 고 흉년에도 굶어 죽지 않을 수 있는 생업인 것으로서 농민들에게는 일정한 규모의 경작지를 말하는 것이었다. 인민들은 이런 '항산'을 가져야만 떳떳한 마음인 '恒心'을 가지게 되어 放辟과 邪侈, 그리고 범죄에 빠지지 않고 살아갈 수 있다는 것이었다.4) 그러나 맹자가 살았던 당시에는 인민들은 이미 '항산'을 잃어버려서 풍년에도 1년 내내 고생하고 흉년에는 사망을 면치 못하고 있었다고 하였다. 이에 맹자는 齊 宣王과 梁 惠王에게 '制之産之法', 즉 인민들에게 생업을 마련해주는 법을 조언해주고 있었다.5) 그것은 이미 先王들이 시행하였던 道, 말하자면 토지제도였다. 또 하나는 '仕者'들에게 '世祿'을 보장해 주는 것이었다. 이것은 周代에 이미 시행했던 '爵祿制'처럼 위로는 천자로부터 아래로는 '庶人在 官者'에 이르기까지 祿을 대신하여 토지('公田')를 차등 있게 지급하여 그 公田의 수입을 먹게 하는 것이었다. 당시 여러 제후국들에는 '制民産法', 즉 토지제도와 세법은 없었지만 녹봉제도는 미흡하기는 하였지만 나름대로 시행되고 있었다 고 말해지고 있었다.6)

그러면 三代에는 어떤 토지제도와 세법이 시행되고 있었을까? 맹자는 滕 文公이 치국의 방법을 묻자 「滕文公章句 上」 3章 '經界'에서 夏·商·周代의 '制民常産 制'와 '取之之制', 즉 토지제도와 세법에 대해서 다음과 같이 간명하게 답하고 있다.

> 夏后씨는 50畝에 貢法을 썼고, 殷나라 사람은 70畝에 助法을 썼고, 周나라 사람은 100畝에 徹法을 썼으니, 실제는 모두 10분의 1이다. 徹은 통한다는

---

4) 위의 책, 145쪽 「滕文公章口 上」. "民之爲道也 有恒産者 有恒心 無恒産者 無恒心 苟無恒心 放辟邪侈 無不爲已 及陷乎罪然後 從而刑之 是罔民也 焉有仁人在位 罔民而可爲也."

5) 위의 책, 22쪽 「梁惠王章句 上」. "五畝之宅 樹之以桑 五十者可以衣帛矣 鷄豚狗彘之畜 無失其時 七十者可以食肉矣 百畝之田 勿奪其時 八口之家可以無飢矣 謹庠序之教 申之以孝 悌之義 頒白者不負戴於道路矣 老者衣帛食肉 黎民 不飢不寒 然而不王者 未之有也."

6) 위의 책, 147쪽 「滕文公章口 上」. "夫世祿 滕固行之矣."

제1장 朱子가 말하는 井田制와 三代의 稅法 23

뜻이요, 助는 빌린다는 뜻이다.[7]

여기에 대해 주자는 다음과 같은 주석을 붙였다.

이 이하는 마침내 백성들에게 常産을 제정해 줌과 수취의 제도를 말한
것이다. 夏나라 때에는 一夫가 토지 50畝를 받고 夫마다 5畝의 수입을 계산하
여 세금을 바치게 했다. 商나라 사람이 처음으로 井田의 제도를 실시하여
630畝의 토지를 구획하여 9구역으로 만들었으니 한 구획은 70畝였다. 한가운
데는 公田이 되고, 그 밖은 8家에게 각기 한 구획을 주고 다만 그 힘을
빌어서 公田을 도와 경작하게 하고 다시 그 私田에는 세금을 매기지 않았다.
周나라 때에는 一夫가 토지 100畝를 받았고, 鄕遂에서는 貢法을 썼다. 10夫에
溝가 있었다. 都鄙에서는 助法을 써서 8家가 井을 함께 하여 경작은 힘을
합쳐서 하고 수확은 이랑 수를 계산하여 나누었다. 그러므로 徹이라고
일컬었다. 실제로는 모두 10분의 1이었으니 貢法은 확실히 10분의 1을
상수로 삼았고, 오직 助法만 9분의 1이나 商나라 제도는 상고할 수 없다.
周나라 제도는 公田 100畝 가운데 20畝를 廬舍 터로 하였으니 一夫가 경작하는
公田은 실제로 10畝이다. 私田 100畝를 通計하면 11분의 1을 취하는 것이
되니 이는 또 10분의 1보다 가벼운 것이다. 가만히 생각건대 商나라 제도도
역시 이와 같아서 14畝를 여막 터로 삼아 一夫는 실제로 公田 7畝를 경작했을
것이니 이것 역시 10분의 1에 불과하다. 徹은 통한다는 뜻이며 고르게
한다는 뜻이요, 藉는 빌린다는 뜻이다.[8]

---

7) 위의 책, 145~146쪽 「滕文公章口 上」. "夏后氏 五十而貢 殷人 七十而助 周人 百畝而徹
其實皆十一也 徹者 徹也 助者 藉也."

8) 위의 책, 146쪽 「滕文公章口 上」. "此以下 乃言制民常産 與其取之之制也 夏時 一夫受田五
十畝 而每夫計其五畝之入以爲貢 商人 始爲井田之制 以六百三十畝之地 畫爲九區 區七十畝
中爲公田 其外 八家各受一區 但借其力 以助耕公田 而不復稅其私田 周時 一夫受田百畝
鄕遂用貢法 十夫有溝 都鄙用助法 八家同井 耕則通力而作 收則計畝而分 故謂之徹 其實皆十
一者 貢法 固十分之一 爲常數 惟助法 乃是九一 而商制不可攷 周制則公田百畝 中以二十畝
爲廬舍 一夫所耕公田 實計十畝 通私田百畝 爲十一分而取其一 蓋又輕於十一矣 竊料 商制亦
當似此 而以十四畝 爲廬舍 一夫實耕公田七畝 是亦不過十一也 徹 通也 均也 藉 借也."

우선 이 주석은 두 부분으로 이루어져 있다. 앞부분에서는 三代의 토지제도와 세법을 설명하고 있고, 다음 뒷부분인 '其實皆十一者' 이하 부분에서는 각 시대의 세법의 세율을 설명하고 있는데, 그 세율은 약간의 차이는 있지만 대체로 '10분의 1'을 유지했다는 것이다.

이상의 기사를 기본으로 하여 三代의 토지제도와 세법을 각 시대 순으로 정리해 보자.

먼저 夏代부터 살펴보자.

맹자는 '夏后氏 五十而貢'이라고 말했다. 이에 대해 주자는 '夏나라 때에는 一夫가 토지 50畝를 받고 夫마다 5畝의 수입을 계산하여 貢으로 바쳤다. …… 공법은 확실히 10분의 1을 상수로 하였다'[9]고 말했다. 즉, 夏나라 때에는 1夫는 50畝를 받아 경작하고,[10] 전체 수확량 가운데 5畝 分의 수확량을 세금으로 바쳤는데 따라서 貢法은 정확하게 10분의 1을 그 세율로 하고 있었다는 것이다. 그러나 이 貢法에서 세액은 10분의 1의 定率에 의해서 결정되는 것은 아니었던 것 같다. 古賢人 龍子는 세법으로는 '助法'보다 좋은 것이 없고 '貢法'보다 나쁜 것이 없다고 했는데, 그 이유는 당시에 '貢'은 몇 년간의 생산량을 평균 계산한 일정액이기 때문에 농부의 입장에서는 풍년에는 적게 내는 것이 되지만 흉년에는 수확이 없음에도 불구하고 그 일정액을 바치게 됨으로써 일년 내내 열심히 일하지만 부모를 봉양할 수 없게 되고 빚을 내야만 세금을 낼 수 있으며, 마침내는 늙은이와 어린아이로 하여금 溝壑에서 전전하게 했기 때문이라는 것이었다.[11] 따라서 貢法의 세액은 定率制가 아니고 定額制였던 것으로 보인다. 농업생산력 수준이 낮고 자연의 재해를 입기 쉬운 당시에는 이러한 정액제의

---

9) 위의 책, 146쪽 「滕文公章口 上」. "夏時 一夫受田五十畝 而每夫計其五畝之入以爲貢 …… 貢法 固以十分之一 爲常數."

10) 宋代의 程子는 이때의 '1夫'를 부모와 처자를 포함하여 5~8인의 식구를 가진 1家로 간주하였다.

11) 『孟子集註』, 147쪽 「滕文公章口 上」. "龍子曰 治地 莫善於助 莫不善於貢 貢者 校數歲之中 以爲常 樂歲 粒米狼戾 多取之而不爲虐 則寡取之 凶年 糞其田而不足 則必取盈焉 爲民父母 使民盻盻然 將終歲勤動 不得以養其父母 又稱貸以益之 使老稚 轉乎溝壑 惡在其爲民父母 也."

貢法은 농민들에게 늘 부담이 되고 있었던 세법이었던 것이다.

다음 殷代를 살펴보자.

맹자는 '殷人 七十而助'라고 말했다. 이에 대해서 주자는

商나라 사람이 처음으로 井田의 제도를 실시하여 630畝의 토지를 구획하여
9구역으로 만들었으니 한 구획은 70畝였다. 한가운데는 公田이 되고, 그
밖은 8家에게 각기 한 구획을 주어 다만 그 힘을 빌려서 公田을 도와 경작하게
하고, 다시는 그 私田에는 세금을 매기지 않았다. …… 오직 助法만 9분의
1이나 商나라 제도는 상고할 수 없다. 周나라 제도는 公田 100畝 가운데
20畝를 廬舍 터로 하였으니 一夫가 경작하는 公田은 실제로 10畝이다. 私田
100畝를 通計하면 11분의 1을 취하는 것이 되니 이는 또 10분의 1보다
가벼운 것이다. 가만히 생각건대 商나라 제도도 역시 이와 같아서 14畝를
여막 터로 삼아 一夫는 실제로 公田 7畝를 경작했을 것이니 이것 역시
10분의 1에 불과하다.[12]

라고 하여, 殷代에 이르러 처음으로 井田制와 助法이 실시되었다고 설명하고
있다.

먼저 井田制에 대해서 알아보자. 滕나라 文公이 그의 신하 畢戰으로 하여금
맹자에게 井田制에 대해서 묻게 하자 맹자는 다음과 같이 대답하였다.

(滕 文公이) 畢戰으로 하여금 井地(정전법)에 대해서 묻게 하자 맹자가 대답하
였다. "그대의 군주가 장차 仁政을 행하고자 선택하여 자네를 시켰으니,
자네는 반드시 힘써야 할 것이다. 仁政은 반드시 경계로부터 시작되는
것이니 경계가 바르지 못하면 井地가 균등하지 못하며, 穀祿이 공평하지
못하게 된다. 이 때문에 暴君과 汚吏들은 그 경계를 태만히 할 것이다.
경계가 이미 바르면 토지를 나누어주고 祿을 제정해 주는 것은 가만히
앉아 있어도 정해질 것이다."[13]

---

12) 주 8) 참조.

13) 『孟子集註』, 149쪽 「滕文公章口 上」. "使畢戰 問井地 孟子曰 子之君 將行仁政 選擇而使子

즉, 仁政은 반드시 經界로부터 시작된다는 것, 그런데 이 經界가 바르지 못하면 井田으로 나누는 것이 균등하지 못하고 또 穀祿도 공평하지 못하게 된다는 것, 이 때문에 겸병하고 가렴하려는 暴君과 汚吏들은 반드시 그 經界를 지키지 않으리라는 것이다. 이에 대해 주자는 다음과 같이 설명하고 있다.

> 畢戰은 滕나라 신하이다. 문공이 맹자의 말로 인하여 畢戰으로 하여금 井地의 일을 주관하게 하였다. 때문에 또 그로 하여금 와서 자세하게 묻게 한 것이다. 井地는 바로 정전(제)이다. 경계란 땅을 다스리고 나누어 주며 도랑과 길과 封植의 경계를 구획하는 것을 말한다. 이 법이 지켜지지 않으면 토지에 일정한 나눔이 없어서 호강이 겸병할 수 있으므로 井地가 고르지 못함이 있으며, 세금에는 일정한 법이 없어서 탐폭한 자들이 많이 수취할 수 있으므로 곡록에 불평이 있는 것이니 이는 仁政을 행하고자 하는 자가 반드시 이로부터 시작하는 까닭이요 폭군과 오리들은 반드시 태만히 하여 폐기하고자 하는 것이다. 이를 바로잡음이 있으면 토지를 나누어 주고 祿을 제정해 주는 것은 수고롭지 않고서도 정해질 수 있을 것이다.[14]

즉, 仁政은 반드시 토지의 '經界'로부터 시작되는데, '經界'란 땅을 다스려 토지를 나누고, 개천과 길과 산림 등을 구획하는 것을 말한다는 것이다. 따라서 이러한 經界가 지켜지지 않으면 토지를 일정하게 나눌 수 없고, 호강들이 겸병하기 때문에 井田이 고르지 못하게 되며, 또 세금을 거둠에는 일정한 법이 없어서 貪暴한 관리들이 많이 거두기 때문에 곡록에 불공평함이 있게 된다는 것이다.

주자는 王政의 근본으로 두 가지를 들었는데, 하나는 助法과 같은 9분의 1의 세법을 실시하는 것이었고, 또 하나는 관리들에게 世祿을 보장해 주는

子必勉之 夫仁政 必自經界始 經界不正 井地不均 穀祿不平 是故 暴君汚吏 必慢其經界 經界旣正 分田制祿 可坐而定也."

14) 위의 책, 149~150쪽 「滕文公章口 上」. "畢戰 滕臣 文公 因孟子之言 而使畢戰 主爲井地之事 故 又使之來問其詳也 井地 卽井田也 經界 謂治地分田 經畫其溝塗封植之界也 此法 不修 則田無定分 而豪强得以兼幷 故 井地有不均 賦無定法 而貪暴得以多取 故 穀祿有不平 此 欲行仁政者之所以必從此始 而暴君汚吏 則必欲慢而廢之也 有以正之 則分田制祿 可不勞而 定矣."

것이었다. 이때 세록은 관료와 그 자손들에게 토지를 지급하여 收租하게 하는 것이었다. 말하자면 收租權을 지급하는 것이었다. 따라서 관료들이 公田에서 수조하는 데 정해진 법이 없으면 그들은 마음대로 거두어들일 것이고 그 결과 그들의 녹봉에는 차이가 있을 것이기 때문에 '穀祿有不平', 즉 곡록에 불공평함이 있을 것이라고 말하고 있는 것이다.[15] 따라서 仁政을 펴려는 왕들은 반드시 經界를 바르게 하고 이를 지키려고 할 것이고, 반면에 겸병하고 가렴하려는 暴君·汚吏들은 반드시 그 經界를 지키려 하지 않고 마침내는 그것을 폐지하리라는 것이다. 따라서 經界를 바르게 한다면 토지를 분급하고 세록을 보장하는 일('分田制祿')은 힘들이지 않고도 이루어질 것이라고 말하고 있다. 이처럼 맹자는 井田制의 시행에 앞서 經界를 바르게 할 것을 주문하고 있다. 당시 맹자는 경계가 문란해져 諸侯들과 卿·大夫들이 公田·私田을 침탈하여 兼竝에 나서고 있음을 직접 목격하고 있던 터였다.

다시 殷代의 井田制와 助法에 대해서 살펴보자. 주자의 해석에 의하면, 殷代의 井田制는 630畝의 토지를 70畝씩 9區로 구획하여 한 가운데는 公田으로 하고, 그 밖은 8家에게 각각 1區씩 私田으로 주어 경작하게 하는 것이었다. 그리고 세제로서 '助法'은 '借其力 以助耕公田 而不復稅其私田'하는 것,[16] 즉 8家로 하여금 가운데 公田 70畝를 공동경작하게 하여 그 수확을 稅로 대체하는 대신 각 私田에는 稅를 다시 부과하지 않는 것이었다. 주자는 助法만이 그 세율이 9분의 1인데 殷代의 助法에 대해서는 자세히 알 수 없지만 아마도 周代의 助法처럼 실시되었을 것이라고 추측하고 있다. 그것은 公田 70畝 가운데 14畝를 廬舍 터로 쓰고 나머지 56畝를 8夫가 경작하는 것이 됨으로써 결국 1夫는 실제로

---

15) 위의 책, 147쪽 「滕文公章口 上」. "夫世祿 滕固行之矣 孟子嘗言 文王治岐 耕者九一 仕者世祿 二者 王政之本也 今世祿 滕已行之 惟助法未行 故 取於民者無制耳 蓋世祿者 授之土田 使之食其公田之入 實與助法 相爲表裏 所以使君子小人 各有定業而上下相安者也 故 下文 遂言助法." ; 148쪽 "詩云 雨我公田 遂及我私 惟助 爲有公田 由此觀之 雖周 亦助也."

16) 주 8) 참조. 朱子는 또 '助法'을 「公孫丑章 上」에서 "다만 (농민들로 하여금 노동력을 내서 공전을 도와 경작하게만 하고 그 사전에는 다시 세금을 매기지 않는 것이다(但使 出力 而助耕公田 而不稅其私田也)."라고 설명하고 있다.

公田 7畝씩을 助耕하게 되는 것이었다.[17] 따라서 1夫의 전체 경작지는 私田 70畝와 公田 7畝, 合 77畝가 되며, 그의 助耕地는 7畝가 됨으로써 그 세율은 1夫의 입장에서 보면 11분의 1이 된다는 것이다. 즉 殷代의 助法의 세율은 경작지 대비로 11분의 1이 되는 것으로 이 역시 10분의 1을 넘지 않는다는 것이다. 그러나 助法의 稅의 성격은 夏代의 貢法에서 말하는 평균수확량의 10분의 1의 생산물이 아니고 '借其力 以助耕公田'하는 것, 즉 公田을 '助耕'하는 노동력인 것으로서 굳이 말하자면 노동지대와 같은 것이다.

이어 周代를 살펴보자. 여기서는 周代의 토지제도와 세법에 대한 맹자의 언급을 『孟子集註』의 章句 순서에 따라 정리해 보자.

먼저 「梁惠王章句 下」 2章 '明堂'에서 맹자는 齊 宣王이 왕정에 대해 묻자 다음과 같이 대답하였다.

A. 옛날에 문왕이 岐를 다스릴 때에 경작자들은 9분의 1의 稅를 바쳤다.[18]

즉, 옛날에 文王이 岐 땅을 다스릴 때에 농사짓는 자들로부터 9분의 1의 稅를 받았다는 것이다. 이에 대해 주자는 다음과 같이 설명하였다.

a. 岐는 주나라의 옛 땅이다. 九一이란 井田의 제도이다. 方 1里가 1井이 되니 그 토지는 900畝이다. 가운데를 井字로 구획해서 9구역으로 하여 1구역을 100畝로 만들고, 가운데 100畝는 公田으로 하고 밖에 있는 800畝는 私田으로 삼아 8家가 각각 사전 100畝씩을 받고 함께 公田을 가꾸니 이것은 9분의 1을 稅로 바치는 것이다.[19]

---

17) 趙岐(108~201, 東漢 때의 경학가로 『孟子注』를 씀) 註에 "耕七十畝者 以七畝助公家."라고 하여 70畝를 경작하는 농민은 公家를 위하여 7畝를 조경한다고 하였다.

18) 『孟子集註』, 56~57쪽 「梁惠王章句 下」. "王曰 王政 可得聞與 對曰 昔者文王之治岐也 耕者 九一 仕者 世祿 關市 譏而不征 澤梁 無禁 罪人 不孥 老而無妻曰鰥 老而無夫曰寡 老而無子曰獨 幼而無夫曰孤 此四者 天下之窮民而無告者 文王 發政施仁 必先斯四者 詩云 哿矣富人 哀此煢獨."

19) 위의 책, 37쪽 「梁惠王章句 下」. "岐 周之舊國也 九一者 井田之制也 方一里爲一井 其田九百

즉, 岐는 周의 옛 나라이며, '耕者 九一'의 '九一'이란 井田制라는 것, 따라서 文王은 井田制를 실시했었다는 것이다. 이때의 井田制는 方 1里 900畝를 1井으로 하고 이를 '井'字로 구획하여 1區당 100畝씩으로 정하고, 가운데 100畝는 公田으로 하고 그 밖의 800畝는 8家가 각각 私田으로 100畝씩을 받아 경작하는 한편 가운데 公田은 8家가 공동경작하는 것('同養公田')으로, 이는 국가가 9분의 1의 稅를 거두는 것이라고 설명하고 있는 것이다. 따라서 '九一'은 토지제도로 말하면 井田制이고, 세법으로 말하면 助法인 것이며, 세율로 말하면 9분의 1이 되는 것이었다. 그러나 1夫의 입장에서 본다면 경작지 대비 세율은 11분의 1이 되는 것이었다. 물론 助法이기 때문에 이 세율은 의미가 없는 것이었다.

이어서 맹자는 「公孫丑章句 上」 '尊賢使能'에서 '경작자들로 하여금 (公田을) 도와서 함께 경작하게 하고 稅를 내지 않게 하면 천하의 농부들이 모두 기뻐하여 그 들에서 경작하기를 원할 것이다'[20]라고 하여 농민들로 하여금 '公田'을 助耕하게만 하고 그들의 '私田'에는 다시 과세하지 않으면 모든 농민들이 기쁘게 농사짓기를 원할 것이라고 말하고 있다. 그는 助法을 농민들이 나라로부터 분급 받은 '私田'을 稅 부담을 갖지 않고 '恒産'으로 유지할 수 있는 가장 이상적인 세법으로 여기고 있는 것이다.

앞서 보았듯이 맹자는 「滕文公章句 上」 3章 '經界'에서 周代의 세법을 다음과 같이 간명하게 말하고 있다.

B. 周人 百畝而徹

즉 '주나라는 농민들에게 100畝씩을 분급하고 徹(法)을 실시했다'는 것이다.[21] 이를 주자는 다음과 같이 해석하고 있다.

畝 中畫井字 界爲九區 一區之中 爲田百畝 中百畝 爲公田 外八百畝 爲私田 八家各受私田百畝 而同養公田 是九分而稅其一也."

20) 위의 책, 101쪽 「公孫丑章句 上」. "耕者 助而不稅 則天下之農 皆悅而願耕於其野矣."

21) 주 7) 참조. 『論語』 顔淵編의 '蓋徹乎'에 대한 鄭玄 註에는 '用法什一而稅謂之徹 徹 通也 爲天下之通法也'라고 하여 10분의 1의 稅를 철법이라고 해석하였다.

b. 周나라 때에는 1夫가 토지 100畝를 받았고, 鄕逐에서는 貢法을 썼다. 10夫에 溝가 있었다. 都鄙에서는 助法을 써서 8家가 井을 함께 하고, 경작은 힘을 합쳐서 하며, 수확은 이랑 수를 계산하여 나누었다. 그러므로 徹이라고 일컬었다. …… 周나라 제도는 公田 100畝 가운데 20畝를 廬舍 터로 하였으니 1夫가 경작하는 公田은 실제로 10畝이다. 私田 100畝와 통계하면 11분의 1을 취하는 것이 되니 이는 또 10분의 1보다 가벼운 것이다.22)

우선 주자는 周代의 토지제도와 세법을 鄕逐지역23)과 都鄙지역으로 나누어 설명하고 있다. 즉, 周代에는 농민들은 어느 지역에서나 100畝씩을 받고, 세법은 鄕逐지역에서는 貢法을 실시하였고, 都鄙지역에서는 助法을 실시했는데 8家가 井을 함께 하면서 경작할 때는 같이 일하고 수확할 때는 경작 면적을 계산하여 나누었기 때문에 '徹'이라고 불렀다는 것이다.24) 따라서 그는 이 徹法의 세율을 경작지 대비로 계산하고 있는데, 그것은 1井의 한 가운데 公田 100畝 가운데서 20畝는 廬舍 터로 사용하기 때문에 1家가 실제로 경작하는 公田은 10畝가 되고

---

22) 주 8) 참조.
23) 『周禮』地官의 기재에 따르면 중앙에는 500里의 王城(國中)이 있고 그 주위 100里의 지역이 郊이고 6鄕이 위치한다. 그 밖의 주위 100里의 지역은 甸이고 여기에 6逐이 위치한다. 1鄕은 12500家로 이루어져 있으며 家數를 기준으로 比(5家)·閭(5比)·族(4閭)·黨(5族)·鄕(5州)의 지역단위로 구분되고 있다. 甸에 두어졌던 6逐의 逐는 隣(5家)·里(5隣)·酇(4里)·鄙(5酇)·縣(5鄙)·逐(5縣)의 지역단위로 구성되어 있다. 鄕과 逐는 소재지가 왕성에 가까운 곳인가 또는 그밖에 있는가의 차이가 있었고, 鄕이 군사기능을 주목적으로 한 조직이었던 데 비해 逐는 본래 농업지역이였던 곳에 군사적인 능력을 부가시킨 것이었다(『周禮』권10, 地官 大司徒 ; 卷11 地官 小司徒 ; 卷15 地官 逐人. 오영교편, 2005, 『조선후기 체제변동과 속대전』, 334쪽).
24) 魯나라 哀公이 有若에게 흉년에 부족하게 된 재용을 보충하는 방법을 묻자 有若은 '徹(法)'을 실시해야 한다고 했는데, 주자는 그것에 대해서 다음과 같이 설명하고 있다.
"徹 通也 均也 周制 一夫受田百畝 而與同溝共井之仁 通力合作 計畝均收 大率民得其九 公取其一 故 謂之徹"(傳統文化研究會, 1996, 『論語集註』「顔淵 第十二」(成百曉 譯註), 238쪽). 즉, 철법은 주나라 제도로서, 1夫가 토지 100畝를 분급 받아서 溝와 井을 같이 하는 사람들 8夫와 더불어 1정 900畝를 공동경작하고 수확할 때는 경작면적을 계산하여 균등하게 수확하는 바, 대체로 농부들은 10분의 9를 얻고 국가는 10분의 1을 취하는 것, 즉 이처럼 공동경작하고 균등하게 수확하는 것을 철법이라고 말하고 있다.

이 10畝는 1家의 전체 경작지 110畝(公田 10畝와 私田 100畝의 합)의 11분의 1이 된다는 것이다. 이는 또한 10분의 1세보다는 가볍다는 것이다. 아무튼 주자는 '徹'을 助法으로 이해하고 있는 것이다.

그런데 이상의 A와 B의 기사만 본다면 맹자는 周代에 助法이 실시되었다고 말하고 있는 것으로 보이지는 않는다. 다만 주자가 그렇게 해석하고 있을 뿐이다. 그런데 맹자는「滕文公章句 上」3장 經界에서『詩經』의「小雅 大田篇」에 있는 詩를 인용하여 周代에서도 역시 助法을 실시했을 것이라고 '추측하고' 있다.

C. 『詩經』에서 이르기를, 우리 公田에 비를 내리고 마침내 우리 私田에까지 미친다고 했다. 오직 助法에만 公田이 있는 것이니 이로 말미암아 보건대 비록 주나라일지라도 역시 助法을 실시했다.[25)]

즉, 맹자는 詩에 이르기를 '우리 公田에 비를 내려 마침내 우리 私田에까지 미친다 하였는데, 오직 助(法)에만 公田이 있는 것이니 이로 보건대 주나라 역시 助(法)을 실시했음'을 알 수 있다는 것이다. 이에 대해 주자는 다음과 같은 주석을 달고 있다.

c. 詩는「小雅 大田篇」이다. 雨는 降雨이다. 하늘이 公田에 비를 내리고 마침내 私田에 미치기를 원한다고 말하였으니, 公을 먼저 하고 私를 뒤로 하라는 것이다. 당시에는 助法이 모두 폐지되어 典籍이 남아 있지 않았고, 오직 이 詩만 있어서 주나라에서도 또한 助法을 쓴 것을 알 수 있었다. 그러므로 이것을 인용한 것이다.[26)]

즉, 이 詩는『詩經』의「小雅 大田篇」에 있는 것으로 '하늘이 公田에 비를

---

25) 『孟子集註』, 148쪽「滕文公章口 上」. "詩云 雨我公田 遂及我私 惟助 爲有公田 由此觀之 雖周 亦助也."

26) 위의 책, 14쪽「滕文公章口 上」. "詩 小雅大田之篇 雨 降雨也 言願天雨於公田而遂及私田 先公而後私也 當時 助法盡廢 典籍不存 惟有此詩可見周亦用助 故 引之也."

내리고 마침내 私田에까지 미치기를 원한다'는 것은 '公을 먼저 하고 私를 뒤로 한다'는 뜻을 담고 있는 것인데, 말하자면 8家가 '公田을 먼저 함께 경작하고 난 후에 각자의 私田을 경작한다'는 것으로써 세법으로 말하자면 곧 助法을 비유하고 있다는 것이다. 맹자가 살았던 당시에는 殷代부터 실시되어 왔을 것으로 생각했던 助法은 모두 폐지되었고, 또 助法에 관한 문서와 자료 등도 남아있지 않아 周代에 助法이 실시되었는지를 알 수 없었는데 오직 이 시가 있어 주나라 역시 助法을 실시했음을 알 수 있었기 때문에 이 詩를 인용하고 있다는 것이다.

또 주자는 맹자가 이처럼 周代의 세법으로 '助法'을 말하게 된 이유를 "무릇 세록은 등나라가 확실히 시행하고 있다."[27]에 대한 주석에서 다음과 같이 설명하고 있다.

> 맹자가 일찍이 말하기를 "문왕이 岐를 다스릴 적에 경작하는 자들에게는 9분의 1의 세를 거두었으며, 벼슬하는 자들에게는 대대로 祿을 주었다."고 하였으니 이 두 가지는 왕정의 근본이다. 지금 世祿은 등나라가 이미 시행하고 있고 오직 助法만은 아직 시행하지 않고 있다. 그러므로 백성으로부터 수취하는데 제한이 없었다. 무릇 世祿이라는 것은 그에게 토지를 주어서 그로 하여금 그 公田의 수입을 먹게 하는 것이니 실로 助法과는 서로 표리가 된다. 군자와 소인으로 하여금 각기 일정한 생업이 있어서 상하가 서로 편안하게 하는 것이다. 그러므로 아래 글에서 마침내 助法을 말한다.[28]

즉, 滕나라가 왕정의 근본의 하나인 世祿制는 이미 시행하고 있으나 또 하나인 '耕者九一', 즉 助法을 시행하고 있지 않았기 때문에 농민으로부터 무제한으로 수취하고 있었다는 것, 따라서 滕나라에서도 周代처럼 世祿制와 표리를 이루고

---

27) 위의 책, 147쪽 「滕文公章口 上」.
28) 위의 책, 147쪽 「滕文公章口 上」. "孟子嘗言 文王治岐 耕者九一 仕者世祿 二者 王政之本也 今世祿 滕已行之 惟助法未行 故 取於民者無制耳 蓋世祿者 授之土田 使之食其公田之入 實與助法 相爲表裏 所以使君子小人 各有定業而上下相安者也 故 下文 遂言助法."

있는 助法을 실시하기를 바라는 뜻에서 助法을 언급하게 되었다는 것이다. 실제로 맹자는 滕 文公에게 "향촌에서는 9분의 1세의 助法을 실시하고, 수도에서는 10분의 1의 세법을 써서 스스로 稅를 바치도록 할" 것을 권하고 있다.[29] 이어서 맹자는 향촌에서 실시할 井田制, 즉 助法을 자세히 말하고 있다.

> 方 1里가 井이니 井은 900畝가 되고 그 가운데는 公田이다. 8家는 모두 100畝씩을 私田으로 받아 경작하고 公田은 함께 가꾸되, 公田의 일을 마친 후에야 私田 일을 해야 하는 것이니 그것은 野人을 구별하기 위해서이다.[30]

이에 대해 주자는 다음과 같이 설명하고 있다.

> 이는 井田 形體의 제도를 상세히 말한 것이니 바로 주나라의 助法이다. 公田은 군자의 祿이 되고 私田은 야인이 받는 것이다. 公을 먼저 하고 私를 뒤로 한 것은 군자와 야인의 신분을 구별하기 위한 것이다. 군자를 말하지 않은 것은 야인에 근거하여 말했으니 생략한 것이다. 들(향촌)과 國中의 두 가지 법을 말하고, 여기서는 들만을 다스림을 상세히 한 것은 國中의 貢法은 當世에 이미 시행하였는데, 다만 수취하기를 10분의 1을 넘었을 뿐이다.[31]

즉, 여기서 井田制, 즉 주나라 助法에 대해서만 자세히 말하는 것은 수도에서는 10분의 1보다 더 거두기는 하지만 그나마 공법이 이미 실시되고 있는데 반해 농촌에서는 어떤 세법도 없이 과도한 수취만 있었기 때문에 助法 실시를 권장하기 위해서라는 것이다.

---

29) 위의 책, 150쪽 「滕文公章口 上」. "請野 九一而助 國中 什一 使自賦."
30) 위의 책, 152쪽 「滕文公章口 上」. "方里而井 井九百畝 其中 爲公田 八家皆私百畝 同養公田 公事畢然後 敢治私事 所以別野人也."
31) 위의 책, 152쪽 「滕文公章口 上」. "此 詳言井田形體之制 乃周之助法也 公田 以爲君子之祿 而私田 野人之所受 先公後私 所以別君子野人之分也 不言君子 據野人而言 省文耳 言野及國中二法 此獨詳於治野者 國中貢法 當世已行 但取之過於什一爾."

이상에서 맹자는 3장 '經界', 즉 치국의 방법에 대한 滕 文公의 물음('滕文公問爲
國')에 대해 三代의 토지제도와 세법, 특히 周代에 실시되었던 井田制와 助法을
시행할 것을 권하면서 다음과 같이 끝을 맺고 있다.

이것이 그 대략이니 무릇 윤택하게 할 것 같으면 군주와 자네에게 달려
있다.[32]

즉, 맹자는 '이것이 그 대략이니 그것을 윤택하게 하는 것은 文公과 畢戰에
달려있다'고 말하고 있는 것이다. 이처럼 맹자가 井田制에 대해 그 '大略'을
말할 수밖에 없었던 것은 전국시대에 이르러 井田制가 폐지되고 제후들이
公田과 私田을 兼竝하여 지주계급으로 성장하면서 井田制에 관한 모든 전적을
없애 버렸기 때문이었다.

한편, 고려의 儒者들도 殷·周代에 실시되었던 井田制를 가장 이상적인 토지제
도로 생각하였고, 3代의 稅法이었던 貢·助·徹法을 稅率·稅額에서 약간의 차이가
있지만 대체로 '什一租'·'什一之法' 등으로 이해하면서, 이를 '天下通法'·'舊法'
등으로 부르기도 했다. 그것은 고려 초의 다음의 기록에서 확인할 수 있다.

태조 원년(918) 7월, 담당 관청에 이르기를, "태봉의 임금(弓裔)이 백성을
마음대로 하여 오직 거두는 것을 일삼고 옛 제도를 따르지 않아서 1頃의
토지에 조세가 6石이 되고 管驛의 戶에서 絲를 3束이나 거두게 되어 마침내
백성으로 하여금 밭 갈고 베 짜는 일을 그만두고 서로 잇달아 유망하게
하였다. 지금부터 租稅와 征賦는 마땅히 옛 법(舊法)(天下의 通法)을 쓰도록
하라."고 하였다.[33]

---

32) 위의 책, 152쪽 「滕文公章口 上」. "此其大略也 若夫潤澤之 則在君與子矣."
33) 『高麗史』권78, 志 卷32 食貨一 田制 租稅. "太祖元年七月 謂有司曰 "泰封主 以民從欲
惟事聚斂 不遵舊制 一頃之田 租稅六碩 管驛之戶 賦絲三束 遂使百姓 輟耕廢織 流亡相繼
自今 租稅征賦 宜用舊法.";『高麗史節要』권1, 太祖 元年 7月. "秋七月 詔曰 泰封主
以民從欲 惟事聚斂 不遵舊制 一頃之田 租稅六碩 置驛之戶 賦絲三束 遂使百姓 輟耕廢織
流亡相繼 自今 租稅征賦 宜用天下通法 以爲恒例."

신라 말에 토지제도가 고르지 못하고 賦稅가 무거웠으므로 도적이 무리를
지어 일어났습니다. 太祖가 즉위한 지 34일 만에 여러 신하들을 맞이하여
보고 개탄하여 말하기를, "근세에 지나치게 거두어 1頃의 租가 6石에 이르니
백성이 살기 어렵다. 나는 이를 매우 불쌍히 여기니, 지금부터는 마땅히
10분의 1 세제로서 1負의 토지에 3升의 租를 내게 하라." 하고, 드디어
민간의 3년 동안의 조세를 면제해 주었다.[34]

즉, 後三國 이전에도 '舊法'을 썼는지는 확인할 수 없지만 後三國 말기에
농민들에 대한 수탈이 심해서 1頃(結)에서 6石씩이나 징수했으므로 농민들은
살 수가 없었다는 것이다. 그래서 太祖는 즉위하자 곧 '舊法'·'天下通法'으로서
'什一' 稅法을 채택하여 조세를 1負에서 3升, 즉 1頃(結)에서 2石씩 내게 했다는
것이다. 그리하여 그 후 이것은 고려의 조세제도로서 정착했고, 고려인들은
그렇게 믿고 있었다.[35]

정전제와 '什一之法'이 다시 거론되었던 것은 고려말기에 여러 부문에서
폐단이 심각하여 몇 차례 추진되었던 개혁 가운데 忠穆王 3년(1347)에 整治都監의
개혁과정에서였다. 이 개혁은 奇皇后의 친족 奇三萬의 토지탈점을 조사하다가
그가 옥사하는 사건이 생기자 이를 계기로 征東行省理問所가 개입함에 따라
정치도감의 개혁은 결국 중단되었다.[36] 이때 忠穆王은 다시 개혁책을 구하는
책문(李齊賢 代筆)을 내렸는데, 그 내용의 하나는 '經界井田什一'의 옛 법에 합치했
던 개국 초의 토지·조세제도 등이 400년이나 되어 폐단이 생겼으니 그에 대한
개혁여부를 묻는 것이었고, 또 하나는 당면한 문제, 즉 당시에 백성들에게
해독을 끼치고 나라를 병들게 하여 국고의 수입을 줄어들게 하는 權門勢家·附元

---

34) 『高麗史』권78, 志 卷32 食貨一 田制 祿科田. "新羅之末 田不均 而賦稅重 盜賊群起 太祖龍興
  卽位三十有四日 迎見群臣 慨然嘆曰 近世暴斂 一頃之租 收至六石 民不聊生 予甚憫之 自今
  宜用什一 以田一負 出租三升 遂放民間三年租."

35) 『高麗史』권78, 志 卷32 食貨一 田制 租稅. "(恭愍王)十一年 密直提學 白文寶上箚子 國田之
  制 取法於漢之限田 十分稅一耳 慶尙之田 則稅與他道雖一 而漕輓之費 亦倍其稅 故田夫之所
  食 十入其一('十中其八'의 誤記) 元定足丁則七結 半丁則三結加給 以充稅價."

36) 閔賢九, 1980, 「整治都監의 性格」『東方學志』23·24 합집.

36   제1부 古代·中世時代의 土地收租權과 土地所有權

輩·土豪·猾吏 등의 토지겸병과 농장의 폐단을 정리할 수 있는 계책을 제안하라는 것이었다.[37) 이에서 보면, 이제현은 개국 초의 토지·조세제도가 말기에 이르러 그것의 폐단으로 나타나고 있던 농장은 개혁되어야 할 것으로 생각하고 있었던 것이다.

정치도감의 개혁은 일단 중단되었지만, 이후 계속되는 농장의 확대, 즉 私田의 兼並·祖業田化와 田租의 濫收는 佃客農民들을 피폐하게 만들었고 마침내는 농민항쟁을 불러일으킴으로써, 禑王 14년(1388) 6월에 즉위한 昌王의 敎旨를 기점으로, 7월에 이르러 趙浚의 사전혁파상소가 기폭제가 되면서 私田救弊策과 田制改革은 중앙정계에서 공개적으로 논의되기 시작하였다. 그것은 내용상 크게 두 계열로 나누어져 論爭했다. 하나는 고려사회의 체제보수적인 權近·李穡 등의 '一田一主'의 私田改革論으로 祖業田化한 수조지로서의 私田을 그대로 인정하고 그 범위 안에서 점유상의 분쟁이나 여기서 연유하는 농민수취의 과중함을 개선하자는 것이었는데, 이는 당시 농장주였던 '世臣巨室'들의 입장을 대변하는 것이었다. 또 하나는 조선건국을 주도하게 될 趙浚·李行 등의 사전개혁론으로 祖業田化한 사전은 불법이므로 이를 革去하고 국가 재정의 확충도 고려하면서 재분배하자는 것이었다. 그러나 양측 모두는 수조권의 지배 아래에 있는 전객농민에 대한 수취나 지배 문제에 관한 한 별다른 구폐방안을 갖고 있지는 않았다. 다만 양측은 모두 '田主佃客制'를 인정하는 위에서 祖宗의 세법인 '什一稅'의 준수를 강조할 뿐이었다. 이러한 양측의 정치경제적 대립은 결국 조선 건국과 함께 恭讓王 3년(1391) 5월, 科田法으로 귀결되었다. 그것은 고려 건국 이래의

---

37) 『益齋亂藁』 권9 下, 策問 田制. "問 孟子曰 夏后氏五十而貢 殷人七十而助 周人百畝而徹 其實皆什一也 又曰 仁政必自經界始 經界不正 井地不均 穀祿不平 經界旣正 分田制祿 可坐而 定也 然則經界井田什一者 爲天下國家所宜先務也 自商鞅廢井田開阡陌 秦日以富强 卒幷天 下 阡陌之爲利 似愈於井田也 孟子之言果是 漢高祖入關伐秦 除其苛法 以收民心 不議井田之 復 其後孝文之愛民 孝武之好古 而賈誼 董仲舒亦未嘗一言及此 何也 我祖宗垂統守成 四百年 於此矣 經國之謨 取民之制 要皆合於古 而可傳於後也 所謂內外足半之丁 轉祿之位 役分 口分 加給 補給之名 租稅之數 肥饒磽薄九等之品 五種之宜 與夫日負日結 所以量地者 曰斗曰 石 所以量穀者 其與古者經界井田什一之法 有同不同乎 法制之行 已踰四百年 旣久矣 不能無 所弊 或仍或改 有可不可乎."

전시과제도 아래의 수조권에 의한 토지점유 및 그 관계에 대한 부정, 그리고 이의 再經理·再分配라는 점에서 봉건지배층의 세력교체까지 가져온 커다란 개혁이었다. 그러나 전주전객제의 토지소유관계와 수조권의 존속이라는 점에서 본질상 고려의 전시과와 같은 것이었다.[38] 그리고 국가·수조권자와 전객농민 간의 田租收租率은 '天下通法'·'舊法'이라고 하는 '什一稅律'을 표방했으며, 실제로도 그대로 시행되었다. 즉 과전법에서의 수조량은 30斗였는데, 이것은 '古什一之數'로 이해되고 있었던 것이다.[39]

3. 殷·周의 爵祿制

맹자는 齊 宣王이 왕정에 대해서 묻자 평소 왕정의 이상형으로 생각하고 있던 周 文王의 정치를 들어 대답하였다.[40] 그는 文王은 5가지의 기본정책과 鰥寡孤獨 4者를 우선시하는 '養民之政'을 실시했다고 말했다. 첫째는 '耕者 九一'한 것이며, 둘째는 '仕者 世祿'한 것, 셋째는 '關市 譏而不征'한 것, 넷째는 '澤梁 無禁'한 것, 다섯째는 '罪人 不孥'한 것이었다. 주자는 특히 '耕者 九一'과 '仕者 世祿'을 왕정의 근본이라고 생각하였다. '耕者 九一'은 井田制였다. '仕者 世祿'은 관직자와 그 후손들에게 대대로 녹봉을 지급하는 것이었다. 그러나 맹자는 여기서 세록에 대해서는 더 이상 구체적으로 말하지 않고 있다. 이어 맹자는

---

38) 李景植, 1986, 『朝鮮前期土地制度研究-土地分給制와 農民支配-』, 56~96쪽.

39) 『世宗實錄』 권78, 世宗 19년 7월 9일. "去年雖立貢法而未行 至是下敎曰 三代貢賦之法 不過貢助徹三者而已 漢唐以來 率用貢法 而增損其制 卽今朝廷亦行貢法 我國山川險隘 助徹之法 旣難得行 亦惟貢法庶可行矣 然自三韓以來 代各異制 或多或少 於此三者 皆無所據 前朝之季 田制大壞 我太祖卽位 首正經界而定收稅之數 每水田一結糙米三十斗 旱田一結雜穀三十斗 卽古什一之數."

40) 『孟子集註』, 56쪽 「梁惠王章句 下」. "王曰 王政 可得聞與 對曰 昔者文王之治岐也 耕者九一 仕者 世祿 關市 譏而不征 澤梁 無禁 罪人 不孥 老而無妻曰鰥 老而無夫曰寡 老而無子曰獨 幼而無父曰孤 此四者 天下之窮民而無告者 文王 發政施仁 必先斯四者 詩云 哿矣富人 哀此煢獨."

「公孫丑章句 上」5章에서 公孫丑에게 역시 왕정이 시행해야 할 5가지의 정책을 권장하고 있는데, 여기에는 井田制와 世祿制는 빠져 있고 대신에 세법으로서 助法이 들어있다. 그것은 "농사짓는 자들로 하여금 '公田'을 공동 노동하여 경작하게만 하고 세금을 내지 않게 하면 천하의 농자들이 모두 기뻐하여 농사짓기를 원할 것이다."[41]라는 것으로서 농자들로부터 과도하게 수취하지 말 것을 강조하고 있는 내용이었다.

또 맹자는 滕 文公이 치국의 방법을 묻자 三代의 토지제도를 개괄한 뒤 滕나라에는 토지제도는 없지만 "夫世祿 滕固行之矣"라고 하여 世祿制는 확실히 시행되고 있다고 말하고 있었다. 이에 대해 주자는 다음과 같은 주석을 달고 있다.

맹자가 일찍이 말하기를 "문왕이 岐를 다스릴 적에 경작하는 자들에게는 9분의 1세를 거두었으며, 벼슬하는 자들에게는 대대로 祿을 주었다"고 하였으니 이 두 가지는 왕정의 근본이다. 지금 世祿은 등나라가 이미 시행하고 있고 오직 助法만은 아직 시행하지 않고 있다. 그러므로 백성으로부터 수취하는 데 제한이 없었다. 世祿은 그에게 토지를 주어서 그로 하여금 그 公田의 수입을 먹게 하는 것이니 실로 助法과는 서로 표리가 된다. 군자와 소인으로 하여금 각기 일정한 생업이 있어서 상하가 서로 편안하게 하는 것이다. 그러므로 아래 글에서 마침내 助法을 말하였다.[42]

즉, 맹자는 옛날에 周 文王은 岐周를 다스릴 적에 경작자들에게는 9분의 1의 세법을 썼으며 벼슬하는 자들에게는 대대로 祿을 주었다고 말했는데, 그가 보기에 당시 滕나라는 세록제만 시행하고 있었다는 것이다. 그런데 춘추시대 초기 이래 諸侯와 卿·大夫들은 끊임없이 公田을 침탈·잠식하여 私田으로 만들었다. 이것이 井田制를 파괴짓고 와해시킨 중요한 요인이었다. 公田은 이미 사유화되었고 세록제도 이미 무너져 있었다. 그런데도 맹자가 '滕나라는 확실히 세록은 시행하고 있다'라고 말하고 그에 대해 특별히 지적하지 않은

---

41) 위의 책, 56쪽 「公孫丑章句 上」. "耕者 助而不稅 則天下之農 皆悅而願耕於其野矣."
42) 주 28) 참조.

것은 아마도 滕나라에서는 周代 이래 관료들에게 토지('公田')를 분급하고 그 收租로 祿을 대신하게 하는 세록제는 그런대로 유지되고 있었기 때문이었을 것이다.

그렇다면 맹자는 주대의 '爵祿制'에 대해서 어느 정도 알고 있었을까? 衛나라 사람 北宮錡가 맹자에게 주대의 爵祿制에 대해서 묻자[43] 맹자는 다음과 같이 대답하고 있다.

> 맹자가 말하기를 "그 상세함은 얻어 들을 수 없었다. 제후들이 자기들에게 해가 됨을 싫어하여 모두 그 전적을 없애버렸다. 그러나 나는 일찍이 그 대략을 들었다."고 하였다.[44]

즉, 맹자는 '제후들이 주대의 爵祿制가 자신들에게 해가 될 것을 두려워하여 그 전적을 모두 없애버렸기 때문에 그 자세한 내용은 전해 듣지 못하였지만 그러나 일찍이 그 대략은 들어서 알고 있다'고 말하고 있다. 맹자는 문헌 자료보다는 그의 傳聞에 근거하여 爵祿制의 대략을 알고 있다는 것이다.

그런데 왜 제후들은 爵祿制에 관한 전적을 없애 버렸을까? 周初에 천자는 제후들에게 대규모의 토지를 分封하였다. 분봉의 목적은 친척들에게 封建해 주고 周 王室의 藩屛으로 삼기 위해서였다. 분봉을 받은 제후들은 周 王에 대해 공물을 바치고 왕실을 보호할 의무가 있었다. 제후가 그 의무를 준수하지 않을 경우, 천자는 奪爵·轉封·封地의 회수나 삭감 등의 조치를 단행하였다. 그러나 西周 중기부터 周 왕실의 세력은 날로 쇠약해지는 한편, 제후들은 봉지를 사유화하거나 兼竝하고 조공을 폐기하였다. 천자는 제후들을 통제할 만한 능력을 완전히 상실하였고, 그의 지위와 경제력은 비참할 정도로 실추되었다. 이제 제후들에게 爵祿制는 의미가 없는 것이 되고 말았다. 春秋時代 초기에는

---

43) 『孟子集註』, 291쪽 「萬章章句 下」. "北宮錡問日 周室班爵祿也 如之何."
44) 위의 책, 291쪽 「萬章章句 下」. "孟子日 其詳 不可得而聞也 諸侯惡其害己也 而皆去其籍 然而軻也嘗聞其略也."

140여 개 국의 제후국들이 서로 병합되고 겸병을 거듭한 결과 6개의 대국(齊, 楚, 晉, 秦, 吳, 越)이 서로 쟁패를 다투는 형세가 형성되었다.[45] 戰國時代에 이르러서는 일부 제후들이 봉건지주계급으로 변신하기도 했지만 이제는 卿·大夫까지 公田을 침탈·잠식하여 신흥지주계급으로 성장하면서 國君을 대표로 하는 '公室' 수구세력과 투쟁하여 정권을 장악해갔다. 전국 초기에는 수십 개 국이 있었지만, 그 가운데 7개의 강국(秦, 楚, 齊, 燕, 韓, 魏, 趙), 즉 '戰國七雄'은 100여 년의 變法改革을 통해 舊諸侯貴族('淫民')의 특권을 박탈하고 世卿世祿制度를 폐지하여 봉건적 관료제도를 수립하고 방대한 군대를 양성함으로써 강력한 중앙집권적 봉건정권을 수립하였다. 이 과정에서 서주 중기 이래 작위와 봉지를 받았던 舊제후들과 爵祿制는 일차적 개혁 대상이 되고 있었다. 따라서 舊제후들은 스스로 爵祿에 관한 문적을 감추거나 없앰으로써 특권 박탈을 모면하고자 했던 것이었다. 맹자의 말대로 그러한 문적들은 도리어 舊제후들에게 이제는 척결의 근거가 되고 있었기 때문이었다.

아무튼 맹자는 傳聞으로 알고 있는 주대의 爵祿制를 언급하고 있다. 그것은 天子·諸侯·卿·大夫·上士의 封地 규모, 그리고 大國·次國·小國 別로 君·卿·大夫·上士·中士·下士·庶人在官者 등의 녹봉을 비교한 것이었다.[46] 그런데 주자는 맹자가 말하고 있는 周代의 爵祿制에 대해 다음과 같은 의견을 달고 있다.

---

45) 西周 다음의 東周시기는 대개 춘추시대와 전국시대를 포함한다. 일반적으로 周 平王 원년(770 B.C.)을 춘추시대의 시작이라고 본다. 전국시대의 기점에 대해서는 여러 견해가 있다. (1) 周 敬王 39년, 즉 魯 哀公 14년(481 B.C.)(宋 呂祖謙, 『大事記』, (2) 周 元王 원년(475 B.C.)(漢 司馬遷, 『史記』 「6국연표」), (3) 周 敬王 44년(476 B.C.)(淸 郭末若, 『中國史稿』), (4) 周 貞王 원년(468 B.C.)(淸 林春傳, 『戰國紀年』; 黃式三, 『周季編略』, (5) 周 威烈王 23년(403 B.C.)(宋 司馬光, 『資治通鑒』) 등.

46) 『孟子集註』, 292~294쪽 「萬章章句 下」. "天子之制 地方千里 公侯 皆方百里 伯 七十里 子男 五十里 凡四等 不能五十里 不達於天子 附於諸侯 曰附庸 天子之卿 受地視侯 大夫 受地視伯 元士 受地視子男 大國 地方百里 君 十卿祿 卿祿 四大夫 大夫 倍上士 上士 倍中士 中士 倍下士 下士與庶人在官者 同祿 祿足以代其耕也 次國 地方七十里 君 十卿祿 卿祿 三大夫 大夫 倍上士 上士 倍中士 中士 倍下士 下士與庶人在官者 同祿 祿足以代其耕也 小國 地方五十里 君 十卿祿 卿祿 二大夫 大夫 倍上士 上士 倍中士 中士 倍下士 下士與庶人在官者 同祿 祿足以代其耕也."

내가 살펴보건대, 이 章의 설명은 『周禮』의 왕제와 같지 않으니 모름지기 상고할 수 없다. 빼버리는 것이 가할 것이다.[47]

즉, 맹자가 말하는 주대의 爵祿制는 『周禮』의 '王制', 즉 『周禮』에 실려 있는 爵祿制와 다르기 때문에 믿을 수 없고 따라서 이 부분은 빼버리는 것이 좋겠다는 것이다. 또 程子는,

孟子 때에는 先王과의 거리가 멀지 않았고, 전적들이 진나라의 불태움을 겪지 않았다. 그런데도 爵祿을 반열하는 제도에 대해 이미 그 상세함을 듣지 못하였다. 지금의 禮書들은 모두 불탄 뒤에 주워 모은 것이고 漢儒들이 일시적으로 傅會한 것에서 많이 나왔으니, 어찌하여 이것을 모두 믿어 句마다 해석을 하고자 한단 말인가? 그렇다면 그 일을 진실로 일일이 다시 회복할 수 없을 것이다.[48]

라고 말하고 있다. 즉, 맹자는 자기가 살았던 시기가 周代로부터 멀리 떨어진 시기도 아니고 또 당시까지 남아있던 문적들도 아직 秦始皇의 '焚書坑儒' 이전인데도 불구하고 爵祿制에 대한 상세한 내용을 듣지 못하였으며, 이후에 남아 있는 禮書들은 모두 불탄 뒤에 주워 모은 것이고, 漢儒들이 일시적으로 傅會한 것에서 나왔기 때문에 그것을 모두 믿고 句마다 해석할 수는 없으며, 따라서 周代의 爵祿制는 복구할 수 없을 것이라고 정자는 말하고 있는 것이다.

이처럼 맹자가 말하는 周代의 爵祿制를 정자와 주자가 믿을 수 없다고 단언하는 까닭은 첫째는 맹자가 그것을 周 王室의 문물제도를 기록했거나 전해주는 典籍보다는 순전히 그의 傅聞에 근거해서만 말하고 있다는 점이고, 둘째는 그나마 그의 傅聞에 의거하여 맹자가 말하고 있는 爵祿制의 대략은 天子·諸侯·卿·大夫·上士의 封地 규모와 나라별 君·卿·大夫·上士·中士·下士·庶人在官者 등의 녹봉의 크기일 뿐이라는 점이다. 封地가 어떻게 경영되고 收租되는지에 대한

---

47) 위의 책, 294쪽 「萬章章句 下」. "愚按 此章之說 與周禮王制 不同 蓋不可考 闕之可也."
48) 주 2) 참조.

구체적인 내용이 없는 것이다. 물론 그것은 맹자가 보기에 當代의 滕나라에서는 周室의 世祿制를 계승하여 이미 실시하고 있다고 보았기 때문에 굳이 더 말할 필요가 없었기 때문이었는지도 모른다. 아무튼 周代의 爵祿制에 관한 한 맹자의 말을 그대로 믿을 수는 없는 것이었다.

그러나 여기서 주목해야 할 것은 주자의 '祿'에 대한 개념 정의다. 주자는 일찍이 '祿'을 정의한 바 있다. 맹자가 "滕나라에서는 世祿이 확실히 시행되고 있다."고 말했는데, 이에 대한 주석에서 주자는 世祿을 다음과 같이 정의하였다. 즉,

> 무릇 世祿이라는 것은 그에게 토지를 주어서 그로 하여금 그 公田의 수입을
> 먹게 하는 것이다.[49]

주자는 맹자의 말을 믿을 수 없다고 말하면서도 그에 대한 주석에서 수조지의 실제 크기를 설명하고 있는 徐氏(徐度)의 말을 직접 인용하고, 이어서 '祿'에 대해 다음과 같이 정의를 내리고 있다.

> 徐氏가 말하였다. 大國은 君主의 토지가 3만 2천 畝이니 그 수입이 2천
> 8백 80명을 먹일 수 있고, 卿의 토지는 3천 2백 畝이니 2백 88명을 먹일
> 수 있고, 大夫의 토지는 8백 畝이니 72명을 먹일 수 있고, 上士의 토지는
> 4백 畝이니 36명을 먹일 수 있고, 中士의 토지는 2백 畝이니 18명을 먹일
> 수 있고, 下士와 庶人으로서 관직에 있는 자의 토지는 백 畝이니 9명 내지
> 5명을 먹일 수 있다. 서인으로서 관직에 있다는 것은 府·史·胥·徒 등의
> 아전들이다. 내가 살펴보건대, 君 이하가 먹는 바의 祿은 모두 助法의 公田으로
> 농부의 힘을 빌려 경작하여 그 租를 거두어들이는 것이요 士로서 토지가
> 없는 자와 서인으로서 관직에 있는 자인즉, 다만 관청에서 祿을 받기를
> 토지의 수입과 같이 할 뿐인 것이다.[50]

---

49) 주 15) 참조.
50) 『孟子集註』, 293쪽 「萬章章句 下」. "徐氏曰 大國 君田 三萬二千畝 其入 可食二千八百八十人

즉, 주자는 '君 이하가 먹는 바의 祿은 助法에 따라 농부들의 공동노동으로 경작되는 公田에서 거두어들이는 租'라고 정의하고 있다. 따라서 周代의 '爵祿制' 역시 天子 이하 上士에게 차등 있게 토지를 분급하고, 그들의 祿은 助法에 의해 경작되는 公田의 수확으로 삼게 했던 것으로 추측해 볼 수 있다. 그리고 公田의 收租를 세습하게 함으로써 '世祿制'가 되는 것이었다.

한편, 맹자는 곳곳에서 君子를 奉養해야 할 것을 강조하고 있다. 王政은 우선 농민들에게 '恒産'을, 그리고 君子들에게는 祿을 제정해 주는 것이라고 말하고 있다. 그러기 위해서 토지제도와 세제가 있어야 된다는 것이었다. 君子에게 祿을 보장하는 방법으로는 세제에 의하여 농민으로부터 수조하여 지급하는 것('官收官給')과 君子에게 직접 토지를 지급하여 그 수입을 祿으로 삼게 하는 것이 있었다. 그리고 맹자는 역시 君子를 후대해야 할 필요성에서 世祿을 보완하기 위하여 별도의 토지를 지급할 것을 주장하기도 하였다. 이를테면 卿 이하의 관료들에게는 奉祀條로 '圭田'을 지급하라는 것이었다.

> 卿 이하는 반드시 圭田이 있었으니 규전은 50畝였다.[51]

즉, 卿 이하 관료들에게는 반드시 圭田 50畝가 지급되어야 한다고 말하고 있는 것이다. 이에 대해 주자는 다음과 같이 설명하고 있다.

> 이는 世祿의 항상적인 제도 외에 또다시 圭田이 있는 것이니 군자를 후대하기 위한 것이다. 圭는 깨끗함이니 제사를 받드는 것이다.[52]

卿田 三千二百畝 可食二百八十八人 大夫田 八百畝 可食七十二人 上士田 四百畝 可食三十六人 中士田 二百畝 可食十八人 下士與庶人在官者田 百畝 可食九人至五人 庶人在官 府史胥徒也 愚按 君以下所食之祿 皆助法之公田 藉農夫之力以耕 而收其租 土之無田與庶人在官者 則但受祿於官 如田之入而已."

51) 위의 책, 151쪽 「滕文公章口 上」. "卿以下 必有圭田 圭田 五十畝."

52) 위의 책, 151쪽 「滕文公章口 上」. "此 世祿常制之外 又有圭田 所以厚君子也 圭 潔也 所以奉祭祀也."

즉, 君子에게 世祿에 더해 奉祭祀條로 圭田을 지급하는 것은 군자를 후대하기 위해서라는 것이다.

맹자는 周나라 文王의 정치를 가장 이상적인 王政으로 생각하였다. 그것은 文王이 岐를 다스릴 때에 "耕者九一 仕者世祿", 즉 井田制와 助法을 실시함으로써 농민들의 생업을 안정시키는 한편, 벼슬하는 자들에게는 世祿을 보장해줌으로써 군자와 농민이 각기 일정한 생업을 유지하면서 서로가 편안하게 살아갈 수 있게 했기 때문이었다. 그리하여 滕 文公이 나라를 다스리는 방법을 묻자 世祿制는 이미 시행되고 있지만 세법이 없기 때문에 농민들로부터 과도하게 수취하고 있다고 지적하고 시급히 농촌에서는 助法을 쓰도록 권장하였던 것이다. 그런데 맹자가 滕나라의 세록제를 인정했던 것은 그것이 주대의 世祿制와 별다른 차이가 없다고 생각했기 때문이었던 것 같다. 물론 맹자는 스스로가 밝혔듯이 그것에 대해서는 그 대략만 들어 알 뿐이라고 말했고, 정자와 주자에 의하면 맹자가 소개하고 있는 주대의 작록제는 「周禮」의 그것과 같지 않다고 말하고 있는 것으로 보아 爵祿制의 자세한 내용은 전해지지 않고 있는 것이다. 다만 춘추시대 이후의 世祿制에 대한 관념이 반영된 것이겠지만 주자의 世祿에 대한 정의로 미루어 보건대 周代의 世祿制 역시 "授之土田 使之食其公田之入", 즉 天子·諸侯·公·卿·大夫·士에게 토지를 차등 있게 지급하고(分封), 助法에 따라 농부들이 공동 경작하는 公田의 수입으로 祿을 대신하게 했던 것임을 알 수 있다.

4. 맺음말

맹자와 주자는 '耕者 九一'(井田制)과 '仕者 世祿'(世祿制)을 '仁政'의 근본이라고 생각하였다. 모든 인민들은 '恒産'을 가지고 '恒心'을 유지하면서 편안하게 살아가고, 모든 仕者들은 世祿을 보장받음으로써 걱정 없이 나라에 봉사하면서 살아가는 사회가 바로 '仁政'이 실현되는 사회였다. 그리고 그들은 周代에 이러한

'仁政'이 실현되었다고 생각하였다.

맹자의 傳聞과 주자의 해석에 의하면, 殷·周나라에서는 井田制와 助法을 실시함으로써 '1井(630畝 혹은 900畝) 8家'를 한 단위로 하여 8家에게 1田(70畝 혹은 100畝)씩을 '私田'으로 분급하여 경작하게 하고 그 수입을 차지하게 하는 대신 1田은 '公田'으로 하고 이를 8家가 공동경작해서 그 수확을 8家의 稅로 收租하였다. 이때 1家의 세율은 1/10 수준이었다. 한편, 君·諸侯 이하 관직자들에게는 차등으로 일정 규모의 '公田'을 지급하고 그 수조액을 녹봉으로 삼게 하였다. 즉, 국가의 수조권을 그 봉건지배층에게 양도하고 대대로 세습하도록 한 것이었다. 이러고 보면 井田制와 助法의 근본이념은 국가가 王土思想에 근거하여 농민들에게 자급자족할 수 있는 규모의 경작지를 확보해주어 자영농을 항상적으로 육성하고 유지시키는 한편, 모든 경작지로부터 일정 비율의 생산물을 收租하는 것이었다. 그리고 이러한 井田制 아래의 기본적인 토지소유관계는 收租權者인 국가·봉건지배층과 納租者인 농민 사이에 성립되는 이른바 '田主-佃客'관계였으며, 국가는 전 국토에 대해 '수조권적 토지지배'를 행사하였던 것이다.

井田制는 역사적으로도 殷·周代에 실시되었다고 실증되고 있다. 일반적으로 周代는 후기 씨족공동체사회 단계로 비정되고 있다. 이때의 통치체계는 혈연가부장제를 기초로 한 등급제도로서 宗法制였다.[53] 이 종법적 통치체계의 경제적 기초는 바로 井田制와 助法이었다. 天子·諸侯·大夫의 封地와 관직자들의 世祿田에 정전제와 助法이 실시되었던 것이다. 농경지는 '一田' 100畝를 단위로 수많은 바둑판 모양으로 분할되었다. 井田의 중간에는 遂·溝·洫·澮·川 등의 관개시설과 徑·畛·道·路 등의 도로시설을 만들었으며, 이것들이 자연적인 경계를 이루었다. 1井 9田 900畝를 8家의 농가가 경작하였는데, 900畝 가운데 100畝는 '公田'으로 하여 8家가 공동 경작하고 그 수확을 세 혹은 녹봉으로 납부했으며, 나머지 800畝는 8호가 100畝씩 '私田'으로 분급 받아 경작하고 그 수확을 자기 수입으로 하였다.

---

53) 리쩌허우(李澤厚) 지음, 정병석 옮김, 2005, 『중국고대사상사론』, 71쪽.

이러한 井田制는 춘추전국시대 이래 봉건지배층이 자신의 수조지와 농민들의 보유지를 사유화하고 겸병함으로써 붕괴되었다. 이제 농민들은 봉건지주층의 토지에서 강제적으로 노동하면서 노예와 같은 억압과 착취를 받는 생산노예로 전환되었다.[54] 그러나 이내 지주계급의 봉건국가들은 변법 개혁을 통하여 '수조권적 토지지배'를 복구하고 유지시켰다. 즉 봉건국가는 지주계급과 자영농의 경지로부터 평시 총 수확의 '10분의 1'정도의 생산물을 수조하는 '수조권적 토지지배'를 계속 행사하였던 것이다.

이처럼 井田制와 三代의 稅法에서 기원하는 '田主佃客制'와 '수조권적 토지지배'는 우리나라의 중세사회 전 기간에 걸쳐서 관철되고 있었다. 즉 이는 국가의 田稅制度와 함께 신라통일기의 '官僚田制'와 고려시기의 '田柴科制度', 조선전기의 '科田法'과 '職田制', 조선후기의 '民結免稅制' 등의 토지제도에 관철되고 있었던 것이다.

---

54) 씨족통치체계와 공동체의 사회구조(殷周體制 : 封建社會)가 이미 붕괴된 춘추시대에 孔子는 사회·경제적 측면에서 殷周時代를 '적음을 근심하지 않고 균등치 못함을 걱정하고, 가난함을 근심하지 않고 편안하지 못함을 걱정'("不患寡而患不均 不患貧而患不安.")했던 시기였다고 말했다. 반면에 춘추시대에는 '백성이 흩어지기 시작한 지 오래되었으며'(앞의 책, 379책 「子張 第十九」. "民散久矣."), 많은 씨족국가들은 끊임없이 병탄되며 소멸했고, 수많은 씨족귀족들은 전통적인 세습적인 지위를 보존하지 못하고 빈곤의 상태로 떨어지거나 심지어 '종이나 하인의 지위로 떨어지기'도 했으며, 어떤 씨족귀족들은 자신들이 가지고 있던 오래된 관례들을 포기하고 토지사유와 상업경영을 기초로 신흥지주계급으로 성장하기도 했다(리쩌허우(李澤厚), 위의 책, 61쪽).

제2장 朝鮮時代의 陳荒處 起耕과 土地所有權

1. 머리말

필자는 앞 장에서 왕토사상에 입각하여 명목적인 토지소유주가 되는 국가, 즉 田主와 실질적인 토지소유주인 지주·농민, 즉 佃客 사이에 성립된 토지소유관계로서 '田主-佃客'관계('田主佃客制')와 국가와 국가로부터 수조권을 일정 기간 양도받은 관료 등의 수조권자가 전객농민으로부터 '什一稅'를 수취하는 '收租權的 土地支配'(田稅制度)가 중국 고대의 殷·周代에 실시되었다고 전해지는 '井田制'와 3代의 稅法에서 유래되었음을 살펴보았다.

여기서는 '田主佃客制'에 종속되어 발달했던 '地主佃戶制', 즉 궁방·양반·서민 지주 등의 대토지소유자가 노비·예속적 농민·무전농민·영세소유농민 등 佃戶農民으로부터 노동지대와 현물지대를 수취하는 '所有權的 土地支配'의 기초가 되었던 사적토지소유권·사유제와 그 성격을 살펴보고자 한다.[1]

---

[1] 일찍이 일본의 '식민사학'자들 가운데 사회경제사학자들은 마르크스의 '아시아적 생산양식'을 '총체적 노예제'로 이해하여 우리나라 역사에서 원시공동체사회 말기에 비정하고, 이를 기초로 하는 '총체적 노예제사회'가 20세기 초까지 지속되었다고 억지 주장을 폈다. 이것이 이른바 '停滯性理論'과 '封建社會缺如論'이었다. 그것은 조선봉건사회의 토지의 사적소유(권)와 지주계급의 존재를 부정하려는 것이었고, 또 이미 토지의 사적소유권에 기초해서 발달해 온 지주제를 중심으로 추진되어 왔던 우리의 내재적·주체적 근대개혁을 부정하려는 것이었다. 이처럼 '停滯性理論'과 '封建社會缺如論'이 지주제의 발달과 지주적 근대개혁을 부정하면 부정할수록 일본자본주의가 한국농업을 지배하고 수탈했다기보다는 도리어 한국의 농업과

일본제국주의는 조선을 강점하고 식민지화를 위한 기초 작업으로서 '토지조사사업'을 실시했다. 그것의 일차적 목적은 토지조사사업 때까지 조선봉건사회 안에서 발달해 왔던 토지의 사적소유와 지주적 토지소유를 근대법체계로 '法認'하는 것이었고, 그럼으로써 병합 이전에 일본인들이 불법적으로 개간하거나 매득하여 소유해 왔던 토지소유를 합법화해 주는 것이었다. 이렇게 해서 수립된 것이 그것을 추진했던 일본의 식민관료들이 말하는 이른바 '근대적인 토지소유제도'였다.[2] 이것은 이제 식민지 한국에서 일본인들의 토지소유와 토지의 자본 전환을 안정적으로 보장해주는 법적 장치가 됨으로써 토지조사사업의 실질적 목적이었던 '식민지지주제'가 확립되었던 것이다. 결국 토지조사사업의 목적은 지주제를 근간으로 하는 식민지수탈체제의 확립이었고, 그 결과 한국의 농업은 일본산업자본주의에 완전히 종속되어 수탈되었던 것이다.

이 글은 '근대적 토지소유' 단계 이전의 고대·중세사회, 특히 조선봉건사회에서 '사적토지소유권'이 형성되고 보장되는 근거와 계기, 그리고 그 전제가 무엇이었는지를 살펴보려는 것이다.

경제 발전을 주도하고 촉진시켰다는 점이 부각될 것이었다. 이런 점에서 그것들은 '植民支配施惠論'·'植民地近代化論'과 일맥상통하는 것이었다.

2) 宮嶋博史(1990. 12, 『朝鮮土地調査事業史の硏究』, 6~7쪽)는 근대적 토지소유제도를 '근대사회를 지배하는 상품경제의 논리가 토지소유에서도 관철되는 것을 보장하는 토지소유제도'라고 말한다. 이는 전근대의 토지소유제와 대조적인데, 전근대의 토지소유의 최대의 특징은 '인격적인 지배예속관계와 토지소유가 불가분의 관계에 있다'라는 것이다. 즉, 토지에 대한 여러 권리가 그 권리보지자의 정치적·사회적 지위와 불가분하게 결부되어 있다는 것이다. '토지소유=경제'와 정치가 분리되지 않은 상태에 있다는 것이다. 따라서 근대적인 토지소유제도 및 지세제도의 수립을 과제로 하는 근대적 토지변혁은 이러한 전근대에 있어서 토지소유와 정치적 지배관계의 결부를 해체하는 것이고, 그 결과 수립된 근대적인 토지소유제도 아래서는 토지의 소유자가 사적 소유자로서 그 토지에 대한 포괄적 소유권(이용권·임대권·처분권)을 가진다는 것, 즉 토지에 대한 사적소유권이 일반적으로 성립한다는 것과 토지의 사적소유자들이 대등한 인격으로서 존재하게 된다는 것이다.

2. 立案과 陳荒處 起耕

13세기 중엽 30여 년 동안의 몽고와의 전쟁, 14세기 중엽부터 심해진 왜구의 침략과 분탕질로 인하여 전국의 경지는 황폐화되었고, 농민들의 流亡·離散은 계속되고 있었다. 특히 경기도와 下三道의 피해는 심각한 것이었다. 麗末鮮初의 대강의 陳田 실태를 파악하기 위하여 이 무렵의 양전실시 상황을 살펴보자.

A. 공양왕 3년(1391) 5월 都評議使司에서 上書하여 科田을 지급하는 법을 정할 것을 청하니, 그 의견을 따랐다. 文宗이 정한 바에 따라 경기의 州郡을 左道와 右道로 나누고, 1품으로부터 9품의 散職에 이르기까지 나누어 18科로 하였다. 경기와 6道의 토지를 하나같이 모두 踏驗하고 打量하여, 경기에서는 實田 13만 1,755結과 荒遠田 8,387結을, 6도에서는 實田 49만 1,342結과 황원전 16만 6,643結을 얻었다.[3]

B. 태종 4년(1404) 4월, 의정부에서 각도의 전답 결수와 호구수를 보고하였다.[4]

C. 태종 6년(1406) 5월, 의정부에서 여러 道를 양전한 結數를 올렸다. 동북면·서북면은 개량하지 않았기에 제외하고, 경기도·충청도·경상도·전라도·풍해도·강원도 6도의 原田은 대개 96만여 結이었는데, 개량하여 얻은 剩田이 30여만 結이었다. 고려말기에 田制가 크게 허물어져서 洪武 己巳年에 6道를

---

3) 『高麗史』 권78, 志 卷32 食貨一 田制 祿科. "三年五月 都評議使司上書 請定給科田法 從之 依文宗所定 京畿州郡 置左右道 自一品 至九品散職 分爲十八科 其京畿六道之田 一皆踏 驗打量 得京畿實田十三萬一千七百五十五結 荒遠田八千三百八十七結 六道實田四十九萬一 千三百四十二結 荒遠田十六萬六千六百四十三結."

4) 『太宗實錄』 7권, 태종 4년 4월 25일. "議政府上 各道田畓戶口數 忠淸道 田二十二萬三千九 十結 戶一萬九千五百六十一 口四萬四千四百七十六 全羅道 田一十七萬三千九百九十結 戶 一萬五千七百三 口三萬九千一百五十一 慶尙道 田二十二萬四千六百二十五結 戶四萬八千 九百九十二 口九萬八千九百十五 豐海道 田九萬九百二十二結 戶一萬四千一百七十 口二萬 九千四百四十一 江原道 田五萬九千九百八十九結 戶一萬五千八百七十九 口二萬九千二百 三十八 東北面 田三千二百七十一結 戶一萬一千三百十一 口二萬八千六百九十三 西北面 田六千六百四十八結 戶二萬七千七百八十八 口五萬二千八百七十二 都計 田七十八萬二千 五百四十三結 戶一十五萬三千四百四 口三十二萬二千七百八十六."

改量하여 田籍에 올렸으나, 그때 왜구가 한창 성하여 바닷가는 모두 陳荒地였다. 이때에 이르러 개간이 날로 늘어나서 놀고 있는 땅이 없었기 때문에 改量하였다.[5)]

D. 『세종실록』 148~155권, 『地理志』[6)]

이 기사들에 의하면 첫 번째 양전은 '홍무 기사년'(禑王 14년, 1388) 8월에 昌王이 6도의 관찰사에게 명령하여, 각기 부사와 판관을 선발하여 개량하게 한 것이었다.[7)] 당시는 '왜구가 한창 성하여 바닷가는 모두 진황지였다'고 했다. 그런데 이때의 양전 결과는 확인할 수 없다(C). 두 번째 양전은 恭讓王 3년(1391) 5월에 과전을 지급하기 위하여 경기도와 6도를 踏驗하고 打量한 것으로, 경기에서는 實田 13만 1,755結과 荒遠田 8,387結을, 6도에서는 實田 49만 1,342結과 황원전 16만 6,643結을 얻은 것이었다(A).

그런데 이 두 양전에는 두 가지 문제가 있다. 첫째, '己巳量田'은 실제로 실시되지 않았을 것이고, 이 때문에 3년 후인 恭讓王 3년에 양전했었을 것이라는 점, 둘째, 恭讓王 3년의 양전은 경기도와 6도가 아닌 경기도와 5도를 양전했었을 것이라는 점이다. 따라서 여말선초의 경기도를 포함한 6도의 元田(原田)결수는 79만 8,127結이었고, 이 가운데 황원전이 17만 5,030結이었으며, 따라서 실제로 경작되고 있던 전답은 62만 3,097結에 지나지 않았다는 것이다. 이후 太宗 4년(1404) 부터 世宗 14년(1432)까지의 양전과 원전결수 현황을 표시한 것이 <표 1>이다(B, C, D).

---

5) 『太宗實錄』 11권, 태종 6년 5월 3일. "議政府上諸道量田之數 除東西北面不行改量外 京畿 忠淸 慶尙 全羅 豊海 江原 六道原田凡九十六萬餘結 及改量得剩田三十餘萬結 前朝之季 田制大毁 洪武己巳 改量六道田附籍 然其時倭寇方熾 濱海皆陳荒 及是開墾日增 地無遺利 故改量之."

6) 『世宗實錄』 148~155권, 地理志 : 序文, 경도 한성부, 구도 개성 유후사, 경기, 충청도, 경상도, 전라도, 황해도, 강원도, 평안도, 함길도.

7) 『高麗史』 권78, 志 卷32 食貨一 田制 經理. "十四年八月 昌 令六道觀察使 各擧副使·判官 改量土田."

<표 1> 조선초기의 양전과 元田結數 현황(단위 : 結)

	공양왕 3년(1391)	태종 4년(1404)	태종 6년(1406)	세종 14년(1432)
개성	-	-	-	5,357
한성부	-	-	-	1,415
경기도	140,142 (實田 : 131,755 荒遠田 : 8,387)	-	○	200,347
충청도	657,985 (實田 : 491,342 荒遠田 : 166,643)	223,090	○	236,300
전라도		173,990	○	277,588
경상도		224,625	○	301,147
황해도		90,922	○	104,072
강원도		59,989	○	65,916
평안도	-	6,648	-	(308,751)
함경도	-	3,271	-	(130,413)
계	798,127 (實田 : 623,097/ 荒遠田 : 175,030)	田地 782,543	原田 960,000여 (剩田 30만여)	墾田 1,192,142 (1,631,306)

* 비고 : 세종 14년(1432)의 평안도 308,751결, 함경도 130,413결은 잘못 집계된 것으로 보임.

'洪武 己巳年'(禑王 14년, 1388) 8월 양전 당시 '왜구가 한창 성하여 바닷가는 모두 진황지였다'는 것, 太宗 6년(1406) 5월의 의정부의 양전 결과 보고에 의하면, '이때에 이르러 개간이 날로 늘어나서 놀고 있는 땅이 없었기 때문에 개량하였고, 경기도·충청도·경상도·전라도·풍해도·강원도 등 6도의 元田이 대략 96만여 結이었는데, 개량하여 얻은 剩田이 30여만 結이었다'는 것, <표 1>에서 충청도· 전라도·경상도·황해도·강원도의 전체 元結數가 '恭讓王 3년(1391) 657,985結→ 太宗 4년(1404) 772,616結(恭讓王 3년 대비 17.4% 증가)→ 世宗 14년(1432) 985,353結(太 宗 4년 대비 27.5% 증가)'로 늘어난 가운데 전라도·경상도의 원결수는 '太宗 4년 398,615結(5도 원결수의 51.6%)→ 世宗 14년 578,735結(5도 원결수의 58.7%)'로 늘어난 것 등을 볼 때, 여말선초에 바닷가의 진황지는 대부분 전라도·경상도에 있었고, 이는 太宗 4년~世宗 14년 사이에 개간되었던 것임을 알 수 있다. 특히 이 기간에 원결수는 전라도에서는 10여만 結, 경상도에서는 8만여 結이 증가하였 음을 볼 수 있다.

그렇다면 여말선초의 진황지는 어떻게 개간되었을까? 鄭道傳은 太祖 3년(1394)

에 간행한 『朝鮮經國典』에서, 조선 국가는 산과 바다 사이에 있어서 丘陵·藪澤 등 경작할 수 없는 토지가 10에 8, 9가 되고, 또 遊手者가 매우 많은 상황에서 군자의 확보와 양식의 자족을 위한 '지금의 계책은 閒荒地를 기경하고 遊手民을 모두 농사짓게 하는 것'밖에 없다고 말했는데, 여기서 말하는 閒荒地는 원장부에 기재되어있는 陳田이 아니었다. 따라서 지금 시급한 것은 이전부터 경작되고 있다가 몽고와의 전쟁과 왜구의 침탈로 황폐화된 '荒遠田', 즉 陳田의 개간이었다.

조선 정부는 건국 직후부터 진황처(陳田과 閒荒處·閒曠處) 기경을 권농정책의 하나로 수립하고 추진해 갔다. 太祖 원년(1392) 9월 農桑振興 방안의 일환으로서 수령의 권농 능력의 여부를 殿最黜陟의 기준으로 삼되, 그 구체적 기준은 '田野荒墾 戶口增減'에 두는 방침을 마련했다. 이 방침은 이후에도 계속되었고 때에 따라서는 특별히 강조되기도 했다. 太祖 3년(1394)에는 墾田의 다소를 3등급으로 나누고, 이를 수령의 殿最 기준으로 삼았다. 또한 世宗 22년(1440)에는 水利를 일으키고, 인민을 召募하여 진황지를 기경하게 하고 호구를 증가시킨 수령들을 褒典하는 시책도 세웠다. 이처럼 진황지 개간과 호구 증감을 수령의 전최·포상과 연계시켜 농지 개발을 추진해 갔던 것이다.

한편, 이러한 陳田과 閒荒處·閒曠處의 기경은 그 궁극적인 목적이 좀 더 많은 收租地(收稅地)를 확보하는 것에 있었기 때문에 양전과 병행되어야 했다. 양전은 면 단위로 토지 자체(地番·犯向·等第·形狀·地目·面積·結負數 등)와 필지 마다의 陳·起 여부 및 時主·田主와 作人을 조사하여 量案을 작성하는 것이었다. 전국의 모든 토지는 양전 결과 양안에 등재된 元帳付田畓(元田 ; 原田)과 양안 외의 閒曠處·空閑處·低濕處 등(이하에서는 이를 '陳田'과 구분하여 '陳荒處'로 통칭한다)으로 구분되었다. 元田은 수세 여부를 기준으로 流來陳雜頃田·免稅田· 時起田·災田·出稅實田 등으로 파악되고 있었는데, 이 가운데 流來陳雜頃田은 이른바 陳田으로서 예전에 경지였기 때문에 쉬이 기경될 수 있는 流來陳田과 홍수로 인하여 浦落되어 아예 川이 되어 버리거나(成川), 泥生地·覆沙地가 됨으로 써 이제는 기경이 거의 불가능한 雜頃田으로 구분되었고, 따라서 유래진전과 잡탈전은 모두 면세되고 있었다. 이에 비해 진황처는 처음부터 경작지가 아니었던 곳으로 장차 기경하면 加耕田·新田이 되는 것이었다. 그리고 陳田은 原所有主의 有無를 기준으로 '有主陳田'과 '無主陳田'으로 구분되었다. 그러므로 봉건정부의 토지정책은 이러한 진전을 기경하게 하는 한편, 양안(元帳簿) 밖의 加耕田·新田을 개발함으로써 양전 당시의 경작지인 時起結數를 최대한으로 확보하는 것이었다.

우선 유주진전의 기경책은 두 가지였다. 하나는 현재 질병으로 인하여 농사를 지을 수 없는 농가의 경지는 친족 및 이웃마을 사람들로 하여금 기경하게 해서 묵히지 않도록 하는 것이었다.[8] 또 하나는 3년이 지나도록 묵혀진 농지는 다른 사람으로 하여금 관에 신고하고 기경하는 것을 허락하는 것이었다.[9] 즉, 혹은 사고 때문에, 혹은 가난과 질병 때문에 경작되지 못하고 3년이 지나도록 묵혀진 농지는 잠시 다른 사람이 경작하도록 허용했다가 본 주인이 충분히 경작할 힘이 있어 다시 짓겠다고 하면 돌려준다는 것이었다.[10] 어느 경우든 간에 이 법령의 취지는 豪强者들의 土地兼竝을 막는 한편, 모든 田野를 기경하게 하여 땅의 實利가 버려짐이 없게 하자는 것이었다.

무주진전(無主陳荒地處)의 기경책은 기경하려는 의사를 가진 자는 누구나 관에 신고하여 立案을 받아 기경하도록 하고, 기경지에 대해 일정기간 면세조치

---

8) 『經國大典』戶典 務農. "病戶田 令親族及隣里耕耘 勿使陳荒."

9) 『經國大典 註解』戶典 田宅. "過三年陳田 許人告耕."

10) 『經國大典 註解』의 "過三年陳田 許人告耕." 條項이 豪强들의 토지겸병을 초래할 소지가 있다는 이의 제기가 있어서 『各司受教』에 개정 조항을 두었다(『明宗實錄』20권, 명종 11년 6월 20일. "丁未 以臺諫所啓『大典』註解未便條件 政府六曹二品以上副提學議 傳于政院曰 見此議 各以己意議之矣 臺官以物情未便爲啓 令政府該曹 同議未便條件 更撰可也 沈連源議 過三年陳田 皆令許告而永給 則盡爲强者所占奪 而弱者無立錐之地 是豈抑兼并之道人 其云 '許人告耕'者 與下條 '無主田移給他人'者不同 或因事故 或因貧病 不得起耕過三年者 姑許他人告狀而執耕 本主力贍可耕而還推則給之 此乃使田野盡闢 而地無遺利之意也 若永爲折給 則豈但云告耕而已乎『大典』本意 恐不如是也 …… 尹漑議『戶典』田宅條 過三年陳田 許人告耕者 欲使田野盡闢 地無遺利 此爲立法本意 或以爲如此 則貧弱之田 盡爲豪强之所有 益開兼并之路 國家旣不失其稅 則雖陳而收稅者 或力未盡耕而有起治處者 并勿許告 乃塞兼并之路 而忠厚之意 亦寓其中 臣意亦以爲然也).『各司受敎』[漢城府受敎] "丙辰(明宗 11年) 八月 十三日 承傳 內 過三年陳田 許人告耕者 非謂永給 待本主還推尋問 因人狀告 姑許耕食."

를 시행하는 것이었다.[11] 물론 무주진전의 기경은 기경할 노동력과 재력만 있으면 누구나 할 수 있는 일이었지만, 기경을 원하는 자는 먼저 관으로부터 무주진전을 대상으로 입안을 발급받아야 했다.

鮮初의 立案은 고려시대의 賜牌에서 유래했다. 몽고와의 전쟁이 종식된 후 막대한 인구 손실과 극심한 농토의 황폐화가 일어났다. 고려국가의 당면 과제는 전란의 피해를 복구하고 파괴된 농업생산력을 회복·증대시키는 일이었다. 그것은 유민을 정착시키고 황폐화된 농지를 경작지로 환원시키는 일이었다. 역시 농지기경의 문제였다. 기경은 누구에게나 허용되고 있었지만 기술적으로나 규모 상으로 많은 노동력과 막대한 재력의 투자가 요구되는 일이었기 때문에 이러한 기경에 참여할 수 있는 자는 인력과 물력에서 우세한 豪富家나 權勢家일 수밖에 없었다. 실제로 고려 정부는 바로 이들에게 진황처에 대한 사폐를 발급해 주고, 그들로 하여금 기경하게 하고 소유하게 하는 제도를 마련했는데, 이것이 이른바 賜牌田제도였다. 사패전은 전적으로 국왕 개인의 의지로 지급되는 토지였다. 그러므로 사패전의 受給者들은 왕권에 직결되거나, 직결될 수 있는 세력들이었고, 고려의 국왕들은 이 제도를 통해서 자신의 扶持勢力을 확보하고 있었다. 이런 까닭에 사패전의 受給者들은 으레 諸王·宰樞·扈從·臣僚·宮院·寺社, 公主 및 그의 怯怜口·內僚 등이었다.[12] 그들은 受給받으려는 진황처의 위치를 밝혀 신청하면 국왕은 이를 허락하는 증명서로서 賜牌를 발급해 주었던 것이다. 이런 경우, 사패는 일종의 기경허가서인 셈이었고, 동시에 소유권증명서인 셈이었다.[13] 즉, 고려 국왕들은 진황처의 기경을 전제로 지배층이나 그 기구들에게 사패를 발급해 주었던 것이다.

그런데 선초의 立案은 두 가지였다. 하나는 개인의 청원에 따라 어떤 사실(賣買·讓渡·決訟·立後 등)을 확인하고 이를 인증해주는 문서였다.[14] 예를 들면, 토지·

---

11) 『度支志』外篇 陳田降續. "陳荒處新起者 …… 田稅則依海澤加耕例 三年免稅何如 依允"；『續大典』戶典 收稅. "每年陳田開墾處 ——開錄 減半稅 旣墾還陳者 勿稅."

12) 『高麗史』권78, 志 卷32 食貨一 田制 經理, 忠烈王 11년 3월. "諸王宰樞及扈從臣僚諸宮院寺社望占閑田 國家亦以務農重穀之意 賜牌."

13) 李景植, 1986, 『朝鮮前期土地制度硏究－土地分給制와 農民支配－』, 16~18쪽.

가옥·노비나 그 밖의 재산의 매매·양도 등의 사유가 발생한 때에 취득자가 관에 입안을 신청(所志)하면, 관에서는 財主와 證人·筆執, 또는 관계인의 진술(招辭)을 받아 확인한 후 입안을 성급해 주었다.[15] 특히 토지문기에는 賣買·相換·還退(勸賣) 등의 문서가 있는데, 그 주류를 이루는 것은 매매문기였다. 조선초기에 토지매매가 허용된 것은 世宗 6년(1424)부터였다. 그리고 토지·家舍의 매매는 모두 매매계약이 있은 지 100일 안에 관에 신고하여 입안을 받도록 규정하였다. 관의 입안 발급 절차는 ① 買受人이 입안을 신청하는 「所志」(新·舊文記 첨부)를 관에 제출하면, ② 관에서는 이를 검토한 후 입안 발급결정에 대한 題音을 「所志」의 餘白(左邊下端)에 記入·還付하고, ③ 賣渡人(財主)·증인·필집으로부터 매매사실을 확인하는 「초사」(진술)을 받은 후에, ④ 입안을 성급하는 것이었다. 이처럼 토지매매와 함께 발급되어 일괄문서로서 첨부되었던 입안은 국가가 매매자들 간에 토지소유권이 이전되었음을 확인하고 매수인의 소유권을 공증하는 權原文書로서의 성격을 띠고 있었다.[16] 그러나 이러한 입안제도는 실시초기부터 철저히 시행되지 못했던 것으로 보이며,[17] 임란전후부터는 입안 없이

---

14) 朴秉濠, 1972, 『傳統的 法體系와 法意識』, 서울대학교 한국문화연구소, 65~66쪽 : 양안에 '主'로 등록되는 자는 소유자로 의식하고, 양안 등록 시점을 기점으로 하여 해 토지에 대한 현실적 지배권이 국가권력에 의해서 직접 공인되고, 天下萬人에게 대항할 수 있는 권리를 갖게 되는 것을 의미한다. 양안에 등재된 이후 매매된 토지의 경우에 매수인의 소유권은 양안에 의해서 확정되는 것이 아니라, 여러 가지 權原文書에 의해 입증되고 확정되는데, 그러한 권원문서로서 官文書로는 立案·完文·立旨 등이 있다. 그러나 조선후기에는 거의 입안 없이 매매되었기 때문에 토지매매문기 자체를 권원문서로 인정하는 것이 관례였다. 토지매매문기 외에 私文書로는 相續文書·贈與文書·遺書 등이 있었다.

15) 崔承熙, 1985, 『韓國古文書研究』, 212쪽.

16) 朴秉濠, 앞의 책, 65쪽.

17) 『承政院日記』342책(탈초본 18책), 숙종 16년 7월 19일. 漢城府 判尹 兪夏益은 전답·가대 매매 이후 성급해주는 입안이 있었는데 中古(壬辰倭亂·丙子胡亂?) 이래 폐기되어 시행되지 않다가 현종 1년(1660)에 복구된 후 입안을 발급받는 자들이 조금은 있었지만 인습대로 매매문기에 입안이 없는 것이 열에 일곱, 여덟이었다고 말하고 있다. 이 때문에 문기를 위조하여 소송을 제기하는 자가 많기 때문에 앞으로 다시 법에 의하여 반드시 입안을 발급해 주도록 하자고 건의하고 있다. 工曹判書 吳挺緯는 수수료가 너무 많아 입안 성급이 폐기되었다고 분석하고 있다. 그러나

신·구문기의 인도로서 매매가 이루어지고 있었다.[18]

또 하나는 이처럼 토지매매와 함께 일괄문서로 발급되는 입안과는 달리 陳荒處(閑曠地·空閑地·低濕地)를 대상으로 발급되는 이른바 '陳荒處 立案'이 있었다. 이것은 선초에 농지개발정책의 일환으로 豪勢家들이 진황지를 多占하여 기경하지 않고 互相陳荒하는 것을 금지하고, 그들의 농지매매를 통제함으로써 토지집적과 토지겸병을 억제하는 한편, 고려시대의 사패 수급자이었던 지배층이나 그 기구들과는 달리 민인들에게 발급해 주어 진황지를 기경하게 하려는 것이었다.

> 備邊司 有司堂上 洪命夏가 아뢰기를, "立案法은 민으로 하여금 無主陳荒處를 官에 신고하고 耕食토록 한 것에 지나지 않는데, 지금 여러 宮家와 權貴가 (무주진황처를) 차지하는 바가 되었습니다. 모든 立案地를 혁파한 후에 모두 호조에 소속시키고, 民田 例에 의해서 수세하여 경비에 보충하십시오."라고 했다. 임금은, 호조에 명령해서 다시 아뢰도록 하고 처리하라고 말했다.[19]

> 사간원에서 "山田 海澤 無主陳荒地處는 民이 耕食하는 것을 허락하는 것이 國法인데, 근래에 形勢家들이 無主라고 부르면서 널리 차지하고 침탈을 횡행하는 것이 끝이 없습니다. 주인이 있는 땅도 태반이 빼앗기니 민은 장차 살지 못할 것이고, 나라는 장차 나라가 되지 못할 것입니다. 그 폐단을 힘써 개혁하여 소민들이 安保하게 하지 않을 수 없습니다. 청컨대, 여러 궁가와 아문, 사대부가 산전·해택·진황처를 입안 받은 곳으로 生民에게 미치는 弊害를 여러 도에 물어서 모두 혁파하고, 이후부터 새로 설치하는 장토는 여러 궁가와 아문, 사대부를 물론하고 엄격히 금단할 것을 명하십시오."라고 아뢰었다.[20]

숙종 16년(1690) 이후에도 토지매매문기와 함께 일괄문서로 입안을 발급해 주는 것은 법대로 시행되지 않았던 것으로 보인다.

18) 崔承熙, 앞의 책, 319쪽.

19) 『承政院日記』131책(탈초본 7책), 효종 5년 6월 19일. "立案之法 不過使民 無主陳荒處 告官耕食 而今爲諸宮家權貴之所占 凡立案之地 旣罷之後 悉屬戶曹 一依民田 而收稅以補經費事 上曰 令該曹 覆啓處之."

즉, 입안법의 취지는 민인들로 하여금 무주진황처를 관에 신고하고 기경, 경식하게 하려는 것이었다. 그런데 실제로 무주진황처를 입안 받는 것은 민인들이 아니라 宮家·權貴·衙門·士大夫들이었다. 물론 이들은 기경 노동력이나 재력 면에서 민인들보다 우세할 것이었다. 그들은 노비나 率丁을 거느리고 있었고, 때로는 수령에게 압력을 행사하여 지역 민인들을 동원하는 등 더 많은 기경 노동력을 가지고 있었다. 정부의 입장에서는 그들에게 입안을 발급해 주는 것이 농지기경의 효과를 더 높일 수도 있었다. 그러나 그들은 대부분 무주진황처를 대량으로 선점하고는 혹은 互相陳荒하거나, 혹은 歲易耕作하거나, 혹은 아예 기경조차 하지 않고 있었다. 그리고는 다른 사람의 起耕을 금지하고 있었던 것이다.

> 연안도호부사 정복주는 "무릇 기경할 수 있는 陳地를 豪富가 널리 점유하여 다만 立案만 받아놓고 여러 해 동안 기경하지 않으니, 비록 기경하려고 하는 자가 있더라도 자기가 입안을 받은 토지라고 하면서 공공연하게 기경하는 것을 금지합니다. 민들은 그 위세를 두려워하여 감히 신고하여 다투지 못합니다. 지금부터는 비록 입안을 받았더라도 자기가 기경하지 않은 것은 민들이 기경하는 것을 허락하고, 이를 어긴 자는 엄하게 다스리도록 하소서."라고 아뢰었다.[21]

이렇듯 호부가들은 진황처를 입안 받아 널리 先占만 해놓고 기경하지 않으면서 민인들이 기경하는 것을 막고 있었다. 호부가들이 입안을 발급받으려는 목적은 농장을 만들기 위해서였다. 그리고 그들은 입안을 소유권원문서로,

---

20) 『承政院日記』178책(탈초본 9책), 현종 4년 4월 1일. "司憲府啓 …… 山田海澤無主陳荒之 處 許民耕食 乃是國法 而近來形勢之家 稱以無主 廣占橫侵 罔有紀極 有主之田 太半見奪 民將無以爲生 國將無以爲國 不可不痛革其弊 以爲小民安保之地請諸宮家·各衙門·士大夫 山田海澤陳荒立案處 害及生民之弊 詢問諸道 盡爲革罷 自今以後 新設庄土之處 無論諸宮家· 各衙門·士大夫 竝令嚴禁斷."

21) 『世宗實錄』10권, 세종 2년 11월 5일. "延安都護府使 鄭復周言 凡有可耕陳地 豪富廣占 徒受立案 累年不墾 雖有欲墾者 以爲已受立案之地 公然禁耕 民畏其勢 不敢告爭 自今雖受立 案 不自開墾者 許民開墾 違者痛治."

그리고 입안 받은 진황처를 '私有地'('私庄')로 간주하고 있었기 때문에 다른 사람들의 起耕을 막고 있었던 것이다. 그러므로 민인들로 하여금 무주진황처를 경식하게 하려고 만든 입안법은 그 취지와는 달리 궁가·양반가 등이 농장을 조성하는 데 활용되고 있었던 것이다. 그리하여 '입안법은 본래 민을 병들게 하는 疲政인데 그 폐해가 근래에 더욱 심하여 민인들이 怨苦하고 식자들이 개탄한 지가 오래되었다'[22]고 지적받기에 이르렀던 것이다.

이러한 현실에서는 정부가 추진하는 진황처 기경책의 성과는 없을 것이었고, 宮家·勢家·士大夫·豪族의 토지겸병도 막을 수 없을 것이었다.[23] 이에 정부는 그들에게는 입안을 발급해 주지 않거나, 입안을 빙자하여 스스로 기경하지 않고 있는 진황처는 타인이 기경하는 것을 허락하고 이를 위반한 자는 엄벌하거나,[24] 입안지를 혁파하는 조치 등을 내리고 있었다. 그러나 이러한 조치들은 실제로 시행되지도 않았고, 실효성도 거의 없었다. 이로 인해 '立案地'를 둘러싸고 입안을 받은 궁가·양반가등과 입안은 없지만 이미 기경하거나 이용하고 있는 민인들 사이에서는 소유권 분쟁이 일어나고 있었다.

한편, 宮家·士大夫·豪族·勢家 등은 무주진황처를 입안 받는 것에 그치지 않고 山林(柴場·草場)과 川澤, 심지어는 蘆田·堤堰까지 입안 받아 그 이익을 독점하거나 민인들로부터 수세하고 있었다. 몇 가지 실례를 들어 보자.

> 황해도 황주·안악·봉산·재령 등에서 민인들이 蘆田의 갈대로 삿갓과 삿자리를 만들어 살아가고 있었는데, 권세가들이 이 노전을 陳地라 稱託하여 입안 받고는 갈대를 민인들에게 팔아 이익을 챙김으로써 민인들이 생업을 잃었다. 호조에 입안의 허실을 조회해서 환수하도록 했다.[25]

서울 둘레의 30리 안의 柴場을 세도가들이 입안 받아 나무꾼들이 나무하는

---

22) 『承政院日記』 116책(탈초본 6책), 효종 원년 10월 12일.
23) 『成宗實錄』 273권, 성종 24년 1월 29일 ; 『中宗實錄』 6권, 중종 3년 9월 27일.
24) 주 21) 참조. "自今雖受立案 不自開墾者 許民開墾 違者痛治."
25) 『明宗實錄』 15권, 명종 8년 8월 14일.

것을 금지하자 나무꾼들이 30里 밖의 먼 곳까지 가서 나무해다 팔기 때문에
시중의 나무 값이 올라가서 시민들의 원성이 자자했다. 『經國大典』의 '柴場이
나 草場을 사사로이 점유하는 자는 杖八十에 처한다'는 법률에 의거하여
단죄했다.26)

宮家·士大夫·豪族·勢家 등이 근기로부터 멀리는 원방까지 漁場·柴場·海澤·堤
堰 등을 거짓으로 입안 받아 그 이익을 독점하거나 민인들로부터 수세함으로
써 민인들이 생업을 잃었다. '立案地'를 호조에 귀속시키거나, 입안을 취소시
키거나, 입안을 발급해 준 수령들을 치죄하였다.27)

宮家와 宰相家가 산림·천택을 입안 받은 곳이 없는 곳이 없다. 왕성 외에
한편의 공한지도 없다. 禁標를 해 놓고 착수하지 못하게 하니 樵採할 길이
거의 끊겼다. 外方 산택도 마찬가지였다. 私庄을 만들어 놓고 접근을 禁斷하고
있었다.28)

---

26) 『明宗實錄』15권, 명종 9년 12월 10일.
27) 『宣祖實錄』203권, 선조 39년 9월 4일. "司諫院啓曰 山林川澤 與民共之 是王政之所先
而近來人心不古 利之所在 不顧廉恥 冒占権利 其弊日滋 近自郊畿 遠至遠方 山澤鑪鉄之利
豪勢之家 爭出立案 以爲己物 使小民不得下手 怨咨同然 無所控告 病民之本 實在於此 請令該
曹及各道監司 ――摘發査覈 其冒出立案 一切爻周 今後守令 如有非法出給者 隨現痛治
以革專利之弊 …… 答曰 允.";『宣祖實錄』210권, 선조 40년 4월 11일. "江原監司狀啓：
稽古 山海有官 虞衡有職者 蓋奪豐餘之厚利 免調斂之重徭 而近歲以來 國綱解弛 山林川澤
祖宗朝縱民漁採 不在委人斂野之科者 皆爲豪勢家冒占権利之資 而至於漕運海路 供上漁場
或稱爲立案之地 甚者 蟄燕之堤 淫鬼之(詞)[祠]亦爲採税之所 芻蕘漁獵者 無不觸手被禁 而農
商因之失業 有識之仰屋竊歎者久矣 勿爲循例文具 十分著實査出 爻周立案 非但諸宮家士大
夫及豪勢品官之漁場柴場海澤堤堰冒出立案 專利害民者 ――摘發 或爲禁斷 或爲屬公 逐日
開坐啓聞 而自今後 各道觀察使 或不有承傳 因其訴狀 文移各官者及各官守令 不體朝廷至意
出給立案者 皆以 '制書有違律' 照斷之意 卿其知悉事 有旨 漁場柴場海澤堤堰等冒受立案者
摘發牒報事 各官行文知委 則竝稱無有云云."
28) 『承政院日記』106책(탈초본 6책), 효종 즉위년 6월 9일. "院啓 …… 近來諸宮家及宰相家
立案 無處無之 王城之外 無一片空閑之地 禁標之內 人不敢着手 樵採之路殆絶 都民之怨苦
勢所必至 至於外方山澤 無不同然 據作私庄 處處禁斷 海邊則稱以某宮某家鹽盆·漁箭 斥鹵之
地 盡入冒占之中 分割海面 謂之折受 送差斜料 各爭相罔利 沿海之民 舉失魚鹽之利 生殖理
窮 日益困悴 小民無知 怨則歸國 當妓新化之日 欲祛痼弊 宜以此先請 令京畿及諸道監司
行會列邑 凡諸立案 ――査出 開錄馳啓 以爲革罷之地 都城十里內 則亦令漢城府 嚴立科條
一體禁斷 答曰 依啓."

이처럼 궁가·아문·재상가·사대부·호족·품관 등은 近畿부터 外方까지 '주인이 없다'는 것을 稱託하여 柴場·草場·漁場·漁箭·蘆田·堤堰 등을 '冒出立案'하고 그 이익을 독점하거나 그 입안지를 이용하고 있는 민인들로부터 수세하였고, 이로써 민인들이 생업을 잃게 되는 폐단이 일어나고 있었다. 산림과 천택, 제언 등을 입안 받는 것은 입안법과 그 취지를 악용하는 것으로서 원천적으로 불법이었다. 산림과 천택은 사유를 인정하지 않고 민인들과 함께 공유하는 것('山林川澤 與民共之')이 前代이래로 '仁政'의 一端이었으며 王政이 제일 먼저 해야 할 일'이었다. 그것은 산림과 천택의 이익을 함께 나누고 또 그 혜택을 널리 입도록 하기 위한 것이었다. 그리하여 『經國大典』에 '柴場이나 草場을 사사로이 점유하는 자는 杖八十에 처한다'고 규정해 놓고 있었다. 또한 여기서 보듯이, 입안 자체를 취소시키거나, 입안지를 호조에 귀속시키거나, 입안을 발급해 준 수령을 '制書有違律'로 처단하는 등의 조치를 내리고 있었다. 그러나 궁가와 양반가 등의 입안 받은 자들이 처벌되는 일은 거의 없었다. 이로 인해 그러한 조치들은 실효성이 거의 없었고, 이후에도 궁가·양반가 등의 무주진황처와 산림·천택·제언 등을 대상으로 한 '冒出立案'은 계속되고 있었던 것이다.[29]

孝宗은 즉위년(1648) 6월에, 三司의 거듭되는 지적과 건의를 받아들여, 경기 및 諸道 감사로 하여금 모든 고을에 지시하여 모든 입안을 일일이 査出하고 開錄 보고하여 혁파할 것을 명령했다. 또 도성 10리 안은 한성부가 科條를 세워서 일체 금단할 것을 명령했다.[30] 그런데 산림·천택의 입안 혁파 조치는 이전에도 자주 내려졌으나 이행되지 않고 있었다.[31] 이번에도 외방 관리들은 조정의 명령을 이행하지 않고, 더욱이 田畓立案은 거론조차 되지 않았다고

---

29) 『仁祖實錄』 3권, 인조 1년 윤10월 28일 ; 『仁祖實錄』 45권, 인조 22년 1월 23일 ; 『承政院日記』 106책(탈초본 6책), 효종 즉위년 6월 9일 ; 『顯宗實錄』 3권, 현종 1년 6월 4일 ; 『備邊司謄錄』 제21책, 현종 2년 11월 14일 ; 『承政院日記』 178책(탈초본 9책), 현종 4년 4월 1일, 3일 ; 『承政院日記』 829책(탈초본 46책), 영조 12년 7월 1일.
30) 『承政院日記』 106책(탈초본 6책), 효종 즉위년 6월 9일. "院啓 …… 令京畿及諸道監司 行會列邑 凡諸立案 ——查出 開錄馳啓 以爲革罷之地 都城十里內 則亦令漢城府 嚴立科條 一體禁斷 答曰 依啓."
31) 주 26), 27), 28) 참조.

하고 아예 배제하고 있었다.[32] 이 전답입안은 주로 궁가에서 주인이 遊離로 인하여 수년 동안 破棄된 것을 '無主田'이라고 하고 입안을 발급받은 것이었다. 그러나 그것은 사실 '有主陳田'이었다. 그러나 孝宗은 전답입안의 토지를 賜牌地로 생각하였고, 따라서 전답입안의 혁파는 '親親之義'에 어긋난다고 하면서 반대하고 있었다.[33] 그러나 이 해 12월 초에 대사간 趙錫胤은 孝宗의 오해를 불식시키면서 사패지와 '空閑無主地' 외에 '有主處 冒占'한 것만을 조사하여 혁파하자고 개청했으나 윤허를 얻지 못하자 사직했다.[34] 이어 후임인 沈之源도 '입안전답의 有主·無主를 자세히 조사하여 그대로 두던가, 혹은 본 주인에게 되돌려주던가 論執한 것이 여러 날인데도 윤허를 얻지 못했'고 하면서 역시 사직하겠다고 압박했다.[35] 이후 간원에서는 계속해서 전답입안 일을 諫했으나 역시 윤허를 얻지 못했다. 그러는 사이에 '궁가와 사대부가 입안하여 民田을 冒占한 것은 査覈하여 決給하라'는 事目이 작성되었고,[36] 산림·천택의 입안도 미미하게나마 혁파되었다.[37] 마침내 孝宗 4년(1654) 2월에 賓廳會議에서 '宮家立案

---

32) 『承政院日記』110책(탈초본 6책), 효종 즉위년 11월 17일. "院啓 今日急先之務 莫如保民 如欲保民 當革病民之弊 中外弊瘼 固非一二 而私占山澤侵奪土地之事 尤其切急者也 夫天地 生物之理 本爲吾民 而在上者奪而專之 使元元飢寒轉徙 其亦不仁之甚也 此王政之所以與民 同利 而新化之所不可忽者也 頃因本院請啓 有諸宮家勢家柴場·鹽盆·魚箭 査罷之命 而外方 官吏 不信朝家之令 徒怵權勢之家 査覈之際 遺漏甚多宍 已極可駭 而至於田土立案 則誘以臺 論所不擧 外方所報 寢而不行 且有該郞推勘之擧 臣等竊不勝駭嘆焉 山澤之利 亦宜與民共之 況於生穀之土 豈可任其龍斷 重貽生民之害乎."

33) 『承政院日記』110책(탈초본 6책), 효종 즉위년 11월 20일.

34) 『承政院日記』110책(탈초본 6책), 효종 즉위년 12월 5일.

35) 『承政院日記』110책(탈초본 6책), 효종 즉위년 12월 17일. "大司諫 沈之源啓曰 本院所論 田畓立案一事 實是今日之痼弊 不但貴近豪勢之家 稱以立案而冒占民田 遐方土豪之武斷鄕 曲者 爲尤甚 至於文卷而昭載於本官田案者 若因厥主之流離 抛棄數年 則便謂之無主而圖出 立案 永爲己物 哀我無辜之民 能與豪勢之家 爭是非辨眞僞者 有幾人哉 當此新化之初 如欲去 其害民者 而求其保民之道 莫若詳査立案田畓之有主無主者 以爲或有仍存 或還本主之地 而 論執累日 未蒙允兪 實未曉聖意所在 已極悶鬱 而臺閣體面 雖有可停之論 同僚若出 則相議以 處之 自是流來舊規 而乃於臣肅謝之日 未及相會禮之前 遽爾停啓 無非如臣無狀 不能有無之 致 何敢晏然仍冒 請命遞斥臣職答曰 勿辭 退待物論."

36) 『承政院日記』112책(탈초본 6책), 효종 원년 5월 1일.

37) 『承政院日記』116책(탈초본 6책), 효종 원년 10월 12일.

冒民田事'는 禁令을 엄격히 세워서 폐단을 없애자고 결정했고,[38] 3월에 孝宗은 이 금령을 시행할 것과 다만 입안법 자체는 그대로 두라고 명령하기에 이르렀다.[39]

그런데 宮家·衙門·權貴·士大夫·豪族들이 산림·천택을 입안 받는 것은 원천적으로 불법이었기 때문에 혁파되지 않을 수 없었다. 그러나 이후에도 그것은 계속되고 있었다. 더욱이 입안법도 여전히 존치되고 있었기 때문에 宮家·衙門·權貴·士大夫·豪族들의 무주진황처 입안도 계속되고 있었다. 이렇게 되어서는 입안법은 그 실효를 전혀 거둘 수 없을 것이었고, 그들의 입안을 통한 토지겸병도 막을 수 없을 것이었다. 결국 입안은 宮家·衙門·權貴·士大夫·豪族의 토지와 부동산의 사유화와 토지겸병의 법적 근거가 되고 있었던 것이다.

3. 陳荒處 起耕과 土地所有權

立案法의 근본 취지는 무주진황처를 대상으로 민인들에게 입안을 발급해 주고, 그들로 하여금 기경하게 하려는 것이었다. 이 입안은 중앙에서는 호조에서, 지방에서는 수령이 발급해 주었다. 그런데 실제로 이 입안을 발급 받는 자들은 민인들이 아니라 주로 宮家·權貴·士大夫·兩班土豪 등 봉건지배층이었다. 물론 그들에게 입안을 발급해주는 것 자체는 불법이 아니었다. 문제는 그들이 무주진황처를 입안 받고도 기경하지 않으면서 민인들의 기경을 막고 있다는 점이었다. 그들은 마치 입안을 입안지에 대한 '소유권증명서'로 여기고 있었기 때문에 민인들의 기경을 금지하고 있었던 것이다. 이는 무주진황처 입안법의 근본 취지를 어기는 것이었다. 그런데 前朝이래로 무주진황처를 기경했을 경우, 기경자를 그 기경지의 소유주로 인정하는 것이 관례였기 때문에 무주진황처를

---

38) 『承政院日記』 126책(탈초본 7책), 효종 4년 2월 15일.
39) 『承政院日記』 116책(탈초본 6책), 효종 4년 3월 19일. "備局粘連啓目 答曰 依回啓施行 罷立案事 曾無禁令 今姑置之."

입안 받은 궁가·양반가와 이미 기경하고 있는 민인들 사이에는 으레 소유권분쟁이 일어날 수밖에 없었다.

우선 무주진황처를 기경했을 경우, 기경자를 소유주로 인정한 것을 확인할 수 있는 기록 가운데 최초의 것은 다음의 고려 광종 24년(973) 12월의 判旨 기사로 알려지고 있다.

> 判 陳田을 墾耕한 사람에게 (그 진전이) 私田인 경우에 첫해에는 수확한 것을 전부 주고, 2년째부터는 田主와 半으로 나눈다. 公田인 경우에는 3년까지 전부 주고, 4년째부터 법에 따라 수조한다.[40]

이에 의하면, 有主陳田을 기경한 자는 첫해에는 기경지의 생산물을 모두 차지하고, 2년째부터는 田主와 半으로 나눈다는 것이다. 따라서 원소유주가 있는 진전을 기경했을 경우에 기경자는 기경지에 대한 소유권을 갖지 못하고 있다. 그러나 '公田陳田', 즉 국가가 명목적 소유주인 '無主陳田'을 기경한 자는 3년 동안 기경지의 생산물을 차지하고, 4년째부터는 전세만을 납부하도록 하고 있다. 이 경우 기경자는 이미 기경지의 소유주로 간주되고 있는 것이다.

또 충렬왕 11년(1285) 2월에 다음과 같은 교지가 내려졌다.

> 賜牌를 빙자하여 주인이 田籍에 기재되어 있는 토지라도 모두 빼앗으니 그 弊를 세지 못한다. 사람을 택하여 差遣해서 모두 살피고 가려서 사패전이라도 기경전이나 진황처를 막론하고 본 주인이 있으면 모두 환급하도록 한다. 또한 본래 閑田이라 하더라도 민인들이 이미 기경하여 경작하고 있는 토지면 탈점하는 것을 모두 금한다.[41]

---

40) 『高麗史』 권78, 食貨1 田制 租稅. "判 陳田墾耕人 私田則初年所收全給 二年始與田主分半 公田限三年全給 四年始依法收租."

41) 『高麗史』 권78, 食貨1 田制 租稅. "憑藉賜牌 雖有主付籍之田 竝皆奪之 其弊不貲 擇人差遣 窮推辨覈 凡賜牌付田起陳勿論 苟有本主 皆令還給 且本雖閑田 百姓已曾開墾 則竝禁奪占."

즉, 有主陳田이나 심지어 기경전까지, 그리고 진황처라도 이미 다른 사람이 기경한 토지까지 사패 수급자들에 의해서 탈점되는 상황에서 원소유자와 기경자의 소유권을 보호한다는 방침이 시달되고 있는 것이다. 또한 閑田을 기경한 경우에는 기경자가 이미 소유주로 인정되고 있음을 볼 수 있다.

조선초에 와서도 閑田의 기경자를 그 기경지의 소유주로 간주하고 있음을 볼 수 있다.

> 예조에서 啓하기를, …… 홍무 28년 사사(使司)의 수판(受判)인데, 수령들에게 명하여 친히 산과 들을 검찰해서 기경할 수 있는 토지는 그 근처에 사는 민인들에게 나누어 주어 그 토지의 주인이 되게 하고, 만일 산에 불을 지르는 자가 있거든 그 주인을 시켜 잡아다가 관청에 고발하게 하여 중한 죄로 논하도록 해야 할 것입니다.42)

이는 太祖가 太祖 4년(1395)에 도평의사사에게 내린 判旨로서 『元續六典』에 실린 것인데, 世宗 2년(1420)에 이르기까지 시행되지 않고 있어서 예조가 관리들은 다시 이 판지를 받들어 시행할 것을 아뢰는 것으로서, 수령들에게 산과 들, 즉 閑曠處를 조사해서 근방의 민인들에게 나누어 주어 기경하게 하고, 그 기경지의 주인이 되게 하라고 명령하는 것이다. 이에 의하면 산과 들 등 無主閑曠處의 기경자는 곧 기경지의 소유주가 될 것이었다.

수령들이 산림·천택 등의 소유주가 없는 陳荒處를 민인들에게 입안을 발급해 주었거나, 그들이 기경한 이후에라도 입안을 발급해 주었다면 기경자인 민인들은 기경지의 소유주로서 立證되었을 것이다.43) 물론 기경 즉시 양안에 민인들이 기경지의 소유주로 등재된다면 관은 따로 입안을 발급해 줄 필요는 없었을

---

42) 『世宗實錄』 10권, 세종 2년 11월 7일. "禮曹啓 『元續六典』內 各年判旨 中外官吏或不奉行 其不奉行條件 謹錄以聞 請申明舉行 違者論罪 …… 一 洪武二十八年使司受判 令守令親檢山野 分授旁近居民以主之 如有縱火者 使其主者收捕告官 從重論罪 …… 已上三十條 皆從之."

43) 『光海君日記』 12권, 광해군 1년 1월 24일. "傳曰 新設白翎島 土沃閑曠 民必湊集 凡島田只許新入之民 隨所開墾 便許立案 勿得豪民 遙爲冒占."

것이다. 조선전기에는 양전이 전국적으로, 또 20년 마다 정기적으로 실시되었지만,[44] 정기적인 양전 사이에 20년이나 긴 시간이 있었기 때문에 기경하거나 취득한 토지가 양안에 바로 등재되기는 어려웠다. 또 정례적으로 양전이 실시되리라는 보장도 없었다. 따라서 청원과 즉시 발급되는 입안은 양안을 대신하여 소유권문서로서의 효력을 십분 발휘하고 있었던 것이다.

그런데 이러한 입안으로 취득할 수 있는 토지는 우선 '無主地'여야 했다. 누구든지 입안을 발급 받고자 할 때에는 無主陳荒處의 위치를 밝혀서 신청('所誌') 하고, 수령은 이를 확인하고 발급해 주어야 했다. 그런데 양안은 진황처의 有主·無主를 가리는데 충분한 근거가 되지 못했고, 관할 수령 또한 그것을 직접 확인하고 입안을 발급해 주지는 않고 있었다. 이러한 양안의 한계와 입안 발급 절차상의 문제를 악용하여 봉건지배층들은 스스로 기경할 무주진황처를 찾아내어 입안을 신청하는 것이 아니라, '量案上의 無主地'와 '量案外 陳荒處'를 그 起耕·陳廢의 여부를 가리지 않고 입안 받거나, 심지어는 有主陳田과 이미 타인이 기경하고 있는 기경전까지 '冒出立案'하여 횡탈함으로써 결국은 소유권분쟁을 일으키고 있었다.

우선 '有主民田'의 횡탈로 인하여 소유권분쟁이 발생했을 경우, 소유주를 가리는 것은 어렵지 않은 일이었다. 다음과 같은 경우였다.

> 호조에서 宣略將軍 南允文의 上言에 의거하여, "강원도 낙산사의 僧 學悅은 陳地라고 詐稱하여 立案을 받아서 允文의 전지를 모두 빼앗았습니다. 청컨대 관찰사로 하여금 鞫問하여 주인에게 돌려주도록 명하십시오."라고 아뢰었다. (임금이) 따랐다.[45]

여기서 학열은 남윤문의 경지를 '진지라고 사칭'하여 입안 받아 차지하려고

44) 본 책, 301~310쪽.
45) 『成宗實錄』14권, 성종 3년 1월 14일. "戶曹據宣略將軍南允文上言 啓 江原道洛山寺僧學悅 詐稱陳地受立案 盡奪允文田地 請令觀察使 鞫問 還主 從之."

했지만 입안지가 기경지임이 분명했기 때문에 되레 국문당하고 되돌려 줄 수밖에 없었다. 또 中宗 3년(1508)에 충청도 절도사 최한홍이 이미 폐사된 황간 쌍림사의 진황지를 '冒受立案'한 일이 있었다.

> 사간원이, "충청도 황간 땅의 雙林寺는 중이 없어 무너져서, 그 田地를 屯田 및 學田에 속하게 했는데, 節度使 최한홍이 입안을 몰래 받아서 자기의 전지로 만들고, 가까운 데에 사는 민들에게 빌려주어 耕耘케 하고, 수확할 때에는 군관으로 하여금 감독하게 했습니다. 道主로서 이런 貪汚한 일을 했으니 추고하여 죄를 다스리소서."라고 아뢰니, 傳敎하기를, "그 전지를 상고하게 하라." 하고, 또 정원에 전교하기를, "만약 이미 둔전과 학전에 속하게 했다면, 한홍이 절수했을 리가 없으니 상고하여 아뢰라."고 명했다.[46]

즉, 사간원은 최한홍이 '冒受立案'하여 사유화한 토지를 민인들을 동원하여 경작시킨 것을 '貪汚'한 일로 치죄할 것을 요구하고 있다. 이에 의하면, 최한홍은 절도사로서 권력을 이용하여 이미 둔전과 학전이 된 '有主地'를 폐사의 무주진황지로 입안 받아 사유화하고, 나아가서는 민인들에게 借耕시켰던 것이다. 둔전과 학전이 여전히 진황지여서 입안을 발급 받을 수 있었는지 모르지만 어쨌든 그는 '有主地'를 탈점한 것이었다. 이에 대한 판결은 보이지 않지만, 쌍림사의 전지는 둔전과 학전에 귀속되었을 것이다.

또 仁宗 1년(1545)에 민인들의 기경지를 혹자가 뒤미처 진황지라 입안 받아 횡탈한 일이 있었다.

> 헌부가, "충청도 서천에 있는 毛知堰의 논을 경식하고 있는 丁世純 등이 여러 해 防築하여 임자년(성종 23년, 1492)에 양전할 때에 전안에 등록했는데, 강장손이라는 자가 뒤미처 둑 밖의 陳地 1백結을 입안 받고, 입안 안에

<hr>

46) 『中宗實錄』 6권, 중종 3년 9월 27일. "諫院啓曰 忠淸道黃澗地雙林寺 無僧破毀 其田地屬屯田及學田 節度使崔漢洪 冒受立案 爲己之田 借傍近居民耕耘 收穫之時 則使軍官鎭撫監焉 以道主 爲此貪汚之事 請推考治罪 傳曰 當令詳考其田 又傳于政院曰 若已屬屯田學田 則漢洪無折受之理 其考以啓."

일(一)자 위에 두 획을 더 그어 3백結로 만들어서 내수사에 바치니 내수사는
군을 발동하여 방축하고는 강장손이 술수를 쓴 입안에 따라 둑 안의 오래
경식하던 민전까지 아울러 측량하였기 때문에 민원이 매우 심합니다. 공론
이 일어난 지 오래되었습니다. 또 이제 정세순 등이 본부에 呈訴하였는데,
이는 국가가 민과 利를 다투는 것이므로 지극히 아름답지 못합니다. 청컨대
관찰사를 시켜 다시 분간하여 백성의 원망을 풀어주소서."라고 아뢰니
(임금이) 답하기를, "내수사에 물은 뒤에 답하겠다."라고 말했다.[47)]

즉, 이미 양안에 등재되어 있는 민인들의 경지를 50여 년이 지난 뒤에 강장손이
라는 자가 '無主陳地'로 입안 받고 내수사의 위세를 업고 횡탈한 일이었다.
이에 민인들이 소송을 제기하여 소유권분쟁이 일어난 것이었다. 양안 상에
정세순 등이 현재 경작하고 있는 논으로 등재되어 있는 것이 확인되면 당연히
이들에게 환급될 것이었다.

다음은 '有主陳田(陳荒處)'을 둘러싼 소유권분쟁의 경우인데, 사실 '유주진황
처'라도 진황상태가 오래 지속되었다면 '무주진황처'로 간주되기 마련이었기
때문에 실제 양자의 구분은 애매한 경우가 적지 않았다. 때문에 혹자가 '유주진황
처'를 입안 받아 기경했을 때 原所有主와 기경자 사이에는 소유권 분쟁이 일어날
수밖에 없었다.

경기관찰사가 田地決絶條項을 아뢰기를, "인민이 혹 농시에 遭喪·疫疾 등
큰 사고로 경작하지 못한 토지를 간활한 무리들이 陳荒을 이유로 기경하고는
도리어 白根이라고 칭탁하고 끝내 돌려주지 않는 자가 있습니다. 이후에는
本主에게 돌려주는 것을 定法으로 하되, 2년 이상 경작한 토지는 是非를
따지지 말고 白根으로 처리하십시오."라고 하니 임금이 명하기를, "사고로

47) 『仁宗實錄』 2권, 인종 1년 4월 8일. "憲府啓曰 忠淸道舒川毛知堰水田耕食者 丁世純等
積年防築 壬子年量田時 錄於田案 而康長孫稱名者 追受堰外陳地一百結 立案內 一字上加二
畫 作三百結 進上于內需司 發軍防築 以康長孫用術立案 幷打堰內久遠耕食民田 民怨太甚
發於公論久矣 且今丁世純等呈訴于本府 此國家與民爭利 至爲不美 請令其道觀察使改分揀
以伸民怨 答曰 問于內需司後答之."

인하여 타인의 토지를 代耕한 것은 5년 안에서는 그 주인에게 돌려주도록 하라."고 했다.[48]

즉, '有主陳荒處'가 '白根', 즉 '無主陳荒地處'로 여겨져 탈점되고 있는 것이다. 이 경우, 王命에 의한 판결은 遭喪·疾疫 등 불가피한 사유로 인해 황폐된 진황처를 타인이 경작하게 된 경우에는 5년 안에는 본주에게 돌려주라는 것이다. 이는 달리 말하면, 5년 이후에는 본주의 소유권이 실제의 기경자에게 이전된다는 것을 말하고 있는 것이다. 이는 또 '유주진황처'가 5년이 지나면 '무주진황처'가 되고, 그 소유권은 이 '무주진황처'를 기경한 자에게 이전된다는 것을 말하고 있는 셈이다.

이후에도 이처럼 '유·무주 진황처' 구분과 이와 연계된 기경과 관련된 소유권 분쟁이 계속되었던지 『經國大典』(世祖 6년~成宗 15년, 1460~1484)에 와서는 다음 과 같은 규정을 두게 되었다.

『經國大典』戶典, 田宅[49]

○ 모든 田宅 소송은 5년이 지나면 들어 주지 않는다.
  소장을 내고도 입송하지 않은 지가 5년이 지난 것은 또한 들어 주지 않는다.

○ 3년이 지난 陳田은 다른 사람이 신고하여 기경하는 것을 허용한다.
  비록 진전이라도 세금을 내고 있고, 혹 다 경작하고 있지는 않더라도 기경하는 곳이 있는 것은 신고하는 것을 허용하지 않는다.[50]

---

48) 『世宗實錄』 11권, 세종 3년 정월 19일. "京畿觀察使啓田地決絶條款 一 人民或當農時 以遭喪疫疾等項大故 不得耕作 奸猾之徒 因其陳荒而起耕 反稱爲白根 終不還給者有之 今後 勒還本主 以爲定法 其二年以上耕作者 勿論是非 竝從白根 上命 因有故 代耕他人田者 限五年 竝還其主."

49) 『經國大典』戶典 田宅. "凡訟田宅 過五年則勿聽 盜賣者 相訟未決者 父母田宅合執者 因幷耕 永執者 賃居永執者 不限年 ○告狀而不立訟過五年者亦勿聽 ○過三年陳田 許人告耕 海澤則 限十年 ○無主田移給他人 有軍役者死亡移徙則給遞立者 無役人則給田少者 移徙者五年內 還則執耕者元無田則還給三分之二."

50) 『明宗實錄』 20권, 명종 11년 6월 20일. "尹漑議『戶典』田宅條 過三年陳田 許人告耕者

○ 주인이 없는 토지는 다른 사람에게 옮겨준다.

군역을 지고 있는 자가 사망하거나 이사하면 遞立者에게 준다. 역이 없는 자의 것은 토지가 적은 자에게 준다. 이사한 자가 5년 안에 돌아오면 환급하되, 현재 경작자가 토지가 없으면 2/3만 환급한다.

이상을 정리하면, 첫째, '有主陳田'을 다른 사람이 기경하고 있을 경우 본주가 자기의 토지를 찾고자 소장을 내고도 5년 동안 立訟하지 않으면 그 토지의 소유권은 기경자의 것으로 간주되고 있다. 결국, '무주진황처'는 물론이지만 '유주진전'이라도 6년 이상 기경했을 때에는 본주의 소유권이 기경자에게 귀속될 수 있다는 것을 알 수 있다.

둘째, '有主陳田'이라도 4년째부터는 다른 사람이 신고하고 기경하는 것을 허용한다는 것이다. 그러나 3년 이상 진전 상태라도 본주가 여전히 세금을 내고 있거나 일부분이라도 경작하고 있으면 타인의 기경은 허용하지 않는다는 단서 조항을 두고 있다. 그런데 4년째부터 타인이 기경할 때 본주의 소유권이 계속 유지되는지, 아니면 타인에게 귀속되는지가 분명치 않다. 때문에 이 조항은 처음의 취지와는 반대로 호강자들이 陳田을 겸병하는 길을 열어주는 것이 되고 말았다. 그리하여 明宗 11년(1556)에 와서 이 조항은 "3년이 지난 진전은 다른 사람이 신고하여 기경하는 것을 허용한다는 것은 (그 토지를) 영구히 준다는 것을 말하는 것이 아니고 본주가 다시 추심할 때까지 기다리는 사이에 다른 사람이 신고하여 잠시 경식을 허용한다는 것이다."라고 재해석되어 傳敎하기에 이르렀다.[51]

셋째, 본주가 이사로 인해 황폐화된 '無主陳田'을 타인이 경작하게 된 경우에 5년 안에는 본주에게 환급한다는 것이다. 그리고 본주가 5년 안에 돌아왔을 때라도 현재 경작자가 토지가 없으면 경작지의 2/3만 본주에게 환급한다는

欲使田野盡闢 地無遺利 此爲立法本意 或以爲如此 則貧弱之田 盡爲豪强之所有 益開兼幷之路 國家旣不失其稅 則雖陳而收稅者 或力未盡耕而有起治處者 幷勿許告 乃塞兼幷之路 而忠厚之意 亦寓其中 臣意亦以爲然也."

51) 주 10) 참조.

단서 조항을 두고 있다.

『經國大典』의 이러한 법 조항은 실제로 다음의 두 소유권분쟁 사례에 적용되고 있음을 볼 수 있다.

A. 성종 15년(1484), 폐사된 안암사의 垈地를 기경하여 5년 이상 경작한 농민과 이 寺基를 다시 확보하여 중창하려는 權氏(仁粹王大妃, 仁惠王大妃)의 소유권분쟁 : 三司에서 『經國大典』의 위 조항들을 들어 민인들의 5년 이상 경작지를 빼앗은 것('奪民土田')은 법을 어긴 것이라고 수차례 간언했지만, 성종은 호조에게 민인들이 기경할 때에 입안을 받았는지('受立案與否')를 考啓하라고 명령하면서 끝내 들어주지 않았다.52)

B. 성종 21년(1490), 합천군의 폐사 월광사의 진황지가 향교에 입안 절급된 후 기경한 학생들과 寺地를 다시 찾으려고 하는 僧人의 소유권분쟁 : 僧人이 5년 안에 소송을 제기했기 때문에 월광사에 환급하는 것으로 결정되었다.53)

A에서, 三司는 『經國大典』의 여러 규정을 들어 민인들이 5년 이상 기경해 온 안암사의 垈地를 민인들에게 돌려줄 것을 누차 諫言함에도 불구하고 成宗은 事實과 유권 해석에 동의하면서도 왕대비들의 私願을 거부할 수 없어서 규정을 어기고 있다. 조선초기 '抑佛崇儒' 분위기 속에서 많은 사찰이 폐사되었지만, 世宗 연간 이래 이러한 廢寺들이 왕실의 원찰로 중창되고 있었는데, 안암사와 월광사도 그 가운데 하나였던 것이다. 그렇다고 大典의 규정들이 폐기되거나

---

52) 『成宗實錄』164권, 성종 15년 3월 1일, 2일, 4일, 13일. "慈旨云 古基重創 法也 安巖寺
則尙有破屋數間 而又有塔焉 故許令重創 若勿許創 則是棄先王萬世之典也 臣等謹按『大典』
田宅條云 凡訟田宅 過五年 則勿聽云 無主田 移給他人 註云 移徙者 五年內還則還給 凡民之棄
田宅移徙者 若過五年而還 則雖墻垣不改 壟畝依舊 法所不給 今此寺頹廢已久 民之開墾
非止五年 而奪之可乎 是則五年之法 於民則行 於寺則不可行 一何用法之有異耶."

53) 『成宗實錄』239권, 성종 21년 4월 21일, 22일, 23일. "世謙曰 凡訟土田『大典』內
過五年耕作則勿聽理 今者屬學田 已過五年 則學祖之訟田 大違於法 臺諫所論 至爲切當
上曰 鄕校受假立案 在於乙巳 而僧人訟田 在己酉年 則是未過五年 不可論以過限耕作也
且南季明牒辭 多有不遜 豈官人識事理者之所爲也 田土根因考啓後 處置之."

개정된 것은 아니었다. B에서는 僧人이 소장을 내고 입송한 것이 5년 안이었기 때문에 이미 기경된 사지는 월광사에 환급되고 있는 것이다. 이러한 사례의 판결에서 확인할 수 있는 것은 '有主陳田'의 경우에도 기본적으로는 本主의 소유권을 보호하면서도 그것은 점차 起耕者에 移轉되어 가고 있었다는 점이다. 이는 '현재의 경작자와 경지'를 늘리는 것을 기본 목표로 삼고 있었던 권농정책의 취지에도 부합하는 것이었다고 볼 수 있을 것이다.

이러한 추세는 '무주진황처'의 경우에서도 나타나고 있었다. '무주진황처'를 둘러싼 소유권분쟁은 주로 '量案外의 진황처'와 '量案上의 無主地'를 입안 받은 궁가·양반가와 이미 기경하고 있는 민인들 간의 소유권분쟁이었다. 그런데 이런 소유권분쟁은 조선전기에는 잦지 않았다. 그것은 '무주진황처'가 많았을 뿐만 아니라 고려시대부터 '무주진황처'를 기경했을 경우, 기경자가 소유주가 된다는 것은 하나의 不問律이었기 때문이었다. 또 정부는 궁가·양반가 등이 '量案外의 진황처'와 '量案上의 無主地'를 입안 받아 기경하지 않거나 민인들의 기경을 막는 것을 금지하고 있었지만, 실제로 그들은 많은 率下奴婢와 率丁 등의 노동력과 財力을 투자해서 입안 받은 곳을 기경하여 農庄을 만들고 있었기 때문이었다.[54] 그리고 조선전기에는 전국적이고 정기적인 양전이 실시되고 있었던 것도 그 배경이 되고 있었다. 따라서 이런 소유권분쟁이 빈번하게 일어나는 것은 양란 이후였다. 그것은 주지하다시피 양란 이후에는 특히 소유주들의 遊離로 인해 진황지가 크게 늘어났었고, 양전도 제대로 실시되지 않는 가운데 지주들의 토지겸병이 심했기 때문이었다.

양란 이후에도 관에서는 누구나 진황처를 기경하고자 신청하면 그들에게 입안을 발급해 주고 있었다. 그러나 민인들은 대체로 입안을 발급 받지 않았다. 이는 仁祖 12년(1634) '甲戌量田' 때에, 「量田事目」에 '無主陳田 起耕者爲主' 즉, '무주진전은 기경자를 소유주로 한다'는 조항을 두었고, 이를 민간에 포고했기 때문이었다. 이는 물론 궁가·양반가 등이 '量案上의 無主地'에 대한 입안을

---

54) 李景植, 1998, 앞의 책, 13~66쪽.

근거로 민인들의 기경지를 횡탈하는 것을 미리 막기 위해서였다.[55]

경상도 암행어사 任善伯이 金海를 지날 때, 김해의 민인들이 말을 에워싸고 읍소하면서 말하기를, "孝明翁主의 田庄도 이 고을에 있는데, 양전 때 주인 없는 전지를 민인들에게 경작하도록 허락해 주었고 여러 해째 조세까지 바치고 있는 것을 모두 不法으로 차지해 버렸습니다."라고 하므로, 선백이 그 호소장을 가지고 와서 아뢰었다. 이에 경상도 관찰사로 하여금 조사하여 계문하도록 했는데, 관찰사 兪橄이 치계하기를, "양안에 주인이 없는 것으로 적혀 있다 해도 그때의 事目에 '주인이 없는 묵밭은 起耕者가 주인이 된다'라는 조항이 있는 즉, 먼저 이미 기경했고 조세까지 납부하던 것은 당연히 그 민인들에게 돌려주어야 합니다."라고 했다. 이 일을 비국에 내렸는데, 비국이 아뢰기를, "이 일은 이미 사목에 들어 있고 민간에게 포고한 것이므로 이제 와서 마음대로 빼앗아 차지해서는 안 됩니다. 모두 돌려주어서 불법으로 점령하는 폐단을 막으소서." 하니, 답하기를, "이른바 사목이라는 것이 너무나 부실하고, 또 법례가 아니다. 양안에 이름이 없는 것은 돌려주지 말라." 하였다.[56]

즉, (甲戌)「量田事目」에 '無主陳田 起耕者爲主'라는 조항을 두었고, 이를 민간에 포고했기 때문에 민인들은 기경했고 또 여러 해째 전세까지 바치면서 그 기경지를 자기 소유지로 생각하고 있었다는 것, 그런데 효명옹주방에서 '양안상의

---

55) 조선후기에 '무주진황지' 소유권분쟁 시 양안이 결정적인 입증문서가 되고 있었기 때문에 궁가·양반가 등은 미리 양전에 맞추어 '무주진황지'를 자기 명의로 등재시키는 일이 일어나고 있었다 : 『承政院日記』355책(탈초본 18책), 숙종 20년 2월 6일. "錦山幼學朴文最疏曰 量前樹木成林 謂其有可耕之形也 人有遠慮者 趁其量田之時 懸錄其名 而卽今則昇平日久 地無遺利 人皆開墾 自同永業 而向前名錄者之子孫 瞰其開墾 始來起訟 取考量案 盡奪所墾之田 則獄訟之滋繁 罔有紀極 此流之弊 不可不防 則此可改量者 二也."

56) 『仁祖實錄』46권, 인조 23년 10월 29일. "慶尙道暗行御史任善伯 過金海 民皆擁馬號訴 且言 孝明翁主田庄 亦在於其府 而量田時無主之田 許民耕作 累年收稅者 盡被橫占 善伯以其 狀來啓 乃令其道監司 査覈以啓 監司兪橄馳啓言 量案雖以無主見錄 而其時事目有'無主陳田 起耕者爲主'之文 則先已開墾而收稅者 自當還給其民 事下備局 備局以爲 此事已有事目 布告 民間 今不當任其占奪 請皆還給 以杜橫占之弊 答曰 所謂事目 殊甚不實 且非法例 量案無名者 勿令還給."

무주지'임을 근거로 '橫占'·'占奪'한 것이었다.

여기서 문제는 「양전사목」의 성격인데, 仁祖는 사목이 '法例가 아니다'라고 보고 있고, 따라서 효명옹주방이 불법으로 횡탈한 것은 아니라는 것이었다. 仁祖의 이러한 인식은 하루 뒤에 우의정 李景奭이 다시 이 일을 제기하자 仁祖는 다음과 같이 답변하고 있다.

> 무릇 일에는 모두 法例가 있다. '無主之地'는 立案文券이 있으면 자기 소유물 ('己物')이 된다. 한 때 耕食했다는 이유로 갑자기 환급할 필요는 없다.[57]

이에 의하면, 事目은 결국 법률이 아니라는 것이고, '無主地'의 경우 입안이 있으면 입안소지자가 '法的으로' 그 소유주가 된다는 것이었다. 이런 사정 때문에 입안을 발급받지 않고 진황처를 기경하고 있던 민인들과 '양안상의 無主地'로 입안 받은 궁가·양반가 사이에 소유권분쟁은 계속 일어나고 있었다.

> 慶尙左兵虞侯 李英萬이 아뢰기를, "武斷兼竝의 무리들이 법을 무시하고 豪富를 위세하면서 자기 전답이 매우 많음에도 불구하고 겸병을 매우 심하게 하고 있습니다. 無主陳荒處를 冒占하는 것이 많게는 백여石(落)이고 적게는 5, 60石인데, 立案을 圖出하여 本主라고 칭하면서 다른 사람에게 빌려줍니다. 또 스스로 기경하지 않으면서 公家의 토지를 자기 물건으로 만들어버립니다. 寸土가 金과 같은 때에 토지 없는 빈민이 구렁텅이를 메우는 비참함을 보면서도 耕食를 허용하지 않으니, 이것이 어찌 川澤과 山林을 민과 共有한다 는 법입니까? 하물며 입안을 받는 법은 잃어버렸거나 타버린 文券 및 물건이 나 牛馬를 도둑맞았거나 잃어버린 것을 입안해 주는 것뿐이지, 豪富와 토지 많은 자들이 입안을 冒出하는 법은 아직 들어보지 못했습니다. 토지 없는

---

57) 『仁祖實錄』 46권, 인조 23년 10월 30일. "右議政 李景奭又曰 各衙門屯田及宮家農庄侵占 民田之語 狼藉傳說 曩在昏朝 三昌家屯田 設鎭之弊 罔有紀極 反正以後 皆令革罷 而近來此弊 復作 山林 川澤 與民共之 此王政之所當先 而百姓耕作之地 多被占奪 頃日道臣 目見其弊而馳 啓 何可不從 上曰 凡事皆有法例 無主之地 立案成文 即爲己物 不必以一時耕食之故 而遽爲還 給也."

빈민이 기경하려 해도 허락하지 않기 때문에 굶어 죽는 자가 많으니 이 어찌 痛鬱하지 않겠습니까? 신의 생각으로는, 무릇 진황처를 입안 받은 것은 久近을 물론하고 모두 모아서 태워버리고, 지금부터는 크고 작은 진황처를 다른 사람이 기경하는 대로 주인으로 허락하고, 의지할 데 없는 빈민으로 하여금 넓은 기경지를 얻도록 하여 餓死의 원통함을 免하게 한다면 소민의 행복이 이것보다 큰 것이 없을 것입니다." …… 비변사가 아뢰기를, "武斷의 무리들이 산야를 농락하여 입안을 도출하고, 빈민의 기경을 허락하지 않는 情狀은 痛惋스런 일입니다. 이전에 받은 입안문서는 비록 일시에 모아서 태우기는 어렵다 하더라도, 지금부터는 무릇 매년 空閑田土를 기경한 자의 이름을 등록하여 자기 것이 되도록 하소서." 하니 전하여 말하기를, 윤허하였다.58)

이에 비변사는 豪富家들의 입안을 통한 無主陳荒處 兼竝의 폐단을 파악하고, 앞으로는 무주진황처의 기경자를 소유주로 등록하자는 대책을 건의하고 있고, 孝宗은 이를 윤허하고 있다. 매년 기경자의 이름이 등록될 장부로는 收租案이나 깃기일 것이었다. 그러나 이것들에는 작인이나 지주의 戶名이 기재되었고, 또 그 작성자가 감관·서원들이었기 때문에 기경지의 소유권을 입증하기에는 미흡한 것이었다. 이런 상황에서 이 문제를 해결하는 길은 본래의 입안법의 취지에 따라 기경하려는 자가 입안을 받는 것이었다. 그렇게 되면 입안의 有無와 발급시기의 先後에 따라 소유주를 결정할 수 있을 것이었다.59)

---

58) 『承政院日記』168책(탈초본 9책), 현종 2년 6월 5일. "慶尙左兵虞候 李英萬疏日 …… 一 武斷兼竝之輩 不有三尺之典 豪富爲勢 不顧自己田畓之太多 兼竝太勝 冒占無主陳荒處 大者百有餘石 少者五六十石之地 圖出立案 自稱本主而許於人 又不自耕 使公家之地 枉作己 物 浪曠於寸土如金之時 目視無田土貧民塡壑之慘 而不許耕食 此豈川澤山林與民共之法也 況凡受立案之規 闊失火燒文券 及物件牛馬被偸與見失者 竝許立案而已 未聞本土豪富 多結 卜之民 冒出立案之規也 無田貧民 欲耕不許 故飢斃者多 此豈不痛鬱乎 以臣妄意 陳荒處凡受 立案者 勿論久近 竝取火燒 自今以後 大小陳荒處 許人隨起爲主 使無賴貧民 得耕曠起之地 俾免餓死之冤 則小民之幸 此莫大焉 …… 備邊司回啓 …… 武斷之徒 籠絡山野 圖出立案 不許貧民之起耕 情狀痛惋 曾前所受立案文書 雖難一時取燒 自今以後 凡空閑田土當年起耕 者 錄其名字 使爲己物 …… 傳日 允."

59) 『顯宗實錄』11권, 현종 6년 10월 23일.

領議政 鄭太和가 말하기를, '사헌부의 箚子 가운데, 갑술년(인조 12년, 1634) 양전 후 무주진전은 입안 선후에 따라 절급하여 궁가로 하여금 횡탈할 수 없도록 하자는 말이 있습니다' 하니 …… 임금이 말하기를, '無主陳荒田地' 는 갑술양안에 無主로 懸錄되었더라도 그 후에 民人들이 耕食應役하고 있는데, 각 아문과 궁가들이 양안에 無主로 기재되어 있다면서 민인이 이미 기경하고 있는 곳을 아울러 奪占한 것은 전에 이미 먼저 개간한 민인에게 還給하라고 명령하였었다. 만일 혹 이와 같은 폐단이 다시 있으면 본도 감사로 하여금 계문한 후 호조에서 분명히 조사하여 품처하라.'[60]

즉, 사헌부는 갑술양전 후 무주진황전지의 소유주는 입안 발급 시기의 선후에 따라 결정할 것을 건의하고 있는 것이다. 그것은 顯宗의 말대로, 민인들이 갑술양안 상의 '무주진황처'를 이미 기경해 오고 있는데, 궁가·양반가들이 뒤미처 입안을 내어 빼앗고 있기 때문이었다. 민인들이 그 진황처를 기경할 때 입안을 받았다면 궁가의 입안보다 앞서기 때문에 그 개간지는 당연히 민인의 차지가 될 것이었다. 그런데 민인들이 애초에 입안을 발급받지 않았거나 다른 문권을 소지하고 있지 않을 경우, 입안의 선후나 문권의 유무에 따라 결급하게 되면 그들은 결국 기경지를 잃게 될 것이었다. 실제로 이런 상황이 발생하고 있었다. 그러므로 顯宗 7년에 전라감사 閔維重은 다음과 같이 말하고 있다.

全羅監司 閔維重이 장계를 올리기를, "道內의 民田과 양안에 주인이 없는 것과 양안에 기재되지 않은 加耕한 곳이 모두 여러 궁가가 절수 받은 전지가 되어버렸습니다. 무릇 전토(소유권)을 爭訟할 경우, 하나는 일찍이 입안을 받았고, 하나는 그 자신이 기경했다면, 입안 받은 자를 척퇴시키고 기경한 자에게 결급하는 것이 聽訟의 通例입니다. 지금 만약 기경한 것의 오래됨은

60) 『承政院日記』 191책(탈초본 10책), 현종 6년 10월 23일. "領議政鄭太和 又以司憲府箚子 進曰 …… 憲箚中 甲戌量後 無主陳田 從立案先後折給 使宮家 不得橫奪云矣 …… 上曰 無主陳荒田地 甲戌量案 雖以無主懸錄 其後民人等 耕食應役 而各衙門諸宮家 稱以量案 無主竝與民人已耕處而奪占者 曾前已令還給於先爲開墾之民矣 如或復有如此之弊 本道監司 啓聞後 自該曹明査稟處."

계산하지 않고 오직 주인이 없다는 것을 증거로 삼아 궁가가 탈점하는 것을 허용한다면 민인의 원통함이 딱할 뿐만 아니라 국체에 있어서도 부당할 것 같으니, 該曹로 하여금 품처하게 하소서." 하였다. 호조가 回啓하기를, "절수 전에 경식하고 있던 것은 아울러 환급하게 하소서." 하니, 상이 말하기를, "양안에 들어 있지 않더라도 문권이 있으면 내어 주고 문권이 없으면 내어 줄 수 없다. 일체 문권의 유무에 따라 결정하라." 하였다.[61]

그런데 문제는 민인들이 진황처를 개간할 때 입안을 내는 경우는 드물고 따라서 문권이 없다는 것이었다. 그러자 顯宗 7년 2월에 동부승지 金萬基는 문권의 유무에 따라 결급하라는 임금의 판하를 취소하라고 건의하고 있다.

同副承旨 金萬基가 아뢰기를, "삼가 보건대, 호조가 전라감사 장계로 인하여 회계하기를, 양안에 무주전으로 민인이 경식하고 있는 것은 비록 문권이 없더라도 일체 時起田案(수조안)에 따라 시행하자고 했는데, 전하는 문권의 유무에 따라 결급하라고 판하하셨습니다. 신이 삼가 생각하건대, 空閑田土는 민인들이 경식하는 것을 허락했습니다. 때문에 민인들은 후일에 빼앗기리라고 생각하지 않았기 때문에 개간할 때에 미리 입안을 내는 자는 드뭅니다. 累年 출세하고 대대로 서로 傳해온 후에 문권이 없다고 횡탈해버린 즉, 이는 민인을 속이는 것입니다. …… 궁가가 아직 절수받기 전에 사람들이 모두 경식하고 있고, 궁가 절수가 그 후에 있은 즉, 마땅히 경식하고 있는 민인에게 귀속되어야 하고 궁가에 들어가서는 안 되는 것이 사리에 맞습니다. 단연코 時起田案으로 기준으로 삼아야 하는데 聖敎가 이와 같으니 민인들의 바람을 크게 잃을까 심히 두렵습니다. 감히 판부를 封하여 환입합니다."[62]

61) 『顯宗改修實錄』 14권, 현종 7년 1월 26일. "全羅監司閔維重狀啓 道內民田量案無主及量外加耕處 盡爲諸宮家所折受 凡爭訟田土者 一則曾受立案 一則渠自開墾 則退斥立案 決給開墾者 乃是聽訟之通例 今若於宮家 不計開墾之久 惟以無主爲證 竝許奪占 則不但民怨可矜 抑恐國體不當 請令該曹稟處 戶曹回啓 請折受前耕食者 雖無文券 竝令還給 上曰 雖不在量案 中 有文券則出給 無文券則不可出給 一從文券有無決之."

62) 『顯宗改修實錄』 14권, 현종 7년 2월 16일. "同副承旨金萬基啓曰 伏見該曹 因全羅監司狀啓 以量案無主田民人耕食者 雖無文券立案 一從時起田案施行之意回啓 而以從文券有無決給判 下矣 臣竊伏念空閑田土 國家旣許民耕食 故耕食之民 不料後日之見奪 開墾之時 預出立案者

그러나 顯宗은 임진년 이후 진황지를 折受한 것이 한 둘이 아니고, 또 그 안에 먼저 기경한 자가 있었을 터지만 궁가 절수지를 혁파했다는 말을 들은 적이 없다고 하면서 여전히 자신이 내린 판부를 고집하고 있다. 그러자 곧 이어서 사간원과 대사헌 趙復陽 등은 "무릇 진황지는 기경자를 주인으로 하고, 해마다 수세하고, 또 전안에 수록하였으니 이것 또한 문권이며, 궁가 절수는 그 후에 있었으므로 장수·임실 두 읍의 기경지를 민인들에게 환급할 것을 명령하십시오."라고 간언하고 있지만, 顯宗은 여전히 윤허를 내리지 않았다.[63]

顯宗이 大臣과 三司의 입안의 취지에 부합할 뿐만 아니라 사리에 합당한 요청을 이처럼 완강하게 거부하고 있었던 것은 궁가 절수지가 걸려 있었기 때문이었던 것 같다. 그러나 顯宗은 재위 12년에 이르러서는 재위 2년의 조치, 즉 갑술양안에 무주로 현록되었더라도 민인들이 이미 기경하고 있는 전지는 각 아문과 궁가가 입안을 근거로 점탈할 수 없고 또 기경자를 소유주로 하자는 定式을 다시 확인하고 전교하고 있다.[64] 그리고 이런 경우와는 다르지만, 민인들

鮮矣 乃於累年出稅 累世相傳之後 以其無文劵而橫奪 則是罔民也 夫以文劵有無 爲立落 是因甲乙爭訟而決折之例 非可擬於此者 宮家未折受前 人人皆得以耕食 而宮家折受 在於其 後 則當屬於耕食之民 而不當入於宮家 事理較然 斷之以時起田案 實爲得宜 而聖敎如此 深懼大失下民之望 敢封判付還入 上曰 壬辰以後 稱以無主陳荒折受者何限 其間亦豈無先墾 者 而未聞革罷也 甲戌之距今 未過四十年 則謂之累世相傳可乎 直謂之革罷則猶可 暗作名目 必歸之於革罷之地 予不取焉."

63) 『承政院日記』193책(탈초본 10책), 현종 7년 3월 22일. "大司憲 趙復陽 執義 鄭繼冑 掌令 孟冑瑞 持平 蘇斗山·魚震翼啓曰 …… 長水·任實兩邑民人開墾之地 當初量案 雖以無主 懸錄 量後三十餘年之間 相繼起耕 作爲己物 或傳之子孫 或轉相買賣 而一朝見奪於宮家 民生之失業呼冤 當如何哉 本道之査啓 該曹之覆啓 皆欲還給其民人者 自是法例當然 而殿下 乃以一從文劵有無而決给爲敎 凡陳荒之地 起耕者爲主 而逐年收稅 載錄於田案 亦一文劵也 宮家折受 旣在開墾之後 則何可不計其先後 只以文劵有無 有所與奪 重取小民之怨否乎 揆之 事理 不啻較然 而論執己久 天聽邈然 此群情之所共竊歎者也 請長水·任實等邑 宮家未折受前 民人開墾之地 無論文劵有無 竝令還給."

64) 『承政院日記』225책(탈초본 12책), 현종 12년 12월 27일. "李嵇 又以戶曹意啓曰 (吏曹啓 曰)卽接內需司牒呈公事 則卽淳昌郡守粘移 據明善公主房 新受久遠無主陳荒庫 今年所出收 稅 上送事也 取考本郡粘移 則所謂折受之地 雖是量案時無主處 民人等 片片作田 至於轉相買 賣 傳子傳孫 永作己物 今若設爲宮庄 則殘民決難支保 呼冤道路 渙散者居多云 甲戌量 雖以無 主懸錄 民人等已耕之處 則各衙門請宮家 不得奪占事 曾有申明定奪之擧 今此宮家折受處 若是量案付無主之地 而民人耕食 已至年久 則直爲折受收稅 事體不當 令該曹更加明査處置

사이에서 역시 입안을 증거로 하여 다른 사람의 기경지를 빼앗는 것을 엄격히 금단하는 것도 법령으로 정하였다.

京鄕人이 田地를 占得하여 미리 입안을 내고서, 다른 사람이 노력을 들여서 起墾한 후에 한 장의 도장 찍힌 종이를 가지고 탈취하고, 또 입안을 가지고 사사로이 서로 매매하는 것은 실로 근거가 없으니 명백히 금단한다.[65]

그런데 肅宗 역시 즉위 초에 궁가 절수지와 관련해서는 顯宗과 입장을 대체로 같이 하고 있음을 볼 수 있다.

간원에서 아뢰기를, "근래 여러 궁가가 양안의 無主陳田을 가지고 연속해서 啓下를 받아 장토를 설치하는 계책으로 삼습니다. 비록 '양안 무주'라고 하더라도 갑술(양전) 이후 40여 년 동안에 민인들이 보고하여 입안을 내고, 노력을 들여 기경해서 자기 땅으로 만들었으며, 轉相 매매하고 있고, 서로 전해 오는 문권이 있기에 이르렀는데, 통 털어서 '양안 무주'라고 하고 자의적으로 攘奪합니다. 청컨대, 양전 후 기경하고 문권이 있는 전토는 되돌려 주어야 합니다. 지금부터는 이 길을 영원히 막음으로써 모점하는 폐단을 없애야 합니다."라고 했으나 임금은 따르지 않았다.[66]

여기서 보듯이, 肅宗은 민인이 입안과 매매문기, 상속문기 등의 여러 문권까지 가지고 있으면서 기경하고 있는 토지를 궁가가 빼앗아 장토를 설치하고 있는

何如 傳曰 允事 傳敎矣 此明善公主房折受之地 雖是甲戌量田時無主之處 其後民人等 果爲各 自起耕 永作己物 則旣已定式之後 似不當折給於宮家 令本道從實査覈 區別啓聞後稟處 何如 傳曰 允."

65) 『新補受敎輯錄』 戶典 諸田. "京鄕人占得田地 預出立案 而他人費力起墾之後 只以踏印之紙 奪取 而又以立案私相賣買 實涉無據 申明禁斷 康熙辛亥 承傳."

66) 『肅宗實錄』 8권, 숙종 5년 12월 7일. "諫院啓曰 近來諸宮 量案無主陳田 連續啓下 以爲設庄 之計 雖曰量案無主 甲戌以後四十餘年之間 民人等呈出立案 費力起耕 仍爲己田 轉相買賣 至有次次相傳之文券 通謂之量案無主 而恣意攘奪 請量後起耕有文券田土 還爲出給 自今永 塞此路 以杜冒占之弊 上 不從."

것을 용인하고 있는 것이다. 말하자면 肅宗은 입안이 지니고 있는 소유권원문서로서의 법적 효력을 무시하고 있는 것이다. 이에 肅宗 8년(1682) 5월에, 申琓은 明善公主房 절수처의 문제점을 지적하면서 肅宗의 입장을 다음과 같이 비판하고 있다.

> 신완이 아뢰기를, "호조의 啓目에 대한 判付를 보건대, 명선공주방 절수처를 그대로 同宮에 소속시키라는 敎가 있습니다. 신은 잘못되었다고 생각합니다. 무릇 無主陳荒之處는 立案 起耕者가 '主'가 된다는 것이 곧 法典입니다. 이번 진주에 있는 蘆田으로 궁가가 절수 받은 곳은 양안에 비록 '無主'로 기록되어 있지만 鄭檀이 立案 耕墾한 것이 戊子年이고, 궁가가 절수 받은 것은 丙午年입니다. 만약 선후로 말한다면 정단이 억울해 하는 것이 당연합니다. 본도에서 이미 사실대로 계문했습니다. 근래에 성상께서는 매번 궁가의 일에 있어서 관련기관의 청을 따르지 않고 늘 別旨를 내리시니 아래에서 聖明에 바랄 것이 있겠습니까? …… 바라건대 다시 깊이 생각하시어 명선공주방 절수처를 동궁에 소속시키라는 명을 거두시기 바라고, 該曹의 覆啓에 의해 본도로 하여금 자세히 조사하여 계문하도록 다시 명하십시오."라고 하니, 전하여 말하기를, "丙午年에 절수하고 丁未年에 打量할 때에는 한마디도 없다가 庄土를 만든 지가 오래된 후에야 정단이라는 자가 沈哥에게 放賣했는데 해조에서 기각된 즉, 이 역시 公證이 明斷하고 그래서 궁가에 소속시킨 것은 법으로도 당연한 것이다. 취소하라는 요구는 근거가 없기로 심한 것이 아니냐."라고 하였다.[67]

---

67) 『承政院日記』290책(탈초본 15책), 숙종 8년 5월 22일. "申琓啓曰 卽伏見戶曹啓目判付 則有明善公主房折受處 仍屬同宮之敎 臣竊以爲不然也 凡無主陳荒之處 立案起耕者爲主 乃是法典也 今此晉州蘆田宮家折受之處 量案中 雖以無主懸錄 而鄭檀之立案耕墾 在於戊子年 宮家折受 在於丙午年 若以先後言之 則鄭檀之稱冤 理所固然 自本道旣已從實啓聞 (三行缺) 近來聖上 每於宮家之事 不從攸司之請 輒下別旨 群下之所望於聖明者哉 凡臺臣 方以赤簡事 閱月爭執 而不賜允兪 又下此敎 臣竊恐 聖上於此 未免有偏系而然也 伏願更加深思 還寢明善公主房折受處 仍屬同宮之命 依該曹覆啓 更令本道詳查啓聞 傳曰 丙午折受 丁未打量之時 曾無一言 而及其成庄年久之後 鄭檀爲名者 放賣於沈哥 而又爲見却於該曹 則此亦公證明斷 而仍屬宮家者 在法當然矣 還寢之請 豈非無據之甚者乎."

신완이 보기에는 肅宗이 궁방 관련 일에 있어서는 현행 법령을 지키지 않는다는 것, 無主陳荒處는 立案 起耕者가 '主'가 된다는 것이 法이고 이에 따라 정단이라는 자가 궁가가 절수 받기보다 앞서서 입안을 내어 기경한 것을 궁가의 장토로 하는 것 역시 불법이라는 것을 지적하고 있다. 이에 반해 肅宗은 정단이 기경한 곳을 방매한 것이 기각된 것을 볼 때 기경한 곳을 정단의 소유지로 볼 수 없다고 반박하고 있다. 그러나 肅宗도 13년(1687)에 이르러서는 '凡無主陳處 許民起耕 時執者爲主 自是通行事目也', 즉 지난 「甲戌量田事目」의 '無主陳田 起耕者爲主'의 조항을 인정하고, 절수 후 새로 기경한 곳은 궁가에 소속시키고, 절수 전에 민인이 경간한 곳은 민결로 환급하는 것에 동의하고 있다.[68]

이상에서 쟁점이 되고 있는 문제, 즉 양안 상의 무주진전의 경우 기경자를 소유주로 할 것인가, 아니면 입안 받은 자를 소유주로 할 것인가를 해결하는 길은 첫째, 입안을 받고서도 기경하지 않는 자는 소유권 쟁송을 못하도록 할 것, 둘째, 사목의 법적 효력이 의심되고 있기 때문에 '無主陳田 起耕者爲主'를 법제화하는 것이었다. 그리하여 肅宗 21년(1695) 1월에 三南巡撫御使의 應行節目에 우선 다음과 같은 조항을 두었다.

지금부터는 정식으로 입안을 받은 자로 3년 안에 耕墾하지 않고 3년 후 다른 사람이 기경한 것이면 입안을 받은 자로 하여금 爭訟하지 못하도록 하라. 諸宮家의 折受處는 군읍의 입안과는 일 자체가 다른 만큼 거론하지 말 것인데, 혹 본관에 올려 입안을 받은 자가 있은 즉, 민들과 똑같이 시행할 것이다. 田土 없는 殘民이 가까스로 한편의 空地를 얻어 힘써 기경하였다가 도리어 입안 받은 지 수십 년 된 자에게 빼앗겨 해마다 소출을 헤아려

---

68) 『承政院日記』 320책(탈초본 16책), 숙종 13년 3월 8일. "行大司諫 任相元 獻納 徐文裕 正言 林渙啓曰 …… 諸宮家設庄 爲今日大弊 騰出量案無主陳處 勿論量後起耕與否 竝皆折受 厚招民怨 凡無主陳處 許民起耕 時執者爲主 自是通行事目也 甲戌量田 今過五十餘年 其後民 人等 起耕收稅 入於原田結者 或至數十年之久 永作己業 轉相買賣 而量案中 元無追錄起耕之 事 故諸宮家 只憑量案之無主 奪取民結 以作宮庄 此豈法典之意也 卽今務安·潭陽·全州等地 俱有折受之處 多有貽弊之端 請令本道 詳査各年踏驗文書 折受後新起處 屬之宮家 折受前耕 墾處 還付民結 以除冒占兼竝之弊 答曰 依啓."

바치는 자가 있으니 실로 불쌍한 일이다. 만일 이러한 일이 있으면 호조
啓下에 의해 정식으로 시행할 것을 각 읍에 분부하여 거행할 것이다.[69]

그리고 肅宗 24년(1698)에는 당시 입안자와 기경자 사이의 소유권 다툼이
가장 큰 현안이 되고 있었기 때문에 다음과 같이 법제화하였다.

○ 『受敎輯錄』 刑典 聽理 : 해택·산야·진황처에 대한 입안을 받아내고 3년 안에
   경간하지 않았고, 3년 후에 기경한 것이면 입안을 받은 자로 하여금 쟁송하지
   못하도록 하라. 康熙 戊辰(1698) 承傳[70]

앞서 보았듯이, 이 조항은 궁가와 양반가들이 양안 상의 無主地, 즉 無主陳荒處
에 대해 입안을 내놓고는 기경하지 않으면서 다른 사람들이 기경하는 것을
금지하고 있었기 때문이었다. 따라서 이 조항은 이후 민인들 사이에서 '양안
상의 무주진황처 및 입안을 받고 기경을 금지하여 陳廢된 곳은 起耕者를 주인으
로 한다'[71]고 해석되었다. 그런데 이후에도 여전히 입안자와 기경자 사이에
쟁송이 끊이지 않았던지 決訟의 실무지침서를 모아 놓은 『決訟類聚補』(肅宗
33년, 1709)에는 다음과 같은 조항을 두고 있다.

---

69) 『備邊司謄錄』 제49책, 숙종 21년 1월 23일. "一 頃在戊辰年間 因黃海監司狀啓戶曹覆啓
   定奪分付諸道爲白乎矣 凡呈作出立案者 無意作田 守令遞易之際 等等超呈改立案 以爲延拖年
   歲之計者 事甚無據 情亦可惡 自今定式受出立案者 三年內不得耕墾 而三年後他人有起耕者
   則使受立安者 不得爭訟 諸宮家折受處 則與郡邑之立案 事體自別 不當擧論 而或有呈本官受
   出立案者 則凡民一體施行亦爲白去乎 無田土殘民 僅得一片空地 竭力起耕爲白如可 反
   被數十年前立案者所奪 甚至有年年所出計數徵捧者 誠可矜惻 如有如此之類 則一依戶曹啓
   下 定式施行事 分付各邑 擧行爲白齊."
70) 『受敎輯錄』 刑典 聽理. "海澤山野陳荒處受出立案 三年之內不得耕墾 而三年之後有起耕則
   使受立案者 不得爭訟 康熙 戊辰 承傳."
71) 『承政院日記』 431책(탈초본 23책), 숙종 32년 8월 16일. "公州 閑良 尹弼殷疏曰 ……
   量案懸主陳荒處及受立案禁耕陳廢處 以起耕者爲主法 新頒事目 不啻申明 而强民不遵朝令
   一向牢拒 使殘民不敢生意 空棄可惜處甚多 事極不當 臣意則行會嚴飭 毋踵前習 而或違拒朝
   令者 別樣處置 以杜放恣無忌之習 則無勢殘民 庶有食土[之]望, 臣之愚計六也."

○ 『決訟類聚補』: 오랫동안 폐기된 것과 입안을 도출하고 경식하지 않은 것은 모두 기경자를 주인으로 한다. 기경한 지 오래된 후에 文籍을 가지고 횡탈하려고 계획하는 자는 聽理하는 것을 허락하지 않는다.[72]

임진전쟁 이후 거의 폐기된 것이나 다름없는 입안법이 顯宗 1년(1660)에 다시 공포된 이후에도 관에 신고하고 입안을 받는 자('呈官受立案者')는 거의 없었다. 이로 인해 명문을 위조하여 기송하는 일이 빈번했다. 특히 궁방이 진황처를 입안을 통해 절수 받는 일이 많아지면서 입안 없이 이미 진황처를 기경해오고 있던 민인들과 궁방 간의 소유권 다툼은 더욱 심해지고 있었다. 그러자 肅宗 16년(1690)에 다시 입안법 문제가 거론되었지만 구체적인 조치는 없었고 다만 이를 준수하도록 申飭하는 선에서 그쳤다. 입안을 내는데 드는 비용이 과다한 것도 이유였지만 보다 근본적인 이유는 肅宗에 이르기까지 역대 임금들이 늘 궁방을 옹호했기 때문이었다. 이후 여전히 기경지의 소유권을 둘러싼 쟁송은 계속되었지만 그러나 대세는 '起耕者를 所有主로 한다'는 취지를 법제화하는 방향으로 나아가고 있었다. 그럼에도 불구하고 막상 쟁송이 벌어졌을 때 민인이 기경자임을 입증할 수 있는 문권이 없다는 것이 문제였다. 당시 양전이 거의 실시되지 않는 상황에서 민인의 기경지가 원전으로 양안에 추록되는 일 또한 거의 없었다.[73] 결국 양안을 대신할 수 있는 문권은 입안밖에 없었다. 그리하여 肅宗 43년(1717) 『新補受敎輯錄』에는 다음과 같은 조항을 둘 수밖에 없었던 것 같다.

○ 『新補受敎輯錄』 戶典 量田 : 陳田은 모두 主名을 등록한다. 無主處 역시 '無主'로 등록한다. 양전 후 기경하기를 원하는 자는 本曹에 알리고 입안을 받는다. 그런 후에 법에 의해 영구히 자기 소유물로 만든다. 문적 없이 자기 소유물이라고 僞稱하여 양안에 '主'로 등록하려 했다가 査覈하여 드러나면 冒占했다는

---

72) 『決訟類聚補』. "積年廢棄者及圖出立案不爲耕食者 竝以起耕者爲主 起耕年久之後 持文籍橫奪設計者 勿許聽理."

73) 주 68) 참조.

죄로 論하여 全家를 변방으로 이사시킨다. 康熙 丁酉(숙종 43, 1717) 量田事目[74]

즉, 양안 상의 무주처를 양전 후에 기경하기를 원하는 자는 호조에 알리고 입안을 받을 것을 규정하고 있는 것이다.

그런데 이러한 법규에도 불구하고 실제로 민인들이 여전히 입안을 받지 않고 기경하고 있었던 상황에서 궁가와 양반가들은 오히려 이 법규를 빙자하여 입안을 내서 민인들의 기경지를 횡탈하거나, 혹은 그 기경지를 이미 자기 소유지로, 그리고 기경자를 전호농민으로 간주하고 花利를 수취하는 일들이 일어나고 있었다.

> 原州 幼學 李藎芳이 상소하여 말하기를, "…… 근래에 京鄕의 形勢家들은 이 규정을 빙자하여 입안을 도출하여 다른 사람이 고생해서 作田함에 미처 한 장의 踏印紙로 小民을 위협하여 餘力를 남겨주지 않습니다. 이것 역시 殘民이 버티기 어려운 폐단입니다. 신묘년 전라도순무어사 書啓에 대해 입안에 근거하거나, 입안을 먼저 냈는가 나중에 냈는가를 물론하고 모두 시행하지 말고 기경자를 주인으로 하라는 啓下公事가 너무나 분명한데, 근래 형세가들이 朝令을 무시하고 縱橫自恣합니다. 혹은 私門으로, 혹은 官威로, 花利를 함부로 거두는데 살펴볼 문적이 없습니다. 이로 보건대 나라에서 없어져야 할 것은 양반이고, 백성을 족히 잘못되게 하는 것도 양반입니다."라고 하였다.[75]

---

74) 『新補受敎輯錄』戶典 量田. "陳田竝皆懸錄主名 無主處亦以無主懸錄 量後願爲起耕者 呈本
曹受立案 然後依法永作己物 無文籍僞稱己物 欲爲懸主於量案 査覈現露則論以冒占之罪 全
家徙邊. 康熙 丁酉 量田事目."

75) 『承政院日記』32책(탈초본 588책), 영조 1년 3월 12일. "原州幼學李藎芳疏曰 且所謂立案
者 無主空閑之地 人或卜居 披荊剪棘 開墾作田 而旣無文卷可作後考 則立案之出 以此故也
而近來京鄕形勢家 憑藉此規 圖出立案 及至他人勤苦作田 則以一張踏印之紙 爲脅小民 不遺
餘力 此亦殘民難支之弊也 辛卯年全羅道巡撫御史書啓 據立案 勿論曾出新出 竝不施行 而起
耕為主 啓下公事 十分嚴明 而近來形勢家 不有朝令 縱橫自恣 或以私門 或以官威 劫捧花利
無所顧籍 以此觀之 則我國之不可無者兩班 而適足以誤蒼生者 亦兩班也 識者之寒心 罔有紀
極 而不可置之尋常者也 伏願聖明 特下嚴旨 申飭此弊 則亦足以慰悅民心也."

한편, 無田民이나 殘民들은 양안의 무주진황처 뿐만 아니라 심지어는 山田을 개간하기도 했는데, 양반가들은 그들이 개간한 산전 역시 일찍이 입안 받았다는 것을 빙자하여 收稅하거나, 수령들은 또 續田이라고 하여 수세하기도 했다.76) 앞서 보았듯이 양반가들은 무주진황처 뿐만 아니라 산림과 해택까지도 입안을 내어 겸병해서 지주제경영을 하고 있었던 것이다.77) 이에 英祖 5년(1729)과 英祖 12년(1736)에는 각각 아래와 같은 규정을 두었다.

○ 『新補受教輯錄』 戶典 諸田 : 산골짜기 한광처를 노력을 들여 作田한 후 한 장 立案으로 據執하는 것은 극히 근거가 없다. 이후로는 기경자를 소유주로 하고, 만약 스스로 기경하지 않으면서 입안을 근거로 民田에서 收稅하는 자가 있으면 大明律의 田宅을 侵占한 죄로 논하여 杖八十 徒二年에 처한다. 雍正 己酉(영조 5년, 1729) 承傳.78)

---

76) 『英祖實錄』 23권, 영조 5년 8월 22일. "侍讀官 李宗白曰 峽民之山田起墾處 士夫以曾有立案 憑藉徵稅 守令又以續田收稅 兩稅可刬矣 檢討官 柳儼曰 大凡無主空閑地立案 誠可駭 宜定式 痛禁 命分付道臣 嚴禁."；『備邊司謄錄』 제8집, 영조 5년 8월 24일. "侍讀官 李宗白所啓 峽民生理 素極慘憐 冬不得綿 夏不得布 惟以火田耕畬 僅僅聊生 而其間稱以士夫者 山田耕墾 處舊多有圖出立案 因據立案 而徵稅於民 守令則又以屬田收稅 殘民兩稅 實爲矜悶矣 檢討官 柳儼曰 大凡無主空閑地立案 誠極可駭 出擧條痛禁 永爲定式施行何如 上曰 山田立旨 事極絶 痛 令道臣 各別嚴禁可也."

77) 『承政院日記』 46책(탈초본 829책), 영조 12년 7월 1일. "左副承旨 金尙星 …… 尙星進公洪 監司李宗白狀啓曰 此請防禁士夫立案山澤之弊者也 上進覽之曰 以此事觀之 李宗白之爲治 凡可爲之事則皆能爲之矣 尙星曰 近來士大夫及鄕族之圖出立案 冒占山澤之弊 誠寒心矣 臣 爲京畿御史時見之 則有形勢士大夫及豪强鄕族之類 稱以柴場鹽場 廣占空地 圖囑主倅 成出 立案 窮殘土民 不敢漁牧 若或有犯耕處 則因作爲物 以罔其利 此豈非萬萬無據乎 至於三南沿 海諸處 此弊尤甚 小民無以聊生 如此事 正宜嚴立科條 從重勘處矣 應福曰 大典刑典禁制條中 私占柴草場者 其律杖八十 工典柴場條 用柴諸司 於水邊給柴場 而各有定限 近來勢家與鄕中 豪强之類 廣占空閑之地 圖出立案於本官 雖一草一木 不許小民犯手 至於使小民開墾而收稅 此豈大典之本意乎 自朝家雖已申飭 而不能一切禁斷云 臣意則工曹定給柴草場外 私占收稅 者 更以大典杖八十之律申飭 則必有撻市之恥 而無如前冒占之弊矣 上曰 依所達 另加申飭 可也."

78) 『新補受教輯錄』 戶典 諸田. "山峽閑曠處 費力作田之後 以一張立案據執 極爲無據 今後則起 耕爲主而若有不自耕而以立案收稅民田者 依大明律侵占田宅者 杖八十徒二年 雍正 己酉(영 조 5년, 1729) 承傳."

○ 『新補受敎輯錄』 戶典 諸田 : 해택을 입안 받았다고 하여 사사로이 세를 거두는
  자는 公田을 冒占했다는 죄로 從重勘處한다. 乾隆 丙辰(영조 12년, 1736).[79]

이처럼 사대부와 토호들이 민인들의 기경지를 입안을 빙자하여 지주경영하
는 것을 '冒占公田之罪'나 '侵占田宅之罪'로 처벌하고 있었음에도 불구하고 민인
들은 장차 빼앗기거나 佃作農으로 전락하게 될 것을 우려하여 그들의 입안지,
즉 진황처·한광처를 아예 기경하려고 하지 않고 있었다. 이를테면, 景宗 1년(1721)
에 진휼청이 안산·인천 지역에 있는 石場浦에 築筒設屯하고 민인들로 하여금
기경토록 한 일이 있었다. 민인들이 그 일부를 기경했고, 또 일부는 京外 兩班들이
광점하여 입안을 내서 기경하기도 했다. 그러나 기경지는 그해와 이듬해에
흉년을 당하여 모두 폐기되었고, 英祖 16년(1740) 4월까지 폐기된 체로 남아
있었다. 그런데 이때에 다시 기경하려는 민인들은 옛날에 입안을 받은 주인이
있다고 감히 기경하려고 들지 않았다. 그러자 진휼청은 과거에 기경했거나
기경하지 않았거나, 또 입안의 유무를 따지지 않고, 현재의 '기경자를 소유주로
하라'는 명령을 내리고 민인들을 모집하니, 응모자가 백여 명에 이르렀었다.
한편, 민인들의 입안지 기경을 막았던 인천에 사는 양반 邊榥을 처벌하였다.
그리고 그해 10월에야 석장포둔은 모두 경작되기에 이르렀다.[80] 이러한 사정을
英祖 16년(1740) 10월에 右副承旨 元景夏는 다음과 같이 말하고 있다.

진휼청의 말을 빌려 아뢰기를, '신축년 안산 석장포에 築筒設屯했는데, 京外

---

79) 『新補受敎輯錄』 戶典 堤堰. "海澤稱以立案 私自捧稅者 以冒占公田之罪 從重勘處."
80) 『承政院日記』910책(탈초본 49책), 영조 16년 4월 5일(을해). "右副承旨 金廷潤 以賑恤廳
   言啓曰 本廳曾於辛丑年間 安山仁川境石場浦可播種處 多費物力 築筒設屯 而許民耕作 隨起
   納稅事 有所定奪 而地廣人稀 不能盡墾 近處土民 利其營地 惟意廣占 成出立案之後 間或起耕
   而不起耕處 甚多矣 辛壬慘凶之後 所謂起耕者 亦多廢棄 今則從前起耕不起耕處 同歸於等棄
   之地 而雖有願耕之民 以當初立案之有主 亦不敢任意耕食 故本廳昨冬差別將 成給節目
   使之募民入耕 而毋論起耕不起耕 立案有無 惟以時起者 許令爲主 而民之應募者 將至百餘名
   庶可有成效矣 仁川居邊榥爲名者 稱以兩班 驅逐應募之民 使不得接跡 而欲爲廣占操切之計
   其情狀 誠甚可駭 節目申嚴之下 此等土豪 不爲嚴治 則募民渙散 莫可收拾 邊榥自本道監營
   各別嚴查 以爲從重處置之地 何如 傳曰 允."

兩班 및 常漢들이 땅을 구획하고 광점하여 이내 입안을 내고는, 다른 사람들이 起墾하는 것을 앉아서 관망했다가 병작제로 이득을 나누려고 합니다. 때문에 사람들이 혹 기경하려 한 즉 입안을 낸 자는 本主라 칭하면서 혹은 禁斷하거나, 혹은 종자를 주면서 竝作을 강요했습니다. 이 때문에 사람들이 모두 두려워하고 꺼려서 감히 入耕하지 못해서 지금까지도 陳廢되었으니 심히 안타깝습니다. 작년에 비로소 민들에게 나누어 주어 경작을 권장한 즉, 근방에 사는 민들이 모두 말하기를, 이곳은 某宅의 立案處고 저곳은 某人의 立案處인데 지금 비록 재산을 들여서 기경할 지라도 결국에는 빼앗길 것이기 때문에 머뭇거리면서 들어가지 않는다고 합니다. 이른바 입안을 낸 자들은 본래 作畓할 뜻이 없기 때문에 부득이 舊立案을 무시하고 현재 기경하고 파종하고 있는 자를 소유주로 할 것을 확정한 후 비로소 민들에게 나누어 주니 이미 70여 호에 이르고, 기경하여 파종한 면적이 200여 石落에 이릅니다. 그런데 사람들이 모두 그 많은 기경한 곳에 禾穀이 무성한 모습을 보고 일찍이 立案 낸 것을 의탁하여 횡탈하려고 하는 자들이 종종 있습니다. 만약 엄격하게 科條를 세우지 않으면 이전에 있었던 紛爭의 폐단이 없지 않을 것이기 때문에 節目 別單을 작성하여 後錄해서 이를 영구히 遵行하도록 하면 어떻겠습니까?'[81]

즉, 이 사례에서 보듯이, 민인들은 기경하기 전에 입안을 낸 양반가들이 그들의 기경을 막거나, 혹은 개간된 후에 그 기경지를 빼앗거나 아니면 竝作制를 강요하기 때문에 기경하려 들지 않고 있었던 것이다. 그러나 舊立案을 무시하고 '현재의 기경자를 소유주로 한다'는 조치를 내리자 민인들은 비로소 입경하고

---

81) 『承政院日記』922책(탈초본 50책), 영조 16년 10월 12일. "右副承旨 元景夏 又以賑恤廳言 啓曰 辛丑年安山石場浦 築筒設屯 而京外兩班及常漢 畵地廣占 仍出立案 坐觀他人之起懇 欲以竝作例分利 故人或起耕 則出立案者 稱以本主 或禁斷或給種子 責其竝作 以此之故 人皆畏憚 不敢入耕 尙今陳廢 誠甚可惜 昨年始爲分民勸耕 則傍近居民 皆以爲此則某宅立案 處 彼則某人立案處 今雖費財起耕 終爲見奪 逡巡不入 而所謂出立案者 本無作畓之意 故不得 已以舊立案勿施 時執耕播者爲主之意 草起定奪後 始乃分民 已至於七十餘戶 起耕落種者 亦至於二百餘石落 而人皆見其許多起耕處禾穀茂盛之狀 托以曾出立案 欲爲橫奪之計者 比 比有之矣 若不嚴立科條 則前頭不無紛爭之弊 故成節目別單後錄 以此爲永久遵行之地 何 如。"

있었던 것이다. 여기에서 이제는 '현재의 기경자를 소유주로 한다'는 것을 법률로 규정해야 할 필요성이 제기되고 있음을 볼 수 있다. 그리하여 마침내 『續大典』(英祖 22년, 1746년)에는 다음과 같은 조항을 두게 되었던 것이다.

○ 『續大典』卷二, 戶典 田宅 : 모든 閑曠處는 起耕者를 주인으로 한다. 혹 미리 입안을 내고 스스로 기경하지 않고 빙자하여 빼앗는 자와 그 입안을 사사로이 서로 매매하는 자는 전택을 侵占한 律로 논한다.[82]

즉, 조선국가의 기본 법전에 의하여 기경자가 소유주로 전환하고 있음을 볼 수 있다. 법적 권리로 말하자면, 경작권이 소유권으로 전화하고 있는 것이다. 이는 역시 조선국가의 기본 법전인 『大典通編』의 다음 조항에서도 확인할 수 있다.

○ 『大典通編』卷二, 收稅 : (增) 진전을 기경하는 일은 민이 관에 신고하고 경종하는 것을 허락한다. 3년 후부터 납세하도록 한다. 혹 전주가 와서 다투면 경작지의 3분의 1은 전주에게 주고 3분의 2는 기경자에게 준다. 경식한 것이 10년이면 똑같이 나누는 것을 허락한다.

여기서 진전은 '有主陳田'인데, 그것을 3년 이상 10년 미만 기경한 자는 경작지의 3분의 2를 소유하게 되며, 10년 이상부터는 그 반을 소유하게 되는 것이다. 이는 『經國大典 註解』의 "過三年陳田 許人告耕"과 이의 개정인 『各司受敎』[城府受敎] "丙辰(明宗 11년) 八月 十三日 承傳 內 過三年陳田 許人告耕者 非謂永給 待本主還推 尋間 因人狀告 姑許耕食"을 재개정한 것으로서 기경자의 경작권이 강화되어 소유권의 분할까지 가져오고 있음을 볼 수 있다.[83] 이처럼 '有主陳田'을 기경한 경우에 있어서도 경작권이 소유권으로 전화되고 있음을 확인할 수 있다.

---

82) 『續大典』권二 戶典 田宅. "凡閑曠處 以起耕者爲主 其或預出立案 不自起耕而憑藉據奪者及 以其立案私相賣買者 依侵占田宅律論."

83) 주 10) 참조.

이처럼 이제 기경자가 누구든지 간에 기경지에 대한 소유권이 국가의 기본법전에 의해서 法認되고 있음을 볼 수 있다. 이는 기경자가 기경지의 사적 소유자로서 그 토지에 대한 포괄적소유권(이용권·임대권·처분권)을 갖게 되었다는 것을 의미하고, 토지에 대한 사적소유권이 일반화되었다는 것을 말하는 것이겠다. 그러나 이것만으로는 불충분했다. 실제로 기경자가 기경지를 소유·기경하고, 또 이를 매매·상속 등 처분하려고 할 때 그 소유권을 입증할 수 있는 유일하고도 확실한 소유권원문서가 있어야 했던 것이다. 그것은 당시로는 기경자의 명의로 隨起收稅의 장부인 收租案에 등재되거나 양안에 추록되는 것밖에 없었다. 즉, 소유권을 입증하는 문서는 수조안이나 양안밖에 없었던 것이다. 그러나 三政이 紊亂하고 양전이 제대로 실시되지 않는 상황에서 收租案에 등재되거나 양안에 추록되는 것은 거의 불가능한 일이었다. 혹 양전이 정기적으로 실시된다 해도 양전 사이의 기간이 길어서 토지와 소유주의 변동이 바로 조사되고 등재될 수도 없었다. 여기서 양안·수조안을 대신하여 토지와 소유주·소유권의 변동을 증명할 수 있는 새로운 토지소유권 증명제도가 수립되어야 할 필요성이 제기되는 것이었다.[84] 결국 그것은 대한제국의 관계발급사업이나 일제의 토지조사사업 결과 작성된 토지대장과 등기제도로 귀결될 것이었다.

4. 맺음말

고대·중세사회 이래로 孔孟思想을 지배적 사상과 이데올로기로 수용해 온 왕과 관료들은 '仁政'이 실현되는 사회를 가장 '理想的인 사회'로 생각하고, 이를 이루려고 노력해 왔다. '仁政'이 실현되는 사회는 기본 생산자인 민인들에게는 '恒産'이 있고, 국가와 사회에 봉사하는 관료들에게는 '世祿'이 보장되는 사회였다. 그리하여 왕정은 土地分給制度와 勸農政策을 실시함으로써 민인들에

---

84) 최원규, 2000, 「일제 초기 조선부동산증명령의 시행과 역사성」『하현강교수정년기념사학논총』, 혜안.

게 '恒産', 즉 가족 노동력을 기본으로 하여 自給自足的인 경제생활을 영위하면서 일정한 세금을 바칠 수 있는 농지를 마련해 주려고 했고, 祿俸制度를 수립해서는 관료들에게 경제적으로 걱정하지 않고 職役만을 충실하게 수행할 수 있도록 收租地나 俸祿을 지급하려고 하였다.

이처럼 '恒産'과 '俸祿'이 안정적이고 지속적으로 보장된다면 국가와 체제도 안정적으로 유지될 것이었다. 그런데 민인들의 '恒産'은 때때로 위기를 맞았고, 이는 국가와 체제의 위기를 불러오기도 했다. 이 '恒産'의 위기란 곧 자영농이 농지를 잃게 되는 상태로서, 농업생산력의 발달에 수반되는 토지 소유와 경영의 분화·분해, 나라 안에서의 사회혁명과 나라 밖에서의 국가 간의 전쟁, 그리고 자연 재해 등에 의해서 주어지고 있었다. 고려사회 말기와 조선사회 초기에도 '민인의 항산'이 위기에 처해 있었다.

몽고와의 전쟁과 14세기 중엽부터 심해진 왜구의 침략과 분탕, 그리고 고려말기의 왕조 교체 등의 국가와 체제의 위기 속에서 전국의 농토는 황폐화되었고, 민인들의 유망·이산이 속출하고 있었다. 특히 왕조체제의 기본 토대이었던 경기도와 下三道의 피해는 극심하였다. 고려말 양전 결과에 의하면 荒遠田은 墾耕田의 거의 1/3에 육박하고 있었다. 조선초기의 陳田 기경과 新田 개발은 이런 사정에서 제기된 문제였다. 조선 개국과 함께 무엇보다도 진전 기경과 流民의 安集은 시급하고도 절박한 과제였다.

조선정부는 건국 직후부터 토지 개발정책을 두 계통으로 추진해 갔다. 하나는 기경지의 소유권 및 이용권에 관한 조치이고, 다른 하나는 기경지에 대한 면세 내지 감세 조치였다. 이 가운데서도 특히 기경하려는 자들에게 중요하고 또 정부 입장에서도 민감한 문제는 전자였다. 기경의 대상이 되는 토지는 소유주는 있으나 질병·이사·天災 혹은 횡탈 등의 여러 연유로 1~2년간, 혹은 수년간 경작이 포기된 '有主陳田'과 '無主陳荒地處'가 있었다.

정부는 민인들로 하여금 陳荒處를 관에 신고하고 耕食하게 하려는 취지에서 立案法을 만들고, 기경을 신청하는 민인들에게 입안을 발급해 주었다. 이것은 궁가와 양반가들이 陳荒處를 多占하고 互相陳荒하는 것을 금지하는 한편, 그들의 농지매매를 통제함으로써 토지집적과 토지겸병을 억제하는 한편, '無田農民'들에게 진황처를 지급하는 농지분배책의 하나였다. 그런데 농민들은 대개가 입안을 발급받지 않고 기경하고 있었다. 반면에 입안법의 취지와는 달리 입안을 발급받는 것은 주로 궁가와 양반가들이었다. 이들은 스스로 기경할 무주진황처를 찾아내어 입안을 신청하는 것이 아니라, '量案上의 無主地'와 '量案外 陳荒處'를 대상으로 그 起耕·陳廢의 여부를 가리지 않고 입안 받거나, 심지어는 有主陳田과 이미 타인이 기경하고 있는 기경 전까지 '冒出立案'하여 횡탈함으로써 소유권분쟁을 일으키고 있었다. 또 그들은 입안을 빙자하여 입안 없이 경식하고 있는 소농들의 기경지를 빼앗거나, 그것을 이미 자기 소유지로 간주하고서 개간한 농민으로부터 지대를 수취하기도 했다. 이로 인하여 기경지를 둘러싼 소유권 쟁송이 끊이지 않았던 것이다. 그것은 입안이 국가가 공인하는 소유권원부로서의 양안이나 수조안을 대체하고 있는 또 하나의 소유권원문서로서 인지되고 있었기 때문이었다. 이로 인해 입안을 받은 자와 기경자 간의 소유권분쟁은 다음과 같은 경우에 일어나고 있었다.

첫째, '有主民田'의 횡탈로 인하여 소유권분쟁이 일어나는 경우, 소유주를 가리는 것은 어렵지 않은 일이었다. 혹 소송 중에 있는 토지가 양안 상에 '有主田'으로 등재되어 있거나, 소유주가 田稅를 납부한 사실이 확인되면 그 토지는 마땅히 원소유주에게 환급될 것이었다.

둘째, '有主陳田'을 둘러싸고 소유권분쟁이 일어나는 경우는 본주가 이사 등의 사유로 인해 일정 기간 묵히게 된 '無主陳田'을 타인이 기경하게 된 경우였다. 즉, 본주가 예전의 자기 토지를 추심하고자 현재의 기경자를 대상으로 소송을 제기했을 때 소유권분쟁이 일어났던 것이다. 이 경우 본주가 소장을 내고도 5년 동안 立訟하지 않으면 기경지의 소유권은 기경자에게 귀속되었다. 그리고 본주가 5년 동안 입송하여 승소했을 경우에는 현재의 기경자가 무전자인 자에 한해서 그에게 기경지의 2/3를 할애하여 소유하게 했고, 1/3은 본주에게 환급하였다. 어떻든 '有主陳田'이라도 6년 이상 기경했을 때에는 본주의 소유권이 기경자에게 이전될 수 있었던 것이다.

셋째, '무주진황처' 기경과 관련된 소유권분쟁이 가장 많이 일어나고 있었다. 이는 주로 '양안외의 진황처'와 '양안상의 무주지'를 입안 받은 궁가·양반가와 이미 기경하고 있는 민인들의 소유권분쟁이었던 것으로서 조선전기에는 잦지 않았다. 조선전기에는 '무주진황처'가 많았을 뿐만 아니라 고려시대부터 '무주진황처'를 기경했을 경우, 기경자가 소유주가 된다는 것이 不問律이 되고 있었기 때문이었다. 또 정부는 궁가·양반가 등이 입안만 받고 기경하지 않거나 민인들의 기경을 막는 것을 엄금하고 있었지만, 실제로 그들은 많은 率下奴婢와 率丁 등의 노동력과 財力을 투자해서 입안 받은 진황처를 기경하여 農庄을 만들고 있기 때문이었다. 그리고 조선전기에는 전국적이고 정기적인 양전이 실시되고 있었던 것도 그런 분쟁을 없게 했던 원인이었다. 따라서 이런 소유권분쟁이 빈발했던 것은 양란 이후부터였다. 그것은 주지하다시피 양란 이후에는 특히 소유주들의 流離로 인하여 진전이 크게 늘어났고, 양전은 제대로 실시되지 않았으며, 지주들의 토지겸병이 심했기 때문이었다. 조선 정부는 이제 이러한 소유권분쟁을 종식시킬 근본적인 대책을 강구해야 했다. 그것은 무주진황처의 기경자가 누구이든 간에 그의 '時執'과 경작, 즉 기경지의 현실적 이용을 전제로 그를 기경지의 소유주로 法認하는 것이었다. 그리하여 仁祖 12년(甲戌, 1634)의 「量田事目」에 '無主陳田 起耕者爲主'의 조항을 두었다. 그러나 이것은 양전사목의 한 조항일 뿐이었지 '法例'가 아니었기 때문에 법적 효력을 가질 수 없었다. 이 조항은 법조문으로 규정되어야 할 필요가 있었다. 그리하여 肅宗 33년(1709)의 『決訟類聚補』에 '오랫동안 폐기된 것과 입안을 圖出하고 경식하지 않는 것은 모두 기경자를 소유주로 한다'는 조항을 두기에 이르렀다. 그리고 이는 이후 여러 차례의 '受敎'를 통해 개정되었고, 마침내 『續大典』(英祖 22년, 1746)에 '모든 閑曠處는 기경자를 소유주로 한다'는 법률로 귀결되었다.[85] 이는 토지의 사적소

---

85) 박병호는 위의 『續大典』과 『大典通編』의 조항이 "실제로 얼마만큼 실효성이 있었는지는 의심스럽다."고 말한다. 그에 의하면, 전근대사회에서 "소유권은 국가법적 측면에서나 일반의 법의식에 있어서나 현실적인 物件支配나 利用(耕食, 居生, 使喚, 禁養, 守護)의 사실과는 관계없이 관념적으로 물건지배를 정당화하는 법적 근거인 權原(祖上代代로, 買受하여, 受贈하여)에 의해서 보호되고 그렇게 의식되고 있었다"

유권이 일반적으로 성립했다는 것을 선언하고 있는 것이었다.

이로써 비로소 기경자가 누구든지 간에 그가 그 기경지를 '時執'하고 경작하고 있다는 것을 전제로 그의 기경지 소유가 국가의 正典에 의해서 法認되고 있음을 볼 수 있다. 이는 기경자가 기경지의 사적 소유자로서 그 토지에 대한 포괄적소유권(이용권·임대권·처분권)을 갖게 되었다는 것을 의미하고, 토지에 대한 사적소유권이 일반화되었다는 것을 말하는 것이다. 그러나 이것만으로는 불충분했다. 실제로 기경자가 기경지를 소유·기경하고, 그것에 대한 포괄적소유권을 행사하려 할 때 그 소유권을 입증할 수 있는 유일하고도 확실한 소유권문서가 보완되어야 했다. 그것은 당시로는 기경자의 명의로 隨起收稅의 근거가 되었던 장부인 收租案에 등재되거나 양안에 추록되는 일이었다. 즉, 소유권을 입증하는 문서는 수조안이나 양안밖에 없었던 것이다. 그러나 三政이 紊亂하고 양전이 제대로 실시되지 않는 상황에서 收租案에 등재되거나 양안에 추록되는 것은 거의 불가능한 일이었다. 혹 양전이 정기적으로 실시된다 해도 양전 사이의 기간이

는 것이다. "소유권의 관념성은 근대적 소유권에 있어서와 같이 논리적으로 철저히 관철되어 있지 못했지만, 그러나 사람들의 의식 속에는 항상 철저하게 權原의 정당성의 관념이 박혀 있고, 따라서 紛爭은 어디까지나 權原의 有無에 의해서 해결되며 근대적 占有權에서와 같이 현실적인 지배의 사실 그 자체에 의해서 보호되는 일은 없었다"는 것이다. 토지는 이용되고 있지 않으면 소유권이 弱化될 가능성이 있다. 그러나 前者 즉, 황무지를 기경했을 경우, "입안과 현실적 경작 간에 어느 편을 우선시키느냐에 관해 일관성이 없었던 것도 소유권의 관념성 의식과 현실성 의식 간의 충돌을 뜻하며, 따라서 '起耕者爲主'가 실제로 얼마만큼 실효성이 있었는지는 의심스럽다"는 것이다. 또 '有主陳田'도 "아무나 마음대로 占耕하게 하지 않고 반드시 告官耕作하도록 하고, 또 告官耕作者는 그 토지의 소유주로는 되지 못하도록 하고 있다. 즉 本主가 推尋할 때까지 임시로 경작하는 것이며 더구나 본주가 陳田에 대해 納稅를 하고 있으면 아무도 告耕할 수 없다. 따라서 『大典通編』의 조항도 토지의 價値化가 촉진되고 私有意識이 철저히 성숙한 후기 사회에서는 아무런 실효성도 없는 空文에 불과했다"는 것이다(박병호, 앞의 책, 125~126쪽). 그러나 필자가 보기에는, 소송의 판결에서도 입안 등의 소유권원의 유무보다는 현실적인 지배의 사실, 즉 耕食 자체가 보호되고 있고, 따라서 조선말기 법전의 위 조항들은 현실적인 물건 지배나 이용, 즉 토지의 경우 현실의 경작(권)이 근대적인 소유권으로 전화되어 가는 단계를 반영하고 있다고 보는 것이 합당하다고 생각한다. 즉, 이 조항들에서 토지의 사적소유권과 토지에 대한 포괄적 권한의 단서가 마련되고 있다고 생각한다.

길어서 토지와 소유주의 변동이 바로 조사되고 등재될 수도 없었다. 여기서 양안·수조안을 대신하여 토지의 소유주·소유권을 보장할 수 있는 토지소유권 증명제도가 수립되어야 할 필요성이 제기되고 있었다.[86] 결국 그것은 대한제국의 양전사업·관계발급사업과 이를 계승한 일제의 結數聯名簿 작성, 토지조사사업 결과 작성된 토지대장과 등기제도로 귀착되었다.

---

86) 최원규, 2000, 「일제 초기 조선부동산증명령의 시행과 역사성」『하현강교수정년기념사학논총』, 혜안.

제2부

朝鮮前期의 農莊制

1. 머리말

조선봉건사회에는 두 개의 토지소유관계가 있었다. 하나는 국가의 수조권의 발원이 되는 토지소유관계로서, 왕토사상에 입각한 명목적 토지소유주인 국가와 이 국가로부터 수조권을 양도 받은 수조권자와 실질적인 토지소유주 사이에 성립된 '田主－佃客' 관계('田主佃客制')였다. 국가는 전세제도를 실시하여 전객으로부터 1/10~1/6 정도의 田租를 직접 수취하는 한편, 조선전기에는 과전법과 직전법, 그리고 조선후기에는 折受制와 民結免稅制를 실시하여 왕실과 종실, 관료층과 각사 각아문 등에게 그 田租를 수취할 수 있는 권리인 수조권을 분급해 주고 있었다.

다른 하나는 토지에 대한 사적소유가 발달하는 가운데 토지소유주인 지주(궁방·양반·서민 지주 등)와 佃戶농민(노비·예속적 농민, 無田농민, 영세소유농민 등) 사이에 성립된 '地主－佃戶' 관계('地主佃戶制')였다. 한편, 이 '지주전호제'에는 두 가지 유형이 있었다. 하나는 양반지주와 노비·노비적 농민('農奴') 사이에 성립된 것으로서, 지주가 자기가 보유하고 있는 노비·비부·솔정·고공 등과 불법으로 보유하고 있는 避役民인 壓良爲賤·影占戶·投托戶 등의 노동력을 이용하여 대토지를 경영하는 '農莊制'였다. 또 하나는 지주와 지주로부터 농노적 지배를 받지 않는 비교적 자유로운 전작·전호농민(無田농민, 영세소유농민) 사이에 성립된 것으로서, 지주가 전호농민으로부터 '竝作制'(打租制·賭租制) 형태로 1/3~1/2 정도의 田租(地代)를 수취했던 地主制('並作的 地主佃戶制')였다. 따라서 조선시기에는 ① '국가−전객(자영농민)' 관계, ② '국가−전객[농장지주−노비·노비적 농민]' 관계, 즉 '농장제', ③ '국가−전객[지주−전호농민]' 관계, 즉 '지주제'·'병작적 지주전호제'가 병존하고 있는 가운데, 조선전기에는 ①형과 ②형이, 그리고 17세기 후반이후에는 ①형과 ③형이 지배적인 토지소유관계·생산관계였다.

이러한 두 가지의 토지소유관계·생산관계 아래서 농민은 소가족의 노동력을 이용하여 자기 소유지를 자작 경영했던 자영농민, 농노와 다름없는 노비·노비적 농민, 그리고 무전농민·영세소유농민으로서 지주의 토지를 借耕하는 전호농민 등으로 이루어지고 있었다. 자영농민은 국가·수조권자에게 각종의 신역과 부세를 바치고 있었고, 노비·예속적 농민은 농장지주에게 노역·신역을 바치고 있었으며, 전호농민은 자영농민처럼 국가·수조권자에게 신역과 부세를 바치는 한편, 병작지주에게는 지대를 바치고 있었다.

조선전기의 지배적인 토지소유관계·생산관계로서 '농장제'가 성립되어 있는 농장은 첫째, 主家 혹은 主家 소유의 家屋과 奴婢家(挾家·挾戶) 등의 가옥과 농장의 관리와 경영에 필요한 農舍·倉庫 등의 부속 건물이 있는 지대, 둘째, 이러한 가옥과 건물 뒤편에 있는 世葬地·祠堂과 柴炭, 牛馬 등 가축 사육에 필요한 사료와 꼴 등의 여러 잡물을 조달하는 林野·柴草地, 셋째, 이러한 가옥과 건물 앞쪽으로 펼쳐져 있는 소규모의 菜田·漆田·藥田·麻田 등과 그 너머 광대한 전답의 토지로 이루어져 있었다. 이런 농장은 표준적인 농장 형태였고, 농장 가운데는 전답을 포함하여 한 두 부분으로 이루어진 농장도 있었다. 이를테면 한성부에 있는 本家와 멀리 떨어져 있는 별채와 이에 딸린 전답으로 이루어진 것이 있었는데, 이런 농장은 문헌기록과 문서 속에서 '別業' 혹은 '別墅' 등으로 지칭되었다. 또 어떤 농장은 농사·창고와 전답으로, 혹은 전답만으로 이루어져 있어서 '田庄'·'農庄'이나 '田土'·'農場' 등으로 표현되기도 했다. 그리고 드물게는 穀物·物貨를 싣고 드나들 수 있는 연안과 강가의 포구도 끼고 있는 농장도 있었다. 이 가운데 농장의 기본이 되었던 것은 물론 전답이었는데, 이는 상속·매득·개간 등의 토지 확보 방법으로 인하여 主家·本家로부터 멀리 떨어져 散在하기도 했다. 또한 이러한 토지는 경작 방식에 따라 家作地·作介地·私耕地·竝作地 등으로 나뉘어져 경작되고 있었다. 그리고 16세기 농장주들은 이러한 구조를 갖는 농장을 여러 지역에 다수 소유하기도 했다.

이러한 농장에 대한 연구 논저로는 周藤吉之의 「麗末鮮初에 있어서 農莊에 대하여」(『靑丘學叢』 17, 1934)부터 李景植의 「朝鮮前期 兩班의 土地所有와 農莊」(『東方學志』 94, 1996. 12)까지 50여 편에 이르고 있다. 이는 연구 시작 시기나 연구 기간에 비해 매우 적은 편이고, 그나마 그 대부분은 조선전기의 농장을 고려후기의 농장과 연계시켜 이해하고 있다.

李景植은 「朝鮮前期 農莊研究論」(1992)에서 이 50여 편의 논저를 분석, 정리하면서, 조선전기의 농장에 대한 연구가 부진한 것은 현전하는 자료들이 미흡한 데서도 기인하지만 주로는 연구자들의 문제설정, 접근방식 때문이라고 지적하였다.[1]

우선 그는 고려시기의 토지제도 및 麗末鮮初에 초점을 두고 농장을 다룬 연구자들을 검토하였다. 그들의 공통점의 첫째는 농장 연구의 전제가 고려의 田柴科制度와 직결되어 이의 붕괴 이후 私田=農莊이 성립, 발달했다고 보는 점이고, 둘째는 대다수가 이 농장을 우리나라의 봉건적 토지소유의 '형성'을 보이는 지표로 파악하면서 서양·일본의 장원과 대비해 그 소유관계가 미숙하고 후진된 것이라는 문제의식을 갖고 있고, 셋째, 이상의 두 가지 점과 관련하여 조선전기의 농장을 고려후기의 농장과 같은 것 내지 그 연속으로 파악하거나, 혹은 고려후기의 농장은 노예제로, 그리고 조선에선 병작제로 경영되었다고 보고 있는 점 등이라고 지적하고 있다. 문제의 핵심은 농장 연구가 공통으로 전제하고 있는 기본 관점, 즉 농장이 고려후기에 이르러 비로소 형성, 발달했다는 것, 그리고 이는 전시과체제의 붕괴 후 야기되는 私田 兼竝의 소산으로서 고려후기의 사전이 곧 농장이라는 것이다.

---

1) 李景植, 1992, 「朝鮮前期 農莊研究論」 『國史舘論叢』 32.

이러한 농장관은 식민지시기 이래 토지의 公有·國有論 계통에서 비롯된 것인데, 해방 이후 이를 부정한 토지사유제론 계통에서도 수정되지 않고 계속되고 있다는 것이다. 이는 '永業田論'과 '團體的 所有論'의 전제 혹은 결과로서 私田은 수조권의 급여이긴 하나 1/2租, 즉 지대를 징수하는 사유적 성격이 농후한 토지이고, 公田은 民田으로서 1/4租, 즉 지세를 국가에 납부하는 토지로서 白丁을 위시한 미분화상태의 영세농민의 保有地였다고 하는 '公田=民田'論에서 비롯되고 있다고 지적하고 있다.[2] 이로 인해 고려후기에 나타나는 私田兼竝 기사를 收租地가 所有地化되는 것으로 해석하고, 民田·田民 奪占 기사를 소유권의 침탈로, 그리고 그 소유·경작자를 전호로 해석하여 비로소 봉건적 토지소유의 형성, 즉 지주적 토지소유, 지주제의 경영 등이 등장하는 것으로 이해했다는 것이다.

그러나 이경식은 이들 기록의 대부분은 '公私收租地의 겸병'으로 해석되어야 한다고 주장하고 있다. 즉, 다른 수조지의 탈점은 그 대상이 당해 元收租權者의 수조지로서의 民田이므로 곧 민전 침탈이라는 것이다. 따라서 그에 의하면, 농장 자체는 사적 소유지의 집적을 통해서 고려 이전부터 발달하고 있었고, 고려후기의 농장은 이 시기에 전시과의 관리 운영체계는 마비된 반면에, 그 점유 수취관계는 계속되는 데서 '수조지 겸병'의 결과로 형성, 발달한 농장이었다는 것이다. 다시 말하자면, 고려후기의 농장은 分給私田과 兼竝私田이 祖業田化, 즉 家産化되고 佃客農民은 祖業奴婢化되고 있던 속에서 형성, 발달했던 농장이었

---

2) ① '永業田論' : 신라시기에 토지사유제가 존재하고 왕토사상은 의제·관념에 불과하였는데, 이 사유지가 고려 전시과체제 속에서 '傳受土地'의 형식으로 일단 흡수되어 해소되지만 그 사유적 성격은 그대로 실재한다. 이런 속에서 과전은 村留 二三品軍의 집단적 노동에 의해 경영되었고, 후기로 가면서 전호제로 경영되었다(李佑成, 1965, 「新羅의 王土思想과 公田」『趙明基回甲佛教史學論叢』; 1965, 「高麗의 永業田」『歷史學報』 28).
② '團體的 所有論' : 고려전기의 농촌·농민은 혈연공동체로서 미분화된 상태에서 존재했고, 그 토지소유 또한 토지의 적장자단독상속이 상징하듯 단체적으로 소유했다(旗田巍, 1957, 「高麗時代에 있어서 土地의 嫡長子相續과 奴婢의 子女均分相續」『東洋文化』 22 ; 1959, 「新羅의 村落」『歷史學研究』 226·227).

다는 것이다. 그리고 바로 이 농장이 고려후기 이래 不法視되고 사회적 물의를 일으켰던 농장이었고, 결국 사전개혁의 대상이 되었다는 것이다. 따라서 과전법은 고려말기의 祖業田, 곧 家産化된 私田을 몰수, 혁파하고 이를 경기 내에 再分給한 것이었다는 것이다. 아울러 과전법으로 타격을 입은 농장은 수조지와 소유지가 일치되어 있던 농장이었다. 그러나 이 농장은 대부분 사적소유지로서의 농장으로 남게 되었다고 보고 있다.

한편, 이상의 50여 편의 논저 가운데서 조선전기의 농장 문제를 살펴본 것은 10편에도 미치지 못하고 있다. 이것들은 주로 민전의 경영형태, 병작제의 성립문제, 과전제도의 의미 등을 검토하거나, 혹은 소농경영과 관련해서, 또는 조선전기의 봉건제 여부 등을 따지면서 이 시기의 농장을 살펴보고 있다.[3]

有井智德은 토지사유론에 입각해서, 조선전기의 민전을 자영형 민전, 농장형 민전, 병작형 민전 등의 3유형으로 나누고, 이 가운데 농장형 민전은 왕족·양반이 소유하고 있던 민전으로서, 왕족의 농장은 노비, 양반의 농장은 주로 노비와 일부 전호, 그리고 품관·향리의 농장은 거의 전호에 의해서 경작되었다고 정리하였다.[4] 농장형 민전은 대체로 병작제로 경영되었다는 것인데, 이는 종래의 농장 연구에서 조선시기에 들어와 병작제가 본격적으로 발달했다는 견해를 그대로 받아들인 것이었다.

병작제의 성립 시기를 조선초기로 설정하고 그 배경을 추구하면서 농장을 다룬 이는 金鴻植이었다. 그는 조선초기(世祖 이전)는 노비제에서 전호제로 이행하는 시기인데, 그 조건은 外居奴婢의 출현이었다고 보고 있다. 이때의 노비는 노비적 전호였다. 조선초기의 농장은 바로 여기서 성립되는 것으로 국가적 노예제적 지배가 본질이었다는 것이다.[5] 그 후 그는 이러한 관점을

---

3) 이하의 연구사 정리는 이경식(1992)의 논문을 바탕으로 농장주와 농장의 경영형태에 중점을 두고 7편의 논문을 재정리한 것이다.
4) 有井智德, 1967, 「朝鮮初期의 私的 土地所有關係－民田의 所有·經營·收租關係를 중심으로－」『朝鮮學報』74.
5) 金鴻植, 1974, 5, 「朝鮮初期에 있어서 幷作制 成立의 歷史的 條件－주로 奴婢制에서 佃戶制로 移行問題와 關聯하여－」『東洋史硏究』33-2·4.

농장제에서 병작제로의 전환으로 정리하였다.[6] 그간의 연구 성과를 바탕으로 고려사회를 노예제사회로 이해하고, 조선에 와서 봉건제가 성립된다는 시각에서 전호제 농장을 검토하고 있는 것이다. 농장주별 농장형태와 그 경작자를 구분하고 있지만 조선전기의 농장은 대체로 병작제로 경영되었다고 보고 있다.

농장을 경영 측면에서, 그리고 소농민경영과 관련지어 검토한 이는 이호철이었다.[7] 그는 농장을 왕족·중앙관료의 농장과 재지사족의 농장으로 구분하였다. 전자의 농장은 그들의 정치적 권력을 기반으로 전국 여기저기에 대규모로 개설되었다. 이들 농장의 확대는 농업경영을 통한 부의 축적, 長利, 신전개발을 통해 이루어졌다. 후자의 농장은 자녀균분상속에 따라 부·처·모변으로부터 상당한 전답과 노비의 상속, 노비를 이용한 개간, 환상, 장리 및 매득 등을 통해 형성되었다. 농장의 주요 노동력은 노비였고, 이외에 양인전호와 투탁양인들에 의해 보완되었다. 노비들은 독자적인 자기 경리를 가졌으나 극히 불안정하여 집단적 부역노동으로 사역되었다. 즉 직영제적 농장 경영이 대부분으로 50% 이상이었다. 병작반수제에 의한 농장은 소수였다. 그러므로 조선전기의 농장에서 기본적인 생산관계는 양반사대부가 솔하노비와 몰락양인으로서 노비적 처지에 있는 자들을 직접 집단적으로 사역하는 직영지적 고전장원적 형태가 지배적이었다. 한편, 외거노비 및 전호에 의해 병작반수제로 경영되었던 탁영지는 16세기로 들어가면서 증가했다. 즉, '농장주-전호'제의 성립이었다.

농장과 並作半收制를 '봉건적 대토지 소유나 경영'으로 볼 수 없다 하고 성격 규정상의 문제를 검토한 이는 이영훈이었다.[8] 그는 조선전기의 대토지소유를 농장제와 병작제로 구분하였다. 농장제는 노비 등과 같은 예속인의 예속적 노동력의 사역을 통해 직영하는 형태이었다. 주체는 양반이었고, 노비들은 반 이상이 主家를 옹위하는 형태로 거주하였다. 그리고 농장 인근의 양인

---

6) 金鴻植, 1981, 「封建的 小農民經營의 成立-佃戶制 成立의 諸特質-」『朝鮮時代 封建社會의 基本構造』.

7) 李鎬澈, 1986, 「農莊과 小農民經營」『朝鮮前期農業經濟史』.

8) 李榮薰, 1988, 「朝鮮封建論의 批判的 檢討-朝鮮社會의 私的 大土地所有의 存在形態를 中心으로-」『韓國資本主義性格論爭』.

농민들은 경제적 몰락의 결과로, 혹은 국역을 피하기 위하여 농장으로 투탁하였다. 농장은 이러한 예속 노동력의 私有를 통한 직영적 농업경영이 그 본질이었다. 노비와 양반의 신분적 예속관계는 노비가 서구 봉건사회의 농노와 비교하여 토지에 긴박되지 않은 인신적 예속(노비적 예속) 상태에 있고, 생산공동체를 결여하고 있으며, 또 생산과정에서 비자립적 상태에 있기 때문에 농노적 예속은 아니었다. 노비적 소경영의 발달이 농장적 토지소유의 해체를 가져왔음은 사실이나, 그 결과 성립, 혹은 확대된 병작제적 토지소유는 조선전기에선 부차적인 생산관계였다. 휴한농법의 광범한 존속은 그 생산력적 조건이었다. 또한 병작제적 토지소유는 농장적 토지소유와 동질적인 것이며, 이 또한 경제외적 강제가 확인되지 않기 때문에 봉건적 토지소유가 아니다. 그리고 농민의 토지소유는 조선 전 기간에 걸쳐 국가의 강력한 수조권적 지배, 곧 국가적 토지소유의 제약을 받고 있었기 때문에 농민의 사적소유는 매우 불안정한 것이었다. 따라서 그는 위의 이호철처럼 조선전기에 지배적인 양반의 농장은 노비적 예속노동력에 의해 직영되었다고 이해하고 있다.

이재룡은 농장을 전시과체제의 붕괴 후 고려후기에서 조선전기에 걸쳐 발달한 지주적 토지지배 내지 지주적 농민지배로 이해하면서 고려말 과전제도 이후의 농장의 변화, 조선전기 농장의 성립 요인과 규모 및 지주전호제의 전개를 검토하였다. 이 시기의 농장 성립은 토지의 상속·매득·개간이 위주였고, 이는 탈점이 위주였던 고려말의 사정과 다르다. 경영은 노비 등에 의한 직영과 전호에 의한 병작제였고, 15세기 후반 이후 병작제가 널리 보급되었다. 노비의 경우도 신분적 예속성이 점차 약화되고 있었다는 것이다.[9]

이상의 논문과는 달리 1990년대에 이르러 양반가의 고문서 발굴에 힘입어 농장 경영에 관한 연구수준은 크게 향상되었다. 安承俊은『安氏治家法制』라는 고문서를 소개하는 글에서 1554년 서울의 안씨 양반가의 농장 경영실태를 보여주고 있다.[10] 여기서 안씨는 농장의 13구 노비에게 '作介地'와 더불어 '私耕地'

9) 李載龒, 1989,「朝鮮前期의 農莊」『國史館論叢』6.
10) 安承俊, 1992,「1554년 在京士族의 農業經營文書」『季刊書誌學報』8.

를 분급하고, 노비는 작개지를 가족노동력으로 경작하여 수확량의 1/2정도를 안씨가에 바치고, 사경지의 수확물은 작개지의 경작 대가로 자기가 추심하였다. 이 연구는 작개지에서 주인이 지대를 수취하고 있고, 노비는 작개지와 사경지를 소경영형태로 경작했음을 구체적으로 밝힌 점에서 큰 의의가 있는 것이었다. 이어 김건태는 14~17세기의 고문서를 분석하여 16세기 농장 경영에서 '作介制'가 표준적인 경영방식임을 실증하였다.[11] 그에 의하면, 16세기에 농장은 대체로 솔하노비의 노동력에 의한 家作地(직영지), 농경노비에 의한 작개지－사경지, 竝作半收地(分半打作地)로 나누어 경작되었다. 특히 작개지와 사경지는 짝지어져 노비들에게 분급되었다. 그 둘 사이의 분정 면적은 농장주의 임의적인 판단에 의해서 책정되었다. 또한 작개지는 주로 논이었고, 사경지는 주로 밭이었다. 작개지와 사경지는 노비의 개별 가족을 중심으로 한 소경영형태로 경작되었으며, 작개지의 경작은 노비신역의 일부로 간주되었다. 농장주의 작개지에서 반 이상 심지어는 전량까지 지대로 수취하였다. 이러한 작개제에 의한 농장 경영은 17세기 전반에 이르러 작개 노동에 대한 노비들의 점증하는 저항에 직면하여 소멸되었다는 것이다. 이 연구는 작개지에서의 수취액 문제와 작개제의 시기별 변모양상을 밝힘으로써 조선경제사 연구수준에 커다란 진전을 가져왔다.

이경식은 그동안의 연구가 '농장은 지배 신분층이 노비 혹은 전호 등 피지배 신분층의 노동력을 이용하여 경영하는 대토지소유'로 인식하는 데 머물고 있다고 지적하고, 조선전기 양반의 지주로서의 처지와 지주제의 역사적 실체를 분명히 하기 위해서 농장의 형성과 확대, 농장의 농민지배 및 수취구조 등을 살펴보고 있다.[12] 그에 의하면, 양반의 농장은 본인의 벼슬이나 위세, 감사·수령의 지원, 그리고 친인척의 협조를 배경으로 개간·매득·상속·증여 등의 방식을 통해 형성되었고, '봉건적 토지소유의 발현'인 겸병을 통해 확대되었다. 그리고

---

11) 김건태, 1991, 「16세기 在地士族의 農莊經營에 대하여－안동지방을 중심으로」『成大 史林』 7 ; 1993, 「16세기 양반가의 '작개제'」『역사와 현실』 9.
12) 李景植, 1996, 「朝鮮前期 兩班의 土地所有와 農莊」『東方學志』 94.

이러한 농장은 4가지 방식에 의해 경영되었는데, 그것은 主家나 혹은 農舍 주위에 10호 안팎의 奴婢家를 배치하고 이들의 노력을 동원하여 2~3結 정도를 家作(직영)하거나, 이들에게 노동력의 형편을 감안하여 作介로서 일정량의 토지를 분급하여 경작시키고 일정 액수 이상을 수납하되 그 대가로 私耕을 분급하여 그 소출은 해당 노비의 몫으로 차지하게 하는 방식(Ⅰ형), 노비를 家內雜事에 역사시키면서 농지를 경작하게 하고 分半打作하는 방식(Ⅱ형), 竝作半收하며 身貢을 수취하는 방식(Ⅲ형), 농지의 대부분을 타인에게 병작시켜 수확을 반분하는 방식(병작제·전호제 경영)(Ⅳ형) 등이었다. 이 가운데 조선전기의 농장은 Ⅳ형, 즉 병작반수에 의한 지주제가 절대 우위였다는 것이다. 그리고 경작노비는 奴主關係 속에서 생산활동, 가족생활, 잡역부담, 양반상전과의 관계 등에 엄한 규제와 처벌이 작정된 조건에서 존재했던 '農奴'였다. 또한 병작전호도 비슷한 처지에서 隷屬農民으로 존재했다. 따라서 조선전기 양반의 농장 경영은, 경작 농민의 성격과 소출의 병작반수가 상징하듯이, '封建地主經營'이었다고 규정하고 있다.

이상의 연구 성과를 종합해 보면, 첫째, 시기 설정에 차이가 있지만 조선전기에 농장이 형성, 발달했다는 전제 아래 농장주가 양반 지배층이라는 데는 이견이 없다. 둘째, 농장주에 따라 농장 형성의 원인도 다르다는 견해가 있지만, 이 시기의 농장은 농장주 본인의 정치적 권력, 감사·수령의 지원, 그리고 친인척의 협조를 배경으로 개간·매득·상속·증여 등의 방식을 통해 형성되고 있었다는 데에 대체로 동의하고 있다. 셋째, 농장의 경영에서 농장이 노비와 예속적 노동력에 의해 직영되었다는 견해와 竝作半收制·分半打作制로 경영되었다는 견해로 갈리고 있다. 넷째, 농장의 성격 규정에서, 노비·예속인·병작전호는 그 본질상 '농노'이기 때문에 양반의 농장 경영을 '봉건적 대토지 소유나 경영' 혹은 '봉건지주경영'으로 보아야 한다는 견해와 그들은 서구 봉건사회의 농노와 비교해 볼 때 토지에 긴박되지 않은 인신적 예속(노비적 예속) 상태에 있고, 생산공동체를 결여하고 있으며, 또 생산과정에서 비자립적 상태에 있기 때문에 主奴關係에서 농노적 예속은 아니므로 서구의 장원제·농노제 같은 봉건적인 대토지 소유나 경영으로 볼 수 없다는 견해로 나뉘고 있다.

　조선전기의 농장에 관한 연구가 연구 기간에 비해 量質에서 부진했던 것은 일차적으로 자료가 부족하기 때문이었다. 1980년대 이전까지 이용할 수 있는 자료는 실록과 소수의 개인 문집밖에 없었다. 이 때문에 10편도 되지 않는 연구 논문들이 보여주었던 이 시기의 農莊像은 크게 다르지 않았다. 그럼에도 고려후기 이래 발달했던 농장과 서구 중세사회의 토지소유관계에 대한 이해의 차이로 인하여 농장의 경영 방식과 농장의 성격 규정에 있어서는 두 가지 견해가 다투고 있다. 이런 가운데 1990년대 이래 양반가의 分財記와 和會文記 등의 古文書 발굴에 힘입어 그동안 쟁점이 되었던 농장 경영방식 문제에 있어서 중대한 진전이 있었다.

　그러나 농장주의 실체, 농장 조성의 요인과 수단, 이에 따른 농장 조성 과정, 그리고 농장 조성의 추세 등은 아직까지도 구체적으로 밝혀졌다고 보기 어려울 것 같다. 이에 필자는 조선전기의 정치주도세력이었던 공신출신의 재상들, 이른바 '훈신세력'의 경제적 기반이 농장이었다는 전제 아래 실록과 개인문집을 자료로 하여 그들이 구체적으로 어떻게 농장을 조성했고 경영했는 지를 살펴보고자 한다.

　지금까지 이른바 '勳舊派'로 불리는 훈신세력은 기본적으로 '新儒學思想'을 수용하면서도 조선봉건사회와 국가의 경영에 있어서 정치사상과 이념, 그 실천방략과 정책 등을 같이 하는 정파나 정치세력을 이룬 것은 아니었다. 다만 그들은 전제군주인 왕·왕권과 밀착된 최상위 관료집단으로서의 권력과 기득권을 지키고 유지하려고 했다. 이들은 대체로 '天命을 타고나서, 조정에서 벼슬이 높고 祿이 두터워 큰 富者가 된다'는 '豪富論'을 믿고 있었다. 또한 그들은 성리학적 사회에서 士大夫가 지녀야 할 가장 큰 덕목인 廉恥와 節義도 豪富가 뒷받침될 때에만 지킬 수 있다고 믿었다. 그리하여 그들은 과전·공신전· 별사전 등 사전을 지급받거나('私田型' 농장), 진황처 개간과 간척을 통하거나('開 墾型' 농장), 장리의 사채를 이용하거나('私債型' 농장), 그들의 신분적 지위와 권력을 행사하여 민전을 겸병함으로써('權力型' 농장) 농장을 조성했다. 다른 한편, 이러한 훈구파의 반대편에 '士林派'로 불리는 재지사족이 있었는데, 이들은 주로 상속·개간·매득 등을 통해서 농장(재지사족의 농장)을 조성하였다.

이하 2장에서는 농장들이 형성되는 주요 방법을 기준으로 유형별 농장의 형성 과정을 살펴보고, 3장에서는 그동안의 연구 성과와 양인 자영농민, 즉 '小農'의 존재 양태와 특질을 바탕으로 농장들의 경영 실태를 파악해 보고자 한다.

2. 農莊의 形成

1) 對私田施策과 '私田型' 農莊

(1) 對私田施策

조선전기의 정국은 勳臣勢力과 士林勢力이 주도해 갔다. 훈신세력은 조선의 건국과 당대 왕의 즉위와 그의 왕권 확립과 유지에 功을 세우고 보필한 공신출신의 宰相그룹이었다. 이들은 시기에 따라 세 그룹으로 나누어졌다. 첫째는 15세기 전반, 3공신(開國·定社·佐命 功臣)출신의 재상그룹이었다(제1그룹). 15세기 전반은 조선국가의 정치체제가 성립되는 시기였다. 이때의 정치 주도세력은 3공신(開國·定社·佐命 功臣)출신의 재상그룹이었다. 이들 가운데 한 축은 고려말 왕의 측근세력과 附元勢力에 밀려 失勢하고 과거를 거쳐 중앙 정계에 진출해서 조선국가의 건국 과정에 참여한 權門勢族의 후예들이었고, 다른 한 축은 고려말에 과거를 거쳐 중앙 정계에 진출하여 역시 조선국가의 건국 과정에 참여한 新進士大夫들이었다. 둘째는 15세기 후반, 世祖~成宗대의 5공신출신의 재상그룹이었다(제2그룹). 이때는 조선국가의 정치체제가 확립되는 시기로서, 世祖가 집권의 기틀을 마련했던 端宗 元年(1453) 10월부터 成宗 2년(1471)까지 약 20여 년 동안에 무려 5차례의 공신 책봉이 있었다. 이 시기의 정치주도세력은 5공신(靖難·佐翼·敵愾·翊戴·佐理 功臣)출신의 院相들이었는데, 조선전기의 가장 전형적인 훈신세

력이었다. 셋째는 16세기 전반, 靖國功臣출신의 재상그룹이었다(제3그룹). 이들
은 反正과 동시에 중앙 정계의 주도 세력으로 등장했다가 削勳(中宗 14년,
1519)·復籍(中宗 15년)을 거치면서 사림세력에 의해 淘汰되어 갔던 마지막 훈신세
력이었다.

다른 한편, 이러한 재상 중심의 훈신세력을 비판하고 견제하며, 이들과 정쟁을
벌여온 것은 사림세력이었다. 15세기 전반에 훈신세력을 비판한 것은 대간들이
었다. 15세기 후반, 사림은 進士層을 중심으로 재야 지식인을 포괄하고, 經學과
성리학을 바탕으로 道學政治를 지향하면서, 과거와 薦擧制를 통해 중앙 정계에
진출하기 시작했다. 16세기에 이르러 이들은 주로 사헌부·사간원·홍문관을
중심으로 言官權·郎官權을 강화하면서 勢를 결집하여 사림세력을 이루었다.
中宗朝에 趙光祖一派의 '己卯士林'이 가장 전형적인 사림세력이었다.

이들 두 정치세력은 對私田政策에서 각각 다른 입장을 취하면서 부딪쳤다.
훈신세력은 '世祿制'를 명분으로 하여 공신과 관료들에게 경기 토지로 功臣田·別
賜田과 科田·職田 등의 수조지를 지급하고, 그들로 하여금 이를 世傳하면서
국가로부터 讓與받은 수조권을 최대한으로 행사하도록 했다. 다만 이러한
私田을 경기 토지만으로 지급하고자 한 것은 고려후기 전시과제도 붕괴 이후
전국적으로 나타났던 사전의 겸병과 폐단의 재발을 막기 위해서였다. 반면에
사림세력은 토지정책의 목표를 우선 국가 재정과 농민 경제의 안정에 두고,
공신·관료들의 私田을 폐지하거나 그 私田의 수조권을 제한하려고 했다. 그리고
경기 밖의 토지는 군자전·녹봉전 등의 公田으로 확보하여 국가 재정을 확충하고
자 했다. 고려후기 이래 전국적으로 확대된 家産化·私有地化된 收租地 농장을
혁파하고, 소농경제를 회복·안정시킨 위에서 정상적인 세수를 통하여 녹봉과
군자 등의 국용을 확충하기 위해서였다.

그런데 건국 후에 회유정책과 권력쟁탈전의 연속적인 발생으로 인하여
토지와 녹봉에 대한 수요가 급증하여 한편으로는 군자전에서 과전·공신전·별
사전 등을 折給하고, 또 군자미를 녹봉으로 전용하는 예가 비일비재하였다.
공신전의 경우, 경기 안에서 지급할 토지가 부족해서였던지 功臣都鑑은 호조의

給田司로 하여금 原從功臣의 토지는 모두 本鄕의 토지로 지급하도록 하기도 했다. 그러나 이 功臣田의 外方移給은 太祖 4년에 과거의 사전의 겸병과 소유권 쟁송의 재발을 우려하는 대간들의 반대로 취소되었다.[13] 이미 太祖 말년 경부터 경기 토지부족과 사전수급 불균형이 나타나기 시작했기 때문이었다.

사전으로 지급해야 할 경기 토지가 부족하여 외방의 군자전에서 사전을 절급함으로써 군자전이 줄어들고 군량 확보에 이미 차질이 생기고 있는 가운데 太宗 3년(1403)에 경상도 조운선이 침몰하는 사건이 일어났다. 이로 인해 경상도 의 녹봉전·군자전의 세곡이 모두 손실되는 예기치 못한 상황이 일어난 것이었다. 이미 외방에서 사전 일부를 절급하던 터에 군자전의 세곡까지 잃게 되자 조정에 서는 私田外方移給論이 본격적으로 제기되었다.[14] 경기 토지의 부족과 군자전의 확보 문제를 동시에 해결할 수 있는 길은 사전외방이급밖에 없었던 것이다. 이때 사간원은 陸運도 문제가 있기 때문에 경기 사전의 半을 경상도에 이급하자 고 제안했다.[15] 太宗은 '과전을 移還하게 되면 인심이 동요될까 두렵다'는 이유로 慶尙下道의 漕運을 폐지하고 陸運을 명령했다.[16] 사실은 의정부 대신들의 반대로 私田慶尙道移給이 좌절된 것이었다.

이후에도 경기 토지의 부족, 사전 수급의 불균형, '未受科田者甚衆' 등의 현상이 지속되었고, 특히 공신전의 濫給은 경기의 토지 부족을 압박하고 있었다. 또

---

13) 『太祖實錄』 7권, 태조 4년 4월 4일.
14) 경기 私田의 下三道移給은 태종 3년(1403) 6월에 처음으로 제기된 후 前後 7차에 걸쳐 논의가 이루어진 후 태종 17년(1417) 7월에 실시된 사전정책의 하나였다. 이에 관한 연구로는 深谷敏鐵, 1940, 「과전법에서 직전법으로」『史學雜誌』 51-9·10과 韓永愚, 1969, 「太宗·世宗朝의 對私田施策－私田의 下三道 移給問題를 中心으로－」『韓國 史研究』 3이 있다. 논의과정의 추이에 대해서는 한영우의 연구를 주로 참고했다.
15) 『太宗實錄』 5권, 태종 3년 6월 6일. "司諫院進時務數條 疏略曰 今京畿科田八萬四千一百餘 結 功臣田二萬一千二百餘結 合之十萬五千餘結 伏望令攸司分其半 其一半五萬二千餘結 依 舊施行 將一半五萬二千餘結 屬爲公田 而以慶尙一道五萬二千餘結 易換充數 其上道各州在 前陸轉之租 仍舊不革." : 태종 2년 2월 5일(무오) 기사에는 '科田八萬四千一百餘結 功臣 田三萬一千二百四十餘結'이라고 기록되어 있는데, 이 공신전결수는 '功臣田二萬一千 二百餘結'의 誤記인 듯하다.
16) 『太宗實錄』 5권, 태종 3년 6월 6일.

한편으로는 경상도·전라도 조운선도 자주 침몰되었다. 이때마다 사전외방이급론도 계속 제기되었다. 太宗과 주로 대간계통의 신진관료들은 전라도·경상도 조운선의 잦은 침몰, 경기 안 과전에서의 田主의 가렴주구, 경기 농민의 부역의 과중과 零落 등을 이유로 사전외방이급을 추진하였다. 이에 반해 공신출신의 재상들은 사전외방이급을 누누이 반대하고 저지했다. 이유는 '공신전과 과전을 遐方으로 이급하면 뒤에 반드시 폐단이 생긴다'는 것이었다. 그러나 그들이 발설하지 않았던 실질적인 이유는 그들의 외방사전의 관리와 수조에 차질이 있을 것이기 때문이었다. 당시 私田主들은 收租地를 이미 家産化·私有地化하면서, 踏驗損失法에 의거 田地損失의 답험을 田主 자신이 해서 수조액을 과중하게 부담시키거나, 穀草·柴炭·行錢·馬糧 등 온갖 잡물을 수탈하고 있었다.[17] 따라서 경기 사전의 일부라도 외방으로 이급된다면 현재의 경기 사전의 수조권이 국가에 귀속됨으로써 사유지화된 사전에서의 전주의 소유권이 박탈됨과 동시에 濫收와 잡물 수탈도 더 이상 할 수 없을 것이었다.

이처럼 私田, 특히 공신전·별사전의 지급 문제와 녹봉·군자전의 확보 문제는 첨예하게 부딪히고 있었다. 경기 안에서 아직은 과전 지급을 억제하거나 중단할 수는 없는 상황에서 공신전·별사전을 줄이고 그만큼을 군자전으로 확보한다면 조운선 침몰로 인한 세곡의 손실 없이 군량을 확보할 수 있을 것이었다. 과전 가운데서 자동적으로 반납되는 토지, 이를테면 범죄인이나 '無後身死者', 혹은 '再嫁女'의 과전이라든지, 일대에 한하여 지급된 공신전·별사전 등의 토지는 자동적으로 국가에 몰수되어 그 일부는 군자전에 편속되기도 했지만 陳告遞受法에 의해 다시 과전으로 지급되는 것이 보통이었다. 따라서 일단 과전을 논외로 한다면, 군자전을 확보하는 방법은 공신전·별사전을 환수하거나, 그 世傳을 금지하는 것 등이 있었다. 또 사전의 田租에서 일정량을 官收하여 군자에 충당하는 방법도 있을 수 있었다.

國用 가운데서 가장 많은 비중을 차지했던 것은 역시 軍資였다. 비상시의

---

17) 『太宗實錄』 31권, 태종 16년 5월 14일.

軍旅를 대비해서 일정량의 군량은 늘 비축되어 있어야 했다. 평상시에도 조운선의 침몰 등으로 군량 확보가 제대로 안 되는 터에 災害라도 든다면 특단의 조치가 필요했다. 그것은 이미 지급된 공신전·별사전을 환수하여 군자전으로 돌리는 것이었다. 太宗 9년(1409) 전후에 水災와 旱災가 겹치는 재해가 발생하자 군량 비축은 시급한 과제로 떠올랐다. 太宗은 '糧餉을 준비하고 저축을 넓히는 방도'를 求言하는 교지를 내렸다. 이에 사간원에서는 다음과 같이 上言하였다.

> 군사를 다스리는 일과 양식을 족하게 하는 방도를 비록 평시에 있어서도 생각하지 않을 수 없습니다. 하물며, 근년에 수재와 한재가 서로 겹쳤는데, …… 양식을 족하게 하는 방도에 있어서는 아직 未盡한 점이 있으므로, 신 등이 반복하여 그 계책을 생각한 지가 오래됩니다. …… 給田의 科가 18등이 있는데, 第一科의 受田이 150結이나 되니, 收租하는 것이 많지 않은 것이 아니며, 또 받는 祿도 많지 않은 것이 아니니, 이것은 족히 一家의 한 해 동안의 용도로 충분히 공급할 수 있는 것입니다. 게다가 功臣田을 더하여 開國이니, 定社니, 佐命이니, 原從이니, 回軍이니 하고, 또 別賜田이 있으니 한 사람이 받는 것이 거의 千結이나 됩니다. 倉廩이 어디로부터 차며 糧餉이 어디로부터 足하겠습니까. …… 지금에는 이미 과전을 받고 또 녹봉을 받으니, 선비를 대접하는 길이 예전에 비해 부끄러울 것이 없다 하겠습니다. 신 등은 원컨대 科田 외에 공신전·별사전은 일체 환수하여 軍資에 충당하고, 무릇 공이 있는 자는 어진 사람이면 官爵으로 상을 주고, 어질지 못하면 布帛으로 상을 주소서. …… 의정부에 내려서 商量하고 의논하게 하였다.[18]

즉, 사간원은 차제에 과전 외에 공신전·별사전을 환수하여 군자전으로 돌릴 것을 제안하고 있다. 이는 근본적이고도 획기적인 대책이었다. 그러나 일찍이 공신전·과전의 1/3이라도 군자전으로 돌리는 것을 반대한 바 있는 의정부 대신들로서는 이 제안에 동의할 수 없었다.[19] 이들은 과전·공신전·별사전의

---

18) 『太宗實錄』 18권, 태종 9년 11월 19일.
19) 『太宗實錄』 9권, 태종 5년 4월 9일.

전조에서 1/5을 官收하여 군자에 충당하는 것도 반대하고 있었다.[20]

이제 對私田施策은 공신전·별사전의 傳給을 제한하는 방향으로 후퇴했다. 우선 太宗 12년에 개국·정사·좌명공신 등 三功臣 외의 공신전·별사전은 世傳하지 못하게 했다.[21] 그런데 太宗 13년 9월에 太宗이 '賜牌에 자손에게 相傳한다는 글이 있으면 世傳하는 것을 허락한다'는 명령을 내렸다. 즉 원종공신의 공신전· 별사전도 世傳하라는 것이었다. 그러자 대간들은 법을 개정해서는 안 되며, 앞서 '의정부에서 受敎한 것에 의하여 世傳하지 않는다는 것을 永世의 典章으로 세우고, 回軍功臣의 공신전은 아예 환수하여 國用에 충당하자'고 제안했다. 이에 의정부 대신들은 삼공신의 공신전·별사전도 자칫 잘못하면 환수되거나 세전하지 못할 것을 우려하고 있었기 때문에 원종·회군공신들의 공신전·별사 전만 世傳하지 못하도록 한 이전의 '수교'를 받아들일 수밖에 없었다.[22]

이로써 三功臣 외의 원종·회군공신들의 공신전·별사전은 一代에 한하여 지급되었지만, 경기 토지 부족은 더욱 심해져서 과전을 받지 못하는 자들은 계속 늘어나고 있었다. 또 한편으로는 科田主의 가렴주구와 경기 농민의 부역 과중으로 농민들은 零落하고 있었다.[23] 경상도 조운선뿐 아니라 전라도 조운선 도 침몰되었다.[24] 따라서 사전외방이급론도 계속 제기되었다. 太宗 15년 5·6월 미증유의 가뭄이 들었고, 16년 5월에는 경기에 또 가뭄이 심했다. 이에 太宗은 공신전·별사전·과전·사사전의 折半을 충청도·경상도·전라도에 이급하고, 20 結 이하는 그대로 두라고 명령했다. 그러자 좌의정 河崙, 우의정 朴訔 등 대신들은 이는 '成憲을 고치는 것'이라고 하여 완강히 반대했고, 전경기도관찰사 具宗之는

---

20) 『太宗實錄』 26권, 태종 13년 8월 6일.
21) 『太宗實錄』 23권, 태종 12년 2월 3일.
22) 『太宗實錄』 26권, 태종 13년 9월 3일.
23) 『太宗實錄』 31권, 태종 16년 5월 14일. "大司憲金汝知啓曰 臣竊謂 圻甸之內四時之役 倍蓰他道 民之艱苦甚矣 且畿民所耕之田 皆爲私處折受 收租之弊 又倍公例 曰草 曰炭 行纏馬 糧 無所不取 輸轉之弊 亦不細矣 願自今將畿內科田 移給畿外 則畿民之弊 庶可小減 而四時之 役 亦可支矣 上曰 予聞之於他 亦有是說 然是國之大事 下議政府六曹 議其可否."
24) 『太宗實錄』 28권, 태종 14년 8월 4일. 전라도 조운선 66척이 침몰되어, 수군 200여 명이 익사하였고, 미곡 5,800여 石이 손실되었다.

'下道農民들이 私田 田租의 傳輸와 田主의 苛斂誅求로 경기농민보다 더 많은 피해를 입을 것'이라고 하여 반대했다. 이에 太宗도 '京畿科田之法 太祖成憲 不可輕改'라 하고 사전이급결행을 철회하였다.[25] 이런 가운데 太宗 17년 윤5월에 전라도 조운선 3척이 난파당해서 세곡 2,680여 石이나 손실되는 사건이 일어났다. 이를 계기로 우의정 한상경의 반대에도 불구하고 형식상으로 의정부와 육조·공신·대간의 합의를 거쳐 경기 사전의 1/3을 충청·경상·전라도로 이급하도록 결정했다.[26] 사전 가운데서 과전이 가장 많이 移給되었고, 개인별로 보면 과전과 공신전을 兼有한 공신출신의 재상들의 토지가 가장 많이 移給되었을 것이다.

　私田의 下三道移給은 이급된 私田만큼의 군자전을 확보하는 것이었지만 결국은 경기 사전의 폐단을 下三道로 확대시키는 것이었다. 경기 사전에서는 곡물을 전조로 수납했지만 외방사전에서는 관원의 답험손실을 거쳐 布帛으로 환산해서 수납했기 때문에 외방사전으로부터의 곡물조달이 어려워짐으로써 居京田主들의 식량사정은 악화되었고, 京中의 米價는 騰貴하고 있었다. 외방 사전에서도 重斂·橫斂 등의 가렴주구는 계속되었고, 심지어는 사전 겸병의 폐단도 일어나고 있었다. 그리하여 世宗朝에 이르러서 사전 가운데서 과전 비중이 커지자 과전 지급법으로 新給田法의 제정과 수세법의 개정을 논의하는 가운데 世宗 13년(1431) 정월에 世宗은 '京中 穀貴'의 이유를 들어 경기 환급을 제의하고,[27] 대신들의 동의를 얻어 외방사전의 경기 환급을 결정했다.[28] 이는 공신출신의 재상들이 내심 바라던 바였다.

---

25) 『太宗實錄』31권, 태종 16년 5월 20일. "前京畿都觀察使具宗之亦上書曰 …… 今也大小人員所受科田 減半移給於下三道 臣竊惟不唯更改太祖之成憲 弊有可言者矣 夫畿民致怨者 正由田主奸猾之奴收租之際 以損爲實 重斂而自足 不以公私兩便爲計 民之愁怨 無有紀極 今不嚴立紀綱 以革其弊 而徒移給於下道 欲革其弊 則轉輸之苦 倍於畿民 侵漁之弊 亦不可勝言 如是則下道之民亦殿下之赤子也 豈有彼此哉? 且京畿近而易於視聽 尙不能禁其不法 況下道之遐隔乎 伏望殿下 毋更太祖田制 每於踏驗之際 各其守令 身親踏驗 損實分揀 行審記成給 且收租之法 竝依曾降敎禁條件施行 則庶幾無弊矣."
26) 『太宗實錄』34권, 태종 17년 7월 22일.
27) 『世宗實錄』51권, 세종 13년 정월 19일.
28) 『世宗實錄』51권, 세종 13년 정월 24일.

世宗 13년(1431) 정월, 외방사전이 경기에 환급된 후, 경기에서는 新給田法이 실시되어 사전, 특히 과전의 전체 면적은 축소되어 가는 한편,[29] 과전 보유의 균등화와 영세화 현상이 나타났으며, 1인이 보유하는 과전이 여러 곳에 분산되기도 했다. 世宗 19년 정월, 왕자·대군의 과전을 감축 조치했고, 世宗 22년 정월에는 종친의 과전도 감축 조치했다. 아울러 전주들의 사전 지배는 더욱 약화되어 갔다.

외방사전의 경기 환급으로 사전 문제는 私田外方移給論이 처음 제기되었던 太宗 3년(1403) 이전으로 돌아간 셈이었다. 비록 사전의 경기 환급 이후 여러 가지 보완책이 실시되어 사전의 폐단을 완화시키기도 하고, 사전이 축소된 만큼의 군자전도 확보했지만, 경기 토지는 여전히 부족하였고 과전수급의 불균형이 나타났으며, 과전의 '零細保有者·未受者'는 늘어나고 있었다. 그동안 세곡 수송문제도 해결되지 않아 조운선이 침몰되면 사전외방이급론은 언제든지 제기될 수도 있었다. 실제로 世宗 28년에 전라도 조운선이 침몰됨으로써 陸路輸送案과 私田下三道移給論이 또다시 제기되었다.[30] 따라서 사전 문제의 근본적인 해결책은 이미 대간들이 제안했던 것으로, 공신전·별사전을 還收하거나 그 世傳을 금지시키는 것이었다. 그러나 이는 공신출신의 재상들의 경제적 이해에 反하는 것이었기 때문에 전혀 실현될 수 없었다. 그리하여 다만 三功臣 外의 원종공신 등의 공신전·별사전만 一代에 한해서 지급되고, 三功臣의 그것은 원래대로 世傳되었다. 물론 三功臣 이후의 공신들의 그것도 三功臣의 예에 준하여 경기 토지로 賞賜되고 世傳될 것이었다. 실제로 文宗·端宗의 兩朝를 거쳐 世祖의 집권에서 成宗 2년에 걸쳐 정난·좌익·적개·익대·좌리공신 등 5공신들에게 막대한 공신전·별사전이 지급·세전됨으로써 사전은 급속히 늘어나고

---

29) 『世宗實錄』 51권, 세종 13년 정월 30일. 世宗에 의해서 윤허된 지 4개월 후인 世宗 13년 정월 24일(기축)에 호조의 계청에 따라 외방사전의 경기 환급이 이루어지고, 그로부터 6일 후인 世宗 13년 정월 30일(을미)에 詳定所에서 계청한 내용의 新給田法이 제정되었다. 신급전법에 의거 과전은 空閒田과 遞受田으로써 지급되었다. 토지수급의 우선권을 고관대신에 부여하고, 국왕의 재가를 거쳐 지급하였다.

30) 『世宗實錄』 112권, 세종 28년 5월 24일.

있었다(<표 1> 참조).31)

이러한 공신전·별사전의 급속한 증대와 거기에서의 濫收는 이미 사전의 폐단으로 나타나고 있었다. 그리하여 佃夫로 하여금 田主를 고발하게 하거나, 전부가 전주를 고발하는 일은 현실성이 없으므로 사헌부가 직접 규찰하여 처벌하는 방안 등이 논의되었다.32) 전자는 院相들의 제안이었고, 후자는 대간들과 호조가 건의한 것이었다. 수세 문제의 해결에서도 공신출신의 재상들과 대간·호조는 입장을 달리 하고 있었다. 결국은 전자로 결정되었다. 그러나 호조의 지적대로 그것은 현실성이 없었기 때문에 일찍이 또 하나의 대책으로 검토되어 왔던 '官收官給制'를 실시하게 되었다.

> 경기관찰사 李繼孫이 馳啓하기를, 얼마 전에 내린 傳旨를 받들었는데, 職田 功臣田 別賜田의 稅를 어떤 이는 민들로 하여금 京倉에 스스로 바치게 하여 官에서 나누어 주도록 하는 것이 좋겠다고 하고, 어떤 이는 京倉으로 바치는 것이나 전주의 집으로 바치는 것이나 民弊는 다를 것이 없으니 그전대로 하는 것이 좋겠다고 하는데, 이 두 가지 중에 민들에게 어느 것이 좋겠느냐 하셨기에, 신이 여러 고을로 하여금 민정이 원하는 것을 물었더니, 모두 京倉에 스스로 바치고자 합니다 하였는데, 호조에서 여기에 의거하여 아뢰기를, 모든 농지의 稅는 민들로 하여금 草價까지 아울러 경창에 스스로 바치도록 하고, 그것을 祿俸의 예에 따라 나누어 주도록 하소서 하니, 그대로 따랐다.33)

한편, 이 '관수관급제' 실시 이후 줄어들어 가고 있었던 軍資와 國用을 확보하는 문제를 놓고 훈구파의 핵심인 院相들과 사림파가 장악해 가고 있던 三司의

---

31) 경기 토지가 부족한 상황에서 늘어나는 공신들에게 賜給할 토지를 확보하는 마지막 방법은 科田의 世傳을 금지하는 것이었다. 이것이 世祖 12년부터 실시한 職田法이었다.
32) 『成宗實錄』 61권, 성종 6년 11월 1일.
33) 『成宗實錄』 94권, 성종 9년 7월 20일. "京畿觀察使李繼孫馳啓曰 頃承下旨 職田 功臣田 別賜田之稅 或云 令民自納京倉而官給爲便 或云 納于京倉與納于田主之家 民弊無異 仍舊爲便 於斯二者 民孰爲便? 臣令諸邑問民情願, 皆欲自納京倉 戶曹據此啓 諸田之稅 使民幷草價 自納京倉 依祿俸例頒給 從之."

간관들은 서로 다른 대책을 내놓고 있었다. 간관들은 '職田·寺社田은 관가에서 그 稅를 거두고, 공신전·별사전도 모두 權宜로 그 半을 거두는 것'을 제안하거나,[34] 더 나아가서 '직전·공신전·별사전·사사전을 감하거나 없애서 국용에 충당하자'는 매우 급진적인 대책을 제안하고 있었다. 후자는 일찍이 대간들이 제안한 '공신전·별사전 還收'보다 더 나아간 것으로, 말하자면 '私田廢止論'이었다. 원상들이 이를 반대하는 것은 당연했다. 그들은 三功臣 후손들의 생계를 빙자하고, '당시가 태평성대'라고 成宗에게 아부까지 하면서 그들의 收租地와 收租權를 지키려고 했다.[35]

그러나 거듭되는 흉년으로 이미 반으로 줄어든 군자곡마저 진휼곡으로 전용해야 할 정도로 국용이 바닥난 형편에서 공신전·별사전의 稅의 半만이라도 거두어 국용에 충당해야 한다는 호조의 요구를 무시할 수 없었기 때문에 成宗은 '공신전·별사전의 세는 반을 거두고, 직전의 세는 전부 거두고, 공신 및 宗親·儀賓의 伴倘·遞兒는 영구히 혁파하라'는 교지를 내릴 수밖에 없었다(成宗 15년, 1484).[36] 이듬해인 成宗 16년에는 領敦寧 이상과 재상들의 재정개혁안 논의를 수렴하여 앞의 '功臣田·別賜田·寺社田稅 半收, 職田稅 全收' 방침을 재확인하고, 이를 節目에 규정하여 실시하였다.[37] 이어 成宗 19년에 職田의 경우에는 官收를 모두 還給하도록 했다.[38] 그리고 공신전·별사전의 경우는 '半收'이긴 하지만 『大典』의 '田宅條'의 취지를 존중하여 여전히 그것들의 世傳을 허용했다.[39]

---

34) 『成宗實錄』 161권, 성종 14년 12월 19일.

35) 『成宗實錄』 162권, 성종 15년 1월 4일. "鄭昌孫等啓曰 臣等上恩至重 雖無功臣田 可矣 如開國定社佐命三功臣子孫 賴此而生者頗多 且職田 百官之俸 不可輕易遽革 若國用不足 則雖戶斂 可矣 今當太平之時 何用如是 傳曰 前日議得 已知政丞等意 自先王朝 待功臣甚厚 予非欲薄之也 然蓄積虛竭 則不得不爾也 思欲博採群議而行之."

36) 『成宗實錄』 162권, 성종 15년 1월 27일 ; 『成宗實錄』 165권, 성종 15년 4월 18일. 이때 도승지 金礪石은 군자곡이 世祖대에는 1백만 석, 成宗 15년 당시에는 50만 석을 넘지 못한다고 추정했다 ; 『成宗實錄』 166권, 성종 15년 5월 2일. "傳于戶曹曰 功臣田 別賜田稅半收 職田稅全收 功臣及宗親儀賓伴倘遞兒 永革."

37) 『成宗實錄』 184권, 성종 16년 10월 8일 ; 동년 10월 27일.

38) 『成宗實錄』 214권, 성종 19년 3월 24일.

39) 『成宗實錄』 277권, 성종 24년 5월 20일. "傳旨戶曹曰《大典》田宅條 功臣田傳子孫註

이처럼 15세기 후반에 들어서면서 과전·공신전·별사전의 급격한 증가와
거기에서의 濫收는 사전의 폐단으로 나타나고 있었고, 이는 다른 한편으로
국용과 군자의 부족을 가져오고 있었다. 이에 대한 근본적 해결책은 三司의
간관들이 제안한 '사전 폐지'였지만, 이는 원상 중심의 훈신세력의 반대로
실현되지 못했다. 차선책으로 직전법과 관수관급제가 실시되었다. 일시적으로
'功臣田·別賜田·寺社田稅 半收'를 통하여 국용·군자의 부족을 보충하고자 했다.
직전법·관수관급제의 효과는 결과적으로 전주의 수조지에 대한 지배력의 약화
로 나타났으며, 이의 정치적 배경은 成宗 10년(1479)을 전후하여 院相 중심의
훈신세력의 쇄락과 이들의 척결을 목표로 三司를 장악해 가고 있던 사림세력의
성장이었다.[40]

　그런데 사전, 특히 공신전·별사전 전주의 수조지에 대한 지배력 약화와
'사전 폐지'의 추세에 제동을 건 것은 中宗反正의 靖國功臣에 대한 공신전·별사전
賞賜 문제였다.

　中宗反正은 燕山君 12년 9월 1일, 朴元宗·成希顔·柳順汀 등이 신윤무·박영문·장
정·홍경주 등의 협력을 얻어 성사시킨 정변이었다. 이의 성공에 따라 晋城大君(中
宗)이 옹립되어 9월 2일 경복궁에서 즉위하였고, 동월 7일에는 정국공신이
錄籍되었다. 박원종·성희안·유순정의 上啓에 의해 정국공신은 1등 8인, 2등
13인, 3등 31인, 4등 65인 등 모두 117인으로 확정되었다. 그리고 공신에 대한
賞賜는 翊戴功臣의 예에 따라 포상하기로 했다(<표 1> 참조).

　한편, 反正 직후부터 대간들은 공신의 과다 책정과 賞賜의 濫用을 지적하기

　　代盡則屬公 代盡云者 謂無子孫也 非祭禮三代二代而止之謂也 女子身死者 移給繼姓子孫女
　　子云者 乃指親女 非指代代孫女也 同註 嫡室無子孫者傳良妾子孫 無良妾子孫則賤妾子孫
　　只給祭田三十結 其餘屬公 又註云 賜田同者 乃與大文功臣田傳子孫同 非與註文同也 功臣主
　　祀爲重 雖賤妾子 特給祭田三十結以祀之 賜田則一時特恩 不干於主祀 雖承重者 妾子孫則不
　　應給也 自今以後 一依上項條件行用."
40) 원상을 지낸 중요 인물들은 성종 10년(1479)을 전후하여 점차 노령으로 사망해
　　갔다. 성종 원년에 구치관, 성종 5년에 최항·성봉조·한백윤, 성종 6년에 신숙주·홍윤
　　성, 성종 8년에 조석문, 성종 9년에 정인지, 성종 18년에 한명회·정창손 등이
　　사망했다.

시작했다. 그러나 中宗은 정국공신들에게 翼戴功臣의 예에 따라 포상하고, 中宗 1년(1506) 9월에는 反正으로 처단된 범죄인의 家財와 토지·노비까지도 공신들에게 나누어 주도록 하였다.

> 傳敎하기를, 근자에 범죄인의 집과 재산 토지 노비들이 자못 많으니, 공신들에게 나누어 주는 것이 어떠한가를 정승에게 물으라 하니, 정승이 회계하기를, 죄인의 집과 재산 토지 노비들은 한도가 있는데 공신은 많고 재산은 적으니 어찌 두루 다 주겠습니까 라고 하니 전교하기를, 등급을 논하여 주는 것이 좋겠다고 하였다.[41]

당시 지평 김안국은 이러한 포상 조치를 국가 재정과 연계시켜 ‘公議’임을 강조하면서 다음과 같이 지적했다.

> 정난공신은 더욱 명분이 없이 나왔습니다. 分軸할 때 應製하여 쓰는 이가 기록할 만한 사실이 없어 붓만 들고 문장을 이루지 못했고, 그 때 대간이 힘써 諫했지만 되지 않았습니다. 지금 공신들이 스스로 田土를 점유했기 때문에 국가 수입은 줄어들고 公用은 결핍되었습니다. 그리고 저마다 伴倘을 점유하고 있기 때문에 양민은 줄어들고 군역도 감축되었습니다. 조선이 건국한 지 백 년이 안 되었는데 공신은 벌써 8~9차가 넘었으니 뒤에 있을 공신들은 장차 무엇으로 상을 주시려는 것입니까. 건의한 대신들에게 물어 명분이 있어서 기록된 자 외에는 현재의 반을 주고, 몰수한 재산과 추쇄한 노비를 비록 공신에게 주는 법이 있으나 上變한 사람 외에는 감하여 주는 것이 가합니다.[42]

---

41) 『中宗實錄』1권, 중종 1년 9월 19일.
42) 『中宗實錄』4권, 중종 2년 12월 2일. "持平 金安國曰 …… 定難功臣 尤出無名 分軸之時 應製書者 無功可紀 持筆莫成 臺諫力爭之不得 今功臣自占土田 而國入少公用乏 自占伴倘 而良民耗 軍額減矣 我國未百年 功已過八九 後有功臣 將何以賞之 請問建議大臣 有名錄者 外 以半給之 至於籍沒推刷之物 雖有給付功臣之法 上變者外 減給可矣 功臣蔭加親受 猶不可 況加之於父子乎 …… 上曰 功之有無 其時豈不詳量乎 今不可分辨 況已給者 尤不可折半也 以爲已往 而不可改也 則國弊必多 若徒務姑息 而不爲遠慮 則何以爲國 上不答 史臣曰 時功臣 之數太濫 安國所啓深切 順汀强辨飾非於上前 豈大臣之道哉."

이에 대해 영사 柳順汀 등 대신들은 이번 정국공신에 대한 과다한 포상 조치가 時弊가 될 소지가 있기에 마지못해 동의하면서, 다만 적몰한 재산과 토지는 국가 경비에 충당하고 노비는 피폐한 관사에 보충하자는 절충안을 냈다. 이에 中宗은 공신책봉과 포상을 이미 기정사실화하고, 다만 적몰한 재산·토지·노비는 1등 공신에게만 주고 그 나머지를 국가 경비에 충당하라고 명령했다.[43] 그러나 이 이후에도 대간들은 공신들의 녹권을 개정하고 土地·藏獲을 裁減할 것을 계속 간언했다. 이에 대해 中宗은 대간들에게 "土田·藏獲에 관한 일은 다시 거론하지 말라."고 傳敎했고,[44] 공신출신의 재상들은 "공신의 藏獲·土田을 거두어들여 모두 국가의 소유로 한다면 국가는 신망을 잃을 것이다."라는 이유를 들어 대간들의 비판을 봉쇄하고자 했다.[45] 당시에 이를 두고 '대신들과 대간들이 싸운다'고 했다. 즉, 훈신세력과 사림세력이 다투었던 것이다.

中宗 6년(1511)에는 큰 흉년이 들었다.[46] 中宗은 求言했다. 이를 기회로 호조판서 李季南은 녹봉과 공신전·별사전을 감할 것을 청했다.[47] 또 대간들은 정국공신의

43) 『中宗實錄』 4권, 중종 2년 12월 2일. "左議政朴元宗 右議政柳順汀啓曰 前啓奴婢事 今欲復啓而來 臣等觀臺諫章疏 又度國家事 甚不安心 近者出多而入少 疏意至切 但收其已給 恐不便於事體 當其建議時 在廷之臣 誰謂不可 誰不欲推戴 雖不參謀 皆能同協一心 且人心未可知也 如李顆 以削勳 有叛謀 今此勳臣之多 庸非國之福乎 如籍沒之物 土田則以充國用 奴婢則以補殘司爲當 傳曰 非割國家之有 半給 不猶愈於專給者乎 蔭加亦不可改也 元宗等又啓曰 雖非國家之物 臺諫之意如此 今雖加得一二口 何益 不願也 傳曰 然則只分給一等 其餘以充國用." "史臣曰 彼元宗 武臣 固不足責 順汀亦爲此言 何也 自以靖國元勳 昧正君定國之道 有謀利益己之計 甘心於柳子光之貪謀 以(彈)[彈]丸 黑子之地 功臣至於百餘人." 史臣은 유순정에 대해 "자신이 靖國元勳으로서 임금을 바로잡고 나라를 안정시키는 도에는 어둡고, 利를 꾀하며 자신을 유익하게 하려는 계책만을 두는가 하면, 내심으로는 유자광의 貪謨을 좋아하여, 탄알이나 사마귀만한 작은 땅으로써 공신이 백여 명에 이르게 하였다."고 비난하고 있다.

44) 『中宗實錄』 4권, 중종 2년 12월 17일 ; 12월 18일. "傳于臺諫曰 土田 藏獲 蔭加事 不允."

45) 『中宗實錄』 4권, 중종 2년 12월 21일.

46) 『中宗實錄』 17권, 중종 8년 1월 15일. 연이은 흉년으로 賑濟場을 설치하여 饑民을 구제했는데, 國用이 넉넉지 못하여 공신전·별사전·직전의 쌀과 콩을 頒賜하지 않고 진휼곡으로 썼다.

47) 『中宗實錄』 14권, 중종 6년 9월 30일.

핵심인 좌의정 柳順汀을 직접적으로 공박하기 시작했다. 그가 재산을 불림으로써 결국 재변을 불러일으켰다는 것이었다.[48] 좌의정에 대한 공박은 곧 영의정 金壽童과 우의정 成希顔, 그리고 공신들 전체에 대한 공격이기도 했다.[49] 누구보다도 廉恥와 節義를 가장 중요한 덕목으로 삼아야 하는 재상들을 '致富'를 들어 공박하는 것은 곧 그들의 '辭職'을 겨냥하는 것이었다. 일단 이들은 사직서를 낼 수밖에 없었다. 물론 반려되었다.

이미 成宗 15년(1485)에 국용 확보를 위하여 '功臣田·別賜田·寺社田 半收, 職田 全收'하는 것을 절목으로 두어 실시하였고, 成宗 19년에 직전세는 모두 환급하기로 한 조치가 있었다. 이 조치는 中宗반정 직후 해제되었던 것 같다. 그런데 中宗 6·7년의 큰 흉년을 계기로 공신전을 減給하자는 여론이 비등해지자 감급 대신 공신전의 전세를 職田의 예에 따라 5년을 기한으로 官에서 '半收'하는 긴급조치를 취했다. 그러나 이 조치는 中宗 11년(1516)에 철회되었다.[50] 이로써 정국공신들은 경제적으로 잃은 것이 거의 없게 되었다. 결국 對私田施策은 世祖 12년(1466) 직전법 실시 단계로 되돌아갔다. 따라서 功臣田은 『大典』田宅條와 공신별 포상규정에 따라 賜給되고 世傳될 것이었다.[51]

정국공신 출신의 재상들은 다시 대간들의 표적이 되었다. 中宗 14년(1519) 1월, 이때 사림세력과 간관들의 정신적 수장이었던 趙光祖는 늦었지만 지금이라도 '利의 根源을 깨끗이 씻어버려야 한다'고 포문을 열었다.[52] 여기서 '利의 根源'이란 공신을 잘못 책봉하고 토지와 노비를 과다하게 賜給한 것을 말하는

---

48) 『中宗實錄』14권, 중종 6년 10월 12일. 유순정은 자기가 재산을 불렸다는 대간의 지적에 대해서 "병인년(中宗 1년, 1506) 이후로 공신의 대열에 참여하게 되어 爵位가 높고 두터워 이미 공신전과 직전을 얻었고, 또 노비를 얻어 살림이 풍성해지자 儒生 時에 지은 집을 비로소 바꾸었으며, 또 자식을 위하여 집을 마련한 것밖에 없다."고 변명하였다.

49) 『中宗實錄』14권, 중종 6년 10월 12일. "領議政金壽童 右議政成希顔啓曰 臣等被駁屢矣 不爲公論所容 非徒當解其職 又當有罪責 今當遇災求言之時 不可不從臺諫之言 請速遞臣等 以應天變 傳曰 臺諫之言 欲使卿等警省 非欲其遞也 其勿辭 但當上下交修, 以答天譴耳."

50) 『中宗實錄』24권, 중종 11년 2월 24일.

51) 『經國大典』戶典 田宅. "功臣田 傳子孫."

52) 『中宗實錄』35권, 중종 14년 1월 23일.

것이었다. 따라서 우선 功籍의 재정리와 인적쇄신을 요구하고 나섰다. 이즈음 中宗은 조광조를 전적으로 믿고, 그의 건의대로 정국공신 출신의 재상들을 현직에서 물러나게 하고 있었다. 그리고 곧바로 장령 金湜은 '變法'을 요구했다.[53)

이렇게 되자 정국공신들은 심각한 위기의식을 갖게 되었다. 그들 사이에는 "지금 대간(조광조를 일컬음)의 말을 上께서 모두 받아들이므로 죄받은 사람이 많다."거나, "賢良方正科 출신이 조정에 布列하게 되면 반드시 舊臣을 다 제거하려 할 것이다."라거나, "공신전이 앞으로 還收될 것 같다." 등의 소문이 파다하게 돌고 있었다.[54) 그리고 실제로 그들이 우려했던 일이 일어났다. 반정 직후부터 간관들이 지적했던 대로 정국공신들은 많은 문제점을 안고 있었다. 가장 큰 문제점은 본인 외에 공도 없는 본인의 친족·인척이 공신으로 책봉된 것이었다. 정국공신은 마치 親族集團·姻戚集團을 방불케 했던 것이다. 이밖에도 文班·武班·力士·宦官 등 출신과 지위의 이질성, 공신 집단내의 구심점의 결여, 非功臣集團에 대하여 가질 수 있는 명분과 절의의 결여, 정치적 이념의 결여 등 여러 가지 취약점은 반정 직후부터 대간·홍문관 등 언관계통에 자리 잡고 있던 非功臣係 사림세력의 지속적이고도 집요한 공격을 받아 계속 削勳당하는 빌미가 되고 있었다. 그리고 마침내 中宗 14년 11월 11일에는 무려 76명이 削勳되었고, 이들이 받은 토지와 노비 또한 모두 환수될 처지에 놓이게 되었다. 이는 조광조일파가 추진한 '변법 개혁'의 일환이었다. 이에 공멸의 위기에 처했던 공신 및 비공신계 훈신들의 연합세력은 조광조일파가 王安石이 했던 것처럼 '朋黨'을 결성했다는 이유를 들어 그들에게 반역죄의 누명을 씌워 대거 죽이거나 유배 보냈다.[55)

---

53) 『中宗實錄』 35권, 중종 14년 1월 29일. "史臣曰 湜等變更祖宗之法之端 實開於此."
54) 『中宗實錄』 35권, 중종 14년 3월 2일 ; 동년 3월 3일.
55) 『中宗實錄』 37권, 중종 14년 11월 15일. "召禁府堂上于丕顯閤 鄭光弼 安瑭 金詮 南袞 李長坤 洪淑 成雲 蔡世英 權輍 沈思順等入侍 上命成雲 書推考傳旨草 領議政鄭光弼 南陽君洪 景舟 工曹判書金詮 禮曹判書南袞 右贊成李長坤 戶曹判書高荊山 花川君沈貞 漢城府左尹孫 澍 兵曹參判方有寧 參議金謹思 參知成雲 戶曹參議尹希仁等啓曰 伏見光祖等 交相朋比 附己者進之 異己者斥之 聲勢相倚 盤據權要 訐上行私 罔有顧忌 引誘後進 詭激成習 以小凌長 以賤妨貴 使國勢顚倒 朝政日非 在朝之臣 潛懷憤嘆 而畏其勢焰 莫敢開口 側目而行 重足而立 事勢至此 可謂寒心 請付有司 明正其罪 上曰 罪人不可無律 朝廷亦有請 可速定罪."

이것이 이른바 '己卯士禍'였다. 기묘사화는 정치적으로는 공신 출신의 재상그룹으로 대표되는 훈신세력과 사림세력 간의 政爭이었고, 경제적으로는 공신전·별사전으로 보장되는 '世祿制'와 국용과 군자의 토대가 되는 '恒産制' 간의 충돌이었다. 이 사건으로 사림파의 개혁정치는 4년 만에 끝나고, 그들이 추진했던 經筵의 강화와 언론활동의 활성화, 내수사의 長利 폐지, 昭格署 폐지, 향약 실시, 균전제 실시, 방납폐단의 시정 등의 개혁정책도 대부분 중단되었다.

훈신세력은 기묘사화로 재집권했으며, 그들의 공신전·별사전과 노비도 還收당하지 않았다. 그리하여 中宗反正 직후 정국공신들에게 포상규정에 따라 토지와 노비를 사급했던 당시로 되돌아갔다. 中宗은 반정 직후의 공신책봉과 포상을 이미 기정사실화하고, 다만 적몰한 재산·토지·노비는 1등 공신에게만 주고 그 나머지를 국용에 충당하라고 명령했었으며, 앞으로 '토전·장획에 관한 일은 다시 거론하지 말라'고 傳敎했었다.[56]

기묘사화가 일어난 지 10년 뒤에 中宗은 훈신세력을 견제하기 위하여 다시 사림을 등용했다. 그리고 明宗이 즉위하면서 '乙巳士禍'(1545)가 일어났다. 이는 외척간의 권력투쟁에서 비롯된 것이었지만, 사림세력은 양편(仁宗과 尹任一派 : 大尹, 明宗과 尹元衡一派 : 小尹)에 모두 가담했기 때문에 사림세력 전체가 패퇴하는 것은 면할 수 있었다. 그리하여 明宗朝에 李滉·曺植·成守琛·李恒·奇大升·金麟厚 같은 사림학자들은 벼슬을 포기하고 재야에 은거하기도 했지만, 중앙정계에 진출한 사림들은 이미 대세를 이루었고, 宣祖朝(1567~1608) 초에는 이전의 외척세력을 몰아내고 정국을 주도할 수 있게 되었다.

한편, 中宗 20년(1525)에 경기지방에 큰 흉년이 들어서 이듬해의 種穀조차 다 마련할 수 없었다. 도민들에게 나누어 주어야 할 種穀 18만 2천 2백여 石 가운데 7천여 石이 부족했다. 호조는 충청·황해·강원도의 종곡 7천여 石을 옮겨 오자고 제안했지만, 영의정 南袞 등 三公은 그것이 현실적으로 어렵기 때문에 1년만 공신전·별사전·직전의 세액 4천여 石과 貢物 3천여 石을 감해

---

56) 주 43), 44) 참조.

주자는 의견을 냈다. 즉, 3개 사전의 세액 전액을 全收하여 종곡으로 쓰자는 것이었다.[57] 일찍이 成宗 15년(1485)에 1년 동안, 그리고 中宗 6년(1511)에 5년을 기한으로 국용·군자의 보충을 위하여 3개 사전을 대상으로 '半收'한 적이 있었지만 이번처럼 1년 동안이지만 '全收'한 것은 처음이었다. 만일 기한을 두지 않고 '全收' 조치를 취했다면, 그것은 3개 사전을 폐지하는 것이나 다름없는 것이었다. 이후 明宗 2년(1547)에 救荒策의 일환으로 정국공신들의 별사전에 한해서 1년 기한으로 '半收' 조치했다.[58]

그리고 明宗 10년(1555) 11월에 사헌부는 근래에 해마다 흉년이 들어 세입이 줄어서 경비가 부족하기 때문에 汰冗官·省浮費·感祿俸과 함께 職田을 모두 減給하자고 제안했다.[59] 지금까지 職田 田租의 지급을 일시적으로 제한했던 정책에서 한걸음 더 나가서 직전 자체를 감급하자는 것이었다. 이 제안은 당장은 받아들여지지 않았다. 그러나 연속되는 흉년에다 '邊境有事' 즉, '乙卯倭變'과 北方蕃族의 침입이 겹치면서 국고가 枯渴되었기 때문에 용관을 없애고, 녹봉을 줄이면서, 마침내는 직전 자체의 지급을 중지하기로 결정했다.[60] 그리하여 이듬해 6월에는 職田(制)는 이미 폐지되어 있었다.[61] 그런데 이 무렵에 공신전·별

---

57) 『中宗實錄』56권, 중종 20년 윤12월 19일. "南袞等同議啓曰 當初臣等意 若減貢物 則雖不官給種租 民力自可有餘 非謂減貢物 而又給種租也 其時 自上以爲 雖減貢物 種租不可給 故戶曹欲移轉忠慶尙兩道初面官田也 但忠淸則只忠州外 距江一二日之程 慶尙則踰大嶺 而又有三四日之程 官給畿甸種子 雖是美事 兩道之民 受弊亦不少 今若全減功臣職田 則可得租四千餘石 又以貢物作租 則又得三千餘石 今得七千餘石 如壬申年之數則庶可分給云 戶曹之意果當 但四萬八千石之租 旣不可得矣 且貢物已蠲減矣 又不可作租 雖不官給種子 若減貢物 則民可自備 民之受惠亦多矣 若於未自備之戶 以功臣職田所出四千石之租分給 則庶可矣 傳曰 貢物已蠲減 今不可作租 其全減功臣田 職田 別賜田 分給於失農尤甚處可矣 貢物蠲減處亦可自備." ; 경기도 관찰사 보고에 따르면, 종곡으로 분급해 주어야 할 수량 18만 2천 2백여 石 가운데 이미 수납한 것이 12만 3천 8백여 石이고, 수납하지 못한 것이 5만 4천 7백여 石이며, 민호가 自備한 것이 6천 3백여 石이었다.

58) 『明宗實錄』6권, 명종 2년 8월 30일.

59) 『明宗實錄』19권, 명종 10년 11월 21일. "憲府啓曰 …… 近來歲連凶歉 稅入不敷 經費不足 汰冗官省浮費 又減百官之俸 至於職田 乃是古者圭田之遺意 而亦皆減之."

60) 『明宗實錄』20권, 명종 12년 2월 23일. "憲府啓曰 …… 近來凶歉相仍 歲以益甚 加以邊境有事 橫費百端 國儲之竭 調度之煩 未有甚於今日 國家之汰官減祿 至如大典所載朝官職田 幷不給之 此乃出於不得已也."

사전에 대해서는 어떤 조치도 취하지 않았던 것 같다. 전혀 가능성이 없는 일이었겠지만, 이미 사급된 공신전·별사전을 還收한다든지, 전례에 비추어 그것들의 田租 지급에서 기간이나 수량에 일정한 제한을 둔다든지, 앞으로는 공신전·별사전 자체를 賜給하지 않을 것이라든지 등의 정책을 취하지 않았던 것이다. 결국 공신출신의 재상들은 과전·직전을 포기하는 대신 공신전·별사전 만은 조선전기 내내 지키려고 했고, 또 지켜나갔던 것이다.

(2) '私田型' 農莊

조선전기에 개국공신부터 정국공신까지 9차례의 공신책봉이 있었고, 이로 인해 연인원 400여 명의 공신이 功籍에 올랐다. 이 가운데 1·2등 공신만도 200여 명에 이르렀다. 재상으로서 1·2등 공신이 된 자도 있었지만, 대부분은 1·2등 공신이 된 후에 加資와 승진을 거듭하여 재상이 되었으며, 이들 공신 출신의 재상들이 조선전기의 정국을 주도하는 훈신세력을 형성했다. 그리고 이들의 對私田施策은 '世祿制'의 취지를 명분으로 삼아 관직자들에게 世祿田, 즉 私田을 지급하여 世傳하게 하였다.

그리하여 훈신세력은 공신전·별사전·과전 등의 私田이 외방에 移給되었던 太宗 17년(1417)부터 世宗 12년(1430)까지의 시기를 빼고 그것들을 경기 토지로 賜給받아 世傳했으며, 별사전 일부는 외방에서 籍沒된 토지로 사급받기도 했다. 世祖 12년(1466) 직전법이 시행되면서부터는 과전 대신 직전을 받았다.[62] 이에 따라 그들 가운데는 과전·직전과 공신전·별사전을 수백 결에서 천여 결을 지급받아 수조했으며,[63] 佃客農民으로부터 田租뿐 아니라 穀草·柴炭·行錢·馬糧 등 온갖 잡물을 수탈하는 수조권을 행사했다. 그러나 成宗 9년(1478) '官收官給制' 실시 이후, 정부는 흉년이나 外患 등의 非常時에 國用·軍資 등의 부족을 채우기

---

61) 『明宗實錄』 20권, 명종 11년 6월 9일. "憲府啓曰 …… 百官之職田旣廢."
62) 조선전기의 공신들은 1인당 평균 약 100結의 전지와 노비 10.7口, 丘史 및 跟隨 4.2명, 眞拜·把領·伴人 7.1口를 포상 받았다. 그러나 대부분의 공신들은 2차례 이상 공신으로 책봉 받고 있었기 때문에 그들이 받는 전지와 노비 등도 이 평균치보다 2배 이상 많았을 것이다.

위하여 공신전·별사전의 田租를 '半收'하거나, 職田의 전조를 '全收'함으로써 田主의 수조권 행사에 일정한 제약을 가하기도 했다. 훈신세력은 사림세력이 줄곧 제기했던 '私田廢止論'을 차단하기 위해서라도 그러한 일시적인 긴급조치는 감수해야 했다. 그러면서 그들은 공신전·별사전·과전 등의 私田을 折給받아 私有地·家産化하여 농장을 조성하고 경영했는데, 그것이 바로 훈신세력의 '私田型' 農莊이었다. 이 사전형 농장은 경기도에도 있었고, 하삼도에도 있었으며, 조선전기에 발달한 농장의 대부분을 차지했다.

우선 조선전기의 공신 출신 가운데 재상으로 진출한 훈신 관료들은 세 부류로 나눌 수 있다. 첫째는 15세기 전반, 3공신(開國·定社·佐命 功臣)출신의 재상그룹이었다(제1그룹). 둘째는 15세기 후반, 世祖~成宗대의 5공신출신의 재상그룹이었다(제2그룹). 이 시기는 조선국가의 정치체제가 확립되는 시기로서, 世祖가 집권의 기틀을 마련했던 端宗 원년(1453) 10월부터 成宗 2년(1471)까지 약 20여 년 동안에 무려 5차례의 공신 책봉이 있었다. 이 시기 정치주도세력은 5공신(靖難·佐翼·敵愾·翊戴·佐理 功臣)출신의 院相들이었다. 셋째는 16세기 전반,

〈공신책정에서의 田民賜給 내역〉

구분	연도	공신수 (人)	田地(結)	奴婢(口)	丘史 및 跟隨(名)	眞拜把領伴 倘伴人(口)
1차 개국공신	태조원년(1392)	47	5,840	672	241	384
2차 정사공신	정종즉위년(1398)	29	4,450	505	169	256
3차 좌명공신	태종원년(1401)	47	3,990	381	137	278
4차 정난공신	단종원년(1453)	43	6,550	905	209	328
5차 좌익공신	세조원년(1455)	44	4,250	411	184	316
6차 적개공신	세조13년(1467)	45	4,760	456	221	356
7차 익대공신	예종즉위년(1468)	37	3,510	341	151	262
8차 좌리공신	성종2년(1471)	72	1,390	211	211	422
합계		364	34,740	3,882	1,523	2,602
						8,007

* 자료 : 金鴻植, 1981, 『朝鮮時代 封建社會의 基本構造』, 215쪽.

63) 『太宗實錄』 18권, 태종 9년 11월 19일. "前朝之季 田制大毁 豪强兼幷 公廩虛竭 惟我太祖康獻大王 應天順人 創業之初 首革私田 以正疆界 誠盛代萬世之良法也 然於給田之法 有可言者 給田之科 十有八等 其第一科 所受之田一百五十結 則所收之租 不爲不多 又所受之祿 亦不爲不多 此足以供一家一歲之用 加之以功臣之田 曰開國 曰定社 曰佐命 曰元從 曰回軍 又有別賜之田 一人所受 幾於千結."

靖國功臣출신의 재상그룹이었다(제3그룹). 이들은 反正과 동시에 중앙 정계의 주도 세력으로 등장했다가 削勳(中宗 14년, 1519)·復籍(中宗 15년)을 거치면서 사림세력에 의해 淘汰되어 갔던 마지막 훈신세력이었다.

먼저 제1그룹의 대표로서 趙璞(恭愍王 5년, 1356~太宗 8년, 1408)·鄭擢(恭愍王 12년, 1363~世宗 5년, 1423)·李叔蕃(恭愍王 22년, 1373~世宗 22년, 1440) 등의 농장을 살펴보자.

조박은 平壤趙氏로서 고려후기 최고의 권문세족이었던 趙仁規의 4세손이고, 趙浚·趙狷의 從姪이며, 전의령 趙思謙의 아들이었다. 禑王 8년(1382) 문과에 同進士로 급제하여 여러 관직을 거쳐 三司左尹에 이르렀다. 그는 李芳遠(후에 太宗)과는 同壻 사이여서 李成桂를 따르고 복종하자,[64] 정적인 鄭夢周에 의하여 청주목사로 좌천, 수원부에 이르렀을 때 사주를 받은 수원부장에게 살해될 뻔했으나 도망쳤다. 太祖 즉위년(1392) 4월 간관들에게 탄핵을 받아 청주목사직을 삭탈당하고 귀양 갔다. 위화도 회군 이후 조준·정도전·조인옥 등과 더불어 太祖를 추대하여 개국공신 1등이 되어 田地 170結과 노비 20口(丘史 7명, 眞拜把領 10명)를 받았으며 平原君에 봉해졌다. 定宗 즉위년(1398) 10월 제1차 왕자의 난에 이방원을 도와 정사공신 1등에 올라 전지 200結과 노비 25구(구사 7명, 진배파령 10명)를 받았다. 太宗 1년(1401) 太宗을 옹립한 공로로 좌명공신 3등에 책봉되어 전지 80結과 노비 8구(구사 3명, 진배파령 6명)를 받았다. 太宗 7년(1407)에 그는 李玄 등과 함께 세자와 황녀의 결혼을 모의한 옥사에 연루되어 '楊州 田庄'으로 내쫓긴 적이 있었다.[65] 그는 양주 전장으로 추방된 후 그의 老母를 시봉했다고 했다.[66] 그는 그동안 3차례에 걸쳐 공신으로 책봉되어 양주에서 공신전 450結과 노비

---

64) 『太宗實錄』16권, 태종 8년 12월 6일. 戶曹判書 趙璞의 卒記

65) 『太宗實錄』13권, 태종 7년 6월 11일. "釋李玄等囚 放趙璞于楊州 巡禁司具璞等獄辭以上 上曰 謀計雖謬 若原其情 但爲國事耳 非懷謠詐也 皆釋之 獨璞初有隱諱 上不直璞 放于楊州田庄."

66) 『太宗實錄』14권, 태종 7년 7월 15일. "召平原君 趙璞還 …… 璞謝曰 臣在楊州 侍奉老母 適母遘疾 親執藥餌 悉適臣願 感戴上恩 不自知爲貶謫也 至若黜降之議 臣於無疾兄弟之家 不相往來 未能深知事之本末 徒以妄意 聽從其言 臣之罪也 上曰 然."

53구(구사 17명, 진배파령 26명)를 받아 농장을 조성했던 것이다. 물론 과전도 받았을 것이다. 이는 다음 기사에서 확인할 수 있다.

호조에서 아뢰기를, 공신전의 賜牌는 모두 자손으로 하여금 相傳하게 하는데, 지금 죽은 大君 李和와 平原君 조박이 외람되게 文契를 만들어 妓妾에게 전해주었으니 王法에 어긋남이 있습니다. 바라건대 田法에 의해 妓妾이나 賤妾에게 임의로 주지 못하게 하고, 자손 가운데 만일 公私賤口가 있으면 또한 모두 서로 전하는 것을 허락하지 마소서 하니, 그대로 따랐다.[67]

즉, 그는 공신전의 사패를 아들 趙愼言에게 주지 않고 새로 文契를 작성하여 妓妾에게 주는 불법을 저질렀던 것이다. 이를 계기로 조정에서는 太宗 9년(1409) 10월에 '功臣田傳給法'을 제정하였다.[68] 조신언은 아마도 이 법에 의거해서 다시 전장을 추심했었을 것이다. 그런데 이 해(太宗 9년) 12월에, 조박은 과거 定宗 말년에 族親 柳氏의 아들 佛奴를 定宗의 아들이라고 元子로 삼기를 청했던 일이 탄로되면서 功臣錄券을 追奪당하고, 그의 아들 조신언은 禁錮되었다.[69] 조신언과 그의 처(懷安君 芳幹의 딸)는 다시 전장을 잃었고, 생계를 이어가기도 어려웠다. 이후 太宗은 특별히 이들의 곤궁한 처지를 불쌍히 여겨 쌀과 콩 5石씩을 주고, 아비 조박의 科田은 도로 받도록 했다. 또 조신언에게는 돈녕부 관직을 주도록 했으나 이내 철회되었다.[70] 이후 조신언의 자손들은 과거시험에 응시할 수 없었다. 이로 보건대, 조박은 공신전과 과전으로 楊州田庄을 조성했으

---

67) 『太宗實錄』18권, 태종 9년 10월 19일. "戶曹啓功臣田傳給之法 啓曰 功臣田賜牌 皆令子孫 相傳 今卒大君 和 平原君 趙璞 濫作文契 傳給妓妾 有乖王法 乞依田法 子孫之外 妓妾賤妾 毋得擅給 子孫之內 如有公私賤口 則亦幷不許相傳 從之."

68) 주 67) 참조.

69) 『太宗實錄』18권, 태종 9년 12월 19일.

70) 『太宗實錄』32권, 태종 16년 7월 8일. "傳旨承政院曰 愼言艱難 給米豆各五石 旣而又曰 卿等以爲 趙璞 愼言有罪 予亦知之 予非見愼言也 乃見姪女 欲令還受其父科田 而爲敦寧府官 受祿而生 …… 石璘曰 愼言非獨懷安之罪 父璞罪干宗社 臣不敢以除授聞 崙 廷顯等亦以爲不可 崙曰 璞罪累宗社 愼言保其首領足矣 豈可列於搢紳朝士之間哉 懷安之罪如彼 上以友于之心 雖授其壻以官 臣心以爲欲置於法 …… 是日俱啓其言 上曰 衆皆不可 焉得除授."

며, 그것은 조신언대에 와서는 공신전이 제외된 과전만의 전장으로 남게 되었다.

다음으로 鄭擢의 농장을 살펴보자. 정탁도 조박처럼 고려후기 권문세족의 후예였다. 그의 6대조인 鄭顗는 大將軍을 지냈으며, 그의 孫이며 정탁의 高祖인 鄭瑎는 忠烈王대에 僉議參里에까지 오른 인물이었다. 曾祖인 愼는 淸河君에 봉해지고, 조부 誧는 左司議大夫를 역임했다. 부 公權(擢)은 恭愍王 초에 등제하여 仕宦했는데, 恭愍王 15년에 正言 李存吾와 함께 신돈의 죄를 극언하다 쫓겨나서 갖은 수모를 당했다. 정탁은 禑王 8년에 병과에 급제하여 춘추관 수찬·병조좌랑 등을 거쳐 恭讓王 1년(1392)에 廣興倉使가 되었을 때 太宗의 사저에 나아가 맨 먼저 太祖 추대를 발설했다. 이로 인해 개국공신 1등에 책봉되어 전지 170結과 노비 20구(구사 7명, 진배파령 10명)를 받았으며, 定宗 즉위년에는 제1차 왕자의 난에서 세운 공으로 정사공신 2등에 책봉되어 전지 100結과 노비 10구(구사 5명, 진배파령 8명)를 받았다.

太宗 3년(1403)에 정탁은 내시별감 盧續의 노비를 빼앗은 일로 '貪官'으로 단죄되어 그의 농장으로 추방된 적이 있었다.

> 임금이 朴錫命에게 이르기를, "탁은 개국공신이고, 또 경연에서 侍講하였으니, 공의 죄를 가릴 만하다. 그러나 법도 또한 폐할 수 없다. 만일 農庄이 도성 문밖에 있는 것이 있으면 그곳으로 내쳐라" 하니, 석명이 대답하기를, "海豊에 農舍가 있는데, 도성에서 30리입니다" 하므로, 임금이 대단히 좋다고 하였다. 사헌부에서 상소하기를, "淸城君 정탁은 두 번이나 공신이 되었고, 벼슬이 宰輔에 이르렀으니, 祿秩의 풍족함과 土田과 臧獲의 많음이 그와 비교할 사람이 없습니다. 죽은 檢校侍中 韓葳이 巨富로 아들이 없었는데, 탁이 여러 조카들 가운데에 끼어 있어, 형제의 차서도 돌아보지 않고 오직 威力으로 그의 田庄과 재물을 빼앗아 점유하고, 조금도 부끄럽게 여기지 않고 오히려 부족하여 미천하고 용렬한 盧續의 노비를 한천의 賤案에 접속시켜 힘을 믿고 함부로 빼앗았으니, 그 陰譎하고 貪汚한 죄를 징계하지 않을 수 없습니다. 신 등이 전일에 계문하여 죄주기를 청하였사온데, 전하께서 功臣이라 하여 다만 農庄에 안치하시니, 어찌 징계하는 마음이 있겠습니까."[71]

즉, 정탁은 두 차례의 공신 책봉에 따라 공신전 270結과 노비 30구(구사 12명, 진배파령 18명)를 받아 해풍에 농장을 조성했던 것이다. 이 농장에는 물론 과전도 보태졌을 것이다. 해풍은 그가 定宗 1년(1399)에 道觀察黜陟使로 나갔던 豊海道에 속했다.[72] 그리고 그는 功臣·官職의 위세를 부려 후사 없이 죽은 숙부 한천의 토지와 노적의 노비를 횡탈하여 전장을 넓히기도 했다. 이처럼 본인의 벼슬이나 위세가 농장 확대의 또 하나의 요인이 되고 있었다.

그는 공신이고 세자(후에 太宗)의 賓客이었기에 太宗의 배려로 자기 농장으로 추방됨에 그쳤지만, 그의 위세 부림은 여전했던지 3달 뒤에는 太祖의 朱紅書案을 돌려주지 않은 죄로 변방에 안치되기도 했다. 이후에도 그는 '간사하고 탐하며, 교만하고 방종하여 불법한 짓을 자행'하고, 심지어는 살인죄에 연루되어 유배되기도 했지만 그때마다 공신이라는 이유로 太宗의 사면이 있었고[73] 世宗 3년(1421)에는 우의정에 제수되기도 했다.[74] 그의 卒記에는 "남보다 뛰어난 재능이 없었고, 자못 재물을 貪한다는 이름을 얻었다. 다만 개국할 초기에 倡義한 공로로 太宗이 옛 공훈을 생각하여 우상을 삼았다."고 쓰여 있다.[75] 이를 보면, 공신 출신의 경우 '亂臣'으로 치죄되어 재산이 적몰되지 않는 한 私田을 바탕으로 이루어진 농장은 계속 유지되었으리라는 것을 짐작할 수 있다.

다음은 李叔蕃(恭愍王 22년, 1373~世宗 22년, 1440)의 농장에 대해서 살펴보자. 그는 고려후기 권문세족의 후예인 조박·정탁과는 달리 선초에 과거를 통해 진출한 신진사대부였다. 그는 太祖 2년(1393)에 문과에 급제한 뒤 太祖 7년(1398)에

---

71) 『太宗實錄』 5권, 태종 3년 5월 21일. "上謂朴錫命曰 擢 開國功臣 且於經筵侍講 功可掩罪 然法亦不可廢也 如有農庄在都門外者 放之 錫命對曰 海豊有農舍 去都城三十里 上曰 甚可 司憲府上疏曰 淸城君鄭擢 再爲功臣 致位宰輔 其祿秩之豊 土田臧獲之多 無與比者 卒檢校侍 中韓藏 巨富而無嗣 擢在諸姪之中 不顧兄弟之序 惟以威力 奪占其田庄財物 恬不爲愧 猶以爲 不足 乃以微劣人盧績之奴婢 接續韓藏之賤案 恃力擅奪 其陰謀貪冒之罪 不可不懲 故臣等前 日啓聞請罪 殿下以功臣之故 止置農庄 豈有懲艾之心哉."

72) 『定宗實錄』 1권, 정종 1년 2월 1일.

73) 『太宗實錄』 10권, 태종 5년 7월 25일.

74) 『世宗實錄』 14권, 세종 3년 12월 7일.

75) 『世宗實錄』 22권, 세종 5년 10월 21일.

知安山郡事로 있으면서 河崙과 함께 李芳遠(뒤의 太宗)을 도와 사병을 출동시켜 세자 李芳碩과 鄭道傳·南誾·沈孝生 등을 제거하는 데 공을 세워 정사공신 2등에 올라 전지 150結과 노비 15구(구사 5명, 진배파령 8명)를 받았고, 安城君에 봉해졌으며, 우부승지에 임명되었다. 定宗 1년(1399)에 좌부승지가 되고, 이듬해 초에 朴苞가 이방원과 반목 중이던 李芳幹을 충동하여 거병하자 군사를 동원하여 이들을 제거하였다. 이어 左軍摠制가 되고, 太宗이 즉위하자 佐命功臣 1등이 되어 전지 150結과 노비 13구(구사 7명, 진배파령 10명)를 받았다. 그는 두 차례의 공신 책봉으로 賜給받은 공신전 300結과 노비 28구(구사 12명, 진배파령 18명)로 연안부에 농장을 조성했다.76) 이후 주로 군직을 받아 승진을 거듭하여 太宗 12년(1412) 말에는 종1품 崇政大夫가 되었다. 太宗 13년에는 병조판서가 되고, 이듬해 의정부찬성사가 되었다.

그동안 그는 공신의 지위와 太宗의 총애를 믿고 거만 방자하여 太宗에게는 '不敬'·'不忠'하고, 동료들에게 '無禮'했기 때문에 형조와 대간의 탄핵을 여러 차례 받아 왔다. 마침내 太宗 16년(1416) 6월, 三功臣과 大臣들은 이숙번이 '不敬'·'不忠'한 것은 '反覆之心'과 '今將之心'을 품고 있기 때문이라며 鞫問하여 그 죄를 밝힐 것을 청했다. 그를 종묘와 사직에 관련된 모반죄로 斷罪할 것을 청했던 것이다. 이에 太宗은 과거에 이숙번을 자식처럼 생각했던 총애를 버리지 않았던 지 그에게 '自願에 따라 연안부에 나가 거주'('命從自願 出居于延安府')하도록 명령했다. 즉, 太宗은 그가 원하는 바에 따라 연안부에 있는 그의 농장에 나가 살도록 배려했던 것이다('命安城府院君李叔蕃出居農庄').77) 그러나 그의 죄상에 비추어 여기에 그칠 것이 아니었다. 곧 바로 대신·판서·간관들의 상소가 이어졌고, 마침내 이숙번의 功臣錄券과 職牒을 거두었다.78) 그리고 太宗 17년(1417) 3월에는 이숙번이 유희와 잡기로써 세자(양녕대군)에게 '阿諛하여 不義에 빠지

---

76) 연안부는 太宗 13년(1413)에 경기도에서 황해도로 이속되었다.
77) 『太宗實錄』31권, 태종 16년 6월 4일. "命安城府院君李叔蕃出居農庄 …… 上乃使禮曹右參議鄭孝文傳旨于叔蕃 數其不敬之罪 仍命從自願 出居于延安府."
78) 『太宗實錄』31권, 태종 16년 6월 21일.

게 한 具宗之·具宗猷와 私通하고도 이를 啓聞하지 않은' 것은 여전히 '反覆之心'을 품고 있는 것이라고 하여 그를 '謀叛罪'로 논죄하고 함양에 유배시켰다.[79]

그는 일찍이 한성부 서부 돈의문 안쪽에 '넓은 전장과 집을 차지'하고서 사람과 말소리가 들리는 것을 싫어하여 돈의문을 막고 사람들의 통행을 금지시킬 정도로 '豪富之樂'을 누렸는데, 이런 생활은 함양에서도 계속되었던 것 같다. 그는 함양에서도 여전히 '먹고 입고 지내는 것을 사치스럽게' 생활했던 것이다.[80] 이는 世宗대에 이르러 이숙번을 반역죄로 치죄할 것을 청하는 대간의 상소에서도 확인된다.

> 대간이 또 고하기를, 이 사람들(이방간, 이숙번, 이직, 염치용, 황희 등)의 만세에 용서하지 못할 죄는 신들이 비록 말하지 않더라도 후일에 다시 청하는 자가 없겠습니까. 그 처자와 노비를 데리고 고향 집에 돌아가 누워서, 널리 전토를 차지하고, 편하고 배부르게 먹고 있으니, 그것이 宰相이 고향 땅에 물러가서 늙는 이와 무엇이 다르리오. 신은 두려워하건대, 타일에 불충할 사람을 징계할 수 없으니, 원컨대 전하는 다시 상왕에 청하여 법대로 다스리게 하소서.[81]

이처럼 이숙번의 귀양살이는 宰相들이 퇴직하고 고향의 전장에 돌아가서 사는 것과 다름없는 것이었다. 世宗 때 그가 先王 때의 일을 상세히 알고 있다 하여 한성으로 불러서 「龍飛御天歌」 편찬을 돕게 했다. 世宗은 상왕과의 관계 때문에 그에게 각별한 관심을 갖고 있으면서도 그를 다시 등용할 생각은 없었고 다만 경기에서 살도록 했으나,[82] 이내 반대여론에 부딪쳐 다시 함양으로 돌려보

---

79) 『太宗實錄』 33권, 태종 17년 2월 24일(신사) ; 17년 3월 3일 ; 17년 3월 4일. "叔蕃嘗私啓 於上曰 臣過蒙上恩 多所愚昧 設有作孽 伏望上慈 俾全性命 上曰 事干宗社外 盡從汝言而保全 之 至是 叔蕃曰 昔上有保全之言 臣常不忘 上聞之 命義禁府都事金安卿 追執叔蕃于金嶺驛 還囚義禁府 教曰 昔日所言 乃謂不干宗社之事 汝其知之 遂放于咸陽."

80) 『練藜室記述』 제2권, 太宗朝의 故事本末, 太宗朝의 名臣 ; 『所聞瑣錄』.

81) 『世宗實錄』 4권, 세종 1년 6월 18일.

82) 『世宗實錄』 83권, 세종 20년 12월 7일 ; 12월 12일.

내겼다.[83] 그는 끝내 복권되지 않은 채 世宗 22년(1440년) 3월에 유배지 함양에서 죽었다.[84]

그런데 앞서 보듯이, 조정은 이숙번의 功臣錄券과 職牒은 거두면서도 그의 재산은 籍沒하지 않았던 것 같다. 그의 연안부 농장은 남아 있었던 것이다. 그가 죽은 지 12년, 端宗 즉위년(1452) 11월에 이숙번의 처 鄭씨는 이 농장을 포함하여 재산 일체의 상속 문제로 사위 姜順德을 고발하였다.

> 이숙번의 처 정씨가 上言하기를, 臣의 夫妻는 奴婢·田地·家舍·財産을 함께 서명하여 文券을 작성하였고, 맏사위인 전 현감 姜順德에게 나누어 주었습니다. 남편과 딸이 모두 죽고 난 뒤에 내가 前의 文案을 고치고자 하여 강순덕으로 하여금 가져오라 하였으나, 강순덕이 이에 따르지 않음으로써 母子의 의리를 어겼습니다. 또 그 조카 姜希孟을 收養하여 後嗣로 삼았다고 稱託하고, 노비를 마음대로 여러 조카에게 나누어 주면서, 나의 자손에게는 1口도 주지 않았으니, 이것은 모두 남편이 원하던 바가 아닙니다.[85]

이 上言의 내막을 살펴보면, 이숙번은 아내 정씨와 함께 太宗 15년(1415)에 兩家의 奴婢·田地·家舍·財産을 자녀들에게 나누어 주었다. 그는 世宗 22년(1440)에 죽었고, 장녀와 사위 강순덕 사이에는 후사가 없었다. 강순덕은 아내 李氏와 함께 의논하여 世宗 23년(1441)에 자기 조카 강희맹을 후사로 세워서 아들로 삼고, 그에게 노비·전지·재물·가사를 모두 상속했다. 養母 이씨가 죽은 후 강희맹은 喪制를 마친 후 제사를 받들고 있었다. 이런 사정에서 정씨는 이숙번이 살아생전에 자기와 합의하여 장녀와 사위 강순덕에게 상속해 준 노비와 전장 등을 追奪하고자 관부에 고발한 것이었다. 이에 議政府·六曹·臺省·集賢殿 등은

---

83) 『世宗實錄』 84권, 세종 21년 1월 13일 ; 7월 29일.
84) 『世宗實錄』 88권, 세종 22년 3월 15일.
85) 『端宗實錄』 4권, 단종 즉위년 11월 5일. "李叔蕃妻鄭氏上言曰 臣夫妻 將奴婢 田地 家舍 財産 同署名立券 分與長女壻前縣監姜順德 夫及女子俱死 女欲改前文案 令順德持來 順德不從 有乖母子之義 且姪子姜希孟 稱收養立後 又將婢奴任意 分與諸姪子 至於女之子孫 則不給一口 竝非家翁願意."

심의를 거듭하여 다음과 같은 판결을 내렸다.

　　의정부에서 아뢰기를, "부모가 자손에게 노비·전지·가재를 마음대로 주고
　　빼앗으면 자손은 한결같이 부모의 명령에 따르는 것이 고금의 常事입니다.
　　강순덕이 정씨의 사위로서 정씨의 명령을 따르지 않고 分財文券을 감추어
　　두고 내놓지 않는 것은 도리에 어긋남이 매우 심합니다. 정씨의 노비와
　　가재는 모두 정씨의 區處에 따르며, 이숙번의 노비와 農舍는 정씨가 생전에는
　　가지고 있다가 죽고 난 뒤에는 이숙번의 문건에 의하여 물려주고, 韓蕆(정씨
　　의 父)의 노비와 가재는 정씨의 情願에 의하여 구처하며, 또 강순덕의 불순한
　　죄는 綱常에 관계되므로 징계하지 않을 수 없습니다. 청컨대 司憲府로 하여금
　　推劾하게 하소서." 하니, 그대로 따랐다.[86]

　이에 따르면, 이숙번의 농장과 노비 등은 정씨가 죽고 난 뒤에는 分財記에
따라 결국 강순덕·강희맹에게 상속될 것이었다. 그러나 강순덕은 정씨가 살아
있기 때문에 綱常을 무너뜨리고 습속을 어지럽힌 죄로 처벌받게 되었다.
　여기서 이숙번 역시 경기 안의 사전 분급 정책에 따라 연안부에서 공신전과
과전을 賜給받아 농장을 조성했고, 그의 말년에 공신녹권과 직첩을 收取당했어
도 재산은 적몰되지 않았던지 자기 명의의 소유 재산, 즉 奴婢·田地·家財 등이
자손에게 상속되고 있음을 볼 수 있다.
　제2그룹의 대표로서 韓明澮(太宗 15년, 1415~成宗 18년, 1561)의 농장을 살펴보
자. 실록을 보면, 世祖대부터 成宗대까지 15세기 후반에 정치권력을 장악했던
5공신 출신의 院相들 가운데 농장과 관련하여 언급되지 않는 자는 거의 없는
것 같다.[87] 이는 私田이 그들의 농장의 결정적인 資産이 되고 있었음을 보여준다

86) 『端宗實錄』 4권, 단종 즉위년 11월 5일. "議政府啓曰 父母之於子孫 奴婢 田地 家財
　　任意與奪 子孫則一從父母之命 古今常事 順德以鄭氏之壻 而不從鄭氏之令 分財文券 藏匿不
　　現 悖理莫甚 鄭氏奴婢 家財 一從鄭氏區處 叔蕃奴婢 農舍 鄭氏生前執持 身後 依叔蕃文券傳給
　　其韓蕆奴婢 家財 依鄭氏情願區處 且順德不順之罪 干係綱常 不可不懲 請令司憲府推劾
　　從之."
87) 院相制는 世祖 13년(1467)에 임시로 설치되어 成宗 7년(1476) 5월까지 존속되었다.
　　院相은 申叔舟, 韓明澮, 崔恒, 金礩, 尹子雲, 金國光, 具致寬, 曹錫文, 鄭麟趾, 洪允成,

고 말할 수 있겠다.

부록의 <표 3>·<표 4>에서 보듯이, 鄭麟趾(太祖 5년, 1396~成宗 5년, 1478)는 충청도 공주에, 金國光(太宗 15년, 1415~成宗 11년, 1480)은 경상도 상주에, 韓明澮(太宗 15년, 1415~成宗 18년, 1487)는 경기도 광주 등 7곳에, 申叔舟(太宗 17년, 1417~成宗 6년, 1475)는 한성부 마포 등 4곳에, 金磧(世宗 4년, 1422~成宗 9년, 1478)은 경상도 현풍 등 2곳에, 洪允成(世宗 7년, 1425~成宗 6년, 1475)은 충청도 홍산 등 3곳에, 盧思愼(世宗 9년, 1427~燕山君 4년, 1498)은 경기도 광주에, 尹弼商(世宗 9년, 1427~燕山君 10년, 1504)은 충청도 충주에 각각 농장을 두고 있었다.

한명회는 여말선초에 명문거족이었던 淸州韓氏 출신이었다. 그의 고조 韓公義는 恭愍王 때에 政堂文學을 역임했으며, 그의 증조 韓脩도 15세에 등과하여 선초에 密直提學을 역임했다. 그의 조부 韓尙質은 禑王 6년에 급제하여 선초에 藝文春秋館大學事를, 부 韓琦는 司憲監察을 역임했다. 한명회는 이런 가문의 배경을 가지고 있으면서도 世祖가 집권하기 전까지 그의 정치적 출세는 매우 더뎠다.

端宗 원년(1453) 10월, 世祖(당시는 수양대군)는 권람·한명회 등과 함께 김종서·황보인 등 의정부대신들과 안평대군 瑢(1418~1458) 등 왕자들을 죽이고 端宗의 왕위를 찬탈했다. 이때 정난공신이 된 사람은 모두 43명이었는데, 이 가운데 한명회를 포함한 신숙주·정인지·조석문·정창손·홍윤성 등 世祖의 측근세력은 世祖의 재위연간은 물론 睿宗·成宗朝까지 수십 년간 권력을 장악하고 전횡했다. 특히 한명회는 정난공신 1등으로 司僕寺少尹에 오른 이후 오를만한 품계와 직책에 거르지 않고 올라갔다. 이듬해 동부승지가 되고, 世祖가 즉위하자 좌부승지에 오르고, 그해 가을 佐翼功臣 1등으로 우승지가 되었다. 世祖 2년(1456)에는 成三問 등 사육신의 端宗 복위운동을 좌절시키는 데 중요한 역할을 수행하고,

---

鄭昌孫, 韓伯倫, 盧思愼, 尹弼商 등이었는데, 이들은 대부분 世祖대 이래의 훈신들이었다. 특히 신숙주, 한명회, 정인지, 조석문, 정창손, 홍윤성 등은 世祖의 측근들로서 정난공신 이래 적어도 2, 3차례 이상 공신이 되는 특권을 누려온 자들이었고, 늦어도 成宗 12년(1481)까지 정치권력을 장악하고 있었다(鄭杜熙, 1981, 「朝鮮 世祖－成宗朝의 功臣硏究」『震檀學報』51, 172~175쪽).

그들의 誅殺에 적극 협조함으로써 좌승지를 거쳐 도승지에 오르고, 이듬해에 이조판서에 올라 上黨君에 봉해졌으며, 이어 병조판서가 되었다. 世祖 5년(1459) 황해·평안·함길·강원 4도의 體察使를 지내고, 世祖 7년(1461) 上黨府院君에 進封되었으며, 이듬해 우의정, 世祖 9년(1463) 좌의정을 거쳐, 世祖 12년(1466)에는 영의정이 되었다.

世祖는 특히 그를 총애하여 "나의 張良"이라고까지 했다. 그는 世祖의 遺敎에 따라 院相으로서 庶政을 결재하였다. 睿宗 즉위년(1468)에 南怡의 獄事를 다스린 공으로 翊戴功臣 1등에 책봉되고, 睿宗 1년(1469)에는 다시 영의정에 복직되었으며, 이해에 睿宗이 죽고 成宗이 즉위하자 병조판서를 겸임하였다. 成宗 2년(1471)에 佐理功臣 1등에 책봉되고 그해 영춘추관사로서 崔恒·申叔舟 등과 함께 『世祖實錄』을 완성했다.

그는 成宗대에 이르러 4차례의 1등 공신과 成宗의 國舅로서 臣權의 정상인 영의정에 오르고, 더욱이 병조판서까지 겸직함으로써 이미 權臣이 되어 있었다. 그가 공훈을 믿고 권력을 행사하여 뜻대로 하지 않는 것이 없다고 할 정도로 그의 威勢와 氣焰은 騰騰했다. 당시의 재상들이 그의 밑에서 많이 나오고, 또 그에게서 승진을 구했으며, 토지·노비·보화 등의 뇌물이 줄을 이었으며, 그의 家臣·豪奴가 도처에서 횡행하여 민인들이 감당할 수 없었다('民不堪命').[88]

그러나 成宗 5년(1474) 이래 그의 권세는 기울어져 가고 있었다. 成宗 5년에 恭惠王后(한명회의 딸)가 19세의 나이로 죽고, 이듬해 8월에는 그도 좌의정에서 물러났다. 成宗 7년(1476) 정월, 貞熹大妃(世祖의 妃)가 垂簾聽政을 걷겠다는 뜻을 밝혔다. 이제 成宗이 혼자서도 政事를 볼 나이가 되었다는 것이었다. 이를 계기로 대사헌 尹繼謙은 院相制의 기원을 설명하고, 그것이 임시로 설치된 것이며, 睿宗·成宗이 어려서 대신의 자문을 구하지 않을 수 없었기 때문에

---

88) 『成宗實錄』 75권, 성종 8년 1월 27일. "司憲府大司憲尹繼謙等 司諫院大司諫崔漢禎等上疏曰 …… 明澮自世祖朝 因其勳庸 久處權要 頗張威勢 貪縱無厭 而家臣豪奴 所在肆行 民不堪命 由是李施愛得以藉口 世祖欲加大罪 尋復釋之 大妃歸政之時不敬之言 擧朝駭愕 殿下特赦不問 爲明澮者 當改心易慮 慄慄危懼 而顧憑恃勳老 貪縱如舊 至於馳書請囑 囚繫朝官 搶掠商貨 惡得謂之大臣而貴之哉."

그것이 지금까지 존속해 왔다는 사실을 지적한 다음, 이제 모든 정사를 임금이 친히 결정하게 되었으니 차제에 이를 폐지함이 마땅하다고 주장했다.[89] 며칠 후 成宗은 "원상들은 정원에 出仕치 말라"고 명령했다. 한명회도 원상을 그만두어야 했다. 이로써 世祖대 이래의 훈신들의 정치적 지위는 크게 약화되었다.[90]

그런데 정희대비가 수렴청정을 걷겠다고 발표하던 날, 한명회는 정희대비의 덕을 칭송하고 나서, 아직은 그 때가 아니라면서 더 오래 섭정해주기를 건의했다. 이러한 한명회의 발언은 의례적인 것일 수도 있었지만, 成宗에게는 '不敬罪'를 저지르는 것이었다. 따라서 간관들은 즉각적으로 그를 탄핵하고 나섰으며, 柳子光은 그를 端宗朝의 김종서·황보인 등에 비유하면서 극렬하게 탄핵하였다.[91] 또 成宗 7년(1476)에 간관들은 그를 뇌물 수수와 청탁 혐의로 추국할 것을 누차 요청했다. 그는 世祖 때부터 그 動功으로 말미암아 오래 동안 권력이 있는 요로에 있으면서, 자못 위세를 펴고 탐욕하며 만족할 줄 모른다는 것이었다.[92] 또 成宗 10년에 그의 家奴가 그의 私債를 거두다 살인하는 일이 일어났는데, 간관들은 그를 즉시 鞫問할 것을 요구하고 나섰다.[93] 그러나 成宗은 그때마다 그를 끝까지 감싸면서 간관들의 요청을 들어주지 않고 있었다.

世祖代 이래 훈구 대신들의 정치적 지위는 전반적으로 약화되었지만, 戚臣 한명회의 독단과 탐욕은 成宗의 비호 아래 계속되고 있었다. 그러나 成宗 12년 (1481) 6월, 한명회의 임금에 대한 '不敬罪'는 용서될 수 없었다. 그는 압구정에서 明의 사신을 위한 연회 때 쓸려고 成宗에게 왕만이 사용하는 '龍鳳遮日'을 빌려달라고 요청했다. 成宗이 거절하자 면전에서 그는 불편한 심기를 드러냈다. 이에 三司는 그의 임금에 대한 '悖慢無禮'와 '不敬'을 들어 鞫問하고 귀양 보낼 것을

---

89) 『成宗實錄』 63권, 성종 7년 정월 기미.
89) 『成宗實錄』 63권, 성종 7년 정월 기미.
90) 『成宗實錄』 67권, 성종 7년 5월 신유.
91) 『成宗實錄』 63권, 성종 7년 1월 13일 ; 1월 14일 ; 『成宗實錄』 64권, 성종 7년 2월 19일 ; 『成宗實錄』 65권, 성종 7년 3월 1일.
92) 『成宗實錄』 74권, 성종 7년 12월 6일 ; 『成宗實錄』 75권, 성종 8년 1월 26일 ; 1월 27일.
93) 『成宗實錄』 100권, 성종 10년 1월 21일.

수차례 간언했다. 그러나 成宗은 그가 元勳이고 자기에게도 舊恩이 있다고 하면서 鞫問하고 職牒만을 거두게 했다. 이로써 한명회의 기세등등했던 권세는 한풀 꺾이고, 그의 권세와 탐욕을 상징했던 압구정도 헐릴 처지가 되었다.[94] 그러나 그는 곧 직첩을 돌려받았고, 明에 주문사로 갔다 와서는 노비 8구와 전지 50結을 下賜받기도 했다.[95] 그는 成宗의 비호와 후의 속에서 죽을 때까지 척신으로서의 지위와 관록을 보존시켜 왔지만 말년에 燕山君의 生母 尹氏의 폐위문제를 설명하러 明나라에 갔다 왔는데, 이것이 '甲子士禍'(燕山君 10년, 1504) 때에 追罪되어 剖棺斬屍당했다.

정난공신부터 좌리공신까지 약 250여 명의 공신 가운데 3차례 이상 공신이 된 자는 신숙주·정인시·정창손·조석문·최항·한계미·한명회·박중선·강곤 등 9명이었다. 이들 대부분은 院相들이었고, 이 가운데 신숙주·조석문·한명회는 4번이나 공신이 되었다. 특히 한명회는 유일하게 4번 모두 1등 공신에 올랐다. 그는 처음 정난공신 1등이 되어 당시 廣州牧에 속해 있던 한강 豆毛浦 일대에 공신전 250結과 노비 25구(구사 7명, 반당 10명)를 받아 농장을 조성했고, 이 농장의 한강변에 압구정을 지었다.[96] 이후에도 이곳을 중심으로 3차례나 더 공신전을 받아 이 농장을 넓혀 갔던 것으로 보인다. 그가 4차에 걸쳐 받은 공신전·별사전은 무려 640結이었고 여기에 과전을 보탠다면 광주 농장은 훨씬 더 넓었을 것이다. 이와 함께 노비 64구, 丘史 12명, 根隨 14명, 眞拜把領 10명, 伴倘 20명 등을 받아 그 대다수를 농장에 거주시켰을 것이다.

---

94) 『成宗實錄』 130권, 성종 12년 6월 25일.

95) 『成宗實錄』 128권, 성종 12년 4월 20일.

96) 한명회는 당시 광주목에 속해 있던 한강 두모포 일대, 즉 지금의 압구정동 일대를 정난공신 1등의 공신전을 받아 농장을 조성하고, 강변에는 정자를 지었다. 세조 3년(1457) 11월에 명나라에 주문사로 가서 예겸으로부터 '벼슬을 버리고 江湖에서 늙겠다'고 말하면서 '狎鷗'라는 정자 이름을 지어 받았다. 그러나 그는 끝까지 벼슬과 녹에 매여 압구정에 돌아오지 않았다. 崔敬止는 다음과 같이 풍자했다. "임금이 하루 세 번씩 불러 만나는 은총 두터우니, 정자는 있어도 돌아와 놀 수 없어라. 가슴 속 幾心만 끊는다면, 벼슬길(宦海)에서도 갈매기와 친할 수 있으련만." 또 李尹宗은 그의 시 끝 구절에서 욕을 퍼부었다. "정자는 있으되 돌아가지 않으니, 참으로 갓 씌운 원숭이(沐猴)로구나."(南孝溫, 『秋江集』 雜著 冷話).

한편, 世祖는 재위 3년(1457)에 端宗 복위계획을 좌절시키고, 이에 가담한 死六臣 등의 田地를 적몰하여 공신들에게 別賜田으로 지급했는데, 이때 都承旨였던 한명회는 趙淸老의 청주 田地, 柳誠源의 청주 전지, 許慥의 하양 전지, 李愷의 여산 전지, 朴彭年의 온양 전지, 沈愼의 상주 전지, 李門의 안산 전지, 鄭悰의 평산 전지 등 8명의 '亂臣'들의 사유지를 下賜받았다(<표 3> 참조). 이로써 그는 광주에는 공신전·과전의 收租地 농장을 두었고, 그의 본향이었던 청주와 하양 등 8곳에는 사유지 농장을 두게 되었다.

그리고 睿宗 원년(1468)에 英陵(世宗의 陵)을 驪州牧으로 옮길 때에 川寧縣이 멀리 45里나 떨어진 곳에 있었는데, 한명회는 '닭과 개 소리가 서로 들린다'는 막연한 이유를 들어 천녕현을 혁파하여 여주목에 소속시키자고 강청했다. 결국 천녕현이 여주목으로 이속된 뒤에 그는 옛 천녕현의 관아 터와 관사 130間을 차지하여 농장으로 삼아버리고, 이 농장에 거주하였다.[97] 이렇게 되자 옛 관아에서 일했던 人吏·衙前·官奴婢 등은 40여 리나 떨어져 있는 여주목으로 출퇴근하며 일할 수밖에 없었다. 출퇴근하기가 곤란할 뿐만 아니라, 중간에 큰 내가 가로막아 비가 오면 물이 넘쳐서 배를 띄울 수도 없었다. 이로 말미암아 公事로 인하여 왕래하는 민인들이 懲罰받을까 두려워하여 더러는 무자맥질하여 가고 더러는 헤엄쳐 가다가 익사한 사람이 10여 년 동안에 22명이 되었다. 成宗 19년(1488)에 옛 천녕현 주민들은 이러한 사정을 申訴하여 다시 천녕현을 복원해 줄 것을 건의했는데, 이때 達城君 徐居正은 '명회의 아내가 아직 생존해 있으니, 그가 죽은 다음에 다시 고을을 세워도 늦지 않다'고 牽强附會하여 防啓했고, 中宗 7년(1512) 7월에 천녕 거민들이 또 上言하여 복구해줄 것을 간청했으나 결국 받아들여지지 않았다. 戚臣의 농장이 민인들의 생업을 侵虐함이 당대뿐만 아니라 후세에까지도 이처럼 계속되고 있었던 것이다.[98]

---

97) 『睿宗實錄』 7권, 예종 1년 8월 8일 ; 『睿宗實錄』 8권, 예종 1년 10월 20일.

98) 『中宗實錄』 17권, 중종 7년 10월 15일. "史臣曰 甚矣 權臣之貽害於後世 而積怨於民也 欺罔君父 擅革舊縣 自入爲私庄 其罪不可赦 因民訴冤 復立爲縣 有何不可 而居正之有此議何 也 其依阿苟容籍賴權勢之罪 不足論也 而遭遇聖明 寧民之訴冤如初 而戶曹之又爲防啓者 復何心哉 擧此可知明澮威勢氣焰 非徒薰赫一時 又能鉗制後人 有如是哉."

한명회는 광주목 두모포 일대(지금의 압구정동)에 공신전·과전의 수조지 농장을 두었고, 그의 본향인 청주와 하양·여산·온양 등 8곳에는 사유지 농장을 두었다. 그리고 말년에 부인과 함께 퇴거했던 여주에 천녕 농장이 있었다. 그는 평소에 재물을 탐했던 데다가 世祖대 이래 척신으로서의 정치적 영향력 때문에 입신과 승진을 구하려는 자들로부터 수많은 토지·노비·보화 등의 뇌물을 받아 재산을 축적하여 그 豪富함이 당대에 크게 떨쳤다고 했다. 또 그의 家臣·豪奴들은 그의 권세를 빙자하여 도처에서 민생을 침탈했다. 이런 현상은 비단 한명회만에 국한된 것은 아니었다. 宗宰·大臣들 대부분은 畿甸에 농장을 가지고 있었고, 長利를 이용하여 남의 토지와 牛馬, 심지어는 家財와 器玩까지 빼앗는 것이 다반사였다.[99] 그들은 사대부에게 요구되었던 廉恥와 節義 대신에 貪利와 蓄財를 당연하게 받아들이고 있었다. 그는 정인지가 長利하여 재산을 늘린 것을 다음과 같이 변호하였다.

> 정인지가 재산 불린 것은 신은 자세히 알지 못합니다. 신이 듣건대, …… 자신이 여러 조정을 섬기었고 또한 큰 과실이 없었으니, 부자가 된 것은 天命이 있기 때문입니다. 지금 市井 사람은 조그마한 이익도 계산하여 미치지 못할 세라 낮에도 헤아리고 밤에도 생각하나, 혹 가난함을 면하지 못하는 자가 있는 것은 천명이 아니기 때문입니다. 정인지는 여러 조정에 벼슬하여서 벼슬이 높고 祿이 두터웠으니, 그 富 또한 당연하지 않습니까.[100]

즉, 그는 관직이 높고 녹봉이 후한 자들이 長利하여 그 부를 더욱 늘리고, 그들의 豪奴와 悍僕들이 서민들을 侵刻하여 서민들이 가난해지는 것을 그들의 각각 타고난 운명으로 돌리고 있는 것이다. 그의 이러한 '豪富論'은 그를 더욱 탐욕과 독단으로 이끌었지만, 만년에 권세가 기울자 그만큼 그의 절망과 쇄락도

---

99) 『成宗實錄』 20권, 성종 3년 7월 29일 ;『成宗實錄』 44권, 성종 5년 윤6월 21일.
100) 『成宗實錄』 89권, 성종 9년 2월 20일. "領事 韓明澮曰 麟趾殖貨 臣未詳知 …… 又身事累朝 亦無大失 其爲富也 則有命焉 今也市井之人計秋毫 晝度夜思 猶恐不及 然或有未免貧竇者 非命也歟 麟趾仕宦累朝 官高祿厚 其富不亦宜乎."

크고 빠를 수밖에 없었다. 그러나 그는 죽을 때까지도 成宗의 특별한 비호 속에서 그의 勳名을 보존했다. '甲子士禍'(燕山君 10년, 1504) 때에 追罪되어 剖棺斬 屍당하면서 그의 모든 재산도 적몰되었던 것 같다. 그가 伸寃되고 그의 후손이 조용된 것은 英祖 21년(1745)이었다.[101]

다음으로 제3그룹의 대표로 柳順汀(世祖 5년, 1459~中宗 7년, 1512)의 농장을 살펴보자.

유순정의 자는 智翁이고, 본관은 진주다. 목사 壤의 아들이고, 김종직의 문인이 었다. 成宗 18년(1487) 진사로 謁聖文科에 장원하여 典籍에 등용되고, 북평사를 지낸 뒤 成宗 22년(1491) 북정도원수 許琮의 막하로서 야인 정벌에 종군하여 많은 전공을 세우고 돌아왔다. 이조판서로 재직 시 박원종·성의한 등과 中宗反正 에 공을 세워 靖國功臣 1등으로 菁川府院君에 봉해졌다. 이 해 우의정에 승진, 이듬해 병조판서를 겸하고, 李顆의 옥사를 다스린 공으로 定難功臣 1등이 되었다. 中宗 4년(1509)에 좌의정에 오르고, 中宗 7년(1512) 영의정이 되어, 재직 중에 죽었다.

이른바 靖國 三元勳인 박원종·성희안·유순정 등은 신윤무·박영문·장정·홍 경주 등의 협력을 얻어 燕山君을 폐위시키고 晋城大君을 옹립했다. 이것이 中宗反正이었다. 박원종·성희안·유순정 등은 義擧의 공을 논의하여 1등 유자광 등 101명을 올렸다. 이때 그들은 빠져 있었다. 영의정 柳洵과 우의정 金壽童이 유순정 등은 '首決大策 立定大功'했기 때문에 서열상으로 유자광 앞에 있어야 한다고 건의함으로써 1등 공신은 5명에서 8명으로 늘어났다. 그런데 유례없이 많은 공신들에게 토지와 노비 등을 포상하는데 따르는 재정상의 어려움 때문에 3등 공신 가운데 53명을 4등으로 내리고 여기에 12명을 추가하여 1등 8명, 2등 13명, 3등 30명, 4등 65명 등 모두 117명을 靖國功臣으로 확정했다. 그리고 이들에게 포상은 翊戴功臣의 예를 따르기로 했다.

그런데 간관들은 공신의 책봉과 賞賜에 대해 곧 바로 문제를 제기하기 시작했

---

101)『英祖實錄』62권, 영조 21년 8월 19일.

다. 공신의 수가 너무 많고 상사도 과도하다는 것이었다.[102] 가장 큰 문제점은 공이 없는 錄功된 인물의 親·姻戚이 다수 冒錄된 것이었다. 1등 유순정의 경우에도 그의 친·인척으로 柳泓(子), 柳溁(姪), 李夔(甥姪), 成希顔(姨從四寸), 成希雍(姨從四寸), 雲水君 孝誠(外戚), 李季男(査頓) 등 6명이 錄功되었다. 이들은 모두 中宗 14년 (1519)에 조광조의 건의로 削勳된 자들이었다.

한편, 反正 직후부터 대간들이 유례없이 많은 공신에 대한 賞賜의 과도함을 지적함에도 불구하고, 翊戴功臣의 예를 따라 포상을 하고, 이에 더하여 中宗 1년(1506) 9월에는 반정으로 처단된 범죄인의 家財와 토지·노비까지도 공신들에게 나누어 주었다.

> 전교하기를, "근자에 범죄인의 집과 재산, 토지, 노비들이 자못 많으니, 공신들에게 나누어 주는 것이 어떠한가를 정승에게 물으라." 하니, 정승이 회계하기를, "죄인의 집과 재산, 토지, 노비들은 한도가 있는데 공신은 많고 재산은 적으니 어찌 두루 다 주겠습니까."라고 하니 전교하기를, "등급을 논하여 주는 것이 좋겠다."고 하였다.[103]

이에 따라 유순정도 특전을 받게 되었는데, 그러나 그는 처음 받은 집의 재산이 없자 정원에서 取稟하게 하여 反正 時 椎殺된 張綠水로부터 적몰된 재산과 또 다른 죄인의 집 재산을 받아내기도 했다.[104]

당시 지평 김안국은 이러한 포상 조치를 국가 재정과 연계시켜 '公議'임을 강조하면서 다음과 같이 지적했다.

> 지금 공신들이 스스로 田土를 점유했기 때문에 국가 수입은 줄어들고 公用은

---

102) 『中宗實錄』 1권, 중종 1년 9월 10일.
103) 『中宗實錄』 1권, 중종 1년 9월 19일.
104) 『中宗實錄』 1권, 중종 1년 10월 19일. 史臣은 유순정이 富貴하면서도 처음에 유자광이 받은 재산과 비교하여 받은 것이 없자 불만을 품었다고 평하였다. 즉 그는 貪財했다는 것이다.

결핍되었습니다. 그리고 저마다 伴儻을 점유하고 있기 때문에 양민은 줄어들고 군역도 감축되었습니다. 조선이 건국한 지 백 년이 안 되었는데 공신은 벌써 8~9차가 넘었으니 뒤에 있을 공신들은 장차 무엇으로 상을 주시려는 것입니까. 건의한 대신들에게 물어 명분이 있어서 기록된 자 외에는 현재의 반을 주고, 몰수한 재산과 추쇄한 노비를 비록 공신에게 주는 법이 있으나 上變한 사람 외에는 감하여 주는 것이 가합니다.[105]

이에 처음에 공신에 대한 賞賜를 건의했던 유순정 등 대신들은 이번 정국공신의 포상 조치가 時弊가 될 소지가 있음에 마지못해 동의하면서, 다만 적몰한 재산과 토지는 국가 경비에 충당하고 노비는 피폐한 관사에 보충하자는 절충안을 냈다. 그러나 대간들은 공신들의 녹권을 개정하고 土地·藏獲을 裁減할 것을 계속 간언했다. 그러자 中宗은 대간들에게 '토전·장획에 관한 일은 다시 거론하지 말라'고 傳敎했고, 공신출신의 재상들은 "공신의 장획·토전을 거두어들여 모두 국가의 소유로 한다면 국가는 신망을 잃을 것이다"라면서 공신들에 대한 토지와 장획의 포상을 기정사실화했다.

中宗 6년(1511)에 지진과 천둥이 심했다. 이에 中宗은 즉위한 이래 6년 동안 風霜과 水旱, 蟲災와 星變 등의 재변이 잇달아 일어난 것은 政事를 잘못했기 때문이라면서 그 대책을 올리라는 傳旨를 내렸다. 대사헌 南袞과 대사간 李世仁 등은 이번 재변은 "三公(영의정 김수동, 좌의정 유순정, 우의정 성희안)이 정승의 책임을 다하지 못했기 때문에 일어났다."고 지적하고, 특히 좌의정 유순정에 대해서는 "정승의 본분을 망각하고 재산 늘리기를 일삼았다."고 추궁했다.[106] 이에 김수동과 성희안은 곧 바로 사직을 청했고, 좌의정 유순정도 '재산을 불린다'는 것에 대해 변명하면서 사직을 청했다.

---

105) 『中宗實錄』 4권, 중종 2년 12월 2일. "安國曰 以爲已往 而不可改也 則國弊必多 若徒務姑息 而不爲遠慮 則何以爲國 上不答 史臣曰 時功臣之數太濫 安國所啓深切 順汀强辨飾非於上前 豈大臣之道哉."
106) 『中宗實錄』 14권, 중종 6년 10월 11일.

좌의정 유순정이 아뢰기를, "신은 정미년(成宗 18년, 1487)에 급제한 즉시 함경도 評事가 되어 20년을 邊地에 있으면서 집일을 돌아볼 겨를이 없다가, 병인년(中宗 1년, 1506) 이후로 國恩을 깊게 입어 외람되게 공신의 대열에 참여하였습니다. 그리하여 爵位가 높고 두터워 이미 功臣田과 職田을 얻고, 또 노비를 얻어 살림이 풍성해지자, 유생 때에 지은 집을 비로소 꾸몄으며, 또 자식을 위하여 집을 마련했습니다. 대간이 이를 가지고 신이 재물을 불린다고 하니, 신이 무엇으로 발명하겠습니까. …… 정부는 신같은 자가 있을 곳이 아니니, 체직하시어 보존할 수 있게 하신다면 天恩이 더욱 크겠습니다."[107]

이처럼 유순정은 세 차례나 사직을 청했으나, 中宗은 허락하지 않았다. 그런데 대간은 유순정이 다만 포상규정에 따라 공신전·직전과 노비를 받은 것만을 문제 삼은 것은 아니었다. 다른 혐의가 있었다. 즉, "光陵參奉을 자기가 아는 사람으로 바꾸어 제수하여 光陵의 守護軍을 빌어서 광릉 근처에 냇물을 막아 전장을 만들고, 도망한 계집종을 무고하여 잘못 刑推를 가했다."는 것이었다.[108] 이에 유순정은 다음과 같이 발명했다.

신이 그 연유를 말씀드리겠습니다. "豊壤에 사는 奴가 와서 신에게 고하기를 '집 앞에 있는 큰 냇물이 옮겨 흘러서 집터와 밭을 먹어드니 빨리 축대를 쌓아서 예전 물길로 흐르게 해야 한다'고 하므로, 신은 그 말을 믿고 공사의 어려움은 미처 짐작하지 않고 녹봉으로 받은 쌀을 종에게 주면서 사람을 사서 축대를 쌓으라고 했는데, 그 뒤에 공사가 지극히 어렵고 물살이 센 탓으로 축대를 다 쌓지도 못했습니다. 또 신의 조카 李蓡은 본디 학문에 뜻을 둔 사람으로, 永崇殿 참봉으로 있었는데 마침 기한이 차서 돌아오려는

---

107) 『中宗實錄』 14권, 중종 6년 10월 12일. "左議政 柳順汀啓曰 聞臺諫 以臣爲貨殖 臣丁未年及 第 卽調咸鏡道評事 二十年在邊地 不暇顧家事 丙寅年以後 深蒙國恩 叨參列 爵位隆厚 旣得功臣田職田 又得奴婢 家資豐實 爲儒生時所構家 始得粧成 爲子息亦立家舍 臺諫以此謂 臣貨殖 臣何發明 臣本無似 於行己立身 無所可取 致此物議 政府非如臣者所居 請命遞 使得保 全 則天恩尤大 傳曰 一夫一婦之冤 足以傷和召災 卿無所失 何以辭爲 其勿辭 三啓不許."
108) 『中宗實錄』 14권, 중종 6년 10월 14일.

때였습니다. 조정의 법에 외방 참봉이 기한이 차면 서울 참봉과 서로 바꾸도록 되어 있으므로, 신이 마침 이조판서 朴說의 陪錄事를 보고 이르기를 '이삼은 학문을 좋아하는데 이제 기한이 차서 돌아왔으니, 혹 판서에게 고하여 가벼운 벼슬을 주도록 하면 좋겠다'고 하였더니, 이윽고 과연 광릉 참봉에 제수된 것이며, 광릉 수호군을 빌고자 함은 아니었습니다. 또 어찌 광릉 참봉과 서로 바꾸고자 했겠습니까? 또 그 집 종이 집을 나간 지 3일 만에 돌아왔기에 그 까닭을 물었더니, '어떤 자가 꾀어서 강간하였다'고 했습니다. 신은 그 유인하여 강간한 사실이 미워서 그 잠잔 집을 찾아 물었더니 尙林苑의 奴 李同이었습니다. 그리하여 형조에 고했던 것인데, 3, 4차례 형추한 뒤에야 그 어미가 와서 울면서 애걸하기에, 신은 그 정성이 불쌍하여 '和姦임을 스스로 주장하라'고 시켰으며, 또 형조의 당상에게 말하여 '가벼운 법을 적용해서 죽음에 이르지 않도록 하라'고 했습니다. 신이 어찌 값을 받고자 했겠으며, 또 어찌 평소에 혐의가 있어 그리했겠습니까. 이제 대간의 논박을 받으니 스스로 변명할 수 없습니다. 속히 사직을 윤허하소서." 하니, 상이 이르기를, "義에 무슨 해로움이 되겠는가. 사직하지 말라."고 하였다.[109]

즉, 유순정은 대간이 제기한 세 가지 혐의에 대해 이처럼 발명했다. 그러나 대간은 다시 합사하여 "그는 사욕을 채우려고 인사 청탁하고, 재산을 늘렸으며, 형세를 따라 처신하니, 이는 대신이 할 일이 아니다."라고 논박했다. 특히 재산을 늘렸다는 증거로 '順汀田庄 無邑無之', 즉 '그의 전장이 없는 고을이 없다'는 것을 내세웠다. 유순정은 공신전·직전을 사급 받아 풍양에만 농장을 조성한 것이 아니었다. 한마디로 그는 '貪官'이기 때문에 속히 遞職해야 된다는 것이었다. 이에 中宗은 太宗이 간관의 河崙 사직 논핵을 받아들이지 않았던 일, 또 世宗이 黃喜가 교하의 수령에게 밭을 請求하여 농장 만든 일을 들어 간관이 사직 요구한 것을 不許했던 일 등의 과거 祖宗朝의 전례를 들어 파직하지 않았다.[110] 대간은 다시 반박했고, 간관들도 수차례 그의 체직을 요구했지만,

---

109) 『中宗實錄』 14권, 중종 6년 10월 14일.
110) 『中宗實錄』 14권, 중종 6년 10월 16일.

中宗은 '좌의정이 널리 田庄을 점유했는지는 분명히 알 수 없다'고 하고 윤허하지 않았다.[111] 이후 유순정은 6번이나 사직 상소를 올렸으나 윤허 받지 못하자, 처음에 대간이 논핵한 세 가지 혐의에 대해 다시 발명하는 상소를 올리면서, 특히 "널리 전장을 두었다는 말은 무엇을 가리켜서 한 말인지 모르겠다."면서 전면 부인했다.[112] 이듬해 6월에 그는 眼膜病을 사유로 좌의정을 사직했다가 곧 命召되었고, 中宗 7년(1512) 10월에 영의정에 제수되었다가 이 해 12월에 죽었다.[113]

그의 卒記에 의하면, "그는 또 뇌물을 좋아하며 田庄을 많이 차지했었다. 일찍이 겸 병조판서로 있으면서 무릇 관원을 제수하는 권한은 모두 그의 수중에 있어서, 僉使나 萬戶 자리를 구하는 사람이 있으면, 뇌물이 많고 적음을 보아 제수했고, 판서는 자리만 채우고 있을 뿐이었다."고 평가되고 있다. 대간과 간관들이 논핵한 바, '順汀田庄 無邑無之'가 근거가 없는 것이 아니었던 듯하다. 아마도 그는 中宗반정 직후 정국공신 1등(전지 150結, 노비 13구, 구사 7명, 반당 10명)과 영의정으로서 풍양에 공신전·직전과 노비를 사급 받아 농장을 조성했고, 이후 영의정 겸 병조판서로 있으면서 軍職 임명권을 이용하여 여러 고을의 전장을 뇌물로 받았기 때문에, 그의 농장은 '없는 고을이 없다'고 할 정도로 널리 散在해 있었던 것이다.[114]

---

111) 주 106) 참조 ; 『中宗實錄』 14권, 중종 6년 10월 17일 ; 동년 11월 18일 ; 동년 11월 23일 ; 동년 11월 29일.

112) 『中宗實錄』 14권, 중종 6년 12월 8일.

113) 『中宗實錄』 17권, 중종 7년 10월 7일.

114) 『中宗實錄』 17권, 중종 7년 12월 20일. "領議政 柳順汀卒 …… 字智翁 晋州人 風彩毅然 才兼文武 性又沈重寡言 寬而有量 自少人皆以公輔期之 成宗朝魁甲科 累爲邊將 蓋因公薦也 在燕山末年 與朴元宗 成希顔等 擧義靖國 時人謂之三大將 然性優游少剛果 又喜賂遺 廣占田 庄 嘗兼兵曹判書 凡除官之權 盡在其手 人有求僉使 萬戶者 以贈賂之輕重而授之 判書則備位 而已 及移居所賜綠水家 客有往見者 順汀曰 福哉武靈(柳子光) 其所受之家 財物甚多 醬甕至 於三十 吾之所受 室中如掃 福人不可及也 其鄙吝如此 晚年又荒耽于女色 至於服熱藥損明 而不終其天年."

2) '開墾型' 農莊

조선초기에 새 국가의 건설에 당면하여 여러 경제제도의 개혁과 더불어 고려말기 이래 파괴되어 버린 농업생산기반을 복구하고 확대하는 것은 시급하고도 절박한 과제였다. 몽고와의 전쟁과 14세기 중엽부터 심해진 왜구의 침략과 분탕으로 전국의 농토가 황폐화되었고 인민의 流亡·離散이 속출했기 때문이었다. 특히 경기와 下三道의 황폐는 극심했다. 고려말 대사헌 趙浚은 그런 모습을 다음과 같이 말하고 있다.

> 압록 이남은 대개 모두 산이고 비옥한 토지는 바다에 인접한 곳에 있는데, 비옥한 들판에 있는 수 천리에 논밭이 왜노에 함락되어 갈대숲으로 변해 하늘에 닿아 있으니, 국가는 이미 魚鹽·畜牧의 利를 잃고, 또 비옥한 들판의 良田에서 들어오는 수입도 잃어버렸다.[115]

이리하여 연해의 진황처를 起耕하는 일은 시급하고도 절실한 과제였다. 조준은 이러한 亡邑의 진황처를 기경한 이들은 20년 동안 免稅·免役시켜 주고 水軍에 전속시키자고 제안했다. 鄭道傳 역시 개간의 절박함을 강조했다. 그는 太祖 3년(1394)에 간행한 『朝鮮經國典』에서, 우리나라는 산과 바다 사이에 있어서 丘陵·藪澤 등 경작할 수 없는 토지가 10에 8·9가 되고, 또 遊手者가 매우 많아서 군자의 확보와 糧食의 자족을 위해서는 '閒荒地를 개간하고 遊民民을 모두 농사짓게 하는 것'밖에 없다고 역설했다. 진황처 기경은 遊民들의 안집과 더불어 시급한 과제였던 것이다.

조선 정부는 건국 직후부터 진황처 기경을 권농정책의 하나로 수립하고 추진해 갔다. 우선 太祖 원년(1392) 9월 農桑振興 방안의 일환으로서 수령의 권농 여부로 그 殿最黜陟을 결정하되, 그 기준은 '田野荒墾 戶口增減'에 두었다. 이 방침은 이후에도 계속되었고 때에 따라서는 특별히 강조되기도 했다. 太祖

---

115) 『高麗史節要』 33권, 辛禑 14년 8월.

3년(1394)에는 수령의 殿最를 墾田의 多少로써 3등급으로 나누어 수령의 黜陟의
전거로 삼도록 했다. 世宗 22년(1440)에는 水利를 일으키고, 陳田을 기경하고,
인민을 召募하여 경작하게 함으로써 호구를 증가시킨 수령들을 褒典하는 시책도
세웠다. 이처럼 간전의 다소와 호구 증감을 수령의 전최출척과 연계시킴으로써
진황처 기경을 장려했던 것이다. 여기서 기경의 대상이 되는 토지로는 진황처나
無主田 등 無主陳荒處만이 아니라 소유주는 있으나 질병·이사·천재 혹은 廣占
등의 여러 연유로 1~2년간 혹은 수년간 경작이 포기된 有主陳荒處도 있었다.
그러므로 진황처 기경 장려는 새로 농지를 개척·개발하도록 함과 아울러 廢耕地
를 경작하게 하여 遺利를 없게 하자는 것이었다.[116]

조선 정부는 진황처 기경을 장려하기 위해서 두 가지 조치를 취했다. 하나는
기경지에 대해 일정 기간 면세·감세의 혜택을 주는 것이었다. 또 하나는 起耕者에
게 기경지의 소유권·이용권을 주는 것이었다.

우선 기경지에 대한 면세 조치는 太祖 즉위년부터 마련되었고, 『經濟六典』
(『元典』)에 조문화되었다.

> 內資少尹 李寧 등이 진언하기를, "우리 太祖께서 創業 초기에 민인들의 식량이
> 넉넉하지 못함을 염려하여 새로 개간한 토지는 첫해에는 전부 면제하고,
> 2년에는 半收하고, 3년에는 全收하는 것을 허락하여 명령했습니다. 『六典』에
> 실렸으니, 실로 좋은 법입니다. 이제 모두 租稅를 거두는데, 원컨대 『六典』에
> 의하여 이 법을 거행하게 하소서." 하니, 下敎하였다. 이는 곧 『六典』에
> 실린 것인데, 관리들이 奉行하지 않았을 뿐이다. 諸道에 移文하여 거행하도록
> 하라.[117]

그런데 이 면세규정이 제대로 집행되지 않았던지 太宗 18년(1418)에 太宗은

---

116) 李景植, 앞의 책, 13~18쪽.
117) 『太宗實錄』 36권, 태종 18년 7월 2일. "內資少尹 李寧等陳言 惟我太祖創業之初 慮民食之不
裕 許令新墾之地 初年全除 二年半收 三年全收 載諸『六典』實爲良法 今皆收租 願依『六典』擧
行此法 敎曰 此乃『六典』所載 官吏不奉行耳 移文諸道 擧而行之."

다시 그것의 집행을 명령하고 있다. 그리고 太祖 즉위년부터 해변의 진황처의 기경지에 대해 이러한 면세규정을 두었던 것은 고려말 이래 왜구가 盛하여 바닷가가 모두 진황처가 되어 버렸기 때문에 민인들로 하여금 이러한 진황처를 기경하도록 하기 위해서였던 것임을 알 수 있다.[118]

『元典』에는 각도 해변의 진황처를 기경한 것은 첫해에는 稅를 전부 면제하고, 두 해째는 반만을 받으며, 3년 이후는 전부 받는다고 했는데, ……『元典』에 실린 새로 개간한 토지에 대해 세를 거두는 법은 민들에게 개간하기를 권하기 위한 것이다.[119]

해변 진황처의 기경지에 대한 이 면세규정은 기경지 일반에는 그대로 적용되지 않았던 것 같다. 濱海가 아닌 다른 곳의 진황처를 기경했을 경우에는 이 규정의 적용 여부를 반드시 다시 논의하여 可否를 결정했다. 이를테면, 世宗 5년(1423)에 거제현에 새로 移徙한 민인의 전세를 『경제육전』의 면세규정에 의해 징수하자는 호조의 건의에 대해 世宗은 熟田을 차지한 이에게는 '初年全免 次年減半 其後全收'하되, 新墾田을 차지한 자에게는 '初年次年全免 又次年減半 其後始全收'하도록 명령하고 있다.[120] 이 명령은 이후에도 준수되었다.[121] 신간전의 면세규정이 이처럼 다른 것은 빈해의 진황처는 대부분 과거에 常耕田地였으므로 1년 만에 개간하여 作田作畓할 수 있고, 2년째 되면 완전 熟治되어 常耕化할 수 있는 여건의 전지였지만, 척박한 진황처의 기경지는 3년째에도

---

118) 『太宗實錄』 11권, 태종 6년 5월 3일. "議政府上諸道量田之數 除東西北面不行改量外 京畿 忠清 慶尚 全羅 豊海 江原 六道原田凡九十六萬餘結 及改量 得剩田三十餘萬結 前朝之季 田制大毀 洪武己巳 改量六道田附籍 然其時倭寇方熾 濱海皆陳荒 及是開墾日增 地無遺利 故改量之."

119) 『世宗實錄』 65권, 세종 16년 7월 13일.

120) 『世宗實錄』 21권, 세종 5년 8월 2일. "戶曹啓 巨濟縣新徙人田稅 請依『六典』初年全免 次年半收 三年以後全收 命 占熟田者 初年全免 次年減半 其後全收 占新墾者 初年次年全免 又次年減半 其後始全收."

121) 『世宗實錄』 50권, 세종 12년 12월 20일.

상경전이 되지 못하고 다시 진황되거나 세역을 하게 되는 사태도 없지 않았기 때문이었다. 이처럼 기경지의 소재처나 기경자의 처지에 따라 면세규정도 달리 적용했던 것이다.[122] 그러나 『經國大典』에 가서는 다음과 같이 정리되었다.

　　戶典 收稅 ○ 續田·加耕田은 기경하는 대로 收稅한다. ○ 海澤은 첫 해에는 면세하고, 다음 해에는 반을 수세한다.

즉, 과거의 常耕田이 陳荒되었다가 기경된 續田과 陳田이 기경된 加耕田은 기경하는 대로 수세하고, 갯벌 간척지에 대해서는 위의 『六典』에 실린 면세규정을 적용하고 있다.

또 하나의 조치는 陳荒하지 않도록 제한을 가하는 것이었다. 太祖 3년(1394)에 "田地를 多占하고 互相陳荒하면서 타인의 경작을 금지하는 이는 陳荒田 10負에 笞 10에 처하고, 10負마다 杖 80의 한도 안에서 1등씩 加罪하는 벌칙과 함께 해당 진황지는 無田者 및 田少者에게 분급"하여 경작하도록 하는 시책을 폈다.

그런데 진황처를 起耕하여 소유하기 위해서는 먼저 입안을 발급받아야 했다. 선초의 입안은 고려시대의 賜牌田에서 유래했다. 사패전은 전적으로 국왕 개인의 의지로 지급되는 토지였다. 그러므로 사패전의 受給者들은 왕권에 직결되거나, 될 수 있는 세력들이었고, 고려의 국왕들은 이 제도를 통해서 자신의 지지세력을 확보하고 있었다. 때문에 사패전의 受給者들은 으레 諸王·宰樞·扈從·臣僚·宮院·寺社, 公主 및 그의 怯怜口·內僚 등이었다.[123] 이들은 受給받으려는 閑地의 위치를 밝혀 신청하면 국왕은 이를 허락하는 증명서로서 賜牌를 발급해 주었던 것이다. 이런 경우, 사패는 일종의 개간허가서인 셈이었고, 동시에 임시 소유권 증명서인 셈이었다.[124] 선초에 이를 계승한 것이 이른바 '진황처 입안'이었다.

---

122) 李景植, 앞의 책, 22~24쪽.
123) 『高麗史』 권78, 志 권32 食貨1 田制 經理, 忠烈王 11년 3월. "諸王宰樞及扈從臣僚諸宮院寺社望占閑田 國家亦以務農重穀之意. 賜牌."
124) 李景植, 1986, 『朝鮮前期土地制度研究－土地分給制와 農民支配－』, 일조각, 16~18쪽.

이것은 豪勢家들이 陳地를 多占하여 互相陳荒하는 것을 금지하고, 그들의 농지매
매를 통제함으로써 토지 집적과 겸병을 억제하는 한편, 고려시기의 사패 수급자
이었던 지배층이나 그 기구들과는 달리 민인들에게 발급해 주어 진황처를
기경하게 하려는 것이었다. 그러나 이런 입안의 취지와는 달리 입안을 발급
받는 이들은 豪勢家들이었다.

> 연안도호부사 정복주가 아뢰기를, "무릇 기경할 수 있는 陳地를 豪富가
> 널리 점유하여 다만 立案만 받아놓고 여러 해 동안 개간하지 않으니, 비록
> 개간하려고 하는 자가 있더라도 자기가 입안을 받은 토지라고 하면서
> 공공연하게 기경하는 것을 금지합니다. 민들은 그 위세를 두려워하여 감히
> 신고하여 다투지 못합니다. 지금부터는 비록 입안을 받았더라도 자기가
> 개간하지 않은 것은 민들이 개간하는 것을 허락하고, 이를 어긴 자는 엄하게
> 다스리도록 하소서." 하니, 그대로 따랐다.[125]

이렇듯 豪富家들은 다만 立案을 받아 놓고도 기경하지 않으면서 민인들의
기경을 막고 있었기 때문에 '진황처는 민인들이 개간하는 것을 허락하고, 이를
어긴 자는 엄벌'하는 조치를 내린 것이었다. 그들은 바로 宮家·勢家·士大夫·豪族
등이었는데, 입안을 '所有權文書'로, 그리고 입안 받은 진황처를 '私有地'('私庄')
로 간주하고 있었기 때문에 다른 사람들의 起耕을 막고 있었던 것이다. 그러므로
민인들로 하여금 무주진황처를 경식하게 하려고 제정된 입안법은 그 취지와는
달리 궁가·양반가 등이 농장을 만드는데 활용되고 있었다.

진황처의 기경지에 대한 이런 조치로 인하여 개간에 상당한 진척과 성과가
나타났지만[126] 실제로 진황처의 기경을 주도했던 것은 민인들이기보다는 宮家·

---

125) 『世宗實錄』 10권, 세종 2년 11월 5일. "延安都護府使 鄭復周言 凡有可耕陳地 豪富廣占
徒受立案 累年不墾 雖有欲墾者 以爲已受立案之地 公然禁耕 民畏其勢 不敢告爭 自今雖受立
案 不自開墾者 許民開墾 違者痛治."
126) 『太宗實錄』 10권, 태종 5년 9월 10일 ; 『太宗實錄』 11권, 태종 6년 5월 3일 : 太宗
5년(1405)에 新墾田을 파악할 목적으로 '乙酉量田'을 실시했다. 이때 경기·충청·경상
·전라·풍해·강원 등 6도를 양전했는데, 原田은 96만여 結이었고, 개량하여 얻은

勢家·士大夫·豪族 등이었다. 진황처나 갯벌 개간에는 무엇보다도 많은 財力과 노동력이 필요했기 때문이었다. 따라서 그들 가운데서도 현직 재상들은 자기가 직접 소유하고 있는 노비·비부·솔정·고공 등과 불법으로 보유하고 있는 避役民인 壓良爲賤·影占戶·投托戶 등의 풍부한 노동력을 사역하거나, 진황처 소재처나 인근의 수령들에게 압력을 행사하여 현지의 郡民勞力을 징발하여 대규모의 농장을 조성하고 있었다.

여기서는 그 전형적인 예로 河崙(忠穆王 3년, 1347~太宗 16년, 1416)의 개간형 농장을 살펴보자. 하륜은 定社·佐命功臣 1등 출신으로 영의정에 올랐으며, 앞의 분류에 따르면 훈신세력 제1그룹에 속한다고 볼 수 있다.

太宗 14년 5월에, 경기 경력 金訓은 좌의정 하륜에게 "통진 고양포 근처에 진황처가 있는데, 堤堰을 쌓아서 潮水를 막고 기경하면 200여 石은 파종할 수 있다."고 알려주었다. 그러자 하륜은 사위 摠制 李承幹을 보내어 비옥도를 조사하도록 하고, 그로 하여금 아들 都摠制 河久·사위 參議 洪涉·예조판서 偰眉壽·典祀副令 河演·直藝文館 朴熙中 등과 더불어 連名하여 입안을 신청하고 기경하고자 했다.

이때 監司 李殷과 經歷 李賀는 부근 각 고을의 수령을 시켜 民丁 7백 명을 징발하여 堤防을 쌓았다. 그런데 守令 가운데는 감사의 요구를 따르지 않은 자가 있었다. 이런 수령은 제방 공사와 기경이 민들에게는 아무런 이익이 없기 때문에 따르지 않았던 것이다. 太宗은 이 사실을 탐문해서 확인하고 李殷과 李賀의 직임을 파면했다. 그러나 憲府는 이를 알고 告狀한 사람을 모조리 탄핵하자 太宗은 장령 李有喜를 불러서 推覈하지 말라고 명령했다.

> 掌令 李有喜가 아뢰기를, "軍丁을 마음대로 調發하여 私役에 일을 시켰으니, 그 감사와 경력은 진실로 용서할 수 없습니다. 더군다나 감사와 交通하여

剩田, 즉 實田은 30여만 結이었다. 공양왕 1년(1398) '己巳量田' 때 경기 및 5도의 전결은 實田 62만 3097結, 荒遠田 17만 5030結로서 原田은 79만 8127結이었다. 따라서 '乙酉量田' 결과 己巳年 이후 7년 동안 신간전이 늘어나 實田은 92만여 結이 되었고, 原田은 126만여 結로 늘어난 것이었다.

백성을 징발하여 사사 일을 경영한 자는 더욱 용서할 수가 없습니다." 임금이 말하기를, "너의 말은 옳다. 그러나 본래 곡식을 심고자 했으니 나라에 무슨 해가 되겠느냐. 다만 감사가 나에게 아뢰지 않았기 때문에 그 직을 이미 면하게 했는데, 어찌 죄를 더하겠는가. 또 공신이 있는데 그런 일을 가지고서는 또한 논할 수 없다."[127]

여기서 하륜이 아들과 사위, 그리고 가까운 재상들과 함께 고양포 근처 진황처를 대상으로 입안을 신청한 것은 비리나 불법은 아니었다. 그러나 문제는 감사 이은과 경력 이하 등이 수령들에게 직권을 행사하여 사적인 일에 軍丁을 동원시킨 것이었다. 따라서 감사의 요구가 부당한 것인 줄을 알면서도 그에 응한 수령은 징계될 것이었다. 그런데 제방을 쌓는데 그치지 않고 이미 이 개간 일을 완료하고 또한 그 기경지를 많이 점유했던 김훈과 이은은 바로 하륜의 門客이었다. 즉, 이 진황처 기경의 배후에는 하륜의 권력이 실질적으로 작용하고 있었던 것이다. 따라서 헌부가 탄핵하려고 했던 최종 대상은 하륜이었다. 이에 太宗은 헌부의 劾問이 점차 공신이자 영의정인 하륜에게 미치게 되자 파직된 감사와 경력을 포함하여 관련자들 전원을 복직시킴으로써 이 진황처 개간에 있어서의 권력 개입의 불법성을 덮어버렸던 것이다.[128] 이럴진대 權臣·宰相들의 진황처 입안 신청과 권세를 이용한 개간은 계속될 것이었다.

또 다른 사례로 宗室 淸豊君 李源이 갯벌을 간척하여 만든 농장이 확인되고 있다.

世宗代 중반부터는 갯벌 간척에 큰 관심을 갖기 시작했다. 갯벌은 잘 간척되기만 하면 대규모로 경지를 확보할 수 있고, 또한 비옥하여 소출도 늘릴 수 있었다. 世宗 22년(1440) 의정부 좌참찬 河演은 救荒을 위해 의창미의 확보 방안을 수립하면서 그 하나로 海澤田 개발에 착목하고, 이를 船軍을 동원하여 개간할 것을 제안했다.[129] 그리고 이듬해 의정부도 호조의 제의에 따라 농지 확대

127)『太宗實錄』27권, 태종 14년 5월 18일.
128)『太宗實錄』27권, 태종 14년 5월 25일. "命俔眉壽 洪涉 河久 李承幹 朴熙中 河演 金訓等視事 司憲府劾問築高陽堤堰之事 其漸將及於河崙 故有是命."

방안으로 갯벌을 간척하여 水田을 늘리자고 제안했다.

> 의정부에서 호조의 牒呈에 의거하여 아뢰기를, "오늘날 人口는 날로 번성하
> 는데, 전토는 한정이 있어서 민들이 농사를 지을 수 없어 마침내 산업을
> 잃고 있습니다. 바다에 가까운 州郡의 갯벌에 堤防을 쌓아 水田을 만들
> 만한 곳이 매우 많으나, 民力이 모자라 그 이익을 얻지 못하니 혜택을
> 받지 못하고 있습니다. 바라건대 각도의 감사로 하여금 사람을 보내어
> 審定하게 하고, 그들로 하여금 耕種하게 하여 民産을 이롭게 하소서." 하니,
> 그대로 따랐다.130)

즉, 각도 감사로 하여금 민력을 동원하여 갯벌 간척을 추진하게 하자는
것이었다.

갯벌 간척은 이득이 많지만 시간·물력·노력이 많이 드는 일이었기 때문에
관청이나 宮家·勢家·士大夫·豪族이 주도할 수밖에 없었다. 그리하여 이들은
진황처뿐만 아니라 갯벌도 간척하여 대규모 농장을 조성하고 있었다. 그런데
일반 진황처와는 달리 갯벌을 간척하여 常耕田으로 만드는 데는 긴 시간이
소요되었다. 그래서 갯벌 소재처의 수령은 입안을 발급해 줄 때 기경 시한을
10년으로 정해 주었다. 즉, 10년 안에 기경하지 않으면 수령은 제3자에게 입안을
발급해 줄 수 있었다. 이때 먼저 입안을 받고 간척하면서 일부라도 이미 경작하고
있는 자와 여전히 갯벌로서 입안을 발급 받은 자 사이에 소유권 분쟁이 일어날
수 있었다. 실제로 成宗朝에 이르러서 그들 사이에는 간척지를 둘러싼 소유권
분쟁이 빈번히 일어나고 있었다.131) 이를테면 종실 淸風君 李源과 參判 韓健의
쟁송이 그것이었다.

成宗 22년(1491) 8월에 집의 김응기 등 대간은 참판 한건의 遞任을 누차 요청하고

---

129) 『世宗實錄』 88권, 세종 22년 3월 23일.
130) 『世宗實錄』 92권, 세종 23년 1월 27일. "議政府據戶曹呈啓 今生齒日繁 而土田有限
　　民不得耕 遂失産業 濱海州郡海澤築隄 可作水田之地頗多 民力不給 未得其利 實爲闕典
　　乞令各道監司差人審定 使之耕種 以利民産 從之."
131) 李景植, 앞의 책, 33~34쪽.

있었다. 당시 한건은 '貪鄙無學'이었는데도 仁粹大妃의 오빠 韓致仁의 아들이라는 이유로 참판에 임용되었었다. 당시 史臣의 평가에 의하면, 한건은 "戚里로서 참판에 임용되어 자못 寵任을 받았는데, 간사하고 경박하여 권력을 마음대로 쓰고 뇌물을 받아들여서 數年 동안에 第宅을 4채나 지었으며, 도승지가 되어서는 은혜와 원망으로써 남에게 갚으니 사람들이 모두 곁눈질했다."고 했을 정도로 권세를 부리고 있었다.[132]

成宗 24년(1493) 무렵, 청풍군 이원은 인천 근처에 수천 頃의 갯벌을 간척하여 경작하고 있었다. 그런데 仁川府使 鄭眉壽는 참판 한건에게 이 갯벌에 대한 입안을 발급해 줌으로써 이원의 농장은 한건에게 넘어가게 되었다. 이에 이원이 소송을 제기함으로써 소유권 쟁송이 벌어졌다.[133]

이 쟁송에 대해 사헌부의 판단은 정미수가 한건의 위세에 눌려 그의 청탁을 받고 그릇된 것임을 알면서도 그에게 입안을 발급해 주었다는 것이었다.

> 執義 趙文琡 등이 書啓하기를, "堤를 쌓아 바닷물을 막고 논을 만드는 것은 施功하기가 매우 어렵고, 소금기가 빠지는 것을 기다려야하기 때문에 10년 안에 모두 간척하기가 쉽지 않은데, 한건이 그 權勢를 믿고 수령과 相應하여, 서울 집의 率居奴를 새로 移徙간 민인으로 冒稱하여 狀告해서 함부로 빼앗았으니, 그 貪汚하고 不法함이 매우 심합니다. 정미수는 한건의 청탁을 받고 陳田인지 墾田인지를 살펴보게 했는데, 勸農官이 주인이 있다고 보고한 것을 믿지 않고, 친한 書員을 逼令하여 陳田이라고 보고하게 한 연후에 빼앗아서 그에게 주었습니다. 더구나 춘분 후에는 전토 송사를 일체 중지하고 時執者가 耕食하게 되어 있는데, 이는 白根의 법을 따른 것입니다. 그런데 개간되어 주인이 있는 토지를 춘분 후에 법을 어기고 빼앗아 주었으니,

---

132) 『成宗實錄』256권, 성종 22년 8월 22일. "史臣曰 韓健 貪鄙無學 永肩誕率詼諧 俱以戚里大用 忝位六曹參判 其不厭人望甚矣 又曰 健 仁粹大妃兄韓致仁之子 驟至貴顯 頗見寵任 憸邪浮薄 招權納賂 數年間起第四區 連(亘)[亘]街里 爲都承旨 頗以恩怨報人 人皆側目."

133) 『成宗實錄』273권, 성종 24년 1월 29일. "史臣曰 仁川有閑地數千頃 宗室淸風君李源已占耕 參判(韓建)[韓健]囑府使鄭眉壽奪之 及源告爭 健之巧僞立見 健以椒房之親 憑藉權勢 恣行不義."

154 제2부 朝鮮前期의 農莊制

그른 줄 알면서 誤決한 것이 아니고 무엇이겠습니까?"[134]

여기서 대간이 문제 삼고 있는 것은 세 가지였다. 첫째, 한건이 자기 率居奴를 인천부로 僞裝轉入시켜 이원의 墾田을 陳田으로 신고하게 했다는 것이고, 둘째, 정미수는 한건의 청탁을 받고 이원의 墾田을 陳田으로 파악했다는 것이며, 셋째, 정미수가 춘분 후에 한건에게 입안을 발급해 줌으로써 송사를 일으켰다는 것이었다. 그리하여 誤決한 정미수를 '杖 1백에 永不敍用'할 것을 건의했다.[135] 이런 지적에 대해 당시 대신들은 대체로 동의하면서도 한건의 위세가 두려워서 였던지 한건이 청탁한 사실보다는 정미수의 誤決을 강조하고 있다. 그러나 그들은 정미수의 誤決도 그가 직무에 익숙하지 못한 데서 비롯된 것이었다고 두둔하면서, 이 일이 赦宥 전에 있었던 일이라 또다시 한건과 정미수에게 刑杖을 가하거나 現推할 수도 없다는 의견을 내고 있었다. 이에 成宗은 '한건 등은 승복하지 않았기 때문에 時推照律하는 것이 좋겠다'고 傳敎하고 마무리 짓고자 했다.[136] 그러자 사간원 대사간 安瑚는 '임금이 祖宗의 법을 廢하였다'고 다음과 같이 상소하였다.

"연줄을 타고 청탁을 하고, 이름을 속여서 狀告하여 남의 땅을 빼앗은 情狀이 모두 드러났는데도 전하께서는 정상이 없다고 하셨고, 권세 있는 자에게 아부하여 법을 어겨가며 빼앗아 준 정미수의 죄가 이미 현저한데도 전하께서는 그 죄를 관용하려고 하셨으며, …… 더구나 한건은 趙元祉와 가까운 족친으로서 田園의 풍요로움을 깊이 알고서 문득 빼앗을 마음을

---

134) 『成宗實錄』274권, 성종 24년 2월 14일. "堤防海水 以爲稻田 施功甚難 以鹽氣消盡爲期 故十年之內未易盡墾 而韓健恃其權勢 與守令相應 以京家率居之奴 冒稱新徙之民 告狀濫奪 其貪汚不法莫甚 鄭眉壽聽健請囑 審其陳墾而勸農 報以有主則不取信 逼令所親書員報之以 陳 然後奪而與之 況春分後凡訟田土 一切停罷 時執者耕食 此從白根之法也 以有主方墾之地 春分後違法奪給 非知非誤決而何."
135) 『經國大典』권5, 「刑典」[決獄日限] ○ 知非誤決者·故爲淹延者 杖一百 永不敍用. 經赦則永不 敍用.
136) 『成宗實錄』274권, 성종 24년 2월 14일.

먹고 서울에 사는 종으로 하여금 속여서 입안을 받게 했으니, 탐욕스러움과 간사한 행위가 그보다 더 심할 수가 없습니다. …… 정미수는 인천부사가 된 지 한두 해가 아닌데, 海澤의 경간한 사유와 한건의 종이 있고 없음을 어찌 알지 못하였겠으며, 춘분 후에 그 땅을 빼앗아 주기를 미치지 못할까 두려워하는 것같이 하였으니, 한건의 청탁을 받지 않고 그렇게 할 수 있었겠습니까?" 하였으나, 들어주지 않았다.[137]

이처럼 훈신출신의 재상들은 현직의 권력을 남용하고, 또 척리의 권신들은 국왕의 비호 속에서 현행법을 어겨가면서 진황처와 갯벌을 기경하여 농장을 조성하거나 심지어는 남의 기경지를 '冒受立案'하여 농장을 빼앗기도 했다.

中宗 34년(1539), 天災와 時變이 잇달아 일어나는 가운데 中宗은 求言敎를 내렸다. 이에 홍문관 부제학 崔輔漢 등은 그러한 재변들이 일어나는 것은 "정사를 행하고 명령을 발하는 사이에 잘못이 있기 때문이다."라고 지적하면서 '時病改革 10條'를 상소했는데, 그중의 하나는 '廉恥를 장려하자'는 것이었다. 당시는 "염치가 없어지고, 貪風이 날로 심하여, 벼슬아치들과 목민관들 대부분이 다투어 해택을 점유하고('爭占海澤'), 전원을 널리 차지하기('廣植田園') 때문에, 德과 禮로서 道齊하여 貪汚의 습성을 씻어버리고 염치의 기풍을 장려하자."는 것이었다.

이처럼 宰相과 朝士들뿐만 아니라 수령들까지도 전국에 걸쳐서 농장을 마련해 가고 있었는데, 이는 어제 오늘의 일이 아니었다. 일찍이 世宗朝에도 "下三道는 땅이 비옥하고, 물산이 풍부하여, 朝士들의 農莊과 노비가 반을 넘는다."고 했고,[138] 成宗朝에는 "조사들의 農莊이 畿內에 많다."고 파악되고 있었다.[139]

---

137) 『成宗實錄』 274권, 성종 24년 2월 19일.

138) 『世宗實錄』124권, 세종 31년 4월 4일. "司憲府上疏曰 …… 且下三道 土沃物阜 朝士之農莊 蒼赤過半焉."

139) 『成宗實錄』20권, 성종 3년 7월 29일. "戶曹啓 今年京畿水災 比他道尤甚 今又風變至此 如交河等諸邑 禾穀損傷殆盡 救荒事件 具錄于後 一 兩麥須倍舊耕種 庶免饑饉 請田稅眞麥納 於所在州倉 給民耕種 且朝士農莊畿內居多 令其主多備種勸耕 如有多畜兩麥可以分人者 以州倉米穀貿換."

그리하여 中宗朝에 이르러서는 재상·조사·수령들의 농장이 없는 곳이 없었다. 예를 들면, 조숙기는 경주부윤으로 있을 때 인접한 언양·청도 두 곳에 본래 1畝의 토지나 1口의 노비도 없었는데 '廣占農莊 建置大家'하고 人吏들을 驅役하고 있었기 때문에 이 같은 이들을 각도의 관찰사로 하여금 推尋하라고 할 정도였다.[140] 明宗朝에 이르러서는 재상·조사들의 농장은 평안도까지 확대되었는데, 그것들은 주로 해택을 간척하여 조성한 농장이었다.

정언 李瓘이 아뢰기를, "신은 平安道監軍御史로 오랫동안 道內에 있으면서 수령이 백성을 괴롭히는 것은 부득이한 일이라고 들었습니다. 함경도는 배가 왕래하지 못하기 때문에 宰相들이 田庄을 營立하지 못했으나 下三道는 海澤에 경작할 만한 곳이 좀 있으면 서로 다투어 제방을 쌓아 이제는 남은 땅이 없게 되었습니다. 이에 이제는 평안도로 옮겨서 그런 짓을 하고 있는데, 백성들의 원망이 매우 심합니다. 신은 私船이 왕래하지 못하면 해택에 제방을 쌓는 일은 형세 상 저절로 그치게 될 것이라고 여겼기 때문에 書啓한 것인데 호조가 防啓하고 있으니 무슨 까닭인지 모르겠습니다. 그리고 朝官 宰相들이 본도의 어느 해택이 비옥하다는 말을 들으면 그곳 수령이 부임하려고 하직을 고하는 날 힘써 청하는 까닭에 수령들은 農糧을 많이 지급하고 伴人을 정하여 개간하게 하며, 그의 等內에 한해 復戶해 주는가 하면 심지어는 留鄕所로 하여금 그 수확을 감독하게 하고, 그 額數가 모자라면 다시 官庫의 곡식으로 그 액수를 채워 배에 실어 곧바로 그 집에 바치는데, 그것이 積弊가 되어 구제하기 어려운 지경에 이르렀습니다. 평안도의 極邊은 義州입니다. 의주는 내내 문관이나 유식한 무신으로 牧使를 삼았으므로 재상·조관들이 감히 田庄을 두지 못하였으나, 그밖의 龍川·鐵山·宣川·肅川·永柔 등에는 해택에 閑曠地가 없습니다. 신은 가는 곳마다 민인들이 해택 때문에 편안히 살 수 없다고 하는 소리를 들었는데, 이는 곧 수령이 민인들을

---

140) 『中宗實錄』1권, 중종 1년 11월 16일. "諫院啓曰 …… 且曹淑沂爲慶州府尹時 於連境彦陽 淸道兩地 本無一畝田 一口臧獲 而廣占農家 建置大家 專由近年無公論 乘時爲之 不可不罪 非徒此也 宰相 朝士 守令等 其於所不當爲之處 濫占農場 若令各道觀察使推之 則可知也 皆依允.";『中宗實錄』2권, 중종 2년 3월 20일. "臺諫 又啓 前慶州府尹曹淑沂 於府近地 廣占農場 驅人吏役之 …… 傳曰 予以曹淑沂爲宰相而棄之 今臺諫敢言之 其照律以啓."

침학하는 것이 아니라 사실은 京官이 하는 짓입니다."141)

즉, 조사·재상들은 私船을 이용해서 농장의 생산물을 서울까지 운반해 올 수 있는 지역인 下三道의 개간 가능한 해택은 전부 개간하여 농장을 조성했고, 이제는 평안도 해택 개간에 나섬으로써 민인들의 원망을 사고 있었다. 특히 평안도에서도 수령의 권한이 비세인 龍川·鐵山·宣川·肅川·永柔 등지의 비옥한 해택은 이미 기경되고 있었다. 더욱이 그들은 현지에 부임하는 수령들에게 청탁하여 개간에 필요한 농량과 노동력을 조달하게 했고, 농장의 수확 곡물이 부족하면 관곡을 운반해 오게 했으며,142) 심지어는 留鄕所로 하여금 농장 경영을 감독하게 했다. 결국 평안도민을 침학하는 그들의 해택 개간을 막기 위해서 뱃길을 막을 것을 書啓했지만 호조가 중간에서 그것을 막고 있었다는 것이다.143)

---

141) 『明宗實錄』16권, 명종 9년 5월 11일. "正言李瓘曰 臣以平安道監軍御史 久在道內聞之 守令之虐民 非得已也 咸鏡道 舟楫不通 故宰相不得營立田庄 下三道則海澤稍有可耕之處 爭相築防 至無餘地 故今後移就平安道而爲之 民怨頗甚 臣以爲私船不通 則海澤之防 勢將自 止 故書啓而戶曹防啓 臣未知爲何故也 朝官宰相, 聞本道某海澤肥腴 則於其守令告辭之日 請之甚力 故守令等 多給農糧 又定作人 使之耕墾 限其等內 給復其戶 至令留鄕所監穫 如其數 少 復以官庫之穀 轝足其數 載以船隻 直納其家 積弊已成 至於難救 平安極邊爲義州 義州則連 以文官及有識武臣 爲牧使 故宰相朝官 不敢置田庄 而他餘龍川鐵山宣川肅川永柔等處 則海 澤無閑曠之地 臣到處聞之 民皆以海澤之故 不得聊生云 則非守令侵暴之事 而實乃京官之所 爲." ; 『明宗實錄』24권, 명종 13년 10월 6일. "平安道監司兪絳拜辭 傳曰 士大夫農庄 多在於本道 而守令等擅出官穀 善事權門 船路通運 故關西穀竭 至有板蕩之邑云 良用寒心 卿其別爲檢察 勿拘宰相朝官之請 一切嚴禁 如是而猶不自戢 船運不絶 卽當馳啓 竝與本邑守 令而罪之 卿若不體予意 則亦不饒焉."

142) 『明宗實錄』24권, 명종 13년 10월 6일. "平安道 監司 兪絳拜辭 傳曰 士大夫農庄 多在於本道 而守令等擅出官穀 善事權門 船路通運 故關西穀竭 至有板蕩之邑云 良用寒心 卿其別爲檢察 勿拘宰相朝官之請 一切嚴禁 如是而猶不自戢 船運不絶 卽當馳啓 竝與本邑守令而罪之 卿若 不體予意 則亦不饒焉."

143) 『明宗實錄』31권, 명종 20년 12월 20일 : 이 무렵에 가서 관서지방에서 서울로의 선박 운행을 금지시켰다. 원래 관서지방은 북으로 오랑캐와 마주하고 있었고, 명나라와 연해 있는 군사상 중요한 요충지였기 때문에 불시의 병난에 대비해 공사로 충분한 저축이 필요했다. 이 때문에 외부로의 곡물 유출을 막기 위해서 상인의 선박 운행을 금하고 뱃길을 막았다. 그런데 권세가들이 沿海郡에 농장을 조성하게 되면서 선박 운송로가 열리게 되었다. 권세가들은 자기 농장의 생산물뿐만 아니라 관곡까지 서울로 운송해 왔다. 민간의 곡식도 상인들에 의해서 유출되었다.

여기서 호조가 防啓한 것은 뱃길을 막으면 漕運이 어려워진다는 다른 한편의 의견에 동의해서라기보다는 조사·재상들의 해택 개간을 실제로 막을 수 없었기 때문이었을 것이다.[144] 그리고 이들의 해택 개간으로 민인들이 피해를 입었던 것은 그들에게 復戶의 혜택이 주어지기도 했지만 개간할 때마다 노동력을 徵發당했고, 더욱이 해택이 대부분 蘆田이어서 갈대로 삿갓이나 삿자리를 만들어 살아가는 처지에서 결국 생계의 터전을 잃어버리기 때문이었다.[145]

이처럼 조사·재상들은 삼남지방과 관서·해서지방을 중심으로 濱海 진황처나 해택을 입안 받아 강제로 민력을 동원해서 개간하여 농장을 조성하고 경영하였다. 또 그들 가운데는 민인들의 이름을 빌어 입안을 받고, 軍人을 赴役시켜 개간했으며, 관곡으로 종자를 대어주게 하고, 촌민들을 使役해서 경작하게 했던 것이다.

> 헌부가 아뢰기를, "모든 海澤은 기경하겠다고 告官하는 사람에게 허락한다는 것이 法典에 실려 있습니다. 이는 국가가 민인과 더불어 이익을 공유하려는 뜻이었습니다. 그런데 세상이 잘못되어 풍속이 어지러워지자 利欲이 날로 盛하여 곤궁한 민인들은 1畝의 토지도 갖지 못하는데, 큰 이익은 권세 있는 사람에게 들어가 (權勢家들은) 沿海 海澤을 다투어 서로 떼어받습니다. 비록 小民의 신분으로 連名하여 狀告하지만 실은 巨家가 하는 것입니다. 군인을 징발하여 부역시켜서 넓은 바다를 가로 자르니, 근처에 있는 列邑 또한 소요를 겪습니다. 심지어 관가로 하여금 종자를 지급하게 하고, 촌민으로 하여금 농사짓게 하며, 수확하고 운반하는 일은 모두 公家의 힘을 빌고 있습니다. 이 때문에 연해 지방은 민인들은 거의 다 流亡하여 동네가 쓸쓸하니, 이것이 어찌 민인을 위하여 법을 세운 본의이겠습니까. 이후부터는 士大夫家가 小民의 이름을 빌어 해택을 折受받는 것을 該曹로 하여금 事目을 엄히 세워 일체 禁斷하게 하소서." 하니, "아뢴 대로 하라."고

이로 인해 군량 저축이 바닥나게 되자 평안도의 감사로 하여금 경내의 선박 운행을 금단하도록 했다.

144) 주 140) 참조.

145) 『明宗實錄』 15권, 명종 8년 8월 14일.

답했다.[146)

즉, 선초에 입안법은 농지개발정책의 일환으로 豪勢家들이 陳荒處를 多占하여 互相陳荒하는 것을 금지하고, 민인들로 하여금 진황처와 해택을 관에 신고하고 개간, 경식하게 하려는 것이었다.[147) 그런데 실제로 해택·진황처를 입안 받는 것은 宮家·權貴·士大夫(朝士·宰相)들이었다. 물론 이들 가운데는 권세와 지위를 이용하여 공권력을 빌어 개간·간척하여 농장을 조성하기도 했지만, 입안을 받아 先占하고는 互相陳荒하며 歲易耕作하거나, 혹은 아예 기경조차 하지 않고 민인들의 기경을 막고 있었다. 따라서 이들은 입안법의 취지를 위반하는 것이었기 때문에 痛治되고 있었다.[148) 그러자 여기서 보듯이, 그들은 이제 편법으로 민인의 이름을 借名하여 狀告해서 입안 받고, 농장 경영의 전 과정에 지방의 관권을 동원시키고 있는 것이다. 그리고 그들 사이에는 이렇게 농장을 조성하는 것이 당연한 관습이 되고 있었다.

대사간 金添慶이 아뢰기를, "근래 土習에 대하여 사대부 사이에 의논이 분분합니다. 부자가 된 후에야 善을 행할 수 있다 하여 名士라는 사람들도 모두 재산 늘릴 것만 계획하여 蘆田과 海澤을 가지지 않은 사람이 없으며, 陳田까지도 제방을 쌓거나 개펄을 파내는데 回文을 돌려 협동 작업을 하자는 자도 있으니, 이는 그 마음가짐이 매우 밝지 못한 것입니다. 먼저 마음을 잃고서 뒤에 선을 행한다는 말은 신은 알지 못하겠습니다. 상께서는 다시 신칙하고 격려하시어 이러한 폐습을 根絶하소서." 하니, 상이 이르기를, "세상의 이목이 있으니, 한두 사람을 탄핵해서라도 징계하지 않을 수 없다."

---

146) 『明宗實錄』 33권, 명종 21년 6월 8일. "憲府啓曰 凡海澤 許人告耕 載在法典 此國家與民共之之意也 世降俗末 利欲日盛 窮民無一畝之土 而大利歸于權勢 沿海瀦澤之地 爭相折受 雖以小民連名狀告 實是巨家所爲 發軍赴役 橫截大洋 傍近列邑 亦且騷擾 至使官家給種 村民鋤治 收穫輸運 皆借公家之力 以此濱海之地 流亡殆盡 烟火蕭然 此豈爲民立法之本意哉 自今以後 士大夫家 托名小民 折受海澤者 請令該曹 嚴立事目 一切禁斷."
147) 『經國大典』 戶典 田宅 ○過三年陳田許人告耕 海澤則限十年.
148) 이세영, 2011, 「조선전기의 陳荒處 開墾과 土地所有權」 『역사문화연구』 第40輯, 한국외국어대학교 역사문화연구소, 128~130쪽.

하였다.149)

그런데 그들은 이에 그치지 않고 山林(柴場·草場)과 漁場·漁箭, 심지어는 蘆田·
堤堰까지 입안 받아 그 이익을 독점하거나 민인들로부터 수세하고 있었다.
몇 가지 실례를 들어 보자.

1. 황해도 황주·안악·봉산·재령 등에서 민인들이 蘆田의 갈대로 삿갓과 삿자리
   를 만들어 살아가고 있었는데, 권세가들이 이 노전을 陳地라 稱託하여 입안
   받고는 갈대를 민인들에게 팔아 이익을 챙김으로써 민인들이 생업을 잃었다.
   호조에 입안의 허실을 조회해서 환수하도록 했다.150)

2. 서울 둘레의 30里 안의 柴場을 세도가들이 입안 받아 나무꾼들이 나무하는
   것을 금지하자 나무꾼들이 30리 밖의 먼 곳까지 가서 나무해다 팔기 때문에
   시중의 나무 값이 올라가서 시민들의 원성이 자자했다. 『經國大典』의 '柴場이
   나 草場을 사사로이 점유하는 자는 장 팔십(杖八十)에 처한다'는 법률에
   의거하여 단죄했다.151)

3. 宮家·士大夫·豪族·勢家 등이 근기로부터 멀리는 원방까지 漁場·柴場·海澤·堤
   堰 등을 거짓으로 입안 받아 그 이익을 독점하거나 민인들로부터 수세함으로
   써 민인들이 생업을 잃었다. '立案地'를 호조에 귀속시키거나, 입안을 취소시
   키거나, 입안을 발급해 준 수령들을 治罪하였다.152)

---

149) 『宣祖實錄』 14권, 선조 13년 5월 26일. "大司諫金添慶 又啓曰 近來士習 爲士大夫間有議論
　　 富而後爲善 雖名士 皆以營産爲計 蘆田海澤 無不自持 至於陳田 或防築掘浦 出回文 共力爲之
　　 者有之 此乃心術不明 不可之大者 先失其心 而後爲善 臣未之知也 自上更加勅勵之道 以絶此
　　 習也 上曰 耳目有寄 雖殫一二人 亦不可不懲也 又曰 富而後爲善 無理之言也 此出何處
　　 添慶曰 無恒産 無恒心 上曰 此言養民之道 非士大夫自處之道也."
150) 『明宗實錄』 15권, 명종 8년 8월 14일.
151) 『明宗實錄』 15권, 명종 9년 12월 10일.
152) 『宣祖實錄』 203권, 선조 39년 9월 4일. "司諫院啓曰 山林川澤 與民共之 是王政之所先
　　 而近來人心不古 利之所在 不顧廉恥 冒占權利 其弊日滋 近自郊畿 遠至遠方 山澤鎦銖之利
　　 豪勢之家 爭出立案 以爲己物 使小民不得下手 怨咨同然 無所控告 病民之本 實在於此 請令該
　　 曹及各道監司 ——摘發査覈 其冒出立案 一切爻周 今後守令 如有非法出給者 隨現痛治

이처럼 궁가·아문·재상가·사대부·호족·품관 등은 近畿부터 外方까지 '주인
이 없다'는 것을 稱託하여 柴場·草場·漁場·漁箭·蘆田·堤堰 등을 '冒出立案'하고
그 이익을 독점하거나 그곳을 이용하고 있는 민인들로부터 수세하였고, 이로써
민인들이 생업을 잃게 되는 폐단이 일어나고 있었다. 산림·천택·제언 등을
입안 받는 것은 입안법과 그 취지를 악용하는 것으로서 원천적으로 違法한
일이었다. 산림과 천택은 사유를 인정하지 않고 민인들과 함께 공유하는
것('山林川澤 與民共之')이 前代이래로 仁政의 一端이었으며 王政이 제일 먼저
해야 할 일이었다. 그것은 산림과 천택의 이익을 함께 나누고 또 그 혜택을
널리 입도록 하기 위한 것이었다. 그리하여 『經國大典』에 '柴場이나 草場을
사사로이 점유하는 자는 杖八十에 처한다'고 규정해 놓고 있었다. 또한 여기서
보듯이, 입안 자체를 취소시키거나, 立案地를 호조에 귀속시키거나, 입안을
발급해 준 수령을 '制書有違律'로 처단하는 등의 조치를 내리고 있었다. 그러나
궁가·양반가 등의 입안 받은 자들이 처벌되는 일은 거의 없었다. 이로 인해
그러한 조치들은 실효성이 거의 없었고, 이후에도 궁가·양반가 등의 무주진황
처와 산림·천택·제언 등에 대한 立案을 근거로 한 토지겸병과 농장 조성은
계속되고 있었다.[153]

以革專利之弊 …… 答曰 允.";『宣祖實錄』210권, 선조 40년 4월 11일. "江原監司狀啓
稽古 山海有官 虞衡有職者 蓋奪豐餘之厚利 免調斂之重徭 而近歲以來 國綱解弛 山林川澤
祖宗朝縱民漁採 不在委人斂野之科者 皆爲豪勢家冒占権利之資 而至於漕運海路 供上漁場
或稱爲立案之地 甚者 蟄燕之堤 淫鬼之(詞)[祠]亦爲採稅之所 剝蒭漁獵者 無不觸手被禁 而農
商因之失業 有識之仰屋竊歎者久矣 勿爲循例文具 十分著實查出 爻周立案 非但諸宮家士大
夫及豪勢品官之漁場柴場海澤堤堰冒出立案 專利害民者 一一摘發 或爲禁斷 或爲屬公 逐日
開坐啓聞 而自今後 各道觀察使 或不有承傳 因其訴狀 文移各官者及各官守令 不體朝廷至意
出給立案者 皆以 '制書有違律' 照斷之意 卿其知悉事 有旨 漁場柴場海澤堤堰等冒受立案者
摘發牒報事 各官行文知委 則竝稱無有云云."

153)『仁祖實錄』3권, 인조 1년 윤10월 28일;『仁祖實錄』45권, 인조 22년 1월 23일;『承政
院日記』106책(탈초본 6책), 효종 즉위년 6월 9일;『顯宗實錄』3권, 현종 1년 6월
4일;『備邊司謄錄』제21책, 현종 2년 11월 14일;『承政院日記』178책(탈초본 9책),
현종 4년 4월 1일, 3일;『承政院日記』829책(탈초본 46책), 영조 12년 7월 1일.

3) '私債型' 農莊

여기서는 공신출신의 재상들이 장리의 사채 대부를 이용하여 농장을 조성해 가는 실태를 살펴보고자 한다.

조선시기에 사채 대부는 荒政의 하나였던 勸分에서 비롯되었다. 조선정부의 위정자들은 두 개의 역사적 사실에 근거하여 荒政의 하나로서 '勸分'을 취할 수 있다고 생각하였다. 하나는 周나라 때부터 勸分을 시행했다는 것이었고, 또 하나는 송나라 때에 朱子가 南康에 있을 때 勸分을 강론하고 실시했다는 것이었다.

이러한 勸分의 의미는 세 가지였다. 첫째, 주나라 때부터 시행되었던 勸分으로서 그것은 부민으로 하여금 飢民에게 곡식을 나누어 주도록 권하거나, 둘째, 후세에 일반화된 것으로서 곡식 값을 좀 헐하게 하여 기민들에게 팔도록 하거나(糶米), 셋째, 이식을 받기로 하고 기민들에게 꾸어 주도록 하는 것(賖米)이었다.

중국에서는 周代 이래 세 번째 의미의 권분(賖米)이 국가에 의해서 적극 권장되었다. 조선에서도 15세기 후반에 이르러 진휼이 제대로 이루어지지 못하는 가운데 사채를 救荒財源의 조달 방법으로 주목하기 시작하였다.[154]

> 임금이 말하기를, "憲府의 疏章에, 旱災는 大臣의 殖貨에서 말미암는다 하였는데, 어찌하여 그 이름을 가리키지 않고 泛然히 말하는가. 대신이 어찌 죄다 殖貨하여 민인을 侵虐하는 자이겠는가. 간혹 한 두 사람이 있더라도 반드시 이 때문에 災變에 이르게 한 것이라고는 할 수 없을 것이다. 혹 알거든 분명히 말하라." 하매, 장령 이경동이 말하기를, "신 등은 大臣이 민인을 침학한다고 한 것이 아니라, 徵債할 때에 豪强한 奴가 주인의 말을 듣지 않고 제 뜻대로 侵督하는 것이 족히 和氣를 손상하여 재변을 부를 만하므로 소장에 언급한 것입니다." 하니, 임금이 말하기를, "민인에게 모질게 구는 것을 대신이 아는 것이 아닌데, 재변이 오게 한다고 말하면 되겠는가. 예전에도 나누어 주는 것을 권장하여 흉년의 재해를 구제하였으니('勸分救

---

154) 趙圭煥, 1997, 「16세기 還穀 運營과 賑資調達方式의 변화」『韓國史論』37, 155~161쪽.

荒'), 私債는 참으로 없앨 수 없는 것이다." 하매, 이경동이 말하기를, "富者는
貧者의 어미가 되므로 사채를 죄다 없앨 수는 없겠으나, 민인을 구제하매
그 나머지로 서로 빌려 주고 뜻(계약)에 따라 거둔다면 무슨 폐단이 있겠습니
까마는 勢家가 貧民을 위협하여 재산을 빼앗고 田地에서 거둬들인 것이
죄다 그 집으로 돌아가므로 민인이 매우 괴로워합니다. 신 등이 대신의
사채를 없애고자 하는 것은 그 해가 민인에게 미치기 때문입니다."155)

즉, 옛날부터 구황책의 하나로서 사채가 필요했었다는 것, 그러나 지금은
大臣勢家의 사채 때문에 빈민들이 재산과 농사지은 것을 빼앗기고 있기 때문에
사채를 없애자는 것이다. 당시 대신들의 殖貨 행태를 대사간 鄭佸은 다음과
같이 말하고 있다.

근래 대신의 집에서 혹 殖貨의 利를 숭상하여 그것을 편하게 여기고 부끄럽게
생각하지 않으며, 滋息하는 곳을 州郡에 벌려 놓고, 수렴할 즈음에 豪强이
惡奴와 함께 閭閻을 출입하면서 소민을 侵虐하고 박탈하여, 억지로 田宅을
매매하게 하는 데 이르지만, 監司와 守令도 또한 감히 누구를 어떻게 하지
못합니다. 대신은 날로 富하고 소민은 날로 곤궁하여 烏邑이라고 이를 만하
며, 그 財穀은 서울의 私第에 충일하여 밖에 露積까지 하여 자랑하고 빛내는
데 이르고 거기다 第宅과 服飾을 다투어 사치하게 하여 반드시 宮禁에 견줄
만하니, 그 염치의 도의를 상실함이 한결같이 여기에 이르렀으므로, 참으로
탄식할 만합니다.156)

---

155) 『成宗實錄』 45권, 성종 5년 7월 13일. "上曰 憲府疏云 旱乾之災 由於大臣之殖貨 何不斥其
名而泛言之耶 大臣豈盡殖貨而虐民者歟 雖間有一二人 未必以此致災 如或知之 明言之 瓊仝
曰 臣等非以大臣爲虐民 徵債之際 豪奴不從主言 恣意侵督 足以傷和召災 故疏及之 上曰
虐民非大臣所知 謂之致災可乎 古者勸分救荒 私債固不可無也 瓊仝曰 富者貧之母 私債不可
盡革也 齊民以其贏餘自相稱貸 隨意斂散 何弊之有 但勢家威脅貧民 攘奪財産 田畝所收
盡歸其家 民甚苦之 臣等欲革大臣私債者 惡其害及於民也."
156) 『成宗實錄』 44권, 성종 5년 윤6월 18일. "近世大臣之家 或有崇殖貨利 恬不爲愧 滋息之所
列置州郡 收斂之際 豪伴惡奴出入閭閻 侵剝小民 至使勒賣田宅 而監司守令亦莫敢誰何 大臣
日富 小民日困 言之可謂烏邑 其財穀充溢京第 以至露積於外以誇耀之 加以第宅服飾 競爲奢
靡 必擬宮禁 其廉恥道喪 一至於此 良可歎已."

즉, 서울에 사는 대신들이 염치와 도의를 저버리고 '殖貨致富'하는 것을 편하게 여기고, 전국적으로 사채를 놓고는 징채할 때에 豪奴를 보내 소민을 侵虐하여 이들의 토지와 집을 사들인다는 것이다. 그리고 그 利殖으로 모은 財穀은 집안 가득하고 심지어는 '露積'하기까지 한다는 것이다.

그런데 빈민들이 빚을 상환하지 못하고 재산 등을 빼앗기는 것은 높은 利殖率, 즉 '長利' 때문이었다. 成宗朝에 이르러 장리의 사채는 특히 극심했다.[157] 흉년 때의 사채로 인하여 농민들은 구제되기 보다는 '徵債에 고달파서 家産을 죄다 팔고 流離하여 있을 곳을 잃고 남에게 寄食하는 자'로 전락하고 있었다. 이에 대간들은 계속해서 사채를 금지하자고 간했지만, 임금과 공신출신의 재상들은 여전히 사채의 賑濟 기능, 즉 '사채가 없으면 흉년과 飢歲에 小民들이 資賴하여 생활할 수 없다'는 이유를 들어 私家의 장리 사채를 용인하고 있었다.[158]

그러나 기세와 흉년에 장리의 사채로 인하여 농민들이 유리하게 되는 것은 심각한 사회문제였다. 사채 대부는 민간에서 자율적인 구황재원 조달방안으로 기능하기보다는 오히려 농민의 도산을 초래하고 있었다. 사채 자체를 금단하지는 않고, 사채의 진휼 기능을 살리면서 농민들의 도산을 막는 방법은 두 가지였다. 하나는 연 이자율이 50%에 달하는 장리를 환곡의 이자율로 낮추는 것이었다.[159] 사채의 장리는 償還이 전제되는 환곡에 비해서 가혹한 것이었다. 이는 농민의 재생산 기반을 송두리째 흔들어 놓고 있었다. 그런데 이전부터 관행화되어 있는, 그것도 私家의 사채 이자율을 강제로 낮출 수는 없었다. 그래서 또 하나의 방법은 徵債에 규제를 가하는 것이었다. 실제로 사채 徵債 때에 상환능력이 없는 기민들의 家財와 소와 말, 전지를 겁탈하는 일이 발생하고 있었고, 이는

---

157) 『成宗實錄』45권, 성종 5년 7월 16일. "校理崔漢禎啓曰 祖宗朝亦有私債者 然未有如今之多也 一家至有數萬斛者 皆是大臣之奴 不剝民能如是乎."

158) 『成宗實錄』44권, 성종 5년 윤6월 17일. "領事尹弼商曰 古云 富者貧之母 如非長利 凶年飢歲 小民無以資活 如有奪其土田 牛馬侵虐者 則觀察使 守令當禁之 上曰 果如政丞之言 私債不可無也 瓊仝曰 監司 守令 得人 則足以搏擊豪强 使不得侵民 如其儒弱 則怵於權勢 烏能禁之 凶年飢歲 民間有儲峙者 自相假貸 貧民賴以生活則可矣 安有食祿之家 務於殖貨以取厚利乎 上曰 私債先王所不禁 予何禁之."

159) 『世宗實錄』101권, 세종 25년 7월 20일.

농민들의 倒産과 직결되어 있었기 때문이다. 그리하여 成宗 2년(1471)에 호조에 다음과 같이 傳敎하였다.

> 내수사의 장리와 私家의 장리는 법령을 준수하지 않고 해마다 이식을 불리어 남의 田地와 頭畜을 침탈하여 流移에 이르게 한다. 今後로는 법대로 斂散하지 않는 자는 다른 사람에게 陳告하는 것을 허락하고, 별도로 법률 외의 무거운 형벌을 써서 먼 변방으로 내쫓으라.160)

즉, 내수사나 私家 가운데 違法의 장리 수취자를 제3자로 하여금 고발토록 하여 중형으로 처벌하자는 것이다. 그러나 이 조치는 이후에도 실효를 거두지 못했다. 이 무렵 농민들에게 장리의 사채를 대부하는 자들은 대부분 豪强과 大臣·宰相들이었기 때문에 감사와 수령도 그들의 권세를 두려워해서 금할 수가 없었던 것이다. 사채를 빌려 쓰는 가난한 농민들은 물론 그들을 고발할 수도 없었다. 그리하여 豪强·재상들의 積債 徵收로 인하여 농민들은 그들의 전지를 모두 다 그들에게 바치고, 마침내 송곳을 꽂을 만한 땅도 없게 되는 현실이 계속되고 있었던 것이다.161)

실제로 재상들 가운데는 장리의 사채를 이용하여 농장을 확대해 가고 있었다. 그리고 대간들은 재상들의 장리를 이용한 축재와 토지겸병을 심각한 사회병폐로 지적하고 있었다.

> 장령 李瓊소은 아뢰기를, "지금의 재상들이 자기의 집을 富하게 하는데 힘을 쓰는데, 장리로서 민인들에게 穀布를 대부했다가 가난하여 상환할 수 없으면 권세에 의거하여 위압으로 土田과 牛馬를 劫奪하는 侵虐의 형상을 이루 다 말할 수 없습니다. 청컨대 재상 중에 장리를 하는 자가 있으면

---

160) 『成宗實錄』 7권, 성종 1년 9월 1일 ; 『成宗實錄』 13권, 성종 2년 12월 8일. "傳于戶曹曰 內需司長利及私家長利 不遵法令 逐年滋息 侵奪人田 頭畜 以致流移 今後不如法斂散者 許人陳告 別用律外重刑 迸諸遐裔."
161) 『成宗實錄』 22권, 성종 3년 9월 9일.

일제히 모두 금단하게 하소서." 領事 洪允成은 아뢰기를, "옛말에 이르기를, '부자는 가난한 이의 어머니이다'라고 하였으니, 만일 長利가 없으면 凶年과 飢歲에는 小民들이 資賴하여 생활할 수 없습니다. 만일 그 土田과 牛馬를 침학하는 자가 있으면, 관찰사와 수령으로 하여금 마땅히 금하게 하소서." 하니, 임금이 말하기를, "과연 정승의 말과 같이 사채는 없을 수 없다." 하니, 이경동이 아뢰기를, "감사와 수령이 유능한 사람이면 호강한 사람들을 搏擊하여 민인을 침탈할 수 없게 하지마는 만일 儒弱한 사람이면 권세가 두려워서 어찌 금할 수 있겠습니까. 흉년과 기세에 민간에 저장한 것이 있어서 서로 假貸하면 가난한 민인들이 의지하여 생활할 수 있겠지만 어찌 녹봉을 먹는 집에서 殖貨하는 데 힘을 써서 厚한 이득을 취해야 하겠습니까?" 하니, 임금이 말하기를, "사채는 先王께서도 금하지 않은 것인데, 내가 어떻게 금하겠는가?" 하였다.[162]

이처럼 재상들 가운데는 민인들에게 장리로서 穀布를 대부했다가 상환되지 않으면 그들의 전지와 우마를 빼앗고 있었다. 그럼에도 불구하고 임금과 재상들은 '사채를 금단하면 가난한 민인들이 살아갈 수 없다고 생각하고 있었기 때문에 사채 자체를 없앨 수는 없다'고 말하고 있었고, 또 감사와 수령이라도 재상들이 민인들의 토지와 우마를 횡탈하는 것을 막을 수도 없었다. 따라서 재상들의 장리 사채에 의한 토지겸병은 계속될 것이었다.

사헌부 대사헌 李恕長 등이 上疏하기를, "世宗朝에 재상이 長利하여 부자로 불리는 자는 대개 적었는데, 지금은 관직이 높고 녹봉이 후한 자가 모두 長利하여 그 부를 더욱 늘려서 田園이 산야에 두루 펼쳐져 있고, 蓄積한 것이 州縣과 맞먹는다. 富貴의 힘을 업고 豪奴와 悍僕을 보내어 小民을 侵刻하니 민인들이 어찌 가난한 데 이르지 않을 수 있겠습니까. …… 2품 이상의 관직으로 녹봉을 먹는 자는 長利를 쌓아서 민인들의 좀이 되지 않게 하고, 그들이 축적하여 소유한 것이 1천 석이 넘는 것은 州郡에서 받아들이게 하고, 朝廷에서는 별도로 酬賞하도록 하소서."[163]

---

162) 주 155) 참조.

이처럼 재상들은 장리의 사채로 致富하여 농장을 확대해 가고 있었다. 반면에 가난한 농민들은 장리의 사채 때문에 더욱 가난해지고 끝내는 流民으로 전락하고 있었다. 더욱이 大臣·宰相들의 豪奴와 悍僕들의 농민들에 대한 횡포가 심했는데, 그들은 주인의 권세를 업고, '큰 창고를 끼고 鄕曲을 陵轢하여, 거두고 꾸어 줄 때에 조금이라도 뜻대로 되지 않으면, 그 처자를 잡아 두고 그 부형을 매질하며, 남의 토지가 기름지면 빼앗고, 말과 소가 살찌면 가져가며, 家財·器玩까지도 다 침탈하여, 드디어 閭閻이 쓸쓸하고 살아가기가 고달프게' 되고 있었다.[164]

여기서 재상으로서 장리로 치부하여 농장을 조성한 예로 梁誠之(太宗 15년, 1415~成宗 13년, 1482)의 농장을 살펴보자.

양성지는 世祖朝에 이조판서(1464)와 공조판서(1469)로 있을 때 뇌물을 많이 받았다(말을 뇌물로 주는 자는 말편자를 박아 준다고 칭탁하고서 바치고, 彩段을 뇌물로 바치는 자는 돗자리로 싸서 주므로, '말발굽에 돈이 들었고, 돗자리 속에 비단이 들었다'는 소문이 회자되었다)는 소문이 파다했고,[165] 대사헌(成宗 7년, 1477)이 되었을 때에는 '五馬判書로 지목된 이는 백관을 규찰할 수 없다'는 대간의 논박을 받아 체임된 적이 있었다.[166] 그러나 成宗의 비호 아래 成宗 8년(1477)에 다시 공조판서로 발탁되었다. 成宗 10년에 대사간 成俔은 '公論'임을

163) 『成宗實錄』44권, 성종 5년 윤6월 21일. "司憲府大司憲李恕長等上疏曰 主上殿下憂災恤患 下求言 臣等職備憲司 以言爲責 敢不悉陳當今致災之由乎 …… 世宗朝宰相之有長利以富稱者蓋寡 今則高官厚祿者 皆有長利以益其富 園田遍山野 蓄積侔州縣 乘富貴之力 分遣豪奴 悍僕 侵刻小民 民安得不至於貧歉 …… 需司有長利 大臣之爭利 勢所然也 臣等請以內需司長利 皆屬州郡義倉 二品以上居官食祿者 不得蓄長利以爲民蠹 其所有蓄積過一千石者 許納州郡 朝廷別行酬賞."

164) 『成宗實錄』75권, 성종 8년 1월 13일. "今宗宰大臣間 有廣占田園 多殖貨利者 其視公儀子 一何遠也? 聖上以惻恤之心 降寬大之詔 盡革內需司長利 以歸州倉 以除民瘼 又立科章 凡勢家利債 不得橫取 其立法恤民之意 詳且厚矣 然勢家豪奴 不畏邦憲 多擁高廩 陵轢鄕曲 斂散之際 少不如意 繫累其妻子 鞭撻其父兄 人之土田膏則奪之 牛馬肥則取之 以至家財器玩 莫不侵漁 遂使閭閻蕭條 生理困悴."

165) 『成宗實錄』142권, 성종 13년 6월 11일. "行知中樞府事 梁誠之 卒."

166) 『成宗實錄』85권, 성종 8년 10월 4일.

들어, 그는 공신·재상의 반열에 있으면서도 '小人'으로서 나이가 60이 넘도록 '旅進旅退'하고 '患得患失'하며, 무능하고 貪慾스런 '聚斂之臣'이므로 공조판서가 될 자질이 없다고 탄핵했다.167) 또 장령 安處良은 그 탄핵 사유를 다음과 같이 말했다.

> 양성지는 典校署의 提調로 있은 지가 거의 30년이 되었는데, 書冊을 잘 팔아서 마음대로 썼습니다. 通津에는 일찍이 1頃의 田土도 없었는데, 지금은 크게 농장을 개설하였으니, 이 또한 利를 꾀하여 경영한 소치입니다.168)

즉, 그는 '貪利致富'하여 일찍이 1頃의 전토도 없었던 통진에 '大開農場'하고 '規利經營'했다는 것이었다. 그러나 이때에도 그는 成宗의 비호로 탄핵되지 않았고, 成宗 12년에 지중추부사에 임명되었고, 이듬해 숭정대부로 초배되었다가 죽었다.

한편, 徐居正(世宗 2년, 1420~成宗 19년, 1488)은 일찍이 양성지의 문하에서 배운 적이 있고, 집현전과 세자시강원에서 그를 10여 년 동안 獲侍한 사이라 그에 대한 평가는 남달랐다.169) 그는 「通津縣大浦谷梁判書別墅落成記」에서 양성지의 '別墅'를 다음과 같이 그리고 있다.

> 通津에 속한 守安縣은 땅이 바닷가이고 토질이 비옥하며 산수가 빼어나다. 물고기와 쌀이 넉넉히 생산된다. 나(서거정)의 좌주 南原君(양성지)의 別墅가 그곳에 있다. …… 별장의 경관을 말해 보자면, 북쪽으로는 솔밭 언덕에

---

167) 『成宗實錄』 103권, 성종 10년 4월 29일.

168) 『成宗實錄』 104권, 성종 10년 5월 1일.

169) 徐居正, 『四佳文集』 권2, 記 「通津縣大浦谷梁判書別墅落成記」. "공은 천성이 독서를 좋아하여 여러 역사를 꿰고 있었으며, 천하의 산천지리를 훤히 알고 있었다. 또 일을 논하기를 좋아하여 전후로 올린 封章이 수십만 마디가 넘었다. 관직에서 직무를 수행할 때에는 부지런하고 신중하여 게으름을 부리지 않았다. 공은 훌륭한 임금을 만나 쉰 살에 헌부의 장관이 되고, 이조와 공조의 판서가 되어 화상이 麟閣에 걸리고 명성이 빛났으니, 거정이 태산북두처럼 우러러보는 분이다."

기댔는데 사시사철 한결같이 푸른색이고, 남쪽으로는 큰 바다가 있는데 천 리가 트여 한 눈에 들어온다. 동쪽은 김포의 葛峴과 부평의 안남산 등이 푸른빛을 거머쥐고 있고, 서쪽은 江都의 摩尼山과 鎭江山 등의 여러 산이 푸르스름하게 솟아 있어서 그 기상이 천 가지 만 가지다. 公은 논밭이 수백 頃이 있어서 해마다 수백 斛의 곡식을 거두어들이므로 漕船과 商船이 문밖에 정박하며, 물고기 잡는 배와 게 잡는 배의 불빛이 순채와 연꽃이 심어져 있는 못 사이로 깜박거리며 비친다. 그 경치가 더할 나위 없이 좋고, 즐거움 또한 끝이 없으니, 정말로 畿甸의 樂土이며, 公의 자손들이 대대로 지켜야 할 집안의 보배이다. 더구나 별장은 서울에서 겨우 70里 거리다. 公은 여가가 날 때마다 수레를 준비시켜 그곳에 나갔으며, 또한 장차 여생을 그곳에서 마치려고 계획하였다. 그 거처하는 곳을 '訥齋'라 하고, 軒을 '知足軒'이라 하였으며, 정자를 '木鴈亭'이라 하였다.

이에 의하면, 북쪽으로 솔밭 언덕에 기대어 別墅가 자리하고 있는데, 이 농장의 가옥은 書齋로 訥齋, 본채 知足軒, 정자 木鴈亭 등으로 이루어지고 있다. 그리고 이 별서 남쪽으로 수백 頃의 논밭과 연못이 있고, 그 끝 바닷가에 漕船과 商船이 정박하는 大浦가 있다. 즉, 大浦谷에 펼쳐진 수백 경의 농지와 수십 칸의 가옥이 갖추어진 농장이었다.

한편, 민생을 안정시키기 위해서 재상들의 장리 사채와 豪奴들의 침학을 막는 것이 절급한 사회문제로 대두되었다. 그럼에도 불구하고 당시 공신출신의 재상들, 이를테면 정인지·한명회·정창손·조석문·김질·윤자운·윤사흔·김국광 등의 院相들은 대간들의 宗親·宰相·大臣들의 사채 금지 요구에 대해 옛날에 그들이 長利殖貨했던 것은 비난 받을 만한 일이지만, 지금은 '采邑을 받지 않는 재상'들이기 때문에 그들이 장리하는 것을 막을 수 없으며, 다만 징채 과정에서 민인들을 침학하는 자들에 대해서만 禁令으로 治罪하자는 입장을 견지하고 있었다.

그런데 그들이 장리의 사채를 금단하지 않는 실질적인 이유는 바로 자기들이 장리로 致富하던 당사자이기 때문이었다. 鄭麟趾의 경우를 들어보자. 成宗 9년에 임금이 정인지를 三老로 삼으려고 하자, 대간들은 그가 '專以殖貨致富'했다고 하여 일제히 반대하고 나섰다.

> 掌令 朴叔達이 아뢰기를, "정인지는 본래 利를 탐해서 날마다 産業을 일삼고, 그 인근 사람의 집을 다 침노하여 빼앗아 아울러 가졌으니, 만일 정인지를 三老로 삼으면, 신은 후세에 비난을 남길까 두렵습니다. …… 다른 사람 가운데 장리를 놓는 사람이 있을지라도 정인지와 같이 전념하지 않습니다. 그 이웃집 사람 또한 어찌 자기의 소원대로 서로 매매했겠습니까. …… 정인지가 재산 불린 것을 거짓으로 알지 못한다고 하는데, 만일 정인지가 재산을 불리지 않았다고 말한다면, 이는 聖上을 속이는 말입니다. 지금의 대신으로서 누가 알지 못하겠습니까."

그러자 정창손·김국광·강희맹 등과 심지어 임금까지 '無他管利 只以殖貨致富'했을 뿐이며, '지금 재상으로서 장리를 놓지 않는 자가 누가 있느냐'고 변호했다.[170] 모든 재상들이 '殖貨致富'하고 있기 때문에 정인지도 문제되지 않는다는 것이었다. 그러나 문제는 장리의 사채로 끝나는 것이 아니었다. 으레 그것은 토지겸병과 농장의 확대로 이어지고 있었다. 정인지도 '日以産業爲事 其榜近人家 皆侵奪兼竝', 즉 이웃사람들의 집과 가산을 勒買·兼竝하고, 또 市人들과 거래하여 재산을 축적하고 있었던 것이다.[171] 그는 "재상에 재배되어 사철의 녹을 받고, 功臣田에서 稅를 거두고, 스스로 小小農作하여 朝夕의 공급에 빚지는 데에는 이르지 않았을 뿐이고, 中外에서 조금이라도 營利한 적이 없다."고 변명했지만, 아들과 딸이 나가서 살 때에 반드시 은으로 만든 독(銀甕)을 줄 정도로 큰 부자로 소문나 있었다.[172] 執義 李則은 "지금 세상의 모든 朝士가 다 장리함이

---

170) 『成宗實錄』 89권, 성종 9년 2월 19일. "鄭昌孫曰 無他管利 只以殖貨致富耳 然今之宰相 誰無長利乎 領事金國光曰 臣亦聞多畜積而已 不義之事 未之聞也 知事姜希孟曰 子貢聖門高 弟 未免貨殖 且人棄我取 人取我棄 亦古人生財之道也 今麟趾貨殖貨何傷 上曰 只以家富謂之貨 殖 無乃不可乎 河東勳舊大臣 難以一事容易議之 予當徐問左右."

171) 『成宗實錄』 89권, 성종 9년 2월 20일.

172) 『成宗實錄』 89권, 성종 9년 2월 21일. "史臣曰 李承召聞麟趾有是啓 語人曰 河東子女出居時

있으나, 정인지의 殖貨는 다른 장리에 비할 바가 아니기 때문에 三老가 되어서는 안 된다.”고 간언했다. 즉, 정인지는 廉恥와 道義를 저버리고 ‘營利殖貨’했다는 것이었다. 결국 그의 拜老는 취소되었다.[173]

정인지의 경우에서 보듯이, 사채를 대부하는 것 자체가 문제가 되고 있는 것은 아니었다. 문제는 장리의 이식이 붙어서 채무자가 상환하지 못할 때 그의 집과 전지·재산을 ‘勒買’ 형식으로 가로채는 것이었다. 이러한 현상은 정인지처럼 債主가 ‘營利’를 목적으로 사채의 대부와 상환 기간에 定限이 없는 것을 이용하여 이식이 늘어나기를 기다렸다가 채무자가 갚을 수 없게 될 때 나타나고 있었다. 그리고 이때 채주와 채무자 사이에는 쟁송이 벌어지곤 했다. 그리하여 채주로 하여금 契券대로, 그리고 일정한 기한 안에 징수하도록 규제할 필요가 있었다.

> 한성부에서 아뢰기를, “『大典』 가운데 ‘田宅은 5년이 지나면 聽理하지 아니하고, 奴婢誤決은 3년이 지나면 청리하지 않는다’고 했는데, 私債는 年限이 없기 때문에 市井의 모리배들이 몰래 이식을 취하고자 하여 고의로 징수하지 않아, 혹은 5, 6년이 지나고, 혹은 10년이 이른 뒤에 告하여 다투며, 비록 혹시 이미 징수한 것이라 하더라도 미루고 契券을 주지 않고는 고의로 해가 오래되기를 기다렸다가 다시 提訴하여 거듭 징수하는 자가 있습니다. 그래서 爭訟이 날로 번거로워 分辨해서 밝히기가 어렵습니다. 청컨대 이제부터는 부채를 상환 받지 않고 1년이 지나도록 관에 告하지 않는 자는 청리하는 것을 허락하지 말게 하여 간사하고 거짓됨을 막으소서. 그리고 아직 告狀을 접수하지 않은 자는 금년에 한하여 관에 고하기를 허락하소서.”[174]

必造銀甕與之 非極富而能然乎.”

173) 『成宗實錄』 89권, 성종 9년 2월 27일. “執義李則啓曰 麟趾累朝勳舊之臣 未聞有指以爲非者 今世小大朝士皆有長利 然麟趾之殖貨 非他長利之比也 不宜爲三老.”

174) 『成宗實錄』 108권, 성종 10년 9월 2일. “漢城府啓『大典』內 ‘田宅 過五年勿聽 奴婢誤決 過三年勿聽’ 而私債 則獨無年限 故市井謀利之徒 陰欲取息 故爲不徵 或過五六年 或至十餘年 後告爭 雖或已徵 遷延不給 契券故待年久 更訴疊徵者有之 爭訟日繁 辨明爲難 請自今負債不 償 而過一年不告官者 勿許聽理 以杜奸僞 其未接狀者 限今年許告官.”

즉, 일반적으로 채무자보다 채주가 사채에 定限이 없는 것을 이용하여 謨利取息을 노리고 故意로 징수하지 않다가 5, 6년, 혹은 10여 년 후에 제소하거나, 이미 징수한 뒤에도 契券, 즉 영수증을 만들어 주지 않고 있다가 여러 해가 지난 뒤에 다시 제소하여 疊徵하는 경우가 많기 때문에 1년의 시한을 정하자는 것이다. 成宗은 호조의 이 건의를 받아들여 『經國大典』에 다음과 같은 조항을 두게 하였다.

戶典 徵債 ○ 무릇 私私로운 負債는 證人과 筆書(證筆)가 갖추어진 文記를 가진 자에게 징수하는 것을 허용하되, 1년이 지나도록 官에 보고하지 아니한 깃은 들어주지 아니 한다.[175]

이 '告官徵收' 조항에 의하면, 채주는 사채를 대부해 준 지 1년 안에 관에 신고해야만 채무자가 갚지 않을 때 제소하여 징수할 수 있을 것이었다. 그러나 실제로는 정인지 같은 권세 있는 재상들은 여러 해가 지난 뒤에 늘어난 이식을 받는 대신 채무자와 그의 전지와 재산을 '自相賣買'한 것으로 처리함으로써 굳이 告官하거나 提訴할 필요가 없었다.[176] 앞서 보았듯이 장리의 사채로 치부했던 재상들은 이식을 불려서 징수하는 것을 목적으로 하지 않았다. 그들은 처음부터 가난한 농민들의 전지와 재산을 노렸던 것이고, 말이 '自相賣買'이지 실은 '勒買'였기 때문에 橫奪이나 다름없었다. 그러나 그나마 이 조항이 준수된다면 채주는 계권대로 징수하게 될 것이므로 채무자의 전지와 재산 등이 횡탈되는 일은 다소 막을 수 있었을 것이다.

그런데 私家의 장리 사채 자체를 금단시키지 못하는 상황에서 특히 흉년에 사채의 구황 기능을 살리고, 또한 가난한 민인들이 횡탈의 고통을 받지 않도록 하기 위해서는 앞의 '告官徵收' 조항만으로는 미흡한 것이었다. '사채를 금하면

---

175) 『經國大典』 권2, 戶典 徵債, "○凡負私債有具證筆文記者許徵 過一年不告官者勿聽."
176) 『成宗實錄』 89권, 성종 9년 2월 20일. "領事韓明澮對日 但聞麟趾長利耳 未聞殖貨也 若以長利爲殖貨 則今之朝士 誰非殖貨者 且其隣舍 各以情願自相買賣 有何不可 叔達日 他人雖有長利 不若麟趾專意也 其隣舍人亦豈皆以情願相買賣乎."

가난한 민인들이 살아갈 수 없다'는 인식 아래 대간들의 끊임없는 사채 자체의 금지 요구를 거부해 왔던 임금과 재상들도 다만 징채 과정에서 민인들을 침학하는 자들만은 禁令으로 治罪하자는 입장을 취하고 있었다. 그리하여 成宗 12년 (1481)에 임금은 호조에 대책을 강구하도록 명령했다. 이에 호조는 다음과 같이 건의했다.

> 호조에서 아뢰기를, "지금 傳敎를 받으니, '사가의 장리는 민인들이 의지하는 바가 실로 많다. 그러나 지금 흉년을 당했으니, 만일 禁防이 없이 편의에 따라 독촉하여 거두어들인다면 민인들은 횡탈의 고통을 받을 것이고, 償納하지 않게 하면 채주는 반드시 分給하지 않을 것이니, 徵納할 때 채주는 함부로 거두지 못하고, 민인들은 횡탈당하지 않게 하는 節目을 상의하여 아뢰라' 하셨습니다. 신 등이 생각하건대, 금년에는 흉년으로 민인들은 먹고 살기가 어렵게 되었으니, 富豪의 무리들이 억지로 침탈하는 폐단이 없지 않을 것입니다. 청컨대 『大典續錄』에 의하여 사채를 지나치게 거두어들인 자는 그 마을의 色掌과 切隣으로 하여금 관에 신고하게 하여 痛懲하고, 만일에 威勢에 겁먹어서 즉시 고발하지 아니한 자는 수령과 함께 무겁게 論罪하소서." 하니, 그대로 따랐다.[177]

즉, '私債濫徵者'를 그 마을의 色掌과 切隣으로 하여금 고발하게 하여 처벌하자는 것과 그들이 고발하지 않으면 그들과 수령을 함께 論罪하자는 것이다. 호조가 이때에 비로소 이 같은 대책을 건의하는 것은 아니었다. 이전에도 대간들과 심지어 일부의 재상들까지도 누차 민인들을 침탈하는 豪强·宰相들의

---

177) 『成宗實錄』 132권, 성종 12년 8월 10일. "戶曹啓 今承傳敎 私家長利 民之仰賴實多 然今當凶歲 若無禁防 任便督納 則民罹橫奪之苦 不使償納 則債主必不分給 徵納之際 主不得 濫收 民不被橫奪 節目商議以啓 臣等參商今年旱荒 民甚艱食 若不禁戢 豪富之徒 不無抑勒侵 奪之弊 請依 『大典續錄』 私債濫徵者 令里內色掌切隣 告官痛懲 如有怯於威勢 不卽發告者 幷守令重論 從之." 『大典續錄』(成宗 23년, 1492)은 『經國大典』(成宗 5~15년, 1474~84) 이후의 敎令을 모아 편찬한 것이므로, 成宗 12년 당시에는 『大典續錄』은 아직 편찬되지 않았고, 또 『大典續錄』에는 私債濫徵者에 대한 처벌 규정이 없다. 호조의 착각인 것 같다.

豪奴·悍僕들을 처벌하자고 주장해 왔었다. 그러나 실제로는 감사와 수령들이
채주들, 즉 재상·호강들의 권세에 눌리어 그들은 물론 그들의 豪奴·悍僕들도
고발하거나 처벌하지 못하는 것이 현실이었다. 하물며 色掌과 이웃들도 감히
고발할 수 없었을 것이다. 그런데『經國大典』의 '告官徵收' 규정이 시행되었던
成宗朝 후반에 이르러서는 豪富들이 사채 대부를 기피하게 되면서 사채로
인한 농민들의 피해와 몰락도 줄어들고 있었다.

국가의 사채 권장은 환곡이 진휼 기능을 잃어가는 가운데 민간에서 호부들의
사채가 장리이긴 하지만 환곡의 기능을 떠맡도록 하기 위해서였다. 그러나
결과적으로는 그 의도와는 달리 농민들의 몰락과 지주층의 토지겸병을 부추겼
을 뿐 소기의 성과를 달성하지 못하고 말았다. 그런데 '告官徵收' 방침 이후
부호들이 사채 대부를 계속 기피해서는 救濟穀 문제를 해결할 수 없었다. 때문에
燕山君代에는 사채의 '告官徵收' 방침을 철회했다. 그러자 호강·특권층의 모리행
위와 토지겸병, 소민들의 재산 탈취가 재현되었다. 때문에 中宗朝에서는 다시
사채의 '告官徵收' 방침으로 선회했다. 지주층의 토지겸병과 농민들의 몰락을
막는 한편, 사채가 그나마 안정적으로 회수될 수 있는 여건을 조성하기 위해서
였다.[178]

1. 부민 등이 흉년에 곡식을 쌓아두고 糶糴하지 않는 것은 모두 (곡식을) 빌린
   자들이 가을에 즐겨 상환하지 않아서이다. 내년은 官穀數가 적어 민생이
   가히 염려되니, 사채를 모름지기 때맞춰 분급하여 백성들로 하여금 구활케
   해야 한다. 가을에 이르러 子母의 이식을 거두게 하되 상환하지 않는 자는
   告官하면 엄히 독촉하여 상환케 함이 마땅하다.[179]

이에서 보듯이, '告官徵收'를 철저히 이행하는 한편, 부민들의 사채 대부를
권장하여 救荒穀 부족 문제를 해결하고자 하는 것이다. 그런데 기근구제가

---

178)『中宗實錄』32권, 중종 13년 2월 21일.
179)「忠州救荒切要」第14條(中宗 36년, 충주목사 安瑋가 간인한 절목)(국립중앙도서관
고9119-10).

완료된 후에는 사채가 회수되어야 함에도 불구하고 조세가 먼저 수납되어야 했기 때문에 채주들의 사채 회수는 늦어지거나 아예 회수되지 않을 수도 있었다. 이 때문에 호부들은 이 방침을 믿지 않았고, 사채 대부를 기피해 갔다.[180]

그러나 17세기 이후, 특히 호강지주들은 흉년에 勸分의 일환으로 국가에 의해서 장려되는 사채 대부는 기피했지만, 일상적으로는 소·빈농에게 사채를 대부함으로써 그들의 적은 토지를 겸병해갔다.[181] 지주들에게 사채는 토지겸병의 가장 확실한 수단이었던 것이다. 이는 토지소유를 둘러싼 농민층의 양극분화 속에서 소·빈농들에게 사채는 소농경제와 그들의 생존의 한 부분으로 구조화되어 가고 있었기 때문이었다.

4) '權力型' 農莊

양반지배층에게 토지는 노비와 더불어 家門保存의 중요한 요소였다.[182] 양반가의 토지와 노비는 조상대부터 전래하는 祖業이 대부분이었다. 이 조업은 앞서 보았듯이 처음에 공신전·별사전·과전 등을 賜給받거나, 진황처의 개간을 통해서나, 장리 사채에 의한 늑매와 정상적인 매득을 통해서 이루어져 갔다. 그리고 또 여기서 보듯이 지위와 권세를 이용한 冒占·橫奪 등에 의해서 이루어지기도 했다. 이렇게 형성되는 조업을 조부가 자손에게 상속 증여할 때 그 相續文書·分財記·和解文記 등의 문서에서 孫外處分을 금지하고 자손 내에서 매매·증여하도록 하고, 부득이하여 타인에게 넘어갔을 때에는 반드시 다시 찾아오도록 경계하는 등 가능한 한 토지·노비가 혈족 사이에 상속되고 유지되도록 단속했던

---

180) 趙圭煥, 1997, 「16세기 還穀 運營과 賑資調達方式의 변화」『韓國史論』37, 155~161쪽.
181) 이 무렵 부호들의 토지겸병으로 '富豪한 자는 토지가 阡陌을 連하고, 가난한 자는 송곳을 꽂을 땅도 없어 富益富·貧益貧 상태가 이때보다 더 심할 수 없다'고 할 정도로 토지소유분화가 심했기 때문에 여러 차원에서 井田論·均田論·限田論 등의 토지개혁론이 제기되고 있었다.
182)『成宗實錄』236권, 성종 21년 정월 23일. "傳旨議政府曰 我國士族 以奴婢田地 保門戶 故一口臧獲 一畝土田 得之則生活 失之則饑寒 所係甚大."

것은 대대로 가문과 문벌을 보존하고 유지하기 위해서였다.[183]

농장은 광대한 田畓에다가 麻田·藥田 등의 농토, 柴炭과 牛馬 등 가축 사육에 필요한 꼴 등의 여러 잡물을 조달하는 林野·柴草地, 농장의 관리와 경영에 필요한 農舍·倉庫 등의 건물 등으로 이루어졌고, 드물게는 穀物·物貨를 싣고 드나들 수 있는 포구도 갖추고 있었다. 물론 이러한 농장 형성에서 기본이 되는 것은 전답이었고, 따라서 전답을 확보하는 것이 일차적인 관건이었다.[184]

앞에서 든 여러 유형의 농장 형성과정에서도 농장주의 지위와 권세가 배경으로 작용하고 있었다. 그러나 그것은 농장 형성의 직접적 요인은 아니었다. 그런 농장들의 토지는 법과 제도에 따라 농장주의 功勳·職役에 대해 합당한 보상으로 취득되었거나, 진황처·해택의 개간에 들인 물자와 노동력에 대한 대가로 취득되었다. 또한 채무자가 장리의 사채를 토지로 상환함으로써 채주의 토지가 증대되기도 했다. 이에 비해 '권력형' 농장의 경우에는 농장주의 지위와 권세가 농장 형성의 직접적 요인이 되고 있었다.

이러한 '권력형' 농장은 한마디로 '貪官'들의 농장이었다. 그들은 職權을 남용하고, 양반신분의 특권을 이용하여 양천신분의 민인들의 토지를 강탈하여 농장을 조성했고, '權臣'이 되어서는 지방의 公權力을 빌어 해택·진황처를 겸병하고 간척·개간하여 농장을 조성하고 경영했다.

이러한 농장의 예들을 살펴보자.

1. 同知摠制 李君實의 농장 : 이군실은 講武場의 掌管을 빙자하여 광주의 船軍 李圭의 田地을 모두 빼앗았다. 또 權勢를 믿고 金化縣守에게 전지를 청하고 민인들을 사역하여 경작하게 했다. 伴人差帖을 陽根 사람 林彦에게 주어 그로 하여금 材木을 많이 베어 오게 하여 私用했다. 광주 사람 金好男을 서울에 산다고 사칭하고 伴人差帖을 부당하게 받아 토산물을 需用했다.[185]

183) 朴秉濠, 1974, 『韓國法制史考』, 147~161쪽.
184) 李景植, 앞의 책, 231~234쪽.
185) 『世宗實錄』39권, 세종 10일 2월 11일 ; 2월 13일. "司諫院上疏曰 賞善罰惡 國家之大典 賞一人而千萬人勸 罰一人而千萬人懼 賞罰必合事情 然後能服人心也 臣等以李君實貪暴犯

2. 富平府使 李孝禮의 농장 : 이효례는 科田을 받았는데, 그 字號가 東坡驛田에
   속했다. 법으로는 마땅히 그대로 驛에 소속시켜야 하는데, 그는 그 토지가
   비옥했기 때문에 字號를 고쳐서 그의 형 孝仁이 參議로 있는 호조에 潛請해서
   그 驛田을 그대로 받아 자기 농장으로 만들었다. 그리고 그의 조카 遂良은
   경기 찰방이 되어서 동파역의 公須田을 다른 곳으로 옮겼다.186)

3. 靖難功臣 嘉靖大夫 礪山君 宋益孫의 농장 : 집이 고부에 있었던 송익손은
   累鉅萬(石)의 부자였다. 그는 宰相이 되어 오로지 貪利하는 마음을 갖고,
   良民과 賤民을 꾀어 자기의 노비로 삼고, 기름진 땅을 점유하여 자기의
   田庄으로 삼았다. 居室은 장엄하고 화려하며, 服飾은 奢侈했다. 다른 사람의
   良田에 소를 放牧하여 벼를 밟게 하고, 이삭이 나와서 여물면 또한 베어
   오게 하여, 그 주인으로 하여금 한 묶음의 벼도 거둘 수 없게 하니, 그
   田主가 侵逼당하여 팔고자 하면 헐값으로 勒買했다. 또한 産業이 없어 가난하
   여 投托하려는 民人과 避役하려는 良民, 그리고 公私의 賤隷 등을 圍籬로
   끌어들여서 노비로 삼은 자가 千百이었다. 혹 本主가 찾으면 그 노예를
   숨기고, 도리어 그 주인을 구타했다. 비록 관에 提訴해도 관은 제어할 수
   없었다.187)

4. 嘉山郡守 劉寬의 농장 : 유관은 이웃고을의 民田을 빼앗아 農庄으로 만들었으
   며, 이웃고을 수령에게 부탁하여 入居人의 노비 20여 명을 빼앗았다. 많은
   사람들이 원망하여 다투어 소장을 올리는데도 오히려 그칠 줄을 모르고
   거리낌 없이 횡포를 부렸다. 본군은 서울로 가는 길 가의 殘邑인데 유관에게

법之罪 具辭申請 未蒙兪允 臣等竊念 君實挾掌事權·不畏邦憲 逞欲無忌之罪 固非一二計也
奪李圭之田 公然取利 罪一也 圭本廣州船軍也 謀欲盡奪田庄 誘以逃往他鄕 罪二也 於金化縣
守 挾權請田 役民耕治 罪三也 授伴人差貼於楊根人林彦 使之多斫材木 以爲己用 罪四也
廣州金好南 妄稱居京 冒受伴人差貼 以至需用土物 罪五也 凡有見聞 孰不憤切齒乎."

186)『世宗實錄』74권, 세종 18년 9월 2일.
187)『成宗實錄』40권, 성종 5년 3월 18일 ; 3월 28일 ;『成宗實錄』51권, 성종 6년 1월
   18일 ; 1월 19일. "大司憲李恕長啓曰 宋益孫家在古阜 廣設園籬 其所壓良民與公私賤 皆畜
   籬內 或有本主物色而來 匿其奴隷 反毆其主 雖訟于官 官不能制 人有良田 放牛踏禾 及秀而實
   亦令斬刈 使其主不得收一秉之禾 田主困於侵逼而欲賣之 益孫減價勒買 南方之民 怨氣滿腹
   請竄遠方 以快民心 不聽."

극도로 침탈을 당하여 거의 廢邑이 되었다.[188]

5. 同知 沈銓[189]의 농장 : 심전은 官界에 나간 지 10년 무렵부터 이미 貪官으로 이름나있었다. 그는 교만 방자하고 貪利하여, 다른 사람의 노비와 전택을 온갖 꾀를 써서 강탈하여 '多占民丁 廣植田園'했다.[190] 전주 부윤이 되었을 때(明宗 15년), 도적을 잡는다고 하고 죄 없는 민인들까지 형벌을 주어 한 마을을 비게 하고 그 토지를 점거하여 자기 소유지로 만들었다.[191] 또한 戚里라는 친분을 빙자하고 黨勢에 기대어 방죽을 쌓아 개간하여 農庄을 만드는데도('築堰瀰漫 闢爲農庄') 아무도 감히 말하자는 자가 없었다.[192]

이상의 사례들에서 보듯이, 농장주들은 자신의 지위와 권세를 이용하여 직접적이고 폭력적으로 민인들의 토지를 橫奪하거나 勒買하여 소유지를 확대하

---

188) 『明宗實錄』 10권, 명종 5년 6월 29일. "憲府啓曰 嘉山郡守劉寬 性本貪汚 居官自恣 奪入居人妻 以爲己妾 奪隣邑民田 作爲農庄 請囑隣官守令 奪入居人奴婢二十餘名 人多怨苦 爭相呈訴 猶不畏戢 益肆無忌 本郡以赴京路傍殘邑 今被剝割 至於此極 幾爲棄邑 劉寬 請速罷 答曰 人心不古 不無因嫌告之理 推問後治罪未晚 不允 再啓 罷之."

189) 沈銓은 順門(世祖 11년, 1465~燕山君 10년, 1504)의 손자로서, 明宗의 妃 仁順王后(中宗 27년, 1532~선조 8년, 1575)의 父 鋼(中宗 9년, 1514~明宗 22년, 1567)과 사촌 사이었으므로 明宗의 外戚이었다. 자는 叔平이고, 中宗 38년(1543)에 생원진사시에 합격했고, 明宗 1년(1546)에 문과에 합격했다. 이후 이조좌랑·정랑(明宗 5년), 좌부승 지(明宗 13년), 예조참의(明宗 14년), 전주 부윤(明宗 15년), 첨지중추부사·경기 관찰 사(明宗 18년) 등을 지냈다. 심전은 明宗 10년경부터 탐관으로 거명되기 시작했고, 明宗 20년(1566)에는 貪官의 명단을 적은 큰 榜이 번화한 거리에 붙었었는데, 沈銓·尹 元衡·沈通源·沈鎧·任說 등이었다. 이 가운데 심전이 첫째였으므로 호사가들은 '墨榜 科의 최연소 장원'이라고 비꼬기도 했다(『明宗實錄』 33권, 명종 21년 10월 5일).

190) 『明宗實錄』 19권, 명종 10년 8월 10일.

191) 『明宗實錄』 27권, 명종 16년 7월 11일. "史臣曰 銓 戚里人也 性本貪濁 惟以牟利爲事 雖防納市井之事 無不爲之 倚負形勢 掠奪人臧獲田土者 不可彈記 常自言曰 我之所以貪 蓋出於不得已也 子女太多 安得不貪 其縱恣無忌如此 及赴全州 侵漁割剝之弊 不可枚擧 嘗聚會境內巫女 托爲老母觀光 而衣服不盛者 輒退之 巫女等爭借品官家紗羅綾段之服 盛飾 而來 則遂盡奪取而黜之曰 此皆僭濫之服 所當治罪 而始赦之也 所奪衣服 盡納衙中 其貪縱無 厭之狀 擧此可知其他矣 今此捕盜之際 延及無辜 使一村空虛 因占其田土 以爲己有 其貪酷之 罪 固容容誅矣 一道之人目之曰 白晝之賊 監司豈無耳目 而至於狀啓 與有罪矣."

192) 『明宗實錄』 28권, 명종 17년 4월 12일. "史臣曰 銓 憑戚里之親 倚黨附之勢 築堰瀰漫 闢爲農庄 而人莫敢言."

고 있고, 특히 沈銓 같은 이는 公權力을 빌어 築堰하고 개간하여 농장을 조성하고, 또한 村民들로 하여금 그 농지를 경작하게 했다.[193]

이 가운데 심전은 明宗朝에 貪官으로 이름난 沈銓·尹元衡·沈通源·沈鎠·任說 등 가운데 첫째였을 정도로 戚里로서의 권세와 지위를 이용하여 不正蓄財한 자였다. 明宗 21년(1566)에 그는 靖陵의 守護軍을 자기의 伴人으로 차지하려다가 파직되었는데,[194] 宣祖 2년에 敍用되자 사헌부는 그 반대 이유를 다음과 같이 말했다.

> 前同知 沈銓은 품성이 陰邪하고 貪毒하기도 합니다. 연줄로 세를 타고 올라가 외람되게 2품의 자리까지 앉았으니, 나라의 은혜가 망극하거늘 이를 보답할 생각은 하지 않고 다만 제멋대로 악행을 저질렀습니다. 타인의 第宅을 온갖 수단을 써서 강제로 차지하는가 하면 민인들의 良田을 공공연히 강탈하여 기름진 토지를 많이 점유해서 農庄을 만드는가 하면 良賤을 불러들여 淵藪를 만들기도 했습니다. 전에 전주 부윤으로 있을 적에는 관의 재정을 다 써가며 남의 노비를 사들였는데 그 수가 얼마나 되는지 모릅니다. 民力을 竭用하여 官堰을 넓게 쌓고는 이내 자신이 취득하였고, 많은 官婢를 음행하고는 노비 문서에서 지워 데려왔으며, 심지어는 도적을 잡는다는 핑계로 한 마을 사람들을 도륙하고는 그 전토를 몰수하여 자기의 소유로 취하였으니, 국가를 좀먹고 민인들을 병들게 하며 거리낌 없이 제멋대로 하는 실상이 전날 죄를 입던 때에 모두 드러났습니다. 이런 인간에게는 무거운 형벌을 가한다 해도 조금도 애석할 것이 없는데 삭탈만 하였으니 이는 또한 너무도 가벼운 형벌이었습니다. 그런데 어떻게 갑자기 職牒을 발급하여 간사하고 탐악한 사람들에게 악을 징치할 여지가 없게 한단 말입니까.[195]

---

193) 『明宗實錄』 32권, 명종 21년 6월 8일. "史臣日 海澤之弊 誠如所論 然不摘其巨家之蠹民者 如沈通源 沈銓之輩而治之 則後之托名冒受者 安所戒乎 臺官將一國風憲 而首鼠容默如此 所謂嚴立禁斷者 更責於何地也."

194) 『明宗實錄』 33권, 명종 21년 10월 5일.

195) 『宣祖實錄』 3권, 선조 2년 윤6월 3일. "前同知沈銓 稟性陰邪 加以貪毒 貪緣乘勢 濫蹐二品 國恩罔極 而無意圖報 只肆其惡 人有第宅 百計抑占 民有良田 公然怯奪 多占膏饒之地 聚爲農 庄 招納良賤 萃爲淵藪 爲全州府尹時 盡傾官儲 買人奴婢 不知其數 竭用民力 廣築官堰 因自取之 多肆官婢 爻案率來 甚至托捕盜賊 屠殲一村之民 沒其田土 掠爲己物 其蠹國病民

이처럼 그는 민인들의 良田을 횡탈하거나 공권력을 빌어 진황처를 개간하여 農庄을 조성하는 것 외에도 다른 사람의 第宅을 강탈하고, 官費를 써서 수많은 노비를 사들였으며, 심지어는 官婢를 冒占하기까지 했던 것이다.

다음으로 尹元衡(?~明宗 20년, 1565)의 농장을 살펴보자.

조선전기에 '權臣' 두 사람을 든다면 世祖·成宗朝의 한명회와 明宗朝의 尹元衡이었을 것이다. 그의 본관은 坡平, 자는 彦平이다. 증조부는 成宗 때 대사헌·형조·공조판서 등을 역임하고 좌리공신 3등에 책봉된 尹繼謙이고, 조부는 尹頊이며, 아버지는 판돈녕부사 尹之任이었다. 윤지임은 대사간·부제학 등의 청요직을 지낸 李德崇의 딸과 결혼했는데, 윤원형은 5남 중 막내아들이었다. 中宗의 계비이자 明宗의 어머니인 文定王后(1501~1565)는 윤원형의 손위 누나였다. 그는 中宗 28년(1533) 문과에 급제했지만, 4년 뒤 당시 최고의 권력을 휘두르던 金安老의 탄핵으로 파직·유배되었다(中宗 32년, 1537). 그러나 그 해 김안로가 賜死되자 곧 재기해 홍문관 수찬·응교·교리, 사헌부 지평 등의 청요직을 두루 거친 뒤 좌승지·공조참판(종2품) 등에 올랐다.

中宗 후반 조정의 정파는 세자(뒤의 仁宗)의 외숙인 尹任을 중심으로 한 大尹과 문정왕후가 낳은 慶原大君(뒤의 明宗)의 외숙인 윤원형을 영수로 삼는 小尹으로 나뉘었다. 仁宗이 즉위하면서 권력을 장악한 大尹은 小尹의 윤원형을 탄핵하여 파직시켰다. 그러나 仁宗이 8개월 만에 승하하고 明宗이 12세의 어린 나이로 즉위하면서 문정왕후의 垂簾聽政이 시작되었다. 윤원형은 예조참의(정3품)로 복귀했고, 대대적인 보복을 전개했다. '乙巳士禍'였다. 2년 뒤에 그는 "女主(문정왕후)이 위에서 정권을 잡고, 간신 李沂 등은 아래에서 권력을 농락하고 있으니, 나라의 멸망을 서서 기다리는 형국"이라는 내용의 격문이 붙은 양재역 벽서사건을 기화로 大尹의 잔당을 처벌하고('丁未士禍', 明宗 2년) 권력을 확고히 장악했다.

明宗이 즉위한 때부터 문정왕후가 죽을 때까지(明宗 20년, 1565) 20년 동안

縱恣無忌之狀 兼發於前日被罪之時 如此之人 雖置重典 固不足惜 削奪之罪 亦爲輕典 豈可遽爲給牒 使姦貪之人 無所懲惡哉."

윤원형은 모든 권력과 재부를 독점했다. 그는 이조판서(明宗 3년)·우의정(明宗 6년)을 거쳐 영의정(明宗 18년)에 올랐다. 그가 우의정이 되었을 때 史臣은 다음과 같이 썼다.

> 원형이 勳戚임을 인연하여 오랫동안 조정의 권세를 잡으니, 뇌물이 몰려들어 그 富가 왕실과 近似했다. 따라서 성 안의 邸宅이 13채나 되었는데, 그 사치스럽고 웅대함이 극도에 달하였다. 田庄을 많이 점유하여 列邑에 널려 있었다.[196]

明宗이 즉위하면서부터 수렴첨정했던 문정왕후는 明宗 20년 4월 6일에 죽었고, 7월 13일 발인했다. 功臣과 國舅의 지위로 영의정에 오르기까지 거의 20여 년 동안 '권세와 위엄이 梁冀의 가문보다 더 빛났고, 축재와 재물이 董卓의 萬歲塢보다 더 호화로웠던' 윤원형도 마침내 종말을 맞고 있었다.[197] 8월 3일에 대사헌 李鐸과 대사간 朴淳은 비로소 그를 탄핵하고 나섰다. 그는 "國舅로서 영상이 되어서는 임금에게 不敬·無禮했고, 政令을 專擅하고 寶位를 농락했으며, 나라 안의 모든 이권을 독차지했다.(網一國之利)"는 것이었다. 한마디로 "그가 임금노릇을 하고, 임금은 위에서 고립되어 실권 없는 빈자리만 지켰다."는 것이었다. 또한 그는 수령으로 하여금 민력을 동원하여 해서지방의 해택에 제방을 쌓고 개간하게 해서 이 간척지와 내지의 양전을 모두 私占하고, 관곡으로 종자를 대어서 경작하게 했으며, 자기의 豪奴·伴力을 시켜서는 다른 사람의 농지를 강탈했다고 했다.[198] 이어서 8월 14일에 그들은 윤원형의 죄목을 26조로 정리한 封書를 올렸다. 이 봉서 내용은 '만인의 입에 오른 것과 만인의 눈으로

---

196) 『明宗實錄』 12권, 명종 6년 9월 18일. "史臣曰 元衡因緣勳戚 久執朝權 賄賂輻輳 富擬王室 城中甲第 至於十三 極其侈大 多占田庄 遍于列邑."
197) 董卓의 萬歲塢 : 동탁은 後漢의 權臣으로 욕심이 무척 많은 사람이었는데, 陝西省 鄂縣에 만세오라는 큰 집을 짓고 그 속에 수만 근이나 되는 金銀을 저장하여 두었다는 고사가 있다(『後漢書』 72권, 董卓傳).
198) 『明宗實錄』 31권, 명종 20년 8월 3일.

본 것'으로 첫째, 擅斷한 것 10가지, 둘째, '貪贓無厭'한 것 10가지, 셋째, 奢侈陵偪(사치스럽고 참람하며 능멸하고 핍박)한 것 3가지, 넷째, 忍心薄行(잔인하고 경박하게 행동)한 것 3가지 등 모두 26가지 죄목을 나누어 정리한 것이었다. 이 가운데 그가 권력을 직접 행사하여 蓄財·致富하면서 드러난 鄙俚와 非違 사실을 들어보면 다음과 같다.[199]

1. 賣軍職과 民人·軍人의 勞力 착취 : 八道의 郡邑과 鎭堡의 節鉞을 받은 자는 모두 빚을 진 장수이고, 兵符을 차고 출입하는 자는 모두가 은혜를 입은 관리들이었다. 육지에서 뇌물을 운반하느라고 민인들은 모두 流亡했고, 바다로 곡식을 운송하느라고 군인들은 모두 병들고 쇠약해졌다.[200]

2. 뇌물 수수에 의한 賣官賣爵과 專擅免罪 : 뇌물을 받고 벼슬을 제수하되 벼슬의 고하는 그의 청탁에 따라 정하고, 뇌물을 받고 형벌을 면하게 해주되 죄의 경중은 그의 지시에 따라 정했다 ; 을묘년(明宗 10년)에 금부당상으로 있을 때 재상을 지낸 金景錫을 잡아다 국문할 때에 百金과 繰緞을 뇌물로 받았다.

3. 산림과 천택의 利를 독점 : 산림과 천택의 利는 '與民共之'하는 것이어서 임금도 함부로 차지하지 않는데, 서울과 가까이 있어서 나무꾼들과 꿩과 토끼를 사냥하는 사람들이 가는 水落山 온 산을 折受하여 柴場으로 만들어 그곳에 거주하는 민인들을 내쫓고 그곳에 있는 무덤을 파헤치는데도 인근에 사는 사람들은 호소할 길조차 없었다.

4. 대저택 10여 채를 짓고, 부정하게 뇌물로 받은 보화가 그 속에 가득하고 밖에까지 넘쳤다.

5. 농장 조성 : 수령으로 하여금 해택에 제방을 쌓고 간척하게 했으며, 沿海의 개간지와 내지에 죽 잇닿은 良田을 私占하여 농장을 조성했다.[201] 官에서

---

199) 『明宗實錄』 31권, 명종 20년 8월 14일.
200) 『明宗實錄』 31권, 명종 20년 8월 15일. "閫帥邑宰 盡出其門 競爲豺狼 噬食小民 苞苴輦載 餽遺不絶."

종자를 대어주고, 수령으로 하여금 監農하게 했다. 官倉에 저축한 곡식의 절반은 일꾼들의 식량이 되었고, 인근의 민인들은 모두 耕墾하는 종이 되었다. 농장이 있는 곳마다 모두 怨聲이 자자했다. 또한 농장은 招納한 避役人들과 逋亡人들의 소굴이 되었다 ; 尹百源은 그의 친조카였는데 죄를 짓고 귀양 가던 날, 百口의 노비와 성 주위의 기름진 땅을 협박과 우격다짐으로 빼앗아서 자기 것으로 만들었다 ; 奴 表倫은 자기 주인인 윤원형의 위세를 믿고, 다른 사람의 토지·노비·우마 등을 빼앗는 등 못하는 짓이 없어서 本邑 및 인근 고을의 민인들이 그 침학을 견디지 못했다.[202]

6. 여러 곳의 농장에 소를 분양하고 장부를 만들어 점검하며 들판에 가득하게 했으며, 번식하는 숫자가 더러 줄기라도 하는 날이면 마구 징수하는 폐단이 이웃에까지 미쳤다.

7. 伴人·戶奴들의 田民 橫奪 : 伴人은 定數가 있는데, 여러 고을의 良丁과 여러 군의 富戶를 冒占하여 예속시켜 그 숫자가 크게 늘었다. 役債를 징납하는데 독촉이 성화보다 급하고, 米布를 차출하는데 해독이 隣族에게까지 미쳤다. 심지어 기蹬을 강요하고 田民을 횡탈함으로써 파산하는 자가 계속 생겨 流離하고 거처를 잃는데도 호소할 길이 없었다.

이상에서 보듯이, 윤원형의 축재와 치부는 두 방향으로 진행되었다. 하나는 인사·형사권을 전횡하여 뇌물을 받아 축적하는 것이었다. 그는 수령과 병사에 대한 인사권을 장악하고 청탁의 대가로 뇌물을 받았으며, 또 拷訊을 남용하여 면죄의 대가로 뇌물을 받기도 했다. 또 하나는 농장을 통하여 致富하였다. 그의 농장이 '遍于列邑'해서였던지 그는 '地癖'이라고까지 불리고 있었다. 이런 농장은 두 종류였다. 하나는 海澤의 간척지와 연해와 內地에서 私占한 良田으로 이루어진

---

201) 『明宗實錄』 31권, 명종 20년 8월 3일. "多防海澤 又占良田於沿海及內地之邑 使官家給種 守令監農 而百姓皆爲耕墾之奴." ; 『明宗實錄』 31권, 명종 20년 8월 14일. "濱海築堰 內地沃壤 田亘阡陌 盡入私占 公家給種 守令監農 官倉儲穀 半爲饋餉之資 南畝農夫盡作耕耘 之奴 農庄所在 闔境怨苦 奚啻地癖之有譏哉."
202) 『明宗實錄』 31권, 명종 20년 10월 12일.

광대한 농장이었다. 이 무렵 朝士·宰相들은 私船을 이용해서 농장의 생산물을 서울까지 운반해 올 수 있는 지역인 下三道의 개간 가능한 해택은 전부 간척하여 농장을 조성했고, 이제는 關西地方의 개간에 나섬으로써 민인들의 원망을 사고 있었다. 특히 평안도에서도 수령의 권한이 非勢인 龍川·鐵山·宣川·肅川·永柔 등지의 비옥한 해택은 이미 기경되고 있었다. 더욱이 그들은 현지에 부임하는 수령들에게 청탁하여 개간에 필요한 농량과 노동력을 조달하게 했으며, 심지어 는 留鄕所로 하여금 농장 경영을 감독하게 하고 있었다.203) 윤원형도 바로 그 가운데 한 사람이었다. 그는 海西地方에서 수령에게 압력을 행사하여, 민인들을 동원하여 해택에 제방을 쌓고 간척하게 하고, 이 간척지와 이에 연해있는 비옥한 개간지 등을 차지하여 농장을 조성했다.204) 또 수령으로 하여금 관곡을 종자와 농량으로 조달하게 하고, 민인들을 노비처럼 사역하여 농지를 경작하도록 했다. 즉, 수령으로 하여금 간척과 농장 경영을 감독하게 했던 것이다.

또 하나는 다른 사람의 농지를 兼竝하여 조성한 농장이었다. 그는 서울과 지방을 막론하고 수백 명의 토지를 여러 가지 구실로 빼앗음으로써 그의 농지는 전국적으로 산재해 있었다.

> 헌부가 아뢰기를, "윤원형은 權勢와 功勳을 빙자하여 오래도록 威福의 권한을 휘두르며, 스스로 與奪의 권한이 자기에게 있다고 생각해도 사람들이 감히 의논치 못했습니다. 남의 노비·가사·토지를 혹은 자기 물건이라고 하여 빼앗고, 혹은 산(買得) 것이라고 하면서 빼앗고, 혹은 負債라고 하면서 빼앗았 으니, 서울이나 지방을 막론하고 사람들이 속수무책으로 빼앗기고도 控告할 길이 없어 물이나 불 속에 들어 있는 것처럼 원망하고 고통스러워하는 소리가 시끄러웠습니다. 윤원형이 放黜된 날로부터 다시 해를 보는 것처럼 기뻐하더니 날마다 본부에 소장을 낸 것이 뜰에 가득합니다. 서울도 그러한

---

203) 주 141) 참조.
204) 朴麟壽가 海州牧使로 있을 때에 官糴을 윤원형의 田庄에 바쳤던 것으로 보건대, 윤원형의 간척지 농장은 해서지방에 있었던 같다(『明宗實錄』 32권, 명종 21년 3월 16일).

데 더구나 원한을 품은 외방민은 몇 백 명이나 되는지를 알 수 없습니다. 지금 원통하고 억울한 사람을 伸理하는 것이 불을 끄는 것보다 급합니다. 情理에 크게 관계되는 것은 본부가 처결할 수 있으나 詞訟 중에 있는 많은 사건들은 본부가 일일이 밝힐 수 없으니 大小人民 가운데 윤원형에게 빼앗기고 되돌려 받지 못한 자는 사건을 맡은 관아에서 우선 처결하게 하시고, 또 이 뜻을 팔도의 감사에게 알려서 원통하고 억울한 사람을 伸寃하게 하소서. 그리고 伴力(伴人)의 수는 定員이 있고, 중국 사신이 경유하는 兩界와 황해도의 각 고을에 사는 사람은 啓差할 수 없다는 것이 법전에 기재되어 있습니다. 그런데 윤원형은 私伴을 함부로 점유하여 없는 곳이 없어서 物情이 몹시 분개하고 있으니 팔도 감사로 하여금 剛明한 差使員을 택정하여 빠짐없이 刷出해서 開錄하고 아뢴 다음 일일이 軍保의 결원에 충당하게 하소서." 하니, 모두 아뢴 대로 하라고 답하였다.[205]

그런데 정당한 사유 없이 다른 사람의 田地를 횡탈하는 것은 違法·不法이었기 때문에 횡탈한 자는 당연히 처벌되고 그 田地는 본주에게 還給되어야 했다. 그러나 직접 횡탈한 자는 表倫같은 戶奴였기 때문에 혹 이들이 처벌될지언정 이들의 上典이 특히 공신출신의 재상일 경우 그의 生存 時에 처벌되는 일은 거의 없었다. 윤원형도 그의 '권력이 살아 있는 한'에는 論罪되지 않았을 뿐만 아니라, 그의 伴人·戶奴들조차도 처벌되지 않았다. 그리하여 그의 庄土는 '遍于列邑'했고, 이런 장토는 그 전지를 빼앗긴 농민들을 佃戶로 전락시켜서 병작제로 경작되었을 것이다. 그러나 그의 관작이 삭탈된 직후에 토지·노비·우마를 빼앗겼던 민인들은 헌부에 민원을 제소하여 그것들을 모두 돌려받았다. 또 그의

---

205) 『明宗實錄』 31권, 명종 20년 9월 4일. "憲府啓曰 尹元衡憑勢藉功 久擅威福 自以爲與奪在己 人莫敢議 人之奴婢家舍土地 或稱己物而奪之 或稱買物而奪之 或稱負債而奪之 京外之人 束手被奪 無所控告 冤苦嗷嗷 如在水火之中 自元衡放黜之日 快若更覩天日 逐日呈訴於本府 者 塡溢於庭 都下尙然 況外方抱冤之民 不知其幾百也 今之伸理冤憫 急於救焚 如大關於情理 者 本府可以處快 至於許多事干詞訟者 則本府不可──辨覈 凡大小人民 被奪於元衡 而不得 推還者 則請令刑訟衙門 爲先辨決 且以此意 并諭于八道監司 以伸久鬱之冤憤 且伴力之數 自有定額 兩界及黃海道天使所經各官居人 則不得啓差 至載於法典 而元衡之濫占私伴 無處 不在 物情痛憤 請令八道監司 擇定剛明差使員 無遺刷出 開錄啓聞 ──充補軍保缺額 答曰 竝如啓."

伴人으로 예속되어 있던 많은 良丁과 富戶들은 刷出되어 軍保에 충당되었다.[206]

이처럼 '貪官'들은 職權을 남용하고, 양반신분의 특권을 이용하여 양천신분의 민인들의 토지를 강탈하여 농장을 조성했고, '權臣'이 되어서는 지방의 公權力을 빌어 해택·진황처를 겸병하고 간척·개간하여 농장을 조성하고 경영했다. 그들은 우선 그의 지위와 權勢에 기대어 공공연하게 민인들의 토지를 강탈했으며, 지방 수령에게 外壓을 가하거나, 親·姻戚 수령의 지원과 협조를 얻어 민인들의 토지를 횡탈했다. 또한 지방 수령으로서 직무 수행을 빙자하여 민인들의 토지를 수용해서 私取하거나, 그들에게 陋名을 씌우고 그들의 토지를 贖田으로 받아 차지하기도 했다. 그들은 양반으로서의 신분적 특권을 이용하여 양민과 천민을 핍박해서 자기의 노비로 삼고 그들의 토지를 강점하기도 했으며, 심전과 윤원형 같은 '權臣'이 되어서는 人事·刑事에 개입하여 청탁이나 면죄의 대가로 뇌물을 받아 치부·축재했으며, 지방의 공권력을 빌어 농장을 조성하고 경영하고 있었다. 그리고 이러한 貪官들은 민인들의 良田을 강탈하여 농장을 조성하는 데에 그치지 않고, 다른 사람들의 집과 家財, 노비와 牛馬 등도 횡탈했으며, 심지어는 官穀·官費를 써서 토지와 노비를 사들이거나, 公私奴婢를 冒占하기도 했다. 그리고 그들의 농장은 産業이 없어 가난하여 避役·投托하려는 良民과 公私의 賤隷들을 끌어들임으로써 이들의 淵藪가 되고 있었다.

5) '在地士族'의 農莊

고려말기 무신집권세력은 권문세족을 타도한 후에 일부 남아 있던 문신세력

---

206) 명종 20년(1565) 4월에 문정왕후가 죽자, 그동안 윤원형의 권세에 눌려있던 대간들은 그를 탄핵하고 귀양 보낼 것을 간언했다(明宗 20년 8월 3일). 이어 삼사에서 논집한 지 6일째에(8월 8일) 明宗은 그의 영상직을 면직시키고 국정에 참여하지 못하게 했으며, 또 성문 밖으로 퇴거시켰다. 이후 삼사를 중심으로 그를 귀양 보내라는 상소가 계속되었고, 8월 21일 그의 관작을 삭탈했다. 그리고 마침내 9월 10일, 그를 강음으로 유배시켰다. 11월 18일, 그는 유배지 강음에서 죽었다(『明宗實錄』 31권, 명종 20년 11월 18일).

을 등용·회유하는 한편, 새로운 지지세력을 확보하기 위해서 과거시험을 자주
실시하고 또 합격자를 증가시켰다. 이에 따라 지방의 土姓吏族 자제들 가운데는
과거를 통해 관계에 진출하기 시작했고, 특히 元의 지배시기에 그들의 중앙정계
로의 진출은 더욱 활발해져 하나의 세력을 형성하기에 이르렀다. 그들이 이른바
新進士大夫였다.[207] 한편, 토성이족 가운데 특히 戶長層은 고려말기 이래 거듭된

---

207) 麗末鮮初에 걸쳐 지배세력의 변화를 이해하는 데에 두 가지 시각이 있다. 하나는
    李佑成(1964,「高麗朝의「吏」에 對하여」『歷史學報』23)과 閔賢九(1974,「高麗後期
    權門勢族의 成立」『湖南文化硏究』6)의 연구에 근거하여 성립된 일반론으로서, 원
    간섭기 이후의 고려사회의 실질적인 지배층은 권문세족이며, 이들과는 별도로
    지방의 吏族 출신들이 과거를 통하여 중앙 官界에 진출하여 사대부세력을 이루어서
    권문세족 중심의 고려말기의 사회적 모순을 개혁하고 조선사회를 수립했다는
    것이다. 또 하나는 이 일반론을 비판한 金塘澤(1989,「忠烈王의 復位 과정을 통해
    본 賤係 출신 관료와 '士族' 출신 관료의 정치적 갈등-'사대부'의 개념에 대한
    검토」『東亞硏究』17, 서강대학교 동아연구소 ; 1991,「忠宣王 卽位敎書에 보이는
    '宰相之宗'에 대하여-소위 '權門世家'의 구성분자와 관련하여」『歷史學報』131)의
    시각이다. 그는 士族('士籍에 오른 인물의 가족이라는 의미보다는 관리가족이라는
    일반적 의미로 사용되었으며, 따라서 사족은 관리가 되는 데 있어서 아무런 신분적
    인 제약을 받지 않은, 관료계층을 지칭했다')·士林('사족 출신의 인물들을 지칭하는
    용어')·士大夫('사족 출신 인물들로서 官界에 진출한 자들을 지칭하는 용어') 등의
    용어를 검토한 결과, 이러한 용어들이 원 간섭기 이후 빈번하게 나타났던 이유는
    고려의 전통적인 관료계층이 충렬왕대에 새로이 등장한 賤係 출신의 관료들과
    자신들을 구분하려 했기 때문이었다는 것이다. 따라서 '원 간섭 이후 고려말까지의
    정치적 지배세력을 權門勢族·權門世族과 士大夫로 양분하는 것은 재검토되어야
    한다'고 말했다. 즉, 권문세족의 대부분은 곧 전형적인 사대부였다는 것이다. 후자는
    고려사회와 조선사회의 관계를 '일체적이고 지속적인 것'으로 파악하는 것이고,
    전자는 '대립적이고 변혁적인 것'으로 파악하는 것이라고 해석할 수 있다(정두희,
    1992,「朝鮮前期 支配勢力의 形成과 변천-그 硏究史的인 成果와 課題」『韓國社會發展史
    論』, 92~97쪽).
    한편, 조선초기에 士大夫·兩班 등이 주로 官人 일반을 가리키는 것임이 알려짐에
    따라 '士族'의 정의 문제가 제기되었다. 먼저 李成茂는 '사족'은 官人만이 아니라
    관인의 가족원까지 포괄하는 의미로 사용되었으며, 따라서 양반신분층을 지칭하는
    일반적인 용어로 쓰였다고 설명했다. 그리고 '양반'을 良·賤 두 신분으로 兩分된
    고려·조선사회에서 '良身分 가운데서 오랜 동안의 門閥·官職·土地 및 奴婢所有의
    경쟁에서 우세한 지위를 차지한 특권적·세습적인 지배신분층'이라고 정의하고,
    따라서 양반은 '조선사회의 上級支配身分層으로 군림했다'고 보았다(李成茂, 1980
    『朝鮮初期 兩班硏究』, 일조각 ; 1984,「조선초기 신분사연구의 문제점」『歷史學報』
    102). 宋俊浩도 '사족은 관직자와 그들 관직자의 일정 범위내의 가족 및 자손에

전란과 왕조 교체기에 品官으로 사족화되고 있었는데 당시의 관직은 工曹典書·版圖判書 등 添設職과 檢校·同正職('同正云者 試才後 未敍用前影職也') 및 算員·郎將·中郎將 등의 軍職이었다.[208] 그리고 토성이족 가운데서 이처럼 士族化되지 못한 부류는 여전히 군현이족으로 남고 있었다. 즉, 여말선초에 걸쳐 토성이족은 在京士大夫·留鄕品官 등의 士族과 吏族으로 분화되고 있었던 것이다.

신진사대부층은 조선의 건국인가 고려에의 충절인가를 놓고 갈렸다. 전자의 공훈파는 정도전·조준·남은·윤소종 등이었고, 후자의 절의파는 정몽주·이색·문익점·길재 등이었다. 조선 건국과 이후 거듭된 정변 속에서 本鄕으로 혹은 연고지(妻鄕, 外鄕)를 따라 낙향한 절의파와 이미 여말선초 이래 토성이족에서 사족으로 성장하고 있던 토착적인 가문들은 서로 인척관계와 학문적인 사제관계를 맺으면서 이른바 향촌의 '名門鉅族'을 형성하였다.[209]

___

대한 지칭인 바, 그러한 사족들에 의해서 형성된 상류특권층도 역시 사족이라고 불렀다'고 설명했다. 즉 사족은 '治者集團이자 상류특권층'이었다는 것이다(1983, 「朝鮮兩班考-朝鮮朝 社會의 階級構造에 관한 한 試論-」『韓國史學』4 ; 1987, 『朝鮮社會史硏究-朝鮮社會의 構造와 性格 및 그 變遷에 관한 연구-』, 일조각). 즉, 李成茂·宋俊浩는 '兩班(士族)=上級特權支配身分'說을 주장한 것이다. 이에 반해 韓永愚는 '양반=특권적·세습적 신분'설을 부정하고, 15세기의 양반은 '文武官僚集團을 총칭했으며, 문반과 무반, 유품관과 서리, 실직과 산직을 구별하지 않고 品秩을 가진 자, 또 품질을 갖게 될 자격을 가지고 있는 생원·진사·교생, 그리고 軍士까지도 양반으로 불리고 있었다'고 했다. 즉, '양반은 良身分 안에서 희망과 능력에 따라 충원되는 문무관료집단을 지칭하는 대명사'였다(1978, 「조선전기 사회계층과 사회이동에 관한 시론」『東洋學』8 ; 1983, 『朝鮮前期社會經濟硏究』, 을유문화사 ; 1985, 「조선초기 사회계층 연구에 대한 재론-이성무 교수의 「조선초기 신분사연구의 문제점」 및 송준호 교수의 「朝鮮兩班考에 답함」『韓國史論』12). 劉承源도 사족을 독립적인 신분층으로 보는 李成茂·宋俊浩의 견해를 부정하고, '사족은 세습적인 법제적 차등관계 속에서 설정된 집단이라기보다는 현실적으로 높은 사회적 지위를 차지하고 있는 집단'이라고 해석하여 한영우의 견해에 동의했다(劉承源, 1987, 『朝鮮初期身分制硏究』).

208) 고려시대 이래 지방토성의 출사로로는 문과보다는 잡과, 문반보다는 무반으로 먼저 진출한 다음에 서서히 階梯를 밟아 성장해갔다. 여말선초에 등장하는 신진사족은 대부분 13~14세기에 걸쳐 군현의 토성이족에서 사족으로 성장했는데, 사족화 당시의 관직은 工曹典書·版圖判書 등 添設職과 檢校·同正職('同正云者 試才後 未敍用前影職也') 및 算員·郎將·中郎將 등의 軍職이었다(李樹健, 1979, 『嶺南士林派의 形成』, 157쪽).

이러한 名門鉅族 출신들로 주로 과거를 통하여 上京從仕했던 사대부들은 世祖 연간(1455~1468) 이후부터는 친왕적인 훈구파와 이와 대적적인 사림파로 나뉘어 정쟁하였다.[210] 이 과정에서 사림파는 네 차례('戊午·甲子·己卯·乙巳士禍')에 걸쳐 패퇴하였는데, 일부는 여전히 官界에 남기도 했지만 대부분은 사사·유배되거나 낙향했다. 특히 향촌에 돌아온 사림은 본향이나 연고지에서 성리학을 탐구하고 후진들을 교육하여 出仕시키는 한편, 아직도 이족의 신분에서 벗어나지 못하는 부류와 자신들을 구분하면서, 留鄕所 설립[211]과 社倉·鄕飮酒禮·鄕射禮 등을 시행하여 향촌 주도권을 장악하고 사림세력을 키워 나갔다. 그리하여 그들은 마침내 宣祖 연간(1567~1608)에 이르러서는 훈구파를 물리치고 중앙정계를 장악하였다.

따라서 영남지방의 경우, '在地士族'은 ① 土姓吏族에서 사족으로 성장했지만 관계에 진출하지 않고 현지에 머물렀던 토착사족, ② 15세기 이전에 과거를 통해 上京從仕했다가 15세기 이후에 본관 등 영남지방으로 낙향한 사족, ③ 영남을 본관으로 하지 않은 타도 출신의 사족이 妻鄕·外鄕인 영남지방으로

---

209) 영남지방의 경우, 여말선초에 걸쳐 토성이족에서 성장한 김종직·김일손·정여창·박한주·정성근·홍귀달·조위 및 이황·이현보·김담·류성룡·손중돈 등의 토착적인 가문이 있었고, 15세기 이전에 이미 재경사족으로 성장하였다가 15세기 이후에 다시 본관 등 영남지방으로 낙향한 가문으로 진주강씨·진주하씨·고성이씨·안동김씨·안동권씨·창녕조·성씨·경주이씨·상주김씨 등이 있었다. 다른 한편에서는 영남을 본관으로 하지 않은 타도출신 사족이 각기 연고지(妻鄕, 外鄕, 농장 등)를 따라 경상도에 내주한 최선문·김굉필·양희지·이언적·김연·어효첨·노숙동·노수신·정탁·정구·이현일·이원정 등의 가문이 있었다. 이들이 곧 '嶺南士林'이었다. 김종직의 문인은 영남출신이 절대다수를 차지한 데에 반해 김굉필과 정여창의 문인은 기호지방 출신이 대부분이었다(李樹健, 1979,『嶺南士林派의 形成』, 141~142쪽).

210) 이종범에 의하면, 성종 9년(1478) 현덕왕후의 복위를 주장한 남효온의 '昭陵復位論'을 계기로 사림파가 그 모습을 드러내기 시작했고, 성종 23년(1492)에 李穆·權達手 등 유생이 훈구파 대신을 '奸鬼'로 지목한 것이 사림파의 등장을 알리는 상징적인 사건이었으며, 이때에 김일손·김굉필·정여창·표현말·최부 등이 학문과 교육, 나아가 참여와 비판을 통하여 미약하지만 시대의 변화를 향한 의미 있는 세력을 이루었다는 것이다(이종범, 2006,『사림열전』1, 아침이슬).

211) 李泰鎭, 1972·1973,「士林派의 留鄕所 復立運動」『震檀學報』34·35(1986,『韓國社會史硏究』所收).

來住한 사족, 즉 '嶺南士林', ④ 토성이족에서 사족으로 성장하여 添設職·同正職과 기타 각종 影·散職을 가졌던 品官·閑良, ⑤ 토성이족 가운데서 사족이 되지 못한 鄕吏와 軍士 등의 다섯 부류로 이루어지고 있었다. 이 가운데 대표적인 재지세력은 품관과 향리였다. 특히 향리 가운데는 군현을 武斷하고 田民을 冒占하는 橫暴가 심하여 '元惡鄕吏'로 지목되어서 『元·續六典』과 『經國大典』의 '元惡鄕吏處罰法'에 의해 처벌받는 자들이 있었는데,[212] 이들은 16세기에 이르면서 점점 증가하고 있었다.

향리들 가운데서 농장을 설치한 자들은 대개 '元惡鄕吏'로 불리고 있었는데, 이들의 농장 관련 기사를 예시하면 다음과 같다.

1. 품관·향리들이 토지를 널리 차지하고 流亡人들을 불러들여 竝作하여 그 半을 거두었으니 그 폐단이 私田보다 심했다. 私田 1結에서는 풍년이 든 해에 다만 2石을 거두었는데 竝作 1結에서는 많게는 10여 石을 거두었다. 流移者들은 이에 의탁하여 避役했고, 影占하려는 자들은 이에 의탁하여 몰래 받아들였으니, 賦役이 고르지 못한 것이 오로지 여기에 있었다.[213]

2. 典農判事 李仲卿이 진언하기를, "各官의 人吏가 경작하는 것이 비록 많으나 賦役을 지지 아니하므로, 간활한 무리들이 많은 토지를 차지하고 그 경작지를 人吏의 이름으로 합쳐 기록하여 완전히 부역을 免하고, 가난한 백성들은 비록 경작하는 것이 적을지라도 여러 가지 부역을 빠짐없이 지게 됩니다. 저 간활한 富民들은 가난한 민들의 고통을 앉아서 보고도 酒食을 갖추어 人吏들과 향락하고 있으므로 마을에서는 고르지 못하다는 탄식만 있게

212) 『世宗實錄』 10권, 세종 2년 11월 7일. "元·續六典內 各年判旨 …… 州郡之吏 於四面村落 私置農舍者 容匿民戶 役使如奴婢者 收稅時 擅自高下受納 因而盜用者 僉軍時 受富戶贈遺 擅自蠲免者 依託權勢 冒受官爵 公然避役者 竝皆窮極考覈 所犯重者 置之刑典." ; 『經國大典』 권5, 刑典 元惡鄕吏條 : 操弄守令 專權作弊者 陰受貨賂 差役不均者 收稅之際 橫斂濫用者 冒占良民 隱蔽役使者 廣置田莊 役民耕種者 橫行里閭 侵漁營私者 逐附貴勢 遙避本役者 避役在逃 隱接村落者 假仗官威 侵虐民人者 良家女及官婢作妾者.

213) 『太宗實錄』 12권, 태종 6년 11월 23일. "左政丞河崙等 上祛民弊數條 啓曰 …… 又品官鄕吏 廣占土田 招納流亡 竝作半收 其弊甚於私田 私田一結 豐年只收二石 竝作一結 多取十餘石 流移者托此避役 影占者托此容隱 賦役不均 專在於此."

됩니다. 각도의 감사로 하여금 人吏들의 경작지에 합록된 各戶를 조사해서 세금과 부역을 부과하여 한결같이 고르게 하소서."214)

3. 牙山 戶長 全謹은 토지를 널리 차지하여 농장을 많이 설치했고, 良民을 몰래 隱蔽시켰고, 官婢로 妾을 삼았다. 瑞山 戶長 柳訥은 세 명의 妾을 두었고, 田地와 民戶를 많이 차지하여 挾漏시킴으로써 民間에 폐단을 주었다.215)

4. 창평현 사람 安起 등이 상서하기를, "지금 군·현을 병합하는 것이 비록 아름다운 모범이 되겠지만, 본 현이 설립된 것은 三韓時代 이전이었는데, 만약 다른 군에 병합된다면 현의 칭호도 잃게 될 뿐만 아니라 人吏·日守·奴婢 등이 그 田庄을 버리고 양식을 지니고 출입해야하기 때문에 생계가 날로 궁핍하여 반드시 도망하여 흩어질 것이니, 원컨대 병합하려는 의논을 정지하소서." 하니, 임금이 말하기를 "각 고을의 병합 문제는 풍년을 기다려서 다시 아뢰라." 하였다.216)

5. 사간원에서 義倉을 보충하는 방책을 건의하였다. "…… 우리나라에서 양식을 싸 가지고 군에 입대하여 수고하는 자는 모두 다 分田(분급받는 토지)이 없습니다. 각 고을의 향리들은 대대로 향리 노릇을 하면서 위세를 끼고 권력을 농단하며 널리 田園을 설치합니다. 식량을 싸 가지고 먼 곳에 가서 치르는 役은 없고, 재산을 늘리고 생업을 불리는 이득만 있습니다. 비록 分田이 없더라도 또한 능히 먹고 살아가기에 풍족할 것인데 유독 이 무리들에게만 位田을 분급하니 (位田이) 없는 고을이 없고 그 수효도 외람되게 많으니 이 田地도 혁파하여 의창을 보충하게 합시다."217)

---

214) 『世宗實錄』20권, 세종 5년 5월 28일. "各官人吏 所耕雖多 不供賦役 故奸猾之徒 多占田地 以其所耕 合錄於人吏名籍 專免賦役 貧乏之民 所耕雖少 凡諸差役 靡所不爲 彼姦猾富民 坐視貧民之苦 但備酒食 與人吏共樂 由是 田里有不均之嘆 令各道監司 將人吏所耕 刷出合錄 各戶 其賦斂差役 一皆均定."

215) 『世宗實錄』23권, 세종 6년 3월 11일. "牙山戶長全謹 廣占田地 多置農場 影蔽良民 官婢作妾 瑞山戶長柳訥 竝畜三妻 田地民戶 多占挾漏 貽弊民間."

216) 『世宗實錄』69권, 세종 17년 9월 3일. "昌平縣人安起等上書 今者竝合郡縣 雖爲懿範 本縣設立 創於三韓之前 若見合他郡 則非徒縣之失號 人吏日守奴婢等 棄其田庄 贏糧出入 居計日乏 必致逃散 乞停幷合之議 上曰 各官幷合 待豐年更啓."

6. 사헌부에서 아뢰기를, "『元典』에 '무릇 향리가 촌락에 농장을 두고, 良家의 처녀와 관비를 첩으로 삼으며, 無賴한 무리들을 誘引하여 노비와 같이 부리는 자는 중죄(重典)에 처한다'고 했습니다. 지금 文義 鄕吏 李蕃과 李華 등이 …… 민인 및 관노비, 使喚을 은밀히 차지한 것이 많아 그 죄악이 심히 커서 이미 황해도 站吏로 차정했습니다. 그러나 오히려 두려워하고 꺼리는 바가 조금도 없이 원한을 품고 분노하여 본 현의 품관을 구타하고 閨房에 마구 들어가서 그 부인과 딸의 머리채를 잡아 흔들어 다시 국법을 범했으니, 마땅히『元典』에 의해 집행해야 할 것인데, 마침 赦免을 당하여 석방되었으니, 청컨대 전 가족을 변방으로 이사시켜 영구히 驛吏로 소속시키소서." 하니, 그대로 따랐다.[218]

이상에서 향리들의 농장은 두 가지임을 알 수 있다. 하나는 고려 成宗 2년(983)에 창설되고 한 차례 개편된 이래 世宗 27년(1445)까지 분급되었던 鄕吏田('鄕吏之田' ; '外役之田' ; '鄕吏位田' ; '人吏位田')이다.[219] 고려후기 이래 토지겸병은 사유지에서도 그리고 수조지에서도 진행되고 있었는데, 그 중심은 후자에 있었다. 이 시기, 토지겸병과 대토지 경영의 큰 특징의 하나는 그것이 수조권에 입각하거나 적어도 이와 관련을 가지고 있다는 점이었다. '고려후기의 농장'이란 바로 이러한 수조지의 家産化를 전제로 하고 그 겸병을 조건으로 하여 발달하는 그러한 농장이었다. 이러한 농장은 사전수조지가 祖業田으로 간주되고 있던 고려후기에 양적으로 수다하였다.[220] 향리들의 농장도 바로 그 가운데 하나였다.

---

217) 『世宗實錄』권87, 세종 21년 10월 10일. "我國裏糧立軍之苦者 皆未有分田 各官鄕吏 世爲鄕業 挾威弄權 廣植田園 無囊橐行遠之役 有殖貨謀生之利 雖無分田 亦能足食 獨於此輩 而給位田 無邑無之 厥數猥多 乞革此田 以補義倉."

218) 『端宗實錄』권9, 단종 1년 12월 25일. "司憲府據忠淸道觀察使啓本啓『元典』'凡鄕吏置農 莊于村落 以良家女及官婢爲妾 誘引無賴之徒 使之如奴婢者 置之重典' 今文義鄕吏李蕃·李 華等 當國喪之初 群聚宴飮 游歌肆淫 竝畜二妻, 以官婢爲妾 隱占百姓及官奴婢喚者多 罪惡甚 大 已定黃海道站吏 然猶略無畏忌 含怨忿怒 歐打本縣品官 直入閨房 捽其婦人室女 再干邦憲 當依『元典』施行 會赦免放 請全家徙邊 永屬驛吏 從之."

219) 『高麗史』권78, 志 권32 食貨一 田制 ; 『太祖實錄』2권, 태조 원년 12월 16일 ; 『太祖實錄』 7권, 태조 4년 4월 4일 ; 『太宗實錄』3권, 태종 2년 2월 5일 ; 『世宗實錄』권88, 세종 22년 3월 23일.

이러한 향리들의 수조지 농장은 '私田改革'에 의해서 정리되지 않고 과전법 아래서도 존속되었다(기사 5).[221] 그러나 世宗 27년(1445)에는 '이름은 있으나 실상이 없고, 다른 군역에 종사하는 사람도 여전히 位田이 없는 점'을 감안하여 人吏位田 분급을 폐지하였다.[222]

또 하나는 자기 소유지로 이루어진 농장이었다. 즉, 그들은 位田 외에 자기 경리의 '所耕田'을 고려시대 이래 지속해서 가지고 있었던 것이다(기사 1, 2, 3, 4, 6). 그 '소경전'의 규모는 구체적으로 알 수 없지만, 위 기사들에서 보듯이 그들의 토지겸병은 '廣占土田'·'多占田地'·'廣占田地'로 표현되고 있고, 그리고 그렇게 해서 개설되었던 농장은 '農場'·'田園'·'田庄'·'農莊' 등으로 지칭되고 있는 것으로 보아 그들의 농장 규모는 양반사대부들의 농장에 결코 뒤지지 않는 대토지였던 것으로 보인다.

이처럼 토성이족 출신의 향리들이 농장을 설치하고 避役民과 관노비·사환 등을 招納·影占하여 노비로 확보하고 使役시킬 수 있었던 요인은 무엇이었을까. 그것은 향직에 따른 권력과 그 직무수행과정에서의 직권 남용과 부정·비리 행위였다. 향리들은 고려시기 이래 향직을 세습하면서 군현의 실무행정을 장악해 왔고, 특히 稅政을 집행함에 있어서는 세액을 마음대로 조정하거나 심지어는 도량형을 불법 개조하여 횡령하였고,[223] 賦役을 差定할 때에는 뇌물을 받고 減免시켜 줌으로써 축재했으며, 이렇게 해서 모은 재물을 대부분 토지에 투자하여 농장을 확장하고 있었다. 이처럼 그들은 농장을 확장하는 한편, 농장

---

220) 李景植, 1986, 『朝鮮前期土地制度研究－土地分給制와 農民支配－』, 29~31쪽.

221) 『高麗史』권78, 志 권32 食貨1 田制. "七月 大司憲 趙浚等上書曰 …… 一 外役田 留守·州·府· 郡·縣吏 津·鄕·所·部曲·莊·處吏 院·館直 口分田 前例折給 皆終其身."

222) 『世宗實錄』109권, 세종 27년 7월 13일. "議政府據戶曹呈申 今田制改詳定事及可革條件 磨勘後錄 …… 一 京畿各官人吏位田 每一結稅二斗 納廣興倉 忠淸全羅慶尙江原黃海 道各官 人吏位田每五結內 二結屬廣興倉 三結爲口分 然廣興納二結之稅六十斗 每年不足 以口分充 之 位田有名而無實 況他艱苦軍役之人 亦皆無位田 今悉革之."

223) 『文宗實錄』7권, 문종 1년 5월 25일. "議政府據戶曹呈啓 忠淸道田稅收納之際 各官鄕吏 擅改斗斛體制 逡瞞官烙印 濫收米豆 忠州吏劉賢 一百五十九石 恩老 六百六十三石 安倫 二百九石 延豊吏安善 一百七十二石 剝民盜用 元惡莫甚 計贓治罪 則死有餘辜 若以事在赦前 而不治 則無以懲惡 請皆永屬平安道博川以北義州以南殘亡驛吏 從之."

경영에 민인들을 동원하거나, 양민들을 冒占隱匿하여 役使시키거나, 수세할 때에 정액이상의 세액을 橫斂하고 濫用했기 때문에 成宗 연간에 이르러서는 다시 『經國大典』에 '元惡鄕吏處罰法'을 두어 처벌했던 것이다.[224]

또한 그들은 本鄕에 거주하면서 현지의 경제 사정에 밝았던 점을 십분 활용하여 여말선초의 집권세력과 유불사상이 교체되는 혼란기에 소유주가 없어지게 된 '無主田'을 차지하여 농장을 조성했다. 당시 '無主田'으로는 왕조교체과정에서 失脚한 在京權門勢族의 향촌 소재 토지, 寺院의 基址와 토지 등이 있었다. 이를테면 고려말 林堅味·廉興邦·都吉敷 등 權貴들의 농장은 '跨州包郡'하는 실정이었고 그들이 처형될 때 그들의 田民도 따라서 籍沒되었지만, 각지에 산재한 농장의 전민이 일괄 成籍沒收되지는 않았던 것이다. 그 가운데 일부는 在地士族에 의해서 점유되었지만, 또 일부는 향리들에 의해서 점유되었던 것이다.[225]

다음으로 재지사족의 또 한 축인 '土豪', 즉 '土着富豪'였던 品官들의 농장 조성사정을 살펴보자. 조선시기에 수령의 업무는 7가지로, 농사와 양잠을 흥성하게 하는 것, 호구수를 늘리는 것, 학교를 일으키는 것, 軍政을 修整하는 것, 부역을 균평하게 하는 것, 소송을 간소하게 하는 것, 간사하고 교활한 무리를 없애는 것 등이었다. 조선전기에 조정은 수령들이 이러한 7가지 업무를 원활히 수행하도록 하기 위해서 '部民告訴法'을 시행하는 한편, 유향소를 설치하여 소속 품관에게 좌수·군관·별감 등의 향직을 주고, 有司 또는 향리들의 범법 행위를 규찰하고, 풍속을 교화·유지시키도록 하였다.[226] 또한 양전 같은 국가의 대사업을 실시할 때에는 경차관·양전사를 도와 양전업무에도 직접 종사하게 했다.[227]

그런데 이러한 유향품관들뿐만 아니라 일반 품관들은 수령들의 업무수행을 돕거나 풍속을 바로잡는 데에 힘쓰지 않고, 다만 위엄만을 내세우면서 사욕을

---

224) 『經國大典』 권5, 刑典 元惡鄕吏條.
225) 李樹健, 1979, 『嶺南士林派의 形成』, 168~169쪽.
226) 『成宗實錄』 137권, 성종 13년 1월 22일.
227) 『世祖實錄』 4권, 세조 2년 7월 22일.

채우려고 했기 때문에 '土豪品官'·'豪强品官'·'强性品官' 등으로 지칭되어 懲治되거나 심지어는 '全家徙邊刑'에 처해지기도 했다.228) 그리고 향촌에는 이러한 토호품관들을 포함하여 이들처럼 향촌을 武斷하면서 감사·수령에 대립하고 있었던 일부 전직 관료들도 있었는데, 이들은 모두 '土豪'로 指稱되면서 中宗 연간에는 이미 감사·수령이 제어할 수 없을 정도로 늘어나 있었고, 그 무단횡포도 심해지고 있었다.229)

토호들의 여러 가지 무단횡포는 전국의 모든 군현에서 일어나고 있었지만 특히 삼남지방에서는 더욱 심했다. 토호들의 횡포 가운데 첫째는 그들의 농장 경영에 노비처럼 使役시킬 수 있는 노동력을 침탈하는 것이었다. 그들은 우선 良民·良丁을 冒占·容隱하여 家奴로 삼고 노예처럼 부려 먹었다. 이 시기의 양인 농민들이 자급·자족하는 소농으로서 자립할 수 없었던 결정적인 원인은 軍役·賦役을 감당하지 못했기 때문이었다. 그리하여 그들은 避役하기 위하여 수령의 군역·부역 差定을 차단해주는 토호가에 투속해 갔다. 또한 소농의 분해 속에서 양산되었던 流移民들도 토호가에 투속해 갔다. 토호는 이처럼 自家로 투속해 오는 避役民·流移民들을 모점·용은하여 奉足·伴人·雇工·婢夫·率丁이라고 일컬으면서 실제로는 家奴나 다름없이 부려먹었던 것이다.230) 이러한 토호들의 양민 모점은 그 고을의 양민들 간의 賦役 不均과 '役多民小'의 현상을 초래했고, 이는 다시 토호가의 가노를 양산하는 악순환을 만들었다. 예를 들면, 남원에서 토호품관이 양민을 濫占匿使하는 것이 많게는 50~60명에 달한다고 했다.231)

---

228) 『成宗實錄』247권, 성종 21년 11월 20일.

229) 土豪는 豪强·豪右·豪戶·强戶·豪族·豪俠·勢家·居室 등으로도 불렸고, 그 경제적 처지와 관련해서는 鄕曲富豪·鄕族富豪·豪富之類 등으로 불렸는데, 이는 그들이 農莊主·田庄主였음을 말하는 것이다.

230) 『世宗實錄』34권, 세종 8년 10월 21일 ;『世宗實錄』36권, 세종 9년 6월 10일 ;『世祖實錄』3권, 세조 2년 2월 2일 ;『世祖實錄』23권, 세조 7년 1월 20일 ;『成宗實錄』148권, 성종 13년 11월 3일 ;『成宗實錄』200권, 성종 18년 2월 13일 ;『中宗實錄』96권, 중종 36년 11월 29일 ;『中宗實錄』중종 39년 8월 16일 ;『明宗實錄』13권, 명종 7년 7월 20일 ;『宣祖實錄』7권, 선조 6년 8월 20일 ;『宣祖實錄』36권, 선조 35년 윤2월 1일.

231) 『中宗實錄』13권, 중종 6년 3월 28일.

양계지방에서는 向化한 자들을 挾居시켜 노예처럼 사역했으며,[232] 토호들이 모점한 양민의 수가 많은 자는 수십 명에 이르고 적은 자도 7, 8명을 밑돌지 않는다고 했다. 특히 양계지방에서 토호들의 양민 모점은 軍丁을 隱漏시키는 것으로서 국방력을 축내고 변방의 방어를 허술하게 만들고 있었다.[233]

둘째로 토호들은 官奴와 본 주인을 배반하고 도망가는 私賤, 즉 公私賤口를 容隱하여 家奴로 삼고 노복처럼 부려먹었다.[234] 셋째, 토호들은 '公私賤從母役之 法'을 악용하여 官役이 무거워 피역하려고 했던 吏屬·書員·官奴 등 官屬을 자기 소유의 婢와 결혼시켜 婢夫로, 그리고 그 소생들을 모두 자가의 노비로 삼아버렸 다. 원주·의령에서는 토호들의 '公私賤從母役之法' 악용이 특히 심하여 縣邑을 지탱할 수 없게 되자 이를 막기 위해서 임시 특별법으로 官屬과 女婢 사이의 所生奴婢를 아비의 신분을 따르게 하고 그들을 모두 관에 예속시키는 '公私賤從父 役之法'을 제정·시행하고, 아울러 다른 고을들의 토호들도 경계하도록 했다.[235] 그러나 '從父法'은『經國大典』의 '從母法'에 저촉되는 것이었기 때문에 시행된 지 1년 만에 혁파되었고,[236] 토호들은 별도의 사목에 따라 推刷되어 그 罪별로 처벌되었다. 이처럼 토호들이 양민과 관속, 公私賤口을 모점·용은한 것이 수십 명의 무리를 이루고 있었기 때문에 당시 사람들은 그런 토호가들을 '萃淵藪'라고 부르기도 했다.[237]

토호들의 횡포는 여기에 그치는 것이 아니었다. 그들은 으레 부세와 공물을

---

232)『太宗實錄』권14, 태종 7년 7월 2일.

233)『成宗實錄』200권, 성종 18년 2월 13일.

234)『中宗實錄』51권, 중종 19년 8월 17일.

235)『中宗實錄』80권, 중종 30년 11월 6일 ; 11월 19일 ;『中宗實錄』81권, 중종 31년 1월 7일 ; 3월 18일 ;『中宗實錄』86권, 중종 32년 11월 4일.

236)『經國大典』권5, 刑典 公賤.

237) 靖難功臣 礪山君 宋益孫은 고부의 토호로 지목되었는데, 그는 鉅萬石의 부자로서 '産業이 없어 가난하여 투탁하려는 民人과 피역하려는 良民, 그리고 公私의 賤隸 등을 圍籬로 끌어들여서 노비로 삼은 자가 千百이었다'고 했다(『成宗實錄』40권, 성종 5년 3월 18일 ; 3월 20일 ; 3월 28일 ;『成宗實錄』51권, 성종 6년 1월 18일 ; 1월 19일).

납부하지 않았고, 또 관역에도 응하지 않았으며, 의창곡과 公債를 많이 빌려가서 蠲減의 혜택을 받으면서 아예 상환하려고 하지도 않았다.[238]

이처럼 토호들의 무단횡포가 이미 수령과 유향소로는 제어할 수 없을 정도로 심해지자 中宗 19년(1524)에는 監司, 심지어는 敬差官과 御使를 파송하여 추쇄해서 양계지방에 入居시켰다. 이때의 추쇄대상이 되었던 토호들은 공사천을 용은하는 자, 향곡을 무단하는 자, 양민을 모점하는 자, 공채를 많이 받고 여러 해 동안 상환하지 않는 자, 아비에게 불효하고 또 不睦하여 그 죄가 綱常를 범하여 情理가 매우 무거운 자 등이었다.[239] 이어 中宗 39년(1544)에는 하삼도의 호강품관으로서 앞의 토호들에다가 민전을 억지로 빼앗는 자,[240] 약한 자를 侵漁하는 자, 수령을 恐嚇하는 자, 人吏를 威制하는 자, 官物(官婢·女妓)을 차지하는 자 등을 추가하여 抄發해서 徙邊조치했다.[241]

그러나 明宗 연간(1546~1567) 이후에는 토호들은 수령을 '輕蔑劫制'하거나, 아전과 민인들을 규합하여 毀謗하는 여론을 조성해서 守令權을 완전히 무력화시키고, 이제는 스스로가 鄕權·邑權을 장악했고, 나아가서는 그 고을의 경제력까지 독점했던 것이다.

> 간원에서 아뢰기를, …… 토호들이 梗化된 것은 八道가 다 그렇지만 下三道가 더욱 심합니다. 수령은 왕명을 받아 걱정을 분담하는 벼슬인데, 토호들이 스스로 豪猾함을 믿고 수령을 멸시하고 제압하며, 조금이라도 자기들의 의사를 거스르면 바로 謗毀하고 나섭니다. 그러므로 柔弱한 수령은 畏首畏尾하여 감히 어떻게 하지 못하고 한 고을의 권한을 모두 품관의 손아귀에 들게 했습니다. 심지어는 민인들의 토지를 兼竝하고, 함부로 良丁을 차지하며, 官에서 대여한 곡식을 갚지 않는가 하면, 부역에도 응하지 않으며, 園場을 떼어먹고, 川澤의 이익을 독차지하는 등 그 방종하고 포악한 작태가

---

238) 『燕山君日記』 35권, 연산군 5년 9월 19일.
239) 『中宗實錄』 51권, 중종 19년 8월 24일.
240) 『中宗實錄』 13권, 중종 6년 3월 28일.
241) 『中宗實錄』 101권, 중종 39년 1월 1일.

빚는 우환이 오랑캐보다 심하니 이 풍조를 개혁하지 않고서는 장차 다스릴 수가 없을 것입니다. 청컨대 8도 감사로 하여금 엄명하게 적발하여 법률에 의해 징치하게 하소서. 이보다 앞서 비록 적발하라는 명이 있었으나 강한 자는 누락되고 약한 자만 도리어 걸렸으니 두려워하여 조심할 리가 없습니다. 각별히 搜括하여 사실대로 엄히 다스리게 하소서 하니, 아뢴 대로 하라고 답하였다.[242]

즉, 하삼도의 토호들은 民田을 겸병하고, 고을의 공유지를 사유화하고, '與民共之'해야 하는 川澤의 이익을 독차지함으로써 그 고을의 경제력을 독점하고 있었던 것이다. 이는 16세기 후반 이후 토호들의 무단작폐에서 나타난 새로운 양상이었다. 즉, 토호들은 수령은 물론 감사까지 무시하면서 민전을 늑탈·겸병하여 농장을 설치하는 것과 농장의 토지를 隱漏함으로써 부세와 공물을 납부하지 않는 것이었다.[243]

그런데 토호들이 이처럼 토지겸병에 나서면서 또 한편으로는 부세 거납으로 나아갔던 데는 이유가 있었다. 中宗 연간(1506~1544) 중반에 제기되었던 限田論 위주의 토지개혁론이 논란을 거듭하는 가운데 中宗 13년(1518) 5월에 수립한 '限田 50結' 방침이 결국은 실행되지 못했기 때문이었다. 그것은 앞으로 50結 이상 토지를 소유하고 있는 자가 토지를 加占함을 금지하며 이는 수령이 규찰한다는 것, 그리고 타인의 이름으로 暗錄하는 자는 법에 의해 엄금한다는 것이었다.[244] 그러나 이 방침은 50結 이상을 소유하는 대지주·거대지주가 거의 없는

---

242) 『明宗實錄』4권, 명종 1년 12월 9일. "大抵土豪梗化 八道皆然 而下三道尤甚 守令 承命分憂之官也 自恃豪猾 輕蔑劫制 稍拂其志 便生謗毁 柔儒昏弱者 畏首畏尾 莫敢誰何 使一邑之權 皆在品官之手 至於兼幷民田 濫占良丁 不償官糴 不答徭賦 吞割園場 專利川澤 縱肆桀驁之患 甚於夷狄 不革此風 將無以爲治 請令八道監司 嚴明摘發 按律懲治 前此雖或有摘發之令 强者見漏 弱者反罹 萬無畏威之理 各別搜括 從實痛治 答曰 如啓."
243) 『宣祖實錄』8권, 선조 7년 5월 30일 ; 『宣祖實錄』36권, 선조 35년 윤2월 1일 ; 『宣祖實錄』189권, 선조 38년 7월 23일.
244) 조선전기에 농촌에서는 '耕十結以上者 皆豪富之民'이라는 지적처럼 10結 정도를 소유했다면 그는 豪富層에 속했다. 세종조 役制 편성 때 50結 이상 소유하고 있는 戶는 大戶·中戶·小戶·殘戶·殘殘戶 가운데 大戶에 속했다. 강원도의 경우, 도내 26개

실정에서 이들을 압박하기보다는 도리어 중소지주의 대지주로의 성장을 조장하는 시책으로 작용하는 것이어서 처음부터 의미가 없었고, 결국은 실행되지 못하고 말았다. 물론 이 방침이 실행되지 못했던 보다 근본적인 이유는 당시의 농장주들이나 토지겸병의 당사자였던 王室·勢家·士大夫·土豪에게 큰 장애가 되고 있었기 때문이었다. 즉, 그들은 "限田産 則妨於貴家"라는 이유를 내세우고 있었던 것이다.

한편, 限田論議가 계속되고 있는 가운데 차선책으로 제안된 것은 冒占된 良人·良丁을 수괄하고 그 행위를 금지하자는 방안이었다. 이는 대지주·거대지주, 즉 농장주의 노동력을 감축하여 이들의 토지겸병을 다소나마 억제해 보자는 것이었다. 농장과 豪富家가 流移民·避役民들의 소굴이 되고 있는 가운데 모점된 양민을 수괄하고 양민 모점을 금지하면 군정을 보충할 수 있고 토지겸병도 조금은 억제할 수 있겠다는 것이었다. 그러나 이 방안도 목적했던 바의 실효를 거둘 수 없었다. 이 무렵 수령은 물론 감사마저도 호부가에 대해 '莫敢誰何'하지도 못했고, 수령들은 이미 '한 고을의 권한'을 그들에게 빼앗기는 지경에 이르렀기 때문이었다. 明宗 연간 이후에 토호들은 더욱 强悍해져서 수령을 '輕蔑劫制'하거나, 아전과 민인들을 규합하여 毁謗하는 여론을 조성해서 守令權을 완전히 무력화시키고, 스스로가 鄕權·邑權을 장악했던 것이다. 이런 상황에서 수령에게 모점 양민을 수괄하고, 양민 모점을 금지하는 것을 기대할 수는 없는 일이었다.[245]

이렇듯 中宗 13년(1518)의 '限田 50結' 방침은 이전부터 민전을 늑탈하거나, 개간하거나, 사채를 이용한 늑매를 통해서 농장을 조성해 왔던 토호들의 토지겸병을 저지하기보다는 도리어 지금까지의 그들의 토지겸병을 용인하고, 그들이 대지주·거대지주로 성장하는 것을 보호하는 시책이 되고 말았던 것이다. 이후 토호들의 토지겸병의 추세는 걷잡을 수 없었다. 中宗 연간 말에 이르면 농촌은

군현의 총 民戶數는 1,538호이었는데 이 가운데 大戶는 10戶였다(李景植, 1998, 『朝鮮前期土地制度硏究[II] - 農業經營과 地主制 -』, 489쪽).

245) 李景植, 1998, 『朝鮮前期土地制度硏究[II] - 農業經營과 地主制 -』, 486~489쪽

이미 '士族地主'와 '無田農民'으로 양극분화되어 있었다.246) 토지겸병은 이제 "兼幷成弊"라 했듯이 거대한 조류였고, 이로 인해 "부자의 토지는 논두렁과 밭두렁이 끝없이 이어져 있고, 가난한 자는 송곳을 꽂을 땅도 없다."라고 할 정도로 貧富간의 토지소유의 불균등은 심각한 상황에 이르렀다.247) 16세기 중엽에서 말엽으로 갈수록 토지겸병에 따른 계층분화는 심화되고 있었고, 토지개혁은 그만큼 더욱 절실하고 절박한 과제가 되고 있었다.

이제 대표적인 토호농장주 사례를 들어보자.

우선 전라도 고부의 토호로서 宋益孫(?~成宗 13년, 1482. 본관은 여산, 무과 출신)이 있었다. 그는 承仕郎이 되었을 때 처남인 좌의정 홍달손과 함께 수양대군 (뒤에 世祖)을 도와 김종서·황보인 등을 살해한 공로로 靖難功臣 3등에 책훈되었 다(端宗 1년, 1453). 世祖 9년(1463) 10월에 나주 목사가 되었는데 곧 사직했다가 다시 나주 목사로 제수되고 礪山君에 봉해졌다. 세조 10년(1464) 9월에 고부의 船軍 임양무 등에 의해 謀反罪로 고변되어 의금부에 하옥되었다가 11월에 誣告로 밝혀져 풀려났다. 睿宗 1년(1469) 7월 散職인 中樞府 同知事가 되어 일선에서 물러나 있다가 成宗 3년(1472) 9월에 '壓良爲賤罪'로 推鞫당했다. 成宗 5년(1474) 3월에 成宗이 敍用하려 하자 간관들이 그의 서용의 부당함을 諫했고, 곧 파직되었 다(成宗 5년 3월 28일).

그가 고부의 대표적인 토호로 지목되었던 것은 睿宗 1년(1469) 7월에 중추부 동지사가 되어 중앙관계에서 일단 물러나 고향 고부에 퇴거하면서 '壓良爲賤罪' 를 범했기 때문이었다. 즉, 産業이 없어 가난하여 投托하려는 民人과 避役하려는 良民을 용은하여 노비로 삼은 자가 500여 명에 이르렀던 것이다.248) 또한 그는

---

246) 『中宗實錄』64권, 중종 23년 11월 3일. "今之有田地者 士族而已 林林百姓 誰有尺寸之地 哉."

247) 『明宗實錄』7권, 명종 3년 3월 28일. "侍講官鄭惟吉曰 井田之法 雖不能行之於今 若令限田 毋得濫占 則庶無兼幷之弊 漢朝行之而未終 前朝試之而未就 今欲行之 必有礙滯之患 然兼幷 成弊 富者田連阡陌 貧者無立錐之地 一是王民 豐約不同 豈王政大公之道乎 爲人主者 當留念 於小民之艱難."

248) 『成宗實錄』40권, 성종 5년 3월 20일. "持平成俔啓曰 全羅土豪廣設垣籬 容隱良民 世宗痛革 其弊 而舊風猶在 宋益孫奴僕居一邑者 至於五百 苟非容隱良民 則何以至此 如不痛繩 弊將難

礪山君으로서의 권력과 지위를 이용하여 관노비와 다른 사람의 노비까지 容隱하여 자기 노비로 삼기도 했는데, 이처럼 招納良賤하여 노비로 삼은 자가 무려 千百 명에 이르고 있었다.[249] 혹 원주인이 그의 노비를 찾을 것 같으면 도리어 그를 구타했으며, 비록 관에 제소해도 官은 제어할 수 없었다.[250]

또한 그는 가난하고 힘없는 민인들의 良田을 侵奪과 勒買를 통하여 차지해서 田庄을 넓혀서 鉅萬石의 부자로 이름나있었다. 이때 萬石 정도를 積穀하는 지주라면 200여 石落 정도를 경작해야 했는데, 200여 石落은 結負數로 치면 대략 80여 結 내지 100여 結이었다.[251] 그렇다면 그는 80~100結의 농지를 招納良賤하여 만든 천여 명의 노비의 노동력을 사역하여 경영했었을 것이다.

결국 송익손은 成宗 5년(1474) 3월에 대사헌·대사간의 상소로 파직되었고,[252] 이듬해 1월에는 그를 귀양 보내라는 상소가 이어졌지만 功臣이라는 이유로 流配만은 면했다.[253] 송익손은 토호로서의 가장 전형적인 모습을 보여주었다.

　　　　教 正言李季通亦言之 皆不聽."

249) 『成宗實錄』40권, 성종 5년 3월 18일. "司憲府大司憲李芮等上箚子曰 宋益孫家累鉅萬 招納良賤 無慮千百."

250) 『成宗實錄』51권, 성종 6년 1월 18일 ; 1월 19일. "大司憲李恕長啓曰 宋益孫家在古阜 廣設園籬 其所壓良民與公私賤 皆畜籬內 或有本主物色而來 匿其奴隷 反毆其主 雖訟于官 官不能制 人有良田 放牛蹋禾 及秀而實 亦令斬刈 使其主不得收一秉之禾 田主困於侵逼而欲賣之 益孫減價勒買 南方之民 怨氣滿腹 請竄遠方 以快民心 不聽."

251) 조선전기에 1結은 대략 '夫一結之地 可種稻三十四十斗'(趙翼, 『浦渚集』 2, 論宣惠廳疏)로서 논 30斗落 내지 40斗落이다. 따라서 200여 石落은 3,000여 斗落이었고, 結負數로 치면 대략 80여 結 내지 100여 結이었다.

252) 『成宗實錄』40권, 성종 5년 3월 28일.

253) 『成宗實錄』51권, 성종 6년 1월 18일. "司憲府大司憲李恕長等 司諫院大司諫鄭佸等上疏略曰 宋益孫本一庸劣小人 貪婪無饜 國之良民公私賤隷 招納而爲奴婢者 不知其幾 貪暴著狀 朝野以目 然益孫狡謀萬端 工於掩覆 有司雖欲發摘 不得釁隙者有年 天道不僭 姦謀已露 擧國臣民皆謂 殿下必加重罰 以快輿望 而只收職牒 非徒失刑 將無以勵士風也 夫閭閻細民之好專利者 猶謂之盜 況益孫身爲宰相 誘良賤爲己奴婢 占膏腴爲己田莊 非獨土豪之魁首 實乃國家之蟊賊 而盜臣之尤者也 此而可寬 則國無法矣 殿下以爲功臣 則益孫恃功自恣 辜負上恩 殿下其可以功臣待之乎 殿下以爲經赦 則凡誘良民占爲己有者 必待積漸 豈一朝一夕之經營也 歲月久則其不經赦者鮮矣 以此寬之 則其惡何時而懲哉 益孫之所犯 非適今日 已覺於世祖之朝 世祖下問之日 益孫面護不首 益孫非特殿下之罪人 實先王之罪人也 豈宜以經赦而從輕典乎 伏望竄逐遠方 以懲其惡 命議院相."

靖難功臣 嘉靖大夫 礪山君 宋益孫의 집은 고부에 있었다. 그의 居室은 장엄하고 화려했으며, 服飾은 奢侈스러웠다. 그는 宰相이 되어 오로지 貪利하는 마음을 갖고, 良民과 賤民을 꾀어 자기의 노비로 삼았는데, 産業이 없어 가난하여 投托하려는 民人과 避役하려는 良民, 그리고 公私의 賤隸 등을 圍籬로 끌어들여서 노비로 삼은 자가 千百이었다. 혹 本主가 찾으면 그의 노예를 숨기고, 도리어 그를 구타했다. 비록 관에 提訴해도 관은 제어할 수 없었다. 그는 기름진 땅을 점유하여 자기의 田莊으로 만들었다. 다른 사람의 良田에 소를 放牧하여 벼를 밟게 하고, 이삭이 나와서 여물면 또한 베어 오게 함으로써 그 주인으로 하여금 한 묶음의 벼도 거둘 수 없게 하니, 그 田主가 侵逼당하여 팔고자 하면 헐값으로 勒買했다. 그는 良民과 公私賤을 招納한 것이 무려 千百이었고, 鋸萬石의 부자였다.

한편, 토호들은 주로 개간·간척을 통하여 농장을 설치하고 있었다. 그들은 자기의 노비나 투속하려는 민인과 피역하려는 양민, 그리고 공사천을 招納하여 壓良爲賤한 노비를 언제든지 진황처 개간이나 갯벌 간척에 동원할 수 있었다. 그런데 진황처·갯벌을 개간하고 간척하기 위해서는 우선 입안을 발급받아야 했다. 조선초기에 정부는 개간정책과 民人安集策의 일환으로 민인들에게 입안을 발급해 주어 진황처를 기경하게 했다. 그러나 이러한 입안법의 취지와는 달리 입안을 주로 발급받는 이들은 宮家·衙門·戚臣·士大夫 등과 향촌의 土豪들이었다.[254]

갯벌과 바닷가 진황처가 개간되기 시작한 것은 世宗 연간 중반부터였다. 世宗 20년(1440) 좌참찬 河演의 제안으로 義倉穀 확보 방안의 하나로 海澤田이 개간되기 시작했고,[255] 이듬해 호조도 농지 확대 방안으로 바닷가 州郡의 海濱에 제방을 수축하여 水田을 늘리자고 제안하였다.[256] 특히 갯벌 간척은 이득이 많지만 시간·재력·인력이 많이 드는 일이었기 때문에 관청이나 궁가·재상·사

---

254) 『世宗實錄』10권, 세종 2년 11월 5일.
255) 『世宗實錄』88권, 세종 22년 3월 23일.
256) 『世宗實錄』92권, 세종 23년 1월 27일.

대부·토호 등이 주도할 수밖에 없었다. 그리하여 그들은 진황처뿐만 아니라 갯벌도 간척하여 대규모의 농장을 조성하고 있었던 것이다. 그런데 갯벌을 간척하여 常耕田으로 만드는 데는 10년 정도가 걸렸기 때문에 입안을 발급할 때 간척 시한을 10년으로 정해 주었다. 즉, 10년 안에 간척하지 않으면 수령은 해당 갯벌에 대한 입안을 제3자에게 발급해 줄 수 있었다. 이때 먼저 입안을 발급받고 간척하여 일부라도 경작하고 있는 자와 뒤에 그 갯벌을 입안 받은 자 사이에 소유권 분쟁이 일어날 수 있었다. 실제로 成宗 연간에 이르러서는 이런 경우의 소유권 분쟁이 빈번히 일어나고 있었다.[257]

中宗 연간 이후에는 士大夫·土豪들과 심지어 守令들의 농장이 없는 곳이 없었다. 明宗 연간에는 士大夫들의 농장이 평안도까지 확대되었는데, 그것들은 주로 해택을 간척한 것이었다. 私船을 운행하여 농장의 생산물을 실어 올 수 있는 하삼도의 해택은 이미 간척되었고, 이제는 해택 개간이 해서·관서지방 으로까지 확대된 것이었다.[258] 그들은 해택 개간에 그치지 않고 근기로부터 멀리는 私船을 운행할 수 있는 원방까지 漁場·柴場·海澤·堤堰 등을 입안 받아 그 이익을 독점하거나 민인들로부터 수세함으로써 민인들이 생업을 위협하거나 잃게 하고 있었다.

> 강원 감사가 狀啓하였다. 삼가 有旨를 받들건대 "옛날을 상고하면 山海에 대한 관직과 虞衡에 대한 직책을 둔 것은 대체로 풍요롭고 후한 이익을 거두어 調斂하는 무거운 徭役을 면하게 하기 위한 것이었습니다. 근년 이래 국가의 기강이 해이해져서 山林과 川澤 가운데 조정에서 민인에게 마음대로 고기 잡고 채벌하게 하면서 세금을 거두지 않았던 것들이 모두 豪勢家에 점유되어 그들이 이익을 독점하는 바탕이 되고 있습니다. 심지어는 漕運하는 海路와 供上하는 漁場을 立案된 땅이라고 부르는가 하면, 심한 경우에는 제비가 집을 짓는 방죽과 淫鬼를 제사지내는 사당까지도 세금 징수의 대상이 되어 풀 베고 고기 잡는 이들이 범하면 잡혀서 갇히지 않는 이가 없습니다.

---

257) 李景植, 1986, 앞의 책, 33~34쪽.
258)『明宗實錄』10권, 명종 9년 5월 11일.

농민과 상인이 이 때문에 본업을 잃고 있으니 식자들이 천정을 우러르며 탄식한 지 오래되었습니다. 전례에 따라 文具로만 치부하지 말고 십분 착실히 조사하여 입안을 취소시키되, 비단 여러 宮家뿐만 아니라 사대부 및 豪勢品官의 漁場·柴場·海澤·堤堰까지도 거짓으로 입안 받아 이익을 독점하고 민인을 해롭게 하는 것은 일일이 적발하여 禁斷시키거나 公家에 귀속시킨 다음 그 상황을 날짜별로 적어서 啓聞하라. 지금부터는 각도의 관찰사 가운데 혹 承傳을 무시하고 訴狀으로 인하여 각 고을로 移文하는 사람 및 각 고을의 수령 가운데 조정의 지극한 뜻을 본받지 아니하고 입안을 내어주는 사람은 모두 制書有違律에 의하여 처단한다는 뜻을 경은 자세히 알라. 하셨으므로, 어장·시장·해택·제언 등의 입안을 외람되이 받은 경우는 이를 적발하여 牒報할 것으로 각 고을에 移文하여 통지하였더니 모두 그런 것이 없다고 하였습니다."259)

원래 진황처나 해택 외에 漁場·柴場·堤堰 등은 관할 수령들이 입안을 발급해 주어서는 안 되는 것들이었다. 그런데 궁가의 皂隷들이, 그리고 사대부·토호들의 경우에는 이들과 결탁하고 있던 현지의 市井奸細輩들이 이미 그들의 청탁을 받은 수령의 묵인 아래 서리들을 협박하거나, 혹은 그들과 결탁해서 입안을 발급받고 있었다. 그런데 여기서 보듯이 불법적으로 입안을 받은 궁가·사대부·토호들을 적발하고 입안 받은 곳을 관청에 귀속시키라는 국왕의 명령이 있을 때, 감사와 수령들은 당연히 그들을 철저하게 적발하여 重法으로 처벌했어야 함에도 불구하고 직접 이행하지 않고 서리에게 위임하고 있었다. 따라서 감사와 수령도 국왕의 명령을 이행할 수 없는데, 하물며 鄙俚·違法의 당사자인 서리들이 감사와 수령으로부터 떠넘겨 받은 일을 이행할 수는 없었을 것이었다. 그러므로 여기서 보듯이 실제로 서리들은 '끝까지 그런 일이 없다'고 보고했던 것이다. 이처럼 常耕田土는 물론 개간지·간척지와 漁場·柴場·海澤·堤堰 등까지 궁가·사대부·토호에 의해서 독점되고, 民人들은 나날이 곤핍하게 되어 이내 流移民·避役民으로 전전하다가 마침내는 그들의 奴婢로 전락하는 한편, 세금의 징수는

---

259) 『宣祖實錄』 210권, 선조 40년 4월 11일.

더욱 번다해졌어도 나라의 창고는 채워지지 않는 시국이 계속된다면 국가는 유지될 수 없을 것이었다. 더욱이 큰 문제는 이러한 상황을 타개하려는 국왕의 대책이 한갓 문구로 치부되어버린 채 집행되지 않는다는 것이었다. 이처럼 국가를 위기로 몰아가고 있던 장본인들은 바로 궁가·사대부·토호와 수령이었다.[260)

다음, 권력과 지위를 이용하여 萬石의 대지주가 되었던 송익손과는 달리 진황처 개간을 통하여 萬石의 대지주가 되었던 토호로 忠州의 李福崇, 林川의 趙益祥 등을 들 수 있다. 우선 이들이 積穀이 萬石이나 되는 대지주였음은 아래 기사에서 확인해 볼 수 있다.

> 持平 宋軼이 아뢰기를, "지금 가뭄을 살펴보건대, 옛날에 없었던 바로서 나라에서는 이를 근심하여 救荒에 힘써 민인 가운데 私儲를 가진 자를 모아서 勸分하고 있습니다. 그러나 여러 도에서 私儲를 封하는 것을 살펴보면 대개가 사실대로 하지 않는 것이 많습니다. 한 고을로써 이를 말해 보면, 鎭川 고을에서 封한 수효는 단지 1백 10石일 뿐인데, 신이 그것을 자세히 알고 있는 바, 宰相 辛均과 上將 吳有終은 진천에 살면서 모두 巨萬의 곡식을 쌓아 두고 있으며, 또 林福이 스스로 2천 석을 바쳤는데, 官封할 때에는 단지 1백 10石일뿐이었으니, 이로써 살펴보건대, 기타 虛僞임을 알 수 있습니다. 이는 반드시 수령이 사사로운 청탁을 들어주고 간사한 아전들이 제멋대로 법을 악용하기 때문에 그런 것이니, 청컨대 鎭川 관리의 欺罔한 죄를 추국하고, 또 다른 도에 유시하여 다시 수색하여 官封하도록 하소서." 하니, 임금이 말하기를, "과연 이 말과 같다면 나라에서 입법한 뜻이 어디 있겠는가? 진천의 관리는 사헌부로 하여금 추국하게 하고, 또 여러 도에 유시하는 것이 可하다." 하였다. 송질이 말하기를, "비단 진천뿐만 아니고, 신이 듣건대,

---

260) 『宣祖實錄』 210권, 선조 40년 4월 11일. "史臣曰 一國憲之不擧 言路之壅塞 諸宮皂隸 縱恣橫行 莫能捕治 以至市井奸細之徒 結托權豪 漁奪民利者 布滿域中 蔑法縱慝 擅弄利權 愁歎方興而民益日困 征斂愈煩 國不加富 比如害稼之蟊 食木之蠹 必至於覆邦而乃已 王言一 出 四方拭目 奉法之臣 所當窮尋剔刮 斷以重法 使魑魅魍魎 無所容匿 而終不免奉行文具 方伯委之各官 各官委之吏胥 張目呵止 莫敢摘發 終乃以無稱之 使旣明之陽光掩彩 欲散之奸 黨復肆 可勝痛哉."

忠州에 사는 李福崇과 林川에 사는 趙益祥은 모두 쌓아 놓은 곡식이 거의 만석에 이르는데, 다른 고을 또한 이와 같은 자들이 있으며, 忠淸監司가 아뢴 바 私穀은 총 1만 1천 석일 뿐입니다. 또 지금 재상으로서 殖貨하는 자가 많은데, 곡식을 封하는 집은 거의 6品 이하의 관원으로, 재상은 사사로이 곡식을 쌓아 두고도 모두 참여하지 않고 있으니, 청컨대 재상들로 하여금 스스로 納粟하여 나라에서 賑窮하는 뜻에 부응하도록 하소서." 하니, 임금이 承旨 成健에게 이르기를, "林福이 곡식 2천 석을 바쳤는데, 진천 고을에서 封한 것은 실로 수효가 너무 적다. 이로써 미루어 보건대, 세력이 없는 민인들은 얼마 되지 않는 곡식마저 관에서 거두어들임에 따라 그 식구들이 먹을 것이 도리어 넉넉하지 못한 자도 있을 것이니, 이는 진실로 옳지 못하다. 賑恤使가 내려갈 때 承旨가 이 뜻을 상세히 유시하도록 하라." 하였다.[261]

경기·충청·전라·경상·강원·영안도의 관찰사에게 下書하기를, "지난번에 여러 도의 富戶의 곡식과 여러 절(寺社)의 長利는 관찰사가 수령으로 하여금 친히 살펴보아서 本主의 용도를 제외하고 그 나머지를 監封하여 주인 이름과 곡식 수효를 계문하도록 한 일은 호조에서 교지를 받아 行文移牒하였었다. 이제 私穀의 封한 수효를 상고하건대, 지극히 수효가 적게 되었는데, 한 고을을 예로 들어 말해 보면 충청도 진천현 안에서는 巨萬의 곡식을 쌓아 두고 있는 자가 분명 여러 집 있다는 것을 많은 사람들이 알고 있으나, 封한 곡식은 단지 1백 10石으로, 관리들이 성실하게 법을 받들지 아니하는 것이 한결같이 이에 이르렀으니, 지극히 부당하므로, 이미 추국하도록

---

261) 『成宗實錄』182권, 성종 16년 8월 2일. "持平宋軼啓曰 今觀旱乾 前古所未有 國家憂勤救荒 括民間有私儲者勸分 然觀諸道所封私債 類多不實 以一邑言之 鎭川官所封數 只一百十碩而已 臣詳知之 宰相辛均 上將吳有終居鎭川 皆積穀巨萬 且林福自獻二千碩 而官封只百十碩 以此觀之 其他虛僞可知 是必守令聽私請 奸吏弄法而然也 請推鎭川官吏欺罔之罪 且諭他道 更令搜索官封 上曰 果如此言 則國家立法之意安在 鎭川官吏 令司憲府推鞫 且諭諸道可也 軼曰 非徒鎭川 臣聞忠州居李福崇 林川居趙益祥 皆積穀幾至萬碩 他邑亦有如此者 而忠淸監司所啓私穀 摠一萬一千碩而已 且宰相殖貨者多 而封穀之家 率皆六品以下之員 宰相私積 皆不與焉 請令宰相自納粟 以副國家賑窮之意 上謂承旨成健曰 林福納穀二千碩 而鎭川官所封實數甚少 以此推之 無勢之民數少之穀見收於官 而其所口食乃反不贍者亦或有之 此實不可 賑恤使下去時 承旨詳諭此意."

명하였다. 그 밖에 여러 고을도 반드시 이와 같을 것인데, 官封할 때를
당하여 세력이 없는 사람은 本主의 용도를 헤아리지 아니하고 모두 수효대로
관봉하고, 권세가 있는 富戶는 비록 많더라도 반드시 누락시키니, 경들은
이 뜻을 알아서 다시 수색하여 本主의 용도를 제외하고는 모두 아울러
封하는 것을 감독하도록 하고, 前後에 관봉한 각호의 곡식 수와 인구수를
상세하게 開錄하여 아뢰도록 하라." 하였다.[262]

이 기사들의 내용은 '官封'에 관한 것이다. 救荒政策을 실시할 때 사채 대부의
장려와 함께 진휼곡의 부족을 메우는 또 하나의 방법은 관봉이었는데, 이는
정부가 富戶들의 私儲穀을 잠시 차용하여 진휼곡으로 사용하는 것이었다. 국왕
이 勸分令을 내리면 수령은 각 고을의 富戶들의 사저곡 가운데서 그들의 용도
수효와 식구들의 식량을 제외한 나머지 곡식을 賑資穀으로 사용하기 위하여
封廢함으로써 그들이 사채를 놓거나 판매하는 것을 금지했다. 이렇게 관봉된
곡식은 公債의 규례에 따라 飢民들에게 분급되었고 진휼이 끝난 뒤에 환수되어
본 주인에게 환급되었다. 진휼이 끝나면 수령은 그 고을의 부호들의 이름과
관봉된 곡식수량, 기민 수 등을 보고했다. 그런데 문제는 관봉 과정에 있었다.
수령과 아전들은 관봉할 때 대개는 '권세 있는 부호'들의 사저곡은 관봉에서
빼 주는 반면에 '세력이 없는 민인'들은 그들의 식량까지도 관봉했던 것이다.
여기서도 보듯이, '권세 있는 巨萬石의 富戶'로 알려진 진천의 宰相 辛均과
上將 吳有終, 충주의 李福崇과 임천의 趙益祥 등의 私儲穀은 官封에서 누락되었고,
私奴 林福의 私儲穀 8천여 石은 관봉되고 있는 것이다.[263]

---

262) 『成宗實錄』182권, 성종 16년 8월 2일. "下書京畿 忠淸全羅慶尙江原永安道觀察使曰
頃者 諸道富戶穀食及諸寺社長利 觀察使令守令親審 除本主用度 其餘監封 主名穀數 啓聞事
戶曹受敎行移 今考私穀封數 至爲數少 姑擧一邑言之 如忠淸道鎭川縣內 衆所共知積穀巨萬
者 明有數戶 而所封之穀只一百十碩 官吏之不謹奉法 一至於此 至爲不當 故已令推鞫 他餘諸
邑亦必如此 當其官封時 無勢人則不計本主用度 盡數封之 權勢富戶則雖多必漏 卿悉此意
更詳搜括 除本主用度 幷皆監封 而前後官封 各戶穀數及人口數 仔細開錄以啓."

263) 진천의 임복은 私奴였다. 그는 그의 사저곡 8천여 石이 관봉되기 전에 네 아들의
免賤을 위하여 진휼곡으로 2천 석을 원납했다. 그러나 2천 석은 네 아들의 면천을
위한 수량으로는 적은 것이었기 때문에 면천할 자식 수를 줄이는 것으로 논의되었

이들 가운데서 토호로 지목될 수 있는 자는 중추의 이복숭과 임천의 조익상 등이다. 이복숭은 成宗 14년 이전에 이미 積穀이 만석에 이르는 대지주가 되어 納粟으로 影職을 받아 품관이 되었던 것 같다. 이후 司圃署 別提로 差任되었다가 成宗 14년(1483)에 貞熹王后(世祖 妃) 國喪 때에 수고한 공로로 한 자급 올려 받았다.[264] 成宗 16년(1485)에 큰 가뭄이 들었을 때 萬石의 대지주로 상당량의 진휼곡을 勸分했고,[265] 이로 인해 광주 判官으로 敍用되었던 것 같다. 그러나 宣祖 21년(1588)에는 喪中에 悖戾한 행실이 문제가 되어 파직되었다.[266] 이후 把摠으로 다시 서용되었다가 仙鳥 27년(1594)에 장관들에 대한 論賞으로 加資되었으며,[267] 宣祖 36년(1603)에는 碧潼 郡守로 轉補되었다.[268] 임천의 조익상도 이복숭과 비슷한 이력을 가졌을 것으로 추측된다.

그런데 품관 이복숭은 어떻게 해서 사저곡이 만석에 이르는 대지주가 되었을 까. 당시에 진황처는 도처에 산재해 있었기 때문에 노비 등의 노동력만 있으면 쉽게 대토지를 확보할 수 있었다. 향촌의 재지사족들 가운데는 자기가 보유하고 있는 수십 명의 노비를 사역시켜 진황처를 개간하여 대지주가 되고 있었던 것이다. 이복숭 역시 아마도 戶長 출신으로서 양민 및 관노비 등을 초납하여 壓良爲賤한 수십 명의 노비를 보유했고, 그리고 이들을 사역하여 진황처를 개간해서 얻은 80~100結 가량의 대토지를 경영했기 때문이 아니었을까 추측된 다.[269] 그러나 그는 이른바 향촌의 武斷土豪와는 달리 정부의 구황정책에 적극

다. 이후 御使와 진천 현감은 임복의 사곡 8천여 石을 관봉했다. 그러자 임복은 8천여 石 가운데서 또 1천 석을 원납했고, 이에 조정은 그의 아들 4명 모두를 '免賤從良'해 주었다. 그는 丁酉再亂 때에 長番內官으로 從軍하여 戰功을 쌓아 加資되었 다(『成宗實錄』 181권, 성종 16년 7월 24일 ; 7월 28일 ;『成宗實錄』 182권, 성종 16년 8월 2일 ; 8월 17일 ;『宣祖實錄』 99권, 선조 31년 4월 3일).

264) 『成宗實錄』 156권, 성종 14년 7월 14일.
265) 『成宗實錄』 182권, 성종 16년 8월 2일.
266) 『宣祖實錄』 22권, 선조 21년 윤6월 7일.
267) 『宣祖實錄』 50권, 선조 27년 4월 15일.
268) 『宣祖實錄』 164권, 선조 36년 7월 21일.
269) 주 250) 참조.

협조하여 여러 차례 진휼곡을 바쳤고, 그리고 납속의 대가로 마지막에는 군수까지 지냈던 것이다.

이제 향리와 토호를 제외한 재지사족들의 농장 소유실태를 살펴보자. 그들의 농장에 대해 최초로 실증적인 분석을 한 이는 李樹健이었다.[270] 그는 주로 영남지방의 대표적인 사족가문에서 소장해 온 分財記, 和會文記 등의 고문서를 수집 분석하여 그들의 경제적 기반을 밝혔을 뿐만 아니라 고문서의 자료적 가치를 환기시키고 아울러 고문서의 수집·분석의 필요성을 제기함으로써 경제사·지역사 연구방법론에서 새로운 기원을 열었다. 이어 李鎬澈은 이수건의 연구와 그가 수집한 고문서를 통하여 조선전기 영남지방의 재지사족의 소유전답면적과 경영 방식을 추정하였다.[271] 이호철의 연구에 이어 역시 고문서를 수집·분석하여 재지사족의 농장 설치와 경영방식을 밝힌 연구들이 있다.[272] 이상의 연구 성과를 바탕으로 아래의 <표 1>을 작성하였다.

〈표 1〉 조선전기 재지사족의 농장 현황

연도	농장주	농장 소재지	농경지(垈田 포함)			노비 구수	농장형성 요인
			田	畓	계		
1469	1. 河緯地의 妹(田養智妻)	善山	5결41복6속	4결38복3속	9결79복9속	노비 9구	상속
1480	2. 金孝之	安東	4결16복2속	4결91복1속	9결7복3속	노비 41구	상속
1510	3. 孫昭	月城郡 良洞	5석7두락 (6결8복7속)	5석6두락 (13결89복3속)	10석13두락 (19결98복)	노 87구 비 46구	공신전, 상속
1535	4. 李撫	安東	191두락	224.5두락	425.5두락	노비 16구	상속
1535	5. 安繼宗	醴泉	735두락	342두락	1,077두락	노비 59구	상속
1547	6. 金孝盧	예안, 풍산	244두락	243두락	487두락	노비 190구	상속

270) 李樹健, 1979, 『嶺南士林派의 形成』
271) 李鎬澈, 1986, 앞의 책, 442~3쪽. <표 7> 조선전기 양반사대부가의 소유전답.
272) 김건태, 1992, 「16世紀 在地士族의 農莊經營에 대하여-안동지방을 중심으로」『成大史林』 제7집 ; 1993, 「16세기 양반가의 '작개제'」『역사와 현실』 9 ; 安承俊, 1992, 「1554년 在京士族의 農業經營文書」『季刊書誌學報』 8.

1549	7. 權襏許與文記	예천	1,208두락	343두락	1,551두락	노비 95구	상속, 매득
1554	8. 安思愼	파주, 장단	266.5두락	352.3두락	618.5두락	노비 13구	
1572	9. 李殷輔男妹田畓和會文記	영해	891두락 (7결45복 +0.5일경)	310두락 (5결42복2속 +1.75일경)	1,201두락 (12결87복2속 +2.25일경)	노비 233구	상속
1586	10. 李滉家門	예안	818두락	456두락	1274두락	노 203구 비 164구	상속, 개간
		봉화	72두락	98두락	170두락		
		영천	181두락	338두락	519두락		
		의령	665.5두락	194두락	895.5두락		
		풍산	58두락	67두락	125두락		
		안동	10두락	10두락	20두락		
		소계	1,802.5두락	1,163두락	2965.5두락		

* 자료 : 李樹健 編, 1991 『慶北地方古文書集成』, 영남대학교 출판부 ; 李鎬澈, 1986, 앞의 책, 442~3쪽. <표 7> 조선전기 양반사대부가의 소유전답 ; 김건태, 1993, 「16세기 양반가의 '작개제'」『역사와 현실』9, 236쪽. <표 4> 『치가법제』에 나타난 지역별 경작형태.

이상 <표 1>의 재지사족 10가문의 각각이 성장하는 과정과 토지를 소유하게 되는 배경을 차례대로 살펴보면 다음과 같다.[273]

1. 河緯地의 妹(田養知妻河氏) : 河緯地의 父 河澹은 軍職·同正職으로 있다가 태종 2년(1402)에 문과로 출사하였고, 善山에 사는 兪勉의 사위가 되어 선산에 살게 되었으며 綱地 등 3男·2女를 두었다. 당시 선산은 吉再의 학통을 이은 金叔滋, 朴瑞生, 李孟專, 田可植, 鄭之澹 등 여말선초에 성장한 신흥사대부가 운집해 있었다. 그의 아들 綱地·緯地·紀地 3子가 세종조에 차례로 등과하여 侍從·文翰職을 역임하면서 家勢가 번성하기 시작했다. 그러나 세조 2년(1456) 死六臣사건으로 하위지의 부자형제는 모두 처형되고 부녀자들은 노비가 되어 공신들에게 분급되었다. 河緯地의 妹이자 司膳食醫 田養智(田可植의 아들)의 처 하씨는 세조 2년(1456) 전에 출가하였으므로 연좌에서 제외되어 재산을 몰수당하지 않았다. 田養知妻河氏粘連文記는 하씨가 출가 후 자식이 없었으므로 자기의 田民을 친정의 本孫과 使孫에게 분급해 준 문기이다.

---

273) 이하 '8. 안사신 가문'을 제외한 9 가문에 대해서는 李樹健 編, 1991, 『慶北地方古文書集成』, 영남대학교 출판부, 3~81쪽을 발췌, 요약하였다.

전답 소재지는 선산 일대이다. 따라서 河澹의 전답은 문기 상의 전답면적의 최소한 5배 이상이었을 것이다.

2. 金孝之 : 光山(州)金氏는 光州의 13개 토성 가운데 제일의 族勢를 자랑하며, 고려후기부터 대거 중앙에 진출하였다. 원 간섭기에「金璉→ 士元→ 積」으로 이어지면서 무반에서 문반으로 전향하여 재상의 지위를 세습할 정도로 급격히 성장하였다. 金積家門은 자기 대에 와서는 전통적인 세족인 原州元氏(元傅)·南陽洪氏(洪子藩·洪奎)·竹山朴氏(朴全之)·淸州韓氏(韓蔵) 가문 등과 인척관계를 맺었다. 이들 가문은 麗末까지 번영을 누렸다가 왕조교체 때에 큰 타격을 받아 개경에서 각기 연고지를 찾아 낙향하였다. 이때 김진의 5자 天利(密直副使)도 안동지방으로 낙향하였다. 김진가문의 종통은「김진→ 김천리→ 2자 金務」로 이어졌는데, 典醫少監(세종 11년)을 지낸 김무가 妻父 金瑞麟(安東人, 繕工令)을 따라 안동에 낙향함으로써 그의 장자 坦之系를 除하고 나머지 子·壻는 모두 안동지방에 살았다. 金務의 3자 貞之·孝之는 無子하였고, 崇之의 次子 金潤도 역시 無後하였으며, 崇之의 長子인 金准의 長子 孝源도 無子였기 때문에 김진의 종통은「金天利→ 務→ 崇之→ 准→ 孝盧→ 緣·綏兄弟」로 이어졌다. 김무 이하 효원·효노 형제까지는 寒微한 家勢로서 재지사족의 신분을 겨우 유지하였다. 이 가문이 다시 번창하기 시작한 것은 16세기 金緣父子代부터였다. 金孝之妻黃氏粘連文記는 효지의 처 황씨가 子女가 없는데다가 夫(孝之)까지 良賤妾子가 없었으므로 父死後 성종 11년(1480) 11월 25일에 그의 繼後子 孝盧와 收養女(金潤의 妻 金氏)에게 자기가 경작하던 전답을 분급한 문기다.

3. 孫昭와 李彦迪 : 경주 내지 월성을 본관으로 한 良洞孫氏는 경주부의 다른 토성들과 함께 고려 이래「府司」를 구성하였던 토착적인 지배성단의 하나였으며, 麗末鮮初에 吏族에서 士族化하여 명문으로 발전하였다. 孫昭의 종통은 「孫敬源(判密直司事)→ 玄儉(檢校中樞院副使)→ 登(監察)→ 士晟(文科, 戶曹參議)(安東權明利壻)→ 旭(文科)·昭(文科, 牧使)(豊德柳復河壻)→ 仲暾」으로 이어졌는데, 15세기 초의 孫登代부터 사족으로 성장하였다. 손사성의 두 아들 旭과 昭는 다 같이 문과를 거쳐 淸宦을 역임하였는데 旭은 장령으로 李施愛亂에 순절했고, 昭는 그 난에 공을 세워 敵愾功臣 2등에 錄功되어 노비 10구와

전지 100結 등을 下賜받았다. 중종 5년(1510)에 작성된 孫仲暾男妹和會文記는 손소가 장자 仲暾 등 7남매에게 전민을 분급한 화회문기이다. 7남매가 분집한 전민 가운데 전답은 그 유래가 기재되지 않았으나 노비는 그 所自來가 명시되어 있다. 전체 노비 133구 가운데 부변(손소)은 16구인데 비해 母邊(柳氏)은 39구나 되었으니 당시 豊德柳氏의 재산을 짐작할 수 있다. 柳復河는 아들이 없었기 때문에 양동 터전은 고스란히 사위 손소가 인수했었던 것이다.

한편, 麗末에 낙남한 이언적가문은 李權이 첨설직(典書)을 갖고 李良佐(본관 미상, 진사)의 사위가 되었을 때부터 흥해·영일·안강현 일대에 일족이 분포되었다. 그리하여 이권의 증손 李蕃이 손소의 사위가 되어 양동에 정착하면서 손씨와 함께 양동은 그들의 세거지가 되었다. 양동에서 생장한 이언적이 42세 때 본래 父의 정자가 있던 安康縣西 玉山에 獨樂堂을 세우고 別業을 개척하였는데, 그 옥산별업이 그의 庶子 全仁에게 전수되면서부터 庶系는 옥산동에 세거하였으며, 그의 繼後嫡孫은 손씨가문과 함께 양동의 동족부락을 형성해 갔다.

4. 李壙 : 眞寶李氏의 이주 경로를 보면 麗末에 吏族에서 이탈하면서 本貫을 벗어나 豊山縣內로 이주하였고(李子脩), 李禎이 安東府北 周村에 이거하면서 안동은 그 長子 遇陽系의 세거지가 되었다. 「李禎 → 遇陽(무과, 현감) → 哲孫(承議副尉) → 壙(敦勇校尉) → 演(訓導) → 希顔(參奉) → 庭檜(縣監) → 擘(進士)」으로 이어지는 周村系는 16세기까지 문과 등제자 한명 없이 충순위·훈도·참봉 등을 역임함으로써 仕宦은 보잘 것 없었으나 중소지주로서의 경제적 기반은 가지고 있었다. 李壙許與文記는 李壙이 中宗 30년(1535)에 세 嫡子女에게 田民을 분급한 許與文記인데, 노비는 父邊·妻邊이 대부분을 차지하고 전답은 父邊이 대부분이다(10. 李滉家門 참조).

5. 安繼宗 : 安東郡 豊川面 葛田洞에 세거해온 順興安氏家門은 고려후기까지 본관 順興府의 戶長을 세습하다가 麗末에 진출한 신흥사대부였다. 安珦·安文凱·安軸의 세 系派는 다 같이 호장 安子美에서 분파하여 차례로 上京從仕하면서 麗末에는 모두 명문으로 성장하였다. 安文凱系는 안향·안축계보다는 家勢가 못했지만 「文凱(贊成事) → 千善(順興君) → 孫柱(中郎將) → 俊(都體察使, 始居醴泉)

→ 守眞(縣監)→ 質(同副承旨)→ 崇道(萬戶)→ 建(生員, 豊山柳氏)→ 繼宗(中宗朝, 習讀官, 妻 義城金氏)』으로 이어지는 가운데 안준이 反李成桂勢力으로 왕조교 체기에 추방된 적이 있었지만, 그 아들 수진과 손자 질은 世宗朝 왕비의 外族으로 在京仕宦하였다. 그러나 안준계는 世祖 등극을 계기로 다시 낙향하 였는데, 一派는 先世外鄉인 예천을 거쳐 龍宮과 예천지방에 이주하였고, 또 一派는 안건이 16세기 초에 안동부 풍산류씨 사위가 되면서 풍산에 이주했다. 安繼宗妻金氏許與文記는 중종 30년(1535)에 작성된 안계종처김씨 (金誠一의 曾祖 萬謹의 女)의 子女許與文記이다. 財主 김씨는 夫(안계종) 歿後에 자기 및 父邊의 家舍·奴婢·田畓을 장자 泃·末女柳義妻·亡女夫張應弼·家翁孽女 愛己 등에게 균분하되 奉祀條 家舍·田民은 장자에게 허급하였다. 전답의 소재지는 안씨의 세거지 갈전리를 중심으로 풍천면 일대와 財主父의 5대 祖母鄉인 예천과 財主金氏鄉인 臨河·川前里 및 安東沙巖 등지였다. 이 가문은 이미 안계종대부터 千餘斗落의 토지를 소유할 정도로 부유했지만 그 형세는 시대가 내려올수록 증식되었고, 풍산현과 안동지방에 강력한 기반을 가졌던 河回柳氏, 佳逸權氏, 素山金氏, 酉谷權氏, 川前金氏, 英陽南氏, 寧海申氏 등의 명문들과 인척관계를 맺었다.

6. 金孝盧 : 金孝盧는 어려서 고아가 되어 외조인 盧鷹(안동인, 경산현령)에 의해 養育되으므로 孝盧로 命名되었고, 나중에는 종조부 孝之의 所養한 바 되어 禮安縣 烏川村에 移居하였다. 그는 父邊傳來의 재산에 母邊財産을 많이 받았고, 또한 종조부의 가산을 傳受받아 烏川에 기반을 잡았다. 그는 李持(陽城人, 군수·판중추부사 李純의 子)의 사위가 됨으로써 妻邊재산이 더해졌다. 그는 生員을 끝으로 仕宦은 하지 못했지만 재지사족으로 만년에는 가세가 부유했 다. 그는 2男·2女를 두었는데, 金緣·金綏兄弟代에 와서는 가세가 부유해진데 다가 자손이 번성하여 李賢輔·李滉·金淡·李容·琴梓 가문 등과 인척관계를 맺어 예안의 대표적인 사족으로 성장하였다. 金緣男妹和會文記는 김효노가 장자 김연 등 4남매에게 전답을 분급한 화회문기다. 전답의 소재지는 예안· 안동 일대이다(2. 金孝之妻黃氏粘連文記 참조).

7. 權檥 : 安東權氏 權士彬의 長子 權檥는 아우 權撥의 후광을 업고 蔭仕로 현감을 지냈다. 그는 道村에서 密陽孫氏 妻鄉인 醴泉郡 渚谷里에 이주하여 이곳을

중심으로 예천·영천·풍기 일대에 경제적 기반을 구축하였다. 그의 아들들은 모두 退溪 門下에 출입하였고, 특히 7자 權審行은 金富弼·鄭琢·金誠一·柳成龍 등과 교분이 두터웠다. 그는 탐학이 심한 안동현감을 訴諸하려다 도리어 토호로 지목되어 갖은 고초를 겪은 바 있다. 명종 4년(1549)에 작성된 權樆許與 文記는 권의가 자녀 8남매에게 자기 및 妻邊田民과 각처에서 매득한 노비·전답을 분급해 준 문기이다. 전답의 소재지는 저곡리를 비롯하여 甘泉縣(안동부의 월경지)·영천 일대이다.

8. 安思愼 : 順興(興州)安氏 安珦系는 「安孚→ 珦→ 于器→ 牧(?~1360)→ 元崇→ 瑗(1346~1411) …… 繼忠→ 璨(1487~1548)→ 思愼」으로 이어졌는데, 안향의 父 孚는 흥주의 吏로서 醫業을 통해 중앙관계에 진출하여 밀직부사에까지 올랐다. 그 후 珦과 于器, 牧, 元崇이 계속하여 현관을 지냄으로써 가문이 흥기하였다. 安珦의 손자인 安牧(?~1360)은 忠肅王 때 급제하여 密直副使를 지냈으며, 恭愍王 때 順興君에 봉해졌다. 牧은 파주에 새로운 본거지를 마련하기 위해서 西郊의 황무지를 개간하여 광작하였는데, 그의 손자 安瑗(1346~1411)代에 이르러서는 토지가 무려 수만 頃에 달하였고, 노비도 백여 호나 되었다. 이 농장은 安思愼에게까지 상속되었던 것 같고, 그는 1554년 당시 坡州 吾里串 白石里 赤田里 일대와 장단 일대에 있던 토지 618.5斗落 가운데 285.5斗落은 '作介制'('作介' 155.5斗落과 '私耕' 130斗落)로, 그리고 333斗落은 '竝作制' 방식으로 경작한 사정을 기록한『安氏治家法制』를 남겼다.274)

9. 李殷輔男妹田畓和會文記(李瑗家門) : 載寧李氏는 황해도 재령군 토성의 하나로 고려후기에 사족으로 성장하였다가 麗末의 왕조교체기에 落南하여 寧海에 정착하였다. 寧海入鄕祖 李瑗는 8세 때 아버지를 여의고 숙부 李仲賢을 따라 영해에 寓居하게 되었고, 寧海大姓眞寶白氏의 사위가 되어 妻家를 따라

274)『慵齋叢話』권3. "坡州西郊 荒廢無人 安政堂牧始墾之 廣作田畝 大構第而居之 …… 至其孫
瑗 極盛 內外占田 無慮數萬頃 奴婢百餘戶 …… 至今分占餘土而居者 百餘人 皆其子孫也.";
安承俊, 1992,「1554년 在京士族의 農業經營文書」『書誌學報』8 ; 安秉佑, 1993,「고려후
기 농업생산력의 발달과 농장」『14세기 고려의 정치와 사회』, 322쪽 ; 김건태,
1993,「16세기 양반가의 '작개제'」『역사와 현실』9, 236~237쪽.

寧海府 仁良里에 정착하였다. 載寧李氏寧海派의 가문은 「李孟賢→ 璦→ 殷輔→ 涵→ 時淸→ 莘逸」로 이어졌는데, 이맹현의 6자 이애는 노비 82구를 分給받고 娶妻따라 인양리에 살게 되었고, 娶妻와 동시에 妻白氏邊의 재산이 보태졌다. 그는 中宗 10년(1515)에 무과를 거쳐 宣傳官과 咸昌·務安·蔚珍 縣監 및 慶州判官을 역임하다가 신병으로 家居 40년 만에 죽었다. 宣祖 5년(1572)에 작성된 李殷輔男妹田畓和會文記는 李璦가 장자 殷輔 등 5남매에게 田民을 분급한 화회문기이다. 이에 의하면 그들이 分執한 전체 노비는 233구였으며 이 가운데 99구는 母白氏邊의 노비였다.

10. 李滉家門 : 이황의 先世는 麗末에 眞寶縣 土姓吏族이었다가 그의 5代祖 李子脩代에 와서 안동부 풍산현남 磨崖里에 이주하고 다시 周村에 이주하면서부터 본관지를 비롯하여 안동 일대에 散居하였다. 이자수가 공민왕 12년에 홍건적을 격퇴하고 경성을 수복한 공로로 2등 공신이 되어 封君되고 田地 50結과 노비 5구를 下賜받으면서부터 家勢가 일어나기 시작했다. 그의 曾祖 李禎代부터 후손이 번창하고 仕宦이 계속되었다. 이정은 安東府北 周村에 거주하였고 한때 선산에 우거하기도 했는데, 그때는 家貧하여 '稱貸自給'하는 처지였다. 禮安에 卜居하기 시작한 것은 그의 祖父 李繼陽代부터였다. 이계양은 선조전래의 노비와 외가 또는 처변의 노비를 보유하고, 이들을 동원하여 진황처를 개간해서 溫溪에 농장을 개설했다. 그리고 家産이 축적됨에 따라 농지를 매득해 갔다. 예안의 1,300여 斗落의 전답은 이계양대부터 그 손자인 李滉代에 걸쳐 확보된 것이었다. 의령에 860여 斗落의 전답은 前妻 金海許氏邊의 것이었다. 妻父 許瓚은 進士가 된 다음에는 과거에 합격하지 못했다. 그의 가산이 어떻게 축적되었는지는 알 수 없으나 이미 토호로 가산이 부유했었던 같다. 그는 中宗 31년(1536)에 의령토호로 지목되어 推問당한 적이 있었다(『中宗實錄』 81권, 중종 30년 11월 6일 ; 31년 1월 24일).

이상의 영남지방의 사족가문 사례를 통해서 몇 가지 사실을 확인할 수 있다.

첫째, 이상의 가문들은 고려조 이래 재지세력을 대표하는 토성이족이었으며, 그들 대부분은 고려후기 이래 과거를 통해서, 그리고 일부는 軍功 또는 첨설직·

동정직을 통해서 上京出仕하면서 신흥사대부로 성장하였다.

둘째, 이미 재경사대부가 된 가문들 가운데는 여말선초의 왕조교체기에 반이성계세력이 되거나, 또는 世祖의 왕위 찬탈에 반대하여 낙향하였다. 이들은 成宗대부터 다시 대거 중앙관계에 진출하였다.

셋째, 영남출신의 재경사대부가문들은 다른 지역 출신의 사대부가문들과 인척관계를 맺음으로써 혹 그들이 낙향할 경우에 인척관계에 있는 사족들도 그들을 따라 영남지방으로 낙향하여 안착하였다(2. 김효지가문, 9. 이애가문). 또한 그들은 이미 생원·진사·품관의 재지사족가문들과 인척관계를 맺고 있었거나, 낙향하여 이들과 인척관계를 맺음으로써 外鄕과 妻鄕으로 가서 쉽게 안착하였다.

넷째, 이미 중소지주로서의 경제적 기반을 가진 한 가문은 물론 인척관계로 중첩되어 있는 전체 사족집단으로서도 당시의 토지와 노비의 자녀균분상속제에 의하여 父邊·母邊·妻邊의 토지를 상속받음으로써 기존의 토지소유규모와 재산을 대대로 유지해 가고 있었다. 또한 그들 가운데는 자신의 공훈과 관직을 매개로, 또는 개간과 매득을 통해서 농지를 늘려서 대지주로 성장하기도 했다.

다섯째, 15세기에서 16세기로 내려오면서 재지사족의 토지소유에 변화가 나타났는데, 그 중의 하나가 거주지 중심으로 토지를 확보하는 현상이었다. 예를 들면, 사례 3의 良洞孫氏는 경주에서 妻家를 따라 상주→ 청송→ 양동으로 거주지를 옮겼지만 자녀의 일부가 여전히 이전 거주지에 남게 되면서 그들 소유의 노비와 전답도 그곳에 남아 있었다. 그러나 15세기 孫昭부터 양동에 정착, 세거하게 되자 이 가문의 토지는 양동을 중심으로 安康縣과 先山이 있는 興海郡 일대에 집중되어 갔다. 외지토지의 정리과정에서 장자 孫仲暾의 後妻 崔氏의 친정인 金山縣 賀老洞에 있던 토지도 16세기 후반부터는 양동 부근으로 移買되면서부터 토지의 분포지역은 경주·영일·흥해 등지를 벗어나지 않았다. 17세기부터는 그들의 통혼권도 이 지역을 벗어나지 않았다. 그리고 이처럼 분깃 받은 자녀들 사이에서 移買와 相換을 통하여 거주지 중심으로 토지가 집중되었던 현상은 부재지주를 재지지주로 바꿈과 동시에 농업생산성을 제고

시킴으로써 토지의 수익성을 높이고 있었다.[275]

이상의 영남지방의 재지사족가문들에서 나타난 현상은 호남사림이나 기호사림에서도 나타났을 것이다. 물론 아직은 고문서 등의 자료의 한계로 구체적인 사례가 드러나고 있지 않기 때문에 단정하기는 이르다. 다만 호남사림의 경우, 善山柳氏 柳希春(字 仁仲, 號 眉巖·寅齋. 中宗 8년, 1513~宣祖 10년, 1577)가문을 통해서 그 일단을 엿볼 수 있다.[276]

유희춘은 金麟厚(中宗 15, 1510~明宗 15년, 1560)와 함께 '金宏弼·崔簿－金安國·柳桂麟·崔山斗'의 학맥을 이어받고, 出仕해서는 호남출신 사림과 관료인 尹毅中·尹復·宋純·鄭介淸·鄭汝立 등과 교류하면서 호남사림의 구심적 역할을 하였다.

그는 中宗 33년(1538) 26세의 나이에 문과에 급제한 이후 홍문관을 거치고, 세자시강원에서 세자와 인연을 맺었다. 그리고 中宗 38년에 부모봉양을 이유로 무장현감(31세)으로 나갔고, 仁宗 1년(1545) 乙巳士禍로 파직되었으며, 明宗 2년(1547)에는 양재역벽서사건에 연루되어 유배되었다(종성, 은진). 明宗 23년(1567) 6월에 宣祖가 즉위하면서 복직된 이후 8년 이상을 빠지지 않고 경연에 나갔으며, 宣祖 10년(1577)에 은퇴·사망할 때까지 국가의 서적편찬사업을 주관하였다. 다만 宣祖 4년(1571)에 반년 정도 전라감사로 나가서 성묘를 하며 조금 한가하게 보냈을 따름이었다. 그는 유배가 끝나고 다시 조정에 나온 宣祖 1년(1567) 10월부터 세상을 떠나기 바로 직전인 宣祖 10년(1577) 5월까지 10동안의 일기, 『眉巖日記』를 남겼다.

이제 유희춘가문의 전답과 노비의 소유 실태를 알아보기 위해서 그의 父邊·母邊·妻邊의 재산을 차례대로 살펴보자. 우선 그가 상속받은 재산 가운데서 父邊의 재산은 거의 없었을 것으로 추측된다. 그의 玄祖 瀚는 中顯大夫書雲觀正까지 올랐으므로 상당한 재산을 가졌을 것이다. 그리고 그 일부를 상속받은 동래부

---

275) 李樹健 編, 1991, 『慶北地方古文書集成』, 영남대학교 출판부, 69~70쪽.

276) 이하는 李成妊(1995, 「朝鮮中期 어느 兩班家門의 農地經營과 奴婢使喚: 柳希春의 『眉巖日記』를 중심으로」『震檀學報』80, 115~151쪽)과 이종범(2006, 『사림열전』1 소쇄원의 바람소리, 아침이슬)의 연구를 바탕으로 유희춘의 친인척관계와 관직생활, 전답과 노비의 소유 실태를 정리하였다.

소속의 甘浦萬戶를 지낸 고조 文浩는 영남에서 전라도 광양→ 순천으로 이주하여
이곳에 상당한 경제적 기반을 마련했던 것 같다. 그러나 曾祖(陽秀, 太宗 5년~成宗
13년)·祖(公瀋, 世宗 30년~燕山君 6년)는 출사하지 못하고 流寓士族化함으로써
빈한함을 면치 못했던 것 같다. 그러다가 그의 父 柳桂麟(成宗 9년, 1478~中宗
23년, 1528)代에 와서 상당한 가산을 확보했던 것인데, 그것은 유계린이 祖先으로
부터 상속받은 것도 없을 뿐더러 또 자신도 隱居不仕했기 때문에 관직을 매개로
재산을 불릴 수는 없었지만 당시 해남의 큰 부자였던 耽津崔氏 崔溥(1454~1504)의
사위가 되어 처가인 해남으로 이거하면서 처변의 재산을 바탕으로 그곳에
경제적 기반을 마련했기 때문이었다. 물론 그 구체적 규모는 확인할 수 없다.
한편, 유계린은 成春·希春 등 2남·3녀를 두었다. 그런데 柳成春은 中宗 9년(1514)에
문과에 급제하여 이조좌랑까지 올랐으나 기묘사화에 연루되어 金陵에 유배되
었다가 放歸되어 해남에 우거하다가 中宗 17년(1522)에 28세로 早卒하고 말았다.
이어 부 유계린도 中宗 23년(1528)에 죽었다. 따라서 유희춘은 부친이 죽은
후 어느 때에 모친 최씨로부터 동생들과 함께 父邊 재산이라기보다는 母邊의
농지와 노비를 상속받았을 것으로 추측된다. 이후 유희춘은 洪州宋氏와 결혼하
고 出仕하기까지 10년 동안 가문을 떠맡게 되었다.

다음으로 유희춘의 처변 재산을 살펴보자. 그는 中宗 31년(1536) 24세에 洪州宋
氏 宋駿의 女 송덕봉과 혼인하였다. 홍주송씨는 礪山宋氏에서 분적된 것으로
1세인 枰 때에 순창에서 담양으로 이거하였다. 그의 장인인 駿은 燕山君代에
대사헌·전라감사 등을 역임한 李仁亨의 女와 혼인하고, 中宗 2년(1507) 생원시에
합격하여 음서로 사헌부 감찰·단성 현감 등을 역임했다. 장인은 관직이 높지
않았을 뿐만 아니라 3남·2녀나 많은 자식을 두었기 때문에 그들에게 많은
재산을 상속해 줄 수는 없었을 것이다. 따라서 유희춘의 부인 홍주송씨도
많은 재산을 상속받지는 못했을 것으로 추측된다.

유희춘은 부친이 죽고, 홍주송씨와 결혼한 지 2년 뒤인 中宗 33년(1538) 26세의
늦은 나이에 문과에 급제하여 성균관 學諭로서 사환을 시작하였다. 그러나
을사사화(1545)에 연루되어 파직되고, 양재역벽서사건(明宗 2년, 1547)으로 제주

도에 절도안치되었다가 곧 종성으로 이배되어 이곳에서 18년간, 다시 明宗 20년(1564) 12월에 은진으로 이배되어 宣祖 즉위 때까지 2년간, 모두 20년 동안의 유배생활을 하게 되었다. 따라서 복직되기까지 그가 온전하게 관직생활을 한 것은 초반기 7년에 불과하였던 것이다. 이 때문에 그의 일가는 양반가로서의 체통조차 보존하기가 어려웠고, 모변 재산과 여러 사람의 도움으로 겨우 연명하였으며, 을묘왜변(明宗 10년, 1555) 이후에는 담양 처가에 의탁하여 살았는데 이때 모친 최씨마저 죽음으로써 거의 滅門하기에 이르렀다. 그 동안에 전답과 先塋은 퇴락했고, 노비 또한 각지로 흩어졌다. 재출사 초기인 宣祖 2년에 토지로부터의 소출이 83石에 불과하였고, 身貢을 바치는 납공노비는 전체 노비 100여구 가운데 극히 일부에 불과했던 것을 보면 그 동안의 경제적 처지와 생활고를 능히 짐작해 볼 수 있겠다.

그는 宣祖 즉위년에 해배되어 성균관 直講으로 재출사한 이후 宣祖의 발탁으로 정4품인 홍문관 응교에 서용되었고, 이후 10여 년 동안 내직으로 사헌부 장령, 사간원 사간, 성균관 대사성을 비롯하여 홍문관 부제학, 예조참판, 사헌부 대사헌 등을 역임했으며, 외직으로는 유일하게 전라감사를 지냈다. 그리고 宣祖 10년(1577) 5월 부제학으로 재직 중에 사망하였다(65세). 그에 대한 宣祖의 신임은 매우 두터워서 宣祖 4년 10월에는 대사헌에 의망되지 않았는데도 대사헌으로 특채하였으며, 10년 3월에는 부제학이던 그에게 전례 없는 자헌대부를 제수하기도 했다.

그러면 그의 말년의 전답과 노비의 소유 규모는 어느 정도였을까? 재출사 기간에 쓴 『日記』안에는 전체 재산 규모를 알려주는 기록은 없고, 다만 宣祖 8년(1575) 11월 16일에 담양에 논 7石 9斗落只, 밭 太種 1石 18斗落只가 있었다는 기록이 있을 뿐이다. 그러나 그의 농지는 母邊의 전답이 있는 해남과 순창 등에도 있었던 것으로 확인되고 있어서 이를 전체 농지 규모로 볼 수는 없을 것 같다. 여기서 참고되는 자료로 유희춘이 죽은 뒤 5년 후(宣祖 16년, 1583)에 그의 자식 1남·1녀(尹寬中, 海南人 宣傳官) 가운데 長男 柳景濂(景陽道察訪)이 그의 2남·1녀에게 균분상속한 「柳景濂分財記」가 있다.[277] 이 분재기에 의하면 유경렴은 瓦家 2채(55間, 6間)·논 295斗落只·밭 227斗落只와 노비 56구를 소유하고 있었음을 알 수 있다. 그런데 '유경렴은 상당히 우활하고 용렬한 인물'이었으므로 부친 유희춘이 죽은 이후 모친 최씨로부터 상속받은 것 이상으로 농지와 노비를 늘렸다고 보기는 어려울 것 같다. 물론 여기에는 유경렴의 처인 울산김씨(金麟厚의 女)의 상속분도 어느 정도 포함되었을 것이다. 그런데 김인후는 흉년이 들었을 때 많은 진휼곡을 원납할 정도로 부자로 이름나 있었지만 5자녀나 두었기 때문에 울산김씨의 상속분은 그리 많지는 않았을 것이다. 한편 유경렴에게는 윤관중에게 출가한 여동생이 있었으므로 그녀에게도 유경렴 몫만큼의 전답과 노비가 상속되었을 것이다. 그러므로 유희춘의 말년의 농지와 노비는 유경렴의 그것의 두 배인 논 600斗落只, 밭 500斗落只, 노비 100여 구 정도로 추정해 볼 수 있을 것 같다. 이러한 추정은 宣祖 9년(1576)에 유희춘이 100구 정도의 노비를 소유하고 있었음을 감안해 본다면 그리 틀리지는 않을 것으로 보인다.

그렇다면 유희춘은 재출사 기간에 어떤 방법으로 농지를 확대했을까?

첫째, 혼인을 통하여 농지를 늘렸던 것 같다. 유희춘은 대사헌·부제학·예조참판 등을 역임한 재상가의 지위와 권세를 빌어 장손 유광선을 남원의 부자였던 司果 金鏘의 女와 혼인시킴으로써 孫婦邊의 농지를 확보했던 것이다.

둘째, 농지 확대의 주된 방법은 개간이었다. 이는 유희춘이 관직을 배경으로 개간에 필요한 재원과 노동력을 쉽게 동원할 수 있었기 때문이었다. 향리에 있는 그의 친인척들은 개간 가능한 곳을 물색하여 입안을 신청하고, 유희춘의 관할 수령에 대한 청탁으로 재원과 노동력을 지원받아 개간을 추진했던 것이다.

---

277) 「萬曆十一年 柳景濂三子息平均分給明文」, 『古文書』 1冊, 全南大博物館, 1983, 90~93쪽.

〈유경렴 3자녀 화회분깃 내역〉

	논	밭	노비	가사
장자 光先	116두락지	54두락지+	24구	瓦家 55간
차자 光延	97두락지	147두락지	16구	瓦家 6간
末女	82두락지	26두락지	16구	-
계	295두락지	227두락지+	56구	瓦家 2채

그것은 세 방향으로 진행되었다. 첫째는 低濕地를 築堰作畓하는 것이었다. 이를 테면 宣祖 원년(1568) 유희춘은 해남 牟木洞의 外池와 牟堤洞의 池가 수량이 풍부하여 作畓이 가능하다는 소식을 듣고 그 해 가을 인근 수령에게 부탁하여 築堰作畓했었다. 둘째는 谷間·陳田·石田 등지에 防川·築堰하여 개간하는 것이었다. 이를테면 黃原花山 禿冬音陳田의 경우 개간하면 4~5石落只가 되는 넓은 지역을 입안 받은 뒤 군인을 동원하여 防築儲水해서 작답했던 것이다. 셋째, 해택을 개간하는 것이었다. 宣祖 6년(1573) 9월 해남현감 任應龍이 "남들이 유희춘 을 가리켜 향리에 살면서 해택을 개간하여 논으로 만들지 않고 戶內에 雜人을 들이지 않는 것으로 보아 청빈함에 있어 그 누구와도 견줄 수 없다고들 한다."고 한 것은 달리 말하면 당시 양반관료들과 재지사족들이 해택을 개간하여 농지를 확장하고 있었다는 것을 말하는 것이었다.[278] 그들은 자기의 노비나 투속하려는 민인과 피역하려는 양민, 그리고 공사천을 招納하여 壓良爲賤한 노비와 수령들에 게 압력을 행사하여 지원받은 군인 등을 역사시켜 직접 해택을 간척하기도 했지만, 현직에 있을 때에는 간관들의 비판과 탄핵을 피하기 위해서 자신의 친인척의 간척사업을 적극적으로 지원하고는 결국에는 그 간척지를 매득 형식 을 빌어서 차지했었다. 유희춘은 후자에 속했다. 그가 재출사한 지 2년째인 宣祖 2년에 그의 사돈인 尹坦之는 편지로 珍島 碧波亭津의 해택 50여 石落只를 간척하기 위해서 진도별감에게 島內 군인을 동원할 수 있게 해달라고 부탁했다. 이로부터 4개월 후 그는 掃墳차 담양에 왔을 때 진도별감에게 군인 징발을 요구했으며, 그리고 바로 윤탄지에게 군인 징발을 하게 되었다고 알리고 있는 것이다.

셋째, 청탁에 대한 대가로 토지를 授受하여 농지를 확대했던 것 같다. 中宗 14년에 폐지되었던 薦擧科가 宣祖 원년에 복설되어 東班 3품 이상, 西班 2품

---

278) 유희춘은 재사환 이후 10여 년 동안 해남 西門 밖(瓦家 47칸 이상)과 창평 水菊里(瓦家 55칸)에서, 그의 누이 吳姊는 강진(瓦家 22칸)에서, 그의 妾은 해남 등에서 가사를 신축할 때 소요되는 목재·기와·온돌석 등 물자와 노동력을 인근의 수령·수사·병사 등을 통해 지원받았다. 이로 인해 그는 '私宿人家하고 官匠을 이용해 造舍했다'든가 '造舍時에 현령으로부터 많은 뇌물을 받았다'라는 怨謗을 들었다.

이상의 고위관직자에게 守令·萬戶·僉使 등을 추천할 수 있는 천거권이 주어지면 서부터 하급수령직 청탁이 널리 행해졌다. 이런 관직 청탁과 더불어 또 하나는 양인들이 군역을 회피하기 위해 하는 避役 청탁이었다. 유희춘은 그의 말년 10여 년 동안 141건의 請託을 授受했는데, 이 가운데 청탁받은 것은 천거 49건, 피역 18건이고, 청탁한 것은 천거 71건, 피역 2건 등이었다. 특히 宣祖 원년과 宣祖 6, 7년에 청탁수수가 가장 많았는데, 이 시기는 그가 중앙고위직(대사성, 대사헌, 예조·형조 참판, 한성부 우윤 등)에 재직하고 있을 때였다. 눈에 띄는 것은 천거의 경우 청탁한 것이 받은 것보다 훨씬 많았다는 것이다. 그가 천거한 인물들은 대개 친인척을 비롯하여 밀접한 관계를 맺고 있는 자들이었으며 거의 출사·승진하고 있었다. 그리고 그들은 청탁에 대한 대가로 유희춘가내의 대소사에 소요되는 물품과 노동력 등을 제공하였다. 물론 일기에는 그가 청탁자로 추측되는 친인척들로부터 토지를 받았다는 기사는 보이지 않는다. 이는 토지 수수는 곧 매관매직으로 비췄고 따라서 탄핵 사유이자 사회적 지탄 거리가 되고 있었던 것이므로 기록하지 않았기 때문이었을 것이다. 대신에 그 일부이었을 것이지만 14번의 토지매매 기사가 있다. 그 가운데 13건은 매득한 것이고, 1건은 매도한 것이었다. 그런데 여기서 주목되는 것은 유희춘이 천거 청탁을 가장 많이 했던 宣祖 6, 7년 이듬해인 宣祖 8년에 그는 대부분 그의 外家나 妻家의 농지를 그것도 換田·交易·還退 등의 명목으로 매득하고 있었다는 사실이다. 물론 祖先傳來의 토지 거래는 내외자손 사이에 매매 또는 교환하던 당시의 관행을 따라 이루어지기도 했지만,[279] 유희춘가의 경우는 매득 시점이나 매매 명목으로 보건대 관행을 따른 것으로 보이지는 않는다. 따라서 유희춘의 토지 매득은 일부 정상적인 거래에 의한 것도 있었겠지만 대부분은 그의 천거 청탁으로 출사·승진한 친인척들이 매매 형식을 빌어서 그에게 토지를 증여한 것이었다고 보아야 할 것이다.

넷째, 官屯田·畓을 冒占하는 것이었다. 宣祖 연간에 이르러 사대부들 사이에서

---

279) 李樹健 編, 1991, 『慶北地方古文書集成』, 영남대학교 출판부, 178~180쪽.

해택과 관둔전을 모점하는 일이 성행했던지 조정은 宣祖 7년(1574) 3월에 사헌부의 건의에 따라 사대부들이 모점한 해택과 관둔전을 모두 관에서 몰수하도록 결정하였다.[280] 유희춘도 언제부터인지 海南縣의 官屯畓 50負9束·官屯田 32負를 모점하여 경작하고 있다가 宣祖 9년(1576)에 호조에서 관둔전 모점 여부를 조사하자 그것과 海南城 안의 집터를 相換함으로써 결국 冒占田畓 대신에 집터를 몰수당했다. 이는 당시 유희춘이 중앙고위직에 있었고, 그 전답을 오랜 동안 경작했다는 점 등을 고려하여 선처했던 것으로 보인다.

이상에서 유희춘은 혼인을 통한 상속, 개간과 간척, 청탁에 대한 보수로서의 증여, 매득, 관둔전 모점 등의 방법으로 농지를 확대함으로써 그의 재출사 이후 말년에는 밭 500斗落只, 논 600斗落只 정도의 농지를 소유했었음을 알 수 있다. 유희춘이 영남재지사족들과 다른 점이 있다면 그것은 그의 사환기간에 주로 관직의 지위와 권력을 이용하여 농지를 확보하고 있었다는 점이겠다. 이러한 모습은 재지사족에서라기보다는 양반관료들의 토지 소유·확대 과정에서 전형적으로 나타나고 있었다. 그러나 영남재지사족들 가운데서도 관직을 매개로 대지주로 성장하는 자들도 있었다는 점을 고려한다면 그것은 호남재지사족과 영남재지사족을 가르는 기준이 될 수는 없을 것이었다. 따라서 조선전기에 양반관료이든 재지사족이든 이들이 주로 상속과 관직의 지위와 권력을 매개로 하여 토지를 소유·확대하고 있었다는 점에서 '兩班地主'로 범주화해 볼 수 있을 것이다. 다만 '토호지주'는 넓게는 '양반지주'에 포함될 것이지만 토지를 소유·확대하는 과정에서 違法·脫法的이었기 때문에 국가권력의 징벌대상이 되고 있었다는 점에서 소범주화 될 수 있을 것이다.

---

280) 『宣祖實錄』 8권, 선조 7년 3월 8일. "府啓 請丁卯以後 士大夫冒占海澤官屯田者 竝沒官 上從之."

3. 農莊의 經營

1) 서론

그동안 조선시기 농업사연구는 두 방향으로 진행되었다. 하나는 여말선초의
『農書輯要』부터 『農政會要』에 이르기까지 정부나 관에 의하거나, 혹은 농학자들
에 의해서 편찬된 많은 農書를 분석하여 농업생산력의 발전을 추적하는 것이었
고, 또 하나는 연대기류의 문헌사료와 양안·깃기 등의 토지와 수세 장부, 그리고
전답매매문기·추수기·화회문기·분급문기·허여문기 등의 고문서를 분석하여
소유관계·생산관계를 탐구하는 것이었다.

이러한 두 방향의 연구자들은 조선시대의 농업사 시기 구분에서 차이를
보이고 있다. 우선 전자에서 김용섭은 "농서는 그것이 편찬된 시기의 농업생산에
서 제기된 문제를 해결하고 그 생산력을 증진시키려는 데서 편찬되고 있다."는
전제 아래 임란 후의 그러한 농서로서 『農家集成』(孝宗 6년, 1655)을 들어 임란을
분기점으로 전·후기로 구분하였다. 그것은 『農家集成』이 『農事直說』을 수록하면
서 많은 사항을 증보(실질적으로는 修正)하고 있는데 이 증보부분의 대부분이
이앙법을 보충한 것이었고, 그것도 당시 水田農業의 선진지대로 여겨졌던 경상
도지역의 '農俗'이라고 註記되어 있어서 이를 후기의 지배적인 농법으로 파악했
기 때문이었다. 또한 旱田農業에 있어서는 전기의 壟種法이 후기에는 畎種法으로
바뀌었고, 따라서 후기의 이앙법과 견종법의 전국적인 보급에서 '經營型 富農'이
성장할 수 있었다고 보았다.[281]

이러한 김용섭의 전·후기 구분에 대해서 이의를 제기한 것은 閔成基였다.
그는 『農家月令』(光海君 11년, 1619)을 그 전후의 농서인 『農事直說』 및 『農家集成』
과 비교 분석하여 『農家集成』의 농법은 『農家月令』의 농법을 채록한 것이라고
해도 틀리지 않을 만큼 두 농서의 농법이 같다는 것을 검증하였다. 따라서

---

281) 金容燮, 1970, 『朝鮮後期 農學의 發達』, 韓國文化研究叢書 2.

『農家集成』이 강조하고 있는 이앙법과 間種 등 一年二作의 旱田輪作農法은 17세기에 들어서 시작된 것이 아니라 이미 16세기 후반의 『農家月令』의 농법에 그 기술적 모체가 있음을 들어서 16세기 후반을 후기농법의 기점으로 잡고 있다.[282] 또한 그는 김용섭이 임란 이후의 이앙법과 견종법의 확대 보급에서 광작농과 '경영형 부농'을 찾은 것에 대해서 이의를 제기하였다. 즉, 수전농업에 있어서의 이앙법의 전국적인 보급과 삼남지방에 있어서의 稻麥二毛作은 廣作農·經營型 富農의 출현의 농법상의 배경이 될 수 있었지만, 한전농업에 있어서는 麥의 畎種法은 『農事直說』이래의 전통농법이었기 때문에 후기의 견종법의 보급에서 '경영형 부농'을 찾을 수는 없다는 것이었다.[283]

한편, 후자에서 김건태는 조선전기의 농장 경영방식을 '作介制'('作介 — 私耕' 방식)로 파악하고, 그것은 노비 인구가 급증했던 15~16세기에 전성기를 맞이했다가 이후 점차 쇠퇴하고 있음에도 불구하고 17세기 전반기까지 잔존했다고 보았다.[284] 또한 이영훈도 이러한 '作介方式'이 14세기 후반 이래 17세기 전반기까지의 노비제가 대확장을 이룬 기간에 노비노동에 기초한 농장 경영의 전형적 형태였다고 추론하였다.[285] 즉, 이들은 '작개제'에 의한 농장 경영을 14세기 후반부터 17세기 전반기까지, 즉 조선전기의 지배적인 생산관계로 파악하고, '병작제'에 의한 대토지 경영을 17세기 후반기부터 시작되는 조선후기의 지배적인 생산관계로 파악하고 있는 것이다.

---

282) 閔成基, 1985, 「『農家月令』과 16세기 農法」『釜大史學』제9집(1990, 『朝鮮農業史研究』 所收).

283) 閔成基, 1980, 「朝鮮前期의 麥作技術考 — 『農事直說』의 種麥法 分析」『釜大史學』제4집 (1990, 『朝鮮農業史研究』所收).

284) 김건태, 1991, 「16世紀 在地土族의 農莊經營에 關한 一考察 — 安東地方을 中心으로」 성균관대 석사학위논문(이 논문은 1992, 「16世紀 在地土族의 農莊經營에 대하여 — 안동지방을 중심으로」라는 제목으로 『成大史林』제7집에 발표되었다) ; 1993, 「16세기 양반가의 '작개제'」『역사와 현실』 9.

285) 李榮薰, 1987, 「古文書를 통해 본 朝鮮前期 奴婢의 經濟的 性格」『韓國史學』 9 ; 1991, 「<太祖賜給芳雨土地文書>考」『古文書研究』 1, 韓國古文書研究會 ; 1998, 「한국사에 있어서 奴婢制의 추이와 성격」『노비·농노·노예 — 예속민의 비교사 —』, 역사학회 편, 304~422쪽.

다른 한편, 이호철은 '조선전기 농업이 갖는 전체상을 보다 선명하게 부각시키기' 위해서는 농업생산력과 농업생산관계를 함께 유기적으로 파악해야 한다는 시각에서 조선전기의 주요 농서(『農事直說』, 『衿陽雜錄』, 『撮要新書』, 『四時纂要抄』등)에 더하여 고문서를 분석하였다. 그리하여 조선전기의 '주요한 생산양식'으로 솔하노비·노비적 양인의 부역노동을 기반으로 하고 노동생산성 중심의 大農法을 이용하여 대토지를 경영했던 '농장'을 제시했다. 그리고 이러한 '고전장원적인 농장 경영'은 점차 노동집약적인 농법혁신에 따른 토지생산성의 향상, 직영지적 부역노동의 비효율성, 그리고 노비의 대대적인 도망 때문에 16세기 말부터 점차 해체되고 있었다고 파악함으로써 임란을 전·후기의 분기점으로 삼고 있는 것 같다.[286]

이상에서 보듯이, 연구자들은 조선시기 농업사를 전·후기로 구분함에 있어서 약 반세기 정도의 시간차를 두고 있음을 알 수 있다. 즉, 조선전기의 종점을 16세기 전반기까지로 설정하는 견해, 혹은 16세기까지, 즉 임란 때까지로 보는 것, 혹은 17세기 전반기까지로 보는 것 등이다. 이러한 차이는 조선봉건사회의 지배적 생산양식인 지주제('지주-노비·전호농민'관계)의 구성요소인 농업생산력과 토지 소유·생산관계를 분리하고 양자의 각각의 변화 속에서 그 변화상을 강조하고 구분하려는 데서 오는 것으로 보인다. 지주제는 노동자·생산자인 노비·전호농민과 토지(생산수단·생산도구 포함)가 양반·서민지주계급의 소유로서 결합하는 일정한 생산양식이라고 할 수 있다. 따라서 이러한 지주제의 변동을 시기구분하기 위해서는 노동자·생산자인 노비·전호농민과, 대체로 14세기 후반 이래 장기에 걸쳐서 완만하게 발달하는 농업기술·농법이 양반·서민지주의 소유로 결합하는 방식이 어느 시점에서 현격하게 바뀌고 있는지를 파악해야 할 것이다.

따라서 농업기술·농법의 변화뿐만 아니라 조선전기 '농장제'의 기본노동력이었던 노비의 존재 형태 변화, 그리고 가족제도·상속제도의 변화 등을 함께

---

286) 李鎬澈, 1986, 『朝鮮前期農業經濟史』, 한길사.

유기적으로 파악하여 조선사회의 지주제의 변동과 농업사를 시기 구분해야 할 것이다.

이 글에서는 이상의 세 가지 문제 가운데 첫 번째 문제, 즉 조선후기 농업생산력을 크게 향상시킨 이앙법이 전국적으로 보급되는 시점을 김용섭의 견해를 따라 살펴보고,[287] 조선전기를 14세기 후반부터 임란 때까지로 비정하고자 한다. 그리고 후자의 두 문제는 농업생산력의 문제와 함께 별고에서 다룰 것이다.

이미 선행 연구에서 지적된 바 있지만, 농업기술·농법의 변동에서 가장 획기적인 것은 이앙법의 전국적인 확대 보급이었을 것이다. 그런데 이앙법은 이미 조선전기부터 삼남지방의 일부지역과 거기서 가까운 강원도에서 행해지고 있었고, 중엽부터 점차 확대 보급되었으며 肅宗·英祖 연간에 이르러서는 "移秧事半功倍 故諸道無不爲之 已成風俗"이라든가 "移秧之法 大省功力 卽今三南之外 他道亦皆慕效 已成風俗"[288]이라고 한 데서 볼 수 있듯이 전국적으로 행해져 이미 하나의 풍속을 이루고 있었다. 조선초기 이래 이앙법은 그 폐단이 계속 지적되어 금지되어 왔지만 17세기 후반에 이르러서는 '風俗'이 되었을 정도로 이미 전국적으로 행해지고 있었던 것이다. 英祖 36년(1750)에 이앙법의 폐단이 논의되고 있었을 때 영의정 金尙魯는 그러한 사정을 다음과 같이 말하고 있었다.

> 이앙(법)은 본래 禁令이 매우 嚴한데 근래 小民들이 농사를 게을리 하면서 이득만을 얻고자 광작을 하는 것이 해마다 증가하고 있으므로 지금은 諸道(8道)에 두루 퍼져 다 금지할 수 없다.[289]

즉, 농민들이 이앙법을 쓰면 노동력을 절약하는 반면에 소출은 늘리는 이득이 있기 때문에 광작하는 것이 해마다 증가하고 있다는 것, 따라서 이제는 이앙법을

---

287) 金容燮, 2007, 『신정 증보판 朝鮮後期農業史研究[II]-農業과 農業論의 변동-』, 45~46쪽(1964, 「朝鮮後期의 水稻作技術-移秧法의 普及에 대하여-」『亞細亞硏究』 13).
288) 『增補文獻備考』 권147, 田賦考 7.
289) 『備邊司謄錄』 138책, 영조 36년 6월 19일.

전적으로 금지할 수만은 없다는 것이었다. 또 正祖 2년(1776)에 충청감사로 있었던 徐有隣도 '初不付種 實是諸道通患'이라고 할 정도로 이앙법은 이미 전국적으로 행해지고 있음을 말하고 있다. 남쪽으로부터 행해지기 시작한 이앙법은 북쪽 지방으로까지 확대되어 이를 이용하는 농가도 점점 많아졌는데, 正祖·純祖 연간의 申緯은 황해도 신계현의 그러한 사정을 '大率水田之農居十 則移秧過其半'이라고 하여 반 이상의 농가가 이앙법을 이용하고 있음을 말하고 있다. 그리하여 純祖朝의 領相 金載瓚은 전국의 稻 耕種法을 가리켜 그 비율을 '盖今畓農若爲十分 則移秧幾過七八'이라고 하여 전국적으로 70~80% 이상의 농가가 이앙법을 이용하고 있었다고 추정하고 있다.[290]

주지하다시피 이앙법은 노동력의 절약, 소출 증대, 도맥이모작, 곡종 절약 등의 장점으로 인해 조선후기에 이르러서 급속히 확대 보급되었다.[291] 특히 이앙법은 付種法에 비해 반 정도의 노동력이 절약되었기 때문에 절약되는 노동력만큼 경작지를 확대해 가는 광작농이 출현했던 것이다.[292] 물론 당시 농민들은 대부분 전호농민들이었기 때문에 그들은 佃作地를 늘려 廣作하고 있었다.

그런데 이처럼 이앙법을 이용하여 '貪於廣作'하고 있던 전호농민들은 수리관개가 충분하지 못한 상황에서 이앙기에 혹 한발이라도 당하게 되면 失農하게 됨으로써 본인은 물론 지주와 정부에도 큰 손해를 입히게 마련이었다. 그러므로 정부는 선초부터 계속해서 이앙법 금령을 발동해 왔다. 그러나 이앙법을 이용하여 광작하는 부농층은 자못 이득을 얻고 있었다. 일시에 注秧하고 移種함으로써 노동력을 절약할 수 있었고, 혹 한발을 당하더라도 기름진 논이 많았기 때문에

---

290) 주 287) 참조.

291) 金容燮, 2007, 위의 책, 48~59쪽.

292) 宋贊植, 1970,「朝鮮後期農業에 있어서의 廣作運動」『李海南博士華甲紀念史學論叢』;『增補文獻備考』권147, 田賦考 7 ;『正祖實錄』5권, 정조 2년 1월 10일 ;『正祖實錄』50권, 정조 22년 11월 30일 ;『日省錄』정조 22년 12월 25일 ;『日省錄』정조 23년 2월 11일 ;『日省錄』정조 23년 3월 28일 ;『純祖實錄』18권, 순조 15년 2월 20일 ;『備邊司謄錄』226책, 헌종 4년 11월 20일.

수확도 많았다. 반면에 佃作地도 충분히 얻지 못하고 노동력과 농업자본 면에서 늘 열악한 처지에 있던 빈농층은 주앙·이종을 늘 늦게 하는데다가 한발이라도 당하게 되면 흉작이 들어 '糊口無路'가 되고 말았던 것이다.293) 물론 부농·빈농을 불문하고 '병작제 지주제'는 그들의 성장과 생존에 절대적인 장애가 되고 있었다. 18세기 말 19세기 초, 전국의 농업관행을 조사한 禹夏永은 경기지방의 경작지는 전국의 약 6.6%(50,469結)를 차지하고 있었는데, 그것마저 모두 서울의 '有力者'들에 의해서 소유되고 있었으므로 농민들은 佃作農民에 불과하였고, 따라서 1년 농작의 절반으로써 여러 가지 부세와 農資·생활비를 감당해야만 했기 때문에 늘 가난을 면치 못했다고 기록하고 있다. 특히 그는 자기의 고향이었던 수원지방의 사정을 다음과 같이 말하고 있다.

> 수원 민인 가운데 처음부터 토지가 없는 자는 역시 서울 사람의 토지로 명맥을 잇는 자가 반드시 많다. 다만 근래 민심을 보건대 처음부터 열심히 농사지을 계획을 가지지 않고 오로지 광작하는 것을 능사로 삼는다. 때문에 식구가 많은 집은 수십 마지기의 논을 경작한다. 이 때문에 이미 땅을 기름지게 하지도 못하고, 또 힘써 김매지도 않음으로써 畓主로 하여금 이득을 얻지 못하게 하지만 자기는 그 광작으로 인하여 자못 이득을 얻는다. 이것이 실로 요즈음의 고질적인 폐단이다.294)

즉, 우하영은 이앙법을 이용하여 경작지를 확대해 나갔던 자들, 즉 '兼竝廣作農'을 '力農者'라고 부르는 대신에 '懶農'이라고 비난하고, 그들은 스스로는 광작으로 자못 이득을 얻고 있었지만, 佃作地의 주인이었던 서울의 지주에게는 손해를 입히고 있다고 하여 '兼竝廣作'의 폐해를 지적함으로써 지주계급의 입장을 분명히 대변하고 있는 것이다.

---

293) 『日省錄』 정조 22년 12월 16일.
294) 禹夏永, 『觀水漫錄』 廣屯奠民之策. "本土(水原)民人之元無田土者 亦以京人田土爲命脈者必多矣 第近來人心 元無力稿勤農之策 專以廣作爲能事 故數口之家 皆作數石之畓 以此之故 旣不糞田 又不力耘 使畓主失利 而渠則因其廣作 頗獲贏利 此實近日之病弊也."

여기서 주목해야 할 것은 전호농민과 이앙법이 지주의 소유로 결합된 '병작제 지주제'가 조선후기 지주제의 한 유형으로서 확립되어 있었다는 사실이다. 그렇다면 조선전기의 '농장제'가 언제부터 이러한 '병작제 지주제'로 전환되었는가를 살펴볼 일이다. 이미 앞에서 지적되었다시피 조선후기의 농업생산력을 대표하는 이앙법 보급의 始點과 그 정도가 하나의 단서가 되고 있음을 볼 수 있다.

移秧之弊 其自中年 雖曾前付種之處 今皆移秧[295]

移秧古無是法 而我朝中古以後 始自南方 轉相效倣 未有如近年之最盛時也[296]

移秧古無是法 我國中古以後 始自南中 而諸路轉相倣倣 至于今遂成通規矣[297]

김용섭은 위의 기록을 검토하면서, 이앙법이 급속히 보급되는 시점을 '中年' 혹은 '中古以後', 즉 '조선시기의 중엽, 좀 더 구체적으로는 임진왜란 이후부터였다'고 해석하였다. 그가 조선시기의 중엽을 굳이 임란 이후부터라고 보고 있는 데에는 임란으로 인해서 조선왕조의 농업생산이 크게 파괴되었고, 따라서 亂後에 농업재건 정책이 대대적으로 모색되는 가운데 '적은 노동력으로 넓은 水田을 경작할 수 있는 방법으로 이앙법을 적극 활용할 수밖에 없었을 것'이라고 파악했기 때문이었던 것 같다. 그리고 이앙법의 필요성을 절감하고 그것을 적극 보급시켜 나간 계층은 영세 빈농층보다는 부농층, 그 가운데서도 '自·時作農'이 많았을 것이라고 보았다. 그들은 自作地만으로 농사를 하기도 하였지만, 가능한 한 많은 전작지를 확보하여 광작을 하고 아울러 상업적 농업과 경영의 합리화를 통하여 더 많은 富를 축적하기 위한 경제적 동기에서 이앙법을 적극 이용했을 것이리라는 것이다.[298] 말하자면 '自·時作上農'인 '경영형 부농층'이

---

295) 『增補文獻備考』 권147, 田賦考 7.
296) 『純祖實錄』 18권, 순조 15년 2월 20일.
297) 『備邊司謄錄』 226책, 헌종 4년 11월 20일.

'적은 노동력'으로 넓은 수전을 경작하기 위해서 이앙법을 적극적으로 이용했을 것이라는 점이다.

그런데 임란 직후에 '경영형 부농층'을 설정하는 것도 문제이지만, 더구나 그들이 '넓은 수전'을 확보할 수 있었겠는가 하는 점이 또 다른 문제로 지적될 수 있다고 생각된다. 주지하다시피 "列邑이 텅 비고 죽은 자가 半이나 되며, 평시의 백 호의 마을 열 가운데 한 둘만 남아있다."고 할 정도로 인구가 크게 감소하는 가운데 농업노동력 또한 큰 손실을 입었었다.[299] 더 심각한 것은 陳田이 엄청나게 늘어난 것이었다. 임란 직후 成泳은 전라도의 亂前 결총은 44만 結이었는데 亂後에 보고되고 있는 기경전은 6만 結이라 했고, 李恒福은 평시 전라도 전결은 40여만 結, 경상도 전결은 30여만 結, 충청도 전결은 27만 結이었는데, 난후에 8도 전결이 겨우 30여만 結로 평시 전라도 한 도에도 미치지 못한다고 말하고 있었다.[300] 또 光海君 3년(1611)에 호조판서를 지내고 있던 黃愼은, 평시 전국의 전결을 합산하면 170만여 結이었는데, '금일 현재의 전결은 54만 2천여 結'이라고 말했다.[301] 난전에 평시 8도의 원장부 결총이 150만~170만여 結에 시기결총이 80만~85만여 結이었으므로 임란으로 인하여 결국 30만여 結의 진전이 발생했던 셈이다.[302] 그리고 이앙법은 국초 이래로 여전히 금지되고

---

298) 金容燮, 2007, 앞의 책, 59~62쪽.

299) 『宣祖實錄』93권, 선조 30년 10월 20일.

300) 『宣祖實錄』140권, 선조 34년 8월 13일. "領議政 李恒福曰 …… 田結數 全羅道四十餘萬結 慶尙道三十餘萬結 忠淸道二十七萬結 近世以來 連以下之下收稅 雖在平時 而稅入僅二十餘 萬石 比於國初 則減半矣 而亂後八道田結 僅三十萬結 則不及平時全羅一道矣 其何以成國 之模樣乎."

301) 『增補文獻備考』권148, 田賦考8, 光海君 3년(1611). "戶曹判書 黃愼啓曰 …… 試以平時各 道田結之數較之於今日見在 則全羅道四十四萬餘結今爲十一萬餘結 慶尙道四十三萬餘結今 爲七萬餘結 忠淸道二十六萬餘結今爲十一萬餘結 黃海道十一萬餘結今爲六萬一千餘結 江原 道二萬八千餘結今爲一萬一千餘結 京畿道十五萬餘結今爲三萬九千餘結 咸鏡道十二萬餘結 今爲四萬七千餘結 平安道十七萬餘結今爲九萬四千餘結 通八道現在田結僅過平時全羅道田 結之數而止."

302) 이세영, 2001, 『朝鮮後期 政治經濟史』, 164~166쪽의 '<표 13> 道別 元結數와 時起結 數' ; 金容燮, 2007, 『신정 증보판 朝鮮後期農業史硏究[II]-農業과 農業論의 變動-』, 465쪽의 '<표 1> 亂前 亂後의 結總'(2003, 『學術院論文集』 인문·사회과학편 42,

있었고, 湺·堤·堰 등의 수리시설은 오랫동안의 전란으로 인하여 대부분 파괴되었었다. 이러한 상황에서 自·時作上農의 富農層이라 할지라도 많은 수전을 전작지로 확보하여 이앙법을 쓸 수는 없었을 것이라고 생각된다. 따라서 다음의 기사는 正祖 연간의 것이긴 하지만, 이앙법의 필요성을 절감하고 이를 적극 이용했던 계층은 부농층이라기보다는 零細 貧農層이었을 것임을 시사하고 있다.

移秧(法)은 播種(法)에 비하여 일하기가 쉽고 비용이 절약되는 것이 비교가 되지 않기 때문에 貧民과 殘戶들이 오히려 이앙법을 이용함으로써 佃作할 수 있다. 지금 만약 이앙법을 못하게 하고 오로지 播付(法)만 쓰게 한다면 이는 十分의 노력을 들여서 一分의 곡식만 얻게 하는 것에 지나지 않는다.303)

揭載, 2005. 補).

〈亂前 亂後의 結總 (亂前結總 단위 : 結-負-束)〉

	亂前 結總	光海君 3年의 時起結	同上 時起結의 比率	비고
慶尙道	315,026-64-8	7 萬餘 結	22.22%	
全羅道	442,189-07-2	11 萬餘 結	24.88%	
忠淸道	252,503-55-8	11 萬餘 結	43.56%	
(小計)	1,009,719-27-8	29 萬餘 結	28.72%	
京畿道	147,370-16-3	3.9萬餘 結	26.46%	
江原道	34,831-37-5	1.1萬餘 結	31.58%	
黃海道	106,832-70-8	6.1萬餘 結	57.10%	
平安道	153,009-13-1	9.4萬餘 結	61.43%	
咸鏡道	63,831-90-1	4.7萬餘 結	73.63%	
計	1,515,500-00-0	54.2萬餘 結	35.76%	55.5萬 結, 36.62 %

○ 亂前 結總 :『磻溪隨錄』권6, 田制攷說 下, 國朝田制 附("本國平時(卽壬辰倭亂以前)田結及癸卯(宣祖 36년)乙亥(仁祖 13년-이른바 甲戌量田)量田數" ; 光海君 3년 時起結 : 黃愼,『秋浦集』卷2, 啓, 地部獻言啓 六條別單.
○ 光海君 3년 時起結의 比率을 계산함에는 亂前 結總을 結 단위로 하였다.
○ 비고의 수치는 黃愼이 同 上啓의 作米布항에서 各 道의 時起結을 대략으로 합산한 55~56萬 結을 55.5萬 結로 간주하여 그 比率을 산출한 것이다. 여기서 이 結數가 위 표에서 道 단위 結數를 합산한 54.2萬餘 結과 차이가 나는 것은, 黃愼은 道 단위 結數를 기술할 때는 萬 단위 이하를 정확하게 집계하지 않았지만, 그가 이를 전국의 總結數로서 표시할 때는 萬 단위 이하까지도 모두 합산하여 집계하였기 때문이다.

303)『蕉泉遺稿』권6, 雜著 農書 ; 韓國近世社會經濟史料叢書,『農書』7 應旨進農書 1, 353쪽. "移秧之於播種 功力之易 費用之省 不翅相十 故貧民殘戶 猶得以佃作 今若禁之 專使播付

즉, 佃作을 할 수밖에 없는 가난한 빈농층이라 하더라도 이앙법을 이용하게 되면 노동력과 비용이 덜 들기 때문에 그만큼 소득을 얻어 살아갈 수 있다는 것이다. 이앙법은 영세 자작농이거나 佃作하는 빈농층에게는 실로 생존과 구명의 활로가 되고 있었던 것이다. 따라서 영세 빈농층들은 누구보다도 이앙법의 필요성을 절감하고 이를 적극적으로 이용해 갔을 것이었다.

이처럼 임란 이후 영세·빈농층은 생존을 위한 방략으로 앞서서 이앙법을 적극적으로 이용하고 보급시켜 갔을 것이다. 그러나 이앙법이 일반화되는 것은 시기결수가 임란 전의 수준으로 회복된 17세기 후반에 이르러서였다. 그리고 이 무렵 이앙법의 보급을 주도한 것은 자작농과 자·시작 상농이었다. 그것은 병작지주들이 반드시 '건장하고 勤勵하며, 또 父子가 있고 傭奴와 농우가 있어서 농사를 크게 도움 받을 수 있는 자',[304] 즉 노동력과 농업자본 면에서 빈농층보다 우세하여 차지경쟁에서 유리했던 '饒實佃客'을 선택하여 전답을 주었으므로 그들은 이앙법을 이용하여 廣作에 나섰을 수 있었던 것이다. 그리하여 17세기 후반에 이르러 이앙법의 일반화와 함께 '병작제 지주제'가 확립되었다고 볼 수 있겠다.

그런데 17세기 후반에 이르러 '병작제 지주제'가 확립된 데에는 또 다른 원인이 있었다. 그것은 조선전기 농장 경영의 기본 노동력이었던 노비노동의 해소였다. 전란 중에 노비인구가 자연 감소하기도 했지만 많은 노비들이 도망갔으며, 또한 '主-奴'관계가 解弛해짐으로써 남아 있던 노비들은 나태하고 심지어는 태업함으로써 이미 농장 경영은 어렵게 되고 있었던 것이다. 이러한 노비의 존재형태의 변화는 이앙법을 포함한 농업생산력의 발달과 함께 별고에서 다시 살펴볼 것이다.

이상에서 조선시대의 농업사를 기본적인 토지소유관계(생산관계)인 지주제의 변동을 기준으로 시기 구분한다면 壬亂을 前後로 하여 조선전기의 '농장제', 그리고 조선후기의 '병작제 지주제'로 구분해 볼 수 있겠다.

是用十分之力 不過得一分之穀也."
304) 『經世遺表』 권5, 地官修制 田制1 井田論3.

2) 私有地 농장의 경영

여기서 私有地 농장이라 함은 앞에서 서술한 '開墾型' 농장·'私債型' 농장·'權力型' 농장 등과 在地士族의 농장을 말한다.

일찍이 周藤吉之는 농장을 사적 토지소유제에 기반을 둔 농업경영형태로 보고, 농장주를 중앙의 귀족과 향리·토호층으로 나누었다. 그리고 전자의 농장 경영은 그들이 사적으로 소유하고 있는 佃戸적 위치에 있는 막대한 노비 노동에 의존했고, 후자는 노비 노동력이 부족하였으므로 몰락 양인층을 佃戸로 흡수하여 병작반수제로 경영했다고 보았다. 어느 경우든 병작반수제 경영이 지배적인 형태인 셈이었다.[305] 이러한 견해는 강진철에게 이어졌다. 강진철은 조선전기의 농장은 여말선초의 농장이 부활한 것이었는데, 그것의 대부분은 民田의 탈점에 의해 형성된 권력형 농장이었으며, 따라서 농장주인 권력자들은 농장에 莊舍를 설치하고 莊主·莊頭·幹事라 불리는 관리인(奴僕)을 파견해서 예속관계에 있는 전호농민으로부터 1/2租를 수취하는 병작반수제로 경영했다고 주장했다.[306]

이러한 농장의 병작반수제 경영을 비판하고, 浜中昇은 고려말의 농장을 ① 노비를 사역하는 직영지, ② 私田에서 佃客(佃戸)을 지배하는 농장, ③ 병작제가 행해지는 농장의 세 가지로 유형화하고, 이 가운데 ②형의 농장은 과전법으로 몰수되었지만 ①과 ③은 과전법 아래서도 폐지되지 않고 계속되어 조선시대의 '地主小作制'의 역사적 전제가 되었다고 보았다. 말하자면 농장 경영의 한 유형으로 '노비 사역에 의한 직영제'를 제기한 것이었다.[307]

한편, 이호철은 그동안 주목하지 않았던 경북지방의 고문서[308]를 이용하여 16세기 농장 경영의 구체적 실태를 제시했다.[309] 이하 이호철의 연구를 요약한다.

---

305) 周藤吉之, 1934, 「麗末鮮初에 있어서 農莊에 대하여」, 『靑丘學叢』 제17호.

306) 姜晉哲, 1980, 「高麗의 農莊에 대한 일 연구—民田의 占奪에 의해 형성된 權力型農莊의 實體」, 『史叢』 24.

307) 浜中昇, 1976, 「高麗末期의 田制改革에 대해서」, 『朝鮮史에 있어서 國家와 民衆』(朝鮮史研究會論文集 13).

308) 李樹健 編, 1981, 『慶北地方古文書集成』, 영남대학교 출판부.

우선 그는 강진철의 주장에 대해 이의를 제기했다. 과전법에 의해 혁파되었다가 조선전기에 부활했다고 하는 권력형 농장이 지주전호제로 경작되었다고 보기 어렵다는 것이었다. 왜냐하면 그것들은 어디까지나 수조권에 근거하여 형성되었기 때문이라는 것이다. 그는 고려말의 농장 가운데 사적 토지소유에 기초한 다수의 농장들이 전제개혁에도 불구하고 조선전기까지 '累代農舍'로써 계속 상속되어왔음을 지적하였다. 즉 조선전기의 농장은 대개가 사적 토지소유에 기초하여 성립된 농장이라는 것, 그리고 이러한 농장들을 농장주의 정치적 성향, 농업경영의 내용, 농장 분포지역과 규모, 그리고 생산관계에 따라 왕실·중앙관료(훈구파)의 농장과, 在地士族(士林派) 및 지방의 土豪·品官·鄕吏層의 농장으로 구분하였다. 그리고 이러한 농장들의 경영형태를 크게 농장주나 그 대리인이 직접적으로 경영에 참여하는 노비제와 간접적으로 경영에 참여하는 병작반수제의 두 유형으로 나누고, 조선전기에는 전자가 널리 성행했다고 다음과 같이 말하고 있다.

世傳奴婢나 奴婢的 良人(農莊主家에 招集·招納된 避役·投托 良人)이 지주나 그 대리인이 직접 경영을 감독하는 농장에서 부역노동의 형태로 집단적으로 사역당하는 형태의 생산관계는 이 시대에 있어 널리 성행하였다. 특히 경작에 필요한 토지가 풍부한 반면 外居奴婢와 良人들의 주요한 생산양식이었던 소농민경영의 불안정한 생산력과 대체로 農牛·農糧의 자급자족이 극히 어려운 상태에서 이러한 생산관계는 널리 성행되었을 것이다. …… 이 시대 농장에서 이 같은 생산관계를 오랫동안 유지시킬 수 있었던 가장 주요한 요인은 '奴主之分'이라는 신분적 예속과 이 시대 소농민경영의 너무나 열악한 경제적 처지 때문이었다. 결국 불안정한 소농민경영의 광범위한 존재가 바로 그와 같은 집단적 부역노동에 기초한 농장 경영의 효율성을 유지하는 역할을 담당하였던 것이다.[310]

---

309) 李鎬澈, 1986, 『朝鮮前期農業經濟史』, 한길사, 419~470쪽.
310) 李鎬澈, 위의 책, 439쪽.

조선전기에는 양반사대부인 농장주가 솔하노비와 노비적 양인을 직접 집단적으로 사역하는 직영지적 고전장원적 형태가 지배적이었다는 것이다. 그 구체적 근거로는 15세기 후반에서 16세기 후반에 걸쳐 작성된 경북지방의 고문서(粘連文記·和會文記·許與文記)를 분석하여 추정한 결과로서 직영지가 농장 토지 전체의 50%를 넘고 있음을 들고 있다. 그리고 조선전기 전반에 걸쳐서 이른바 솔하노비·노비적 양인의 부역노동에 기반을 둔 노동생산성 중심의 大農法을 취한 농장 경영이 가장 안정적·선진적인 농업 경영형태로서 유지될 수 있었던 것은 ① '一賤則賤'과 '良賤交婚'을 통한 노비인구의 증가와 '壓良爲賤'에 의한 노비적 농민의 증가('16세기 말에는 전체 인구의 반에 달했다'고 추정), ② 이들과 농장주 간의 '奴主之分'의 존속, ③ 외거노비와 양인농민 등의 소농민경영의 불안정한 생산력 등을 그 조건으로 들고 있다.

다른 한편, 병작반수제에 의한 농장 경영형태는 주로 소유노비가 부족하거나, 품관·향리 등의 농장처럼 그 규모가 작거나, 佃戶(외거노비나 몰락양인)가 主家의 직접적 통제를 받기가 곤란한 지역에 있는 농장들에서 나타났다는 것이다. 그러나 이들 전호에 의해 병작반수제로 경작되었던 托營地(並作地)의 비중은 15세기에는 극히 미미했다가 16세기 후반에 들어가면서 대체로 30~40%로 증가했다는 것, 하지만 이들 전호의 소농민경영은 극히 불안정했으므로 농장토지의 병작은 농장주로부터 생산수단 및 노동수단의 일부(농우·농구·농량·종자 등)를 貸與받음으로써만 가능했다는 것. 또 이들은 수확물의 절반을 바치면서도 신분적으로 외거노비나 피역·투탁 양인들로 구성되었기 때문에 농장주로부터 각종 형태의 경제외적 지배를 받고 있었다는 것이다.

이호철의 小結에 따르면, 조선전기의 농장은 주로 자기 경리를 가진 노비들의 부역노동을 이용하여 경작되고 있었다. 그렇지만 이런 '고전장원적인 농장 경영'은 점차 노동집약적인 농법혁신, 직영지적 부역노동의 비효율성, 그리고 노비의 대규모적 도망 때문에 16세기 말부터는 점차 해체되고 있었다고 하였다.

이어 이영훈은 역시 고문서를 통해 조선시대 노비의 사회적 존재양태를 규명하면서 농장의 구조에 대한 새로운 견해를 내놓았다.[311] 그는 조선전기의 농장의 구조를 主家와 奴家, 전답의 복합적인 상호관계에 입각하여 해명한 뒤, 농장에 포섭된 노비들이 소작지를 경작하면서 동시에 직영지 경작에도 동원되었다는 주목할 만한 견해를 제시했다. 그러나 분재기를 해석하면서 부분적인 착오를 드러냄으로써 농장의 토지 가운데 직영지가 차지하는 비중을 과대평가하는 오류를 보였다. 즉, 분재기에서 전답의 면적만 기재한 것을 모두 직영지로 파악했고, 인명과 전답면적 사이에 기재된 '作', '私', '作介' 등을 인명의 당사자가 그 전답을 병작하는 것으로 해석한 것이었다.[312] 이후 그는 김건태의 '作介'라는 용어의 발견과 그 해석에 착안하여 '作介'의 본래 의미는 주가에서 노비의 別産을 위해 지급하는 가옥과 토지를 가리키며, 포괄적인 의미로는 주가에서 노비들에게 별산을 지급하고 그들로 하여금 주가의 토지를 경작케 하는 행위를 가리킨다고 이해했다.

그러나 김건태와 이호철의 논문은 안승준에 의해 수정받게 되었다. 안승준 역시 고문서를 분석하여 이호철이 말하는 '직영지'의 경작방식을 구체적으로 밝혔다.[313] 그는 1554년 서울 安氏 양반가의 경기도 파주의 농장을 소개하였다. 농장주 安氏는 농장의 노비 13口에게 '作介地'와 '私耕地'라는 두 종류의 토지를 나누어 주었다. 작개지는 1구당 답 10~20斗落의 규모인데, 노비의 책임 경작지로서 그 소출의 약 1/2 정도를 농장주가 차지하는 토지였다. 사경지는 노비의 작개지 경작에 대한 보수로, 노비의 생계 밑천으로, 작개지와 짝하여 지급된 토지였는데, 구당 답 4~9斗落과 전 1~2日耕의 규모였다. 이 연구는 농장주가 작개지에서 일정한 지대를 수취하고 있고, 노비는 작개지와 사경지를 소경영의 형태로 경작했음을 해명했다는 점에서 농장 연구에서 획기적인 진전을 가져왔다.

---

311) 李榮薰, 1987, 「古文書를 통해 본 朝鮮前期 奴婢의 經濟的 性格」 『韓國史學』 9.

312) 김건태, 1991, 「16世紀 在地士族의 農莊經營에 關한 一考察-安東地方을 中心으로」, 성균관대 석사학위논문(이 논문은 1992, 「16世紀 在地士族의 農莊經營에 대하여-안동지방을 중심으로」라는 제목으로 『成大史林』 제7집에 발표되었다) ; 이영훈, 1991, 「<太祖賜給芳雨土地文書>考」 『古文書研究』 1, 韓國古文書研究會.

313) 安承俊, 1992, 「1554년 在京士族의 農業經營文書」 『季刊書誌學報』 8.

그러나 김건태는 안승준의 연구는 두 가지의 문제점을 안고 있다고 지적했다. 첫째, 작개지의 수취액 문제다. 안승준은 농장주가 노비로부터 작개지 수확량의 1/2 정도를 정액지대로 수취한다고 이해했지만, 실제 자료에 의거하면 그 수취량이 1/2을 훨씬 상회할 뿐 아니라, 그 비율이 일률적으로 지정되지 않았다는 것이다. 둘째, '作介制'의 변동 문제다. 안승준은 16세기 중엽의 작개제가 그 이전의 작개제와 아무런 차이가 없는 것으로 이해했지만, 실제로 작개제의 구조와 내용은 시대에 따라 달랐다는 것이다. 이에 김건태는 함경도·경기도·경상도의 양반가의 분재기·일기 등의 자료를 광범위하게 탐색하여 16세기 농장 경영에서 작개제가 차지하는 지위, 그것의 구조와 시기별 변동추세를 재검토하였다.[314] 이하 그의 연구를 요약한다.

1. 농장의 구조 : 16세기에는 한 농장 내에 主家 혹은 主家 소유의 家舍를 중심으로 10여 가구의 노비들이 거주하고 있었다. 그 주변에는 家作地, 作介地, 私耕地, 竝作半收制에 의해 경작되는 전답 등이 소규모로 분산되어 있었다. 당시 농장주들은 대부분 이러한 농장을 여러 지역에 걸쳐 다수 소유하고 있었다. 각 농장마다 작개지가 차지하는 비중은 일률적이지 않았다.

2. 作介制 : 농장주는 자기 소유의 노비에게 작개지와 사경지를 짝지어 나누어 주었다. 작개지와 사경지의 분정 면적은 농장주의 임의적인 판단에 의해서 책정되었다. 작개지는 주로 논이었고, 사경지는 주로 밭이었다. 작개지와 사경지는 노비의 개별 가족을 중심으로 한 소경영형태로 경작되었다. 노비가는 작개지 수확물 가운데 반 이상에서 전량까지를 주가에 지대로 바치는 한편, 사경지 수확물은 모두 자기가 차지했다. 작개지의 경작은 노비 신역의 일부로 간주되었다. 노비 인구가 급증했던 15~16세기가 전성기였던 작개제는 16세기에 점차 축소되고 있음에도 불구하고 17세기 전반기까지 잔존했다.

3. 농장 경영의 강화 : 농장주는 주로 논으로 분급한 작개지의 수확량의 반

---

314) 김건태, 1993, 「16세기 양반가의 '작개제'」『역사와 현실』 9.

이상에서 전량까지를 수취했기 때문에 병작제보다도 작개제를 선호하였다. 농장주는 작개지에서의 노비 노동의 강도를 강화하기 위해 파종시기에 수취액을 미리 정하고 추수기에 그 액수만큼 수취하거나, 일정량의 수취액 하한선을 정하고 소출이 그 이상일 경우 초과량마저 수취하기도 했다. 또한 노비들의 노동의욕을 고취시키기 위하여 상을 주기도 하고, 제초나 파종을 제때에 하지 않으면 체형도 가했으며, 작개지의 수확물이 일정량에 달하지 않을 경우에는 미달된 양에 따라 체형의 강도를 달리하기도 했다.

4. 작개노비의 저항 : 작개지 경작에 사역되는 노비들은 태업이나 수확물의 은닉을 일삼았다. 그 때문에 농장주들은 작개지의 비중을 축소하거나, 심지어는 그것을 폐지하기도 했다. 17세기 후반 이래 작개노비의 점증하는 저항에 직면하여 작개지 분급은 중지되었다.

이상에서 김건태는 14세기 후반 이래 17세기 전반기까지 노비 인구가 급증했던 기간에 농장의 지배적 경영방식은 '작개제'('작개-사경'방식)였을 것이라고 보았다. 그는 이러한 작개제가 17세기 후반 이래 급격히 소멸한 원인으로 작개노비의 저항을 들고 있지만, 이에 더하여 이호철이 지적했던 것으로서 노동집약적 농법의 발달에 따른 농업생산력의 향상, 작개지에서의 노비 노동의 비효율성, 그리고 임진전쟁기간의 노비의 대대적인 도망 등을 들 수 있을 것이다.

이어서 이경식은 이상의 연구 결과들을 비판적으로 수렴하여 노비노동을 이용한 농장 경영을 다음과 같이 네 가지로 유형화했다.[315]

---

315) 李景植, 1998, 『朝鮮前期土地制度硏究[II]』, 241~249쪽 ; 김홍식은 일찍이 농장 경영에 동원되는 예속농민을 주가에의 예속형태를 기준으로 (A) 주가의 門前이나 인근 전답에서 직접 使役되고 給養되는 家內奴隷인 率居奴婢, (B) 주로 주가의 전지로 이루어지는 보유지에서 가족을 형성하여 獨立戶를 이루고 경우에 따라 주인의 감독이나 간섭을 받는 일이 있어도 기본적으로는 생산활동의 내부에서 독립하여 노동하고 있으며 생산수단을 자기의지의 지배하에 두고 자기의 목적에 따라서 그것을 이용하고 있다는 점에서 소농형태를 취하고 있는 外居奴婢, (C) 그리고 법률적으로는 양민이면서도 주인의 호적에 附籍되어 전지는 물론 농우·농구·종자·식량까지 주인에 의존하고 가옥조차 공급받으며 무거운 부역노동과 지대부담을

Ⅰ型 : 主家나 혹은 農舍 주위에 10호 안팎의 奴婢家를 배치하고 이들의 노력을
　　　동원 지휘하여 家作하거나, 이들에게 노동력의 형편을 감안하여 作介(地)로
　　　서 일정량의 토지를 분여하여 경작시키고 일정 액수 이상을 收納하되,
　　　그 대가로 私耕(地)을 분급하고 그 소출은 해당 노비의 몫으로 삼게 하는
　　　방식.316)
Ⅱ型 : 노비를 家內雜事에 역사시키면서 농지를 대여경작하게 하고 半分打作하
　　　는 방식.
Ⅲ型 : 노비로부터 身貢을 수취하고 竝作半收하는 방식.
Ⅳ型 : 타인에게 대여하고 竝作半收하는 방식.

이 네 가지 유형을 기존의 연구에 비추어 나누어 보면, Ⅰ型은 '家作制'·'作介制'
(작개—사경 방식)이고, Ⅱ·Ⅲ·Ⅳ형은 병작반수제 방식인 셈이다. 여기서 쟁점이
되고 있는 문제는 어느 방식이 지배적인 것인가 인데, 이경식은 경상도 재지
양반가의 경우를 들어 전자와 후자의 비율을 1대 3, 혹은 1대 4정도로, 그리고
Ⅰ형에서의 작개지 면적을 2~3結, 혹은 3~4結 정도로 추산하였다. 그리고 在地地
主라도 대지주·거대지주의 경우는 물론 본가로부터 멀리 떨어진 지역에 대토지
를 소유했던 在京 不在地主의 경우에는 병작반수제 비중이 훨씬 높았을 것이며,
在地 中小地主의 경우는 '작개—사경' 방식의 비중이 상대적으로 컸을 것이라고
추정하였다. 말하자면 농장주의 소유농지의 위치나 규모, 노동력의 형편에

통해 주인에게 노비와 마찬가지로 예속되어 있는 雇工 또는 婢夫 등을 그 돌출부분으
로 하는 奴婢的 佃戶, (D) 마지막으로는 국가에 대해서 원칙적으로 국역의 의무를
지고 있으면서 지주에 대해서는 비교적 자유로운 예속농민인 佃戶 등의 4유형으로
구분하였다. 그리고 4유형의 예속농민은 개로로 산발적인 것이 아니라 서로 유동하
고 있기 때문에 상호관련적으로 파악할 것을 요구하고 있다(金鴻植, 1981, 「封建的
小農民經營의 成立」『朝鮮時代 封建社會의 基本構造』, 박영사).
316) 이경식은 작개식의 경영방식은 고려·조선초 國農所 토지 경작에서 발생했다고
　　지적하고 있다. 國農所의 토지는 경작민인 干農夫의 私田과 국농소의 公田으로 구성되
　　었다. 간농부는 處干과 같은 奴役佃戶로서 국농소에 부속되어 公田, 곧 屯田의 경작을
　　역으로 전담하였고, 私田은 이를 위해 국농소의 농지 가운데 일부를 私耕地로
　　분여 받은 토지였다는 것이다(이경식, 1978, 「朝鮮初期 屯田의 設置와 經營」『韓國史硏
　　究』21·22 합집).

따라 경작 방식도 달랐겠지만, 조선전기의 농장 경영에서는 병작반수제에
의한 농장 경영이 절대 우위였다고 단정하였다.[317]

또 하나, 농장 경영에서 쟁점이 되고 있는 것은 위의 Ⅰ·Ⅱ·Ⅲ型에서 보이는
農耕奴婢의 성격이었다. 이경식은 그들을 '農奴'라고 규정하고 있다. 그 근거로는
첫째, 당시의 기록에서 그들을 '農奴'라고 지칭하고 있다는 점,[318] 둘째, 「安氏治家
法制」와 같은 양반가의 농업경영 문서에서 보듯이, 노비들의 과실 및 양반
능욕, 전답 소출의 은닉 등 부정·비리 행위에 대해 治罪하는 것을 法式으로
규정해 놓고 있고, 또 律令에서 노비의 세세한 의무사항과 이의 위반 時의
형벌을 작정하여 놓고 있었다는 점 등을 들었다. 즉 농장주와 노비 사이에
'主奴之分'에 의한 신분적인 지배예속관계가 철저했다는 것이다. 셋째, 양반
농장주와 농경노비·전호 사이에 신분적인 지배예속관계가 형성되었다는 것이
다. 당시 양반 농장주들이 농장을 유지하고 경영하는 데 가장 큰 사안은 경작노비
나 전호들이 安堵할 수 있도록 보호하는 일이었다. 그것은 농장 소속의 노비·고
공·비부들로부터의 관의 부세징수 및 요역수취를 차단시키는 것이었다. 그렇게
함으로써 농장주와 그들 사이에는 '主奴之分'에 의한 신분적 지배예속관계가
형성되었다는 것이다. 실제로 양반의 농장과 그 소속 민호 특히 노비·비부·고공
에 대해서 復戶 및 免役의 혜택이 주어지는 것이 관례가 됨으로써 농경노비들에
대한 농장주들의 신분적 지배는 철저하였고, 이를 통해 농장을 관리하고 경영했
다는 것이다. 따라서 '農奴' 일반은 본질상 '農奴'였다고 규정한다.

---

317) 김홍식은 "고려말부터 이조초기에 걸쳐서 성행한 대토지소유인 소위 농장의 내부
　　에 있어서도 기본적으로는 농장주에 예속하는 솔거 또는 외거노비에 의하여 경작되
　　고 있는 곳이 대부분이었고, 병작제하의 전호적 경영은 일부의 농장에 있어서
　　특히 재지지주적경영이 행해진 지역을 중심으로 해서 서서히 전개되기 시작했다."
　　고 말한다(김홍식, 1981, 앞의 책, 212쪽). 즉 노비노동에 기초한 직영이 대부분이었
　　다는 것이다.
318) 이경식, 1998, 앞의 책, 243쪽 : 한 두 예로 國屯田에 배속되어 경작하고 납공도
　　하던 공노비를 '農奴'라고 지칭하고 있고(『世宗實錄』 28권, 세종 7년 4월 24일),
　　李滉家의 농장에서도 농사에 종사하는 노비를 '農奴'라고 부르고 있다(『陶山全書』
　　4 內篇 寄寓, 219쪽).

그리고 농장주에 대한 농노의 이러한 예속 정도는 차이가 있었겠지만 Ⅳ型의 竝作佃戶도 비슷했을 것으로 추측하고 있다. 특히 影占·招納·投托한 民戶의 처지는 거의 노비에 방불했다는 것이다. 당시 양반 농장주들이 열악한 민인들을 冒占·影占하는 일은 농장의 확대와 항시 병행하여 일어나고 있었다. 그리하여 기록 속에서는 '廣治田園 影占百姓'('전원을 널리 경영하고 백성을 몰래 점유했다'), '誘良賤爲己奴婢 占膏腴爲己田庄'('양민과 천민을 끌어들여 자기 노비로 만들었고, 비옥한 토지를 차지하여 자기의 전장으로 만들었다'), '多占膏腴之地聚爲農莊 招納良賤萃爲淵藪'('비옥한 토지를 많이 차지하여 모아서 농장을 만들고, 양민과 천민을 불러들여 소굴을 만들었다') 등으로 표현되고 있었다.[319] 즉, 양반 농장주들은 민인들의 토지는 빼앗아 농장의 농지로 만들고, 민인들은 노비로 삼고서는 원래의 그들의 토지를 '作介－私耕'시키거나 병작시켰다는 것이다.

이상의 이경식의 견해를 요약하면, 竝作半收制에 의한 농장 경영이 절대 우위였지만 그 竝作佃戶 또한 '作介地－私耕地'의 농경노비와 다름없는 '農奴'的 존재였다. 그리하여 양반 농장주들은 노비를 농노로서, 병작전호를 隷農으로 지배하면서 농지를 경작하고 농장을 경영했다는 것이다.

한편, 일찍이 조선 노비의 사회적 존재양태를 규명하면서 농장의 구조에 대한 새로운 견해를 제시했던 이영훈은 삼국시대부터 조선 18~19세기까지 노비제를 총괄하면서 노비제의 역사에서 전성기에 해당하는 15~17세기(17세기 전반기)에 전체 인구의 3~4할을 차지했던 노비 가운데 '작개노비'의 노동에 기초한 양반 노비주의 농장 경영, 즉 '作介方式'('作介－私耕方式')에 의한 농장 경영이 조선전기의 지배적 생산관계였으며 '병작(관계)'은 아직 부차적인 생산 관계였다고 말하고 있다.[320]

---

319) 李景植, 앞의 책, 237~239쪽.
320) 李榮薰, 1998, 「한국사에 있어서 奴婢制의 추이와 성격」『노비·농노·노예―예속민의 비교사―』, 역사학회 편, 304~422쪽. 그는 '경제적 차지관계인 병작(관계)이 지배적 생산관계로 되는 것은 농장이 해체되는 17세기 후반부터이다'라고 말한다(본 책, 398쪽).

이영훈은 15~17세기에 노비 인구가 대확장한 사회경제적 배경으로 李樹健이 제시한 5가지에다 두 가지를 추가하고 있다.[321] 두 가지는 다음과 같다.

첫째는 고려시대 이래의 才人·禾尺 집단의 농민화였다. 이들은 유기제작이나 피물업에 종사했던 자들로서, 국가의 호적에 등록되지 못한 異類로서 이동성이 강한 자들이었다. 조선초기 世宗 연간 이들을 모두 刷出하여 각 村에 분속하여 이동을 금지하고 농업에 종사케 했는데, 이후 이들을 新白丁이라 불렀다. 지방에 따라서 그 수가 평민의 1/3 또는 1/4이나 되었으니, 원래 적지 않았음을 알 수 있다. 이들 신백정이 농민으로 정착하는 과정은 결코 순탄하지 않았으며, 상당수는 노비로 전락하였다는 것이다.

둘째는 世祖 7년(1461)에 있었던 호구제의 개혁이었다. 직계가족과 방계친족 또는 처족으로 이루어전 세대공동체의 家는 고려후기 이래의 농업생산력과 사적 토지소유의 발전을 기초 동인으로 하여 서서히 夫妻와 그들의 子女ー사위 포함ー및 노비·고공으로 이루어지는 직계가족 형태의 家(『經國大典』 禮典 戶口 式)로 발달하였다. 世祖는 이것을 호구조사의 기초 단위로 제도화하는 개혁을 단행하였다(世祖 7년, 1461). 이 개혁에 의해 종전까지 전국 20만여 호총이 130만 정도로 급증하였다. 이어 世祖는 이렇게 급증한 호구의 모든 男丁에게 군역을 부과하는 것을 원칙으로 하는 군제개혁, 즉 保法을 실시했다. 이러한 세조 개혁의 역사적 의의는 고려후기 이래 성립해 온 새로운 존재형태의 농민으로서 小農을 제도화하고 나아가 국가 지배체제의 기초 단위로 구조화했다는 점이었 다. 그렇지만 지역 간의 생산력 발전의 불균등성, 그리고 계층 간에 개재된 자립도의 차이로 말미암아 많은 하층 소농은 개혁에 의해 타격을 입고 流移하거

---

321) 李樹健,「古文書를 통해 본 朝鮮朝社會史의 一硏究」『韓國史學』9, 1987, 29쪽에 요약된 5개 항은 다음과 같다.
　① 郡縣制와 지방통치체제의 개편과 정비에 따른 鄕·所·部曲의 소멸과 任內의 直村化.
　② 토지의 사적 지배권의 발달에 따른 재지사족의 광범한 존재.
　③ 儒佛交替에 따른 재지세력의 불교 시설과 기반의 인수.
　④ 北虜·南倭와 기타 전란·기근으로 인한 流移民의 대량 발생.
　⑤ 새 선진농법의 수용에 따른 在地士族들에 의한 任內 또는 외곽 지대에 대한 활발한 지역개발.

나 끝내는 양반가의 노비로 전락하고 말았다. 15~16세기 인구의 3~4할로 노비가 증대하게 된 가장 중요한 계기는 이 같은 世祖의 개혁과 그에 뒤이은 하층 양인의 신분 전환에 있었다. 요컨대 생산의 주체로 등장하기 시작한 소농이 국가적 지배체제의 구조적 전환과정에서 통과해야 했던 과도기적 존재형태가 다름 아닌 노비였다는 것이다.

이러한 7가지의 이유로 전체 인구의 3~4할을 차지하게 된 노비의 존재양태와 그 특질은 무엇이었을까? 일찍이 김석형은 주인과의 거주 형태를 기준으로 솔거노비와 외거노비로 구분하고, 주인과 살면서 자신의 독자적 經理를 갖지 못하고 주인의 가내잡역은 물론 농경노동을 담당한 전자를 '노예'로, 주인과 떨어져 살면서 주인의 토지를 차경하고 지대를 바치는 독자적 경리를 보유한 후자를 '농노'로 규정하였다. 그리고 양자 가운데 외거노비가 절대적으로 우세했기 때문에 노비는 "일반적으로 말하여 농노"라고 그 역사적 성격을 총괄하였다.[322] 이에 대해 이영훈은 노비주가 노비를 구분했던 실태와는 어긋난다고 지적하고, 노비의 거주 형태 대신에 주인과의 경제적 관계를 기준으로 구분하였다. 이하 이영훈의 서술을 발췌, 요약한다.

우선 노비는 그의 소속처에 따라 公奴婢와 私奴婢로 나뉘었고, 사노비가 압도적이었다. 공·사노비는 각각 立役奴婢와 納貢奴婢로 구분되었다. 입역노비란 소속 관청이나 주인에 의해 직접 사역당하는 노비를 말하며, 납공노비란 사역을 면하는 대신 연간 일정액의 공물을 소속 관청이나 주인에게 납부하는 노비를 말한다. 입역과 납공을 절반씩 겸하는 半役·半貢의 존재를 구분하는 경우도 있으나 그리 일반적이지는 않았다.

사노비 가운데 입역노비는 다시 가내노비와 농경노비로 구분된다. 노비 가운데 그 역사적 유래가 가장 오랜 것은 家內奴婢이다. 이들은 주인의 수족으로서 侍從·陪從·炊事·汲水·採薪·掃除·通信 등 온갖 잡역에 종사하였다. 농경노비는

---

322) 金錫亨, 1957, 『朝鮮封建時代 農民의 階級構成』, 北韓과학원출판사(국내 復刊本, 신서원, 1993).

주인의 농업에 동원되는 노비인데, 이들은 노동의 동원방식이나 경지와의 결합 형태를 기준으로 家作奴婢, 作介奴婢, 併作奴婢의 세 부류로 더 구분된다. 양반 노비주는 일정한 규모의 경지를 自營, 곧 家作했는데, 거기에 투여된 노비가 가작노비였다. 가작노비와 앞의 가내노비는 그 노동과 보수의 형태에서 구분하기 힘든, 사실상 동일한 존재였다. 그리고 이러한 노비들은 노동과정적 관점에서 소경영의 주체 여부를 기준으로 가내노비와 가작노비는 노예로, 작개노비·병작노비·납공노비는 농노로 범주화되고, 15~17세기에는 노비가 노예에서 농노로 발전했던 기간이었다는 것이다.

이영훈은 전술했듯이 안승준과 김건태가 실증한 바 있는 '작개지−사경지'의 경작 노비를 '작개노비'로 명명하고, 그 성격은 노예로서 농노로 발전하는 과도적 존재로 규정하고 있다. 그리고 이 '작개노비'가 15~17세기 양반 노비주의 농장 경영에 있어서 중심적 역할을 담당했다고 말하고 있다. 소규모의 농장 경영은 가작노비로 충분했겠지만, 대규모의 농장은 '작개방식'('작개−사경방식')을 도입하는 것이 일반적이었다는 것이다. 그리고 이러한 '작개방식'과 농장 경영의 관계를 다음과 같이 말하고 있다.

> 작개방식은, 그 말이 고어사전에도 채집되지 않을 만큼, 17세기 후반 이래 급격히 소멸해 갔다. 다만 私耕만이 '새경'으로 變音되어 내려왔는데, 그 뜻이 머슴에 대한 보수임은 주지하는 바이다. 작개방식의 소멸은 농장의 해체, 또는 농장의 생산적 기초였던 노비인구의 감소와 밀접한 상관이 있다. 크게 보아 작개방식은 14세기 후반 이래 17세기 전반까지 노비제가 대확장을 이룬 기간에 노비노동에 기초한 농장 경영의 전형적 형태라고 할 수 있다.[323]

즉, '작개방식'('작개−사경' 방식)에 의한 농장 경영이 14세기 후반 이래 17세기 전반까지의 지배적 생산관계였다는 것이다. 그런데 이렇게 단정하는데

---

323) 이영훈, 1998, 앞의 책, 387~388쪽.

걸리는 것이 농경노비 가운데 '병작노비'(이경식의 유형 구분에 따르면, Ⅱ·Ⅲ형의 노비)의 존재와 그 성격이었다. 그에 의하면, 병작은 15세기 초부터 농촌사회에 성립한 토지대차 관계로서 병작농의 인격이 전주에게 예속되어 있지 않고 양자가 경제적 계약관계에 있음을 특질로 한다. 그러나 농장에서 노비주와 노비 사이에 병작관계가 설정되는 경우는 드물었으며, 농장의 병작노비는 이미 '主奴之分'에 의한 지배예속관계에 있었다. 종래 15세기 초부터 병작관계가 지배적이었다는 견해가 영향력을 행사해 왔지만, 이 점은 실증적 근거가 결여된 오해이므로 수정될 필요가 있다고 보고 있다. 그가 보기에, 병작관계가 지배적 생산관계로 되는 것은 농장이 해체되는 17세기 후반부터라는 것이다. 작개방식은 노비 노동에 대한 주인의 강한 지배력을 특징으로 하는 바, 그에 대한 노비들의 저항으로 작개방식과 그에 기초한 농장 경영은 장기적으로 부정되어 갈 수밖에 없었으며, 그 대체물로 경제적 차지관계인 병작이 대토지소유의 경영 방식으로 17세기 후반부터 도입되기 시작했다는 것이다.

이상에서 이영훈은 15~16세기에 전체 인구의 3~4할을 차지할 정도로 급증한 노비의 존재형태와 특질을 당시의 농장 경영과 연계시켜 '작개방식'('작개-사경' 방식)에 의한 농장 경영이 14세기 후반부터 17세기 전반기까지의 지배적 생산관계였을 것이라고 추론하고 있다. 그리고 그것은 노비 인구의 감소와 작개방식에 대한 노비들의 저항으로 17세기 후반부터는 경제적 차지관계인 병작제로 대체되어갔다고 말하고 있다.

이상의 연구 성과에 비추어 볼 때, '私田型' 농장을 제외한 다섯 유형의 농장의 경영방식은 '作介-私耕' 방식과 병작전호에 의한 '병작반수제' 가운데 대체로 전자의 비중이 컸던 것으로 볼 수 있을 것 같다. 물론 농장주의 소유농지의 위치나 규모, 노동력의 형편에 따라 경영방식도 달랐을 것이다. 이를테면 '개간형' 농장처럼 本家가 농장의 농지로부터 멀리 떨어져 있던 이른바 '不在地主', 특히 '在京不在地主'의 경우에는 개간에 使役되었던 현지의 농민들이나 無田農民들을 佃戶로 삼아 병작반수제 경영도 했을 것이다. 그러나 대다수는 역시 '作介方式'을 취했던 것으로 볼 수 있을 것 같다. 그것은 '不在地主'라 할지라도 대체로 출신 고향이나 內外의 緣故地를 중심으로 농장을 개설했고, 그 농장을 개설하면서부터 그들 소유의 노비들이나 父邊·母邊·妻邊으로부터 상속받은 노비들, 그리고 현지에서 보충되었던 '壓良爲賤'들을 농장에 聚居시키면서 농작에 종사하게 했기 때문이었다. 또한 '在地地主'라도 대지주의 경우는 농지가 본가 주위뿐만 아니라 본가로부터 멀리 떨어진 여러 곳에 散在해 있었기 때문에 가작경영과 함께 작개방식과 병작반수제의 경영도 겸했을 것이다. 그러나 이 시기의 병작제는 작개제의 부차적인 생산관계일 뿐이었고, 전호는 主家에 의존하지 않고서는 소농경영을 유지할 수 없었으므로 그의 농장주에 대한 예속 정도는 '作介地-私耕地'의 농경노비와 다름없는 '농노'적 존재에 불과했을 것이다.

이상을 소결하면, 14세기 후반부터 17세기 전반까지 양반 농장주들은 家作·作介·私耕 노비를 '農奴'로서, 그리고 병작전호를 隸農으로 지배하면서 농지를 경작하고 농장을 경영했다고 볼 수 있겠다. 따라서 조선전기의 지배적인 토지소유·생산관계를 '農莊制'로 개념화하고자 한다.

3) '私田型' 농장의 경영

우선, '사전형' 농장은 世祖 12년(1466) 직전제가 실시되기까지는 科田·功臣田·別賜田의 수조권의 授受와 集積으로서 형성되었고, 職田制 실시 이후 明宗 11년(1566) 직전제가 폐지되기까지는 이미 세습해 온 과전과 직전·공신전·별사전으로 이루어졌으며, 직전제의 폐지 이후에는 과전·공신전·별사전으로 이루어졌던 농장이었다. 그러나 농장주들 가운데는 이런 수조지만 가지고 농장을 조성했던 것은 아니었다. 鮮初의 3공신들 가운데는 고려말기의 권문세족출신이 많았는데 그들 대부분은 '累代農舍'로서 대토지를 소유해 오고 있었다. 따라서 '사전형' 농장은 祖先傳來의 私有地와 과전·공신전·별사전 등으로 형성되는 것이 보통이었다.

이러한 '사전형' 농장들의 토지 가운데서 私有地를 제외한 私田의 전체 규모는 과전법이 실시되고 있던 太宗 2년(1402)에 경기내의 총 전결수 149,300여 結 가운데 과전 84,100여 結, 공신전 31,240여 結로서 모두 115,340여 結에 달했다.[324] 그리고 직전제 실시 이후 中宗 21년(1525) 정월에 직전·공신전·별사전의 田租 총액은 3~4千石에 지나지 않았다고 했는데, 이를 전결수로 환산해 보면 대략 22,500~30,000여 結 내외가 된다.[325] 다만 成宗 15년(1484) 이후에 직전의 분급이나 加給이 미미했고, 공신전·별사전의 賜給이 더 이상 없었던 사정을 감안하면 中宗 중엽까지 사전의 전체 규모는 太宗 초년의 110,000여 結을 유지했던 것으로 보인다. 이 규모는 明宗 11년(1566) 직전제가 폐지된 이후에도 크게 변하지 않았을 것이다. 따라서 조선전기에 '사전형' 농장들 안에서 수조지 전체의 규모는 110,000여 結 내외였을 것으로 추정해 볼 수 있을 것이다.

그러나 이처럼 경기 내 총 전결수의 70% 정도를 차지했던 사전이 모두 농장의 토지가 되었던 것은 아니었을 것이다. 앞서 살펴보았듯이 '사전형' 농장은 주로는 과전과 함께 공신전·별사전을 賜給 받은 공신 출신의 宰相들이 조성했던 것이었다. 따라서 전체 사전 가운데 그 일부분만이 농장주가 재상인 농장의 토지에 포함되었을 것이다. 마찬가지로 경기의 '양인 자작농' 가운데 일부가 '사전형' 농장의 '전주-전객' 관계에 편입되어 '전객농민'이 되었을 것이다.

---

324) 『太宗實錄』 3권, 태종 2년 2월 5일. "司諫院上疏 略曰 足食足兵 民信之矣 國無三年之蓄 國非其國 …… 臣等謂我國之田 不過八十萬餘結 畿外則除倉庫 衙祿 公廨 廩給 寺社之田外 曰軍役 曰外役 曰津·驛·院·館·紙匠之田 皆有其稅 以補ара転 其屬軍資者 率多沙石之田而已 祿轉位田 或因陳損 不滿前額 輒以軍資田租充之 軍廩之虛 職此之由 畿內則으로十四萬九千三 百餘結 除倉庫 宮司 各司 各位田外 科田八萬四千一百餘結 功臣田三萬一千二百四十餘結 寺社田四千六百八十有餘結 而科田則於水旱田各一結 稅其二斗 以供國用 功臣之田則不許 納稅 以優勳庸 是誠報功之美意 然十分而稅其一 天下古今之通義也 況一結而稅其二斗 以資 軍國之需 何所不可 伏望殿下 以各等功臣田與中外寺社田幷三萬七千三百餘結 依科田例 皆 收其稅 以補軍資 則歲入不下全三千七百有餘石矣 又汰煩冗之官 省不急之備 勿令以軍資田 租 充祿田陳損之數 則中外軍資 不閱一二年 三年之畜 可期也 允之."

325) 『中宗實錄』 56권, 중종 21년 1월 17일. "戶曹判書安潤德 參判趙玉崑 參議李世貞啓曰 前者 爲畿甸稅租乏絶 全減職田 功臣田 別賜田 但此元數 不過三四千石 以此 何能盡給口食種 子乎." : 1石을 20斗로 하고, 下下年의 1結當 田租 4斗를 기준으로 환산하면 전조 총액 3~4천 石은 22,500~30,000여 結이 된다.

먼저 조선전기의 가장 전형적인 小農인 '양인 자작농'의 존재 형태를 살펴본 다음, 이들이 '사전형' 농장의 '전주-전객' 관계에 편입되어 전객 소농으로서의 존재 양태와 특질을 바탕으로 '私田型' 농장의 경영방식을 추론해 보고자 한다.

이 시기에 '양인 자작농'들은 가족 노동력으로 자신의 소유지를 자작하고, 국가에 대해 租·庸·調, 즉 田稅와 貢物 및 徭役, 軍役 등을 바치면서 자급자족하는 소농이었다. 전세와 공물 및 요역은 각 군현별로 작성된 量案과 貢案에 의거하여 年分 혹은 計田法에 따라 군현을 단위로 하여 수취되었다. 그리고 군역은 각 도, 각 군현별로 책정된 軍額에 따라 수취되었다. 수령들은 호적을 기초로 軍籍·軍案을 작성하여 이 군액을 채워야 했다.

그런데 이 3稅 가운데서 양인 소농에게 가장 큰 부담이 되었던 것은 軍役이었다. 그것은 양인만이 군역을 지고 있을 뿐만 아니라 양반·양인·천민이 함께 부담해야 하는 공부와 요역에서 양반가와 노비호가 면역되고 있었기 때문에 그만큼의 공부와 요역이 양인과 공천에게 전가되고 있었기 때문이었다. 또 하나는 戶를 기본 단위로 하여 부과되었던 군역의 수취는 아직은 군역이 군역세로 대체될 수 있는 수준까지 생산력이 발달하지 못한 이 시기에는 노동력 자체의 수취였기 때문이다. 그리하여 양인 호를 대상으로 한 군역 수취는 결국에는 양인 호 자체의 존립을 위태롭게 하고 있었다. 따라서 군정 운영을 통하여 양인 호의 구조와 존재 형태의 변동을 살펴보자.

太宗 4년(1404)에 군역을 지는 양인호의 貧富에 따라 '助戶=奉足戶'를 지급하는 기준을 정했다. 예를 들면, "甲士軍으로서 토지 2~3結 이하의 소유자에게는 奉足 2호를 지급하고, 4~5結 이하의 소유자에게는 봉족 1호를 지급하고, 6~7結 이상의 소유자에게는 봉족을 지급하지 않는다. …… 모든 봉족호는 2~3結 이하의 소유자를 쓴다."는 것 등이었다.[326] 군역을 져야 할 戶首戶의 田結數를 감안하여 봉족 수를 分等差定했던 것이다. 갑사군의 경우, 1호수호가 갑사군역을 지기 위해서는 최소한 6~7結을 소유해야 했다. 따라서 2~3結 이하를 소유한

---

326) 『太宗實錄』 7권, 태종 4년 5월 23일.

양인 농민으로서는 갑사군역(장교)을 감당할 수 없기 때문에 2~3結 이하를 소유한 봉족호 2호를 지급하고 있는 것이다. 따라서 공평한 군역제를 실시하기 위해서는 우선 호구와 호의 경제력을 파악하는 것이 시급한 과제였다. 그리하여 太宗 14년(1414) 4월에는 호구법을 제정하여 호적을 작성하고 이를 바탕으로 軍戶를 확보하고자 했다.[327] 이때의 戶口式은 이후 개정되어 『經國大典』禮典의 戶口式으로 확정되었다.[328] 이 호구식으로 夫妻와 그들의 자녀·사위, 그리고 노비·고공으로 구성되는 家戶의 구조와 개념이 확립된 것이었다. 世宗 11년(1429) 에는 이러한 호구식에 의한 호구조사에 기초하여 軍丁法을 제주도까지 확대해서 실시했다.

> 병조에서 아뢰기를, "제주의 軍丁에 대한 법은 육지와 같지 않으니, 지금부터 는 육지의 軍丁의 예에 따라 아버지가 正軍이 되면 아들과 사위는 奉足이 되며, 壯丁이 3명 있으면 그 중 1명은 正軍으로 하도록 하소서."[329]

따라서 이제 전국적으로 실시하게 된 군정법은 아버지·아들·사위 등 3丁을 가진 戶에게 1正軍을 부과하는 것이었다. 이때 아버지는 戶首가 되고, 아들과 사위는 奉足이 되었다. 이에 따라 1丁을 가진 1호의 경우는 3호를 묶어서 1軍戶를 편제하게 될 것이었다. 그리고 이 3호 가운데 군역을 지게 되는 호는 戶首戶가 되고 나머지 2호는 奉足戶('助戶')가 되었다. 이처럼 '3丁=1軍戶' 방식에 의거하여 軍戶를 편제하기 위해서는 무엇보다도 먼저 철저한 호구조사가 선행되어야

---

327) 『太宗實錄』27권, 태종 14년 4월 2일. "議政府啓奴婢及戶口法 …… 謹按『經濟』戶典 近年以來 戶口之法不明 差役不均 良賤混淆 其弊不小 今後京外官推考成籍 戶首人夫妻內外 四祖及率居子孫弟姪 以至奴婢年歲備載 乞令各道各官以今年七月十五日爲始 兩班人吏百姓 各色人世系 備細推考 分揀成籍 一件納于戶曹 一件置于監司營庫 一件置于其官 京中漢城府 以明年七月十五日爲始 考其本貫呈報 亦以上項例 覈實成籍 如有自願八祖具載者聽 止錄或 祖或父者亦聽 皆從之."

328) 『經國大典』禮典 戶口式. "某部某坊第幾里 外則稱某面某里 住某職姓名年甲本貫四祖 妻某 氏年甲本貫四祖(細註 省略) 率居子女某某年甲 女壻則幷錄本貫 奴婢雇工某某年甲."

329) 『世宗實錄』45권, 세종 11년 7월 28일. "兵曹啓 濟州軍丁之法 與陸地不同 乞自今依陸地軍 丁之例 父爲正軍 子壻爲奉足 三丁爲一正軍."

했다. 그런데 이 무렵 전국적인 호구의 현황은 다음과 같았다.

> 지금 本朝는 호구의 법이 밝지 못하여 강원도·황해도·평안도에서는 대부분
> 1丁을 1戶로 삼고, 경상도·전라도 및 함길도 六鎭에서는 혹은 수십 人을
> 1戶로 삼기도 하는데, 경기와 충청도에서는 그다지 지나친 지경에까지는
> 이르지 아니하였습니다. 강원도·황해도의 山郡의 백성들은 流亡하여 직업을
> 잃게 되므로, 1戶로써 전일의 몇 戶의 賦役을 제공하게 하니 날로 疲弊해졌습
> 니다. 경상도·전라도의 沿海의 고을에는, 세력 있고 교활한 집에서는 밖에는
> 한 개의 문을 만들어 놓고 안에는 몇 집을 두고서는, 만약 혹시 찾아내려고
> 하면 배를 타고 바다에 들어가기도 하고, 종이 본 주인을 구타하는 자까지
> 있기도 합니다. 평상시에는 富者는 부역을 면하고 貧者는 항상 그 勞苦를
> 대신하고 있으며, 전쟁이 일어나면 본디부터 戶籍에 기재되지 아니하였으므
> 로 반드시 모두 도망하여 숨어 버릴 것이니, 모두가 옳지 못합니다.[330]

여기서 호를 구성하는 인정 수에 따라 전국이 세 지역으로 구분되고 있음을
볼 수 있다. 강원도·황해도·평안도에서는 1丁이 1戶를 이루고, 경상도·전라도·
함길도에서는 數十 丁이 1戶를 구성하고 있고, 경기도·충청도에서는 그 중간
丁數가 1戶를 구성하고 있다. 그런데, 경상도와 전라도는 물론 경기도·충청도의
경우에도 漏丁을 파악하면 더 많은 호수를 확보할 수 있었다.[331] 따라서 호구조사
를 철저히 하여 '3丁=1戶'의 방식에 따라 새로 호수를 책정한다면 강원도
등에서는 이전보다 호수가 1/3로 줄어들 것이고, 경상도·전라도 등에서는 이전
보다 수배로 늘어날 것이었다. 따라서 현재 상태로는 '均賦均役'이 이루어질
수 없었다.

---

330) 『世祖實錄』 7권, 세조 3년 3월 15일.
331) 『世宗實錄』 68권, 세종 17년 4월 4월 17일. "戶口之法 歷代所重 莫不纖悉 我國雖有其令
　　未盡詳明 漏戶隱丁 什常八九 今欲盡刷無遺 則民無餘力 或生困苦 伊欲使戶口實而勞逸均
　　其術安在." : '漏戶·漏丁이 열에 8, 9'나 되는 현실에서 빠짐없이 刷出하면 민인들이
　　여력이 없어지고 혹 困苦가 생길 수 있으니 호구도 실하고 勞逸도 균등한 좋은
　　대책이 없겠냐고 호적법 개혁책을 策問하고 있다.

그리하여 世祖 7년(1461)에 戶籍과 軍籍을 改正했다. 事目의 제1항을 보면, "여러 도의 호적은 戶牌案을 사용하여 戶首와 率丁을 기록한다. 넓게 긴 울타리를 만들고 그 울타리 안에 따로 집을 지어서 한 집으로 일컫는 것을 찾아내어 따로 한 호를 만든다."라고 하여 主家에 은닉되어 있는 挾戶를 刷出하라는 것이었고, 또 새로 많은 호를 찾아낸 수령에게는 加資·褒賞을 하지만 추쇄를 소홀히 하거나 人丁의 隱漏를 방기하는 수령은 징계·논죄함으로써 수령의 호구 추쇄를 독려했다.[332] 이에 따라 未曾有의 人丁과 戶口가 수괄됨으로써 數倍의 군호를 확보하게 되었다. 이때 추쇄된 군호는, 충청도에서는 2만 호에서 11만 호로 증가했고, 경상도에서는 4만 호에서 30만 호로 증가다. 물론 강원도·황해도·평안도에서는 오히려 줄어들었을 것이다. 그런데 전체적으로 호구 수는 數倍로 증가했지만 호수와 봉족을 법대로 비정하지 않았기 때문에 군호는 오히려 부실해지고 있었다.[333] 이에 世祖 11년(1465)에 대사헌 梁誠之는 철저한 호구조사와 '3丁=1戶' 방식에 의해 軍戶를 충실히 할 것을 거듭 제안하고 있었다.[334]

그러나 이후에도 호구는 실재대로 파악되지 못했다. 그것은 下三道에서 보듯이, 豪猾(土豪와 猾吏)들이 "울타리를 널리 치고 人口를 匿占하매, 양인으로서 赴役을 도피하는 자와 公私賤으로서 官(官吏)·主(主人)를 배신하는 자들이 서로 이끌고 모여들어 淵藪가 되었으나, 관리는 감히 誰何하지도 못한다."[335]라고

---

332) 『世祖實錄』 25권, 세조 7년 7월 24일. "遣禮賓寺尹安訓于京畿 判司瞻寺事朴健順于忠淸道 成均大司成崔漢卿于全羅左道 判承文院事田稠生于右道 弼善具達忠于慶尙左道 前典農寺尹 趙之夏于右道 訓鍊副使李珵于江原道 漢城判官鄭垠于黃海道 判奉常寺事愼後甲于平安道 改正戶籍 軍籍 付以事目 一 諸道戶籍用號牌案 錄戶首率丁 其廣作長籬 就籬內別構家舍 稱爲一家者 刷出作戶 …… 一 加現戶口多者 敬差官則超資 守令亦論賞 一 推刷時不用心守令 推覈啓聞 一 守令隱漏丁口者 雖會赦 以違制書律論."
333) 『世祖實錄』 34권, 세조 10년 8월 1일.
334) 『世祖實錄』 37권, 세조 11년 11월 15일.
335) 『成宗實錄』 171권, 성종 15년 10월 1일. "諭忠淸道觀察使金自貞 全羅道觀察使金瓘 慶尙道觀察使李陸曰 予聞 豪猾之家 廣張垣籬 匿占人口 良人之逃賦役公 私賤之背官主者 相率而往 萃爲淵藪 官吏莫敢誰何 曩者予遣朝臣 糾摘其甚者而罪之 然而習俗已久 隱占如舊 頑民之不畏邦憲如是 此風不可不痛革也 卿悉此意 申明前降法條 嚴立科限 使之自首 如不自

하는 형세 때문이었다. 그리하여 "호구를 조사하여 호적을 작성한다는 것은 文具일 따름이요, 遊丁은 전혀 檢括되지 못하며 호적에 올라있는 자들도 流亡한 자가 더 많다. 그러므로 軍額에서 이탈된 자가 과반이나 되어 軍丁은 본래의 元額에서 점점 감소되고 있으며, 정원을 채웠지만 保率(保人)이 없다."[336]고 지적되었다. 따라서 軍籍을 작성하기 전에 民丁을 수괄하여 호적부터 다시 작성해야 했다.

그러나 16세기 후반 조선국가가 존립의 위기에 처할 때까지도 호구는 실재대로 파악되지 못했고, 따라서 군액도 채워지지 못하고 있었다. 조선전기 내내 '軍多民小' 현상이 계속되는 가운데 그나마 남아있던 양인 소농들은 더 부담하게 되는 군역을 면피하기 위하여 유망하거나 양반가의 노비·비부·협호·고공으로 투속해가고 있었다. 그 결과 15세기 후기에, "지금의 濟民 가운데 私賤이 10에 8~9나 되고, 良民은 겨우 1~2에 불과하다."[337]고 말할 정도로 양인 호구수가 줄어들었었다. 이는 私賤人口가 급증한 현실을 너무 과장되게 표현한 것이지만, 成俔이 "우리나라 인물 가운데 노비가 居半이다."[338]라고 한 데서 알 수 있듯이, 이 시기에 노비인구는 급증한 데 반해 양인은 감소했었다는 것은 부인할 수 없는 사실이었다. 이로 보면, 이 시기의 양인 호는 직계가족 형태의 家戶를 이루면서 본인을 포함한 3丁을 가진 戶首戶나 1丁 혹은 2丁의 봉족호의 형태로 존재했으며, 전국적으로 보면 '1丁=1戶'의 비중이 훨씬 컸을 것으로 추측된다.

이상에서 대다수의 양인 호가 '1丁=1戶', 혹은 '2丁=1戶'의 봉족호 형태로 존재했지만 그나마 그들은 부역과 군역을 면피하기 위하여 漏籍·漏丁하거나, 양반가에 투속하여 협호·노비·비부·고공으로 전락하고 있었음을 확인할 수 있다.[339]

首 或有因人陳告而現者 則當置重典 不少假貸 卿其播告道內 無俾豪猾 自速其辜."
336) 『中宗實錄』 80권, 중종 30년 11월 22일.
337) 『成宗實錄』 91권, 성종 9년 4월 8일. "朱溪副正 深源上書曰 …… 今者齊民之中 私賤十居八九 良民僅一二 而安富者摠是私賤 貧困者摠是公賤(是公賤)與良民."
338) 『傭齋叢話』 권9.
339) 『世祖實錄』 24권, 세조 7년 4월 3일. "外方豪强之戶 多有挾戶隱丁 使定限自首 先從內需所

다음으로 양인 소농은 소유토지의 규모와 생산수단(농기구 및 축력), 그리고 농법 등의 생산력적 측면에서도 열악했기 때문에 소농으로서 자립하지 못하고 결국에는 양반 농장주의 隸農과 노비로 전락하고 있었음을 확인해 보고자 한다.

양인 소농의 소유토지와 영농규모에 대해서는 김홍식과 김태영의 연구와 이를 바탕으로 한 이호철의 연구가 있다.[340] 이하 이들의 연구를 기초로 양인 소농의 존재 형태를 살펴보자.

김태영은 조선전기 軍役과 牧子役 등 기준적 국역을 專業的으로 수행하는 戶首戶의 영농규모는 1結 이상 2結 정도였으며, 이 1結 정도의 영농에는 장정 4명의 노동력이 필요했는데 일반 농민호의 경우에는 가족 노동력이 다 동원되기 때문에 4명의 장정을 따로 구비해야 할 필요는 없었다고 파악했다. 여기서 국역을 전업적으로 수행한다는 것은 군역 외의 다른 수취나 부담 없이 군역만을 수행한다는 의미이며, 따라서 1~2結 정도를 경영하는 自作農戶라면 별다른 외부의 침책을 받지 않는 한 군역을 수행하면서도 자립적인 소농으로서의 재생산과정을 유지해 갈 수 있는 처지가 될 수 있었다는 것이다.[341] 당시 호수호의 장정이 3명이었음을 감안하면 3~4명의 장정이 1~2結 정도를 경작할 수 있었고, 따라서 장정 1명이 경작할 수 있는 영농규모는 1結 미만이었다고 볼

宗親大臣奴子戶刷出 良人則定軍役 公私賤則錄雜色案 不首者勿論公私賤 幷挾戶隱丁 全家 徙邊." ;『中宗實錄』9권, 중종 4년 9월 29일(무오). "參贊官宋千喜曰 臣嘗於忠淸道見之 良民役重 多欲投屬爲私賤 是以良民漸少 申公濟前任綾城縣令時 有一人列書人名而來告曰 此是公家逃奴婢 居于某處 請推尋 公濟曰 我素無奴婢 不受其言 其人退而言曰 癡哉其員 如此空得奴婢 豈易乎 其後又有一人來告者 公濟亦不受之 令人逐出之 以此觀之 朝官若無廉 介 則良民願爲奴婢 豈拒而不受乎 必多有壓良爲賤者矣 許硡曰 大抵良民願爲私賤者 全羅道 尤甚 下三道豪猾之家 多占良民於戶內 故成宗朝遣官搜刷 今聞咸鏡道亦如此 雖軍籍時 亦脫 漏 請依成宗朝例 遣官搜刷."

340) 金鴻植, 1982,「封建的 小農民經營의 成立」『朝鮮時代封建社會의 基本構造』, 221~223 쪽 ; 金泰永, 1983,「朝鮮前期 小農民經營의 추이」『朝鮮前期土地制度史研究』, 145~157 쪽 ; 1997,「朝鮮前期 小農民經營論」『韓國 古代·中世의 支配體制와 農民』, 441~470쪽 ; 李鎬澈, 1986,「小農民經營의 존재형태」『朝鮮前期 農業經濟史』, 459~470쪽.

341) 김태영, 위의 책, 1997, 452~458쪽.

수 있겠다.

그러나 실제 양인 소농의 토지소유 및 영농규모는 국가가 상정하고 있었던 양인 소농의 표준적 영농규모인 1~2結에 미치지 못했던 것으로 파악되고 있다. 이를 살펴볼 수 있는 사료들을 들어보면 아래와 같다.

A. 甲士軍으로서 토지 2~3結 이하의 소유자에게는 奉足 2호를 지급하고, 4~5結 이하의 소유자에게는 봉족 1호를 지급하고, 6~7結 이상의 소유자에게는 봉족을 지급하지 않는다. …… 모든 봉족호는 2~3結 이하의 소유자를 쓴다.[342]

B. 卞孝文이 看審한 경상도의 재해 입은 땅은 모두 1천 8백여 結이었고, 閔恭이 간심한 전라도의 재해 입은 땅은 모두 1천 5백 70여 結이었다. 호조에 명령하여 정부와 더불어 의논하게 하니, 여러 사람이 모두 아뢰기를, "연속해서 10結이 재해를 입은 것이라야 免稅하는 것을 허락하도록 하소서." 하니, 영의정 黃喜, 겸판예조사 許稠가 반박하여 아뢰기를, "생각건대 우리나라가 태평스러운 세월이 오래 되고, 인구가 날로 번창하나, 田地는 예전보다 더함이 없는 까닭으로, 10結 이상을 경작하는 자는 모두 富豪들이며, 3~4結이라도 가진 자는 역시 적습니다. 지금 10結 이상의 연속된 災田에 대해서만 면세를 허락하고 9結 이하는 減租를 받지 못하면 가난한 자는 더욱 가난해지고 부자는 더욱 부유해져서 고르지 못하다는 탄식이 있지 않을까 염려됩니다. 이미 재해를 입은 것을 알면서도 세를 거두는 것은 말이 되지 않습니다. 3~4結 이상 재해를 입은 것도 함께 그 세를 감해주는 것이 옳습니다." …… 호조판서 이견기가 의견을 말하기를, "10結 이상의 災田이 모두 1가의 경작지면 면세해야 합니다. 물가의 민인들 역시 각자 뭍에 경작할 수 있는 땅이 있는데, 다만 災田만 살펴서 면세하면 공법의 '1家의 모든 災田에 대해 면세한다'는 법에 어긋납니다. 이미 정한 공법에 따라 시행하는 것이 어떻겠습니까." 여러 의견을 따랐다.[343]

---

342) 『太宗實錄』 7권, 태종 4년 5월 23일. "外方民戶 富強者多得助戶 而貧乏者反不得助戶 流移失所 軍額日減 願令各道差等詳定 一. 甲士二三結以下 給奉足二戶 四五結以下 一戶 六七結以上不給 …… 凡諸奉足戶 皆用二三結以下者 不許用四五結以上者."

C. 集賢殿 直提學 李季甸 등이 글을 올려 말하기를, "災傷한 것이 연속하여 5結 이상이라야 免稅를 허가하니, 대저 한 사람의 땅이 5結을 연속된 것이 적고, 다른 사람의 땅 사이에 있는 것이 많습니다. 가령 5結의 땅을 5分하여 경작할 경우에 네 사람의 땅은 모두 災傷을 입었는데 한 사람의 옆 땅(旁田)의 結實 때문에 네 사람한테 똑같이 그 세를 거두고, 한 사람의 땅이 5結이 連伏되었는데 1負의 결실로 4結 99負의 세를 아울러 바치며, 小民의 땅으로 1~2結을 넘지 않는 자가 많은데, 경작하는 1~2結의 땅이 모두 災傷을 입어도 국가에서 반드시 그 세를 받는다면, 민인들은 장차 무슨 물건으로 賦稅를 충당하며, 장차 무슨 물건으로 부모를 봉양하고 처자를 부양하겠습니까. 백성의 근심과 탄식을 이루 말할 수 있겠습니까. 이 법은 결코 행할 수 없는 것입니다."[344]

D. 경상도 都事 權技가 하직하니, 世宗이 인견하고 이르기를, "······ 下三道는 땅이 좁고 민인이 많아서 3結을 경작하는 집에 아들 세 사람이 있어, 만약 그 전토를 나누면 한 사람이 겨우 1結을 경작하게 될 것이니 민인의 생활이 어찌 넉넉하게 될 것인가. 평안도는 땅이 넓고도 기름져서 내가 富戶를 추려서 빈 땅에 들여보내어 채우고자 하였으나, 함길도의 일을 마치기 못하였기 때문에 곧 거행하지 못했을 뿐이다."[345]

---

343) 『世宗實錄』 83권, 세종 20년 11월 20일. "許卜孝文所審慶尚道被災田 共一千八百餘結 閔恭所審全羅道被災田 共一千五百七十餘結 令戶曹與政府議之 僉曰 連十結被災者 乃許免稅 黃喜稠駁議啓曰 惟我國家昇平日久 生齒日繁 田土則無加於古 故耕十結以上者 皆豪富之民 有田三四結者 蓋亦少矣 今連十結以上被災者 乃許免稅 九結以下 未蒙減租 則竊恐貧益貧 富益富 不唯有不均之(款)[歎] 已知被災 而猶收其稅 甚無謂也 臣謂三四結以上被災者 竝減其稅可也 ······ 戶曹參判李堅基議曰 十結以上被災者 率皆一家所耕 則免稅可也 水邊居民 亦各有陸地可耕之田 徒審被災之田而免稅 則有乖於(於)貢法一家全損免稅之法 依已定貢法 試驗何如 從僉議."

344) 『世宗實錄』 112권, 세종 28년 6월 18일. "集賢殿直提學李季甸等上書曰 災傷連五結以上 方許免稅 大抵一人之田連卜五結者寡 而間在他人之田者多矣 假令五結之田 五人耕之 而四人之田 盡被災傷 以一人旁田之實 四人例收其稅 一人之田連伏五結 而以一負之實 竝納四結九十九負之稅 小民之田 不過一二結者多矣 一二結所耕之地 盡被災傷 而國家必徵其稅 則其民將以何物充賦稅 將以何物養父母育妻子乎 其民之愁歡 可勝言哉 此法決不可行也."

345) 『世宗實錄』 94권, 세종 23년 12월 17일. "上曰 下三道地窄民稠 耕三結之家 有子三人 若分其田 則一人只耕一結 民生焉得裕乎 平安道地曠且沃 予欲刷富戶入實閑曠之地 而咸吉之事未畢 故未卽舉行耳."

E. 廣陽君 李世佐가 아뢰기를, "경상도는 땅이 좁고 민인이 많습니다. 민인이 가진 논에 뿌리는 종자가 많아도 한 섬(石)에 지나지 않고, 적게는 10斗에 미치지도 못합니다. 그러므로 한 자, 한 치의 땅을 서로 빼앗기를 다투어 사람을 상해하는 자가 종종 있으니, 이는 작은 문제가 아닙니다. 근래에 旱災로 인하여 아직 入居를 정지하였으나, 兩界는 땅이 넓고 사람이 적으니 미리 대비하지 아니할 수 없으며, 입거하게 하는 일도 늦출 수 없습니다. 신의 망령된 생각으로는 큰일을 이루는 데에는 작은 폐단에 구애되지 아니해야 된다고 여깁니다. 국가에서 이미 抄定하였으니, 추수하기를 기다려서 入送하는 것이 어떻겠습니까." 하니, 임금이 말하기를, "경의 말이 옳다. 마땅히 가을을 기다려서 들여보내도록 하겠다." 하였다.346)

F. 成宗이 말하기를, "그렇다. 충청도의 年分 등급을 재상들이 모두 더 올리는 것이 옳다고 하는데, 이 말이 어떠한가." 하자, …… 대사간 金首孫이 아뢰기를, "지난해에 흉년이 들었고 금년에는 비록 조금 풍년이 들었다 하더라도 곡식을 저축한 자가 적을 것인데, 이제 만약 등급을 더하면 1結에 米 2斗를 더 거두게 되는데, 만약 준비할 수 없으면 역시 流離하는 데 이를 것입니다." 하였으며, 特進官 호조판서 李德良이 아뢰기를, "그 말은 잘못입니다. 1結의 땅은 한 사람이 경작하는 것이 아니므로 민인들이 바치는 것은 數升에 지나지 아니하는데, 어찌 유리까지 하게 되겠습니까. 더구나 금년은 풍년인데, 저축하지 아니하였다가 만일 흉년을 만나면 어떻게 (민인들을) 救濟하겠습니까." 하니, 임금이 말하기를, "불편하다고 말하는 이가 많은데, 어찌 반드시 등급을 더 올리겠는가." 하였다.347)

---

346) 『成宗實錄』 212권, 성종 19년 윤1월 12일. "廣陽君李世佐啓日 慶尙道地窄民衆 民之有水田也 其落種之數 多不過一碩 少不及十斗 以此寸田尺地 互相爭奪 至於傷人者比比有之 此非細故也 比因旱災 姑停入居 然兩界地廣而人稀 不可不預爲之備 則入居之事 亦不可緩也 臣妄謂成大事不拘小弊 國家旣已抄定 待秋成入送何如 上曰 卿言是也 當待秋入送."

347) 『成宗實錄』 19권, 성종 17년 11월 10일. "上曰 然 忠淸道年分等第 宰相皆以謂可加 此言何如 大司憲李瓊仝曰 觀察使旣受委一道 豈不慮國家大事 當從所啓 不可加等 大司諫金首孫啓曰 去年凶荒 今年雖稍稔 畜穀者少 今若加等 則一結加收米二斗 如不能備 則亦至於流離矣 特進官戶曹判書李德良曰 此言非也 一結之田 非一人所耕 民之所納 不過數升 何至流離 況今豐稔而不儲峙 如遇凶歲 何以賑救 上曰 言不便者多 何必加等也."

이상의 문헌상의 기록들은 그동안 많은 연구자들이 당시의 '小民', 즉 양인 소농들의 실제 소유·경작지 규모를 알아보기 위해서 인용했던 것들이다. 조선초기에 '3丁=1戶'의 방식에 의해 1戶首戶(正軍)에다 2丁의 奉足(保人)을 배정하여 1軍戶를 편제하는 것이 式例가 되었던 것은 대부분의 양인 농민들이 봉족호('1丁=1戶' 혹은 '2丁=1戶')의 형태로 존재했기 때문이었을 것이다. 따라서 사료 A의 말미에 '모든 봉족호는 2~3結 이하의 소유자를 쓴다'고 한 것에서 당시 양인 소농의 평균적 토지소유 규모는 2~3結 이하였던 것으로 짐작해 볼 수 있을 것이다.

사료 B는 世宗 20년(1438)에 경상도·전라도의 災田에 대한 면세 여부를 논의하는 과정에서 당시의 토지소유분화 실태를 보여주고 있는 것이다. 바로 직전 해에 영의정 황희가 제안한 '貢法節目'에는 전부 陳田이거나 1호의 경작지가 '全損'(모두 재해를 입는 것)된 경우에는 그 토지의 소유주가 신고하면 수령이 직접 심사하여 조세를 면제해 준다고 규정되어 있었다. 따라서 황희는, 연속된 10結 이상의 災田에 대해서만 면세해 주는 것은 결국 10結 이상을 경작하는 富豪들에게만 특혜를 주는 것이 되고 3~4結도 갖지 못하는 일반 농민들은 自耕地가 전부 재해를 입어도 면세 혜택을 받지 못하게 되는 불공평함이 있게 되는 것이라고 반박하고 있는 것이다. 결국은 이 무렵에는 '공법절목'의 규정, 즉 '10結의 災田이든 5結의 災田이든 그것이 1家의 것이면 면세한다'(貢法─家全損免稅之法)는 조항에 따라 처리함으로써 3~4結 미만을 소유·경작하는 대부분의 양인 소농들의 災田도 면세 혜택을 받았을 것이다.

사료 C는 사료 B와 관련이 있다. 이전에 10結 이상의 연속된 災田만 면세해 주어서 10結 미만을 경작하는 소농들은 면세혜택을 받지 못하는 문제가 있었기 때문에 免稅 대상의 災田의 상한선을 5結로 낮춘 것이다. 1家戶의 경지가 연속되는 5結인 경우도 없지는 않겠지만 그럼에도 불구하고 여전히 불공평함이 있다고 이계전은 지적하고 있다. 그것은 소민들 대부분은 1~2結 미만을 경작하고 있는 실정에서 그것이 모두 災傷을 입더라도 5結에 미치지 못하기 때문에 원천적으로 면세 혜택을 받을 수 없다는 것이다. 이상의 사료 B, C를 통해서 소민호의 소유·경작지는 대체로 1~2結 미만이었음을 확인할 수 있다.

사료 D는 世宗이 당시 경성·온성·회령·경원·경흥·부령 등 함경도 두만강 하류 남안 일대에 6鎭을 개척하면서 世宗 16년(1434)부터 24년(1442)까지 4차례에 걸쳐 함경도내에서 5,518호, 하삼도에 거주하고 있던 함경도 流移民 1,122호를 推刷入居하는 과정에서 하삼도의 토지소유분화 실태를 언급한 것이다. 世宗은 함경도에 徙民을 추진하는 사이에 평안도 압록강변 일대에 강계부, 이산·여연·자성·무창군 등을 설치하면서 世宗 18년(1436)부터 31년(1449) 사이에 역시 4차에 걸쳐 평안도내에서 1,925호, 또 하삼도에 流移하여 살고 있던 평안도 민호 3천여 호를 推刷入居시켰다.[348] 여기서 보듯이 鮮初에 하삼도에는 함경도·평안도의 민호들이 대거 유이하여 살고 있었다.[349] 따라서 하삼도에는 하삼도 자체의 증가하는 민호에다 북방의 流移民戶가 더해짐으로써 경지에 비해 호구가 급증했기 때문에 영세한 토지보유자 역시 많을 수밖에 없었다. 그러나 이들을 무턱대고 徙民시킬 수는 없었기 때문에 1차 徙民 대상으로 북방의 流移民戶를 택했고, 2차로는 富戶, 즉 '3丁을 가지고 3結을 경작하는 戶'를 抄定하고자 했던 것이다. 그런데 당시 하삼도의 일반 농민들 가운데는 3丁을 가진 호, 즉 戶首戶는 드물었고, '1丁=1戶' 혹은 '2丁=1戶'의 봉족호가 대부분이었다. 여기서 '세 아들과 3結을 경작하는 집'은 富戶로서 호수호였고, 이를 분할 상속하게 된다면 1인(1丁) 1結 정도의 소농이 되는 것이었다. 그리고 1結 정도의 영농으로는 생활이 넉넉할 수는 없을 것이었다.

사료 E는 成宗代의 徙民事業의 추진과정의 일단을 보여주고 있다. 世宗代까지의 徙民事業은 군사국방·영토회복을 목표로 하여 추진되었다. 成宗代의 徙民事業은 새로운 방향에서 추진되었는데, 그것은 농지개간, 즉 이 지역에 농업생산이 정착되고 확대되도록 하는 방향에서 수행되었다. 이는 함경도·평안도·황해도의 '地廣人希'의 형편과 下三道의 '地窄民稠'의 현상을 동시에 타개하는 길이기도 했다. 世祖·成宗朝에서 徙民의 抄定은 自募와 勒令 두 방식 가운데 勒令 위주로

---

348) 李景植, 1998, 앞의 책, 63쪽.

349) 李樹健, 1987, 앞의 책, 25쪽.

바뀌었다. 그리고 徙民 대상은 良人·鄕戶 가운데 '富實者', 즉 '三丁以上有財産者'였
다.350) 이 富實者는 3정 이상을 식구로 두면서 3結 이상을 경작하는 호를 말하는
것이었다. 그런데 여기서 이세좌가 지적하고 있듯이, 경상도 농민들의 소유·경
작지는 논을 기준으로 할 때, '많아야 1石落(15斗落)이고 적게는 10斗落에도
미치지 못하고' 있었다. 즉, 소농의 소유·경작지는 1結 미만의 논에다 얼마간의
밭을 더한다 해도 1結을 넘지 못했을 것이다. 김태영도 이 사료를 분석하고
"15斗落 혹은 10斗落 정도가 15세기 후기 경상도 소농민들의 일반적 영농규모였
다."고 보고 있다.351)

한편, 이 시기 충청도 소농의 영농규모는 훨씬 더 영세했던 것 같다. 사료
E는 충청도에 풍년이 들자 年分을 1등급 올려서 收稅하여 흉년을 대비하자는
조정에서의 논의의 일부이다. 年分 1등을 올리면 1結에 2斗씩 더하여 6斗씩을
거둘 것이었다. 그런데 현임 호조판서의 계산에 따르면, 1結에 6斗씩 거두더라도
1結은 한 사람(1호)이 경작하는 것이 아니므로 각각이 바치는 것은 1斗에도
못미치는 數升에 지나지 않는다는 것이었다. 즉, 그는 1結은 적어도 2호 이상의
호가 경작하고 있는 것으로 보고 있었다. 이로 보면, 소농 1호는 1結 미만의
토지를 自作하고 있었다고 볼 수 있을 것이다.

이상을 종합소결하면, 조선전기에 가장 선진적인 농업지대였지만 그러나
'地窄民稠'의 현상이 가장 두드러졌던 하삼도의 경우, 양인 소농호의 평균적인
영농규모는 1~2結 정도였던 것으로 보인다. 世宗~成宗朝에 북방개척의 일환으
로 북방개간사업과 함께 사민사업이 추진되었을 때, '地廣人希'했던 함경도·평

350) 李景植, 1998, 앞의 책, 73쪽.
351) 김태영, 1998, 앞의 책, 462쪽. "'지금 산간지역의 농민은 一夫一婦가 경작하는
것이 겨우 논 10斗落과 밭 一日耕이니 합쳐서 種稻 20斗落只에 불과한데도 또한
饒足하다. 들이 넓은 곳 사람들은 한 농부가 경작하는 것이 거의 30여 斗落只인데도
역시 굶주리는 자가 있다'(『磻溪隧錄』)고 한 사실도 충분히 참작할 만한 관찰이다.
'대체로 1結의 전지에는 벼 30, 40斗를 파종할 수 있다', 혹은 '호남의 薄田은
40斗落이 1結이다'(『浦渚集』 권2, 論宣惠廳訴 ;『經世遺表』 권8, 田制10 井田議2)라고
하는 관찰이 일반적인 것이라면, 조선전기 일반 소농민의 보편적 영농규모는
아마도 1結 미만이 아니었는가 한다."

안도·황해도에 徙民되었던 '3丁 이상의 富實戶'의 개간지가 熟治되는 동안 군역 이행과 생활안정을 위해 사민 1호당 3結 정도를 抽給했었다. 즉, 국가가 상정하고 있었던 '1丁=1戶' 혹은 '2丁=1戶' 형태의 소농호의 표준적 영농규모는 1~2結 정도였다. 그러나 양인 소농호의 실제의 영농규모는 1結에도 미치지 못하고 있었다. 그러므로 世宗이 "한 사람(1丁)이 겨우 1結을 경작하게 될 것이니 민인의 생활이 어찌 넉넉하게 될 것인가."라고 말했듯이, 그 영농규모가 1~2結에도 미치지 못하는 自作農戶는 자립적인 소농으로서의 재생산과정을 유지해 갈 수 없을 것이었다.

이처럼 양인 소농이 자급자족하는 소농으로서의 지위를 유지해 갈 수 없었던 것은 근본적으로는 소유토지의 영세성 때문이었겠지만 또 하나는 그 소유지의 낮은 생산력과 노동생산성 중심의 농법 때문이었다.[352]

대체로 소농들의 소유·경작지는 척박한 것이었다. 이를 世宗代의 貢法 논의와 中宗代의 토지개혁론을 통하여 살펴보자. 世宗 12년(1430) 3월 호조는 갖가지 폐단을 낳고 있던 踏驗損實制를 폐지하고 1結에 10斗(평안·함길도는 7斗)를 수취하는 定額稅法을 貢法이라는 이름으로 제안했다. 이에 世宗은 정부와 6曹로부터 지방 수령과 閭巷 小民에 이르기까지 공법에 대한 찬반을 묻게 했다.[353] 우선 도별로 可否가 갈렸다. 토지생산력이 높은 경기도·경상도·전라도 등에서는 의견을 낸 자의 99% 가량이 공법에 찬성했고, 평안도·함길도 등에서는 96~99%가 반대했다. 충청도·황해도·강원도 등에서도 67~88%가 반대했다.[354] 지역별로도 可否가 갈렸다. 비옥한 땅이 많은 평야지대에서 살았던 농민들은 이전보다 세액이 적게 되어서 찬성했고, 척박한 땅이 많은 山郡에 살고 있던 농민들은 이전보다 세액이 늘어나기 때문에 반대했다. 이처럼 공법에 대해서 의견이

---

352) 여기서는 주로 李鎬澈(1986, 『朝鮮前期 農業經濟史』)과 李景植(1998, 『朝鮮前期土地制度 史研究[II]-農業經營과 地主制-』)의 연구를 참고하였다.

353) 『世宗實錄』 47권, 세종 12년 3월 5일.

354) 李鎬澈, 1986, 앞의 책, 486쪽 : <표 1> 貢法 실시에 대한 가·부 조사 결과(1430). 세종 22년(1440) 공법 실시에 즈음에서는 비옥도(田品)에 따라 전라·경상도를 上等 道, 충청·경기·황해도를 中等道, 강원·함길·평안도를 下等道로 구분하였다.

갈렸던 것은 비록 이 시기에 休閑法이 극복되면서 連作常耕法이 발달해 갔다 해도 道別로, 같은 道 안에서도 沿海·平野·山郡別로, 그리고 같은 郡·面 안에서도 마을별로 비옥도와 생산력에 여전히 큰 차이가 있기 때문이었다.355) 이후 世宗 26년(1444) 11월에 田制詳定所가 최종적으로 제안한 田分六等·年分九等의 新貢法이 확정되기까지 계속되었던 공법 논의과정에서 소농들의 소유·경작지의 전품이 언급되는 부분을 살펴보자.

대체로 기름진 땅을 가진 자들은 대부분 富强人들이고, 척박한 땅을 가진 자들은 貧乏人들이다. 만약 호조에서 올린 공법에 의하면 부자는 좋겠지만 빈자는 불행할 것이다.356)

한 동네의 전지도 비옥하고 척박한 것이 같지 않고, 한 해의 곡식도 登歉(豐凶)으로 같지 않습니다. 또 富民의 땅은 좋은 것이 많고, 貧民의 땅은 척박한 것이 많습니다. 良田에서 10斗를 거두는 것은 너무 가볍지만, 척박한 땅에서 10斗를 거두는 것은 너무 무겁습니다. 그런 즉 이득은 부민에게 돌아가고 빈민만 그 피해를 받을 것입니다.357)

전지의 膏瘠은 같지 않다. 良田을 가진 자에게 租 10斗는 너무 가볍지만, 薄田을 가진 자에게 租 10斗는 비록 적더라도 그 액수를 채우지 못한다.358)

---

355) 『世宗實錄』49권, 세종 12년 8월 10일. "摠制河演以爲 在昔大禹因土地之膏瘠 制貢賦之差科 六府孔修 而庶事咸治 惟我國家 大山大川相繆險阻 風氣所偏 寒燠各異 故四方之地 五穀之生 民生之不一 貧富之參差 職此之由 如慶尙全羅沿海水田 種稻一二斗 而所出或至十餘石 一結所出 多則逾五六十石 少不下二三十石 旱田亦極膏腴 所出甚多 若京畿江原道依山州郡 則雖種一二石 所出不過五六石 不可以一體收租明矣."

356) 『世宗實錄』49권, 세종 12년 8월 10일. "大抵占膏腴田者 率多富强之人 占瘠薄田者 類皆貧乏之人 若依戶曹所申貢法 則富者之幸 貧者之不幸."

357) 『世宗實錄』49권, 세종 12년 8월 10일. "一洞之田 肥瘠不同 一年之穀 登歉不一 且富民之田多良 貧民之田多瘠 以良田而收十斗太輕 以瘠田而收十斗太重 然則利歸富民 而貧民獨受其害 況隨損給損 本國舊制也 乞令依舊."

358) 『世宗實錄』49권, 세종 12년 8월 10일. "田地膏瘠不一 執良田者 十斗之租過輕 執薄田者 十斗之租雖少 猶未充數."

한 고을 안에서도 地品이 같지 않다. 良田을 가진 자가 풍흉을 논하지 않고 1結마다 10斗를 바치는 것은 너무 가볍다. 瘠田을 가진 자가 역시 풍흉을 논하지 않고 1結마다 10斗를 바치는 것은 너무 무겁다.[359]

형조판서 鄭淵은 의논하기를, "대개 부자는 좋은 전지를 많이 차지하고 있고 빈민들이 경작하고 있는 것은 거의가 다 척박합니다. 때문에 공법을 부자는 좋아하지만 빈민들은 싫어합니다. 이제 경상·전라 양도에서는 공법의 시행을 원하는 자가 3분의 2가 된다고 하오나, 신은 아마도 이것이 모두 豪富의 所爲가 아닌가 생각합니다."[360]

이처럼 부민·부자들, 즉 대토지소유자들이었던 勢家·兩班官僚, 富商大賈 및 品官·土豪들은 주로 비옥한 토지를 가지고 있었고, 貧民·貧乏人들, 즉 가난한 소농들의 소유지 대부분은 척박한 토지였다. 물론 빈민들이라고 척박한 땅만 가지고 있지는 않았다. 그러나 특히 中宗·明宗 연간에 豪富들의 토지겸병이 심해지는 가운데 소농들은 소유지 가운데 그나마 비옥한 땅은 양반지주에게 모두 勒賣하고 나머지 척박한 것만 가지고 있었다.[361] 이러한 사정에서 공법 시행은 양반지주들에게는 이득이 되겠지만 薄田 소유자인 가난한 소농들에게는 불리할 것이었다. 때문에 소농들은 공법 실시를 반대할 수밖에 없었다. 무려 14년간의 논의의 핵심은 作況과 토지별 생산력 차이를 구분·조정하는 것이었고, 마침내 世宗 26년(1444) 6월에는 답험손실법을 그대로 시행하는 것과 周尺을 기준으로 하는 田分六等·年分九等의 新貢法을 수립하게 되었다. 그러나 이는 실제의 생산력을 지나치게 과대평가했을 뿐만 아니라 結 면적을 축소했기

---

359) 『世宗實錄』 49권, 세종 12년 8월 10일. "雖一邑之內 地品不同 執良田者 不論歲之豐凶 每一結納十斗 則過輕 執堉田者 亦不論歲之豐歉 每一結納十斗 則過重."

360) 『世宗實錄』 82권, 세종 20년 7월 10일. "刑曹判書鄭淵議曰 大槪富人多執良田 貧民所耕 率皆堉薄 故貢法 富者所樂 貧者所惡 今慶尙全羅兩道欲行貢法者 雖三分之二 臣恐皆豪富之 所爲 且於踏驗之際, 豪富之田, 未有多實者, 容或有之, 其數必小, 豈如貢法益富之多? 臣竊疑 依舊踏驗爲便."

361) 『成宗實錄』 203권, 성종 18년 5월 10일. "民人之沃田 盡賣於權勢之奴 惟餘薄田."

때문에 비록 1/20로 세율을 낮추었지만 결수와 수세량의 증대를 야기하지 않을 수 없었다. 이러한 사정은 成宗 연간 이후부터 점차 전세를 下下年의 4斗로 책정하게 한 중요한 원인이 되었다.[362]

그렇다면 이렇듯 1~2結 미만의 소유지, 그것도 최하의 생산력을 지닌 척박한 토지를 가진 소농들은 어떤 농법을 이용하여 소경영을 유지했을까. 조선국가의 농촌·농민·농업 정책은 두 방향으로 추진되었다. 하나는 권농정책이었고, 또 하나는 구황정책이었다. 전자의 목적은 농민의 농업생산력을 보존하고 제고시켜 주는 데에 있었다. 勸農事業은 수령의 7가지 업무 가운데 첫 번째 사업이었다. 그것은 수령이 권농관이 되어 농지 기경을 장려하여 노는 땅이 없도록 하고, 堤·堰·洑 등의 관개수리시설을 축조하고 보수하며, 농서를 간행 반포하여 가장 선진적인 농업기술과 경작방법을 보급하고, 특별히 영세농에게는 토질에 맞는 종자·농기구·농우·농량 등을 보조해 줌으로써 농민들이 農時를 잃지 않으면서 농사에 전력을 기울일 수 있도록 도와주는 것이었다. 후자는 흉년으로 존립의 위기에 처한 소농을 구제하고 재활시키는 것이었다.

조선전기 권농정책의 요점은 耕墾과 播種이었다. 우선 농법상 강조하고 있던 것은 '多耕多耘'이었다. 당시 정부가 표본으로 삼고자 했던 것은 경상도 지방의 농법이었다. 경상도는 습속이 근검하여 水田 농사에서 上農은 가을 겨울에 땅을 갈고 봄에 또 갈며, 혹 牛馬矢나 莎土, 혹은 抒葉으로 시비하고, 파종 때 또 땅을 갈고, 木斫과 板撈로 흙을 부수고 고르고, 씨 뿌린 뒤에 杷撈로 덮고, 5~6차례 김을 맸다. 그리고 次農은 가을, 혹은 봄에 땅을 갈고 파종 때 다시 갈며, 3~4차례 김매는 것이었다. 이 가운데 권장한 것은 次農의 耕耘法이었다. 世宗 11년(1429)에 간행된 『農事直說』에서 소개하고 있는 논농사법도 바로 次農의 것이었다. 『農事直說』의 발간은 '多耕多耘'과 집약농법을 권장하는 데에 있었다. 이러한 농법은 노동력을 최대한 투입하여 토지생산력을 높여 소출증대를 꾀하는 농법이었다.[363]

---

362) 이호철, 1986, 앞의 책, 495쪽.
363) 李景植, 1998, 앞의 책, 501쪽.

그런데 '多耕多耘'의 농법은 많은 농경노비와 牛馬를 가진 농장이나 대농이 소화할 수 있는 것이었지 기껏해야 가족 노동력이 전부인 소농으로서는 원천적으로 이용할 수 없는 것이었다. '多耕多耘'하기 위해서는 농업노동력 가운데서 가장 큰 비중을 차지했던 牛馬의 축력이 필수적이었다. 그러나 소농으로서 牛馬를 가진 자는 거의 없었다.

> 본국의 民戶 가운데 소를 가진 사람은 열 집에 한 집이 될 정도이며, 그 있는 것도 한 마리에 지나지 않을 뿐이다.[364]

> 마을에 百家가 있다면 소를 가지고 있는 집은 겨우 10여 집인데, 그 집의 소는 1, 2마리에 지나지 않는다. 암소와 송아지를 제외하면 일을 해낼 수 있는 소는 (그 마을에서) 겨우 몇 마리뿐이다. 百家의 땅을 몇 마리가 간다. …… 사람에게 쟁기를 끌게 하면 9사람의 힘은 소 한 마리에도 미치지 못한다. 어찌 深耕할 수 있겠는가.[365]

> 경기도 민인들을 보더라도 소를 써서 논밭을 가는 자는 열에 한둘도 안 되어 깊게 갈 수 없어서 마침내는 失農하고 만다.[366]

> 特進官 李蓀이 아뢰기를, "옛날에는 민간에 소가 많으므로 소 없는 자도 서로 융통하여 갈이 했습니다. 臣이 근일 보니, 田野에 갈이 하는 소가 드물고, 또 놓아먹이는 송아지도 없습니다. 민인들이 직접 쟁기와 가래를 써서 땅을 일구어 씨를 뿌립니다. 옛말에 '깊이 갈면 김매기도 쉽다' 하였거니와, 농사는 소가 아니면 일을 할 수 없습니다. 臣이 생각하건대, 소가 없는 이유는 많은 무뢰배들이 성 안에 모여들어 소 잡는 것을 일로 삼아 외방에서 오는 소가 모두 屠人의 손에 죽기 때문입니다. 이런데도 (소 잡는 것을)

---

364) 『世宗實錄』 54권, 세종 13년 12월 13일. "本國民戶有牛者 十之一 而其存者不過一隻而已."
365) 『衿陽雜錄』 農談 2. "里有百家 有頭畜者 纔十餘家 家有牛不過一二頭 除其牸犢 可任者纔數頭 百家之田 數牛耕之 …… 倩人挽犁 九人之力不及一牛 吾安得深耕哉."
366) 『世宗實錄』 116권, 세종 29년 5월 26일. "以京畿之民視之 用于耕田者 十無一二 未能深耕 遂失農業."

266   제2부 朝鮮前期의 農莊制

금지하지 않으면 나라에 한 마리의 소도 남아 남지 않을 것입니다."367)

이처럼 소농은 논밭갈이를 할 수 있는 소를 거의 갖고 있지 않았으므로 多耕은 물론 深耕도 할 수 없었다. 深耕이 안 되니 김매기도 쉬이 할 수 없을 것이었다. 그들은 소가 없으니 직접 인력으로 쟁기와 가래를 써서 땅을 일구고 씨를 뿌리고 있었다. 가족 인력이 노동력의 전부인 그들은 '盡人力' '極人力'해도 農時를 잃을 수밖에 없었고, 결국 失農함으로써 이듬해의 종자도 남기지 못하고 있었다.368)

또한 이 시기의 권농정책의 요점은 耕墾·播種·耘耔, 그리고 수확에 이르는 전 농사과정은 반드시 農時에 맞추어 수행되어야 한다는 것이었다. 특히 農時는 播種과 耘耨 작업에서 중시되었다. 파종과 김매기는 할 수 있는 날이 많지 않아 한번 때를 놓치면 수확은 낭패를 보기 마련이었다.369) 파종은 제때에 하되 가능한 한 일찍 할 것이 권장되었다. 『農事直說』·『農桑輯要』·『四時纂要』 등 당시에 이용되고 있던 농서는 한결같이 早種을 강조하고 있었고, 농사 경험이 많은 이들은 早種과 晩種이 소출의 다소를 좌우하는 것을 알고 있었다.370) 김매기 역시 마찬가지였다. 제때에 파종하고도 김매기가 제때에 제대로 안되면 농토가 荒蕪해져서 수확을 바랄 수 없었다.371) 그런데 耕種·耘耔·收穫의 일이

---

367) 『中宗實錄』 10권, 중종 5년 3월 26일. "特進官李蓀曰 古者民間多牛 故無牛者相資以耕 臣近見田野耕牛鮮少 又無放牧之犢 民用犁鋤 墾田付種 古云 深耕易耨 農事非牛 無以爲功 臣竊念 無牛之由 無賴之徒 多聚城中 以屠牛爲業 牛之自外方來者 盡斃於屠人之手 此而不禁 則勢至於一國之牛 盡殲無遺."

368) 『文宗實錄』 4권, 문종 즉위년 10월 10일. "聖朝每於郡縣 皆置義倉 以救民生 其法至精 無復可議 然民之有蓄積者 百無一二 每歲之春 諸色穀種 全仰於官 爲守令者 還上出納 未敢自 擅 必報于監司 監司亦移文戶曹 待其回答 然後分給 以致愆期之患 其弊一也.";『成宗實錄』 203권, 성종 18년 5월 10일. "爲守令者 謀逐無窮之慾 政令煩劇 雜役之多十倍軍役 而挾威 侵責 故不計農務 奔走服役 而或暫刻遲滯 小事過誤者 自科笞杖 督賣田宅 以贖其罪 又凡百出 令 纏及於民耳 從之以定罰之法 孰恕其辦納之難易 亦科笞杖贖罪 以此綿布積在私倉 潛輸于 家 由是民之沃田 盡賣於權勢之奴 惟餘薄田 亦當春耕 種食具乏 專仰官廩."

369) 『世祖實錄』 12권, 세조 4년 3월 28일. "戶曹啓 農家播種芟草之日不多 一失其時 民失西成之 望 諸邑守令 或役民失時 或勸課失宜 以致失農 可行條件磨勘後錄."

370) 『世宗實錄』 82권, 세종 20년 7월 5일.

농시에 맞추어서 이루어지려면 농우를 포함하여 충분한 노동력이 준비되어야
만 했다. 그러나 척박한 농토에다가 기껏해야 가족 노동력이 전부인 소농들이
그러한 농사일을 농시에 맞추어서 한다는 것은 거의 불가능한 일이었다.

따라서 조선전기에 정부에서 독려하고,『農事直說』등 여러 농서에서도 유의
하고 있는 力農·精農은 지주·대농층이나 소농층이나 모두에게 勸課되고 있었지
만, 이 시기의 농촌·농민·농업에서는 전자 측에 더 알맞은 것이었다. 精農의
골자인 파종 전 2~3차례의 耕墾과 3~4번의 김매기, 基肥로서 牛馬矢의 이용,
농가의 농우 사육, 農桑·麻枲·棉花 등 의류작물의 재배 등등은 일반 소농들이
쉽게 갖추어서 할 수 있는 농경방식이나 여건은 아니었다. 그러므로 世宗은
秋耕의 이득을 역설하면서도 貧人들에게는 강제하지 말도록 주의시키면서
점차 보급되기를 바라고 있었던 것이다. 그리고 소농에게 '精耕細作'의 농법을
권장하고 있는『四時纂要抄』같은 농서가 중국의 농서나『農事直說』에서 整地方法
으로 '多耕熟治'를 권하고 있는 것과는 달리 '飜耕回數'를 축소하여 적어 놓고
있는 것도 바로 그러한 사정 때문이었다.[372] 따라서 이 시기에는『農事直說』의
축력에 기반을 둔 노동생산성 중심의 大農法을 수용하고 있던 지주·대농은
상대적으로 안정적이었던 반면에 아직 정착되지 못했던 토지생산성 중심의
집약농법에 매일 수밖에 없었던 소농은 늘 불안정하였고, 따라서 소농경영을
유지하기가 쉽지 않았던 것이다.[373]

이상으로 良賤制에 기초한 부세제도 아래서 良役 가운데 가장 큰 비중을
차지하는 軍役을 져야했던 양인 호의 처지와 소유토지의 규모·생산성과 농기구
와 축력 등의 생산수단, 그리고 농법 등의 농업생산력적 측면에서 '양인 자영농',
즉 소농의 존재 형태와 그 특질을 살펴보았다.

소결하자면, 첫째, 조선전기 전체 인구의 5~6할 정도를 차지하고 있던 양인
호들은 '1丁=1戶', 혹은 '2丁=1戶'의 奉足戶 형태로 존재하면서 부역과 군역을

---

371) 李景植, 1998, 앞의 책, 506~507쪽.
372) 李景植, 위의 책, 511~512쪽.
373) 李鎬澈, 앞의 책, 711~716쪽.

268   제2부 朝鮮前期의 農莊制

면피하기 위하여 漏籍·漏丁하거나, 양반가에 투속하여 노비·비부·고공·협호로 전락하고 있었다.[374] 둘째, '1丁=1戶' 혹은 '2丁=1戶'의 자연가호(軍戶로 치면 奉足戶) 형태로 존재했던 양인 소농은 평균 1~2結 미만의 척박한 농토를 소유·경작하고 있었다. 셋째, 그들은 노동력·농량·종곡 등의 농업자본에서 항상적인 결핍을 겪고 있었고,『農事直說』의 축력에 기반을 둔 노동생산성 중심의 대농법을 이용하지 못함으로써 자립적이고 안정적인 소농경영을 유지할 수 없었다.

이상의 검토에서 보았듯이, 이미 안정적이고 자립적인 소경영을 유지할 수 없었던 '전객 소농'은 두 유형으로 분화되었다. 하나는 양인 소농으로서의 지위를 포기하고 농장주 兩班主家에 아예 投屬·符籍하여 復戶·免役되는 대가로 '作介地-私耕地'의 노비와 노비적 농민('농노')(婢夫·夾戶·雇工)로 자처하는 것이었다. 이는 국가의 양인 소농에 대한 인신적인 지배예속관계가 '전주-전객' 관계의 外樣 안에서 '농장주-노비·농노' 관계로 전화되는 것을 말하는 것이었다. 그리하여 양반주가는 전객 소농의 差役을 차단함으로써 농장을 안정적으로 경영할 수 있었고, 전객 소농은 양반주가에 投托·符籍하여 각종 국역과 군역을 免避할 수 있었다. 이와 함께 농장내의 '전주-전객' 관계는 復戶·避役을 빌미로 '主-奴' 관계로 쉬이 전화되고 있었다.

또 하나는 전객 소농이 농지를 제외한 모든 農資를 양반주가에 의존할 수밖에 없음으로 인해서 양반주가에게 法定의 田租 외에 각종의 잡물·잡세를 수탈당하는 隸農으로 전락하는 것이었다. 그것은 전객 소농이 저위의 토지생산성을 가진 영세하고 척박한 토지를 소유하고 있었고, 畜力·農糧·種子 등의 農資에서

---

374) 『世祖實錄』24권, 세조 7년 4월 3일. "外方豪强之戶 多有挾戶隱丁 使定限自首 先從內需所 宗親大臣奴子戶刷出 良人則定軍役 公私賤則錄雜色案 不首者勿論公私賤 并挾戶隱丁 全家 徙邊." ;『中宗實錄』9권, 중종 4년 9월 29일(무오). "參贊官宋千喜曰 臣嘗於忠清道見之 良民役重 多欲投屬爲私賤 是以良民漸少 申公濟前任綾城縣令時 有一人列書人名而來告曰 此是公家逃奴婢 居于某處 請推尋 公濟曰 我素無奴婢 不受其言 其人退而言曰 癡哉其員 如此空得奴婢 豈易乎 其後又有一人來告者 公濟亦不受之 令人逐出之 以此觀之 朝官若無廉 介 則良民願爲奴婢 豈拒而不受乎 必多有壓良爲賤者矣 許硡曰 大抵良民願爲私賤者 全羅道 尤甚 下三道豪猾之家 多占良民於戶內 故成宗朝遣官搜刷 今聞咸鏡道亦如此 雖軍籍時 亦脫 漏 請依成宗朝例 遣官搜刷."

항상적으로 결핍을 겪고 있었으며, 牛馬 등 축력에 기반을 둔 노동생산성 중심의 대농법을 이용할 수 없었기 때문이었다. 이리하여 '사전형' 농장은 '농장주-농노(농경노비)' 관계 아래의 '작개제'('작개-사경' 방식)와 '양반=전주-예속적 소농=전객' 아래의 병작제로 겸영되고 있었다.

4. 맺음말

조선 건국 이래 16세기 후반까지 국왕과 함께 여러 정책을 강구·실시하면서 정치를 주도했던 정치세력의 한 축은 功臣 출신의 宰相그룹인 '勳臣勢力'이었다. 조선전기에 가장 전형적인 훈신세력은 5공신(靖難·佐翼·敵愾·翼戴·佐理 功臣) 출신의 院相들이었다. 그들은 기본적으로 先秦時代 이래의 儒家의 사상과 이념을 수용하면서도 조선봉건사회와 국가의 경영에 있어서 정치사상과 이념, 그 실천방략과 정책에서 결집력을 지닌 정파나 정치세력을 이룬 것은 아니었다. 다만 그들은 전제군주인 왕·왕권과 밀착된 최고위의 관료집단이자 봉건지배층으로서의 권력을 행사하고, 기득권을 유지하려고 했다.

이러한 훈신세력의 '豪富論'은 周代의 '世祿制'에서 그 명분을 찾고 있었다. 그들은 魯나라의 정승 公儀子가 '拔圓菜 去織婦'한 까닭을 애써 외면하고, 모든 '仕者'들은 '世祿'을 보장받아야만 한다고 생각했고, 또한 그들의 '벼슬이 높아지고 祿도 두터워져서 富者가 되는 것은 天命'이 있기 때문이며, 市井 사람들이 조그만 이익도 계산하여 미치지 못할세라 낮에도 헤아리고 밤에도 생각하나 '가난함을 免하지 못하는 것은 天命이 없기 때문이라'고 생각하고 있었다. 즉, '豪富=天命'이라는 것이었다. 또 '仕者'들이 世祿을 받지 못하거나 그것이 끊길 때 여러 가지 방법으로 '殖貨致富'하는 것은 전혀 '不義'한 일이 아니며, 家門과 門戶를 유지하고 廉恥와 節義를 키우기 위해서는 도리어 그것이 필요하다고까지 믿고 있었다. 그러나 이러한 훈신세력의 豪富論은 그들로 하여금 이내 '貪官·貪墨'이 되게 했고, 당시 財力의 상징인 農莊을 광범위하게 조성하게 함으로써 조선전기의 전국적인 농장의 발달을 가져왔다.

조선 건국과 동시에 개국공신 출신의 재상들은 '私田改革'을 단행했다. 고려말의 농장은 權門勢族·附元勢力·王側近勢力·寺院 등이 田柴科制度에 의해 농민의 소유·경작지로 분급 받은 私田을 서로 兼竝하여 祖業田으로 만들고, 田租를 바치던 농민을 祖業奴婢로 家産化하는 가운데 형성, 발달한 것이었다. 농민의 입장에서 보면, 자기의 소유·경작지가 私田이 되고, 이내 兼竝되어 田主가 7, 8명이나 됨으로써 전조의 부담이 그만큼 늘어났을 뿐만 아니라 전조를 바칠 때 '人馬之供億·行脚之錢·漕運之價' 등의 각종 비용 또한 전조의 數倍에 이르고 있었으므로 이를 감당할 수 없었던 농민들은 마침내 민란을 일으키고 있었다. 그리하여 고려사회는 개혁되어야 했고, 농장은 최우선의 개혁 대상이 되고 있었다. 따라서 과전법은 이처럼 겸병되어 祖業田으로 된 私田, 즉 농장을 몰수·혁파하고, 이를 경기 토지로 再分給하는 것이었다.

조선초기 훈신세력이 고수했던 對私田施策의 핵심은 功臣田·別賜田만은 경기 토지로 折給하여 世傳하게 한다는 것이었다. 봉건지배층은 적어도 前朝의 사전의 폐단을 되풀이하지 않기 위해서는 私田主의 수조권 행사를 감독·관리할 수 있는 경기의 토지로 사전(공신전·별사전·과전·직전)을 분급한다는 것과 경기 밖의 외방은 祿俸田·軍資田 등의 公田으로 확보한다는 대원칙에 동의하고 있었다. 그러나 훈신세력은 稅穀船의 遭難으로 인한 외방의 軍資田租, 즉 軍糧의 손실을 막기 위해 왕과 사림세력이 그 대책으로 제안한 '私田外方移給'을 반대했고, 공신전·별사전을 일정하게 확보하기 위해서 전체 과전 액수를 줄이기 위해 과전법을 직전제로 개정하기도 했다(世祖 12년, 1466). 또한 그들은 흉년이나 外患 등의 비상시에 國用·軍資 등의 부족분을 채우기 위한 근본적인 대책으로 사림세력이 제안한 '私田還收'를 반대했으며, 그러나 늘 田租의 濫收를 지적받아 오던 터에 비상시에 당면해서 공신전·별사전의 전조를 '半收'하거나, 職田의 전조를 '全收'하는 '官收官給制'(成宗 9년, 1478)는 마지못해 일시적으로 받아들이기도 했다. 그러나 私田主의 수조권을 일시적으로 제약했던 '관수관급제'도 '己卯士禍'(中宗 14년, 1519) 이후에는 실시되지 못했다. 그리하여 그들은 일시적으

로 사전을 外方에서 移給받기도 하고, 수조권 행사에 제약을 받기도 했지만,
조선전기 내내 공신전·별사전과 과전·직전 등의 사전을 경기 토지로 折給받아
世傳하고 家産化하여 농장을 조성하고 경영할 수 있었다. 그리고 별사전은
亂臣의 籍沒田으로 賜給받기도 했다. 따라서 이처럼 收租地로 이루어지는 '私田型
農莊'은 주로 경기도에 있었지만 별사전으로 인해 下三道에도 있었으며, 조선전
기에 발달한 경기 농장의 대부분을 차지했던 것이다.

'私田型' 농장이 훈신세력의 계급적 이해관계가 철저하게 반영된 對私田施策
의 실시에 따라 조성된 것이었다면, '開墾型' 농장은 훈신세력이 '立案法'의
입법 취지를 무시하고 그것을 악용함으로써 조성한 것이었다. 조선 정부는
건국 직후부터 陳荒處와 海澤의 開墾을 권농정책의 하나로 수립하고 추진해
갔다. 고려말기 이래 파괴되어 버린 농업생산기반을 복구하고 확대하는 것은
시급하고도 절박한 과제였던 것이다. 그 개간정책의 하나가 고려시기의 賜牌를
계승한 立案法이었다. 이는 훈신세력이 그 대부분을 차지하고 있던 豪勢家들이
토지 집적과 겸병의 수단으로 진황처를 廣占하는 것을 금지하고, 民人들에게
입안을 발급해 주어 진황처를 개간하고, 그 개간지의 所有主가 되게 하려는
것이었다. 그러나 실제로 입안을 적극적으로 발급받아 개간을 주도했던 것은
宮家·勢家·士大夫·豪族·品官·鄕吏 등이었다. 진황처나 해택 개간에는 무엇보다
도 많은 노동력과 경영자본이 소요되었기 때문이었다. 따라서 그들 가운데서도
京官·朝士·宰相 등으로 불리고 있던 훈신세력은 私船을 이용하여 농장의 생산물
을 서울까지 운반해 올 수 있는 下三道와 관서·해서지방의 沿海 진황처와
해택을 立案받아 자기가 소유하고 있는 奴婢·婢夫·率丁·雇工 등과 함께 불법적으
로 보유하고 있던 避役民·壓良爲賤民·影占戶·投托戶 등의 노동력을 사역하거나,
진황처 소재처나 인근의 수령들에게 압력을 행사하여 현지의 郡民努力을 徵發해
서 개간함으로써 대규모의 농장을 조성하고 있었다. 심지어 그들은 자신의
지위와 권력을 이용하여 수령으로 하여금 伴人들을 개간에 동원하게 하거나,
官穀으로 農糧과 種子를 조달하게 하고, 監農도 하게 했던 것이다. 그리고 그들은
이에 그치지 않고 山林(柴場·草場)과 漁場·漁箭, 심지어는 蘆田·堤堰까지 立案받아

그 이익을 독점하거나 민인들로부터 收稅하고 있었다.

조선시기에 私債 貸付는 救荒政策의 하나였던 '勸分'에서 비롯되었다. 권분은 세 가지였는데, 그 하나는 富者가 穀物을 貧農·飢民들에게 이식을 받기로 하고 꾸어 주는 것('賒米'), 즉 私穀의 대부였다. 이미 15세기 후반에 이르러 官穀(義倉穀)의 賑恤穀이 고갈된 상황에서 부자들의 사곡이 새로운 賑資로 주목받기 시작했으며, 정부는 이들의 사채 대부를 적극 권장했다. 특히 成宗朝에는 '지금 宰相으로서 장리를 놓지 않는 자가 누가 있느냐'라고 할 정도로 宰相들이 長利의 私債를 貸付하는 것이 하나의 流行이 되다시피 했다. 그들은 '사채를 금단하면 가난한 민인들이 살아갈 수 없다'라는 미명 아래, 사채의 대부와 상환 기간에 定限이 없는 것을 이용하여 이식이 늘어나기를 기다렸다가 채무자가 상환하지 못할 때 그의 집과 토지·재산을 '勒買'함으로써 차지해버렸다. 즉, 그들은 처음부터 長利의 利息보다는 가난한 민인들의 토지와 재산을 노렸던 것이고, 말이 '自相賣買'지 실제로는 '늑매'였기 때문에 거의 횡탈이나 다름없었던 것이다. 그리하여 그들의 "田園은 산야에 두루 펼쳐져 있고, 蓄積한 것이 州縣과 맞먹는다."고 했지만, 가난한 민인들은 사채의 진휼 효과와는 반대로 救濟되기보다는 '徵債에 고달파서 家産을 죄다 팔고, 삶터를 잃고 遊離하면서 남에게 寄食하는 자'로 전락하고 있었다. 勸分의 의미는 상실되었다. 따라서 규제가 필요했다. 成宗 10년(1479)에 『經國大典』에 '告官徵收' 조항을 두었다. 채주가 사채를 대부해 준 지 1년 안에 관에 신고해야만 채무자가 상환하지 않을 때 提訴하여 징수토록 한 것이었다. 그러자 이후 豪富家들이 사채 대부를 기피하게 되면서 진휼곡을 조달하는 길이 막히게 되었다. 왕과 재상들은 '고관징수' 방침을 철회할 것인가 아니면 고수할 것인가의 기로에 빠졌다. 그러나 진휼곡 부족 상태가 계속되고 있었지만, 豪富家들의 토지겸병과 小民들의 재산탈취가 심해지는 다른 한편에서 는 사림세력이 토지개혁론을 제기하고 있었기 때문에 결국 '고관징수' 방침을 택하지 않을 수 없었다(中宗 13년, 1518). 이는 호부가들의 토지겸병과 농장 확대를 제약하면서 그들의 사채 대부를 통해서 진휼곡 부족 문제를 해결하고자 했던 절충책이었으며, 또한 '私債型' 농장주들의 계급적 이해관계에 부응하는 선택이었다.

'權力型' 농장은 한마디로 '貪官'들의 농장이었다. '사전형' 농장이나 '개간형' 농장 등의 형성과정에서도 농장주의 지위와 권세가 배경으로 크게 작용하고 있었다. 그러나 그런 농장들의 토지는 어디까지나 법과 제도에 따라 농장주의 功勳·職役에 대한 보상으로 취득했거나, 진황처·해택의 개간에 들인 물자와 노력에 대한 대가로 취득한 것이었다. 이에 반해 '권력형' 농장들의 토지는 탐관들이 職權을 濫用하거나 法·制度外的으로 행사하여 良賤身分의 농민들의 토지를 강탈한 것이었다. 우선 그들은 그의 지위와 權勢에 기대어 공공연하게 민인들의 토지를 강탈했다. 둘째, 그들은 지방 수령에게 外壓을 가하거나, 親·姻戚 지방관의 지원과 협조를 얻어 민인들의 토지를 횡탈했다. 셋째, 지방 수령으로서 직무 수행을 빙자하여 민인들의 토지를 수용하여 私取해버리거나, 그들에게 陋名을 씌우고 그들의 토지를 贖田으로 받아 차지하기도 했다. 넷째, 그들은 양반으로서의 신분적 특권을 이용하여 양민과 천민을 핍박해서 자기의 노비로 삼고 그들의 토지를 강점해 버렸다. 다섯째, 심전과 윤원형 같은 '權臣'들은 人事·刑事에 개입하여 청탁이나 면죄의 대가로 뇌물을 받아 치부·축재했으며, 지방의 공권력을 빌어 농장을 조성하고 경영했다. 그리고 이러한 貪官들은 민인들의 良田을 강탈하여 농장을 조성하는 데에 그치지 않고, 다른 사람들의 집과 家財, 노비와 牛馬 등도 횡탈했으며, 심지어는 官穀·官費을 써서 토지와 노비를 사들이거나, 公私奴婢를 冒占하기도 했다. 그리고 그들의 농장은 産業이 없어 가난하여 避役·投托하려는 良民과 公私의 賤隷들을 끌어들임으로써 이들의 淵藪가 되고 있었다.

한편, 조선전기에 '재지사족'으로는 두 부류가 있었다. 하나는 여말선초에 출사했다가 世祖 연간과 士禍期에 향촌에 돌아온 전직 관료와 그 가문이었고, 또 하나는 토성이족 출신으로 출사하지 못하고 軍功 등으로 添設職·同正職과 기타 각종 影·散職을 받아 사족화한 品官·閑良 가문이었다. 이외 재지세력으로 향리가문이 있었다.

조선전기에 전형적인 재지사족의 농장은 영남지방의 대표적인 사족가문에서 소장해 온 分財記, 和會文記 등의 고문서 분석을 통해서 밝혀진 영남사림의 농장이었다. 그들 가운데는 이미 중소지주적 기반을 가진 가문들이 많았는데, 그들은 서로 혹은 중첩적으로 인척관계를 맺음으로써 사족집단을 이루고 있었다. 따라서 그들은 한 가문은 물론 전체 사족집단으로서도 당시의 토지와 노비의 자녀균분상속제에 의하여 父邊·母邊·妻邊의 재산을 상속받음으로써 기존의 중소지주적 기반을 유지·확대해 가고 있었다. 또한 그들 가운데는 자신과 후손의 공훈과 사환을 매개로, 또는 사환기간에 관직의 지위와 권력을 이용하여 개간과 매득을 통해서 농장을 확대해 가기도 했다. 그리고 그들은 15세기에서 16세기로 내려오면서 移買와 相換을 통해서 거주지 중심으로 토지를 확보해 갔는데, 이는 부재지주를 거주지 중심의 지주로 바꿈과 동시에 농장 경영의 효율성을 높임으로써 토지의 수익을 증대시키는 효과를 가져왔다. 이러한 영남사림의 농장 형성과 경영에서 나타났던 현상과 특징은 호남사림이나 기호사림에서도 나타났다.

한편, 품관과 한량 가운데는 농장을 조성하고 확대하는 과정이 違法·脫法的이거나 심지어는 폭력적이었기 때문에 국가권력의 징벌 대상이 되고 있던 '양반토호'가 있었다. 토호들은 수령을 '輕蔑劫制'하거나, 아전과 민인들을 규합하여 毁謗하는 여론을 조성해서 守令權을 완전히 무력화시키고 스스로가 鄕權·邑權을 장악했다. 그러면서 그들은 한편으로 民田을 겸병하고, 고을의 公有地를 사유화했으며, '與民共之'해야 하는 川澤의 이익까지 독차지함으로써 고을의 경제력을 독점하였다. 특히 그들의 토지겸병은 中宗 연간에 이르러 거대한 조류가 되었고, 이로 인해 "부자의 토지는 논두렁과 밭두렁이 끝없이 이어져 있고, 가난한 자는 송곳을 꽂을 땅도 없다."라고 할 정도로 토지소유의 불균등과 계층분화는 심화되고 있었으며, 16세기 후반에 이르러서는 토지개혁이 봉건체제를 유지하기 위한 국가적 과제로 제기되고 있었다. 또한 그들은 자기 소유의 노비와 冒占·容隱한 官屬·公私賤, 그리고 요역·군역을 피역하고자 투속해 오는 양인을 壓良爲賤한 노비 등을 확보해서 언제든지 진황처 개간이나 갯벌 간척에 동원할 수 있었기 때문에 주로 개간·간척을 통해서 농장을 조성하였다.

이처럼 그들은 민전 겸병과 개간·간척을 통하여 농장을 설치하는 한편 농장 경영에 使役시킬 수 있는 노동력을 침탈하였다. 그들은 우선 良民·良丁을 冒占·容隱하여 家奴로 삼고 노예처럼 부려 먹었다. 당시에 자급·자족하는 소농으로서 자립할 수 없었던 양인 농민들은 徭役·軍役을 避役하기 위하여 수령의 差役을 차단해주는 土豪家에 투속해 갔다. 또한 소농의 분해 속에서 양산되었던 流移民들도 토호가에 투속해 갔다. 토호는 이처럼 自家로 투속해 오는 避役民·流移民들을 冒占·容隱하여 奉足·伴人·雇工·婢夫·率丁이라고 일컬으면서 실제로는 家奴나 다름없이 부려먹었다. 또한 官奴와 본 주인을 배반하고 도망가는 私賤 등 公私賤口를 容隱하여 家奴로 삼고 노복처럼 부려먹었다. 그런가하면 '公私賤從母役之法'을 악용하여 官役이 무거워 피역하려고 했던 吏屬·書員·官奴 등 官屬을 자기 소유의 婢와 결혼시켜 婢夫로, 그리고 그 소생들을 모두 자가의 노비로 삼기도 했다. 이처럼 토호들이 양민과 관속, 公私賤口을 冒占·容隱한 것이 수십 명의 무리를 이루고 있었기 때문에 당시에 그런 토호의 농장은 流移民·避役民들의 '淵藪'라고 불리기도 했다.

이상의 농장들은 '田主−佃客' 관계와 '地主−佃戶' 관계의 외피 아래서 ① '양반 농장주−노비·농노(노비적 농민)' 관계 아래의 '家作制'와 '作介制'('作介−私耕' 방식), ② '양반 농장주−예속적 전작·전호농민' 관계 아래의 '竝作半收制' 등으로 경영되었다. 이들 가운데 ①형이 지배적인 생산관계와 경영방식이었고, ②형은 부차적인 것이었다. 그러나 농장의 위치와 규모, 보유 노동력의 양과 질에 따라 한 농장 안에도 두 가지 유형이 공존하기도 했다. 이를테면 조선전기에 가장 전형적인 농장이었던 재지사족의 농장은 ①형과 ②형을 兼有하고 있었다. 그것은 재지사족가문이 대체로 출신 고향이나 內外의 緣故地를 중심으로 농장을 개설했고, 그 농장을 개설하면서부터 그들 소유의 노비들이나 父邊·母邊·妻邊으로부터 상속받은 노비들, 그리고 현지에서 보충되었던 '壓良爲賤'들을 농장에 聚居시키면서 농작에 종사하게 했기 때문이었다. 특히 이러한 '在地地主' 가운데서도 대지주의 경우는 농지가 본가 주위뿐만 아니라 본가로부터 멀리 떨어진 여러 곳에 散在해 있었기 때문에 가작·작개제와 병작제 경영도 함께 하고 있었다. 또한 '사전형' 농장의 '在京地主'들은 사유지에서는 가작·작개제로, 그리고 수조지에서는 전객농민을 隸農으로 지배함으로써 지대만큼의 전조를 수취하는 병작제 방식으로 경영하기도 했다. 반면에 '개간형' 농장에서 보듯이 농장이 한양의 본가로부터 멀리 떨어져 있던 '在京地主'의 경우에는 개간·간척에 使役되었던 현지의 농민들이나 無田農民이나 영세한 농민들을 佃戶로 삼아 병작제 경영을 할 수밖에 없었다. 그러나 이런 경우에도 전호농민들은 열악한 농업자본 때문에 主家에 의존하지 않고서는 소농경영을 유지할 수 없었으므로 그의 농장주에 대한 예속 정도는 '作介地·私耕地'의 농경노비와 다름없는 '농노' 적 존재에 지나지 않았다. 따라서 재경 지주들은 전호농민을 隸農으로 지배하면서 병작제 경영을 했던 것이다.

이상의 다섯 가지 유형의 농장들이 조성되고 확대되는 과정에서 공통적으로 확인되는 것은 첫째, 농장주들의 주요한 농장 조성·확대 방법이 서로 다름에도 불구하고 그러한 방법이 가장 유효했던 것은 본인이나 후손이 仕宦 중에 있을 때였다는 것이다. 즉 그들의 신분·관직에 수반되는 권력이 토지소유에서 결정적인 요인이 되고 있었던 것이다. 이는 토지소유자들의 사회적·정치적 지위가 '토지소유=경제'와 불가분의 관계에 있는 '봉건적 토지소유'의 특징이며, 조선 봉건사회에서 '양반지주계급'이 성립되는 기본조건이었다. 둘째, 농장주들이 농장을 조성·확대하는 과정은 으레 농장 경영의 기본노동력으로서 노비를 확보·증대하는 과정을 동반하였다. 이러한 현상을 기록에서는 '廣治田園 影占百姓', '誘良賤爲己奴婢 占膏腴爲己田庄', '多占膏腴之地聚爲農莊 招納良賤萃爲淵藪'라고 표현했듯이 양반 농장주들은 비옥한 토지를 널리 점유하여 농장을 조성하는 것과 함께 양·천민들을 影占·招納하여 노비를 확보했던 것이다. 즉 그들은 '국가−양·천민'의 인신적 지배예속관계를 '양반−양·천민'의 인신적 지배예속관계로 전환함으로써 국가 대신에 양·천민의 '身役'을 징수하여 농경노동력으로 활용했던 것이다. 이는 노비를 소유한다는 것 역시 노비소유자들의 사회적·정치적 지위와 직결되어 있었음을 말하는 것이다. 이상의 농장들은 '田主−佃客' 관계와 '地主−佃戶' 관계의 외피 아래서 '양반 지주−노비·노비적 농민('농

노')' 관계 아래의 '家作制'·'作介制'('作介-私耕' 방식)와 '양반 지주—예속적 전객·
전호농민' 관계 아래의 '竝作制' 등으로 경영되었다. 이들 가운데 전자가 지배적
인 토지소유·생산관계였고, 후자는 부차적인 것이었다. 물론 농장의 위치와
규모, 보유 노동력의 양과 질에 따라 한 농장 안에도 두 가지가 공존하기도
했다. 그리고 이러한 '농장제'는 17세기 후반에 이르러서 부세제도가 개선되고,
농업생산력이 향상됨에 따라 노비·노비적 농민·예농 등이 자립적·안정적인
소농으로 성장하면서 '양반·서민 지주—전작·전호 농민' 관계 아래의 '병작제'
경영으로 바뀌어 갔을 것이다.

〈표 1〉 조선전기, 9功臣의 褒賞 내역

	田地 (結)	奴婢 (口)	丘史 (名)	跟隨 (名)	眞拜把領 (名)	伴倘 (名)
1등						
개국공신(태조 1년)	220-150	30-15	7		10	
정사공신(정종 즉위)	200	25	7		10	
좌명공신(태종 1년)	150	13	7		10	
정난공신(단종 1년)	200(150-50*)	25	7			10
좌익공신(세조 1년)	150	13		7		10
적개공신(세조13년)	150	13				
익대공신(예종 즉위)	150	13		7		10
좌리공신(성종 2년)	40	5	5			10
정국공신(중종 1년)	150	13	7			10
2등						
개국공신(태조 1년)	100	10	5		8	
정사공신(정종 즉위)	150-100	15-10	5		8	
좌명공신(태종 1년)	100	10	5		8	
정난공신(단종 1년)	150(30*)	15	5			8
좌익공신(세조 1년)	100	10		5		8
적개공신(세조13년)	100	10				
익대공신(예종 즉위)	100	10		5		8
좌리공신(성종 2년)	30	4	4			8
정국공신(중종 1년)	100	10	5			8
3등						
개국공신(태조 1년)	70	7	3		6	
정사공신(정종 즉위)						
좌명공신(태종 1년)	80	8	3		6	
정난공신(단종 1년)	100(15*)	7	3			6
좌익공신(세조 1년)	80	8		3		6
적개공신(세조13년)	80	8				
익대공신(예종 즉위)	80	8		3		6
좌리공신(성종 2년)	20	3	3			6
정국공신(중종 1년)	80	8	3			6
4등						
개국공신(태조 1년)						
정사공신(정종 즉위)						
좌명공신(태종 1년)	60	6	1		4	
정난공신(단종 1년)						

좌익공신(세조 1년)					
적개공신(세조13년)					
익대공신(예종 즉위)					
좌리공신(성종 2년)	10	2	2		4
정국공신(중종 1년)	60	6	2		4

* 비고

1. 開國功臣 : 태조 1년(1392), 조선개국의 공 ; 定社功臣 : 정종 즉위(1398), 제1차 왕자의 난에 세운 공 ; 佐命功臣 : 태종 1년(1401), 제2차 왕자의 난에 세운 공 ; 靖難功臣 : 단종 1년(1453), 癸酉靖難(세종 총신 제거)에 세운 공 ; 左翼功臣 : 세조 1년(1455), 세조 즉위에 세운 공 ; 敵愾功臣 : 세조 13년(1467), 李施愛 난을 토벌한 공 ; 翼戴功臣 : 예종 즉위(1468), 康純 南怡의 옥사를 다스린 공 ; 佐理功臣 : 성종 2년(1471) 성종 즉위에 세운 공 ; 靖國功臣 : 중종 1년(1506), 中宗反正에 세운 공.

2. 개국공신 : 1등 공신 배극렴·조준 : 전지 220결, 노비 30구, 食邑 1천호, 食實封 3백호 ; 김사형·정도전·남은 : 전지 200결, 노비 25구 ; 이제·이화·정희계·이지란·장사길·조인옥·남재·조박·정탁 : 전지 170결, 노비 20구 ; 정총·오몽을·김인찬 : 전지 150결, 노비 15구.

3. 정사공신 : 2등 공신 조온·이천우·장철·이숙번·신극례·민무구·민무질 : 전지 150결, 노비 15명 ; 이양우·심종·이복근·이지란·장사길·김로·박포·정탁·장사정·장담 : 전지 100결, 노비 10명.

4. 정난공신 : 1등 공신 수양대군(세조) : 전지 500결, 노비 600구, 식읍 1000호, 식실봉 500호, 別俸으로 해마다 600석, 跟隨 10인, 軍職 遞兒 10인 등을 하사했다. 亂臣田(황보인·김종서·정분·조극관·허후 등으로부터 몰수한 전지)으로 1등 공신 영의정에게 150결, 그 나머지에게는 각각 50결, 2등 공신에게 각각 30결, 3등 공신에게 각각 15결씩을 나누어 주었다.

5. 丘史 : 임금이 功臣에게 驅從으로 下賜한 관노비를 지칭하는 용어였으나 各品의 朝士에게도 이를 거느리는 것이 허용되었다. 麗末鮮初의 기록에 의하면 丘史는 樂工, 其人, 貢戶 등과 함께 雜路人이라고도 불렸는데, 이들은 授職을 할 때에도 品級에 엄격한 제한이 있었다. 『經國大典』에는 丘史에 대해 "공신의 구사와 구사의 奉足은 외거노비로 지급하고 공신이나 구사가 사망한 3년 후에 本役으로 돌린다."라는 내용이 실려 있다.

6. 跟隨 : 跟隨奴의 약칭임. 이는 관아의 하급노비로서 관원을 따라다니며 시중드는 일을 하는데 관원들의 품급에 따라 근수노의 인원수가 정해진다. 여기에 대해서는 『經國大典』 권5, 刑典, 跟隨條를 참조할 것.

7. 伴人 : 功臣, 拜親, 儀賓 등에 사급되는 일종의 軍卒이었는데, 국가는 이들에 대해 遞兒職과 녹봉을 주었다. '眞拜'와 '把領'의 경우도 初入仕를 허용받았으며, 품관에 있어서는 반인과 마찬가지였다 한다. 그러나 공신들은 반인을 마치 노비처럼 취급하여 서로 증여하기도 했으며, 반인도 主家의 세력을 업고 횡포하여 田賦 등을 면제받는 경우도 있었다(金鴻植, 1981, 「封建的 小農民經營의 成立」『朝鮮時代 封建社會의 基本構造』, 博英社, 216쪽).

〈표 2〉 세조 2년(1456)의 농장의 이전 현황

성명	지역	종류	관직	이름	공신
成文治	양근	집, 전토	임영대군	李璆	
	원주	전토	판내시부사	洪得敬	
李聞	양주	전토	임영대군	李璆	
	장단	전토	우부승지	曹錫文	좌익3, 적개1, 익대3, 좌리1
	천안	전토	판내시부사	洪得敬	
	니산	전토	판내시부사	田畇	정난2, 좌익2
揚氏	양주	전토	영응대군	李琰	
	용인	집, 전토	우참찬	黃守身	좌익3
	전주	전토	이조판서	權擥	정난1, 좌익1
	천녕	전토	판내시부사	田畇	
	적성	전토	부사직	林芸	
崔自陟	상주	전토	영응대군	李琰	
	양주	집, 전토	좌참찬	姜孟卿	좌익2
李瑜	임진좌변	집, 전토	계양군	李璔	좌익1
	여흥	집, 전토	익현군	李璭	좌익1
	강음	전토	영해군	李塘	
	임진우변	집, 전토	영천위	尹師路	좌익1
	철원	전토	파평군	尹巖	좌익2
	신계	전토	화천군	權恭	좌익3
	평산	전토	좌찬성	李系隣	좌익2
	포천	집, 전토	우찬성	鄭昌孫	좌익3, 익대3, 좌리2
	계산	전토	좌참찬	姜孟卿	
	진주	전토	좌참찬	姜孟卿	
	연안	전토	이조판서	權擥	정난1, 좌익1
	죽산	전토	도승지	朴元亨	좌익3, 익대2
	光州	전토	좌승지	具致寬	좌익2
	임광	전토	우부승지	曹錫文	
	마전	전토	상호군	趙得琳	좌익3
鄭悰	강화	집, 전토	의창군	李玒	
	양주	집, 전토	병조판서	申叔舟	정난2, 좌익1, 좌리1, 정국1
	양주	전토	이조판서	權擥	
	백천	집, 전토	좌승지	具致寬	좌익2
	光州	전토	좌승지	具致寬	
	옥구	전토	동부승지	尹子雲	좌익3, 좌리1
	廣州	전토	판내시부사	田畇	
柳漢	해주	전토	밀성군	李琛	익대2, 좌리2
朴漢	신천	전토	영해군	李塘	
吉由善	신계	전토	연창위	安孟聃	
	삭녕	전토	화천군	權恭	

印 平	백천	전토	파평군	尹 巖	
	연안	전토	이조판서	權 擘	
	평산	전토	좌부승지	成三問	정난3(세조2 추탈), 좌익3(세조2 추탈)
崔泳孫	김해	전토	좌찬성	李系隣	
	죽산	집, 전토	도승지	朴元亨	좌익3, 익대2
	창원	전토	도승지	朴元亨	
	강화	집, 전토	동부승지	尹子雲	좌익3, 좌리1
	부평	전토	판내시부사	安 璐	
	인천	전토	판내시부사	洪得敬	
閔 伸	인천	전토	좌찬성	李系隣	
鄭 福	군위	전토	좌찬성	李系隣	
金 革	포천	전토	우찬성	鄭昌孫	
劉 近	선산	전토	우찬성	鄭昌孫	
文 漢	계산	전토	좌참찬	姜孟卿	
	진주	전토	좌참찬	姜孟卿	
金潔化	계산	전토	좌참찬	姜孟卿	
	진주	전토	좌참찬	姜孟卿	
李 春	용담	전토	우참찬	黃守身	
吳栗山	평산	전토	우참찬	黃守身	
朴存壽	고부	전토	우참찬	黃守身	
徐盛代	영천	전토	우참찬	黃守身	
陳有蕃	양주	집, 전토	병조판서	申叔舟	
	예산	전토	좌부승지	成三問	
鄭 存	양주	전토	병조판서	申叔舟	
朴 聞	연안	전토	이조판서	權 擘	
安遇祥	충주	전토	이조판서	權 擘	
金得祥	충주	전토	이조판서	權 擘	
趙由禮	양주	집, 전토	도승지	朴元亨	
	백천	전토	좌승지	具致寬	
尹 奇	금천	전토	도승지	朴元亨	
黃思義	공주	전토	도승지	朴元亨	
嚴自治	백천	전토	좌승지	具致寬	
	양주	전토	상호군	趙得琳	좌익3
申敬之	당진	전토	좌부승지	成三問	
曹 熙	예안	전토	좌부승지	成三問	
李 瓔	문화	전토	우부승지	曹錫文	
	임강	전토	우부승지	曹錫文	
	장단	집, 전토	우부승지	曹錫文	
	강음	전토	판내시부사	洪得敬	
崔 璨	비안	전토	동부승지	尹子雲	

柳臺	부평	전토	동부승지	尹子雲	
	울산	전토	판내시부사	安璐	
李貴	풍덕	전토	동부승지	尹子雲	
申謹之	니산	전토	판내시부사	田昀	
	廣州	전토	판내시부사	田昀	
	왕십역전	전토	판내시부사	田昀	
許逐	니산	전토	판내시부사	田昀	
金忠	임광	전토	판내시부사	安璐	
	장단	전토	판내시부사	安璐	
李岡	장단	전토	판내시부사	安璐	
者今	연천	전토	상호군	趙得琳	
李於	재령	전토	부사직	林芸	
李承老	김제	전토	부사직	林芸	

* 『世祖實錄』 권3, 세조 2년 3월 18일 : 세조의 왕위 즉위에 반대했던 錦城大君 李瑜 등의 집과 전지를 적몰하여 佐翼功臣 1等 權擥(靖難功臣 1等) 등에게 賜給해 줌.

〈표 3〉 세조 3년(1457) 농장의 이전 현황

	평산	전지	양녕대군	李禔	
	평산	전지	효령대군	李補	
李徽	평산	전지	영창위공주		
	영평	전지	공조판서	楊汀	정난2, 좌익2
	원평	전지	좌승지	曹錫文	좌익3, 적개1, 익대3, 좌리1
李瑜	당진	전지	임영대군	李璆	
	廣州	전지	계양군	李璔	
成三問	당진	전지	임영대군	李璆	
	양주	전지	임영대군	李璆	
	함열	전지	우의정	姜孟卿	좌익2
	예산	전지	판원사	李系甸	정난1, 좌익2
	평산	전지	우참찬	朴仲孫	정난1
	고양	전지	병조판서	洪達孫	정난1, 좌익2
阿只	홍주	전지	영응대군	李琰	
	영암	전지	청평위공주		
	안동	전지	이조판서	權摯	정난1, 좌익1
	고양	전지	병조판서	洪達孫	
	개령	전지	공조판서	楊汀	
權自愼	홍주	전지	영응대군	李琰	
趙淸老	홍주	전지	영응대군	李琰	
	통진	전지	익현군	李璭	
	양천	전지	좌참찬	黃守身	좌익3
	청주	전지	도승지	韓明澮	정난1, 좌익1, 익대1, 좌리1
黃善寶	홍주	전지	영응대군	李琰	
尹令孫	홍주	전지	영응대군	李琰	
	서산	전지	밀성군	李琛	
	영암	전지	청평위공주		
	회덕	전지	판원사	李系甸	정난1, 좌익2
	적성	전지	좌승지	曹錫文	
權著	풍기	전지	영응대군	李琰	
	성주	전지	익현군	李璭	
	의성	전지	청성위옹주		
柳誠源	廣州	전지	계양군	李璔	
	청주	전지	도승지	韓明澮	
成勝	고양	전지	계양군	李璔	
	홍주	전지	의창군	李玒	
	양주	전지	이조판서	權摯	
	천안	전지	우승지	尹子雲	좌익3
	낙안	전지	좌부승지	韓繼美	정난3, 좌익3, 익대2
	금천	전지	좌부승지	韓繼美	

	원평	전지	좌부승지	韓繼美	
許慥	통진	전지	익현군	李 璭	
	하양	전지	도승지	韓明澮	
崔斯友의 婦, 石配今	면천	전지	익현군	李 瑾	
	덕산	전지	청평위공주		
崔斯友	홍주	전지	의창군	李 玒	
	해미	전지	판원사	李系甸	
	천안	전지	우승지	尹子雲	
李 昊	연산	전지	밀성군	李 琛	
	은진	전지	좌의정	鄭昌孫	좌익3, 익대3, 좌리2
	용인	전지	우의정	姜盟卿	
阿加之	부평	전지	영해군	李 瑭	
	백천	전지	영해군	李 瑭	
	김포	전지	우찬성	申叔舟	정난2, 좌익1, 좌리1, 정국1
	연안	전지	이조판서	權 擥	
兪應孚	백천	전지	영해군	李 瑭	
	포천	전지	우찬성	申叔舟	
金珣玠	양지	전지	영해군	李 瑭	
朴仲林	해남	전시	청평위공주		
鄭 冠	문화	전지	청성위옹주		
金文起	영동	전지	영의정	鄭麟趾	정난1, 좌익2, 익대3, 좌리2
	옥천	전지	파평군	尹 巖	
	안동	전지	이조판서	權 擥	
	옥천	전지	예조판서	洪允成	정난2, 좌익3, 좌리1
崔閏石	공주	전지	영의정	鄭麟趾	
金漢持	선산	전지	좌의정(死)	韓 確	정난1, 좌익1
河緯地	선산	전지	좌의정(死)	韓 確	
金 堪	선산	전지	좌의정(死)	韓 確	
崔始昌	임천	전지	좌의정(死)	韓 確	
	포천	전지	좌의정	鄭昌孫	
	양주	전지	판내시부사	田 畇	정난2, 좌익2
崔得池	은진	전지	좌의정	鄭昌孫	
	수원	전지	좌참찬	黃守身	
崔致池	은진	전지	좌부승지	金 礩	좌익3, 좌리2
崔致池의 첩, 德非	은진	전지	좌의정	鄭昌孫	
崔得地의 첩, 地莊非	은진	전지	좌의정	鄭昌孫	
李 愷	함열	전지	우의정	姜盟卿	
	한산	전지	판원사	李系甸	
	임피	전지	판원사	李系甸	

	충주	전지	좌참찬	黃守身	
	한산	전지	예조판서	洪允成	
	여산	전지	도승지	韓明澮	
成三聘	함열	전지	우의정	姜孟卿	
柳漢	해주	전지	운성부원군	朴從愚	정난1
	해주	전지	대사헌	崔恒	정난1, 좌익2, 좌리1
	해주	전지	동지중추원사	奉石柱	정난2
朴仲林	신창	전지	영천부원군	尹師路	좌익1
	아산	전지	판원사	李系甸	
	과천	전지	좌참찬	黃守身	
	석성	전지	병조판서	洪達孫	
	전의	전지	우승지	尹子雲	좌익3, 좌리1
	연기	전지	우승지	尹子雲	
	천안	전지	우승지	尹子雲	
朴彭年	신창	전지	영천부원군	尹師路	
	삭녕	전지	병조판서	洪達孫	
	온양	전지	도승지	韓明澮	
	천안	전지	우승지	尹子雲	
朴耆年	신창	전지	영천부원군	尹師路	
	전의	전지	우승지	尹子雲	
朴引姊	신창	전지	영천부원군	尹師路	
朴大年	신창	전지	영천부원군	尹師路	
朴永年	신창	전지	영천부원군	尹師路	
	전의	전지	우승지	尹子雲	
奉汝諧	신창	전지	영천부원군	尹師路	
朴遂	廣州	전지	영천부원군	尹師路	
李裕基	풍덕	전지	판원사	李系甸	
	천령	전지	공조판서	楊汀	
	현풍	전지	좌승지	曹錫文	
李午	풍덕	전지	판원사	李系甸	
奉紐	온양	전지	판원사	李系甸	
沈愼	충주	전지	좌참찬	黃守身	
	상주	전지	도승지	韓明澮	
宋石同	충주	전지	좌참찬	黃守身	
李末生	평산	전지	우참찬	朴仲孫	
張貴南	안동	전지	이조판서	權擥	
金龍	양주	전지	공조판서	楊汀	
高鵬	장단	전지	공조판서	楊汀	
成文治	양근	전지	공조판서	楊汀	
李石貞	연안	전지	판내시부사	田畇	
崔汃	양주	전지	판내시부사	田畇	

李 聞	안산	전지	도승지	韓明澮	
鄭 悰	평산	전지	도승지	韓明澮	
	금천	전지	중추원부사	朴 炯	
宋 昌	원평	전지	좌승지	曹錫文	
李 璟	수원	전지	첨지중추원사	尹士昐	
任進誠	수원	전지	첨지중추원사	尹士昐	
朴 崝	수원	전지	상호군	趙得琳	좌익3
嚴自治	양주	전지	대호군	全循義	
李保仁	풍양	전지	대호군	全循義	

* 『世祖實錄』권7, 세조 3년 3월 23일 : 세조 2년(1457) 6월 端宗復位謨議에 가담한 成三問 등의 田地를 몰수하여 종친 李提 등과 曹錫文 등 재상들에게 나누어 줌.

<表 4> 조선전기의 농장 현황

성명	생몰년	친인척 관계	공신	관직	시기	소재지		전거 문헌
神懿王后		태조 비, 韓卿 女			태조1	경기	포천 (재벽동)	新增東國輿地勝覽
神德王后		태조 비, 康允成 女			태조1	경기	포천 (철현)	
朴永忠			회군	동지중추원사	태조2	경기	죽산	
柳珣	1335(충숙4)~1398(태조7)		원종, 진천군	예문 춘추관 태학사	태조7	경기	이천	
李芳幹	?~1421(세종3)	태조의 4남, 회안대군	정사1		태조	황해	토산	
南在	1351(충정3)~1419(세종1)		개국1, 의령부원군	우의정	태조7	경기	과주 (과천)	
曹恂					태조7	충청	공주	
河崙	1347(충목3)~1416(태종16)		정사1, 좌명1, 진산부원군	영의정	태종14	경기	통진	
李來		방간의 인척	좌명2, 계성군	지의정부사	태조1	충청	공주 (석탄 별업)	
金漢老	1367(공민16)~?	양녕대군의 장인		병조 판서	태종14	경기	과천	
趙璞	1356(공민5)~1408(태종8)	조인규의 고손	개국1,정사1 좌명3	이조 판서	태종7	경기	양주	
鄭擢	1363(공민12)~1423(세종5)		개국1, 정사2, 청성부원군	우의정	태종3	경기	해풍(풍덕)	
盧嵩	1337(충숙복위6)~1414(태종14)		개국 원종	검교 우의정	태조	전라	광주	
金汝知	1370(공민19)~1425(세종7)			의정부 참찬	태종	충청	공주	
李伯剛					태종4	경기	동성(통진)	
李佇			좌명1		태종6	경기	임강(장단)	
李叔蕃	1373(공민22)~1440(세종22)		정사2, 좌명1, 안성부원군	병조 판서, 찬성	태종16	경상	함양	慵齋叢話
						황해	연안	
李亨孫	1418(태종18)~1496(연산군2)		적개2, 가평군	부총관	태조	충청	연산	
李順蒙	?~1449(세종31)			영중추원사	세종29	경기	양근	
李君實					세종10	경기	광주	

金漸		숙공공주의 부			세종3	경기	김포	
全謹				호장	세종6	충청	아산	
李明德	1373(공민22)~1444(세종26)			한성부부윤	세종8	경기	평택	
柳訥				호장	세종6	충청	서산	
李孝禮				부평부사	세종18	경기	동파	
朴從愚	?~1464(세조10)	태종의 사위	정난1, 운성부원군	평안도 체찰사	세종	경기	통진	
辛引孫	1384(우왕10)~1445(세종27)			예문관대제학	세종	경기	파주	
黃喜	1363(공민12)~1452(문종2)			영의정	세종	경기	교하	
韓雍					세종	경상	금산	
姜友德					세종	경상	진주	
崔潤德	1376(우왕2)~1445(세종27)			좌의정, 영중추원사	세종	경상	창원	靑坡集
金愼					세종	전라	강진	
李峻					세종	황해	봉산	
金宗瑞	1390(공양2)~1453(단종1)			좌의정	세종			
尹鳳				환관	문종 즉위	황해	연안	
尹吉生					문종 즉위	황해	진원	
李瑢	1418(태종18)~1453(단종1)	안평대군			문종	한성부	마포	
尹祥	1373(공민22)~1455(단종3)			예문관제학	문종	경상	예천	別洞集
巨室農莊					문종	경상	대구	
閔諸					문종	경상	현풍	
李伯良					문종	경상	성주	
金承璧					단종	충청	공주	
楊氏		노산군의 생모			세조2	경기	양주, 용인, 적성, 여주	
						전라	전주	
朴仲林	?~1456(세조2)	박팽년의 부		이조판서	세조3	경기	삭녕, 과천	
						충청	신창, 아산, 석성, 전의, 연기	
						전라	해남	

兪應孚	?~ 1456(세조2)	사육신		동지중추 원사	세조3	경기	포천, 백천	
成 勝	?~ 1456(세조2)	성삼문의 부		동지중추 원사	세조3	충청	천안, 홍주	
						경기	양주, 고양, 금천	
						전라	낙안, 원평	
成三問	1418(태종18)~ 1456(세조2)	사육신	정난3, 좌익3	좌부 승지	세조3	충청	당진, 예산	
						경기	양주, 고양	
						전라	함열	
						황해	평산	
成三聘					세조3	전라	함열	
朴彭年	1417(태종17)~ 1456(세조2)	사육신		형조 참판	세조3	충청	천안, 온양, 신창	
						경기	삭녕	
朴耆年	?~ 1456(세조2)				세조3	충청	신창, 전의	
朴引姩	?~ 1456(세조2)				세조3	충청	신창	
朴大年	?~ 1456(세조2)				세조3	충청	신창	
朴永年	?~ 1456(세조2)				세조3	충청	신창, 전의	
柳誠源	?~ 1456(세조2)	사육신			세조3	경기	광주	
						충청	청주	
河緯地	1387(우왕13)~ 1456(세조2)	사육신		예조 판서	세조3	경상	선산	
鄭悰	?~ 1461(세조7)	경혜공주 의 부, 영양위		형조 판서	세조2, 3	경기	강화, 양주, 백천, 광주, 금천	
						전라	광주, 옥구	
						황해	평산	
李瑜	1426(세종8)~ 1457(세조3)	세종의 6남, 금성대군			세조2, 3	전라	광주	
						경기	장단, 여흥, 포천, 죽산, 광주, 마전	
						충청	당진	
						경상	진주	
						황해	신계, 평산, 연안, 강음	
						강원	철원	
鄭孝恒			좌익 원종2	대사성, 첨지중추 부사	세조	전라	남원	四佳集
申末舟	1429(세종11)~	신숙주의	(원종2)	전라도	세조	전라	순창	四佳集

	1503(연산9)	제		수군 절도사				
成文治					세조2, 3	경기	양근	
						강원	원주	
嚴自治			정난, 좌익		세조2, 3	경기	양주	
						황해	백천	
李聞					세조2, 3	경기	양주, 장단, 안산	
						충청	니산, 천안	
陳有蕃					세조2	경기	양주	
						충청	예산	
鄭存					세조2	경기	양주	
趙由禮					세조2	경기	양주	
						황해	백천	
崔自陟					세조2	경기	양주	
						경상	상주	
崔沔					세조3	경기	양주	
崔始昌					세조3	경기	양주, 포천	
						충청	임천	
金龍					세조3	경기	양주	
趙淸老					세조3	경기	통진, 양천	
						충청	청주, 홍주	
許慥					세조3	경기	통진	
						경상	하양	
趙穎達					세조	경기	안산	
吉由善					세조2	경기	삭녕	
閔伸					세조2	경기	인천	
崔泳孫					세조2	경기	인천, 죽산, 부평, 강화	
						경상	창원, 김해,	
金革					세조2	경기	포천	
李昊					세조3	경기	용인	
						충청	연산, 은진	
金朐					세조3	경기	양지	
李㻣		한남군			세조2	경기	양지	
						황해	재령	
阿加之		이오의 아내			세조3	경기	김포, 부평	
						황해	백천, 연안	
尹奇					세조2	경기	금천	
李瓔		세종의 첫째 서자, 화의군			세조2	경기	장단	
						황해	문화, 연안, 강음	

성명	생몰	비고	공신	관직	세조	道	지역
金 忠					세조2	경기	장단, 임광
李 岡					세조2	경기	장단
柳 壹					세조2	경기	부평
						경상	울산
李 貴					세조2	경기	풍덕
李裕基					세조3	경기	풍덕, 여주
						경상	현풍
李 午					세조3	경기	풍덕
申謹之					세조2	경기	광주, 왕십리역전
						충청	니산
朴 遂					세조3	경기	광주
者수					세조2	경기	연천
尹鈴孫	?~1456(세조2)	단종의 이모부		형조 정랑	세조3	전라	영암
						충청	홍주, 서산, 회덕
						경기	적성
李 徽	?~1456(세조2)		좌익3	동부 승지	세조3	경기	영평, 파주
						황해	평산
						전라	원평
崔得池					세조3	경기	수원
						충청	은진
李 瑢		영풍군			세조3	경기	수원
任進誠					세조3	경기	수원
朴 㟓					세조3	경기	수원
宋 昌					세조3	경기	파주
李保仁					세조3	경기	양주
金 斗					세조	함경	경원
安遇祥					세조2	충청	충주
金得祥					세조2	충청	충주
李 塏	1417(태종17)~1456(세조2)	이색의 증손, 사육신		직제학	세조3	전라	임피, 함열, 여산
						충청	충주, 한산
沈 愼	?~1456(세조2)			좌정언	세조3	충청	충주
						경상	상주
宋石同					세조3	충청	충주
黃思義					세조2	충청	공주
崔閏石					세조3	충청	공주
申敬之					세조2	충청	당진
許 遂					세조2	충청	니산
金文起	?~1456(세조2)			이조 판서	세조3	충청	옥천, 영동
						경상	안동

奉汝階	1419(태종19)~1456(세조2)			사옹원 별좌	세조3	충청	신창
崔斯友					세조3	충청	천안, 홍주, 면천, 해미, 덕산
阿只					세조3	전라	영암
						충청	홍주
						경상	개령, 안동
						경기	고양
權自愼	?~1456(세조2)	현덕왕후의 제	좌익3		세조3	충청	홍주
黃善寶					세조3	충청	홍주
奉紐					세조3	충청	온양
朴存壽					세조2	전라	고부
李春					세조2	전라	용담
李承老					세조2	전라	김제
高鵬	?~1456(세조2)				세조3	경기	장단
張貴南					세조3	경상	안동
權著					세조3	경상	풍기, 성주, 안동, 의성
崔戒之					세조	경상	예천
張益之					세조	경상	예천
張順之					세조	경상	예천
曺熙禮					세조2	경상	예안
崔璨					세조2	경상	비안
鄭福					세조2	경상	군위
劉近					세조2	경상	선산
金漢之					세조3	경상	선산
金堪	1466(세조12)~1509(중종4)	정국2, 연창부원군	병조판서		세조3	경상	선산
文漢					세조2	경상	계산, 진주
金潔化					세조2	경상	계산, 진주
金繼山					세조	경상	진주
徐盛代					세조2	경상	영천
朴漢					세조2	황해	신천
鄭冠					세조3	황해	문화
吉由善					세조2	황해	신계
印平					세조2	황해	백천, 평산, 연안
吳栗山					세조2	황해	평산
李末生					세조3	황해	평산
李石貞					세조3	황해	연안

이름	생몰년	관계	공신	관직	왕	도	지역	출전
柳漢					세조2,3	황해	해주	
朴閏					세조2	황해	연안	
黃守身	1407(태종7)~1467(세조13)		좌익3, 남원부원군	영의정	세조8	충청	아산	
						경기	강서	
南怡	1441(세종23)~1468(예종즉위)	태종의 외손	적개1, 의산군	병조판서	세조	경기	부평, 광주, 남양,	
						경상	의령	
申叔舟	1417(태종17)~1475(성종6)		정난2, 좌익1, 익대1, 좌리1	영의정	세조	한성부	마포	
李璙	1425(세종7)~1444(세종26)	세종의 5자, 광평대군			세조9	한성부	서강	
李禔	1394(태조3)~1462(세조8)	태종의 장남, 양녕대군			세조	한성부	서강	
李補	1396(태조5)~1486(성종17)	태종의 2자, 효령대군			세조	한성부	양화도	
						경기	지평	
權擥	1419(세종1)~1472(성종3)		정난3, 좌익2, 화산군	경기도 관찰사	세조	경기	광주	新增東國輿地勝覽
徐居正	1420(세종2)~1488(성종19)		좌리3, 달성군	좌찬성	세조	경기	광주, 양주	四佳集
						황해	토산	
						경기	여주	
姜希孟	1424(세종6)~1483(성종14)		익대3, 좌리3, 진산군	좌찬성	세조	경기	금천, 고양	私淑齋集
金禮蒙	?~1469(예종1)			이조 공조 판서	세조	충청	충주	
孫昭	1433(세종15)~1484(성종15)		적개2, 계천군	안동부사, 진주목사	세조	경상	경주	佔畢齋集
尹師路	1423(세종5)~1463(세조9)	정현옹주의 부	좌익1, 영천부원군	충훈부당상	세조	경기	광주	
卞自義					예종	경상	예천	
曺敬治					예종	경상	삼가, 창녕	
蔣西					예종	경상	청도	
康純	1390(공양2)~1468(예종즉위)		적개1, 신천부원군	영의정	예종	충청	보령	
姜孝文	?~1467(세조13)			함길도 절도사	예종	충청	공주	

					예종	경기	광주	
李季老					예종	경기	광주	
丁克仁	1401(태종1)~ 1481(성종12)			정언	예종	전라	태인	
鄭崇魯			적개		예종	한성 부	동대문외 전	
房貴元					성종1	충청	아산	
申末舟		신숙주의 제			성종1	전라	순창	
宋益孫	?~ 1482(성종13)		정난3, 여산군	부호군	성종5	전라	고부	
洪允成	1425(세종7)~ 1475(성종6)		정난2, 좌익3, 좌리1, 인산 부원군		성종6	충청	홍산	
任元濬	1423(세종5)~ 1500(연산군6)		좌리3, 서하군	좌찬성	성종9	경기	여주	四佳集
鄭麟趾	1396(태조5)~ 1478(성종5)		정난1, 좌익2, 익대3, 좌리2 원상, 하동 부원군	영의정	성종9			
盧思愼	1427(세종9)~ 1498(연산군4)		익대3, 좌리3, 선성 부원군	영의정	성종9	경기	광주 (한강가)	
梁誠之	1415(태종15)~ 1482(성종13)		좌리3, 남원군	지중추부 사	성종10	경기	통진	四佳集
申淨		신숙주의 자	좌리?	참판	성종10	경상	고령	
李繼孫	1423(세종5)~ 1484(성종15)			지중추부 사	성종15	경기	여주	
金礪石				도승지	성종22	충청	충주	
韓健		한치인의 자		참판	성종22	경기	인천	
李婷	1454(단종2)~ 1488(성종19)	성종의 형, 월산대군	좌리2		성종	경기 충청	고양 공주	風月亭 集
盧鐵堅					성종	경기	여주	佔畢齋 集
茂副正 摠					성종	한성 부	양화도	秋江集
金紐	1420(세종2)~ ?			이조 참판	성종	경기	이천	虛白堂 集
李湜	1458(세조4)~ 1488(성종19)	세종의 손자, 부림군			성종	경기	부평, 적성	四雨亭 集

李堅義					성종	경기	적성	佔 畢 齋集
成 俔	1439(세종21)~1504(연산10)			대제학	성종	경기	양천, 파주,인천, 과천	虛 白 堂集
						충청	옥천	
						황해	토산	
沈 膺			적개		성종	경기	김포	
趙 恢					성종	경기	김포	慵 齋 叢話
金宗桂					성종	경기	금천	
金處義			정난		성종	경기	양주	
						강원	홍천	
安桑雞		세종의외손자		돈령부도정	성종	경기	양주	
韓 堡	1447(세종29)~1522(중종17)	한명회의자	좌리4,낭성군	부사직	성종	경기	양주	
李 墊					성종	경기	양주	
南孝溫	1454(단종2)~1492(성종23)	김종직의문인	좌승지(추증)		성종	경기	고양	秋江集
						경상	칠원	
金悌臣	1438(세종20)~1499(연산5)		전주부윤		성종	경기	교하	佔 畢 齋集
						황해	백천	
尹弼商	1427(세종9)~1504(연산10)		원종2,적개1, 파평부원군		성종	충청	충주	
姓不明綏之					성종	충청	충주	四 雨 亭集
金淑虎					성종	충청	진천	
成貴達					성종	충청	진천	
姜繼叔					성종	충청	공주	
李享孫	1418(태종18)~1496(연산2)		적개2,가평군	부총관	성종	충청	연산	
文照卿					성종	충청	서천	허 백 당집
辛永禧		김종직의문인			성종	충청	직산	
金世卿					성종	경상	안동	虛 白 堂集
金宗直	1431(세종13)~1492(성종23)	김숙자의자	형조판서지중추부사		성종	경상	밀양, 금산	金 石 總下 攬
李 紬					성종	경상	영산	佔 畢 齋集
金馹孫	1464(세조10)~	김종직의		헌납	성종	경상	청도	

	1498(연산4)	문인						
金碔	1422(세종4)~1478(성종9)		좌익3, 좌리2, 상락부원군	우의정	성종	경상	현풍	
金國光	1415(태종15)~1480(성종11)		적개2, 좌리1, 광산부원군	좌의정	성종	경상	상주	
蔡壽	1449(세종31)~1515(중종10)		정국, 인천군	호조참판	성종	경상	함창	新增東國輿地勝覽
李君度					성종	경상	진주	四雨亭集
齊周卿					성종	전라	전주	虛白堂集
尹坦					성종	전라	광산	
柳秀源					성종	전라	장흥	
弘智					성종	강원	낙산사 부근	
黃允元					성종	강원	춘천	虛白堂集
柳子光	?~1512(중종7)		적개2, 익대1, 정국1, 무령부원군	영의정	연산1	경기	양성, 공주, 연산, 은진, 여산, 임실	
						충청	공주, 연산, 은진	
						전라	여산, 임실, 남원	
韓懽					연산3	경기	김포	
韓致禮	?~1499(연산5)	인수대비의 제	좌리4, 서릉부원군	도총관	연산5			
張淑容	1434(세종16)~1509(중종4)			대사헌	연산11	황해	연안	
曹淑沂				경주부윤	중종1	경상	경주	
柳順汀	1459(세조5)~1512(중종7)		정국1, 정난1, 청천부원군	영의정	중종6	경기	양주	
韓明澮	1415(태종15)~1487(성종18)		정난1, 좌익1, 익대1, 좌리1 상당부원군	영의정	중종7	경기	광주, 장단	新增東國輿地勝覽
						충청	청주	
尹止衡				이조정랑	중종12	전라	남원	
李繼福				첨지중추부사	중종13	경기	인천	

柳辰同	1497(연산3)~ 1561(명종16)			전라도관 찰사	명종4			
劉寬				가산군수	명종5	평안	가산	
尹元衡	?~ 1565(명종20)	문정왕후 의 제	보익3, 위사2, 서원 부원군	영의정	명종6	황해	해주 등	
沈鈴				동지	명종10	전라	전주	
李叔男				연안부사	명종20	황해	연안, 평산, 해주	
尹定				위원군수	선조27	평안	위원	
沈信謙				가산군수	선조27	평안	정주	
李鳳壽		이순신 휘하의 군관		충청도병 마절도사	선조27	충청	수안	
李惟中				제릉참봉	선조28	경기	개성	
李民聖		이덕형의 부		문화현령	선조33	경기	통진	
蔡楨先					선조	경기	통진	
蔡慶先					선조	경기	통진	
李宗誠				흥덕현감	선조29	전라	흥덕	
李繼南				운성군	선조39	황해	해서	
尹三聘				숙천부사	광해2	평안	숙천	
申礎	1541(중종36)~ 1609(광해1)	신립의 형	호성2, 평천 부원군	병조판서	광해5	충청	진천	
玄楫				공홍병사	광해14	충청	면천	

*비고

1. 조선전기에 조성되었던 '私田型'·'開墾型'·'私債型'·'權力型' 農莊을 농장주를 중심으로 정리함('私田型'·'開墾型' 農莊에 대해서는 이세영, 2013, 「조선전기의 '農莊的 地主制' -'私田型'·'開墾型' 農莊을 중심으로-」『역사문화연구』 45, 韓國外國語大學校 歷史文化硏究所 참조).

2. 周藤吉之, 1934, 「麗末鮮初에 있어서 農莊에 대해서」『靑丘學叢』 제17호(소화9년 8월 발행)의 제1표, 제2표에서 보이는 농장주와 농장을 개인문집과 『朝鮮王朝實錄』에서 재확인하고 보완함.

3. 생몰년 : 아직까지 확인되지 않은 농장주의 생몰년은 표기하지 않음.

4. 관직 : 가장 높은 관직명을 씀.

5. 시기 : 농장주와 농장이 언급된 왕조와 시기를 표기함.

6. 전거 문헌 : 빈 칸은 모두 조선왕조실록으로 표기를 생략함.

제3부

朝鮮後期 地主層의 形成

제1장 朝鮮後期 土地構成(元結·時起結·實結)의 變動

1. 조선시대의 量田史

우선 조선후기에 토지의 전반적 상황을 파악하기 위해서 양전사를 일괄해 볼 필요가 있겠다. 먼저 전국적인 양전 실시 현황을 살펴보자. 宣祖 33년(1600)에 임진왜란으로 인하여 陳田이 크게 늘어난 결과 전국 8도의 時起田은 평시의 전라도 한 도에도 미치지 못하는 30여만 結에 지나지 않았기 때문에 우선 시기전만 打量하기로 하고,[1] 이어 3년에 걸쳐서 양전하였다('癸卯量田'). 顯宗 1년(1660)에는 8도를 양전하기로 결정했지만 실제로는 흉년으로 시행하지 못했으며, 肅宗 17년(1691)에도 국왕이 8도를 차례로 양전하라는 교지를 내렸음에도 불구하고 오랫동안의 기근에서 벗어나지 못한데다가 풍수재해까지 겹치게 되면서 양전 논의 자체가 이듬해로 연기되었고, 결국에는 양전하지 못하고 말았다. 이후 8도 양전이 시행된 것은 1898~1904년의 '光武量田'이었다. 따라서 조선후기에 전국 일제의 양전이 시행된 것은 '癸卯量田'과 '光武量田'뿐이었다.

다음으로 道 단위의 양전('大擧量田') 실시 현황을 살펴보자.[2] 仁祖 12년(1634)에

---

1) 『宣祖實錄』140권, 선조 34년(1601) 8월 13일. "領議政 李恒福曰 …… 亂後八道田結 僅三十餘萬結 則不及平時全羅一道矣 其何以成國之模樣乎 今此量田一事 必須若排大難而 爲之 然後可成 弊則必多有之 皆不可計矣."

2) 『宣祖實錄』140권, 선조 34년(1601) 2월 27일. "戶曹啓曰 頃因都體察使狀啓 秋成後擧行事 已爲行移于八道及開城府 而江原監司 不知退定之意 亦爲狀啓 本曹以前日回啓之意 又爲啓 下 而但所謂量田云者 非大擧量田 只以時起耕田畓打量 時陳荒田結 竝令打量 故外方不知此

下三道를 대상으로 '甲戌量田'을 실시하였다. 경기도와 강원도의 양전도 함께 추진되었으나 흉년으로 중단하였다. '甲戌量田'은 '癸卯量田' 당시 제외되었던 陳田과 그동안 개간된 新田을 파악하기 위한 것이었다. 그런데 양전이 제대로 이루어지지 않아 이듬해 再量田하였으며, 그 결과 하삼도의 元田은 895,491結, 時起田은 540,962結이었고, 이 시기전 가운데 개간된 신전은 182,719結이었다. 顯宗 1년(1660)에 8도를 모두 양전하려고 했지만 이듬해 흉년이 들고 이어 전염병이 돌아서 포기하고, 다만 그 가운데서 작황이 그나마 가장 좋았던 경기도만 양전하였다(顯宗 3년, 1662). 경기도는 이미 仁祖 12년(1634)에 下三道와 함께 양전하려고 했지만 흉년으로 하지 못했었다. 따라서 '癸卯量田' 이후 60여 년이나 지났기 때문에 참고할 만한 田案이 없었고, 시기전은 예전의 13만여 結에서 3만여 結로 줄어들었기 때문에 우선 양전하지 않을 수 없었다. 顯宗 6~8년 (1665~1667)의 함경도 양전은 '壬寅打量'(宣祖 35년, 1602) 이후 陳田이 많아졌는데 도 貢物은 여전히 壬寅年에 정한 결수로 수취되고 있었기 때문에 道民들은 시급히 타량해주기를 원했고, 이에 당시 감사였던 閔鼎重이 실시한 것이었다. 顯宗 10년(1669)에 충청도와 황해도의 양전이 있었다('己酉量田'). 충청도 양전은 공주군부터 시작하여 20郡을 양전하고, 나머지 郡들의 양전은 흉년으로 이듬해로 연기했는데 결국은 시행하지 못하고 말았다. 또한 황해도 양전은 判府事 宋時烈과 호조판서 閔鼎重의 강력한 제안으로 시작했지만 역시 흉년으로 중지함으로써 4郡만 양전하는 데에 그쳤다.

肅宗 연간에 이르러 가장 시급한 과제는 양역제와 군역제를 변통하는 일이었다. 그리고 그 變通策으로서 結布法·戶布法·口錢法 등이 제안되었다. 또 하나는 田政紊亂을 해결하여 '均賦均稅'를 달성하는 것이었다. 전자는 새로운 改革策을 강구하는 것이어서 쉬운 일이 아니었다. 반면에 후자는 이미 국법에 규정되어 있는 양전을 실시하고 양안을 정비함으로써 '均賦均稅'를 이루기 위한 기초를 마련할 수 있는 것이었다. 따라서 量田論議는 肅宗이 즉위하면서부터 빈번하게

間曲折 以爲大擧量田 頗有不便之意. 此亦然矣 若盡依法例爲之 則曲折甚多 恐未易擧 待秋成只時起耕田番打量宜當 敢啓 傳曰 允."

제기되기 시작하였다. 우선 '己酉量田'(1669) 때에 처음부터 제외되었던 전라도·경상도·강원도와 흉년으로 중지되었던 충청도·황해도의 나머지 군들부터 양전하자는 것이었다. 이 가운데 황해도의 경우에는 肅宗 27년(1701)에 강령·옹진·은율 등 3군을 양전하는데 그쳤고, '癸卯量田' 이후 한 번도 양전하지 못함으로써 그 전정문란상이 심각했던 강원도는 '癸卯量田' 이후 거의 100년만인 肅宗 34·35년(1708·1709)에 16군을 양전하였다. 그리고 전라도·경상도·충청도 등 하삼도의 양전은 肅宗 15년(1689)에 건의되었지만 시행되지 못하다가 肅宗 45~46년(1719~1720)에 이른바 '庚子量田'으로 시행되었다. 이는 '甲戌量田' 이후 무려 90여 년 만에 시행된 것이었다. 이후 하삼도의 양전은 純祖 11년(1811)에 국왕의 허락까지 받았지만 이듬해의 평안도 농민항쟁 때문에 실행되지는 못했다. 이어서 純祖 19·20년(1819·1820)에 전라도·경상도 2도의 '庚辰量田'이 시행되다가 곧 정지되었다. 이렇게 보면, 大擧量田으로는 삼남의 '甲戌量田'(1634)과 '庚子量田'(1718~1720)이 가장 규모가 큰 것이었고, 이외에 1개 道의 양전으로 경기도양전(1662), 함경도양전(1665~1667), 충청도 20군의 양전(1669), 강원도 16군의 양전(1708·1709) 등이 있었다.

이러한 '대거양전'의 실시 결과 늘 民怨이 제기되고 있었는데, 그것은 3가지 문제 때문이었다. 첫째는 양전실무자들인 색리·서원배들의 부정으로 양반토호 지주들의 전답은 여전히 하등으로 執等되고, 소·빈농들의 전답은 상등으로 집등된 것이었다. 양전의 목적 가운데 하나는 부자들의 '田多負少'와 빈자들의 '地少負多'의 현상을 시정하고자 토지의 瘠薄을 가리고 전품을 실제대로 매겨서 '均賦均稅'를 이루자는 것이었다. 그러나 양전실무자들에게 양전의 당면 목적은 늘 이전의 결총을 유지하거나 늘리는 것이었다. 따라서 이를 위해서 소·빈농들의 전답의 전품은 상등으로 상향조정될 수밖에 없었고, 이에 따라 그들의 전세부담 또한 더욱 무거워지고 있었던 것이다. 둘째는 소·빈농들의 진전이 기경전으로 등재된 것이었다. 대체로 균전사들의 量田 事目·節目은 陳田에는 '主'를 懸錄하지 않도록 규정하고 있었다. 진전에 '主'를 현록하면 후일에 소유권 분쟁이 일어날 수 있고, 또 '主'가 현록되면 다른 사람이 기경하려 해도 薄土에서

公私 간에 수조하는 것이 많아서 기경하지 않을 것이라는 생각에서 균전사들은 따로 절목·사목을 작성하여 '主'를 현록하지 못하게 했던 것이다. 그러자 田主들은 전답을 잃을까봐 진전이 양안에는 기경전으로 등재되고, 收租案에서는 빠지기를 바랐다. 그러나 결국은 수조안에서 빠지지 못함으로써 白地徵稅를 당하는 수밖에 없었던 것이다. 셋째, 수령·감관·색리들은 比摠制에 따른 該邑의 기준 결수를 채우기 위해서 '流來陳雜頉田', 즉 수십 년 동안 개간되지 않고 있는 陳田, 泥生·浦落田·山火田 등을 無田農民들의 기경전으로 등재하는 대신 토호지주들의 還起田·新起田을 시기결에서 은루시켜 '助官用·補民役'을 위한 '私結'로[3] 확보한 것이었다.[4]

이러한 문제는 기존의 양전제로 해결될 것이 아니었다. 그럼에도 불구하고 그 누구도 양전제도 자체의 개혁을 제안하는 사람은 없었다. 다만 '대거양전'의 개선책으로 '抽栍量田'이 기존 양전제의 개량책으로 제안되었다.[5] 이는 '대거양전'이 시행된 후에 그 결과가 부실한 특정한 읍을 대상으로 실시하는 것이었다. 이러한 '추생양전'에는 두 가지가 있었다. 하나는 英祖 연간 이후에 각지에서 수령이 '자주적'으로 실시했던 '邑量田'이었다. 특히 正祖 연간 이후에는 이러한 수령의 자주적인 '읍양전'이 장려됨에 따라 '추생양전'의 대부분은 '읍양전'이었다. 그리고 '추생양전' 가운데 하나였던 '査陳量田'은 陳田을 대상으로 양전하는 것이었다.[6] 그런데 시기전과 진전의 구별은 그리 쉬운 일이 아니었다. 조선후기에 지주제의 발달과 전정문란, 특히 頉稅·白徵 현상은 그 궤를 같이 하고 있었다. 양반지주들은 수령·감관·색리들과 결탁하여 그들의 시기전은 진전으로 등록했고, 加耕田·新田은 은루시키고 있었다. 그 대신 수령 등은 결수를 채우기 위해서 소·빈농들의 진전을 시기전으로 등록하고 있었다.[7] 이러한 폐해를

---

3) 『備邊司謄錄』72책, 숙종 45년 10월 20일.

4) 이세영, 2001, 『朝鮮後期 政治經濟史』, 120~130쪽.

5) 『英祖實錄』13권, 영조 3년 10월. "嶺南別遣御史 朴文秀請對 陳嶺南賑事 又請嚴懲貪之法 又請慶州等邑量田 抽栍打量."

6) 宮嶋博史, 1991, 『朝鮮土地調査事業史の研究』, 40~46쪽.

7) 『備邊司謄錄』73책, 경종 즉위년 11월 20일 ; 『承政院日記』679권, 영조 5년 1월

시정하기 위해서 진전 여부의 판정만을 목적으로 양전했던 것이 '査陳量田'이었던 것이다.

이처럼 英祖·正祖 연간 이후에 '추생양전'을 실시하게 되었던 데는 또 다른 이유가 있었다. 첫째, '대거양전'을 할 경우 균전사(경차관·양전사)를 비롯하여 양전실무에 밝은 인력을 구하는 일과, 양전 종사자들의 급료와 紙筆墨價 등의 막대한 양전비용을 마련하는 것이 어려웠기 때문이었다. 이 때문에 20~30년마다 양전하는 것이 국법임에도 불구하고 양전할 때마다 그 실시 여부를 새삼스럽게 논의하였고, 흉년이 들게 되면 양전을 중단할 수밖에 없었던 것이다. 둘째, 肅宗 44~46년(1718~1720)의 '경자양전'으로 최대의 時起結數를 확보하였고, '대거양전' 때에도 실제로 수령이 양전을 주관하는 사정에서 굳이 '대거양전'을 할 필요가 없었기 때문이었다. 수령 책임 아래 일정한 시기결수를 유지하면 되었고, 특별히 전정이 문란하여 수취가 되지 않거나 민원이 제기되지 않는다면 굳이 20년마다 양전할 필요도 없었기 때문에 주로 '邑別査陳量田'이 추진되었던 것이다. 물론 '추생양전'도 문제가 없었던 것은 아니었다. 양반지주들은 원천적으로 양전 자체를 방해하거나 저지했고, 막상 양전할 때에는 수령과 결탁하여 漏決·隱結을 증가시킴으로써 도리어 전정문란을 심화시키고 있었던 것이다.[8] 19세기에 이르러서는 그들의 진전 명목의 누결·은결의 증가에 따른 소·빈농들에 대한 白徵의 만연은 마침내 민란의 결정적 요인이 되었던 것이다.

이상에서 조선시대에 실제로 시행되었던 양전만을 표시한 것이 <표 1>이다. 그리고 여기서 각 도의 '大擧量田'의 실시년도를 표시한 것이 <표 2>이다.

23일.

8) 『英祖實錄』 61권, 영조 21년 4월 5일. "上曰 湖南無他弊耶 …… 副提學元景夏曰 湖南巨弊 莫如田政 而田政紊亂 專由於隱結之多入土豪 故吏民不堪白徵之弊矣 上曰 不可不一番釐正矣."

〈표 1〉 조선시기 양전실시 현황

양전 시행년도	양전 실시지역
1389(高麗 辛昌 元)	전국(제외 : 평안·함경남도, 남부 연안지역, 제주도)
1401(太宗 元)	沿海州郡
1405(太宗 5)	충청·전라·경상 3도
1406(太宗 6)	경기·황해·강원 3도
1411~13(太宗 11~13)	평안·함경 2도
1419(世宗 元)	제주도
1428(世宗 10)	강원·전라 2도
1429(世宗 11)	충청·경상 2도
1432(世宗 14)	경기도
1461(世祖 7)	경기도
1462(世祖 8)	충청·전라 2도
1463(世祖 9)	경상도
1471(成宗 2)	황해도
1476(成宗 7)	강원도
1486(成宗 17)	평안도
1488(成宗 19)	함경도
1492(成宗 23)	경기·충청 2도
1493(成宗 24)	전라·경상 2도
1522(中宗 17)	강원도
1524·25(中宗 19·20)	전라도
1600~1604(宣祖 33~37)	8도(5도?)의 時起田만('癸卯量田')
1613(光海君 5)	충청·전라·경상 三南
1625(仁祖 3)	전라도 남평
1634(仁祖 12)	충청·전라·경상 三南('甲戌量田')
1662(顯宗 3)	경기도
1664(顯宗 5)	경기도 양주
1665~67(顯宗 6~8)	함경도
1668(顯宗 9)	경기도 장단
1669(顯宗 10)	충청도 공주·청주·지성·천안·홍주·온양·목천·제천·부여·보령·임천·비인·청양·청안·연풍·은진·결성·전의·평택·정산 등 20군 황해도 황주·해주·안악·평산 등 4군
1700(肅宗 26)	경상도 언양
1701(肅宗 27)	황해도 강령·옹진·은율 등 3군
1708·09(肅宗 34·35)	강원도 통천·양양·울진·정선·간성·고성·영월·평창·흡곡·평해·강릉·삼척·원주·홍천·춘천·횡성 등 16군
1718~20(肅宗 44~46)	충청·전라·경상 三南('庚子量田')
1727(英祖 3)	경상도 개령·경주·울산 등 3군
1736(英祖 12)	강원도 정선
1737(英祖 13)	경기도 양근 등 6군, 황해도 2군
1745(英祖 21)	전라도 14군 改量陳田
1746(英祖 22)	황해도 신천
1748(英祖 24)	함경도 회령·무산 등 2군
1749(英祖 25)	경상도 경주·장기·연일·흥해 등 4군, 황해도 금천
1756(英祖 32)	황해도 황주·재령 등 2군
1757(英祖 33)	경기도 수원·장단 등 2군

1759(英祖 35)	황해도 송화·금천 등 2군, 강원도 양구, 충청도 영동·옥천 등 2군
1761(英祖 37)	경기도 진위·부평 등 2군
1767(英祖 43)	함경도 회령
1777(正祖 1)	경상도 함안
1788(正祖 12)	함경도 무산
1789(正祖 13)	경상도 김해·영일 등 數郡(?)
1791(正祖 15)	경상도 창원·진보·거창(?) 등 3군, 충청도 결성·회인 등 2군
1793(正祖 17)	황해도 안악(중단)
1806(純祖 6)	전라도 순천
1816(純祖 16)	황해도 토산
1830(純祖 30)	경상도 흥해
1843(憲宗 9)	경상도 칠원
1846(憲宗 12)	경상도 창원·금산·진해·문경·함창 등 5군
1856(哲宗 7)	경상도 진보·영산 등 2군
1859(哲宗 10)	황해도 풍천
1869(高宗 6)	전라도 영광
1870(高宗 7)	경상도 동래
1871(高宗 8)	경상도 언양
1872(高宗 9)	황해도 평산
1878(高宗 15)	충청도 온양, 경상도 영일
1898~1902(光武 3~6)	量地衙門 124군
1902~1904(光武 6~8)	地契衙門 94군

* 비고 : 宮嶋博史, 1991, 『朝鮮土地調査事業史の硏究』, 43쪽의 <표 1> 量田施行狀況 ; 朴準成, 1984, 「17·18세기 宮房田의 확대와 所有形態의 변화」 『韓國史論』 11, 193~194쪽의 <표> 壬亂~光武年間의 量田地域.
* 출전 : 『朝鮮王朝實錄』, 『備邊司謄錄』, 『日省錄』, 『增補文獻備考』 등.

〈표 2〉 도별 양전실시 현황

	경기도	충청도	전라도	경상도	강원도	황해도	평안도	함경도
공양왕 (1389~1391)	1389	1389	1389	1389	1380	1389		
태종 (1401~1418)	1406	1405	1405	1405	1406	1406	1411 ~13	1411 ~13
세종 (1419~1450)	1432	1429	1428	1429	1428			
세조 (1455~1468)	1461	1462	1462	1463				
성종 (1469~1494)	1474 1492	1474 1492	1475 1493	1475 1493	1476	1471	1486	1488
중종 (1506~1544)			1524 ~25		1522			
선조 (1568~1607)	(1577) (1601) 1604	(1577) (1601) 1603	(1577) (1601) 1603	(1577) (1601) 1604	(1577) (1601) 1604	(1577) (1601) 1604	(1577) (1601) 1604	(1577) (1601) 1603

광해군 (1608~1622)		1613	1613	1613				
인조 (1623~1649)	(1635)	1634	1634	1634	(1635)	(1634)		
현종 (1660~1674)	(1660) 1663	(1660) 1669 (20 읍)	(1660)	(1660)	(1660)	(1660) 1669 (4 읍)	(1660)	(1660) 1665 ~67
숙종 (1675~1720)	(1691)	(1691) 1718 ~20	(1691) 1718 ~20	(1691) 1718 ~20	(1691) 1709 (16 읍)	(1691) 1701 (3 읍)	(1691)	(1691)
순조 (1801~1834)		(1811)	(1811) (1819 ~20)	(1811) (1819 ~20)				
고종 (1864~1907)	1898~ 1904	1898~ 1904	1898~ 1904	1898~ 1904	1898~ 1904	1898~ 1904	1898~ 1904	1898~ 1904

* 비고 : 宮嶋博史, 1991, 『朝鮮土地調查事業史の硏究』, 44쪽의 <표 2> 도별 量田實施狀況.
( ) 안의 숫자는 양전하기로 결정했지만 실시하지 못한 연도를 표시함.
* 출전 : 『朝鮮王朝實錄』, 『備邊司謄錄』, 『日省錄』, 『增補文獻備考』 등.

이를 보면, 경기도와 하삼도는 15세기 말까지 20, 30년마다 양전은 비교적 규칙적으로 시행되었음을 알 수 있다. 그러나 조선초기에 있어서도 북부 4도는 사정이 달랐다. 강원도는 1428년의 양전 이후, 50년 가까이 지난 1476년에 개량이 행해졌고, 그 후에도 또 46년간 양전이 시행되지 않았다. 황해도는 1406년의 양전 이래 65년이 경과한 1471년에야 양전이 실시되었지만, 그것이 전기에 있어서 최후의 양전이었다. 양계지방은 1411~1413년에 걸쳐서 비로소 양전이 행해졌고, 다음으로 평안도는 1486년, 함경도는 1488년, 따라서 전기에 2번의 양전이 시행되었을 뿐이었다.

후기에는 우선 1600년의 결정에 근거해서 1604년까지 8도에서 실시되었던 이른바 '癸卯量田'이 있었지만, 이것은 전술했듯이, 시기전만을 파악하는 것을 목적으로 했던 임시적이고 변칙적인 것이었다. 이때는 장기간의 임진왜란으로 전토가 황폐해지고, 양안도 대부분이 소실된 상황에서 긴급히 경작지만을 파악할 필요가 있었기 때문이었다. 이 '癸卯量田'을 제외하면 후기에 '大擧量田'이 실시된 경우는 극히 적었다. 그런 가운데서도 국가의 전세수취의 대종을 차지하는 하삼도에서, 1634년의 이른바 '甲戌量田'과 1718~1720년에 걸쳐서 시행된 이른바 '更子量田'이 시행되었고, 그 외에 '大擧量田'이라고 말할 만한 것은 1662년 의 경기양전, 1665~1667년의 함경도양전이고, 이 이후에는 1669년의 충청도 20읍의 양전, 1708·09년의 강원도 영동지방양전 등이 그나마 '대거양전'에 가까운 것이었다. 따라서 '大擧量田'은 '更子量田'을 마지막으로, 1898년에 시작한 '光武量 田'까지 전혀 행해지지 않았던 것이다.9)

이처럼 조선후기에 '대거양전'은 전후 복구과정에서 부분적으로 행해지는 것에 그쳤고, 15세기까지처럼 20·30년마다 개량한다는 방침자체가 지켜지지 않고 있었다. 대신에 전술했듯이 英祖 연간 이후에는 진전 여부를 가려서 은결·누결을 시기전으로 확보하기 위한 '수령의 邑別査陳量田'이 정착되어 갔다.

여기서 한 가지 짚고 넘어가야 할 것이 있다. 이상 조선후기의 양전 실태를 놓고, 和田一郎으로부터 현재에 이르기까지, 조선시대의 田制를 언급하는 연구 자들은 모두 '田政의 紊亂', 혹은 '田制의 紊亂'으로 지목해 왔다. 그런데 宮嶋博史 가 지적했듯이, 그것은 "非歷史的인 파악방식이고, 和田一郎처럼 일제의 토지조 사사업의 획기적인 의의를 선전하려는 입장을 가진 사람들의 경우는 차치하고 라도 연구자들은 그렇게 안이하게 이해해서는 안 된다."는 것이었다. 따라서 그는 "양전에 기초한 국가의 토지파악방식의 역사적 변천을 재구성한다."는 입장에서 각 시기의 양전방식을 검토한 결과, 조선국가의 양전방식의 연장선상 에 토지조사사업을 비정하였다.10) 필자도 이에 동의하면서 아울러 덧붙여야 할 것은 양전방식의 변천과 '지주계급의 성장·지주제의 발달'의 관계도 역사적 이고 구조적으로 파악해야 한다는 점이다. '田政의 紊亂', 혹은 '田制의 紊亂'은 양전방식을 바꿀 수밖에 없도록 조선국가를 추동하고 견제했던 지주계급의 성장에서 비롯되고 있었기 때문이다.

---

9) 宮嶋博史, 1991, 앞의 책, 40~46쪽.
10) 宮嶋博史, 1991, 앞의 책, 46쪽.

2. 元結·時起結·實結의 變動現況

한편, 이상의 양전이 실시된 결과 조사, 파악된 元結(元帳付田摠結)·流來陳雜頉結·免稅結·時起結·給災結·出稅實結 등의 현황이 『增補文獻備考』·『量田謄錄』·『度支田賦考』[11]·『萬機要覽』 등에 기재되어 있다.

먼저 삼남의 계묘·갑술·경자 양전의 원전·시기전 현황을 표시한 것이 <표 3>이다.

〈표 3〉 계묘·갑술·경자 양전의 元結·時起結 현황(단위 : 結)

	계묘양전		갑술양전			경자양전		
	원전	시기전	원전	시기전	비고(1)	원전	시기전	비고(2)
충청도	-	70,000여	258,460	131,008	61,000여 △	255,208	162,512	31,504 △
전라도	-	110,000여	335,305	202,428	92,000여 △	377,159	247,490	45,062 △
경상도	-	110,000여	301,724	207,524	97,000여 △	336,778	261,831	54,307 △
계		290,000여	895,489	540,960	250,000여 △	969,145	671,833	130,873 △

* 비고 : 비고(1)은 계묘양전의 시기전과 비교해서 증감분을 표시한 것, 비고(2)는 갑술양전의 시기전과 비교해서 증감분을 표시한 것이다.
* 출전 : 『增補文獻備考』 권148, 田賦考8 ; 『仁祖實錄』 31권, 인조 13년 7월 24일 ; 『量田謄錄』

光海君 3년(1610)의 8도의 時起田은 542,000結이었고, 이 가운데서 삼남의 시기전은 29만여 結이었다. 이는 장기간의 임진왜란으로 많은 경작지가 황폐해지고, 양안도 대부분이 소실된 상황에서 긴급히 시기전만을 파악할 필요가 있어서 宣祖 33년(1600)의 결정에 따라 宣祖 37년(1604)까지 8도에 실시되었던 이른바 '癸卯量田'의 결과로서 당시 호조판서 黃愼이 정리한 것이다.[12] 이에 앞서 宣祖

---

11) 『度支田賦考』의 편제와 시기에 대해서는 임성수의 논문(2013, 「『度支田賦考』를 통해 본 호조의 재원파악 방식과 재정구조 변화」『통계로 보는 조선후기 국가경제－18~19세기 재정자료의 기초적 분석』, 293~336쪽) 310쪽의 '<표 2> 『度支田賦考』 연대추정 변동표'를 따랐다.

12) 『增補文獻備考』 권148, 田賦考8. "光海三年 戶判黃愼啓曰 …… 癸卯年間 施行量田之法 而其時各官專事姑息 不能痛革前弊 …… 臣試以平時各道田結之數 較之於今日見在 則全羅道四十四萬餘結今爲十一萬餘結 慶尙道四十三萬餘結今爲七萬餘結 忠淸道二十六萬餘結今爲十一萬餘結 黃海道十一萬餘結今爲六萬一千餘結 江原道二萬八千餘結今爲一萬一千餘結

34년(1601) 8월, 대사헌 成泳은 시기전과 實田을 파악하여 '隨起收稅'하기 위해서는 먼저 양전을 실시해야 할 것이라고 주장하면서, 임진왜란 前의 전라도의 元田을 44만 結, 亂後의 시기전을 그 절반, 그리고 실전은 6만 結로 파악하였다. 또한 영의정 李恒福은 "田結(元結數)는 전라도가 40여만 結, 경상도가 30여만 結, 충청도가 27만 結이었는데, 亂後에 8도의 전결이 겨우 30여만 結로, 평시의 전라도 한 도에도 미치지 못한다."고 파악하고, 역시 양전할 것을 주장하였다. 이들의 전결수 파악에 따르면, 亂前의 삼남의 원전은 대략 97만~110만여 結, 亂後의 삼남의 시기전은 29만여 結, 그리고 8도의 시기전은 30여만~54만 2천여 結로 파악되고 있다. 그리고 임란 직전에도 삼남의 시기전에서 수납한 것이 겨우 20만 석이었는데, 하물며 이처럼 8도의 시기진이 亂前의 전라도 한 도에도 미치지 못했으니 세입 또한 이에 크게 미치지 못했을 것이었다.[13] 이후 20여 년이 지났어도 1년 세입은 호조의 1년 경비 11만 석에도 미치지 못하는 10만 석에 그치고 있었다.[14]

그런데 8도의 시기결수가 평시의 전라도 한 도의 원결에도 미치지 못하는 상황에서 양전한다고 해서 재정 문제가 해결될 것은 아니었다. 무엇보다도 먼저 오랜 기간의 임진왜란으로 발생한 진전이 개간되어야 했다. 진전에는 여러 종류가 있었다. 첫째, 경지로 이용되다가 水旱風霜 등 天災를 입어 浦落田(成川·泥生地·覆沙地 등)이 되어버림으로써 정부로부터 '永災'로 처리된 것, 둘째, 경지로 이용되다가 소유주가 流産하거나 사망함으로써 묵혀진 것('無主陳田'), 셋째, 경지로 이용되다가 소유주가 늙거나 병들어서 경작할 수 없게 됨으로써 묵혀지고 있는 것('有主陳田') 등이 있었다. 이 가운데서 둘째의 진전이 난후에 발생한 진전의 대부분을 차지하고 있었다. 따라서 우선 이러한 '무주진전'을 개간하지 않고서는 농촌 경제를 안정시키지도 못하고 국가의 재정 문제도

京畿道十五萬餘結今爲三萬九千餘結 咸鏡道十二萬餘結今爲四萬七千餘結 平安道十七萬餘結今爲九萬四千餘結 通八道現在田結僅過平時全羅道田結之數而止."

13) 『宣祖實錄』 140권, 선조 34년(1601) 8월 13일.

14) 『仁祖實錄』 1권, 인조 1년 4월 25일.

해결할 수 없을 것이었다. 그러므로 '今兵亂之餘 聚民耕墾 種粟鍊兵 乃是急先之務' 라든가,[15] '田野開闢 乃是有國之急務'라고 했듯이 진전 개간은 시급하고도 중대한 과제가 되고 있었다.[16]

그런데 이 시기에 진전 개간은 재정 고갈에 허덕이고 있던 정부의 계획 아래서 추진될 수는 없는 일이었다. 정부로서는 개간지의 소유권 확인과 개간지에 대한 면세 조치에 한해서만 일정한 방침을 취하는 정도였다. 그것은 대략 세 가지 방향으로 추진되었다. 첫째는 '無主陳田'과 閑曠地·海澤·山林 등을 신고하는 사람에게 입안을 발급해 줌으로써 그에게 차후 개간지에 대한 소유권을 확인해 주고, 개간지에 대해서 일정 기간 면세의 혜택을 주는 것이었다. 둘째는 직전제 폐지 이후 경비 조달이 곤란해진 궁가와 관청에 '무주진전'을 折受하고, 그 折受地를 기경하여 경비를 마련하도록 하는 것이었다. 셋째는 '유주진전' 가운데서 '病戶'의 진전은 친족이나 이웃마을 사람들로 하여금 기경하게 하는 것이었다.[17] 어느 경우든 新起田에 대한 면세정책은 仁祖 연간 말엽과 孝宗 연간 초엽을 전후하여 차이가 있었다. 즉, 그 이전에는 대체로 진전 개간이나 신전 개간이나 모두 3년 동안의 면세 혜택이 주어졌으나, 그 이후로는 진전과 한광지의 기경지(新田)에 대해서는 隨起收稅가 행해지고, 다만 해택의 간척지에 대해서만 여전히 3년의 면세 혜택이 주어지고 있었다.[18]

이러한 정부의 陳荒地 개간정책은 이내 실효를 거두기 시작했다. 그것은 仁祖 12년(1634)의 '甲戌量田'에서 나타났다. 양전은 仁祖 정권의 초기부터 대동법을 시행해야 한다는 주장과 함께 발의되기 시작했다.[19] 仁祖 2년(1624) 7월에 이조참판 최명길은 양전의 필요성을 다음과 같이 上箚하였다.

---

15) 『宣祖實錄』 66권, 선조 28년 8월 27일.
16) 『備邊司謄錄』 6책, 인조 19년 7월 4일.
17) 『經國大典』 戶典 務農. "病戶田 令族親及 鄰里耕耘 勿使陳荒."
18) 李景植, 1973, 「17世紀 農地開墾과 地主制의 展開」 『韓國史研究』 9, 89~95쪽.
19) 『仁祖實錄』 2권, 인조 1년(1623) 7월 12일.

무릇 仁政은 반드시 經界에서 비롯됩니다. 경계가 바르지 않으면 賦役이 고르지 않으므로 비록 백성을 사랑하는 마음이 있더라도 백성은 그 혜택을 입지 못합니다. 국가가 '癸卯量田'을 한 이후 이제 20여 년이 되었고, 또 昏朝(光海朝)를 겪으면서 奸僞가 자행되어 새로 기경한 것(新起田)들이 田案에 등재되지 않았을 뿐더러 등재된 것은 모두 진황지입니다. 그런데 該曹(호조)는 結案에 따라 부역을 매기고, 수령은 帳簿에 근거해서 督徵하도록 하니 勞逸 간에 이미 차이가 나고, 怨苦가 더욱 깊어지며, 流亡이 날로 이어지고, 逋欠이 날로 많아지며, 歲入이 날로 줄어듭니다. 이제 변통하지 않으면 마침내는 나라가 나라답지 못하게 될 것입니다.[20]

즉, '癸卯量田' 이후 隱漏되고 있는 '新起田', 즉 새로 기경된 전답을 찾아 田案에 등재하고, 起陳을 가려서 과세함으로써 均賦均稅를 기하자는 것이었다. 이 무렵에 여러 사람의 양전 방법을 포함한 양전론이 제안되었고, 동시에 재정과 병력을 확보하기 위한 정책으로 號牌法, 軍籍 정리 등이 제안된 위에서 어떤 정책부터 먼저 실시할 것인가를 놓고 논란이 벌어졌다. 이런 와중에 仁祖 5년(1627)에 정묘호란이 일어났다. 대동법, 군적 정리, 호패법 등은 무위로 끝나고 말았다. 이제 남은 것은 양전뿐이었지만, 이마저도 仁祖 12년(1634)에, 그것도 三南에서만 실시되었다.

위의 <표 3>에서 보듯이, '甲戌量田' 결과, 삼남의 원전은 895,489結(충청도 258,460結, 전라도 335,305結, 경상도 301,724結)이었고, 시기전은 540,960結(충청도 131,008結, 전라도 202,428結, 경상도 207,524結)이었다.[21] 따라서 시기전은 '癸卯量田' 때보다 25만여 結이 증가한 것이다. 도별로는 충청도 61,000여 結, 전라도 92,000여 結, 경상도 97,000여 結이 각각 증가한 것이었다. 그러나 이처럼 '甲戌量田' 때의 시기전은 '계묘양전' 때의 그것보다 2배가량 늘어났음에도 불구하고 여전

---

20) 『仁祖實錄』 6권, 인조 2년 7월 24일. "吏曹參判崔鳴吉上箚曰 夫仁政 必自經界始 經界不正 則賦役不均 雖有愛民之心 而民不被其澤矣 國家癸卯量田之後 今已二十餘年 且經昏朝 奸僞 恣行 新起者不載田案 載案者率多陳荒 該曹據結而責賦 守令按簿而督徵 勞逸旣殊 怨苦益深 流亡日繼 逋欠日滋 歲入日縮 今若不爲變通 終至於國不爲國矣."
21) 『仁祖實錄』 31권, 인조 13년 7월 24일.

히 원전의 60.4%에 그쳤고, 따라서 나머지 40% 가량은 '甲戌量案'에 '無主陳田'으로 기재되어 있었다. 물론 그 가운데는 <표 5>에서 보이는 '流來陳雜頉田'도 포함되어 있었을 것이다.

한편, '갑술양전' 이후 궁가와 양반권세가, 그리고 향촌에서는 토호가들이 본격적으로 개간에 나서고 있었다. 진전과 한광지·해택의 개간과 간척은 국가로부터 면세의 혜택을 받으면서 합법적으로 대토지를 소유할 수 있는 주요한 방법이었다. 그들은 量案上無主陳荒地·量案外閑曠地 등을 조사하고, 그곳이 소재한 본관에 신고하고 입안을 발급받아 개간하거나 간척하였다. 또한 궁가는 그러한 곳을 찾아서 내수사에 신고하고 吏曹·戶曹를 통해서 절수하여 개간하기도 하였다.

이처럼 진전과 한광지·해택의 개간은 정부의 토지개발정책과 병행하여 활발히 진행되어 갔다. 그리하여 仁祖 24년(1646)에는 경기도의 경우 "田野가 개간된 것이 임진년 이전과 거의 같게 되었다."[22)]고 했고, 孝宗 5년(1654)에는 "삼남을 양전한 후 인구가 날로 번창하고, 개간지가 날로 늘어나 옛날에는 경작되지 않았던 땅도 개간되지 않은 곳이 없다."고 했다. 즉, '甲戌量田' 이후 20여 년이 지난 무렵에는 진전은 물론 한광지·해택도 대부분 기경되고 있었던 것이다. 그런데도 각 고을은 시기결을 사실대로 보고하고 있지 않았기 때문에 양전관을 보내서 改量하면 많은 전결수를 확보할 수 있었고, 그러면 세수 또한 증가할 것이었다.[23)] 그러나 이 무렵에 양전은 실시되지 않았다. 이후에도 농지 개간은 계속되었고, 그리하여 肅宗 14년(1688)에 이르러서는 임란 후 국가의 최우선 과제였던 '田野開闢'이 일단 완결되는 국면에 이르렀다.

---

22) 『仁祖實錄』47권, 인조 24년 8월 16일. "戶曹判書 元斗杓等 回啓曰 畿甸田結 丙子以前行用之數 則比平時 猶得過半 而卽今結數 則比諸丙子之前 僅存三分之一 田野之闢 與壬辰以前 幾乎相同 而田結之縮 反不及於丙子之前 今此一字五結陳起之數 必欲摘發者 蓋由於平賦均役之意也 一字五結中 陳起之處 雖不得盡皆查出 以丙子時起結負之數 猶可充補也."

23) 『孝宗實錄』13권, 효종 5년 11월 16일. "夫三南量田之後 生齒日繁 墾田日增 舊所不食之地 無不盡闢 而各邑所報 多不以實 宜待年歲稍稔 遣官改量 田結旣多 稅入自廣 不可憚其少勞也."

현재 인민의 증가는 임자년(현종 13년, 1672)에 비해 여러 갑절일 뿐만
아니라 산골짜기와 바닷가 진펄의 자그마한 땅도 모두 기경되어서 실로
한 이랑도 비어 있는 곳이 없다.[24]

즉, 비교적 개간하기가 쉬웠던 진전과 평지의 한광지는 개간에 필요한 노력과
재력이 우세했던 궁방·양반권세가·토호가 등이 이미 개간, 겸병하여 대토지를
소유하였고, 뒤미처 인구 증가와 더불어 폭증한 소농·빈농들은 그들이 개간하려
고도 하지 않아서 그나마 남아 있던 산골짜기의 한광지나 연해의 진펄마저
개간·간척함으로써, 임란 이후 농지 개간이라는 중대하고도 시급한 과제는
일단 해결된 셈이었다. 임진왜란이 끝난 지 100년여 만에 壬亂 前의 원결수·시기
결수를 회복하였던 것이다.

肅宗이 즉위하면서부터 양전론은 다시 제기되고 있었다. 우선 '己酉量田'(1669)
때에 처음부터 제외되었던 전라도·경상도·강원도와 흉년으로 중지되었던 충
청도·황해도의 나머지 군들부터 양전하자는 것이었다. 이 가운데 황해도의
경우에는 肅宗 27년(1701)에 강령·옹진·은율 등 3군을 양전하는데 그쳤고, '癸卯量
田' 이후 한 번도 양전하지 못함으로써 그 전정문란상이 심각했던 강원도는
'계묘양전' 이후 거의 100년만인 肅宗 34·35년(1708·1709)에 16군을 양전하였다.
그리고 전라도·경상도·충청도 등 하삼도의 양전은 肅宗 15년(1689)에 건의되었
지만 시행되지 못하다가 肅宗 45~46년(1719~1720)에 이른바 '庚子量田'으로 시행
되었다. 이는 '갑술양전' 이후 무려 90여 년 만에 시행된 것이었다. '경자양전'은
비록 삼남만의 양전에 그친 것이었지만, 이를 통해 최대의 원결과 시기결을
확보한 것이었다. 즉, 원결은 '갑술양전' 때보다 7만 3천여 結이 더 많은 96만
9천여 結이 확보되었고, 시기결 역시 '甲戌量田' 때보다 13만 8백여 結이 더
많은 67만 1천여 結이 확보된 것이었다.

다음으로 『度支田賦考』·『萬機要覽』에 수록되어 있는 元田(元帳簿田畓結總) 현

---

24) 『備邊司謄錄』42책, 숙종 14년 4월 15일. "卽今人民之繁殖 比之壬子年間 又不啻倍以蓰
山峽之間 海澤之濱 寸土尺地 皆已起耕 實無一畝閑曠之處."

황을 표시한 것이 <표 4>이다. 그리고 『度支田賦考』·『萬機要覽』에 수록되어 있는 元結·流來陳雜頉結·免稅結·時起結·給災結·出稅實結 현황을 표시한 것이 <표 5>·<그림 1>이다.

〈표 4〉 元結(元帳付田摠結) 변동현황(단위 : 結)

	경기도	충청도	전라도	경상도	황해도	강원도	함경도	평안도	합계
영조 20(1744)	104,816	255,209	338,889	336,240	130,112	40,110	91,773	103,586	1,401,135
영조 30(1754)	99,784	255,209	338,889	336,477	129,105	40,523	102,221	116,052	1,418,260
영조 40(1764)	106,670	255,187	338,889	336,477	129,244	40,879	102,221	117,286	1,426,853
영조 50(1774))	106,732	255,187	338,889	336,477	129,244	40,884	104,205	117,975	1,429,593
정조 8(1784)	110,933	255,519	338,889	336,730	132,874	40,889	109,556	118,753	1,444,103
정조 18(1794)	111,125	255,578	339,073	336,950	132,891	40,894	114,821	119,027	1,450,359
순조 4(1804)	111,903	255,585	339,100	336,950	132,211	40,889	117,746	119,560	1,453,954
순조 14(1814)	111,911	255,585	339,731	336,950	132,211	40,903	117,746	119,702	1,454,739
순조 24(1824)	111,905	255,585	339,731	336,950	132,211	40,908	117,746	119,708	1,454,750
순조 7(1807)	112,090	256,528	340,103	337,128	132,211	41,151	117,746	119,635	1,456,592
순조 34(1834)	111,912	255,585	339,731	336,950	132,211	40,908	117,746	119,711	1,454,754

* 출전 : ① 영조 20년(1744)~순조 34년(1834) : 『度支田賦考』, ② 순조 7년(1807) : 『萬機要覽』

〈표 5〉 元結·流來陳雜頉結·免稅結·時起結·給災結·出稅實結 현황(단위 : 結)

	A.元結	B.流來陳雜頉結	C.免稅結	D.時起結	E.給災結	F.出稅實結	D/A (%)
광해 3(1610)				542,000			
영조 20(1744)	1,401,135			(895,787)	41,484	854,303	63.9
				(884,036)	79,539	804,497	
				(885,061)	54,004	831,057	
				(887,916)	62,576	825,340	
				(891,752)	33,636	858,110	
				(847,701)	26,242	821,459	
				(843,554)	35,958	807,596	
				(855,258)	38,618	816,640	
				(885,609)	30,178	855,431	
				(881,520)	63,519	818,001	
영조 30(1754)	1,418,260			(859,119)	38,081	821,038	60.6
				(839,053)	119,903	719,150	
				(867,798)	69,519	798,279	
				(866,613)	37,098	829,515	
				(867,421)	39,583	827,838	

				(860,920)	65,817	795,103	
				(855,804)	42,573	813,231	
				(855,490)	77,679	777,811	
				(854,078)	199,676	654,402	
				(856,559)	62,770	793,789	
영조 40(1764)	1,426,853			(854,453)	91,044	763,409	59.9
				(852,641)	54,646	797,995	
				(851,147)	25,841	825,306	
				(849,856)	42,658	807,198	
				(847,779)	84,150	763,629	
				(854,383)	50,498	803,885	
				(851,280)	31,753	819,527	
				(854,701)	67,461	787,240	
				(853,328)	40,197	813,131	
				(853,588)	99,036	754,552	
영조 50(1774)	1,429,593			(853,171)	45,805	807,366	59.7
				(857,122)	73,318	783,804	
	(1,438,715)	395,864	191,561	(851,290)	36,629	814,661	
	(1,439,106)	397,709	190,564	(850,833)	70,750	780,083	
	(1,439,352)	399,087	189,871	(850,394)	92,279	758,115	
	(1,439,414)	405,878	189,882	(843,654)	10,996	832,658	
	(1,437,969)	404,884	189,899	(843,186)	12,532	830,654	
	(1,439,821)	400,599	190,377	(848,845)	62,684	786,161	
	(1,444,292)	400,854	191,228	(852,210)	75,633	776,577	
	(1,444,320)	402,419	191,775	(850,126)	101,815	748,311	
정조 8(1784)	1,444,103	402,310	192,077	(849,716)	13,891	836,260	58.8
	(1,444,579)	401,823	192,468	(850,288)	21,523	828,765	
	(1,444,610)	401,383	192,722	(850,505)	110,405	740,100	
	(1,444,637)	401,428	192,955	(850,254)	42,102	808,152	
	(1,448,082)	411,161	194,419	(842,502)	22,669	819,833	
	(1.448,203)	407,839	194,559	(845,805)	34,235	811,570	
	(1,448,232)	406,832	195,380	(846,020)	21,158	824,862	
	(1,449,139)	407,134	195,845	(846,160)	46,744	799,416	
	(1,450,670)	410,031	197,696	(842,943)	99,459	743,484	
	(1,448,700)	409,529	198,312	(840,859)	30,481	810,378	
정조 18(1794)	1,450,359	412,367	197,945	(840,047)	122,179	718,294	57.9
	(1,450,818)	410,455	198,288	(842,075)	56,543	785,532	
	(1,450,837)	409,585	198,368	(842,884)	18,251	824,633	
	(1,453,197)	409,538	201,279	(842,380)	57,113	785,267	
	(1,453,536)	411,074	200,916	(841,546)	98,348	743,198	
	(1,451,332)	412,128	200,919	(838,285)	19,454	818,831	

	(1,454,043)	413,925	201,132	(838,986)	26,551	812,435	
	(1,454,154)	413,583	202,136	(838,435)	35,578	802,857	
	(1,453,185)	412,148	201,191	(839,846)	23,296	816,550	
	(1,454,226)	411,562	202,387	(840,277)	38,036	802,241	
순조 4(1804)	1,453,954	411,516	202,987	(839,451)	23,351	816,502	57.7
	(1,454,431)	410,422	203,986	(840,023)	44,069	795,954	
	(1,455,084)	410,667	203,986	(840,431)	30,886	809,545	
	(1,425,643)	410,363	204,036	(811,244)	16,262	794,982	
	(1,455,135)	409,698	204,036	(841,401)	37,186	804,215	
	(1,455,160)	409,613	204,253	(841,294)	194,382	646,912	
	(1,455,156)	411,048	204,254	(839,854)	80,331	759,523	
	(1,455,165)	411,695	204,254	(839,216)	52,169	787,047	
	(1,455,175)	411,043	204,254	(839,878)	110,377	729,501	
	(1,455,176)	412,457	204,254	(838,465)	64,282	774,183	
순조 14(1814)	1,454,739	412,292	204,254	(838,193)	195,777	642,864	57.6
	(1,455,187)	413,667	204,254	(837,266)	107,486	729,780	
	(1,479,550)	414,500	204,254	(860,796)	71,075	789,721	
	(1,455,186)	415,591	203,449	(836,146)	71,075	765,071	
	(1,455,188)	418,844	203,651	(832,693)	44,149	788,544	
	(1,455,188)	418,681	203,854	(832,653)	65,336	767,317	
	(1,455,158)	422,606	203,851	(828,701)	33,469	795,232	
	(1,456,218)	423,830	203,851	(828,537)	87,786	740,751	
	(1,455,154)	422,852	204,701	(827,601)	61,044	766,557	
	(1,455,930)	423,876	201,800	(830,254)	49,927	780,327	
순조 24(1824)	1,454,750	423,067	200,998	(830,685)	43,169	787,933	57.1
	(1,455,166)	425,374	200,962	(828,830)	76,863	751,967	
	(1,455,528)	425,374	200,300	(829,854)	33,939	795,915	
	(1,455,790)	424,925	201,894	(828,971)	44,036	784,935	
	(1,456,543)	424,206	202,123	(830,214)	106,652	723,562	
	(1,451,390)	423,660	203,020	(824,710)	42,970	781,740	
	(1,456,054)	427,493	203,112	(825,449)	40,481	784,968	
	(1,453,770)	426,924	203,112	(823,734)	41,862	781,872	
	(1,455,717)	428,815	203,112	(823,790)	89,370	734,420	
	(1,453,296)	428,302	203,112	(821,882)	79,204	742,678	
순조 34(1834)	1,454,754	430,289	203,112	(821,353)	38,812	782,819	56.5
	(1,454,932)	429,391	203,112	(822,429)	52,320	770,109	
	(1,447,673)	435,682	203,116	(808,875)	77,489	731,386	
	(1,454,962)	436,905	203,116	(814,941)	69,406	745,535	
	(1,455,121)	437,347	203,116	(814,658)	89,468	725,190	
	(1,454,961)	436,937	203,116	(814,908)	63,648	751,260	
	(1,454,964)	437,350	203,116	(814,498)	39,272	775,226	

				(814,735)	36,018	778.717
				(813,755)	63,994	749,761
				(814,264)	30,681	783,582
헌종 10(1844)				(813,883)	26,907	786,976
				(817,040)	33,923	783,117
				(818,483)	31,255	787,228
				(818,992)	36,111	782,881
				(818,633)	40,011	778,662
				(817,140)	31,957	785,183
				(816,740)	46,235	770,505
				(817,369)	56,318	761,051
				(817,589)	56,124	761,465
				(817,076)	82,221	734,855
철종 5(1854)				(817,179)	42,573	774,606
				(817,188)	24,309	792,879
				(817,261)	52,753	764,508
				(810,549)	47,623	762,926
				(809,521)	59,416	750,105
				(807,849)	43,303	764,546
				(813,816)	55,448	758,368
				(814,559)	48,260	766,299
				(815,395)	56,565	758,830
				(810,742)	46,758	763,984
고종 1(1864)				(810,908)	34,200	776,708
				(803,471)	42,040	761,431
				(809,673)	20,518	789,155
				(811,244)	16,262	794,982
				(814,749)	15,035	799,714
				(819,444)	11,003	808,441
				(826,122)	12,948	813,174
				(821,237)	11,946	809,291
				(825,430)	9,945	815,485
				(826,255)	15,624	810,601
고종 11(1874)				(822,837)	16,951	805,886
				(818,683)	12,532	806,151
				(820,481)	128,374	692,107
				(820,425)	13,732	806,693
				(820,744)	18,217	802,527
				(820,089)	24,065	796,024
				(820,444)	12,084	808,360
				(818,160)	20,338	797,822

				(812,441)	37,936	774,505	
				(820,485)	63,405	757,080	
				(820,002)	20,879	799,123	
고종 22(1885)				(819,675)	39,798	779,877	

* 출전 : 『度支田賦考』;『萬機要覽』
* 비고 : ① '元結數'는 <표 4>의 합계와 같다. ② '流來陳雜頉結'은 舊陳田과 成川·泥生地·覆沙地 등으로 면세되는 전답이다. ③ '免稅結'은 陵園墓位田·各宮房田·各衙門田·各樣雜位田(契房村田·店村田·學田·驛田 등) 등으로 면세되는 전답이다. ④ '時起結'은 양전 당시 경작되고 있는 전답이다. 『度支田賦考』·『萬機要覽』은 '시기결'을 '元結'에서 '流來陳雜頉結'·'免稅結'을 除한 것으로 파악하고 있지만, '면세결'은 다만 면세될 뿐이 실제 경작지이기 때문에 '시기결'에 포함되어야 할 것이다. ⑤ '出稅實結'은 '時起結'에서 '給災結'을 除한 것으로서 課稅되는 전답이다. 따라서 '出稅實結'은 '元結'에서 '流來陳雜頉結'·'免稅結'·'給災結' 등을 除한 것이 된다(A-[B+C+E]=F). '출세실결'에 蘆田은 포함되었지만 火田은 포함되지 않았다. ⑥ 『萬機要覽』의 순조 7년(1807)에 '給災結 29,895結, 出稅實結 810,819結'이다. 『度支田賦考』의 '給災結 16,262結, 出稅實結 794,982結'과 큰 차이가 있다. ⑦ (괄호) 안의 시기결수는 ⑤의 계산식에 의해서 추산한 것인데, 정조 8년(1784), 정조 18년(1794), 순조 4년(1804), 순조 14년(1814), 순조 24년(1824), 순조 34년(1834)의 각 시기결수에 약간의 차이가 있다. 이를테면 정조 8년(1784)의 경우, 'A-(B+C)=D'에 의한 시기결수는 849,716結이지만, 'D=E+F'에 의한 시기결수는 850,151結이 됨으로써 435結의 차이가 있다. 여기서는 전자의 계수를 취했다.

우선 8도의 원전은 英祖 20년(1744)에 140만여 結로 宣祖 25년(1592), 임진왜란이 일어나기 직전의 146만~151만 5천여 結에는 미치지 못하지만,[25] 憲宗 6년(1840)의 145만여 結에 이르기까지 꾸준히 증가하고 있다. 英祖 연간 이후 '읍별양전'이 시행되는 가운데 양반지주들이 적지 않은 가경전을 양안에서 누락시키는 한편, 상당수의 기경전을 진전으로 등재시키고 있었고,[26] 또한 量田時에는 으레 양전 관인 수령을 詆毁構誣했기 때문에 수령은 減結을 목표로 양전했던 점을 감안한다면 원전은 실제로는 훨씬 더 많이 증가했을 것이었다(<표 4>).[27] 따라서 이러한

---

25) 선조 25년(1592)의 원결수는 ① 1,459,245結(李睟光, 『芝峯類說』), ② 1,515,500結(『增補文獻備考』 제141권, 경계1)로 두 가지 통계가 있다.
26) 김건태, 2004, 『조선시대 양반가의 농업경영』, 176쪽.
27) 『承政院日記』90책, 정조 16년 6월 30일. "工曹判書 鄭昌順曰 今因安邊量田事 適有言端 敢此仰達矣 向來昌原前府使梁塤 以量田之比前加結 多致民怨 至有邑倅則竄配 量政則仍舊 之敎矣 邑倅旣以此被罪 民怨果如彼登聞 則臣不敢以遠外之聞 仰陳迷淺之見 而大抵量田之 政 所謂民怨 皆出於豪右兼並之類 傳播遠近 分訴京鄉 必欲沮毁 而疲殘小民 則雖或有冤有惠 無路及聞於朝家矣 昌原量田之善否 臣固未詳 而其加結之虛實 民情之利害 姑無現發之事 只以豪右輩沮毁構誣 先罪邑倅 則此後守令 誰肯任怨而爲改量之政乎 今聞量田諸邑 必以減

〈그림 1〉 元結·流來陳雜頃結·免稅結·時起結·給災結·出稅實結 현황

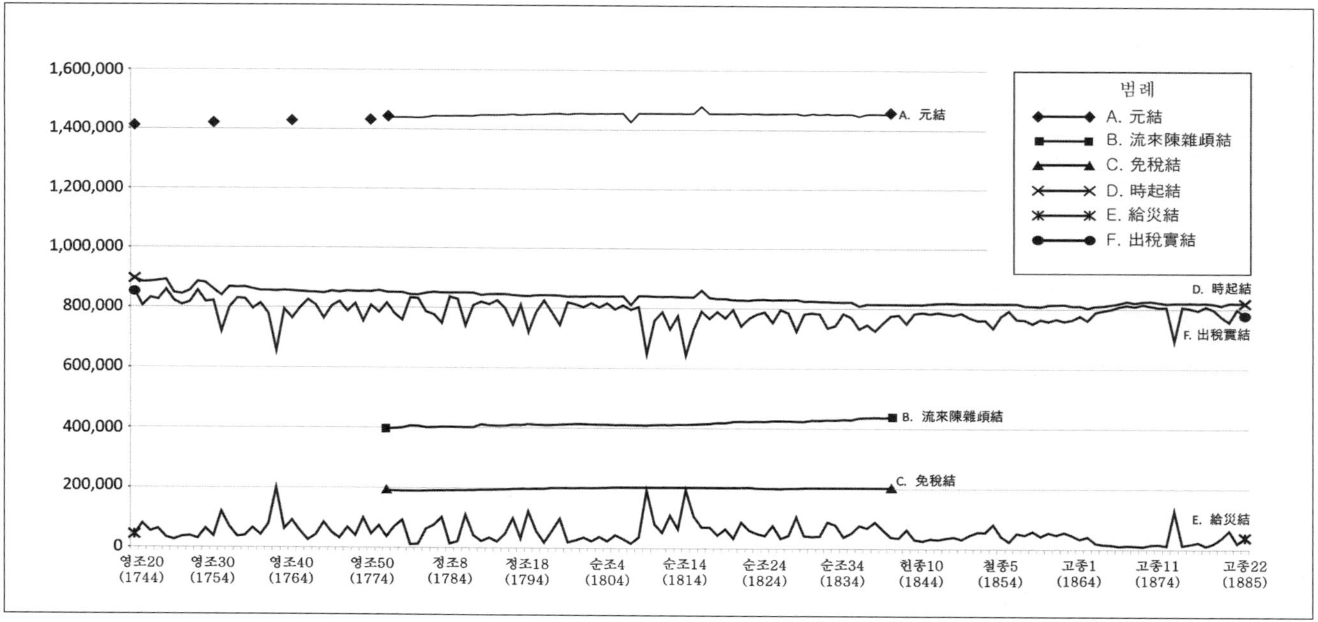

범례
A. 元結
B. 流來陳雜頃結
C. 免稅結
D. 時起結
E. 給災結
F. 出稅實結

A. 元結

D. 時起結
F. 出稅實結

B. 流來陳雜頃結
C. 免稅結

E. 給災結

1,600,000
1,400,000
1,200,000
1,000,000
800,000
600,000
400,000
200,000
0

영조20
(1744)
영조30
(1754)
영조40
(1764)
영조50
(1774)
정조8
(1784)
정조18
(1794)
순조4
(1804)
순조14
(1814)
순조24
(1824)
순조34
(1834)
헌종10
(1844)
철종5
(1854)
고종1
(1864)
고종11
(1874)
고종22
(1885)

원전의 증가 추세는 憲宗 6년(1840) 이후에도 계속되었을 것으로 추측된다.

다음으로 英祖 52년(1775)부터 憲宗 6년(1840)까지의 流來陳雜頉田과 免稅田의 현황을 살펴보자. 유래진잡탈전은 가뭄·홍수 등의 天災를 입어 오랜 동안 계속되고 있었던 陳田과 成川·泥生地·覆沙地·樹木成林 등으로 차후로는 거의 개간될 수 없었던 雜頉田을 말하는 것인데, 그 규모는 英祖 52년(1776)(39만 6천여 結)부터 憲宗 6년(1840)(43만 7천여 結)까지 꾸준히 증가하고 있음을 볼 수 있다.

그런데 이처럼 유래진잡탈전이 증가하고 있었던 것은 자연 재해 때문만은 아니었고, 또 그 가운데서 잡탈전보다는 진전이 증가하고 있었기 때문이었다. 당시에는 이렇게 진전이 증가하고 있었던 현상을 '陳田의 폐단'이라고 말하고 있었고, 그 원인으로는 두 가지가 지적되고 있었다. 하나는 지주계급의 '토지겸병'이었다. 즉, 지주계급의 토지 廣占으로 인하여 전작농민으로 전락해 버린 대부분 농민들은 일년내내 勤苦하여 농사지어서 전주에게 그 반을 바치고 난 나머지로 徭賦와 환곡을 바치고 나면 비록 풍년이 들더라도 2, 3개월분의 곡식도 남기기가 어려웠고, 따라서 결국에는 '流離行乞'해 버리기 때문이라는 것이었다. 그리하여 그 대책으로는 토지겸병을 막기 위한 田制로 한전법이 제안되고 있었다.[28] 또 하나는 田稅의 過重이었다. 자작농민들은 소유 농지의 전품이 높아서 전세가 무겁고, 따라서 損害만 있지 이득이 없기 때문에 부득이 묵혀 버린다는 것이었다.[29] 당시에 아전들은 수령의 묵인 아래 감영의 재정을

結爲事 蓋減結則豪右之頌聲 可以沽譽 公結之欠縮 無關自己故也 如此則不如初不量田之爲 愈 今以改量之政 徒副奸民之計者 有關國體 亦貽後弊 臣意則改量之際 雖有毁譽 姑不處分 另加詳査 明知其利害便否 果有不法之事 從重嚴繩 亦爲不晚 而雖以昌原量役言之 亦不可仍 舊施行 無論加減 別遣更査 似合綜核之道矣."

28) 『承政院日記』63책, 영조 33년 1월 16일. "別軍職李義培曰 陳田之弊 由於農利之不瞻 農利之不瞻 由於兼竝之致也 雖有力農之民 竝作他人之田 終歲勤苦 除其徭賦還上 則雖當豐 稔 一年難得數月之飽 上自公卿 下至士庶人 皆有定限田畓之規 則家各受田 無不自力其農 救弊之道 惟在於申明限田之法矣 上曰 所奏深陳民弊 分付諸道 另加申飭 出擧條 訓鍊主簿黃 曼進伏曰 卽今陳田之弊 皆由於小民流離行乞 兩班不爲作農 自上嚴飭諸道 使着笠兩班 皆歸 於農 則陳田之弊 可以救矣."

29) 『承政院日記』95책, 정조 22년 12월 7일. "林川郡守尹持範疏曰 …… 且夫關土墾田 卽王政之最大 勤農勸民 亦守令之先務 而民多游惰 地有遺利 沃土可耕之地 間多抛棄 臣於行

충당하기 위하여 은결·여결을 확보하거나, 토호들과 결탁하여 이들의 전답을 낮게 執等하거나 아예 누락시키다 보면 比摠에 정해진 전결수를 채우기 위해서는 어쩔 수 없이 빈농들의 전답을 으레 실재보다 높게 執等할 수밖에 없었다. 더구나 英祖 연간 이후에는 읍별 양전마저 제대로 실시되지 않고 있었기 때문에 빈농들의 전답이 실재대로 집등되는 일은 거의 없었다. 그러므로 빈농들은 '等高稅重'을 감당하지 못하고 마침내는 경작을 포기하게 되었던 것이다.

그리고 면세전은 陵園墓位田·各宮房田·各衙門田·各樣雜位田 등으로 이들 각 기관이 자체의 경비를 마련할 수 있도록 정부가 면세의 혜택을 부여해 준 전답인데, 그 규모는 英祖 52년(1776)(19만 천여 結)부터 憲宗 6년(1840)(203,116結)까지 미미하지만 꾸준히 증가하고 있다. 예를 들면, 憲宗 6년(1840)의 면세결수 203,116結은 능원묘위전 2,016結(1.0%), 각궁방전 36,043結(17.7%),[30] 각아문전 46,148

路 亦或親見 詳問其由 則皆以爲等高稅重 有害無利故 不得已廢之 推此以觀 則如是者多矣."
30) 영조 52년(1776)부터 1907년 궁방이 제도적으로 폐지되기까지 궁방면세전의 추이를 살펴보자(이하 趙映俊, 2008, 앞의 논문, 184~207쪽을 정리함). 17세기 말엽에서 1907년 모든 궁방이 폐지되기까지 궁방전 정책에는 3차례의 소변통이 있었다. 첫 번째는 숙종 14년(1688)에 절수제를 폐지하고, 숙종 21년(1695)부터 '급가매득제'·'민결면세제'를 시행하면서부터 신설 궁방에 '民結免稅田', 즉 '無土免稅田'이 지급된 것이었다. 따라서 숙종 21년(1695) 이후에는 '무토면세전'이 갑오승총 때까지 증가하였다. 두 번째, 정조는 즉위년(1776)에 궁방전에 대한 일대 개혁을 단행했는데, 법전에 입각하여 代盡한 궁방의 전결 및 기타 궁방의 규정 이외에 더 지급된 전결('法外加受處')을 모두 출세로 전환시킨 것이었다. 이에 따라 기존의 궁방면세결 총 6만結 가운데서 2만여 結이 출세로 전환되어 호조로 이속되었고, 이후 궁방의 면세결총은 3만5천여 結 수준으로 유지되었던 것이다. 세 번째, 1860년과 1874년 사이의 소변통이었다. 대원군은 1871년에 소위 '折受結釐整別單'을 작성하여 이전의 모든 궁방의 면세결총을 재편하였다. 또한 궁방의 급가매득지에 대한 면세를 금지하였다. 이에 따라 1875년 이후에 궁방의 면세결총은 2만6천~2만8천 結 수준에서 갑오개혁 때까지 유지되었다. 또한 궁방의 면세결총은 궁방의 치폐에 의해서 변동했는데, 18세기 말에서 19세기 말에 걸쳐서 면세결을 보유한 궁방은 총 69곳이 있었다. 1807년과 1854년에는 신설 궁방이 많았고, 1824년과 1874년에는 많은 궁방들이 폐지되었다. 이에 따라 면세결총은 18세기 말부터 1860년까지는 3만2천여 結에서 4만結 사이에서 등락하고 있는 반면, 1875년 이후에는 2만6천~2만8천 結 수준에서 갑오개혁까지 유지되었다. 또한 궁방별로 보유한 면세결의 규모를 비교해 보면, 18세기 말에서 19세기 말까지 내수사와 4궁의 규모가 가장 크고, 그 뒤를 선희궁, 육상궁이 잇고 있었다. 한편, 궁방면세결총의 도별 분포와 변동을

結(22.7%), 각양잡위전 118,909結(58.5%) 등으로 구성되고 있는데, 이러한 면세전의 구성비는 모든 연도에서 비슷하게 나타나고 있다. 이 가운데서 서원전·향교전·사원전 등의 각양잡위전은 가장 많은 비중을 차지함으로써 세입을 크게 축내고 있었기 때문에 정부에서는 그에 대한 과세 여부가 늘 논쟁거리였지만 별다른 급대 방안이 없었기 때문에 그대로 유지되었다.[31]

現傳하는 기록으로서는 憲宗 6년(1840) 이후의 유래진잡탈전과 면세전의 추이를 알 수 없지만, 원결의 정체 혹은 증가가 예측되는 가운데 시기결이 오히려 감소하고 있는 데서 그것들은 憲宗 6년까지의 증가 추세를 이어갔을 것으로 예상된다.

다음의 <표 6>은 시기결·급재결·출세실결의 추이를 왕대별로 구분하여

<hr>

[31]

살펴보면, 첫째, 경기도의 결총은 1874년 이후 지속적으로 증가했고, 충청도와 평안도의 결총은 일정 수준으로 유지되었으며, 전라도·경상도·황해도·강원도의 결총은 감소했다. 둘째, 1司4宮의 면세결 중에서 경기·충청도에 있는 결총은 1850~80년대에 걸쳐 절대 규모의 증가와 상대 비중의 증가가 동시에 있었다. 그 결과, 1880년대에 46~59% 수준에 이르게 되어, 전국에 산재한 1司4宮의 면세결 중에서 절반가량이 경기도·충청도에 집중되었다. 셋째, 군현별 궁방면세결 보유 상황을 보면, 1854년까지는 나주(1787년 : 759結, 1814년 : 1,246結, 1824년 : 1,196結, 1854년 : 1,387結)·장흥(1787년 : 678結, 1814년 : 1,012結, 1824년 : 1,012結)·영광(1854년 : 1,303結)·순천(1854년 : 1,284結) 등의 전라도 군현들 또는 안악(1814년 : 717結, 1824년 : 714結, 1854년 : 855結)·재령(1814년 : 695結, 1824년 : 667結) 등의 황해도의 군현들이 가장 많이 보유하고 있는 반면, 1874년 이후에는 이천·장단 등의 경기도 군현이나 충주·아산 등 충청도 군현으로 바뀌어 갔다. 즉, 경기·충청도로 집중화되어 갔다.

〈현종 6년(1840)의 면세전 현황(단위 : 結)〉

	능원묘위전	각궁방전	각아문전	각양잡위전	계
경기도	1,087(4.1)	7,274(27.3)	5,803(21.8)	12,477(46.8)	26,641(100)
충청도	26(0.1)	7,222(33.0)	4,027(18.4)	10,597(48.5)	21,872(100)
전라도	344(0.9)	11,014(29.7)	13,212(35.7)	12,449(33.7)	37,019(100)
경상도	275(0.9)	4,702(15.1)	9,409(30.3)	16,651(53.4)	31,037(100)
황해도	284(1.8)	4,929(31.0)	5,494(34.5)	5,213(32.7)	15,920(100)
강원도	-	516(4.4)	865(7.4)	10,353(88.2)	11,734(100)
함경도	-	-	-	42,808(100)	42,808(100)
평안도	-	386(2.4)	7,338(45.6)	8,361(52.0)	16,085(100)
계	2,016(1.0)	36,043(17.7)	46,148(22.7)	118,909(58.5)	203,116(100)

표시한 것이다.

<표 6> 18세기 후반~19세기 후반 給災結·實結의 추이(단위 : 結)

	영조 연간 (1744~ 1776)	정조 연간 (1777~ 1800)	순조 연간 (1801~ 1834)	헌종 연간 (1835~ 1849)	철종 연간 (1850~ 1863)	고종 연간 (1864~ 1885)	평균
시기결	861,388	845,438	833,298	815,816	814,488	818,318	835,863
급재결	59,439 (6.9)	52.824 (6.2)	63,961 (7.7)	48,164 (5.9)	51,279 (6.3)	27,174 (3.3)	52,410 (6.3)
실결	801,645 (93.1)	792,648 (93.8)	769,470 (92.3)	767,654 (94.1)	763,209 (92.7)	791,143 (96.7)	783,414 (93.7)

* 비고 : 수치는 연 평균임. 급재결·실결의 괄호 안은 시기결에 대한 백분율.

우선 시기결의 추이를 보면, 英祖 연간의 연 평균 시기결은 861.3천여 結로 가장 많고, 이후 哲宗 연간(814.4천여 結)까지 계속 감소하다가 高宗 연간(818.3천여 結)에는 다소 증가하고 있다. 이처럼 純祖·憲宗·哲宗 연간, 특히 憲宗·哲宗 연간에 시기결이 감소했던 것은 유래진잡탈전 가운데서 진전이 늘어났기 때문인 것으로 보인다(<표 5>). 그런 가운데서도 高宗 연간에 시기결이 다소 증가한 것은 궁방의 有土·無土 면세결이 출세결로 전환되었기 때문인 것으로 보인다(<표 5>).[32] 그러나 전체적으로 보면 純祖 연간 이후, 즉 19세기의 연 평균 시기결수는 이 시기(1744~1885)의 연 평균 시기결수 835.8천여 結에 미치지 못하고 있고, 더욱이 19세기 중반기 이후에는 18세기 후반기에 비해 4만여 結 가량이 감소했음을 볼 수 있다.[33]

원결과 시기결이 세입과 국가재정의 기반이 되고 있는 가운데 세입과 재정의 규모를 직접적으로 결정하는 것은 出稅實結이었다. 따라서 給災 정책은 시기결이 안정세, 혹은 감소세에 있는 상황에서는 일정액의 세입을 확보하기 위한 중대한

---

32) 주 30) 참조.
33) 여기서는 영조·정조 연간(1744~1800)을 18세기 후반기, 순조 연간(1801~1834)을 19세기 초반기, 헌종·철종 연간(1835~1863)을 19세기 중반기, 고종 연간을 19세기 하반기(1864년 이후)로 구분한다. 그리고 왕대별로 시기결·급재결·실결의 추이를 살펴본 것은 왕대별 田政이 급재와 직결되고 있다고 보기 때문이다.

관건이 되고 있었다. 급재는 해마다 풍흉에 따라 災結을 내려 조세를 감면해 주는 對民救恤策의 하나였다. 급재의 종류는 크게 事目災와 狀請災(加請災)로 구분되었다. 『續大典』에는 매년 호조가 그 해의 풍흉을 보고 年分事目을 각도에 頒給하여 재해의 심급에 따라 災名을 주도록 규정하고 있는데 이것이 바로 事目災였다. 이를 위해 호조에서는 임시로 敬差官과 徒事官을 임명하거나, 혹은 감사에게 명령하여 그 해의 풍흉을 답험하게 했으나, 英祖 36년(1760)부터는 답험하지 않고 比摠法을 시행했다. 각 고을에서는 사목재를 받은 후 급재가 부족할 경우에 수령은 사유를 갖추어 재결을 추가하여 신청하면 정부는 참작하여 가급하였는데 이것이 바로 狀請災 혹은 加請災였다. 또한 급재는 재결의 성격에 따라 永災와 當年災로도 구분되었다. 永災는 泥生田·浦落田 등으로 還起되기 어려운 陳田에 주는 급재였고, 당년재는 그 해의 흉작이나 재해에 의해 농사를 망친 곳에 주는 급재였다.[34] 그런데 어떤 재결이 한번 永災로 판정되면 영원히 실결에서 제외되어 세수의 감소를 가져오기 때문에 그것을 가급적 永災로 인정하지 않고 當年災에 포함시켜 언제든 실결로 돌릴 수 있도록 제도적으로 보완하기도 했다. 따라서 해마다의 給災結은 事目災·狀請災·加請災·永災·當年災를 집계한 것이었다. 이러한 급재결 구성에서 事目災는 1780년대까지 주를 이루다가 이후부터 점차 감사 주도의 가청재 급재가 시행되었고, 19세기 이후에는 유명무실해졌다. 또한 永災는 계속 늘어서 한 해에 1만여 結에 육박하자 正祖 17년(1793)부터는 한 도의 영재가 1,000結을 초과할 수 없도록 법제화하였고, 憲宗 11년(1845)부터는 영재는 아예 지급하지 않는 대신 當年災로 대체하기 시작했다. 또한 純祖 20년(1820)부터는 旱田에도 급재하기 시작했다. 이는 純祖 연간에 계속된 재해로 민인들이 流散함으로써 농업 기반이 붕괴되는 상황에서 旱田에 대한 급재 요구가 계속되었기 때문이었다.[35]

---

34) 『萬機要覽』 財用 2, 年分 當年災에는 '처음부터 파종하지 못한 것', '이앙하지 못한 것', '이앙의 때를 잃은 것', '전혀 낫을 대지 못한 것', '이삭이 패지 못한 것', '벌레의 해로 감손된 것', '게(蟹)의 해로 감손된 것', '말라서 감손된 것', '서리의 재해를 입은 것', '우박의 재해를 입은 것', '해일이나 물에 잠긴 것' 등이 해당된다.
35) 임성수, 2013, 『度支田賦考』를 통해 본 호조의 재원파악 방식과 재정구조 변화」

이제 給災結과 實結의 추이를 살펴보자. 이에 앞서 英祖 20년(1744)부터 高宗 22년(1885)까지 1세기 반에 가까운 시기에 급재결이 가장 많았던 英祖 38년(1762)을 예로 들어서 급재 실태를 살펴보자. 英祖 38년(1762)에는 경기지방과 삼남지방에 大旱이 들어서 급재결이 무려 199,976結에 달했었는데, 당시에 국가가 취한 조치를 날짜순으로 정리하면 다음과 같다.

○ 5월 13일 : 가뭄이 심하여 각 도의 堤堰을 단속했다.

○ 5월 26일 : 경기도 감사에게 명하여, 양주·고양 등의 풍흉과 가뭄의 苦歇을 묻고, 기우제(목멱산, 인왕산, 한강)를 지내도록 했다.

○ 윤5월 10일 : 영남, 호남이 심하게 가물어서 祈雨御史를 파견하여 두 도의 사직단 및 산천에 기우제를 지내도록 했다. 주·현도 경내의 산천에 기우제를 지내도록 했다.

○ 윤5월 11일 : 국왕이 직접 삼남의 민인들을 불러모아 旱災를 물었다.

○ 6월 14일 : 국왕이 태묘에 나아가 기우제를 지냈다.

○ 6월 16일 : 가뭄의 災變으로 인하여 求言敎를 내렸다.

○ 9월 30일 : 호남의 재결에 대해 2만結에 준하여 급재했다.

○ 10월 3일 : 경기·호서·호남·영남에 離散하는 민인들이 많았기 때문에 安集使를 보내어 민인들을 안집하도록 했다.

○ 10월 11일 : 좌참찬 홍계희가 경기·호서·호남의 흉년 상황과 급재에 관해 상소하고, 신해년(영조 7년, 1731)의 예에 의해 급재하기를 청했다.

○ 10월 13일 : 기전과 삼남의 민인들에게 안집에 관한 윤음을 내렸다.

○ 10월 27일 : 기전과 삼남의 尤甚한 面은 금년의 환곡의 절반을 停捧하고, 그 다음 면은 3분의 1을 停捧하도록 했다.

○ 11월 2일 : 경기와 호서에 1천 結에 準해서 급재를 더 주었다.

○ 11월 7일 : 제주에 1천 結에 準해서 급재를 더 주었다.

○ 11월 9일 : 삼남의 尤甚邑에 身布의 반을 감해 주었다.

○ 11월 26일 : 北道의 곡식을 호남으로 운송하고, 御供 1백석 이상은 30石을 줄이고, 1백석 이하는 10石을 줄이고, 백관의 급료는 辛丑年(경종 1년, 1721)의

『통계로 보는 조선후기 국가경제―18~19세기 재정자료의 기초적 분석』, 314~316 쪽.

예에 의해 집행했다.

이처럼 英祖 38년(1762)에 한수이남지방에는 大旱이 든 것이었다. 顯宗 3년(1662)에 임진왜란기에 폐지되었던 堤堰司를 복구하였고, 肅宗 9년(1683)에는 비국당상 1명을 제언사 당상으로 삼아 수리행정을 전담하도록 했으며, 英祖 7년(1731)에 이를 재확인하였다. 그리고 이듬해에는 「備局堤堰別單」을 내렸다.[36] 이에 의하면 제언사에 都提調를 두고, 이를 三公이 겸직하도록 했고, 築堰防川의 일은 수령이 전담하도록 했다. 이 무렵 전국에 堤堰이 얼마나 설치되어 있었는지는 확인할 수 없지만, 英祖 36년(1760) 경에 2,915곳, 正祖 2년(1778)에 「堤堰節目」을 반포간행하면서 '옛 堰이 감소하지 않도록 해야 한다'고 했고, 正祖 6년(1782)에 3,378곳이 있었던 것으로 조사, 보고된 것을 보면, 최소 2천여 곳의 제언이 설치되어 있었던 것으로 추측된다.[37] 그러나 결과적으로 이렇게 많은 제언으로도 기전과 삼남지방은 이때의 大旱을 이겨내지 못했던 것 같다. 이제 국가가 할 수 있는

---

36) 『度支志』 제2책 권3, 版籍司 田制部1 堤堰. 「英宗八年壬子正月備局堤堰別單」.

37) 〈조선시대의 제언수 현황〉

	15세기 중엽	중종18년 (1523)	영조36년 (1760)	정조6년 (1782)	순조8년 (1808)	헌종14년 (1848)	고종32년 (1895)
경기도			254	270	295	233	
충청도		500여	517	503	518		
전라도		900여	836	913	912		
경상도	712	800여	1,129	1,522	1,666		1,771
황해도			24	26	39		
강원도			61	65	71		
평안도			65	55	5		
함경도			29	24	21		
전국			2,915	3,378	3,527		

* 비고 : 林學成, 1994, 「조선 후기 「反畓」의 성행과 그 배경」 『仁荷史學』 第2輯, 81쪽의 <표 6>.
* 전거 : ① 15세기 중엽 : 『慶尙道續撰地理志』. ② 중종 18년(1523) : 『中宗實錄』 권46, 중종 18년 정월 경술조. ③ 영조 36년(1760) : 『輿地圖書』. ④ 정조 6년(1782) : 『增補文獻備考』 田賦考 6, 堤堰條. ⑤ 순조 8년(1808) : 『萬機要覽』 財用篇 5, 堤堰條. ⑥ 헌종 14년(1848) : 『京畿各邑堤堰都結成冊』(奎 19337). ⑦ 고종 32년(1895) : 『慶尙道內各邑堤堰防洑庫數成冊』(奎 17921).

일은 荒政을 펴서 기근자를 진휼하고 구제하는 한편, 전답에 급재하여 조세를 감면해 주고, 군포를 감면해 주며, 환곡을 停捧하거나 탕감해 주는 것이었다. 이리하여 이때의 급재결은 시기결 854,078結의 23.4%인 199,676結에 달했고, 이 가운데 경기와 삼남지방이 그 대부분을 차지하고 있었다. 그 내역은 다음과 같다.

〈표 7〉 영조 38년(1762) 급재결의 내역(단위 : 結)

	경기도	충청도	전라도	경상도	황해도	강원도	평안도	계
事目災	3,963	24,854	44,042	34,140	1,043	416	-	108,458
加請災	5,500	17,796	53,921	10,000	2,000	-	-	89,217
當年災	-	-	-	-	-	-	2,001	2,001
계	9,463	42,650	97,963	44,140	3,043	416	2,001	199,976

英祖 20년(1744)부터 高宗 22년(1885) 사이에 이처럼 급재결이 10만여 結 이상인 해는 英祖 31년(1755)(119,903結), 英祖 38년(1762)(199,676結), 正祖 7년(1783)(101,815結), 正祖 10년(1786)(110,405結), 正祖 18년(122,179結), 純祖 9년(1809)(194,382結), 純祖 12년(1812)(110,377), 純祖 14년(195,777結), 純祖 15년(107,486結), 純祖 28년(1828)(106,652結), 高宗 12년(1876)(128,374結) 등 11해인데, 이 가운데 5해가 純祖 연간, 즉 19세기 초반에 집중되어 있다. 이는 19세기 초반에 이상 기후에 따라 가뭄과 홍수가 자주 발생했기 때문이었다. 이로 인해 純祖 9·14년에는 급재결이 무려 194,382結·195,777結에 이르렀던 것이다. 이처럼 급재결은 많게는 199,676結(재결율 23.4%)에서 적게는 9,945結(재결율 1.2%)까지 해에 따라 큰 차이를 보이고 있다. 그리하여 이 기간 동안에 연 평균 급재결은 52,410結에 달하고 있었다.

이처럼 이 시기의 연 평균 급재결은 52.4천여 結(재결율 6.3%)인데 純祖·英祖·哲宗 연간에는 이를 상회하였다. 특히 純祖 연간, 즉 19세기 초반기에 급재결이 급증함에 따라 實結은 급감했음을 볼 수 있다. 이는 19세기 초반에 이상 기후에 따른 잦은 가뭄과 홍수가 발생했고, 純祖 20년(1820)부터는 旱田에도 급재하기 시작했기 때문인 것으로 보인다. 그리고 憲宗·哲宗 연간, 즉 19세기 중반기에는 급재결이 증가해서라기보다는 시기결이 감소했기 때문에 實結도 감소하고 있음을 볼 수 있다. 그러므로 憲宗·哲宗 연간, 즉 19세기 중반기는 이 시기의 연 평균 실결수 783.4천여 結에 미치지 못하는, 따라서 실결이 가장 적었던 시기였던 것이다. 그리고 여기서는 高宗 연간 후반기의 실결 현황을 확인할 수 없지만 高宗 연간 전반기(1864~1885)는 18세기 후반의 실결 수준이 회복되어 유지되었음을 볼 수 있다.[38] 이로써 1년의 세수를 결정하는 실결은 18세기 후반기 이후 19세기 중반기까지 시기결과 함께 계속 감소하고 있었고, 그러나 19세기 후반기부터는 다시 18세기 후반의 수준을 회복하여 안정세에 있었다고 볼 수 있겠다.

여기서 한 가지 짚고 가야 할 것이 있다. 19세기 초·중반기(1801~1863)에 實結이 이렇게 급감한 이유는 무엇 때문이었는가라는 점이다. 첫째는 진전 명목의 隱結·餘結이 증가하고 있었기 때문이었다. 조선후기에 殘邑의 수령들은 늘 재정의 고갈을 겪고 있었기 때문에 정부의 묵인 아래 대개는 지주들의 토지를 隱結·餘結로 확보하고 수세하여 '助官用·補民役' 하는데 사용하고 있었다. 한편 양반토호지주들은 자신의 비옥한 토지가 중앙정부의 중과세를 피할 수 있었기 때문에 수령의 隱結·餘結 조성에 기꺼이 협조하고 있었다. 반면 소·빈농들의 척박한 토지는 중과세와 白徵을 면하지 못하고 있었다. 이러한 隱·餘結의 증가는 세입을 크게 축내고 재정 상태를 늘 어렵게 하는 것이었으므로 중앙정부는 이런 상황이 계속되는 것을 용납할 수 없었다.[39] 그리하여 英祖

---

38) 임성수(2013, 「『度支田賦考』를 통해 본 호조의 재원파악 방식과 재정구조 변화」 『통계로 보는 조선후기 국가경제－18~19세기 재정자료의 기초적 분석』, 329~330 쪽)는 10년을 구간으로 하여 평균 출세실결의 추이를 보여주고 있다(<그림 8> 시기별 평균 출세실결 추이). 그리고 그는 <그림 8>을 다음과 같이 설명하고 있다. "출세실결은 18세기 중반 약 83만 結에서 점차 감소하여 19세기 초반에는 약 75만여 結까지 떨어졌다가 다시 19세기 말에는 80만 結 가까이 회복하였다. 이러한 출세실결의 변화는 유래진잡탈·면세·급재의 추이와 그 흐름을 같이 하고 있다. …… 18세기 후반부터 각종 잡탈·면세·급재결은 점차 증가하였고, 이는 곧장 출세실결의 감소로 이어진 것이다. 또한 19세기 중반 이후 급재가 크게 감소하면서 출세실결의 규모는 증가한 것이다. 결과적으로 호조는 원장부의 약 절반가량에 과세를 하고 있었다."

26년(1750)에 균역법을 시행하면서 국왕은 각 고을의 隱·餘結을 자수하도록 특별히 명하였고, 자수하지 않는 수령은 『續大典』의 형률에 의거 論罪하라는 전교를 내렸다. 이어 英祖 31년(1755) 1월에 국왕은 隱·餘結을 자수한 수령은 모두 죄를 논하지 말도록 명하였다. 다만 前任官의 경우는 英祖 26년의 전교 이전은 일체 논하지 말고, 그 이후는 『經濟續六典』의 本律에 의거 시행하게 하였다.[40] 그러나 이후에도 수령의 隱·餘結 조성은 계속되었다. 茶山(英祖 38년, 1762~憲宗 2년, 1836)에 의하면, 수령은 잡초가 우거진 황폐한 토지('蒿萊荒廢之田'), 물에 잠기고 사태가 난 토지('水潦崩汰之田'), 민인들이 유리하여 버려진 토지('流離棄損之田') 등의 진전으로써 元結을 채우는 대신 시기결에서 기름지고 완실하며 비옥한 토지('膏腴完實糞沃之田')를 누락시키거나, 新起田과 還起田을 시기결에 포함시키지 않고 餘結, 혹은 剩結로 남겨 놓거나 하여 隱·餘結을 마련한다는 것이었다.[41] 따라서 이러한 隱·餘結의 증가와 이것들의 公用으로의 전용,[42] 혹은 아전들의 중간 착복은 중앙정부의 과세결인 실결을 줄어들게 함으로써 세입의 축소와 재정의 감축을 가져오고 있었던 것이다.

둘째, 수령의 '僞災結' 신청으로 인하여 實結이 줄어드는 것이었다. 위에서 보았듯이, 급재결이 純祖 9년(1809)에는 194,382結, 純祖 14년(1814)에는 195,777結이나 되었다. 茶山은 저간의 사정을 다음과 같이 말하고 있었다.

---

39) 『承政院日記』 376책(탈초본 20책), 숙종 24년 1월 28일. "戶曹判書李濡所啓 牙山反畓給災事 纔已回啓 而有別判付 更爲議處之敎矣 近來守令 每於給災之時 例多虛實相蒙之弊 或隱置餘結 以施私惠於民者 已成謬習 稅入之大縮 經用之難繼 職由於此矣"

40) 『英祖實錄』 83권, 영조 31년 1월 20일 ; 『承政院日記』 1484책(탈초본 81책), 정조 5년 5월 24일.

41) 『牧民心書』 戶典六條 第一條 田政. "隱結餘結 歲增月衍 宮結屯結 歲增月衍 而原田之稅于公者 歲減月縮 將若之何 京國仕宦者 皆聞隱結之名 然心之知之 以爲深山窮谷 片片開荒者爲隱結 不知原總之外 其溢出之數 是爲隱結 則蒿萊荒廢之田 水潦崩汰之田 流離棄捐之田 以充原總之額 而其膏腴完實糞沃之田 皆隱結也 及其收稅也 先執一邑之田 拔其美者 以充隱結之數 然後以其荒雜 歸之王稅 習而爲常 以爲當然者 今數百年 此非一縣之令所能釐革 雖使糞黃當之 亦闔眼袖手以觀之而已 一言脫口 怨將不測 故曰田政無可爲也 ○成川浦落者 減之于原結 新起還起者 增之于隱結 起墾也 其勢必盡吞一國之田 都入吏嗛 然後乃有究竟 故曰田政無可爲也."

42) 『備邊司謄錄』 226책, 헌종 4년 11월 20일.

嘉慶 己巳年(순조 9년)·甲戌年(순조 14년)에는 가뭄이 尤甚하여 미처 이앙하지 못한 것이 거의 1/3이나 되었다. 가을에 관에서 사람을 보내어 재결의 농간을 조사하였다. 그때에 나는 민간에 있으면서 직접 목도하였다. 처음에는 田吏와 田監이 일차 순행하고, 그 뒤에 또 別吏·別監을 파견하여 또 한 차례 순행하였다. 이른바 별리·별감 등은 首吏·首鄕으로 명망이 있는 자들이다. 무릇 이러한 사람들은 혹은 10結을 훔치고, 혹은 20結을 훔치는데, 많은 경우에는 50, 60結이 되기도 한다. 오직 이때의 별리·별감 두 사람만은 1束도 훔치지 않았던바, 또한 우연일 뿐이었다.[43]

이에 의하면 두 해의 급재결은 실제의 재결이었을 가능성이 많다. 그러나 다산이 암시하고 있듯이, 대부분의 경우에 수리·수향은 書員이 가을 추수기에 '僞災'라고 작성한 災結帳簿를 묵과하고 수령에게 복명하였다. 여기서 '僞災'라는 것은 서원이 看坪하는 과정에서 부민들로부터 뇌물을 받고 그들의 稍實한 논밭은 '全災'로 간평해 주고, 실제로 흉작인 빈농들의 논밭은 그 일부만 재결로 올려서('內災') 재결장부를 작성하는 것이었다. 따라서 재결장부에는 부민들의 많은 實結이 災結로 올라가게 되었던 것이다. 수령 또한 수리·수향으로부터 보고받은 재결장부를 그 진위를 가리지 않은 채 감사에게 보고하여 감사의 '俵災'를 받고 있었다.[44] 다산은 이러한 수령을 '속된' 수령이라고 불렀는데, 이런 경우에는 결국 '서원－수리·수향－수령'이 '僞災'에 간여하는 셈이었다. 따라서 부민들의 實結이 災結로 둔갑함으로써 전체의 實結이 줄어드는 것이었다. 더군다나 수령은 감사에게 災結을 신청할 때에 그것이 감사의 '俵災' 과정에서 삭감당할 것을 예상하고 으레 재결을 늘려서 신청하고 있었기 때문에 급재를 받을 때에 加請災는 그만큼 늘어날 것이고 실결은 그만큼 줄어들 것이었다.

---

43) 『牧民心書』 戶典六條 第二條 稅法 上.
44) '俵災' : 執災에 근거하여 수령이 감사에게 보고하면 감사는 호조가 比摠法에 의하여 나누어준 재결수와 대조하여 일정한 수량의 재결을 그 군·현에 나누어 주었다. 수령은 그 나누어 받은 재결과 자기가 집재한 재결을 대조하여 관내에 재결을 나누어 인정해 주었다. 이렇게 재결을 나누어 인정해주는 것을 '표재'라고 하였다. 감사가 각 군·현에 재결을 나누어주는 것도 '표재'라고 하였다.

다산은 이런 경우가 오히려 일반적이었다고 지적하고 있었다.

셋째는 水田에서 그것도 反畓에서 이앙법이 널리 행해짐으로써 旱災로 인한 '災結'과 '永災'가 증가하고 있는 것이었다.

조선전기까지의 水稻作의 주방법은 付種法(直播法)이었는데, 임진왜란 이후 급속하게 移秧法으로 바뀌어갔다. 이앙법을 이용하게 되면 노동력이 절약되기도 하고,[45] 소출이 늘어나기도 하며, 또 水田種麥, 즉 稻·麥二毛作을 행할 수 있다는 이점 때문에 급속히 확산되었던 것이다. 그러나 당시 이앙법은 부종법에 비하여 커다란 약점이 있었다. 그것은 이앙기에 물이 제대로 공급되지 못하면 실농하는 비율이 부종법에 비하여 많다는 점이었다. 그래서 이앙법의 보급은 생산력의 발전이라는 점에서는 크게 환영받을 만한 일이었지만, 그러나 한발이 들었을 때에는 失農·凶作을 맞을 수밖에 없다는 점에서 이앙법은 큰 우려의 대상이 되기도 하였다.

그러므로 조선후기의 농법을 얘기하는 사람들의 의견은 이앙법의 장점과 단점을 지적하는 가운데 찬반으로 엇갈려 있었다. 어떤 이는 한발에 대비하는 뜻에서 이앙법을 일체 금하고 부종법으로 돌아가야 한다고 주장하였고, 어떤 이는 이앙법에는 그만한 이득이 있어서 보급되는 것이니, 그것이 보급되고서도 흉작을 당하지 않도록 수리시설을 잘 갖추어야 할 것이라고 주장하였다. 그리고 또 어떤 이는 여러 상황을 참작하여 수리시설이 잘 갖추어진 곳에서는 이앙법을 행해도 무방하며, 天水에만 의존하는 奉天高燥地에서는 이를 금해야 할 것이라고 주장하기도 하였다.[46]

그런데 純祖·憲宗·哲宗 연간처럼 이상 기후에 따라 가뭄이 자주 발생하고

---

45) 염정섭, 2002, 『조선시대 농법 발달 연구』: 저자는 이앙법 보급의 주요인으로 제초노동력의 절감을 꼽는 것을 반박하는 대신 수리조건이나 土性의 측면에서 이앙법을 채택할 수밖에 없는 水田의 존재, 앙기관리와 앙기시비 기술의 발달, 이앙시기와 파종시기의 조절, 이앙법의 위험성을 줄일 수 있는 乾秧法의 개발, 이앙기에 대규모 노동력 동원을 가능하게 한 노동조직으로서의 두레의 발달 등을 꼽았다.

46) 金容燮, 2005, 『증보판 朝鮮後期農業史研究[I]－農村經濟·社會變動』, 72~73쪽(1968, 「十八世紀 農村知識人의 農業觀－正祖 末年의 『應旨進農書』의 分析－」『韓國史研究』 2).

있을 때에는 아무리 충분한 수리시설이 갖추어져 있더라도 이앙법은 실농·흉작을 부를 수밖에 없을 것이었다. 그리하여 憲宗 4년(1838) 11월에 우의정 李止淵은 당시의 水田의 旱災에 대한 대책을 다음과 같이 말하고 있었다.

근래에 논농사가 치우치게 旱災를 입는 것은 곧 付種을 그만두고 오로지 移秧을 숭상하기 때문입니다. 옛날에는 이앙법이 없었는데, 우리나라에서는 中古 이후에 南中부터 시작했고, 諸道에서 돌아가면서 서로 본받아서 지금은 드디어 通規가 되었습니다. 대개 부종은 반드시 네 번, 다섯 번 김을 매고서야 겨우 알곡을 먹을 수 있지만, 이앙은 불과 두, 세 번 김을 매고도 온전한 수확을 할 수 있기 때문에 농민으로서 일하기를 게을리 하는 자는 일을 싫어하고 편안함만을 취하여 하나같이 이앙만을 주로 하고 있습니다. 그러나 부종하여 가뭄을 타던 것은 한번 비를 맞으면 곧바로 뿌리를 내리고 잘 자라지만, 이앙하려고 비를 기다리는 자는 조금만 가물게 되면 마침내는 속수무책으로 때를 놓치는 것을 전혀 모르니 한탄스러움을 이길 수 있겠습니까? 민인이 하고자 하는 바를 하늘이 비록 곡진히 따라준다 해도 쫓아다니면서 꼭 비를 내려준다고 보장하기 어렵고 해마다 어긋남이 없기도 어려우니, 이앙하여 요행스럽게 먹기를 바라는 것이 어찌 부종하는 것의 완전하고 근심이 없는 것만 하겠습니까? 예전에는 일찍이 법을 만들어 금하였기 때문에 이앙 두 글자로 감히 조정에 登聞하지 못하였는데, 지금에 와서는 비록 상고할만한 律文은 없으나 조정이 농사에 힘을 기울이는 정사에 있어서 가까운 이익을 탐하고 먼 해로움에 어둡게 하여서는 안 되겠으니 금하는 것이 참으로 옳습니다. 地形과 水源이 이앙하지 않을 수 없는 곳은 오직 형세에 따르고 때를 보아야 하므로 가혹하게 금할 필요가 없겠으나, 이전에는 부종하다가 지금 이앙하게 된 곳과 들녘으로서 억지로 물을 끌어댄 곳 및 매우 높고 건조하여 오로지 天水만 바라는 곳에 있어서는 지방관으로 하여금 몸소 가서 살펴보고 농민을 알아듣게 깨우쳐 반드시 부종하게 하고 다시 이앙하지 못하게 하면, 비록 혹 불행히 가뭄이 있다 해도 아마 전혀 추수할 것이 없게 되지는 않을 것이니, 이러한 뜻으로 諸道에 行會하여 각각 列邑에 두루 신칙하고 방방곡곡에 게시하여 재해에 대비하고 실질에 힘쓰게 하는 것이 좋겠기에 아울러 이렇게 앙달합니다. 대왕대비가 답하기

를, "아뢴 바가 좋다. 그렇게 하라."고 하였다.[47]

즉, 당시 농민들이 어디에서나 이앙법을 일삼고 있기 때문에 치우치게 旱災를
입고 있다는 것, 따라서 지형으로 보나 水源이 있어서 이앙법을 행할 만한
곳은 제외하고 예전부터 부종법을 행해 오던 곳, 억지로 물을 끌어댄 곳, 天水만
바라는 奉天高燥地 등에서는 다시 부종법을 이용하도록 하자는 것이었다. 이리
보면 이지연은 이앙법을 일체 금하고 부종법으로 돌아가자는 입장을 취하는
것은 아니었다. 다만 농민들이 여러 상황과 조건을 가리지 않고 이앙법만을
행하는 것을 문제로 삼는 것이었다. 이렇듯 당시에는 농민들이 이앙법을 이용해
서는 안 되는 곳에서도 이앙법을 행하고 있기 때문에 '偏被旱災'함으로써 '災結'
이 늘어나고 있는 것이 현실이었던 것이다.

한편, 徐有榘(英祖 40년, 1764~憲宗 11년, 1845)도 이앙법의 보급에 따르는
旱魃의 災害를 부정하지 않았다. 그러나 그것은 정상적인 논의 경우가 아니라
근자에 이르러 급속하게 늘어나고 있던 反畓의 경우인 것으로 보고 있었다.
反畓은 논이기는 하지만 원래는 밭이었던 농지를 논으로 飜作한 것이었다.
그에 의하면 이러한 反畓 현상은 100년 이전부터 '飯稻之風'이 성행한 데서
연유한 바도 있지만 농지를 아끼고 이익이 많았기 때문에 일어났다는 것이었다.
즉, 그것은 18세기 이래의 일이고,[48] '飯稻之風'이 성해서만 일어나고 있던 현상이

<hr />

47) 『備邊司謄錄』226책, 헌종 4년 11월 20일. "又所啓 近來畓農之偏被旱災者 卽寢廢付種
專尙移秧之故也 移秧古無是法 我國中古以後 始自南中 而諸路轉相倣傚 至于今遂成通規矣
蓋付種則必四耘五耘 而方能食實移秧 則不過二三耘 可收全功 故農民之惰於服力者 厭勞而
取逸 一以移秧爲務 然殊不知付種之被旱者 一番得雨 便着根勃興 移秧之待雨者 少或値旱
遂束手失節 可勝歎哉 民之所欲 天雖必從 難保其趁移必雨 逐歲靡忒 則與其移秧而倖望食效
曷若付種之十全無虞也 古嘗設法而禁之 故移秧二字 不敢登聞於朝廷 到今雖無律文之可考
而在朝廷懋農之政 不當使之耽近利而昧遠害 則禁之也誠宜矣 地形與水源之不可不移秧處
惟當循勢相時 不必苛禁 至於前所付種 而今爲移秧者 及野地之强爲灌引者 高燥之專望天水
者 令地方官 躬行審視 曉告農民 必使付種 毋復移秧 則雖或不幸有暵乾 庶不至全然無秋
以此意行會諸道 俾各遍飭列邑 揭諭坊曲 以爲慮患懋實之地爲好 故玆此仰達矣 大王大妃殿
答曰 所奏好矣 依爲之."

48) 『日省錄』정조 23년 1월 10일. "沃川郡守 呂駿永疏陳邑弊民瘼諸條 …… 蓋反畓云者
卽元田之爲畓者也 庚子改量之後 老農之巧於謀食者 地形之便於引水者 無不作畓 大邑或過

아니라, 논농사에서의 농법의 변동, 이를테면 이앙법의 보급에 따라 논에서의
김매기 노동력이 배나 절감되었고, 또한 도·맥이모작으로 소출이 늘어남으로써
논농사의 수입이 밭농사의 그것보다 많았기 때문에 일어났다는 것이었다.[49]
그리하여 그것은 泉河가 가까이 있어서 물을 끌어올 수 있는 곳은 물론, 물길이
먼 건조한 들이나 산에 매달린 계단식의 밭까지도 모두 논으로 飜作하지 않는
곳이 없을 정도로 광범위하게 일어남으로써 이 무렵에 反畓은 '今南北水田什三
皆反田', 또는 '通計一國田總 此類三分居一'[50]이라고 할 정도로 많았다는 것이다.
실제로 이 무렵에는 논이 급증했던 것으로 나타나고 있다.

아래의 <표 8>은 원전과 시기전에서 밭과 논이 차지하는 비중의 추이를
표시한 것이다.

〈표 8〉 원전·시기전의 전·답 변동 현황 (단위 : 結)

		광해3년 (1610)	인조12년 (1634)	숙종45·46년 (1719·20)	순조7년 (1807)	헌종14년 (1848)	고종10년 (1873)
경기도	전			61,862(61.0)	68,278(60.9)	24,706(46.5)	24,680(46.8)
	답			39,394(39.0)	43,812(39.1)	28,410(53.5)	28,014(53.2)
	계	39,000		101,256(100)	112,090(100)	53,116(100)	52,694(100)
충청도	전		159,465(61.7)	160,528(62.9)	161,243(62.8)	59,660(48.7)	63,399(55.8)
	답		98,995(38.3)	94,680(37.1)	95,285(37.2)	52,914(51.3)	50,227(44.2)
	계	110,000	258,460(100)	255,208(100)	256,528(100)	112,574(100)	113,626(100)
전라도	전		171,473(51.1)	194,167(51.5)	157,394(46.3)	74,033(33.6)	77,003(34.1)
	답		163,832(48.9)	182,992(49.5)	182,709(53.7)	146,188(66.4)	148,936(65.9)
	계	110,000	335,305(100)	377,159(100)	340,103(100)	220,221(100)	225,939(100)
경상도	전		175,775(58.3)	190,354(56.5)	191,013(56.7)	97,380(45.3)	61,555(30.6)
	답		125,949(41.7)	146,424(43.5)	146,115(43.3)	103,242(54.7)	139,553(69.4)
	계	70,000	301,724(100)	336,778(100)	337,128(100)	200,622(100)	201,108(100)
강원도	전				33,435(81.2)	7,681(65.5)	8,094(65.9)
	답				7,716(18.8)	4,404(34.5)	4,170(34.1)
	계	11,000		44,051(100)	41,151(100)	11,725(100)	12,264(100)

千餘結 小邑則亦至三四百結 本邑改量纔過四十餘年 反畓猶近四五十結 他邑可知."

49) 『林園經濟志』本利志 권1, 田制 諸田 [反田] ;『杏蒲志』권1, 田制 反田. "[反]田反(音飜)田者
飜陸田爲水田也 凡陸田之近泉近河 可引水灌漑者 改作畦塍 藝以稻粳 今南北水田什三 皆反
田 雖緣飯稻之風 視昔爲盛 亦由地省而利博也(畦種則省地而收倍) 然陸田一年再種 稻則一熟
而已 所謂利害相半者也."

50) 徐有榘, 『擬上經界策』下.

황해도	전			102,475(84.5)	106,580(80.6)	58,650(78.4)	62,105(78.5)
	답			26,359(15.5)	25,631(19.4)	16,180(21.6)	17,014(21.5)
	계	61,000		128,834(100)	132,211(100)	74,830(100)	79,119(100)
평안도	전			71,958(79.2)	98,923(82.7)	71,819(85.4)	72,941(85.4)
	답			18,846(20.8)	20,712(17.3)	12,253(14.6)	12,440(14.6)
	계	94,000		90,804(100)	119,635(100)	84,072(100)	85,381(100)
함경도	전			56,212(91.8)	110,276(93.7)		48,964(90.1)
	답			5,031(8.2)	7,470(6.3)		5,352(19.9)
	계	47,000	·	61,243(100)	117,746(100)		54,316(100)
계(1) (8 도)	전				927,602(63.7)		418,741(49.1)
	답				528,990(36.3)		405,706(50.8)
	계	542,000		1,395,333(100)	1,456,592(100)		824,447(100)
계(2) (강원 제외)	전			837,556(62.0)	894,167(63.2)		
	답			513,726(38.0)	521,274(36.8)		
	계			1,351,282(100)	1,415,441(100)		
계(3) (삼남)	전	506,713(56.6)		545,049(56.2)	509,650(54.6)	231,073(43.3)	201,957(37.4)
	답	388,776(43.4)		424,096(43.8)	424,109(45.4)	302,344(56.7)	338,716(62.6)
	계	895,489(100)		969,145(100)	933,759(100)	533,417(100)	540,673(100)

* 출전 : ① 광해군 3년(1610)의 時起結數 :『增補文獻備考』권148, 田賦考 8. 戶曹判書 黃愼의
보고. ② 인조 12년(1634)('甲戌量田')·숙종 19·20년(1719·20)('庚子量田')의 元結數 :『增補文獻
備考』권148, 田賦考 8. ④ 순조 7년(1807)의 元結數 :『萬機要覽』. ③ 헌종 14년(1848)·고종
10년(1873)의 時起結數 :『度支田賦考』

우선 원전이나 시기전에서 밭과 논이 차지하는 비중이 차이가 없다는 전제
아래, 경기도와 하삼도에서 공통적으로 확인되는 것은 19세기 중반기에 논이
급증하여 그 반 이상을 차지하고 있다는 점이다. 즉, 경기도에서는 논이 시기전의
53.5%, 충청도 51.3%, 전라도 66.4%, 경상도 54.7%를 각각 차지하고 있다. 특히
전라도의 경우, 純祖 7년(1807)에 원전에서 논이 이미 그 반을 넘어 53.7%를
차지했지만 憲宗 14년(1848)에 이르러서는 12.7%가 증가한 66.4%를 차지하고
있다. 또한 충청도는 憲宗 14년(1848)에 논이 이전보다 14.1%나 증가했다. 그리고
경상도는 논 면적이 19세기 내내 계속 증가하여 19세기 하반기에 이르러서는
시기전의 69.4%를 차지하고 있다. 이에 반해 다른 3道는 정체하거나 도리어
감소했음을 볼 수 있다.

이처럼 19세기 중반기에 경기도와 하삼도에서 수전이 늘어난 것은 바로
反畓이 늘어났기 때문이었을 것이다. 그런데 反畓 현상이 18세기 이래로 발생하
고 있었다는 서유구의 견해에 비추어 본다면 늦어도 19세기 초반기에는 수전이

증가한 것으로 나타났어야 할 것이었다. 그러나 여기서는 19세기 중반기에 이르러서야 수전이 확연히 증가했음이 확인되고 있다는 점에서 시기상에 차이가 있음을 볼 수 있다. 이는 이미 실지로는 수전이 되어 있는 反畓이 田案에는 여전히 밭(旱田)으로 懸錄되어 있는 상태에서 이제 전안에 수전으로 등록되기 위해서는 대거양전이든 읍양전이든 양전을 거쳐야 했기 때문이었다. 그런데 純祖·憲宗 연간, 즉 19세기 전반기에 경기도와 하삼도를 대상으로 양전했다는 기록은 없고, 다만 純祖 6년(1806)에 전라도 순천, 純祖 30년(1830)에 경상도 흥해, 憲宗 9년(1843)에 경상도 칠원, 憲宗 12년(1846)에 경상도 창원·금산·진해·문경·함창 등을 대상으로 한 읍 양전을 실시했던 것으로 보인다(<표 1>). 따라서 4도의 反畓을 포함한 전답이 실재대로 파악되었던 적은 없었던 것 같다. 그러나 純祖 20년(1820)부터 전국적으로 旱田을 대상으로 급재하기 시작했다는 점, 憲宗 4년(1838)에 '反畓을 모두 조사하자'는 서유구의 건의를 수용하고 시행했었을 것이라는 점,[51] 그리고 『度支田賦考』에 憲宗 14년(1848)부터 전·답별 시기결수와 급재결수가 기록되어 있다는 사실 등으로 미루어 보면 그 무렵에 전국 모든 군현의 旱田과 水田이 수령 주도 아래 조사되지 않았을까 추측된다.

서유구의 표현에 따르면, 이처럼 전체 수전의 10분의 3이나 차지하는 反畓 가운데서 '灌漑하는 수로가 있거나, 저절로 물이 나는 곳', 즉 수리시설이 갖추어진 곳에 있는 反畓은 극히 적었다. 그러면서도 무분별하게 이앙법이 행해지고 있었기 때문에 한번 가뭄이 들면 反畓은 번번이 황폐해져 버렸다('一有旱暵 輒致拋荒'). 따라서 旱災에 약하고 旱魃에 대한 대비가 불충분한 反畓, 그리고 그러면서도 이앙법의 보급에 따라 널리 번져가고 있는 反畓에 대하여 서유구는 두 가지 대책을 제안하였다. 하나는 양전관리로 하여금 逐加查櫛해서 '有川可引

---

51) 『憲宗實錄』5권, 헌종 4년 6월 10일. "大司憲徐有榘疏略曰 …… 臣又聞陸耕之農 倍艱於水耨之工 飯稻之風 又盛於百年以來 遠水之乾坪 依山之梯田 無不翻作水田 一有旱暵 輒致拋荒 而以其繫在旱田之案 原無把束給災之例 區別一差 吏有幻勘之失 民徵不毛之稅 此已有乖於綜覈之政 臣謂嚴立科條 除非灌漑有路及自來生水處外 本繫旱田而翻作水田者 逐加查櫛 一竝還作旱田 如有冒禁者 施以『大典』冒耕之律 則未必不有助於裕民食備災荒之道 此又先事之一策也 亦願下詢廟堂而裁處焉 批曰 本職許遞 疏辭甚好 令廟堂 一一採施."

有陂可戽 有井可漑'한 곳이 아니면 이를 모두 旱田으로 還作할 것을 제안하였다. 그리고 水源은 없지만 土性이 沮濕하여 旱田으로 환작하기 어려운 곳은 旱稻나 水稗 등 水旱을 이길 수 있는 작물을 재배하면 될 것으로 보고 있었다. 또 하나는 田案에 여전히 旱田으로 懸錄되어 있는 反畓을 水田으로 등록하고, 旱災를 입으면 給災하여 백지징세를 당하지 않도록 하자는 것이었다. 그는 이러한 대책을 엄격히 세워서 법으로써 강행할 것을 제언하였다.[52] 그는 이러한 대책이 농가 개개의 입장에서 보더라도 결코 불리한 것이 아니라고 생각하였다. 그것은 旱田의 소득이 결코 水田에 떨어지는 것이 아니라고 보기 때문이었다. 수전에 있어서의 裏作은 이때에는 주로 錦江이남의 삼남지방에서만 행해지고 있었고, 錦江이북의 지역에서는 旱田을 水田으로 번작하더라도 水田裏作을 하기는 어려웠다. 그래서 그는 이러한 곳에서는 '旱田은 一年에 再種을 하고, 水田은 一種一熟할 뿐'이므로 收支利害관계는 서로 반반이라고 보았으며, 따라서 이러한 점에서도 旱田이 농가에게 불리한 것은 아니므로 反畓은 철저히 금지되어야 할 것으로 생각하는 것이었다.[53] 이리 보면 서유구도 反畓과 이앙법을 철저히 부정하는 것만은 아니었다. 다만 수리관개가 불가능한 곳에 있는 反畓은 한번이라도 가뭄을 당하면 '永災'가 되어 버리고 말았기 때문에 그러한 反畓은 아예 旱田으로 還作하자는 것이었다.

이렇듯 18세기 이래 이앙법의 보급에 따라 反畓의 증가로 水田이 증가하는 가운데 19세기 초반기의 大旱은 수리관개가 어려운 反畓을 여지없이 '抛荒地', 즉 '永災結'로 바꿔버렸고, 이러한 '永災結'의 발생은 實結의 항구적인 감소를 가져오고 있었다. 이러한 상황에서 서유구의 대책이 수용되어 실제로 집행되었는지는 확인할 수 없다. 다만 정부는 憲宗 11년(1845)부터는 급재 방침을 바꾸어 '永災'를 가급적 지급하지 않고 '當年災'를 지급하기 시작했던 것으로 보인다.[54]

---

52) 『擬上經界策』下 ;『憲宗實錄』5권, 헌종 4년 6월 10일.

53) 金容燮, 1992, 『朝鮮後期農業史研究』, 373~375쪽.

54) 『度支田賦考』에 헌종 11년(1845)부터 고종 22년(1885)까지 46년간 '영재'는 5차례 지급된 것으로 기록되어 있다. 따라서 '영재'는 사실상 헌종 11년부터는 정책적으로 지급되지 않았던 것으로 보인다(임성수, 2013, 「『度支田賦考』를 통해 본 호조의

그것은 농민들에게 '당년재'를 지급하면 이듬해에 그들이 그 災田을 다시 기경할 것이라고 기대했기 때문이었을 것이다. 이처럼 급재 방침이 바뀜에 따라 19세기 후반기에는 경기도와 하삼도 가운데 경상도를 제외하고는 反畓은 더 이상 증가하지 않았고, 따라서 水田도 더 이상 증가하지 않고 있었다. 그리하여 전국적으로 급재가 감소함에 따라 實結은 증가하고 있었던 것이다(<표 5>, <그림 1>).

재원파악 방식과 재정구조 변화」『통계로 보는 조선후기 국가경제-18~19세기 재정자료의 기초적 분석』, 328쪽).

제2장 兩班地主層의 形成

1. 兩班層의 구성

조선후기에 '양반'이라는 용어가 지칭하는 실재 대상은 누구였을까? 李重煥은 『擇里志』「總論」에서 당시의 사회계층을 다음과 같이 구분하고 있다.

> 노비부터 서울과 지방의 吏胥까지 下人으로 한 계층이고, 庶孽 및 雜色人이 中人으로 한 계층이며, 품관과 사대부는 함께 양반이라 일컫는다. 그러나 품관이 한 계층이고, 사대부가 한 계층이 된다. 사대부 가운데서도 또 大家·名家의 구분이 있고, 명목이 매우 많으며 교유도 서로 하지 않는다. 그 구애되는 것이 이와 같으므로 성쇠와 존망의 변화가 능히 없을 수가 없다. 그러므로 사대부라도 혹 신분이 낮아져서 평민이 되기도 하고, 평민이 오래되면 혹 높아져서 차차 사대부가 되기도 한다.[1]

여기서 주목되는 것은 바로 양반층인데, 이는 품관과 사대부, 그리고 大家·名家 등 세 계층으로 구분되고 있음을 볼 수 있다. 조선후기에 품관은 '留鄕品官'·'鄕中士類'로서 座首·別監뿐만 아니라 都監·監官 등으로도 지칭되었다.[2] 그리고 그들

---

1) 『擇里志』總論. "自奴婢而京外吏胥爲下人一層也庶孽及雜色人爲中人一層也品官與士大夫同謂之兩班然品官一層也士大夫一層也士大夫中又有大家名家之限名目甚多交遊不相通其拘碍捉刺如此不能無盛衰存亾之變故士大夫或夷爲平民平民久遠則或昇漸爲士大夫矣."

2) 宋俊浩, 1987, 「朝鮮의 兩班制를 어떻게 이해할 것인가」『朝鮮社會史研究』; 전경목, 2003, 「조선후기 品官과 그들의 생활상-문화 콘텐츠로서의 고문서 발굴과 활용을

가운데는 향촌의 이른바 '豪猾之類'처럼 國法을 무시하거나 공권력의 집행을 저훼하고 있었기 때문에 수령에 의해 '武斷土豪'('土着的 富豪')로 조정에 보고되고도 있었다. 사대부는 과거시험이나 채용시험을 거친 현·퇴직 문무관료(문관 4품 이상, 무관 2품 이상)를 지칭하였다. 그리고 大家·名家는 누대에 걸쳐서 淸華要職을 거친 高官·名臣을 배출한 宦族家門·門閥家門이든지, 아니면 儒賢·名賢이 나온 이름난 학자 집안을 가리켰다.

한편, 이중환이 『擇里志』를 저술하고 있던 무렵에 헌납 玄光宇는 민인들이 貧困하게 되었던 원인으로 네 가지를 꼽고 있었다. 그것은 賦斂이 過重하다는 것, 還穀·軍布·吏逋로 인한 族徵, 還政의 紊亂(糶糴의 不便함), 富民의 兼竝 등이었다. 그러면서 토지를 겸병하는 富民, 즉 대지주가 누구였는지를 다음과 같이 말하고 있다.

> 부민의 겸병의 폐단을 제거하기 위해서는 制産之法을 행하는 것만 못하다. …… 지금 위로는 三公 六卿으로부터 아래로는 수령 百執事까지, 그리고 故家巨室('世受國恩者')·鄕里富民과 함께 모두 차례로 등급을 매겨 토지소유를 제한하되, 卿相(三公과 六卿, 宰相)은 몇 결을 넘지 못하게 하고, 士大夫는 몇 결을 넘지 못하게 하며, 鄕曲富民은 몇 결을 넘지 못하게 하면 비록 貧戶라 하더라도 몇 결 이하로 내려가지 않을 것인 즉, 부자가 과다하게 가지는 폐단이 없어질 것이고, 빈자는 과소하게 가지는 폐단이 없어질 것이다.[3]

위하여」, 『인문콘텐츠』 창간호 ; 安光鎬, 2016, 「朝鮮 後期 品官 집안과 그들의 삶 – 전라도 萬頃縣의 豊川任氏와 興陽縣의 水原白氏를 중심으로」, 『古文書研究』 제48호.

3) 『承政院日記』 1216책(탈초본 68책), 영조 39년 3월 3일. "獻納玄光宇疏曰 …… 竊伏見小民之困悴 莫有甚於近日 田野荒蕪 閭里蕭條 全無樂生奠居之象 而將有土崩瓦解之漸 一邑如此 他邑可知 一道如此 他道可知 今之民事 可謂急矣 若論受困之由 則殆難毛擧 而撮其最甚者言之 則其目有四 一則困於賦斂之重也 一則困於一族之徵也 一則困於糶糴之不便也 一則困於富民之兼竝也 …… 欲祛富民兼竝之弊 則莫如行制産之法也 …… 惟限田之法 行之甚便而其制已見於董仲舒·師丹之說 今上自三公六卿 下至守令百執事 與夫故家巨室鄕里富民 皆以次第等級 限其田土 卿相占田 無過幾結 士大夫無過幾結 鄕曲富人 無過幾結 雖貧戶亦不下幾結 則富者無過多之弊 貧者無過少之患 兼竝之害可祛 而受困之弊可除矣."

또한 正祖 4년(1780) 5월에 정언 鄭益祚는 士大夫들 사이에서 사치의 풍조가 만연하여 호화로운 第宅을 짓거나 토지를 광점하고 있으므로 제택의 칸수에 대한 규정을 정하고, 토지소유의 규모를 제한하는 것이 사치의 폐단을 막는 길이라고 말하면서 '京華巨室'의 토지겸병실태를 다음과 같이 말하고 있다.

> 정언 鄭益祚가 아뢰기를, "······ 무릇 땅에서 나오는 땀에 젖은 곡식과 베틀 위의 손가락을 찢는 비단은 기껏해야 豪富家의 생선 값 정도가 될 뿐입니다. 이 때문에 한 번 감사를 지내면 곧 大屋을 세우고, 겨우 파리한 고을의 수령을 지내도 전토를 광점합니다. 지금 近畿로부터 湖海(湖西·海西)에 이르기까지 수로에 가까운 땅은 모두 京華巨室의 소유가 되어버렸습니다. 그 땅에서 사는 민인들은 그들의 토지를 경작하고 그 반을 얻을 뿐입니다. 이것이 富益富窮益窮하는 까닭입니다. ······ 50세 이상의 조정의 貴臣을 제외하고는 제택의 칸수에 대한 규정을 정하고, 전토겸병의 규모를 감해서 비록 貴戚公卿이라도 몇 칸을 넘지 못하게 하고, 전토도 몇 결을 넘지 못하게 하소서."[4]

이상의 세 기사를 종합해 보면, '양반지주'는 세 부류가 있었음을 알 수 있다. 하나는 '鄕班土豪地主'였다. 즉, 조선초기 이래 '留鄕品官'·'鄕中土類'의 지위를 유지하거나, 혹은 조선후기에 고관·명신을 배출한 가문의 자손으로서 생원·진사이거나,[5] 혹은 퇴직 관료 등으로서[6] 향촌에 寓居하면서 토지를 겸병하여 鄕里富民·鄕曲富人이 된 '토호지주'였다. 둘은 '士大夫地主'였다. 위로는 三公·六卿의 宰相으로부터 아래로는 수령까지의 현직 관료가 職權을 이용하여 토지를

---

4) 『承政院日記』1463책(탈초본 80책), 정조 4년 5월 11일. "正言鄭益祚疏曰 ······ 夫田中滴汗之粟 機上裂指之帛 公然爲豪富家榷漁之資而已 是故一經藩閫 便起大屋 纔得腹邑 廣占田土 今自近畿 以至湖海 有水路便近之地 盡歸京華巨室之所有 居土之民 則不過耕其田而得其半耳 此所以富益富窮益窮者也 臣謂從今以往 申五十衣帛之法 遵童子不裘之制 俾五十以上 朝廷貴臣之外 無敢衣裘而服紬 定第宅間架之規 減田土兼竝之數 雖貴戚公卿 宅無過幾間 田無過幾結 作爲令甲 頒布中外 犯此者 繩以重律 則庶爲救弊之道矣."
5) 『承政院日記』986책(탈초본 53책), 영조 21년 5월 14일.
6) 『承政院日記』569책(탈초본 30책), 경종 4년 5월 20일.

제2장 兩班地主層의 形成　343

겸병한 사대부지주였다. 셋은 '權勢家地主'였다. 양반가문 가운데는 顯職의 高官·名臣뿐만 아니라 이전부터 누대에 걸쳐서 이들을 배출해 왔던 大家·名家·故家·巨室 등의 臣族家門·門閥家門들이 있었다. 이들은 '甲戌換局'(肅宗 20년, 1694)을 계기로 영남지방을 근거로 한 남인세력이 失勢한 이후에는 노론·소론이 정국(英祖·正祖대의 탕평정국)을 주도하는 가운데 서울과 교외(京郊)의 경기지역의 사림('京華巨室'·'京華士族')과 호서·영남지역의 사림('流寓士族')으로 분화되어 갔었다. 이들 臣族家門·門閥家門과 국왕의 친인척인 戚臣家門, 그리고 功臣家門 등이 權勢家地主를 이루고 있었다. 따라서 이들은 봉건왕정 아래서 그 봉건적 특권과 威勢를 이용하여 대지주가 되고 있었다.

2. 兩班層의 土地兼竝 : 民田 侵奪

여기서는 권세가·사대부·토호 등이 '量案 上의 無主陳田'을 대상으로 입안을 내고, 이를 빙자하여 일반 농민들이 이미 기경해 오고 있던 전답, 즉 사실상의 '有主民田'을 侵奪兼竝하는 실태를 살펴보고자 한다.

전술했듯이 임란 이후 하삼도를 대상으로 실시한 '甲戌量田'(仁祖 12년, 1634)은 '癸卯量田'(1603~1604) 당시 제외되었던 陳田과 그동안에 개간된 新田을 파악하기 위한 것이었다. 양전 결과 元田은 895,492結(충청도 258,461結, 전라도 335,305結, 경상도 301,725結)이었고, 時起田은 540,964結(충청도 131,008結, 전라도 202,429結, 경상도 207,525結)이었다. 그런데 이 시기전 가운데 新田이 182,719結이었으므로 양안 상의 시기전은 358,245結인 셈이었다. 이는 원전의 40%정도인데, 이를 英祖 연간 이래 시기전이 대체로 원전의 60%정도를 차지했던 것에 비추어 본다면 양안 상에는 아직도 기경되지 못하고 있었던 진전, 즉 '無主陳田'은 36만여 結 정도였을 것으로 추정된다. 그런데 仁祖 24년(1646)에 경기도의 경우 "田野가 개간된 것이 임진년 이전과 거의 같게 되었다."고 했고[7] 孝宗 5년(1654)에 는 "삼남을 양전한 후 인구가 날로 번창하고, 개간지가 날로 늘어나 옛날에는 경작되지 않았던 땅도 개간되지 않은 곳이 없다."고 한 것을 보면 갑술양전 이후 20여 년이 지난 무렵에는 진전은 물론 양안 외의 閑曠地·閑荒地도 대부분 기경되고 있었던 것임을 알 수 있다.[8] 또한 肅宗 14년(1688)에 이르러서는 그나마 남아있던 산골짜기의 한광지나 연해의 진펄마저 개간·간척됨으로써 임란 후 진전 개간과 신전 개발이라는 중대하고도 시급한 과제는 일단 완결된 국면에 이르렀던 것 같다.

> 현재 인민의 증가는 壬子年(현종 13년, 1672)에 비해 여러 갑절일 뿐만 아니라 산골짜기와 바닷가 진펄의 자그마한 곳도 모두 기경되어서 실로 한 이랑도 비어 있는 곳이 없다.[9]

즉, 임란 이후 100여 년 만에 임란 전의 원결수와 시기결수 이상이 확보된 것이었다.

그런데 '甲戌量田' 이후 50여 년 동안 삼남 양전은 실시된 적이 없었고, 따라서 농민들이 '甲戌量田' 이후 기경해 오고 있던 전답, 즉 '有主民田'은 '甲戌量案' 상에는 여전히 '無主陳田'으로 등재되어 있었을 것이었다. 그러나 '(甲戌)量田事目'에 '無主陳田 起耕者爲主' 즉, '무주진전은 기경자를 소유주로 한다'라는 조항을 두었기 때문에 농민들이 그 진전을 기경해 왔다면 그것은 이미 '有主民田'인 것이었다. 이를 궁방·권세가·토호들이 모를 리 없었다. 그럼에도 불구하고 궁방은 입안의 취지를 악용하여 '量案 上의 無主陳田'을 대상으로 입안을 내고, 이를 빙자하여 민인들이 이미 기경해 오고 있던 전답을 차지해 버렸던 것이다.

> 우의정 李景奭이 또 아뢰기를, "각 아문의 둔전 및 궁가의 농장이 민간의 전지를 잠식하고 있다는 말이 파다하게 떠돌고 있습니다. 지난날 혼조 때에 三昌家가 둔전과 鎭을 설치한 데에 따른 폐단이 끝이 없어서 反正한

---

7) 『仁祖實錄』 47권, 인조 24년 8월 16일.
8) 『孝宗實錄』 13권, 효종 5년 11월 16일.
9) 『備邊司謄錄』 42책, 숙종 14년 4월 15일.

뒤에 모두 없앴는데, 근래에 와서 이 폐단이 다시 일어나고 있습니다. 산림과 천택을 백성과 같이 이용하는 것이 왕도 정치의 우선 과제인데, 민인들이 경작하는 전지가 많이 탈취당하고 있습니다. 저번에 관찰사가 그 폐단을 눈으로 직접 보고 馳啓하였는데, 어떻게 따르지 않을 수 있습니까." 하니, 상이 답하기를, "모든 일은 다 법례가 있다. 주인 없는 전지는 立案 문서가 있으면 자기의 소유가 되니, 일시 경작을 하였다는 이유로 갑자기 되돌려 줄 필요는 없다."[10]

여기서 관찰사는 경상도 관찰사 兪㯖을 말하는데, 그는 "양안에 주인이 없는 것으로 적혀 있다 해도 그때의 事目(갑술양전사목을 말함)에 '無主陳田 起耕者爲 主'라는 조항이 있는 즉, 먼저 이미 기경했고 조세까지 바치고 있는 것은 당연히 그 민인들에게 돌려주어야 한다."고 馳啓한 적이 있었다.[11] 이경석은 이러한 사실을 다시 한번 환기시키면서 아문과 궁방이 입안을 빙자하여 민전을 침탈하는 폐단이 작금에 재현되고 있음을 지적하고, 이의 시정을 촉구하고 있는 것이다. 여기서 문제는 국왕 仁祖의 사목과 입안에 대한 인식이다. 仁祖에 의하면, 사목은 법률이 아니라는 것, '무주지'의 경우 입안이 있으면 입안 소지자가 '법적으로' 그 소유주가 된다는 것이었다.

이리하여 입안의 성격에 대한 논의가 일어나는 가운데 권세가·사대부·토호 등도 궁방을 따라서 역시 '量案 上의 無主陳田'에 대한 입안을 내고 이를 빙자하여

10) 『仁祖實錄』 46권, 인조 23년 10월 30일. "右議政 李景奭又曰 各衙門屯田及宮家農庄侵占 民田之語, 狼藉傳說 囊在昏朝 三昌家屯田 設鎭之弊 罔有紀極 反正以後 皆令革罷 而近來此弊 復作 山林川澤 與民共之 此王政之所當先 而百姓耕作之地 多被占奪 頃日道臣 目見其弊而馳 啓 何可不從 上曰 凡事皆有法例 無主之地 立案成文 卽爲己物 不必以一時耕食之故 而遽爲還 給也." ○三昌家：廣昌府院君 李爾瞻, 密昌府院君 朴承宗, 文昌府院君 柳希奮을 말함. 모두 致富로 유명하였음(『燃藜室記述』 21권, 崔沂海州之獄).

11) 『仁祖實錄』 46권, 인조 23년 10월 29일. "慶尙道暗行御史 任善伯 過金海 民皆擁馬號訴 且言 孝明翁主田庄 亦在於其府 而量田時無主之田 許民耕作 累年收稅者 盡被橫占 善伯以其 狀來啓 乃令其道監司 査覈以啓 監司兪㯖馳啓言 量案雖以無主錄 而其時事目有'無主陳田 起耕者爲主'之文 則先已開墾而收稅者 自當還給其民 事下備局 備局以爲 此事已有事目 布告 民間 今不當任其占奪 請皆還給 以杜橫占之弊 答曰 所謂事目 殊甚不實 且非法例 量案無名者 勿令還給."

民田을 冒占하고 있었다.

> 대사간 沈之源 등이 아뢰기를, "전답 입안 일을 가지고 論啓한 지가 이미
> 오래되었는데, 참으로 아직도 결론이 나지 않았습니다. …… 전하의 明聖으로
> 오직 이것에 대해서는 깊이 살피지 않는데도 고질적인 폐단을 革去해야
> 할 것으로 생각하는 것은 무엇 때문입니까. 무릇 입안이라고 일컬으면서
> 민전을 冒占하는 자는 궁가가 아니면 權勢家입니다. 권세가가 아니면 土豪로
> 서 향곡을 武斷하는 자입니다. 無辜한 민인들로서 그들과 시비와 곡직을
> 다툴 자가 몇이나 되겠습니까. 수령이라는 자는 다만 巨室한테서 죄를
> 얻을까 두려워서 强禦하여 辨覈하려는 자가 한 사람도 없습니다. 또 듣건대
> 여러 궁가들은 某地를 陳荒地라고 일컫고는 宮奴를 보내서 公事를 소지하고
> 東西에 立標하게 하고, 標 안의 전답이 陳荒田인지 時起田인지를 가리지
> 않고 타량하여 자기 것으로 차지해버립니다. 비록 대대로 耕食地라도 빼앗기
> 고 맙니다. 殿下는 내가 小民의 전답을 빼앗으려는 것이 아니라고 하면서
> 거리낌 없이 그 勢를 조장합니다. 방백·수령에게 명하여 궁가·토호를 毋論하
> 고 曲直을 가려서 처리하도록 하십시오."[12]

즉, 궁방·권세가·토호 등은 실제로 '無主陳田'을 찾아서 그에 대한 입안을
내고 개간하여 소유해야 함에도 불구하고, 손쉽게 '量案 上의 無主陳田'을 대상으
로 입안을 내고, 이를 빙자하여 민인들이 이미 기경해 오고 있던 전답을 차지해
버렸다는 것이다. 심지어 궁가는 진황지와 민인들의 기경지가 섞여 있는 곳을
일괄 진황지로 간주하고 이를 대상으로 입안을 내고 차지해 버림으로써 결과적으

---

12) 『承政院日記』111책(탈초본 6책), 효종 1년 1월 7일. "大司諫沈之源 獻納金徽 正言李齊衡
    啓曰 臣等將田畓立案一事 論啓已久 而誠未格天 兪音尚閟 無非臣等庸陋 忝叨言地 不能盡職
    之致也 以殿下之明聖 獨不深察於此 而思所以革去痼弊者 抑何也 夫稱以立案 冒占民田者
    非宮家 則權勢之家也 非權勢之家 則土豪之武斷鄕曲者也 哀我無辜之民 能與之辨是非曲直
    者 有幾人哉 爲守令者 惟恐得罪於巨室 其能有一人之不畏强禦 擔當辨覈者乎 且聞諸宮家
    則稱以某地陳荒 發遣宮奴 持公事立標於東西 標內田畓 無論陳荒時起○○□數打量 以爲己
    物 雖屢世耕食之地 亦不免二行缺殿下 以予非欲奪小民之田 而助其勢之無忌憚也 令方伯守
    令 毋論宮家土豪 虛心決訟 辨曲直而處之者 欲其事得着實 而彼此俱缺爲敎 臣等之請 亦不外
    於此也."

로는 민전을 빼앗았다는 것이다. 이처럼 궁방·권세가·토호 등이 입안을 근거로
민전을 冒占했던 것은 그들이 입안을 소유권증명서로 인식하고 있기 때문이었고,
심지원이 지적했듯이 소유권 분쟁이 일어났을 때 실제로도 그랬던 것처럼
그 전답의 소유권을 놓고 자기들과 다툴 민인은 없으리라는 것, 자기들을 제어하
고 辨覈할 감사·수령도 없으리라는 것 등 때문이었다. 말하자면 그들은 '무주진
전'에 대한 입안과 그들의 權力·威勢에 기대어 민전을 침탈하고 있었던 것이다.

그리하여 이후 肅宗 21년(1695) '給價買得題·民結免稅制' 실시 때까지,[13] 늦게는
'庚子量田'(肅宗 46년, 1720) 때까지 궁방·권세가·사대부·토호 등의 입안을 빙자
한 '有主民田'과 '無主陳荒處'의 겸병은 계속되었다. 특히 권세가·토호들은 이른
바 '武斷兼竝之徒'로서 법을 무시하고 豪富를 내세우면서 많게는 백여 石落只,
적게는 50, 60石落只를 冒占하고 있다고 말해지고 있었다. 이처럼 궁방·권세가·토
호 등이 진전을 기경하고 대대로 조세까지 바치고 있던 농민들의 토지를 빼앗아
서 豪富家가 되는 이면에서는 많은 농민들은 하루아침에 無田農民으로 전락하게
되었고, 심지어 그들은 무주진황처를 입안 내어 겸병하고는 토지 없는 빈민들이
기경하려 해도 허락하지 않았기 때문에 이들 빈민들은 마침내 굶어 죽는다고
말해지고 있었다.[14] 아래의 기사들은 그들의 民田兼竝 실태와 그로 인한 농민들
의 '痛惋스런 情狀'을 말해주고 있다.

> 이른바 '無主陳荒'은 더욱 근거가 없다. 난을 겪은 지 이미 오래되었다.
> 사람과 재물이 번성하고, 寸土尺地도 모두 개간되었다. 간혹 조각으로 진황처
> 가 있는 즉, 無主라고 핑계대고 갑자기 折受하여 東西에서 竝呑함으로써
> 마침내 民田을 潛食한다. …… 海堰(해택과 제언)·山田을 '無主'라 칭하고
> 民田을 占奪하는 무리들은 특별히 묘당에 명령하고, 諸道에 詢問해서 모두
> 혁파하자.[15]

---

13) 본 책, 제4부 제1장 宮房地主의 地主經營 참조.
14) 『承政院日記』 168책(탈초본 9책), 현종 2년 6월 5일.
15) 『承政院日記』 176책(탈초본 9책), 현종 3년 11월 9일.

山田·海澤·無主陳荒處는 민인들이 경식하는 것을 허용하는 것이 국법인데, 근래 '形勢之家'들이 無主라고 일컫고 廣占橫侵하는 것이 끝이 없으므로 '有主之田'의 태반이 빼앗겨서 민인들은 장차 살아갈 수 없고, 나라는 장차 나라일 수 없다. 그 폐단을 痛革하여 小民들이 살아갈 수 있게 해야 한다. 諸宮家·各衙門·士大夫 등이 산전·해택·진황처에 대한 입안을 낸 곳의 弊害가 生民에 미치는 것을 諸道에 詢問하여 모두 혁파하고, 이후로 庄土가 신설된 곳은 제궁가·각아문·사대부를 물론하고 모두 금단하도록 한다.16)

이처럼 궁방·권세가·사대부·토호들이 '無主陳荒處'뿐만 아니라 심지어 산전·해택에 대한 입안을 받고 이를 빙자하여 민전을 침탈함으로써 위협하고 있었다.

이처럼 사회적 문제로 제기되고 있었던 궁방·권세가·토호 등의 토지겸병 행태를 금단하기 위해서는 여러 가지 대책이 강구되지 않으면 안 되었다. 그것은 무주진황처에 대한 입안은 그 '久近'을 물론하고 모두 모아서 태워버린다는 것, 무주진황처의 기경자를 수조안이나 깃기에 소유주로 등록한다는 것, 입안법의 취지에 따라 기경하려는 자는 입안을 받게 해야 한다는 것, 입안 발급 시기의 선후를 가려서 소유주를 결정한다는 것 등이었다. 여기서 쟁점이 되고 있는 문제, 즉 산전·해택·무주진황처의 경우 그 기경자를 소유주로 할 것인가, 아니면 입안 소지자를 소유주로 할 것인가를 해결하는 길은 첫째, 기경하려는 자로 하여금 입안을 내게 하는 것, 둘째, 입안을 내고서도 기경하지 않은 자는 소유권소송을 하지 못하도록 하는 것, 셋째, 사목은 법적 구속력이 없기 때문에 '無主陳田 起耕者爲主'를 법조문화하는 것 등이었다. 대세는 세 번째 방향으로 가고 있었다.

○ 京鄕人이 田地를 占得하여 미리 입안을 내고서, 다른 사람이 노력을 들여서 起墾한 후에 한 장의 도장 찍힌 종이를 가지고 탈취하는 것과 또 입안을 가지고 사사로이 서로 매매하는 것은 실로 근거가 없으니 명백히 금단한다.17)

---

16) 『承政院日記』 178책(탈초본 9책), 현종 4년 8월 7일.
17) 『新補受教輯錄』 戶典 諸田. "京鄕人占得田地 預出立案 而他人費力起墾之後 只以踏印之紙

즉, 기경한 자가 소지한 입안만이 그의 기경지에 대한 소유권을 보증한다는 것, 따라서 입안 자체는 소유권증빙문서가 아니라는 것이다. 그런데 여전히 입안을 낸 자와 입안 없이 기경한 자 사이에 소유권 다툼이 계속 일어나고 있었다. 그런 가운데 다음과 같은 소송을 처리하면서 입안의 성격, 입안만을 낸 자와 입안 없이 기경한 자의 권리를 분명하게 규정하게 되었다.

A. 토호 鄭檀의 父 鄭頏는 무자년(인조 26년, 1648)에 蘆田量案 상의 '無主蘆田'에 대한 입안을 내고 防堰起耕하였는데, 간혹 모두 개간하지 않은 곳이 있었지만 築堰 안은 그가 입안을 낸 곳이었다. 明善公主房은 丙午年(현종 7년, 1666)에 역시 그곳을 折受하였다.[18]

B. 명선공주방은 본 궁가가 '무주노전'을 절수할 때 그곳은 帳(양안)외 무주진황지였고, 본관이 眼同타량하여 成冊上送한 후에 정단이 沈氏에게 방매했는데 그 후 심씨는 호조에 추심소송을 제기하였으나 패소했다고 주장하였다. 따라서 궁가가 절수하기 전에 鄭頏가 개간했다는 주장은 거짓이었다는 것이었다.[19]

C. 간관들의 문제 제기로 재조사가 이루어졌다. 鄭檀의 上言에 의하면, 진주 진답리, 석정·두치·비파·신포·광포·검포 등 들은 임진년 후에 진황지로 조수가 들고나는 곳으로 3천여 結이었다는 것, 그의 부 鄭頏 형제가 무자년에 입안을 내고 2~3家의 노력을 들이고 세습해 오던 땅을 모두 팔아서 正木 7동, 正租 3백석으로 8천여 명의 군인 役糧과 價布를 마련하여 여러 해에 걸쳐 築堰했다는 것이었다. 그리고 그가 바친 各人의 呈狀을 보면, 무자년 8월 정단 등 16인이 巡使에 呈狀하여 본주 역군 1,700여 명, 하동·곤양 두 읍의 역군 천여 명을 조발했고, 기축년(인조 27년, 1649) 4월, 하홍달 등이 呈狀하여 본주 역군 2,700여 명을 請得했으며, 신묘년(효종 2년, 1651) 5월, 유위 등이 呈狀하여 본주 역부 천여 명을 청득했고, 또 그해에 정태

奪取 而又以立案私相賣買 實涉無據 申明禁斷 康熙辛亥(현종 12년, 1671) 承傳."
18) 『承政院日記』 290책(탈초본 15책), 숙종 8년 5월 22일·23일.
19) 『承政院日記』 290책(탈초본 15책), 숙종 8년 5월 26일.

등 7인이 道使에 呈狀하고 하동·곤양 역군 천여 명을 청득했다고 했다.
또 임진년(효종 3년, 1652) 정월 정연·백이장의 呈狀 안에 재산을 다 털어서
米租 90여 石과 木 7, 8동으로 公私役軍 5천여 명을 雇立하여 防水成堰했다고
말했고, 무자년(인조 26년, 1648) 정월 정개 등의 呈狀 안에 본 마을 거민
20여 호가 힘을 합쳐 防堰耕作했는데, 지난 해(숙종 7년, 1681) 홍수에 제언이
決跛해서 30여 結이 모두 池澤이 되었다고 했다. 그런데 이상의 上言과
呈狀의 내용 가운데 정위·정단 부자의 비위사실로서 두 가지가 지적되었다.
하나는 所役之人이 모두 官軍인데, 官에서는 정단의 요구와 그만한 役糧價布에
관군을 주지 않았을 것이라는 것, 또 하나는 본 마을의 인민이 同力한
바는 정단의 부 정위 형제가 주관한 것이 아니고 黃南이 매득한 후 임자년(현
종 13년, 1672)에 수축할 때 役夫였고, 역시 公家가 題給한 군인들이었다는
것 등이었다. 따라서 정단은 그 제방의 주인이 될 수 없다는 것이었다.
또한 정단의 上言에 의하면, 納稅耕食한 것이 14년이나 되었고, 신축년(현종
2년, 1661)에 이르러 중추부가 빼앗으려고 했으나 그의 부 정위의 呈辨으로
빼앗지 못했다고 했는데, 중추부는 이미 設屯衙門이 아니었고, 또 侵占한
일이 필연코 없었다는 것이었다. 또 정단의 부 정위의 呈狀에 의하면, 기축년
부터 을사년까지 동네 거민들이 互相爭訟했으나 끝내 피차지간에 究竟이
없었다고 한 즉, 정단이 경식했다고 判決받았다는 주장은 매우 무망한
것이었다는 것이다. 또 정단의 부 정위의 입안에는 다만 牛峙員 30여 結이
언급되었고, 정단의 上言 가운데 대부분 토지는 다른 뜰에 있었고, 우치원에
대한 언급은 없었으므로 역시 심히 의심스럽다는 것이었다. 그리고 궁가가
타량하여 만든 책에는 82結 90負가 등재되어 있고, 정단의 입안에는 25結이라
고 쓰여 있었다는 것이다. 그런 즉 궁가가 설혹 정단의 입안의 25結을
출급했다면 40여 結은 남아있었다는 것, 정단의 立案所付者 역시 그가 모두를
기경한 것이 아닌 즉 정단이 기경한 것을 출급한 것은 궁가와 다른 사람이
기경한 것을 모두 출급한 것으로서 부당하다는 것이었다.
이상의 재조사 결과, 정위·정단 부자의 비위사실이 드러남에 따라 본도로
하여금 다시 사핵하고 정위의 입안 기경처 및 거민 기경처, 궁가 기경처를
일일이 타량하여 成冊上送하여 호조로 하여금 처리하게 하자는 의견이
제출되었다. 이에 대해 숙종은 정위·정단 부자의 前後違端이 명백한 즉,
다시 조사할 필요가 없다고 말하고, 이전의 判付에 따라 명선공주방의

절수기경처를 동궁에 劃給할 것을 傳敎했다.[20]

D. 숙종 8년 6월 19일의 전교에 따라 진주의 노전을 명선공주방에 획급하되
민인들의 원망이 없도록 할 방법이 논의되었다. 정위·정단 부자가 입안을
내기는 했지만 기경하지는 않았다는 것, 정위가 입안을 낸 지 20여 년이
지난 후에 그 입안을 正租 25石에 황남에게 방매했다는 것, 황남은 그
입안을 매득한 후 다소간의 비용을 들여서 築堰開墾했다는 것 등이 새로운
사실로 확인되었다. 그에 따라 정단과 황남에게 그들이 들인 노력과 입은
손실을 보상하는 방법이 제시되었다. 즉, 정단에게는 正租 25石을 획급한다
는 것, 그리고 황남에게는 築堰할 때 들였던 비용과 堰 안의 1~2石落只에
대한 地價를 計給하는 것으로 종결되었다.[21]

이 사건은 진주 소재 蘆田量案 上의 '無主蘆田'에 대한 입안을 낸 정위·정단
부자와 역시 그곳을 절수하고 기경한 명선공주방 사이에서 일어났던 이른바
'築堰畓'에 대한 소유권분쟁이었다. 호조와 경상감영에서 여러 차례 査覈한
결과, 정위는 명선공주방보다 먼저 입안을 냈다는 것, 황남은 정단으로부터
입안을 사들인 후 築堰開墾했다는 것, 명선공주방은 그 언답을 포함한 노전을
절수했다는 것 등이 사실로 밝혀졌고, 그에 따라 그 노전은 모두 명선공주방에
획급되었다. 이러한 소유권분쟁은 당시 山田·海澤·無主陳荒處에 대한 입안을
빙자하여 겸병에 나서고 있었던 궁가·권세가·사대부·토호 등 사이에 빈번하게
일어났던 소유권분쟁의 하나였고, 그 원인은 입안을 낸 자와 기경자 가운데
누구를 기경지의 소유주로 法認할 것인가를 분명하게 규정하지 않은 데서
비롯되고 있었다. 그리하여 肅宗 24년(1698)에는 다음과 같은 법을 제정하였다.

○ 『受敎輯錄』 刑典 聽理 : 해택·산야·진황처에 대한 입안을 받고 3년 안에
경간하지 않았고, 3년 후에 기경한 것이면 입안을 받은 자로 하여금 쟁송하지

---

20) 『承政院日記』 291책(탈초본 15책), 숙종 8년 6월 19일.
21) 『承政院日記』 291책(탈초본 15책), 숙종 8년 6월 23일.

못하도록 한다. 康熙 戊辰(1698) 承傳[22]

즉, 입안을 낸 자가 3년 안에 입안 낸 곳을 기경하지 않으면 그 입안은 기경지에 대한 소유권증명서로서 효력이 없다는 것이다. 말하자면 입안을 낸 자가 소지한 입안의 소유권문서로서의 유효 기간에 제한을 두는 한편, 기경자가 소유주가 된다는 원칙을 다시 확인하는 것이었다. 이는 또한 궁방·권세가·사대부·토호 등이 양안 상의 무주진황처·해택·산야에 대한 입안을 내고 기경하지 않으면서 다른 사람들이 기경하는 것을 금지하고 있었던 행태를 방지하기 위한 법령이기도 했다. 이후 이 聽理 조항은 민인들 사이에서 '양안 상의 무주진황처 및 입안을 내고 기경이 금지되어 폐기된 곳은 기경자를 주인으로 한다'는 것으로 알려졌다. 그러나 이후에도 여전히 입안을 낸 자와 기경자 사이에 쟁송이 끊이지 않았기 때문에 決訟의 실무지침서를 모아 놓은 『決訟類聚補』(肅宗 33년, 1709)에는 이 소송법을 다음과 같이 개정하였다.

○ 『決訟類聚補』: 오랫동안 폐기된 것과 입안을 圖出하고 경식하지 않은 것은 모두 기경자를 주인으로 한다. 기경한 지 오래된 후에 文籍을 가지고 횡탈하려고 계획하는 자는 聽理하는 것을 허락하지 않는다.[23]

여기서 문적은 입안뿐만 아니라 매매문서·상속문기 등이었다. 결국 양전사목의 '起耕者를 所有主로 한다'는 절목을 법조문화한 것이었다.[24]

그리고 실제로는 민인들이 이미 기경하고 있는 '有主民田'을 '量案 上의 無主陳

---

22) 『受教輯錄』刑典 聽理. "海澤山野陳荒處受出立案 三年之內不得耕墾 而三年之後有起耕則 使受立案者 不得爭訟 康熙 戊辰 承傳."
23) 『決訟類聚補』. "積年廢棄者及圖出立案不爲耕食者 並以起耕者爲主 起耕年久之後 持文籍橫 奪設計者 勿許聽理."
24) 이처럼 '起耕者를 所有主로 한다'는 소송법은 『續大典』권二, 戶典 田宅. "凡閑曠處 以起耕者爲主 其或預出立案 不自起耕而憑藉據奪者及以其立案私相賣買者 依侵占田宅律 論"으로 正田에 들어갔다(본 책의 1장의 「조선시대의 진황처 기경과 토지소유권」을 참조할 것).

田'이라고 僞稱하여 입안을 낸 궁방·권세가·사대부·토호 등과 기경자인 민인들과 막상 쟁송이 벌어졌을 때에 민인들은 자신들이 기경자임을 입증할 수 있는 문권이 없다는 것이 문제였다. 당시 양전이 거의 실시되고 있지 않던 상황에서 민인의 기경지가 원전으로 양안에 추록되는 일 또한 거의 없었다. 그리하여 '庚子量田'(肅宗 46년, 1720)을 앞두고 다음과 같은 量田法을 제정하였다.

○ 『新補受教輯錄』 戶典 量田 : 陳田은 모두 主名을 등록한다. 無主處 역시 '無主'로 등록한다. 양전 후 기경하기를 원하는 자는 本曹(戶曹)에 알리고 입안을 받는다. 그런 후에 법에 의해 영구히 자기 소유물로 만든다. 문적 없이 자기 소유물이라고 僞稱하여 양안에 '主'로 등록하려 했다가 査覈하여 드러나면 冒占했다는 죄로 論하여 全家를 변방으로 이사시킨다. 康熙 丁酉(숙종 43, 1717) 量田事目25)

즉, 『新補受教輯錄』(肅宗 43년, 1717)의 양전법에 陳田은 '主名'을, 그리고 '무주처'는 '無主'로 등록한다는 것, 양안 상의 무주처를 기경하기를 원하는 자는 호조에 신청해서 입안을 받는다는 것을 규정한 것이다. 이렇게 되면 궁가·권세가·사대부·토호 등이 양안 상의 진전을 대상으로 입안을 내는 일은 원천적으로 방지될 것이었다.

그런데 이 무렵에는 '양안 상의 진전'은 물론 '양안 외의 한광지·한황지'도 대부분 기경되고 있었고, 심지어는 산골짜기와 바닷가 진펄의 자그마한 곳도 모두 기경되어서 실로 한 이랑도 비어 있는 곳이 없다고 할 정도로 '有主地'가 늘어나 있었다. 따라서 앞으로 권세가·사대부·토호 등은 '量案 外의 無主陳荒處'를 개간하거나, 빈농들이 窮迫販賣하는 토지를 매득하거나, 고리의 사채를 이용하여 빈자·빈농들의 토지를 勒買함으로써 토지겸병에 나설 수밖에 없을 것이었다.

---

25) 『新補受教輯錄』 戶典 量田. "陳田竝皆懸錄主名 無主處亦以無主懸錄 量後願爲起耕者 呈本曹受立案 然後依法永作己物 無文籍僞稱己物 欲爲懸主於量案 査覈現露則論以冒占之罪 全家徙邊. 康熙 丁酉 量田事目."

3. 兩班層의 土地兼並 : '無主陳荒處' 開墾

宣祖 34년(1601) 8월, 대사헌 成泳은 장기간의 임진왜란으로 경지가 황폐화되고, 양안도 대부분이 소실된 상황에서 최선책은 '隨起收稅'하는 것인데 그러기 위해서 시급히 時起田과 實田을 파악해야 할 것이라고 주장하면서, 壬亂 前의 전라도의 元田을 44만 結, 임란 後의 시기전은 그 절반, 그리고 實田은 6만 結로 파악하였다. 또한 영의정 이항복은 "田結(元結)數는 전라도가 40여만 結, 경상도가 30여만 結, 충청도가 27여만 結이었는데, 난후에 8도의 전결이 겨우 30여만 結로 평시의 전라도 한 도에도 미치지 못한다."고 파악하고, 역시 시급히 양전할 것을 제안하였다. 이에 따라 宣祖 36·37년(1603·1604) 8도(5도?)의 時起田만을 파악하기 위해서 실시한 양전이 바로 '癸卯量田'이었다. 그러나 매우 不實하였다. 仁祖 1년(1623)에 仁祖는 '계묘양전' 이후의 개간전을 다시 조사하라고 명령하였다. 이에 따라 양전 논의가 일어났다.[26] 그러나 이후 충청도 청주와 전라도 남평을 양전하는데 그치고 말았다(1625). 이후에도 양전은 반복해서 건의되었지만 실시되지 않았다. 이윽고 仁祖 11년(1633) 12월, 仁祖는 諫院의 충청도 양전 건의를 수용하고 이듬해 가을에 충청도를 포함해서 8도를 양전할 것을 명령하였다. 이에 따라 仁祖 12년(1634) 7월에 호조는 국왕 仁祖에게 "전년도에 양전하기로 한 결정을 환기시키고 그것을 환수하지 말 것, 평상시에 비하여 결수가 가장 많이 줄어든 三南을 먼저 양전할 것, 본도 수령으로 하여금 먼저 측량하게 하되 강명한 어사를 차출하여 감독하게 할 것, 양전해서 얻는 결수가 아무리 많아도 전세만을 거두어들이고 기타 공물과 잡역은 모두 그전에 정해 놓은 수효대로 도내에 균등히 분배하여 거둘 것" 등을 건의하였고, 이에 仁祖는 양전을 허락하였다. 이에 삼남을 양전했고('甲戌量田'), 仁祖 13년(1635)에 2~7월에 양전 결수가 보고되었다.[27] 이에 의하면 삼남의 원전은 895,492結(충청도 258,461

---

26) 『仁祖實錄』6권, 인조 2년 5월 12일·29일, 7월 24일, 12월 6일 ; 인조 3년 3월 14일, 6월 18일, 7월 11일.

27) 『備邊司謄錄』4책, 인조 12년 7월 26일, 8월 1일·8일·16일, 9월 10일·14일·25일,

結, 전라도 335,305結, 경상도 301,725結), 시기전은 540,964結(60.4%)(충청도 131,008
結, 전라도 202,429結, 경상도 207,525結), 진전은 354,428結(39.6%)이었다. 물론
진전 가운데는 '流來陳雜頉田'도 포함되어 있었을 것이다. 그리고 이러한 진전은
갑술양안 상에 '無主陳田'으로 기재되어 있을 것이었다.

　임란 이후 陳荒地는 여러 가지가 있었다. 첫째, 경지로 이용되다가 소유주가
流離했거나 사망함으로써 묵혀진 것('無主陳田'), 둘째, 경지로 이용되다가 水旱風
霜 등 自然災害를 당하여 浦落田(成川·泥生地·覆沙池 등)이 되어 버림으로써
정부가 '永災'로 처리한 것, 셋째, 경지로 이용되다가 소유주가 늙거나 병들어서
경작할 수 없게 됨으로써 묵혀지고 있던 것('有主陳田'), 넷째, 農資(종자·농우
등)와 노동력의 결핍 또는 부족 등으로 인한 농작의 실패, 그리고 稅斂의 과중과
地力의 척박에 의해 발생한 것 등이 있었다. 이 가운데서 첫째의 진전은 임란으로
인하여 발생한 것으로서 17세기 후반까지 진전의 대부분을 차지하고 있었다.
둘째, 셋째의 진전은 항상적으로 발생하는 것이었고, 넷째의 진전은 17세기
중반부터 '隨起收稅'가 시행되면서 발생한 것이었다. 그리고 일단 개간·간척하
면 新田·加耕田이 되는 山林·海澤·蘆田 등의 閑荒地·閑曠地·空閑地 등이 있었다.
이 가운데서 시급히 기경해야 할 것은 첫 번째의 진전이었다. 즉, '今兵亂之餘
聚民耕墾 種粟鍊兵 乃是急先之務'라든가,[28] '田野開闢 乃是有國之急務'라고[29] 했듯
이 진전 개간은 시급하고도 중대한 국가적 과제가 되고 있었다. 이러한 '무주진
전'을 개간하지 않고서는 농민경제와 농촌경제를 안정시키지 못할 뿐만 아니라

　　12월 25일 ; 『仁祖實錄』 29권, 인조 12년 8월 1일, 윤8월 27일, 9월 21일·27일,
　　10월 29일, 11월 16일, 12월 22일 ; 『仁祖實錄』 31권, 인조 13년 7월 24일. "改量田于下
　　三道 全羅左道十二萬四千二百六十二結二十一負起耕者八萬二千五百一結二十八負七束 其
　　餘陳 右道二十一萬一千四十三結二十八負三束 起耕者十一萬九千八百二十七結九十二負九
　　束 其餘陳 慶尙左道十五萬九千一百八十結六十五負三束 起耕者十萬一千八百四十八結八十
　　二負七束 其餘陳 右道十四萬二千五百四十四結七十一負 起耕者十萬五千六百七十六結二十
　　二負七束 其餘陳 公淸左道十一萬七千七百三十四結十三負三束 起耕者五萬八千七百六十九
　　結一負二束 其餘陳 右道十四萬七百二十六結六十五負二束 起耕者七萬二千二百三十九結三
　　負六束 其餘陳."
　28)　『宣祖實錄』 66권, 선조 28년 8월 27일.
　29)　『備邊司謄錄』 6책, 인조 19년 7월 4일.

국가의 재정 문제도 해결될 수 없을 것이었다.

그런데 당시에 陳田 開墾과 新田 개발은 이미 재정 고갈에 시달려 온 정부가 주도할 수 있는 일은 아니었다. 정부로서는 개간지의 소유권 확인과 개간지에 대한 면세 조치에 한해서만 일정한 방침을 취하는 정도였다. 그 방침은 세 가지였다. 첫째는 '無主陳田'과 閑曠地·海澤·山林 등을 신고한 사람에게 입안을 발급해 주고, 그에게 차후 개간지·간척지에 대한 소유권을 확인해 주고, 그 개간지·간척지에 대해서 일정 기간 면세 혜택을 주는 것이었다.[30] 둘째는 직전제 폐지 이후 경비 조달이 곤란해진 궁방과 관청에 양안 외의 공한지를 折給해 주고, 그 折受地를 기경하여 경비를 마련토록 하는 것이었다. 셋째는 '有主陳田'은 물론 본 소유주가 기경하겠지만, 그러나 '原戶' 가운데서 '病戶'의 진전은 친족이나 이웃마을 사람들로 하여금 기경하게 하는 것이었다.[31]

여기서는 양안 외의 蘆田·海澤·山林·牧場 등 '無主陳荒處'의 개간을 통한 권세가·사대부·토호 등의 토지겸병 실태를 살펴보고자 한다.

서울의 권세가·사대부가 등은 16세기 전반기에는 주로 삼남지방의 해택을 개간하였고, 16세기 후반기에는 해서·관서지방의 해택으로까지 확대하여 개간하였다.[32] 그들이 이처럼 서·남해 연안의 해택을 개간하여 농장을 설치했던 것은 추수기에 농장의 收租穀을 漕運路를 왕래하는 私船이나 稅穀船을 이용하여

---

30) 李景植, 1973,「17世紀 農地開墾과 地主制의 展開」『韓國史硏究』 제9집, 95쪽. 17세기 중엽 이전에는 대체로 진전 개간이나 신전개발이나 모두 3년간의 면세가 행해지고 있었으나, 이후로는 진전과 일반 평지의 개간지에 대해서는 '隨起收稅'가 행해졌고, 다만 海澤의 개간지만 여전히 3년 면세의 혜택이 주어지고 있었다. 그런데 일반 농민들은 '隨起收稅'를 꺼렸다. 1년간 기경해서 수확해도 조세납부가 힘들었기 때문이다. 일단 황폐해진 토지는 토질이 굳어져서 노동력이 많은 드는 반면 소출이 제대로 나오기가 어려웠던 것이다. 따라서 2년간의 면세 조치를 시행했다(숙종 2년). 그러나 이 조치는 농민들이 2년 면세의 혜택을 틈타서 기경전을 廢하고 진전을 2년간 기경하다가 다시 다른 진전을 기경함으로써 납세를 회피한다는 이유로 철회되었다. 따라서 '수기수세'는 이후에도 지속되었고, 이는 진전 발생의 원인이 되고 있었다. 특히 빈농들이 경작하는 열등전의 陳田化가 현저해졌다.
31) 입안과 토지소유권의 문제에 대해서는 본 책의 제1부 제2장 朝鮮時代의 陳荒處 起耕과 土地所有權을 참조할 것.
32)『明宗實錄』16권, 명종 9년 5월 11일 ;『明宗實錄』31권, 명종 20년 12월 20일.

서울로 반입하기가 수월했기 때문이었다. 그런데 16세기 후반기까지의 築筒築堰은 임란을 거치면서 이미 대부분 '舊筒廢堰'이 되어버렸고, 그에 따라 堰畓도 진폐처가 되고 말았다. 따라서 임란 이후에 삼남과 관서지방의 '舊筒廢堰'의 복구와 築堰地의 재개간은 절급한 것이었다.[33] 그러나 그것은 쉬운 일이 아니었다. 농지 개간은 기본적으로 노력과 비용이 많이 요구되는 사업이었다. 더구나 강변과 바닷가에 築堰築筒하고 축언지를 개간하는 데에는 매우 많은 비용과 노동력이 필요하였다. 따라서 정부는 築堰築筒과 축언지 개간을 중앙 각사의 둔전설치 사업으로 추진하였다. 그것은 노전·해택 등의 소재 본관과 중앙 각사가 築堰築筒을 句管하고, 이 築堰地를 '募民開墾'·'許民耕食'하게 함으로써 둔전을 설치, 경영하는 것이었다.[34]

그런데 중앙 각사의 축언지 募民起耕에 응모하는 것은 無田·零細農民들이 아니라 京中의 권세가·사대부 등과 鄕中의 토호였다. 물론 그들은 그들의 재력과 노력을 들여시 직접 기경하기 위해서 응모하는 것은 아니었다. 그들은 조선전기

---

33) 『承政院日記』302책(탈초본 16책), 숙종 10년 2월 15일. "淸城府院君金錫胄所啓 …… 我國三南之外 關西最爲膏沃 如三縣近海安州博川定州義州等處 多有舊筒廢堰 民不蒙利 而 實合開墾者 今若令本邑 許民開墾作畓田 盡力耕耨 則數三年內 又得累萬石穀物 此計似迂而 實切 似緩而實急 臣頃者 以此問于平安監司臣申翼相 則翼相先以三縣十筒 圖形見示 而永柔 德地筒等五筒千餘石落 只皆可耕種 咸從·甑山四筒 則民乃儲水蒙利 不可耕墾云 此外諸處 雖未及摘奸以來 大抵可耕之處爲多矣 今自廟堂 分付本道 使各邑許民耕食 以盡地利 以爲厚 峙糧餉之地 何如 上曰 事甚便好矣."

34) 본 책의 제1부 제2장 朝鮮時代의 陳荒處 起耕과 土地所有權 참조. 효종 원년(1649) 5월에 '궁가와 사대부가 입안을 빙자하여 民田을 冒占한 것은 査覈하여 決給하라' 는 사목을 작성하였고, 山林·川澤의 입안도 미미하게나마 혁파하였다. 효종 4년(1654) 2월에는 賓廳會議에서 '宮家立案 冒民田事'는 禁令을 엄격히 세워서 그 폐단을 없애자고 결정하였고, 3월에 효종은 이 금령을 시행할 것과 다만 입안법 자체는 그대로 두라고 명령하였다. 궁가·권세가·사대부·토호 등이 산림·천택을 입안 받는 것은 원천적으로 불법이었기 때문에 혁파하지 않을 수 없었다. 그러나 조선후기에도 입안법은 여전히 존치되고 있었기 때문에 권세가·사대부·토호 등이 산림·천택을 '무주공한지'로 입안 받는 일도 계속되고 있었다. 따라서 입안을 폐기할 수 없는 상황에서 그것의 폐단을 근절할 수 있는 방안은 입안의 유무와 그 발급시기의 先後를 毋論하고 '起耕者를 所有主로 한다'는 것을 법조문화하지 않을 수 없었던 것이다.

에 권세가·사대부·토호 등이 그러했듯이 입안법과 그 취지를 이용하여 우선 축언지를 겸병하기 위해서였다. 즉 그들은 중앙 각사의 축언지 뿐만 아니라 山林(柴場·草場)과 폐기된 목장·제언 등에 대해 우선 입안을 내고, 그 입안을 낸 곳이 있는 고을의 수령에게 청탁과 압력을 행사하여 私庄을 조성하고 병작경영하거나, 혹은 그곳을 민인들이 개간하는 것을 坐觀하고 있다가 개간이 끝나는 대로 입안을 빙자하여 민인들의 기경지를 빼앗아 私庄으로 차지하고는 그들을 전작농민으로 삼아 병작경영하려는 것이었다. 이제 아래의 기사들을 통하여 그들의 山林·海澤·蘆田 등의 空閑地 개간을 통한 私庄 조성실태를 살펴보자.

A. 광해군 때 朴彝敍는 참판을 지낸 자였는데, 그의 아들 朴蘆의 장인 權曄이 재령군수로 있을 때 그로 하여금 민인 5만 명을 징발하여 군내의 둘레가 30리가 되는 蘆田을 개간하여 私有하였는데, 그 규모가 3백여 石落只였고 한 해의 그 소출이 수천 石이었다. 또한 박이서는 첨지 尹聲의 남양 소재 20~30石落只의 堰畓을 빼앗아 京畿水使로 있던 그의 사돈 柳止信으로 하여금 水軍 수천 명을 징발하여 築堰爲畓하였다. 이때 그의 아들 박노가 그 역사를 감독하였는데 얼마 안 걸려서 완성하였다.[35]

B. 황해도 봉산 고을 같은 곳에는 그 둘레가 數百里나 되는 비옥한 蘆田이 많이 있었는데, 모두 士大夫家가 차지하고 있다고 하였다. 만약 그러한 노전을 公家의 둔전으로 돌리고 매년 수확한다면 군량에 보탬이 될 수 있었을 것이라고 하였다.[36]

C. 영의정 金壽恒이 말하기를, 지난번에 강화유수는 京居士人 兪世基가 本府人 이억년·성호산 등과 모의하여 축언하고, 면임과 결탁하여 民丁 300명을 調發하여 赴役하게 한 일이 드러나서 그들을 囚禁했다고 상소했습니다.

35) 『光海君日記』93권, 광해군 7년 8월 5일.
36) 『承政院日記』64책(탈초본 4책), 인조 16년 5월 13일. "趙絅曰 …… 臣於己巳年間 叨授暗行之命 巡歷黃海一道 如鳳山等地 多有沃饒蘆田 而皆爲士大夫家所占 若以此田爲公家之屯田 每年耕獲[穫] 則庶可補其軍餉之萬一矣 上曰 豈其如是之多耶 趙絅曰 周回將數百里 也 其間所出 豈其少耶."

······ 江都는 他處와 다릅니다. 만약 築堰할 만한 곳이 있으면 혹 본부와
각 군문이 築筒을 句管함으로써 軍需에 보태는 법인데, 京中士夫가 섬의
兩班들과 결탁하여 築堰하고 사사로이 田庄을 설치하였습니다. ······ 또
듣건대 京中士大夫 가운데 同參者가 있다고 하니 유세기 한 사람뿐이 아닌
듯합니다. 이미 단서가 발각된 즉 그대로 두고 묻지 않을 수 없습니다.
수백 명의 民丁을 사사로이 役使시킨 죄는 매우 무겁습니다. 사실을 가려서
무겁게 처리하지 않을 수 없습니다.[37] ······ 이후 비국등록을 본 즉, 乙未年(효
종 6년, 1655)에 故 相臣 洪重普가 유수로 있을 때 처음으로 축언했는데,
朝家가 분부하기를 다만 他處人들에게 분급하여 그들의 募入耕食之地가 되게
하고, 本土人과 士大夫에게는 折給하지 말 것을 명령했었습니다. 乙巳年(현종
6년, 1665)에 이르러 또 축언의 일로 따로 사목을 만들어 啓下했는데, 그
사목의 제1항은 堰畓을 절수하고 募民束軍할 때에는 先祖의 결정에 의해
原其人에게는 절대 절급하지 말 것이며, 비록 他處人일지라도 만약 奴子를
보내어 응모해서 절수한 후 그 畓庫를 자기 것으로 도모하려 했던 일이
드러나면 朝官과 士子를 물론하고 중하게 죄를 묻고 절대 饒貸하지 말라고
하였습니다. 전후 사목은 극히 분명합니다. 모름지기 강도 인민은 많지
않아서 他處人을 모입하지 않을 수 없습니다. 그런데 섬의 전토가 극히
적어서 資生하지 못합니다. 때문에 이처럼 堰畓을 절급하는 일이 있었고,
그 뜻은 진실로 우연이 아니었습니다. 이로 보건대 堰畓을 절수할 때 奴子를
보내 응모하여 자기 것으로 하는 자는 이처럼 금단하거늘 士夫가 어찌
감히 사사로이 築堰하여 田庄을 만들 계획을 가지며, 본부 관원 역시 어찌
감히 함부로 입안을 허락한단 말입니까.[38] 築堰 제1항은 이처럼 금령 가운데
에 있습니다. 이번에 兪世基 등이 축언한 일은 이미 드러났으니 죄를 묻고,
이후에는 분명히 금단하도록 하겠지만 乙巳事目 후에 士夫家 가운데 築堰設庄
한 자가 역시 많다고 합니다. 따라서 본부에게 명령해서 일일이 찾아내어
보고하고 모두 屬公시키는 것이 마땅하겠습니다. 이에 국왕이 그렇게 하라고

---

37) 『承政院日記』 318책(탈초본 16책), 숙종 12년 10월 23일.
38) 『承政院日記』 319책(탈초본 16책), 숙종 12년 11월 12일. 당시 강화유수 申晸의
   상소에 의하면, 그가 上京한 사이에 본부의 經歷 趙相槩가 자기에게 알리지 않고
   '累百石築堰之地'에 대한 입안을 유세기에게 발급해 주었고, 축언할 때에 面任을
   지휘하여 民丁을 調發하고 冶匠을 發牌하여 기계를 조작하게 했다고 하였다.

允許했다.39)

D. (강화부) 근래에 서울에 사는 양반들이 5, 6년 전부터 목장 안의 深浦·項浦 등에 堰을 설치하고 장차 논을 만들 계획으로 馬坊을 橫築하였는데 길이는 5里이고 폭은 數里로서 말들이 일찍이 수초가 무성했던 곳에서 마음대로 놀고 마실 수 없게 하였다. 따라서 그곳은 척박해져 버렸다. 말들이 굶주려 죽었던 것은 염분이 때문이 아니라 堰畓 때문이었다. 그리하여 마방을 毁去하였다. 목장 起墾은 위법한 것이었기 때문에 査出해서 논죄했다.40)

E. 原州 幼學 李蓋芳이 상소하여 말하기를, "…… 또 입안이라는 것은 주인 없는 空閑地에 혹여 사람이 터 잡고 살면서 가시덤불을 헤치고 베어 가면서 개간하여 전답을 만들었는데 문권으로서 나중에 참고할 수 있는 것이 없기 때문에 생긴 것이니, 입안을 내는 것은 이 때문입니다. 그런데 근래에 京鄕의 形勢家들은 이 규정을 빙자하여 입안을 도출하여 다른 사람이 고생해서 만든 전답에까지 손을 뻗쳐서 관인이 찍힌 한 장의 종이로 小民을 위협하는데 餘力이 없습니다. 이것 역시 殘民이 견디기 어려운 폐단입니다. 辛卯年(숙종 37년, 1711) 전라도순무어사 書啓에 의거해 입안은 이전에 발급한 것이든 새로 발급한 것이든 간에 모두 시행하지 말고 기경자를 주인으로 삼으라는 啓下된 公事가 매우 엄격하고 명백합니다. 그런데 근래 형세가들이 朝令을 무시하고 縱橫自恣합니다. 혹은 私門의 힘으로,41) 혹은 官衙의 威勢로, 花利를

---

39) 『承政院日記』319책(탈초본 16책), 숙종 12년 12월 3일. 그런데 당시에 京中士大夫들만 築堰築筒하고 設庄했던 것은 아니었다. 심지어는 방백·병사·수령 등도 築堰堀浦하여 私庄을 설치하고 경영하는 일이 없지 않아서 민간에게 피해가 되는 것이 역시 적지 않았다고 했다(『承政院日記』362책(탈초본 19책), 숙종 20년 10월 3일).

40) 『承政院日記』880책(탈초본 48책), 영조 14년 10월 29일. "江華留守權禰曰 …… 臣在府 時 發遣將校 詳察事情 則牧馬受傷 不在於鹽盆 而實在於築堰 蓋近來京居兩班輩 自五六年前 設堰於牧場內 深浦·項浦等地 將爲作畓之計而橫築馬坊 長可五里 廣可數里 使馬群 不能任意 游吃於曾前所牧水草豐茂之場 其所瘐弊 勢所固然 太僕之不論堰畓之害 乃反歸咎於鹽盆 實 由於未詳實狀之致 請命毁去馬坊 還寢鹽盆撤毁之命 俾無累百島民失業流散之弊 幸矣 尚絅 曰 臣亦未目見 而蓋聞監牧官所報 以撤毁鹽盆爲宜 故曾有所達矣 上曰 然則初擧條置之可也 寅明曰 牧場起墾 大是法外 此則似當有査出論罪之事矣 上曰 此實非矣 守臣狀聞而處之 可也."

41) 하나의 사례로 金昌集家門을 들 수 있겠다. 김창집이 정승으로 있을 때 그 동생

강제로 거두는데 살펴볼 문적이 없습니다. 이로 보건대 나라에서 없어져야
할 것은 양반이고, 민인을 족히 잘못되게 하는 것도 양반입니다."[42]

F. 조가는 영종도를 요충지로 간주하여 특별히 방어사를 설치하고, 또 목장을
   없애고 민들로 하여금 기경하는 것을 허락하였다. 이에 편승하여 京中의
   사부가들이 서로 다투어 占得하여 私庄을 만들었다. 때문에 耕食之人들은
   公私 두 곳에 납세하게 되었다. 이로 관세가 제대로 수납되지 않았다. 또
   황주와 울산에 鎭을 설치할 때에 역시 조가에서 축언하여 주고 궁가에도
   買土해 주면서 민인들로 하여금 起墾하여 납세하게 하였다. 이때에 사부가들
   도 모두 占得하고 사사로이 수세하였다.[43]

G. 侍讀官 李宗白이 아뢰기를, "山峽의 민인들이 산전을 개간한 곳에 사대부들이
   일찍이 입안을 낸 것이 있음을 빙자하여 수세하고, 수령들은 또 續田이라고
   하여 수세하고 있으므로, 두 가지 세를 내고 있으니 불쌍합니다."[44]

昌業은 재물과 이득을 탐했었다. 창업은 한성부의 閱武場과 將臺 아래에 築堰해서
募民起耕하는 곳을 많이 갖고 있었는데, ½은 큰물로 陳廢된 곳이었고, ½은 금방
기경한 곳이었다. 佛川下流는 癸卯(1603)量案에는 비록 馬位田으로 載錄되었더라도
이전부터 솔밭이었다. 창업은 소나무가 蟲損을 입고 있다는 핑계로 역시 기경하였고,
청량산 一洞 역시 오랫동안 養松하던 곳이었는데 자의로 밭을 만들었으며 그 幅員이
潤大했다고 했다. 창업이 죽은 뒤에 그가 築堰冒耕한 곳은 모두 還陳되었다(『承政院日
記』 547책(탈초본 29책), 경종 2년 11월 11일).

42) 『承政院日記』 588책(탈초본 32책), 영조 1년 3월 12일. "原州幼學李藎芳疏曰 ……
   且所謂立案者 無主空閑之地 人或卜居 披荊剪棘 開墾作田 而旣無文卷可作後考 則立案之出
   以此故也 而近來京鄕形勢家 憑藉此規 圖出立案 及至他人勤苦作田 則以一張踏印之紙 爲貧
   小民 不遺餘力 此亦殘民難支之弊也 辛卯年全羅道巡撫御史書啓 據立案 勿論曾出新出 竝不
   施行 而起耕爲主 啓下公事 十分嚴明 而近來形勢家 不有朝令 縱橫自恣 或以私門 或以官威
   劫捧花利 無所顧籍 以此觀之 則我國之不可無者兩班 而適足以誤蒼生者 亦兩班也 識者之寒
   心 罔有紀極 而不可置之尋常者也 伏願聖明 特下嚴旨 申飭此弊 則亦足以慰悅民心也."

43) 『承政院日記』 425책(탈초본 22책), 숙종 31년 5월 26일.

44) 『英祖實錄』 23권, 영조 5년 8월 22일. "侍讀官李宗白曰 峽民之山田起墾處 士夫以曾有立案
   憑藉徵稅 守令又以續田收稅 兩稅可矜矣.";『備邊司謄錄』 8책, 영조 5년 8월 24일. "侍讀
   官李宗白所啓 峽民生理 素極慘憐 冬不得綿 夏不得布 惟以火田耕畬 僅僅聊生 而其間稱以士
   夫者 山田耕墾處 舊多有圖出立案 因據立案而徵稅於民 守令則又以屬田收稅 殘民兩稅 實爲
   矜悶矣 上曰 山田立旨 事極絶痛 令道臣 各別嚴禁可也."

H. 좌부승지 金尙星이 아뢰기를, "…… 근래에 사대부와 향족이 입안을 도출하여 山澤을 모점하는 폐단이 있으니 참으로 한심합니다. 신이 경기어사로 있을 때 본 즉, 形勢士大夫와 豪强鄕族之類 가운데는 柴場·鹽場을 空地로 廣占하고 主倅에게 圖囑하여 입안을 냄으로써 窮殘한 土民들이 감히 고기를 잡거나 나무를 하지 못했습니다. 만약 혹 그곳을 범하는 자가 있으면 자기의 물건이 되었다고 하면서 그 이득을 모두 차지하니 이는 어찌 만에 하나라도 근거가 있는 것이겠습니까. 三南沿海의 여러 곳에 있어서는 이러한 폐단이 더욱 심해서 소민들이 살아가지를 못합니다." …… 좌부승지 金應福이 말하기를, "…… 근래에 勢家와 鄕中豪强之類가 공한지를 광점하고 본관으로부터 입안을 도출하여 한그루 풀이나 나무라도 소민이 손을 댈 수 없게 하고, 심지어는 소민으로 개간하게 하고 수세하니 이것이 어찌 大典의 본뜻이겠습니까. 朝家에서 비록 신칙했는데도 일절 금단할 수 없다고 합니다."[45]

I. 진휼청은 일찍이 辛丑年(경종 1년, 1721)에 안산·인천 경계의 石場浦에서 파종할 만한 곳에 物力을 많이 들여서 築筒設屯하고 민인들이 경작하는 것을 허락해서 隨起納稅할 것을 결정한 바 있었는데, 땅은 넓고 사람은 적어서 모두 개간할 수 없었다. 근처의 土民이 그 경영을 이롭게 여기고 오직 광점할 의향으로 입안을 낸 후 간혹 기경했으나 기경하지 않은 곳이 매우 많았다. 辛壬年(영조 7·8년, 1731·1732) 흉년이 든 이후에는 기경한 것도 역시 모두 폐기되었다. 지금은 종전에 기경한 곳이나 기경하지 않은 곳이나 모두 버린 땅이 되어버렸는데도 불구하고 기경을 원하는 사람이 있음에도 당초에 입안을 가진 주인이 있기 때문에 경식하지 못하고 있었다. 때문에 본청에서 작년(1739) 겨울에 별장을 차출하여 질목을 작싱해 주고 募民入耕하도록 하되, 기경 여부와 입안 유무를 毋論하고 오직 현재 기경자를

---

45) 『承政院日記』829책(탈초본 46책), 영조 12년 7월 1일. "左副承旨 金尙星曰 近來士大夫及 鄕族之圖出立案 冒占山澤之弊 誠寒心矣 臣爲京畿御史時見之 則有形勢士大夫及 豪强鄕族 之類 稱以柴場鹽場 廣占空地 圖囑主倅 成出立案 窮殘土民 不敢漁牧 若或有犯耕處 則因中己 物 以罔其利 此豈非萬萬無據乎 至於三南沿海諸處 此弊尤甚 小民無以聊生 如此事 正宜嚴立 科條 從重勘處矣 左副承旨 金應福曰 大典刑典禁制條中 私占柴草場者 其律杖八十 工典柴場 條 用柴諸司 於水邊給柴場而各有定限 近來勢家與鄕中豪强之類 廣占空閑之地 圖出立案於 本官 雖一草一木 不許小民犯手 至於使小民開墾而收稅 此豈大典之本意乎 自朝家雖已申飭 而不能一切禁斷云."

주인이 되도록 許令했더니 응모한 민인들이 백여 명에 이를 것 같아 효과가 있을 성싶었다. 그런데 인천에 거주하는 邊榥이라는 자가 兩班이라 칭하면서 應募한 민인들을 接足할 수 없게 하고 廣占操切하려고 계획하고 있었으니 그 情狀이 참으로 놀라울 뿐이었다. 절목이 申嚴한 마당에 이들 토호를 엄히 다스리지 않으면 募民들이 흩어지는 것을 막을 수 없을 것이라고 했다. 변황이라는 자는 본도 감영에서 각별히 조사하여 從重處置하라고 했다.[46] …… 진휼청은 辛丑年에 안산 석장포에 築筒設屯했는데 京外 兩班 및 常漢이 劃地廣占하고 이내 立案을 내고는 타인이 기간하는 것을 坐觀하고 竝作 예에 따라 이득을 나누려고 하였다. 때문에 사람들이 혹 기경한 즉, 입안을 낸 자가 본 주인이라 칭하면서, 혹은 기경을 못하게 하거나, 혹은 종자를 주면서 병작을 요구했다. 이 때문에 사람들이 모두 畏憚하고 감히 入耕하지 않으니 여전히 陳廢되고 있었으니 진실로 애석한 일이라고 했다. 작년에 처음으로 分民勸耕한 즉, 傍近의 居民들이 모두 이곳은 某宅이 입안 낸 곳이고, 저곳은 某人이 입안 낸 곳이라 지금 재력을 들여 기경하더라도 결국에는 빼앗길 것이라고 하면서 주저하면서 들어가지 않았고, 소위 입안을 낸 자는 본래 作畓할 생각이 없었다. 때문에 舊立案을 무시하고, 현재 耕播하고 있는 자를 주인으로 한다는 것을 草記定奪한 후 비로서 민인들에게 나누어 주었는데 이미 70여 호에 이르렀고, 起耕落種한 것이 역시 2백여 石落에 이르렀다. 그런데 사람들 가운데는 그 넓은 기경처에 禾穀이 茂盛한 것을 보고 일찍이 낸 입안을 내밀면서 횡탈할 계획을 가진 자들이 많았다. 따라서 科條를 엄격히 세우고 절목을 작성해서 遵行하도록 하였다.[47]

황해도 재령군의 여물평과 봉산군의 나물리평은 원래 염분이 많은 해택지로서 갈대만 무성한 노전지대였는데, 재령강 연안에 위치했기 때문에 장마가 있을 때에는 홍수의 범람이 있었고, 또 재령강의 하류에 위치했기 때문에 언제나 海水의 浸濕을 받고 있었다. 이러한 노전이 堰畓으로 조성되려면 우선 양자에 대비하여 築堰築筒해야 했고, 堰·筒과 함께 필수의 시설인 洑와 水路를

---

46) 『承政院日記』 910책(탈초본 49책), 영조 16년 4월 5일.
47) 『承政院日記』 922책(탈초본 50책), 영조 16년 10월 12일.

축조해야 했다. 언답의 농사는 전적으로 이 洑水에 의존하였고, 농사의 풍흉은 전적으로 수로의 通塞에 달려 있었다. 그러므로 수로가 塡塞되면 곧 疏鑿하는 것이 하나의 정식이 되고 있었다. 이러한 언답의 조성과정에서 築堰築筒할 때에 가장 많은 노력과 비용이 들었는데, 그것은 징발되거나 동원되는 役軍들과 이들에게 지급되었던 雇錢 때문이었다. 肅宗 11년(1685)에 여물리평 노전 100여 石落只를 개간하면서 '2년 동안 築堰築筒하였고, 3년이 지나서 鹹水가 빠진 후에 개간하여 농토로 만들었다'[48]고 하였고, 肅宗 39년(1713)에 王子房에서 재령군 여물리평에 제방을 쌓으면서 황주·봉산군에 지시하여 完築하도록 했는데, 포구가 넓어 '두 고을의 民丁을 합하여 세 차례나 부역했어도 여전히 마치지 못했다'[49]고 하였다. 이로써 두 가지 사실을 추측해 볼 수 있다. 하나는 두 고을의 물자와 民丁으로도 축언축동역사를 감당하는 것이 쉽지 않았었다는 것, 또 하나는 蘆田이 제대로 농사지을 수 있는 堰畓이 되기까지는 최소한 4년 이상이 걸렸을 것이라는 점 등이다. 그러므로 경중의 권세가·사대부가들은 처음부터 私力으로 축언축통하려고 계획하지는 않았을 것이다. 중앙 각사의 築堰設屯時에 우선 입안을 내서 축언지를 선점했었을 것이다(B). 또한 그들 가운데는 수령으로 하여금 축언축동과 개간에 소요되는 물자를 조달하게 하는 한편, 民丁·役軍을 징발하여 개간하게 함으로써 궁방장토에 버금가는 대규모의 私庄을 설치했었던 것이다. 즉, 박이서처럼 참판의 고위직에 있었던 사대부라면 여느 고을의 수령에게도 현직의 직권을 빌어 청탁과 압력을 행사할 수 있었을 것이다(C). 그런데 박이서의 경우는 재령군수가 그의 아들의 장인이었고, 또 경기수사가 그의 사돈이었기 때문에 그의 이들에 대한 청탁 건은 쉬이 성사될 수 있었을 것이다(A).

한편, 조선전기에 서·남해 연안의 개간될 만한 해택은 대부분 개간되었었다. 그러나 그 堰畓들은 양란을 거치면서 筒·堰의 폐기와 함께 황폐화되고 말았다. 임란 이후 그 舊筒廢堰들은 복구되었고 그에 따라 陳廢處도 개간되었다. 한편,

---

48) 『內需司黃海道庄土文績』 제45책, 「載寧郡餘物坪 鄭漢有 提出」.
49) 『肅宗實錄』 54권, 숙종 30년 9월 29일.

병자호란을 겪은 이후 '保障處'로서의 강화도에는 수비체제의 강화와 함께 각 군문의 築堰과 함께 둔전이 설치되기 시작하였다.[50] 孝宗 6년(1655)에 유수 洪重普는 각 군문과 함께 처음으로 築堰築筒했는데, 당시 정부의 지시는 築堰地를 他處人들에게 분급하여 이를 그들의 '耕食之地'가 되게 하고 본토인과 사대부에게는 일절 절급하지 말라는 것이었다. 顯宗 6년(을사년, 1665)에는 築堰事目('乙巳事目')을 작성했는데, 그 제 1항은 축언지를 절급하고 募民束軍할 때에 본토인에게는 절급하지 말고 他處人에게 분급하되 다만 타처인일지라도 만약 奴子를 보내서 절수한 후 그 畓庫를 소유한 일이 드러나면 朝官·士子를 毋論하고 從重科罪한다는 것이었다. 이는 경중사대부들이 솔하의 노자를 응모시켜 축언지를 절급 받아 私庄을 설치하는 일이 非一非再하였고, '乙巳事目' 이후에도 사대부 가운데는 그렇게 設庄한 자가 많았기 때문이었다. 이를테면 肅宗 12년(1686)에 강화유수부의 經歷 趙相槪는 江都 거주 양반 이억년·성호산 등과 모의한 경중사대부 兪世基에게 '累百石築堰之地'의 입안을 내주었고, 축언할 때에는 면임을 지휘하여 冶匠을 發牌해서는 기계를 조작하게 했고, 民丁을 조발하여 기경하게 함으로써 결국은 유세기에게 私庄을 설치해 준 일이 있었다(O. 이 일에 가담한 자는 유세기 뿐만 아니라 경중사대부 가운데 동참자가 여럿이 있었다고도 했다. 결국 이들 경중사대부들의 청탁과 압력을 거절할 수 없었던 조상개는 그들과 함께 '수백 명의 민정을 사사로이 使役시킨 죄'로 囚禁되었다.

이에서 보듯이, 경중사대부들은 孝宗 연간 이후에 강화유수부와 각 군문들이 강화도 수비체제 강화책의 일환으로 해택에 築堰築筒하고 둔전을 설치했던 개간사업에 편승해서 강화도에 私庄을 조성했었던 것이다. 그 방법은 두 가지였

---

50) 李敏雄, 1995, 「18세기 江華島 守備體制의 强化」 『韓國史論』 34, 11~12쪽 : 효종 연간 이후 강화도의 개간사업 실적은 다음과 같다.
　　孝宗 : 북벌 계획의 추진을 위해 屈串坪과 長坪에 둔전 설치.
　　顯宗 : 麗末 축조된 昇天堤 보수, 大淸堰·嘉陵堰·長池堰 築造.
　　肅宗 : 鹽河 해안의 屺浦堰·北赤堰·嘉狸堰과 남쪽의 船頭浦堰 축조.
　　英祖 : 吉祥場에 築堰, 嘉陵堰 보수.
　　正祖 : 鹽河 해안의 滿月浦堰 축조.

다. 하나는 강화유수부와 군문이 築堰築筒하고 타처인을 대상으로 '募民起耕'할 때 奴子를 보내 응모해서 築堰地를 折給받아 사유함으로써 私庄을 조성하는 것이었고, 또 하나는 현직의 직권을 남용하여 수령에게 청탁과 압력을 행사하여 築堰設庄하는 것이었다. 전자는 강화도가 도성의 保障處였음에도 불구하고 인구가 적어서 타처인을 모입하지 않을 수 없었고, 그리고 그들에게 축언지를 절급해야 했던 강화도의 특수한 사정에 기인하는 것이었다. 반면에 후자는 노전 개간(A)에서도 보았듯이 경중사대부들이 현직의 직권을 남용하여 강화유수부의 경력에게 압력을 행사하여 그들의 私庄을 조성하게 한 것이었다(C). 또한 英祖 초년에도 서울에서 살고 있던 양반들이 강화부 煤音島 목장 안에 있는 深浦·項浦 등에 축언하여 언답을 만들었었는데, 그들도 실은 강화부 관원에게 압력을 행사하여 '築堰作畓'하게 했었을 것이다(D).

선초 이래로 입안법의 근본 취지는 민인들에게 무주진황처에 대한 입안을 내주고 그들로 하여금 그것을 耕食하게 하려는 것이었다. 그런데 무주진황처뿐만 아니라 노전·천택·산림(柴場·草場·山野·邱隴)에 대해서까지 입안을 내는 자들은 민인들이 아니라 권세가·사대부·토호 등이었다. 천택·산림(柴場·草場·山野·邱隴)과 廢堤堰 등의 입안을 내는 것은 입안법과 그 취지를 악용하는 것으로서 원천적으로 불법이었다. 산림·천택은 사유를 인정하지 않고 '與民共之'하는 것이 前代이래로 '人政'의 一端이었으며 王政이 가장 먼저 힘써야 할 일이었다. 그러므로 『經國大典』에 '柴場이나 草場을 사사로이 점유하는 자는 杖八十에 처한다'고 규정해 놓고 있었다. 또한 산림·천택에 대한 입안을 발급해 주는 수령은 '制書有違律'로 단죄하는 조치를 내렸다. 그러나 권세가·사대부들이 처벌받는 일은 거의 없었다. 그리하여 그들이 산림·천택·폐제언 등을 '無主空閑地'로 '冒出立案'하는 일이 계속되고 있었다.[51] 문제는 그들이 입안을 내고도

---

51) 『仁祖實錄』3권, 인조 1년 윤10월 28일 ; 『仁祖實錄』45권, 인조 22년 1월 23일 ; 『承政院日記』106책(탈초본 6책), 효종 즉위년 6월 9일 ; 『顯宗實錄』3권, 현종 1년 6월 4일 ; 『備邊司謄錄』21책, 현종 2년 11월 14일 ; 『承政院日記』178책(탈초본 9책), 현종 4년 4월 1일, 3일 ; 『承政院日記』829책(탈초본 46책), 영조 12년 7월 1일.

기경하지 않으면서 민인들이 기경하는 것을 막거나, 혹은 입안을 빙자하여 민인들의 기경지를 빼앗거나, 혹은 기경민들로부터 花利를 거둔다는 것이었다. 그리하여 顯宗 12년(1671)에 정부는 그런 행위를 금단하는 법령을 제정하였다.[52] 그러나 그것은 준수되지 않았다. 그런 가운데 입안을 낸 자와 기경자 사이에 기경지를 놓고 소유권분쟁이 빈발하였다. 그러므로 肅宗 24년(1698)에는 '해택·산야·진황처에 대한 입안을 내고 3년 안에 경간하지 않았고, 3년 후에 기경했으면 입안을 받은 자는 쟁송하지 못한다'는 소송법을 제정하였다.[53] 이어서 決訟의 실무지침서인 『決訟類聚補』(肅宗 33년, 1709)에는 '오랫동안 폐기된 것과 입안을 도출하고 경식하지 않은 것은 모두 기경자를 주인으로 한다'는 조항을 두어 보완하였다.[54] 이 조항은 대개 입안 없이 기경하고 있었던 민인들이 비로소 기경지의 소유주가 되는 데에 결정적으로 유효한 법령이었다. 그런데 문제는 막상 쟁송이 벌어졌을 때 민인들은 자신들이 '旣起耕者임'을 입증할 수 있는 증거가 없다는 것이었다. 당시 양전이 거의 실시되지 않고 있었던 상황에서 민인의 기경지가 양안에 元田으로 추록되는 일 또한 거의 없었을 것이기 때문이다. 이런 마당에 양안을 대체할 수 있는 증거는 입안밖에 없었다. 그리하여 肅宗 43년(1717) 『新補受敎輯錄』에는 '무주처를 기경하기를 원하는 자는 호조에 알리고 입안을 받는다'라는 조항을 두었다.[55] 그런데 민인들은 여전히 입안을 내지 않고 해택·산야와 폐기된 목장을 기경하고 있었던 상황에서 권세가·사대부·토호 등은 오히려 이 법령을 이용하여 입안을 내서 민인들의 기경지(堰畓, 山田, 新田)를 횡탈하거나,[56] 혹은 민인들이 개간하는 것을 坐觀하고 있다가

---

52) 『新補受敎輯錄』 戶典 諸田. "京郷人占得田地 預出立案 而他人費力起墾之後 只以踏印之紙 奪取 而又以立案私相賣買 實涉無據 申明禁斷 康熙辛亥(1671) 承傳."

53) 『受敎輯錄』 刑典 聽理. "海澤山野陳荒處受出立案 三年之內不得耕墾 而三年之後有起耕則 使受立案者 不得爭訟 康熙 戊辰 承傳."

54) 『決訟類聚補』 "積年廢棄者及圖出立案不爲耕食者 並以起耕者爲主 起耕年久之後 持文籍橫 奪設計者 勿許聽理."

55) 『新補受敎輯錄』 戶典 量田. "陳田並皆懸錄主名 無主處亦以無主懸錄 量後願爲起耕者 呈本 曹受立案 然後依法永作己物 無文籍僞稱己物 欲爲懸主於量案 査覈現露則論以冒占之罪 全 家徙邊. 康熙 丁酉 量田事目."

개간이 끝나면 입안을 빙자하여 그 기경지를 빼앗아 자기 소유지로 삼고, 그 기경자들로부터 花利를 거두는 일들이 일어나고 있었다(E, F, G, H, I). 삼남연해에서는 이처럼 권세가·사대부·토호 등이 柴場·鹽場을 空閑地로 廣占하고 수령에게 청탁하여 입안을 내고는 그곳을 농민들로 하여금 개간하게 하고 수세하는 폐단이 더욱 심했었다(H). 이는 진휼청이 안산 석장포에 둔전을 설치하는 과정에서도 확인되고 있다.

景宗 1년(1721)에 진휼청은 안산·인천 접경의 석장포에 '築筒設屯'하고, '許民起耕 隨起納稅'하기로 결정하였다. 이에 근처의 土民들이 입안을 내고 기경했으나 기경하지 않은 곳이 더 많았다. 英祖 7·8년(1731·1732)에 흉년이 든 이후에는 모두 陳廢되어 있었다. 이후 사람들이 혹 기경하려 한 즉 이미 입안을 낸 자는 자기가 본 주인이라고 하면서 다른 사람이 기경을 막거나, 혹은 그 陳廢處를 劃地廣占하고 입안을 낸 京外 兩班 및 常漢은 타인이 起墾하는 것을 坐觀하고 있다가 起墾이 끝나는 대로 종자를 주고 그들에게 並作을 줄 요량을 하고 있었다. 이 때문에 사람들이 모두 畏憚하고 감히 入耕하려고 하지 않고 있었다. 이에 英祖 15년(1739)에 진휼청은 다시 '分民勸耕'하려고 한 즉, 근처의 주민들은 모두 '이곳은 某宅이 입안을 낸 곳이고, 저곳은 某人이 입안을 낸 곳이라 지금 財力을 들여 기경하더라도 결국에는 빼앗길 것'이라고 하면서 주저하고 入耕하려고 하지 않았고, 또한 이미 입안을 낸 자들은 作畓하려고 하지 않고 있었다. 이에 진휼청은 별장을 차출하여 절목을 작성해 주고 '募民入耕'하도록 하되, '기경 여부와 입안 유무를 毋論하고 오직 현재의 기경자가 소유주가 되도록 하라'고 지시했다. 이에 募民入耕에 응모한 민인들이 70여 호에 이르렀는데, 그때 인천의 토호 邊楻은 응모한 민인들의 기경을 막으면서 廣占操切하려고 계획하고 있었다. 즉 그는 여느 경외 양반토호들처럼 劃地廣占하고 이내 입안을

---

56) 『承政院日記』 416책(탈초본 22책), 숙종 30년 2월 15일. "吏曹判書李濡所啓 …… 得聞水原牧場所謂洪原串內 可合起耕 馬群則只有五六十匹云 姑爲移置於近處 定監官 率飢民農作 則秋成亦有繼糧之道 首相方兼太僕都提調 下詢而處之 何如 領議政申琓曰 臣亦嘗聞之矣 頃因民人等上言 方使本官摘奸 而聞近處土豪 爭先冒占 視爲己物 殘民不得接足云 誠極駭然 今若如吏判所啓 則此亦救民之一道 而開墾之後 土地則當歸太僕 似爲兩便矣 上曰 依爲之."

내고는 민인들이 기간하는 것을 지켜보고 있다가 기간이 끝나는 대로 그들을 전호로 삼아 병작경영을 계획했었을 것이었다. 결국 변황의 계획은 좌절되었고, 70여 호가 起耕落種한 것은 2백여 石落只에 달했었다(I).

이상을 정리하면, 첫째, 정부는 노전·천택·산림 등의 무주공한지 개간을 중앙 각사의 둔전설치사업으로 추진하였다. 그것은 그 공한지의 관할 수령과 중앙 각사가 築堰築筒을 句管하고, 이 築堰地를 '募民開墾'·'許民耕食'하게 함으로써 둔전을 설치, 경영하는 것이었다. 둘째, 경중의 권세가·사대부가·토호 등은 중앙 각사의 축언지 뿐만 아니라 山林(柴場·草場)과 폐기된 목장·제언 등에 대해 우선 입안을 내고, 이들 공한지를 그 고을의 수령으로 하여금 築堰築筒하게 하고 개간에 소요되는 물자를 조달하게 하는 한편, 민정·역군을 징발하여 개간하게 함으로써 대규모의 私庄을 조성하였다. 셋째, 경중의 권세가·사대부가와 향중의 토호 등은 중앙 각사의 築堰地를 折給받고, 이를 민인들로 하여금 기경하게 하고 이들로부터 花利를 거두었다. 넷째, 경중의 권세가·사대부가와 향중의 토호 등은 중앙 각사의 축언지 뿐만 아니라 蘆田·川澤·山林(柴場·草場)과 폐기된 목장·제언 등에 대해 먼저 입안을 내고, 이 공한지를 민인들이 기경하는 것을 坐觀하고 있다가 입안을 빙자하여 그들의 기경지를 빼앗음으로써 私庄을 늘려갔다. 다섯째, 중앙 각사의 '築堰地'와 '空閑地'에 대한 입안의 유무와 입안 발급시기의 선후를 놓고 입안을 낸 자와 입안 없이 기경하고 있던 민인들 사이에 기경지의 소유권을 놓고 쟁송이 빈발하고 있었던 상황에서 정부는 입안이 경작지의 소유권을 보증하는 문권이 아님을 분명히 하고, '현재의 기경자를 소유주로 한다'는 것을 『續大典』에 조문화하였다.[57] 따라서 권세가·사대부·토호 등은 英祖 연간 후반 이후부터는 입안을 빙자하여 농민들의 기경지(堰畓, 山田, 新田)를 횡탈하거나, 입안을 낸 '無主空閑地'·'閑曠處'를 농민들로 하여금 기경하게 하고 화리를 거두는 일은 없었을 것이었다.

---

57) 『續大典』권二, 戶典 田宅. "凡閑曠處 以起耕者爲主 其或預出立案 不自起耕而憑藉據奪者及 以其立案私相賣買者 依侵占田宅律論."

4. 兩班層의 土地兼竝 : 勒買와 買得

仁祖는 '反正'한 날 이틀 뒤인 仁祖 1년(1623) 3월 14일 8도에 교서를 반포하였다. 光海君 정권을 무력으로 쫓아낸 명분을 밝히고 개혁정치의 공약을 제시한 것이었다. 그 가운데 光海君 정권이 재정을 고갈시킨 失政의 개혁안으로 제시한 것은 권세가들의 농장을 철폐한다는 것, 내수사(궁방)가 강탈한 민인들의 토지를 되돌려준다는 것이었다. 농장의 폐단은 前朝의 가장 큰 적폐로 지적된 것이었기 때문에 농장은 즉각 철폐되어야 한다는 것이었다. 그러나 반정 이후 얼마 되지 않아 농장 철폐는 무위로 돌아가 버렸다.

A. 간원이 아뢰기를, "근래에 국가의 기강이 풀리고 더러운 풍속이 아직 남아 있어, 사대부가에서도 사사로이 재산을 늘리는 일이 많으니, 어떻게 시골의 豪強한 자들을 책망하겠습니까. …… 외방의 農庄같은 곳에 있어서도 대대로 물려받거나 恩賜받은 곳이 아니더라도 백성들의 田地를 橫占함하고서 '陣'이라고 하는 등, 그 폐단은 종전과 다름이 없습니다. …… 이러한 것은 모두가 권세에 위축되어 검거하지 못하는 감사나 수령의 죄입니다. 팔도에 하유하여 금단하도록 신칙해서 결과를 보고하도록 하되, 3개월 이내에 즉시 거행하지 않고 종전과 같이 범법자를 비호하는 자는 主戶와 아울러 重律로 논죄하도록 하고, 또 號牌御史가 순행할 때에 다시 규찰하여 적발토록 해서 기필코 엄히 개혁하도록 하소서." 하니 따랐다.[58]

B. 간원이 아뢰기를, "지난날 權臣과 貴戚들이 田土를 널리 차지하고 役을 피하는 무리들을 모아들여 外方에 농장을 설치하고 陣이라 불렀는데, 당시에 큰 폐단으로 이보다 더한 것이 없었습니다. 그러므로 反正 후에 전토는 본래의 주인에게 돌려주고 사람도 본래의 役으로 환원시켰는데, 오래지

---

58) 『仁祖實錄』 14권, 인조 4년 8월 1일. "諫院又啓曰 近來國綱未振 汚俗猶在 士大夫家亦多私自封殖 何以責閭里之豪强乎 …… 至如外方農庄 雖非世業 恩賜之所 橫占民田 稱之曰陣 無異於曩時 …… 此皆監司守令承望畏縮 不得檢擧之罪也 下諭八道 申飭禁斷 懸錄以聞 令到三月內 不卽奉行 依前容護者 請竝主戶 論以重律 而號牌御史巡行時 更令糾摘 期於痛革從之."

않아 다시 농장을 설치하고 여전히 구습을 답습하고 있습니다. 이리하여 筵臣들이 전후 여러 차례 이 일을 진달하였으나, 여전히 옛 호칭을 그대로 쓰면서 개혁할 의사가 없음으로 고을 수령들이 손을 댈 수가 없고 民怨이 갈수록 더욱 깊어갑니다. 큰 난리를 치른 이때에 일각이라도 그대로 답습해서는 더욱 안 되니 각도 감사로 하여금 列邑을 조사, 보고하게 하고 혁파하소서."59)

C. 廣州의 士人 李晤가 유지에 응하여 상소하기를, "…… 지금 조정 신하들은 서로가 당파로 나뉘어져 자기와 같은 당이면 높은 벼슬자리에 배치하는 반면, 자기와 다른 당이면 하급 관원으로 沈滯시킴으로써 전하와 조정의 名器를 自家의 이익을 다투는 장소로 만들고 있습니다. 이 뿐만이 아닙니다. 조정에 있는 신하치고 그 누가 임금의 신하가 아니겠습니까마는 발탁되어 임용되는 자를 보면 擧義에 참여한 사람이거나 戚里이거나 權貴의 자제이거나 名士에게 뇌물로 청탁한 자들입니다. …… 일단 勳臣과 貴戚들이 조정을 가득 메운 뒤로 의지할 곳 없는 민인들의 田宅과 주인을 배반한 노비들의 대부분을 빼앗아 차지하므로, 이를 두고 항간의 속담에 '현재 조정에 있는 '權貴之臣'들이 廢朝 때와 다른 점은 얼굴이 바뀐 것 밖에는 없다'고 하고 있습니다."60)

D. 상이 이르기를, "量田使를 엄선하여 맡겼는데 끝내 어떻게 될지 모르겠다." 하니, 특진관 金盡國이 아뢰기를, "사신이 떠날 때에 신에게 묻기를, 어떻게 해야 됩니까." 하여, 신은 "이는 미리 정할 수 없는 것이니 사심을 부리지 말고 기필하지 말고 남에게 속지도 말고 한결같이 올바름을 따르면 전결은 많아지고 요역은 고르게 될 것입니다. 만약 미리 정하려고 한다면 결코

---

59) 『仁祖實錄』16권, 인조 5년 5월 7일. "諫院啓曰 曩時 權貴廣占田土 聚會避役之徒 設庄於外方 名之曰陣 當時巨弊 莫過於此 反正之後 田還本主 人還本役 而未久旋設 猶踵前習 前後筵臣 屢陳此事 而尚存舊號 無意改革 邑倅無所下手 民怨日以益深 當此大亂之餘 尤不可一刻因循 請令各道監司 査訪列邑 啓聞革罷."

60) 『仁祖實錄』19권, 인조 6년 8월 19일. "廣州士人李晤 應旨上疏曰 今者廷臣 互相分黨 如其同也 則布列於腴仕 如其異己也 則沈滯於下僚 以殿下朝廷名器 爲自家爭利之場 不特此也 在廷之臣 孰非王臣 而所擢用者 擧義也 戚里也 權貴之子弟也 名士之關節也 一自勳貴滿朝之後 窮民田宅 叛主奴婢 多被攘奪 里巷爲之諺曰 '在廷權貴之臣 與廢朝異者 只是面目耳'."

되지 않을 것입니다." 하였습니다. 상이 이르기를, "평시에 헤아렸던 陳田까지 함께 말하는 것이지(2자 원문 빠짐) 起田만을 이르는 것은 아니다. ······ 백성이 均田 바란 지가 또한 오래되었는데, 지금 만약 잘하지 못한다면 이는 또한 큰 흠이 되어 백성이 반드시 실망하게 된다." 하니, 김신국이 아뢰기를, "비록 잘하더라도 백성들이 혹 불안해할 수 있는데, 지금은 누락된 전결이 많기 때문에 均平하게 하는 것을 싫어하는 자들이 있습니다." 하였다. 상이 이르기를, "이는 土豪들이 겸병하는 일과 관련한 것이지 소민들의 일이 아니다." 하니, 김신국이 아뢰기를, "들으니 湖右의 백성들도 균전을 싫어한다고 합니다." 하니, 상이 이르기를, "균전을 싫어하는 자도 있겠지만 국가가 어찌 이로 인해 하지 않을 수 있겠는가. 반드시 속이고 숨긴 토호들을 적발하여 소민들에게 치우친 고통을 고루 나눈 뒤에야 전결이 고르게 되고 요역이 공평해질 수 있다." 하였다.[61]

즉, 反正 이전에 權臣과 貴戚들이 외방에 窮民들의 전지를 횡탈하고 避役之民들을 모입하여 농장('陣')을 설치함으로써 民怨을 크게 사고 있었다는 것,[62] 반정 직후 전지는 本主에 돌려주고 피역민들은 본래의 役으로 환원시키는 개혁을 했다는 것(B), 그러나 반정 이후 정권이 불안정한 상황이 계속되는 가운데 이제는 權臣과 貴戚들이 또다시 窮民들의 전택과 '叛主奴婢'들을 횡탈하여 농장을 설치하고 있었다는 것이다(A, C).

한편, 仁祖 11년(1633) 12월, 仁祖는 諫院의 충청도 양전 건의를 수용하고 이듬해 가을에 충청도를 포함해서 8도를 양전할 것을 명령했다. 그러나 仁祖 12년(1634) 7월에 호조는 仁祖에게 전년도에 양전하기로 한 결정을 환기시키고, 평상시에

---

61) 『承政院日記』45책(탈초본 3책), 인조 12년 10월 10일. "上曰 量田使極擇而付之 未知終何如也 金藎國曰 使臣去時 問于臣曰 何如則可也 臣曰 此不可預定 毋意毋必 不爲人欺 一從其正 則結多而役均矣 如欲預定 必不可矣 上曰 平時數並陳田 言之(二字缺)非獨謂起也 李弘冑曰 使臣之言 不思甚矣 此不可以預定也 上曰 民之望均田 亦久矣 今若不善爲之 是大欠也 民必失望矣 金藎國曰 雖善爲之 民或有不安者矣 今者多有漏卜 有惡其均平者矣 上曰 此土豪輩兼並之事 非小民之事也 金藎國曰 聞湖右之民 亦厭其均田矣 上曰 厭其均田者有矣 國家何可因此 而不爲乎 必也摘土豪之欺隱 均小民之偏苦 然後田可均 而役可平矣."

62) 조선전기의 농장에 대해서는 본 책의 제2부 朝鮮前期의 農莊制를 참고할 것.

비하여 결수가 가장 많이 줄어든 삼남부터 먼저 양전할 것을 건의하였다. 이때의 양전은 수세전을 확보하기 위해서라기보다는 권세가·토호들의 토지겸병의 확산으로 인하여 토지소유의 불균등이 심화되고 漏結이 증가함에 따라 농민들이 賦斂의 과중 때문에 곤궁함을 면치 못하고 있었기 때문에 제기된 것이었다. 따라서 '甲戌量田'은 권세가·사대부·토호 등의 누결을 찾아내고 균부균세를 이루기 위해서 실시하게 된 것이었다(D).

이처럼 '甲戌量田'은 권세가·사대부·토호 등의 橫占을 통한 토지겸병을 막기 위해서 실시된 것이었다. 민인들의 토지를 橫占하는 것은 그 자체로 犯法하는 것이었고, 따라서 그들은 犯法者였다. 문제는 수령과 감사가 그들의 권세에 위축되어 검거하지 못하고 도리어 비호하고 있다는 것이었다. 그리하여 정부는 전국의 수령·감사에게 그들의 민전 횡탈을 금단하도록 하거나, 그들을 비호하는 자는 그들과 함께 重律로 단죄하거나, 또 어사로 하여금 규찰하여 적발하도록 하는 등의 조치를 내렸다(A).

그러나 이러한 조치들은 잘 이행되지 않았던 것 같다. 특히 공신·척신들은 籍沒이라고 사칭하면서 민인들의 전답과 집을 빼앗았고,[63] 권세가와 토호들은 公山·曠野·魚梁·島嶼 등을 冒受立案하여 그 이득을 사사로이 독점하고 있었다.[64] 그리고 후술하겠지만, '갑술양전' 이후에 궁방·권세가·토호 등은 '量案 上의 無主陳田'에 대한 입안을 내고 이를 빙자하여 공공연하게 民田을 침탈하고 있었던 것이다.[65] 그런데 이처럼 권세가·토호 등이 민인들의 전택을 횡점·모점·

---

63) 『仁祖實錄』 20권, 인조 7년 1월 6일. "崔鳴吉請禁功臣冒稱籍沒 奪人田宅之弊 時 功臣橫占 民田 害遍列邑 鳴吉因各邑文報 深知其弊 有是請 上頗是其言 而功臣皆不便 竟寢不行."

64) 『承政院日記』 44책(탈초본 2책), 인조 12년 7월 8일 ; 10월 29일.

65) 『承政院日記』 111책(탈초본 6책), 효종 원년 1월 7일. "大司諫沈之源 獻納金徵 正言李齊 衡啓曰 臣等將田畓立案一事 論啓已久 而誠未格天 兪音尙閟 無非臣等庸陋 忝叨言地 不能盡 職之致也 以殿下之明聖 獨不深察於此 而思所以革去痼弊者 抑何也 夫稱以立案 冒占民田者 非宮家 則權勢之家也 非權勢之家 則土豪之武斷鄕曲者也 哀我無辜之民 能與是非曲直 者 有幾人哉 爲守令者 惟恐得罪於巨室 其能有一人之不畏强禦 擔當辨覈者乎 且聞諸宮家 則稱以某地陳荒 發遣宮奴 持公事立標於東西 標內田畓 無論陳荒時起有缺數打量 以爲己物 雖屢世耕食之地 亦不免二行缺殿下 以予非欲奪小民之田 而助其勢之無忌憚也 令方伯守令 毋論宮家土豪 虛心決訟 辨曲直而處之者 欲其事得着實 而彼此俱缺爲敎 臣等之請 亦不外於

침탈하여 토지겸병을 계속할 수 있었던 것은 宮房 때문이었다. 즉 궁방이 그러한 토지겸병에 앞장서고 있는 한 정부는 그들의 민전 횡탈도 금단시킬 수 없었던 것이다. 따라서 권세가·토호 등의 민전 횡탈을 통한 토지겸병을 금단시킬 수 있었던 것은 肅宗 14년(1688) 12월에 호조에서 궁방에 절수지에 상당하는 토지의 가격을 지급하고 궁방으로 하여금 토지를 매득하게 했던 '給價買得制'('戊辰定式')를 실시하면서부터였다. 그리고 이를 보완한 것이 肅宗 21년(乙亥, 1695)의 '給價買得制'·'民結免稅制'('乙亥定式')였다. 이는 절수는 혁파하지만 그렇다고 직전제를 다시 시행할 수는 없었으므로 궁방에 상당한 액수의 돈을 지급하여 토지를 매득하게 한다는 것,[66] 그리고 궁방에서 無主地 명목으로 절수한 것 가운데서 민인들이 이미 기경해 오고 있던 토지는 本主에게 환급하되 그것을 '民結免稅地'로 전환하며, 신설 궁방에는 민결면세지만을 지급한다는 것이었다. 이런 마당에 권세가·토호들 역시 민인들의 현재 경작지를 횡점하는 방식으로는 토지겸병을 계속할 수는 없었다. 그리하여 그들은 '戊辰定式'이 시행되면서부터는 민전을 매득하거나, 혹은 '甲戌量案 上의 無主陳田'을 대상으로 입안을 내고 이를 빙자하여 농민들이 이미 기경해 오고 있던 전답, 즉 사실상의 '有主民田'을 침탈함으로써 토지를 겸병해 가고 있었던 것이다.

이처럼 궁방이 급가매득의 방법으로 궁방전을 확보해 가는 상황에서 권세가·사대부·토호 등이 여전히 민전을 적몰하거나 횡탈하는 방법으로 토지겸병을 계속할 수는 없었다. 이제는 그들도 겸병의 방법을 매득으로 바꾸어만 했다.

E. 헌납 玄光宇가 아뢰기를, "…… 소민들의 困悴함이 近日보다 심한 적이 없습니

此也 聖敎如此 則是實蒙允 而所不許者 下諭一款也 必有明降指揮 乃可以着實擧行 請加三思 亟下一兪."

66) 『備邊司謄錄』 42책, 숙종 14년 12월 5일 : 大君·公主에게는 銀 5,000兩, 王子·翁主에게는 銀 4,000兩을 지급하여 토지를 매입하도록 하였다 ;『備邊司謄錄』 제49책, 숙종 21년 7월 24일 : 新生王子宮과 禧嬪房·崔貴人房·金貴人房에 銀 4,000兩을 지급하고 庄土를 갖출 때까지 5년 동안 매년 宣惠廳에서 米 200石, 軍資監에서 豆 100石을 수송하도록 하였다.

다. 그 원인을 다 들기 어렵지만 가장 심한 것을 뽑아서 말하자면 4가지가 있습니다. …… 하나는 賦斂이 무겁기 때문에 곤궁한 것입니다. 둘은 族徵으로 곤궁한 것입니다. 셋은 糶糴의 불편으로 곤궁한 것입니다. 넷은 富民의 兼竝으로 곤궁해진 것입니다. …… 무엇을 부민 겸병의 폐해라고 말합니까. 殷·周나라 助徹法이 폐지되면서부터 富人 겸병의 병이 일어났습니다. 수천 년이 지나면서 그 폐단은 더욱 심해졌습니다. 목하 본 것으로 말하자면, 貧者는 需用(먹고 사는 데 들어가는 비용)에 급해서 그 田土를 팔지 않을 수 없습니다. 富者는 반드시 그 가격을 낮추어서 삽니다. 貧者는 비록 팔려는 생각이 없더라도 그 약간의 전토의 토질이 좋으면 부자는 반드시 넘보고 차지하려고 그 가격을 올려주면서 유혹하여 반드시 팔게 합니다. 이것이 부자가 땅이 많고, 빈자는 땅이 없으며, 부자는 더욱 부자가 되고 빈자는 더욱 가난해지는 까닭입니다. …… 부민겸병의 폐단을 제거하려 한다면 制産之法을 시행하는 것 만한 것이 없습니다. …… 우리나라 地勢로는 정전제를 시행하기는 어렵지만, 夏나라의 貢法은 시행할 수 있습니다. 만약 이것조차 시행할 수 없다면 오직 한전법은 시행할 수 있으며, 행하기도 가장 편할 것입니다. 이 제도는 이미 董仲舒·師丹의 주장에서 설명되어 있습니다. 지금 위로는 三公六卿으로부터 아래로는 守令 百執事까지, 아울러 故家居室 鄕里富民을 모두 차례로 등급을 매겨 전토를 제한하되, 卿相은 몇 결을 넘지 못하게 하고, 士大夫는 몇 결을 넘지 못하게 하며, 鄕曲富人은 몇 결을 넘지 못하게 하면, 비록 貧戶라 하더라도 몇 결 이하로 내려가지 않을 것이고, 부자는 과다하게 가지는 폐단이 없을 것입니다. …… 어려운 것은 부민들의 원망이 우려가 되는 것인데 이는 크게 염려할 것이 없습니다. …… 故家巨室은 대대로 國恩을 받은 자들입니다. 그들이 나라를 위하고 인민을 염려하는 것이 또한 臣과 같지 않을 뿐이겠습니까. 이러한 즉 우려할 것이 못됩니다. 이를 시행한 후에 또한 유행하는 사채를 嚴禁해야 하겠습니다. 錢債는 公債보다 다만 2배만 되도록 허용하고, 穀債는 돈으로 갚지 말고 오직 곡물로만 상환하며, 그 이자는 子母에 관한 규정을 넘지 못하게 하면 사채로 인하여 곤궁해지는 우환은 구제할 수 있을 것입니다."[67]

---

67) 『承政院日記』1216책(탈초본 68책), 영조 39년 3월 3일.

F. 사간 李頤晚이 論啓하기를, "土豪들이 소민들에게 끼치는 폐해를 이루 말할 수가 없습니다. 富饒한 사람들이 재화를 많이 쌓아 놓고, 돈과 곡식을 가난한 사람들에게 散給하면서 田土文券을 典當잡았다가 이자가 날로 불어나 갚을 수 없게 되면 그 전당 잡은 것을 그대로 買賣한 것으로 간주하고 그들의 전토를 빼앗아버립니다."[68]

G. 전에 權凶이 이리 같은 탐욕을 부리자,[69] 온 세상이 모두 이를 본받게 되었습니다. 수십 백만의 돈을 八路에 두루 흩어 한 구역이라도 점유할 만한 토지나 임차할 만한 田庄은 번번이 반드시 값을 올려서 사들였기 때문에 값이 수배로 뛰어올라 가세가 미약하고 재산이 적은 사람들은 애당초 감히 손을 댈 수가 없었습니다. 이렇게 다투어 온 나라의 전지를 사들였기 때문에 토지는 가세가 치성한 집에 거의 다 들어가게 되었습니다. 그리고 또 혹 흉년이 든 해에는 鄕曲의 富豪들이 시기를 틈타 이익을 챙기기 위해 헐값으로 강제로 사들였기 때문에 민간에 남아 있던 약간의 전지마저 또한 모두 이들이 소유하게 되었습니다. 이는 진실로 兼竝하여 이익을 독점하려는 것의 폐해인데, 그 해가 평민에게 미치게 된 것입니다.[70]

---

68) 『肅宗實錄』 47권, 숙종 35년 7월 5일. "司諫李頤晚論 土豪之貽害小民 不可勝言 富饒者多 積(子)[財] 貨錢穀 散給貧丏之類 以田土文券 爲其典當 及利息日滋 無以准償 以其所典當者 仍成買賣 奪其田土."

69) 여기서 '權凶'은 金龜柱(영조 16년, 1740~정조 10년, 1786. 영조의 계비인 정순왕후 의 오빠)·洪麟漢·鄭厚謙·鄭履煥 등과 洪量海·洪趾海·洪述海 등을 가리킨다. 영조 48년 (1772) 김구주가 공조참판으로 있을 때, 淸議·名節을 우선시하는 정치적 결사모임인 '淸名流'가 발각되었는데, 이들은 영조의 탕평책에 대한 배신으로 지목되어 유배되 는 사태가 발생하였다. 김구주는 이를 당시 洪鳳漢 외척정치의 탓으로 돌리고, 사촌동생 金觀柱와 함께 홍봉한을 제거하는 것이 義理라는 上疏를 올렸다. 당시 홍봉한은 정조의 외가였으므로, 그 상소는 왕세손 정조를 위협하는 것으로 간주되었 고, 김구주는 정조 즉위년에 역적으로 지목되었다. 또 그는 영조의 딸인 和緩翁主의 양자인 鄭厚謙 및 홍인한·정이환 등과 결탁하여 정조를 해치려 한 사실이 드러나 흑산도에 유배되었다. 홍지해(숙종 46년, 1720~정조 1년, 1777. 父는 洪啓禧, 母는 金取魯의 딸이다)는 당색이 노론벽파였는데, 홍인한·정후겸 등과 더불어 정조의 즉위를 반대했다가 이듬해 정조가 즉위하자 파직당하고 북도에 유배되었다가 다시 추자도로 이배되었다. 이때 아들 홍상간과 두 아우 홍술해·홍찬해 등이 '정조시 해미수사건'으로 대역죄로 처형됨에 따라 그도 주살되었다. 첫째 아우 홍경해와 함께 4형제가 차례로 등과하여 영조 치하에서 顯職을 역임한 남양홍씨 문벌가문이 었다(『正祖實錄』 6권, 정조 2년 8월 17일 ; 『역사인물사전』(박광용)).

H. 면천군 군내 가호 4,139호 가운데 토지를 가지고 자경하는 자(자작농)는
10에 1, 2도 없다. 그런데 公賦는 1/10이고, 私稅는 分半한다. 公私를 합하면
6/10이 된다. 비록 이 농민들로 하여금 農理를 깊이 알게 하고, 근면하고
게으르지 않도록 하여 1結 2負의 농지를 경작하게 하면, 그 소출의 나머지로
自食할 수 있다. 그런데 또 33石에서 太半을 減하면 무엇으로 仰事俯育할
수 있겠는가. 끝내 流離하고 굶어죽고 말 것이다. 이것이 千古志士들이 통한으
로 여기는 것이었다. 이는 이미 豪富兼竝이 있었기 때문이다. 저 豪富兼竝者는
역시 貧人더러 그의 농지를 억지로 팔지 않게 하더라도 하루아침에 다
소유하고 만다. 그 부강한 자산에 빙자하여 편안히 앉아서 하는 일이 없어도
사방에서 팔려고 하는 자들이 스스로 文券을 지니고 부자 집(富室) 문에서
매일 알현한다. 왜냐하면, 무릇 衣食 외에 吉凶의 큰 일이 없을 수 없다.
혹은 빚 독촉의 압박을 받으며, 혹은 모리배들이 떼어먹고 도망가 버린다.
그리하여 군색하고 고갈되어 살기가 어렵다. 손 델 데가 없는 즉, 여간
농지를 가져도 부유함을 계속 유지할 수 없다. 농지가 없으면 역시 지금보다
더 가난해질 것이다. 마침내 저 부자 집이 부채가 쌓이는 곳이라는 것을
깨닫지 못하고 다투어서 스스로 꺾어서 바친다. 저 부자 집이 그 (땅)값을
후하게 쳐주면 더욱 오게 되고, 이미 차지해 버린다. 이내 佃作하게 함으로써
그 마음을 위로한다. 貧戶는 한때의 후한 가격을 이롭게 여기고, 또 예전
땅의 소출의 半이나마 먹는 것을 덕 본다고 생각한다. 이로 인해 땅 값이
매일매일 오르고 부근의 조그만 땅뙈기도 모두 부자 집으로 들어가고
만다.[71]

70) 『正祖實錄』6권, 정조 2년 7월 20일. "司直尹冕東上疏曰 向者 權凶狼貪 一世效尤 累十百萬
之錢 流遍八路 一區一域 可占之土 可僦之庄 輒必增價以貿 翔勇數倍 勢贏貨薄之人 初不敢下
手 爭買擧一國之畝 幾盡入於煒㜪之家 而且或値歲飢荒 鄕曲富豪之流 乘時射利 輕價勒買
民間之若干餘地 亦皆爲此輩所有 此固兼幷専利之害 害及平民."; 『承政院日記』 1425책(탈
초본 79책), 정조 2년 7월 20일.

71) 朴趾源, 『燕巖集』권17, 別集 議 限民名田議. "見戶之中 有田自耕者十無一二 而公賦什一
私稅分半 並計公私則已爲十六 雖使斯民者 深曉農理 勤而不惰 盡治其一結二負之田 其所實
餘自食 又減太半於三十三石之數 顧何以仰事俯育 不終底於流離轉殍乎 此千古志士之恨 未
嘗不先在於豪富兼幷也 彼豪富兼幷者 亦非能勒賣貧人之田而一朝盡有之也 自藉其富强之資
安坐而無爲 則四隣之願鬻者 自持其券而日朝於富室之門矣 何則 夫人衣食之外 旣不無吉凶
大事焉 或迫於債督 或牟利逋欠 窘渴逼塞 無處著手則如干農地有之 無足以繼富 無之亦未必
加貧於此 遂乃不覺其以彼富室爲逋藪淵藪 而爭自折納焉 彼富室者 勉强厚其價而益來之 旣

I. (居士曰) 制民之産을 해야 한다. 或者는 田連阡陌하여 평생 동안 안락하고, 或者는 송곳을 꽂을 땅도 없어서 가난한 거지로 살다가 죽는다. …… 우리나라 부세가 비록 1/10일지라도 전지가 없어서 빌려서 경작하는 자(無田而賃作者)는 그 소출의 반을 전주에게 갚으니 이는 5/10이다. 전주는 열 손가락을 움직이지 않고도 창고에는 곡식이 쌓여 있다. 실컷 취하고 먹고 즐거워하는 것이 公侯나 다름없다. 賃作人은 반을 나누어 준 것 외에도 바쳐야 할 곳이 많다. 비록 풍년이 든 해라도 이미 稱貸(부채)를 면하기 어렵고 父老를 섬기고 자식을 키울 자원이 없다. 하물며 흉년이 든 해야? 酒肉의 냄새와 추위에 얼어붙은 骸가 모두 가까운 곳에 모이는 것이 어디에도 있다. 이는 다름이 아니고 매매의 폐해이다. 지금의 계책은 賣買法을 폐지하고 정전제·助徹制를 강구해서 윤택하게 하는 것이 마땅하다. …… 네(김평묵 자신을 말함) 말이 정말로 좋다. 君相이 임시로 행하려고 하면, 안으로는 貴戚巨室로부터 밖으로는 豪戶富族에 이르기까지 백방으로 방해하고 심하면 서로 어울려서 煽變할 것이다. 어떻게 제지할 것인가? (거사왈) 진실로 우려해야 할 바가 있다. 그러나 이 법이 시행되면 끝내는 기뻐하는 자가 많고 그렇지 않는 자는 적을 것이다. 군상이 至誠一心이면 많은 즐거운 사람들로 소수의 不悅者를 뒤집을 것이다. 왜냐면, 今世의 仕宦之門과 素封之家는 다만 目前安樂만 일삼지 도무지 久遠한 기틀이 없다.[72]

박지원은 正祖 21년(1797)에 면천군수가 되어 재직하면서 正祖 23년(1799)에 국왕 正祖의 농서를 구하는 윤음('勸農政求農書綸音')에 응하여 「限民名田議」(『課農小抄』所收)를 지어 올렸다. 그는 여기서 면천군의 극심한 토지소유분화 실상을 설명하고 있는데, 이를테면 군내 가호 4,139호 가운데 자작농('有田自作農')은 10% 미만이고 나머지 대부분의 가호들은 佃作農이었다는 것이다. 그런데 1結 2負 정도를 소유하고 경작하는 자작농일지라도 소출 가운데서 1/10의 公賦와 種穀을 제외하고 나면 겨우 1년분의 식량만 남길 뿐이고, 식량 외에 일상생활비와

有之矣 仍令佃作而姑慰其心 貧戶則旣利其一時之厚價 又德舊土之猶食其半 由是而土價日增 而附近之寸畦尺塍 盡歸富室矣."

72) 金平默(순조 19년, 1819~고종 28년, 1891), 『重菴先生文集』(1906년 간행) 권35, 雜著 治道私議 論制民之産.

보조비는 물론 비상비용을 감당할 수 없기 때문에 사채에 의지하거나 토지를 팔 수밖에 없으며, 결국에는 流離하고 굶어 죽는데, 하물며 이미 전작농으로 전락한 이들은 그 소출의 5/10의 私稅마저 바치고 나면 그들 역시 '流離轉殍'할 수밖에 없었다고 그는 지적하고 있다. 그리고 이처럼 자작농들이 전작농으로 전락하고, 결국에는 '流離轉殍'할 수밖에 없었던 그 근인은 豪富者들의 토지겸병 때문이었다고 지적하고 있다(H).

이 면천군이 소속된 호서지방은 평소에도 양반이 많았다. 그런데 이 무렵에 호서지방은 서울 사대부들의 '依歸之所'가 됨으로써 '卿宰로서 퇴거하는 자'들이 늘어가고 있었다.73) 따라서 연암이 말하는 豪富兼竝者들 가운데는 경내의 토호 외에 '卿宰로서 퇴거한 자들', 즉 '流寓士大夫'와 서울의 권세가인 京華巨室·京班 등이 포함되었을 것이었다.74) 따라서 이들 권세가·사대부·토호 등은 호서지방 에서뿐 아니라 전국적으로 貧人·貧農들의 토지를 買得兼竝하였고, 그 수법은 대략 다섯 가지였다. 첫째, 권세가·사대부·토호 등은 貧者·貧農들이 需用(먹고 사는 데 들어가는 비용)과 생활보조비, 그리고 관혼상제에 따르는 비상비용을 마련하기 위해서 스스로 窮迫販賣하는 토지를 買得兼竝하였다(E). 둘째, 그들은 빈자·빈농들의 토지 가격을 厚하게 쳐줌으로써 이들의 토지를 買得兼竝하였다 (E). 셋째, 그들은 빈자·빈농들에게 사채를 주면서 이들의 토지문권을 전당잡았 다가 그 이자가 불어 상환되지 않을 때에는 곧 매매로 간주하고 이들의 토지를 차지해 버렸다(F. H).75) 넷째, 그들은 흉년이 든 해에는 빈자·빈농들의 토지를

---

73) 『承政院日記』738책(탈초본 40책), 영조 8년 1월 23일. "上曰 向者朴文秀言 湖西則以士夫 兼竝之故 小民不能聊生云 以鎭所聚之穀 旣非自天而雨 則是亦兼竝也 近來士夫 多以湖西爲 依歸之所 而旣爲依歸之所 則不可無料生之蓄積 此亦時象所關 而以鎭亦不免焉."; 872책 (탈초본 48책), 영조 14년 5월 25일. "上曰 向日筵中 亦有以抑强之意仰達者 而我國兼竝之 患 甚矣 湖西尤甚 承旨曾經湖西方伯 儒臣亦新自湖邑 詳達 可也 宗白曰 我國田不井授 故貧富相懸 兼竝之害 爲官長者 亦末如之何矣 性孝曰 湖西素多兩班 亦有卿宰之退居者 身爲卿宰者 豈有豪橫之理 而其支流餘裔 或不無倚勢豪橫之弊 而其弊則內浦 甚矣 上曰 其弊由於京兩班矣 性孝曰 湖西兩班 其弊不一 柴場魚稅 亦多爲其所占矣 履儉曰 亦有養山數 十里 使民不得共者矣."

74) 『承政院日記』1463책(탈초본 80책), 정조 4년 5월 11일.

75) 헌납 현광우는 부민들의 사채가 穀債에서 錢債로 바뀌어 유행하면서부터 빈민들은

헐값으로 사들였다(G). 다섯째, 그들은 자기들의 사채 상환 독촉으로 압박받고 있는 貧者·貧農들의 토지를 勒買兼並하고 있었던 것이다(H, I).

이렇듯 그나마 소수의 자작농들이 권세가·사대부·토호 등의 늑매를 통한 토지겸병으로 인하여 전작농으로 전락하고 마침내는 流離하고 굶어죽는 상황에서 김평묵이 貧者·貧農의 '窮丐死亡'을 막기 위한 계책으로 생각했던 것은 賣買法을 폐지하고 井田制·助徹法을 실시하는 것이었다. 그것은 우선 매매법을 혁파함으로써 양반층의 매득을 통한 토지겸병을 막자는 것이었고, 또한 당시에는 지난 周代의 정전제를 그대로 시행할 수는 없는 이상 다만 '量田計戶而給之'하여 '均産·恒産'을 달성함으로써 정전제의 뜻을 실현하면 된다는 것이었다. 물론 그것을 시행하려고 할 때에는 '貴戚巨室'과 '豪戶富族'이 백방으로 阻格할 것이고 심하면 변란을 선동하리라는 것도 예상되고 있었다. 그러나 그것이 시행되면 기뻐하는 자는 많고, 기뻐하지 않는 자는 적을 것인즉, 君相이 '至誠一心'을 기울일 수만 있다면 그 기뻐하는 많은 사람들로써 기뻐하지 않는 소수를 제압할 수 있으리라는 것이었다(I).

그러나 이 무렵에 양반층의 토지겸병과 지주제의 발달, 그리고 이로 인한 빈자·빈농들의 빈곤화는 그 누구도 막을 수 없는 時勢였다. 따라서 빈자·빈농들의 양산은 근본적으로 토지소유의 불균등에서 비롯되고 있다고 분석하는 자들이 많았고, 이들은 그 문제를 해결하기 위한 계책으로 정전제·균전제·한전제 등의 토지제도와 심지어는 減租論까지를 제론하는 한편, 그것들의 시행을 주장하기도 하였다.[76] 그러나 결과적으로 보건대, 그 어느 것도 시행되지 않았다.

더욱 곤궁해졌다고 말하고 있다. "부민의 사채는 공채에 비해 4~5배였다. 갚는 것이 혹 늦어지면 이식이 한이 없어서 이것이 빈민이 버티기 어려운 병이었다. 그리고 穀物之債는 錢債에 비해서 더욱 유행하고 있었는데, 흉년의 춘궁기에 곡가가 심히 비싸기 때문에 곡식으로 다른 사람에게 주고, 돈으로 이자를 계산하였다. 추수한 후 곡가가 조금 쌀 때 빚을 갚으라고 재촉하면 조곡을 팔아 돈을 만들었다. 때문에 봄에 債穀 1石을 빌리고 가을에 錢租로 갚게 되면 4石뿐이 아니었다. 殖利의 유행이 이러하기 때문에 빈민이 해를 입는 것이 여기에서 극치를 이루었다."(『承政院日記』 1216책(탈초본 68책), 영조 39년 3월 3일).

76) 본 책의 제5부 朝鮮時代 土地改革論의 推移 참조.

그것은 무엇보다도 조선후기에 여러 가지 방법으로 토지겸병을 주도하고 있던 양반층의 저항과 반대 때문이었다. 특히 여기서 보듯이 그들의 매득을 통한 토지겸병은 법령으로 금지시킬 수도 없는 것이었다. 그런 한 그들의 늑매를 통한 토지겸병은 계속되었고, 그에 따라 토지소유의 불균등은 계속 심화되고 있었다.

제3장 朝鮮後期 庶民地主의 成長

1. 머리말

조선후기의 농민은 소가족 중심의 노동력과 소토지를 소유하고 자립적인 농업경영을 영위하였던 자영농민, 무전농민·영세소유농민으로서 지주의 토지를 차경하는 전작·전호농민, 그리고 농노와 다름없는 노비농민 등으로 이루어지고 있었다. 어느 농민이건 간에 이들 농민들이 국가·수조권자에게 각종의 신역과 부세, 그리고 지주에게 지대를 바치면서도 자급자족할 수 있는 경제력을 유지할 수 있을 때 국가와 봉건체제 또한 유지될 것이었다. 그러나 토지사유화의 진전에 따른 봉건지주층(宮房·勢家·士大夫·土豪·品官·富商大賈 등)의 土地兼竝, 부세제도의 문란으로 인한 과도한 수취, 그리고 자연재해는 늘 농민의 실업과 몰락을 가져왔으며, 이는 곧 국가 재정의 위기를 가져오고, 나아가서는 국가와 봉건체제의 유지마저 위태롭게 하고 있었다. 그리하여 왕정이 최우선적으로 취해야만 했던 사회경제정책은 勸農政策과 救荒政策이었다.

勸農政策의 목적은 농민의 농업생산력을 보조하고 제고시켜 주는 데에 있었다. 그것은 수령이 권농관이 되어 농민들의 농지 개간을 장려하고, 수리사업을 일으키며, 농서를 간행 반포하여 가장 선진적인 농업기술과 경작방법을 보급하고, 특별히 영세농에게는 토질에 맞는 종자, 농기구, 농우, 농량 등을 보조해 줌으로써 농민들이 農時를 잃지 않으면서 농사에 전력을 기울일 수 있도록 도와주는 것이었다.

그러나 이러한 권농정책에 의해 조성된 최상의 농업환경과 선진적인 농업기술과 농법도 수시로 발생하는 자연재해에는 취약할 수밖에 없었다. 자연재해의 발생은 농민경제를 파탄시키는 가장 큰 요인이었다. 조선 전 시기에 걸쳐서 흉년과 연이은 기근은 주기적으로 발생하였다. 顯宗 10·11년의 흉년으로 이듬해인 顯宗 11·12년(1670·1671)에 이른바 '庚申大饑饉'이 들었는데, 顯宗 11년(1670)에 8도의 기근과 癘疫으로 인한 사망자가 백만 명에 이르렀다고 했으며,[1] 顯宗 12년(1671)에는 평안도를 제외한 전국에서 200여만 명의 기민이 발생했다.[2] 肅宗 연간에는 '소빙기'적 기후 이상으로 인한 재해가 집중적으로 발생하고 있었다. <표 1>은 조선후기의 진휼 실시 현황을 보여주고 있는데, 진휼은 흉년 이듬해에 1월부터 늦으면 5월까지도 실시되었다. 삼남지방을 포함하여 漢江以南지역에서 設賑했다면 그것은 곧 전년도에 대흉년이 들었다는 것을 말하는데, 그것은 肅宗 연간에 '大殺年'으로 일컬어졌던 肅宗 9·20·41년의 대흉년이었다. 특히 肅宗 20년의 전국적인 흉년에 이어 肅宗 21년부터 5년간 계속되었던 흉년으로 이른바 '乙丙大饑饉'이 들었는데, 이는 顯宗 연간의 '庚申大饑饉'보다 그 피해가 훨씬 심각하다고 했다.[3] 또 英祖 7·8년(1731·1732)에도 '大殺年'으로

---

1) 『顯宗改修實錄』 권25, 현종 12년 12월 5일(임오). "獻納 尹敬敎 上疏 略曰 竊伏留念 國家不幸 運値陽九 水旱災沴 年比不登 而飢饉死亡之慘 至于上年而極矣 重之以癘疫大行 彼持瓢丐乞 仰哺粥所之類 則停賑之後 死亡無餘 而土着農民之死於飢饉癘疫者 合一國計之 則其數幾至百萬 甚至一村盡死者, 比比有之."

2) 문용식, 2001, 『조선후기 진정과 환곡운영』, 49쪽 ; 김성우, 1997, 「17세기의 위기와 肅宗 대 사회상」 『역사와 현실』 제25호, 27~28쪽. 현종 12년(1671)의 실록기록에 의하면, 경상도에서는 2월 초부터 6월 말까지 기민 연인원 79만~81여만 명, 아사자 90명, 여역 감염사망자 1,430명을 보고하고 있는데, 이 수치는 서울 혹은 각도의 진제장 설치 장소에서 진휼 받은 자 및 사망자만을 보고한 수치라는 점에서 실제의 10~20% 내외에 불과하다고 하였다.

3) 김성우, 위의 논문, 13쪽 ; 34쪽 ; 37쪽. 숙종 21년(1695)부터 재해(서리·우박·눈·한파 등의 냉해, 한발 혹은 홍수)가 들기 시작하여 숙종 25년(1699)까지 지속되었다. 당시에는 이 5년간의 대재난을 '乙丙大饑饉'이라고 불렀다. '庚申大饑饉' 당시 경상도의 기민은 최대 30만 명을 넘지 않았는데, 숙종 22년 경상도에서만 보고한 기민수는 56여만 명에 이르렀다(『肅宗實錄』 30권, 숙종 22년 3월 12일(무진)(양 4월 13일). "時民飢日急 京師及郡縣 皆設賑以濟之 就哺者日增 京師過萬 八道各累萬 嶺南所報 至五十六萬餘人 死亡前後凡數萬人."). '경신대기근'으로 140여만 명, '을병대기근'으

경기·삼남지방에 대기근이 들어 전국적으로 설진했었다.[4]

한편, 흉년은 災結의 발생을 통해서도 확인할 수 있다. 조선후기에 전국적으로 가장 많이 경작되었을 때의 時起結數는 80~85여만 結이었다.[5] 시기결수에서 災結數를 除하면 實結數가 되는데, <표 2>에서 英祖 20년(1744)의 실결수가 854,353 結이고, 高宗 8년(1871)의 실결수가 869,291結이고 보면 이 두 해에는 재결이 거의 발생하지 않은 풍작이 든 해였다고 볼 수 있다. 반면에 英祖 20년을 기준으로 재결이 8~10만여 結이 발생한 해는 전국적으로 흉작이 든 해라고 볼 수 있는데, 英祖 31·38·44·47·49년, 正祖 2·7·10·16·18·22년, 純祖 9·10·12·13·14·15·17·19·21· 22·25·28·32·33년, 憲宗 원년~6·8·14년, 哲宗 6년을 제외한 哲宗 연간 전 기간, 高宗 2·13·19·20년 등이 그것이었다. 전체적으로 英祖 20년부터 哲宗 14년(1850)까지 재결은 증가 추세에 있으며, 그 이후에는 약간 감소하고 있다(<표 3> 참조). 英祖 20년 이후에도 이처럼 재결이 10만結 이상 발생하여 대흉작이 든 해이거나 그 이듬해에는 饑民이 연인원 100만~800여만 명이 발생하는 대기근이 들어서 전국적으로 設賑했음을 볼 수 있다(<표 1> 참조). 특히 純祖 9년에는 20여만 結의 재결이 발생함으로써 이듬해에는 무려 840여만 명의 기민이 발생했고, 純祖 14년에도 20여만 結의 재결이 발생했으며, 이듬해에는 550만여 명의 기민이 발생했음을 볼 수 있다. 19세기 전반기의 연이은 흉작과 기근은 민란의 발생과 무관하지 않았을 것임을 추측해 볼 수 있다.

이처럼 빈발했던 흉년과 기근은 농촌·농업을 황폐화시키고, 자립적 자영농인 소농의 경제적 기반을 파괴시킴으로써 국가 재정의 위기를 초래하고 나아가서는 왕정체제의 존립을 위협하고 있었다. 또한 흉년과 기근으로 인한 수많은

로 400여만 명(당시 전체 인구 1천2백만 명~1천6백만 명의 25%~33%)이 희생된 것으로 추정되고 있다.

4) 『承政院日記』732책(탈초본 40책), 영조 7년 10월 2일 ; 735책(탈초본 40책), 영조 7년 11월 17일 ; 742책(탈초본 41책), 영조 8년 5월 6일 ; 752책(탈초본 41책), 영조 8년 12월 10일.

5) 본 책의 316~321쪽의 <표 5>와 <그림 1>의 '元結·流來陳雜頃結·免稅結·時起結·給 災結·出稅實結 현황' 참조.

飢民과 丐乞民, 餓死者와 病死者, 도적의 발생은 민란을 유발하기도 하였고[6] 봉건체제 자체를 위기로 몰아넣곤 하였다.[7] 따라서 국가는 늘 실업 위기에 처하거나 기민으로 전락한 농민을 재생시키고, 파괴된 소농경제의 기반을 복구시키기 위해서 권농정책과 함께 荒政을 국가의 기본 사회경제정책으로 취하지 않을 수 없었다.

荒政, 즉 救荒政策은 蠲減政策과 賑恤政策으로 나누어 실시되었다.[8] 견감책에는 재해와 기근이 든 지역의 전세를 면제해 주는 給災와 재해 정도에 따라 전세 및 대동세를 부분 감해주거나, 납세를 연기해 주는 특별 견감, 각종 신역·신포를 부분 감면해 주거나 납역을 연기해 주는 부역 견감 등이 있었다. 급재에는 流來陳田과 當年災結에 조세 전액을 면제하는 應給災와 재해지의 일부분에만 급재를 허용하는 分數給災가 있었다. 분수급재는 극심한 재해를 입은 한 군현 또는 수개 군현의 모든 실결을 대상으로 재해의 정도를 참작하여 일률적으로 일정률의 세를 감면해 주는 것이었다. 다만 견감은 정부의 재정 감축과 직결되었

---

6) 『顯宗改修實錄』 24권, 현종 12년 4월 2일. "執義 李端錫 掌令 尹理 又啓曰 連山 地子女烹食 之變 實是古今所無 不忍聞 不忍言之事也 愛子之心 人皆有之 雖是蠢頑之類 豈無同得之天 而猶且自陷於窮凶極惡之地者 實由於飢饉之所迫 則本縣賑政之全不着力 據此可知 當該守 令 自有其罪 而姑待該曹之回啓 朝家之勘律 尚未論啓矣 今過屢月 未有處分 至令負罪之人 久在任所 邦家失刑 莫此爲甚 其賑政之一任抛棄 飢民之日益受害 尤不可不恤 請 連山縣監 尹敏道 拿問定罪 上從之."

7) 『顯宗改修實錄』 22권, 현종 11년 7월 24일. "副提學 金萬基 等上箚曰 饑饉癘疫 靡歲不有 以至於今年旱潦之災而極焉 未知國家有何失道之敗 而天之崇降災害 乃至此耶 是宜君臣上 下 不遑暇逸 求所以答天譴 活民命 …… 連歲飢饉 民無恒産 殺越攘奪 相挺而發 輦轂之下 亦不能禁焉 則將來殺長吏 打官庫之變 安保其必無 乃咨道臣狀聞 有駭聽聞 若然則古人之論 飢餓 盜賊之患 而引赤眉 黃巾之事者 亦可罪矣."

8) '荒政'으로 표현되는 구황정책은 『周禮』 大司徒 荒政 12조에서 유래한 것인데, 散利(종자와 양식을 대여하는 것), 薄征(조세를 가볍게 해 주는 것), 緩刑(형벌을 관대하게 하는 것), 弛力(요역을 면제해 주는 것), 舍禁(山澤의 금령을 풀어 민인들로 하여금 蔬食을 할 수 있도록 하는 것), 去幾(關文과 장시에서 기찰하지 않는 것), 眚禮(吉禮와 賓禮를 줄이는 것), 殺哀(喪禮를 생략하는 것), 蕃樂(음악을 하지 않는 것), 多婚(예를 갖추지 않고 혼례를 많이 치르도록 하는 것), 索鬼神(폐지되었던 제사를 찾아 다시 지내는 것), 除盜賊(도적을 없애는 것) 등 12가지 조치였다. 조선시기에도 이것이 구황정책 수립의 기본원칙으로 채택되었다.

기 때문에, 당시 재정 사정에 따라 그 내용에는 다소간의 변화가 있었다.[9]

한편, 진휼정책은 관아가 있는 곳에 設粥處를 설치하여 기민에게 죽을 끓여주는 設粥, 쌀 등의 양식을 나누어 주는 乾糧白給, 그리고 還穀을 분급해 주는 것 등이 있었다. 조선전기부터 肅宗 연간 이전까지는 설죽과 환곡 분급이 중심을 이루었고, 肅宗 초반부터는 건량백급과 환곡 분급이 賑濟의 중심을 이루어갔다.[10] 그렇다면 자연재해에 쉬이 노출되어 진휼의 대상이 되었던 기민들은 누구였을까?

17세기 중·후반을 '소빙기'(1500~1750)에 포함시켜 보는 데는 아직 많은 문제점이 있지만, 『朝鮮王朝實錄』상의 기사를 살펴보면 '경신대기근'과 '을병대기근' 시기에 소빙기적 기후이상으로 인한 각종 재해가 집중되고 있음을 확인할 수 있다. 이때의 재해와 기근은 이후 시기까지 오랜 동안 심각한 피해를 끼쳤고, 사회전반에 미친 영향력 측면에서도 다른 재난과 비교할 수 없을 정도였다.[11] 어느 누구도 이즈음의 재해로 인한 기근과 厲疫으로부터 자유로울 수 없었고, 따라서 기민과 사망자가 가장 많이 발생했던 것으로 보고되고 있었다.

재해가 일어나고, 특히 그것이 2년 이상 지속되고 여기에다 전염병까지 덮칠 때, 그 피해의 참혹함은 전면적이고 심각한 것이었다. 그러나 시기와 신분과 경제력, 생활환경과 건강상태에 따라 그 피해의 정도에 차이가 나고 있었다. 대체로 농업생산력이 발달한 조선후기보다는 조선전기에, 추수기보다는 춘궁기에, 연해지역이나 평야지역보다는 산간지역에서, 토질이 비옥한 곳보다는 척박한 곳에서, 도시보다는 농촌에서 기민과 병사자가 더 많이 발생하고 있었던 것이다. 또한 재생산 기반이 약하고 생활환경이 열악한 常民層이나 奴婢層이, 남성보다는 여성이, 그리고 어린이나 노약자들이 전염병 감염 비율과 사망률 또한 높았다.[12]

---

9) 정형지, 1997, 「肅宗代 진휼정책의 성격」『역사와 현실』 제25호, 70쪽.

10) 文勇植, 2000, 『朝鮮後期 賑政과 還穀運營』. 그간의 환곡연구가 주로 환곡의 부세화와 수탈의 측면만을 연구하고 환곡 본래의 기능은 소홀히 다루었다고 문제제기하고, 환곡은 적어도 19세기 전반까지는 농민 진휼의 기능도 담당했다는 점을 규명하였다.

11) 김성우, 앞의 논문, 13쪽.

그러나 농촌에서 무엇보다도 개개 농민이 가지고 있는 경제력, 즉 토지의 소유 여부와 소유규모, 농업경영 실태, 그리고 노동력의 소유 여부 등이 결국은 그들의 기민 여부와 존망상태를 결정하고 있었다. 그것은 다음과 같은 '救荒事目'·'賑救事目'·'荒政事目' 가운데 기민을 가리고 구제하는 과정에서 확인할 수 있다.

A. 忠州救荒切要[13]

하나. 품관과 富實人들은 평상시에 의지할 데 없는 이들을 혹은 婢夫라 부르고, 혹은 雇工이라 부르면서 거느리고 일을 부려먹다가 지금처럼 흉년이 들면 쫓아 내버린 즉 결국은 정착하지 못하고 반드시 아사할 것이다. 모두 거두어 거느리고 쫓아 내버리지 않도록 해야 할 것이다. 어기는 자는 엄히 다스리고 쫓겨난 자는 스스로 관에 알리라.

B. 賑救事目

하나. 賑救하는 일은 반드시 착실히 살펴야 할 것이다. 비록 끼니를 끊고 있더라도 토착자라면 환곡을 분급하여 목전의 급한 사정을 구제하고, 추수 후에 받아들여야 한다. 그 가운데 한 뙈기 전토도 없고 몸 또한 병들어 추수 후에도 납부할 길이 없는 자와 다른 도의 유민으로서 바가지 들고 개걸하는 자만 관문에 모아서 죽을 쑤어 주어 賑濟하며, 여러 달 후에는 죽을 먹은 자의 명단에 따라 양식을 白給하여 허실이 섞이는 폐단이 없어야 한다. 근래에 수령 가운데 착실한 자가 매우 적고 要譽者가 많아 기민이라 칭하면서 혼동하여 백급하니 품관과 서리배들이 연줄로 거짓 등록되거나 가계가 실하면서도 몰래 받는 자가 매우 많기 때문에 바가지 들고 개걸하는 자는 도리어 낄 수 없다. 國穀이 허비될 뿐만 아니라 무고한 민들은 도로에 나뒹구니 이보다 놀라울 수가 없다. 작년에 設賑할 때에 각 고을은 모두 作粥의 번거로움을 꺼려 건량을 바로 지급하자 속았다는 얘기가 자자했다.

---

12) 김성우, 앞의 논문, 20~21쪽.

13) 『忠州救荒切要』(中宗 36년, 忠州牧使 安瑋가 간인한 절목)(국립중앙도서관 古9119-10). "一 品官及富實人等常時無依據人乙或稱婢夫或稱雇工率居備役而今因歲凶黜送則終無底定必爲餓死竝皆因率無得黜送違者重論被黜者亦自言于官."

금년은 지난날의 잘못된 습속을 따르지 말고 각별히 거행할 것이며, 중책의
의미를 저버리지 말도록 각도에 신칙한다.[14]

C. 관서지방은 연이어 흉작인데 여섯 고을이 더욱 심하였다. 기민을 '가족이
있으면서 토지가 없는 자', '가족이 없으면서 토지를 가진 자', '가족도
없고 토지도 없어서 流乞하는 자' 등 세 등급으로 나누어 혹은 양식을
지급하고, 혹은 환곡을 분급하였다. 그 후 流乞하는 자들은 모두 탕감해
주었다. 지금 또 도신의 啓聞으로 인하여 토지 없는 자를 다시 조사하여
일체 蠲減하였는데 그 곡식이 1천6백3십여 石이나 된다고 하였다.[15]

D. 諸道荒政事目

하나. 여러 도의 감사는 각 고을의 형세의 완급을 자세히 살펴서 혹은
2월부터, 혹은 3월부터 진정을 시행할 일이다. 이른바 설진은 오직 환상을
분급하는 것과 건량을 백급하는 것 두 가지뿐이니 가장 착실히 해야 하고,
관문이 있는 곳에서 죽을 쑤어 주는 것에 대해서는 일찍이 누차 설명했듯이
이익은 없고 해만 있음을 이미 알았다. 이번에는 設粥하지 않도록 한다.

하나. 개걸하면서 의지할 데 없는 기민은 따로 뽑아내어 모두 饋粥 예에
따라 건량을 마련하여 10일마다 한 차례씩, 혹은 연속해서 분급하라. 이전부
터 官屬과 형세가 있는 자로서 비록 飢餓에는 이르지 않았더라도 연줄을
타고 몰래 건량을 받는 자가 매우 많았다. 각 읍 수령은 각별히 살펴서
奸僞의 폐단을 막도록 한다.

하나. 환곡 및 건량을 받을 자는 紙牌 소유를 확인하고 분급한다. 지폐가

---

14) 『備邊司謄錄』22책, 현종 3년 1월 10일. "賑救事目 — 賑救之擧 必須着實詳察 雖在絶火之
中者 若是土着者 則分給還上 以救目前之急 秋成後則還爲收捧爲白乎旀 其中本無一片田土
身且殘病 秋成之後 亦無備納之路是 及他道流民之持瓢丐乞者叱分 聚會官門 作粥賑濟爲白
如可 數朔之後 以其喫粥之都民 白給口糧爲白良阿 可無虛實相蒙之弊爲白去等 近來守令
着實者甚少 要譽者居多 稱以飢民 混同白給 品官胥吏輩 夤緣虛錄 家契稱實而冒受者 甚多
持瓢丐乞者 則反不得參 不但國穀之虛費 無告之民 顚仆道路 事之可駭 莫甚於此 上年設賑之
時 各邑 皆憚作粥之煩勞 直給乾糧 見欺之說 不勝籍籍 今年乙良 勿踵前日之謬習 各別擧行
俾免重責之意 申飭各道爲白齊."

15) 『肅宗實錄』11권, 숙종 7년 5월 22일. "關西連歲失稔 六邑尤甚 飢民中有族而無田者
無族而有田者 無族無田而流丐者 分三等或給糧 或給糴 其後流丐之類 竝許蕩減. 至是又因道
臣啓聞 更査無田者 一體蠲之 其穀一千六百三十餘石云."

없는 자는 지급하지 않는다.

하나. 타지역 출신의 유걸인은 식량을 주어 본적지로 돌려보내되 거리가 멀어 스스로 가기 어려운 때에는 움막이나 가건물을 지어 살게 하고 현지민과 같이 賑活하여 길에서 사망하는 일이 없게 한다.

하나. 환과고독으로서 가난하고 의탁할 곳이 없는 부류는 양반 상인을 막론하고 죽을 쑤어 주거나 건량을 지급한다. 환과고독이라도 토지를 소유하고 있는 토착민에게는 환곡을 분급하고 건량을 지급하지 않는다.

하나. 건량 지급에 쓸 곡물은 각 읍 수령이 스스로 준비한 곡물을 먼저 사용하고, 부족한 경우 각종 창곡으로 잇대어 구제한다. 새로 부임한 수령은 자비곡이 없는 경우에는 바로 창고에 비축한 것을 건량으로 사용한다.[16)]

E. 諸道救荒事目

하나. 토지가 없더라도 상인이거나 工匠이거나 漁採를 하거나 하여 각자 직업이 있는 자는 전토가 없다는 이유로 건량 지급 대상에 들어가서는 안 된다. 이들은 일반 민의 예에 따라 환상을 분급한다.

하나. 기민들은 죽다 살아나서 넉넉지 못하여 대부분은 농사에 힘을 쓸 수가 없으니 이것이 실로 흉년에 절급한 걱정거리이다. 도신과 수령은 충분히 권농하고, 종자와 농량을 헤아려서 도와줌으로써 농시를 잃지 않도록 한다.[17)]

---

16) 『備邊司謄錄』 36책, 肅宗 8년 1월 24일, "諸道荒政事目 一 諸道監司 詳察各邑民間形勢之緩 焉 或自二月 或自三月 設行賑政爲白乎矣 所謂設賑 唯是還上分給 乾糧白給 二者 最爲着實 而至如官門饋粥 曾前累註 已知其無益而有害 今番段 姑徐勿設爲白齊 一 丐乞無依之飢民乙 良 別爲抄出 一依饋粥式例 以乾糧磨鍊 每十日一巡 或運續分給 爲白乎矣 自前官屬及有形勢 者 雖不至於飢餓 貪緣冒入於乾糧之中者甚多 各邑守令 各別詳察 以防奸僞之弊爲白齊 一 還上及乾糧受食之類 一一憑考紙牌 而分給 其中無紙牌者 勿給爲白齊 一 持瓢流丐之類 如非本境之人 則給糧以送 使之就賑於原籍官 如或道里絶遠 難可自致 則作土宇 或作假家 仍令留接 一體賑活 俾無暴露死亡之患爲白齊 一 鰥寡孤獨寒無依之類 毋論兩班常人 亦爲 饋粥 依乾糧題給爲白乎矣 雖曰 鰥寡孤獨 有田土有根着者 則自當入於還上受食之中 切勿混 給乾糧爲白齊 一 乾糧所給之穀物 各邑守令 先以所自措備者 取用爲白㫆 不足則以各樣倉 穀 繼賑爲白遣 新到守令 如無自備之穀 則直以倉儲 用於乾糧爲白乎矣 此等事 各其守令 論報於監司 亦爲從便指揮 俾無疏漏之弊爲白齊."

17) 『備邊司謄錄』 37책, 肅宗 9년 1월 23일, "諸道救荒事目 一 雖無田土 或以商賈爲業 或以工匠 爲業 或以漁採爲業 各有生理者 不可以無田土之故 混入於乾糧白給之中 此類則依凡民例 還上分給爲白齊 一 飢餓之民救死不贍 多不着力於農作 此實荒歲切急之憂 道臣及守令 十分

F. 곡물이 적어서 두루 미치기에 어려움이 있다. 토지를 소유하고 있는 토착인 등은 모두 환상을 분급한다. 가난한 개걸인 가운데 토지가 있는 자는 건량과 환상을 분급하고, 토지가 없는 개걸인은 정밀하게 뽑아서 본청곡과 帖價米로 건량을 분급한다. 토지가 있는 자는 오가통을 단위로 환곡을 균일하게 분급하고, 종자는 8結을 단위로 분급한다.[18]

G. 民들이 가난한지 넉넉한지를 面任과 別有司는 마땅히 자세히 알아야 한다. 飢民을 뽑을 때에 토지를 가진 민은 처음부터 거론하지 말 것이며, 비록 자신의 토지는 없더라도 竝作하면서 수지가 많은 자, 공업과 상업에 종사하여 각자 생계를 꾀하는 자, 장년으로서 힘이 세서 땔나무를 해다 팔거나 품삯으로 생계를 이어갈 수 있는 자, 친척이나 상전에 의지하여 자활할 수 있는 자 등은 모두 거론하지 말 것이며, 다만 땅도 없고 의지할 데도 없고 너무나 빈궁해서 부황으로 죽음에 임박하여 진휼이 없으면 살아가기 어려운 자를 자세히 가리고 정밀하게 뽑아서 사정의 완급에 따라 진휼할 것이며, 비록 지금의 형편이 기민에 해당되더라도 앞으로의 생계로 보아 환곡을 갚을 수 있는 자는 기민을 뽑을 때 거론하지 말고 모두 환곡분급 대상에 부치도록 할 것이다.[19]

H. 각 마을의 가난한 자와 넉넉한 자를 면임과 별유사는 자세히 알아야 한다. 기민을 뽑을 때에 토지를 가진 민은 처음부터 거론하지 말 것이며, 비록 자신의 토지는 없더라도 혹 다른 전답을 병작하여 수지가 많은 자, 공업과 상업으로 스스로 생계를 꾀하는 자, 땔나무를 하거나 품삯으로 생계를

勸農 種子農糧 料理顧助 俾無失時之患爲白齊."[諸道荒政事目」(肅宗 8년 1월 24일)에 추가된 것임)]

18) 『新補受教輯錄』(肅宗 44년 진휼사목). "穀物既少 有難遍及 有田土有根着人等 全入於還上 分給中 貧殘丐乞人 有田土則分給乾糧還上 無田土丐乞人 十分精抄 本廳穀帖價米乾糧分給 有田土人 作統均一分給還上 而種子依前以八結分給."

19) 『賑恤膽錄』(1810). "民勢之饒貧 面任與別有司 必當祥知 抄飢之際 有田土之民 初非可論 而雖無自己土地 或有竝作他田畓而支過者 工商而謀生者 年富力強而負薪備雇 可以糊口者 依賴於親戚或上典 可以資活者段 竝勿擧論 只取無土無依至貧至窮浮黃濱死非賑難活者 明覈精抄 隨期緩急 次次付賑爲乎矣 目下形勢 誰合飢民 而來頭生計足可辦納還穀者段 勿論於 抄飢 竝付於分還爲㫆."

이어가는 자, 친척이나 상전에 의지하여 살아갈 수 있는 자 등은 일절 거론하지 말 것이며, 다만 땅도 없고 의지할 데도 없으며 너무 빈궁해서 부황 들거나 죽음에 임박한 자로 진휼이 없으면 살기 어려운 자와 寒班과 窮寡로서 의지할 데 없고 죽도 없어서 자력할 수 없는 자만 각별히 뽑아서 완급에 따라 진휼할 것이며, 지금의 형세로 보건대 비록 飢口에 해당될 지라도 앞으로 생계를 자활할 수 있는 자는 역시 거론하지 말 것이다.[20]

이상 조선후기의 여러 구황사목을 볼 때, 민인들은 토지의 소유 여부와 소유규모, 농업경영 실태, 노동력의 소유 여부, 그리고 혈연적·사회적 관계 등을 기준으로 (1) 토지소유자, (2) 佃戶農, (3) 상·공·어업자, (4) 樵軍·傭賃層, (5) 奴婢·婢夫·雇工層, (6) 無田無佃無賃이면서 혈연적·사회적 관계마저 끊긴 無依據人·寒班·鰥寡孤獨 등으로 구성되고 있음을 볼 수 있다. 그리고 이 가운데 (2)와 (6)이 곧 농민층을 이루고 있었으며, 특히 (2)의 대부분을 차지하고 있던 소빈농층은 흉년을 맞으면 여지없이 流産 위기에 처하거나 기민으로 전락하고 있었던 것이다. 또한 (6)은 늘 丐乞人이나 流乞人이 될 수밖에 없었다. 이러한 기민들에게는 無償救濟로서 粥과 건량이 지급되었으며, (1) 가운데 지주를 제외한 자영농민들과 이하 (2)~(5)의 부류들에게는 有償救濟로서 환곡이 분급되고 있었다.

이처럼 거의 주기적으로 발생했던 기민들을 구제하기 위해서는 무엇보다도 먼저 賑資穀이 마련되었어야 했다. 15세기에는 주로 義倉穀과 이의 감축을 軍資穀으로 보충하면서 무상분급의 賑濟를 실시하였다. 16세기에는 別倉 비축곡이 고갈되면서 京倉穀 등 군자곡을 진휼곡으로 직접 전용하는 것이 일반적인 추세였다. 그리하여 '軍資穀=還穀'이라는 인식이 나타나기 시작하였다.[21] 그러

---

20) 『賑簿』(19세기 초반). "各里貧饒 面任與別有司 必當詳知 抄飢之際 有田土之民 初非可論 而雖無自己田土 或竝作他田畓 足以支過者 工商之各自謀生者 傭賃薪履以糊其口者 賴依靠 於親戚或上典可以自活者段 切勿擧論 只就無土無佃至窮至貧浮黃瀕死者非賑難活者 寒班窮 寡無依無靠不能自力者哛 各別精抄 隨其緩急 次次付賑爲乎矣 目下形勢 雖合飢口 而來頭生 計可以自活者 亦勿擧論是矣."

21) 『中宗實錄』 4권, 중종 2년 10월 27일. "國家爲軍糧 儲穀列邑 而民有阻飢 或無種子

나 별창곡과 군자곡의 감소, 還耗의 부세화와 濫徵, 그리고 還耗의 地方財政 轉用으로 인하여 환곡은 점차 진제 기능을 상실해 가고 있었다. 더욱이 환곡 수납시의 族徵과 隣徵의 관례화, 士族·富民層에 대한 蠲減·蕩減 조치는 小貧農의 부담을 가중시킴으로써 환곡 분급은 본래의 기능을 잃고 도리어 小民戶의 倒産·流亡을 가져오고 있었다. 이에 새로운 진휼재원이 확보되어야 했다. 그것은 田稅上納穀, 西籍田과 京倉 久陳穀을 本邑·州倉에서 직접 수납하여 구황재원으로 활용하는 것, 본 읍에서 중앙각사에 상납해야 할 공물을 쌀이나 벼 등으로 代納 받아 저장하여 전용하는 것, 司瞻寺의 納貢奴婢 身貢布와 選上奴婢의 代位價布 를 전용하는 것, 그리고 魚·鹽·船稅를 作租·作米하여 전용하는 것 등이었다.[22]

이처럼 정부는 여러 가지 방법으로 구황재원을 확보했지만 늘 진휼곡의 부족을 겪고 있었고, 더구나 17세기에 이르러서는 '소빙기'적 기후 이상으로 인한 재해와 기근이 집중되자 진휼곡을 안정적으로 확보해서 구제사업을 전담 해야 할 부서를 설치하지 않을 수 없었다. 그리하여 17세기 후반에는 '權設'아문 이었던 진휼청과 상평창을 상설화하고 독자적인 환곡을 운영하기 시작하였다. 그리고 이전의 환곡의 폐단을 줄이고 일정량의 비축곡을 유지하기 위하여 新還 징수, 舊還 停退, 징수 불가능한 구환의 蕩減을 통해서 환곡 운영을 정상화시 켜 기민구제에 만전을 기하고자 하였다.[23] 다른 한편, 무상구제로서 設粥 대신 乾糧白給이 일반화되면서 白給賑濟의 재원을 수령의 自備穀(私備穀·私賑穀), 還穀 耗穀, 공명첩 발매에 의한 帖價穀 등으로 마련토록 하였다. 18세기에 이르러서는 진휼곡으로 호조의 賑穀인 常賑穀, 軍作米와 補還穀,[24] 道 간에 移屬하는 交濟穀·濟 民穀·蒜蒜穀, 營賑穀 등을 설치하였다.[25]

則從願散給 及其收穫 竝雀鼠耗還償 以爲用舊蓄新之規 名曰還上.";『牧民心書』戶典六條 第三條 穀簿下"軍資穀者 國初分九等以收田稅 其稅多者 停留本邑 名曰軍資 端宗二年 以此賑饑 其後轉而爲還上."

22) 趙圭煥, 1997, 「16세기 還穀 運營과 賑資調達方式의 변화」『韓國史論』37.

23) 정형지, 1997, 「肅宗 대 진휼정책의 성격」『역사와 현실』제25호, 83쪽.

24) 『大典通編』戶典 備荒條. "以戶兵曹應納麻布棉布 換米三南 名曰 軍作米 以時收放備荒."

25) 『牧民心書』第12卷(續) 賑荒六條 備資.

한편, 흉년을 대비하기보다는 주로는 중앙각사와 지방아문의 재정보충을 위한 각종 환곡이 설치되었고 그 운영방식도 다양하였다. 그러나 18세기 후반 이후에는 환곡이 賦稅化되면서 그 폐단이 구조화되어 이른바 '환정의 문란'을 일으키고 있었다. 憲宗 6년(1840)을 고비로 진흉정책에 변화가 있었는데, 還摠의 감소로 인하여 환곡의 진흉기능이 급격히 축소된 것이었다. 즉, 조선후기 환곡제도는 1840년을 전후하여 진흉기능을 거의 상실하고 재정보충 수단으로만 운영되기에 이르렀던 것이다.[26]

이처럼 조선전기부터 조선말기에 이르기까지 국가의 기민의 구제사업에서 그것이 設粥해 주거나 乾糧白給하는 무상구제이든, 혹은 환곡을 분급하는 유상구제이든 간에 이에 소용되는 진흉곡은 국가와 관이 주체가 되어 마련하는 公穀이었다. 이러한 공곡 가운데서 가장 큰 비중을 차지한 것은 물론 환곡이었다. 그러나 이미 16세기부터는 군자곡으로부터 전용되었던 환곡은 늘 부족하였고 따라서 진흉기능을 잃어가고 있었다. 더욱이 17세기 이후 지주제의 발달 속에서 절대적인 기본 세원인 소농층이 붕괴되고 동시에 세제가 문란해지면서 정상적인 세수가 이루어지지 않음으로써 국가 재정은 계속 축소되어 가고 있었다. 다른 한편, 농업생산력의 발달에 따라 새로이 형성된 民富가 지주층과 富民·饒戶에 집중되어 가고 있었기 때문에 이들을 과세 대상으로 하는 세제개혁이 있었어야 했음에도 불구하고 추진되지 못하였다. 이에 국가에서는 기존 다른 稅目의 여러 재원들을 전용하여 구황재원을 보충하면서 진흉곡 확보를 위한 다양한 방법을 모색하였다. 그 가운데 公穀의 부족을 보충할 수 있는 방법의 하나로 지목되었던 것이 이른바 '稍饒之民'과 '富民'·'饒戶'로 하여금 자신의 보유곡을 出捐하게 하는 '勸分'이었다.

이에 본고에서는 17세기 이후 勸分이 어떻게 실시되어 왔는지, 그리고 요호·부민의 권분과 원납을 통하여 농민층의 분화양상과 요호·부민의 실태를 살펴보는 가운데 '庶民地主'의 성장을 확인해 보고자 한다.

---

26) 文勇植, 앞의 책, 285~287쪽.

2. 饒戶·富民의 勸分·願納

1) 勸分의 의미

　　조선시기 위정자들은 두 개의 역사적 사실에 근거하여 荒政의 하나로서 勸分을 취할 수 있다고 생각하였다. 하나는 주나라 때부터 勸分을 시행했다는 것이었고, 또 하나는 송나라 때에 朱子가 南康에 있을 때 勸分을 강론하고 실시했다는 것이었다. 특히 勸分한 부민에게 품계를 내리거나 관직을 제수하는 것은 주자로부터 시작되었다는 것이었다.[27] 그리하여 위정자들의 대부분은 이 후자를 들어 勸分과 이에 상응하는 補官을 건의하고 있었다.

　　이러한 '勸分'의 의미는 두 가지였다. 하나는 주나라 때부터 시행되었던 勸分으로서 그것은 부민으로 하여금 기민에게 곡식을 나누어 주도록 권하거나, 후세에 일반화된 것으로서 곡식 값을 좀 헐하게 하여 기민들에게 팔도록 하거나(糶米), 이식을 받기로 하고 기민들에게 꾸어 주도록 하는 것(賒米)이었다.[28]

　　또 하나는 조선후기에 흉년이 들 때마다 으레 賑飢策의 하나로 채택되었던 것으로서의 勸分은 부민으로 하여금 곡식을 출연하게 하고 그것을 관에서 기민에게 白給하거나, 부민으로 하여금 곡식을 기민에게 직접 나누어 주도록 하는 것이었다. 조선시기의 勸分은 일반적으로 '부자에게 권유하여 私穀을 출연하도록 해서 진휼을 돕는 것',[29] 혹은 '조금 넉넉하게 사는 민이 의협심에서 곡식을 출연하여 公穀에 보태거나 賑資에 보태는 것'으로서 인식되고 있었다.[30] 그러나 실제로 勸分은 부민의 자발성 보다는 정부의 강제성에 의해서 행해지고

---

27) 『成宗實錄』 181권, 성종 16년 7월 8일 ; 『明宗實錄』 16권, 명종 9년 3월 8일 ; 『顯宗改修實錄』 5권, 현종 2년 1월 5일 ; 『備邊司謄錄』 90책, 영조 7년 8월 4일 ; 『備邊司謄錄』 199책, 순조 9년 6월 20일 ; 『牧民心書』 제13권, 제2조 勸分.

28) 丁若鏞, 『牧民心書』 제13권 제2조 勸分 ; 다산연구회, 『譯註 牧民心書』 4, 37쪽.

29) 『備邊司謄錄』 77책, 영조 2년 3월 11일. "都提調 閔鎭遠曰 …… 蓋所謂勸分者 勸諭富者 使之捐出私穀 隨力補賑之謂也."

30) 『純祖實錄』 30권, 순조 29년 1월 3일. "令日 …… 所謂勸分者 卽稍饒之民 起義出粟 以添公穀 以補賑資."

있었다. 17세기 이래로 흉년이 자주 들었고 그때마다 국왕의 명령을 받아 수령은 부자들에게 勸分을 권유했는데, 그러나 실제로는 권유했다기보다는 부민의 보유곡을 强奪하는 것이나 다름없었다. 이러한 실상을 閔鎭遠은 다음과 같이 말하고 있었다.

> 이른바 勸分이라는 것은 부자에게 권유해서 그로 하여금 私穀을 출연하게 하여 힘닿는 대로 진휼에 보탬이 되게 하는 것을 말한다. 어찌 民産을 억지로 빼앗기를 籍沒하는 것처럼 할 수 있겠는가? 일찍이 진휼당상을 맡고 있을 때 賑恤事目을 만들어서 諸邑에 내려 보냈는데, 사목 가운데에 민산을 强奪하는 일은 특별히 엄중하게 금지하도록 하였다. 오래되어 해이해 져서 그 禁令이 행해지지 않고 있다.[31]

즉, 勸分은 부자가 권유를 받아 자발적으로 자기 보유곡을 출연해서 진휼곡에 보태는 것인데 실제로는 민인의 재산을 억지로 빼앗는 것이 되어 버렸다는 것이다.

이처럼 부민의 私穀을 강탈하는 것은 진휼의 실무책임자인 수령이었다. 흉년을 대비해서 자비곡을 확보해 두어야만 했던 수령은 막상 흉년이 들면 진휼곡 확보 문제로 늘 압박을 받았고,[32] 考課에 반영되었던 자비곡의 수량과 진휼성적을 늘 의식하지 않을 수 없었으며,[33] 심지어 수령 가운데는 황년을 기화로 하여 勸分穀을 착복하려고 했기 때문에 民穀을 종종 늑탈하기에 이르렀던 것이다. 英祖 38년(1762)에 獻納 嚴璘은 이러한 사정을 다음과 같이 말하고 있다.

> 흉년에 勸分의 정사를 했던 것은 선현들이 일찍이 행한 것입니다. 만약 큰 부자가 곡식을 쌓아놓고 내놓지 않으면서 때를 엿보아 모리행위를

---

31) 『備邊司謄錄』 79책, 영조 2년 3월 11일. "都提調 閔鎭遠曰 …… 蓋所謂勸分者 勸諭富者 使之捐出私穀 隨力補賑之謂也 臣曾忝賑廳堂上時 作爲賑恤事目 啓下行會諸邑 而强奪民産 之事 事目中別爲嚴禁矣 年久解弛禁令不行."

32) 『承政院日記』 735책(탈초본 40책), 영조 7년 11월 17일.

33) 『正祖實錄』 47권, 정조 21년 10월 12일.

하면 수령된 자는 공적인 마음을 가지고 의리로서 勸分과 賑飢를 요구하는 것이 자연스런 하나의 길이었습니다. 이것은 조정에서 일절 금지시킨 것은 아니었는데, 간간이 勸分의 명분을 빙자하여 民穀을 늑탈합니다. 심지어는 억지로 넉넉한 자라고 부르면서 혹은 數包의 곡식을 거두거나, 혹은 10말이나 5말을 거두기도 하니 납부하기를 거부하고 도망가는 폐단이 있기에 이르렀습니다. 평민들에게 피해를 주고 있으니 참으로 놀랄 일입니다. 정식 세금과는 다른 즉 민인들로부터 빼앗는 것이 정확히 얼마인지, 賑資로 들어가는 것이 얼마인지를 사람들은 알 수 없습니다. 貪官·汚吏가 歉荒을 바라는 것이 대부분 여기에 있는데, 진휼이 끝난 이후에는 감히 이를 가지고 몇 석을 스스로 마련했다고 말하면서 恩賞을 넘치도록 받는 자가 있는 즉 痛惋한 것이 이보다 심할 수가 없습니다. 근래 듣건대 한 두 수령은 勸分穀을 몰래 팔기도 한다고 말합니다.34)

이처럼 勸分은 민곡을 늑탈하기도 했지만 또한 부민으로 하여금 직접 기민들에게 나누어 주도록 강요함으로써 '勒分'이 되고도 있었다. 그러한 사정을 純祖 연간에 金載瓚은 다음과 같이 말하고 있다.

荒年에 勸分하는 것은 오래되었는데, 춘추 때부터 勸分했다는 기록이 있습니다. 勸分이라는 것은 水旱을 당하여 公穀으로 賑給하지 못할 경우 곡식을 축적하고 있는 민으로 하여금 그것을 기민에게 나누어 주도록 권장하는 것입니다. 주자가 남강에 있을 때에 마침 큰 흉년이 들었는데, 민들에게 곡식을 내어놓도록 효유하고, 조정에 청하여 각각 郞階에 보임시키거나 자격에 따라 상을 주었습니다. 대체로 기민을 진휼한 공이 있는 민에게는 조정에서 벼슬에 제배하는 상을 수여한 것은 주자로부터 시작된 것입니다.

---

34) 『備邊司謄錄』 142책, 영조 38년 11월 10일. "獻納嚴璘所懷 凶年勸分之政 先賢之所嘗行者 若有豪富之民 積穀不散 窺時牟利 則爲守令者 以至公之心 責以義理 勸分賑飢 自是一道 固非朝家之一切嚴禁者 而間有憑藉勸分之名 勒奪民穀 甚或强稱稍裕之民 而或徵數包之穀 或徵十斗五斗之穀 至有拒納逃走之弊 其貽害平民 固已可駭 旣異惟正之供 則奪之民戶者 的爲幾何 入於賑資者 的爲幾何 人莫得以知之 貪官汚吏之願逢歉荒 多在於此 而及其畢賑之 後 乃敢以此 謂之自備穀幾石 而至有濫蒙恩賞者 則事之痛惋 莫此爲甚 近聞一二守令 有以勸 分之穀 潛爲發賣云."

正祖 16, 17년(1792년, 1793년)의 흉황 때에 진휼을 도운 사람들을 골라 모아 혹은 特資을 제수하기도 하고, 혹은 宿衛의 직을 곧바로 제수하기도 했는데, 이것이 옛날의 勸分의 의의로서 주자가 남강에 있을 때에 남겨 놓은 법제인 것입니다. 이 때문에 앞을 다투어 곡식을 바쳤던 탓으로 온전히 살려 낸 사람이 매우 많았습니다. 그러나 특별한 상이 아니면 민은 勸分하지 않으니, 이는 恩資가 직함을 문란하게 하고 또한 아껴 시상하는 것이 없기 때문입니다. 지금도 임자년·계축년(1792·1793)의 전례를 적용하여 황재를 당해 賑救해야 하는 고을에다 일에 앞서 분명히 효유하여 각각 흥기하게 하여 賑分을 도와서 賑活의 뜻을 다할 것을 4도의 道臣에게 알리고, 만약 이러고도 원치 않는 것을 강요한다면 이는 이른바 勒分인 것입니다. 늑분의 폐단은 그 책임이 수령에게 있으니 이에 대해서는 엄히 계칙하여 범과하여 죄를 짓는데 이르는 일이 없게 하라는 뜻을 아울러 분부하는 것이 어떻겠습니까.[35]

즉, 勸分이 늑분이 되지 않도록 수령을 계칙하라는 것이다. 흉년이 들면 향촌에서 이미 알려진 부민이라면 勸分令이 없더라도 勸分하지 않을 수 없었는데도 기꺼이 勸分하지 않았던 것은 勸分해도 그에 상응하는 특자나 관직을 제수받지 못했기 때문이었다. 이처럼 조선후기의 勸分은 부민이 자발성과 의협심에서 자기의 보유곡을 출연하거나 나누어 주는 것이 아니라 국가와 수령의 강제에 의한 늑탈과 늑분으로 변질되었던 것이다.[36]

---

35) 『備邊司謄錄』199책, 순조 9년 6월 20일. "左議政金(載瓚)所啓 荒年勸分古也 自春秋時 已有勸分之文 所謂勸分 即歲值水旱 公賑不給 則勸民積粟者 使之私分于饑民者也 朱子在南 康 歲適大飢 諭民出粟 請于朝 各補郎階 依格推賞 蓋民有賑飢之功 則朝施拜爵之賞 自朱子始 焉 先朝壬·癸之荒 抄應募補賑之人 或授特資 或直除宿衛之職 此古者勸分之意 而朱子南康時 遺制也 是以爭先納穀 所全活甚多 然匪殊賞 則民無以知勸 此所以恩資濫銜 亦無靳施者也 今亦用壬·癸已例 使被災當賑之邑 先事明諭 俾各興起 以爲補賑補分 務盡賙活之意 行會四道 道臣 若或因是而强其不願 則是所謂勒分也 勒分之弊 責在守令 此則嚴飭 無至犯科抵罪之意 並爲分付何如 上曰 依爲之 勒分則反不如不分 以此意各別申飭可也."

36) 『純祖實錄』30권, 순조 29년 1월 3일. "令曰 勸分之名 出於朱子南康之夫賑 而所謂勸分者 即稍饒之民 起義出粟 以添公穀 以補賑資 而官家則初不爲言於納穀之間者 即勸分之古法美 事也 近來爲守令者 每當歉荒 則先探邑中稍富之民 威脅恐喝 使之勸分云 民不願納 官必徵出 此無異於勒奪民財 堂堂千乘之國 寧有如此苟且之政乎 以此令旨 行會於設賑各道 所謂勸分

그리하여 다산은 중국과 조선의 勸分을 다음과 같이 비교 설명하였다.

중국의 勸分하는 법은 모두 곡식을 팔도록 권하는 것이었지 거저 먹이도록
권하는 것이 아니었고, 모두 베풀도록 권하는 것이었지 바치도록 권하는
것이 아니었으며, 모두 몸소 솔선하는 것이었지 입으로만 말하는 것이
아니었고, 모두 상을 주어 권장하는 것이었지 위협하는 것이 아니었다.
지금의 勸分이란 것은 非禮의 극치이다.

즉, 다산은 중국의 勸分과 달리 조선의 勸分은 '거저 먹이도록(나누어 주도록)
권하는 것'('白給'), '바치도록 권하는 것'('白納'), '(곡식을 바치도록) 위협하는
것'이 되어버렸다고 비판하였다. 조선의 勸分은 부민들로 하여금 '白納'케 하고
따르지 않는 자가 있으면 엄중한 형벌과 곤장으로 마치 도적을 다스리는 것과
같다고 말하였다. 그러므로 한번 흉년을 만나면 부민들은 곤욕을 치르며, 부민들
사이에서는 "사는 것이 죽는 것만 못하고, 부자가 가난뱅이만 못하다."라는
말이 유행한다는 것이었다.[37]

2) 私債貸付의 권장

그러면 이제 조선후기에 勸分은 실제로 어떻게 이루어지고 있었는지를 살펴
보자.

중국에서는 이미 周代 이후 賒米, 즉 '부민들로 하여금 이식을 받고 기민들에게
꾸어 주도록 하는 것'은 勸分의 하나로서 국가에 의해서 적극 권장되었다.
조선에서는 15세기 후반에 이르러 나라의 진휼이 쇠퇴하는 가운데 그동안
억제되었던 사채를 구황재원 조달 방법으로 주목하기 시작하였다.[38] 이어

一切禁斷 俾無貧富民俱瘁之歎 如是飭令之後 若或有犯科之守令 則斷當施以制書有違之律
而民若有自願自納者 則亦不必牢拒不捧 此則守令報于監司 分等狀聞 以爲――褒賞之意 令
廟堂 卽爲行會." ;『憲宗實錄』6권, 헌종 5년 1월 12일.
37) 다산연구회, 앞의 책, 37~41쪽.

16세기에는 '사채를 금하면 가난한 백성이 살아갈 수 없다'는 인식 아래 조정은 민간에서 성행하고 있던 사채 대부를 양성화하여, 흉년시에 사족·부민들로 하여금 소민들에게 곡물을 꿔주도록 함으로써 종자와 농량 부족 문제를 해결하고자 하였다.[39] 그리고 『經國大典』에 '告官徵收'라는 규정을 두었는데, 이것은 사채를 상환치 않은 채무자가 발생했을 경우 채권자가 '관에 신고하면'(告官), 관에서는 이를 파악하고 검토하여 채무자로 하여금 상환하도록 조치하는 것이었다. 그리고 이 가운데에는 채무자가 상환 능력이 없을 때 이미 저당 잡힌 토지를 몰수하게 하는 등의 강제성도 포함되어 있었다.

그러나 16세기에 이르러 공식적으로 권장되었던 사채 대부는 민간에서 자율적인 구제 재원 조달방안으로 기능하기보다는 오히려 소민의 몰락을 초래하고 있었다. 그 이유는 크게 세 가지였다.

첫째로, 사채는 연 이자율이 50%에 달하는 고리대였기 때문에 상환이 전제되는 환상에 비해서도 가혹한 것이었다. 이것은 자영소농의 재생산 기반을 흔들어 놓을 가능성이 컸다. 실제로 사채 수취시 상환능력이 없는 기민들의 의복과 가산을 빼앗거나 심지어는 牛馬를 탈취하는 일이 발생하고 있었다.

둘째로, 사채는 부민이 기민들의 노동력을 수탈하는 수단으로 이용될 소지도 컸다.[40]

셋째로, 부민들은 사채의 斂散을 통해 손쉽게 소농의 토지를 겸병할 수 있었다. 즉 '고관징수'를 통해서 채권자인 부민들의 채무자인 소농들의 토지

---

38) 『成宗實錄』 45권, 성종 5년 7월 13일. "上曰 憲府疏云 旱乾之災 由於大臣之殖貨 何不斥其名而泛言之耶 大臣豈盡殖貨而虐民者歟 雖間有一二人 未必以此致災 如或知之 明言之 瓊仝曰 臣等非以大臣爲虐民 徵債之際 豪奴不從主言 恣意侵督 足以傷和召災 故疏及之 上曰 虐民非大臣所知 謂之致災可乎 古者勸分救荒 私債固不可無也 瓊仝曰 富者貧之母 私債不可盡革也 齊民以其贏餘自相稱貸 隨意斂散 何弊之有 但勢家威脅貧民 攘奪財産 田畝所收盡歸其家 民甚苦之 臣等欲革大臣私債者 惡其害及於民也."

39) 『宣祖實錄』 55권, 선조 27년 9월 4일. "備邊司回啓曰 兵火之餘 田野荒廢 又困於徭役 孑遺之民 不能耕種 以此民生 資活無路 此事從前知會列邑 非不重複 而守令之盡心奉行者無幾 且無種子農糧及耕牛 因循失時 以至陳荒 誠爲可惜 種子則傍近郡邑稍優處 推移分給 又令富民出貸 而從其多少 論賞除職 上從之."

40) 『忠州救荒切要』 第20條.

점유를 합법적으로 인정하고 있었던 것이다.

조정의 사채 권장은 국가의 진휼곡이 고갈되어 가는 속에서 원칙적으로는 부민들의 자발적인 구황재원의 출연을 유도하고 이 재원을 바탕으로 기민을 구제한다는 새로운 황정운영의 목표로 제시된 것이었다. 그러나 결과적으로는 그 의도와는 달리 소농의 몰락과 지주층의 토지 집적을 촉진시켰을 뿐 소기의 성과를 달성하지 못하고 말았다. 때문에 燕山君代에는 사채의 '告官徵收 不許' 결정이 내려졌다. 이 방침은 개인 간의 사채 대부를 금지하자는 것이 아니라, 특권층을 중심으로 자행되고 있었던 과도한 모리행위, 토지겸병, 소농들의 재산 탈취 등을 억제하기 위한 것이었다. 그러나 결과적으로 이 방침은 사채의 활용을 위축시켰다. 부민들은 사채의 안정적 회수가 불투명해지자 사채 대부를 기피하게 되었던 것이다. 그러나 이렇게 되어서는 구제곡 부족 문제를 해결할 수 없을 것이었다. 때문에 많은 폐단에도 불구하고 사채의 고관징수를 다시 허용할 수밖에 없었다.

> 一. 부민 등이 흉년에 곡식을 쌓아두고 糶糴하지 않는 것은 모두 (곡식을) 빌린 자들이 가을에 즐겨 상환하지 않아서이다. 내년은 官穀數가 적어 民生이 가히 염려되니, 사채를 모름지기 때맞춰 분급하여 백성들로 하여금 구활케 하여야 한다. 가을에 이르러 子母의 이식을 거두게 하되 상환하지 않는 자는 告官하면 엄히 독촉하여 상환케 함이 마땅하다.[41]

여기서 알 수 있듯이, 조정은 여전히 구제곡 부족을 사채대부를 통해 보충하려 했으며, 결국 이를 위해 다시 '사채 고관징수'를 허용하는 방향으로 선회하였다. 그러나 고관징수 허용은 조세수납 우선의 필요성 때문에 채권자로부터 신뢰를 얻지 못하고 있었다. 즉, 기근구제가 완료된 후 사채를 회수할 때가 되어 채권자가 告官해도 관에서는 채무자가 조세부터 먼저 납부하도록 하기 위해서 사채를 징수해 주지 않았던 것이다. 따라서 이후 부민들이 사채 대부를 기피하는

---

41) 『忠州救荒切要』 第14條.

현상이 나타나고 있었다.[42]

그러나 17세기 이후 부민들, 특히 토호지주들은 흉년에 勸分의 일환으로 조정에 의해서 장려되는 사채 대부는 기피했지만 일상적으로는 빈민들에게 사채를 대부함으로써 그들의 소토지를 겸병해가고 있었다.[43] 지주들에게 사채는 토지겸병의 가장 확실한 수단이었던 것이다. 이는 토지소유를 위요한 농민층의 양극 분화 속에서 영세하고 가난한 농민에게 사채는 소농경제와 생존의 한 부분으로 구조화되어 가고 있었기 때문이었다.

> 대체로 농가가 일 년 고생해서 농사지은 것은 한 가족이 그 해 먹고 입는데 들어가는 비용을 넘지 않아 한 푼의 여유도 없기 때문에 관에 바치는 크고 작은 徭役과 관혼상제의 비용, 제사의 비용은 이미 마련할 길이 없게 된다. 먼저 여섯 가축을 팔고, 다음으로 가재도구 등을 팔고, 곡식과 면포 등까지 팔게 되니 애석하다. 부득이 衣食이 크게 축날 수밖에 없게 된다. 마을에서 私債를 빌릴 수밖에 없는데, 내년 가을에 갚기로 한다. 그 사이에 하나가 이미 둘로 늘어나고, 갚고 나면 또 어려움이 되풀이된다. 전과 같은 형편은 계속 감당할 수 없는 지경으로 간다. 부득이 가장 좋은 토지를 팔아서 미봉고식하게 된다. 수년 안에 집안은 파멸하여 스스로 일어설 수 없게 되니 어찌 두렵지 않을 수가 있겠느냐.[44]

이처럼 소·빈농들은 한 해의 농업소득으로는 각종 세금과 잡비는 고사하고 최소한의 생계비조차 마련할 수 없기 때문에 으레 사채에 의지할 수밖에 없고, 사채가 늘어감에 따라 결국에는 토지마저 팔고 無田農民으로 전락하고 있었다. 그리고 이들은 흉년이 들면 바로 기민으로 전락하여 무상구제를 기다리는 처지에 놓이게 되는 것이었다.

---

42) 조규환, 앞의 논문, 155~161쪽.
43) 『肅宗實錄』 47권, 숙종 35년 7월 5일. "司諫李頤晩論 土豪之貽害小民 不可勝言 富饒者多積財貨錢穀 散給貧乏之類 以田土文券 爲其典當 及利息日滋 無以准償 以其所典當者 仍成買賣 奪其田土."
44) 『增補山林經濟』 권11, 家政上 治財用.

3) 官封 실시

조선전기에 사채대부의 장려와 함께 구황곡의 부족을 메우는 또 하나의 수단은 '官封'이었다. 관봉은 먼저 조정에서 勸分令을 내림에 따라 시작되었다. 조정에서 勸分令을 내리면 해당 지방에서는 수령이 중심이 되어 부민들이 비축하고 있는 곡식의 수량을 파악한 후, 그 식구들이 먹을 만큼의 곡식을 제외하고는 '封廢'하는 조치를 취했다. 이렇게 봉폐된 곡식은 현지에 남겨 두었다가 구제가 시작될 때 파견된 관리가 개봉하여 기민들에게 분급하였으며, 곡물을 출연한 本主의 호구수와 봉폐된 곡식의 양은 문서로 기록되어 조정에 보고되었다. 이러한 관봉의 원칙은 成宗 16년(1485년)에 수립되었고, 中宗 36년 (1541)의 진휼청사목에는 관봉의 자세한 운영원칙이 규정되어 있다.

> 賑恤廳 節目 ― …… 재해를 입은 각 고을은 경내에 부유하여 곡식을 많이 저축한 집을 고을의 수령이 상세히 적발하여 그 집에서 먹을 곡식은 충분하게 남겨두고 나머지 수량을 적어서 감사에게 보고하고, 감사는 위에 아뢰었다 가 官倉穀이 모자라거든 백성을 불러 고르게 분급하고, 가을 곡식이 익거든 公債의 규례에 따라 수령이 단속하여 本主에게 돌려주되, 호조를 시켜 置簿하 였다가 解由를 참고하며, 적발되는 것을 꺼려서 나누어 숨기는 穀主와 받아 쓴 뒤에 갚지 않는 자는 감사를 시켜 추고하여 죄를 다스릴 것.[45]

여기에서는 관봉의 시행절차 뿐만 아니라 운영방식도 언급되고 있는데, 이를 통해 관봉된 곡식은 공채의 규례에 따라 기민들에게 분급되고 환수되었음 을 알 수 있다.[46]

조선후기에 이르러서도 관봉은 계속되고 있었다. 宣祖 연간에 경상·충청·경 기에 심한 기근이 들자 호조는 納粟受價制, 즉 조정의 勸分令에 따라 납속한 부민들에게 그 대가로 국가 소유의 곡물·면포·漁箭·採銀權 등을 지급하던 제도

---

45) 『中宗實錄』 95권, 중종 36년 5월 14일.
46) 조규환, 앞의 논문, 161~163쪽.

가 제대로 실시되지 않음으로써 민들에게 신의를 잃었음을 지적하면서 아래와 같이 관봉을 건의하였다.

> "과거 흉년에도 개인이 저축한 곡식을 많이 썼지만 하나도 상환하지 않았고, 그 후 漁箭을 주기도 하고 採銀을 허락하기도 하였으나 열에 한 둘도 안 되었으므로 민들에게 신의를 잃었고 원망이 적지 않아서 불편하게 되었습니다. 한결같이 대신들이 아뢴 대로 각 고을의 수령들로 하여금 사사로이 저축하여 부유한 자가 있으면 그 元穀을 헤아려서 그 집에서 먹는 바의 식량을 除한 다음 직접 기민을 데리고 撙節히 題給하게 하소서. 그 가운데 의지할 데 없는 사람이 각 마을에 몇 사람이며, 어떤 곡식을 몇 석 몇 말씩 나누어 주었다는 것을 분명히 기록하여 아뢰게 하고, 관에서는 우선으로 납부 받아 그 집에 상환하게 하소서. 그리고 수령을 교체할 때에 解由를 빙고하게 하소서." 하니 상이 따랐다.[47]

'告官徵收'에서 사채 형태의 구제곡의 흐름은 '부민→ 기민→ 부민'이었는데, 여기에서 관은 기민에게 부민의 사채 대부를 권장하고, 채무자인 기민으로 하여금 사채의 원본과 이식을 부민에게 상환하도록 조치함으로써 간접적으로 개입하는 것이었다. 이에 비해 관봉은 관이 구제곡의 흐름인 '부민→ 관→ 기민→ 관→ 부민' 과정에 직접 개입하고 있었다. 특히 관봉을 의미하는 '부민→ 관' 과정에서 수령은 부민의 식량을 제한 나머지 곡물을 명령에 의거 강제로 징수하였던 것이다.

이러한 관봉은 여러 가지 폐단을 낳고 있었다. 그것은 '勒封私債'·'勒捧私債'·'封債'·'勒奪' 등으로 표현되고 있는 데서 알 수 있듯이 이미 '勒奪'로 변질됨으로써 민인들의 원성을 불러일으키고 있었다. 그것은 관의 명령으로 부민의 식량을 제한 나머지의 모든 곡물을 徵發하는 것이었기 때문에 민인들의 불만을 불러일으켰고, 나아가서는 소요의 원인이 되고도 있었던 것이다. 그리하여 관봉은 이미 仁祖·孝宗 연간부터는 금지되고 있었고,[48] 이후에도 계속적으로 금지조치

---

47) 『宣祖實錄』 4권, 선조 3년 4월 24일.

가 내려지고 있었다.

진흉청에서 아뢰기를, "근래 외방의 '勒封私債'는 그 폐단이 적지 않기 때문에 조정에서 전후하여 금지시킨 것이 한 두 번이 아닌데, 금년 봄 賑救事目 가운데에도 역시 '勿封私債'('사저곡을 징납하지 말라')할 것을 일러두었습니다. 예전에 듣건대, 충청도에서 封債로 인하여 민간을 소란케 한 일이 있어 충청도에 공문을 보내 조사하여 적발하게 하였는데, 감사 윤경교의 첩보에 '갑자기 흉년을 만나 약간의 환곡으로는 진휼을 계속할 전망이 전혀 없었습니다. 일찍이 주자의 구황절목을 보니 경내의 부민들을 널리 타일러 곡식을 내게 하여 진구하는 것이 가장 많은 힘을 얻게 된다고 하였으므로 이대로 거행하려고 하였습니다. 그러나 도내에는 부민이 없고 다만 沔川의 李相夏, 보령의 金汝南, 趙壽漢, 定山의 尹時進 등 4인이 있는데 평소에 많은 재부의 축적이 있다고 일컬어졌습니다. 그래서 그들이 사는 고을 수령에게 분부하여 여러 방면으로 권유했으나 肯從하지 않았기에 감사로서 호령이 시행되지 않는다는 것이 또한 심히 피곤하여 재삼 엄명하였 더니 그제야 곡식을 납부하였습니다' 라고 하였습니다. 富民封債는 이미 禁法이 있은 즉 처음부터 徵納을 멋대로 명령하는 것은 부당합니다. 만약 賑穀이 떨어져 사세가 급박하여 부득불 부잣집의 사곡을 갖다 써야만 한다면 또한 의당 보고하여 변통시킨 후에야 勸分이 진휼에 도움이 되도록 해야 하는데, 이렇게 하지 않고 곧바로 위협하여 원성이 있게 하였으니 그가 사목을 어긴 것은 매우 잘못된 것입니다. 충청감사 윤경교를 추고하는 것이 어떻겠습니까." 하니 윤허한다고 답하였다.[49]

여기서 보듯이, 충청도에서 '封債'로 인하여 민인들의 소요가 있었고, 그 원인은 충청감사 윤경교와 수령이 이미 법으로 금지된 '富民封債'를 강행했기 때문이었다. 따라서 진휼청은 사목을 어긴 윤경교를 추고할 것을 제안하고, 당시 지방에서 널리 유행하고 있던 '勒封私債'로 인하여 민간 소요가 일어날

---

48) 『備邊司謄錄』 49책, 숙종 21년 10월 24일. "行吏曹判書尹趾善曰 渠自願納者 論賞則豈無 願納者乎 仁孝兩朝 亦禁封債矣."
49) 『備邊司謄錄』 36책, 숙종 8년 6월 14일.

것을 우려하여 肅宗 8년(임술, 1682) 봄 賑救事目에 다시 '勿封私債' 항목을 넣었던 것이다.

관봉이 민들의 원성을 샀던 것은 자발적으로 출연하는 勸分穀 이상이 되기 마련인 '所封之穀', 즉 식량 외의 곡물 전액을 徵納당했고, 그것을 후에 관으로부터 상환 받을 가망이 없기 때문이었다. 특히 관봉의 대상이 부민이 아니고 기민으로 까지는 전락하지 않았던 가난한 민인들이었을 경우 그들의 원성은 더욱 컸을 것이었다. 그것은 다음 기사에서 확인할 수 있다.

> 이사명이 아뢰기를, "신이 호남으로부터 올라 올 때 들은 바가 있어 아룁니다. 庚申年間(肅宗 6년, 1680)에 筵臣의 제안에 따라 각 고을의 私債의 폐단을 엄격히 금지시켰는데, 충청감사 역시 사채를 勒封했기에 지금 推繩中에 있습니다. 다만 감사가 封債한 자는 定山의 尹時進, 沔川의 李尙夏이었습니다. 이 두 사람은 모두 그 재부가 만석이 넘었는데, 앞 해의 聖諭 가운데 이웃마을끼리 나누어 먹으라는 敎言이 있어서 그들로 하여금 勸分하도록 했었습니다. 이치상으로 보건대는 잘못한 것은 아니었습니다. 그런데 공주목사 李曾賢은 경내의 민인들 가운데 굶지는 않는 자들을 抄出하고, 그들이 저축한 것을 搜括해서, 그들의 식량을 지급한 후에, 혹은 數 石을 취하고, 혹은 4, 5石을 취하여 진자에 보탰기에 원성이 매우 많았습니다. 그 가운데 鄕品官 한 사람은 官封된 후에 자신은 죽자 그 자식은 장례비용이 절박해서 封해진 곡식을 신고하지 않고 사용함으로써 일전에 정해진 액수에 미치지 못한 즉 장례를 치르기도 전에 그를 구속하고 본래의 액수를 모두 거두었습니다. 이와 같은 잔혹한 정치는 결코 멀쩡한 사람이 할 짓이 아닙니다. 또한 조정에서 이미 금령을 내린 즉 이같이 縱恣하면서 거리낌이 없을 수 있겠습니까. 이런데도 문책하지 않으면 조정의 명령은 장차 주현에서 집행될 수 없을 것이고, 민생이 입는 폐해 역시 끝이 없을 것입니다." 임금이 말하기를, "勒封私債는 이미 조정의 명령으로 금지하고 있는데 이같이 사람으로서 차마 하지 못할 일이 있으니 공주목사 이증현을 拿問定罪하라."[50]

---

50) 『承政院日記』 309책(탈초본 16책), 숙종 11년 6월 9일.

이처럼 관봉으로 인하여 부민은 물론이고 '所封之穀'이 4, 5石에 불과한 민인들이 입는 폐해는 심각한 것이었고, 민인들의 원성 또한 자자했기 때문에 조정에서는 肅宗 6년(경신, 1680)에 금령을 내린 이후 진휼이 있을 때마다 賑救事目에 '勿封私債' 항목을 규정하고 수령들에게 신칙하였던 것이다.

그러나 封債는 이후에도 근절되지 않았고, 이른바 '乙丙大饑饉'이 들었던 첫 해인 肅宗 21년(을해년, 1695)에도 다시 논의되었다. 이때 영의정 南九萬은 특히 봉채의 폐단으로 인한 소민들의 피해와 고통을 강조하면서 그 대책을 제안하였다. 즉, 그는 顯宗 연간에 小民이 봉채로 인하여 목을 매어 죽기까지 하는 것을 목격하고 봉채 금령을 제안했고, 실제로 顯宗 12년(신해년, 1671) 흉황구제 때에는 조정에서 '封債禁令'을 내렸었다는 것, 소민들은 평년이라도 衣食을 절약해서 '朝飯夕粥'하는 처지이기 때문에 원천적으로 비축할 수 없다는 것, 혹 약간의 잉여 비축이 있을지라도 그것은 '所封之穀'이 되어 빼앗길 것이기 때문에 미리 처분해 버린다는 것, 아니면 封債로 늑탈당한다는 것, 따라서 당시에도 각 고을마다 소민들을 대상으로 하는 '勒定封債'의 폐단이 여전하여 그들의 원망과 질고가 파다했기 때문에 封債하는 수령들을 염문 적발하여 가차 없이 논죄할 것을 제안하였던 것이다. 이때 행이조판서 尹趾善, 예조판서 李世白, 병조판서 徐文重 등도 봉채의 폐단을 지적하고 이를 금지시키되 그러나 勸分은 본래의 취지에 따라 수백 석을 비축해 놓고 있는 부민들에게 흉황의 절박한 사정을 다만 開諭해서 勸導하거나 때로는 論賞으로써 권도하자는 의견을 내고 있었다. 이에 대해 肅宗도 다만 勒定封債하는 것을 금할 뿐이지 勸分을 다 막아서는 안 된다는 입장을 표명하고, 남구만의 제안을 그대로 받아들이고 있었다.[51]

그러나 18세기 英祖·正祖 연간에 이르러서도 公穀이 늘 부족한 상황에서 자비곡을 확보해야만 했던 수령으로서는 부민 특히 소민을 대상으로 하는 관봉이 진휼곡을 모으는 가장 손쉬운 방법이었기 때문에 수령의 봉채는 크게

---

51) 『備邊司謄錄』 49책, 숙종 21년 10월 24일.

줄어들긴 했지만 계속되었던 것 같다. 그리고 암행어사의 별단으로 보고되는 '富民封庫'한 수령들은 不法·犯法者로 논죄되었다.[52] 이제 수령들은 勸分 때문이 아니라 '封庫' 때문에 단죄되었던 것이다.[53] 그리하여 肅宗 21년(1695) 이래로 조정은 封債와 勸分을 분명히 구분하고 감사로 하여금 각별히 금지시키는 한편 '封其藏'하는 수령이 드러날 경우 해당 수령은 물론 감사까지 重勘措置한다고 경고하였다. 그것은 다음 기사에서 확인할 수 있다.

> 영의정 徐命善이 말하기를, "매번 水旱으로 인하여 賙賑을 준비할 때마다 수령된 자들은 번번이 경내 부민을 추려내어 그가 저장하고 있는 곡식을 封廢하고, 그의 돈을 빌리고는 나중에는 대부분 갚지 않습니다. 이는 勸分納粟과는 다르기 때문에 매우 아름답지 않으며, 그밖에 여러 가지 인연으로 操縱하는 폐단은 이루 말할 수 없습니다. 또한 처음부터 부민이 아닌데도 그 우환을 널리 당하는 자가 있습니다. 지금의 旱災가 이처럼 계속되는 것을 보면 가을의 작황은 좋지 않을 것입니다. 지방의 고을들이 미리 준비한다고 하면 여전히 이러한 폐단이 있을 것이니 감사로 하여금 각별히 엄금시키고 나타나는 대로 논죄한다는 것을 우선 제도에 신칙하는 것이 어떻겠습니까." 임금이 말하기를, "매우 좋다. 각별히 타일러두어라. 만일 이 신칙 후에 또다시 폐단이 드러나면 감사부터 중감을 면치 못할 것임을 이 措辭와 함께 알리도록 하라."[54]

이처럼 흉년이 들면 수령들은 번번이 부민뿐만 아니라 소민들의 비축곡을 봉폐시켜 징수하거나 그들의 돈을 빌려서 구제재원을 확보하고 있었음을 알

---

52) 『英祖實錄』 87권, 영조 32년 3월 17일.
53) 『承政院日記』 1209책(탈초본 67책), 영조 38년 8월 12일.
54) 『承政院日記』 1509책(탈초본 82책), 정조 6년 5월 29일. "徐命善曰 每當水旱之預備賙賑之時 爲守令者 輒抄境內富民 封其藏 貸其錢 畢竟多不還報 此與勸分納粟有異 已極不美 而其他夤緣操縱之弊 不可勝言 亦或有初非富民而橫被其患者 日前傳敎中 豈必責出富民蓋藏之敎 有若明見萬里 臣不勝欽仰感歎 目今旱災 一向如此 秋農之登稔 有未可必 外邑稱以預備 如有此等弊端 道臣各別嚴禁 隨現論罪事 爲先申飭諸道 何如 上曰 所奏甚好 各別申飭 如是申飭之後 復有現發之弊 則自監司 難免重勘 以此措辭行會 可也."

수 있다. 문제는 수령들이 그 곡물과 돈을 갚지 않음으로써 '封其藏 貸其錢'은 결국 勸分을 빙자한 勒奪이 되는 것이었고, 이는 민들의 원성을 불러일으킬 것이었다. 따라서 조정에서는 흉년이 들 조짐이 있으면 미리 감사와 수령에게 封債禁令을 어길 경우 단죄할 것임을 일러둠으로써 官封을 금단시키고자 하였던 것이다.

4) 勸分令과 '勒令勸分'

17세기 말엽 肅宗 연간에 이르러 관봉의 폐단은 극에 다다랐다. 官封의 대상이 되었던 부민들, 특히 소민들이 입는 피해와 고통은 심각한 것이었다. 그들은 가족의 식량을 제외한 모든 곡물을 徵收당함으로써 생존까지 위협받고 있었기 때문이다. 관봉에 대한 민들의 불만과 원성은 민간소요로 이어지고 있었다. 때문에 조정에서는 진휼이 있을 때마다 '封債禁令'을 내리거나 振救事目에 '勿封私債'의 항목을 적시하곤 하였다. 그리고 감사와 수령에게 封債하지 말 것을 각별히 신칙하고 어겼을 경우 가차 없이 단죄하였다.

그러나 부민들이 기민들에 대한 사채 대부를 기피하는 가운데 官封 또한 금지된다면 정부로서는 구제 재원을 확보할 다른 방법이 없었다. 물론 넓은 의미의 勸分은 이미 열려 있었다. 이제 조정으로서는 勸分과 官封을 분명히 구분하고, 官封을 금지시키는 한편 부민들의 勸分을 여전히 勸導할 필요가 있었다. 그러나 勸分을 이미 官封으로 인식하고 그에 대해 우려와 원성을 품고 있었던 민인들은 정부의 勸諭에 응하여 '起義出粟'하려고 하지 않았다. 그러자 수령들은 勸分令을 내려 민인들에게 勸分을 강요하기 시작하였다.

英祖 7년(1731)에 호서지방에 대기근이 들었을 때 충청감사 李衡佐는 수령들이 勸分令을 빙자하여 橫斂하고 있다고 다음과 같이 말하고 있었다.

列邑의 수령들 또한 민들이 다 죽을 것이라는 것을 알지만 손에는 가진 것이 없고, 곡물을 많이 모을 수 없어서 목이 탈 때 조정의 勸分令을 빙자하여

橫斂하는 일이 간간이 있습니다. 이는 주자가 남강에 있을 때 행했던 아름다운 정치였지만 잘 받들어 행하지 않으면 폐단을 낳고 국체를 크게 상하게 하기 때문에 신은 계속해서 關文을 보내 다만 開諭 勘發하여 동포의 생명을 구하도록 하되 혹 위협 늑탈하는 일이 없도록 하라고 하였습니다.[55]

즉, 기근이 든 여러 고을의 수령들 가운데는 구제곡을 확보하기 위해서 부민들의 勸分을 開諭하는 것에 그치지 않고 그들을 위협하여 늑탈까지 하였고, 심지어는 '拘囚勒奪'하기도 하였던 것이다.[56] 이에 英祖는 '拘囚富民 勒奪穀物'하는 수령들을 진휼이 끝난 후에 廉察科罪할 것을 諸道에 지시하였다.[57] 그리고 英祖 8년 윤5월에는 호남어사 鄭亨復의 복명상소를 근거로 勸分이 늑탈이 되는 폐단을 없앨 대책을 논의하였다.

호남어사 정형복이 아뢴 바, "흉년에 勸分은 옛날부터 있었는데, 지금은 전혀 勸分의 뜻은 없고 반면에 늑탈의 폐단만 있습니다. 작년에 삼남지방에서 진휼을 실시한 고을 모두가 대체로 그러했습니다. 예로 고부 읍을 보면, 경내의 稍實之民들을 모두 추려서 그 집 재산의 많고 적음에 따라 곡물액수의 다소를 나누어 정했는데 많은 것은 물론하고 적은 것은 혹 3, 4斗로 해서 책자를 만들어 督徵하기를 마치 身役을 거두는 것처럼 했습니다. 3, 4斗를 勸分하는 것은 전에 들어보지 못한 바, 그 사체가 손상되고 일처리의 구차함이 이보다 심함이 없으니 정말로 한심합니다. 富實之民이 식량 외의 잉여분을 관에 바쳐 진휼을 돕는 것은 均哺廣濟의 뜻에 해가 되지 않지만 평년이라도 고생하여 농사지어서 근근이 연명하는 민들이 부민 명단에 混入되는 것을 면치 못하고 官令을 어기기도 어려워 재산을 다 털어 바치는데, 조금은

---

55) 『承政院日記』734책, 영조 7년 11월 17일. "忠淸監司李衡佐疏日 …… 列邑守令 亦知民必盡死 而手無所持 不能多聚穀物 焦渴之際 得朝家勸分之令 憑藉橫斂 間間有之 此固朱子南康以後必行之美政 而不善奉行 則貽弊孔多 大損國體 故臣連次發關 只令開諭感發 俾救其同胞之命 毋或爲威脅勒奪之擧."

56) 『備邊司謄錄』91책, 영조 8년 2월 21일.

57) 『英祖實錄』31권, 영조 8년 2월 20일. "侍講官李宗城日 今歲富戶勸分 反爲弊端 此乃守令之不善奉行也上曰 向聞守令 有拘囚富民 勒奪穀物者云 畢賑後 當廉察科罪 申飭諸道."

먹을 곡식이 있다고 하여 환곡으로 건량을 분급 받는 데에도 낄 수 없었습니다. 이들의 궁핍과 부황이 든 모습은 토지 없는 기민보다 더 심합니다. 이러한 일들은 비록 일시의 사소한 이익이 있더라도 필경 원망이 나라로 돌아가는 것이니 어찌 慨恨하지 않겠습니까. 앞으로는 스스로 원하여 곡식을 바치는 자 외에는 다시는 억지로 分定하지 말 것을 道臣에게 분부하고 영원히 정식으로 하는 것이 어떻겠습니까." 임금이 말하기를, "모름지기 勸分한다는 것은 여유 있는 자들을 권유하여 기민을 구제하는 것이다. 조정에서 어찌 억지로 거두는 것이 있겠는가. 처음에는 민들을 구제하는 일이 도리어 민에게 원망을 주게 되니 일의 모양이 극히 구차하다. 어사가 아뢴 것이 진실로 맞다. 호남뿐만 아니라 앞으로는 각 도 각 읍에 다시는 勸分하지 말 것을 조항을 두어 申飭하도록 하라."[58)

여기서 진휼을 실시한 삼남지방의 모든 고을에서 勸分은 이미 늑탈로 변질되었다는 것, 부민과 소민을 불문하고 이들에게 勸分을 강요하는 것이 마치 부세를 거두는 것처럼 되었다는 것, 勸分이 관봉과 다름없이 이루어지고 있다는 것, 특히 乾糧還穀을 받아야 할 소민들의 궁핍함이 기민보다 더 심하다는 것 등을 확인할 수 있다. 그리고 勸分의 폐단에 대한 대책은 자원하여 곡식을 바치는 부민들 외에는 勸分을 권유하지 말 것을 규정하는 것에 머무르고 있다. 이 시기에는 환곡이 이미 진휼 기능을 상실하고 부세로 변질되고 있었는데, 지금은 환곡의 부세화보다는 勸分의 부세화로 인하여 민들의 원성이 더욱

58) 『英祖實錄』 31권, 영조 8년 윤5월 17일 ; 『備邊司謄錄』 91책, 영조 8년 윤5월 17일. "今聞五月十七日湖南御史鄭亨復 引見入侍時 湖南御史鄭亨復所啓 凶歲勸分 自古有之 而今則全無勸分之意 反有勒奪之弊 似聞昨年三南設賑之邑 大抵皆然 試以古阜一邑見之 境內稍實之民 一併抄出 隨其家産之豐薄 分定穀數之多少 多者固無論 而少者或至三四斗 成冊督徵 如身役應捧者然 以三四斗勸分 前所未聞 其事體之損傷 擧措之苟簡 莫此爲甚 誠極寒心 富實之民 除出其所食嬴餘 納官補賑 不害爲均哺廣濟之意 而常年勤苦服田 僅僅延命之民 亦不免混於抄富之中 官令難違 罄産輸納 而以其稍有食粟之名 故不得參於乾糧還上之分給 此類之窮乏顚頓 殆有甚於無土飢民 此等事 雖有一時些少利益 畢竟歸怨於國 豈不慨恨乎 諸道勸分成冊 監司似當啓聞 從其納粟多寡 一一施相當之賞 以爲他日激勸之地 此後則自願納粟者外 勿復勒定勸分之意 分付道臣 永爲定式何如 上曰 大抵勸分之事 勸其有裕者 以救飢民也 自朝家 豈有勒捧者乎 初爲救民之事 而反貽民怨 事體極爲苟簡矣 御史所達 誠是非但湖南 日後則各道各邑 勿復勸分事 出擧條申飭 可也."

켜져 가고 있었던 것이다.

그러나 이후에도 貧富를 물론하고 그들에 대한 勸分 강요는 없어지지 않았던 것 같다. 英祖 8년(1732) 7월에 正言 金淡은 수령 가운데는 빈부를 물론하고 모두 추려내서 형벌을 가하여 종자까지 빼앗아 감으로써 봄철에 유산하는 자가 많고 사방에서 원망과 비방이 일어나기 때문에 그러한 수령들을 파직시키거나 무겁게 처벌해야 한다고 주장하고 있다.[59] 실제로 英祖 19년(1743) 6월에는 진휼을 빙자하여 부민에게 혹형을 가하여 賑資를 督徵한 장흥부사 南益燁을 파직시켰다.[60] 그러나 이처럼 수령을 파직시킴에도 불구하고 勸分의 폐단은 계속되었고, 그에 대한 획기적인 대책도 세워지지 않고 있었다. 英祖 32년(1756)에 좌의정 金尙魯는 당시 勸分의 실태와 그 폐단을 정확하게 지적하고 있다.

좌의정 金尙魯가 아뢰기를, "작년 겨울에 승지 鄭彦儒가 외방의 勸分의 폐단을 진달한 것으로 인하여 비국은 대책을 올리라는 명이 있었습니다.[61] 근래 外方은 흉년을 맞으면, 거두는 것을 줄여서 마련한 곡식으로 기민을 진구하는 방법을 생각하지 않고, 勸分의 이름을 빙자하여 경내의 민들을 조종하고, 빈부를 비교해서 곡물 양을 정하여 억지로 납부하게 하는 것(勒令督納)이 거의 세금을 바치는 것과 같습니다. 어찌 勸分의 뜻이 있겠습니까. 민들에게 폐가 되는 것이 이보다 지나친 것이 없습니다. 承宣이 진달한 것은 진실로 옳습니다. 만약 이 폐단을 말한다면, 호서뿐만 아니고 諸道가 대체로 같습니다. 조정에서 특별하게 엄금하지 않을 수 없습니다. 이를 8도 도신들에게 신칙하는 것이 어떻겠습니까." 임금이 말하기를, "等對할 때에 稟處하라는 것이 바로 이것이었다. 아뢰는 것이 진실로 옳다. 앞으로 염문할 때에 어기는 자가 있으면 드러나는 대로 무겁게 처벌하라. 이를 엄히 신칙하라."[62]

---

59) 『承政院日記』 747책(탈초본 41책), 영조 8년 7월 21일.

60) 『英祖實錄』 58권, 영조 19년 6월 10일.

61) 『承政院日記』 1126책(탈초본 62책), 영조 31년 12월 28일 ; 『備邊司謄錄』 130책, 영조 32년 정월 초3일.

62) 『承政院日記』 1127책(탈초본 62책), 영조 32년 1월 25일.

그런데 이처럼 勸分이 그 본래의 뜻을 잃고 잘못 시행됨으로써 민들에게 최대의 시폐가 되고 있음에도 불구하고 그 대책은 '勒令督納'하는 수령을 처벌하는 데 그치고 있음을 볼 수 있다. 18세기에 이르러 진휼곡으로 호조의 賑穀인 常賑穀, 軍作米와 補還穀, 道 간에 이속하는 交濟穀·濟民穀·蒜蒜穀, 營賑穀 등을 설치하였지만 실제로 비축된 것이 없었다. 그리고 그동안 진휼기능을 해 왔던 환곡은 흉년을 대비하기 보다는 주로는 중앙각사와 지방아문의 재정보충을 위하여 설치되었고, 18세기 후반 이후에는 賦稅化되면서 그 폐단이 구조화되어 이른바 '환정의 문란'을 일으키고 있었다. 이런 사정에서 진휼곡 확보는 勸分에 의지할 수밖에 없었고, 勸分令의 실질적 집행자인 수령의 자질과 능력에 달려 있었다. 勸分의 폐단은 따라서 수령의 '不善奉行勸分'에서 비롯되고 있다고 보기 때문에 그 대책 또한 勸分令을 제대로 집행하지 못하는 수령을 무겁게 처벌하는 것이 되지 않을 수 없었던 것이다.

이처럼 '勒令勸分'을 禁令으로 금지시키고[63], 이를 어기는 수령들을 重律論罪했음에도 불구하고 수령들의 '勒令勸分'은 19세기까지도 계속되었다.[64] 그리하여 '勒令勸分'에 대한 부민들의 원성이 길을 가득 메운다고 했다.[65] 그러나 勸分의 본래의 의미는 '有無相資之約條' 같은 것이었으므로 폐지할 수 없었다. 따라서 권분의 본래의 취지와 목적은 살려가되 그것의 파행적인 집행으로 변질된 '勒分'을 금지시키고자 했다.[66]

그런데 대체로 진휼을 실시한 고을의 수령들이 처벌되었던 것은 그들이

---

63) 『續大典』 권2, 備荒 : 托以備穀 勸分民間者 嚴禁 ; 『大典通編』 권2, 備荒 : 守令之稱以補賑 箕斂權利虛張數爻者 令該道臣查啓以報上不以實律論 杖八十 徒二年 ; 『承政院日記』 1743책(탈초본 92책), 정조 19년 4월 24일.

64) 주 36) 참조

65) 『正祖實錄』 43권, 정조 19년 8월 23일 ; 『承政院日記』 1749책(탈초본 92책), 정조 19년 8월 23일. "校理 朴吉源疏曰 …… 但富民勸分 雖有古例 勒奪瓶罌之儲 乾沒吏卿之手 實效難食 無補於賑政 怨聲載播 流害於平民 自朝家特軫此弊 預加防禁 雖是報備局許題之事 亦令待秋準報 甚盛典也."

66) 『備邊司謄錄』 187책, 정조 22년 4월 초10일. "答持平鄭繼忠疏曰 省疏具悉 …… 其餘勸分 事 特禁其勒分而已 鄕俗樸厚 隣誼敦睦 稍饒者 貸於乏者 不饑者 繼其貧者 即新頒綸音中 有無相資之約條則例也 此惟在聞風出義之如何矣."

'勸令督納'한 데에 그치지 않고 勸分穀을 개인적으로 횡령하거나 유용했기 때문이었다. 이를테면, 英祖 8년(1732)에 금산 군수 李普春은 勸分을 핑계로 군내의 부민들을 수괄하여 강제로 돈과 쌀을 빼앗아 그 일부는 책임막음으로 나누어주고 나머지로는 토지를 매입하는 자금으로 유용했고, 이로 인해 그는 파직이 건의되었었다.[67] 또 英祖 38년 7월에 서천군수 李纘徵은 부민 한 사람한테서 억지로 거둔 800냥 가운데 200냥을 착복했기 때문에 贓律로 처벌되었다.[68] 같은 해 11월에 헌납 嚴璘은 勸分穀은 세금과 달라서 민호로부터 빼앗은 것이 얼마인지, 賑資로 들어가는 것이 얼마인지 아무도 알지 못하기 때문에 탐관오리들은 歉荒을 蓄財의 기회로 여기기 때문에 그것을 기다리기도 하며, 소문이라 믿을 수는 없지만 어떤 수령들은 勸分穀을 몰래 팔아 챙기기까지 하므로 三南의 道臣들에게 신칙하여 엄히 廉察하도록 하며, 이러한 폐단이 있으면 바로 보고하여 논죄해서 贓律로 처벌하자고 건의하고 있었다.[69] 正祖 11년(1787)에 金潤國도 여러 죄목 가운데 역시 가장 큰 것은 부민의 勸分穀 105石 가운데 일부를 떼어 착복한 것이었는데, 이로 인해 그는 평안도 함종부로 유배되었다.[70] 같은 해 수령 김계순은 私賑이라고 하면서 부민들의 勸分穀을 걷지 않고 먼저 國穀 400石을 갖다 쓰고 이를 부민들에게 할당하여 가을에 징납한 죄로 의금부에 구속된 채 처벌을 기다리고 있었다.[71] 이처럼 진휼을 실시했던 고을의 수령들 가운데는 민들에게 '勸令督納' 혹은 徵納했거나, 흉황을 기화로 勸分穀을 착복했거나, 혹은 몰래 팔아 이득을 챙겼기 때문에 贓律로 처벌되고 있었던 것이다.

한편, 조정에서는 가능한 한 기백 석의 곡물을 비축하고 있는 부민들을 개유하여 勸分하도록 했지만 진휼을 실시해야 하는 고을의 수령들은 부민 여부와 비축곡의 다소를 가리지 않고 누구에게나 勸分을 강요하고 있었다.

---

67) 『英祖實錄』 32권, 영조 8년 10월 27일.
68) 『英祖實錄』 100권, 영조 38년 7월 25일.
69) 『備邊司謄錄』 142책, 영조 38년 11월 10일.
70) 『承政院日記』 1627책(탈초본 86책), 정조 11년 6월 6일.
71) 『承政院日記』 1627책(탈초본 86책), 정조 11년 6월 6일.

앞서 보았듯이 누구든지 官封의 대상이 되고 있었고, 일단 관봉되면 식량 외의 '所封之穀'을 모두 징납 당했기 때문에 특히 소민의 고통과 질고가 컸던 것이었다. 勸分이 이미 '勒令督納'으로 변한 상황에서 누구든지 勸分者의 명단에 들어가게 되면 관봉의 '封穀' 액수만큼은 아니지만 얼마만큼은 의무적으로 납부해야 했기 때문에 그들 가운데서도 빈민·소민들의 고통과 원성은 클 것이었다.

그렇다면 당시의 병작지주제의 발전 속에서 대개는 지주계층에 속하고 있던 土豪·士大夫家들은 勸分令을 어떻게 받아들이고 있었을까?[72] 현직관료는 물론 전직관료였다가 지금은 本鄕이나 妻鄕 혹은 世葬地에 寓居하게 된 향반토호나 양반가들 가운데는 대개 鄕庄을 가지고 있었다.[73] 그 토지규모는 적어도 30結 정도를 내려가지 않는다고 했으며[74], 많게는 당시 '千石君'의 소유토지규모인 80結 이상에 달하기도 했었다.[75] 이들 가운데는 흉년이 들더라도 여러 해의 풍작으로 잉여곡물을 축적하고 있는 자들이 많았기 때문에 언제라도 그것을 勸分하여 진자에 보탤 수 있었다.[76] 그런데 수령들은 자기보다 높은 位階에

---

72) 『肅宗實錄』47권, 숙종 35년 7월 5일 ; 『英祖實錄』51권, 영조 16년 2월 13일 ; 『承政院日記』906책(탈초본 49책), 영조 16년 2월 14일 ; 『正祖實錄』5권, 정조 2년 2월 7일 ; 朴趾源, 『課農小抄』限民名田議 ; 權脩, 『錦厓文集』4, 策問 ; 李翊九, 『恒齋集』三政策 ; 金輝鑰, 『太古齋文集』井田論 ; 羅獻容『蕙田集』井田論 ; 朴宗鉉, 『晩休全集』經筵講義.

73) 예를 들면, 前兵使 李益馝家 같은 경우다. 영조 7년 11월에 경상우도별견경차관 이거원은 전병사 이익필가가 평소에 '富饒'하다고 해서 흉년이 든 그해의 농사 실상을 그에게 물었더니 답하기를 "吾家常年所收不下四百石 而今年則僅至四十石 推此可之."라고 말했다. 이로 미루어 보면 이익필은 적어도 30~40여 結을 소유하고 있었다고 볼 수 있다(『承政院日記』734책(탈초본 40책), 영조 7년 11월 28일).

74) 『正祖實錄』32권, 정조 15년 1월 22일.

75) 『與猶堂全書』제1집, 詩文集 田論. "今文武貴臣及閭巷富人 一戶粟數千石者甚衆 計其田不下百結 …… 國中富人 如嶺南崔氏湖南王氏 粟數萬石者有之."

76) 『承政院日記』734책(탈초본 40책), 영조 7년 11월 15일. "朴文秀曰 前監司申昉全不留念 而仍爲遞歸 故時監司計無所出 但長吁而坐矣 來春牟麥若登 則庶有可望 而牟麥又如今年農事 則三南事 實有難言之憂矣 臣在嶺營時 亦不廢農 留置奴僕於鄕庄 使之作農 而家屬皆食於營中 故年年有剩穀 臣若不住嶺南 則此穀何以餘存乎 莫非國家之恩 而當此之時 若不捐之以救生民 則臣之罪大矣 臣旣出營 則雖金剛慶權이나 鎭權諸人 亦豈不出乎 卽今爲計 勸分之外 更無他策 故臣果計除家屬糊口之數 其餘百數十石 招致本官座首付之矣 以此事岂出筵說 則宰相之有餘者 何可不出乎 宰相旣出 則百姓之有餘者 亦何可不出乎 宰相若不出 則百姓皆當死矣 上曰 失稔則同 而田畓或有優劣乎 文秀曰 田則似勝於畓 嶺南則田多畓少 湖南則畓多

있는 그들에게 勸分을 요청할 수는 없었다. 대신 그들에게 勸分을 강요할 수 있었던 것은 감진어사로 파견되었던 암행어사였다. 이를테면, 英祖 7년에 어사 黃晸과 判書 權以鎭의 경우가 그것이었다. 그해 충청도에 흉년과 기근이 들었을 때, 감진어사로 파견된 황정은 당시에 勸分이 힘없는 士大夫나 가난한 민들에만 요구되었을 뿐 鄕庄穀을 많이 비축하고 있는 宰臣부류들은 勸分하지 않는 것에 대해 분개하고 있던 터에 마침 연산에 순도하여 권이진의 농장곡이 많다는 것을 듣고 연산군수로 하여금 권이진의 연산 농장곡 200石을 봉폐시켜서 진휼곡에 보태도록 명령했었다.[77] 그런데 당시 충청감사 李衡佐에 의하면, 권이진은 그의 연산 농장곡은 자신의 궁곤한 친족의 매년 식량을 대기 위해서 비축했던 것이고, 鎭今과 公州에도 농장이 있는데 그곳의 庄穀으로는 두 읍의 기민을 구제하려고 마음먹고 있었다는 것이었다.[78] 따라서 권이진은 어사 황정이 그의 장곡을 勒分하기 위해서 '封其私庫'했다고 생각하고 "이미 宰列에 있으니 富民과는 다르다. 그런데 私庫를 封하고 나누어 주라고 명령하는 것은 조정의 체모를 보존하는 것이 아니다."라는 내용의 편지를 황정에게 보내 책망하였다. 이후 사간 許沃은 "권이진은 卿宰가 된 몸으로 시골에서 넉넉하게 살면서 곡물에 인색했을 뿐만 아니라 또한 그의 言辭가 駭悖하였으니 마땅히 그의 관직을 삭탈하고 다만 그 곡식은 돌려주어야 합니다."라고 상소하였다. 이에 英祖는 권이진을 파직시키고, '封其私庫'한 것은 조정의 勸分令에 의한 것이 아니라고 하여 그 곡식을 되돌려주지 않도록 하였다.[79] 다만 英祖 8년 1월에 권이진에 대한 파직 명령은 환수되었다.[80]

또 하나의 예를 들면, 英祖 7년 11월에 삼남에 흉년이 들었을 때 충청도 암행어사로 나갔던 박문수는 스스로 공주 향장의 장곡을 내어놓은 뒤 향촌에

田少 故嶺南反勝於他道矣 上曰 旣多無掛鎌之處 則兩班何以勝乎 文秀曰 統論土地 民田幾何 皆有兩班之所兼竝 如今年穡事 則雖兩班 豈有餘穀 而累歲稍豐之故 能有剩餘者多矣."

77) 『承政院日記』736책(탈초본 40책), 영조 7년 12월 13일.
78) 『承政院日記』737책(탈초본 40책), 영조 8년 1월 16일.
79) 『英祖實錄』30권, 영조 7년 12월 25일.
80) 『承政院日記』737책(탈초본 40책), 영조 8년 1월 23일.

거처하는 重宰들이 비축하고 있던 곡물수량을 모두 파악한 뒤 나누어 징수하자고 요청한 일이 있었다. 즉, 박문수는 重宰家들이 勸分에 참여하지 않자 솔선수범하여 자신의 장곡을 賑資穀으로 내놓음으로써 그들로 하여금 勸分하지 않을 수 없는 고육지책을 썼던 것이다. 이에 대해 조정의 宰臣들은 두 가지 점을 들어 반대 의견을 표명하였다. 하나는 賙賑策은 이미 監司에게 위임한 바 감사에게 賑資를 넉넉히 주어 기민들을 濟活하게 하는 것으로 충분한 것이지 별도로 어사를 파견함으로써 廚錢을 허비하거나 民間 騷擾를 일으킬 필요가 없다는 것이었고, 또 하나는 卿宰의 체통은 다른 사람과는 다르고, 억지로 勸分하도록 해도('勒令納粟') 약간의 租石만을 얻을 뿐이어서 얻는 것은 적은데 반해 국체를 손상시킴으로써 잃는 것이 크다는 것이었다. 이러한 의견은 실제로 스스로 勸分에 참여하고 싶지 않은 고위관료들의 의중을 내비치는 것이었다.[81]

이를 보면, 대체로 鄕庄을 가지고 있던 사대부가들과 향반토호들은 스스로 勸分에 참여하지 않고 있었고, 또 그들에게는 勸分令이 미치지 못하고 있었음을 알 수 있다.[82] 따라서 勸分令의 주 대상은 부민·요호와 소농민들일 수밖에 없었다. 본디 勸分은 '부자에게 권유하여 私穀을 출연하도록 해서 진휼을 돕는 것', 혹은 '조금 넉넉하게 사는 민이 의협심에서 곡식을 출연하여 公穀에 보태거나 賑資에 보태는 것'으로 인식되고 있듯이 역시 勸分令의 일차적 대상은 요호·부민들이었다. 그러나 조선후기의 잦은 흉년과 기근으로 기민 못지않게 부민들은 부담과 고통을 겪고 있었다. 이제 그들은 勸分에 참여 여부를 스스로 결정할 수 없게 되었다. 勸分令은 바로 그들을 표적으로 삼고 있었기 때문이었다.

---

81) 『英祖實錄』 30권, 영조 7년 12월 7일 ; 『承政院日記』 736책(탈초본 40책), 영조 7년 12월 8일 ; 『備邊司謄錄』 90책, 영조 7년 12월 9일.

82) 『承政院日記』 734책(탈초본 40책), 영조 7년 11월 28일. "金尙奎曰 災荒實狀 敬差官旣已 備陳目見之狀 而聞外議 則諸道以勸分一事 不無民弊 根着有實之民 亦皆難堪云 雖以日昨湖西伯狀啓及御史狀啓觀之 可知其申飭 而急於救活流民 反令有根着之民 不能支保 蓋勸分之 令 不能行於土豪 而只以舊日食粟之名 徵出若干平民 今年所收 比常年不及甚遠 而困於責納 或至賣其田土 不能自聊其生者有之云矣."

(正言 宋徵啓가 상소하기를) 흉년에 勸分의 정사를 다 폐지할 수는 없지만 또한 어찌 참작하여 선처할 방도가 없겠습니까. 근래 남쪽에서 오는 사람들이 전하는 말을 들어보면 수령이 진휼물자라고 하면서 부민들에게 곡식을 빼앗는 것이 하나의 고질적인 폐단이 되었습니다. 포악한 관리들이 달려들고 회초리 휘두르며 심지어는 뇌물을 받고 농간까지 하니 참으로 부민들은 임시변통이라도 부리지만 힘없고 못사는 민들은 다 빼앗겨 고을이 소란스럽고 원망하는 소리가 길에 가득합니다. 비록 민들을 위한 것이라고는 하지만 도리어 민들을 해치고 있으니 역시 諸道에 신칙하여 각 읍에서 편리한대로 부민들에게 권유하여 그들로 하여금 면리의 궁핍하여 굶는 사람들에게 두루 주도록 하고, 勸分令을 빙자하여 제멋대로 약탈하여 민간에게 폐를 끼치는 자들은 드러나는 대로 論罪해야 할 것이니 어느 것 하나 그만둘 수 없습니다. 임금이 이르기를, "勸分이 濫雜한 것은 승선의 진달을 듣고 충청도 관찰사의 狀聞을 보고 이미 알고 있었다. 지금 그대가 청한 것은 신칙하는 것이 옳으니 아뢴 대로 시행하겠다."[83]

여기서 보듯이, 흉년 든 고을의 실상은 수령들이 으레 勸分令을 빙자하여 부민들의 곡식을 빼앗는다는 것, 때문에 부민들은 뇌물을 주고 攘奪에서 면제되기라도 하지만 小民들은 다 빼앗긴다는 것이다.[84] 이에 대한 대책은 흉년에 勸分을 폐지할 수는 없는 이상 역시 부민들에게 勸諭하여 그들의 곡물을 관에 바치는 대신 직접 飢民들에게 나누어 주도록 하자는 것이었다.

또 英祖 9년에 시강관호조판서 金在魯는 「周禮」의 荒政 12조 가운데 '安富之意'를 시강하면서 勸分으로 인하여 부민들까지도 家産을 蕩滌하고 流散하는 것이 당시의 가장 큰 폐단이라고 다음과 같이 말하고 있다.

---

83) 『備邊司謄錄』 90책, 영조 7년 12월 9일. "正言宋徵啓上疏云云 …… 凶歲勸分之政 雖不可全廢 亦豈無參量善處之道 而近聞南來人所傳之言 則守令之稱以賑資 奪穀於富民者 非一痼弊 悍吏驅突 鞭朴狼藉 甚至於受賂弄奸 而眞富富民則從中彌縫 無勢殘氓則蕩然見奪 閭里搔擾 怨聲載路 雖日爲民 而反爲害民 亦宜申飭諸道 令各邑從便勸諭富民 使之周給其面里窮餓者 而憑藉勸分之令 恣行掠奪 貽弊民間者 隨現論罪 節不可已也云云 …… 答日 …… 勸分之濫雜 聞承宣之陳達 觀忠伯之狀聞 業已知矣 今爾所請 申飭是矣 依施."
84) 『英祖實錄』 30권, 영조 7년 12월 7일.

근래에 勸分의 일은 이미 부민들을 안정시키는 방도('安富之道')가 아닌데, 지금은 거듭되는 흉년으로 賙賑에 급급하여 평소에 조금 부자로 불리는 자는 諸道 諸邑에서 추려내어 명단을 작성해서 억지로 곡식을 바치게 하고, 조금이라도 따르지 않으면 채찍을 휘두르니, 이른바 부민들 역시 가산이 파탄되고 흩어지는 것을 면지 못하니, 실로 오늘날의 가장 큰 폐단입니다. 더욱이 부자들로부터 가렴하지 않는다('不傳取之意')는 취지와 괴리가 있습니다. 임금이 말하기를, "말한 것이 매우 좋다." 김재로가 말하기를, "현재 勸分에 폐단이 있는 것은 부자를 안정시킨다는 취지('安富之意')를 그르치고 있기 때문입니다." 임금이 말하기를, "이는 모름지기 苟斂한다는 것을 경계해야 한다는 것이다."[85]

즉, 당시의 勸分은 이미 부민들에게 '勒令督納'하는 것으로 변질되어 그들을 파산시켰는데, 이는 '부자라고 해서 가렴하지 않고 그 생업을 안정시킨다'는 대의에 어긋난다는 것이었다. 이른바 仁政을 목적으로 하는 왕정의 과업은 먼저 鰥寡孤獨의 窮民과 貧民을 구휼하고, 부민에 대해서는 과중하게 징수하지 않고 그 생업을 안정시키는 것이었는데, 당시의 勸分은 부민들로부터 과중하게 징수함으로써 그들의 생업을 파괴시키고 있다는 것이었다.

이처럼 흉년이 거듭되고 勸分이 일상화된 상황에서는 부민들도 살아남기 어려웠다. 그나마 부민들은 뇌물을 써서라도 勸分者 명단에서 빠져 나올 수 있었지만 그도 안 되는 소민들의 고통은 이루 말할 수 없을 것이었다. 소민들은 勸分令에 따라 督納 당하게 되면 식량과 종자도 부족하게 되어 이내 빚을 낼 수밖에 없는 형편에 놓이곤 하였다.[86] 그리고 사채를 갚지 못하게 되면 곧 실업하고 말았으니 그 처지가 기민과 다를 것이 없었다.[87] 英祖 8년에 수십 년 동안 보지 못했던 흉작이 들자 조정에서는 부득이 勸分令을 내릴 수밖에 없었다. 이때 수령들은 '多積之家', 즉 부민들을 抄出하고 勸分을 曉諭해서

---

85) 『承政院日記』 756책(탈초본 42책), 영조 9년 2월 12일.
86) 『承政院日記』 659책(탈초본 36책), 영조 4년 4월 8일 ; 『備邊司謄錄』 83책, 영조 4년 4월 8일.
87) 『承政院日記』 739책(탈초본 40책), 영조 8년 2월 20일.

진휼에 도움이 되도록 하면 되는 것이었는데, 삼남의 수령들은 부민들 외에 소민들까지 수괄해서 勒捧함으로써 勸分의 취지를 무색하게 했을 뿐만 아니라 그들의 실업과 원성을 사고 있었던 것이다.

> (掌令 朴文奎 上疏) 들건대 삼남의 수령들은 朝令에 기대어 부잣집 이외의 사람들을 수괄하였는데, 그 가운데는 아침에 밥 먹고 저녁에는 죽 먹으면서 근근이 살아가는 자들이 있는 즉, 매번 그들이 조금은 여유가 있다고 하면서, 명부를 작성하고, 등수를 나누어 액수를 정하고는 차례로 억지로 거두었으니, 민인들은 저축한 것이 없고, 당하여 구할 데도 없기 때문에 소와 말, 땅을 팔아서 그 정해진 액수를 채우기에 이릅니다. 그리하여 지난날 조금 스스로 지탱하고 버텨온 자들은 함께 가산을 탕진해 버리고 맙니다. 기민을 위한 賑救의 정사는 도리어 평민들에게 실업의 한탄스러움만을 안기니, 조정의 勸分의 뜻이 어찌 그렇게 할 수 있단 말입니까. …… 원컨대 성상께서는 제도의 방백으로 하여금 그 허실을 염찰하도록 하고, 과연 이와 같은 폐단이 있으면, 그 수령을 각별히 죄를 물어서, 하나를 징계하고 백을 장려하는 바탕으로 삼으십시오.[88]

즉, 삼남지방의 수령들은 조정의 勸分令에 기대어 소민들을 수괄하고, 그들마다의 勸分額을 정하여 늑봉함으로써 결국 그들의 失業을 가져왔던 것이다. 이들 수령 가운데 옥천 군수 李蓍를 예로 들면, 그는 勸分이라고 부르면서 농민들 가운데 '稍實者'를 수괄하여 위협하고 징수하는 것이 끝이 없었으며, 부민도 또한 완전히 늑징당하여 기민과 다를 바 없다고 하였다. 그리고 진휼도 가장 늦게 실시하면서 급하게 분급하다 보니 죽는 자가 계속 생겨서 옥천군이 마치 재난에 빠진 것 같았고 원성이 길을 메웠으며, 마침내 氷庫에 불을 지르는

---

88) 『承政院日記』 742책(탈초본 41책), 영조 8년 5월 6일. "諸路勸分之令 蓋出於賑濟無策 計不獲已 則凡爲守宰者 惟當抄出多積之家 曉喩勸分 使之補賑 而似聞三南守宰 旁緣朝令 搜括富家之外 或有朝飯夕粥 僅僅聊生者 則輒諉之稍裕 籍名成冊 分等定數 次第勒捧 民人乏 儲 無以應求 則至賣牛馬田民 以充其定數 向之稍自支保者 同歸蕩殘 其所爲飢民賙救之政 反貽平民失業之歎 朝家勸分之意 豈覽使然哉 …… 惟願聖上 申飭諸道方伯 按廉其虛實 果有如此之弊 則其守令 各別科罪 以爲懲一勵百之地焉."

변고가 발생했다고 하였다. 李著는 결국 파직되었다.[89]

이처럼 조정의 勸分令에 따라 소민들이 실업하게 되는 것은 전적으로 수령의 책임이라는 것이 조정의 입장이었다. 수령의 임무는 부민들만을 대상으로 해서 勸分을 효유하여 진자를 보태는 것인데 소민들까지 勸分者 명단에 섞어 넣어 勸分을 강요하고 있다고 보고 있었던 것이다. 따라서 조정으로서는 그러한 수령에게 책임을 물을 뿐 勸分 자체를 폐지하지는 않고 있었다. 그것은 아래의 기사에서 확인할 수 있다.

> 충청도 어사 金尙翼이 아뢰기를, "어사 黃晸이 부잣집을 封庫한 이후 수령이 빙자하여 하고 있습니다. 부잣집은 혹 그럴 수 있다고 해도 아침 저녁에 죽으로 연명하는 사람들이 또한 '富人抄出'에 들어가서 바치는 것이 많아야 1石이나 10斗에 지나지 않으니 어찌 구차하고 폐단이 심하지 않겠습니까. 이들은 본래 '有根着之民'인데 도리어 근근이 연명할 자산을 잃어버린 것입니다. …… 이후에는 흉년이라도 勸分의 정사는 조정에서 각별히 금단시키는 것이 옳겠습니다." 임금이 말하기를, "勸分의 정사는 옛날부터 있었다. 富饒人으로서는 좋은 뜻으로 勸分하면 되는데, 민으로부터 억지로 거두고 또 부자가 아닌 사람들이 거기에 섞어 들어가니 이것은 수령의 책임이다. 수령을 잘 선택할 뿐이다."[90]

일찍이 어사 황정은 판서 권이진의 연산 농장곡 200石을 封庫하여 거둔 일이 있었다. 이후 호서지방의 수령들은 이를 선례로 하여 부민들뿐만 아니라 소민들까지도 추려내어 그들에게 勸分을 강요하고 있었던 것이다. 이처럼

---

89) 『承政院日記』742책(탈초본 41책), 영조 8년 5월 6일 ;『備邊司謄錄』91책, 영조 8년 5월 6일.

90) 『承政院日記』742책(탈초본 41책), 영조 8년 5월 29일. "忠淸御使 金尙翼曰 …… 御史黃晸 封庫富家之後 守令憑藉爲之 富饒之家 猶或可矣 而至於朝夕粥僅繼延命之人 亦入於富人抄出中 所捧多不過一石穀十斗穀 豈非苟簡之甚而爲弊之深者乎 此類本是有根着之民 而反失其僅僅延命之資 …… 此後則雖凶年 勸分之政 自朝家各別禁斷 似宜矣 上曰 勸分之政 自古有之 其於富饒之人 則以好意勸分可矣 而勤捧於民 且不富之類 渾入其中 此則守令之責也 莫如擇守令而已矣."

향촌에서 수령의 자의적인 勸分令 집행이 계속된다면 한 해의 가족의 식량과 종자를 남겨놓고 많아야 1石이나 10斗를 납속할 수 있는 경제력을 가진 소민들은 결국 생존에 필요한 최소한의 자산도 잃고 말 것이었다.[91]

그런데 수령이 부민들뿐만 아니라 소민들까지 초출하여 勸分을 강요했던 것은 당시 勸分令 집행의 일반적인 관행이었던 것으로 보인다. 이를테면 英祖 23년 6월에 영남어사 韓光肇는 영남지방 암행 결과를 보고하는 자리에서 진주, 영해의 勸分 실태를 다음과 같이 말하고 있다.

> (영남어사 韓光肇가 아뢰기를) 勸分은 비록 옛날부터 있었다고 하지만, 지금은 勸分 때문에 빈민은 보존할 수 없을 뿐만 아니라 부민이라도 또한 모두 倒懸합니다. 晉州, 寧海의 勸分成冊을 보면, 혹은 10斗를 거두고, 혹은 5斗를 거두었으니 놀랍습니다. 沿海 고을의 수령 10여 인은 書啓에 들어있는데, 이들은 모두 진휼을 잘하지 못했습니다.[92]

즉, 진주·영해의 수령들은 빈민들에게 勸分을 요구하여 5~10斗를 거두었던 것이다. 그리하여 여기서도 勸分으로 인하여 빈민들뿐만 아니라 부민들도 도산하고 있음을 볼 수 있다.

이처럼 조정의 勸分令은 그 집행 대상자의 사회, 정치적 지위에 따라 차별적으로 집행되고 있었다. 이러한 사정을 英祖 7년에 호서지방에 어사로 파견되었던 黃晸은 이듬해 掌令이 되어서 다음과 같이 분명하게 정리하고 있다.

> 신이 目見하건대, 민들의 생명은 멈추려고 하고, 賙救는 시급한데, 곡물을 마련하는 길은 오직 勸分의 일에 있을 뿐입니다. 세력이 없는 士夫 및 小民으로서 약간의 여유 곡물을 가진 자들에 대해서도 勸分하도록 하지 않는 고을이

---

91) 주 82) 참조
92) 『承政院日記』 1017책(탈초본 55책), 영조 23년 6월 15일(갑술). "且勸分 雖自古有之 而今以勸分之故 非但貧民不能保存 雖富民亦皆倒懸 如晉州寧海 勸分成冊 則或捧十斗 或捧五斗 實爲可駭 沿海賑倅十餘人 入於書啓中 而皆不善賑矣."

없는데, 오직 勢家右族으로서 약간의 여유 곡물을 가진 자들에 대해서는 감히 손을 쓰지 못하고 있으니 일이 매우 고르지 못합니다.93)

여기서 보듯이, '勢家右族', 즉 대체로 그것도 여러 곳에 향장을 소유하고 있던 사대부계층과 향반토호들은 스스로 勸分에 참여하지도 않을뿐더러 수령은 그들에게 감히 勸分을 권유할 수도 없었다.94) 반면에 '無勢士夫', 즉 한미한 在地士族과 소민으로서 '稍有富名者', 즉 요호·부민들은 勸分하지 않을 수 없었고, 마침내는 실업하거나 유산되기도 하였던 것이다.

이처럼 흉년의 勸分令은 부민과 소민을 모두 곤궁하게 만들었고, 심지어는 그들의 생존 자체를 위협하기까지 하였다.95) 그나마 부민들은 견딜 수도 있었고, 혹은 뇌물을 써서라도 勸分者 명단에서 빠질 수도 있었겠지만 기껏해야 3~4斗를 勸分하는 소민들은 스스로 보존할 수 없는 자들로서 勸分令을 거역하지도 못하고 결국에는 기아 상태에 빠지고 말았던 것이다.96) 그리하여 기민을 위한 賑政이 도리어 소농민들의 파산과 실업을 가져옴으로써 잠재적 기민을 양산하는 정책으로 전락하였고, 그들의 파탄과 원성은 심각한 사회문제로 제기되고 있었던 것이다.

이제 조정은 수령들의 '勒令勸分'을 금단시키면서 勸分의 폐단에 대한 대책을 강구하지 않을 수 없었다. <표 1>·<표 2>·<표 3>에서 보듯이 18세기부터 19세기 중반까지도 2~3년마다 흉년과 기근이 되풀이되었고, 과세결수와 세수가

---

93) 『承政院日記』736책(탈초본 40책), 영조 7년 12월 13일. "臣目見民命近止 賙救方急 而生穀之路 惟有勸分一事矣 至如無勢士夫及小民之稍有富名者 列邑無不勸分 而獨勢家右族之稍有餘粟者 莫敢下手 事極不均."

94) 주 84) 참조.

95) 『承政院日記』1737책(탈초본 92책), 정조 18년 10월 28일.

96) 『承政院日記』790책(탈초본 44책), 영조 10년 11월 5일. "荒歲賑事 爲國家之大政 賑恤穀物 不思預先區畫 每致臨急苟艱 上而殿下 若飢之歎 每發宵旰 下而饑民 塡壑之患 無以接濟 爲守令者 空中辦出 科外徵斂 或勒捧於富民 而至有三四斗勸分之事 彼多積穀之富民 則猶或可矣 而至如三四斗勸分者 則渠亦不能自保之類 迫於官令 不敢違拒, 而終或至飢餓之境者有之 豈不可哀之甚者乎."

줄어들어 국가 재정도 더 어려워지고 있었다. 전체적으로는 농업생산력이 향상되어 경제력과 民富가 증대되고 있었음에도 불구하고 '병작적 지주제'의 발달 속에서 소유와 경영분화의 심화로 인한 소농계층의 감소와 몰락은 국가 재정 감축의 요인이 되고 있었다. 그러나 민인들의 비축곡을 진휼곡으로 확보하는 勸分政策은 여전히 폐기될 수 없는 긴요한 사회경제정책이었다. 따라서 그것을 계속 시행하기 위해서는 勸分의 폐단을 제거하는 한편 특단의 대책을 강구해야만 했다.

5) 勸分授職策과 願納授職策 실시

조선후기에 勸分은 잦은 흉년으로 인한 과세결수의 감소, 지주제의 발달로 인한 소농경제 기반의 붕괴, 이것들로 인한 국가 재정의 궁핍함에 비례해서 진휼곡을 확보하는 긴요한 방책으로서 자리 잡게 되었다. 그러나 그것은 요호·부민뿐만 아니라 소농들에게도 勸分을 강요하는 '勒令勸分'으로 변질되면서 이들 모두를 곤궁하게 만들었고, 나아가서는 소농들의 파산과 실업을 촉진시키고 있었다. 飢民을 위한 賑政이 도리어 잠재적 기민을 양산하고 있었던 것이다. 이에 조정은 '勒令勸分'을 금단시키면서 어떻게 하면 勸分策을 계속 시행할 수 있을 것인가를 심각하게 고민하지 않을 수 없었다. 그 대책은 이미 시행되고 있던 '納粟授職策'을 변용하여 '勸分授職策'을 실시하는 것이었다.

納粟授職策은 임진란 때 국가 재정의 匱渴과 군량미의 부족을 보충하려는 데서 시작한 것이었고, 임시조치로서 시행되었던 제도였다. 그리고 이 제도는 전란이 끝난 뒤에도 계속 시행되었다. 국가는 營繕事業이나 진휼사업 등으로 인한 재정궁핍이 있을 때마다 수시로 부민·농민으로 하여금 납속케 하였고, 그 대가로서는 관직을 수여했다. 재정난의 타개구를 관직의 매매에서 찾은 것이었다.[97]

97) 金容燮, 2005, 『증보판 朝鮮後期農業史研究[I]−農村經濟·社會變動−』, 492~513쪽 (1963, 「朝鮮後期 身分制의 動搖와 農地所有−尙州牧 中東地域 量案과 戶籍의 分析−」

흉년으로 진휼곡을 마련하기 위하여 납속수직책을 처음으로 실시한 것은 顯宗 원년과 2년이었다. 이때의 「納粟事目」에서는 老職帖·庶孼許通帖·追贈帖·加設 實職帖 기타 등에 관한 位階官職과 그 곡물 액수를 정하고 있다. 원년에 비해 2년의 흉년은 더욱 심했는데, 따라서 2년의 사목에서는 원년에 시행한 職帖의 값을 감하여 헐값으로 정하고 校生免講帖도 설치하였다. 전년에 비해서 첩가가 헐해졌을 뿐만 아니라, 평민층이나 천민층에게 가해지던 授職 제한도 대폭 완화되었다. 이처럼 「납속사목」은 그때그때의 국가 재정의 형편과 지역별 경제사정, 혹은 풍흉에서 오는 농민층의 경제사정을 참작하여 정하는 것으로서 그 첩가는 일정치 않았던 것 같다. 그러나 납속수직이 빈번해지면서 帖價는 대체로 점점 오르고 있었다. 이를테면 顯宗 원년과 2년의 「募穀別單」에 加設職의 主簿 및 察訪·判官·僉正·僉知·同知의 대가가 미곡으로 각각 12石과 10石, 15石과 11石, 18石과 13石, 40石과 30石, 50石과 40石이었는데, 英祖 8년의 「勸分富民施賞節目」 에는 判官·主簿·察訪의 대가가 租로서 100石(米 40石)이상, 同知·僉知의 대가가 1,000石(米 400石)이상인 것이 그것이다.

앞서 보았듯이, 肅宗·英祖 연간에는 주기적으로 흉년이 들었는데, 그때마다 조정은 진휼곡을 마련하기 위하여 勸分令과 함께 '實職除授之令'을 내렸다. 英祖 8년(1732) 이전에는 顯宗 2년의 「納粟事目」과 「北道勸分論賞事目」(作成年度 未詳)에 따라 勸分者들에게 위계와 관직을 수여할 것을 지시하였다. 우선 英祖 8년(1732) 7월 「勸分富民施賞節目」 이전의 勸分者에 대한 관직 제수를 논의한 몇 가지 사실을 들면 다음과 같다.

A. 宣祖 25년(1592) 5월, 价川 富民 李春蘭이 前後해서 바친 곡식이 4천 석이었다. 당상관의 실직을 제수하기로 하였다.[98]

B. 顯宗 2년(1661) 1월, 순창인 楊雲擧가 미곡을 많이 바치고, 흉년 때마다

『史學硏究』 15).
98) 『宣祖實錄』 26권, 선조 25년 5월 23일.

私賑하였다. 인조 연간에 加善帖을 하사했으나 사양하고 받지 않았다. 뒤에 司饔參奉을 제수하였다.[99]

C. 肅宗 9년(1683) 1월, 李德龍이 勸分하였다. 事目의 米 60石의 예에 따라 加設同知帖을 수여하였다. 士族 李淑은 양운거의 예에 따라 收用하기로 하였다.[100]

D. 肅宗 22년(1696) 2월, 肅宗 16년(1690) 尙州 士人(業儒) 柳盛雨는 尙州와 咸昌縣에 正租 400石을 바쳐서 진휼을 도왔다. 당시 진휼청은 加設同知帖을 시상했으나 그는 '年少業儒之人'이라 해서 받지 않았다. 이후 褒賞한 일이 없었다. 肅宗 21년(1695) 여름에 순무사가 민인들의 소장을 받고 보고하여 그에게 相當職을 제수하는 것을 允許받았지만 1년이 지난 이때까지도 調用되지 않았다. 이에 임금은 이조에 빨리 조용하라고 분부하였다.[101]

E. 肅宗 23년(1697) 4월, 肅宗 22년(1696) 東萊人(商賈)이 980여 石을 勸分하였다. 이는 이미 加設同知를 받고 있었기 때문에 嘉善외에는 더 줄 상이 없었다. 일찍이 商賈에게 資憲을 시상한 예에 따라 資憲帖을 성급하기로 하였다.[102]

F. 肅宗 32년(1706) 3월, 肅宗 30년(1704) 북도감진어사 박필명이 私賑人 李能白을 녹용하기를 청했었는데 政曹에서 조치하지 않았다. 이때 우선 將官으로 차정하고 점차 調用하기로 결정하였다.[103]

G. 景宗 2년(1722) 11월, 이전에 반포한 「北道勸分論賞事目」에 의하면 米 100石 勸分者에게 僉使, 米 50石 勸分者에게는 萬戶를 제수하기로 규정되어 있었다. 更子年(1720)에 定平 出身 吳始泰가 130여 石을 勸分해서 邊將을 제수하기로 承傳했는데 병조에서는 煙役을 감해주는 것으로 論賞하자 오시태가 호소하였다. 병조에서 다시 森森坡 萬戶에 擬望하여 임금의 허락을 받았다.[104]

99) 『顯宗改修實錄』 5권, 현조 2년 1월 5일.
100) 『備邊司謄錄』 36책, 숙종 9년 1월 29일.
101) 『承政院日記』 363책(탈초본 19책), 숙종 22년 2월 20일.
102) 『承政院日記』 371책(탈초본 19책), 숙종 23년 4월 5일.
103) 『備邊司謄錄』 57책, 속종 32년 3월 23일.

H. 英祖 7년(1731) 9월, 英祖 6년(1730)에 무신년(1728)에 軍功이 있었던 淸安 士族 延世鴻은 청안에 租 1천여 石, 延豊에 租 1천여 石 등을 勸分하였다. 당시 土民들이 병조에 연세홍에게 同樞를 제수해주기를 청했었다. 이때에 와서 인사 조치를 하려고 보니 연세홍이 전후로 받은 것은 모두 僉知·同志 帖文뿐이라 擬差할 수 없어서 忠州 座首 金瑀의 예에 따라 帖文 등을 환수하고 正資로 바꿔 주면서 同樞實職을 제수하기로 결정하였다.105)

I. 英祖 7년(1731) 12월, 韓山의 中人 金夏相은 肅宗 39년(1713)에 租 130石, 英祖 1년(1725)에 皮穀 1,282石과 錢文 280兩, 英祖 7년(1731)에 租 150石, 합계 1,562石과 錢文 280냥을 勸分하였다. 이때에 巡營과 御使가 그에게 邊將 除授를 계달하여 허락을 받았으나 시행되지 않아서 다시 그에게 僉·萬戶 를 제수하기로 하였다. 또 德山 士人 李弘肇는 그동안 출연한 곡수가 5천 석에 달했으며, 이 해에도 또 천 석을 勸分하였다. 本邑의 士人들이 비변사, 순영과 어사에게 呈狀하여 다만 復戶를 賜給하라는 명을 받았지만 끝내 수록되지 못하였다. 이때에 임금은 이들을 각별히 조용할 것을 이조에 분부하라고 말하고 있다.106)

이상의 사실에서 몇 가지 점을 지적할 수 있다. 우선 勸分令과 함께 '實職除授之 令'을 내리고도 진휼이 끝난 후에는 兩銓은 勸分者들을 아예 조용하지 않거나 하더라도 그 錄用者가 극히 적었다는 점이다. 이 때문에 부민들은 조정과 조정의 명령을 불신하는 가운데 기꺼이 勸分하려고 하지 않고 있었다. 다음 기사는 그러한 사정을 잘 말해주고 있다.

持平 李東彦이 아뢰기를, "믿음은 나라의 중요한 보물인데 법이 민들한테 신뢰를 잃은 것이 근래와 같은 적이 없었습니다. 지난해에 대흉년이 들었을 때 勸分者에게 작위를 주고 버려진 아이를 수양하라는 명령은 후에 모두

104) 『承政院日記』 547책(탈초본 29책), 경종 2년 11월 26일.
105) 『備邊司謄錄』 90책, 영조 7년 9월 24일.
106) 『承政院日記』 736책(탈초본 40책), 영조 7년 12월 6일.

믿음을 잃었습니다. 東西班의 실직을 제수하라는 명령 같은 것은 처음에는 명백했는데 일이 지난 후에는 收錄者가 극히 적었습니다. 지금 가뭄은 옛날에 없던 것으로 지금 비가 오더라도 흉작일 것이 이미 판가름 났습니다. 앞으로 민을 살리는 대책을 미리 유의하지 않을 수 없는데, 앞으로 勸分者에게 작위를 주고 실직을 제수하라는 명령이 있더라도 外方의 사람들은 반드시 믿지 않을 것입니다. 전에 뜨거운 국물에 입을 덴 나머지 비록 곡식을 쌓아 놓고 있는 자가 있더라도 어찌 기꺼이 朝令을 奉承하겠습니까. 지금 兩銓으로 하여금 入侍하게 하여, 일찍이 東西班의 실직을 제수할 것을 허락받은 자들로서 아직까지도 甄錄하지 않은 자들을 일일이 錄用하여 中外에 믿음을 보여주고 勸分을 격려하는 효과를 얻도록 하게 하는 것이 합당할 것 같습니다. 임금님께서 양전에 다시 신칙하는 것이 어떻겠습니까." 임금이 말하기를, "이러한 자들이 매우 많다. 아직 다 조용하지 못하였다. 아뢴 것이 옳다. 신칙하는 것이 좋겠다."107)

또, 肅宗 32년에 좌의정 徐宗泰도 임금에게 다음과 같이 아뢰고 있다.

매번 勸分 때마다 開諭하기를 되풀이하면서도 일이 지난 후에는 대부분 시행하지 않음을 보임으로써 조정은 믿음을 잃어버리고 말았습니다. 이 때문에 外方에는 실망하는 자가 많습니다. 勸分을 격려할 방도가 없습니다. …… 該曹에서 즉시 거행하지 않는 것은 緩忽이 한 데서 비롯되는 것만은 아닙니다. 아직 시행하지 않은 것은 지금 政曹에 신칙해야 합니다.108)

즉, 임금이 양전으로 하여금 실질적인 인사 조치를 취하도록 촉구하라고 말하고 있는 것이다. 이후에도 정승들을 비롯하여 상층 관료들은 조정은 진휼이 끝나는 대로 勸分者들을 수용함으로써 백성들에게 믿음을 보여주고 또 장차 勸分을 격려하는 효과를 얻도록 하자는 의견을 계속해서 내고 있었다.109)

---

107) 『承政院日記』 418책(탈초본 22책), 숙종 30년 6월 5일.
108) 『備邊司謄錄』 57책, 숙종 32년 3월 23일.
109) 『肅宗實錄』 58권, 숙종 42년 12월 1일 ; 『承政院日記』 499책(탈초본 26책), 숙종 42년 12월 1일 ; 『備邊司謄錄』 71책, 숙종 44년 1월 6일 ; 『承政院日記』 547책(탈초본 29책),

둘째로, 실무적으로 인사를 관장하고 있는 이조와 병조에서는 勸分者에 대한 인사 조치를 취하지 않거나 미루고 있었다는 점이다. 즉, 임금은 진휼이 있었던 고을의 고액 勸分者의 명단을 보고 받고 그들을 錄用하라는 정치적 결정을 내려도 兩銓에서는 실무적으로 인사 조치를 실행하지 않고 있었던 것이다. 위의 기사들에서 勸分者들이 사목에 따라 相當한 관직을 실제로 제수 받았는지가 확인되지 않고 있다. 다만 소수이지만 주로 加設職을 제수 받고 있음을 볼 수 있다. 그런데 兩銓에서 인사를 미루는 이유는 勸分 곡수에 따라 어떤 위계와 관직을 제수할 것인가의 기준이 구체적으로 정식화되지 않았기 때문이었던 것으로 보인다. 또 勸分者의 신분도 문제였다. 사족·양인·천민 등의 신분에 따라 품계와 관직도 달리 수여되어야 할 것이었기 때문이다. 예를 들면, 위의 (E)기사에서 980여 石을 勸分한 동래인에게는 그 곡물액수로 보아 實同知를 제수해야 했지만 그의 신분이 상인이었기 때문에 최종적으로는 資憲帖文을 성급하는 것으로 결정되고 있는 것이다.

그런데 이러한 이유들로 勸分者의 錄用을 무작정 미룰 수는 없었다. 현실적인 방안은 우선 그들을 각 軍門의 將校나 將官, 혹은 邊將에 差任하는 것이었다. 즉, 다음 기사를 보자.

행판중추부사 李濡가 箚子를 올려 아뢰기를, "…… 종전에도 흉년에 勸分하라는 명령이 있었으나, 재물을 출연하여 私賑한 부류들이 收用된 일이 드물었습니다. 이로 말미암아 사람들이 실망하여 반드시 조정의 명령을 다시 믿을 리가 없으니, 兩銓에 분부해서 전후의 承傳을 상고해 내어 우선 窠闕에 따라 調用할 것이며, 또 다시 명백히 曉諭해서 관가에 곡식을 바치게 하여 혹 굶주린 백성에게 나누어 먹이고, 진정이 끝나는 것을 기다렸다가 그 功效가 많고 적은 것을 보아 참작하여 差任하되, 각 군문의 將校가 久勤하여 응당 옮길 자리 같은 데에는 우선 먼저 이들을 채워 차임해 보낸다면 참으로 격려하는 도리에 맞을 것입니다."[110]

경종 2년 11월 26일 ; 『備邊司謄錄』 90책, 영조 7년 8월 8일.
110) 『肅宗實錄』 59권, 숙종 43년 1월 5일. "行判中樞府事李濡上箚 略曰 …… 日者特下備忘

政曹는 이처럼 勸分者를 軍職에 우선 차임하는 것을 가장 현실적이고 가능한 대책으로 받아들이고 있었던 것 같다. 뒷 시기이긴 하지만 <표 5>에서 보듯이 특히 高額勸分者의 경우 軍職을 받은 자가 두드러져 보인다.

그러나 이후에도 政曹는 여전히 勸分者들에게 授職하는 것을 제대로 집행하지 않고 있었다. 때문에 부민들은 勸分하지도 않았거니와 勸分한 부민들은 도리어 世人들의 조롱거리가 되고 있었다. 그러한 분위기를 執義 黃晸은 다음과 같이 전하고 있다.

> 금년 農形을 보건대 畿內는 이미 흉작이고 삼남지방은 더욱 심합니다. 流産한 민들이 길에 띠를 잇고 있습니다. 지금 가을도 이러한데 내년 봄도 미루어 알 수 있습니다. 불쌍한 生靈을 무엇으로 구제하겠습니까. 관에서 저축한 것은 완전히 고갈되어서 곡식을 만들기 어려움은 거의 산에 가서 고기를 구하는 것과 같습니다. 오직 勸分의 정사가 있을 뿐이니 한 푼의 도움이 될 수 있습니다. 옛날부터 국가가 흉년을 맞으면 반드시 이를 서둘렀습니다. 신이 들건대 호서의 한 富人이 지난해 賑政 때에 천여 石의 곡물과 거의 半千 錢貨를 出捐하여 스스로 나누어 賑救하였으니 그 意活한 것이 천여 사람이었습니다. 이것은 그의 뜻이 어찌 오로지 살아있는 것들에게 베풀기를 좋아해서 그리했겠습니까. 모름지기 가려지기를 바라고 상을 원했기 때문이었습니다. 이후 조정에서는 일찍이 포상한 일이 없었기 때문에 지금에 이르러 호서 사람들이 모두 비웃기를 '누구는 錢穀을 낭비하고 家産을 파탄내서 서로 어울리기를 꺼린다'라고 말합니다. 비록 금년의 흉년을 맞더라도 부자들은 곡식을 나눌 생각이 없고, 빈민은 급한 처지를 구제할 길이 없다고들 말합니다. …… 지난번 筵中에 상을 주라는 각별한 敎言이 있었지만 전부터 朝家는 이런 일들에서 믿음을 잃은 것이 이미 많기 때문에 민들 역시 믿지 않습니다. 장차 서로 권하고 나누는 일이 없을 것입니다.[111]

憂念懇惻之旨 出尋常萬萬 凡在藩宣 字牧之任者 疇敢不感激思效 而公私赤立 生穀無策 雖欲竭心奉行 其於無麪之不托 何哉 從前凶歲 雖有勸分之令 捐財私賑之類 得蒙收用者鮮矣 由是 人皆解體 必無更信朝令之理 分付兩銓 考出前後承傳 爲先隨窠調用 又復明白曉諭 使之納穀官家 或分饋飢民 待其畢賑後 觀其功效之多少 參酌差除 而如各軍門將校久勤應遷之窠 姑先以此輩塡差以送 則實合於激勸之道."

이러한 상황에서 국가는 勸分策을 계속 집행할 수는 없을 것이었다. 이제 '實職除授之令'을 확실히 이행함으로써 민인들의 신뢰를 회복해야만 勸分을 권유할 수 있을 것이고, 또한 勸分이 勒奪이 되지 않을 것이었다. 그러기 위해서는 먼저 '勸分授職策'의 명분을 세워야만 했다. 英祖와 정치가들은 세 가지 역사적 사실을 들어 '勸分授職策'은 성리학적 명분에 어긋나는 '賣爵之法'일 수 있다는 인식을 불식시켜야 할 필요가 있었다.[112] 그 세 가지 사실은 다음과 같은 것이었다.

첫째는 朱子가 南康에서 진휼할 때 富戶를 가려내어 納粟補賑하게 한 후 조정에 요청하여 爵賞을 베풀었다는 것이다.

둘째, 宋의 韓琦가 益州의 안무사가 되었을 때 백성들에게 상을 주어 곡식을 바치도록 권유한 후에 그 곡식을 판 돈 16여만 냥으로 기민 190여만 명을 살렸다는 사실이다. 즉 韓琦도 賞으로 勸分을 권유했다는 것이다.

셋째, 明의 丘濬이 작위를 파는 것은 나라의 아름다운 일은 아니지만 그것을 救荒에 사용한다면 이는 백성을 위하는 것이요, 국가가 이득을 보는 것은 아니며, 이렇게 하면 평상시에 사람들이 다투어 곡식을 저장하고, 기근이 든 해에는 다투어 곡식을 바칠 것이니, 이 또한 구황의 한 가지 방책이라고 말했다는 사실이다.

英祖 7년(1731) 8월에 경상감사 趙顯命은 이러한 사실들을 들어 '勸分論賞'을 정당화하고 이를 반드시 이행해야 한다고 주장하고 있다.

흉년에 勸分은 실로 賑政에서 가장 요긴한 것입니다. 때문에 亞聖의 朱子도 진휼에 즈음하여 區劃을 중요하게 생각했습니다. 지금도 그 奏狀을 살펴볼 수 있습니다. 그러나 사람들이 각각 그 재산을 사사로이 하여 축적하면서도 나누려고 하는 것은 모든 사람들이 즐겨 하는 것은 아닙니다. 때문에

---

111) 『承政院日記』 732책(탈초본 40책), 영조 7년 10월 2일.
112) 『備邊司謄錄』 90책, 영조 7년 8월 4일 ; 『承政院日記』 728책(탈초본 40책), 영조 7년 8월 8일 ; 『承政院日記』 1076책(탈초본 59책), 영조 27년 11월 10일 ; 『承政院日記』 1737책(탈초본 92책), 정조 18년 10월 28일.

반드시 利로서 유도하였고 그런 후에야 기꺼이 따랐습니다. 이것이 爵位를 파는 법을 만든 이유입니다. 명나라 丘濬이 말하기를, "작위를 파는 것은 나라의 아름다운 일은 아닌데, 그것을 다른 데에 사용하면 옳지 않지만, 救荒에 사용하면 옳다."고 했습니다. 이러고도 義를 해침이 있었다면 朱子와 丘濬은 반드시 하지 않았을 것입니다. 臣이 흉년을 맞아 각 고을에 관문을 보내어 곡물을 많이 바친 자를 특별히 보고해서 관직을 준다는 뜻을 민간에게 알리고 권유하도록 했는데, 민들 가운데 願納者가 매우 적었습니다. 士族 가운데 千百 斛을 쌓아놓은 자들은 늘 관망하면서 머뭇거리는데, 그 까닭을 살펴 본 즉 과거에 진휼할 때 納穀한 士民들이 대부분 準賞을 받지 못함으로써 결국 백성을 속인 것으로 끝나고 말았기 때문이었습니다. 때문에 조정의 命令은 믿음을 보여주지 못했고, 사람들은 기꺼이 따르지 않았을 뿐입니다.[113)

즉, 爵位를 파는 것은 義를 해치는 일이지만, 그러나 흉년에 구황을 위하여 권분곡에 대한 대가로 勸分者에게 작위를 除授하는 것은 전혀 명분에 어긋나지 않는다는 것, 그런데 종전에 납곡한 士民들에게 작위를 제수하지 않아서 결과적으로는 士民들을 속인 것이 되어버렸기 때문에 현재 士民들은 조정의 명령을 불신하는 가운데 원납하지 않는다는 것이다. 또한 우의정 趙文命도 국가가 민인들에게 더 이상 신뢰를 잃지 말고 특별히 勸分을 격려하는 조치, 즉 恩典을 베풀 것을 주장하고 있다.

우의정 趙文命이 아뢰기를, "勸分의 일은 구황의 가장 큰 정사가 되었는데, 근래 해를 이어 약간 풍년이 들어서 외방의 마을에는 곡물을 많이 축적하고 있는 자들이 반드시 있습니다. 만약 勸分을 격려하는 길이 있다면 힘을 얻을 수 있는 곳이 있을 것입니다. 그런데 단지 다른 사람을 濟活하지 않으면 죄를 짓는 것이라는 뜻을 평범하게 알린다면 반드시 이익은 없을 것입니다. 모름지기 爵位를 파는 일은 확실히 좋은 일은 아닌데, 흉년에는 또한 그만둘 수 없는 것입니다. 때문에 주자는 浙 땅에서 진휼할 때에

---

113) 『承政院日記』 728책(탈초본 40책), 영조 7년 8월 8일.

宰相 王淮에게 글을 보내 그것을 하지 않을 수 없다고 힘써 말하였고, 명나라 학자 丘濬도 또한 평상시에는 해서 안 되지만 구황에는 이것이 필요한 방책이라고 하였습니다. 효종과 현종 두 임금 때에도 역시 이미 행했던 예가 있습니다. 근년 이래 조정에서는 이 일에서 신의를 잃은 일이 자못 많았으므로 그 때문에 백성들은 기꺼이 따르지 않습니다. 국가는 본래 신의를 잃지 않아야 하는데 하물며 이 같은 흉년을 맞이하여 더욱더 勸分을 격려하는 조치가 있어야 할 것입니다." 임금이 말하기를, "이 일은 일찍이 진달한 자가 있었고, 주자의 일은 나 또한 알고 있다. 근래 국가에서 신의를 잃은 것은 실제로는 해당 관청에서 제대로 거행하지 않았기 때문이다. 작년에 함경도에서 사사로이 진휼한 사람들 중에 특이한 자 1명에게 따로 恩典을 베풀어서 많은 사람들이 보고 듣는데 큰 감동을 주었다. 차후에 만약 사사로운 진휼에 뛰어난 사람이 있다면 진휼이 끝날 때를 기다리지 말고 감사가 장계로 보고하여 곧 은전을 베풀어 신의를 잃는 결과가 되지 않게 할 것이다."[114]

역시, 구황에는 '勸分授職', 즉 작위를 제수하는 것으로 하여 勸分을 격려하는 것이 꼭 필요한 방책이라는 것, 仁祖·孝宗 연간에도 '勸分授職'한 적이 있었다는 것, 앞으로는 恩典을 반드시 베풀어서 믿음을 보임으로써 민들이 勸分할 수 있도록 하자는 것 등을 논의하고 있다.

한편, 顯宗 원년과 2년의 「募穀別單」은 개정되어야 했다.[115] 여기에 加設職 同知의 대가가 미곡으로 각각 50石과 40石이었다. 그런데 勸分 곡수가 많을 때에는 50石을 훨씬 상회하고 있었기 때문에 50石 이상의 납곡액수에 상당하는 위계관직을 재설정할 필요가 있었던 것이다. 이를테면 위의 (I)기사에서 韓山 中人 金夏相과 德山 士人 李弘肇의 경우, 이 「募穀別單」에는 그들의 勸分 곡수에 따라 제수해야 할 마땅한 관직이 명시되어 있지 않다. 이 때문에 혹은 邊將, 혹은 僉使·萬戶를 제수할 것인가, 심지어는 復戶를 賜給할 것인가가 논란되고 있는 것이다.[116] 그리하여 이듬해인 英祖 8년(1732) 6월에 宋寅明은,

---

114) 『備邊司謄錄』 90책, 영조 7년 8월 4일.
115) 『備邊司謄錄』 20책, 현종 원년 12월 4일 ; 현종 2년 8월 4일.

금년에 외방의 진정은 오로지 富人들이 勸分한 곡식에 의존하고 있습니다. 지금 또 거듭 기근이 들 염려가 있으니, 勸分을 격려하는 정치를 더욱 소홀히 할 수 없습니다. 청컨대 1천石에서부터 10石까지 상을 주는 격식을 정해서 반포하여 시행하게 하소서.

라고 아뢰었다.[117] 이에 英祖는 비변사에 「勸分富民施賞節目」을 작성할 것을 명하였고,[118] 비변사는 英祖 8년 7월에 「富民勸分論賞別單」(「勸分富民施賞節目」과 같은 것임. 이하 「별단」으로 부름)을 작성하여 올리면서 이조·병조와 진휼청에 이를 시행할 것을 분부하라고 건의하였고, 英祖는 이를 윤허하였다.[119]

그런데 이 「별단」을 반포, 시행하기로 했음에도 불구하고 인사 관청인 이조와 병조는 여전히 시행하지 않고 있었다. 특히 이 「별단」이 작성되기 이전에 고액 勸分人들의 인사를 어떻게 처리할 것인가가 우선 해결해야 할 과제였다. 「별단」이 반포된 지 며칠 후에 박문수는 전에 영남에 감진어사로 갔을 때 천 석을 바친 尙州의 서얼 金墻(90세)의 僉知 除授를 건의하면서, '勸分除爵'이 실은 좋은 정사는 아니어서 처음부터 하지 않았으면 좋았겠지만 지금은 이미 부득이 할 수밖에 없는데 勸分 곡수가 많은 자에 대한 포상령을 이행하지

---

116) 주 106) 참조.
117) 『英祖實錄』 31권, 영조 8년 6월 22일.
118) 『英祖實錄』 32권, 영조 8년 7월 5일.
119) 『備邊司謄錄』 92책, 영조 8년 7월 5일.
   「富民勸分論賞別單」
   千石以上 實職除授事 實同知實僉知中 從其本品陞差 武蔭初入仕中 隨其相當差除次
   五百石以上 賞加事 通政折衝中 敎旨成給 俾通仕路 而曾受正職堂上階者 授嘉善敎旨以上 竝付軍職 曾受正職嘉善階者 差實同知次
   無論千石五百石 前受納粟加等資者 竝從其本品 改授正資 常漢不當通仕路者 成給同知僉知 帖文次
   百石以上 散職帖成給事 判官主簿察訪中加設帖成給 不願者 改授通德郎副司果等正職敎旨 以上 竝限十年煙役勿侵 其或願受帖文加資者 亦聽
   五十石以上納粟 通政帖成給事 已受通政帖者 嘉善帖成給 不願帖文者 限十年煙役勿侵次
   十石以上 限三年煙役勿侵事 勿侵帖文 竝自京成送次
   上項石數 竝以皮穀計數 而其有米錢者 皆以皮穀折計次

않음으로써 결국은 土民들을 속이고 신뢰를 잃어버렸기 때문에 앞으로 더욱 혹심한 흉년을 당하더라도 진휼곡을 마련할 수 없을 것이므로 지금이라도 諸道에서 千石을 바친 자들 가운데 제일 먼저 바친 자 1명을 선정해서 혹은 加資, 혹은 邊將, 혹은 齋郞 등에 擬差하는 것을 政曹에 일러둘 것을 제언하고 있었다.[120] 그러나 英祖 8년 12월까지도 金墻은 물론 韓山 中人 金夏相과 德山 士人 李弘肇에 대한 포상이 지연되고 있었다.[121] 물론 政曹에서 高額勸分人들에게 授職하거나 授爵하는 것을 무작정 하지 않거나 미루는 것은 아니었다. 「별단」이 있음에도 불구하고 爵賞의 명목을 구분하기가 어려웠던 것이다. 同知나 僉知 같은 加設實職을 제수할 경우에는 자리를 따로 만들거나 비는 것을 기다려야 했다. 邊將은 자리가 비는 대로 차임하면 되었지만 감영의 千摠·把摠 등의 差帖을 주는 일은 조정에서 일일이 간여할 필요가 없었다. 또한 私賑한 士夫 가운데 賞典을 원하지 않는 자를 처리하는 것도 문제였다.[122] 설사 실직을 제수 받았더라도 이내 교체되거나 파직되었고, 또 전전하다가 見汰되기가 일쑤였다.[123] 어쨌든 이후에도 勸分人들에 대한 포상은 계속 지연되고 있었기 때문에 「별단」에 따라 선처할 것을 촉구하는 의견이 계속 이어지고 있었다. 이를테면, 英祖 9년 4월에 전라감사 趙顯命은 英祖 7년 겨울 영남 勸分 때에 천 석 이상을 납속한 5인 가운데 黃再淸·金墻·尹弼殷 등에게는 授職했지만 張世鍵

---

120) 『備邊司謄錄』 90책, 영조 8년 7월 17일 ; 『承政院日記』 747책(탈초본 41책), 영조 8년 7월 16일. "靈城君朴文秀疏曰 …… 朝家每當凶荒之歲 則令於國中曰 納穀多則當有褒賞 之典 令下之初 示以金石之信 無論士夫閑散常漢 有穀而希賞者 輒傾所儲 樂爲納官 以救許多 民命 而旣許之賞典 朝夕且俟 今日明日 此年來年 畢竟終無消息 則納穀輩之落望怨國 姑勿論 以堂堂千乘之國 公然失信於遐土之民 …… 每於凶歲 則穀無出處 必且懸賞 而使民納穀 民非不知曾見欺於國家 猶以萬一之幸 或意其今不如前 又復納穀 末又見敗 則臣恐此後 雖有 大殺極歉之歲 士民顧無所觀感 而更分斗之穀 以相濟塡壑之民也 大抵勸分除爵 實非國家 之美政 初不爲之則儘好矣 今旣不得已爲之 又從而失信 此何擧措耶 …… 諸道納千石者 聞亦不多 就其中最爲居首者 各一人隨其門地 可爲加資者 可爲邊將者 可爲齋郞者 今番都政 另飭兩銓 先爲擬差 其餘則分等收錄 以爲聳動諸道觀瞻 則此不但於民 終不失信 於國亦爲後 勸 殿下如以臣言爲不迂 則亟賜快從焉."

121) 『備邊司謄錄』 90책, 영조 8년 12월 19일.

122) 『承政院日記』 750책(탈초본 41책), 영조 8년 10월 20일.

123) 『承政院日記』 859책(탈초본 47책), 영조 13년 윤9월 27일.

·鄭萬亨 등에게는 아직 授職하지 않았으므로 「별단」에 따라 상당직을 授職함으로써 나라의 체통도 살리고 앞으로도 권분 권유의 방책으로 삼을 것을 촉구하고 있었던 것이다.[124] 英祖 13년에 또 흉년을 맞아서 募民勸分해야 했는데 '나라가 백성을 속인다고 말하면서 한 사람도 勸分에 응모하지 않았다'고 했다.[125]

이처럼 「별단」을 작성하기 이전은 그렇다 치더라도 이후에는 「별단」에 규정한 바에 따라 권분부민들에게 襃賞해야 했음에도 불구하고 이조와 병조는 「별단」을 집행하지 않고 있었다. 이는 결국 '백성들을 속이는 것'이 되었고, 따라서 이런 상황에서는 부민들의 納粟과 勸分을 기대할 수는 없는 일이었다. 그리하여 英祖 13년에 兩南에 대흉년이 들어 진휼하면서 새로운 방침을 정했는데, 그것은 부민들의 納穀勸分을 일절 막고, '積粟之人'으로서 '自願賑民者'에게 饑民을 抄出하여 분속시키고, 賑救가 끝난 후에 그 기민수로 곡물액수를 추정하는 식을 만들어 그에 따라 포상하는 것을 결정하였다.[126] 그리고 英祖 14년 봄, 三南 賑政時에는 진휼청에서 饑口 4, 5백 명 이상을 私賑하여 實職을 除授해야 할 자의 성명을 비변사에 보고하고, 비변사는 兩銓에 嚴飭하여 상당한 실직을 제수하도록 하고, 기타 나머지에 대한 施賞은 정식에 따라 거행하기로 결정하였다.[127]

英祖 13년(1737)에 부민들의 勸分을 금지하고 '自願賑民者'·'私賑者'를 대상으로 「별단」에 따라 포상하기로 결정한 것은 구황정책의 중대한 변경이었다. 그것은 앞으로는 중앙정부에서 '勸分令'을 내리지 않겠다는 것을 의미하는 것이었다.

---

124) 『承政院日記』 759책(탈초본 42책), 영조 9년 4월 25일.
125) 『承政院日記』 859책(탈초본 47책), 영조 13년 윤9월 27일.
126) 『承政院日記』 857책(탈초본 47책), 영조 13년 9월 23일.
127) 『承政院日記』 872책(탈초본 48책), 영조 14년 5월 19일. "右議政 宋寅明曰 壬子年大賑時 富民納穀者 分等論賞 有一切啓下定式 不至如前全然失信矣 昨年冬 富民納穀勸分等事 一併 防塞 而其中富人之自願活民者 自官抄饑後計口分屬 終能賑救全活 則以其口數 視前石數相 等磨鍊 依定式論賞事 定奪行會矣 未知今春三南賑政時 果有自願爲此者否 而畢賑後狀啓 例下賑廳 廟堂無以知其有無 千石以上 例當爲實職除授者 賑廳雖或論移該曹 而兩銓必不動 念擧行 旱災如此 大凶將判 來頭激勸之道 在今尤不可失信 畢賑狀啓 到賑廳後 私賑人救活饑 口四五百以上 應除職者姓名 報本司 以爲嚴飭兩銓 隨當棄而爲除職之地 其他應賞者 一一依 啓下 定式擧行事 亦爲各別申飭 何如 上曰 依爲之."

종전에 중앙정부에서 '勸分令'을 내릴 때에는 '實職除授之令'도 반드시 함께
내렸었다. 그런데 지금까지 '實職除授之令'을 제대로 이행하지 못하는 마당에
勸分만을 강요할 수는 없는 일이었기 때문이다. 그리하여 이제부터는 「별단」에
따라 '自願賑民者'·'自願納粟者'·'私賑人'에게 포상함으로써 민인들의 자발적인
납속을 전제로 賑政 실시의 효과를 얻겠다는 것이었다. 이러한 賑政策의 개선은
어느 정도 효과가 있었던 것 같다. 이를테면, 英祖 14년 7월에 북관어사로
나갔던 趙榮國은 '勒令勸分'하지 않고 '自願納米者'를 「별단」에 따라 論賞하겠다
는 뜻을 列邑에 알려서 합계 2천 석 정도를 확보했다고 보고하고 있었다. 아울러
그는 북쪽의 원납민들 가운데 부민들이 바라는 것은 邊將에 지나지 않고 賤民은
贖身일 뿐인데, 이미 邊民들에게 믿음을 잃어버린 조정이긴 하지만 이번에는
그들의 소망에 부응하자고 덧붙이고 있다. 이에 英祖는 '北穀 100石은 三南의
천 석과 맞먹는 것'이니 이를 기준으로 환산해서 施賞하라고 지시하였다.[128)]
이것이 계기가 되어 英祖 17년 11월에는 「北道富民勸分論賞別單」을 定式하였
다.[129)] 그런데 이때 賞目마다 액수가 너무 높게 책정되었기 때문에 12월에
가서 재조정하였다.[130)] 이듬해에 북도에서는 실제로 이 「別單」에 따라 南北關에

---

128) 『承政院日記』 874책(탈초본 48책), 영조 14년 7월 8일.
129) 『備邊司謄錄』 109책, 영조 17년 11월 21일.
　　「北道富民勸分論賞別單」
　　六百石以上－實職除授事 實同知·實僉知 自其本品 陞品差除武蔭 初入仕中隨其相當差除次,
　　四百石以上－賞加事 通政·折衝中敎旨成給 俾通仕路 而曾受正職堂上階者 授嘉善敎旨以上
　　　　　　　　立付軍職 曾正職善帖者 實同知次 無論六百石四百石 前授納粟嘉設等資者 立
　　　　　　　　從其本品 除授正資 而六百石以上 則除授本品正資 仍授中樞正職 常漢不通仕
　　　　　　　　路者 成給同知·僉知帖文次
　　六十石以上－散職帖成給事 判官·主簿·察訪中加設帖成給 不願者 除授通德郎·副司果正職
　　　　　　　　敎旨 而以上立限三年 煙役勿侵 其或願受帖文加者 亦聽
　　十石以上－限三年煙役勿侵事 勿侵帖文 立自京成送次,
　　上項石數 立以皮穀計數 而其中有納米錢者 皆以皮穀折計次.
130) 『備邊司謄錄』 109책, 영조 17년 12월 27일.
　　「北道富民勸分論賞別單」을 다음과 같이 조정하였다.
　　二百石以上－實職除授
　　一百石以上－賞加
　　四十石以上－散職帖

서 곡물을 가장 많이 바친 각 1인에 대해 특별히 論賞했는데, 南關에서는 全善浚을 僉使에 차임하였고, 北關에서는 300石을 바친 韓致祥을 포상대상으로 선정하였던 것이다.[131]

그런데 문제는 '願納私賑人'에 대한 포상을 중앙에서 하지 않고 감영에서 하게 했다는 점이었다.[132] 英祖 27년 함경감사 黃晸은 다음과 같이 書啓하고 있다.

> 함경도에서 작년에 진휼할 때에 營門에서는 혹 私賑을 명했고, 어사 또한 勸分하도록 했습니다. 富人들이 수백 석의 곡물을 출연하여 진휼을 도왔습니다. 前監司 李喆輔가 재임시에 願納私賑者들을 抄啓한 바 있는데, 아직도 論賞의 명령이 없습니다. 이들이 당초에 재산을 바친 것이 어찌 베풀기만을 좋아서 했겠습니까. 그 의도는 아마도 功을 바라고 賞을 바랬기 때문이었을 것입니다. 이번 私賑者들도 아직 褒賞之典을 입지 못했습니다. 때문에 그들은 억울할 뿐만 아니라 이웃사람들이 비웃으면서 말하기를 누구는 錢穀을 낭비하여 스스로 파산했다고 하면서 서로 경계합니다. 비록 금년에 흉년이 들었더라도 부자는 곡식을 나눌 생각이 없고, 빈자는 위급함을 알릴 곳이 없습니다. 이는 민망스런 일이고, 조가에서 백성들에게 믿음을 잃은 것 또한 작은 일이 아닙니다. 진휼청의 關文을 받아본 즉 이들 私賑人에게는 本道에서 施賞하라는 명령이 있습니다. 그들이 바라는 것은 반드시 相當職의 承傳 및 堂上階 嘉善加資인데, 소위 本道에서 論賞하는 것은 前例가 없는 일일뿐만 아니라, 반드시 米布로도 상 주지 않고 免役의 完文을 題給할 뿐입니다. 이러고도 무슨 수로 상을 바라는 많은 사람들의 바람을 막을 수 있겠습니까. 또한 무슨 수로 앞으로 진휼을 돕는 정사를 권하겠습니까. 함께 명령하여 政曹에서 구별하여 시상하도록 하여 激勸慰悅의 근거로 삼았으면 좋겠습니다. 답하여 말하기를, "書啓를 보니 具實하다. 아뢴 바를 廟堂에서 稟處하도록 하겠다."[133]

十石以上—限三年煙役勿侵事(依前施行)

131) 『承政院日記』944책(탈초본 51책), 영조 18년 5월 2일.
132) 『大典通編』戶典 備荒[增]. "各道賑穀願納人五十石以上錄啓 五十石以下自本道施賞."
133) 『承政院日記』1076책(탈초본 59책), 영조 27년 11월 10일.

즉, 富民들은 중앙정부의 賞典을 바라고 願納私賑한다는 것, 그런데 이들에게 본도에서 시상하라는 것은 전례가 없는 일이라는 것, 따라서 이렇게 해서는 부민들의 사진을 기대할 수 없기 때문에 다시 政曹에서 포상할 것을 주문하고 있는 것이다.

이 문제에 대해 이듬해 정월에 宰臣들간에 논쟁이 벌어졌다.[134] 우선 영의정 金在魯는 본도에서 시상하는 것의 문제점을 지적하고, 다시 政曹에서 定式論賞할 것을 촉구하고 있다. 이에 대해 좌참찬 金象漢은 私賑者들에게 제수하는 것은 實職이 아니고 影職이며, 定式에 의하면 반드시 千石 이상을 納穀해야 加資를 허용한다는 것, 그런데 최근에는 납곡수는 점점 줄어드는데 반해 賞路는 점점 넓어짐으로써 濫賞되고 있다고 지적하고 있다. 그리고 본도에서 施賞하라고 명령하는 것은 납곡수가 적은 자에게는 米布로 상주고, 많은 자에게는 본도에서 加資나 影職帖을 覓給하라는 것인데, 이것은 納粟해도 仕路에 나갈 수 없다는 것을 의미하기 때문에 私賑人들은 굳이 많은 곡물을 바치지 않고 그것만을 얻으려고 한다는 것, 따라서 정식과 규례에 문제가 있다고 지적하고 있다. 이에 대해 金在魯는 私賑人들은 加資나 實職을 바라고 數百 石을 사진하기 때문에 반드시 정식에 의해 포상을 해야 한다고 반박하고 있다. 領敦寧 趙顯命도 '大發粟 私賑人'에게 實職을 제수한 예를 들어 허실은 명백히 가리되 정식을 폐기해서는 안 된다면서 김재로에 동조하고 있다. 判府使 鄭羽良도 김재로에 동의하고 있다. 김상한은 다시 私賑해서 超資가 아니면 東班職을 얻으려고 하기 때문에 문제라고 재반박하고 있다. 김재로는 다시 "堂上이 되려는 것을 어찌 안 좋게만 볼 수 있는가. 백성을 살릴 수만 있다면 왜 堂上虛資를 아끼는가. 국가에는 분명히 定式이 있다. 반드시 믿음을 보여주어야 한다."며 김상한의 말이 잘못되었음을 지적하고 있다. 이처럼 英祖 28년(1752) 이후 중앙정부의 원납부민에 대한 포상이 「별단」대로 집행되지 않는 가운데 조정에서는 「별단」에 대한 해석과 그 집행을 놓고 두 가지 견해가 대립하고 있었다. 하나는 「별단」의

---

134) 『承政院日記』1078책(탈초본 59책), 영조 28년 1월 5일 ; 『備邊司謄錄』124책, 영조 28년 1월 12일.

정식에는 문제가 없고 따라서 政曹에서 「별단」대로 집행해야 한다는 것이고, 또 하나는 「별단」에 문제가 있어서 「별단」대로 집행되고 있지 않고 濫賞되고 있기 때문에 私賑人들이 굳이 많은 곡물을 바치지 않는다는 것이었다. 결국 전자의 견해로 정리되었던 것 같다.

한편, 18세기 후반 正祖 연간에는 진휼정책에 대한 관심이 크게 증대되면서 역대 진휼사업을 정리한 『八道賑穀假令』·『惠政年表』·『惠政要覽』 등이 편찬되었다. 또한 『正祖實錄』에는 '畢賑'의 기록을 남기고 있으며, 正祖 연간의 『承政院日記』·『日省錄』 등에도 設賑 때부터 畢賑 때까지의 각 지역 진휼사업의 내역으로 기민수와 분급곡물수가 기재되어 있다. 이때의 진휼곡물의 無償分給은 公賑·私賑·救急 등으로 구분되어 시행되고 있었다. 公穀을 사용하면 公賑이라 했고, 수령이 自備하여 진구하면 私賑이라 했으며, 진휼할 인구가 적어서 공곡을 소비하지 않으면 救急이라고 하였다.[135] 또한 민간차원에서 개인이 진휼곡을 願納하거나 賑飢사업을 시행하는 것도 私賑이라 하였다. 그리고 이제는 무상분급에 필요한 진휼곡을 수령의 自備穀과 부민들의 願納穀이나 私賑穀으로 확보해 갔다.[136]

正祖 연간에도 이 私賑人·願納富民에 대한 實職 제수와 포상이 문제가 되고 있지만 正祖는 英祖 8년의 「별단」에 따라 확고하게 처리하였다. 이를테면, 正祖 6년(1782) 호남에서 정월부터 5월 말까지 賑救를 설행했는데, 正祖는,

---

135) 문용식, 앞의 책, 79~80쪽 ; 『萬機要覽』 財用編5 荒政 外邑分賑式.
136) 1809년에 대흉년이 들었다. 이듬해에 경기·충청·전라·경상도에서 진휼을 실시하였다. 아래의 전라도 진자내역을 보면, 전체 賑資穀 268,674石 가운데 富民願納米各穀이 30,530石(11.4%)을 차지하고 있다(문용식, 앞의 책, 224쪽).

〈1810년 전라도 賑資內譯〉

賑資 확보액		지출 및 잔액	
朝家劃給賑資各穀	193,210石		
內下錢椒木作米	4,200石		
進上停捧價米	1,019石		
進上添價除留錢作米	1,528石	分給各穀	252,145石
帖文發賣價米各穀	11,427石	餘穀	16,528石(還會錄)
營別備米各穀	9,340石		
各營邑鎭牧場自備穀	17,417石		
富民願納米各穀	30,530石		
合各穀	268,674石		

여러 고을의 부민들이 영읍의 勸分을 기다리지 않고 이렇게 1천 包를 私賑했는데, 흉년의 賙救는 오직 朝家의 區劃에 달려 있는 것이다. 어찌 반드시 부민이 저장하고 있는 것을 責出하는 것을 마치 勒徵하는 것처럼 할 수 있겠는가. 그러나 재산을 출연하여 濟活하였으니 매우 가상하다. …… 1천 석 이상을 사진한 자에게 실직을 제수한다는 것은 법전에 분명히 기재되어 있으니, 光州의 姜德輝, 昌平의 金和重, 南平의 黃千一 등 세 사람에게는 내외의 實職을 막론하고 즉시 수용토록 하라.[137]

고 지시하였다. 이어 正祖는 세 사람을 직접 불러서 그들의 성명과 나이, 地閥과 원하는 직책을 물어본 다음, 일찍이 五衛將과 邊將을 제수한 예를 들어 嘉善 강덕휘와 嘉善 황천일에게는 五衛將을 제수하고, 김화중에게는 折衝帖을 성급하였다. 아울러 이번 포상이 그들만을 위한 것이 아니고 勸分을 권장하는 뜻에서 나온 것인 만큼 앞으로 흉년 때에 민인들이 서로 勸分을 격려하여 재산을 출연해서 가난한 사람들을 진휼하는 일을 널리 알리라고 말하였다.[138] 또 이듬해 1월부터 5월까지 경기·호서·영남지방에서 진휼을 실시했는데, 감사와 수령들의 노고와 공적에 대해 포상하고, 1천여 石을 私賑한 한산 李繼甲, 밀양 李景尹, 통진 李弘逵 등에게는 帖加뿐만 아니라 상당직을 제수하도록 하고, 특별히 祖父에 이어 1천여 石을 私賑한 進士 羅後倫은 實僉知에 임명하도록 지시하였다.[139] 이후에도 진휼을 실시한 각 도의 畢賑狀啓 안의 원납부민들에게 「별단」에 따라 포상하는 한편, 自備各穀이 천여 石이 넘는 수령들은 승진시키거나 은상을 베풀었다.[140]

---

137) 『正祖實錄』 13권, 정조 6년 5월 24일.
138) 『備邊司謄錄』 164책, 정조 6년 6월 17일.
139) 『正祖實錄』 15권, 정조 7년 5월 23일.
140) 『承政院日記』 1626책(탈초본 86책), 정조 11년 5월 23일 ; 『正祖實錄』 35권, 정조 16년 6월 20일 ; 『正祖實錄』 37권, 정조 17년 5월 19일 ; 『正祖實錄』 37권, 정조 17년 6월 1일 ; 『備邊司謄錄』 201책, 순조 11년 11월 6일. "司啓曰 頃以湖南補賑千石以上二人 從自願邊將差送之意 自本司草記允下 而聞該曹適因有窠分差西北鎭萬戶 而俱是老病之人 地且絶遠無以赴任 將不免無故罷還云 此由於草記初未該悉 該曹未及消詳之致 而今使朝家 勸之意 反爲渠輩落莫之歎者 有非勸分賞功之義 補賑二人見差之任 竝勿施 以本道內邊將

그런데 1천 석 이상을 납곡한 補賑人들에게 법령대로 실직을 제수하는 것은 실제로 그리 간단한 문제가 아니었다.

補賑人들에 대한 論賞은 法典에 실려 있는데, 己巳年(1809) 이후 연이어서 設賑해서 각 도에서 納錢·納穀하여 賞典에 들어가는 자가 해마다 점점 많아지는데, 매번 政曹에서 순차적으로 收用할 수 없음으로 인하여 '積薪之歎'이 없지 않으니 朝令을 믿고 民情을 부추긴다는 의의가 없다. 庚午年(1810)에 보진한 각 사람은 처음에는 承傳이 있었지만 여전히 歸屬하지 못한 자가 6명이나 된다. 義를 숭상하는 자들로 하여금 끝내는 원한을 품게 하였으니 참으로 한탄스럽다. 鎭川 進士 鄭泰成은 1,686石을 바쳤고, 南原 幼學 權昌彦은 1,200石을 바쳤고, 靈山 幼學 金載浩는 1,070石을 바쳤고, 西原 幼學 申始權는 1,035石을 바쳤고, 羅州 幼學 文贊光은 1,000石을 바쳤고, 全州 進士 李馨八은 700石을 바쳤다. 모두 實職을 除授하라는 命이 있었는데, 이때 該道에 관문을 보낸 즉 모두가 다른 곳의 士族이었고 특히 당시에 相當한 자리가 없기 때문이었다. 이미 5년이나 되었지만 아직 한 사람도 調用되지 못하였다.[141]

즉, 純祖 10~14년(1810~1814)에 전국적으로 설진하고, 법전의 규정에 따라 천여 石을 납속한 補賑人들에게 실직을 제수하라는 명령이 있었음에도 불구하고 相當한 관직이 없기 때문에 그들이 調用되지 못한 것이 5년이나 되었고 그러므로 그들은 '朝令'을 믿지 않고 '積薪之歎'만 품게 되었다는 것이다. 이처럼 천 석 이상을 납속한 보진인들은 많아지는 데에 비해 그들에게 제수해야 할 실직의 수는 이미 한정되어 있었기 때문에 그들에게 바로 실직을 제수하는 경우는 드물었지만, 그러나 차후 실직의 수를 늘리거나 공석이 되었을 때 英祖 8년의 「별단」대로 포상조치를 이행하고 있었다. 물론 그들에게 해당 실직에 상당하는 품계는 그때그때 부여되고 있었다. 그리고 천 석 미만의 납속자에 대해서는 본도 감영에 지시하여 역시 「별단」대로 포상하고 있었다. 이를테면, 純祖 29년

待窠差送 俾爲終始實惠之意 分付該曹 何如 答曰 允."

141) 金載瓚(영조 22년, 1746~헌종 2년, 1836), 『海石日錄』(奎 4193)(1774년부터 1827년 4월까지의 일기), 순조 14년 9월 14일.

(1929) 삼남지방 設賑 후에, 1,200石을 납속한 서산 가선 李世雄에게 실직을 제수했
고, 두 차례에 걸쳐 모두 2,000石을 납속한 서원 사용 李志泰에게 司果를 제수했
으며, 이하 50石부터 700石까지의 원납인들에게는 감영에 지시하여 「별단」대
로 포상조치하고 있음을 볼 수 있다.[142] 그리고 이 이후에도 私賑人들에
대한 납속직과 드물게는 실직도 제수하고 포상조치도 계속 이어지고 있었다
(<표 4>).

한편, 수령들의 勸分 강요는 『續大典』(英祖 22년)과 『大典通編』(正祖 10년)에
勸分禁令을 두어 금지시켰음에도 불구하고 여전히 금지되지 않았다.[143] 正祖
18년에 正祖는 다시 勸分을 금지한다는 윤음을 반포하고, 이를 어긴 자는 엄벌에
처하였다. 그것은 다음 기사에서 확인할 수 있다.

> 하교하기를, 삼남지방에서 진휼을 끝내고 올린 장계가 오늘 일제히 도착해
> 서야 비로소 영남의 부민들이 원납했다는 것을 알았다. 그런데 묘당에마저
> 알리지 않은 채 제멋대로 바치는 것을 허락하고는 곧바로 나에게 보고하였
> 다. 그렇다면 지난해에 반포한 윤음을 준수했다고 말할 수 있겠는가. 양남의
> 보고사항 가운데서 오직 영남만 하지 않았는데, 藩臣의 도리로 볼 때 이런
> 식으로 해서는 안 될 것이다. 나라의 기강으로 헤아려 볼 때 어찌 그냥
> 놔두어서야 되겠는가. 영남의 전 道臣 趙鎭宅을 파직하라.

즉, 正祖 18년의 勸分을 금지하는 윤음을 어긴 영남감사 조진택을 파직하고
있는 것이다.[144] 이후에도 '勸分'만은 특별히 금지시키고 있었다.[145] 물론 '私賑授
職策'은 계속 시행되고 있었다. 그런데 賑飢政策으로 無償分給制를 추진하고,
이미 禁令으로 규정되어 있는 '勒令勸分'을 금지하는 한편, 진휼곡을 私賑穀,
즉 수령의 自備穀과 민인들의 願納穀·私賑穀을 통해 확보해 가자 수령 가운데는

---

142) 『代廳時日錄』, 순조 29년 6월 13일.
143) 『正祖實錄』 32권, 정조 15년 1월 22일.
144) 『正祖實錄』 42권, 정조 19년 5월 22일.
145) 『備邊司謄錄』 187책, 정조 22년 4월 10일.

自備穀을 마련하려고 勸分을 강요하는 자들이 있었다. 純祖 2년(1802)에 영의정 沈煥之는 그러한 사정을 다음과 같이 말하고 있다.

> "작년 가을에 영남의 여러 沿邑이 간간이 흉작이 많았습니다. 設賑을 논의하게 되었는데, 道臣은 결국 私備로서 救急할 것을 아뢴 바 있습니다. 모름지기 처음에는 公穀을 요청했다가 곧 私備를 계획하니 반드시 고을의 사정을 헤아린 바가 있어서일 터인데, 수령들이 혹 私備의 이름을 빙자하여 장사하여 이득을 얻고, 勸分을 억지로 강요할 것 같으면, 기민을 구제하는 효과는 보지 못하고 도리어 민을 괴롭게 하는 계제가 될 것인 즉 죄는 누구에게 있겠습니까. …… 犯罪의 有無와 接濟의 勤慢을 묘당에서 고찰해야 하는데 우선 도신에게 명하여 더욱 察飭하도록 하고, 혹 근면하지 않으면 즉시 論勘한다는 것을 분부하는 것이 어떻겠습니까." 임금이 말하기를, "그렇게 하라." 하였다.[146]

즉, 수령 가운데는 민인들에게 이미 금령으로 금지하고 있는 勸分을 강요하여 自備穀을 마련하고 있다는 것이었다. 만일 그들이 금령을 어겨 죄를 지을 경우 實心으로 구제할 수 없을 것이기 때문에 道臣으로 하여금 미리 察飭하라고 지시하고 있는 것이다. 그래서였든지 高宗 말년에는 勸分을 권유하지도 않고, 인심이 옛날 같지 않아서 원납하거나 사진하는 사람도 드물다고 했다.[147]

3. 饒戶·富民의 실태 − 庶民地主의 成長

英祖 연간 초반에 권분령이 발동된 이래 茶山이 勸分은 이미 '白納', 혹은 '勒奪'로 변질되어 버렸다고 비판한 것을 보면, 設賑했던 고을의 富民·饒戶들은

---

146) 『備邊司謄錄』193책, 순조 2년 1월 18일.
147) 『高宗實錄』42권, 고종 39년 7월 8일. "惠民院總裁李乾夏奏 荒年勸分 雖或有之 而挽近人心 不古 勸而能分者幾希 況不勸而自分乎."

모두 勸分에 참여하지 않을 수 없었다는 것을 알 수 있다. 그는 勸分에 참여했던 富民·饒戸를 그 집안에 저장한 곡식이 여덟 식구가 1년 동안 먹고도 오히려 남는 것이 있는 자라고 파악하였다. 그리고 饒戸를 상·중·하의 세 등급으로 나누었는데, 상등은 최하 200石으로부터 천 석을 권분할 수 있는 자로서 1도에 불과 몇 사람이고, 중등은 최하 20石으로부터 최고 100石을 권분할 수 있는 자로서 한 고을에 불과 몇 사람이며, 최하 2石부터 최고 10石을 바칠 수 있는 하등의 호는 한 고을에 혹 수백이 있을 수 있으니 만약 이들을 젖혀두고 권분하지 않는다면 권할 곳이 없을 것이라고 말하고 있다.[148] 그리고 1천 석 이상을 더 내놓아 賞典을 희망하는 자가 있으면 제한할 필요가 없다고 했다.[149] 물론 다산의 이러한 饒戸 구분은 시기와 지역에 따라서 달라질 것이었다. 이를테면 英祖가 '北穀 100石은 三南의 1천 석과 맞먹는 것이다'라고 하고, 이를 기준으로 환산해서 권분인들에게 施賞하라고 지시하고 있었던 것을 감안해 보면, 북도의 중등 요호는 삼남지방의 상등 요호에 해당하는 셈이었다.

그런데 본고의 작성 목적과 관련하여 주목하는 것은 이러한 요호·부민들의 토지소유 규모이다. 그것도 흉년이 든 이듬해 봄에 무려 500石 이상을 원납했던 자들의 토지소유 규모는 얼마나 되었을까? 다산이 조선후기의 농촌·농업·농민의 실태를 제대로 파악했던 것은 아무래도 강진에 유배되어 농촌 현장을 직접 접했을 때부터였던 것으로 보인다. 더욱이 그는 강진 고을을 중심으로 농촌 사정을 이해하고 있었기 때문에 삼남지방을 중심으로 한 조선후기의 농업 발달상과 문제점을 가장 잘 파악하고 있었다고 보아야 할 것이다. 그는 강진에 머물고 있을 무렵 당시의 농민층 분화실태를 다음과 같이 파악하고 있었다.

지금 호남 사람으로서 대략 100호를 가지고 계산해 보면 다른 사람에게 토지를 대여해 주고 소작료를 받는 자(지주)는 5호를 넘지 않고, 자기 토지를

---

148) 租 1石은 관도량으로 15斗, 민간도량으로 20斗로 환산했다. 그리고 '租則每石以米六斗 折計', 즉 租 1石은 米 6斗로 계산했다.

149) 『牧民心書』 第12卷(續) 賑荒六條 勸分.

자경하는 자(자영농)는 25호이고, 다른 사람의 토지를 차경하면서 租(打租 ; 賭租)를 바치는 자(전호농)는 70호이다.[150]

즉, 호남지방의 경우, 지주계급은 5%를 넘지 않았다는 것이다. 이어서 이러한 지주들 가운데서 천 석을 거두어들이고 있었던 지주들과 이들의 토지소유 규모를 대략 다음과 같이 추정하고 있다.

지금 文官·武官 등의 貴臣들과 閭巷의 富人 가운데는 1호당 穀粟數로 千石을 거두는 자가 매우 많은데, 그 전지를 계산해 보면 1百結 이하는 되지 않을 것이니, 이는 바로 9백 90명의 생명을 해쳐서 1호를 살찌게 하는 것이다. 國中의 富人으로서 嶺南의 崔氏와 湖南의 王氏 같이 곡식 1萬石을 거두는 자도 있는데, 그 전지를 계산해 보면 4백結 이하는 되지 않을 것이니, 이는 바로 3천 9백 90인의 생명을 해쳐서 1호만을 살찌게 하는 것이다.[151]

이는 당시의 극심한 토지소유의 불균등을 말하고 있는 것인데, 사대부와 권세가 등의 지주들과 향촌의 지주들이 100結 이상의 토지를 소유하고 있으면서 이를 자급자족에 필요한 최소한의 1結의 토지도 소유하고 있지 못하는 농민들에게 佃作시키고 이들로부터 佃作料로 거두어들이는 것이 천 석에 달했다는 것이다. 이른바 三南地方의 '千石君' 지주를 말하고 있는 것이다. 그렇다면 흉년이 든 이듬해 봄에 천 석 이상을 권분·원납하는 지주들은 적어도 2천 석 가량은 늘 비축하고 있었을 것이고 그의 소유 토지도 200여 結에 달했을 것이다. 따라서 500石 이상을 권분·원납했던 자들은 100結 이상을 소유하고 있던 이른바 '千石君' 지주들이었을 것이다. 이에 견주어 보면 100石 이상을 원납했던 지주들은 적어도 30結 이상을 소유하고 있었던 중소지주들이었을 것이다.

그런데 災害를 입었다고 해서 그 이듬해의 춘궁기에 반드시 設賑했던 것은

---

150) 『丁茶山全書』 上卷, 擬嚴禁湖南諸邑佃夫輪租之俗箚子. "今計湖南之民大約百戶 則授人田而收其租者 不過五戶 其自耕其田者 二十有五 其耕人田而輸之租者 七十."

151) 『茶山詩文集』 제11권, 論 田論 1.

아니었다. 대체로 재해를 입은 고을들을 재해 정도를 기준으로 三等分하고 그 가운데서 우선 '尤甚邑'을 가려낸 다음 그 고을의 거주민 가운데서 抄出한 貧者·貧民과 飢戶·飢民을 대상으로 설진하고 있었다. 이때 그 고을이나 인근 고을, 그리고 심지어는 다른 道의 지주들과 요호·부민들이 권분·원납하여 補賑하고 있었다. 그러나 이들은 正祖 연간에 이르러 납속수직제가 지켜지면서부터 좀 더 적극적으로 원납하고는 있었지만 그러나 대부분은 여전히 소극적이었던 것 같다. 그것은 물론 원납수직이 제대로 이행되지 않고 있었기 때문이었다. 그러므로 다산도 말했듯이 최하 200石으로부터 천 석을 권분할 수 있는 상등의 요호는 1도에 불과 몇 호에 불과했던 것이다. 따라서 현재 확인되는 일부의 畢賑記錄이나 賑飢錄·賑恤記 등에 기록된 권분·원납한 요호·부민들은 지주들을 포함해서 그 일부라고 보아야 할 것이다.

여기서는 勸分·願納授職策이 본격적으로 시행된 이래 그에 관한 기록으로 18세기 이후의 『王朝實錄』·『承政院日記』·『備邊司謄錄』·『日省錄』 등에 남아있는 畢賑記錄과 현재 확인되는 賑飢錄·賑恤錄인 『賑恤謄錄』·『錦營啓錄』·『賑簿』·『忠淸道甘結報草謄書冊』·『公忠道各邑補賑人等居住姓名及所納錢穀成冊』·『湖南賑飢錄』 등에서 보이는 勸分·願納한 饒戶·富民의 존재 양태와 함께 특별히 그 가운데서도 이른바 '庶民地主'의 존재를 확인해보고자 한다.

우선 이 기록들을 자료로 하여 <표 4>·<표 5>·<표 6>을 작성하였다. <표 4>는 일부에 지나지 않겠지만 조선후기, 특히 英祖 연간 이후에 皮穀·租·牟·粟 각각으로, 혹은 합쳐서 50石 이상(錢만으로 500兩 이상)을 권분·원납한 전체 요호·부민 현황이다. 이 가운데서 500石 이상을 권분·원납한 요호·부민들만 뽑아서 작성한 것이 <표 5>다. 그리고 <표 6>은 <표 4>의 전체 요호·부민들의 願納穀數別·道別 분포를 살펴본 것이다.

우선 맨 먼저 꼽을 수 있는 요호·부민으로는 조선시기의 전형적인 봉건지주인 權勢家(功臣家·戚臣家)地主와 時·原任 고위 관료였던 士大夫地主를 들 수 있을 것이다. 그들은 대체로 고향과 연고지에 대토지와 노비가 있는 鄕庄을 두고 있었다. 이들의 토지규모는 적어도 30結을 내려가지 않았으며, 많게는 당시

'千石君'의 토지규모인 80結 이상에 달한다고 했다. 이들 가운데는 그 해에 흉년이 들더라도 다른 해의 作況으로 천 石이상의 곡물을 비축하고 있던 자들이 많았기 때문에 자기 고을이나 인근 고을, 혹은 다른 지방의 設賑 때에 의지만 있으면 그것을 권분·원납하여 補賑할 수 있을 것이었다. 그런데 이들 대지주들은 대부분 권분·원납에 참여하지 않고 있었다. 예를 들면, 英祖 8년 당시 판서였던 權以鎭의 경우가 그것이었다. 그는 그의 고향인 연산은 물론 진금과 공주에도 농장을 두고 있었다. 그는 당시 감진어사로 파견되었던 어사 황정에 의해 연산 농장곡 200石을 封廢당하여 진휼곡으로 내놓아야만 했었다. 그러자 그는 宰臣의 체통을 훼손당했다고 도리어 황정을 책망하고 있었다. 이때 대부분의 宰臣들은 권이진에 동조하고 있었던 바, 곧 그들은 대부분 권분에 참여하지도 않았을 뿐만 아니라 참여하고 싶지도 않았던 것이다.[152]

당시의 이러한 분위기는 박문수를 통해서도 확인할 수 있다. 그는 경상도 관찰사로 있을 때에 公山에 있던 향장을 내버려 두지 않고 노비로 하여금 농사짓게 하고, 식구들은 營中에서 먹게 함으로써 해마다 비축한 곡식으로 권분하고 있었다. 그러면서 그는 金興慶·權以鎭·權㒁 같은 이들은 왜 그들의 庄穀을 출연하지 않는가라고 비난하였다.

> 박문수가 말하기를, "내년 봄에 보리가 잘 되면 가망이 있습니다만 금년 농사처럼 된다면 삼남의 일은 실로 말하기 어려운 걱정이 있습니다. 신이 영남에 있을 때 역시 농사를 그만두게 할 수 없어서 향장에 노복을 유치하여 농사를 짓게 하고, 가속들은 모두 營中에서 먹고 살게 했습니다. 때문에 매년 남는 곡식이 있었습니다. …… 이러한 때에 출연하여 생민을 구하지 않다면 신은 큰 죄를 짓는 것입니다. 신이 이미 곡식을 내놓은 즉 김흥경·권이진·권업 등일지라도 역시 어찌 내놓지 않겠습니까. 지금의 계책으로는 권분 외에 다른 대책이 없습니다. 그러므로 신은 가속이 먹을 곡식을 제외하고 그 나머지 백 수십 석을 본관 좌수에게 맡겼습니다. 이 일을 만약 경연에서 말한다면 재상 가운데 여유가 있는 자들이 어떻게 내놓지 않을 수 있겠습니

152) 주 77), 78), 79), 80) 참조.

까. 재상들이 출연한다면 백성들 가운데서도 여유가 있는 자들 역시 내놓지 않을 수 있겠습니까. 재상들이 만약 내놓지 않는다면 백성들은 죽고 말 것입니다."153)

또 英祖 7년(1731)에 삼남지방에 흉년이 들었는데, 충청도 암행어사로 나갔던 그는 스스로 공주 향장의 庄穀을 출연하면서 다른 重宰들의 권분을 유도하였다. 그러나 조정의 宰臣들은 일제히 박문수의 처신을 비난하였다. 이것은 권분에 참여하고 싶지 않았던 사대부지주들의 의중을 내비치는 것이었다. 물론 그들은 실제로 권분에 참여하지 않았다. 이를 보면, 대개 향장을 두고 있던 권세가지주와 사대부지주들은 스스로 권분에 참여하지 않고 있었고, 또 이들에게는 勸分令이 미치지 못하고 있었다.

둘째, 兩班土豪地主를 들 수 있다. <표 4>에서 보듯이, 그들은 士族·士人·進士·鄕品·幼學 등의 양반하층으로서 英祖 7년(1731)부터 高宗 14년(1877)까지의 기간에 租 50石 이상을 권분·원납했던 요호·부민 900여 명 가운데 약 3분의 2정도(600여 명)를 차지하고 있다. 또한 <표 5>에서 보듯이, 이들 향반들은 租 500石 이상을 원납하고 있는 요호·부민 170여 명 가운데는 80여 명을 차지하고 있으며, 또 이들의 반 이상은 租 1000石 이상을 원납하고 있다. 이들은 대부분 '千石君' 이상의 토호지주였을 것이다.154)

이처럼 '千石君' 이상의 향반토호지주들이 租 1000石 이상을 원납했던 것은 實職을 제수 받을 수 있었기 때문이었다. 예를 들면, 英祖 7년(1731)에 충청도

---

153) 『承政院日記』 734책(탈초본 40책), 영조 7년 11월 15일. "朴文秀曰 來春牟麥若登 則庶有 可望 而牟麥又如今年農事 則三南事 實有難言之憂矣 臣在嶺營時 亦不廢農 留置奴僕於鄕庄 使之作農 而家屬 皆食於營中 故年年有剩穀 臣若不住嶺南 則此穀何以餘存乎 莫非國家之恩 而當此之時 若不捐之 以救生民 則臣之罪大矣 臣旣出穀 則雖金興慶·權以鎭·權僕諸人 亦豈 不出乎 卽今爲計 勸分之外 更無他策 故臣果計除家屬糊口之數 其餘百數十石 招致本官座首 付之矣 以此事若出筵說 則宰相之有餘者 何可不出乎 宰相旣出 則百姓之有餘者 亦何可不出 乎 宰相若不出 則百姓皆當死矣."

154) 『公忠道各邑補賑人等居住姓名及所納錢穀數爻成冊』(奎 16938)
石城 唐津 嘉善 孫復榮 租一千石
以唐津士民 因私幹往來石城 仍見該邑之殘災最 以其外庄所收 有此捐納是乎乙齊

청안의 사족 연세홍은 납곡 2000石에 實同知에 擬差되고 있으며, 正祖 7년(1783)에 충청도 서천의 진사 나후륜은 납속 천 석에 實僉知에 임명된 뒤 2차로 94石을 바치고 있다.[155] 또 경기도 통진 사인 이홍수는 납곡 800石으로 군수에 임명된 뒤 다시 천 석을 납부하고 있음을 볼 수 있다. 純祖 연간에 이르러서도 租 천 석 이상을 원납한 향반들에 대한 실직제수는 비록 수직 시기가 늦춰지기도 했지만 빈자리가 생겼을 때는 물론 실직을 加設해서라도 英祖 17년의 「별단」대로 집행되고 있었다. 그리고 천 석 미만의 납속자에 대해서는 본도 감영에 지시하여 역시 「별단」대로 포상하고 있었다.[156] 그리고 이 이후에도 私賑人들에 대한 납속직과 드물게는 실직도 제수하고 포상조치도 계속 집행하고 있었던 것이다. 따라서 英祖 8년(1732)과 英祖 17년(1741)에 작성된 「富民勸分論賞別單」의 시행으로 납속수직이 사족과 양민, 심지어는 천민에게도 개방되면서부터는 향반층은 자신들을 양민·천민과 차별화하기 위해서라도 가능한 한 고액의 錢穀을 원납했 던 것이다.

셋째, 조선후기에 새로이 부상한 요호·부민으로서 양인 신분의 부농과 '서민 지주'를 확인할 수 있다.

임란 때 국가 재정의 고갈과 군량미의 부족을 보충하려는 데서 시작한 납속수직정책은 전란이 종결된 뒤에도 계속 시행되었다. 전후의 복구사업과 확장된 국가기구의 유지를 위해서는 막대한 재정적 뒷받침이 필요했던 것이다. 봉건정부의 일상적인 재정을 확보하는 일차적인 길은 조세수입이었다. 그런데 이 시기에 농업생산력의 발달에 따라 전체적으로 民富가 증대되었음에도 불구 하고 계층분화의 심화와 신분제의 붕괴, 그리고 조세제도 운영의 문란으로 기본적인 조세수입도 확보하지 못하는데다가 '量入爲出'을 지키지 못함으로써 만성적인 재정고갈을 겪고 있었다. 이러한 상황에서 이 시기에 이르러 주기적으 로 도래하는 재해를 대처하는 진휼정책의 재정을 확보하기 위해서라도 납속수

---

155) 『正祖實錄』 15권, 정조 7년 5월 23일. "舒川進士羅後倫 以千餘石精實穀 專當一邑之賑資 不但不愧渠父祖之事 比邑倅不可同日而語 且有羅星樞已例 依先朝癸巳傳敎 實僉知單付."
156) 『代廳時日錄』, 순조 29년 6월 13일.

직정책, 즉 '賣官賣職'은 주요한 방책으로 시행될 필요가 있었던 것이다.

양인·천민의 처지에서 신분제와 결합된 부세제도의 굴레 속에서 각종의 수탈과 침학을 면하는 길은 양반신분으로 상승하는 것뿐이었다. 당시 양반신분으로 상승하는 계기는 納粟授職·免賤·冒屬 등과 奴婢從母法이었다. 이 가운데 노비종모법을 제외하고는 모두가 경제적 富力과 밀접한 관계가 있었다. 따라서 납속수직은 富農과 '서민지주'로 성장하고 있던 요호·부민들에게는 신분상승의 절호의 기회가 되고 있었다. 물론 정부의 '賣官賣職'은 양반신분의 직접적인 매매는 아니었다. 그러나 실직이든 납속의 대가로 취득하는 명예직이든 관직의 취득은 사회적으로 양반사회로의 진출을 의미하는 것이었고, 이를 계기로 해서 양인·천민신분의 요호·부민들이 받을 수 있는 여러 가지 혜택 가운데서 가장 긴요한 것은 수년간 또는 평생의 군역을 포함한 각종의 役을 면제 받는 것이었다.[157] 그리하여 그들은 사회적으로는 양반 행세를 할 수 있었고, 또 경제적으로는 재력을 더욱 증대시킬 수도 있었던 것이다.[158]

그러므로 납속수직정책에 편승하여 권분·원납함으로써 관직을 취득하고자 했던 요호·부민들 가운데서 양인·천민신분의 부농·중소지주와 '천석군 서민지주'의 존재를 확인할 수 있다. 우선 <표 4>에서 보듯이, 양인신분의 요호·부민들은 英祖 7년(1731)부터 高宗 14년(1877)까지의 기간에 租 50石 이상을 권분·원납했던 요호·부민 900여 명 가운데 약 3분의 1정도(300여 명)를 차지하고 있다. 이들은 전체적으로 경제력에 있어서 향반에 비해 다소 열세였던 것 같다. 그러나 그들은 租 500石 이상을 원납하고 있는 '千石君' 지주 170여 명 가운데서는 반 이상(90여 명)을 차지하고 있는 것을 볼 때 '千石君' 지주는 향반의 토호지주보다 우세였음을 알 수 있다. 이들이 바로 '千石君' 이상의 '서민지주'였던 것이다.

이 '千石君 庶民地主'들은 네 부류였다. 첫째는 1차로 租 500石 이상을 원납하여

---

157) 주 164) 참조.

158) 金容燮, 2005, 『증보판 朝鮮後期農業史硏究[I]－農村經濟·社會變動－』, 492~513쪽 (1963, 「朝鮮後期 身分制의 動搖와 農地所有－尙州牧 中東地域 量案과 戶籍의 分析－」 『史學硏究』 15).

절충·가선 등의 당상품계를 받은 뒤 2차로 租 1000石 이상을 원납하여 五衛將·邊將 등의 군직을 받는 대지주층이었다. 예를 들면, 전라도 광주의 강덕휘는 이미 납속하여 嘉善帖를 받은 뒤 正祖 6년(1782)에 또 租 1000石 이상을 원납하여 오위장을 제수 받았고, 正祖 11년(1787)에 3차로 租 220石을 원납하고 있다. 전라도 남평의 황천일 역시 이미 납속하여 嘉善帖를 받은 뒤 正祖 6년에 또 租 1000石 이상을 원납하여 오위장을 제수 받았으며, 창평의 김화중은 租 1000石을 원납하여 折衝帖과 변장을 제수 받았다.159) 또 전라도 전주의 하복언은 이미 오위장을 받은 후 正祖 17년에 租 2300石을 원납한 대가로 邊將에 제수되었다. 전라도 무주의 김재겸도 이미 오위장을 받은 후 純祖 10년에 租 1000石을 원납하였고, 純祖 14년에 또다시 租 3000石을 원납하고 있다. 충청도 은진의 권휘는 純祖 10년(1810)에 租 2000石을 원납하여 오위장을 받은 뒤 純祖 33년에 다시 租 158石과 錢 24,000냥을 원납하고 있다. 이들은 모두 2, 3차에 걸쳐 2000石 이상을 원납한 대가로 오위장과 첨사·만호 등의 변장을 제수 받고 있었다.

둘째, 2대에 걸쳐서 고액을 원납한 '千石君 庶民地主' 가문들이 있었다. 예를

---

159) 『承政院日記』 1512책(탈초본 82책), 정조 6년 6월 17일. "下敎曰 湖南私賑人召入 宇鎭承命分付光州姜德輝昌平金和重南平黃千一以次進前 上下詢姓名年紀地閥訖 下敎曰 爾等各自捐千石私賑乎 德輝等曰 然矣 上曰 爾等雖是富實之民 不惜千包 辦此救濟之擧 俱甚嘉尙 其在酬賞之典 無論內外實職 欲爲除拜 而爾等年値衰老 有難供職 何以則爲好耶 爾等畢陳所願可也 德輝等曰 臣等別無所望 而只願錦衣還鄕矣 上曰 何官爲錦衣還鄕乎 好仁曰 指謂本道邊將矣 上曰 領議政入侍 賤臣承命出 與徐命善偕入進前 上曰 除拜邊將 亦有前例乎 好仁曰 有五衛將特除之事矣 命善曰 亦有陵參奉除拜之例矣 上曰 本道有邊將窠乎 好仁曰 只有臨淄僉使一窠 萬戶則無窠矣 上曰 古有五衛將除拜之例 爾等欲爲此職乎 德輝曰 五衛將有難堪當矣 上曰 一除此職 則傳之若孫 當爲世世兩班 豈可與邊將竝論哉 德輝等曰 惟在自上處分 臣不敢更達矣 千一曰 臣則惟願錦衣還鄕矣 上曰 爾願如此 卽當分付該曹 而今此襃賞 非直爲爾等而已 實出奬勸之意 此後雖値歉歲 凡厥鄕外之民 體此朝家之意 必也交相激勸 捐財恤窮事 傳及鄕隣可也 仍命書傳敎曰 富民之捐財賑活 須有別樣激勸之政 可責來效 然未知人地之如何 使之起送矣 三人身手地處 足堪此等之職 光州嘉善姜德輝 昌平閑良金和重 南平嘉善黃千一 五衛將見窠 本道邊窠 令該曹口傳備擬 命善曰 湖南勸分人之今日所被恩榮 不但爲渠輩誇耀鄕里而已 他日積粟之類 其將視此而激勸 聖意所在 臣實欽仰 第姜德輝黃千一之嘉善 俱是加設帖 金和重則未及加資 在前實職命下之後 多有改出官敎之例 今亦依此擧行 金和重一體成給折衝敎旨後奉承傳備擬事 分付該曹何如 上曰 依爲之 出擧條 上曰 新除二人 換着五衛將服色 仍參侍衛班可也."

들면, 충청도 서천의 가선 이문규는 그의 부친이 누차 보진하여 이미 邊將을 역임했고, 純祖 33년에는 자신이 千石과 錢 2400냥을 원납하고 있다. 또한 홍산의 황호성도 그의 부친이 純祖 9년에 千石을 원납하고 6차례 私賑했으며, 純祖 14년에는 본인이 千石을 원납하고 4차례 私賑하여 오위장을 제수 받았으며, 純祖 33년에 다시 租 千石을 원납하고 있다.[160]

셋째, 이미 加設職인 僉使·將校·同知 등을 받은 후 2차로 租 1000石 이상을 원납했던 서민지주들이 있었다. 正祖 17년(1793) 전라도 무장의 박대채, 나주의 정언희, 진안의 양덕대, 전주의 송인철 등은 이미 납속가설직인 장교를 임명받은 후 재차 租 1000石 이상을 원납하여 변장에 제수되거나 발령대기하고 있으며, 충청도 공주의 김계극은 同知를 받고서 純祖 10년에 租 1000石을 원납하고 있다. 또 전라도 전주의 장익복은 이미 납속직인 첨사를 받은 뒤 재차 2100石을 원납하고 있는데, 그가 원납한 액수는 모두 萬石에 이른다고 했다.[161]

넷째, 대부분의 서민지주들은 이미 租 500石 이상을 납속한 대가로 절충·가선 등의 가설첩을 받고서 다시 租 500石 이상을 원납하여 오위장이나 첨사·만호 등의 군직 발령을 대기하고 있다.

이처럼 '千石君 庶民地主'들은 본인이 2, 3차례, 혹은 2대에 걸쳐서 租 1천 石 이상, 많게는 萬石까지를 권분·원납하여 英祖 8년의 「勸分富民施賞節目」(「富民勸分論賞別單」)에 따라 납속직의 影職·加設職 뿐만 아니라 내외 軍職의 實職까지 受職하고 있었다.

이제 英祖 7년(1731)부터 高宗 14년(1877)까지 租 50石 이상을 권분·원납한 요호·부민의 구성과 지역적 분포를 살펴보자.

<표 4>에서 보듯이, 요호·부민 총 896명 가운데서 租 50石 이상을 원납한 자는 284명(31.6%), 租 100石 이상 500石 미만은 440명(49.1%), 租 500石 이상 1000石 미만은 61명(6.8%), 租 1000石 이상은 112명(12.5%)이다.

먼저 租 1000石 이상을 원납한 자들을 살펴보자. 그들 가운데는 2천 石 이상을

---

160) 『公忠道各邑補賑人等居住姓名及所納錢穀成冊』(奎 16938)
161) 『承政院日記』 1717책(탈초본 91책), 정조 17년 5월 19일.

원납한 자들이 포함되어 있다. 이를테면, 純祖 10년(1810) 전라도 진휼 때에 租 千 石 이상을 원납한 14명 가운데는 2천 石 이상의 원납자가 3명이 들어있다.

> 그 가운데 영광 申仁甲, 익산 蘇輝國, 창평 朴煥東 등 3인은 아래 고을의 食土之民으로서 稍饒하다고 이름이 나 있지만, 이번 곡식이 金과 같은 때를 당하여 혹은 3천 包를 내고, 혹은 2천여 포를 내서 각각 그 고을의 수만 명의 賑資를 보탠 자들이다. 만일 나라를 위하는 지성이 아니라면 어찌 사람의 높은 의기로만 이처럼 할 수 있겠는가.[162]

여기서 신인갑은 이미 租 千 石 이상을 원납한 대가로 巡將을 수직했던 것 같은데 이번에는 무려 租 3300石을 다시 원납했으며, 유학 소휘국은 租 3000石, 한량 박환동은 租 2500石, 그리고 전주의 가선 이경옥 등 11명은 租 1000石부터 1800石까지 원납하고 있다. 즉 14명 가운데 3명은 租 2千 石 이상을 원납하고 있는 것이다. 그리고 租 千 石 이상을 원납하고 있는 11명 가운데 6명은 이전에 租 千 石 이상을 원납하여 당상품계와 이에 상당하는 五衛將·僉使 등의 군직을 수직했던 것을 볼 수 있다(<표 5>). 이들을 포함하여 전체 112명 가운데 租 2千 石 이상을 원납한 자는 20명에 달하고 있다.

다음으로 租 千 石 이상을 원납한 자들을 포함하여 租 500石 이상을 원납한 이른바 '千石君' 지주들은 모두 173명(19.3%)인데, 이들은 각각 반 정도씩을 차지하고 있는 향반토호지주들과 서민지주들이었다. 각 道에서 설진했을 때라도 모든 고을이 설진하지는 않았으므로 道별로 원납자들을 비교할 수는 없을 것이다. 이 점을 감안하고 다만 원납곡수별 네 그룹의 원납자들이 모두 파악되고 있는 삼남지방을 중심으로 '千石君' 지주들의 도별 분포를 비교해 보자. 正祖 7년(1783), 충청도와 경상도는 3명 對 2명이다. 正祖 11년에는 충청도 대 전라도는 1명 대 19명이다. 純祖 10년(1810)에 충청도와 전라도는 유례없는 흉년이 들어 두 도의 모든 고을에서 설진했는데, 이때에 충청도 대 전라도는 7명 대 16명이다.

---

162) 『湖南賑飢錄』(古 4259-43)

또 純祖 29년에 충청도 대 경상도는 3명 대 5명이다. 高宗 14년(1877)에 전라도 대 경상도는 17명 대 11명이었다. 이를 보면, 18·19세기에 이들 '千石君' 지주들은 전라도에서 가장 많았고 이어 경상도, 충청도 순이었던 것 같다. 이는 여러 사료로서도 증명되고 있다.

이어서 租 100石 이상 500石 미만을 권분·원납했던 요호·부민들의 소유·경영지를 추정하여 부농과 중·소지주층의 존재를 확인해 보자.

앞서 보았듯이, 정부는 英祖 13년(1737)에 권분을 폐지하고 '願納授職策'을 시행하여 요호·부민들의 원납을 유도했지만 그것을 제대로 이행하지 못함으로써 그들로 하여금 원납하려는 의욕이나 동기를 잃게 하고 있었다. 이런 분위기 속에서 정부는 이제 그들의 '애국심'과 '出義氣自願補賑'에 기초한 원납을 기다릴 수밖에 없었다. 물론 수령 가운데는 自備穀을 마련하기 위하여 이미 禁令으로 금지하고 있는 권분을 강요하고도 있었지만 요호·부민들이 예전처럼 이에 선뜻 응할 리는 없을 것이었다. 그래서였든지 哲宗·高宗 연간에 이르러서는 관찰사의 감시 아래 수령들도 권분을 권유하지도 않았고, 또한 '인심이 옛날 같지 않아서 원납하거나 私賑하는 사람도 드물다'고 했다. 이처럼 납속수직이 지지부진한 가운데서도 양인신분의 민인들의 원납 동기는 여전히 분명했고, 따라서 원납도 계속되고 있었다. 그것은 바로 兩班位階를 취득하려는 것이었다. 양반위계를 취득하여 양반신분으로 행세하고 각종의 역을 면하는 길은 '원납수직책'에 부응하는 것이 첩경이었기 때문이다. 그리하여 '천석군의 서민지주'들은 高額의 錢穀을 그것도 2~3차례, 혹은 2대에 걸쳐서 원납함으로써 加設實職이나 實職軍職을 수직하고자 했던 것이다. 이에 비해 租 50石 이상 원납자들은 通政·嘉善帖을 받거나 원하지 않으면 10년동안 煙役을 면제 받았고, 租 100石 이상의 원납자들은 判官·主簿·察訪 등의 加設實職帖을 받거나 아니면 通德郎·副司果 등의 正職 敎旨와 함께 7년 동안 연역을 면제 받았다. 그런데 납속에 의해서 취득한 관직은 實職과 엄격한 차이가 있었다. 호적대장이나 公用文書에는 반드시 '납속통정'이나 '납속가선'이니 하는 단서를 붙여야 했고, 군역을 져야 하는 양인이나 천민은 특별한 경우 외에는 그 역을 면할 수 없었으며,[163] 다만 군역

외에 연역은 일정 기간 면제 받을 수 있었다. 관직의 취득은 사회적으로 양반사회에의 진출을 뜻하는 것인데, 정부의 매관매직은 양반신분의 직접적인 매매가 아니라 명예직의 매매를 통한 신분의 간접적인 조정에 불과하기 때문이었다. 그러나 납속수직에 대한 법적인 제한이 제도상으로는 그랬지만 현실적으로는 그것은 무의미한 것이었다. 호적대장에 '납속통정'이나 '납속가선' 등의 납속직함은 보이지 않고, 다만 통정·가선·주부·찰방 등의 직함만이 기록되어 있는 것이다. 이러한 실정을 英祖 5년에 특진관 李森은 다음과 같이 말하고 있다.

> "納粟으로 加資를 받은 자들은 호적에 납속이라는 두 글자를 쓰지 않고, 다만 通政 折衝이라고 일컫고 있습니다. 이러한 까닭으로 朝士 大夫 常漢을 구분할 수 없으니 실로 놀라운 일입니다. 또 납속이라 쓰지 않고 다만 통정이라고 쓰고 역에 응하지 않습니다. 그러므로 한 마을을 가지고 말하자면 수백 호 가운데 역을 지는 자는 십여 호에 지나지 않으니 한번 바로잡아야 하겠습니다" 라고 하니, 임금이 말하기를, "납속 두 글자를 반드시 기입하도록 申飭하되, 申飭이 있은 후에 쓰지 않는 자는 重究하는 것이 좋겠다"고 하였다.164)

이러한 실정 아래서 정부에서는 위반자를 중률로서 다스리고자 했지만, 호적에 '납속' 글자의 기입은 제대로 시행되지 않았다. 납속수직자는 되도록 '납속'이라는 단서를 없애려고 노력하였을 것이고, 지방의 아전들은 贈收賂를 통해서 그것을 묵인해 주었을 것이다. 그리하여 시일이 흐름에 따라 납속수직자는 일반 實職者와 마찬가지로 다만 가선·통정·절충·판관 등으로 불리게 되고, 그들은 자연스럽게 양반행세를 하면서 일정 기간 혹은 평생 동안 군역을 포함한

---

163) 『續大典』 권4, 兵典 免役. "諸冒頉人 毋得許免 ○ 冒屬忠義 影職受帖 冒屬鄕校鄕所任校生衙前等 收布案中 無得懸頉 ○ 納粟堂上有軍役者 勿頉 無役者 充定."

164) 『備邊司謄錄』 85책, 영조 5년 5월 7일. "李森曰 納粟加資之類 戶籍中不書納粟二字 只稱通政折衝 以此之故 朝士大夫常漢 莫能辨之 實爲可駭 且不書納粟 只書通政 而不爲應役 故以一洞言之 數百戶之中出役者 不過十餘戶 一番釐正 在所不已矣 上曰 納粟二字 必爲書塡事各別申飭 而申飭後不書者 重究可也."

각종의 역을 면할 수 있었을 것이다.[165] 물론 租 10石 이상을 원납하는 자들은 加設實職帖을 받지 못했고, 다만 3년 동안 군역 외의 연역을 면제 받고 있었던 것 같다. 茶山의 말대로 '최하 2石부터 최고 10石을 바칠 수 있는 하등의 호는 한 고을에 혹 수백'이라고 했는데 그들은 소농들이었을 것이고, 租 10石 이상을 원납하는 자들은 중농·부농들이었고 군역은 차치하고라도 연역을 면제 받기 위해서 원납했었을 것이다. 또한 그들 가운데는 勸分令에 따라 억지로 '富民名單'에 혼입되어 권분·원납하는 자도 있었을 것이다.

肅宗 연간 이후 설진기록을 보면, 당시에는 거의 매년 전국적으로 혹은 몇몇 道와 고을별로 흉년이 들었고, 이어 이듬해 봄에는 설진했었다(<표 1> 참조). 이런 즈음에 한 농가가 租 100~500石을 권분·원납하려면 어느 정도의 농지를 소유·경작하고 있었어야 했을까?

우선 논과 밭 각 1結을 자경하는 한 농가의 1년의 수지계산을 살펴볼 필요가 있다. 김용섭은 肅宗 연간 이후의 『星湖僿說』·『經世遺表』·『擇里志』·『王朝實錄』 등의 문헌사료와 양안을 분석하여 1結당 농가의 순수익을 추정하였다.[166] 그 분석에 의하면, 벼농사의 경우 平畓(上等畓 1結은 20斗落, 薄畓은 40斗落) 1結에서 平年作 租 40石(피곡 800斗 ; 米 20石)이 표준적 수확량이었다. 또 밭에서는 主穀(麥, 粟, 大豆)의 이모작을 전제할 때, 平田 1結당 표준적 수확량은 논의 반, 즉 피곡 30石(600斗)이었다. 따라서 논과 밭 합쳐서 전답 평년작 1結의 수확량은 피곡 700斗가 되는 것이었다. 여기서 세액을 제하면 순소득이 될 터인데, 顯宗·肅宗 연간에 삼남지방의 1結에 부과되는 법정세액은 정규세와 부가세를 합하여 米 25.1斗, 즉 피곡으로 50.2斗였다. 여기에다 규정 외의 부가세 50斗를 합해서 도합 100斗 정도가 되었다. 따라서 전답 합쳐서 농지 1結의 순소득은 피곡 600斗가 되는 셈이었다.

165) 金容燮, 2005, 『증보판 朝鮮後期農業史研究[I]-農村經濟·社會變動-』, 492~513쪽 (1963, 「朝鮮後期 身分制의 動搖와 農地所有-尙州牧 中東地域 量案과 戶籍의 分析-」 『史學研究』 15).

166) 金容燮, 2005, 『증보판 朝鮮後期農業史研究[I]-農村經濟·社會變動-』, 181~199쪽 (1960, 「量案의 研究-朝鮮後期 肅宗 末年(1719·1720)의 農家經濟-」『史學研究』 7·8).

한편, 전답 합쳐서 농지 1結의 순소득 피곡 600斗에서 추정가능한 지출로 5인 가족의 식량과 주로 농번기에 지출되는 勞賃, 그리고 種穀을 제하면 그 해의 순수익이 될 것이었다. 먼저 5인 가족의 식량을 알아보자. 당시 李瀷이나 正祖 연간의 병조참판이었던 유의양 등의 견해 간에 다소의 차이는 있지만, 보통 농가를 기준으로 하고 兒女子의 小食을 참작할 때 1인 1일의 평균 식량은 약 1升이었다. 그러면 1인 1년의 식량은 米 36斗가 되며 피곡으로 따지면 72斗, 즉 약 70斗가 되었고, 따라서 5인 가족의 1년 식량은 약 350斗가 되는 것이었다.[167]

다음으로 英祖 연간의 박문수의 논의를 통해서 농번기에 지출되는 노임을 계산해 보고, 이어서 이 농가의 순이익을 추산해 보자.

어사 박문수가 아뢰기를, "신이 호서에 오래 있었으므로 민폐를 익히 알고 있어 감히 이를 말씀드립니다. 농민의 일로 말씀드리면 전답은 모두 사부·향족 富戶의 것입니다. 그러므로 그들이 경작하는 땅은 竝作이 아닌 것이 없는데 많이 얻는 자라야 10斗落의 논에 불과합니다. 하루의 일에는 반드시 10인이 필요한데, 김을 매는 한 사람의 貫糧은 쌀 3升이요, 품삯은 돈 5푼인데, 3차례 김을 매야 하고, 한 차례 수확하고, 한 차례 타작해야 하므로 이에 들어가는 인부는 50인 가까이 됩니다. 마침내 소득이란 것은 20石에 지나지 않습니다. 이 가운데 10石은 本主에게 돌아가고 10石만이 그들의 것이 되는데, 경작할 때 대여 받은 것은 모두가 토호부민에게 빚을 낸 것입니다. 그러므로 가을에 가서 관의 곡물이나 사채를 따져 제하고 또 이것으로 몸을 가릴 밑천으로 삼는다면 하나도 남는 것이 없으니 가엾은 백성이 어찌 살아갈 수 있겠습니까?"[168]

---

167) 조선후기의 단성호적의 戶當口數는 17세기 중엽부터 서서히 증가하여 1675년에는 3.8구, 1678년에는 4.4구, 1684~1693년에는 4.6구로 증가한다. 1696년에 4.3구를 기록한 이래 1861년까지 대체로 4.1~4.3구 사이에서 증감을 되풀이 한다. 그리고 18, 19세기 전국의 호당구수는 4.1~4.3구였다(김건태, 2001, 「조선후기 호적대장의 인구기재 양상 – 단성호적을 중심으로 –」『단성호적대장연구』, 311~312쪽).

168) 『備邊司謄錄』82책, 영조 3년 10월 22일. "御使 朴文秀 又所啓 臣久居湖西 習知民弊 敢此仰達 以農民事言之 田畓盡入於士夫鄕族富戶 故其所耕作之地 無非竝作 而多得者 不過 十斗畓 一日之役 而必以十人 一鋤手之貫糧米三升 雇價五分錢 而三次鋤耘 一次刈穫 一次打場 所入近五十人 畢竟所得 不過二十石 十石則歸於本主 十石只爲渠物 然作耕時所貸者

즉, 10마지기의 벼농사를 지을 때에 고용되는 일꾼은 김매기 3차례에 30인, 수확 한 차례에 10인, 타작 한 차례에 10인, 그리고 여기서는 빠져있는 이앙 한 차례에 필요한 10인을 추가한다면 모두 60인이었다. 이들 60인의 노임을 김매기 노임을 기준으로 계산하면 약 米 20斗가 된다. 따라서 中等 답 1結(30斗落)의 벼농사에는 노임으로 米 60斗, 즉 租 120斗가 들 것이었다. 그리고 種穀은 租 30斗落이 된다. 따라서 中等 답 1結의 농사에 소요되는 노임과 종곡은 租 150斗가 될 것이었다. 이로써 논과 밭 합쳐서 1結의 순수익은 피곡 600斗에서 이듬해의 5인 식구의 식량 350斗와 農資로서 노임·종곡 150斗를 제하면 100斗(5石)가 되는 셈이다. 그러나 이 정도의 순수익으로는 해마다의 일상생활에 들어가는 경상비용과 기타 비용, 그리고 관혼상제 등에 지출되는 비상비용 등을 충당할 수 없을 것이다. 더구나 당시 여러 사람들이 말하고 있는 바, 8인 식구의 농가라면 8인 가족의 1년 식량은 560斗가 될 것이므로 순수익은커녕 도리어 110斗(5.5石)나 모자라게 되는 것이다.[169] 그런데 이런 계산식으로 5인 식구의 농가가 소유농지 2結을 자작했을 경우의 순수익을 계산해 본다면, 총소득 1400斗, 총 세액 200斗, 노임 240斗, 종곡 60斗, 식량 350斗이므로 순수익은 550斗(27.5石)가 된다. 이 정도라면 해마다의 일상생활에 들어가는 경상비용과 제사 비용, 그리고 혼례·장례 등에 지출되는 비용을 제외한 불시 지출을 충당하고도 얼마간의 순수익이 생길 것이다. 그리고 8인 식구의 대농일 경우에는 이듬해의 농자와 함께 340斗(17石)의 순수익을 얻을 것이다.

이처럼 5인 식구의 농가는 2結 정도를 경작해야 해마다의 일상생활에 들어가는

皆得債於土豪富民 故秋來官穀私債計除 又以此爲掩身之資 一無所餘 哀此赤子 何以料生乎."

169) 『承政院日記』1054책(탈초본 57책), 영조 26년 3월 14일. "持平鄭恒齡 書曰 …… 何謂征賦之太重 遠近之不均也 編戶之民 夫妻治田 上事俯育 多或十餘口 小不下七八口 終歲勤勞 殫躬竭力 上農則所獲 不過數十斛 中則十餘斛 下則不滿六七斛 下此則無是也 一人之身 自有公私之負 租調之出 計不下數十斛 養生之具 宴喜之奉 凶殺之用 不在是焉 今又徵之以二疋之役 一域之民 雖皆有上農之收 固已不能輸其半矣 百里之邑 千戶之郷 上農之民 不過一二數 而上農之所不堪者 今欲責之於齊民 欲民之不轉徙流離 去而爲盜賊 難矣." : 『牧民心書』 권5, 戶典六條 稅法 下(戶典 第二條).

경상비용과 제사 비용, 그리고 혼례·장례 등에 지출되는 비용을 제외한 불시 지출을 충당하고도 얼마간의 순수익을 얻었을 것이다. 그러나 혹시라도 혼례나 장례를 치르게 되면 그 얼마간의 순수익도 남지 않게 될 것이었다. 물론 농가 소득은 농지의 비옥도 여하에 따라, 그리고 지역에 따라, 산간지대인지 평야지대 인지, 또 논인지 밭인지 등 여러 조건에 따라, 그리고 논하는 시기에 따라 커다란 차이가 있을 수 있을 것이다. 그러나 여기서는 이런 조건들을 무시한다면, 5인 식구의 농가는 2結 정도는 자경해야 자급자족하면서 얼마간의 이득을 얻었을 것으로 생각된다. 이는 당대의 여러 사람의 논의에서도 확인할 수 있다.

> 富民들은 토지를 兼并하여 농사를 많이 짓고자 하여 적게는 3, 4石씩, 많게는 6, 7石씩을 한꺼번에 모를 부어 노동력을 줄이고 한꺼번에 모내기를 하여 수고를 줄입니다. 그리고 비록 가뭄을 당하더라도 좋은 논이 많으므로 수확이 많습니다. 그러나 가난한 백성의 경우에는 모를 붓고 모내기하는 것을 맨 나중에야 하게 되므로 가뭄이 들거나 흉년을 만나면 입에 풀칠할 길이 없습니다.[170]

> 수원 민인 가운데 처음부터 토지가 없는 자는 역시 서울 사람의 토지로 명맥을 잇는 자가 반드시 많다. 다만 근래 민심을 보건대, 처음부터 열심히 농사지을 계획을 가지지 않고 오로지 廣作하는 것을 능사로 삼는다. 때문에 식구가 많은 집은 수십 마지기의 논을 경작한다. 이 때문에 이미 땅을 기름지게 하지 못하고 또 힘써 김매지도 않음으로써 답주로 하여금 이득을 얻지 못하게 하지만 자기는 그 광작으로 인하여 자못 이득을 얻는다.[171]

즉, 당시 佃作·時作農으로서의 부농은 노동력이 절감되는 이앙법의 보급을

---

170) 『正朝實錄』 50권, 정조 22년 11월 30일. "申在亨疏曰 …… 富民務其兼并 貪於多作 小而三四石 大而六七石 一時注秧 以省其力 一時移種 以除其勞 雖或遇旱 多有美田 所收夥然 貧殘之民 注秧移種 最爲居後 遇旱値歉 糊口無路."

171) 禹夏永, 『觀水漫錄』 「廣屯奠民之策」. "水原民人之元無田土者 亦以京人田土爲命脈者必多 矣 第近來民心 元無力穡勤農之計 專以廣作爲能事 故數口之家 皆作數石之畓 以此之故 旣不糞田 又不力耘 使畓主失利 而渠則因其廣作 頗獲贏利."

계기로 가능한 한 비옥한 농지를 겸병하여 廣作한다는 것,[172] 그리고 그들은 적게는 3~4石落, 많게는 6~7石落을 경영하여 자못 이익을 얻는다는 것이다. 전자는 5인 식구의 광작농, 후자는 8인 식구의 광작농이었을 것으로 생각된다. 上等 답이 많은 삼남지방의 논 1石落은 대략 1結이므로, 그들은 적게는 3~4結 많게는 6~7結 정도씩을 경영하는 셈이다. 따라서 3~4結은 대개 곡물재배를 중심으로 할 때 부농의 최소한의 기준 면적이 되고 있다고 볼 수 있다. 이 농지를 자작지로 환산하면 적게는 1.5~2.0結 많게는 3.0~3.5結, 즉 1.5~3.5結이 되는데, 따라서 5인 식구의 농가는 2結 정도의 경지를 자작해야 이듬해의 농자와 함께 약간의 이득을 얻는 '富民', 즉 부농이었던 것이다.

수전 농업의 경우 3~4結의 경영 면적이 부농의 최소한의 기준 면적이었으리라는 점은 金養直의 다음의 언급에서도 짐작할 수 있다.

신이 듣건대 進言者 가운데 혹자는 주앙을 금지하고 오로지 수종건파를 하여 농사를 지어야 한다고 말하는데, 이는 하나를 알고 둘은 모르는 말입니다. 무릇 대농가는 가까스로 답 4石落은 경작할 수 있지만 5石落은 넓은 면적을 묵히게 될 것입니다. 무릇 만약 수종건파만으로 농사짓는다면 4石落의 농가는 1石落도 경작할 수 없습니다. 무릇 8인 식구의 농가라도 농번기에는 반드시 사람을 고용해야 하는데, 고용인 1夫의 품삯은 10文을 넘고 세 끼를 먹여 주어야만 경작할 수 있습니다.[173]

---

172) 김용섭은 자작지 소유자인 부농이든지 전작지 차경자인 부농이든지 그들을 '경영형 부농'이라 부르고 그들이 경작지를 확대하는 방법으로 5가지를 들었다. 그것은 (1) 移秧法과 畊種法 등으로의 농법 전환을 통한 경지의 확장, (2) 경지개간, (3) 토지매매, 佃作權·賭地權 매매, (4) 退賭地 매매, (5) 3~4石落(3~4정보)를 기준으로 20여 石落(20여 정보)까지 경영하였고, 그 이상은 中畓主·中賭只로써 경영했다는 것 등이다(金容燮, 2007, 『신정 증보판 朝鮮後期農業史研究[Ⅱ]—農業과 農業論의 變動—』, 329~341쪽[1969. 12. 10 稿, 1989. 8. 30. 補訂, 2005. 追補 「朝鮮後期의 經營型 富農과 商業的 農業」]).

173) 『日省錄』 정조 23년 3월 28일. "前同知 金養直疏陳農務曰 …… 臣聞今之進言者或曰禁其注秧專以水種乾播爲農是知其一未知其二夫大農之家僅治四石畓至於五石則必有廣地之荒若專以水種乾播爲農則四石之家不能治一石夫雖以八口之家至於三農竝劇之時必須雇人雇人一夫價過十文饋飽三時然後可以得治."

여기서 그는 8인 식구의 대농가라도 농번기에는 人夫를 고용할 수밖에 없는데 그나마 이앙법을 이용하기 때문에 가족노동과 고용노동으로 답 4石落 정도는 경작할 수 있지만 5石落은 모두 경작할 수 없고 그 일부인 1石落은 묵힐 수밖에 없었을 것이라고 말하고 있는 것이다. 즉, 8인 식구의 대농가가 가족노동과 고용노동으로 경작할 수 있는 농지는 4石落(4結)까지이고, 그 이상이 되면 일손이 모자라서 농사가 제대로 되기 어렵다는 것이다.[174] 그리고 이 농지가 자작지라면 2石落(2結) 정도가 되는 셈이었다. 이처럼 8인 식구의 대농가가 경작할 수 있는 경영면적의 한계가 4石落 정도였다는 것은 당시 향반 토호지주들이 수 명의 雇工과 挾戶의 노동력을 동원하여 3~4結 정도를 일정하게 직영하고 있었다는 사실에서도 짐작할 수 있다.[175]

그런데 5인 식구의 농가는 2結 정도를 자작하여 이듬해의 농자·식량과 함께 약 租 20여 石의 순수익을 얻고 있었는데, 따라서 그들 가운데는 3년간의 煙役을 면제 받기 위해서 그 半인 10石까지 원납했을지는 몰라도 그 이상은 아마도 원납하지 않았을 것이다. 이로써 우리는 2結 정도를 자작하는 부농이든, 적게는 3, 4結에서 많게는 6, 7結 정도까지를 佃作하는 廣農이든 간에, 그들 가운데는 혹 3년 동안 煙役을 면제받기 위해서 원납하거나 억지로 공명첩을 살 수밖에 없는 자도 있었겠지만 그 대부분은 아마도 '出義氣自願補賑'하기 위하여 납속하지는 않았을 것이다.

그러므로 <표 5>에서 租 100石~500石까지를 원납하는 요호·부민이라면 그는 '千石君' 지주는 아니라도 중·소지주는 되어야 했을 것이라는 점을 추측할 수 있겠다.

앞의 계산식으로 이제 그들의 소유지·경작지를 추정해 보자.

17세기 중엽 이후 토지소유의 불균등이 심화되기 시작하고 지주제가 발달하

---

174) 金容燮, 2007,『신정 증보판 朝鮮後期農業史硏究[II]－農業과 農業論의 變動－』, 339~340 쪽[1969. 12. 10 稿, 1989. 8. 30. 補訂, 2005. 追補「朝鮮後期의 經營型 富農과 商業的 農業」]).

175) 최원규, 1985,「韓末 日帝下의 農業經營에 관한 硏究－海南尹氏의 例－」『韓國史硏究』 50·51合輯.

는 가운데 토지개혁론의 하나로서 限田論이 제안되고 있었다. 그것은 토지소유의 上限을 정함으로써 권세가·사대부·향반토호 지주들의 과다한 토지소유를 막고, 따라서 그 이상의 토지가 자연스럽게 영세소유자·無田者에게 돌아가도록 유도하자는 것이었다. 먼저 韓元震의 限田策은 양반사대부계층은 그 상한을 10結, 小民계층급은 5結로 하되, 그 이상의 토지는 그 一族의 가난한 자에게 분급하자는 것이었다.[176] 이어 愼師浚은 농지의 상한을 정하되 양반은 5結, 상민은 3結로 하고, 그 이상의 농지는 貧族과 이웃 사람들에게 경작케 하자고 주장하였다.[177] 이어 19세기 중엽에 이르러서는 여러 사람들이 한전론을 주장하고 있었는데, 그들은 '비록 井田하려 해도 '井'字로 구획할 수 없고, 비록 均田하려 해도 토지를 고르게 할 수 없고', 또는 '富人의 토지를 갑자기 뺏는 것 역시 仁人의 정치가 아니다'라고 생각했기 때문에 차선의 방법으로 限田制를 제기하고 있었다. 이를테면, 車錫祐의 限田策은 '비옥함과 척박함을 등급 매겨서 30頃(茶山式으로 환산하면 1頃은 30斗落이므로 30頃은 900斗落, 結負로는 45結이 된다)을 넘지 않도록 하고 나머지 토지는 평민들에게 계획대로 분급하자'는 것이었다.[178] 또 徐贊奎는 부자라도 100斗落을 넘지 못하게 하자('富毋過百斗地')고 주장하였고,[179] 奇陽衍은 많아도 10家의 재산을 넘지 않도록 하자('多無得過十家之産')고 말하고 있다.[180] 이처럼 이들은 지주들의 토지소유 上限을 낮게는 '10家 恒産'부터 높게는 30頃(45結)까지로 정하고 있음을 볼 수 있는데, 이러한 차이를 보이는 것은 그들이 각자의 주거지를 중심으로 산간지대·평야지대, 논·밭 등의 비옥도, 농민 인구 밀집 여부 등에서 서로 차이가 있을 수밖에 없는 그 지역의 사정을 고려하고 있었기 때문이 아닌가 생각된다. 여기서는 그러한 조건들을 무시하고 상한의 평균을 30結로 정하고, 따라서 30結 소유지주가 지주경영을 했을 경우의

176) 韓元震, 『南唐集』 권37, 雜識 外篇 上「限田策」.
177) 『承政院日記』 1760책(탈초본 93책), 정조 20년 3월 7일.
178) 車錫祐, 『海史集』「時務策」.
179) 徐贊奎, 『臨齋集』「雜記」.
180) 奇陽衍, 『柏谷軒遺集』「三政策」.

수지를 계산해 보자.

　이 시기에 양반지주들은 대체로 본가 주위의 3~4結 정도는 奴婢·雇工·挾戶의 노동과 농번기의 고용노동을 이용하여 직영하고, 그 이상의 나머지 농지는 佃作經營하고 있었던 바, 이 30結 소유지주도 그러한 지주경영방식을 취했을 것이다. 따라서 3結 직영지의 수입은 모두 본가의 보존과 유지를 위하여 쓰였을 것이며, 전작경영의 수입은 고스란히 순수익이 되어 비축될 수 있었을 것이다. 그런데 이 순수익은 지주와 작인 가운데 누가 전세를 내느냐에 따라 크게 차이가 날 것이었다. 전세 부담자는 시기와 지역에 따라, 그리고 수전농업인지 한전농업인지에 따라 달랐다. 英祖·正祖 연간에는 병작제 아래서 賭租法과 打租法의 실시 여하에 따라 전세 부담자가 결정되고 있었다. 도조법이 실시되는 곳에서는 관례로서 작인이 그것을 부담하고, 타조법이 시행되는 곳에서는 전주가 그것을 부담하고 있었다. 따라서 도조법이 관행인 旱田의 병작지에서는 작인이 전세를 부담하고 있었고, 타조법이 관행인 水田에서는 전주가 그것을 부담하는 것이 일반적이었다. 그러면서도 수전농업에서는 지역별로 차이가 있었는데, 호서 이남에서는 전세를 점차 작인이 부담하는 현상이 일어나게 되고, 19세기에 들어서는 그러한 변화가 하나의 고정된 병작관행으로 정착되었다. 전세와 종곡을 남방에서는 작인이 부담하고 북방에서는 형식상 전주가 부담하고 있었다는 것이 그것이었다. 남북 간의 이러한 차이는 양자의 打稻의 법이 다르고 禾稈의 분배법이 다른 데 기인하였다.[181] 그러나 북방에서도 각종 종곡·세를 모두 전주가 부담하는 것은 아니었다. 그것은 엄밀한 의미에서 전주와 작인의 공동 부담이었다. 전세는 현물은 비록 전주가 내지만, 그것을 備納하는 노역은 작인에게 부과되고 있었기 때문이며, 그 밖의 종곡이나 水稅 등에서는 실제로 현물을 공동 부담하고 있었기 때문이다.[182] 그런데 여기서는 이러한 병작관행의 세세한 시기적·지역적 차이와 논과 밭의 비중 등은 무시하고,

---

181) 『牧民心書』 12, 戶典 稅法.

182) 金容燮, 2005, 『증보판　朝鮮後期農業史硏究[I] - 農村經濟·社會變動 -』, 359~360쪽 (1963, 「續·量案의 硏究 - 民田 地主地에서의 時作農民의 經濟狀態 -」『史學硏究』 16·17).

다만 전세 부담 여부만 가려서 이 지주경영의 순수익을 추정해 보자면, 그것은 만약 지주가 전세를 부담했을 경우에는 전체 소유농지 30結에서 직영지 3~4結을 제외한 전작지의 총소득 940여 石의 半인 470여 石에서 田稅 135石을 제한 335石이 될 것이며, 반대로 작인이 전세를 부담했을 경우에는 470여 石이 될 것이다. 따라서 30結 소유지주의 지주경영의 순이익은 335~470여 石, 약 400石 정도로 추정할 수 있을 것 같다. 이처럼 30結 소유의 중·소지주가 1년에 租 400石 정도를 수조했을 것이라는 사실은 당시에 이른바 80~100結 소유의 '천석군' 지주가 1년에 租 1000石 정도를 작인들로부터 수조하고 있었다는 데서도 추측할 수 있을 것이겠다.

그렇다면 이처럼 年 租 400石 정도의 순수익을 얻고 있었던 30結 소유의 중·소지주들은 권분이든 원납이든 얼마 정도를 납속할 수 있었을까. 그것은 우선 내후년부터 일어날 수 있는 집안의 여러 雜事에 따른 不時支出 등의 영향을 받겠지만, 일단 그러한 사정을 무시한다면, 그들은 당시 2~3년마다 주기적으로 도래했던 흉년을 예상하고 평년의 순수익 租 400石에서 본가의 보존·유지에 필요한 3結 직영지에서의 총소득의 2~3년분인 租 200~300石 정도를 除한 나머지 租 100~200石 정도를 납속하지 않았을까 추측된다. 따라서 <표 5>에서 租 100~500石을 권분·원납했던 요호·부민들은 평균 30結 정도의 농지를 소유·경작 했을 것이라고 추측된다.

마지막으로, 한 고을의 권분·원납 실상을 통하여 농민층의 분화실태를 살펴 보자.

純祖 9년(1809)에 경기와 삼남지방에 큰 흉년이 들었었다. 그리하여 비변사는 純祖 9년 6월부터 이듬해 5월에 걸쳐서 월일별로 재해지역의 수령들에게 진휼곡 을 마련하는 것에서부터 설진 절차와 과정, 그리고 진휼실적에 관하여 지시한 공문과 수령들이 보고한 내용을 모두 기록하여 『賑恤謄錄』을 남겼다.[183] 이 가운데 호서지방에 대한 진휼기록을 보면 비변사는 純祖 9년 6월에 면천·서산·

---

183) 『各司謄錄』 48, 忠淸道 補遺篇 「庚午五月 日 賑恤謄錄」.

당진·해미 등의 수령들에게 '貿穀을 禁斷할 것'을 다시 지시하고 있는데, 그것은 구황정책의 일환으로서 境內의 곡식이 고을 밖으로 유출되는 것을 막는 한편 부민들에게는 그들의 저축곡식을 경내의 場市에서만 팔도록 하여 곡가를 낮춤으로써 경내의 窮民들이 식량을 싸게 구매할 수 있도록 하는 강제조치였다. 또 다른 한편으로 정부는 '勸分令'을 내리면서 이전부터 그래왔듯이 수령들이 권분령을 빙자하여 '備預'를 빌미로 부민들의 '私庫를 勒封'하거나 권분을 강요함으로써 민인들이 소요를 일으키는 단서를 제공하고 있었기 때문에 수령들의 '勸勸'과 '勒分'을 철저히 단속하고 있었다. 그러면서 비변사는 진휼곡을 수령들의 自備穀과 空名帖發賣價穀, 그리고 민인들의 '出義氣自願補賑穀', 즉 원납곡으로 충당하고 있었다. 純祖 9년 12월 18일에 당진현에는 공명첩 16장을 내려 보내고 있는데, 그 내역은 다음과 같다.

加設嘉善 6장, 每張 租 15石
折衝 5장, 매장 租 12石
納粟嘉善 2장, 매장 租 13石
通政 3장, 매장 租 10石

그리고 권분령에 따라 당진현민들 가운데 원납인과 그들의 원납곡수는 「民人願納穀小名列錄成冊」에서 다음과 같이 파악, 보고되고 있다.

「民人願納穀小名列錄成冊」

현내면	성내리	한량 김해성	租 20石	15石 加設嘉善帖價移施
				5石 實願納
	백암동리	한량 김광득	租 10石·牟 20石 합 30石	
				15石 加設嘉善帖價移施
				15石 實願納
	대성리	한량 임순철	租 2石	
		양인 김치성	租 2石	

		양인	이운성	租 2石	
	무수동리	양인	김효남	租 2石	
동면	하목곡리	한량	문덕채	租 25石	15石 加設嘉善帖價移施
					10石 實願納
		한량	박치영	租 5石	
	상목곡리	충의	이성필	租 5石	
남면	사기소리	충의	김용갑	租 2石	
		충의	김용범	租 2石	
	죽활리	양인	신경문	租 3石	
	행정리	한량	임좌삼	租 6石	
상대면	항곡리	교생	한 백	租 2石	
		양인	조한백	租 2石	
	관동리	양인	김판손	租 1石	
	화곡리	양인	박필경	租 1石	
하대면	하용두리	양인	한별선	租 10石	通政帖價移施
		사노	임삼만	租 3石	
	중촌리	충의	이인의	租 3石	
		충의	이성찬	租 2石	
고산면	삼거리	한량	김천금	租 5石	
		한량	구고복	租 5石	
		한량	구몽경	租 5石	
		한량	구득복	租 12石	折衝帖價移施
	속사리	한량	임두응	租 7石	
	선교리	한량	윤세만	租 10石	通政帖價移施
외맹면	송당리	한량	김태협	租 3石	

이상　　租 179石 내

77石 空名帖價移施

102石 實願納租

「空名帖價條列各帖與穀數成册」

頒下空名帖　　　　16장　內

　　　　　　　 6장　願納民人中　願受者頒給

　　　　　　　 10장　發賣

　 加設 嘉善　　 6장　每張價 租 15石 合 租 90石

　　　　 折衝　　 5장　每張價 租 12石 合 租 60石

　 納粟 嘉善　　 2장　每張價 租 13石 合 租 26石

　　　　 通政　　 3장　每張價 租 10石 合 租 30石

　　　　　　　　 合價 租 206石 以上官斛捧上

　　이 두 가지 「成册」에 의하면, 당진현은 本縣의 元戶 3,676호 가운데 7개 면·18개 마을의 28戶가 실제로 원납한 租 102石과 공명첩 16장으로 매득한 租 206石, 合 租 308石을 진휼곡으로 확보하고 있음을 볼 수 있다.

　　당시 당진현의 진휼과정에서 드러났던 바, 本縣의 元戶 3,676호는 飢戶가 됨으로써 진휼 대상이 되었던 賑戶 948호(25.8%), 이듬해의 식량과 종곡을 還穀으로 빌려 받았던 還戶 2,122호(57.7%), 그리고 이들 진호·환호에 들어가지 않았던 606호(16.5%) 등으로 나누어지고 있는데, 여기에는 공명첩만을 매득한 10호와 空名帖價穀과 補賑穀으로 租 1~15石을 원납한 요호 28호 등이 포함되어 있다. 여기서 飢戶와 還戶의 경제력은 다음과 같이 파악되고 있었다.

　　민들이 넉넉한지 가난한지를 面任과 別有司는 반드시 자세히 알아야 한다. 飢民을 뽑을 때 토지를 가진 자는 처음부터 거론하지 말 것이고, 비록 자기 토지는 없더라도 다른 사람의 전답을 竝作하면서 수지가 많은 자, 공업이나 상업으로 살아가는 자, 年富力强하여 땔나무를 하거나 고용됨으로써 먹을 것을 마련하여 살아갈 수 있는 자, 친척이나 上典에 의존하여 資活할 수 있는 자 등은 모두 거론하지 말 것이며, 다만 토지도 없고 의지할 데도 없음으로써 너무 가난하고 궁핍하여 浮黃으로 죽음에 임박한 자로서 구제가 없으면 살기 어려운 자만 명백히 가려서 선발하여 緩急에 따라 차례로 진휼하라. 지금의 형세가 비록 기민에 해당하더라도 앞으로 생계가

족히 환곡을 갚을 수 있는 자는 논하지 말고 모두 환곡을 분급해 주라.[184]

즉, 진휼의 대상이 되고 있던 飢戶, 즉 賑戶는 '無田無佃'의 家戶로서 의지할 데도 없고 별다른 수입도 없는 貧民戶로서, 말하자면 대부분이 '鰥寡孤獨戶'였 다.[185] 그리고 還戶는 飢戶나 다름없는 처지이긴 하지만 식구들의 식량을 환곡으 로 받으면 살아갈 수 있고, 平時에는 그 환곡을 갚을 수 있는, 가령 농민으로 치면 1년 농사지어서 겨우 식구들의 식량 정도 남기는 貧農이었다. 반면에 이들 진호·환호에 들어가지 않았던 나머지 606호에서 공명첩만을 매득한 10호와 租 1~30石을 원납한 요호 28호를 제외한 568호(15.5%)는 소수의 영세지주·광작농 ·상공업자·근로소득자 등과 다수의 소농들로 이루어졌을 것이다. 이 대부분의 소농들은 흉년 前年에 이미 노임과 종곡 등의 農資와 식량을 확보해 놓고 있었으므로 흉년의 이듬해에도 농사를 계속 지을 수 있는, 말하자면 세금을 납부하면서 자급자족하는 농가로서 재생산되는 소농들이었을 것이다. 따라서 여기서 1張當 가격이 租 10~15石씩 나가는 공명첩만을 산 10호와 '出義氣自願' 했다기보다는 '勤勸'이었겠지만 租 1~7石을 원납한 28호의 요호들은 소지주·부

---

184) 『各司謄錄』 48, 忠淸道 補遺篇 : 『庚午五月 日 賑恤謄錄』 「十一月二十五日到付秘甘結 沔唐瑞平」.

185) 飢民은 아래의 「規式」에 따라 3등으로 나누어 抄出했는데, 그들은 鰥寡孤獨戶의 老(51세 이상)·壯(16~50세)·弱(11~15세)·兒(3~10세) 등이었다.
「抄飢成冊規式」: 현내면 성내리
一等
第二統五戶 獨夫 良人 金白民, 年二十一 壯
　　　　　 弟　寬伊, 年十六 壯
二等
第三統二戶 鰥夫 良人 高德信, 年七十六 老
　　　　　 孫子 判卜, 年二十二 壯
三等
第十一統二戶 獨夫 私奴 卜同, 年三十一 壯

面已上段, 依都已上規式, 各各區別列錄次,
都已上 飢民 元戶 九百四十八戶
　　　　人口 二千三百七十五口

농·중농이었을 것이다.

茶山은 饒戶를 상·중·하의 세 등급으로 나누었는데, 상등은 최하 200石으로부터 천 석을 권분할 수 있는 자로서 1도에 불과 몇 사람이고, 중등은 최하 20石으로부터 최고 100石을 권분할 수 있는 자로서 한 고을에 불과 몇 사람이며, 최하 2石부터 최고 10石을 바칠 수 있는 하등의 호는 한 고을에 혹 수백이 있을 수 있다고 말했다. 이러한 다산의 구분에 의하면, 당진현 7개 면·18개 마을에서 공명첩을 샀거나 원납한 38호(1.0%) 가운데 상등의 요호는 없고, 租 10~30石을 원납한 중등의 요호는 16호, 그리고 租 1~7石을 원납한 하등의 요호는 22호였다. 이로써 純祖 9, 10년의 당진현의 농민층분화 양상은 전체 원호 3676호 가운데 소지주·부농·중농의 농가가 36호(1.0%), 다수의 소농과 소수의 영세지주·상공업자·근로소득자 등의 자영업자가 568호(15.5%), 빈농이 2,122호(57.7%), 그리고 鰥寡孤獨의 극빈호가 948호(25.8%)를 각각 차지하고 있음을 볼 수 있다.

4. 맺음말

유학사상이 지배하는 농업사회에서 국가와 王政의 기본 목표는 모든 '臣民'들에게 '恒産'을 마련해 주는 것이었다. '恒産'이란 한 농가가 식구들의 노동력과 국가가 지원해주는 토지·농기구·수리 등의 생산력을 바탕으로 한 해 열심히 농사지어서 풍년에는 배부르고 흉년에도 굶어 죽지 않을 수 있는 경제력이었고, '臣民'의 또 한 축인 官人에게는 토지와 녹봉 등의 '世祿'이었다. 즉, 왕정의 목표는 '恒産'을 지닌 自營農의 小農을 확립·유지시키는 한편, 그러한 소농으로부터 거두는 조세와 役力을 바탕으로 관인의 '世祿'을 보장해 주면서 국가와 체제를 안정되게 유지하는 것이었다. 舊왕조체제를 개혁한 新왕조체제의 초기에는 그 목표를 달성하여 이른바 '仁政이 실현되는 사회'에 가까워지기도 했지만 그러나 이내 토지와 발달하는 농업생산력이 지주계층에 집중되거나, 때때로 겪게 되는 전쟁과 자연 재해 등으로 인하여 소농의 경제적 기반이 무너짐에 따라 왕정체제 자체도 위기에 처하게 되고 마침내는 또다시 개혁되곤 하였다.

자영농의 소농을 확립·유지시키기 위하여 王政은 기본적인 사회경제정책으로 권농정책과 구황정책을 실시하였다. 권농정책은 수령이 권농관이 되어 모든 농가에게 농지를 확보해 주고, 수리사업을 일으키며, 농서를 간행 반포하여 가장 선진적인 농업기술과 경작방법을 보급하고, 특별히 영세농·빈농에게는 토질에 맞는 종자, 농기구, 농우, 농량 등을 보조해 줌으로써 모든 농가의 농업생산력을 보존시켜 주는 것이었다. 다른 한편 이러한 기본적인 농업생산력을 확보·유지하는 소농일지라도 지주제의 확대 발전에 따라 그 경제적 기반을 점차 잃어가고, 이에 더하여 흉년 등의 자연 재해를 입게 되면 실업하고 유산되어 버리곤 했는데 이때 그 노동력과 파괴된 농업생산력을 회복시켜 주는 것이 바로 구황정책이었다.

조선왕정체제도 유학사상이 전면적으로 지배하는 중세유교사회의 하나였다. 조선전기에는 農莊制('農莊的 地主制')와 자영농이 균형을 이루는 가운데 왕정체제도 안정을 유지했지만 倭亂과 胡亂을 겪으면서 양자의 균형도 깨지고 무엇보다도 자영농의 경제적 기반이 심하게 파괴됨으로써 왕조 초기의 생산력 수준으로 떨어져 버렸다. 그러나 전쟁 후 '經國大典體制를 再造해야 한다'는 움직임 속에서 추진된 토지개간정책과 권농정책에 힘입어 17세기 후반에 이르러서는 인구가 급격히 증가하였고, 陳田과 空閒地 등이 모두 개간됨으로써 戰前의 생산력 수준이 완전히 회복되었다. 그리고 이어서 『農家集成』의 발간과 증보를 통하여 논농사에서 移秧法과 稻麥二毛作法이 전국적으로 확산되고, 밭농사에서는 高畝耕과 畦立耕에 의한 根耕(그루갈이)과 間種(間作)의 多毛作農業이 발달하고, 또 시비법과 輪作農法이 발달함에 따라 전체적으로 농업생산력은 급격히 향상되어 가고 있었다. 그리고 이러한 농업생산력의 발달에 따라 토지생산성이 제고되는 한편 노비 노동력이 해소되어 감에 따라 전기의 '농장제'는 '병작적 지주제'로 전환되어 갔다. 그리하여 17세기 후반과 18세기 전반에는 民富와 國富가 최고의 수준에 도달하였다.

그러나 이미 비옥한 토지와 높아진 농업생산력이 지주계층에 집중되어

가는 추세 속에서 소농의 생산력 기반은 점차 파괴되어 가고 있었다. 즉, 토지소유와 경영의 분화 속에서 소농층은 분해되어 가고 있었던 것이다. 물론일부의 自小作上農은 높아진 생산력과 시장의 발달에 힘입어 '廣作'과 상업적농업에 전력을 기울임으로써 부농과 '庶民地主'로 성장해 가기도 했지만, 자영농은 佃作農과 '半農半雇'로 전락하고, 심지어는 失業하여 임노동자와 丐乞民·流民으로 떨어지고 있었다. 즉, 조선왕조체제의 基幹 농민인 자영 소농은 그 생산력적기반을 잃어버리거나 빼앗김으로써 절대 다수의 빈농·빈민으로 전락해 가고있었던 것이다.

다른 한편, 이러한 소농의 몰락을 더욱 촉진시킨 것은 17세기 후반부터19세기까지 거의 주기적으로 도래했던 흉년과 흉작이었다. 그것은 소농과빈농의 존립 자체를 늘 위태롭게 하고 있었다. 한해의 가족의 식량과 종자를남겨놓고 많아야 1石이나 10斗의 잉여를 남겼던 소농은 흉년을 맞으면 영세한토지를 팔거나 고리사채를 빌려야만 했고, 그들이 소유하고 있던 대부분의5·6等인 척박한 경지는 으레 災害地가 되어 버렸다. 그리하여 그들은 流産하거나飢民의 경계를 넘나들고 있었던 것이다.

조선왕정체제와 국가는 주기적으로 도래했던 흉년과 흉작을 맞으면서 그허약함을 여지없이 드러내고 있었다. 소농의 몰락과 기민의 양산으로 중세국가와 왕정체제 자체가 위기에 처하곤 했던 것이다. 이제 왕정의 시급하고도절박한 과제는 소농을 되살리고 기민을 구제하는 것이었다. 이를 위한 근본적인해결책은 토지개혁이었고, 차선의 것은 세제개혁이었다. 그러나 여러 가지의토지개혁 방안이 제기되고는 있었지만 어느 것 하나도 시도되지도 않았다.소농이 무너졌기 때문에 소농을 기본 세원으로 하여 수립되었던 기존의 부세제도는 이제 지주계층과 饒戶·富民을 과세대상으로 하는 새로운 부세제도로개혁되어야 했다. 왕정은 '壬戌民亂'을 보고서야 三政釐整廳을 설치하여 비로소세제개혁을 시도했지만 그러나 이것 역시 성공하지 못했다. 이제 남는 것은救荒政策을 시행하는 것뿐이었다.

구황정책은 蠲減策과 진휼정책으로 시행되었다. 견감책에는 재해와 기근이

든 지역의 田稅를 면제해 주는 給災와 재해 정도에 따라 전세 및 대동세를 부분 감해주거나, 징수를 연기해 주는 특별 견감, 각종 身役·身布를 부분 감면해 주거나 납부를 연기해 주는 부역 견감 등이 있었다. 급재에는 流來陳田과 當年災結에 조세 전액을 면제하는 應給災와 재해지의 일부분에만 급재를 허용하는 分數給災가 있었다. 분수급재는 극심한 재해를 입은 한 군현 또는 수 개 군현의 모든 實結을 대상으로 재해의 정도를 참작하여 일률적으로 일정율의 세를 감면해 주는 것이었다. 다만 견감은 정부의 재정 감축과 직결되었기 때문에, 당시 재정 사정에 따라 그 내용에 다소간의 변화가 있었다. 한편, 진휼정책은 관아가 있는 곳에 設粥處를 설치하여 기민에게 죽을 끓여 주는 設粥, 쌀과 잡곡 등의 糧食을 나누어 주는 乾糧白給, 그리고 還穀을 분급해 주는 것이었다. 조선전기부터 肅宗 연간 이전까지는 設粥과 환곡이 중심을 이루었고, 肅宗 연간부터는 건량백급과 환곡이 賑濟의 중심을 이루어갔다.

그런데 이러한 賑政을 펴기 위해서는 무엇보다도 먼저 진휼곡이 준비되어야만 했다. 그런데 정부는 이미 16세기부터 진휼곡의 부족을 겪기 시작했다. 軍資穀을 전용했던 환곡은 점차 줄어들면서 진휼기능을 잃어가고 있었고, 각종 세목을 전용하거나 각 監營穀을 移劃하여 진휼곡을 보충해보려고도 했지만 부족하기는 마찬가지였다. 그것은 근본적으로 정부의 기본 세원인 소농이 무너짐에 따라 소농으로부터 수세가 되지 않음으로써 정부 재정이 고갈되어 가고 있었기 때문이었다. 여기서 진휼곡을 확보하는 방안으로 취해진 것이 납속책을 변용한 '勸分'이었다.

勸分은 본래 饒戶·富民이 흉년과 기근이 들었을 때 '起義納粟'하거나 '自願納粟' 하여 賑資에 보탬이 되도록 하는 것이었다. 중국에서는 이미 周代 이후 '賒米', 즉 '부민들로 하여금 쌀을 기민들에게 꾸어 주고 이식을 받도록 하는 것'은 권분의 하나로서 국가에 의해서 적극 권장되었다. 조선에서는 15세기 후반에 이르러 진휼곡이 줄어들면서 그동안 억제되었던 사채대부가 구황재원의 조달 방법으로 주목되기 시작하였다. 이어 16세기에 양성화된 사채대부는 그러나 본래의 기능을 잃고 도리어 소민의 몰락과 지주계층의 토지집적을 촉진시켰다.

'告官徵收'가 제대로 이행되지 않는 가운데 부민들의 사채대부 기피 현상이 일어나기도 했지만 사채는 이미 소농경제와 생존의 한 부분으로 구조화되어 가고 있었다.

조선전기에 사채대부의 장려와 함께 진휼곡의 부족을 메우는 또 하나의 수단은 '官封'이었다. 중앙정부에서 勸分令을 내리면 해당 지방의 수령은 부민들이 비축하고 있던 곡식의 수량을 파악한 후, 그 식구들이 먹을 만큼의 곡식을 제외하고 '封廢'했다가 구제가 시작될 때 개봉하여 기민들에게 분급하고, 구제가 끝났을 때 회수하여 부민에게 상환하는 것이었다. 그런데 부민들은 식량 외의 곡물 전액을 徵納당했고, 또 그것을 후에 관으로부터 상환 받을 가망이 없게 됨으로써 관봉은 이내 '勒封私債'·'勒奪'로 변질되어 민인들의 원성을 불러일으키게 있었다. 그리하여 관봉은 仁祖·孝宗 연간부터 금지되었고, 肅宗 8년(1682)에는 '賑救事目'에 '勿封私債'의 항목을 넣기에 이르렀다. 그러나 封債는 이후에도 근절되지 않았고, 肅宗 21년(1695) '乙丙大飢饉'의 첫 해에 다시 논란되었다. 이제 정부로서는 관봉을 금지하는 한편 권분의 취지와 목적을 분명히 하면서 요호·부민들의 권분을 勸導할 필요가 있었다.

그러나 이미 권분을 관봉으로 인지하고 있던 민인들은 수령의 권유에도 불구하고 '起義出粟'하려고 하지 않았다. 사대부지주나 향반의 토호지주들에게는 권분이 먹히지 않는다는 것을 알고 있던 수령은 이제 '拘囚富民 勒奪穀物'하거나, 貧富를 가리지 않고 민인들에게 권분을 강요했고, 심지어는 권분곡을 개인적으로 횡령하거나 유용하기도 했다. 그리하여 흉년의 권분령은 부민과 소민을 모두 곤궁에 빠뜨렸고, 심지어는 그들의 생존까지 위협하고 있었다. 이에 정부는 '勒令勸分'을 금지하면서 권분의 폐단에 대한 대책을 강구하지 않을 수 없었다. 그것은 '勒令勸分'을 禁令으로 금지시키고 이를 어기는 수령들을 '贓律'로 처벌하는 한편, 이미 시행되고 있던 '納粟授職策'을 변용하여 '勸分授職策'을 시행하는 것이었다. 이는 英祖 8년(1732)의 「富民勸分論賞別單」에 따라 권분자들에게 위계와 관직을 부여하는 것이었다. 그러나 그것은 '賣爵之法'이라는 논란으로 인해 제대로 집행되지 않았다. 이에 英祖 13년(1737)에 부민들의 納粟勸分을 일절 막고, 이제부터는 '自願賑民者'·'自願納粟者'·'私賑者'를 대상으로 「별단」에 따라 포상하는 방침을 정했다. 그리고 여전히 계속되고 있던 수령들의 권분 강요는 『續大典』(英祖 22년)과 『大典通編』(正祖 10년)의 권분 금령, 그리고 正祖의 윤음 반포(正祖 18년)을 통해 금지하는 한편, 진휼곡은 수령의 '自備穀'과 민인들의 '願納穀'·'私賑穀'으로 확보해 갔다. 결국 勸分이 '庶民地主'와 饒戶·富民의 양반신 분으로의 진출 욕구를 이용하는 '願納授職策'이 됨에 미쳐서는 그것은 이미 그들을 대상으로 하는 法外의 수탈적 세제로 자리잡게 된 것이었다. 그리고 그것은 분명한 '賣官賣爵之法'이어서 장차 성리학적 사상과 이념에 기초한 봉건체제의 명분과 기강에 관련된 문제를 야기할 것이었다.

권분·원납수직책이 본격적으로 실시된 이래 현전하는 畢賑記錄과 賑飢錄·賑 恤錄 등을 분석한 결과 권분·원납했던 서민지주들과 요호·부민들은 다음과 같이 파악되었다.

우선 맨 먼저 꼽을 수 있는 요호·부민은 조선시기의 王權 유착의 權勢家地主와 時·原任 고위 관료였던 士大夫地主들이었다. 그들은 대체로 고향과 연고지에 대토지와 노비가 있는 鄕庄을 두고 있었다. 향장의 토지 규모는 적어도 30結을 내려가지 않았으며, 많게는 당시 '千石君'의 토지규모인 80~100結에 달했다. 그들 가운데는 흉년이 들더라도 다른 해의 收租로 이미 1천 석 이상의 곡물을 비축하고 있던 자들이 많았기 때문에 자기 고을이나 인근 고을, 혹은 다른 지방의 設賑 때에 의지만 있으면 그것을 권분·원납하여 補賑할 수 있었겠지만 대부분은 권분·원납에 참여하지 않고 있었다.

둘째, 향반의 토호지주들이 있었다. 그들은 士族·士人·進士·鄕品·幼學 등의 양반하층으로서 英祖 7년(1731)부터 高宗 14년(1877)까지의 기간에 租 50石 이상을 권분·원납했던 요호·부민 900여 명 가운데 약 3분의 2정도(600여 명)를 차지하고 있다. 또한 그들은 租 500石 이상을 원납하고 있는 요호·부민 170여 명 가운데서는 80여 명을 차지하고 있으며, 또 이들의 반 이상은 租 1000石 이상을 원납하고 있다. 이처럼 租 500石 이상을 원납한 자들은 대부분 '千石君' 이상의 토호지주였 다. 이들 '千石君' 이상의 토호지주들은 租 1천 석 이상을 원납하여 실직을 제수 받고 있었으며, 1천 석 미만을 원납한 향반들은 관할 감영에서 정식대로 포상 받고 있었다.

셋째, 조선후기에 새로이 부상한 요호·부민으로서 양인신분의 '庶民地主'의 존재가 확인되고 있다. 당시 양인·천민이 양반신분으로 상승하는 계기는 納粟授職·免賤·冒屬 등과 奴婢從母法이었다. 이 가운데 노비종모법을 제외하고는 모두가 경제력과 밀접한 관계가 있었다. 따라서 납속수직은 富農과 '庶民地主'로 성장하고 있던 요호·부민들에게는 신분상승의 절호의 기회가 되고 있었다. 물론 정부의 '賣官賣職'은 양반신분의 직접적인 매매는 아니었다. 그러나 실직이든 납속의 대가로 취득하는 명예직이든 관직의 취득은 사회적으로 양반사회로의 진출을 의미하는 것이었고, 이를 계기로 해서 양인·천민 신분의 요호·부민들이 받을 수 있는 여러 가지 혜택 가운데서 가장 긴요한 것은 수년간 또는 평생의 군역을 포함한 각종의 役을 면제 받는 것이었다. 그리하여 그들은 사회적으로 양반 행세를 할 수 있었고, 또 경제적으로는 재력을 더욱 증대시킬 수 있었던 것이다. 그러므로 권분수직정책에 편승하여 관직을 취득하고자 했던 요호·부민들 가운데서 양인신분의 '千石君 庶民地主'의 존재를 확인할 수 있는 것이다. 그들은 租 500石 이상을 원납하고 있는 '千石君' 지주 170여 명 가운데서는 90여 명을 차지하고 있는 것을 볼 때 '千石君' 지주는 향반의 토호지주보다 우세였는데, 이들이 바로 '千石君' 이상의 '庶民地主'였던 것이다. 이러한 '千石君 庶民地主'들은 세 그룹으로 나누어졌다. 첫째는 1차로 租 500石 이상을 원납하여 절충·가선 등의 당상품계를 받은 뒤 2차로 租 1천 석 이상을 원납하여 五衛將·邊將 등의 軍職을 받는 대지주층이었다. 둘째, 이미 加設職인 僉使·將校·同知 등을 받은 후 2차로 租 1000석 이상을 원납한 서민지주들이었다. 셋째, 대부분의 서민지주들은 이미 租 500石 이상을 원납한 대가로 절충·가선 등의 당상품계를 받은 후 다시 租 500石 이상을 원납하여 오위장이나 僉使·萬戶 등의 군직 발령을 대기하고 있는 지주층이었다. 넷째, 2대에 걸쳐서 고액을 원납했던 서민지주 가문들이 있었다. 이처럼 '천석군 서민지주'들은 본인이 2, 3차례, 혹은 2대에 걸쳐서 租 1천 石 이상, 많게는 萬石까지를 권분·원납하여

英祖 8년의 「별단」에 따라 납속직인 影職·加設職 뿐만 아니라 내외 實職의 軍職까지 受職하고 있었다.

한편, 요호·부민들 가운데는 중·소지주층이 확인되고 있다. 이들은 대체로 租 100石 이상을 원납하여 判官·主簿·察訪 등의 加設實職帖을 받거나 아니면 通德郎·副司果 등의 正職 敎旨와 함께 7년 동안 연역을 면제 받고 있었다. 그리고 그들의 평균 토지소유규모는 30結 정도였다.

그리고 요호·부민들의 다수는 2結 정도를 자경하는 중농이거나, 적게는 3, 4結에서 많게는 6, 7結 정도까지를 佃作하는 광농의 부농들이었다. 이들은 1년 농사지어 이듬해의 농자·식량과 함께 약 租 20여 石의 순수익을 얻고 있었는데, 3년간의 煙役을 면제 받기 위해서 10石 가량을 원납하거나, 아니면 흉년이 든 자기 고을에 할당되었던 공명첩을 억지로 사기도 했다.

끝으로, 충청도 당진현을 사례로 하여 농민층분화실상을 확인해 보았다. 純祖 9년(1809)에 당진현은 당시의 군현별 경제력 평가에서 하등에 속했던 것으로 추측된다. 따라서 비교적 빈한한 고을이었던 당진현의 「民人願納穀小名列錄成冊」을 자료로 하여 농민층 분화실상을 살펴본 결과, 전체 원호 3,676호 가운데 소지주·부농·중농의 농가가 36호(1.0%), 다수의 소농과 소수의 영세지주·상공업자·근로소득자 등의 자영업자가 568호(15.5%), 빈농이 2,122호(57.7%), 그리고 鰥寡孤獨의 극빈호가 948호(25.8%)를 각각 차지하고 있었다. 茶山의 구분에 의하면, 당진현 7개 면·18개 마을에서 공명첩을 샀거나 원납한 38호(1.0%) 가운데 최하 200石으로부터 1천 석을 권분할 수 있는 상등의 요호는 없고, 租 10~30石을 원납한 중등의 요호는 16호, 그리고 租 1~7石을 원납한 하등의 요호는 22호에 지나지 않은 셈이었다. 따라서 전체 원호 3,676호 가운데 2,600여 호(약 70%)가 소농과 빈농을 차지하고 있었던 것이다.

구분	경기	충청	전라	경상	강원	황해	평안	함경	제주	기민수
숙종 즉위	○				○					
숙종 3			○							
숙종 4	○	○								
숙종 5	○	○								
숙종 6					○				○	
숙종 7					○			○		
숙종 8			○	○	○			○		
숙종 9									○	
숙종 10		○	○	○	○		○	○		
숙종 11			○							
숙종 12	○		○				○		○	
숙종 13	○				○			○		
숙종 14					○			○		
숙종 16			○		○			○		
숙종 17					○			○		
숙종 18	○	○						○		
숙종 19							○	○		
숙종 20							○			
숙종 21		○	○	○	○	○		○		
숙종 22	○				○			○		
숙종 23	○							○	○	
숙종 28	○									
숙종 29		○			○			○	○	
숙종 30		○	○					○		
숙종 31	○		○			○		○	○	
숙종 33	○					○	○	○	○	
숙종 34	○		○				○			
숙종 35				○			○			
숙종 36	○		○							
숙종 37				○	○			○		
숙종 38					○	○				
숙종 39	○		○	○			○	○	○	
숙종 40			○					○	○	
숙종 41			○	○			○	○	○	
숙종 42	○	○	○				○	○	○	
숙종 43		○					○	○		
숙종 45					○			○		
영조즉위		○	○						○	
영조 1		○	○	○						

영조 2			○						
영조 3			○	○					
영조 4								○	
영조 6								○	
영조 7	○	○	○	○	○		○		
영조 8	○	○	○	○	○	○	○		
영조 9		○	○	○	○	○	○		
영조 10					○			○	
영조 11						○			
영조 12						○		○	
영조 13	○	○	○	○		○		○	
영조 14	○	○	○	○		○		○	
영조 15						○		○	
영조 16	○					○		○	
영조 17	○		○	○		○	○	○	
영조 18	○			○				○	
영조 19	○	○	○	○					
영조 21								○	
영조 22	○								
영조 23	○	○	○	○					
영조 25					○		○		
영조 26					○				
영조 27						○	○		
영조 28					○				
영조 29	○	○			○	○			
영조 31	○	○	○	○	○		○		
영조 32	○	○	○		○				
영조 33							○		
영조 35	○	○							
영조 36	○	○							
영조 37		○	○						
영조 38	○	○	○	○			○		
영조 39					○				
영조 40	○	○	○	○					
영조 44	○		○	○	○				
영조 47			○	○					○
영조 48	○								
영조 49	○	○	○	○					
영조 51							○		
정조 즉위					○		○			38,486
정조 1								○		673,481
정조 2	○	○		○	○					107,622

정조 3	○	○		○	○		○	○		893,179
정조 6			○	○				○		1,445,923
정조 7	○	○		○						1,598,128
정조 8	○	○		○	○					4,115,664
정조 9									○	58,960
정조 11	○	○	○	○	○			○	○	3,555,303
정조 13								○		543,520
정조 14						○	○	○		1,562,914
정조 16		○					○			463,429
정조 17		○		○	○				○	4,594,735
정조 18	○					○				155,022
정조 19	○	○		○	○			○	○	5,585,929
정조 20		○								144,389
정조 22		○	○	○	○					1,336,976
정조 23		○	○	○						1,626,363
순조 4	○					○				90,473
순조 6			○							456,241
순조 7				○						89,030
순조 10	○	○		○						8,401,239
순조 11				○						831,444
순조 12	○					○	○	○		2,080,259
순조 13	○	○		○		○	○			2,494,987
순조 14	○	○		○						794,982
순조 15	○	○	○	○						5,531,790
순조 16				○						90,739
순조 22	○					○		○		174,356
순조 29		○	○	○				○		2,595,194
순조 30								○		496,358
순조 33	○	○				○				2,658,829
순조 34	○	○		○						1,725,222
헌종 3				○						1,114,971
헌종 5	○	○								884,731
헌종 6	○	○								1,167,318
헌종 11							○			
헌종 12								○		
철종 2			○			○	○	○		
철종 3		○								
철종 4	○			○						
철종 5			○							
철종 12	○							○		

* 출전 : 『惠政年表』·『正祖實錄』·『純祖實錄』·『憲宗實錄』·『備邊司謄錄』의 各年 畢賑記錄
* 文勇植, 앞의 책, 52·87·92·222·229쪽.

〈표 2〉 出稅實結數 변동(영조 20년~고종 20년)(단위 : 結)

시기	실결수	재결수*	시기	실결수	재결수	시기	실결수	재결수
영조20	854353	0	15	799416	-54937	4	725190	-129163
21	804497	-49856	16	743484	-110869	5	751260	-103093
22	831057	-22486	17	810378	-43975	6	775226	-79127
23	825344	-29009	18	718294	-136509	7	778717	-75636
24	858110	+3757	19	785532	-68821	8	749761	-104592
25	821459	-32894	20	824633	-29720	9	783583	-70770
26	807596	-46757	21	785267	-69086	10	786976	-67377
27	816640	-37713	22	743198	-111155	11	783117	-71236
28	855431	+1078	23	818831	-35522	12	787228	-67125
29	818001	-36352	24	812435	-41918	13	782881	-71472
30	821038	-33315	순조1	802857	-51496	14	778662	-75691
31	719150	-135203	2	816650	-37803	15	785183	-69170
32	798279	-56074	3	802241	-52112	철종1	770505	-83848
33	829515	-24838	4	816502	-37851	2	761050	-93303
34	827838	-26515	5	795954	-58399	3	760665	-93698
35	795103	-59250	6	809545	-44808	4	734855	-119498
36	813231	-41122	7	810819	-43534	5	774606	-79747
37	777811	-76542	8	804215	-50138	6	782879	-61474
38	654402	-199951	9	646912	-207441	7	764508	-89845
39	793789	-60564	10	759523	-94830	8	762926	-91427
40	763409	-90944	11	787047	-67306	9	750105	-104248
41	797995	-56358	12	729501	-124852	10	764546	-89807
42	825306	-29047	13	774183	-80170	11	758368	-95785
43	807198	-47155	14	642864	-211489	12	766299	-88054
44	763629	-90724	15	729780	-124573	13	758830	-95523
45	803885	-50468	16	789721	-64632	14	763984	-90369
46	819527	-34826	17	765071	-82982	고종1	776708	-77645
47	787240	-67113	18	788544	-65809	2	761442	-92911
48	813131	-41222	19	767317	-87036	3	789155	-65198
49	754552	-99801	20	795232	-59121	4	794982	-59371
50	807366	-46987	21	740751	-113602	5	799714	-54639
51	783804	-70549	22	766577	-87776	6	808441	-45912
52	814661	-39692	23	780327	-74026	7	813174	-41179
정조1	780083	-74270	24	787933	-66420	8	869291	+14938
2	758115	-96238	25	751967	-102386	9	815485	-38868
3	832658	-21695	26	795915	-58438	10	810601	-43752
4	830660	-23693	27	784935	-69418	11	835303	-49050
5	786161	-68192	28	723562	-130791	12	806151	-48202
6	756577	-77776	29	781740	-72613	13	692107	-162246

7	748312	-106041	30	784968	-69385	14	806693	-47660
8	838260	-16093	31	781872	-72481	15	802527	-51826
9	828765	-25588	32	724420	-119933	16	796620	-57733
10	740100	-114253	33	715900	-138453	17	808360	-45993
11	808152	-46201	34	782919	-71534	18	797822	-56531
12	819833	-34520	헌종1	770109	-84244	19	764473	-89880
13	811570	-42783	2	731386	-122967	20	757018	-97335
14	824863	-29490	3	745535	-108818			

* 출전 : 『度支田賦考』
* 災結數는 영조 20년(1744)의 實結數 854,353結을 기준으로 증감을 표시한 것임.

〈표 3〉 출세실결수 변동

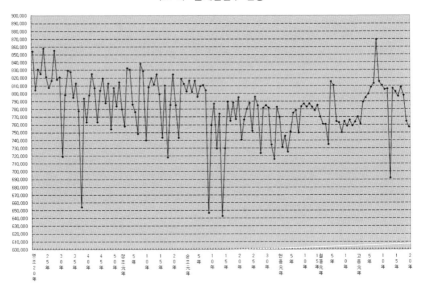

〈표 4〉 勸分·願納의 饒戶·富民 現況

시기	거주지		직위·위계	신분	성명	穀數(石)/錢數(兩)	論賞
선조25년(1592)	평안도	개천		良人	이춘란	租4,000石	堂上官 實職除授
숙종9년(1683)				良人	이덕룡	米60石	同知帖
숙종22년(1696)				士人	유성우	租400石	同知帖
숙종23년(1697)	경상도	동래		商賈	?	租980餘石	資憲帖
영조7년(1731)	충청도	청안		士族	연세홍	租2,000餘石	實同知
		한산		中人	김하상	租1,562石, 錢280냥	僉使
		덕산		士人	이홍조	租6,000餘石	
영조8년(1732)	경상도	상주		庶孼	김 장	租1,000石	僉知
영조9년(1733)	경상도				황재청	租1,000石 이상	未授職
					윤필은	租1,000石 이상	未授職
					장세건	租1,000石 이상	未授職
					정만형	租1,000石 이상	未授職
영조18년(1742)	함경도	남관			전선준		僉使
		경원			박세헌	租200石	
		종성			한치상	租300石	
영조28년(1752)	함경도	함흥	折衝		김만식	租200石 이상	加資
			折衝		김시약	租200石 이상	加資
			折衝		이태경	租200石 이상	加資
			折衝		한시창	租200石 이상	加資
		안변		閑良	김익항	租200石 이상	加資
				出身	성준필	租200石 이상	加資
			折衝		김만단	租200石 이상	加資
		종성		閑良	김유협	租200石 이상	加資
				閑良	오정준	租200石 이상	加資
				閑良	오정영	租200石 이상	加資
		함흥		閑良	서 정	租100石 이상	
		종성		閑良	김종일	租100石 이상	邊將
				閑良	차만재	租100石 이상	邊將
				閑良	김수일	租100石 이상	邊將
				閑良	채정주	租100石 이상	邊將
				閑良	유동기	租100石 이상	邊將
				閑良	원필정	租100石 이상	邊將
		길주	折衝		임태승	租100石 이상	邊將
		함흥		閑良	김 현	租200石 이상	加資
			折衝		이신덕	租300石 이상	加資
				閑良	맹하형	租200石 이상	加資

			司果		황 규	租200石 이상	加資
			折衝		김준암	租200石 이상	加資
			前 萬戶		강창기	租200石 이상	加資
		영흥	折衝		조중여	租200石 이상	加資
				閑良	유상구	租200石 이상	加資
		북청		閑良	송태석	租200石 이상	加資
		온성		閑良	성영하	租200石 이상	加資
		함흥		閑良	임태우	租100石 이상	邊將
		종성		閑良	한창득	租100石 이상	邊將
영조39년(1763)	충청도	서천			나성추	租1,200石	
정조6년(1782)	전라도	광주	嘉善		강덕휘	租1,000石 이상	五衛將
		남평	嘉善		황천일	租1,000石 이상	五衛將
		창평			김화중	租1,000石 이상	折衝
정조7년(1783)	충청도	한산	嘉善		이계갑	租1,000石 米5石	
		서천		進士	나후륜	租1,000石	
		임천		閑良	김광재	租500石	
		홍산		閑良	윤형희	租350石	
		부여		閑良	조중진	租300石	
		결성			엄마당	租100石	
		서원	折衝		안세휘	租100石	
				閑良	김정국	租100石	
	경기도	통진		士人	이홍수	租800餘石	
		양주		出身	김응린	租100石	
		서울			이진운	租100石	
	경상도	양산		幼學	김재휘	租2000石	
		김해	嘉善		최태주	租42石	
				閑良	김부선	租55石	
				幼學	손유복	租35石, 米2石	
		밀양		幼學	이경이	租924石, 牟146石	
			嘉善		이옥남	租298石	
				幼學	김종태	租33石	
		군위	折衝		성태중	租174石, 牟39石	
		인동		幼學	송형도	租39石	
		인동		閑良	김수선	租62石	
		초계		幼學	김 율	租120石	
		대구		閑良	권창질	租115石	
		성주		幼學	배도지	米30石	
		창원	嘉善		홍세웅	租300石	
		의성	折衝		오세성	租55石, 米3石, 牟145石, 太2石	
		의흥		幼學	홍치동	租19石	

		신녕			노선걸	租80石	
		금산		業武	최영귀	租24石	
				業武	신팽갑	租13石	
					김선이	租10石	
		지례		幼學	이광선	租17石	
		영천			장후만	태21石	
					박귀채	租20石	
					최연재	租13石	
					김성득	租12石	
					이봉채	租10石	
정조11년(1787)	경상도	밀양	通德郞		황득린	牟1,000石	五衛將
			折衝		이상익	牟1,000石	五衛將
		창원		閑良	정상주	租200石	
			前 僉使		손창진	租100石	帖加
		함창	資憲		강석년	租55石	10년 煙役 勿侵
	충청도	연산	前 都事		김기승	租853石	
		청양	嘉善		강우주	租166石	
				閑散	홍우유	租50石	
		정산	嘉善		이용우	租133石	
			將士郞		이광우	租66石	
		서천	前 僉知		나후륜	租94石	
		한산		幼學	이덕관	租70石	
				幼學	이경환	租50石	
				幼學	정관진	租50石	
			嘉善		이덕연	租50石	
		예산		出身	이광세	租50石	
	경기도	통진	前 郡守		이홍수	租1,082石	
		교하	折衝		장성철	租75石	
		교하		閑良	김정려	租55石	
		교하	折衝		염대범	租53石	
		교하	折衝		나치검	租50石	
	평안도	평양	嘉善		이병후	租1000石	
		평양	嘉善		최진성	錢2000兩	
	전라도	전주	前 僉使		장익복	租2100石	
		창평	將仕郞	鄕品	김치종	租1500石	
		남원	通政	鄕品	이득춘	租1500石	
		전주	將校		하복언	租1350石	
		보성	前 五衛將		박래적	租2100石	
		옥과		鄕品	박춘석	租1150石	

남원	前 巡將		임보천	租1037石	
부안	折衝		박성순	租1000石	
남평	前 僉使		황천일	租1000石	
순창		閑良	김석주	租1000石	
남원		閑良	나응록	租1000石	
남원	折衝		박필언	租1000石	
만경	前 巡將		박중채	各穀1000石	
부안	折衝		노달중	各穀1000石	
구례		進士	왕학증	各穀1000石	
영암		閑良	김사덕	各穀1000石	
영광	折衝		이재화	牟1,000石	
함평		出身	윤창신	牟1,000石	
순천	前 五衛將		추한징	租500石	
광주		閑良	백수일	租500石	
함평	折衝		모경창	租400石	
창평	通政		윤세홍	租300石	
동복		出身	김달원	租300石	
용담		向人	김광복	租265石	
임실	將仕郎		엄치성	租250石	
남평		鄕品	강세검	各穀250石	
광주	前 僉使		강덕휘	租220石	
옥과	折衝		최창익	租200石	
남평	折衝		강일인	租200石	
장성	折衝		박홍렴	租200石	
장성	折衝		최상租	租200石	
장성		閑良	박동욱	租200石	
홍양	折衝		장명익	租200石	
홍양		閑良	김남수	租200石	
홍양		閑良	김광익	租200石	
남평	折衝		이영협	租200石	
해남	折衝		이우현	租200石	
순창		閑良	김백천	租200石	
화순		閑良	김상윤	租200石	
임실	嘉善		강여흥	各穀200石	
함평		閑良	정재희	牟200石	
광주	前 五衛將		김진기	租180石	
태인		閑良	박상호	各穀178石	
곡성	折衝		정 협	租150石	
곡성		閑良	백민철	租150石	
용담	折衝		백사악	租150石	
장수	折衝		최우갑	租150石	

		태인		閑良	최복승	各穀140石	
		곡성	折衝		이지태	租1350石	
		광주	前 五衛將		김진후	租130石	
		남평		閑良	김유성	租130石	
		용담	折衝		한사종	租120石	
		운봉		閑良	김기묵	租120石	
		정읍	折衝		송지연	租114石	
		용담	嘉善		오수재	租114石	
		정읍		閑良	김중채	租110石	
		영암	折衝		최항주	租110石	
		전주	折衝		양덕대	租100石	
		남원		閑良	김창효	租100石	
		남원		閑良	하한걸	租100石	
		남원		閑良	모한추	租100石	
		남원		閑良	윤치보	租100石	
		남원		閑良	모성채	租100石	
		창평	嘉善		김성진	租100石	
		순창		閑良	박일채	租100石	
		순창		閑良	최학천	租100石	
		남평		閑良	김만태	租100石	
		남평		鄕品	정두혁	租100石	
		화순		鄕品	박경우	租100石	
		화순		閑良	박대채	租100石	
		장수	嘉善		주명신	租100石	
		장수		鄕品	모경삼	租100石	
		광주		閑良	안삼열	租100石	
		영암	嘉善		박지응	牟100石	
		전주	折衝		송재후	租100石	
		금산		閑良	박성채	租80石	
		광주		閑良	한필룡	租80石	
		광주		閑良	선홍주	租80石	
		광주		閑良	조창일	租80石	
		능주		幼學	양명구	租75石	
		광주		閑良	서일중	租70石	
		정읍		閑良	이덕열	租70石	
		금산		閑良	이춘협	租60石	
		금산		幼學	김유하	租60石	
		곡성		鄕品	김우기	租60石	
		능주		幼學	오찬유	租60石	
		곡성		鄕品	김윤상	租55石	

		화순		閑良	이복희	租55石	
		화순		鄕品	서창명	租55石	
		남원	通政		양선구	租50石	
		남원		鄕品	마순좌	租50石	
		남원	將校		임창주	租50石	
		남원	折衝		오명계	租50石	
		남원		閑良	윤재형	租50石	
		남원		閑良	허 규	租50石	
		남원		閑良	하한운	租50石	
		화순		閑良	신일봉	租50石	
		진도		鄕品	이광춘	租50石	
		남평		鄕品	이광휘	租50石	
		남평		校生	김진광	租50石	
		옥과		閑良	김치대	租50石	
		용담		鄕品	신일봉	租50石	
		창평	將仕郎		이은현	租50石	
		창평		閑良	홍만대	租50石	
		창평		閑良	조정일	租50石	
		창평		閑良	박환태	租50石	
		순창		閑良	설창성	租50石	
		순창		閑良	최상태	租50石	
		순창		閑良	서달수	租50石	
		순창		閑良	구성필	租50石	
		순창		閑良	서대복	租50石	
		순창		閑良	강백해	租50石	
		순창		閑良	오대곤	租50石	
		광주		閑良	노이진	租50石	
		보성	將仕郎		강주노	租50石	
		보성	折衝		김정택	租50石	
		능주	嘉善		김한호	租50石	
정조17년(1793)	경상도	김해		幼學	손양대	米租牟 1500石	
		군위		幼學	사공현	各穀1300石	
		경주	嘉善		김상형	各穀1000石	
		함양		幼學	하한성	各穀650石	
		울산	折衝		유덕기	租600石	
		밀양	折衝		김경응	租500石	
		밀양		閑良	박문순	租500石	
		대구	折衝		김기언	租500石	
		의령		出身	허 군	各穀500石	
		동래	前 參奉		김시대	租250石	

		대구	折衝		이 령	租200石	
		동래	前 營將		김노범	米153石	
		영천		閑良	장후만	租150石	
		경산		閑良	김성옥	租150石	
		울산	折衝		이성연	租150石	
		경산		閑良	추득령	租140石	
		경산	折衝		전언종	租130石	
		영양	嘉善		김양채	各穀122石	
		삼가		幼學	강석범	租120石	
		경주	前 郎廳		최서욱	租110石	
		대구	折衝		권창택	租110石	
		경주	前 郎廳		강위우	租105石	
		경주	通德郎		유가기	租105石	
		대구	折衝		김귀련	租105石	
		울산	前 縣監		서명국	租100石	
		동래	嘉善		김한성	租100石	
		청도		幼學	박후재	租100石	
		청도		幼學	방상덕	租100石	
		청도		幼學	천일언	租100石	
		상주	折衝		김상리	租100石	
		상주		閑良	김치일	租100石	
		상주		閑良	이민제	租100石	
		상주		閑良	김시원	租100石	
		삼가		閑良	이만백	租100石	
		삼가		幼學	김광택	租100石	
		문경		閑良	성범주	租100石	
		영천		閑良	강상채	租90石	
		삼가		幼學	김광덕	租82石	
		삼가		幼學	이도문	租80石	
		영천	嘉善		이신집	租60石	
		삼가		幼學	박영우	租60石	
		삼가		業儒	박순익	租60石	
		삼가		幼學	신국리	租50石	
		통영	將校		김덕추	米291石, 租272石	實職 除授 豫定
		당포진	嘉善		탁만윤	米136石, 租160石	賞加
	전라도	전주	前 僉使		장익복	租3000石(前後 萬餘石)	加資, 守領 除授
		전주	前 五衛將		하복언	租2300石	邊將 除授
		무장	將校		박대채	租2100石	加資

		나주	將校		정언희	租1550石	邊將 待期
		진안	將校		양덕대	租1500石	邊將 待期
		전주	將校		송인철	租1200石	邊將 待期
		부안	前 五衛將		최달종	租1150石	邊將 待期
		광양	折衝	鄕品	강필운	租1000石	邊將 待期
		무장	將校	閑良	김치관	租1000石	邊將 待期
		창평	前 五衛將		김치종	租1000石	邊將 待期
		무장	將校	閑良	서유원	租700石	賞加
		부안	將校		김성오	租550石	賞加
		순천	前 郞廳		박종수	租500石	
		전주	將校		김조규	租400石	
		장성	將校		양득호	租332石	
		무장	將校	閑良	신광협	租300石	
		무장	將校	閑良	양원익	租300石	
		무장	嘉善		김성량	租300石	
		무장	折衝		김광익	租300石	
		순천		幼學	홍 의	租300石	
		옥과	將校		유한익	租300石	
		익산	將校		이우철	租250石	
		전주	將校		김철호	租220石	
		전주	將校		백신철	租200石	
		부안	將校		신광주	租145石	
		부안	將校		김진후	租110石	
		부안		閑良	이사봉	租110石	
		무장	將校		김상욱	租101石	
		함열	將校		김봉집	租101石	
		능주	將校		오찬유	租100石	
		순창		幼學	최시철	租100石	
		순창		幼學	박춘근	租100石	
		순창	將校		임성춘	租100石	
		부안	將校	出身	이기동	租100石	
		용담		幼學	김지국	租100石	
		해남		鄕品	이견룡	租100石	
		진안	將校	閑良	서경대	租100石	
		함열	將校	閑良	황석기	租100石	
		함열	將校	閑良	김치관	租100石	
		나주	將校		강세검	租100石	
		나주	將校		최계홍	租100石	
		보성	將校		김연택	租80石	
		전주	將校		김기묵	租80石	

		순창	將校		김기현	租75石	
		부안		幼學	김홍택	租70石	
		능주	資憲		손홍신	租60石	
		능주	將校		최 린	租60石	
		능주		閑良	구사혁	租60石	
		순창	將校	閑良	구성필	租60石	
		화순		幼學	박효채	租60石	
		화순	將校	閑良	이미손	租60石	
		창평	將校		윤상진	租55石	
		전주		幼學	남운상	租50石	
		전주	將校		강주노	租50石	
		전주		鄕品	박윤원	租50石	
		함열	將校		임 덕	租50石	
		능주	將校		구양욱	租50石	
		순창	將校	閑良	설창성	租50石	
		순창			서달수	租50石	
		순창			박 엽	租50石	
		순창			김윤택	租50石	
		순창			이덕윤	租50石	
		순창			이덕삼	租50石	
		순창			하윤성	租50石	
		순창			최유기	租50石	
		순창			성지채	租50石	
		순창			장유덕	租50石	
		순창			설영수	租50石	
		순창		幼學	김치문	租50石	
		순창			박동식	租50石	
		순창			조한성	租50石	
		순창			김수홍	租50石	
		부안		幼學	윤성민	租50石	
		부안			김홍기	租50石	
		용안		幼學	김종대	租50石	
		창평	將校		박봉양	租50石	
		남평	將校	閑良	박창길	租50石	
순조10년(1810)	충청도	은진			권 휘	租2000石	
		공주	同知		김계극	租1000石	
		공주		閑良	우석수	租120石	
		공주	同知		양검사	租100石	
		예산		幼學	박낙수	租565石	
		영동		閑良	박춘장	租500石	

보은		閑良	김진학	租500石	
진천		進士	정태성	租300石	
목천			김진학	各穀319石 8두	
홍산		閑良	황응복	租330石	
홍주	嘉善		한옥필	租200石	
홍주		出身	송복익	租150石	
홍주		閑良	이응배	租100石	
홍주	嘉善		최웅기	租53石	
홍주		閑良	김만수	租50石	
한산		幼學	이경덕	租120石	
한산		幼學	최진열	租80石	
한산		閑良	유태홍	租60石	
한산		閑良	최만세	租50石	
서천		幼學	나정규	租100石	
서천		閑良	김부응	租80石	
덕산		閑良	황낙희	租100石	
덕산		閑良	이삼종	租60石	
연기		進士	박성환	租100石	
서원		閑良	송찬경	租100石	
정산		幼學	김노영	租100石	
정산		幼學	박성운	租100石	
정산		幼學	김기창	租80石	
정산		幼學	이시영	租60石	
석성		幼學	김용서	租100石	
충주		閑良	이정대	租100石	
회덕		閑良	김순대	租83石	
청안		幼學	김경집	맥70石	
문의		業儒	박기영	租50石	
문의		業儒	박용묵	租50石	
비인		閑良	이의문	租50石	
비인		閑良	김덕추	租50石	
진천		進士	정태성	各穀1386石 3두	
진천		閑良	박 순	租382石	
서원		幼學	신시권	租1035石	
서원			김대천	租153石	
서원			임세관	租120石	
서원	忠衛		고윤선	租117石	
서원			조윤복	租106石	
서원			김치적	租95石	
서원			전대희	租82石	

		서원			최수달	租81石	

		서원			최수달	租81石	
		서원			임월상	租64石	
		서원			서명손	租62石	
		서원			송봉좌	租59石	
		서원			김봉서	租56石	
		서원			김일대	租54石	
		서원			최두팔	租54石	
		서원			이선명	租53石	
		서원			최명선	租52石	
		서원			원용복	租52石	
		서원			이이손	租533石	
		문의		出身	최종욱	租220石	
		대흥		幼學	성도복	租59石	
	전라도	전주	嘉善		이경욱	租1200石	
		전주		進士	이형팔	租700石	
		전주	折衝		김만철	租300石	
		전주		幼學	김양직	租300石	
		전주	嘉善		유지호	租100石	
		전주		出身	박시흥	租100石	
		전주		閑良	장문택	租100石	
		전주		閑良	하경룡	租100石	
		전주		閑良	박정식	租100石	
		전주		幼學	최현위	租80石	
		전주	嘉善		임관석	租67石	
		전주		幼學	하학운	租50石	
		전주	嘉善		김성길	租50石	
		전주	嘉善		유종부	租50石	
		전주		閑良	백준영	租50石	
		나주	嘉善		김정원	皮粟800石, 皮牟200石	
		나주		幼學	문찬광	租1000石	
		나주		幼學	나치수	皮牟50石	
		나주		閑良	정영유	各穀50石	
		광주		閑良	정안택	租200石	
		광주	前五衛將		김진후	租160石	
		광주		閑良	한경국	租75石	
		광주		閑良	문시철	租75石	
		광주		閑良	김진방	租75石	
		광주		閑良	최종인	租70石	
		광주		閑良	김덕해	租50石	
		광주		閑良	신채옥	租50石	

순천		幼學	지우연	租1000石	
순천	折衝		정효원	租1000石	
순천		幼學	한종우	租240石	
순천	嘉善		노광복	租100石	
순천	折衝		이재영	租100石	
순천		幼學	추응염	租70石	
순천		幼學	신덕우	租70石	
순천		幼學	김덕정	租60石	
순천		幼學	유덕장	租50石	
순천		閑良	김수일	租50石	
순천		閑良	이석산	租50石	
담양		幼學	나득윤	租1800石	
담양		閑良	이달성	租220石	
담양		幼學	송갑해	租145石	
담양		幼學	이석효	租105石	
담양		幼學	남기진	租55石	
담양		幼學	김태효	租55石	
담양		幼學	조상악	租55石	
장성		閑良	강주훈	租200石	
장성		閑良	박동욱	租15石	
장성		業儒	박철옥	租70石	
장성		閑良	강백환	租60石	
영광	前 巡將		신인갑	租3300石	
영광		幼學	이천정	租50石	
영광		幼學	정철조	租50石	
영광		閑良	이홍엽	租100石	
영광		閑良	김태명	租60石	
영광		閑良	박시영	租60石	
영광		閑良	김봉려	租60石	
영광		閑良	김봉택	租50石	
영암		閑良	박만채	租250石	
영암		閑良	문치봉	租100石	
영암		幼學	박성추	租100石	
영암		幼學	박만조	租75石	
영암		幼學	김재겸	租75石	
영암		閑良	김영조	租65石	
영암		幼學	김성채	租50石	
영암		閑良	고구갑	租50石	
영암		閑良	김만갑	租50石	
진도		閑良	김덕세	租110石	

진도		閑良	이윤복	租50石	
순창		幼學	박형근	租200石	
순창		幼學	김익현	租200石	
순창		幼學	김종화	租60石	
순창		幼學	양덕항	租50石	
순창		閑良	김시택	租50石	
임피		閑良	차도상	租100石	
임피		幼學	김 옥	租70石	
창평		閑良	박환동	租2500石	
창평		閑良	황득중	租300石	
창평		閑良	조동열	租200石	
창평		幼學	김필태	租200石	
남원		幼學	권창언	租1200石	
남원		閑良	하세룡	租150石	
남원		幼學	최득문	租100石	
남원		閑良	윤득천	租100石	
남원		閑良	양규한	租100石	
남원		閑良	박태표	租100石	
남원		閑良	임언근	租100石	
남원	折衝		정기풍	租50石	
남원		閑良	김득연	租50石	
남원		閑良	백치덕	租50石	
남원		閑良	진순홍	租50石	
남원		閑良	모경삼	租50石	
강진	折衝		김종식	皮粟66石 皮牟434石	
강진			김상보	租230石	
강진			정덕우	租70石	
강진			이설중	租50石	
함평	嘉善		강인득	租1500石	
옥과		幼學	박찬기	租60石	
옥과		幼學	김성대	租50石	
남평		閑良	이응동	租100石	
남평			함궁궁	租58石	
남평			나진호	租50石	
무장	前 五衛將		박대채	租120石	
무장	嘉善		김치관	租60石	
무장		品官	박경채	租60石	
구례		進士	왕학룡	租70石	
곡성	折衝		최명옥	租50石	
광양	前 僉使		강필윤	租1000石	

		홍양		閑良	정복행	租416石10斗	
		홍양		閑良	박진환	租250石	
		홍양		幼學	신영조	租166石10斗	
		홍양		閑良	한세량	租166石10斗	
		홍양		閑良	박맹춘	租166石10斗	
		홍양		幼學	배중혁	租125石	
		홍양		閑良	음치만	租83石5斗	
		홍양		幼學	송갑신	租83石5斗	
		홍양			김철동	租83石5斗	
		홍양		閑良	김태봉	租58石5斗	
		홍양		閑良	김유권	租58石5斗	
		홍양		幼學	송진신	租50石	
		능주		幼學	양수봉	租500石	
		능주		幼學	서세철	租100石	
		능주		幼學	오석범	租100石	
		능주		幼學	손덕효	租50石	
		능주		幼學	김두추	租50石	
		장흥	折衝		송영묵	租250石	
		보성		幼學	김경채	租1000石	
		보성		幼學	이상윤	租50石	
		낙안		幼學	고경우	租100石	
		낙안		幼學	김홍달	租100石	
		익산		幼學	소휘국	租3000石	
		익산			황응종	租200石	
		익산		閑良	김지복	租100石	
		태인		進士	김명관	租216石	
		태인		幼學	박상호	租200石	
		태인	嘉善		전옥손	租100石	
		태인		閑良	정인주	租100石	
		태인		閑良	이덕운	租83石	
		태인		閑良	손칠습	租83石	
		태인		閑良	송석필	租50石	
		태인		閑良	조득남	租50石	
		태인		閑良	송치락	租50石	
		고산		閑良	박종환	租100石	
		고산		閑良	장석유	租80石	
		진안		幼學	이창석	租200石	
		진안		幼學	서치대	租50石	
		용안		閑良	노덕인	租50石	
		용안		閑良	이천종	租50石	

		우수영	同知		홍석주	米2石8斗, 皮牟313石 9斗	
		고군산		閑良	윤이돈	租125石	
		고군산		閑良	박창지	租100石	
		고군산		閑良	김기창	租83石5斗	
		지도		閑良	임훈갑	租55石	
		동복		幼學	송호신	租300石	
		동복		閑良	김덕청	租70石	
		동복		幼學	김재환	租50石	
		무주	前 五衛將		김재겸	租1000石	
		무주		閑良	박상돈	租150石	
		무주		閑良	이형원	租130石	
		금산		閑良	최창욱	租70石	
		금산		閑良	박일채	租50石	
		진산		閑良	김상옥	租100石	
	경상도	경주	嘉善		김한권	租牟3000石	
		영천		閑良	이유형	租2224石	
		영천	驛吏		이성춘	租1000石	
		영산		幼學	김재우	租牟1070石	
		상주	嘉善		서봉징	租1000石	
		김해		幼學	윤은신	租牟1000石	
		경산	驛吏		김봉기	租1000石	
		경산	驛吏		전동엽	租1000石	
		청하		幼學	곽시주	租500石	
		문경	嘉善		전도석	租1000石	
		청도	驛吏		이상원	租626石	
순조12년(1812)	강원도	춘천			지태경	錢2100兩	
		춘천	禁漏官		최민식	租1500石	
순조14년(1814)	전라도	무주	前 五衛將		김재겸	租3000石	
순조29년(1829)	충청도	서산	嘉善		이세웅	租1200石	
		서원	司勇		이지태	租1000石	
		청안		幼學	연서조	租700石	
		아산	前 衛將		안도혁	租300石	
		괴산	折衝		김후성	租250石	
		영동		閑良	이종식	租100石	
		서천	馬兵		지상갑	租50石	
		석성		幼學	김 진	租50石	
		석성		幼學	장봉택	租50石	
		괴산	驛吏		최치만	租200石	
	경상도	김해		出身	이윤규	租1000石, 錢200兩	
		김해		幼學	윤사명	牟1000石	

		상주	嘉善		윤광한	租1815石, 錢230餘냥	
		영해		幼學	권도겸	各穀506石, 錢300兩	
		동래	前 別將		조덕성	租780石	
		청도		幼學	박증기	租330石	
		청도		幼學	최창문	租116石	
		현풍		幼學	곽임도	租150石	
		의령		閑良	신천석	租125石	
		경산		幼學	김동엽	租200石	
		경산		幼學	김의달	租150石	
		경산		幼學	이성보	租120石	
		경산		閑良	김득준	租100石	
		인동		幼學	이석기	租123石	
		영천		閑良	윤순대	租413石	
		영천		閑良	박흥룡	租216石	
		영천		閑良	최봉원	租134石	
		상주		幼學	조윤휘	各穀265石	
		의흥	嘉善		박달선	租250石	
		함양	將仕郎		정복룡	租105石	
		진해		幼學	정용백	租105石	
		자인		幼學	오현주	租100石	
		문경		閑良	전동춘	租100石	
		청도		幼學	김동철	租83石	
		청도		幼學	장덕재	租83石	
		청도		幼學	이 관	租83石	
		청도		幼學	김두정	租83石	
		청도		幼學	박기일	租83石	
		청도		幼學	김치덕	租83石	
		청도		幼學	이대식	租83石	
		청도		幼學	김기찬	租83石	
		청도		幼學	권후민	租83石	
		의령		閑良	이대이	租83石	
		의령		閑良	김정택	租83石	
		비안		幼學	윤항길	租83石	
		비안		閑良	김재삼	租83石	
		흥해		幼學	이호민	租70石	
		산청		幼學	왕효휘	租65石	
		산청		幼學	박경환	租65石	
		비안		閑良	이문암	租56石	
		영일		幼學	방사정	租50石	
		경산		幼學	석천종	租60石	

		경산		幼學	마회상	租80石	
		사천		幼學	김양순	租50石	
		문경	嘉善		김정현	租70石	
		자인		幼學	윤효철	租67石	
		자인	忠義		이장춘	租67石	
		신영		幼學	정상국	租60石	
		영천		閑良	이성춘	租55石	
		영천		閑良	김치홍	租52石	
		함양		幼學	정사기	租50石	
		의흥		幼學	박승조	租50石	
		자인		幼學	박광신	租50石	
		자인		閑良	노원갑	租50石	
		문경		閑良	전중영	租50石	
	전라도	영광	前 衛將		김원록	租3000石	
		전주	前 衛將		백치언	租3000石	
		장수	嘉善		이효중	租3000石	
		무장	嘉善		박이형	租2000石	
		만경		閑良	정진오	租500石	
순조33년(1833)	충청도	서천	嘉善		최조신	租500石, 錢1000兩	
		당진	嘉善		손복용	租1000石	
		서산	嘉善		김규석	錢3000兩	
		서산	嘉善		이문규	租1000石, 錢2400兩	
		아산	京邸吏		박춘식	錢2000兩	
		홍산	前 五衛將		황호성	租1000石	
		은진	前 五衛將		권 휘	租158石, 錢24000兩	
		은진	前 경희장		조광진	錢1200兩	
		은진	嘉善		김기하	錢2000兩	
		옥천	嘉善		이기덕	錢2000兩	
		노성	嘉善		최후준	錢1000兩	
		노성	嘉善		임상혁	錢1000兩	
		괴산			고소사	租200石	
		한산		鄕品	서계업	錢2400兩	
헌종3년(1837)	충청도	비인	前 中軍		이철영	錢1000兩	
		한산	錢 僉使		서계업	錢2400兩	
		홍주		出身	김준원	錢1500兩	
		홍주	前 五衛將		표상관	錢1200兩	
		은진	嘉善		김상윤	錢1200兩	
		한산		閑良	이흥이	錢600兩	
		한산		閑良	박순철	錢600兩	
		옥천	嘉善		김귀철	錢600兩	

연도	道	지역	品階	身分	성명	금액	
		옥천	嘉善		조기득	錢400兩	
		대흥		鄕品	황치영	錢240兩	
		옥천		閑良	김덕기	錢200兩	
		옥천		閑良	김흥경	錢200兩	
		예산		鄕品	김치호	錢200兩	
		보령		鄕品	임영풍	錢200兩	
		보령		鄕品	박인수	錢200兩	
		예산		鄕品	우영철	錢180兩	
		직산		閑良	정기인	錢150兩	
		직산		閑良	정수인	錢150兩	
		홍주		閑良	문세덕	租100石	
		회덕	嘉善		차일대	租100石	
		면천		鄕品	김동근	租50石	
		회덕		閑良	인연복	租50石	
		결성		鄕品	박용득	租50石	
		결성		鄕品	강만석	租50石	
		홍산	嘉善		이동휘	錢2000兩	
헌종6년(1840)	평안도	박천	嘉善		박종항	錢4500兩	
		안주		幼學	임기홍	錢3000兩	
		안주	嘉善		정성년	錢3000兩	
		평양		幼學	남지철	錢3000兩	
		평양		幼學	박원혁	錢3000兩	
		삼등		幼學	주정섭	錢3000兩	
		삼등		幼學	김교린	錢3000兩	
		은산	折衝		김응이	錢1500兩	
		평양		幼學	김영노	錢1500兩	
		평양	嘉善		이적승	錢1000兩	
		평양	嘉善		이원적	錢1000兩	
		양덕		幼學	윤경열	錢1000兩	
		함종		幼學	곽동규	錢1000兩	
		함종		閑良	유경한	錢1000兩	
		중화		幼學	김해식	錢20000兩	
		안주	前 五衛將		박경홍	錢13000兩	
		영변		幼學	김치려	錢8000兩	
		성천	司饔院主簿		한용준	錢3000兩	
	함경도	흥원	折衝		최일원	錢600兩	
		함흥		進士	박영주	錢1000兩	
		정평	折衝		변만택	錢2000兩	
		흥원		出身	염계준	錢1000兩	
철종5년(1854)	경상도	청하	嘉善		이동신	租3078石	

		경주		幼學	홍인섭	租3700石	
		기장		幼學	김종령	租510石	
		장기		幼學	송동한	租400石	
		개녕		幼學	이석기	租110石	
		상주		閑良	최두헌	錢310兩	
		함안		幼學	김지묵	牟142石	
		청도		進士	최윤곤	租125石	
		청도		幼學	박상덕	租171石	
		청도		幼學	박시묵	租120石	
		청도		幼學	이치화	租102石	
		언양		幼學	김기조	租100石	
		영산		幼學	김재균	錢300兩	
		삼가		幼學	이민혁	租150石	
		양산		幼學	박상엽	租100石	
		김해		幼學	공도진	錢626兩	
		개녕		幼學	이중철	租55石	
		개녕		幼學	김수명	租55石	
		개녕		幼學	박진빈	租62石	
		개녕		業武	신성복	租58石	
		개녕		業武	윤성철	租50石	
		영덕		幼學	유구환	租87石	
		영덕	前 司勇		김태호	租76石	
		예천		共生	이철갑	租70石	
		용궁		業儒	윤봉의	租50石	
		상주	嘉善		임응득	租68石	
		함창		業武	김두성	租82石	
		청도		業武	석광록	租75石	
		청도		幼學	천치조	租65石	
		청도		幼學	박정술	租56石	
		언양		幼學	김응규	租52石	
		언양		幼學	신경원	租91石	
		양산		幼學	이선택	租99石	
		영천		業武	허영복	租61石	
		장수	驛吏		조기일	租66石, 錢200兩	
		문경		幼學	김현기	錢10000兩	
		풍천	前 都正		노승희	錢10000兩	
고종14년(1877)	경기도	여산	前 中軍		김종규	錢10000兩	
		시흥		幼學	이시만	錢630兩	
		시흥		幼學	최중검	錢250兩	
		시흥	僉知		박정혁	錢400兩	

충청도	신창		出身	지문구	錢4500兩
	보령	前 五衛將		전홍규	錢3000兩
	예산	前 縣監		장윤식	錢5000兩
	충주		幼學	조동섭	錢2200兩, 米270石, 租80石
전라도	전주	前 僉使		송인찬	錢3000兩
	함평	前 五衛將		이홍규	錢1500兩
	김제	前 五衛將		김광백	錢1500兩
	고부	前 衛將		은진영	錢2000兩
	정읍	前 衛將		박민영	錢1100兩
	동복		幼學	이중락	錢4200兩
	장흥	座首		김치문	錢3000兩
	김제		幼學	유동원	錢2000兩
	함평		閑良	이경인	錢2000兩
	전주		進士	김창석	錢3000兩
	남원		幼學	조익두	錢3000兩
	강진		進士	김 숙	錢2990兩
	전주		幼學	정석연	錢2000兩
	보성		進士	이지용	錢1950兩
	화순		進士	임창각	錢1923兩
	화순		幼學	배원호	錢1923兩
	금구		進士	장규한	錢1636兩
	광주		幼學	박원국	錢1500兩
	광주		幼學	박원홍	錢1500兩
	김제	前 參奉		한홍석	錢1500兩
	낙안		進士	김언호	錢1450兩
	금산		幼學	권인호	錢1283兩
	순천		幼學	박처양	錢1200兩
	순천		幼學	이용근	錢1200兩
	태인		幼學	김정학	錢1200兩
	보성		幼學	선오채	錢1100兩
	광주		幼學	정사진	錢1000兩
	남원		幼學	장홍규	錢1000兩
	남원		幼學	박일현	錢1000兩
	남원		幼學	송준모	錢1000兩
	남원		幼學	이유현	錢1000兩
	보성		幼學	안명홍	錢1000兩
	보성		幼學	유춘영	錢1000兩
	보성		幼學	양 건	錢1000兩

		부안		幼學	이기문	錢1000兩	
		광양		士人	황윤관	錢1000兩	
		장성		進士	김홍환	錢1000兩	
		익산		幼學	소준규	錢1000兩	
		용담		幼學	한석권	錢1000兩	
		장수		幼學	이만구	錢1000兩	
		진안		幼學	이우흠	錢1000兩	
		진안		幼學	김봉배	錢1000兩	
		진안		幼學	강재풍	錢1000兩	
		임실		士人	김영환	錢959兩	
		금산		幼學	김주황	錢950兩	
		보성		幼學	이경회	錢940兩	
		보성		幼學	이승회	錢910兩	
		부안		幼學	최동환	錢800兩	
		좌수영		幼學	서성백	錢750兩	
		전주		幼學	김희용	錢700兩	
		광주		幼學	이완종	錢700兩	
		순천		幼學	정동열	錢700兩	
		부안		幼學	이규철	錢700兩	
		구례		進士	김상영	錢700兩	
		구례		幼學	오경순	錢700兩	
		구례		幼學	김홍환	錢700兩	
		광양		士人	김백신	錢700兩	
		정읍		幼學	안일순	錢700兩	
		보성		幼學	박동환	錢680兩	
		함열		幼學	이윤근	錢650兩	
		익산		幼學	최정규	錢650兩	
		보성		幼學	임사훈	錢640兩	
		보성		幼學	이장회	錢620兩	
		보성		幼學	임사홍	錢620兩	
		흥양		幼學	신장모	錢600兩	
		흥양		幼學	신칠휴	錢600兩	
		부안		幼學	신백휴	錢600兩	
		태인		幼學	박치룡	錢600兩	
		구례		幼學	박기태	錢550兩	
		구례		幼學	이대연	錢550兩	
		구례		進士	김한종	錢550兩	
		남원		進士	양현용	錢550兩	
		남원		幼學	조병상	錢550兩	
		남원		幼學	김종원	錢550兩	

남원		幼學	소병관	錢550兩	
남원		幼學	이민식	錢550兩	
화순		幼學	임민기	錢532兩	
광주		幼學	이민형	錢500兩	
광주		幼學	기사겸	錢500兩	
순천		進士	조선호	錢500兩	
진도		士人	소휘철	錢500兩	
진도		士人	김홍순	錢500兩	
보성		幼學	여성섭	錢500兩	
흥양		幼學	유병노	錢500兩	
흥양		幼學	이채규	錢500兩	
함열	前 引義		조현근	錢500兩	
함열		進士	김석현	錢500兩	
함열		幼學	윤창배	錢500兩	
태인		幼學	김복수	錢500兩	
장성		士人	변진홍	錢500兩	
장성		士人	신학휴	錢500兩	
익산		幼學	심인지	錢500兩	
금산		幼學	한검준	錢500兩	
진안		幼學	장규찬	錢500兩	
진안		幼學	최사심	錢500兩	
화순		幼學	양무영	錢500兩	
낙안	前 營將		최득수	錢2620兩	
부안	前 都正		이문영	錢2200兩	
태인	前 都正		유기룡	錢2200兩	
광양	前 注書		안창범	錢1000兩	
장성	前 監役		김정환	錢1000兩	
장성	前 監役		김철우	錢1000兩	
전주	前 監役		오영석	錢600兩	
김제	前 監役		윤자선	錢600兩	
광주		閑良	김익종	錢1500兩	
부안	前 衛將		신학근	錢1000兩	
담양	前 萬戶		정재감	錢1000兩	
금구	前 僉知		온동길	錢1000兩	
함평		鄕所	오한묵	錢950兩	
순천		出身	정복철	錢800兩	
광주		閑良	채문석	錢700兩	
정읍		閑良	조전술	錢700兩	
흥양		閑良	조용진	錢600兩	
흥양		閑良	정국서	錢600兩	

		흥양		閑良	김윤길	錢600兩	
		부안		閑良	신재진	錢600兩	
		남평		閑良	강사일	錢600兩	
		정읍		閑良	서재기	錢600兩	
		금산	前 五衛將		김의영	錢560兩	
		전주	前 部將		이명기	錢500兩	
		만경	前 護軍		정명신	錢500兩	
		부안	前 巡將		신인환	錢500兩	
		함평		鄕所	강재화	錢500兩	
		태인		閑良	김봉일	錢500兩	
		무안	將校		김기풍	錢500兩	
		법성		閑良	나영신	錢500兩	
		진산	前 別將		전제필	錢500兩	
		고창		閑良	신재효	錢500兩	
		고창		閑良	은수룡	錢500兩	
		함열	下吏		이희수	錢1290兩	
		함열	下吏		조영식	錢860兩	
		함열	下吏		조한겸	錢860兩	
		함열	下吏		조한기	錢750兩	
		흥양	戶將		김태하	錢700兩	
		영암	下吏		김주빈	錢681兩	
		용담	下吏		문사연	錢500兩	
		임실	下吏		진필정	錢500兩	
		운봉	鄕吏		박형집	錢500兩	
		순흥		幼學	신석룡	錢1000兩	
		순흥		宿人	신씨	錢500兩, 租60石	
		순흥		驛民	배필문	千金	
	경상도	김해	前 守門將		김노익	錢1000兩	
		창녕		業武	임도복	錢1000兩	
		군위		進士	유준식	各穀350石, 錢240兩	
		선산		幼學	박도환	各穀340石, 錢500兩	
		의성		幼學	김철휘	各穀60石, 錢2000兩	
		의성		幼學	이동길	各穀28石, 錢2120兩	
		장기		幼學	이경환	錢2030兩	
		동래		幼學	윤인현	錢2000兩	
		영산		幼學	주경석	各穀290石, 錢180兩	
		산청		進士	황경택	租210포	
		밀양		幼學	손문헌	租280石	
		경주		幼學	이재징	租170石, 錢170兩	
		김해		幼學	김재호	租170石	

지례		幼學	구연묵	租126石	
함안		幼學	조성렴	錢490兩, 鹽6石	
함안		幼學	이수보	錢350兩, 各穀58石, 鹽2石	
사천		幼學	조수원	各穀120石, 錢130兩	
사천		幼學	손상은	各穀120石, 錢170兩	
영천		幼學	허 민	錢1000兩	
하양		幼學	손치중	租100石, 錢500兩	
순흥		幼學	신석룡	錢500兩, 租50石	
기장		幼學	최춘건	錢1000兩	
청하		幼學	신춘복	錢1000兩	
밀양	前 都事		손진구	租216石	
경주	前 都事		최만희	租163石	
함양	前 郡守		정재기	租97石, 錢30兩	
함양	前 主簿		정재범	租97石, 錢30兩	
영천	假吏		전봉천	錢3000兩	
흥해		出身	최동린	千金	
흥해		出身	최진호	千金	

* 출전 : 『日省錄』, 『代聽時日錄』, 『奏本』, 『訓令總謄』(1903년, 奎 27477), 『賑恤謄錄』(奎古 5127.5), 『錦營啓錄』(1836~1878년, 奎 15092), 『賑簿』(충청감영 편, 고종 4년(1877), 奎古 4259-105), 『忠淸道甘結報草謄書冊』(순조 33년, 1833년)(奎古 4255.5), 『公忠道各邑補賑人等居住姓名及所納錢穀數爻成冊』(道光 十三年 三月 日)(奎 16938), 『湖南賑飢錄』(奎古 4259.43)

〈표 5〉 500石 이상 勸分·願納의 饒戶·富民 현황

	시기	거주지	職役·品階·身分	성명	穀數·錢兩	賞典
1	선조25년(1592)	평안 개천		이춘란	租4000石	堂上官實職 除授
2	영조7년(1731)	충청 청안	士族	연세홍	租2000餘石	同知
3		한산	中人	김하상	租1562石·280兩	僉使
4		덕산	士人	이홍조	租6000餘石	
5	영조8년(1732)	경상 상주	庶孼	김 장	租1000石	僉知
6	영조9년(1733)	경상		황재청	租1000石 이상	
7				윤필은	租1000石 이상	
8				장세건	租1000石 이상	
9				정만형	租1000石 이상	
10	영조39년(1763)	충청 서천		나성추	租1000石	
11	정조6년(1782)	전라 광주	嘉善	강덕휘	租1000石 이상	五衛將
12		남평	嘉善	황천일	租1000石 이상	五衛將
13		창평		김화중	租1000石 이상	折衝
14	정조7년(1783)	충청 한산	嘉善	이계갑	租1000石·米5石	
15		서천	進士	나후륜	租1000石	
16		임천	閑良	김광재	租500石	

17		경기 통진		士人		이홍수	租800여石	
18		경상 양산		幼學		김재휘	租2000石	
19		밀양		幼學		이경이	租924石·牟146石	
20	정조11년(1787)	경상 밀양		通德郎		황득린	牟1000石	五衛將
21		밀양		折衝		이상익	牟1000石	五衛將
22		충청 연산	前 都事			김기승	租853石	
23		경기 통진	前 郡守			이홍수	租1082石	
24		평안 평양		嘉善		이병후	租1000石	
25		전라 전주	前 僉使			**장익복**	租2100石	
26		창평	將仕郎		鄕品	김치종	租1500石	
27		남원	通政		鄕品	이득춘	租1500石	
28		전주	將校			**하복언**	租1350石	
29		보성	前 五衛將			박래적	租2100石	
30		옥과			鄕品	박춘석	租1150石	
31		남원	前 巡將			임보천	租1037石	
32		부안	折衝			박성순	租1000石	
33		남평	前 僉使			**황천일**	租1000石	
34		순창		閑良		김석주	租1000石	
35		남원		閑良		나응록	租1000石	
36		남원	折衝			박필언	租1000石	
37		만경	前 巡將			박중채	各穀1000石	
38		부안	折衝			노달중	各穀1000石	
39		구례		進士		왕학중	各穀1000石	
40		영암		閑良		김사덕	各穀1000石	
41		영광	折衝			이재화	牟1000石	
42		함평		出身		윤창신	牟1000石	
43		순천	前 五衛將			추한징	租500石	
44		광주		閑良		백수일	租500石	
45		곡성	折衝			이지태	租1350石	
46	정조17년(1793)	경상 김해		幼學		손양재	米租牟1500石	
47		군위		幼學		사공현	各穀1300石	
48		경주		嘉善		김상형	各穀1000石	
49		함양		幼學		하한성	各穀650石	
50		울산	折衝			유덕기	租600石	
51		밀양	折衝			김경응	租500石	
52		밀양		閑良		박문순	租500石	
53		대구	折衝			김기언	租500石	
54		의령		出身		허 군	各穀500石	
55		전라 전주	前 僉使			**장익복**	租3000石(前後 萬餘 石)	加資
56		전주	前 五衛將			**하복언**	租2300石	邊將 제수
57		무장	將校			**박대채**	租2100石	邊將 제수
58		나주	將校			**정언희**	租1550石	邊將 대기
59		진안	將校			**양덕대**	租1500石	邊將 대기
60		전주	將校			**송인철**	租1200石	邊將 대기
61		부안	前 五衛將			최달중	租1150石	邊將 대기

번호	연도	도	군현			이름	수량	비고
62			광양	折衝	鄕品	강필윤	租1000石	邊將 대기
63			무장	將校	閑良	김치관	租1000石	邊將 대기
64			창평	前 五衛將		김치종	租1000石	邊將 대기
65			무장	將校	閑良	서유원	租700石	邊將 대기
66			부안	將校		김성오	租550石	賞加
67			순천	前 郎廳		박종수	租500石	
68	순조10년(1810)	충청	은진			**권 휘**	租2000石	
69			공주	同知		**김계극**	租1000石	
70			예산		幼學	박낙수	租565石	
71			영동		閑良	박춘장	租500石	
72			보은		閑良	김진학	租500石	
73			진천		進士	정태성	各穀1386石	
74			서원		幼學	신시권	租1035石	
75			서원		良人	이이손	租533石	
76		전라	전주	嘉善		이경옥	租1200石	
77			전주		進士	이형팔	租700石	
78			나주	嘉善		김정원	皮粟800石·皮牟200石	
79			나주		幼學	문찬광	租1000石	
80			순천		幼學	지우연	租1000石	
81			순천	折衝		정효원	租1000石	
82			담양		幼學	나득윤	租1800石	
83			영광	前 巡將		신인갑	租3300石	
84			창평		閑良	박환동	租2500石	
85			남원		幼學	권창언	租1200石	
86			강진	折衝		김종식	皮粟66石·皮牟434石	
87			함평	嘉善		강인득	租1500石	
88			광양	前 僉使		강필윤	租1000石	
89			능주		幼學	양수봉	租500石	
90			보성		幼學	김경채	租1000石	
91			익산		幼學	소휘국	租3000石	
92			무주	前 五衛將		**김재겸**	租1000石	
93		경상	경주	嘉善		김한권	租牟3000石	
94			영천		閑良	이유형	租2224石	
95			영천	驛吏		이성춘	租1000石	
96			영산		幼學	김재우	租牟1070石	
97			상주	嘉善		서봉징	租1000石	
98			김해		幼學	윤은신	租牟1000石	
99			경산	驛吏		김봉기	租1000石	
100			경산	驛吏		전동엽	租1000石	
101			청하		幼學	곽시주	租500石	
102			문경	嘉善		전도석	租1000石	
103			청도	驛吏		이상원	租626石	
104	순조12년(1812)		춘천			지태경	錢2100兩	
105			춘천	禁漏官		최민식	租1500石	
106	순조14년(1814)	전라	무주	前 五衛將		**김재겸**	租3000石	

107	순조29년(1829)	충청	홍산	五衛將		황호성	租1000石	
108			서산	嘉善		이세응	租1200石	
109			서원	司勇		이지태	租1000石	
110			청안		幼學	연서조	租700石	
111		경상	김해		出身	이윤규	租1000石·錢200兩	
112			김해		幼學	윤사명	牟1000石	
113			상주	嘉善		윤광한	租1815石·錢230餘兩	
114			영해		幼學	권도겸	各穀506石·錢300兩	
115			동래	前 別將		조덕성	租780石	
116		전라	영광	前 衛將		김원록	租3000石	
117			전주	前 衛將		백치언	租3000石	
118			장수	嘉善		이효중	租3000石	
119			무장	嘉善		박이형	租2000石	
120			만경		閑良	정진오	租500石	
121	순조33년(1833)	충청	서천	嘉善		최소신	租500石·錢1000兩	
122			당진	嘉善		손복용	租1000石	
123			서산	嘉善		김규석	錢3000兩	
124			서산	嘉善		**이문규**	租1000石·錢2400兩	
125			아산	京邸吏		박춘식	錢2000兩	
126			홍산	前 五衛將		**황호성**	租1000石	
127			은진	前 五衛將		**권 희**	租158石·錢24000兩	
128			은진	嘉善		김기하	錢2000兩	
129			옥천	嘉善		이기덕	錢2000兩	
130			한산		鄕品	서계업	錢2400兩	
131	헌종3년(1837)	충청	한산	前 僉使		서계업	錢2400兩	
132			홍산	嘉善		이동휘	錢2000兩	
133			홍주		出身	김준원	錢1500兩	
134	헌종6년(1840)	평안	박천	嘉善		박종항	錢4500兩	
135			안주		幼學	임기홍	錢3000兩	
136			안주	嘉善		정성년	錢3000兩	
137			평양		幼學	남지철	錢3000兩	
138			평양		幼學	박원혁	錢3000兩	
139			삼등		幼學	김교린	錢3000兩	
140			은산	折衝		김응이	錢1500兩	
141			평양		幼學	김영노	錢1500兩	
142			중화		幼學	김해식	錢20000兩	
143			안주	前 五衛將		박경홍	錢13000兩	
144			영변		幼學	김치려	錢8000兩	
145			성천	司饔院 主簿		한용준	錢3000兩	
146		함경	정평	折衝		변만택	錢2000兩	
147		경상	청하	嘉善		이동신	租3078石	
148			경주		幼學	홍인섭	租3700石	
149			기장		幼學	김종령	租510石	
150			풍천	前 都正		노승희	錢20000兩	
151			문경		幼學	김현기	錢10000兩	

152	철종5년(1854)	경기	여산	前 中軍		김종규	錢10000兩	
153		충청	신창		出身	지문구	錢4500兩	
154			보령	前 五衛將		전흥규	錢3000兩	
155			예산	前 縣監		장윤식	錢5000兩	
156			충주		幼學	조동섭	錢2200兩·米270石	
157		전라	전주	前 僉使		송인찬	錢3000兩	
158	고종14년(1877)		고부	前 衛將		은진영	錢2000兩	
159			동복		幼學	이중락	錢4200兩	
160			장흥	座首		김치문	錢3000兩	
161			김제		幼學	유동원	錢2000兩	
162			함평		閑良	이경인	錢2000兩	
163			전주		進士	김창석	錢3000兩	
164			남원		幼學	조익두	錢3000兩	
165			강진		進士	김 숙	錢2990兩	
166			전주		幼學	정석연	錢2000兩	
167			보성		進士	이지용	錢1950兩	
168			화순		進士	임창각	錢1923兩	
169			화순		幼學	배원호	錢1923兩	
170			금구		進士	장규한	錢1636兩	
171			광주		幼學	박원국	錢1500兩	
172			광주		幼學	박원홍	錢1500兩	
173			김제	前 參奉		한홍석	錢1500兩	
174			낙안		進士	김언호	錢1450兩	
175			금산		幼學	권인호	錢1283兩	
176			광주		閑良	김익종	錢1500兩	
177			고창	下吏		이희수	錢1290兩	
178			낙안	前 營將		최득수	錢2620兩	
179			부안	前 都正		이문영	錢2200兩	
180			태인	前 都正		유기룡	錢2200兩	
181		경상	의성		幼學	이동길	各穀28石·錢2120兩	
182			장기		幼學	이경환	錢2030兩	
183			동래		幼學	윤인현	錢2000兩	
184			영천	假吏		전봉천	錢3000兩	

* 출전 : <표 4>와 같음(<표 4>에서 500石 이상을 勸分·願納한 饒戶·富民들을 발췌하여
  작성함).
* 비고 : 굵은 글자의 성명은 '千石君 庶民地主'들로서 본인이 2, 3차례, 혹은 2대에 걸쳐서
  租 1千 石 이상, 많게는 萬石까지를 권분·원납한 자들임.

<표 6> 권분·원납 곡수별 요호·부민의 지역적 분포(단위 : 名)

시기	지역	100石 미만	100石 이상 500石 미만	500石 이상 千石 미만	千石 이상	계
선조25년(1592)	평안도				1	1
숙종9년(1683)			1			1
숙종22년(1696)			1			1
숙종23년(1697)	경상도			1		1
영조7년(1731)	충청도				3	3
영조8년(1732)	경상도				1	1
영조9년(1733)	경상도				4	4
영조18년(1742)	함경도		2			2
영조28년(1752)	함경도		31			31
영조39년(1763)	충청도				1	1
정조6년(1782)	전라도				3	3
정조7년(1783)	경기도		1	1		2
	충청도		5	1	2	8
	경상도	17	6		2	25
정조11년(1787)	충청도	8	2	1		11
	경기도	4	1		3	8
	전라도	43	53	2	17	115
	평안도			1	1	2
정조17년(1793)	경상도	7	28	6	3	44
	전라도	36	29	3	8	76
순조10년(1810)	충청도	28	22	4	3	57
	전라도	82	62	2	14	160
	경상도			2	9	11
순조12년(1812)	강원도			1	1	2
순조14년(1814)	전라도				1	1
순조29년(1829)	충청도	3	4	1	2	10
	경상도	33	18	2	3	56
	전라도			1	4	5
순조33년(1833)	충청도		4	2	5	11
헌종3년(1837)	충청도	7	12	6		25
헌종6년(1840)	평안도			8	11	19
	함경도		1	3		4
철종5년(1854)	경상도	16	18	1	4	39
고종14년(1877)	경기도				1	1
	충청도				4	4
	전라도		122	10	7	139
	경상도		19	9	2	30
계		284	442	68	120	914

제4부

朝鮮後期 地主層의 地主經營

제1장 宮房地主의 地主經營

1. 宮房과 宮房田

　조선후기에 최대의 지주는 궁방지주였다. 우선 기존의 연구에서 궁방을 어떻게 정의하고 있는지 살펴보자.

　18~19세기에 상시적으로 40處 이상에 달했던 궁방은 갑오개혁을 거친 20세기 초에 들어서면서 10처만이 남게 되었다. 이들을 소위 '1司9宮'이라 했는데, 바로 내수사·수진궁·명례궁·어의궁·용동궁·육상궁·선희궁·경우궁·경선궁·영친왕궁 등이었다. 이 가운데서 경선궁과 영친왕궁은 대한제국기에 신설된 것으로서 그 역사가 짧은 반면에 나머지 '1司7宮'은 역사가 길뿐만 아니라 각각이 보유한 궁방전의 규모도 상당히 컸었다. 일제시기에 조선총독부가 황실재산의 정리과정에서 조사한 내용이 수록된 『臨時財産整理局事務要綱』에 '1司7宮'은 다음과 같이 파악되고 있다.

〈표 1〉1司7宮의 연혁 및 성질

기관명	연혁 및 성질
內需司	개국 초에 설치. 왕실의 內需에 관계된 쌀, 베 및 잡물, 노비의 일을 담당한 곳. 궁중재정기관의 하나에 속함.
壽進宮	지금으로부터 약 400년 전 제안대군[睿宗王子]의 사저. 대군이 훙거한 후에 그 祀版을 이곳에 봉안한 이래로 未封爵의 왕자, 대군 또는 未結婚의 공주, 옹주 및 無嗣屬의 후궁 등의 제사는 모두 이 궁에서 봉향함을 항례로 삼았음. 그 재산은 후년에 이르러 皇后所用의 內帑으로 이속됨.
明禮宮	원래는 慶運宮. 원래 황후소용의 내탕에 속함. 창설연대는 미상. 지금으로부터

	317년전 1593년(癸巳)에 宣祖가 한 번 回鑾한 후에 다시 復御됨. 후년에 이르러 仁穆王后도 역시 이 궁에서 退所됨.
於義宮	지금으로부터 약 250~260년 전에 仁祖의 사저였음. 그 후 황후소용의 내탕에 속함.
龍洞宮	지금으로부터 약 340~350년 전에 明宗의 장남 순회세자의 舊宮이었음. 그 후 황후소용의 내탕에 속함.
毓祥宮	숙빈최씨[英祖私親]의 제사를 봉향하는 곳. 영조 원년(1725)에 창설됨.
宣禧宮	영빈이씨[莊祖私親]의 제사를 봉향하는 곳. 영조 38년(1762)에 창설되었고, 義烈廟라 칭했음. 정조 12년(1788)에 宣禧墓로 개칭하였기에 선희궁이라 부르게 되었음. 개국 469년(1860)에 이곳을 폐지하고 육상궁에 합하였으나, 광무 원년(1897)에 다시 중건함.
景祐宮	수빈박씨[純祖私親]의 제사를 봉향하는 곳. 순조 23년(1823)에 창설됨.

* 출전 : 『臨時財産整理局事務要綱』(조선총독부 임시재산정리국, 1911), 21~23쪽 ; 和田一郎, 『朝鮮土地地稅制度調査報告書』, 578~579쪽.

이에 근거하여 和田一郎은 토지조사사업 시행 이후에 작성한 『朝鮮土地地稅制度調査報告書』에서 '1사7궁'을 다음과 같이 분류하였다.

〈표 2〉 '1司7宮'의 성격

분류	성격
내수사	왕실의 내수를 담당한 하나의 宮中職司
수진궁·명례궁·어의궁·용동궁	后·嬪·王子 등의 사유재산을 보관한 庫
육상궁·선희궁·경우궁	국왕의 私親을 봉향하는 廟

* 출전 : 和田一郎, 앞의 책, 123~124쪽.

이상의 <표 2>에 의하면, 육상궁·선희궁·경우궁 등의 3궁은 '왕실의 私廟'로, 그리고 수진궁·명례궁·어의궁·용동궁 등의 4궁은 '왕실의 私庫'로 분류되어 있다. 그런데 이 4궁의 성격은 <표 1>과 비교하면 약간의 차이가 있다. 즉, <표 1>에서는 4궁을 모두 '황후소용의 내탕'이라고 보는 반면에 여기서는 '后·嬪·王子 등의 私庫'로 보고 있다.

이와 같이 조선후기의 전체 40여 곳의 궁방도 아니고 '1사7궁'에 불과한 데도 이처럼 궁방의 성격에서 차이가 나는 것은 일제시기에 조사 목적이 궁방 그 자체에 있었던 것이 아니라 宮房田이었기 때문이다. 또한 일제시기에 궁방에 대한 이해가 주로 『經國大典』·『續大典』·『大典會通』 등의 법전이나 『增補文獻備考』

등의 관찬사료의 단편적인 기술에 의존했기 때문이었다. 그런데도 궁방에 대한 이해는 이후에 더 진전되지 못했고 현재까지 이어져 오고 있다. 따라서 지금까지의 연구에서 문제점을 지적한다면, 첫째, 궁방에 대한 이해가 '1사7궁'에만 국한되어 있다는 것이다. 이는 황실재산 정리 및 토지조사사업에서 1907년까지 존속한 '1사7궁'만 조사했기 때문이었을 것이다. 둘째, 4궁이 실제로 '황후소용의 내탕'이었다고 하더라도, 이는 19세기 말에서 20세기 초 사이의, 즉 4궁이 폐지되기 직전의 특정 시기에만 적용될 수 있다는 사실이다. 이들 궁방의 기원과 성격이 파악되었다고 하더라도 궁방의 경제활동에 있어서 주된 시기인 18~19세기에 걸쳐서의 궁방들의 연혁과 기능에 대한 이해는 공백으로 남아있는 것이다.

따라서 여기서는 조선후기에 이른바 궁방이라 불렸던 것들을 궁방의 존속기간과 기능에 초점을 맞추어 재분류하고자 한다. 물론 和田一郎도 궁방의 기능을 기준으로 조선의 궁방을 왕궁(및 그에 준하는 것), 祭祀宮, 內帑 등의 3종으로 분류한 바 있는데, 여기서 제사궁과 내탕이 궁방에 해당된다. 그리고 이 제사궁과 내탕, 즉 궁방을 '왕실의 일부인 궁실과 왕실로부터 독립한 또는 왕실에 관계 깊은 궁가'로 나누고, '궁실은 수진·명례·어의·용동궁 등'이고, '궁가는 대군·공주·왕자·옹주·군주궁 등'이라고 하였다. 즉 궁방을 ① 제사궁과 내탕, ② 왕실로부터의 독립 여부(또는 관련성)라는 중첩된 기준을 가지고 나누고 있다. 하지만 이러한 두 가지의 기준으로는 판단하기 어려운 측면이 있다. 따라서 여기서는 ① 궁방의 존속기간, ② 궁방의 기능을 기준으로 재분류하고자 한다.

우선 존속기간에 따라 다음과 같이 분류할 수 있다. 첫째, 각 궁방의 설립연대는 다를지라도 1907년 폐지 시점까지 존속한 궁방이다. 1사7궁이 여기에 해당되는데, 이들 궁방은 18~19세기 또는 그 이전부터 존속해 왔기 때문에 '영구존속궁'이라고도 한다. 둘째, 1사7궁에 포함되지 않고 20세기 초까지 존속하지도 않았지만, 18~19세기부터 갑오개혁기까지 존속한 궁방이다. 이들은 王牌나 別賜文蹟 등을 보유한 곳들로서, 영구존속궁에 준하는 성격을 가진다. 셋째, 영구적으로 존속하지 않은 기타 모든 궁방이다. 이들 궁방은 신설과 폐지[치폐]의 과정을 거치면서 일정한 주기를 가지고 있다. 우선 해당 인물의 생시에 궁방이 신설되어 생활자료의 충당을 담당하고[設宮], 그가 죽으면 제사를 지내는 곳으로 바뀌며[祭宮], 제사의 대수가 끝나면[代盡] 최소한의 규모로 축소 또는 폐지되거나[廢宮] 여타 궁방에 병합[合祠]되는 과정을 거친다.

다음은 궁방의 기능에 따라서 다시 다음과 같이 구분할 수 있다. 첫째, 왕실 재정의 일부로 기능한 내탕으로서, 공물로 충당될 수 없는 왕실의 수요를 담당한 곳이다. 앞의 1사4궁이 여기에 해당된다. 둘째, 왕실 일족의 개인 또는 家計의 재정을 담당한 궁방이다. 즉, 후궁·대군·공주 등 해당 인물의 생활 자료를 조달하는 곳으로서, 1사7궁 이외의 모든 궁방이 여기에 해당된다. 다만 이러한 기능은 해당 인물의 생존 시로 한정된다. 셋째, 祭祀宮으로 기능한 궁방이다. 사실상 모든 궁방은 제사궁이라고 할 수 있다. 내탕의 기능을 한 1사4궁도 제수품의 조달을 맡고 있었다. 내수사는 함흥·영흥의 두 本宮에 대한 제수품 조달을, 수진궁은 합사된 여러 無嗣屬의 후궁이나 왕자녀의 제향업무를 담당하고 있었고, 마찬가지로 명례·어의·용동궁에서도 제수품을 조달하고 있었다. 즉, 1사4궁은 내탕의 기능을 수행하면서도 제사의 업무를 동시에 수행하고 있었던 것이다. 반면에 육상궁·경우궁·선희궁 등 3궁은 오직 제사만을 위해 설립된 祭宮이었다. 기타 모든 궁방들의 경우에는 해당 인물의 사망 시에는 제궁으로 그 기능이 변하게 된다. 대개는 생존기간보다 제사를 지내는 기간[代]이 더 길었기 때문에 제궁의 성격이 더 중요하였다. 이상의 두 가지 기준에 따라서 조선후기의 전체 궁방을 <표 3>과 같이 분류할 수 있을 것이다.

여기서 왕실재정을 책임지는 내탕의 기능을 수행한 것은 1사4궁에 한정된다. 즉, 왕실재정과 밀접한 관련을 가지고 18~19세기의 경제사에서 중요한 변수가 된 것은 영구존속궁의 일부인 1사4궁이었던 것이다. 그렇다면 1사4궁은 어떤 기능을 어떻게 분담하고 있었을까?

<表 3> 조선후기 궁방의 분류

기능		존속기간			
		영구(①)	준영구(②)	생애주기(③)	
	內帑	1사			
	祭宮	4궁	祭享 3궁	왕패·별사문적 보유	후궁·대군·왕자·공주·옹주(死後)
	家計				후궁·대군·왕자·공주·옹주(생존시)

* 비고 : ① 1사4궁 : 내수사, 수진궁, 명례궁, 용동궁, 어의궁. ② 제향 3궁 : 육상궁, 선희궁, 경우궁. ③ 왕패·별사 문적 보유 : 화순옹주방, 화평옹주방, 화협옹주방, 화녕옹주방, 화길 옹주방이 대표적임(『純祖實錄』, 순조 23년(1823) 10월 14일).

여기서는 내탕 기능을 중심으로 하여 1사4궁의 所管殿宮의 변동을 살펴보자. 앞서 <표 1>과 <표 2>에서 4궁이 모두 '왕후 소용의 내탕'으로 인식되고 있었음을 확인한 바 있다. 내수사가 '大殿'의 내탕이었음은 의심의 여지가 없지만, 4궁이 '왕후' 소용의 내탕으로 이속되었다면, 그 시점이 언제인지에 대해서는 알려진 바 없다. 사실상 조선후기의 4궁은 특정 전궁의 속궁으로서 고정·불변이었던 것은 아니고 시기에 따라 윤회되고 있었다. 17~18세기에 4궁의 所管殿宮의 변동을 살펴보면 아래 <표 4>와 같다.

<표 4> 4궁의 所管殿宮의 변동(17~18세기)

출전	수진궁	명례궁	용동궁	어의궁
①		慈殿所屬		
②	慈殿所屬			
③				
④	大王大妃	中殿		王大妃
⑤		自前爲大妃殿私財		
⑥		大王大妃殿所屬		
⑦	兩殿(兩慈殿)所屬		中宮所屬	
⑧	兩慈殿 供上			
⑨			禁中私帑	
⑩	無後大君王子公主後宮奉祭之所			
⑪		兩東朝		
⑫		東朝		
⑬		屬於東宮		
⑭		東宮別帑		

| ⑮ | | 冊封後劃明禮宮爲屬宮 | |
| ⑯ | | | 慈宮補用錢 |

* 출전 : ①『仁祖實錄』6권, 仁祖 2년(1624) 7월 30일 ; ②『仁祖實錄』16권, 仁祖 5년(1627) 7월 4일 ; ③『仁祖實錄』21권, 仁祖 7년(1629) 11월 18일 ; ④『顯宗改修實錄』9권, 顯宗 4년(1663) 9월 5일 ; ⑤『肅宗實錄』4권, 肅宗 1년(1675) 9월 18일 ; ⑥『肅宗實錄』11권, 肅宗 7년(1681) 1월 3일 ; ⑦『肅宗實錄』14권, 肅宗 9년(1683) 1월 21일 ; ⑧『肅宗實錄』14권, 肅宗 9년(1683) 7월 25일 ; ⑨『肅宗實錄』15권, 肅宗 10년(1684) 3월 17일 ; ⑩『景宗實錄』3권, 景宗 1년(1721) 2월 21일 ; ⑪『英祖實錄』21권, 英祖 5년(1729) 1월 9일 ; ⑫『英祖實錄』33권, 英祖 9년(1733) 2월 20일 ; ⑬『正祖實錄』부록 行狀 ; ⑭『正祖實錄』부록속편, 遷陵誌文 ;『純祖實錄』24권, 純祖 21년(1821) 8월 7일 ; ⑮『正祖實錄』3권, 正祖 1년(1777) 3월 2일 ; ⑯『正祖實錄』8권, 正祖 3년(1779) 10월 25일.

이처럼 4궁의 所管殿宮이 변동하는 양상은 19세기에 들어서서도 마찬가지였다. 19세기의『조선왕조실록』에서는 4궁의 소관 전궁이 거론된 기사는 보이지 않는다. 다만 4궁의 회계장부를 통해 짐작할 수 있는데,[1] 이에 의하면 4궁역시 소관 전궁을 바꿔가면서 그 기능을 분담하고 있었으며 4궁이 공통적으로 '왕후 소용의 내탕' 기능을 수행한 것은 적어도 갑오개혁 이후였다.[2]

그런데 조선후기의 40처 이상의 궁방들은 소관 전궁의 생활자료와 경비를 부담하기 위해서 그만한 재정을 확보해야 할 것이었다. 궁방의 재정은 ① 왕실로부터의 內下, ② 정부 재정기관으로부터의 移劃, ③ 納貢奴婢로부터의 身貢, ④ 宮房田의 수입 등으로 이루어졌다. 이 가운데 內下나 移劃은 임시적인 수입이었던 것에 비해 납공노비의 身貢과 궁방전 수입은 안정적으로 확보되는 것이었다. 그런데 현재로서는 자료의 부실로 각 궁방에 소속되었던 내·시노비의 인원수와 이들의 身貢의 규모와 변동을 추적, 분석할 수 없다. 그러나 궁방의

1) 趙映俊,「宮房 會計帳簿의 體系와 性格」『古文書硏究』, 32 ;『壽進宮上下冊』(奎 19030) ;『結戶貨法稅則』(奎古 5127-10) ;『帝室債務整理之現況』, 수진궁을 "황태자·황태자비의 내탕"이라고 하였다. ;『各處商民等請願書』(奎 21072), 本宮[명례궁]은 御供進排와 景孝殿享需를 自來專擔擧行矣러니"라고 하였는데, 이는 명례궁이 왕비 사후에 경효전의 향수를 조달하는 업무를 수행함과 동시에 어공의 진배까지 담당하고 있었음을 말한다. ; 金用淑,「明禮宮 硏究—그 始源 糾明을 중심으로」『서울문화』제3집. 영조대와 고종대의 용동궁은 세자빈의 내탕임을 밝히고 있다.

2) 趙映俊, 2008,「조선후기 궁방(宮房)의 실체」『정신문화연구』2008 가을호 제31권 제3호(통권 112호), 273~284쪽.

재정 가운데서 납공노비의 신공보다는 궁방전 수입이 절대적 비중을 차지했었던 것은 분명한 것 같다.[3]

그렇다면 이러한 궁방들은 언제부터, 어떤 계기와 방법으로 토지를 소유해 왔는지를 살펴보자. 여기서 궁방이 토지를 '소유했다'는 것은 궁방이 근대법의 정의에 따라 '토지소유권을 소유했다'는 의미는 아니다. 후술하겠지만, 17세기 후반에 '토지소유권' 개념이 형성되기 시작할 때까지는 궁방은 고·중세시대의 지주층 일반과 마찬가지로 실질적으로는 '토지소유권'의 이권을 이미 누리고 있었지만 여전히 '田主'인 국왕에 대해서 '私主'·'時主'로서 '토지를 보유'하고 있었을 뿐이었다.[4]

조선후기에 이르러 궁방이 토지를 소유하게 되었던 계기는 '折受'였다. 임란 이전에도 궁방과 내수사는 職田과는 별도로 海島·海澤地, 牧馬場, 荒蕪地·低濕地 등을 賜給받아 개간하여 경지를 넓혀 가거나 漁箭·鹽盆·柴場 등을 賜給받아 재정을 충당해 가고 있었다.[5] 그런데 임란 이전에 150~170만여 結에 달했던 元田이 임란 직후에는 30~50만여 結로 줄어들었던 데다가 職田制마저 폐지됨에 따라 궁방에게는 일상의 경비와 祭需를 마련할 수 있는 財源을 확보하는 것이 절급한 문제가 되지 않을 수 없었다. 이때 조정에서 궁방의 경비를 마련해 주기 위해 취한 긴급조치가 '折受'였다.

顯宗 연간에 좌의정 元斗杓는 절수는 '임란 전에 禮賓寺가 宣飯을 위해 세금을 거뒀던 여러 어장이 임란 이후에 선반이 폐지됨에 따라 閑地가 되어 버리자 이를 宣祖가 궁가에 賜給하면서부터 시작되었다'고 말하고 있다.[6] 또 肅宗

---

3) 이상의 내용은 趙映俊, 2008, 「18世紀後半~20世紀初 宮房田의 規模, 分布 및 變動」 『朝鮮時代史學報』 44을 요약, 정리한 것이다.

4) 丁若鏞은 '王土思想'에 입각하여 국왕이 전 국토의 소유주라는 의미에서 국왕을 '田主'라고 표현했다. 그리고 국왕이외의 '私人'들은 국왕의 토지를 잠시 占有하고 있다'라는 의미에서 이들을 '私主', 혹은 '時占者'('時主')라고 표현했다. 그러나 이러한 '私主'·'時占者'('時主')는 아직은 법제화되지는 않았지만 내용상으로는 그가 보유한 토지에 대해 사용·수익·처분의 이권, 말하자면 근대법상의 포괄적 토지소유권을 이미 행사하고 있었다.

5) 李泰鎭, 1983, 「16世紀 沿海地域의 堰田 개발」 『金哲埈博士華甲紀念史學論叢』.

때 영의정 南九萬, 正祖·純祖 때 호조판서 李晚秀 등도 당대의 절수의 폐단을 언급하면서 '절수는 임란 이후에 궁방의 경비부족을 충당하기 위한 방안으로 시작되었다'는 데에 일치된 견해를 보이고 있다.[7] 그리고 임란 이후에 궁방들이 '空閑地'·'閑曠地' 등을 절수하기 시작하면서[8] 절수의 대상은 '量案上無主陳荒地', '量案外加耕地'인 蘆田·海澤地·泥生地·廢堤堰·山林 등으로 개간되면 경지로서 이용 가능한 곳으로 확대되었다.

궁방이 量案上無主陳荒地·量案外加耕地 등을 折受하여 개간함으로써 토지를 확보하는 방법은 두 가지였다. 하나는 궁방에서 그러한 곳을 조사하여 그것이 소재한 本官으로부터 立案을 발급받아 개간하는 것이었고, 다른 하나는 궁방에서 그러한 곳을 찾아서 內需司에 신고하고 吏·戶曹를 통해서 折受하여 개간하는 것이었다.[9] 이 가운데 후자가 '定式'이었다.

그런데 궁방이 量案上無主陳荒地·量案外加耕地 등을 절수하는 것은 새로운 문제를 야기하고 있었다. 이는 정부가 궁방의 절수개간지에 대해서 '一時規例'로 면세의 혜택을 부여했던 것이 어느덧 법제화되어 버림으로써 절수와 함께

---

6) 『顯宗實錄』 7권, 현종 4년 12월 26일. "左議政 元斗杓曰 壬辰亂前 有宣飯之擧 故諸處漁場 禮賓寺收稅 經亂之後 物力不逮 宣飯遂廢 漁場亦不收稅 作一閑地 宣祖大王仍命賜給宮家 此折受之所以創 而至于今日 其弊無窮矣."

7) 『備邊司謄錄』 42책, 숙종 14년 4월 15일 ; 『備邊司謄錄』 178책, 정조 15년 정월 22일 ; 『純祖實錄』 5권, 순조 3년 12월 25일.

8) ①『備邊司謄錄』 31책, 숙종 원년 5월 27일조. "今五月二十五日晝講入侍時 領議政許積所啓 …… 大槪自前宮家 必得空閑之地而折受 其田畓則亦受空閑之地 或受各邑數外屯田 而近年以來 鹽盆漁箭 公然奪取 於各邑田畓 則折受管餉等衙門屯田 其爲無據 人就不知 而以其事係宮家之故 監司守令 莫敢違拒 一任宮家之所爲 尤極不當矣" ; ②『備邊司謄錄』 47책, 숙종 19년 11월 14일. "今十一月十三日大臣 備局堂上引見入侍時 左議政睦來善 又所啓臣試以今日民心之不便者言之 諸宮折受閑曠之地者 自是流例 非今所始 而諸宮差人 不審其公私所屬之地 混告于內司 折受之後 及其打量 公私被侵 或屬於各營 或屬於各邑者 道臣上聞 有可覆奏 則自上曾不留難 輒皆還給 其出於王政無私之盛意 孰不欽歎也哉" ; ③『備邊司謄錄』 49책, 숙종 21년 4월 15일 ; ④『備邊司謄錄』 158책, 정조 원년 1월 26일.

9) 『備邊司謄錄』 31책, 숙종 원년 5월 27일. "宮家如有自願折受處 則必須先爲詳査 知其不係本官而明是空閑之地 然後方可許給事 各別嚴飭何如 許積曰 此言是矣 宮家凡事 例爲關由吏戶兩曹者 法非偶然 而至於折受之事 則尤爲重大 今後宮家 如有自願折受之地 則吏戶兩曹 各別詳査 知其空閑 然後折給似當 以此定式施行 何如 上曰 依爲之."

면세지가 증가하는 이면에서는 국가의 수세지가 축소되어 가고 있는 것이었다.[10] 이는 진전 개간을 통하여 농촌경제를 안정시키고 수세지를 증대시키겠다는 정부의 전후 복구정책에 정면으로 反하는 것이었다. 따라서 면세지 증가에 대한 대책이 강구되어야 했다. 그리하여 仁祖~顯宗 연간에는 ① 궁방전에 대한 과세, ② 면세금지─재정지원, ③ 면세결 제한 등의 방안이 제기되었다. 그러나 어느 방안도 결국에는 국왕의 반대로 시행되지 못하였다.

이러한 상황에서 17세기 중엽에는 개간되지 않은 곳이 없다고 할 정도로 '山野뿐만 아니라 川梁海曲'까지 모두 개간되어 전쟁 이전 수준의 전지가 확보되기에 이르렀다.[11] 개간이 이처럼 진전된 상황에서 궁방은 이제까지 쉽게 개간할 수 없어서 버려져 있던 海澤地·蘆田 등을 절수하거나, 아니면 양전이 제대로 실시되고 있지 않을 뿐만 아니라 양안이 부실한 것을 빌미로 민인들의 '旣起耕地'를 '양안상무주진전'·'양안외가경지'라는 명목으로 절수하고 있었던 것이다. 이를테면, 어느 필지가 처음 양전 시에는 양안에 '무주진전'으로 기재되어 있었을지라도 이후 민인들이 이를 개간하여 경작하고 있는 때에 다시 양전이 실시되지 않았다면 그 필지는 여전히 양안 상에 '무주진전'으로 남아 있을 것이었다. 이런 상황에서 궁방은 민인들의 '旣起耕地'를 양안 상의 '무주진전'임을 근거로 절수하고 있었는데, 이는 곧 '民田侵奪'인 것이었고, 이내 궁방과 민인들 사이의 소유권 분쟁으로 이어지고 있었다. 예를 들면, 仁祖 23년(1645)에 김해지방에서 孝明翁主房이 양안 상의 '無主地'임을 근거로 민전을 횡탈한 일이 있었다.[12] 이때 감사와 비변사는 양안에는 비록 '無主'로 기록되었더라도 당시

---

10) 『仁祖實錄』20권, 인조 7년 6월 9일. "諫院啓曰 宮家田結免稅 本不載法典 只是先王朝一時規例 則何可以流來旣久 而不思所以劃革乎."；『備邊司謄錄』제104책, 英祖 14년 10월 12일, "宣廟朝以前 本無諸宮免稅之規 而自先廟朝以後始有之."

11) 『仁祖實錄』47권, 인조 24년 8월 16일. "田野之闢 與壬辰以前 幾乎相同"；『孝宗實錄』13권, 효종 5년 11월 16일. "夫三南量田之後 生齒日繁 墾田日增 舊所不食之地 無不盡闢"；『增補文獻備考』144권, 田賦考4 諸田. "吏曹正郎 南九萬疏曰 …… 方今人齒漸繁 山野皆闢 至於川梁海曲 亦無不盡地利 臣未知 何邑何處果有閒曠棄地."

12) 『仁祖實錄』46권, 인조 23년 10월 29일. "慶尙道暗行御史 任善伯 過金海 民皆擁馬號訴且言 孝明翁主田庄 亦在於其府 而量田時 無主之田 許民耕作 累年收稅者 盡被橫占 善伯以其狀

事目('甲戌[1634]量田事目')에 '無主陳田 起耕者爲主'라는 규정이 있기 때문에 그 토지를 개간자에게 돌려줄 것을 요청했지만 仁祖는 '事目은 부실하고 법례가 아니다'라는 이유로 환급을 허락하지 않았다. 이런 식의 민전침탈은 이후에도 계속되었다. 그리하여 顯宗 7년(1666)에 전라감사 閔維重은 '道內民田과 量案無主·量外加耕處 등이 모두 궁가의 절수로 빼앗기고 있다'고 말하고 있었던 것이다.[13] 이처럼 궁방이 양안상무주지를 빙자하여 절수하는 것은 왕권의 비호 아래 계속됨에 따라 궁방전은 점점 확대되고 있었다. 이러한 사정은 肅宗 연간에도 크게 달라지지 않았다. 이를테면 肅宗 5년(1679) 12월, 諫院은,

> 근래 여러 궁가에서 양안의 '無主陳田'을 가지고 연이어 啓下를 받아 농장을 설치할 계획을 세우고 있습니다. 비록 양안에는 주인이 없더라도 갑술년(인조 12년, 1634) 이후 40여 년 동안 民人들이 立案을 發給받고 힘들여 起耕하여 자기 밭으로 만들고, 轉相賣買하여 相傳한 文券까지 있는데, 이를 통틀어 '量案無主'라고 하여 마음대로 빼앗고 있습니다. 청컨대 양전한 뒤에 起耕하고 문권이 있는 토지는 환급해 주고, 이제부터는 이러한 길을 영원히 막아서 함부로 차지하는 폐단을 막아버리소서.[14]

라고 건의했으나 肅宗 역시 따르지 않았다. 즉, 간원에서는 '갑술양전' 시행 이후 40여 년이 지나는 사이에 민인들이 양안 상의 '무주진전'을 찾아내고 보고하여 立案을 발급받은 뒤 노동력을 들여 기경하고 있고 또 서로 매매함으로써 매매문권까지 갖고 있는 토지는 환급해 줄 것을 요청함에도 불구하고 肅宗은

來啓 乃令其道監司 査覈以啓 監司兪櫶馳啓言 量案雖以無主見錄 而其時事目有 無主陳田 起耕者爲主之文 則先已開墾而收稅者 自當還給其民 事下備局 備局以爲 此事已有事目 布告 民間 今不當任其占奪 請皆還給 以杜橫占之弊 答曰 所謂事目 殊甚不實 且非法例 量案無名者 勿令還給."

13) 『顯宗實錄』 11권, 현종 7년 1월 26일.

14) 『肅宗實錄』 8권, 숙종 5년 12월 7일. "諫院啓曰 近來諸宮以量案無主陳田 連續啓下 以爲設庄之計 雖曰量案無主 甲戌以後四十餘年之間 民人等呈出立案 費力起耕 仍爲己田 轉相買賣 至有次次相傳之文券 通謂之量案無主 而恣意攘奪 請量後起耕有文券田土 還爲出給 自今永塞此路 以杜冒占之弊 上不從."

이를 받아들이지 않고 있었던 것이다. 따라서 이러한 궁방전 절수는 민전을 침탈하는 것이 될 수밖에 없었고, 마침내는 궁방과 민인들 사이의 소유권분쟁으로 이어지고 있었다.

그렇다면 민인들의 기경지를 둘러싼 궁방과 민인들 사이의 소유권분쟁은 어떻게 처리되고 있었을까. 민인들의 반발과 저항은 거셌지만 쟁송의 결과는 늘 민인들의 패소였다. 이는 국왕들의 궁방에 대한 偏護 때문이었다.[15] 이러한 상황에서 민인들이 자기의 기경지를 환급받을 수 있는 방법은 문권을 갖추는 수밖에 없었다. 대세는 '起耕者를 所有主로 한다'('甲戌[1634]量田事目')는 취지를 법제화하는 방향으로 나아가고 있었지만, 그러나 막상 쟁송이 벌어졌을 때 대개 민인들은 자기가 기경자임을 입증할 수 있는 문권을 가지고 있지 못했다. 또한 당시는 양전이 거의 실시되지 않고 있었기 때문에 민인들의 기경지가 原田으로 양안에 추록되는 일도 거의 없었다. 결국 양안을 대신할 수 있는 문권은 입안밖에 없었다.[16] 문제는 민인들은 여전히 입안을 발급받지 않고 기경하고 있다는 것이었다. 그런 한 궁방의 민전침탈은 계속 될 것이었다.

따라서 면세지 증가와 민전침탈을 막을 수 있는 근본적인 대책이 요구되었다. 그리하여 肅宗 14년(1688) 여름에 절수를 혁파하였고, 12월에는 호조에서 궁가에 토지 가격을 주고 궁방으로 하여금 토지를 매득하게 하는 '급가매득제'('戊辰定式')를 실시하기로 결정하였다.[17] 그리고 이를 보완한 것이 肅宗 21년(乙亥,

---

15) 『肅宗實錄』16권, 숙종 8년 11월 21일. "上 下備忘記曰 淑安公主房金海地堰畓 折受已久 而本官聽信好民之誣訴 免稅田畓 任自奪給 極爲無據 故或因手本 或因上言 竝皆以施 仍屬該 宮 則便是兩度得決 而本邑守令 不有前後判付 終始奪給于金連上等處云 事甚可駭 當該金海 府使 姑先從重推考"；"史臣曰 玆事雖未知曲折 而小民之於宮家 若其非己物而宮家之所當 占者 則其不敢與宮家抗衡相爭也明矣 人君每於此等事 不免偏護宮家 此蓋蔽於私故也 雖以 下之英明 亦不能免 惜哉."

16) 숙종 21년(을해) '乙亥定式' 이후의 정부의 정책과 입법조치에 대해서는 본 책의 제1부 제2장을 참고할 것.

17) 『備邊司謄錄』42책, 숙종 14년 12월 5일. "領議政金壽恒所啓 …… 令該曹給價 使宮家私私 買田庄 最似無弊云 臣之本意則自當初如此 而今日諸臣 方皆入侍下詢何如 行戶曹判書柳尚 運曰 職田之制 載在大典 而行用式例 今無可考之處 夏間折受革罷之時 以其法典所載 請行職 田 而亦慮其難行矣 第折受今旣革罷 他無變通之道 給價之議 實出於不得已也 比之折受職田

1695)의 '給價買得制·民結免税制'('을해정식')였다.[18] 이는 절수는 혁파하지만 그

之制 該曹所費 雖似有加 而因此而無他弊端則可以行之矣 兵曹判書尹趾完曰 職田雖是法典
今旣難行 給價雖不正當 可無民弊 此外宜無他道矣 右參贊徐文重曰 職田折受 不可復行
大臣所達給價定式之外 更無他道矣 禮曹參判尹趾善曰 臣在外 亦已與聞此議 旣罷折受 又難
用職田之法 則給價之外 無他善策矣 吏曹參判崔錫鼎曰 臣往議于原任大臣 則領府事閔 以爲
職田之法 誠不可猝行 民結免税 亦似難行 給價買庄 似爲便好 而此亦有弊端 買庄之際 不能詳
審 則詞訟紛紜 亦必有難處之端 此亦不可不慮 而他無善策云 他大臣之意 則皆以給價爲便矣
臣亦別無他意 職田旣不可 則給價買庄 似爲便好 而日後訟端之慮 果如閔鼎重之所言 買庄之
際 使之十分詳審宜矣 校理兪得一曰 昨日館箚中 亦陳宮家設庄之弊 而郎伏聞廟堂諸臣所達
之言 則皆以爲職田之制 決不可行 給價買庄之外 無他可行之道云 …… 上曰 大臣諸臣之議
皆以爲折受之制 旣已革罷 職田之法 又不可復舊 則給價買庄之外 似無他道 而給價之數
當以幾許爲定耶 金曰 大君·公主則以四千兩 王子·翁主則以三千兩議定矣 上曰 大君·王子職
田幾結 折受免税亦幾結耶 金曰 法典內職田之數 大君二百二十五結 王子一百八十結 而先朝
折受定制 則大君四百結 王子二百五十結矣 上曰 給價買庄 可准此結 而亦無不足之患耶
柳尙運曰 以三千兩買得幾結 雖未可的知 而免税則當以二百五十結爲准矣 上曰 亦爲免税耶
金曰 買得田庄之後 則當以折受結數 免税矣 柳尙運曰 旣給價銀 又復免税 在宮家 比前有所加
而無所損矣 執義沈枰曰 職田之法 旣不可行 故以給價定奪 而閔之言 厥有深意 蓋近來人心不
淑 相訟田庄盜賣於宮家者比比有之 此後如有憑依宮家之勢 不分明田畓 潛爲放賣於宮家者
及宮家奴輩 買得如此田庄者竝從重論罪事 明白定式 俾無日後無窮之弊 似不可已矣 金曰
沈枰之言是矣 諸宮家買賣之後 必不無爭訟之端 如以不當賣之田地 欺瞞圖賣者 別爲論罪事
嚴立科條似宜矣 上曰 大君·公主則給五千兩 王子·翁主則給四千兩 永爲定式 以相訟田畓賣
於宮家者 各別論罪事 申明立法可也."

18) 숙종 21년(을해) '乙亥定式'의 내용은 다음과 같다(朴準成, 1984, 「17·18세기 宮房田의
   확대와 所有形態의 변화」『韓國史論』11, 서울대학교 인문대학 국사학과, 211~212
   쪽).
   ① 丙寅年(숙종 12년, 1686) 淑儀房에 전답 200結을 획급하였고, 甲戌年(숙종 20년,
   1694) 崔貴人房과 金貴人房에 역시 각각 200結을 획급하였으나, 지금 諸宮家折受結數
   는 明禮·於義·壽進·龍洞 4宮은 논외로 하여도 諸宮의 절수가 혹은 7,000여 結, 혹은
   5,000여 結에 달하여 定式을 넘는 것이 과다하므로 200結 定限 외에는 모두 혁파하되
   200結은 實結로 좋은 곳에서 自擇하도록 한다.
   ② 新宮에서 200結을 택할 때 殘邑으로서 地峽民小한 곳은 절수가 합당한 곳이라도
   획급하지 말고 大邑에서 自擇하도록 한다.
   ③ 어의궁은 戊辰年(1688) 이전의 절수처가 매우 적으므로 무진년 이후에 절수한
   4,000結 가운데서 1,000結을 획급하고 나머지는 혁파한다. 이 1,000結에는 무진년
   이전에 절수한 400結은 포함되지 않는다.
   ④ 수진·명례·어의·용동 4궁과 明善·明惠 兩宮은 戊辰年(1688) 이전의 절수처는
   그대로 두고 이후 절수는 모두 혁파한다.
   ⑤ 賜與는 절수에 포함되지 않는다.
   ⑥ 新生王子宮과 禧嬪房·崔貴人房·金貴人房에 銀 4,000兩을 지급하고 庄土를 갖출

렇다고 직전제를 시행할 수는 없었으므로 궁가에 상당한 액수의 돈을 지급하여 토지를 매득하게 한다는 것, 그리고 궁가에서 무주지 명목으로 절수한 것 가운데서 민인들이 이미 起耕하고 있던 것은 本主에게 환급하되 그것을 '民結免稅地'로 전환하며, 新設宮房에는 '민결면세지'만을 지급한다는 것이었다. 이와 함께 '乙亥定式'에서는 궁방의 수취액도 처음으로 규정하였는데, 즉 궁방전 가운데 민결면세지에서는 민인들이 국가에 납부하는 전세·대동 및 각종 잡비를 합한 米 23斗를 받아들이고, 궁방이 무주진전을 절수하여 개간한 '永作宮屯'에서는 1負마다 租 2斗(1結마다 租 200斗)씩을 거두는 것을 定式으로 하였다.[19]

이러한 '戊辰定式'·'乙亥定式'이 아직 법제화된 것은 아니었지만, 궁방으로 하여금 봉건권력을 매개로 하여 토지를 취득하게 했던 '절수' 대신에 '급가매득'을 통하여 토지를 소유하게 했던 것인데, 이는 토지에 대한 '사적소유권'(사용권·수익권·처분권)의 형성이라는 관점에서 볼 때 획기적인 의의를 가진 것이었다. 이와 함께 '민결면세제'를 시행함으로써 민인들의 '사적소유권'을 인정했다는 것은 이 무렵부터 토지에 대한 사적소유권 개념이 체제적으로 성립되기 시작했다는 것을 의미하는 것이었다.

그럼에도 불구하고 '乙亥定式'은 몇 가지 문제점을 그대로 안고 있었다. 첫째, 肅宗 14년(무진, 1688) 이전에 궁방이 무주지 명목으로 절수한 절수지가 '戊辰以前折受'·'折受旣久'·'久遠折受'라는 이유로 혁파되지 않고 남아있었다는 점이었다. 둘째, '賜與地'를 절수지에 포함시키지 않음으로써 무주지 명목의

때까지 5년 동안 매년 宣惠廳에서 米 200石, 군자감에서 斗 100石을 수송하도록 한다.

19) 효종 연간에 용동궁이 무주지 명목으로 절수하였지만 민인들이 이미 기경하고 있었던 것으로 추측되는 창원의 용동궁둔의 예에 따라 1結당 租 200斗씩을 거두도록 한 것이었다. 1結당 租 200斗는 궁방의 명목적 소유권과 민인들의 실질적 소유권이 重層되어 있던 '無主折受地' 궁방전('永作宮屯')의 전형적인 지대형태였다. 그 가운데 租 100斗는 土稅條(地代分)이고 租 100斗는 免稅條(田稅分)인 셈이었다. 正祖 연간에 屯民들은 이 龍洞宮屯이 자기들의 소유지(소유권)임을 주장하고 환급을 요구했지만 받아들여지지 않았다. 이후에도 둔민들은 궁방에 租 200斗를 稅로써 바치지만 궁둔은 여전히 자기들의 소유지라고 생각하였다(『前整理所指令諸案』(奎 21937) (경상도 창원군민들의) 訴狀 : '結則宮結也오 土則民之私土러라').

절수지가 '사여'라는 명목으로 존속되었다는 점이었다. 이 두 가지 문제점은 이후 '有土宮房田'의 구조와 형태를 다양하게 만드는 요인이 되었다. 셋째는 절수제의 폐단이 모두 해소되었는지는 차치하고서라도 급가매득제와 민결면 세제의 시행은 '潛爲放賣於宮家者'·'宮家奴輩買得如此田庄者' 등이 나타나거나 민결면세지의 증가라는 새로운 문제를 낳고 있었다는 점이었다. 그러나 18세기 중엽에 이르러서는 궁방의 무주지를 빙자한 절수는 점차 줄어들었고, 민결면세 지 증가 문제는 英祖 5년(1729)에 궁방별 면세결수를 제한하는 원칙을 세우고, 이를 『續大典』(英祖 21년, 1745)에 규정함으로써 대부분 해결되고 있었다.[20]

이처럼 肅宗 21년(乙亥, 1695) '乙亥定式' 이후 토지의 매매와 거래가 일반화되고, 매매문기가 토지에 대한 '사적소유권' 보유 여부를 판별하는 법적 증거력을 갖게 되었으며, 기경자·개간자가 토지의 사적소유자로서 法認되고 있었던 18세 기 전반부터 궁방전은 '有土·無土'로 구분되어 불리기 시작했던 것 같다.[21] 그리고 18세기 중엽 이후에는 '유토·무토'라는 용어는 널리 쓰이고 있었다. 여기서 '有土'는 궁방이 해당 토지에 대한 사적소유권을 가지고 있는 토지였다. 이는 '유토·무토'라는 용어의 사용 예를 통해서 확인할 수 있다.

A. 『續大典』戶典 諸田(영조 21년, 1745)
1) (民結에서) 1結當 수세는 米 23斗를 넘지 못한다.

---

20) 朴準成, 1984, 「17·18세기 宮房田의 확대와 所有形態의 변화」『韓國史論』 11, 서울대학 교 인문대학 국사학과, 187~224쪽 ; 趙映俊, 2008, 「18世紀後半~20世紀初 宮房田의 規模, 分布 및 變動」『朝鮮時代史學報』 44, 193~202쪽. 여기서 조영준은 1745, 『續大典』 (戶典 諸田)·1785, 『大典通編』(戶典 諸田)·1865, 『大典會通』(戶典 諸田) 등의 궁방에 대한 면세결 지급 규정이 준수되진 않았다는 것, 정조는 즉위년에 代盡한 궁방전 및 기타 궁방의 법 이외에 더 지급된 전결을 호조 출세로 전환시키는 개혁을 단행했다는 것, 19세기에는 국가 재정의 위기로 인해 民結免稅地만으로 지급하는 한편, 그 가운데 일부를 호조 출세로 전환시켰는데, 이를테면 순조는 4궁·祭享各宮, 別賜文蹟 또는 王牌가 있는 궁, 延齡君房, 淸衍·淸璿郡主房을 제외한 나머지를 모든 궁방면세결에 대해 祭條 200結을 제외한 나머지를 모두 출세하도록 했다는 것, 대원군은 고종 8년(1871)에 '折受結釐正別單'을 작성하고, 궁방의 매득전답에 대해 면세를 금지하는 개혁을 단행했지만 내수사와 4궁은 여전히 논외가 됨으로써 궁방면세결 개혁은 철저하지 못했다는 것 등을 지적하였다.

2) 永作宮屯處는 每負에 租 2斗를 수세하며 船馬價·雜費는 모두 그 가운데서 지급한다.

B. 『均役廳事目』結米(영조 29년, 1753)
1) 各衙門·各宮房의 有土免稅와 永作宮屯은 비록 免稅라고 하지만 해당 衙門·宮房의 전토이기 때문에 토지의 비옥함과 척박함에 따라 稅를 정하여 받아들이는 것이 私田과 다르지 않다. 이를 民結免稅와 비교하여 같다고 할 수 없다. 『續大典』에서 이미 永作宮屯은 每負에 租 2斗씩 받고 船馬價·雜費는 2斗에 포함된다고 하였으므로 이 액수를 넘겨 받아들이는 것은 일제 減去하여 作者가 呼冤하는 폐단이 없도록 한다.

〈궁방면세결 지급 규정〉 (단위 : 結)

宮房		시 기				비고
		①	②	③	④	
4 宮	壽進宮	1,000	1,000	1,000	1,000	祭位田의 경우 모두 면세
	明禮宮	1,500	1,000	1,000	1,000	
	龍洞宮	1,500	1,000	1,000	1,000	
	於義宮	1,000	1,000	1,000	1,000	
大王私親宮	在位 기간	1,000	1,000	1,000	1,000	
	祭田	500	500	500	500	
世子私親宮	在世時	800	800	800	800	
	祭田	300	300	300	300	
他宮	新宮	800	800	800	800	在世時
	舊宮		200	200	200	祭位條 限4代
大君·公主	新宮	800	850	850	850	在世時
	舊宮		250	250	250	祭位條 限4代
王子·翁主	新宮	800	800	800	800	在世時
	舊宮		200	200	200	祭位條 限4代
郡主	新宮			400	400	
	舊宮			100	100	

* 비고 : 朴準成, 1984, 「17·18세기 宮房田의 확대와 所有形態의 변화」『韓國史論』 11, 서울대학교 인문대학 국사학과, 224쪽의 '<표 1> 궁방전 면세결 규정' ; 조영준, 2008, 「18世紀後半~20世紀初 宮房田의 規模, 分布 및 變動」『朝鮮時代史學報』 44, 194쪽의 '<표 5> 宮房免稅結 支給 規定'
* 출전 : ①『英祖實錄』21권, 英祖 5년(1729) 1월 9일 ; ②『續大典』(英祖 21년, 1745) ; ③『大典通編』(1785) ; ④『大典會通』(1865)
21) 본 책 제1부 제2장 '조선시대의 陳荒處 起耕과 土地所有權'을 참조.

C. 『度支志』外篇 宮結(정조 11년, 1787)

1) 朝家折受와 該宮에서 매득하여 戶曹에 望呈하여 免稅받은 것을 有土免稅라 부른다. 비록 陳廢되어도 다른 곳으로 옮겨 줄 수 없다. 每結 免租는 200斗이고 船馬·雜費는 그 가운데서 지급한다.

2) 戶曹에서 該宮에 實結을 획급하여 年限에 준하여 輪回移定하는 것을 無土免稅라 한다. 1結에 錢으로는 7兩 6錢 7分, 米로는 23斗씩 받아들인다. 導掌之類의 法外橫斂이 심하므로 앞으로 도장은 영구히 혁파한다.

D. 호조판서 李書九(『純祖實錄』권4, 순조 2년[1802] 12월 壬子)

1) 『續大典』에 王子·翁主의 田結은 新宮이 800結 舊宮이 200結로 정해졌다. 『續大典』이후 新設 翁主房에는 모두 元結 200結을 지급했다. 이것이 無土免稅이다. 그 나머지 600結은 買得이나 折受를 물론하고 本房에서 토지를 措備한 후 內需司에 望呈(후보지를 선정하여 올림)하여 免稅를 허락받은 것이다. 이것이 有土免稅이다.[22]

E. 禹夏永(『千一錄』6집, 申明法制說, 1804)[23]

1) 궁방의 有土에 면세를 혜택을 사여한 것은 오로지 導掌輩의 주머니를 두둑하게 불려줄 뿐이고 해당 궁방에는 이득되는 바가 전혀 없다. 4宮 이외에 王子·公主·翁主의 각 궁방은 곧 私家이거늘 朝家에서 면세를 사여하는 것은 모름지기 친족을 대우하는 특별한 은혜에서 나왔으므로 자연스럽게 공적인 것이 되었다. 때문에 親盡되었으면 조가에 還納해야 한다. 이른바 有土는 영원히 차지하는 田土이고 私有物이기 때문에 자손들에게 대대로 전해지는 것이니 이는 바뀌지 않는 법이다. 이제부터는 民結免稅를 사여하고 地部에서 거두어 해당 궁방에 지급하고, 그 田土는 그대로 私庄이기 때문에 해당 궁방은 公家에 납세해야 한다. 이와 같이 한 후에야 위로는 朝家가 親親의 마땅함을 행하게 되는 것이고 아래로는 臣子들이 奉公을 행하는 길이 될

22) 『純祖實錄』권4, 순조 2년 12월 15일. "戶曹判書 李書九曰 續大典 王子翁主田結 新宮八百結 舊宮二百結 …… 故續大典以後 新設翁主房 亦皆以元結二百結劃給 此所謂無土免稅也 其餘六百結 無論買得與折受 自本房措備土地後 望呈內司 啓下免稅 此所謂有土免稅也."
23) 『純祖實錄』6권, 순조 4년 2월 9일. "華城儒生禹夏永 疏進冊子曰千一錄 條陳民國之事 批曰 爾以草野踈遠之蹤 言此良箴 其心可尙 披覽之餘 當令廟堂採之也."

것이다.[24]

F. 『萬機要覽』 財用篇 2 免稅(순조 9년, 1809)

1) 궁방전은 免賦稅인데 有土·無土의 구별이 있다.
무릇 田結(免稅結)을 절수하는 것에는 ① 該宮에서 토지를 매득하여 戶曹에 望呈하여 永作宮屯으로 하고 陳廢되더라도 移換할 수 없는 것을 有土免稅라 하고, ② 호조에서 實結을 획급하여 3년을 기준으로 道內 각 읍에 輪定하는 것을 無土免稅라 한다. 3년 윤정하는 규칙은 정조 때 다시 10년을 定限으로 하였다.
2) 有土는 該宮에서 導掌을 파견하여 수세한다. 每負에 租 2斗를 수세하고 船馬價는 그 중에서 지급한다.
3) 無土는 該邑에서 戶曹에 直納하고 호조에서 궁방에 지급한다. 정조 즉위년(1776)에 特敎에 의해서 導掌을 差送하는 것을 혁파하고 每結當 米로 23斗, 錢으로는 7兩 6錢 7分씩을 호조에서 該宮에 지급한다.

G. 丁若鏞(『經世遺表』 제8권, 地官修制 田制 12 井田議 4)

1) 궁방의 免稅田에는 모두 세 가지가 있다. 혹 原帳之田으로써 몇 結을 賜與한 것을 有土免稅라 하고, 혹 原田의 稅를 몇 結 사여한 것을 無土免稅라 하며, 혹 황무지를 개간하고 둑을 쌓아서 永作宮田으로 한 것을 宮屯이라고 한다.[25]

H. 『結戶貨法稅則』(서울대 古5127-10, 1895)

1) 有土免稅結에 두 종류가 있어서 그 구별은 아래와 같으나, 단 이 두 종류의 結數는 호조에서도 판명치 못함.
제1종 : 각 宮의 재산으로써 매입한 토지에 그 조세를 면제하여 유래한

24) 『千一錄』 6輯, 申明法制說. "各宮房賜與免稅之付于有土者 專歸於導掌輩潤索之資 而在該房則實非得計 大抵四宮之外 如王子公翁主各該房 則便是私家也 朝家之所以賜免稅 蓋出親親之特恩 而自是公物也 故親盡則還納于朝家 所謂有土 卽其永執之田土 而自是私物也 故仍爲世傳于子孫 此是不易之典也 此宜以其免稅付之民結 自地部收捧而頒給于該房 以其田土仍作私庄 而自該房納稅於公家 如是然後 上而朝家親親之誼 下而臣子奉公之道."

25) 『經世遺表』 제8권, 地官修制 田制12 井田議4. "臣竊觀宮房免稅之田 總有三樣 或以原帳之田 賜以幾結 卽有土免稅 或以原田之稅 賜以幾結 卽無土免稅 或開荒築堰 永作宮田 卽所謂宮屯."

것을 말하는 것이니, 단 각 宮은 대략 소작인으로부터 매년 수확의 半을 징수하는 例가 있음.

제2종 : 관으로부터 혹 民有地에 한하여 그 세금을 주는 것을 말함.

2) 無土免稅結이라 함은 혹 民有地에 한하여 관으로부터 그 세금을 주는 것을 말하는 것이니 위의 유토면세 제2종과 차이는 아래와 같음.

① 有土는 그 토지를 영구히 변치 아니하나 無土는 대략 3, 4년에 그 토지를 변환함.

② 無土는 반드시 관에서 징세하여 각 궁에 주나 有土는 그렇지 않고 각 宮이 직접으로 징수하거나 또는 각 邑이 각 宮에 送納하게 하거나 두 가지 가운데 한 가지를 취함.

이상에서 궁방이 해당 토지에 대한 소유권을 가지고 있던 '有土'는 궁방이 그 토지를 소유하게 되었던 계기와 방법에 따라 3가지가 있었음을 확인할 수 있다. (1) 궁방이 '空閑地'·'閑曠地' 등을 折受하여 개간한 것,[26] (2) 사여지, (3) 매득한 것 등이었다. 그리고 '제2종 유토' 즉, '民有地(民結)를 특정 지역에 고정시켜서 지급하고 면세해 준 것'(H-1))은 궁방의 '유토'라기보다는 '無土免稅結'로 파악해야 할 것이다.

이제 궁방별로 소유하고 있던 '유토'의 규모 및 변동을 살펴보자.

---

26) 여기에는 궁방이 '空閑地'·'閑曠地' 등을 절수하여 그 지역 수령의 인적·물적 지원을 받아 개간함으로써 궁방이 소유권자가 되었던 토지와 양안 상에는 '無主陳田'으로 기재되어 있지만 민인들이 이미 起耕해 오고 있었던 '有主民田'이 포함되어 있었다. 후자의 경우, 궁방과 민인들간에 소유권 분쟁이 일어났을 때 숙종 연간에 국왕은 '입안'과 양안에 근거하여 민인들에게 환급하지 않았지만 영조 연간에는 대체로 환급했던 것 같다. 그리하여 18세기 전반부터 궁방전은 '有土·無土'로 구분되어 불리기 시작했고, 18세기 중엽이후에는 '有土'는 궁방이 해당 토지에 대한 사적소유 권을 가지고 있는 토지로 널리 인식되었던 것 같다.

〈표 5〉 宮房別 有土免稅結數 현황 (단위 : 結)

연번	시기	宮房名	年度									
			1787	1807	1814	1824	1854	1860	1874	1880	1884	1895
1	영구	內需司	1,003	1,678	1,592	1,592	1,845	1,828	1,778	2,069	1,777	2,069
2	영구	壽進宮	1,956	2,069	2,068	1,999	1,989	1,989	1,976	2,020	1,989	2,020
3	영구	於義宮	384	407	405	407	407	407	174	399	399	399
4	영구	明禮宮	1,051	1,062	1,032	1,012	1,060	1,060	1,048	1,055	1,008	1,055
5	영구	龍洞宮	1,021	623	553	576	631	632	949	582	949	582
6	영구	毓祥宮	278	479	470	470	473	470	455	470	440	455
7	영구	宣禧宮	825	940	940	940	935	935				
8	선조	貞明公主房		123	122	122	122	123	40	40	40	40
9	인조	麟坪大君房	422	422	421	421	421	422	50	50	50	50
10	인조	崇善君房	93	93	93							
11	효종	淑明公主房	101	101	101	101	101	101				
12	효종	淑徽公主房	145	145	145							
13	효종	淑靜公主房	81	81	79							
14	효종	淑寧公主房	145	145	145							
15	현종	明安公主房	162	162	161	161	161	162				
16	현종	延齡君房	428	428	428	428	559	560	220	305	97	305
17	영조	和順翁主房	167	189	189	153	143	143				
18	영조	和平翁主房	565	416	415	315	332	332	19	20	19	20
19	영조	和協翁主房	82	143	142	90	90	91				
20	영조	和寧翁主房	59	95	95	9	9	9				
21	정조	恩信君房	628									
22	정조	恩彦君房	112									
23	정조	清衍君主房	427	427	427	427	427	427				
24	정조	清璿君主房	9	245	154	252	154	18	8	9	8	9
25	정조	宜嬪房	243	325	276	276	67	68				
26	정조	淑善翁主房					233	234	233	25	24	25

* 비고 : 趙映俊, 2007, 앞의 논문, 222쪽의 '〈부표 2〉 各宮房有土免稅結數'에서 1787년부터 1895년까지의 10개 연도 가운데 한번이라도 80結 이상을 보유한 적이 있는 궁방만을 대상으로 함(1結 이하는 반올림했음. 일련번호는 安秉台의 연구(1975, 「朝鮮後期의 土地所有 —重層的所有構造와 經營構造」 『朝鮮近代經濟史硏究』, 38~106쪽)를 참고, 보완하여 관련 왕대 별로 정렬하였음. 宮房名(宮號)의 변화를 반영하여 義烈宮은 宣禧宮, 嘉順宮·慶安宮은 景祐宮으로 통일하였음. 1874년 이후 육상궁의 토지에는 景祐宮의 토지 20結이 포함되어 있음).

* 출전 : 1778 『度支志』(奎貴 811), 1787 『內需司及各宮房田畓摠結與奴婢摠口都案』(奎 9823), 1807 『萬機要覽』, 『度支田賦考』(奎 2939, 奎 2940, 奎 5173, 奎 5740), 『備邊司謄錄』, 『韓國內國稅出入表』 (國中 古 682-1), 『結戶貨法稅則』(奎古 5127-10)

〈표 6〉 1787년 宮房別 有土出稅結數 현황 (단위:結)

궁방명	出稅結數									免稅結數	
	경기도	충청도	전라도	경상도	황해도	평안도	강원도	함경도	합계	유토	무토
內需司	321	74	1,342	291	255	283		26	2,592	1,003	722
壽進宮	247	24	85	205	95	83	41	11	791	1,956	1,717
於義宮	26	28	34	30	74		12		204	384	1,802
明禮宮	6		395		48				449	1,051	768
龍洞宮	81	13	60	71		10	6		241	1,021	1,380
毓祥宮	9	2	165	54	66	174	34		504	278	1,655
義烈宮	5	15		160	96		37		313	825	2,431
寧嬪房	22	23	630		94				769		10
貴人房	20		42		71				133	39	765
淸衍君主房	5	7		27					39	427	673
淸璿郡主房	2	6		67	3	21	92		191	9	974
恩彦君房	16	8							24	112	90
恩信君房	6				44				50	628	343
합계	766	200	2,753	905	846	571	222	37	6,300	7,733	13,330

* 비고:趙映俊, 2007,「18世紀後半~20世紀初 宮房田의 규모, 분포 및 변동」『朝鮮時代史學報』 44, 207쪽의 '<표 11> 1787年, 宮房別 出稅結 所有 現況 (단위:結)'
* 출전:1787『內需司及各宮房田畓摠結與奴婢摠口都案』(奎 9823), 陳起를 막론한 것임.

〈표 7〉 道別 宮房有土免稅結摠 (단위:結)

도명	연도							
	1787	1807	1814	1824	1854	1874	1880	1884
경기도	1,094 (12.3)	1,477	1,477	1,286	1,286	908	926	923
충청도	547 (6.1)	903	903	624	645	268	268	268
전라도	3,468 (38.9)	4,488	4,327	4,024	4,219	3,002	2,574	2,666
경상도	1,021 (11.4)	1,441	1,440	1,377	1,303	661	661	661
황해도	2,306 (25.9)	2,396	2,345	2,265	2,449	1,807	1,787	1,998
강원도	143 (1.6)	304	172	138	158	80	82	82
평안도	336 (3.8)	371	371	368	387	312	293	311
합계	8,914 (100)	11,379	11,035	10,081	10,446	7,039	6,591	6,887

* 비고:趙映俊, 2007,「18世紀後半~20世紀初 宮房田의 규모, 분포 및 변동」『朝鮮時代史學報』 44, 202쪽의 '<표 7> 地域別 有·無土別 宮房免稅結摠'에서 '有土免稅結摠' 부분만 발췌함.
* 출전:1787『內需司及各宮房田畓摠結與奴婢摠口都案』(奎 9823), 1807『萬機要覽』,『度支田賦考』 (奎 2939, 奎 2940, 奎 5173, 奎 5740),『備邊司謄錄』,『韓國內國稅出入表』(國中 古 682-1),『結戶貨法稅 則』(奎古 5127-10)

이상의 <표 5>·<표 6>을 보면, 궁방이 소유한 토지는 '有土免稅結'과 '有土出稅結'이 있었음을 알 수 있다. 正祖는 즉위년(1776)에 궁방전에 대한 개혁을 단행했는데, 『續大典』 규정 외의 면세결수를 혁파한 일이었다. 규정 외의 면세결수에는 ① 규정보다 면세결수를 많이 받은 것('法外加受處'), ② 代盡한 궁방이 출세하지 않은 것('代盡未收者'), ③ 結數가 채워졌는데도 차지 않은 것처럼 꾸며 더 받은 것('有已準結數而假托未準者') 등이 있었는데, 이를 모두 출세결로 전환하여 호조에 이속시킨 것이었다.[27] 이에 따라 궁방에 따라서는 면세결과 출세결을 함께 소유했거나, 이 두 가지 가운데 어느 한 가지만을 소유하게 되는 것이었다. 예를 들면, <표 6>에서 正祖 11년(1787)에 내수사는 '有土免稅結' 1,003結과 '有土出稅結' 2,592結을 합하여 모두 3,595結을 소유하고 있었고, 寧嬪房은 출세결만 769結을 소유하고 있었음을 볼 수 있다. 그런데 궁방전 가운데 출세결의 규모를 보여주는 자료는 正祖 11년(1787)에 작성된 『內需司及各宮房田畓摠結與奴婢摠口都案』뿐이다. 따라서 이 해 前後에 궁방별로 실제로 소유했던 전체 토지, 즉 '유토'의 규모와 변동을 파악하는 것은 불가능한 일이다. 다만 正祖 즉위년의 개혁조치에 의해 기존의 면세결총 6만結 가운데 2~3만여 結이 출세결로 전환되어 호조로 이속되었던 것,[28] 그리고 <표 6>에서 출세결수와 면세결수의 대비(1 : 1 정도)를 감안해 본다면, 실제로 궁방들은 <표 5>의 면세결

---

27) 『正祖實錄』 1권, 정조 즉위년 4월 10일. "査正諸宮房冒受免稅田結 敎曰 凡所以利於國利於民 則肌膚何惜 此吾先王嘗所以諄諄於寡人也 目今國用告乏 民産如罄 言念民國 不覺中夜繞榻 至於宮房田結 或有法外加受者 或有代盡未收者 又或有已準結數 而假托未準者 不但有害於國用 其貽害小民 不一而足 若恫在己 猶是歇後語 其令所司査出 戶曹査奏 敎曰 代盡宮房 依戶判所奏 還出稅 溫嬪·安嬪·明善·明惠公主·寧嬪·貴人·禖嬪·昭儀·張貴人房田結 竝還屬戶曹 有子孫外祠版 入入壽進宮 而所罷宮家折受奴婢第宅 亦令戶曹及內需司 査出以聞 至於大嬪房 旣有奉常寺祭物 以時享祀 又有次知中官 不必更置宮房 田結一體還屬 其他擧行 亦遵出稅他宮房例事 令該曹該司知悉 四宮及諸宮之別判付賜與外 法外加受處 丙戌以後以 未準給 無判付受出者 竝査實草記 還出稅."

28) 『日省錄』 정조 2년 10월 6일. "召見承旨洪國榮于誠正閣 …… 予曰 前以罷宮房田結二萬結 出給戶曹 一結所捧幾爲二十餘兩 合而計之二萬結所捧爲四十六萬兩 經用所補若是懸然而度 支用道之艱乏又復如前 予未知許多財物消於何處."; 『日省錄』 正祖 11년 10월 26일. "命戶曹句管宮稅未給之弊嚴立科條 …… 丙申初宮房折受之出稅還屬度支者結數殆近三萬 則伊後度支未聞有食效之稅 反不如未出稅之時此已極可駭."

수의 2배 정도 더 많은 토지를 소유했을 것으로 추정된다. 그러나 현재로서는 正祖 11년(1787) 이후의 각 궁방의 '유토'의 규모와 변동은 '유토면세결수'로 파악할 수밖에 없다.

이상의 <표 5>에서, 내수사와 수진궁·어의궁·명례궁·용동궁·육상궁·연령 군방 등은 正祖 11년(1787)부터 高宗 32년(1895)까지 100여 년 동안 '千石君' 지주의 소유지 이상의 토지를 소유하고 있었음을 볼 수 있다. 이에 비해 선희궁·정명공주방·인평대군방·숙명공주방·명안공주방·화순옹주방·화평옹주방·화협옹주방·청연군주방·청선군주방·의빈방 등은 正祖 11년(1787)부터 哲宗 11년(1860) 까지는 '千石君' 지주의 소유지 이상의 토지를 소유했지만, 그러나 高宗 11년(1874) 부터는 그 소유지가 크게 감소했거나 아예 없고, 이에 따라 전체 면세결수가 10,000~11,000여 結에서 7,000여 結로 크게 줄어들었다(<표 7>). 이는 哲宗 11년 (1860)과 高宗 11년(1874) 사이에 시행되었던 大院君의 개혁조치, 즉『大典會通』 규정에 의거하여 '유토면세결'을 '유토출세결'로 전환시킨 것 때문이었다. 이 기간에 가장 큰 조치는 高宗 8년(1871)의 '折受結釐正(別單)'이었다. 이는 嫡王孫 이하 諸嬪房의 折受結을 釐正한 것으로서, 諸嬪房의 유토면세결을 감축·이속을 통하여 재조정한 것이었다.[29] 이듬해에는 궁방의 매득전답에 대한 면세를 금지시키기도 하였다.[30] 즉, 대원군은 정부의 재정이 궁핍해지자 私藏에 획급되 는 면세결을 최소화할 필요가 있었고, 그것을 법전이 규정한 한도를 넘지 않는 수준에서 출세결로 전환시켰던 것이다. 그러나 대원군도 왕실의 內帑인 내수사와 4궁은 여전히 제외시킴으로써 역대 국왕들의 1司4宮에 대한 비호를

---

29)『承政院日記』2771책(탈초본 129책), 高宗 8년 12월 25일. "戶曹啓曰 嫡王孫以下諸嬪房 折受結釐正別單 今旣啓下矣 朴貴人房結數 今爲六百結 前受八百結中 減二百結 方淑儀結數 今爲五百五十結 前受五百結外 五十結加定以送之意 敢啓 傳曰 方淑儀加結五十結 朴貴人減 結二百結中劃給 其餘一百五十結 姑置於當收未收秩 以為次次分排." ;『承政院日記』130 책, 高宗 9년 7월 11일. "戶曹啓曰 范淑儀折受 依新定式 以當收未收條磨鍊事 命下矣 各營房當收未收條中 光海君房三百結 淑善翁主房四十八結 明溫公主房七十二結 福溫公主 房三十結 德溫公主房五十結 朴貴人房一百五十結 合五百五十結 移屬范淑儀房之意 敢啓 傳曰 知道."

30)『高宗實錄』9권, 高宗 9년 10월 2일.

답습하였고, 따라서 개혁의 핵심을 비켜가고 있었다.[31] 아무튼 이상의 대부분의 궁방들은 正祖 연간부터 1860년대까지 '千石君' 지주 이상의 대지주로서의 지위를 유지하고 있었음을 볼 수 있다. 특히 육상궁을 포함한 1사5궁의 '유토면세결'은 전체 26곳 궁방들의 그것과 맞먹고 있는 것이다. 또한 1사5궁은 각각이 소유한 '유토면세결수'에 미치지는 못하겠지만 상당한 규모의 '유토출세결' 또한 소유하고 있었을 것이 분명한 만큼 이들 1사5궁은 조선후기 내내 '萬石君' 지주 이상의 대지주로서 건재하고 있었음을 볼 수 있다.

한편, 崇善君房·淑徽公主房 등 나머지 궁방들은 1~2代에 걸쳐서 80結 이상을 소유했던 것으로 파악되고 있다(10, 12, 13, 14, 21, 22, 26). 이들 궁방은 치폐의 과정을 거치면서 일정한 주기를 가졌던 것들이었다. 즉, 우선 해당 인물의 생시에 궁방이 신설되어 생활비의 충당을 담당했고[設宮], 그가 죽으면 제사를 지내는 곳으로 바뀌었으며[祭宮], 제사의 대수가 끝나면[代盡] 최소한의 규모로 축소 또는 폐지되거나[廢宮] 여타 궁방에 병합[合祠]되는 과정을 거쳤던 것이다 (<표 3>에서 생애주기형). 그리고 <표 7>에서, 궁방의 '유토'는 조선후기 내내 전라도·황해도에 집중되어 있었음을 볼 수 있다. 특히 타도에 비해 전라도에 궁장토가 가장 많이 있었음을 확인할 수 있다.

이하 용동궁과 육상궁을 사례로 들어서 두 궁방의 궁장토의 형성과 변동을 살펴보자. 우선 용동궁부터 살펴보자.

A. 龍洞宮 : 明宗의 장남 順懷世子의 세자궁이 된 이래 세자가 세워졌을 때에는 세자궁, 그렇지 않았을 때에는 대비·왕대비의 內帑·祭宮으로서 기능하기도 했다. 顯宗 연간부터 庄土를 소유하기 시작했는데, 壽進宮에 이어 가장 많은 庄土를 소유하면서 한말까지 존속되었다.

용동궁의 궁장토 형성과 변동에 관련된 記事와 謄錄·庄土文蹟·量案을 정리하

---

31) 趙映俊, 2007, 「18世紀後半~20世紀初 宮房田의 規模, 分布 및 變動」 『朝鮮時代史學報』 44, 199~201쪽.

면 다음과 같다.

① 顯宗 3년(1662) 1월, 용동궁은 강원도 淮陽郡 水入面에 있는 '山田'을 '癸卯量案' (宣祖 36년, 1603)의 '量案外加耕田' 명목으로 절수하였다. 그러나 이 山田은 이미 민인들이 개간하여 60여 년간 耕食하면서 호조에 賦稅를 납부해 왔던 '有主民田' 이었다. 諫院에서는 민인들에게 환급해 줄 것을 요청했으나 顯宗은 양안에 의거하여 시행하라고 判付하였다.[32]

② 肅宗 4년(1678) 4월, 지리산 깊은 골짜기에 있는 함양군 嚴川·馬川面은 '峽民之無田土者'들이 들어가 살면서 산중턱 이하 개간하여 경식할 수 있는 곳은 모두 입안을 내어 先占해서 대대로 경식하고 있던 곳이었는데, 바로 이곳을 용동궁이 절수하였다. 결국은 혁파되지 않고 민결면세지로 처리되었다.[33]

③ 肅宗 6년(1680) 윤8월, 경상도 河東에 있는 전답을 위해 烟軍을 調發해서 築堰했다.[34]

④ 肅宗 7년(1681) 2월, 전라도 同福縣의 折受處, 任實德峙의 築洑處, 순천부의 漁場·三日浦面 尖山·山底·堂山 등 세 마을의 海堰屯庄이 있었다.[35]

---

32) 『承政院日記』172책(탈초본 9책), 현종 3년 1월 15일 ;『顯宗實錄』5권, 현종 3년 1월 12일. "憲府啓 以龍洞宮折受淮陽一面山田 有主民田 多入其中 戶曹覆啓 請還給本主 而判付以依量案施行 故癸卯量後 加耕田渾入折受中 雖曰加耕 居民耕食 已過六十年 且爲收 稅供賦之地 則其實與元田無異 而一朝見失 居民失業 決非聖朝美事 且差人李景男規外徵歛 民皆怨苦 當此極凶之歲 不宜有如此擧措 請革罷折受之田 景男令該曹囚治 以杜後弊 答曰 不允 李景男囚治事依啓."
33) 『承政院日記』264책(탈초본 14책), 숙종 4년 4월 28일.
34) 『承政院日記』278책(탈초본 14책), 숙종 6년 윤8월 11일.
35) 『承政院日記』281책(탈초본 14책), 숙종 7년 2월 5일.

⑤ 肅宗 7년(1681) 9월, 전라도 순창·곡성군에 장토가 있었다. 監司가 혁파를 건의했으나 불허되었다.[36]

⑥ 肅宗 9년(1683) 7월, 顯宗 13년(임자) 이후에 궁방이 절수한 것은 혁파한다는 조치를 내렸는데, 肅宗은 명례·수진·어의·용동궁 등 4궁은 慈殿에게 供上하는 곳이라고 하여 혁파하지 말라고 하였다.[37]

⑦ 肅宗 16년(1690) 3월, 용동궁이 절수한 당진현 同心浦 堰畓을 奴子들을 동원하여 修築하였다.[38]

⑧ 肅宗 35년(1709) 5월, 강화부 船頭浦의 新堰 안에 堰畓 34石落의 破筒之地가 있었는데, 이의 半을 용동궁에 移屬하고 打量成冊하기로 했다. 민인들은 자기들이 築筒한 것이라고 주장했으나 받아들여지지 않았다.[39]

⑨ 景宗 2년(1722) 9월, 황해도 안악군 安谷坊에 堰畓 60石落只가 있었다. 이는 '作畓收稅之地'가 아닌 '給種打作畓'이었다.[40]

⑩ 景宗 2년(1722) 10월, 전라도 영암군의 困一·二道 두 면에 陳起 전답 262結 4束이 있었다. 이 가운데 隨起隨稅田 180結로부터는 結當 米 23斗씩 거두었다.[41]

⑪ 英祖 6년(1730) 12월, 경기도 진안현에 元結 50結이 있었다.[42]

---

36) 『承政院日記』 285책(탈초본 15책), 숙종 7년 9월 8일.
37) 『肅宗實錄』 15권, 숙종 9년 7월 25일.
38) 『承政院日記』 340책(탈초본 18책), 숙종 16년 3월 27일.
39) 『承政院日記』 448책(탈초본 24책), 숙종 35년 5월 5일.
40) 『承政院日記』 544책(탈초본 29책), 경종 2년 9월 21일.
41) 『承政院日記』 546책(탈초본 29책), 경종 2년 10월 10일.
42) 『承政院日記』 715책(탈초본 39책), 영조 6년 12월 26일.

⑫ 英祖 8년(1732) 12월, 해남군에 있는 절수지가 出稅地로 전환되었다.[43]

⑬ 正祖 즉위년(1776) 12월, 각 궁방의 '有土'에서는 三手糧·缸馬價·雜費 등을 포함해서 結當 租 200斗를 거둔다는 것이 『續大典』에 실려 있는데, 경상도 고성·창원군에 있는 유토면세지로부터 법을 어기고 가렴하고 있었던 導掌 池光啓를 처벌하였다.[44]

⑭ 正祖 2년(1778) 10월, 김해군에 있는 절수한 蘆田으로부터 結當 3兩5錢을 거두고, 이 가운데 2兩3錢은 호조에 바치고, 나머지는 용동궁에서 收捧하도록 했다.[45]

⑮ 『龍洞宮謄錄』(奎 19573), 各道庄土文蹟類(臨時財産整理局 編)[46]·『江華府伏在龍洞宮田畓打量成冊』(奎 18290. 肅宗 39년에 강화부에서 작성한 강화부 소재 용동궁의 전답에 관한 양안) 등 한성부·경기도 소재 용동궁전답양안 11종, 『慶尙道金海府所在龍洞宮折受田畓庚子改量成冊』(奎 18313. 景宗 1년에 김해부 소재 용동궁전답에 관한 양안. 용동궁이 무주지 명목으로 절수한 전답양안) 등 경상도 소재 용동궁전답양안 25종, 『全羅道古阜郡所在龍洞宮田畓量案』(奎 18308. 純祖 30년 4월에 고부군에서 작성한 德林面 등 3개 면의 용동궁 전답에 관한 양안) 등 전라도 소재 용동궁전답양안 13종, 『公淸道庇仁地烟島龍洞宮屬田打量成冊』(奎 18301. 肅宗 7년에 비인현이 작성한 烟島 소재 용동궁의 전답에 관한 양안) 등 충청도 소재 용동궁전답양안 5종, 『黃海道信川郡北面加音串坊伏在龍洞宮移屬逆禎枏籍沒田畓築堰後改打量成冊』(奎 18307. 肅宗 11년에 가음곳 소재의 전답 가운데 지계가 분명하거나 역적 정남의 적몰된 전답을 용동궁에 이속시켜 축언한

---

43) 『承政院日記』 752책(탈초본 41책), 영조 8년 12월 21일.
44) 『承政院日記』 1392책(탈초본 77책), 정조 즉위년 12월 17일.
45) 『承政院日記』 1429책(탈초본 79책), 정조 2년 10월 10일.
46) 『奎章閣韓國本圖書解題－史部 2』(서울대학교도서관), 525~541쪽.

뒤 신천군에서 작성한 양안) 등 황해도 소재 용동궁전답양안 17종,『甲申正月日草里八里蛤島畓庫均畓成冊』 등 평안도 소재 용동궁전답양안 1종.[47]

이상에서 우선 문헌상의 기사가 용동궁의 장토와 관련된 전체 기사라고 볼 수는 없지만 이것만으로도 肅宗 연간에 용동궁의 장토가 집중적으로 형성되었었다는 것을 알 수 있다. 이런 장토에 대한 양안을 포함하여 규장각 소장 현전하는 용동궁 관련 양안은 72종이다(⑮).[48] 이 가운데 71종 양안은 용동궁이 절수하거나 매득하여 田畓·蘆田을 확보한 직후에 장토가 있었던 군현에서 양전하고 작성한 '유토'양안이었다. 그런데 이 71종의 양안 가운데는 처음 양안이 작성된 이후 지형·지목 상에 변화가 있거나 자호·지번이 바뀌었을 경우에 같은 군현의 같은 田畓·蘆田을 시간을 두고 改打量하고 작성한 양안도 포함되어 있다. 즉, 같은 田畓·蘆田에 대한 양안으로 2, 3종이 있는 것이다. 따라서 이처럼 현존하는 71종의 '유토'양안은 顯宗 연간부터 대한제국기까지 설치되었던 용동궁의 '유토' 전체에 대한 양안은 물론 아닐뿐더러 71곳의 장토에 대한 양안도 아니었다. 이는 이상의 記事(①~⑭) 가운데서 일부이겠지만 '유토' 형성과 관련된 기사의 日時와 이들 양안의 작성시기가 일치하거나 가깝지 않은 데서도 확인되고 있다. 그러므로 이 71종의 양안은 실제로는 전답 54곳의 '유토'에 대한 양안이었다.

그리고 대체로 장토가 설치된 직후에 양안이 작성되고 있었으므로 양안의 작성 시기를 궁장토가 처음 설치되는 시기로 간주하고 용동궁 '유토'의 설치시기

---

47) 서울대학교 규장각한국학연구원 엮음, 2012,『궁방양안 宮房量案』, 287~395쪽.
48) 용동궁 관련 현존하는 양안은 모두 72종인데, 이 가운데 1종(『全羅道長興龍洞宮屬田畓量案』(奎 18917-v. 1-4))은 장흥군의 來德島·平日島·山日島·德牛島 등의 들판·字號·陳起 별로 구분하여 결부수를 조사하여 성책한 것으로 '無土免稅地'에 대한 양안으로 보인다. 이외 순조 24년(1824)에 용동궁이 황해도 금천군 소재 고현포·율포·여석포·청령포 등 7개의 포구를 절수하고 성책한 것(『黃海道金川郡所在龍洞宮屬靑龍浦等江陰七浦折受成冊』(奎 18343의 6))과 영조 13년(1737)에 용동궁이 황해도 은율현 소재 鹽盆·魚箭 등을 절수하고 성책한 것(『乾隆二年六月日黃海道殷栗縣龍洞宮折受內所在鹽盆及魚箭與犯標境界開錄成冊』(奎 19308))이 있다.

별 지역별 분포 현황을 살펴보면 다음 <표 8>과 같다. 그리고 <표 9>는 내수사가 正祖 11년(1787) 11월을 기준으로 내수사를 비롯하여 총 22개 주요 궁방이 소유했던 田畓·寺位田畓·火田 등을 陳·起로 구분하여 기재하고, 또 이를 有土出稅結·有土免稅結·無土免稅結 등으로 구분하여 기재한『內需司及各宮房田畓摠結與奴婢摠口都案』에 의거하여 작성된 것이다.

〈표 8〉 龍洞宮 '有土'의 설치시기별 지역별 분포 현황

도명	현종	숙종	경종	영조	정조	순조	헌종	철종	고종	미상	합계
한성부·경기도		1	1	2		1			5		10
경상도	1	7	3		2	3	1				17
전라도		4			2	2		1		1	10
충청도		1	1	2		1					5
평안도						1					1
황해도		5	2	1	1	1			1		11
미상											
합계	1	18	7	5	5	9	1	1	6	1	54

* 출전 : 서울대학교 규장각한국학연구원 엮음, 2012, 『궁방양안 宮房量案』, 287~395쪽.

〈표 9〉 正祖 11년(1787) 龍洞宮 宮房田 현황[49]

有土		無土免稅
折受·賜與	買得	
田畓 1,180結 34負 2束 火田 25負 寺位田畓 50結	田畓 30結 76負 2束	田畓 1,380結 35負 2束

* 비고 : 有土의 절수·사여지와 매득지의 구분은 각 지역에 있는 토지를 양안·장토문적·『龍洞宮謄錄』 등과 대조·확인하여 구분한 것임.
* 출전 : 1787 『內需司及各宮房田畓摠結與奴婢摠口都案』(奎 9823)

우선 <표 8>에서 본궁의 장토는 시기적으로 肅宗 연간에 가장 많이 설치되었

---

49) 朴準成, 1984, 「17·18세기 宮房田의 확대와 所有形態의 변화」, 『韓國史論』 11, 서울대학교 인문대학 국사학과, 270쪽. <표 6>의 '유토 사위전답' 면적이 '50負'로 표기되어 있으나 이는 '50結'의 오타이므로 정정하였다(동 논문, 263쪽의 <표 3> 참고 ; 서울대학교 규장각한국학연구원 엮음, 2012, 『궁방양안 宮房量案』, 290쪽의 '<표 1> 18세기말 19세기 초 용동궁 소속 전답의 구성내역' 참조).

고(18곳), 그리고 正祖 연간까지는 전체 54곳 가운데 2/3 정도인 36곳에 설치되었으며, 지역적으로는 경상도·황해도·경기도·전라도 등에 집중되어 설치되었음을 볼 수 있다. 그리고 <표 9>에서 보듯이, 36곳의 '有土' 1,261結 35負 4束 가운데 절수·사여지가 1,230結 59負 2束(97%)으로 그 대부분이었고 매득지는 극히 일부였음을 알 수 있다. 이는 <표 4>에서 보듯이, 正祖 연간에 이르러 용동궁은 대비·왕대비의 내탕으로 기능하는 봉건왕실의 대표적인 궁방이 되어 있었고, 肅宗 14년(1688)에 절수제를 폐지하고 給價買得制를 실시하면서 이전에 절수한 절수지는 혁파하도록 했음에도 불구하고 용동궁의 절수·사여지는 수진·명례·어의궁 등의 절수지와 함께 혁파되지 않았기 때문이었다. 이는 또한 正祖 연간까지 설치되었던 장토 36곳 가운데 절수지가 30곳, 매득지가 6곳이었다는 점에서도 확인되고 있다.

그런데 正祖 7년(1787) 이후 이러한 용동궁의 유토 규모의 변동은 '有土免稅結數'의 변동으로 파악할 수밖에 없다(<표 5>). 이에 의하면 正祖 7년 당시 1,021結의 유토면세결은 純祖 7년(1807)에 623結로 거의 반으로 줄어들었고, 이후에는 553~632結의 규모를 유지하다가 高宗 11년(1871)에는 949結로 크게 증가하였다. 그런데 이러한 용동궁의 유토면세결의 변동 추이는 수진·명례·어의궁 등과는 다름을 볼 수 있다. 그동안 『續大典』(戶典 諸田) 규정이 잘 준수되지 않았던 가운데서도 正祖 연간 이래 여러 차례의 小改革이 있을 때마다 1사4궁은 늘 논외로 되었고, 純祖 23년(1823)에 영의정 南公轍이 『續大典』의 규정이 잘 지켜지지 않음을 지적하고 시정을 요구한 것에 대해서 純祖는 "四宮, 祭享各宮, 別賜文蹟 또는 王牌가 있는 궁, 延齡君房, 淸衍·淸璿郡主房을 제외한 모든 궁방면세결에 대해 祭條 200結을 제외한 나머지를 모두 출세하도록 하라."50)고 한 점에 비춰보아서도 純祖 초년의 '면세결 감축정책'을 용동궁에만 적용하지는 않았을 것이었다.51) 따라서 純祖 초년에 감축된 400여 結은 출세지로 전환되었다기보다는 내수사로 이속되었을 것으로 추측된다. 반대로 高宗 11년(1871)에 949結로 크게

---

50) 『純祖實錄』 26권, 순조 23년 5월 25일 ; 10월 14일.
51) 『純祖實錄』 4권, 순조 2년 12월 15일.

늘어난 것은 高宗 초년에 '代盡'하거나 '廢宮'되었던 궁방들의 면세결이 용동궁으로 이속되었기 때문이었을 것으로 추측된다.[52]

다음으로 육상궁의 '유토'의 형성과 변동을 살펴보자.

B. 毓祥宮 : 英祖 1년(1725)에 英祖의 私親인 淑嬪崔氏(1670~1718)를 모시는 사당으로 건립되었다. 숙빈 최씨는 肅宗 19년(1693)에 淑媛으로 봉해졌고, 다음해에 淑儀가 되었다. 숙의였을 때에 英祖를 낳았다. 다음해 肅宗 21년(1695)에 貴人이 되었고, 4년 뒤 肅宗 25년(1699)에 淑嬪이 되었다. 英祖 1년(1725)에 사당을 세우고 신위를 봉안하였고, 英祖 20년(1744)에 '毓祥廟'로, 英祖 29년(1753)에 '毓祥宮'으로 승격되었다. 高宗 7년(1870)에 景宗의 사친 禧嬪張氏, 眞宗의 사친 靖嬪李氏, 莊祖의 사친 暎嬪李氏, 正祖後宮 宜嬪成氏 등의 신위가 육상궁 안의 별묘에 봉안되었다. 1907년에 純祖의 사친 綏嬪朴氏의 신위, 1929년에 영친왕의 사친 淳嬪嚴氏의 신위 등이 육상궁에 봉안됨으로써 '七宮'으로 불리게 되었다.[53]

육상궁의 궁장토 형성과 변동에 관련된 記事와 庄土文蹟·量案을 정리하면 다음과 같다.

① 英祖 1년(1725) 12월, 淑嬪의 祠堂이 세워졌다. 숙빈은 곧 英祖의 사친이다. 즉위하면서 땅을 골라 사당을 세우라고 명했는데, 이때에 와서 사당이 이루어졌으니, 경복궁의 북쪽에 있다. 20년 후에 廟號를 올려서 毓祥宮이라고 했다.

② 英祖 7년(1731) 6월, 육상궁이 祭田으로 황해도 金川郡 3面에서 절수한 토지 가운데 들어갔던 民田을 환급하였다.[54]

---

52) 趙映俊, 2007, 「18世紀後半~20世紀初 宮房田의 規模, 分布 및 變動」『朝鮮時代史學報』 44, 184~193쪽.

53) 李賢珍, 2008, 「영·정조대 육상궁의 조성과 운영」『震檀學報』107, 97~109쪽. 숙빈 최씨는 淑媛(숙종·19년), 淑儀(숙종 20~21년), 貴人(숙종 21~25년), 淑嬪(숙종 25년~영조 19년), 毓祥廟(영조 20년), 毓祥宮(영조 29년)을 거쳐 현재에 이르고 있다.

③ 英祖 20년(1744) 8월, 작년에 700結을 사여했지만 元定結數에 포함되지 않는 즉 부족한 것이 700結이므로 궁에서 望定하라고 判下한 바 이는 民結을 劃送하라는 것은 아니었다.[55]

④ 英祖 21년(1745) 1월, 前年에 육상궁이 영변군 百嶺面·劍山面 2面에서 절수한 민전을 환급하였다. 이 2面의 민전은 일찍이 宣祖 때 절수되었다가 肅宗 때에 환급된 적이 있었다.[56]

⑤ 英祖 21년(1745) 5월, 육상궁의 祭享所補用 전답이 평안도 태천에 있었는데, 이곳의 奸民 김우삼·이광표 등이 민전이 혼입되었다고 누차 소송을 제기하면서 宮差의 收稤를 방해하고 있으니 본도의 형리로 하여금 속히 捉送할 것을 지시하였다.[57]

⑥ 英祖 22년(1746) 2월, 육상궁에 抑買된 황해도 長淵郡의 민전을 환급하였다.[58]

⑦ 英祖 25년(1749) 7월, 황해도 금천군에서 육상궁이 화전 540日耕, 司圃署가 717日耕, 宗親府가 720日耕, 耆老所가 120日耕 등을 절수한 이래 본군의 時起結과 火田이 계속 欠縮되고 있었기 때문에 감사로 하여금 개량하도록 했다.[59]

⑧ 英祖 26년(1750) 2월, 육상궁은 동복 사람 丁壐祚로부터 전라도 무장현

---

54) 『英祖實錄』 29권, 영조 7년 6월 16일.
55) 『承政院日記』 976책(탈초본 53책), 영조 20년 8월 26일.
56) 『英祖實錄』 61권, 영조 21년 1월 25일 ; 『承政院日記』 976책(탈초본 53책), 영조 21년 1월 25일 ; 『備邊司謄錄』 113책, 영조 21년 2월 2일.
57) 『承政院日記』 976책(탈초본 53책), 영조 21년 5월 11일.
58) 『承政院日記』 997책(탈초본 54책), 영조 22년 2월 15일.
59) 『承政院日記』 1046책(탈초본 57책), 영조 25년 7월 17일 ; 『備邊司謄錄』 120책, 영조 25년 7월 19일.

소재 전답을 매득하였다. 형조가 그 전답을 민인들에게 출급한 즉 궁방은
정후조로부터 그 땅값을 추심하려고 했는데 형조가 그를 본도로 착송해 버리니
궁방은 토지와 땅값을 모두 잃어버렸다. 당초 정후조는 향곡의 간세지배로서
무장현 13면의 민인 전답을 문기를 위조하여 궁방에 盜賣했었기 때문에 定配조치
한 적이 있었다. 정후조가 다시 도망칠 우려가 있다고 해서 捕廳으로 하여금
즉시 譏捕하도록 하였다.[60]

⑨ 英祖 52년(1750) 1월, 於義宮에 가급된 것은 1천 結, 수진궁·육상궁·의열궁
등에 가급된 것은 모두 3천 結이었다.[61]

⑩ 正祖 즉위년(1776) 5월, 육상궁의 유토면세지를 출세하도록 했다. 충청도
은진 50結, 해미 55結, 아산 60結, 전의 40結, 옥천 45結, 전라도 곡성 100結,
화순 50結, 여산 50結, 경상도 김해 50結, 경기도 가평 柴場 60結 91負 3束 등을
출세결로 조정하였다.[62]

⑪ 正祖 3년(1779) 6월, 육상궁은 안동현 才山面에서, 淸衍郡主房은 春陽·小川面
에서 火田·挾續田·加耕田 8백結을 절수하고 元結에 의거 賦稅를 받았는데 이는
사실상 白徵이었다. 민인들의 원성이 자자했기 때문에 道臣으로 하여금 摘奸하고
打量하여 狀聞·稟處하도록 조치했다.[63]

⑫ 正祖 3년(1779) 11월, 안동현 재산·춘양·소천면 3면을 타량한 결과, 궁방이
절수한 화전 104結 39負 4束 안에 시기결 62結 93負 2束과 陳廢結 41結 46負
2束이 들어가 있었고, 隱結 800結 안에 陳頉 462結 62負 5束과 시기결 337結

---

60) 『承政院日記』1053책(탈초본 57책), 영조 26년 2월 5일.

61) 『承政院日記』1373책(탈초본 76책), 영조 52년 1월 6일.

62) 『承政院日記』1381책(탈초본 77책), 정조 즉위년 5월 12일.

63) 『正祖實錄』7권, 정조 3년 6월 14일.

37負 5束이 들어가 있었다. 화전을 궁방에 이속한 이후 처음의 집총에 따라 元結稅錢을 거두었으므로 挾民들이 지탱하기 어려웠다. 따라서 육상궁 火田陳頉 17結 17負 5束과 淸衍郡主房 火田陳頉 24結 28負 7束을 특별히 除減하고, 時起稅錢은 모두 다른 궁방의 無土免稅의 예에 따라 본 읍에서 호조에 상납하고 호조는 궁방에 이송하며, 宮差가 거두는 일은 영구히 혁파했다. 그리고 元結과 混錄된 挾續·加耕田은 백징당하고 있었기 때문에 진탈 462結 62負 5束과 火田으로 혼입되었던 挾續·加耕田도 역시 釐正하도록 했다.[64]

⑬ 正祖 9년(1785) 6월, 원주에 있는 육상궁의 免稅結 50結의 米 300石을 作錢上納하도록 하였다.[65]

⑭ 正祖 12년(1788) 4월, 평안도 定州의 유학 김진일과 병영의 奴 혜례의 소지를 본 즉, 松池筒은 廢堤堰起耕處로 肅宗 연간에 육상궁이 절수하여 수세해 오다가 肅宗 37년(1711)에 放賣하니 이들이 매득하여 경식해 왔다는 것, 正祖 4년(1780)에 본도의 堤堰司가 廢堤堰冒耕處 30여 筒을 慶壽宮에 절수할 때 混入되었다는 것, 따라서 원고들이 토지와 價錢을 모두 잃어버렸다는 것이었다. 이에 궁방의 절수 문서에서 송지통을 抹去한 후 양안을 본도에 보내서 釐正하고 決給하도록 했다.[66]

⑮ 哲宗 9년(1858) 10월, 육상궁 소관 재령군 打租를 기한이 지났는데도 납부하지 않은 충청도 태안군에 사는 船格 정기철을 본도에서 嚴刑遠配하도록 했다.[67]

⑯ 哲宗 11년(1860) 3월, 비변사는 각 궁방의 면세전 결수를 조사하여 보고했다.

---

64) 『備邊司謄錄』 160책, 정조 3년 11월 24일.
65) 『承政院日記』 1585책(탈초본 85책), 정조 9년 6월 21일, 24일.
66) 『承政院日記』 1641책(탈초본 87책), 정조 12년 4월 23일.
67) 『承政院日記』 2608책(탈초본 125책), 철종 9년 10월 3일.

- 육상궁 1,801結 13負 內　　　　　有土　470結 27負 1束

　　　　　　　　　　　　　　　　　無土 1,330結 85負 9束

-『大典通編』500結 比加 1,301結 13負

⑰ 高宗 22년(1885) 12월, 황해도 재령군 소재 각궁 장토의 세납을 沮戱作弊하는 본군 거민 권성달·박기환 등을 嚴覈한 즉, 그들은 餘物坪 농민으로서 각 궁장의 作人을 수행하면서 여물평의 農形이 歉荒을 면치 못하여 上納摠數를 충납할 수 없다고 생각하고 감히 災減할 계책을 坊民들에게 발통하고 관의 계책을 호소했지만 면제받을 수가 없었고, 稅所를 방화하는 일은 처음부터 간섭하지 않았으며, 육상궁 세납에는 간여한 바가 없었다고 해명하였다. 그들은 放火起鬧 혐의는 發明되었지만 通文聚黨한 죄로 遠配되었다.

⑱ 建陽 元年(1896) 7월, 전라도 동복군에 有土香炭位田 30結이 있었다.[68]

⑲ 光武 4년(1900) 12월, 전라도 진안군 一東·二西面에 등 3면에 있는 火田의 賭錢을 육상궁에 수납하도록 했다.[69]

⑳『崔淑儀房折受平安道定州地伏在鞭非小斤等柒筒打量成冊』(奎 18847) 肅宗 20년 9월, 숙빈 최씨가 '淑儀房' 때 작성된 양안 1종,『慶尙道安東府崔貴人房買得田畓打量成冊』(奎 18849) 등 肅宗 23, 24년에 '貴人房'으로 있을 때 작성된 양안 2종,『慶尙道善山府淑嬪房折受新谷面自月洞前以太祖津頭至禁林無主陳荒處字號庫員改打量成冊』(奎 18802) 등 肅宗 25년부터 英祖 19년까지 '淑嬪宮·房'에서 절수하거나 매득한 전답을 타량하여 작성한 양안 14종,『江原道三陟府南八津藿田毓祥宮折受御覽成冊』(奎 18731) 등 英祖 20년부터 光武 10년(1907)까지 '毓祥宮'이었을 때에 작성된 양안 33종.[70] 各道庄土文蹟類(臨時財産整理局 編).[71]

---

68)『公文編案』31,「동복군 소재 육상궁 궁방전 세금 납부를 촉구하는 훈령」.

69)『公文編案』42,「진안군 소재 육상궁 화전의 도조 문제로 진안군수에게 내린 훈령」.

제4부 朝鮮後期 地主層의 地主經營

이상은 육상궁의 장토 형성 관련 기사와 규장각에 소장되어 현전하는 육상궁의 '유토' 관련 양안 50종이다(⑳). 이 양안 50종은 육상궁이 절수하거나 매득하여 田畓·蘆田·藿田·草坪·采田·柴場·泥生處 등을 확보한 직후에 이것들이 있었던 군현에서 양전하고 작성한 양안이었다. 여기에는 처음 양안이 작성된 이후 지형·지목 상에 변화가 있거나 자호·지번이 바뀌었을 경우에 같은 군현의 같은 田畓·蘆田 등을 시간을 두고 改打量하고 작성한 양안도 포함되어 있다. 특히 이 가운데는 英祖 49년(1773)과 正祖 6년(1782), 그리고 연대 미상의 시기에 육상궁에 소속된 전국의 田畓·火田만을 '賜與秩'·'折受秩'·'買得秩'로 구분하여 작성된 양안 3종이 있다.[72] 따라서 草坪·采田·柴場 등을 제외하고 田畓이나 火田만의 장토가 있었던 곳은 모두 38곳이었다.

이러한 기사와 양안에 근거하여 육상궁의 전답·화전의 설치시기별 지역별 분포 현황을 살펴보면 다음 <표 10>과 같다. 그리고 <표 11>은 『(毓祥宮) 田案改修正(冊)』(奎 18709)·『(毓祥宮田案) 改修正(冊)』(奎 18708)·『內需司及各宮房田畓摠結與奴婢摠口都案』(奎 9823)에 의거하여 작성한 것이다.

〈표 10〉 毓祥宮 '有土'의 설치시기별 지역별 분포 현황(단위 : 種)

도명	숙종	경종	영조	정조	순조	헌종	철종	고종	미상	합계
경기도	2		7		1					10
강원도	1		1							2
경상도	2		1							3
전라도			4		2			1		7
충청도	1	2				1	2	1		7
평안도	1		1	1						3
황해도			1	1				3	1	6
미상			1	1						2
합계	7	2	16	3	3	1	2	5	1	40

* 출전 : 서울대학교 규장각한국학연구원 엮음, 2012, 『궁방양안 宮房量案』, 510~545쪽.

70) 서울대학교 규장각한국학연구원 엮음, 2012, 『궁방양안 宮房量案』, 510~545쪽.

71) 『奎章閣韓國本圖書解題-史部 2』(서울대학교도서관), 525~541쪽.

72) 『(毓祥宮) 田案改修正(冊)』(奎 18709) ; 『(毓祥宮田案) 改修正(冊)』(奎 18708) ; 『賜與元結及買得折受田畓案』(奎 18540).

<표 11> 18세기 후반 毓祥宮의 궁방전 현황[73]

		① 英祖 49년(1773)		② 正祖 6년(1782)		③ 正祖 11년(1787)	
無土免稅		田畓	2,080結 6負 5束	田畓	1,614結 92負 7束	田畓	1,654結 92負 7束
有土	折受賜與	載寧堰畓	134石 19斗 5升落 (33結 70負)	載寧堰畓	137石 5斗落 (34結 30負)	載寧堰畓	52結 8負 5束
		火田	211結 52負 9束	火田	211結 52負 9束	火田	211結 52負 9束
		火田	3,613日耕(217結)	火田	3,613日耕(217結)	火田	3,613日耕(217結)
		寺位田	41結 3負	寺位田	41結 84負	寺位田	41結 84負
	買得	田畓	187結 28負 6束	田畓	251結 26負 6束	田畓	241結 1負 6束

* 비고 : ① 有土에는 草坪·采田·柴場도 있으나 제외함.
  ② 載寧堰畓은 6等田으로 되어 있어 1結은 80斗落이었음.
  ③ 火田 3,613日耕은 3,613÷(3,943.5÷237.077)로 환산하여 217結로 추정함(출전 ③ : 내수사 화전 3,943.5日耕을 237結 7負 7束으로 환산하여 기재함)
* 출전 : ① 1773『毓祥宮』田案改修正(冊)』(奎 18709), ② 1782『毓祥宮田案』改修正(冊)』(奎 18708), ③ 1787『內需司及各宮房田畓摠結與奴婢摠口都案』(奎 9823). ①·②에는 매득지와 사여·절수지가 구분·기재되어 있음. ③은 ①·②와 지역을 대조하여 구분하였음.

우선 <표 11>에서 육상궁의 전답·화전은 英祖 연간에 집중적으로 마련되었음을 볼 수 있다. 이는 英祖 20년(1744)에 '毓祥廟'가 '毓祥宮'으로 승격된 이후 英祖 연간에 육상궁 이름으로 작성된 양안이 전체 48종의 과반인 25종에 달하고, 또한 전체 장토 38곳 가운데서 16곳이 설치된 데서도 확인되고 있다. 그리고 이때 설치된 '유토'의 규모는 720여 結에 이르고 있고, 이 가운데 매득지는 180여 結(25%)을 차지하고 있다. 正祖 초년에 매득지가 늘어남으로써 전체 유토의 규모는 780여 結로 늘어났고, 이 규모는 한말까지 유지되었던 것으로 보인다. 正祖 즉위년(1776)에 '유토면세결' 780여 結 가운데서 충청도 은진 50結, 해미 55結, 아산 60結, 전의 40結, 옥천 45結, 전라도 곡성 100結, 화순 50結, 여산 50結, 경상도 김해 50結 등 모두 500結이 '유토출세결'로 전환됨으로써 正祖 11년(1787)에 '유토면세결'은 278結로 줄어들었음을 볼 수 있다(기사 ⑩ ; <표 6> ; <표 11>). 이러한 '유토면세결' 270여 結은 純祖 초년의 '면세결 감축정책' 실시에도 불구하고 오히려 470여 結로 늘어났고, 이후 440~470여 結 규모가 한말까지 유지되었던 것으로 보인다(<표 6>). 결국 육상궁 '유토' 장토의 대부분

---

73) 朴準成, 1984,「17·18세기 宮房田의 확대와 所有形態의 변화」『韓國史論』11(서울대학교 인문대학 국사학과), 270쪽의 <표 5>를 [비고]에 의거하여 재작성함.

은 英祖 연간에 형성되었음을 볼 수 있다.[74]

한편, 이러한 육상궁의 유토는 英祖 연간에 경기도와 전라도에 집중적으로 설치되었고, 특히 전 기간에 걸쳐서 유토의 과반을 차지하고 있던 火田은 英祖·正祖 연간에 황해도 금천군과 경상도 안동현에서 절수한 것이었다(기사 ⑦, ⑫). 또한 재령 여물평의 堰畓 130여 石落은 英祖 48년(1772)에 수진궁·명례궁 등과 함께 사여지로 받은 것이었다.[75] 재령 여물평은 원래 염분이 많은 海澤地로서 갈대밭이었다. 明宗 11년(1566)에 이곳은 권세가가 陳田 명목으로 입안 받았고, 이후 내수사에 이속되었다. 이는 사실상 권세가·내수사의 蘆田 침탈이었으므로 그동안 蘆田의 갈대로 생계를 꾸려가고 있던 민인들의 강한 반발과 저항을 가져올 수밖에 없었다. 이로 인해 이곳은 임꺽정 난(1559~1562) 때에 그 중심지역이 되고 있었다. 그리하여 宣祖 연간에는 재령·봉산 지역의 민인들을 사역하여 堤堰을 쌓고 水路를 굴착하는 대규모 '築堰築垌 開墾作畓' 사업을 추진하여 堰畓을 만듦으로써 노전을 둘러싼 싸움을 해결하고자 하였다. 이제 여물평은 점차 노전지대에서 堰畓地帶로 바뀌어 가고 있었다. 그러나 이 언답지대는 개간에 사역되었던 민인들에게 竝作制가 강요됨으로써 이들의 逃走·流亡으로 인하여 이내 황폐화되어 버렸다. 仁祖 연간에 이르러서 다시 '築堰築垌 開墾作畓' 공사가 추진되었다. 그리하여 英祖 32년(1756)에 이르러서는 여물평은 '宮亦凡諸成樣 專靠於載寧餘勿坪堰畓所出'이라고 할 정도로 이미 대궁장토로서의 모습을 갖추게 되었고, 英祖 48년(1772)에는 각 궁방에 나누어 賜與되었으며, 正祖 11년(1787)에 여물평 궁장토의 총 면적은 400여 結에 이르렀던 것이다.[76] 純祖 연간

---

74) 영조는 在位 20년(1744)에 전례 없이 사당을 '宮'으로 승격시키면서 생모인 淑嬪崔氏를 왕후에 준할 정도로 대우했는데, 축문에서 자신을 아들[子]로, 육상궁을 어머니[妣]로 칭하는 단계에까지 밀고 나갔고, 육상궁을 영원히 조천하지 않는 '不祧之廟'로 만들고 무덤도 거의 왕릉에 가까운 '園'으로 조성하였다. 이후 육상궁은 국왕이 사친을 위한 사당을 조성할 때 그 전례가 되고 있었다(李賢珍, 2008, 앞의 논문, 119~123쪽).

75) 『賜與元結及買得折受田畓案』(奎 18540). 이 양안의 첨지에 '壬辰年'(영조 48년)에 재령의 언답을 각 궁방에 나누어 주었다는 기록이 있다.

76) 『內需司及各宮房田畓摠結與奴婢摠口都案』(奎 9823).

이래 여물평에는 궁장토가 집중적으로 발달하였다. 수진궁·명례궁·육상궁 등 세 궁방 외에도 용동궁·인평대군방·화평옹주방·화순옹주방 등 여러 궁장토가 있었다. 그리하여 여물평은 '累千石落', '百里沃野'라 일컬어질 만큼 大庄土를 이루고 있었고, 이의 총면적은 600여 結 40,000여 斗落으로 추산되고 있었으며, 이 가운데 세 궁방은 75% 이상을 차지하고 있었다. 특히 육상궁 장토는 1907년의 조사에 의하면 官種 226石落이었다.[77]

2. 宮房地主의 地主經營

17세기 말엽·18세기 전반에 토지에 대한 사적소유권의 權源으로 두 가지가 공식적으로 인정되었다. 하나는 토지매매문기였고, 또 하나는 진황처·한광지의 기경자·개간자가 토지소유주로 법인된 것이었다. 그리하여 이 무렵 궁방전도 궁방의 토지에 대한 사적소유권의 소유 여부를 기준으로 '有土'·'無土'로 구분되었다. 당시 궁방전의 종류로는 折受·賜與地, 給價買得地, 民結免稅地가 있었다.[78] 이 가운데 궁방이 그 토지에 대한 사적소유권을 가지고 있는 '유토'는 折受·賜與

---

77) 都珍淳, 1985, 「19세기 宮庄土에서의 中畓主와 抗租 — 載寧 餘勿坪庄土를 중심으로 —」 『韓國史論』 13, 315~340쪽.

78) 이영호, 2012, 「조선후기 '영작궁둔' 궁장토의 구조와 창원 모델」 『지역과 역사』 30, 부경역사연구소, 305쪽의 주 1) : 궁장토의 종류에 대하여, 안병태는 영작궁둔형, 조세 200斗형 또는 常稅倍徵型, 국가지급형(민결면세지)으로 구분하였다. 영작궁둔형은 그 조성경위가 매득으로부터 사여절수에 의한 개간 등으로 다양하지만 궁방이 소유권을 가진 것으로 설명하였다(1975, 『朝鮮近代經濟史硏究』, 日本評論社, 64~75쪽). 이영훈은 유토면세 및 영작궁둔이 사실상 民田이라고 보고 있다(1988, 『조선후기 사회경제사』, 한길사, 제3장 궁방전과 아문둔전의 전개과정과 소유구조). 박준성은 민결면세지, 급가매득지, 절수지로 구분하고, 절수지는 租 100斗부터 200斗까지 있다고 하였다. 그리고 급가매득지와 사패지(사여지)를 영작궁둔이라고 하였다(1984, 「17·18세기 궁방전의 확대와 소유형태의 변화」 『한국사론』 11, 185~279쪽). 이영호는 민결면세지(無土)는 민전, 급가매득지는 궁방의 소유지, 유토면세지는 租 100두형과 租 200두형으로 구분하고 租 200두형을 영작궁둔이라고 하였다(2012, 「조선후기 '영작궁둔' 궁장토의 구조와 창원 모델」 『지역과 역사』 30, 305~339쪽).

地와 給價買得地였는데, 이는 '永作宮屯' 혹은 정부로부터 면세의 혜택을 받고 있는 동안에는 '유토면세지'라고 불리고도 있었다.

기존의 연구 성과에 기초하여 궁방 '유토'의 생산관계·소유관계를 살펴보면 다음과 같다.

1) 「宮房－作人」型

궁방 '유토' 가운데 「宮房－作人」의 소유·생산관계가 형성되었던 궁장토는 두 가지가 있었다. 하나는 궁방이 절수·사여 받은 '無主陳荒地'를 직접 起耕하여 전답을 조성함으로써 소유권을 갖게 된 장토였다. 또 하나는 궁방이 정부로부터 地價를 지급받아 民田을 매득함으로써 소유권을 갖고 있었던 장토였다.[79]

여기서는 전자의 예로 이영호의 연구를 바탕으로 '창원 용동궁전답'을 살펴보자.[80] 용동궁은 정확한 시기는 알 수 없지만 孝宗 연간에 창원에서 '甲戌量案'(仁祖

---

79) '給價買得地 永作宮屯'에서의 토지 소유·생산관계가 「궁방－작인」형이었음은 논의의 여지가 없을 것이다. 전술했듯이, 숙종 21년(1695) '乙亥定式'을 시행하면서부터 주로는 신설궁방들이었지만 궁방은 '折受' 대신에 정부로부터 토지가액을 지급받아 民田을 매득하여 장토를 조성하였고, 민간의 지주경영처럼 장토를 영세농민·무전농민들에게 대여하여 타작제 또는 도조제로 경영하였다. 따라서 이러한 매득지 장토에서의 기본적인 생산·소유관계는 '궁방－작인' 관계였던 것이다.

80) 이영호, 2011, 「근대전환기 궁장토 소유권의 향방－경상도 창원 용동궁전답 '永作宮屯＝租200斗型'의 사례」『한국학연구』24, 인하대한국학연구소, 145~179쪽 ; 2012, 「조선후기 '永作宮屯' 궁장토의 구조와 창원 모델」『지역과 역사』30, 부경역사연구소, 305~339쪽 ; 2009, 「조선후기 간척지의 소유와 경영 : 경기도 안산·인천 石場屯 사례」『한국문화』48, 서울대 규장각한국학연구원, 45~71쪽. 이 논문에서는 경기도 안산 석장둔을 '租100斗型'의 대표적 사례로 들고 있다. 진휼청은 숙종 46년(1720)에 안산과 인천의 경계에 깊숙이 들어온 갯벌을 절수하여 제언을 쌓은 뒤 둔전으로 조성하였다. 작답과정에 노동력과 자금을 투입한 민인들에게 토지소유권을 주고, 이들로부터 結當 租 100斗(米 40斗)를 수취하였다. 필자는 진휼청이 租 100斗, 즉 民田의 전세(米 23斗)보다 1.7배를 수취한 것은 민인들의 소유권이 일정 정도 제한을 받았기 때문이었다고 보고, 따라서 이 둔토를 궁방의 절수·사여지의 한 형태('租 100斗型'의 장토)로 유형화하였다. 그러나 진휼청에서는 '時起者爲主' 또는 '時執耕播者爲主'의 원칙에 따라 기간자인 민인들에게 소유권을 주었고, 당시 전세액수가 米 23~50斗였다는 관행을 감안한다면 석장둔은 '民結免稅地'로 분류해야 할 것으로

12년, 1634)上의 '無主陳荒地'를 사여 받았다. 용동궁은 이를 사여 받은 지 20여 년 뒤인 顯宗 12년(1671)에 災結·陳結을 조사하였고, 이어 肅宗 즉위년(1674)에는 改打量하고 量案을 작성하였다. 앞의 조사 결과에 의하면 총면적 73結 99負 3束 가운데 災結은 17結 60負(23.9%), '今陳'으로 표현된 陳結은 21結 9負 9束(28.7%)이 었다. 그리고 양안에서의 陳結은 舊陳 1結 16負 2束, 仍陳 4結 68負 5束, 今陳 1結 35負 7束, 도합 7結 20負 4束으로 총면적의 9.7%를 차지하고 있다.[81] 따라서 3년 동안에 진결 15結 가량이 起耕地로 바뀌었음을 볼 수 있다.[82] 그런데 3년 뒤인 肅宗 3년(1677)의 장토 규모를 보면, 肅宗 즉위년(1674) 양안에서의 전답 합계 73結 99負 3束에 '加現' 1結 81負 9束이 더해져서 75結 81負 9束으로 증가했지만,

---

보인다.

이러한 예로 돈녕부의 옥야평둔토를 들 수 있다. 숙종 14년(1688) 4월 '戊辰定式'으로 절수제를 폐지한 이후에 재정이 궁핍해진 중앙의 各司各衙門들은 '量無主陳處'를 절수하기에 앞서 먼저 기간하고 면세지로 절수하고 있었다. 이를테면, 돈녕부는 전주·임피·함열·익산 등 4읍의 경계에 引水灌漑할 수 없어서 오랫동안 陳廢되어 있던 沃野坪을 掘浦起墾하여 둔토를 조성하기 위해서 숙종 36년(1710)부터 현지의 財力있는 士夫家들과 함께 재력을 마련하고 각 읍의 烟軍을 동원하여 10여 년 동안 기간한 끝에 400結을 免稅折受하였다. 그런데 돈녕부가 재력을 투입하여 掘浦는 했지만 起墾은 烟軍들의 노동력에 의해서 이루어졌기 때문에 만약 '永作府屯'으로 하면 民怨이 일어날 것이 우려되어 숙종 46년(1720)부터 일반 民田의 田稅 예에 의해서 전세만 수취하였다. 그러나 경종 1년(1721)에 혁파되었다가 이내 환속되었고, 경종 4년(1724)에 또다시 혁파되었다가 이듬해에 환속되었다. 400結에서 600여 石(結當 米 30여斗)을 수세했던 것을 보면, 궁방의 절수전답 가운데 '민간 1結의 토지에서 1년에 납부하는 전세, 대동 및 각종 잡비의 액수를 따라 米 23斗를 수취하는' '民結免稅地'에 해당되는 것이었다(『承政院日記』546책(탈초본 29책), 경종 2년 10월 18일 ; 『承政院日記』604책(탈초본 33책), 영조 1년 11월 23일 ; 『承政院日記』649책(탈초본 35책), 영조 3년 11월 26일 ; 『承政院日記』655책(탈초본 35책), 영조 4년 2월 28일 ; 『承政院日記』696책(탈초본 38책), 영조 5년 11월 26일).

81) 『昌原府龍洞宮屯田畓災陳物故作者石數懸錄成冊』(1671년 10월, 奎 18604) ; 『慶尙道昌原府所在龍洞宮田畓改打量成冊』(1674년 10월, 奎 18317).

82) 이영호는 위의 논문에서, 숙종 즉위년(1674)의 양안에 '다수의 內作(개간한 곳에 새로운 지번을 부여할 수 없을 경우 인접필지에 곁붙이는 하위지번)이 존재한 것은 이 시기 창원전답이 활발한 개간과정에 놓여 있었음을 의미한다'고 설명하면서도 1670년부터 1677년까지 이곳 창원장토에서의 수취실태를 분석하고, '未捧條'의 원인이 '指徵無處'임을 들어서 기경지가 확대된 원인을 개간으로 보기보다는 '陳災結을 實結로 판정'하여 과세지를 확대한 결과로 보고 있다.

진결 역시 28結 65負 8束(舊陳 3結 42負 7束, 仍陳 7結 36負 2束, 前覆沙 3結 26負 1束, 今陳 14結 60負 8束)이나 됨으로써 현재의 경작지인 '起結'은 47結 15負 4束에 지나지 않는 것으로 나타나고 있다.

한편, 肅宗 3년(1677)의 수취상황을 살펴 볼 때, 起結에서 陳結(28結 65負 8束)외에 '今災'(14結 95負 3束)와 '給復'(3結 50負)까지 제하면 과세결인 實結은 28結 70負 1束에 지나지 않았다. 이는 起結의 38%에 불과한 것이었다. 이처럼 仍陳·今陳과 給災가 많았던 것은 작년에 이어서 이 해에도 경기·호서지방과 함께 영남지방에도 진휼을 실시했어야 할 정도로 흉년이 들었기 때문이었다.[83] 아무튼 용동궁은 이 해에 實結에 '結當 租 200斗'씩 부과하여 총 287石을 수취하였다.

그런데 용동궁은 이 창원장토에서 무엇에 근거하여 '結當 租 200斗'를 수취하고 있었을까? 앞서 보았듯이 肅宗 연간에 이르러 궁방전의 절수는 큰 폐단을 낳고 있었다. 그것은 절수·사여지 장토의 소유권을 둘러싸고 궁방과 민인들 간에 소유권분쟁이 빈발하는 것과 궁방전 면세결의 증가로 인해 국가 재정이 위축되어 가는 것이었다. 다음은 전자의 폐단을 말하고 있는 것이다.

> 行大司諫 任相元 등이 아뢰기를, "⋯⋯ 여러 궁가의 장토 설치는 오늘날의 큰 폐단입니다. (궁가들은) 양안[인조 12년(甲戌)에 양전하고 작성한 '甲戌量案'을 말함]에서 '無主陳處'를 베껴내어서 양전 이후 起耕 여부를 勿論하고 아울러 모두 절수함으로써 많은 民怨을 불러일으키고 있습니다. 무릇 '無主陳處'는 민인들의 起耕을 허락하고 기경하고 있는 자를 주인으로 한다는 것이 자명한 통행사목입니다. 갑술양전한 것이 지금으로부터 50년 전이었습니다. 그 동안 민인들이 기경하면서 납세하고 있던 땅이 元田에 들어간 지가 혹은 수십 년이나 됨으로써 완전히 자기 것으로 만들고 轉相賣買하고 있었지만 양안에 기경지로 추록된 일은 없었습니다. 때문에 여러 궁가들은 양안에 '無主'라는 것을 핑계로 民結을 탈취하여 궁장을 만들고 있는 셈이었습니다. 이것이 어찌 법전의 뜻이겠습니까? 지금 무안·담양·전주 등에 절수한 곳들이 있는데 대부분 폐단 거리를 가지고 있습니다. 청컨대 본도로

---

83) 『肅宗實錄』 6권, 숙종 3년 11월 17일 ; 12월 17일.

하여금 해마다의 踏驗文書를 자세히 조사하게 하고, 절수 후에 새로 기경한 곳은 궁가에 귀속시키고 절수 전에 起墾하고 있던 곳은 民結로 돌림으로써 冒占해서 兼竝하는 폐단을 제거하십시다."[84]

이에서 보듯이 그 폐단이란 궁방들이 '甲戌量案 上의 無主陳處'임을 근거로 하여 이를 절수하여 장토를 설치하고 있었는데, 그 장토 가운데는 궁방이 절수하기 전에 이미 민인들이 기경해 오고 있었던, 따라서 '有主民田'이 들어있었기 때문에 민인들이 궁가를 대상으로 소유권 소송을 제기함으로써 일어났던 소유권 분쟁이었다. 이에 대한 대책은 두 방향으로 제안되고 있음을 볼 수 있다. 즉, '起耕者를 소유주로 한다'는 사목의 뜻을 받들어서, 궁가가 절수 후에 기경한 토지는 궁가에 귀속시키고, 민인들이 절수 전부터 기경해 오던 토지는 민인들에게 還給하자는 것이었다. 이는 이듬해에 절수혁파 조치와 급가매득제 규정('戊辰定式')과 肅宗 21년(1695)의 민결면세제·급가매득제('乙亥定式')에 반영되었다. 그리고 이 무렵에는 궁가와 민인들 사이뿐만 아니라 민인들 사이에서도 기경지의 소유권을 놓고 분쟁이 빈발하고 있었기 때문에 정부는 陳荒處를 立案 받고도 3년 후에 기경한 자의 爭訟은 聽理하지 말도록 법제화하기도 하였다.[85]

그렇다면 肅宗 3년(1677)에 결당 租 200斗를 수취하고 있었던 용동궁의 창원장토는 용동궁의 '折受後新起處'이었던가 아니면 민인들의 '折受前耕墾處'이었던가? 租 200斗는 지대로 보기에는 낮은 액수이고, 전세로 보기에는 법정세액보다

---

84) 『承政院日記』16책(탈초본 320책), 숙종 13년 3월 8일. "行大司諫任相元 獻納徐文裕 正言林渙啓曰 …… 諸宮家設庄 爲今日大弊 謄出量案無主陳處 勿論量後起耕與否 竝皆折受 厚招民怨 凡無主陳處 許民起耕 時執者爲主 自是通行事目也 甲戌量田 今過五十餘年 其後民人等 起耕收稅 入於原田結者 或至數十年之久 永作己業 轉相買賣 而量案中 元無追錄起耕之事 故諸宮家 只憑量案之無主 奪取民結 以作宮庄 此豈法典之意也 卽今務安潭陽全州等地 俱有折受之處 多有貽弊之端 請令本道 詳査各年踏驗文書 折受後新起處 屬之宮家 折受前耕墾處 還付民結 以除冒占兼竝之弊."

85) 『受敎輯錄』刑典 聽理. "海澤山野陳荒處受出立案 三年之內不得耕墾 而三年之後有起耕 則使受立案者 不得爭訟 康熙 戊辰 承傳."

2배 정도 많은 액수이다. '조 200斗'가 지대인지 전세인지 알 수 없는 것이다. 그런데 肅宗 21년(1695)의 '乙亥定式' 시행으로 '有主民田'은 민인들에게 환급되거나 民結免稅地로 전환되었지만 창원장토는 민인들에게 환급되지 않고 용동궁이 기경한 장토로 정리되었을 뿐만 아니라 '永作宮屯'에서의 도조 수취의 기준으로 지정되었다.[86] 그런데 그로부터 80여 년이 지난 正祖 1년(1777)에 창원의 정석관·김필서 등은 屯民들로부터 비용을 걷어 창원장토가 자기들 소유지라고 정부에 제소하는 일이 일어난 것이었다. 그들은 소송에서 패하자 호조에 정소했다가 퇴자를 맞자 다시 형조에 정소하였다. 형조에서는 御覽量案 및 호조양안, 수조안을 조사한 뒤 그들을 '非理好訟之罪'로 벌주고 추방하였다. 그렇지만 그들은 正祖 9년(1785)에 다시 減稅를 꾀하기 위하여 擊錚을 하려고 둔민을 모아 서울로 상경하였다. 이듬해 2월에 격쟁은 받아들여졌지만 또다시 유배형에 처해졌다.[87] 이에 용동궁은 창원장토가 본궁의 소유지였다고 주장하고 提訴人들을 嚴刑遠配함으로써 이런 소송을 근절시킬 것을 요구하고 있다.

　용동궁 소속의 경상도 창원부에 있는 有土免稅 永作宮屯處는 孝宗 때 賜與받은 전답으로 조정의 법령에 따라 1負에 土稅條로 1斗, 免稅條로 1斗씩 모두 2斗를 문제없이 거두어 상납하던 것으로 아주 오래되었다. 정유년(正祖 1년, 1777)에 屯民 鄭碩觀, 金弼瑞 등이 영작궁둔 면세처를 자기들 땅인 양 감히 빼앗을 계책을 세우고 둔민들의 재물을 모아 상경하여 서울(필자 주 : 서울 용동궁일 듯)에 정소하였으나 落訟하였다. 다시 호조에 정소하였으나 이치에 어긋난다고 退訟당하였다. 마침내 형조에 정소하니 형조에서 어람양안, 호조양안, 수조안을 상고한 후 그들을 非理好訟之罪로 법률에 비추어 杖配에 처했으나 贖錢을 내고 석방되었다. 그런데 그들이 법을 두려워

86) 『忠勳府謄錄』 康熙 34년(1695) 乙亥 정월 17일. "여러 궁방의 절수전답 가운데 民結免稅處는 민간 1結의 토지에서 1년에 납부하는 전세, 대동 및 각종 잡비의 액수를 따라 米 23斗를 定式으로 삼고, 永作宮屯處는 창원에 있는 設屯畓 例에 따라 1負에 租 2斗를 정식으로 삼고, 이외에 差人·導掌 등이 과외 수취하는 폐단을 특별히 엄단하여 드러나는 대로 엄히 처벌하여 백성을 위무할 일."
87) 『承政院日記』 1595책(탈초본 85책), 정조 10년 2월 26일.

하지 않고 또 감세할 계책을 세우고 둔민을 모아 擊錚하고자 지금 서울 안에 머물고 있다. 이와 같이 법을 지키지 않는 奸民을 엄하게 처벌하지 않는다면 막중한 사패지를 장차 잃어버릴 걱정을 면하기 어렵다. 위의 정석관, 김필서 등은 나쁜 습성을 고치지 않고 이치에 맞지 않게 행패를 부린 죄로 엄중한 형벌을 내리고 멀리 유배 보냄으로써 이후 이러한 일을 다시 일으키는 폐단을 경계할 것.88)

그런데 여기서 주목되는 것은 租 200斗의 근거를 밝히고 있는 부분이다. 즉, 창원의 "유토면세 영작궁둔처는 孝宗 때 賜與받은 전답으로 조정의 명령에 따라 1負에 土稅條로 1斗, 면세조로 1斗, 합하여 모두 2斗씩을 거두어 왔다."는 것이다. 여기서 '조정의 명령'은 『續大典』(1746)의 '永作宮屯處' 수세 조항을 가리키는 것 같은데,89) 이는 '每負收稅租二斗'를 말할 뿐 '租 2斗'의 구체적인 내역까지 밝히고 있는 것은 아니다. 그럼에도 불구하고 용동궁은 둔민들의 제소가 근거가 없는 것임을 분명히 해 두기 위해서 『續大典』 이후에야 성립된 '유토면세 영작궁둔처'·'토세조' 등의 개념을 빌어서 창원장토는 孝宗 때에 사여 받은 '유토면세지', 즉 '궁방이 소유권을 가지고 있으면서 전세를 면제받고 있는 토지'라는 것, 따라서 1負에 '土稅條'로, 즉 지대로 租 1斗, 그리고 '免稅條'로, 즉 호조 대신 궁방이 수취하는 전세로서 租 1斗, 합하여 1負에 2斗씩을 수취해 왔다는 것, 따라서 창원장토는 본궁의 소유지라는 것을 『續大典』을 빌어서 합법화하고 있는 것이다. 이에 따라 민인들은 창원장토의 소유권 소송에서 결국 패소할 수밖에 없었다. 그러나 여전히 남는 문제가 있었다. 창원장토는 용동궁이 절수 후에 기경한 곳, 따라서 본궁의 소유지라면서 왜 '土稅條', 즉 지대로 '1負當 租 1斗'만을 수취해 왔었는가라는 점이다.

---

88) 『內需司庄土文績』(奎 19307) 제18책, 乾隆 50년(1785) 8월 龍洞宮 手本(이영호, 2012, 앞의 논문, 16쪽에서 재인용).

89) 『續大典』 戶典 諸田 宮房田. "○ 勿論舊宮新宮 有王牌特賜與者 不在定數 ○ 宮家免稅田 以元結定給 明定四標 而他田混入者 嚴禁 ○ 一結收稅 無過米二十三斗 永作宮屯處 則每負收稅租二斗 船馬價雜費 皆出其中 ○ 元結免稅 續大典前折受外 凡諸折受一切勿許."

그 원인은 '折受後新起'하는 과정에 있었다. '甲戌量田' 이후 궁방은 量案上無主 陳田·量案外陳荒處를 절수하면서 '立案'을, 그리고 사여 받으면서 '賜牌'를 받았 다. 물론 이 입안과 사패는 소유권증명서는 아니었다. 진황처와 한광지는 일단 기경되어야만 경작지의 소유권이 발생할 것이었고, 기경자가 기경지의 소유주 로 法認될 것이었다. 따라서 절수·사여지 장토의 소유권자는 그 장토의 조성과정 에 의해서 결정될 것이었다. 대체로 절수·사여지의 起墾과정에서 궁방들은 物力을 투자하였고, 동원된 烟軍들은 노동력을 투자하고 있었다. 따라서 궁방은 이미 절수·사여와 함께 입안·사패를 받은 처지에서 烟軍들에게 부역노동을 강요하거나 役價를 지불하면서 개간을 주도했기 때문에 장토의 소유권자로 자처하는 것은 당연한 일이었다. 그러나 정부는 개간 정책의 일환으로 기경자를 소유주로 인정하고 있었고, 또 이를 점차 법제화해 가고 있던 상황에서 궁방은 장토의 소유권을 배타적으로 영유할 수만은 없었다. 따라서 이곳 창원장토의 경우에도 용동궁은 민인들의 起墾 노동력에 대한 대가로 이들에게 소유권의 일정 지분을 인정해 주었고, 이를 지대 액수에 반영시켜 '1負當 租 1斗'로 減租해서 책정했었던 것으로 보인다.[90] 그러나 진황처의 기간에 노동력을 투자하였고, 이후 그 장토를 경작해 왔던 屯民들은 역시 자기들을 장토의 소유주로 자처하는 가운데 궁방이 법정세액도 아니고 그것도 2배나 많이 수취당하는 것을 늘 부당하다고 생각하였고, 더욱이 흉년이 들었을 때에는 당연히 免稅되어야 함에도 불구하고 여전히 그 세조를 바쳐야 했기 때문에 減稅·抗租 투쟁을 감행하곤 했던 것이다. 따라서 용동궁이 '1結當 租 200斗' 수취를 계속하는

---

90) 19세기 초에 용동궁은 내수사로부터 이속 받은 新蛤島의 蘆田을 築堤·築垌하고 起墾作畓하는 과정에서 勞力을 들임으로써 크게 기여한 민인들과 垌畓의 농업경영을 감독·관리하는 감관들과는 이들의 공로를 지대에 반영시켜 관행의 지대액수보다 낮게 조정하여 소작계약을 맺고 있었는데, 이 지대를 '元支定'이라고 하였다. 이는 20세기 초반에 조선총독부에서 조사한 조선의 소작관습 가운데 평안북도 일부지역 에서 시행된 것으로 전해지는 永小作權인 '原賭地'의 성격과 같은 것이었다. 즉, 이곳에서의 작인들은 자기들의 공로에 대한 대가로 낮은 지대 대신에 '永小作權'을 확보했던 것이다(염정섭, 2010, 「조선후기 대동강 하류 河中島의 개간과 宮房田의 성립 및 변천」『奎章閣』 37, 101~130쪽).

한 둔민들의 소유권 소송도 계속될 것이었다. 그러나 용동궁의 수본에서 보았듯이 둔민들의 10여 년에 걸친 소유권투쟁은 성공하지 못하고 말았다. 그러자 용동궁은 正祖 15년(1791)에 독자적으로 창원장토를 양전하고, 景宗 2년(1722)의 경자양안을 계승하여 양안을 작성하였는데, 이는 창원장토의 소유권이 용동궁에 있다는 것, 따라서 이곳의 소유·생산관계는 「宮房－作人」 관계임을 확정짓는 것을 의미하는 것이었다.

한편, 갑오개혁에서 光武 11년(1907) 帝室財産整理까지에는 궁내부 안의 내장원(처음에는 內藏司, 후에는 經理院)이 궁장토의 일부분을 관리, 운영하였다. 그리고 이 내장원에서는 갑오 이후 개정된 제도에 따라 역토·둔토에서의 지대 징수권을 인수함으로써 궁장토의 일부와 함께 역토·둔토 등 거대한 농지를 관장하게 되었다. 창원의 경우 1904년 각종 역토·둔토·궁장토가 모두 公土로 관리되었는데, 용동궁의 창원장토도 공토성책에 편입되었고, 租 200斗 수취는 그대로 유지되었다.[91]

이어서 光武 11년(1907) 2월에 궁내부에 各宮事務整理所를 두고 융희 2년(1908)까지 帝室財産을 정리하였다. 이는 제실재산과 국유지를 정리하고, 帝室有地 가운데서 皇室·皇族의 재산과 제실재산을 구분, 정리함으로써, 제실재산으로서의 여러 土地를 國有化하는 작업이었다. 이러한 작업을 위해서 정부에서는, 통감부의 지배하에, 光武 11년 2월에는 宮內府에 各宮事務整理所, 동 6월에는 궁내부 制度局에 임시정리부를 두었으며, 또 동년 7월에는 정부에 臨時帝室有及國有財産調査局을 설치하고 사업을 추진하였다. 그것은 궁방전에 混奪入된 民田을 정리하는 것과 궁방전이나 왕실의 각종 利權을 국유화하는 것이었다. 이때에 각궁사무정리소는 창원장토의 마지막 도장 柳聖杓로부터 私券 20장, 圖署 1度, 宮量案 3책, 疏狀 1度 등을 제출받고, 창원장토는 '宮有土地'임을 분명히 하면서 유성표를 납가도장으로 인정하였다. 한편, 작인들은 창원장토는 이미 갑오개혁의 출세조치에 의해 이 결수를 탁지부에서 승총해 결세를 부과하였고, 따라서 "용동궁

---

91) 『慶尙南道昌原郡各面公土成冊』(1904년 음력 9월).

전답 77結 23負는 結은 宮結이지만 땅은 私土"이기 때문에 용동궁에 도조를 납부하지 않고 결세만 내겠다는 입장을 표명하였다.[92] 그러나 이러한 주장은 받아들여지지 않았다. 이어서 1908년 6월 궁장토가 역둔토에 포함되면서 용동궁의 창원장토는 국유지로 편입되었다. 이에 따라 작인들은 토지내역을 신고하여 국유지대장에 등재하고 5년 계약기간의 국유지소작인허증을 받고 면장이 재무서에 보고한 소작료를 납부하지 않을 수 없었다.[93]

소결하자면, 正祖 1년(1777)에 형조가 창원장토의 소유주를 용동궁으로 판결하였고, 이로부터 130년이 지난 광무 11년(1907)에 이 장토의 소유주는 또다시 용동궁인 것으로 정리되었으며, 이듬해에 궁장토가 역둔토에 포함되면서 용동궁의 창원장토도 국유지로 편입됨으로써 작인들의 소유권은 완전히 박탈되는 한편, 그들은 국유지 소작인으로 전락하고 말았다. 결국, 용동궁의 창원장토는 용동궁이 '折受後新起'한 것이었고, 正祖 15년(1791)에 용동궁이 독자적으로 이 장토를 양전하고, 景宗 2년(1722)의 경자양안을 계승하여 양안을 작성함으로써 창원장토의 소유권은 용동궁에 있다는 것, 따라서 이곳의 소유·생산관계인 「宮房－作人」의 관계는 이미 창원장토의 조성과정에서 용동궁을 기경자로 법인한 데서 비롯되었던 것임을 알 수 있다.

2) 「[宮房·中畓主]－作人」 型

肅宗 21년(1695) '乙亥定式'으로 절수제를 혁파하고 급가매득제·민결면세제를 시행했지만, 肅宗 14년(무진, 1688) 이전에 궁방이 무주지 명목으로 절수한 절수지는 '戊辰以前折受'·'折受旣久'·'久遠折受'라는 이유로, 또 그것은 賜與地가 절수지에 포함되지 않음으로써 '사여지'라는 명목으로 존속되었다. 그리고 '乙亥定式'

---

92) 『前整理所指令諸案』(奎 21937), (경상도창원거민들의) 訴狀(박준성, 앞의 논문, 230쪽에서 재인용).

93) 이영호, 2011, 「근대전환기 궁장토 소유권의 향방 : 경상도 창원 龍洞宮田畓 '永作宮屯=租200斗型'의 사례」 『한국학연구』 제24집, 145~179쪽.

이후에도 간간이 소규모의 무주지·한광지의 절수·사여는 계속되고 있었다. 따라서 궁방 '유토'의 대부분은 절수·사여지였다. 여기서는 김용섭·도진순의 연구에 기초하여 조선후기에 가장 전형적인 궁방전으로서 황해도 재령군 소재 수진궁·육상궁·명례궁 등의 여물평 장토에 형성되었던 소유·생산관계의 형태를 살펴보고자 한다.[94]

여러 궁방의 여물평 장토 가운데에서도 그 중심이 되는 것은 세 궁방의 장토였다. 세 궁방 장토의 조성과정과 규모, 그리고 경영실태를 살펴보면 다음과 같다.

① 재령군은 載寧江岸에 沿하여 남북으로 길게 뻗어서 북은 평야, 남은 산록으로 되어 있다. 재령강은 남에서 북으로 재령평야의 한가운데를 관류하고, 이 강에는 同郡의 최북단 지점에서 서남간으로 西江이라는 지류가 뻗어 있는데, 여물평은 이 두 강으로 둘러싸인 곳에 위치하고 있다. 이곳은 원래 염분이 많은 해택지로서 갈대만 무성한 蘆田地帶였다. 재령강 연안에 위치하기 때문에 장마가 있는 때에는 홍수의 범람이 있고, 또 재령강의 하류에 위치하기 때문에 언제나 海水의 浸濕을 받고 있었다. 그러므로 이곳이 농토로 조성되려면 양자에 대비하여 '築堰築垌'하고 蘆田을 개간해야 했다.

② 肅宗 11년(1685), 餘物里 蘆田 가운데 堀浦로부터 豪音浦까지 둘러싸인 곳이 100여 石落地였는데, 2년 동안 築堰築垌하였고, 3년이 지나서 醎水가 빠진 후에 개간하여 농토로 만들었다.[95]

---

94) 金容燮, 1965, 「司宮庄土에서의 時作農民의 經濟와 그 成長－載寧餘物坪庄土를 중심으로－」『亞細亞硏究』19(2005, 『증보판 朝鮮後期農業史硏究[I]－農村經濟·社會變動－』所收, 428~476쪽) ; 1992, 「載寧 東拓農場의 成立과 地主經營 强化」『韓國近現代農業史硏究－韓末·日帝下의 地主制와 農業問題』, 256~326쪽 ; 都珍淳, 1985, 「19세기 宮庄土에서의 中畓主와 抗租－載寧 餘物坪庄土를 중심으로－」『韓國史論』13, 307~385쪽.
95) 『內需司黃海道庄土文績』 제45책. 「載寧郡餘勿坪 鄭漢有 제출」.

③ 肅宗 30년(1704), 재령군은 본군 소재 수진궁 소속 泥生處를 내수사와 함께 타량하여 양안을 작성하였다. 총 전답 1結 49負 8束 가운데 蘆田이 16負, 堰畓이 1結 33負 8束이었다.[96]

④ 肅宗 39년(1713), 王子房에서 재령에 제방(堰)을 쌓으면서 황주·봉산군에 명령하여 完築하도록 했는데, 포구가 넓어 두 고을의 民丁을 합하여 세 차례나 赴役했어도 여전히 마치지 못했다. 그런데 이 해에 마침 흉년이 들었기 때문에 정지시키고 이듬해 가을부터 築堰하도록 하였다.[97]

⑤ 景宗 2년(1722), 여물리 堰垌이 肅宗 45년(1719)에 大水로 파괴됨으로써 堰畓이 海場이 되어버렸으므로 궁방은 또다시 烟軍을 調發받아 堰垌을 數年동안 修築했지만 끝내 성취하지 못했다. 때문에 각기 導掌으로 하여금 스스로 物力을 마련하여 築垌하도록 하였다.[98] 대개는 궁방에서 공동으로 出資하고 役軍들에게 雇錢을 지급하면서 堰垌을 축조하였지만,[99] 이처럼 궁방의 힘만으로써 完築하기 어려울 때는 도장들에게 의뢰하고 있었다. 또 '饒實之民'으로서 自費築垌한 자를 導掌으로 임명하는 것이 하나의 관례가 되고 있었다.[100] 이 경우 蘆田이나 海澤處를

96) 『載寧郡伏在壽進宮泥生處打量成冊』(奎 18383).
97) 『肅宗實錄』54권, 숙종 39년 9월 29일. "司諫兪崇疏曰 …… 臣行過海西時 王子房有築堰於 載寧地 令黃鳳等邑 期以畢築 而浦口闊大 合兩邑民丁 三次赴役 尚未完畢 凶歲役民 亦係弊端 宜令限明秋姑停焉 …… 答曰 載寧築堰之役 待明秋爲之."
98) 『內需司黃海道庄土文績』 제45책.
99) 『內需司黃海道庄土文績』. "各筒之頹破 爲十餘處之多 …… 其中海倉筒 係是七宮土地都水口 此筒一破 全坪皆棄 則其爲所關 旣重且大事 當七宮合力修築.". 순조 24년(1824)에 '海倉津邊石役物力錢分排狀況'에 따르면, '各宮結數 每結出斂錢一兩八錢七分式 合錢一千四兩九錢七分'이라고 하여 7宮房과 崔兵使의 농장은 每結 1兩 8錢 7分씩 捻出하여 海倉筒 수축 비용으로 1千 4兩 9錢 7分을 마련하였다. 憲宗 5년(1839)에는 官種每石落 2兩 1分씩 분담하여 壽進宮·毓祥宮·明禮宮·礒平大君房·三翁主房·齊洞宮·趙判書宅 등에서 都合 2,001兩 9錢 6分을 염출하였다(『壽進宮謄錄』黃, 『壽進宮圖署冊』1).
100) 堰은 해수의 침습과 강물의 범람을 막기 위해서 쌓은 제방이었다. 여물평에는 강안에 설치된 東西回堰이 60,000여 把에 달했으며, 南垌 또한 2,000여 把였다. 垌은 堰 안의 광활한 지역을 부분적으로 구획하여 쌓은 것이었다. 수진궁·육상궁·명

作畓하면, 3년간은 免稅耕食케 하고 4년째부터 收稅上納하는 것 또한 관례가 되고 있었다.[101] 正祖 6년(1772) 육상궁장토에는 22명의 도장이 있었고, 純祖 8년(1808)의 수진궁장토에는 도장이 20명이나 되었다.

⑥ 여물평장토에서 堰·垌(筒)과 함께 필수의 시설은 洑와 水路였다. 이는 牛頭川里 남단에 있는 재령강의 지류 箭灘에 洑를 설치하고 수로를 정비하여 물이 우두천리·三支江里·栗串里를 거쳐 여물리에 이르도록 축조된 것으로서 길이가 80里에 걸친 수로였다.[102] 여러 궁방의 장토는 모두 그 사이에 있어서 농사는 전적으로 이 洑水에 의존하고 있었다. 수진궁은 농사의 풍흉이 전적으로 수로의 通塞에 달려 있다고 하였다. 수로가 메워져서 廢庄·廢農의 상태에 이르는 때도 있었다. 그러므로 이곳에서는 수로가 塡塞하면 곧 疏鑿하는 것이 하나의 定式이었다. 正祖 15년(1781)에 여러 宮房에서는 '농한기마다 作民을 調發하여 수로를 疏鑿하고 물을 끌어들여 耕食한다'고 하거나 '作人들로 하여금 전처럼 수축하게 하여 灌漑蒙利한다'고 하였다. 純祖 19년(1819)과 高宗 12년(1875)에 여러 宮房이 수로의 疏鑿을 위하여 올린 都手本에서도 '농한기에 옛날 규칙에 따라서 수로를 疏濬하여 한 坪이라도 가진 많은 농민들로 하여금 蒙利資活하도록 할 것'이라고 하여 水路疏鑿의 필요성을 제언하고 있었다. 이러한 수로공사에서 궁방들은 그 비용을 공동으로 부담하였고('物力則自各宮擔當'), 농한기에 庄民들

레궁 등은 각각 60개·39개·39개의 垌을 가지고 있었다. 수진궁 장토의 경우, 1垌이 포괄하는 농지는 300斗落 정도였다.

101) 『內需司黃海道庄土文績』: 導掌帖 例.
金時泓
無他 宮屬載寧餘勿里草尾筒庫乙 汝矣七人等自費物力 辛勤完築 以至於作畓則一人分깃不過二石五斗落只是如 告目來到爲有臥乎所 雖曰些少筒畓 公私蒙利之道 誠甚可嘉쵸不踰 自費築筒者 執持導掌 自古由來之規乙仍于 導掌差定爲去乎 如是差定之後 傳子孫任意區處爲去矣 限三年耕食後 上納等事 一依壽進宮例着念擧行 俾無不勤致責之弊向事
丁未 七月 日 淑嬪房

102) 『內需司黃海道庄土文績』. "大抵洑水之源 始於箭灘 至于餘勿里 八十里之遠 諸宮房庄土都在其中 全賴此洑."; 『壽進宮謄錄』 地·玄·洪. "餘勿里堰畓數千石落 自昔築洑開梁 灌漑蒙利處."

을 동원하였다.

⑦ 英祖 48년(1772)에는 여물평 언답을 각 궁방에 賜與해 주었으며, 正祖 11년(1787)에 여물평 궁장토의 총 면적은 400여 結에 이르렀다. 正祖 15년(1781)에 육상궁 등 여러 宮房에서 올린 都手本에 의하면, '黃海道載寧餘勿里堰畓 卽諸宮房大庄'이라고 하였으며, 純祖 24년(1824)에 同宮房 등에서 올린 수본에 의하면 '黃海道載寧餘勿坪堰畓 卽諸宮房大庄'이라고 하였다. 또 동년의 기록에는 여물평에 장토를 가진 궁방으로서 壽進宮·毓祥宮·明禮宮·獜平大君房·宣禧宮·和平翁主房·和順翁主房 등이 있으며, 憲宗 5년(1839)의 기록에는 그 밖에도 齊洞宮·三翁主房 등이 있다고 하였다. 憲宗 8년(1842)의 『明禮宮量案』에 의하면, 이곳에는 내수사의 장토도 있었고, 餘勿坪周邊圖에 의하면 永安尉宮庄土도 있었다. 이러한 여러 궁방 가운데서도 수진궁·육상궁·명례궁 등 세 궁방의 장토가 중심이었는데, 현존하는 양안과 支定冊에 의하면 수진궁의 결수는 214結 69負 4束, 육상궁은 166結 82負 3束, 명례궁은 78結 10負 3束으로서 도합 459結 62負나 되었다. 19세기 중반 이후 여물평장토의 총규모는 600여 結이었고, 이 가운데 세 궁방이 4분의 3 이상을 차지하고 있었다.

⑧ 여물평 장토의 庄民들은 "각 궁방이 출자하여 築堰築垌하였고, 재령군과 인근 군의 '饒實之民'들이 出財하여 起墾作畓했으며, '築堰築垌之功'이 있는 궁방은 支定이란 명목으로 수취하였고, '起墾之功'이 있는 '中畓主'·'民畓主'는 作人으로부터 賭支·民賭支·中賭支란 명목으로 수취하였다."고 주장하였다.[103] 여물평의 堰畓이 유지되기 위해서는 堰垌의 보수, 수로의 굴착, 水門의 보수 등이 필요했는데, 이때에 재지의 중답주들은 우선 수리하여 장토가 陳廢되는 것을 방지하고 추후에 궁방과 경비를 절반씩 분담하였다. 또한 중답주는 實作人들에게 農糧과 種穀을 대여해 주기도 하였다.[104]

103) 『黃海道各郡報告』(奎 19157) 제7·8책 ; 『黃海道各郡訴狀』 제8·9책 ; 『壽進宮圖署冊』 1.
104) 光武 年間의 光武査檢 실시 결과에 의하면, '중답주'는 '間畓主'·'私畓主'·'實畓主'·'民

⑨ 세 궁방은 장토의 관리기구로 '도장-감관-사음'을 두고 처음에는 分半打作制로 경영하였다. 그러나 庄民들의 태업·태납 등으로 인한 과다한 경비의 소요와 장민들의 偸穀으로 인한 적지 않은 손실로 말미암아, 규정은 分半이었지만 실제로는 1/3에 지나지 않았다. 그리하여 英祖 24년(1748, 무진년)에는 이른바 '戊辰處分'을 내려 支定受取라는 賭支制를 채택하여 「每一斗落 每一石」을 收捧하기로 하였다.[105] 이는 타작제를 도지제로 바꾼 것이었지만 수취율은 타작제의 1/2을 고수하고자 한 것으로 실제로는 지대 징수를 강화한 것이었다. 이에 監官·舍音들이 作人들과 和應하여 상납곡물을 수습할 때 정식을 따르지 않고 操縱低昂함으로써 上納額이 정식에서 해마다 減下되었다. 그러자 궁방은 이같은 지대 거납운동을 수습하기 위하여 장민들의 요구를 받아들여 地代率을 인하하였다. 英祖 50년(1774)에 「每一斗落 每一石」의 收捧定式은 그대로 두되 收租斗落數를 1/3로 감해줌으로써 상납액수도 1/3이 감해지는 방안을 마련하였다('元落種減三分一 上納穀物亦減三分一').[106] 이는 소출의 반액을 징수하던 데서 3분의 1을 감해 주고 3분의 2만을 징수하는 것으로서 전체 소출에서는 3분의 1을 상납케 하는 것, 즉 '3分取1'이었다. 궁방은 이 조치를 '近古所無之政'이라고까지 선전하고 순종을 바랐다.

⑩ 純祖 8년(1808)에 작성된 『載寧餘勿坪所在壽進宮堰畓各筒結卜及支定分排成冊』에 의하면, 수진궁 장토의 수취율은 기존의 '1/3支定收取'에서 '1/4辦下定式'('4分取1')으로 조정되었는데, '4分取1'의 元捧은 7,500石 정도였다. 그런데 1830년대에 災給問題로 인한 세 차례의 대규모 抗租로 인하여 '都捧'·'都定'이란 명목으로 4,000여 石만을 수취하였다. 憲宗 7년(1841)에 각 궁방은 궁감을 파견하여 支定成冊을 다시 정비하였고, 哲宗 3년(1852)에 명례궁은 '4分取1'을 절목으로 定式化했

<hr />

　　畓主'·'中賭支畓主' 또는 그냥 '畓主' 등으로 불리었는데, 재령·봉산·안악·신천 등
　　황해도 일대뿐만 아니라 고부·광주·익산·부안·남원·김해 일대에도 있었다(金容燮,
　　1978, 「韓末에 있어서 中畓主와 驛屯土地主制」『東方學志』 20 참고).
105) 『明禮宮啓下節目』, 明禮宮完文, 乾隆 39년 3월 일.
106) 『明禮宮啓下節目』, 作人等侉音記.

다.[107] 이처럼 궁방의 지정수취가 '분반타작제→ 3分取1→ 4分取1'로 감하되었던 것은 堰畓의 조성과정에서 궁방과 함께 物力을 自備하여 개간에 참여했던 '饒實之民'들이 또 하나의 '畓主'로 자처하면서 堰畓의 소유권을 둘러싸고 궁방과 다투어 왔기 때문이었다.[108] 이미 18세기 중엽에 국가가 起耕者를 소유주로 法認한 이래 기경자가 곧 소유주가 된다는 것은 널리 알려진 사실이었다.[109] 그리하여 이곳 여물평 중답주들은 宮穀 상납을 끊임없이 저지·지연·감하시켰고, 궁답의 일부를 '自畓'이라고 하면서 언답의 실질적인 답주로 자처하였으며,[110] 작인들에게 '自畓'과 종곡·농량도 대여하면서 민간지주경영의 지대수취 관행이었던 소출의 1/2을 수취하고 있었을 뿐만 아니라, '自畓'을 상속·매매까지 하고 있었다.[111]

⑪ 궁방이 中畓主와 中賭支를 부정하는 논리는 궁방이 '買財作畓한 公庄'이기에 궁방외의 답주가 있을 수 없다는 것과 '買財作畓한 竝作之地'이기 때문에 中賭支가 있을 수 없다는 것이었다.[112] 이러한 궁방의 중답주와 중도지에 대한 인식과

---

107) 都珍淳, 1985, 「19세기 宮庄土에서의 中畓主와 抗租－載寧 餘勿坪庄土를 중심으로－」 『韓國史論』 13, 330~331쪽. 김용섭은 일찍이 『支定分排成冊』을 분석하여, '4分取1'은 법률상의 표현에 불과하고 실제로는 1/3정도였으며 흉년에는 분반타작이나 다름없었다고 보았다(1965, 「司宮土에서의 時作農民의 經濟와 그 成長－載寧餘勿坪庄土를 중심으로－」 『亞細亞硏究』 19). 이에 비해 도진순은 실제로도 '4分取1'이었다고 하였다.

108) 『備邊司謄錄』 194책, 순조 3년 윤2월 20일 ; 『壽進宮謄錄』 地, 癸亥 윤3월 21일 內司捧甘. "大抵各宮房折受之地 任民耕作 只捧稅穀 或以賭地轉相買賣 便成民田 及至久遠之後 始憑當初折受量案 欲爲推尋 則無知小民 認以勒奪渠田 紛紜呼冤 本是例套." ; 『壽進宮圖署冊』 1, 載寧各宮監官等處. "所謂 中畓主者 果何物耶 公庄則公爲主 私庄則私爲主而已 一坪宮庄之內 復有何畓主之稱乎."

109) 본 책 제1부 제2장 조선시대의 陳荒處 起耕과 土地所有權을 참조.

110) 『壽進宮謄錄』 地, 建隆 26년 4월 일 內司. "前舍音王守太 …… 冒占宮庄 猶稱自畓 莫重稅穀 拒逆不納."

111) 『壽進宮圖署冊』 1, 庚子 9월 25일 廣州新舊三峯山舍音. "中賭地買主라는 자가 收稅를 沮戲한다." ; 『龍洞宮公事冊』 2(奎 19547), 丁酉 2월 23일 宮內府手本. "所謂 中賭地名色을 모두 금지시켰으나 근래에는 몰래 都買하고 捧稅를 방해한다."

112) 『壽進宮圖署冊』 1, 廣州新舊舍音處. "莫重宮庄 復有何中主乎." ; 『壽進宮圖署冊』 1, 載寧各

부정은 이 문제에 대한 장민들의 인식과는 대립하는 것이었으며, 중답주의 존재와 중도지의 성행이라는 현실과도 모순되는 것이었다. 19세기 여물평 장토의 총규모는 600여 結, 4만여 斗落이었다. 이 가운데서 75% 정도를 차지하고 있던 수진궁·육상궁·명례궁의 장토 각각에서 중답주들의 소유지 규모를 살펴보면, 수진궁장토의 경우, 총면적 214結 69負 4束 가운데 중답주들은 205結 42負 8束(95.7%)을 소유하고 있었다.[113] 명례궁장토의 경우, 중답주들의 소유지는 官種 250石落, 즉 4,250斗落(1石落=17斗落) 가운데 4,231斗 6升落(99.6%)이었다.[114] 육상궁장토의 경우, 중답주들의 소유지는 官種 226石落 가운데 223石落(98.7%)이었다.[115] 그리고 세 궁방의 장토 대부분에서는 「중답주-작인」 관계가 형성되어 있었으며, 중답주는 작인으로부터 소출의 1/2을 수취하고 있었다. 즉, 지주제 경영이 이루어지고 있었던 것이다. 그리하여 여물평 궁방장토의 대부분에서는 「[宮房-中畓主]-作人」의 관계와 「1/4支定 1/4中賭支」의 수취구조가 형성되어 있었다.[116]

<hr />

　　宮監官等處. "所謂 中畓主者 果何物耶 公庄則公爲主 私庄則私爲主而已 一坪宮庄之內 復有 何畓主之稱乎."；『壽進宮謄錄』玄, 安岳三公兄處(1860. 8). "此庄 本是買財作畓竝作之地 則所謂中賭支名色 一切禁斷."；『壽進宮圖署冊』1, 信川三公兄等處. "田畓之或打或賭 唯在 畓主之隨時制宜 今年爲始 一幷打作而中賭名色 竝爲革罷之意 措辭曉喩於諸作者爲旀."

113) 『載寧餘勿坪所在壽進宮堰畓各筒結卜及支定分排成冊』(奎 18385)；『載寧餘勿坪壽進宮中 賭租收捧成冊』(국립 한-38-3).

114) 『載寧堰畓節目』(奎 18288-2)；『載寧餘勿坪明禮宮中賭租折半收捧成冊』(장서각 2-3218).

115) 『載寧餘勿坪毓祥宮中賭租折半收捧成冊』(장서각 2-3206)；『黃海道各郡所在田畓等不動 産調査表』載寧郡條(奎 21916-2).

116) 都珍淳, 1985, 「19세기 宮庄土에서의 中畓主와 抗租-載寧 餘物坪庄土를 중심으로-」 『韓國史論』13, 307~385쪽. 필자는 19세기 황해도 재령군 여물평의 궁장토를 사례로 연구하였는데 이에 의하면, "수진궁·육상궁·명례궁 등이 절수한 해택지 노전이 언답으로 조성되는 과정에서 築堰築垌하고 水路를 疏鑿하며, 堰垌·水桶·水門을 보수·관리하는 데에 재력과 노력을 들였던 재령군과 인근 군의 '饒實之民'들이 '中畓主'가 되었고, 장토가 조성된 이후 '궁방의 지주경영에 대한 중답주와 장민들의 계속된 抗租로 인하여 19세기 여물평 궁장토에는 「宮-中畓主-實作人」 사이에 「1/4支定 1/4中賭支」의 경제관계가 형성되었으며, 중답주와 실작인 사이에는 「대여-소작」 관계가 형성되었다."고 파악하였다. 그리고 「宮-中畓主-實作人」 관계에서 토지소 유와 수취형태·수취율의 성격을 검토하였는데, "(토지소유의 측면에서) 궁방은 折受라는 경제외적인 방법에 의하여 이 지역 궁장토의 소유자가 되었고, (토지소유

○ 本坪 有四分取一支定[117]

○ 本評定稅 極爲雖歇 不過四分取一 故毋論豊歉 一從支定上納[118]

○ 其宮納之 以所出中 四分一歇定者 必出於募集耕作久遠不廢之意也[119]

○ 本坪 昔在 己巳築垌하고 庚午作畓이온바 四分取一之處야[120]

○ 四分定式하야 一分은 宮之支定이요 一分은 水稅與民賭支요 二分은 作人耕食이온
되[121]

⑫ 갑오개혁 이후 여물평 장토의 경영에는 여러 가지 변화가 일어났다.
갑오개혁에서 광무 11년(帝室財産整理)까지에는 궁내부 안의 내장원(처음에는
內藏司, 후에는 經理院)이 궁장토의 일부분을 관리, 운영하였다. 그리고 이 내장원
에서는 갑오 이후 개정된 제도에 따라 역토·둔토에서의 지대 징수권을 인수함으
로써 궁장토의 일부와 함께 역토·둔토 등 거대한 농지를 관장하게 되었다.
이때에 수진궁·명례궁·육상궁 장토의 일부가 내장원 직할로 들어갔다. 광무
11년도의 조사에 의하면, 세 궁방 소속의 여물평 소재 장토의 경우, 수진궁은
賭租 7,039石 2斗에서 例下條를 제외하고 實上納이 4,158石 6斗, 명례궁은 賭租
3,102石 가운데 실상납 2,377石 16斗, 육상궁은 賭租 4,221石 15斗 8升 4合 가운데
실상납 2,770石 14斗 8升 6合이었다.

다음은 광무 11년에서 융희 2년에 걸치는 帝室財産이 정리되는 시기였다.

권의 실현은) 장토의 규모나 장민에 대한 지배에서 볼 때 농장적 봉건적 성격이
짙었으며, 한편 중답주는 주로 경제적인 연유로 성립된 소유자였고, 소유 규모와
장민에 대한 지배에서 주로 경제적인 것이었다. 궁방이 중세적 권력성과 긴밀히
관련된 농장적 토지소유를 실현하고 있었다면, 중답주는 주로 자신의 경제력을
기반으로 하는 지주였다. 따라서 중도지는 경작권이라기보다는 실질적 소유권의
성격을 띠었다. (수취형태와 수취율의 측면에서) 궁방이 소출의 1/4을 수취했던
것이 여물평 장토의 수취의 특수성이라면, 실작인이 소출의 1/2을 바쳤던 것은
당시 지대수취에서 관철되고 있던 일반성이었다."고 정리하였다.

117) 明禮宮編, 고종 10년(1873) 『載寧堰畓節目』(奎 18288의 2).
118) 『壽進宮圖署冊』(奎 19105), 戊寅(고종 15년, 1878) 8월 27일.
119) 白榮洙, 『雲樵漫錄』, 宮庄屯庄魚鹽鐵下議事錄上草.
120) 『黃海道各郡報告』(奎 19157) 제7책, 載寧餘勿坪中賭支未納事招致該民等問目.
121) 宮內府 各宮事務整理所(朝鮮)編, 『前整理所指令諸案』(奎 21916, 21929, 21937, 21938).

제실재산의 정리는 한말에 있었던 재정정리의 일환으로 제기된 것으로서, 제실재산과 국유지를 정리하고, 帝室有地 가운데서 皇室·皇族의 재산과 제실재산을 구분, 정리함으로써, 제실재산으로서의 여러 土地를 國有化하는 작업이었다. 이러한 작업을 위해서 정부에서는, 통감부의 지배하에, 광무 11년 2월에는 宮內府에 各宮事務整理所, 동 6월에는 궁내부 制度局에 임시정리부를 두었으며, 또 동년 7월에는 정부에 臨時帝室有及國有財産調査局을 설치하여 사업을 추진하였다. 그것은 궁방전에 混奪入된 民田을 정리하는 것과 궁방전이나 왕실의 각종 利權을 국유화하는 것이었다. 이로 인하여 지금까지 왕실소관으로 되어 있었던 여물평 장토도 국유로 넘어가게 되고, 따라서 여물평 장토의 경영주는 왕실에서 정부, 즉 탁지부로 교체되었다. 이와 함께 궁내부에서 관장하던 역둔토의 관리도 탁지부로 이관되었다.

마지막 단계는 탁지부에서 관장하게 된 역둔토와 궁장토를 모두 역둔토의 이름으로 통합한 후, 새로운 역둔토관리규정을 두어서 地主權을 강화하는 시기였다. 그 하나가 中畓主의 농업관행을 철저하게 배제하는 것이었다. 이때 정부나 일제의 통감부에서는 소작농민의 안정과 농사의 개량을 도모하기 위한 것이라는 이유로 강행했지만, 그러나 그 주목적은 소작농민의 안정을 위함이 아니라 지주 수입의 증가에 있었다.[122] 이로써 여물평 장토에서의 궁방과 중답주의 토지소유권은 완전히 박탈되었던 것이다.

> 小作權의 安固를 期하고 농사의 개량을 도모하려면 이들 中間小作人을 배제하고 實小 作人에 접촉할 필요가 있다.[123]

이상을 정리하면, 첫째, 우선 원래 염분이 많은 해택지로서 갈대만 무성했던 蘆田地帶를 堰畓地帶로 조성하는 과정에서 궁방들은 각각, 혹은 공동으로 出資하

---

122) 金容燮, 1992, 「載寧 東拓農場의 成立과 地主經營 强化」『韓國近現代農業史研究－韓末·日帝下의 地主制와 農業問題』, 267~275쪽.
123) 『驛屯土實地調査槪要』, 8쪽.

여, 재령군과 인근 군의 民丁·烟軍을 調發받아 이들 役軍들에게 雇錢을 지급하면서 築堰築垌하였고, 水路를 疏鑿하였으며, 洑시설을 설치하였다. 혹 物資가 모자랄 때에는 導掌이나 '饒實之民'들로 하여금 스스로 物力을 마련하여 築堰築垌하도록 하였다. 특히 '饒實之民'으로서 自費築垌한 자를 도장으로 임명하는 것이 관례가 되어 있었다.

둘째, 재령군과 인근 군의 '饒實之民'들 가운데는 堰·垌과 水路·洑 등의 기본시설이 설치된 상태에서 스스로 出財하여 堰·垌 안을 '起墾作畓'하고, 이 堰畓이 陳廢되는 것을 막기 위해서 그 시설들을 계속적으로 修築·補修하는 자들이 있었는데, 이들이 곧 中畓主가 되고 있었다.

셋째, 중답주들은 장토의 대부분을 소유하였고, 이 장토와 農糧·種穀을 實作人에게 대여하면서 지주경영을 하였다. 그리고 그들은 감관·사음도 겸하면서 작인으로부터 소출의 1/2을 수취하였고, 이 가운데서 1/2을 궁차·도장을 통하여 궁방에 상납하고 있었다. 그러므로 전체 소출 가운데서 궁방이 1/4, 중답주가 1/4, 작인이 1/2을 각각 차지하고 있었다.

소결하자면, '築堰築垌之功'이 있는 궁방과 '起墾之功'이 있고 堰·垌·水路·洑 등을 修築補修했던 '中畓主'·'民畓主'는 재물평 장토의 공동 소유주가 되어 장토와 農糧·種穀 등을 實作人에게 대여하면서 병작제 경영을 한 것이었다. 그러므로 수진궁·명례궁·육상궁 등의 재물평 언답의 기본적인 소유·생산관계는 「[宮房·中畓主]−作人」관계였다고 하겠다.

제2장 京華兩班地主의 地主經營

1. '京華兩班'의 土地兼竝

　　권세가·사대부·토호 등의 양반층은 '量案 上의 陳田'과 '量案 外의 空閑地'로서
노전·해택·산림과 폐기된 목장·제언 등을 대상으로 입안을 내고, 이를 근거로
민전을 침탈하거나 공한지를 개간함으로써 '私庄'을 조성하였다. 그들 가운데서
도 권세가·사대부 등이 주로 이러한 방식으로 사장을 설치했던 것은 그들이
지니고 있었던 위세와 직권을 이용하여 입안지가 있는 고을의 수령의 협력을
쉽게 얻을 수 있었기 때문이었다. 즉, 그들은 수령들에게 청탁하거나 압력을
행사하여 우선 입안을 쉬이 발급받을 수 있었고, 특히 입안지가 공한지일
경우에는 수령으로 하여금 개간에 소요되는 물자와 기계를 조달하게 하는
한편, 민정·역군을 징발하여 개간하게 할 수 있었으며, 설사 기경지를 놓고
민인들과 소유권분쟁이 일어났을 때라도 자기들과 다툴 민인은 없으리라는
것, 자기들을 제어하고 辨覈할 감사·수령도 없으리라는 것 등을 믿고 있었기
때문이었다.

　　그런데 17세기 후반에 이르러서는 공한지도 거의 기경되었고, 궁가에 무주진
황처를 절급해 주었던 '折受制'가 폐지되고 '給價買得制'가 시행되기 시작했으며,
肅宗 37년(1711)에는 입안은 이전에 낸 것이든 나중에 낸 것이든 간에 모두
시행하지 말고 '현재의 기경자를 소유주로 하라'는 국왕의 명령이 발효되고
있었다. 또한 『新補受教輯錄』(肅宗 43년, 1717)의 양전법에 陳田은 '主名'을, 그리고

'無主處'는 '無主'로 등록한다는 것, '양안 상의 무주처를 기경하기를 원하는 자는 호조에 알리고 입안을 받는다'는 법규를 두었고, 이후『續大典』에는 '현재의 기경자를 소유주로 한다'는 법규를 설치하면서부터는 그들의 입안을 빙자한 토지겸병은 계속될 수 없었다. 이제 그들에게 남은 토지겸병의 방법은 貧者·貧農들의 토지를 勒買하는 것뿐이었을 것이다.

이처럼 권세가·사대부·토호 등의 토지겸병이 계속되는 가운데 나타났던 특기할 만한 현상은 京中의 권세가·사대부, 즉 '京華士族'·'京華巨室' 등은 近畿로부터 湖西·海西에 이르기까지 水路·船路에 가까운 곳에, 그리고 英祖 연간부터는 역시 船路에 가까운 三南沿海에 그들의 私庄을 집중적으로 조성하고 있었다는 것이었다.[1] 그것은 궁방들이 임란 직후에는 주로 기호지방에서 '공한지'·'한광지' 등을 절수하여 궁방전을 조성했고, 이후에는 삼남연해까지 확대하여 장토를 설치하고 있었는데, 권세가·사대부 등 또한 이런 궁방의 전철을 밟아 사장을 설치하고 있었던 것이다. 따라서 토지겸병의 방법이나 그 장토의 위치를 정하는 데에 있어서도 궁방과 권세가·사대부 등은 동궤를 밟아가고 있었던 것이다. 그러므로 궁방의 궁방전과 권세가·사대부 등의 사장은 대체로 같은 지역에 집중되고 있었다.

먼저 호서지방에서 경중의 권세가·사대부들뿐만 아니라 '卿宰로서 퇴거한 자'들의 토지겸병 실태를 살펴보자.

임란 후 8도의 時起結은 30만~54만 2천여 結로 평시의 전라도 한 도의 元結 40여만 結에도 미치지 못할 정도로 경지면적이 줄어든데다가 職田制마저 폐지됨에 따라 궁방으로서는 일상의 경비와 祭需를 충당할 수 있는 財源을 확보하는 것이 절급한 문제가 되고 있었다. 이에 조정에서 궁방의 재정을 확보해 주기

---

1) 正祖 7년(1785)에 左承旨 柳義養은 서울 인구의 연간 미곡 소비량을 계산했는데, 서울 인구를 20여 萬으로 잡고 하루 1인당 2升씩으로 해서 총 100여 萬石으로 추정하였다. 그것은 貢米를 비롯한 公家放出量 20여 萬石 미만, 추수기에 경화양반지주의 鄕庄에서 서울로 반입되는 私穀 20여 萬石, 그리고 穀商에 의해서 유통되는 商米 60여 萬石으로 채워진다고 하였다(『承政院日記』85권, 정조 7년 9월 9일 ;『正祖實錄』35권, 정조 16년 8월 24).

위하여 취한 긴급조치가 궁방에 空閑地를 折給해 주는 것이었다.[2] 이후 궁방은 '양안 상의 무주진전'과 '양안 외의 공한지'로서 노전·니생지·천택·산림·폐제 언 등을 절수하고 개간하여 궁방전을 늘려갔었다. 이 무렵 궁방들은 그 관리와 수조의 편의를 위해서 서울에서 가까운 기호지방에 장토를 조성하고 있었다. 이에 편승하여 光海君 때에는 權臣과 貴戚들도 屯田을 설치하거나, 심지어는 민인들의 전답을 적몰하고, 避役民들을 募入하여 농장을 설치하고는 '陣'이라고 부르고 있었다.[3] 光海君 4년(1612)에 光海君의 조정에 출사하기를 단념하고 호서 지방에 잠시 流落해 있던 趙絅(宣祖 19년, 1586~顯宗 10년, 1669)이 "길가의 전야는 모두 권귀와 궁가의 농장으로 양민에게 미치는 폐해가 이르지 않는 곳이 없다." 고 말할 정도로 호서지방에는 이미 많은 궁방전과 권신·귀척들의 농장이 조성되 어 있었다.[4] 그리하여 '仁祖反正' 직후 仁祖정권은 권신·귀척들의 농장을 前朝의 가장 큰 적폐로 지적하고, 그것들을 혁폐함과 아울러 내수사(궁방)가 강탈한 민인들의 토지는 되돌려주는 조치를 단행하였다. 그러나 그 조치는 이내 무위로 돌아가고 말았다. '현재 조정에 있는 권신·귀척들이 光海君 때와 다른 점은 얼굴이 바뀐 것밖에는 없다'고 할 정도로 그들은 또 다시 民田을 겸병하여 농장을 조성하고 있었던 것이다.[5]

다음의 기사는 매득에 의한 토지겸병이 대세가 되어 가고 있던 英祖 연간 이후에 호서지방에서 서울의 권세가·사대부, 즉 '京兩班'들과 '卿宰로서 퇴거한 자'들의 토지겸병 실태를 단적으로 말해주고 있다.

---

2) 『顯宗實錄』 7권, 현종 4년 12월 26일.

3) 『仁祖實錄』 16권, 인조 5년 5월 7일.

4) 『孝宗實錄』 9권, 효종 3년 11월 13일. "前判書趙絅在抱川 應旨上疏曰 …… 臣當光海時 流落湖右 目見道傍田野 皆稱權貴宮家農所 害及良民 無所不至 已而往過之 則爲墟矣 此非今 日之殷鑑乎."

5) 『仁祖實錄』 19권, 인조 6년 8월 19일. "廣州士人李晤 應旨上疏曰 今者廷臣 互相分黨 如其同己也 則布列於臁仕 如其異己也 則沈滯於下僚 以殿下朝延名器 爲自家爭利之場 不特 此也 在廷之臣 孰非王臣 而所擢用者 擧義也 戚里也 權貴之子弟也 名士之關節也 一自勳貴滿 朝之後 窮民田宅 叛主奴婢 多被攘奪 里巷爲之諺曰 '在廷權貴之臣 與廢朝異者 只是面目耳'"

英祖 임금이 말하기를, "…… 우리나라는 겸병의 우환이 심하다. 호서는 더욱 심하다. 승지는 일찍이 호서 방백을 지냈는데, 儒臣 역시 새로 호서로부터 자세히 아뢰는 것이 좋겠다." 참찬관 李宗白이 아뢰기를, "우리나라는 井田을 분급하지 않았기 때문에 빈부가 서로 현격하게 차이가 납니다. 겸병의 해로움은 관장자도 어찌 하지 못합니다." 검토관 李性孝가 아뢰기를, "호서는 평소에도 양반이 많습니다. 또한 卿宰로서 퇴거한 자들도 있습니다. 卿宰였던 사람이 어찌 豪橫할 리가 있겠습니까. 그 지류인 餘裔들이 혹 倚勢하여 豪橫하는 폐단이 없지 않는데 그 폐단은 內浦가 심합니다." 임금이 말하기를, "그 폐단은 京兩班에서 비롯되고 있다." 이성효가 아뢰기를, "호서 양반도 그 폐단이 한 가지가 아닙니다. 柴場 漁稅 역시 대부분 그들이 차지하고 있습니다." 검토관 鄭履儉이 아뢰기를, "養山 數十里를 민들이 공유할 수 없게 하고 있습니다."[6]

대체로 호서지방의 산천은 비록 산(峽)이라고 해도 높고 가파른 산은 없고, 들(野)이라고 해도 曠漠한 들은 없다. 샘(泉)은 깊고 토질이 비옥해서 水旱의 재해를 적게 받았으며, 인민(인구)은 번성하였다. 또 畿甸과 경계를 접하고 있고, 水陸의 교통이 편리하기 때문에 京華의 世族巨室들이 각각 鄕庄과 墳山을 설치하여 근거지를 다지고 권세를 부리니 향촌의 가난하고 힘없는 사람들이 그 사이에서 버티고 감당할 수가 없었다. 奸民과 遊手들은 그 권세가에 투탁하여 군역을 면제받았다.[7]

즉, 토지겸병은 이미 관에서 규제할 수 있는 것이 아니라는 것, 그것의

---

6) 『承政院日記』872책(탈초본 48책), 영조 14년 5월 25일. "上曰 向日筵中 亦有以抑强之意 仰達者 而我國兼並之患 甚矣 湖西尤甚 承旨曾經湖西方伯 儒臣亦新自湖邑 詳達 可也 宗白曰 我國田不井授 故貧富相懸 兼並之害 爲官長者 亦末如之何矣 性孝曰 湖西素多兩班 亦有卿宰 之退居者 身爲卿宰者 豈不豪橫之理 而其支流餘裔 或不無倚勢豪橫之弊 而其弊則內浦 甚矣 上曰 其弊由於京兩班矣 性孝曰 湖西兩班 其弊不一 柴場魚稅 亦多爲其所占矣 履儉曰 亦有養 山數十里 使民不得共者矣."

7) 『千一錄』, 建都 附山川風土關扼 湖西. "大抵一路 山川雖曰峽而無峻絶之峽 雖曰野而無曠漠 之野 泉深土肥 尠被水旱之災 人民殷盛 且與畿甸接界 水陸便利 故京華世族居室 各置鄕庄墳 山 而盤據權傾 鄕邑貧殘無勢之類 不能支勘於其間 奸民遊手投托勢路 圖免軍保 故軍丁極艱 無告窮民 身兼數役而世族村閭 太半閑遊."

폐단은 호서지방에서 가장 심하다는 것, 호서지방에서도 내포지역이 더욱 심하다는 것, '京兩班'·'卿宰로서 퇴거한 자'·호서양반 등이 토지겸병의 주력이라는 것, 이들은 토지뿐만 아니라 柴場·鹽場·漁場까지도 겸병하고 있다는 것 등이다.

여기서 '京兩班'은 서울의 사대부 가운데서도 당시에 '京華世族'·'京華巨室'로 불리어지고 있었던 功臣家·戚臣家 등의 權勢家들이었다. 이들은 호서지방을 畿甸과 함께 자기들의 터전으로 생각하면서 鄕庄과 墳山을 조성하고 있었다. 그리고 호서지방에서도 서울과 가깝고 서해의 뱃길에 이어지고 있는 지역에서 전답을 집중적으로 겸병하고 있었다. 그런 지역 가운데 하나가 바로 내포지역이었는데, 畿甸과 호남 사이에 있었고, 수로와 육로의 요충지였기 때문에 온갖 물품이 다 모여들었고, 8도 상인들의 상품이 輻輳하고 있었다. 때문에 이곳은 나라 안에서 살기에 가장 좋은 곳으로 일컬어지고 있었다.[8]

이런 내포지역의 여러 고을 가운데서 稷山縣을 예로 들어 보면, 이 고을은 동서남북으로 4, 5십리가 되지 않고 畿甸과 접하고 있는 매우 쇠잔하고 작은 고을로서 토지는 척박하고 거주민도 적었으며, 稅結이 2천 結을 넘는 해가 거의 없다시피 한 凋殘한 고을이었음에도 불구하고 서울과 가깝고 서해의 뱃길에 곧 이어지는 위치에 있었기 때문에 각 아문의 토지와 사부가의 토지가 전체 토지의 10에 8, 9를 차지하고 있었다고 하였다.[9] 그들이 어떤 방법으로 겸병했는지는 확인할 수 없지만, '토지로 말하면 민전은 얼마든지 간에 모두 양반이 겸병하여 소유하고 있다'라고 말한 것을 보면 그것은 주로 매득겸병이었을 것으로 추측된다.[10] 이에 비해 해서지방에서는 그들은 주로 서해의 船路에

---

8) 『千一錄』, 建都 附山川風土關扼 湖西. "內浦地在畿輔湖南之間 爲水陸之要衝 衣食旣饒 百物都會 八路興利之輩 轉販之物 無不輻輳 故四民之可居 最稱於國內矣."

9) 『承政院日記』634책(탈초본 34책), 영조 3년 3월 8일. "稷山縣監李德孚上疏曰 …… 今臣所守之縣 以三路頭站至殘至少之邑 東西南北 未滿四五十里之遠 兼以地接畿甸 土甚磽薄 民居又鮮 恒用田結 能過二千結之歲 絶無而僅有 以其近京且通船路 故各衙門屯田及士夫家田畓居多 小民之土 未滿十之一二 雖其稍實之歲 民收十許石穀者 亦未多有."

10) 『承政院日記』734책(탈초본 40책) 영조 7년 11월 15일. "臣有庄獲於公山 …… 臣在嶺營時 亦不廢農 留置奴僕於鄕庄 使之作農 而家屬皆食於營中 故年年有剩穀 臣若不往嶺南

가까운 지역의 蘆田·海澤 등의 공한지를 개간함으로써 농장을 조성하고 있었다. 그러므로 "지금 近畿로부터 湖海(湖西·海西)에 이르기까지 수로에 가까운 땅은 모두 京華巨室의 소유가 되었다."고 말해지고 있었던 것이다.[11)

또한 '京兩班' 가운데서 연산 출생의 權以鎭을 예로 들어 그의 토지겸병 실태를 살펴보자.[12) 18세기 이후에 진휼곡을 충분히 확보할 수 없었던 정부는 饒戶·富民들의 勸分穀·願納穀으로 진휼곡을 보충하여 設賑하곤 하였다. 그런데 宰相으로서 대지주가 된 이들은 여러 곳에 농장을 가지고 있었고, 또 설사 그 해에 흉년이 들더라도 여러 해의 풍작으로 이미 많은 곡물을 비축하고 있었기 때문에 자기 고을이나 인근 고을, 또 다른 지역의 고을에서 설진할 때에 그 비축곡물을 권분하여 補賑하는 것이 마땅한 일이었다. 그러나 당시 권분은 힘없는 사대부나 가난한 농민들에게만 권장되었을 뿐이고, 鄕庄穀을

則此穀何以餘存乎 莫非國家之恩 而當此之時 若不捐之 以救生民 則臣之罪大矣 臣旣出穀 則雖金興慶·權以鎭·權愰諸人 亦豈不出乎 卽今爲計 勸分之外 更無他策 故臣果計除家屬糊 口之數 其餘百數十石 招致本官座首付之矣 以此事若出筵說 則宰相之有餘者 何可不出乎 宰相旣出 則百姓之有餘者 亦何可不出乎 宰相若不出 則百姓皆當死矣 …… 上曰 旣多無掛鎌 之處 則兩班何以勝乎 文秀曰 統論土地 民田幾何 皆有兩班之所兼並 如今年穡事 雖兩班豈 有餘穀 而累歲稍豐之故 能有剩餘者多矣."

11) 『承政院日記』1463책(탈초본 80책), 정조 4년 5월 11일. "正言鄭益祚疏曰 近者名分舛 而庶人之服飾 僣擬公卿 廉恥傷 而士大夫之第宅 窮極輪奐 此非天降而鬼輸也 只從民間膏血中 出來 夫田中滴汗之粟 機上裂指之帛 公然爲豪富家權漁之資而已 是故一經藩閫 便起大屋 繞得腹邑 廣占土 今自近畿 以至湖海 有水路便近之地 盡歸京華巨室之所有 居土之民 則不過耕其田而得其半耳 此所以富益富窮益窮者也 臣謂從今以往 申五十衣帛之法 遵童子 不裘之制 俾五十以上朝廷貴臣之外 無敢衣裘而服紬 定第宅間架之規 減田土兼並之數 雖貴 戚公卿 宅無過幾間 田無過幾結 作爲令甲 頒布中外 犯此者 繩以重律 則庶爲救弊之道矣."

12) 權以鎭(현종 9년, 1668~영조 10년, 1734) : 본관은 안동. 호는 有懷堂·收漫軒. 연산 출신. 어머니는 산림 송시열의 딸이다. 尹拯의 문인이다. 당색은 소론. 숙종 19년 (1693) 사마시에 합격하고, 이듬해 별시문과에 병과로 급제, 찰방을 거쳐 승문원부정 자가 되었다. 함평 현령·전라도 도사, 정언·홍문관 수찬을 두루 역임하였다. 이때 김춘택의 전횡을 방관한 죄로 파직되었다. 당론으로 인해 벼슬길이 순탄하지 못했으나, 경종 1년(1701) 좌의정 이광좌의 천거로 승지에 올랐으며, 이듬해 사은부 사로 청나라에 다녀왔다. 영조 4년(1728)에는 이인좌 난을 수습한 공으로 원종공신 1등에 녹훈되었으며, 호조판서가 되었고, 영조 7년(1731)에는 공조판서가 되었다. 영조 9년(1733)에 평안도 관찰사를 끝으로 사직하고, 고향인 연산으로 퇴거한 것으로 추측된다.

많이 비축하고 있던 宰臣 지주들은 기꺼이 권분하려고 하지 않고 있었다. 권이진이 공조판서로 있던 英祖 7년(1731)에 삼남지방에 흉년이 들었었다. 그는 이미 고향인 연산은 물론 공주·진금에서도 농장을 가지고 있었기 때문에 마땅히 권분해야 했지만 하지 않고 있었다. 그러자 마침 감진어사로 충청도에 파견되었던 黃晸은 연산을 순방하면서 권이진의 농장곡이 많다는 소문을 듣고 군수로 하여금 그의 연산 농장의 곡물 200石을 封庫시켜서 진휼곡에 보태도록 지시했었다.13) 이에 권이진은 황정이 그의 庄穀을 勒分하기 위해서 '封其私庫'했다고 생각하고, "이미 宰列에 있으니 富民과는 다르다. 그런데 私庫를 封하고 나누어 주라고 명령하는 것은 조정의 체모를 보존하는 것이 아니다."라는 내용의 편지를 황정에게 보내어 그를 책망하였다. 그러자 사간 許沃은 "권이진은 卿宰가 된 몸으로 시골에서 넉넉히 살면서 곡물에 인색했을 뿐만 아니라 또한 그의 언사가 駭悖하였으니 마땅히 그의 관직을 삭탈하고, 다만 그 곡식은 되돌려 주어야합니다."라고 상소하였다. 이에 英祖는 황정과 권이진을 함께 파직시키고, 군수가 '封其私庫'한 것은 조정의 勸分令에 의한 것이 아니기 때문에 그 곡식은 되돌려 주지 말라고 명령했다.14) 英祖 8년(1732) 1월에 英祖는 권이진에 대한 파직 명령을 환수하면서 말하기를, "以鎭이 모은 곡식은 하늘로부터 비처럼 내린 것이 아닌 즉, 이는 역시 겸병 때문이다. 근래에 사부는 대부분 호서를 '依歸之所'로 삼고, 이미 '依歸之所'가 된 즉, 料生할 수 있는 축적이 없을 수 없다. 이것 역시 時勢이고, 以鎭 역시 그러했다."고 하였다. 즉 서울의 사대부들은 관직을 그만 둔 뒤에는 호서지방에 퇴거할 것을 대비하여 미리 토지를 겸병하고

---

13) 『承政院日記』736책(탈초본 40책), 영조 7년 12월 13일. "黃晸啓曰 …… 臣目見 民命近止 購救方急 而生穀之路 惟有勸分一事矣 至如無勢士夫及小民之稍有富名者 列邑無不勸分 而 獨勢家右族之稍有餘粟者 莫敢下手 事極不均 臣在公山 探問前判書權以鎭家分粟與否 則終 無意於補賑云 臣欲往見相議 則官路迂左不果 透逦到連山地 得聞重臣家庄穀 多積於境內 重臣之積儲厚藏 不但臣獨聞知 通朝皆知之 且念重臣平日 體國家恤窮民之意 尤當自別 參量 取穀 使之補賑 於公可謂大助 在私不爲甚損 故臣果令本縣 封置得二百石之租 欲以此意 書札相通 而旣無一面之分 且有私義之越趄者 只使本官禮吏 告目以報矣 追聞重臣 以此事怒 臣至深 許多辭說 全不擇發 臣實爲重臣慨惜也."

14) 『承政院日記』736책(탈초본 40책), 영조 7년 12월 25일.

있었다는 것이고, 이것이 당시의 시세였다는 것이다.[15] 고향이 연산이었고, 宰列에 올라있던 권이진이었던 만큼 더더욱 그런 시세에서 예외일 수가 없었을 것이다.

그런데 이처럼 호서지방에서 토지를 겸병했던 자들은 '京兩班'만이 아니었다. 그 가운데는 '卿宰로서 퇴거한 자'들도 있었다. 즉,

충청어사 金尙翼이 말하기를, "호서지방은 사대부로서 流寓하는 자가 가장 많은데, 사부가들의 柴場의 폐가 심합니다. 묘지와 그 養山 외에 空地를 널리 차지하고 柴場이라 하면서 小民을 금지시켜 풀 한포기 나무 한그루도 벨 수 없게 하니 소민들이 나무하러 가는 길이 단절되었으니 근거가 없는 일입니다. 무릇 산림과 천택은 국가가 민인과 더불어 공유하는 것인데 사부는 독점하고 금단시켜서 소민들에게 끝없는 폐단을 주고 있습니다. 조정은 도신에 분부하여 이른바 柴場은 일절 혁파하는 것이 좋겠습니다." 임금이 말하기를, "조정에서 만약 사부에게 柴山을 정하여 주는 일이라면 혹 그럴 수도 있지만 이것은 몰래 차지한 것이다. 丘墓는 養山으로 가능한데 그 외 柴山이라는 명목을 만들고 소민들을 금단시키는 것은 어찌 解弛한 일이 아니냐. 근래 호서지방은 京華士夫들의 鄕이 되어 버리고 호서 백성들의 거주지가 아니다. 柴山뿐이 아니다. 호서 백성들은 점점 전답이 없는 사람들

<hr>

15) 『承政院日記』738책(탈초본 40책), 영조 8년 1월 23일. "侍讀官李宗白曰 …… 以近日權以鎭事觀之 終有私吝之意 臣竊慨然於以鎭也 上曰 其言過矣 權以鎭 謂之執滯則可也 謂之聚斂則不可 …… 以湖西伯狀辭觀之 其所儲之穀 名曰義莊 則不可歸之於私吝矣 尹東衡曰 宗白之言誠過矣 知臣莫若君 殿下之知以鎭 明矣 臣與以鎭 居相近 自少知其本末 上敎中執滯二字 實是渠之對症 而亦不可謂全然疎脫於財利等事矣 近日之事 則非爲惜財而然 有憾於御史之任 自封庫專而不顧藉而然也 聞以他穀 今方私賑云 若有私吝之意 則不必散他穀 設私賑矣 以鎭之本情 此可見矣 宗白曰 權以鎭 受國厚恩 致位卿宰 當此無前凶歉 而家多積粟 則其在體聖上軫恤之意 念民吾同胞之義 必不待御史之言 渠自散賑矣 今乃不然 反有吝惜之意 臣則終不爲快矣 上曰 上番之言過矣 下番所云不能疎脫於財利者 誠爲題矣 其人本來强項 而予之未安於以鎭者有二 以鎭常謂予曰 勿愛京民 鄕民眞可憐云 若使以鎭 眞有愛憐鄕民之意 則當此慘凶 家有積粟 必不待御史 而先自賑救 今則不然 此其言不顧行之致 此予之所未安者一也 向者朴文秀言 湖西則以士夫兼竝之故 小民不能聊生云 以鎭所聚之穀 旣非自天而雨 則是亦兼竝也 近來士夫 多以湖西爲依歸之所 而旣爲依歸之所 則不可無料生之蓄積 此亦時象所關 而以鎭亦不免焉 此予之所未安者二也."

이 되어가고 있다. 역시 士夫의 폐해이다. 전답을 지나치게 널리 차지하는 자는 도신에게 명하여 역시 신칙하라. 하물며 이른바 柴山이라는 것은 朝家에서 허용한 것이 아니다. 丘墓 외에 어찌 柴山이 있을 수 있는가. 묘당은 도신에게 관문을 보내어 각별히 신칙하라."[16]

여기서 '卿宰로서 퇴거한 자'란 내직으로 '六卿·參判'과 외직으로 監司·兵使 등 2품관 이상의 고관을 역임했다가 퇴직·사직과 동시에 호서지방으로 퇴거한 자들이었다. 그들 가운데는 기호사림 출신이 대부분이었을 것이고, '환국정치기' 이후에는 호남사림·영남사림 출신으로서 남인·소론계의 정치가들도 일부 포함되어 있었을 것이다. 그리하여 여기서 보듯이 '호서지방은 사대부로서 流寓하는 자가 가장 많았다'고 했던 것이다. 즉, '근래 호서지방은 京華士夫들의 '鄕'이 되어 버렸거나 '依歸之所'가 되어서 이미 호서 백성들의 거주지가 아니다'라고까지 말해지고 있었던 것이다.

그런데 그들이 이처럼 주로 호서지방에 流寓하였던 경우는 몇 가지가 있었을 것이다. 하나는 기호사림 출신으로서 은퇴와 함께 그의 고향으로 귀향하는 경우였을 것이다. 둘은 그가 혹 政爭 과정에서 패퇴하여 물러날 수밖에 없었다면 일단 서울과 가까운 호서지방에 퇴거하여 중앙 정국의 변동과 그 추이를 지켜보면서 적절한 기회에 또다시 정계에 진출하기 위해서였을 것이다. 셋은 그가 致仕하여 퇴거했다면 그것은 혹 이전에 卿宰로 있을 때 호서지방에 이미 조성해 놓았던 농장으로 퇴거하는 경우였을 것이다. 넷은 여기서 보듯이, 卿宰였다가 치사하고 호서지방에 퇴거하는 경우였다. 그리고 이처럼 '卿宰로서 퇴거한

---

16) 『承政院日記』 743책(탈초본 41책), 영조 8년 5월 29일. "忠淸御使 金尙翼曰 湖西之地 士大夫流寓者最多 而士夫家柴場之弊爲甚 丘墓養山之外 廣占空地 稱以柴場 禁斷小民 一草一木 使不得犯斫 小民樵牧之路 以此斷絶 事甚無據矣 夫山林川澤 國家與民共之 而士夫則獨占禁斷 以貽小民無限之弊 自朝家 分付道臣 所謂柴場處 一切革罷 則似好矣. 上曰 自朝家 若有定給士夫柴山之事 則猶或然矣 此乃冒占也 丘墓則可以養山 而其外別爲名目 稱以柴山 禁斷小民者 豈非駭異乎 近來湖西 作一京華士夫之鄕 非百姓所居之地也 非獨柴山 湖西百姓 之漸無田畓者 亦士夫之害也 田畓之過廣占者 令道臣 亦當申飭 況其所謂柴山 本非朝家之 所許 丘墓之外 豈宜有柴山哉 令廟堂嚴關道臣 各別申飭 可也."

자'들은 장차 聊生할 경제적 기반을 마련하기 위해서 겸병에 나섰던 것이다. 우선 그들은 墓地와 그 養山 외에 공한지라는 명목으로 시장·시산을 광점하였다. 그리고 장차 이에 대한 입안을 내고 개간할 것이었다. 따라서 '경재로서 퇴거한 자'들은 두 부류가 있었다. 하나는 卿宰로 현직에 있을 때 호서지방에 조성해 놓았던 농장을 따라 퇴거하는 자들이었고, 또 하나는 여기서 보듯이 卿宰로 퇴거하면서부터 柴場·柴山, 즉 山林을 공한지라는 명목으로 광점한 뒤에 그에 대한 입안을 내고 개간하는 자들이었다.[17] 바로 이들이 '卿宰로서 퇴거한 자'들이 었다.

그런데 실제로 호서지방에서의 토지겸병의 본 축은 바로 '호서양반'이었다. 호서지방에서 토지겸병의 폐해가 가장 심했던 것은 '평소에도 많은 호서의 양반'들에 '京兩班'과 '卿宰로서 퇴거한 자'들까지 가세하여 토지겸병에 나서고 있었기 때문이었다.[18]

> 부사직 宋眞明이 아뢰기를, "호서지방은 畿甸에 근접해서 王化가 미치는 곳이고 사대부들의 터전이어서 토풍민속은 거의 없습니다. 豪族의 겸병, 소민의 질고가 타도에 비해 특히 심합니다. 본래 양반이 많이 살아서 피해가 있다고 했는데, 점차 效嚬하고 관습도 점점 나빠져서 전혀 국법의 엄격함과 관령의 무거움을 알지 못합니다."[19]

> 좌부승지 金尙星이 아뢰기를, "…… 근래에 사대부와 향족이 입안을 도출하 여 山澤을 모점하는 폐단이 있으니 참으로 한심합니다. 신이 경기어사로 있을 때 본 즉, 形勢士大夫와 豪强鄕族之類 가운데는 柴場·鹽場을 空地로 廣占하고 主倅에게 圖囑하여 입안을 냄으로써 窮殘한 士民들이 감히 고기를

---

17) 『英祖實錄』 23권, 영조 5년 8월 22일.

18) 주 5) 참조.

19) 『承政院日記』 792책(탈초본 44책), 영조 10년 12월 23일. "副司直 宋眞明日 臣則新從下 土來 當以外方物情仰達矣 上曰 予方欲問而未果 陳達可也 眞明日 湖西接近畿甸 王化之所及 士大夫之所處 而土風民俗 殆無餘地 豪族之兼竝 小民之疾苦 比他道特甚 本來稱以兩班多居 之害 而次次效嚬 習尙漸惡 全不知國法之嚴 官令之重."

잡거나 나무를 하지 못했습니다. 만약 혹 그곳을 범하는 자가 있으면 자기의 물건이 되었다고 하면서 그 이득을 모두 차지하니 이는 어찌 만에 하나라도 근거가 있는 것이겠습니까. 三南沿海의 여러 곳에 있어서는 이러한 폐단이 더욱 심해서 소민들이 살아가지를 못합니다." …… 좌부승지 金應福이 말하기를, "…… 근래에 勢家와 鄕中豪强之類가 공한지를 광점하고 본관으로부터 입안을 도출하여 한그루 풀이나 나무라도 소민이 손을 댈 수 없게 하고, 심지어는 소민으로 개간하게 하고 수세하니 이것이 어찌 大典의 본뜻이겠습니까. 朝家에서 비록 신칙했는데도 일절 금단할 수 없다고 합니다."[20]

동부승지 李喆輔가 아뢰기를 "…… 井田의 뜻은 역시 민인들의 貧富를 균등하게 하는 것에 지나지 않을 뿐입니다. 그런즉 지금의 겸병의 폐해를 만약 개혁하여 제거한다면 이것이 곧 정전입니다." 임금이 말하기를, "승지는 일찍이 호서양정어사를 지냈으니 호서의 일을 상세히 알 것 같다." 철보가 아뢰기를, "호서는 양반의 窟穴입니다. 때문에 이 (겸병의) 폐해가 더욱 심합니다. 비록 兩南으로 말할지라도 모두 토호가 있기 때문에 富益富 貧益貧의 폐해가 있습니다."[21]

즉, 호서지방이 豪族의 겸병과 농민의 질고가 타도에 비해 특히 심했던 것은 호서지방에 본래부터 양반이 많이 살고 있었기 때문이었다는 것이다. 더욱이 그들 '豪强鄕族之類', 즉 土豪들은 英祖 연간에 들어서는 서울의 形勢士大

---

20) 『承政院日記』 829책(탈초본 46책), 영조 12년 7월 1일. "左副承旨 金尙星日 近來士大夫及 鄕族之圖出立案 冒占山澤之弊 誠寒心矣 臣爲京畿御史時見之 則有形勢士大夫及 豪强鄕族 之類 稱以柴場鹽場 廣占空地 圖囑主倅 成出立案 窮殘土民 不敢漁牧 若或有犯耕處 則因作己 物 以罔其利 此豈非萬萬無據乎 至於三南沿海諸處 此弊尤甚 小民無以聊生 如此事 正宜嚴立 科條 從重勘處矣 左副承旨 金應福曰 大典刑典禁制條中 私占柴草場者 其律杖八十 工典柴場 條 用柴諸司 於水邊給柴場而各有定限 近來勢家與鄕中豪强之類 廣占空閑之地 圖出立案於 本官 雖一草一木 不許小民犯手 至於使小民開墾而收稅 此豈大典之本意乎 自朝家雖已申飭 而不能一切禁斷云."

21) 『承政院日記』 866책(탈초본 47책), 영조 14년 1월 10일. "同副承旨 李喆輔曰 …… 井田之意 亦不過均民之貧富矣 卽今兼竝之弊 若得革祛 則此便是井田矣 上曰 承旨曾爲湖西 良丁御史 湖西事似詳知矣 喆輔曰 湖西卽兩班窟穴 故此弊尤甚 雖以兩南言之 皆有土豪 以至富益富貧益貧之弊矣."

夫·勢家들과 함께 山澤, 즉 柴場·魚場을 공한지로 먼저 廣占하고 수령에게 청탁하여 입안을 내서 자기 것으로 차지해버리고는 窮殘한 土民들이 나무를 하거나 고기를 잡지 못하게 하고 있었던 것이다. 그리고 그들이 山澤을 광점하고 입안을 냈던 그 저의는 실은 그것을 경지로 개간하기 위해서였다. 물론 그들은 자기의 물력과 노력을 들여서 개간하는 것은 아니었고, 토지 없는 농민들이 起耕하는 것을 坐觀하고 있다가 이내 그들로부터 收租하였던 것이다. 즉, 입안을 빙자하여 개간지의 소유주로 자처하면서 기경하고 있는 농민들을 佃作農民으로 간주하고, 그 개간지를 竝作制로 경영했던 것이다. 그러나 전술했듯이 이처럼 공한지에 대한 입안을 빙자하여 그 개간지를 소유했던 방식은 『續大典』에 '현재의 기경자를 소유주로 한다'는 것을 법규로 규정하면서부터는 더 이상 통용될 수 없을 것이었다.

한편, 서울의 권세가·사대부들이 이처럼 호서지방에서 겸병하고 있었다면 호서보다 가까운 근기에서의 그들의 토지겸병 또한 자심하였을 것이다.

좌부승지 柳儼이 아뢰기를, "…… 감사 수령이 循例勸農해도 농민들이 더욱 태만하고 전답이 경작되고 있지 않는 것은 다름이 아니라 농민들이 모두 전토와 우마를 가지고 있지 않기 때문입니다. …… 부자는 힘써 농사지어 더욱 부자가 되고, 빈민으로서 품을 파는 자는 부자의 곡식을 먹습니다. 때문에 경작 시기에 미쳐서 자기 농사를 할 수 없습니다." 임금이 말하기를, "일찍이 교하를 본 즉, 전토가 매우 넓었는데, 趙命臣이 말하기를, 모두 양반의 전토라고 했다. 모름지기 겸병 때문에 그러할 것이다."[22]

검토관 徐命臣이 아뢰기를, "…… 정전법은 비록 행할 수 없더라도 만약 한나라의 限田法을 시행하면 빈민은 보존할 수 있을 것 같습니다. 우리나라 전답은 본디 정해진 제도가 없기 때문에 부자는 혹 一境을 다 차지하고,

---

22) 『承政院日記』 840책(탈초본 46책), 영조 13년 1월 2일. "左副承旨 柳儼曰 歲首旣有勸農之敎 請以勸農條陳達矣 監司·守令 循例勸農 而小民益怠 田疇不闢者 無他 小民非皆有田土牛馬者也 …… 富者力農 富益富矣 貧民之賣傭者 食富者之穀 故及耕作之時 不得爲自己農事矣 上曰 曾見交河 則田土甚廣 而趙命臣以爲 皆兩班之田云 蓋兼竝而然也."

빈자는 한 홉도 뿌릴 땅이 없습니다. 만약 한전법을 시행하여 광점하지 못하게 하면 부자는 兼竝之患이 없을 것이고, 빈자는 실업하는 폐단이 없어질 것입니다." 임금이 말하기를, "전답을 광점하는 폐단은 오래되었다. 비록 한전법을 시행하려고 할지라도 부민들의 제한 외의 전지를 白奪하여 빈민에게 줄 수는 없고, 또한 모두 公家에서 매득하여 줄 수 없는 즉, 저 빈민은 어떻게 스스로 살 수 있는가. 겸병의 병을 빨리 구제하려고 해도 역시 갑자기 개혁할 수 없고, 또 겸병은 토호만이 아니고 사대부 역시 그러하다. 내가 日前에 交河 陵幸 時에 앞 들이 심히 넓어서 승지한테 물었더니 모두가 양반의 것이라고 말했다. 8도의 전지도 미루어 알 수 있다. 小民의 생애가 참으로 가련하다."23)

(畿甸) 전답은 또한 모두 京城士夫와 閭巷의 크고 작은 여러 집안들이 차지하고 있었기 때문에 농민들은 艱辛히 힘써 경작하여도 畓主와 分半하고 나면 얻는 것이 거의 없었다. 還穀·身布·官納·吏索을 그 가운데서 마련하여 내야 했다. 이것이 畿甸의 민인들이 8도에서 가장 窮困했던 까닭이다.24) …… 수원 민인 가운데 처음부터 토지가 없는 자는 역시 서울 사람의 토지로 명맥을 잇는 자가 반드시 많다. 다만 근래 민심을 보건대 처음부터 열심히 농사지을 계획을 가지지 않고 오로지 광작하는 것을 능사로 삼는다. 때문에 식구가 많은 집은 수십 마지기의 논을 경작한다. 이 때문에 이미 땅을 기름지게 하지 못하고 또 힘써 김매지도 않음으로써 답주로 하여금 이득을 얻지 못하게 하지만 자기는 그 광작으로 인하여 자못 이득을 얻는다. 이것이 실로 요즈음의 고질적인 폐단이다.25)

---

23) 『承政院日記』906책(탈초본 49책), 영조 16년 2월 14일. "檢討官 徐命臣曰 井田法 雖不能行之 而若行漢時限田法 則貧民似可保存矣 蓋我國田畓 本無定制 故富者或盡占一境 貧者則無一合種之地 若行限田法 而使不得廣占 則富者無兼竝之患 貧者無失業之弊矣 上曰 田畓廣占之弊 其來已久 雖欲行限田之法 富民限外之田 旣不可白奪以給貧民 亦不得盡自公家買給 則彼貧民 何以自買耶 兼竝之患 雖極可救 而亦不可猝然改革 且兼竝 非但土豪也 士大夫亦然 予於前日交河陵幸時 見其前郊甚廣 問于承旨 則以爲皆是兩班家物云 八道田地 推此可知 小民之生涯 甚可哀憐也."

24) 『千一錄』上(1982, 比峰出版社 刊), 26쪽.「畿甸」. "統論一道 …… 田畓又皆京城士夫閭巷大小諸家之所占有 故農民艱辛力作與畓主分半 所得無幾 而還穀身布官納吏索皆從其中而辦出 此所以畿民之窮困最甚於八路者也."

25) 『天一錄』,「觀水漫錄」廣屯奠民之策. "本土(水原)民人之元無田土者 亦以京人田土爲命脈者

즉, 교하의 모든 전답은 '京城士大夫'·'京兩班'들이 소유하고 있었다는 것, 수원의 純佃作農民들은 '京人', 즉 '京城士夫'들의 전토를 佃作하고 있었다는 것, 따라서 기전의 모든 전답은 '京城士夫'와 '閭巷의 諸家', 즉 이곳의 世族들이 소유하고 있었다는 것이다. 그리고 이로 미루어 보건대, 전국의 토지도 양반들과 토호들이 소유하고 있었으리라는 것이다.[26] 그리하여 그들은 혹 한 지역을 모두 소유하기도 했지만 貧者에게는 한 홉이라도 파종할 수 있는 전답이 없을 정도로 토지소유의 불균등이 심했다는 것, 이 때문에 농민들은 모두 田土와 牛馬를 가지고 있지 않았기 때문에 농사를 할 수 없고 빈민으로서 품을 팔아 살아갈 수밖에 없었다는 것, 이처럼 농민이 실업하는 그 근인은 토호·사대부들의 겸병이기 때문에 이를 개혁하기 위해서 정전법은 차치하고서라도 한전법을 시행하려고 해도 사대부가 토지를 광점하고 있었기 때문에 어려웠다는 것이다.

이상으로 畿甸과 湖海지방에서의 서울의 권세가·사대부, 즉 '京兩班'의 토지겸병 실태는 다음과 같이 정리될 수 있겠다.

정언 鄭益祚가 아뢰기를, "…… 낮은 벼슬이라도 한번 지내면 곧 큰 집을 짓고, 가까스로 파리한 고을의 수령을 지내도 전토를 광점합니다. 지금 近畿로부터 湖海에 이르기까지 수로에 가까운 땅은 모두 京華巨室의 소유가 되었습니다. 거주민은 그들의 토지를 경작하고 그 반을 얻을 뿐입니다. 이것이 부자는 더욱 부유해지고 가난한 자는 더욱 가난해지는 까닭입니다. …… 50세 이상의 조정의 貴臣을 제외하고는 가죽 옷과 비단 옷을 입지 못하게 하고, 第宅의 칸수에 대한 규정을 정하고 田土兼竝의 규모를 줄여서, 비록 貴戚公卿이라도 몇 칸을 넘지 못하게 하고 전토도 몇 결을 넘지 못하게

必多矣 第近來民心 元無力稽勤農之計 專以廣作爲能事 故數口之家 皆作數石之畓 以此之故 旣不糞田 又不力耘 使畓主失利 而渠則因其廣作 頗獲贏利 此實近日之痼弊也."

26) 『承政院日記』1425책(탈초본 79책), 정조 2년 7월 20일. "副司直 尹冕東疏曰 …… 臣請擧槪而陳之 向者權凶狼貪 一世效尤 累十百萬之錢 流遍八路 一區一域 可占之土 可僦之 庄 輒必增價以貿 翔踴數倍 勢贏貨薄之人 初不可下手爭買 擧一國之畝 幾盡入於燁爀之家 而且或値歲飢荒 鄕曲富豪之流 乘時射利 輕價勒貿 民間之略干餘地 亦皆爲此輩所有 古所云 富連阡陌 貧無之立錐者 卽是實際語也 此固兼竝專利之害."

하는 法令을 만들어야 합니다."[27]

부수찬 李錫夏가 아뢰기를, "…… 民生이 困瘁하고 재앙이 거듭되며 곤궁함이
더욱 심해지는 것은 貪墨의 바람이 일어나고 兼竝의 길이 많기 때문입니다.
지금 卿相之家들은 田庄을 廣占하지 않은 자가 없습니다. 잇대어 있는 비옥한
토지와 湖沿의 거대한 제방이 郡縣을 넘어서 一望無際입니다. 千石(落)이
안 되면 스스로 땅이 얼마 되지 않는다고 말합니다. 해마다 한 장토의
쌀을 내다 파는데 사람들은 臥買라고 일컫고 있습니다. 그러니 민인들이
어찌 곤궁하지 않으며, 나라가 어찌 깎이지 않을 수 있겠습니까."[28]

즉, 근기로부터 호서·해서에 이르기까지 서해의 船路에 가까운 땅은 모두
'京華巨室'들이 소유하고 있었다는 것, 그 가운데서도 '卿相之家', 즉 宰相家들은
호서지방 연안에 千石落 이상의 田庄을 가지고 있었다는 것이다.

[附表] 貴戚·功臣·公卿의 恩賜田結 授受現況(단위 : 結-負-束)

직위, 성명	숙종 연간	경종 연간	영조 연간	정조 연간	합계
東平君 李杭	3-99-9				3-99-9
醫員 鄭安世	8-83-8				8-83-8
譯官 崔希高	0-6-3				0-6-3
右議政 鄭維城	3-46-1				3-46-1
右議政 李翮	0-92-4				0-92-4
驪陽府院君 閔維重	11-51-3		2-09-0		13-60-3
扈聖功臣 鰲城府院君 李恒福	10-62-7				10-62-7
奏請正使 錦平尉 朴弼成	8-14-1		0-96-4		9-10-5

27) 『承政院日記』1463책(탈초본 80책), 정조 4년 5월 11일. "正言 鄭益祚疏曰 …… 所謂財用
之不可不節者 昔人云奢侈之害 甚於天災 近者名分斁 而庶人之服飾 僭擬公卿 廉恥傷 而士夫
之第宅 窮極輪奐 此非天降而鬼輸也 只從民間膏血中出來 夫田中滴汗之粟 機上裂指之帛
公然爲豪富家權漁之資而已 是故一經藩閫 便起大屋 纔得腴邑 廣占田土 今自近畿 以至湖海
有水路便近之地 盡歸京華巨室之所有 居土之民 則不過耕其田而得其半耳 此所以富益富窮
益窮者也."

28) 『承政院日記』1732책(탈초본 91책), 정조 18년 7월 24일. "副修撰 李錫夏疏曰 ……
噫 民生困瘁 而咎徵荐降 而困瘁愈甚者 職由貪墨之成風 而兼竝之多門也 顧今卿相之家
無不廣占田庄 驪楊沃壤 湖沿巨堰 跨郡沒縣 一望無際 不滿千石 自謂貧灶 歲糶一庄 人稱臥買
民安得不困 國安得不削乎."

翼陵守陵官 花昌君 李玩	4-99-9				4-99-9
奏請副使 判書 南二星	0-05-0		10-27-1		10-32-1
通副使 參判 柳淰	5-00-0				5-00-0
奏請使書狀官 參議 宋相琦	2-02-0				2-02-0
徽陵侍陵官 內官 宋尙殷	6-10-7				6-10-7
內醫院副提調 工曹判書 宋昌	13-17-6				13-17-6
奏請使書狀官 平川君 申玩	1-64-8				1-64-8
奏請上使 臨陽君 李桓	3-68-5				3-68-5
王世子痘患平復後 醫員 曹錫孚	1-97-9				1-97-9
醫員 鄭斗俊	2-54-7		0-22-6		2-77-3
王子痘患平復後 內侍府尙膳 張世相	3-00-0				3-00-0
崇陵守陵官 瀛昌君 李沈	1-00-6	0-91-3			1-91-9
崇陵守陵官 內官 李應順	0-49-0	2-82-5			3-31-5
扈聖功臣 西川府院君 鄭崑壽	6-59-9	25-06-0	5-51-4		37-17-3
宣武功臣 永嘉府院君 權慄	1-11-2	17-19-3	35-65-3		53-95-8
慶恩府院君 金柱臣	0-54-3	7-24-5			7-78-8
知事 柳瑞	2-12-5				2-12-5
明陵守陵官 礪山郡 李枋	3-03-7				3-03-7
奏請副使 吏曹判書 李塾	0-94-5				0-94-5
譯官 李後勉	0-40-0				0-40-0
醫員 金有鉉	1-50-0				1-50-0
中宮殿病患平復後 刑曹參判 權尙游	0-35-2	0-12-4			0-47-6
保社功臣 光城府院君 金萬基	15-45-7	8-0-0	17-34-1		40-79-8
王大妃病患平復後 醫員 李燁		1-5-4	1-75-5		1-80-9
海平府院君 尹斗壽		1-5-9			1-5-9
光國功臣 海平府院君 尹根壽		11-75-0	45-48-4		57-23-4
奏請使 兵曹判書 李肇		4-3-6	2-10-1		6-13-7
長陵守陵官 咸陵府院君 李澥		0-50-6			0-50-6
內官 金成業		3-0-0	0-37-9		3-37-9
醫官 崔聖任			2-74-8		2-74-8
奏請使書狀官 廣州府尹 金尙奎			7-16-8		7-16-8
醫官 鄭斗俊	2-54-7		0-22-6		2-77-3
綾城府院君 具宏			0-50-8		0-50-8
譯官 金是瑜			0-46-3		0-46-3
醫官 方震夔			2-5-3		2-5-3
懿陵守陵官 洛昌君 李樿			13-41-8		13-41-8
奏請使書狀官 工曹參議 趙命臣			3-0-9		3-0-9
痘患平復 左尹 金錫翼			3-0-3		3-0-3
判書 南二星			10-27-1		10-27-1
景宗大王痘患平復 醫官 崔萬尙			5-2-3		5-2-3
判書 金錫衍			0-49-4		0-49-4

奏請使 譯官 李樞			7-64-4		7-64-4
藥房提調 判書 李彦綱			13-70-4		13-70-4
忠武公 李舜臣			9-63-0		9-63-0
奮武功臣 錦陵君 朴弼健			22-61-6		22-61-6
奮武功臣 海恩府院君 吳命恒			32-56-4		32-56-4
奮武功臣 豊陵府院君 趙文命			15-59-2		15-59-2
孝章墓守墓官 長溪君 李柄			41-54-7		41-54-7
奮武功臣 咸寧君 朴纘新			26-43-5		26-43-5
奮武功臣 靈城君 朴文秀			15-27-7		15-27-7
奮武功臣 仁平君 李普赫			4-57-1		4-57-1
奮武功臣 全陽君 李益馝			1-92-3		1-92-3
奮武功臣 咸恩君 李森			19-82-0		19-82-0
明陵守陵官 礪城君 李楫			10-58-7		10-58-7
醫官 崔有泰			2-39-7		2-39-7
謝恩副使 參判 金有慶			1-37-9		1-37-9
惠陵守陵官 益陽君 李檀			25-86-5		25-86-5
海興君 李橿			3-18-0		3-18-0
奮武功臣 花原君 權喜學			2-90-8		2-90-8
奉朝賀 崔奎瑞			1-0-0		1-0-0
陳奏兼奏請副使 左參贊 尹陽來			0-16-9		0-16-9
奏請使 密昌君 李樴			30-0-0		30-0-0
承旨 李喆輔			1-17-6		1-17-6
參議 朴聖輅			3-3-0		3-3-0
奮武功臣 忠原君 朴東亨			3-20-8		3-20-8
奏請使書狀官 判府事 俞拓基			5-94-0		5-94-0
奏請使 領府事 徐命均			3-45-1		3-45-1
藥房都提調 判府事 李頤命			3-0-0		3-0-0
海蓬君 李橝			2-0-0		2-0-0
醫官 差備待令 鄭趾彦			2-11-2		2-11-2
奏請副使 刑曹判書 洪重孝			3-4-5		3-4-5
行司直 金鍾秀				37-43-4	37-43-4

○ 숙종·경종·영조·정조 연간에, 안으로 왕실과 국가를 지키고 유지하는 데에 공로가 있는 자들로서 醫員·醫官·藥房都提調, 扈聖·宣武·保社·奮武功臣, 守陵官을 지낸 宗親, 府院君, 三公六卿의 高官·名臣 등의 본가에, 그리고 밖으로는 청나라와의 외교관계에서 譯官과 奏請使·謝恩使 등의 외교사절로서 공로가 있는 신료들의 본가에, 본가의 고을이나 본가와 가까운 고을의 數外官屯畓·官屯田畓, 無主火田, 籍沒田畓, 量外加耕田畓 등을 恩賜田結로 折給하고 있다. 그 가운데 30結 이상을 折給받은 본가를 들어 보면, 扈聖功臣 西川府院君 鄭崐壽(37結 17負 3束)·宣武功臣 永嘉府院君 權慄(53結 95負 8束)·保社功臣 光城府院君 金萬基(40結 79負 8束)·光國功臣 海平府院君 尹根壽(57結 23負 4束)·奮武功臣 海恩府院君 吳命恒(32結 56負 4束)·孝章墓守墓官 長溪君 李柄(41結 54負 7束)·奏請使 密昌君 李樴(30結)·行司直 金鍾秀(37結 43負 4束) 등의 본가이다. 忠武公 李舜臣의 본가가 英祖 연간에 와서야 은사전결(9結 63負)을 折給받는 것이 특기할 점이다(『承政院日記』631책(탈초본 34책), 영조 3년 1월 18일. "權禱以戶曹啓曰 故忠武公李舜臣恩賜田結 尙未準

受矣 全羅道古阜郡 數外官屯田七十負九束·畓二十八負七束 忠淸道牙山縣 官屯田五負二束·畓三十負
九束 結城縣 官屯田八十四負四束·畓十六負七束 沔川郡 官屯畓五十八負 自本家望呈願受 依例折給
何如 傳曰 允.").
○ 전거 : 『承政院日記』(肅宗·景宗·英祖·正祖).

2. 京華兩班地主의 地主經營

조선후기의 英祖·正祖 연간, 즉 18세기에 지주제('지주 – 전호농민'관계)가
체제적으로 확립되었을 때의 양반지주계층은 '京華兩班'·'京中士大夫', 즉 서울
의 권세가·사대부와 '豪强鄕族之類', 즉 향촌의 양반토호였다. 전자는 '貴戚公卿',
즉 功臣·戚臣과 公卿·卿宰·卿相·宰相 등으로서 '京華巨室'·'京華世族'으로 일컬어
지고 있었는데, 이들은 근기로부터 호서·해서에 이르기까지 서해의 漕運船路에
가까운 연안지역의 토지를 겸병하여 대지주가 되고 있었다. 후자는 '鄕中兩班'·
'鄕村士族' 등으로 거주지를 중심으로 역시 토지를 겸병하여 대지주가 되고
있었으므로 '兩班土豪'('土着富豪')로 일컬어지고 있었고, 이들 외에 '宗家地主'와
'庶民地主'가 있었다.

전술했듯이, 조선전기의 농장들은 '田主 – 佃客' 관계와 '地主 – 佃戶' 관계의
외피 아래서 ① [양반 농장주 – 노비 농민] 관계 아래의 '家作制'와 '作介制'('作介 –
私耕' 방식), ② [양반 농장주 – 예속적 전작·전호농민] 관계 아래의 '竝作半收制'로
경영되었다. 이 둘 가운데 전자에 의한 농장 경영이 14세기 후반 이래 17세기
전반기까지 지배적인 소유·생산관계였고, 후자는 부차적인 소유·생산관계였
다. 그러나 17세기 전반기 이후 노비 인구가 감소하고, 작개제에 대한 노비들의
저항이 심해지는 한편,[29] 17세기 후반기에 이르러 농업기술과 농법의 발달,
이에 따라 토지생산성과 농업생산력이 급격히 향상되면서[30] '家作制'와 '作介制'

---

29) 李榮薰, 1988, 「한국사에 있어서 奴婢制의 추이와 성격」『노비·농노·노예 – 예속민의
비교사 –』, 역사학회 편, 304~422쪽.

30) 李鎬澈, 1986, 『朝鮮前期農業經濟史』, 750쪽의 '<그림 3> 노동생산성과 토지생산성
의 추이'에 의하면 17세기 후반기에 토지생산성은 노동생산성을 상회하기 시작했

는 '병작반수제'로 대체되어 가고 있었다. 그리하여 18세기부터는 [(양반·서민)지주−시작·전호농민] 관계 아래의 '병작반수제'가 지배적인 경영형태가 되고 있었다. 그리고 양반토호지주나 '종가지주'의 농업경영에는 '家作制'와 '병작반수제'가 병존하고 있었다.

이에 김용섭은 일찍이 양반지주층의 농업생산·농업경영을 다음과 같이 3가지로 유형화하였다.[31]

A. 이른바 지주제로 알려져 있는 병작제적 농업생산 :
그들의 소유지를 佃作·時作농민에게 경작시키고 그 수익의 半을 지대로서 징수하였다. 여기서 지주의 규모는 다양하였다. 즉, 數百 石을 추수하는 중소지주부터 千 石, 萬 石을 추수하는 대지주가 있었다. 萬石君은 道를 대표할 만한 거대지주로서(예컨대 영남의 崔氏와 호남의 王氏) 그 수가 그렇게 많을 수 없으나, 千石君은 각 지방에 '甚衆', '多'하였다. 그리고 數百 石을 추수하는 중소지주·군소지주는 각 지방의 면리에 널리 분포하였을 것으로 추측되고 있다.
양반지주층 가운데는 佃作·時作농민과 더불어 병작을 하면서도 자신의 주택 가까이 있는 일부 전답은 솔거노비·고공·'戶底집'(호지집) 등의 노동력을 활용하여 家作을 하는 것이 또한 관례였다.[32] 가작에 관한 몇몇 예를 들면 다음과 같다.

① 許筠은 주인과 僕從이 생활할 수 있을 만큼의 토지는 僕從의 노동력으로 가작을 하고 나머지는 佃人·時作에게 경작(竝作)시키도록 하고 있었다.
② 高尙顔은 처가 쪽에서 온 遺産(田民)이 있었으나, 자가 생활은 자기가 소유하고 있는 농지와 노비노동을 이용하여 가작을 하는 것으로써 해결하였다.
③ 金永寬은 110結이 넘는 토지에서 근 2천 석을 병작으로 추수하는 대지주였는

다.
31) 金容燮, 2007, 『朝鮮後期農業史硏究[II]−農業과 農業論의 變動−』, 282~291쪽(1989, 「朝鮮後期 兩班層의 農業生産」 『東方學志』 64, 2005 追補).
32) 이처럼 병작제와 가작제 경영을 겸영하는 대표적 지주는 양반토호지주였다. 이는 본 책의 제4부 제4장 양반토호지주의 지주경영에서 서술할 것이다.

데, 텃밭을 포함한 田 1結 92負 5束은 노비노동력과 '호지집' 노동력을
이용하여 가작으로써 경영하였다.
④ 海南尹氏家는 개항 전(1871)에 18結 40負 2束을 소유한 중소지주였는데,
3結 4負 4束은 가작으로써 자경하고 있었다.

B. 양반지주층 가운데 재지 중소지주의 가작경영 :
양반지주층 가운데 재지 중소지주는 전체 소유지 가운데서 되도록 병작
주는 토지를 줄이고 그것을 주로 가작으로 경작하였다. 즉 전체 농업경영에
서 병작에 의한 것보다 자작에 의한 것의 비중이 컸었다.
또한 그들 가운데 그 소유지가 적을 경우에는 그것을 모두 자작하였다.
이런 경우 부유한 자작농과 소지주의 자작 겸 병작 사이에는 큰 차이가
없었다. 이처럼 자작만으로써 경영할 경우, 노비·고공노동력을 이용하여
자작하는 경우, '품앗이' 노동을 포함한 日傭노동이나 일종의 請負耕作的
성격을 지닌 雇只노동력을 이용하여 자작하는 경우, 자기노동력으로 직접
자작하는 경우(가난한 儒生 등) 등이 있었다.

C. 양반지주층 가운데 많은 영세한 토지소유자는 작인 또는 전작·시작농
민으로서 빈농으로 전락하고 있었다.
양반으로서 작인 또는 전작·시작농민은 자작농민에 비하여 영세농일 경우
가 많았다. 그러나 그 가운데는 借耕하는 농지만으로도 대농경영을 하는
이도 있었다. 이러한 양반층 전작·시작농민의 경우, 그 차경지를 소유하고
있는 노비의 노동력을 그대로 이용하거나, 고공·고지노동력을 이용하거나,
자신의 노동력을 직접 이용하여 경작하고 있었다.

여기서는 이상의 3유형 가운데서 첫 번째 'A형'을 살펴보고자 한다.
앞에서 보았듯이, 양반층 가운데 권세가·사대부·토호 등은 횡탈과 늑매,
입안을 빙자한 민전 침탈, '無主空閑地' 개간 등을 통하여 대토지를 겸병하고
있었다. 여기에 더하여 그들 가운데는 대대로 地主家였던 조상으로부터 相續받
은 토지를 차지하거나, 혹은 和會分財 때에 자기 몫으로 나누어 받은 토지를
차지함으로써 여전히 대지주의 지위를 유지했던 자들도 있었을 것이었다.[33]

이러한 양반지주층의 대토지 가운데 그것의 겸병과 동시에 병작반수제의 농업 생산·농업경영(A형)이 영위되고 있었던 토지는 '無主空閑地' 개간지와 買得地였었다. 몇몇 사례를 들면 다음과 같다.

① 정부는 영종도를 요충지로 간주하여 특별히 방어사를 설치하고, 또 목장을 없애고 그 廢牧場地를 민인들로 하여금 기경하는 것을 허락하였다. 이에 편승하여 京中의 사부가들이 서로 다투어 占得하여 私庄을 만들었다. 때문에 耕食之人들은 公私 두 곳에 납세하게 되었다. 또 황주와 울산에 鎭을 설치할 때에 역시 정부에서 築堰하여 주고 궁가에도 買土해 주면서 민인들로 하여금 起墾하여 납세하게 하였다. 이때에 사부가들도 모두 占得하고 사사로이 수세하였다.[34)

② 진휼청은 辛丑年에 안산 석장포에 築筒設屯했는데 京外 兩班 및 常漢이 劃地廣 占하고 이내 立案을 내고는 타인이 기간하는 것을 坐觀하고 竝作 예에 따라 이득을 나누려고 하였다. 때문에 사람들이 혹 기경한 즉, 입안을 낸 자가 본 주인이라 칭하면서, 혹은 기경을 못하게 하거나, 혹은 종자를 주면서 병작을 요구했다. 이 때문에 사람들이 모두 畏憚하고 감히 入耕하지 않으니 여전히 陳廢되고 있었으니 진실로 애석한 일이라고 했다.[35)

③ 시독관 李宗白이 아뢰기를, "······ 下民은 오히려 교화할 수 있지만 양반은 불가합니다. 나라에 있는 양반은 사람 몸에 痰이 있는 것과 같습니다. 담이라는 것은 없을 수 없는데 해로움 역시 심합니다. 신이 근래 東峽(강원도)에 왕래하면서 서울의 士夫가 작년 이후에 峽中에 내려와 사는 자가 많은 것을 보았습니다. 다만 몸소 처자를 보존할 계획에서였지 전혀 나라를 위한 마음은 없습니다. 매우 개탄스럽습니다. 새로 옮겨올 때에 마을 집을

---

33) 『承政院日記』168책(탈초본 9책) 현종 2년 6월 5일. "慶尙左兵虞候李英萬疏曰 ······ 量田 誠國家之良法也 凡田畓或有祖上傳孫 或買得者 或(一字缺, 衿?)得者 或無主陳荒處起耕 者 及其日後相爭之際 分辨之策 俱在量田事目中."

34) 『承政院日記』425책(탈초본 22책), 숙종 31년 5월 26일.

35) 『承政院日記』922책(탈초본 50책), 영조 16년 10월 12일.

빼앗아 들어옴으로써 폐가 많으니 더욱 놀랍습니다. 호서 역시 이런 폐단이 많습니다." 국왕 영조가 말하기를, "호서는 원래 사대부가 依歸하는 곳이다. 전부터 역시 돌아와 사는 자가 많았다. 어찌 금지할 수 있는가? 마을 집을 빼앗아 들어오는 것을 신칙해야 한다. …… 挾民의 생리는 평소에도 극히 불쌍하다. 겨울에는 비단을 얻을 수 없고, 여름에는 布가 없다. 오로지 火田을 일굼으로써 근근이 聊生하는데 그 사이에 사부라는 자들이 山田耕墾處를 예전에 입안을 도출하여 많이 가지고 있다가 입안을 근거로 민인들로부터 세를 거둔다. 수령은 또 續田으로 수세하니 잔민이 兩稅로 실로 불쌍해졌다." 柳儼이 아뢰기를, "무릇 무주공한지의 입안은 정말로 놀라운 일로서 법으로 통금하는 것을 정식으로 하여 시행하는 것이 어떨지요?" 영조가 말하기를, "산전 입안은 극히 절통한 일이다. 도신에게 명령해서 각별히 엄금해야 한다."36)

④ 좌부승지 金尙星이 아뢰기를, "…… 근래에 사대부와 향족이 입안을 도출하여 山澤을 모점하는 폐단이 있으니 참으로 한심합니다. 신이 경기어사로 있을 때 본 즉, 形勢士大夫와 豪强鄕族之類 가운데는 柴場·鹽場을 空地로 廣占하고 主倅에게 圖囑하여 입안을 냄으로써 窮殘한 土民들이 감히 고기를 잡거나 나무를 하지 못했습니다. 만약 혹 그곳을 범하는 자가 있으면 자기의 물건이 되었다고 하면서 그 이득을 모두 차지하니 이는 어찌 만에 하나라도 근거가 있는 것이겠습니까." …… 좌부승지 金應福이 말하기를, "…… 근래에 勢家와 鄕中豪强之類가 공한지를 광점하고 본관으로부터 입안을 도출하여 한그루 풀이나 나무라도 소민이 손을 댈 수 없게 하고, 심지어는 소민으로 개간하게 하고 수세하니 이것이 어찌 大典의 본뜻이겠습니까. 朝家에서 비록 신칙했는데도 일절 금단할 수 없다고 합니다."37)

---

36) 『承政院日記』692책(탈초본 38책), 영조 5년 8월 22일.

37) 『承政院日記』829책(탈초본 46책), 영조 12년 7월 1일. "左副承旨 金尙星曰 近來士大夫及 鄕族之圖出立案 冒占山澤之弊 誠寒心矣 臣爲京畿御史時見之 則有形勢士大夫及 豪强鄕族 之類 稱以柴場鹽場 廣占空地 圖囑主倅 成出立案 窮殘土民 不敢漁牧 若或有犯耕處 則因作己 物 以罔其利 此豈非萬萬無據乎 至於三南沿海諸處 此弊尤甚 小民無以聊生 如此事 正宜嚴立 科條 從重勘處矣 左副承旨 金應福曰 大典刑典禁制條中 私占柴草場者 其律杖八十 工典柴場 條 用柴諸司 於水邊給柴場而各有定限 近來勢家與鄕中豪强之類 廣占空閑之地 圖出立案於 本官 雖一草一木 不許小民犯手 至於使小民開墾而收稅 此豈大典之本意乎 自朝家雖已申飭

⑤ 면천군의 실제의 4,139호 가운데 토지를 가지고 자경하는 자(자작농)는 10에 1, 2도 없다. 그런데 公賦는 1/10이고, 私稅는 分半한다. 公私를 합하면 6/10이 된다. 비록 이 농민들로 하여금 農理를 깊이 알게 하고, 근면하고 게으르지 않도록 하여 1結 2負의 농지를 경작하게 하면, 그 소출의 나머지로 自食할 수 있다. 그런데 또 33石에서 太半을 減하면 무엇으로 仰事俯育할 수 있겠는가. 끝내 流離하고 굶어죽고 말 것이다. 이것이 千古志士들이 통한으로 여기는 것이었다. 이는 이미 豪富兼竝이 있었기 때문이다. 저 豪富兼竝者는 역시 貧人더러 그의 농지를 억지로 팔지 않게 하더라도 하루아침에 다 소유하고 만다. 그 부강한 자산에 빙자하여 편안히 앉아서 하는 일이 없어도 사방에서 팔려고 하는 자들이 스스로 文券을 지니고 부자 집(富室) 문에서 매일 알현한다. 왜냐하면, 무릇 衣食 외에 吉凶의 큰 일이 없을 수 없다. 혹은 빚 독촉의 압박을 받으며, 혹은 모리배들이 떼어먹고 도망가 버린다. 그리하여 군색하고 고갈되어 살기가 어렵다. 손 델 데가 없는 즉, 여간 농지를 가져도 부유함을 계속 유지할 수 없다. 농지가 없으면 역시 지금보다 더 가난해질 것이다. 마침내 저 부자 집이 부채가 쌓이는 곳이라는 것을 깨닫지 못하고 다투어서 스스로 꺾어서 바친다. 저 부자 집이 그 (땅)값을 후하게 쳐주면 더욱 오게 되고, 이미 차지해 버린다. 이내 佃作하게 함으로써 그 마음을 위로한다. 貧戶는 한때의 후한 가격을 이롭게 여기고, 또 예전 땅의 소출의 半이나마 먹는 것을 덕 본다고 생각한다. 이로 인해 땅 값이 매일매일 오르고 부근의 조그만 땅떼기도 모두 부자 집으로 들어가고 만다.[38]

而不能一切禁斷云."

38) 朴趾源,『燕巖集』권17, 別集 議 限民名田議. "見戶之中 有田自耕者十無一二 而公賦什一 私稅分半 並計公私則已爲十六 雖使斯民者 深曉農理 勤而不惰 盡治其一結二負之田 其所實 餘自食 又減太半於三十三石之數 顧何以仰事俯育 不終底於流離轉殍乎 此千古志士之恨 未 嘗不先在於豪富兼幷也 彼豪富兼幷者 亦非能勒賣貧人之田而一朝盡有之也 自藉其富强之資 安坐而無爲 則四隣之願鬻者 自持其券而日朝於富室之門矣 何則 夫人衣食之外 旣不無吉凶 大事焉 或迫於債督 或牟利逋欠 窘渴逼塞 無處著手則如干農地有之 無足以繼富 無之亦未必 加貧於此 遂乃不覺其以彼富室爲逋藪淵叢 而爭自折納焉 彼富室者 勉强厚其價而益來之 旣 有之矣 仍令佃作而姑慰其心 貧戶則旣利其一時之厚價 又德舊土之猶食其半 由是而土價日 增 而附近之寸畦尺塍 盡歸富室矣."

전술했듯이, 정부는 병자호란을 겪은 이후 수비체제 강화의 일환으로 강화도와 영종도 등 인근의 여러 섬에 각 군문의 구관 아래 포구 주위에 築堰築筒하고 둔전을 설치하였다. 영종도에는 방어사를 설치하고, 섬 안의 목장을 폐기하는 대신 그 목장 터를 '許民耕食'하게 함으로써 둔전을 설치하고 수세하여 방어사의 재정을 확보하고자 했다. 이때 서울의 사대부들은 '許民耕食'의 대상자가 아님에도 불구하고 민인으로 가장하여 허가를 받고 그 목장 터를 공한지로 입안을 내어 겸병한 뒤에 실제로 기경하고 있던 기경민인들을 전작·시작농민으로 간주하고서는 이들로부터 수조하였던 것이다. 또한 황주와 울산에 鎭을 설치하고 築堰設屯할 때에 서울의 사대부들 역시 축언지에 대한 입안을 내고 겸병한 뒤 기경민들로부터 수조하였던 것이다(①). 또 이와 비슷한 사례를 보면, 景宗 1년(1721)에 진휼청은 안산·인천 접경의 석장포에 '築筒設屯'하고, '許民起耕隨起納稅'하기로 결정하였다. 이에 근처의 土民들이 입안을 내고 기경했으나 기경하지 않은 곳이 더 많았다. 그런데 英祖 7·8년(1731·1732)에 흉년이 든 이후에는 모두 陳廢되어 버렸다. 이에 경외 양반, 즉 서울의 사대부와 토호들은 그 陳廢處를 劃地廣占하고 입안을 내고 민인들이 起墾하는 것을 坐觀하고 있다가 起墾이 끝나는 대로 그들에게 종자를 주고 竝作을 줄 요량을 하고 있었던 것이다(②).

선초 이래로 입안법의 근본 취지는 민인들에게 무주진황처에 대한 입안을 내주고 그들로 하여금 그것을 耕食하게 하려는 것이었다. 그런데 무주진황처뿐만 아니라 노전·천택·산림(柴場·草場·山野·邱隴)에 대해서까지 입안을 내는 자들은 민인들이 아니라 권세가·사대부·토호 등이었다. 물론 이는 입안법과 그 취지를 악용하는 것으로서 원천적으로 불법이었다. 그러나 권세가·사대부·토호 등이 처벌받는 일은 거의 없었다. 그리하여 그들은 山林·川澤·廢堤堰·廢牧場 등을 '無主空閑地'로 '冒出立案'하는 일을 계속하고 있었다. 문제는 그들이 입안을 내고도 기경하지 않으면서 민인들이 기경하는 것을 막거나, 혹은 입안을 빙자하여 민인들의 기경지를 빼앗거나, 혹은 기경민들로부터 花利를 거둔다는 것이었다. 그리고 입안을 낸 자와 기경자 사이에 기경지를 놓고 소유권분쟁이 빈발하였

다. 그러므로 肅宗 43년(1717) 『新補受敎輯錄』에는 '무주처를 기경하기를 원하는
자는 호조에 알리고 입안을 받는다'라는 조항을 두었다. 그런데 민인들은 여전히
입안을 내지 않고 해택·산야와 폐기된 목장·제언 등을 기경하고 있었던 상황에
서 권세가·사대부·토호 등은 오히려 이 법령을 이용하여 입안을 내서 민인들의
기경지(堰畓, 山田, 新田)를 횡탈하거나, 혹은 민인들이 개간하는 것을 坐觀하고
있다가 개간이 끝나면 입안을 빙자하여 그 기경지를 빼앗아 자기 소유지로
삼거나, 혹은 입안을 낸 공한지를 민인들로 하여금 개간하게 하고, 이내 그
起耕者들로부터 花利를 거두는 일들이 일어나고 있었다(④). 여기서 보듯이,
강원도 挾民들은 오로지 山火田을 일굼으로써 근근이 聊生하는데, 서울의 사대부
들은 그들의 집을 빼앗아 寓居하거나, 그들의 山田耕墾處를 예전에 冒出한 입안을
근거로 자기의 사유지임을 확인시킴과 동시에 따라서 이제는 전작·시작농민이
되어 버린 그들 挾民들로부터 수조하였던 것이다(③).

한편, 17세기 후반에 이르러서는 공한지도 거의 기경되었고, 따라서 궁가에
무주진황처를 절급해 주었던 '절수제'가 폐지되고 '급가매득제'가 시행되기
시작했으며, 肅宗 37년(1711)에는 입안은 이전에 낸 것이든 나중에 낸 것이든
간에 모두 시행하지 말고 '현재의 기경자를 소유주로 하라'는 국왕의 명령이
발효되고 있었다. 이후 『續大典』에 '현재의 기경자를 소유주로 한다'는 조항을
두면서부터는 양반지주층의 입안을 빙자한 토지겸병은 계속할 수 없었다.
이제 그들은 한 때의 후한 가격을 이롭게 여기고, 또 예전 자기 땅의 소출의
半이나마 먹는 것을 덕 본다고 생각하면서 스스로 文券을 지니고 팔기를 원하는
빈자·빈농들의 전답을 매득함으로써 토지겸병에 나서고 있었다. 그러면서
그들은 이제는 전작·시작농민이 되어 버린 빈자·빈농들로 하여금 예전의 자기
전답을 佃作하게 하였던 것이다(⑤).

이상에서 양반지주층의 토지 가운데 병작이 행해지고 있었던 것은 築堰地·無
主空閑地 등의 개간지인 新田처럼 그들의 본가로부터 먼 거리에 있었던 것이었다
는 것, 그러나 본가가 속해 있었던 지역에 있었던 매득지의 대부분에서도
병작경영이 행해졌었을 것이리라는 것을 알 수 있다. 따라서 근기로부터 호서·

해서에 이르기까지 서해의 船路에 가까운 땅을 모두 소유하고 있었던 '京兩班'지주들은 부재지주로서 대체로 병작반수제 농업경영을 했었을 것이다.

이처럼 양반지주층의 토지에서 행해지고 있었던 병작 관행으로는 定額制와 分益制가 있었다. 정액제는 稅租, 즉 地代를 賭租의 이름으로 징수하는 것으로서 주로 밭에서 관행하였으며, 분익제는 打租의 이름으로 징수하는 것으로서 주로 논에서 관행하였다. 打租制는 打作制라고도 하였으며, 당시의 이른바 竝作半收는 이것을 말하는 것이었다. 애초에는 논에서도 도조가 관행하는 곳이 많았지만, 肅宗·英祖 연간에 수전농업에서 이앙법이 급속하게 보급되면서 점차 타조제로 환원되었고, 그 후 논에서는 주로 타조제가 관행하게 되었다.[39] 그것은 당시의 예조판서 李箕鎭이 농촌 사정을 다음과 같이 말하고 있는 것으로써 알 수 있다.

지금의 농민들 가운데서 자작할 수 있는 자는 천백 명 가운데 한 두 명도 없습니다. 그들이 경작하는 田畓은 모두가 富戶의 것인데, 근래에는 賭地 또한 완전히 없어졌고, 竝作이 아닌 것이 없습니다. 병작의 규칙은 수확한 후 각각 그 반으로 나누고, 전주가 전세를 바치고 작자는 부담하는 것이 없습니다. 이 때문에 토지를 많이 가진 자 가운데 전세를 바치는 자가 많습니다. 만약 그 전세를 감해 준다면 국가의 혜택은 다만 田主에게 돌아갈 뿐이고, 일년 내내 고생한 농민들은 조금이라도 이익을 얻는 것이 없습니다. 민인들은 앞으로 이것은 서울 사대부로서 많은 장토를 가진 자들의 이익을 위한 것에 지나지 않는다고 말할 것입니다. 그리고 전세 납부를 또다시 이전처럼 재촉한다면 民怨이 반드시 일어날 것입니다.[40]

---

39) 金容燮, 2007, 『신정 증보판 朝鮮後期農業史研究[II]―農業과 農業論의 變動―』, 355쪽 (1969. 12. 10 稿, 1989. 8. 30. 補訂, 2005. 追補「朝鮮後期의 經營型 富農과 商業的 農業」).

40) 『承政院日記』 915책(탈초본 50책) 영조 16년 윤 6월 25일. "禮曹判書 李箕鎭曰 …… 今之小民 能自食其土者 千百無一二 皆是富戶之田畓 而近來則賭地亦絶無 無非竝作 竝作之規 收穫後各分其半 田主納其稅 作者無所與 以此之故 多田者納稅之數甚多 若減其稅 則國家惠澤 只歸於田主 而終歲作苦之小民 無毫分所益 民將曰 此不過爲京士大夫多有庄土者之利 而催糴又如前 則民怨必起矣."

즉, 18세기 중엽에는 논과 밭 어디에서도 竝作半收가 행해지고 있었고, 이 병작반수에서는 지주가 전세를 바치고 있었다는 것이다. 이처럼 논에서 병작반수제가 행해졌었던 것은 논에서 생산되는 주곡은 米인데, 그 생산고는 밭에 비해 더욱 큰 발전도상에 있었으므로 지주의 이해관계가 작용한 까닭이었을 것이며, 또 水旱災 등 天災를 면할 수 있는 완전한 수리시설이 구비되지 못한 조건 아래서, 주곡생산에 정액제를 실시한다는 것은 병작농민으로서도 큰 모험이 아닐 수 없었을 것이다. 그러나 19세기에 들어서면서 水旱災가 자주 드는 상황에서 지주들은 일정한 수익을 확보하기 위해서 분익제를 정액제로 바꾸어 가기도 했었던 것으로 보인다.

밭에서 주로 정액제가 실시되었던 것은 밭에서는 麥·粟·太 등이 생산되는데 그 생산고는 이미 절정에 달하고 있었으며, 또 根耕이라고 하여 잡다한 농산물의 이모작·삼모작이 행해지고 있었으므로 분익제가 실시되기는 사실상 어려웠기 때문이었다.[41] 田穀의 생산은 절정에 달하고 畓穀의 생산은 아직 발전도상에 있다고 하는 것은 수전농업의 기술적인 문제로서 付種法을 대신하여 이앙법이 肅宗·英祖 연간 이후 보급, 발달하고 있었기 때문이다.

이앙법은 원래 조선초기부터 旱魃에 대비하는 뜻에서 철저히 금지되어 왔던 것인데, 조선후기에는 노동력은 절감되고 수확량은 증대되는 이점 때문에 농민층 스스로에 의해서 광범하게 채택되어 갔었다. 그러나 조선후기의 농법을 얘기하는 사람들의 의견은 이앙법의 장점과 단점을 지적하고 찬반이 엇갈려 있었다. 어떤 이는 한발에 대비하는 뜻에서 이앙법을 일체 금하고 부종법으로 돌아가자고 하였으며, 어떤 이는 이앙법에는 그만한 이득이 있어서 보급되는 것이니, 그것이 보급되고서도 흉작을 당하지 않도록 수리시설을 잘 갖추어야 할 것이라고 하였다. 그리고 또 어떤 이는 여러 상황을 참작하여 수리시설이 잘 갖추어진 곳에서는 이앙법을 행해도 무방하며, 天水에만 의존하는 奉天高燥地

---

41) 金容燮, 2007, 『신정 증보판 朝鮮後期農業史硏究[II]－農業과 農業論의 變動－』, 356쪽 (1969. 12. 10 稿, 1989. 8. 30. 補訂, 2005. 追補「朝鮮後期의 經營型 富農과 商業的 農業」).

에서는 이를 금해야 할 것이라고 주장하고 있었다.42)

그런데 純祖·憲宗·哲宗 연간처럼 이상 기후에 따라 가뭄이 자주 발생하고 있었을 때에는 아무리 충분한 수리시설이 갖추어져 있더라도 이앙법은 실농·흉작을 부를 수밖에 없었을 것이었다. 그리하여 憲宗 4년(1838) 11월에 우의정 李止淵은 당시의 수전의 旱災에 대한 대책을 다음과 같이 말하고 있었다.

"근래에 논농사가 치우치게 旱災를 입는 것은 곧 付種을 그만두고 오로지 移秧을 숭상하기 때문입니다. 옛날에는 이앙법이 없었는데, 우리나라에서는 中古 이후에 南中부터 시작했고, 諸道에서 돌아가면서 서로 본받아서 지금은 드디어 通規가 되었습니다. 대개 부종은 반드시 네 번, 다섯 번 김을 매고서야 겨우 알곡을 먹을 수 있지만, 이앙은 불과 두, 세 번 김을 매고도 온전한 수확을 할 수 있기 때문에 농민으로서 일하기를 게을리 하는 자는 일을 싫어하고 편안함만을 취하여 하나같이 이앙만을 주로 하고 있습니다. 그러나 부종하여 가뭄을 타던 것은 한번 비를 맞으면 곧바로 뿌리를 내리고 잘 자라지만, 이앙하려고 비를 기다리는 자는 조금만 가물게 되면 마침내는 속수무책으로 때를 놓치는 것을 전혀 모르니 한탄스러움을 이길 수 있겠습니까? 민인이 하고자 하는 바를 하늘이 비록 곡진히 따라준다 해도 쫓아다니면서 꼭 비를 내려준다고 보장하기 어렵고 해마다 어긋남이 없기도 어려우니, 이앙하여 요행스럽게 먹기를 바라는 것이 어찌 부종하는 것의 완전하고 근심이 없는 것만 하겠습니까? 예전에는 일찍이 법을 만들어 금하였기 때문에 이앙 두 글자로 감히 조정에 登聞하지 못하였는데, 지금에 와서는 비록 상고할만한 律文은 없으나 조정의 농사에 힘을 기울이는 정사에 있어서 가까운 이익을 탐하고 먼 해로움에 어둡게 하여서는 안 되겠으니 금하는 것이 참으로 옳습니다. 地形과 水源이 이앙하지 않을 수 없는 곳은 오직 형세에 따르고 때를 보아야 하므로 가혹하게 금할 필요가 없겠으나, 이전에는 부종하다가 지금 이앙하게 된 곳과 들녘으로서 억지로 물을 끌어댄 곳 및 매우 높고 건조하여 오로지 天水만 바라는 곳에 있어서는 지방관으로 하여금 몸소 가서 살펴보고 농민을 알아듣게 깨우쳐 반드시 부종하게

---

42) 金容燮, 2005, 『증보판 朝鮮後期農業史研究[I] − 農村經濟·社會變動 −』, 72~73쪽(1968, 「十八世紀 農村知識人의 農業觀」 『韓國史研究』 2, 1968. 12 揭載, 1993. 補).

하고 다시 이앙하지 못하게 하면, 비록 혹 불행히 가뭄이 있다 해도 아마 전혀 추수할 것이 없게 되지는 않을 것이니, 이러한 뜻으로 諸道에 行會하여 각각 列邑에 두루 신칙하고 방방곡곡에 게시하여 재해에 대비하고 실질에 힘쓰게 하는 것이 좋겠기에 아울러 이렇게 앙달합니다." 대왕대비가 답하기를, "아뢴 바가 좋다. 그렇게 하라"고 하였다.[43]

즉, 당시 농민들이 어디에서나 이앙법을 일삼고 있기 때문에 치우치게 旱災를 입고 있다는 것, 따라서 지형으로 보나 水源이 있어서 이앙법을 행할 만한 곳은 제외하고 예전부터 부종법을 행해 오던 곳, 억지로 물을 끌어댄 곳, 天水만 바라는 奉天高燥地 등에서는 다시 부종법을 이용하도록 하자는 것이었다. 이리 보면 李止淵은 이앙법을 일체 금하고 부종법으로 돌아가자는 입장을 취하는 것은 아니었다. 다만 농민들이 여러 상황과 조건을 가리지 않고 이앙법만을 행하는 것을 문제 삼는 것이었다. 이렇듯 당시에는 농민들이 이앙법을 이용해서는 안 되는 곳에서도 이앙법을 행하고 있기 때문에 '偏被旱災'함으로써 '재결'이 늘어나고 있는 것이 현실이었던 것이다.

한편, 徐有榘(英祖 40년, 1764~憲宗 11년, 1845)도 이앙법의 보급에 따르는 旱魃의 災害를 부정하지 않았다. 그러나 그것은 정상적인 논의 경우가 아니라 근자에 이르러 급속하게 늘어나고 있던 反畓의 경우인 것으로 보고 있었다. 反畓은 논이기는 하지만 원래는 밭이었던 농지를 논으로 飜作한 것이었다.

---

43) 『備邊司謄錄』 226책, 헌종 4년 11월 20일. "又所啓 近來畓農之偏被旱災者 即寢廢付種 專尚移秧之故也 移秧古無是法 我國中古以後 始自南中 而諸路轉相倣傚 至于今遂成通規矣 蓋付種則必四耘五耘 而方能食實移秧 則不過二三耘 可收全功 故農民之惰於服力者 厭勞而取逸 一以移秧爲務 然殊不知付種之被旱者 一番得雨 便着根勃興 移秧之待雨者 少或値旱 遂束手失節 可勝歎哉 民之所欲 天雖曲從 難保其趁移必雨 逐歲靡式 則與其移秧而倖望食效 曷若付種之十全無虞也 古嘗設法而禁之 故移秧二字 不敢登聞於朝廷 到今雖無律文之可考 而在朝廷懋農之政 不當使之耽近利而昧遠害 則禁之也誠宜矣 地形與水源之不可不移秧處 惟當循勢相時 不必苟禁 至於前所付種 而今爲移秧者 及野地之强爲灌引者 高燥之專望天水者 令地方官 躬行審視 曉告農民 必使付種 毋復移秧 則雖或不幸有暵乾 庶不至全然無秋 以此意行會諸道 俾各遍飭列邑 揭諭坊曲 以爲慮患懋實之地爲好 故兹此仰達矣 大王大妃殿 答曰 所奏好矣 依爲之."

그에 의하면 이러한 反畓 현상은 100년 이전부터 '飯稻之風'이 성행한 데서 연유한 바도 있지만 농지를 아끼고 이익이 많았기 때문에 일어났다는 것이었다. 즉, 그것은 18세기 이래의 일이고,44) '飯稻之風'이 성해서만 일어나고 있던 현상이 아니라, 논농사에서의 농법의 변동, 이를테면 이앙법의 보급에 따라 논에서의 김매기 노동력이 배나 절감되었고, 또한 도·맥이모작으로 소출이 늘어남으로써 논농사의 수입이 밭농사의 그것보다 많았기 때문에 일어났다는 것이었다.45) 그리하여 그것은 泉河가 가까이 있어서 물을 끌어올 수 있는 곳은 물론, 물길이 먼 건조한 들이나 산에 매달린 계단식의 밭까지도 모두 논으로 飜作하지 않는 곳이 없을 정도로 광범위하게 일어남으로써 이 무렵에 反畓은 '今南北水田什三 皆反田', 또는 '通計一國田總 此類三分居一'46)이라고 할 정도로 많았다는 것이다. 실제로 이 무렵에는 논이 급증했던 것으로 나타나고 있다. 따라서 肅宗·英祖 연간 이후 이앙법이 '諸道無不爲之 已成風俗'이 된 상황에서 국가에서도 이앙법을 전적으로 금지할 수만은 없었으므로 地形과 水源의 有無를 가려서 이앙에 적당치 못한 곳만 그것을 금지했던 것이다.47) 이는 사실상 이앙법 금지령의 철폐인 것이었다. 그리하여 이앙법은 더욱 발달하고 그 수확고는 늘어나게 되었을 것이다.

한편, 이러한 정액제와 병작반수제의 실시 여하에 따라 18세기에는 전세의 부담자가 결정되고 있었다. 정액제가 실시되었던 곳에서는 관례로서 작인이 그것을 부담하였고, 병작반수제가 실시되었던 곳에서는 지주가 그것을 부담하고 있었다. 그것은 英祖 16년 정부에서의 시작농에 관한 논의에서 다음과 같이

---

44) 『日省錄』 정조 23년 1월 10일. "沃川郡守 呂駿永疏陳邑弊民瘼諸條 …… 蓋反畓云者 卽元田之爲畓者也 庚子改量之後 老農之巧於謀食者 地形之便於引水者 無不作畓 大邑或過 千餘結 小邑則亦至三四百結 本邑改量纔過四十餘年 反畓猶近四五十結 他邑可知."

45) 『林園經濟志』 本利志 권1, 田制 諸田 [反田];『杏蒲志』 권1, 田制 反田. "[反田反(音飜)田者 飜陸田爲水田也 凡陸田之近泉近河 可引水灌漑者 改作畦塍 藝以稻粳 今南北水田什三 皆反田 雖緣飯稻之風 視昔爲盛 亦由地省而利博也(畦種則省地而收倍) 然陸田一年再種 稻則一熟 而已 所謂利害相半者也."

46) 『擬上經界策』 下.

47) 『增補文獻備考』 138, 영조 36년 6월 19일.

말하고 있는 것으로써 알 수 있다.

> 병작의 규칙은 수확한 후 각각 그 반으로 나누고, 전주가 전세를 바치고 작자는 거드는 것이 없습니다.[48]

> 금년의 전세는 이미 蕩減하였다. 田主로서 병작을 준 者인 즉, 減해준 田稅는 전주가 당연히 스스로 먹을 것이다. 그리고 賭地로써 減해서 바치는 者인 즉, 作者가 관례로 전세를 備納하였는데, 금년에는 다행히 減稅의 혜택을 입어서 작자가 당연히 그 稅條를 먹게 되었다. 그런데 豪强한 자들이 간혹 朝家에서 감해준 세조를 竝推하는 우려가 있다.[49]

일반적인 병작반수제 관행은 수확을 반분하고, 전주가 전세를 바치고 작자는 부담하지 않는 것이었다. 그러므로 흉년이 들어 전세를 탕감하면 병작지에서는 전세를 전주가 부담하고 있으므로 탕감된 分을 전주가 먹을 것이고, 도지지에서는 작인이 부담하고 있으므로 작자가 먹으리라는 것이다. 그런데 豪强 전주들은 간혹 도지지에서 탕감된 分을 작자로부터 추심한다는 것이다. 따라서 이 무렵에 병작반수제가 관행이 되고 있던 상황에서 전세는 전주가 부담하고 있었음을 알 수 있다.

그런데 18세기 중엽 이후에 정착된 병작반수제는 전세 문제 외에도 수확을 어떻게 반분할 것인가, 종자를 누가 부담할 것인가 등의 문제와 관련하여 지역별로 차이가 있었는데, 그러한 지역별 병작반수제 관행은 당시 여러 사람들에 의해서 다음과 같이 파악되고 있었다.

① 우리나라의 전결 등수는 심히 불균하다. 타도는 무론하고 먼저 경기만

---

48) 주 39) 참조.
49) 『備邊司謄錄』107책, 영조 16년 9월 20일. "左議政 金在魯曰 今年田稅 旣已蕩減矣 田主之竝作者 則所減之稅 田主當自食之 而以賭地減捧用者 則作者例爲備納田稅矣 今年幸 蒙減稅之澤 作者當食其稅條 而豪强之類 間或有竝推其朝家許減稅條之患 果有如此者 則以 豪强武斷律 斷不饒貸之意 豫爲嚴飭 使之一一曉諭於坊曲何如 上曰 依爲之."

말하자면, 1斗落 답은 많으면 5~6卜(負), 적으면 2~3卜이다. 만약 평균하면 4복이다. 1結 답은 25斗落에 지나지 않는다. 가령 매 斗落에 소출이 2石곡이라면 역시 50石을 채우지 못한다. 그러나 이것도 非常이다. 1斗落에 30斗 소출도 드물다. 따라서 1結의 소출곡은 겨우 30~40石일뿐이다. 여기서 5石을 거둔다면 1/10이 이미 넘는 것이다. 三代에는 공전을 민인들에게 지급하고 1/10을 거두었다. 우리나라는 한전법이 없어서 부자가 겸병하고 있기 때문에 농민이 경작하는 것은 거의 모두가 다른 사람의 전지이다. 그 소출이 40石이라도 전주와 작자가 반으로 나눈 즉, 일년 내내 고생한 농민은 소득이 겨우 20石인데 여기서 5石을 납부하면 너무 무겁지 않는가(副提調 李日躋).50)

② 경기도의 상황을 총괄적으로 논하자면 동쪽은 산골짜기에 가까우므로 峽田이 많아서 메마르고 자갈이 많아 수확이 적다. 서쪽은 바닷가이므로 해안에 갯벌이 많아서 수확이 적다. 밭갈이로 하루에 수확량은 기껏해야 4~5石에 불과하고, 논에 1斗를 뿌려 얻은 수확량은 많아봐야 20~30斗에 지나지 않는다. 이곳의 전답은 모두 서울의 사대부와 閭巷의 크고 작은 여러 집안들이 차지하고 있다. 농민들은 고생스럽게 애써 경작하여도 畓主와 절반을 나누고 나면 남는 것이 거의 없다. 還穀·身布·官納·아전들의 토색을 그 남은 것에서 마련하여야한다. 이것이 기전의 백성들이 팔도에서 가장 곤궁한 까닭이다(水原 儒生 禹夏永).51)

③ 지금 헤아려보면, 호남의 민호 대략 100호 가운데 다른 사람에게 전지를 주고 그 租(私稅)를 거두는 자는 5호에 불과하고, 자기의 전지를 자기가 경작하는 자(자작농)는 25호이며, 다른 사람의 전지를 경작하고 租(私稅)를 바치는 자는 70호이다. …… 京畿 諸路는, 私門의 조세는 비록 그 半을 취하나, 王稅와 穀種은 모두 전주가 내므로 실지로 먹는 것을 계산하면 대개는 농부가 많으니, 이것은 오히려 가하다. 지금 이곳 호남의 풍속은, 전주는 이미 그 半을 차지하고 베개를 높이 베고 편안히 잠을 자지만 농부는 이미 그 반을 잃었고, 또 남은 半 가운데서 종자를 제하고 稅米를 제하는 등

50) 『承政院日記』 1070책(탈초본 59책), 영조 27년 6월 21일.
51) 『千一錄』, 建都 附山川風土關扼 畿甸.

이리저리 제하고 나면 남은 것이 얼마나 되겠는가. 이는 호남의 농부가 다른 지방보다 곤궁한 이유이다(茶山 丁若鏞).[52]

④ 남쪽 지방과 북쪽 지방의 습속이 서로 달라서 종자와 부세를 혹은 지주가 내기도 하고, 혹은 佃夫가 내기도 한다. 수령은 다만 습속을 좇아 다스려서 민인들의 원망이 없게 할 것이다. 경기도와 충청도 지방에서는 벼를 베는 날에 곧 타작하여 그 마당에서 꼭 같이 나누기 때문에 전주가 별로 잃는 바가 없다. 남쪽 지방에서는 벼를 베고 난 뒤 논 가운데 펴놓고 이틀 동안 바람에 말렸다가 그 볏단을 佃夫의 집으로 옮겨서 높이 쌓아두었다가 한겨울에 이르러서 전부 집에서 남정과 부녀들을 모아 竹管과 鐵股로 훑어서 곡식을 나눈다. 그러므로 전주는 농간질하는 것을 살필 수 없으니 그 사정이 다른 것이다. 그 종자와 세미를 북쪽 지방에서는 전주가 내고 남쪽 지방에서는 전부가 내는데, 그 까닭은 타작하는 법이 다른 데에 있다. 또 볏짚은 북쪽 지방은 전주와 전부가 꼭 같이 나누는데 남쪽 지방에서는 전부가 모두 차지한다. 이 때문에 종자와 세미를 위와 같이 하는 것이다(茶山 丁若鏞).[53]

⑤ 오직 이 양전정책은 옛날부터 어려워했다. 肅宗 이전은 道別量田했고, 英祖 이후에는 邑量田했는데, 英祖 43년 이후는 읍양전도 거의 없었다. …… 陳稅 虛卜의 백징 폐단은 말할 것도 없다. 그 외에 隱結·餘結·都結·加結·宮結·屯結 등 허다명목은 이미 민과 나라가 유지하기 어려운 폐단이 되어 버렸다. …… 1結에서 바치는 것이 30, 40냥이 되니 민인들이 어찌 살아갈 수 있겠는가. 1년의 경작지곡은 모두 관에 바치는데도 주구가 끝이 없다. 민들은 장차 모두 田里를 떠나고 농사짓는 자가 없다. 더구나 豪富之民은 차지한 토지가 이미 넓은데 作者로 하여금 태반의 부세를 바치게 한다. 기호지방은 비록 半을 바칠지라도 결세는 전주로부터 거둔다. 양남지방에서는 지대와 전세를

---

52) 『與猶堂全書』 제1집 詩文集, 제9권 疏 擬嚴禁湖南諸邑佃夫輸租之俗箚子. "今計湖南之民 大約百戶 則授人田而收其租者 不過五戶 其自耕其田者 二十有五 其耕人田而輸之租者七十 …… 京畿諸路私門之租 雖取其半 王稅穀種 皆田主出之 計其實食 佃夫蓋多 此猶可矣 今此湖 南之俗 田主旣領其半 無不高枕而臥 佃夫旣失其半 又就留半之中 除其穀種 除其稅米 左割右 削 餘者幾何 此湖南農夫之困於諸路者也."
53) 『譯註 牧民心書』 II(創批新書 25, 1979) 戶典 六條 第二條 稅法 下.

作者로부터 거둔다. 또 관에서 結還, 結布 및 과외 結斂을 거두는 것이 있다. 일체 작자로부터 거둔다. 常憲이 되었다. 이것이 모두 누가 제정한 법인가. 비록 혹 강명한 관리가 있어 減捧減斗의 명령이 있어도 豪民은 따르지 않고 作人은 또 호민이 두려워 감히 하소연하지 못한다. 이로 인해 小民은 불평을 쌓아가고 南擾을 일으키며, 豪右之家를 폐함으로써 한을 씻는다(古歡堂 姜瑋).[54]

이상을 정리하면 다음과 같다. 즉 18세기에 경기지방의 경우, 병작반수 아래 作人·佃夫가 전세를 부담하고 있다. 그러나 19세기에 들어서는 경기지방과 호서지방의 경우, 전주가 王稅와 穀種, 즉 전세와 종자를 부담하고 있는 반면에 양남지방에서는 작인·전부가 전세와 종자를 부담하고 있음을 볼 수 있다. 다산은 19세기에 경기·호서지방과 양남지방 간의 이러한 차이는 양자의 打稻法 과 볏짚의 분배법이 달랐기 때문이었다고 설명하고 있다. 또한 이처럼 양남지방 에서 작인이 전세와 종자를 부담했던 것은 절반분익제가 이앙법과 병행하여 양남지방에서부터 다시금 발달하고 있었기 때문이었을 것이다.

그러나 19세기에 경기·호서지방에서도 각종 종자·전세를 모두 전주가 부담 하는 것은 아니었다.[55] 이를테면 『江華金氏宅量案』에 의하면, 수익을 분배하는 법이 斗本(斗木)이나[56] 종자나 水稅를 총수확고에서 먼저 제해놓고 나머지를 절반씩 차지하고 있는 것을 볼 수 있는데, 이는 종자와 전세 등에서는 실제로 현물을 공동 부담하고 있었다는 것을 말한다고 하겠다. 그러나 지주는 그 수입의 경리에서 철저하고 작인에 대해서 인색하였다. 그 수익을 분배할 때 升單位에서 사사오입하고 있는 것도 그러하지만, 지주가 부담하는 것으로 되어 있는 斗本·종자·수세 등을 작인에게 半 부담시키고 있었던 것이 그것이다. 외면상으로는 작인에 대해서 선심을 베푸는 것으로 되어 있지만, 실제로는

---

54) 姜瑋(순조 20년, 1820~고종 21년, 1884),「擬三政救弊策」『古歡堂收艸』권4(1885년 간행), 田政 減租論.

55) 이하는 金容燮, 2005,『증보판 朝鮮後期農業史研究[I]−農村經濟·社會變動−』, 355~370 쪽(1963,『사학연구』16·17, 1963. 12~1964. 5. 揭載)의 내용을 요약, 정리함.

56) 斗本 또는 斗目은 '말몫'이라고 하여 지주가 말잡이의 勞苦에 대해서 베푸는 사례조의 곡물이다. 농지면적(斗落)의 다과와 年事의 豐凶에 따라 그 액수가 정해진다.

엄격한 半打作·半負擔主義였던 것이다. 그들 지주의 경영이 타산에 밝았음은 稅租의 징수상황에서도 드러나고 있었다. 그들은 升合의 米를 다투었다. 그들은 稅租 중에서 몇 升 몇 合의 米가 2년, 3년씩 밀려오더라도 그것을 秋收記에 置簿하였다가 그 다음의 세조와 함께 징수하였다. 그것이 경우에 따라서는 長利條로 전환하는 때도 있었다. 그러므로 볏짚을 반분하는 것까지를 따지면 경기·호서지방의 작인이라고 양남지방의 그들보다 유리했던 것은 아니었을 것이다.

종자나 수세와 더불어 농자문제에서 중요한 것은 役牛의 대여관계였다. 농우의 대여는 지주측의 사정에 의해서 있는 곳도 있고 없는 곳도 있었다. 물론 그것이 있을 경우라도 무조건 대여되는 것은 아니었다. 농경생활에서 불가결한 이 농우는 노동력의 공급에서 막대한 비중을 차지하는 것이었기 때문에, 그것을 대여하는 데 조건이 헐할 수는 없었다. 그것은 牛賭를 받는 것이었다. 牛賭는 궁방전이나 둔전 등에서는 1匹에 租 2石씩이었다. 민전에서도 그러했는지는 분명치 않다. 그러나 江華金氏宅의 경우를 보면, 개항직후(高宗 16년)에 '李万宗 黃雌牛一匹賭地白米九斗'라고 한 바와 같이, 백미 9斗, 즉 租로는 약 20斗였다. 농우를 빌리면 차용하는 동안만은 농지와 마찬가지로 순전히 작인의 관할 아래 들어갔다. 지주도 이 농우를 사역하게 되면 그만한 값을 치러야 했다.

지주경영에서 또 하나의 중요한 문제는 時作地의 대여기간이었다. 민전에서나 궁방전에서나 마찬가지였지만, 시작지의 대여기간은 일정치 않았다. 그것은 지주측의 농지경영상의 필요나 시작측의 사정 여하에 따라 수시로 계약될 수도 있고 해약될 수도 있는 것이었다. 그러나 대개의 경우는 지주권이 강하여 작인이 세조를 잘 납부하지 않는다든가, 세곡을 비납하지 않는다든가, 또는 나태하여 생산고를 충분히 올리지 못할 때에는, 지주측에서 언제든지 시작권을 거둬들일 수가 있었다. 그것은 추수가 끝난 다음에 간단한 통고로써 이루어지는 것이었다. 다만 '臨農奪耕'은 금지되고 있었다. 따라서 시작농민은 혹 臨農期에 해약통고를 받게 되면 지방관청에 부당함을 호소하여 관의 조정을 받기도

하였다. 그러나 유리한 것은 언제나 지주측이었다. 아직도 지주권은 강하여 차지기간은 지주의 임의로 伸縮되고 있었던 것이다.

강화김씨댁의 시작농민의 변동현황을 살펴보면, 시작농민은 3, 4년 또는 7, 8년에 한 번씩 갈리는 수도 있지만, 한 시작농민이 10년 이상을 계속하거나 父子 또는 형제간이 대를 이어가면서 차경하고도 있었다. 그리하여 경우에 따라서는 30, 40년씩 계속되기도 하였다. 그리 보면 민전지주지에서의 시작권은 궁방전이나 둔전 등에서의 그것보다 비교적 안정되어 있다고 하겠다.

다음은 時作權의 매매 문제를 살펴보자. 궁방전이나 둔전 등에서는 비밀리에 賭只매매라는 이름으로 시작농민 상호간에 시작권이 매매되고 있는 데 비하여 민전 안에서는 그것이 일반화되지 못하고 있었던 것 같다. 그러나 민전 안에서도 지주가 일정 기간 자기 토지의 경작권을 매매하는 것이 관행되고 있었다. 그것은 퇴도지매매 또는 선도지매매라는 이름으로 불렸다. 퇴도지매매의 기간 은 보통 10년이었고, 그 기간이 지나면 시작농민은 지주에게 시작권을 반환해야 했다. 그것은 법전에 명시되어 있으며, 조선후기 농촌사회에서 관행되고 있었 다.[57] 그러나 궁방전이나 둔전과 달리 민전 안에서는 시작권의 매매는 일반화되 지 못했고, 또 법적으로도 인정되지 못하고 있었다는 사실은 시작권 성장의 한계와 지주권의 강대함을 말해주는 것이라 하겠다.

이상을 소결해 보자. 京中의 權勢家·士大夫, 즉 '京華兩班'·'京華士族'·'京華巨 室' 등은 近畿로부터 湖西·海西에 이르기까지 水路·船路에 가까운 곳에, 그리고 英祖 연간부터는 역시 선로에 가까운 三南沿海에 私庄을 집중적으로 조성하였다. 또한 그들 가운데는 호서지방을 '依歸之所'로 삼아 퇴거하는 자들이 많았는데, 이들은 호서지방에서도 내포지역을 중심으로 토지뿐만 아니라 柴場·鹽場·漁場 까지도 겸병하였다. 그리고 그들의 토지겸병 방법은 17세기 후반까지는 蘆田·海 澤·廢堤堰·廢牧場·山林 등 '量案 外 無主陳荒處'·'無主空閑地'를 개간하는 것이 고, 그 이후에는 토지소유분화가 가속화되는 가운데 양산되고 있던 영세농·빈농

---

57) 『續大典』 戶典 賣買限條. "退賭地賣買 以十年爲限 滿十年則無價還退 五年以後則半價還退 若準本價則雖一二年亦還退."

들의 토지를 매득하거나, 흉년·흉작을 틈타서 그들의 토지를 헐값으로 매득하는
것이었다. 그러면서 이제는 '無田農民'이 되어 버린 그들과 空閑地 起耕民들을
佃作·時作농민으로 삼아 竝作半收 경영을 관행화하였다. 당시 병작 관행으로는
定額制(賭租制)와 分益制(打租制)가 있었다. 정액제는 밭농사에서, 그리고 타조제
는 주로 논농사에서 관행되었다. 肅宗 연간 이전에는 논농사에서도 정액제를
관행으로 하는 곳이 많았지만, 肅宗·英祖 연간에 논농사에서 이앙법이 급속하게
보급되면서 점차 타조제로 환원되었고, 그 후 논농사에서도 주로 타조제가
관행하게 되었다. 그리하여 18세기 중엽에는 논과 밭 어디에서도 병작반수가
행해지게 되었던 것이다. 그러나 19세기에 이르러서 水旱災가 자주 드는 상황에
서 지주들 가운데는 일정한 수익을 확보하기 위해서 타조제를 도조제로 바꾸어
가기도 했었다.

한편, 18세기에는 이러한 도조제와 타조제의 실시 여하에 따라 田稅 부담자가
결정되고 있었다. 일반적인 병작반수 관행은 수확을 半分하고, 田主가 전세를
바치고 作人은 부담하지 않는 것이었다. 그러나 경기지방의 경우, 병작반수
아래 作人·佃夫가 전세를 부담하고 있었다. 그러나 19세기에 이르러서는 경기지
방과 호서지방에서도 전주가 전세와 種穀(種子)을 부담하였고, 반면에 양남지방
에서는 작인·전부가 전세와 종곡을 부담하였다. 茶山은 19세기에 경기·호서지
방과 양남지방 간의 이러한 차이는 兩者의 打稻法과 볏짚의 분배법이 달랐기
때문이었다고 설명하였다. 즉 양남지방에서는 작인·전부가 打稻와 볏짚의 분배
에서 더 유리했기 때문에 전세와 종곡을 부담해야만 했다는 것이었다. 이처럼
경기·호서지방과 양남지방 간에 병작 관행과 종자·전세 부담, 그리고 打稻와
볏짚의 분배에서 차이가 있었지만 어디에서나 전주·지주는 그 수입의 경리에서
작인·전부에 대해서 인색했기 때문에 결코 손해 보는 일은 없었다. 그것은
그들이 실제로는 철저하게 半打作·半負擔主義를 견지했기 때문이었다.

종자·전세 문제와 더불어 농자문제에서 중요한 것은 農牛의 대여관계였다.
그런데 어디에서나 농우를 소유한 쪽은 지주였고, 그 지주는 작인·전부 등에게
농우를 대여하고 牛賭를 받는 것이 관행이었던 것으로 보인다. 지주경영에서

또 하나의 중요한 문제는 時作地의 대여기간이었다. 民田이나 궁방전에서나 마찬가지였지만, 시작지의 대여기간은 일정하지 않았다. 그것은 지주 측의 지주경영상의 필요나 시작 측의 사정 여하에 따라 수시로 계약될 수도 있고 해약될 수도 있기 때문이었다. 그러나 대개의 경우는 지주권이 강하여 작인이 私租(지대)를 잘 납부하지 않는다든가, 전세를 비납하지 않는다든가, 또는 나태하여 생산고를 충분히 올리지 못할 때에는, 지주 측에서 언제든지 時作權을 거둬들일 수가 있었다. 그것은 추수가 끝난 다음에 간단한 통고로써 이루어지는 것이었다. 다만 '臨農奪耕'은 금지되고 있었다. 따라서 시작농민은 혹 臨農期에 해약통고를 받게 되면 지방관청에 진정하여 관의 조정을 받기도 하였다. 그러나 유리한 것은 언제나 지주 측이었다. 여전히 지주권은 강하여 대여기간은 지주의 임의대로 伸縮되고 있었던 것이다.

17세기 후반 이후 경화양반지주의 지주경영은 토지겸병의 방법과 지주경영, 즉 병작반수 관행과 이에 따른 전세·종곡의 부담 문제, 打稻와 볏짚의 분배 문제, 그리고 시작지의 대여기간 문제 등에서 조선후기 지주경영의 표준이 되고 있었고, 19세기의 그것은 조선시대 지주제 발달의 마지막 단계에서의 그 수준을 보여주는 것이었다. 그것의 특성은 一言하자면 지주권이 강했다는 것이었다. 그것은 원천적으로 경화양반지주계층이 생산과 유통 면에서 가장 선진적인 곳에서 대토지를 소유하고 있다('私庄' ; '鄕庄')는 것에서 기인하는 것이었다. 그리고 그것에 더하여 그들은 실제의 지주경영에서 철저하게 半打作·半負擔主意를 견지했기 때문에 농업생산력의 발달에 비례해서 항상적으로 생산고의 반 이상을 수익으로 확보하고 있었던 것이다. 반면에 생산력 발전의 주체였던 시작·전호농민들은 차지 경쟁에서 시달리고 수탈당하면서 몰락해 가고 있었다. 한마디로 지주권이 강한 지주제의 발달과 모순의 심화로 인한 농민층의 빈곤과 몰락이었다.

그런데 토지소유를 위요한 지주계층과 농민층 간의 계급적 모순의 심화, 그리고 이를 더욱 촉진시켰던 전정문란은 마침내 '民亂'을 불러일으킴으로써 지주제 자체와 왕정체제의 존립을 위태롭게 하고 있었다. 이 위기는 결코 김윤식·유길준 등과 같은 地主制維持論者들이 제안했던 '減租'로 해결될 것이 아니었다. 농민군의 '平均分排'만이 있을 뿐이었다. 그러나 농민군이 제창한 토지개혁은 봉건지배계층이자 양반지주계급이 불러들인 일제의 침략군에 의해서 좌절되고 말았다.

全琫準曰 네 엇지 敢히 나를 罪人이라 이르나뇨

朴泳孝曰 네 所謂 東學黨은 朝家의 禁하는 바라. 네 敢히 徒黨을 嘯聚하야 亂을 지은 者라. 亂軍을 모라 營邑을 陷落하고 軍器軍糧을 쎄아섯으며 大小名官을 任意로 죽이고 나라 政事를 참남히 處斷하엿으며 王稅와 公錢을 私事로 밧고 兩班과 富者를 모조리 짓발밧스며 종文書를 불질너 綱常을 문어쓰려스며 土地를 平均分排하야 國法을 渾亂케 하엿스며 大軍을 모라 王城을 핍박하고 政府를 부숴바리고 새나라를 도모하엿나니 이는 곳 大通 不軌의 法에 犯한지라. 엇지 罪人이 아니라 이르나냐.

全琫準曰 …… 東學은 과거의 잘못된 世上을 곳처 다시 조흔 世上을 만들고저 나온 者라. 民衆에 害毒되는 貪官汚吏를 버히고 一般人民의 平等的 政治를 잡은 것이 무엇이 잘못이며 私腹을 채우고 淫邪에 消費하는 王稅公錢을 것우워 義擧에 쓰는 것이 무엇이 잘못이며 祖上의 썩싸구를 우려 行惡을 하고 衆人의 피쌈을 글거 제몸을 살지는 자를 업새바리는 것이 무엇이 잘못이며 사람으로서 사람을 賣買하야 貴賤이 잇게 하고 公土로써 私土를 만드러 貧富가 잇게 하는 것은 人道上 原理에 違反이라 이것을 곳치자 함이 무엇이 잘못이며 惡政府를 곳처 善政府를 만들고저 함이 무엇이 잘못이냐. 自國의 百姓을 처업새기 爲하야 外賊을 불너드렷나니 네 罪가 가장 重大한지라 도로혀 나를 罪人이라 이르나냐『東學史』(초고본)(국사편찬위원회 소장본) 4, 義軍首領全琫準等 京城에 잡혀가).[58]

---

58) 이영호, 2004,『동학과 농민전쟁』, 혜안, 215~216쪽.

제3장 宗家地主의 地主經營

1. 朝鮮後期 門閥家門·宗孫家門의 形成

조선시대에 양반가문 가운데 주류로는 두 부류가 있었다.[1] 첫째는 조선왕조
개창 이후 15세기 후반기까지 약 1세기에 걸쳐서 錄功과 登第를 통하여 正3品

[1) 양반사회의 성립 시기에 관해서는 여러 견해가 있다. 그 시기가 앞선 것부터
살펴보면, ① 조선왕조의 건국부터라고 보는 견해(李相伯, 1949, 『李朝建國의 硏究』),
② 16세기 이후로 보는 견해(韓永愚, 1971, 「朝鮮初期의 上級胥吏 成衆官」『東亞文化』
10). 이에 의하면 15세기는 良·賤의 신분체제로서 양반이라는 특권 문벌귀족층이
형성되지 않았고 16세기 이후 양인 안에서 양반·중인·상인의 분화가 생겨 양반문벌
사회가 형성되었다는 것이다. ③ 16세기 후반 사림파가 집권하면서부터 전형적인
양반사회가 발달하게 되었다는 견해(李成茂, 1973, 「十五世紀 兩班論」『創作과 批評』
1973년 여름호). 양반관료제는 고려시대이래 있었고, 고려말의 사회적 혼란기에
대두한 향리출신의 사대부층이 선초의 신분질서 재편과정에서 양반신분에 포함되
어 그 주류를 이루게 되고, 이들 계통의 사림파의 집권에서 전형적인 양반사회가
발달하게 되었다는 것이다. ④ 임진왜란 이후에 양반층이 뚜렷하게 형성되기 시작했
다는 견해(김성우, 2001, 『조선중기 국가와 사족』). 이는 인조 5년(1627)에 정부는
사족 충군정책을 공식적으로 폐기했다는 것, 선조 39년(1606)에 '병오호적'의 작성
지침에서 양반 부녀만이 '氏'를 호칭하고 圖書를 사용할 수 있게 했고, 상민 부녀들은
'조이(召史)'라 칭하고 손도장만을 찍게 했다는 것 등에 근거하고 있다. ⑤ 정만조는
'李重煥의 『택지리』 총론'의 기사를 인용하여 양반신분과 양반계층(양반층)을 구분
하고 있다. 양반이라는 신분이 양반층 안의 개개인의 지위를 보장해 주었던 것은
아니라는 것, 같은 양반이라 해도 품관과 사대부의 구별이 있었고, 사대부 가운데서
도 大家와 名家의 구별이 있었다는 것이다. 이처럼 양반(계)층 안에서도 여러 계층이
있었고, 그 계층의 기준은 '문벌' 여하에 있었으며, 문벌이 좋은 대가와 명가만이
사회적으로 존경을 받고 행세할 수 있었다는 것이다(정만조, 1997, 위의 책, 105~106
쪽).

堂上官 이상의 관료로 3, 4인을 배출했던 '鉅族家門'이었다.[2] 이들은 15세기 후반 이후에는 保守化·權貴化함으로써 이른바 훈구세력의 주류가 되었다.[3] 이들은 조선전기 '『經國大典』체제'의 지배계급이었고, 경제적으로는 그 토대인 '농장제'의 대지주계급이었다.

둘째는 '門閥家門'이었다. 고려말기의 정치·사회의 동요 속에서 향리로부터 신분상승한 품관과 그 후예들은 신유학으로서 성리학을 수용·보급하는 한편, 成宗 연간 이후부터 중앙 정계로 진출하는 가운데 훈구세력의 네 차례의 박해와 탄압('士禍')을 받으면서 그들에게 대항할 수 있는 사림세력을 이루었고, 마침내

---

2) 李泰鎭, 1976, 「15世紀 後半期의 '鉅族'과 名族意識─『東國輿地勝覽』人物條의 分析을 통하여─」『韓國史論』3, 서울대 국사학과, 253~254쪽. 이태진은 조선시대에 통용되었던 '家門', 즉 친족의 법적 또는 현실적인 上下限(범위)을 설정하였다. 먼저 법적인 것으로『經國大典』의 戶口式(본인과 처의 四祖를 記載)과 喪服制(고조와 현손을 상하한으로 하는 4代服喪)에 관한 규정에 근거하여 친족범위를 同高祖 8寸 사이로 본다. 그러나 급제자의 방목의 先系 표시가 증조까지로 한 것, 『經國大典』'禮典'의 奉祀 규정에서 문무관 6품 이상은 3대 봉사토록 한 것 등에서 曾孫代를 하한으로 하는 친족범위가 실재했다고 보았다. 따라서 현손대까지가 보다 넓은 친족범위로 실재하면서도 현실생활에 직접적인 영향이 있는 문제에서는 1代가 더 좁혀진 친족범위로서 증손대까지의 기준이 통용되었다는 것이다. 그러나 친족의식은 현손대의 동고조 8촌 사이에서도 지속되었던 것으로 보고 있다.

3) 李泰鎭, 1976, 위의 논문, 296~299쪽. '『東國輿地勝覽』人物條'가 훈구계의 名族意識의 발휘의 산물이었다는 가정 아래, 15세기 후반에 훈구계의 주류로 保守化·權貴化했던 '鉅族'가문으로 36개 가문을 선정했다. 그 평가 기준은 배출인물(正3品 堂上官 이상) 3인 이상이면서 세조~성종 연간의 공신이 있는 경우, 그리고 錄功者가 없으면서도 배출인물이 4인 이상인 경우로 하였다. 36개 가문은 廣州李氏·竹山安氏(漢平係)·陽城李氏·龍仁李氏·坡平尹氏·交河盧氏(이상 경기도), 淸州韓氏·韓山李氏·全義李氏(丘直係) (이상 충청도), 東萊鄭氏(良生係)·安東權氏(僖係)·安東金氏(永煦係)·靑松沈氏·純興安氏(裕係)·河陽許氏·靈山辛氏·昌寧成氏·星州李氏·高靈申氏·晉州姜氏·居昌愼氏·宜寧南氏·河東鄭氏(道正係)·河東鄭氏(縈係)·固城李氏(이상 경상도), 潘南朴氏·光山金氏(鼎係)·靈光柳氏·茂長尹氏·長水黃氏(이상 전라도), 文化柳氏(湜係)·延安李氏(伯謙係)·延安金氏(濤係)(이상 황해도), 咸從魚氏(이상 평안도) 등이었다. 이들 가문은 왕조개창 후 15세기 후반기까지 약 1세기에 걸쳐서 3, 4인을 배출하고 있기 때문에 인물배출에 있어서 가문 세습적 성향을 띠었다고 하였다. 이들 가문 가운데는 4~6인이 가장 일반적이고, 10인 안팎에 달하는 가문도 있었다. 따라서 이에 의하면 이하 紹修書院의 純興安氏(裕係), 安峰影堂의 星州李氏, 東陽書院의 平山申氏·韓山李氏 등은 15세기 후반의 '鉅族' 가문이었다. 이하 '世族'이라고 쓴다.

16세기 후반에는 훈구척신세력을 정계에서 축출하고 집권하였다(明宗 20년~仁祖 연간). 그러나 이미 여러 당파로 분열한 사림세력은 붕당정치기(孝宗·顯宗 연간) 이후 肅宗대에 들어서면서부터 서원을 기반으로 하여 자파의 당론·당세를 키우는 한편, 보복과 살육의 정권 쟁탈전에 들어갔고, 그 정점인 갑술환국(肅宗 20년, 1694)을 계기로 영남지방을 근거로 한 남인세력이 失勢한 이후에는 노론과 소론이 주도하는 정국(英祖·正祖대의 탕평정국)이 전개되는 가운데 노론·소론·남인세력은 이제는 서울과 교외(京郊)의 경기지역의 사림('京華士族')과 호서·영남지역의 사림으로 분화되어 갔다.[4] 그리고 純祖대 이후에는 왕권의 약세가 계속되는 가운데 경화사족의 한 부류인 노론·외척세력이 京郷의 사림세력을 배제하고 정국을 주도해 갔다. 따라서 사림세력이 집권한 이후 孝宗·顯宗대에는 名賢·儒賢을 배출한 학자 가문을 중심으로, 그리고 肅宗대 이후에는 高官·名臣을 배출한 가문을 중심으로 '門閥家門'이 형성되었다. 한편, 사림가문의 일부는 양란을 거치면서 忠臣節士·孝烈者를 배출함으로써 '忠孝家門'을 이루고 있었다. 이렇게 보면 문벌가문은 조선후기 『續大典』체제'의 지배계급이었고, 경제적으로는 그 토대인 '지주제'('지주－전호'관계)의 대지주계급이었던 것이다.

그런데 이러한 문벌가문들은 사회적 활동범위가 비교적 좁은 家門의 단위로서는 名儒·儒賢이나 누대의 高官·名臣을 배출한다 하더라도 그들의 정치·경제적 지위를 계속해서 유지할 수 있을 것이라는 보장은 없었다. 그것은 그들이 당쟁을 겪으면서 절감한 것이었다. 특히 조선전기의 세족가문은 임란을 겪으면서 그들의 지위를 심각하게 위협받았었다. 무엇보다도 그들의 소유토지의 황폐화와 노비의 도망·사망은 그들의 경제적 지위를 심히 위태롭게 하는 것이었다. 그리하여 임란 중에 그들의 일부는 피난했다가 귀향하지 않고 이내 그곳에 정착하였고, 또 일부는 피난하지 않고 현거주지에서 그들의 사회적 지위와 지주적 기반을 지키기 위해서 의병투쟁에 나섰으며, 임란 이후에는 곧 陳田을

---

4) 유봉학, 2013, 『실학과 진경문화』, 93~94쪽.

개간하고 도망간 노비들을 불러 모음으로써 임란 전의 상태를 회복하기도 했다.

또한 세족들은 임란을 겪으면서 자기 가문의 정치·사회·경제적 지위를 다시 회복하고 유지시켜야겠다는 확고한 家門意識을 갖게 되었고, 따라서 가문을 지키기 위하여 새로운 활로를 개척하였다. 그것은 세 가지 방향으로 추진되었다. 첫째, 同姓村落(同族部落)을 조성하였다. 상당수의 토착세족(세족가문)들은 임란 중에 舊居를 버리고 새로운 터전을 마련하여 그곳에 동성촌락을 조성하였고, 대부분의 세족가문들은 기존의 동성촌락을 전전의 상태로 복구하였다.[5] 그들은 처음에 族契를 바탕으로 동성촌락을 구축하기 시작했다. 族契란 혈연적 유대가 강한 동족집단 내의 친족들이 거주지인 동리를 중심으로 상호부조와 祖先奉祀를 목적으로 조직한 契會였는데, 이는 향약의 윤리조항을 원용하고, 또 향약의 자치조직을 도입한 것으로서 동성촌락 내에서 향약의 시행과 같은 성격을 지닌 것이었다. 이러한 족계를 바탕으로 형성된 동성촌락은 임란 전후에 그 入鄕祖가 처음 자리 잡은 이후 3~4대가 지난 17세기 후반 내지 18세기에 이르러서는 고을 단위의 규모와 경제력을 가진 집단으로서의 형태를 갖추게 되었다.

둘째, 一族門中의 중심이 되었던 문벌가문의 宗孫家門(宗家)은 '종가지주'로 성장하였다. 문벌가문은 전란 중에 도망간 노비들을 추쇄하고 無田·避役民들을 모입하여 진전과 한황지·해택을 개간하는 한편, 자기 가문이 배출한 高官·名臣의 위세를 빌어서 토지를 겸병함으로써 대지주로 성장하였다. 또한 그들은 17세기 후반부터 관행화되었던 장자우대상속으로 祭位田을 확보하고, 그들

---

5) 朝鮮總督府 刊, 1935, 『朝鮮의 聚落』 후편, 217쪽. 일제시기에 있었던 동성촌락의 분포에 대한 조사에 따르면, 이름 나있는 동성촌락 1,685개소에서 정착 연대 미상의 458개소를 제외한 1,227개소 가운데 500년 전, 즉 여말선초경에 자리 잡은 것이 207개소, 300년 정도의 것, 즉 임진왜란을 전후한 시기의 것이 646개소, 300년 미만이 74개소였다. 일제시기까지 존속했던 이름 나있던 동성촌락은 대체로 보아 임란 전후에 자리 잡은 것이 반 이상이었다고 볼 수 있다(鄭萬祚, 1997, 위의 책, 191쪽).

간의 통혼을 통해서 가산을 보존하는 한편, 사우·서원의 노비·전답을 家産化해 감으로써 '종가지주'로 성장해 가고 있었다.6)

셋째, 세족가문·문벌가문의 종가들은 동성촌락 내에 사우·서원의 건립을 주도하였다. 이들 가문들이 그들의 지위를 계속 유지하기 위해서는 누대에 淸華要職을 거친 顯官을 배출하는 宦族이 되든지, 아니면 성리학이 존중되고 도학자가 존경을 받던 조선사회에서 학자의 집안으로서 이름을 떨치든지, 또는 忠節·孝烈者를 배출하든가 해야 할 것이었다.7) 그것은 祖先 가운데 名儒·儒賢과 公卿·名官, 그리고 忠臣·節士를 가졌다는 사실은 자기 가문의 사회적 지위를 높여주는 것이었고, 그 가문의 후손들의 출세 배경이 되기 때문이었다. 따라서 문벌가문들은 그러한 祖先의 현양을 위해 사우·서원을 다투어 세웠던 것이다.8) 대체로 보건대 훈신·현관을 배출한 이른바 15세기 후반의 세족가문의 종가들과 양란 이후 충신절사·효열자를 배출한 '충효가문'의 종가들은 祠宇를 세웠고, 16세기 후반 사림세력이 집권한 이후 名賢·儒賢과 高官·名臣을 배출한 문벌가문의 종가들과 후학·문인들은 書院을 건립하였다.9)

---

6) 김건태, 2004, 『조선시대 양반가의 농업경영』, 223~256쪽.

7) 李成茂, 1973, 「十五世紀 兩班論」 『創作과 批評』 1973년 여름호, 486~488쪽 ; 504~512쪽 참조.

8) 鄭萬祚, 1997, 『朝鮮時代 書院研究』, 106쪽.

9) 鄭萬祚는 16세기 후반에 사우와 서원이 처음 건립될 때에는 그 목적과 기능, 그리고 祭享人이나 그 구조에 있어서 구별이 있었지만 17~18세기에는 둘 사이에 명칭 이외는 실제로 별다른 구별이 나타나고 있지 않다(『仁祖實錄』 권45, 인조 22년 8월 기미 ; 『書院謄錄』 권4, 甲戌(숙종 20년) 10월 6일 ; 『書院謄錄』 권4, 庚辰(숙종 26년) 11월 초5일 ; 『書院謄錄』 권5, 壬寅(경종 2년) 9월 5일 ; 『書院謄錄』 권5, 甲辰(경종 4년) 4월 28일)고 보고 '院·祠'(院祠)로 쓸 것을 제안하고 있다. 그것은 서원의 기능이 祀賢 위주로 바뀌면서 존봉하는 인물에 사우와 구별이 없어졌고, 사우는 그 존호(鄕祠)가 서원만 못해서 다만 서원이라고 칭했기 때문이라고 하였다(鄭萬祚, 1997, 위의 책, 93~97쪽). 그런데 祠宇(影堂·鄕賢祠·別廟·鄕祠·世德祠·祠·遺愛祠·里社·生祠堂)는 16세기 후반 이래 18세기까지 대개 제향인의 후손에 의해서 건립되었고, 그 기능과 제향인(公卿·名官, 忠臣·節士)에 거의 변동이 없었다. 이에 비해 서원은 대개는 후학·문인·향인 등에 의해서 건립되었고, 士子藏修와 강학의 기능을 가지고 있었다. 그러나 17~18세기에 이르러서 서원의 기능이 祀賢 위주로 바뀌면서 서원과 사우 사이에는 명칭 이외는 실제로 차이가 없어졌던 것이다. 즉 서원이 사우로

한편, 이러한 사우·서원(이하 '院祠'로 쓴다)은 동족간의 결속과 유대관계를 강화해 주는 매개체로서 적합한 기구였다. 또한 그것은 그 건립 주체인 세족가문·문벌가문뿐만 아니라 동성촌락 구성원들의 정치·사회적 지위를 높여주었을 뿐만 아니라 고을의 다른 가문의 엘리트집단과 지속적인 유대관계를 유지하는데도 기여하고 있었다. 이러한 원사의 건립 추이는 동성촌락의 형성과 그 궤를 같이 하고 있었다. 그러면서도 원사가 건립되기 시작한 이래 향촌에서는 班格이라는 것이 있어서 같은 양반가문이라도 仕宦 관계, 학적 기반, 경제력 등 여러 가지 요소에 의하여 그 사회적 지위에 차등이 있었다. 그에 따라 고을마다 각 가문 사이에는 어느 정도의 班格秩序가 세워져 있었다. 그러나 17세기 말 18세기 초에 이르러서는 이 질서가 동요하는 가운데 이른바 '鄕戰'이 일어나기 시작했다. 그것은 원사의 건립, 배향·추향 및 위차 문제, 宣祖의 학통과 淵源 문제 등을 둘러싸고 벌어지는 씨족·가문·학파 간의 대립과 분쟁이었다.[10]

이처럼 조선중기 이래 원사의 건립과 운영을 주도한 것은 세족가문·문벌가문의 宗家였다. 그리고 이들 宗家가 원사의 건립과 운영을 주도했다면 그들은 대체로 '종가지주'였을 것으로 생각해 볼 수 있다. 이는 다음과 같은 기사에 근거하고 있다.

A. 星州의 토착세족 가운데 京山(성주의 故名)李氏一族이 있었는데, 그 가운데서 고려말 隴西公 長庚(仲始祖)의 후손이 가장 번성하였고 또 현관을 많이 배출하였다. 이 長庚의 후손 가운데서도 고려시대의 충신이며 유학자였던 李兆年(長庚의 자)·李仁復(4대손)의 후손들이 성주목사로 부임해와 있던 盧慶麟의 도움을 받아 明宗 13년(1558)에 영봉산 자락 廢佛寺址에 50여 칸의 영봉서원과

변질되어 버렸던 것이다. 따라서 본고에서도 '원사'라는 용어를 쓰고, 이를 건립했던 제향인의 후손가문, 특히 그 가운데서도 종손가문(종가)에 주목하고, 이들이 대개는 '종가지주'였을 것이라는 가정 아래서 원사의 건립 추세를 살펴보는 가운데 '종가지주'의 실체를 파악하고자 한다.

10) 鄭萬祚, 1997, 위의 책, 206~207쪽.

서원 동쪽에 祀廟을 건립하였다. 이처럼 큰 규모의 서원·사묘를 건립할 수 있었던 것은 兩李의 후손들이 이미 '넉넉하고 충분한 土田과 臧獲'('土田臧獲 旣優旣充')을 소유하고 있었기 때문이었다.11) 그런데 兩李의 후손들의 생각은 처음부터 서원보다는 사묘를 세우고, 거기에 先祖 이조년·이인복을 제향하려는 것이었다. 그런데 明宗 15년(1560)에 퇴계와 퇴계의 문인들은 성주가 金宏弼의 妻鄕이기도 했으므로 그까지 제향하자고 주장하는 한편, 이조년이 그의 畵像에서 염주를 들고 있는 것을 이유로 그의 入享 자체를 반대하고 나섰다. 또 이조년을 포함하여 3인의 位次를 어떻게 할 것인가, 즉 누구를 主享, 누구를 配享으로 할 것인가, 아니면 並享할 것인가, 그리고 위차의 기준을 나이로 할 것인가, 道學으로 할 것인가라는 문제를 놓고 논란과 시비가 분분하였다. 이 무렵 퇴계는 明宗 15년(1560) 이래 목사 노경린에게 수차례 편지를 보내 제향인물과 위차 문제에 관한 자신의 견해를 개진하였다. 그리고 퇴계의 문인인 黃俊良과 성주 유생들의 주장은 金宏弼만을 獨享하든가, 아니면 김굉필은 主享, 이인복은 配享토록 하되 이조년까지 合享하는 것은 반대한다는 것이었다. 반면에 율곡의 장인인 노경린과 兩李의 후손들은 3인을 연대순으로 並享하는 것을 고집하였다. 이러한 논란은 급기야 訟事로까지 확대됨으로써 영남 일대의 사림들은 지난한 爭訟에 휘말리게 되었다. 이는 말하자면 토착세족인 성주이씨일족의 兩李의 후손들과 퇴계문인들 간의 대립이었다. 결국 宣祖 14년(1582)에 兩李의 후손들은 서원 밖의 안봉에 安峰影堂을 별설하여 이조년·이인복을 제향하였고, 퇴계와 퇴계의 문인·유생들은 본 서원이 伊川의 상류인 雲谷에 있었기 때문에 川谷書院으로 개명하고, 여기에 程子·朱子를 주향, 김굉필을 배향하였다.12)

---

11) 『退溪集』 권42, 記 迎鳳書院記. "歲戊午八月 侯卽釋奠于先聖先師 州之文士咸萃焉 齊行合辭 以書院爲請 侯於是嘉與僉同 乃相厥宜 得地於古碧珍國之墟迎鳳山之趾 伊水經其南 雲谷在 其東 其中窈而深 廓而有容 乃因故廢佛寺之基 滌祓而新之 經始於是秋 至明年己未而功告訖 凡爲屋五十餘間 正堂曰誠正 東齋曰克復 西齋曰敬義 又有高明之樓 風詠之壇 而總名之曰迎 鳳書院 乃於院東 立祠廟若千楹 以奉三賢之祀 乃定祭式 乃簿物品 庖廩門墻 旣備旣葺 土田臧 獲 旣優旣充 旣又貿書千餘卷以藏之 立爲學規 督率有方 章甫雲集 濟濟乎洋洋乎厥有其緒 焉."

12) 鄭萬祚, 1997, 위의 책, 70~71쪽.

B. 尹宣擧(1613~1669)가 지은 「昭靖公祠宇墓田事同宗通文」: "대저 사우를 건립하려면 그 비용이 적지 않아서 비록 평소에 富厚한 사람이라도 쉽게는 계획을 세울 수 없는데, 하물며 우리 沖擧와 같이 대대로 빈한한 사람은 어떠하겠는가. 무릇 우리 同宗이 각각 약간씩 출연하여 건립하는 일을 돕는 것은 모두가 함께 하고자 하는 일이니 반드시 말이 끝나기를 기다리지 않을 것이다. 비록 外裔遠孫이라도 이 좋은 일을 듣는다면 누군들 힘껏 다투어 부조하기 않겠는가. …… 보첩을 살펴보니 자손으로 현재 살아있는 사람이 600명을 내려가지 않으니 사람마다 각각 1疋木을 낸다면 충분할 것이다."

C. 경상감사 林墰이 馳啓하기를, "우리나라에 서원을 세운 것이 嘉靖年間(中宗 17년~明宗 21년, 1522~1566)에 시작되었는데, 그 처음 창건된 것은 열 군데에 불과하고, 또 모두 조정에 보고하여 享祀의 禮典을 밝게 거행하고 있습니다. 그런데 萬曆(宣祖 6년~光海君 7년, 1573~1615) 이후에는 廟宇를 세우는 것이 해마다 더욱 많이 불어나서 고을마다 즐비하게 되었습니다. 그래서 그 폐단이 널리 퍼져 심지어는 논의가 공정하지 못한 데까지 이르러, 혹 벼슬이 높다('官貴')고 하고, 혹 문벌가문이다('族大')고 하여, 서로 다투어 제사지내는 것을 일삼음으로써 서로 자랑하며, 사사로이 명예를 세움으로써 배척과 훼방이 따르기도 합니다. 그리하여 선비들이 옛 성현의 도를 본받지 않아서 世道가 날로 무너져감으로써 어진 이를 높이고 덕을 숭상하는 뜻이 바뀌어 私黨으로 되어도, 조정에서는 이를 묻지도 않고 관리들은 금하지도 못하여, 습속이 점점 투박해지니, 진실로 한심스럽습니다."[13)

D. 景宗 4년(1724) 4월, 전라도 어사 李眞淳이 書啓하기를, "대개 요즈음의 서원 건립 의도는 先賢을 사모하는 정성에서 나왔다기보다는 향곡의 세력을 쫓는 무리들이 출세하려는 발판으로 삼고자 함에 있습니다. 만약 儒賢이나 名臣이 일찍이 이곳을 지난 적이 있고 그 자제와 문인들 가운데 貴賢한

---

13) 『仁祖實錄』 45권, 인조 22년 8월 4일. "慶尙監司林墰馳啓曰 我東方書院之作 始於嘉靖年間 厥初創建 未踰十所 俱聞於朝 明擧祀典 逮至萬曆以後 廟宇之作 歲益浸盛 比邑相望 其流之弊 至於論議不公 或官貴則祀之 或族大則祀之 競事俎豆 以相誇詡 因之以私立名譽 排訐隨之 士不師古 世道日壞 尊賢尙德之義 轉成私黨 朝廷莫之問 官吏不能禁 習俗偸薄 誠極寒心."

자가 있으면 (향곡의 세를 좇는 무리들이) 서원 건립을 주창하여 (그 자제·문인들과) 攀緣 交結할 계책으로 삼으니 그 습속이 나쁘다고 하겠습니 다."14)

E. 英祖 14년(1738) 8월에 병조판서 박문수가 상소하기를, "근래에 院祠 또한 폐단이 있습니다. 직위가 卿相에 이르렀다 하여 모두 말할 만한 덕이 있다거 나 기록할 만한 자취가 있는 것이 아닙니다. 잘 먹고 富貴를 누리다가 終身한 자에 불과하더라도 그 자식 가운데 서너 명이 등과하여 출세하면, 주현 사이에서는 자칭 士林이라 하면서 가난하게 된 양반('殘班'), 글을 못하는 富豪, 군역을 면하고자 하는 閑散人들이 이내 사우를 세우자는 의논을 일으킵니다. 그러면 이른바 본가의 顯揚子弟들은 각도의 아는 감사와 병사, 수령 등에게 求請하여 수레로 錢布를 받으면 서원을 크게 개창하여 단청이 찬란하니 권세가 있는 곳에 어떤 일인들 하지 못하겠습니까. 한 고을 안에 百姓의 집으로 家計가 조금 부유한 자는 군역으로 모집되는 것을 두려워하고 士夫를 부러워하여 백방으로 도모해서 돈을 납부하고 投入합니다. 그러므로 세력이 있는 하나의 서원에 투입한 자가 많으면 數三百이고 적어도 1~2백이 넘습니다. …… 수령이라면 누구나 이들로써 군역에 보충하려지 않겠습니 까마는 혹은 제향자 본가의 권세를 꺼리거나, 혹은 친숙함에 끌리고, 이른바 院招延上座라 하여 酒肉으로 배불리 대접받는 탓으로 그 소속된 院生들에게 감히 손을 쓸 수가 없습니다. 白骨隣族의 폐단은 모두 이에서 연유한 것입니 다. 이 뿐 아니라 또 수령이 그 뜻을 조금이라도 어그러뜨리면 서로 통문을 보내어 축출하니 郡國의 폐단을 어찌 다 말할 수 있겠습니까."15)

14) 『書院謄錄』 권5, 甲辰(경종 4) 4월 28일. "大抵近日 圖建書院 非出慕賢之誠 鄉谷趨勢之類 欲爲拔身之階 若有儒賢名臣 曾過其地 而其子弟門人有貴賢者 則唱建書院 而爲攀緣交結之 計者 其習可惡."

15) 『承政院日記』 876책(탈초본 48책), 영조 14년 8월 10일. "兵曹判書朴文秀疏曰 …… 挽近以來 院祠亦有弊 位至卿相者 未必皆有可言之德 可述之蹟 不過食肉富貴而終身者 有子 數三登科顯揚 則州縣間自稱多士 貧殘不文之兩班富豪 欲免軍役之閑散 乃倡建祠之議 則所 謂本家之顯揚子弟 求請於各道所識之監兵使守令 輦輸錢布 大創一院 丹碧煥然 勢之所在 何事不成 一境之內百姓之家 計稍饒者 恐冒軍役 企艶士夫 百般圖囑 納錢投入 故有勢力 一院之所投入者 多則數三百 少不下一二百 所謂院任輩 徵錢收米 便同稅斂之官 烹鷄殺狗 作一醉飽之場 爲其守令者 非不欲以此充補軍額 而於其本家 或有畏忌 或牽親熱 所謂院儒招 延上座 餉以酒肉 其所屬之院生 則不敢下手 白骨隣族之弊 皆由於此 非但此也 且守令少拂其

F. 『與猶堂全書』 제5집 「牧民心書」 권7, 禮典 祭祀 : "그 私祠의 폐단이 날마다
새로워지고 달마다 盛하여 百里의 고을에 私祠가 혹은 수십에 이르고, 한
가문 안에서도 謙庵·訥軒·松齋·竹亭 등을 지어놓고 혹은 효행이라 일컫고,
혹은 戰亡이라 일컬으면서 나이로 서열을 삼아 하나의 祠院에 列享한 자가
혹은 12~13人에 이르기도 한다."16)

이상의 기사를 차례로 살펴보자. 첫째, 15세기 후반에 성주의 토착세족인
성주이씨가문 가운데 隴西公 李長庚家門은 '鉅族家門'의 하나였는데, 明宗 13년
(1558)에 李兆年(長庚의 자)·李仁復(4대손)의 후손들이 兩李를 제향하기 위해서
50여 칸의 영봉서원과 祠廟를 건립하였다는 것, 그리고 그들이 그 서원과 사묘를
건립할 수 있었던 것은 이미 '넉넉하고 충분한 土田과 臧獲'('土田臧獲 旣優旣充')
을 소유하고 있었기 때문이었다는 것이다. 즉, 16세기 후반에 대지주였던 거족가
문의 후손이 가묘(安峰影堂)를 건립했었다는 것을 알 수 있다(A).

둘째, 경기도 파평은 15세기 후반 거족가문의 하나였던 坡平尹氏의 본관인데,
여기에 尹坤17)을 제향하는 昭靖公祠宇를 건립하기 위해서 尹宣擧(光海君 2년~顯
宗 10년, 1610~1669)가 同宗과 外孫들에게 보낸 이 통문에 의하면, 윤곤의 嫡孫이
殘敗하여 絶嗣되다시피 하였으므로 宗中의 여러 사람이 상의하여 尹沖擧를
奉祀孫으로 정했는데 윤충거 또한 대대로 빈한하여 혼자서는 사우를 건립할
수 없기 때문에 동종과 외손들이 각각 1필목씩 출연해 줄 것을 청하는 것이었
다.18) 이를 통해서 당시에 하나의 사우를 건립하기 위해서는 약 600여 疋木의
재원이 필요하다는 것, 따라서 '富厚'한 사람이라도 사우를 쉽게 건립할 수

意. 則輒至於互相通文 逐去乃已 郡國受弊 曷可勝言."

16) 『與猶堂全書』 제5집 「牧民心書」 권7, 禮典 祭祀. "其私祠之未賜額者 或有守令自以顔私
供其祭饌 一番開路 遂成恒典 然私祠之弊 日新月盛 百里之邑 私祠或至數十 一門之內 父子兄
弟 謙菴訥軒松齋竹亭 或稱孝行 或稱戰亡 以齒爲序 列享一院者 或至十二三人."

17) 출생연도는 미상이나 세종 4년(1422)에 卒하였다. 定宗 2년 同知摠制로서 제2차
王子의 亂에 공을 세워 佐命二等功臣 坡平君에 봉해졌으며, 官職은 이조판서에 올랐다.
시호는 소정공이다(『新增東國輿地勝覽』 권11, 坡州 人物條).

18) 鄭萬祚, 1997, 위의 책, 111~112쪽.

없었으리라는 것을 알 수 있다(B).

셋째, 萬曆(宣祖 6년~光海君 7년, 1573~1615) 이후에 廟宇가 濫設되어 고을마다 즐비한데, 그것은 그 가문의 후손들이 高官·大族(鉅族)의 祖先을 제향하기 위하여 廟宇를 건립하기 때문이었다는 것, 따라서 17세기 이후에는 문벌가문의 후손들이 묘우·사우를 건립하고 있었다는 것을 알 수 있겠다(C).

넷째, 先賢·儒賢을 기리고 德을 숭상하기 위해서 건립되었던 서원이 문벌가문의 자손인 顯揚子弟들이 卿相·名臣·高官의 祖先을 제향하기 위한 사우로 변질되었다는 것, 문벌가문의 권세에 기대어 출세하려는 향촌의 趨勢之類(首唱儒生), 문벌가문과 관계를 맺음으로써 여전히 양반사족으로서의 지위를 유지하려는 貧殘한 兩班, 글을 하지 못하는 富豪, 문벌가에 투속함으로써 군역을 모피하려는 양인 上農·富農(閑散人)들이 원사의 건립을 발의했다는 것, 이에 부응하여 문벌가문은 이전부터 알고 지내왔던 수령·병사·감사 등에 求請하여 서원을 건립했다는 것, 그리하여 문벌가문의 원사는 '私黨'이 되어 관권을 무력화시키면서 良丁冒占, 求請·祭需徵收·對民作弊와 같은 사회적 폐단의 온상이 되고 있었다는 것이다(C, D, E).

다섯째, 서원은 肅宗대에 당쟁이 격화되는 가운데 '一邑의 士林의 공론('建祠之章 請額之疏')→ 본관→ 감사→ 예조→ 국왕의 비준'의 절차를 거치지 않고 대규모로 私建됨으로써 院祠의 濫設·疊設의 폐단을 일으키고 있었다. 이에 英祖 17년(1741) 4월부터 9월까지 약 5개월에 걸쳐서 肅宗 40(1714)의 '甲午定式'('私建禁止令') 이후 그때까지 私建된 모든 원사에 대해 일체 毁撤領을 단행하였다.[19]

---

19) 『書院謄錄』 제8책, 영조 17년 4월 8일. "甲午(숙종 40년)以後 不稟朝家 私自營建祠院及私秋享處 各別詳査 擅建祠院 卽爲撤毁 私追享位版 亦卽撤去 而某年某營建與追享是如 ——開錄爲旀 營建時追享時監司守令首唱儒生等 並爲明査 指名現告卽速啓聞 以爲憑據之地 宜當詳考施行爲乎矣 到付日時回移." ; 『英祖實錄』 53권, 영조 17년 4월 8일. "罷八道書院祠廟之私建者及私享者 初咸鏡監司朴文秀以李光佐配享於故相臣李恒福書院 而自首其犯禁之罪 禮曹判書徐宗伋引肅廟甲午禁條以爭之 是曰左議政宋寅明 以外邑士子之擅享大臣 開諂媚之風 而關日後之弊 請申明書院之禁 上命毁新建祠院 而獨儒賢之表著者及忠臣之死於王事者 幷毋毁其祠 領議政金在魯曰 先朝甲午受敎 凡書院之不稟於朝擅自追享者 幷令毁去 宜用一切之法 上許之 遂敎曰 凡法令之解弛 專由於撓攘 甲午定式之後 不稟於朝 私建祠院及私追享

그것은 남설·첩설된 원사들이 당론의 소굴이요 양인의 '逋逃之藪'가 되고 있었기 때문이었다. 이때 훼철된 원사는 모두 173개소였다. 그러나 이는 열에 한둘 정도에 불과하였고,[20] 이후에는 당론이 배제되는 대신 후손의 간여로 인한 사우의 濫設·猥享이 계속되었다.[21] 이것이 다산이 말하는 '私祠의 폐단'이었던 것이다(F).

2. 宗孫家門의 院祠 건립 추이

이상에서 거족가문·문벌가문의 종가들이 지주계급의 경제력을 기반으로 사우로 변질되었던 원사를 건립했었으리라는 것을 알 수 있다. 이제 그런 원사의 건립 추이를 살펴봄으로써 '종가지주'의 실재와 성장을 가늠해 보고자 한다.[22]

일찍이 정만조는 『俎豆錄』을 중심으로 하고, 『列邑院宇事蹟』·『書院謄錄』·『增補文獻備考』의 院祠條 등을 참고하여 거기에 기재된 원사의 총수를 다음 <표 1>로 보여주었다.

者 勿論大臣儒賢幷撤去 道臣已故者勿論 餘皆罷其職 其守令拿處 首倡儒生 幷限五年停擧 此後私建及追享者 道臣守令 幷施告身之律 儒生遠配."

20) 『承政院日記』 938책(탈초본 51책), 영조 17년 11월 19일. "大司諫韓師得疏曰 …… 且伏念書院之弊 可勝言哉 良丁之逃匿 窮民之被侵 皆聖明之所俯燭 而斷意毀去 堅持不撓者 只爲祛舊弊而安民生耳 甚惠政也 而第其事目之以甲午後爲限者 雖遵先朝禁令之在是歲 而有是命 然竊想甲午以前院宇之僭厝者 亦不知其幾數 今以嶺南一路言之 書院之設 至於百數之多 則推計八路 數不下千 疊設猥建 亦雜其中 今者毀議之所及 十不得其一二焉."

21) 정만조, 1997, 앞의 책, 249~300쪽.

22) 그러나 17세기 전반기, 이른바 '붕당정치기'까지 서원이 본래의 기능과 역할을 하고 있었을 때에는 향촌의 士子들이 서원의 건립에 참여하고 있었다. 그것은 "境內士者 各捐財力 建祠."(『列邑院宇事蹟』 忠淸道 洪州 惠學書院 講堂懸板), "工治所費 用皆士林之所私出所私具也 不以一物煩人 一事字府縣 故力小而功遲."(동상, 충청도 회덕 龍湖鄉賢祠 院記), "鳩聚財力."(동상, 公州 滄江書院 事實) 등의 기사에서 짐작할 수 있다.

〈표 1〉 年代別 書院·祠宇의 建立·賜額數 一覽表

年代	書院	祠宇	賜額數
中宗以前	13	-	1
中宗(1506-1544)	1	-	-
仁宗(1545)	-	-	-
明宗(1546-1567)	17	-1	3
宣祖(1568-1608)	60	22	21
光海君(1609-1622)	29	9	15
仁祖(1623-1649)	30	25	5
孝宗(1650-1622)	27	10	10
顯宗(1660-1674)	49	23	44
肅宗(1675-1720)	153	174	131
景宗(1721-1724)	9	20	-
英祖(1725-1776)	14	145	13
正祖(1777-1800)	1	6	13
純祖(1801-1834)	1	-	1
憲宗(1835-1849)	1	-	1
哲宗(1850-1863)	1	-	1
高宗(大院君執權期 1864-1873)	1	-	1
年代未詳	17	45	-
합계	424	480	270

* 비고[23] : ① 鄭萬祚, 1997, 위의 책, 141쪽의 '<표 3> 年代別 院祠의 建立·賜額數 一覽表'와
190쪽의 '<표 2> 各王代의 재위기간 및 연평균 建院數'를 합쳐서 재작성함.
② 숙·경종대와 영조대의 건립 수에는 숙종 40년~영조 14년 사이에 건립된 서원·사우로서
영조 14~17년 사이에 훼철된 것은 『俎豆錄』에 나타나지 않음.
③ 『書院謄錄』 권6, 영조 14년(1738) 5월 16일에 영조는 영조 원년 이후 창건된 院祠의 査啓를
각 도에 下諭하고, 영조 17년 4월 8일에는 숙종 40년 이후 조정에 알리지 않고 私建된
院祠를 일체 훼철케 하고 그 결과를 보고하게 하였다. 이후 수개월간에 걸쳐 각 도별로
훼철된 원사들이 書啓되었는데, 이때 훼철된 것은 『書院謄錄』 권6, 영조 17년 7월 4일부터
11월 1일까지에 나와 있다(숙종대 21개소, 경종대 19개소, 영조대 137개소). 위 표상의
수치는 이때 훼철된 것을 집계한 것임. 그런데 『增補文獻備考』 권210, 學校考 9에는 이때
훼철된 것이 "於是祠院撤毀者 凡三百餘所"라고 하여 『書院謄錄』에 실려 있는 통계와 큰 차이를
보이고 있다. 여기서는 『書院謄錄』의 것을 취함.
④ 『俎豆錄』은 正祖末에 편찬된 것이므로 순조대 이후로는 『增補文獻備考』에 기재된 숫자임.
⑤ 읍지에는 위의 관찬서적에 없는 원사가 다수 나오고 있다. 예컨대 『嶺南邑誌』(奎 12174)의
學校條에 나와 있는 것으로 『俎豆錄』과 현저한 차이를 보이는 수개 읍의 院祠 개수를 제시하면
다음과 같다. 그러나 읍지의 기록은 고을에 따라 세밀·소략이 심하여 일률적으로 통계를
잡을 수 없다.

	大邱	醴泉	榮川	咸陽
『俎豆錄』	11	5	7	6
『嶺南邑誌』	34	12	12	11

* 전거 : 李萬運編, 正祖代 『俎豆錄』 2책(奎 1134) ; 編者 年紀 未詳, 『書院可攷』(奎 136) 1책 ; 편자
미상(고종 19년) 『東國院宇錄』 1책(奎 4648) ; 편자 연기 미상, 『列邑院宇事蹟』 10책(奎 9814),

23) 鄭萬祚, 1997, 앞의 책, 139~141쪽.

제1~3책 전라도, 제4책 황해도, 제5~7책 경상도, 제8~10책 충청도 ; 弘文館編(隆熙 2년), 『增補文獻備考』권211, 學校考 10~12 各道祠院. 이 가운데 원사에 관한 구체적인 기사와 함께 『俎豆錄』이나 『增補文獻備考』에 빠져 있는 원사까지 기재하고 있는 책은 『列邑院宇事蹟』 이지만 결본과 빠진 고을이 많고 또 전국이 다 망라되어 있지 않다.[24]

우선 조선시대에 서원·사우가 얼마나 건립되었는지를 파악하는 것은 쉬운 일이 아니다. 비록 『俎豆錄』·『書院可攷』·『東國院宇錄』·『列邑院宇事蹟』 등과 『增補文獻備考』 등의 관찬서적에 그 건립 수가 나타나 있기는 하지만 그것은 모두 다 英祖 14~17년에 걸쳐 院祠에 대한 일대 훼철과 정비가 단행된 이후에 存置되었던 원사만 기재해 놓은 것이기 때문이다. 뿐만 아니라 그러한 관찬서적에 기재되어 있는 원사는 그래도 원사로서 규모를 갖추고 당시에 이름이 나났던 것이었으므로 국가에 의해 파악된 것에 불과하였고, 주로는 사우·사묘이었겠지만 실제로 향촌에서 사사로이 건립되었던 사우라든가, 시일이 지나면서 殘敗하여 없어진 사우의 존재는 파악될 수도 없었다.[25] 그러나 관찬서적에 기재되었을 정도의 것이었다면 그 규모나 정치적·사회적 영향력 면에서 이름난 원사이었을 것이므로 위의 <표 1>을 통해서 그 대체적인 추세는 파악할 수 있으리라고 본다.[26]

이 <표 1>에서 보듯이, 대체로 光海君代~正祖代, 즉 17~18세기에 서원은 312개소(전체의 73.6%), 사우는 412개소(전체의 85.%)가 건립되었다. 특히 肅宗대에 서원 153개소(312개소의 49%)와 사우 174개소(412개소의 42.2%)가 집중적으로 건립되었음을 알 수 있다. 이는 서원이 각 정파의 黨勢의 扶植과 黨論의 확장, 당쟁 과정에서 생겼던 被禍人의 伸寃 등과 같은 정치적 목적으로 건립되었기 때문이었다. 그에 따라 서원은 본래의 기능을 잃고 이미 사우로 변질되어 있었다. 또한 사우는 양란 이후 세족·문벌가문의 가문·동족의식이 농후해지고, 肅宗代에는 당론의 격화와 함께 정치가 점차 門閥性을 띠어가는 가운데 세족가문·문벌가문의 존립과 지위 유지가 절실한 상황에서 이런 가문들의 후손들에

---

24) 鄭萬祚, 1997, 위의 책, 139쪽의 주 132).

25) <표 1>의 비고 ⑤ 참조.

26) 鄭萬祚, 1997, 위의 책, 139~140쪽.

의해서 그 건립이 추진되었기 때문이었을 것이다. 이어 英祖代에 서원의 건립은 肅宗 40년의 '私建禁止令' 때문이었는지 급격히 줄어들었지만, 그러나 사우의 건립 추세는 계속되었던 것으로 나타나고 있다.

그런데 英祖 17년(1741)의 '院祠毀撤令'으로 원사 173개소(서원 19개소, 사우류 154개소)가 肅宗 40년 '私建禁止令' 이후 私建되었다고 하여 훼철되었고, 그것도 열에 한 둘에 불과하다고 했는데,[27] 그 대부분은 祠宇類(影堂 28개소, 祠 10개소, 祠宇 21개소, 鄕縣祠 16개소, 精舍 6개소, 世德祠 4개소, 孝祠 1개소, 社祠 1개소, 祠院 1개소, 里社 1개소, 別廟 2개소, 生祠堂 57개소, 遺愛祠 5개소)였고, 서원 19개소 가운데서도 정작 서원이라고 할 만한 것은 2개소에 불과하였다.[28] 이로 보면, 鄕祠는 일러도 16세기 후반부터 서원과는 달리 세족가문·문벌가문의 자손들에 의해서 꾸준히 건립되어 왔다는 것을 알 수 있다. 그러므로 18세기 말에 정약용이 "한 가문의 부자형제를 봉사하는, 후손에 의해 건립된 私祠가 한 읍에 수십 개소나 있을 정도로 성행하고 있었다."고 말한 사실은 동성촌락의 사우 건립 현상을 구체적으로 설명해 주고 있는 것이라고 하겠다.[29]

한편, 英祖 17년 서원·사우의 훼철조치 이후에도 원사는 토지를 廣占하고 良民의 '避役之所'가 됨으로써 향촌민에게 미치는 사회적 폐단은 여전하였다. 그리하여 正祖 10년(1786)에는 다시 "英祖 17년 이후로 祠院을 사사로이 건립하거나 추가로 제향하는 도신과 수령은 모두 告身을 빼앗는 律을 시행하고, 유생은 遠配한다."고 선포하였다. 그럼에도 불구하고 여전히 사원의 사건과 추향은 계속되었고, 이후로는 사원의 건립과 배향에서 당론이 배제되는 대신 후손의 간여가 현저해짐으로써 濫設·猥享은 이전보다 더 심해졌으며, 이것이 19세기

---

27) 주 20) 참조.
28) 鄭萬祚, 1997, 위의 책, 289쪽의 '<표 1> 갑오(숙종 40년) 이후 私建으로 훼철된 사원수' 참조. 이 표에 의하면, 경상도 52개소(서원 7개소, 사우류 45개소), 전라도 25개소(서원 4개소, 사우류 21개소), 평안도 21개소(서원 1개소, 사우류 20개소), 황해도 20개소(서원 1개소, 사우류 19개소), 충청도 19개소(서원 2개소, 사우류 17개소), 강원도 17개소(서원 2개소, 사우류 15개소), 함경도 12개소(서원 2개소, 사우류 10개소), 경기도 7개소(사우류 7개소) 순으로 나타나고 있다.
29) 주 16) 참조.

이후의 세도정치 아래에서 더욱 조장됨으로써 결국은 대원군에 의한 대대적인
서원·사우의 철폐를 맞게 되었던 것이다.

한편 동성촌락에서 세족가문·문벌가문의 종가들이 그 가문출신의 名臣·高官
과 忠臣·節士를 제향하기 위하여 건립한 원사의 전형적인 형태는 경상도 안동지
역의 동성촌락에서 확인할 수 있다. 아래의 <표 2>는 경상도 안동지역의
동성촌락 내 원사를 조사한 것이다.[30]

<표 2> 조선후기 안동지역의 대표적 名門과 書院

지역구분	姓貫	村名	院祠	名祖
安東府西	安東權氏	所夜村	靑城書院	權好文
安東府北	安東權氏	道 村	道溪書院	權士彬
安東府北	安東權氏	佳丘府	周溪書院	權春蘭
安東府北	安東權氏	伊溪村	龍溪書院	權 宇
安東豊山縣	安東權氏	枝谷村	魚東書社	權 𥶇
安東奈城縣	安東權氏	西谷洞	三溪書院	權 撥
安東豊山縣	安東金氏	靑山里	芝谷書堂	金三近
安東吉安縣	安東金氏	默溪洞	默溪書院	金係行
安東豊山縣	豊山柳氏	河回洞	屛山書院	柳成龍
安東豊山縣	豊山金氏	五美洞	追遠祠	金奉祖
禮安宜仁縣	眞寶李氏	溫溪里	淸溪書院	李 堣
禮安宜仁縣	眞寶李氏	溫溪里	陶山書院	李滉·趙穆
安東臨河縣	義城金氏	臨 河	泗濱書院	金 璡
安東府西	義城金氏	金溪村	鏡光書院	金誠一
安東奈城縣	義城金氏	海底洞	栢鹿書院	金宇宏
禮安宜仁縣	永川李氏	汾川里	汾江書院	李賢輔
安東一直縣	英陽南氏	松 里	魯林書院	南致利
安東豊山縣	英陽南氏	梅谷里	鳳岩書院	南天澤
安東一直縣	韓山李氏	蘇胡里	高山書院	李象靖

---

30) 鄭萬祚, 1997, 위의 책, 205쪽의 '<표 4> 朝鮮後期 安東地域의 대표적 名門과 書院'
   참조. 저자는 이 표에서 '書院'이라고 표기하고 있다. 그러나 안동지역의 서원은
   그 제향인이나 서원이 건립되었던 시기와 과정을 볼 때 서원이라기보다는 '鄕賢祠'
   로 보아야 할 것이었다. 다만 그동안 서원이라고 불려왔기 때문에 그대로 쓰기로
   한다. '鄕祠'의 개념과 명칭에 대해서는 숙종대의 좌의정 朴世采의 견해를 참고할
   필요가 있다. 『書院謄錄』 권4, 숙종 20년 10월 6일. "溯其本而言 書院則講學明道之地
   祠宇則尊祀先賢之所 …… 中國則書院所祀先賢及名臣甚罕 祀賢則專於鄕祠 而我國則不然
   必有欲祀之賢然後 建設書院 已非書院之本意 而又以鄕祠之尊 不如書院 故毋論賢臣及名臣
   必混稱書院 必因請賜額 賜額之後 又以所屬人丁甚多 其爲貽弊於州郡大矣."

향촌의 세족가문·문벌가문이 향촌에서 자기 가문의 지주적 기반과 동성촌락의 족적 기반 위에서 세력권을 형성하는데 원사가 중요한 구실을 하고 있었음을 단적으로 보여주는 지역이 안동이었다. "안동은 士夫의 淵藪로써 경상도의 樞紐가 되는 곳이었고, 그 가운데 많은 名臣後裔들이 대대로 공론을 지켜 왔다."[31] 라고 했듯이 안동은 영남사림의 본거지로서 중기 이후 高官·名宦은 나오지 않았지만 그 후예들이 문벌가문을 형성하며 영남사림의 공론을 좌우하고 있었다.

안동은 15세기 후반의 鋸族·名族이라 할 수 있는 安東金氏와 安東權氏의 본관이기는 하지만[32] 조선중기 이후의 안동의 甲族과 문벌가문은 河回(豊山)柳氏와 義城金氏, 그리고 眞寶(眞城)李氏였다(<표 2>). 하회유씨는 안동부 풍산현 일대에 동성촌락을 이루고 여기에 유씨가문의 대표적 인물인 柳成龍(1542~1607)과 그의 아들 柳袗(1582~1632)을 모시는 尊德祠·屛山書院을 갖고 있었으며,[33] 의성김씨는 역시 안동부 임하현 일대에 동성촌락을 이루고 여기에 金璡(1500~1580)과 그의 아들 金誠一(1538~1593) 형제를 모신 敬德祠·泗濱書院을 갖고 있었다.[34] 또한 진성이씨도 안동부 예안현 일대에 동성촌락을 이루고 여기에 李滉과 문인 趙穆을 모신 尙德祠·陶山書院을 갖고 있었다.[35] 그런데 진성이씨 예안파는 顯宗

---

31) 『承政院日記』876책(탈초본 48책), 영조 14년 8월 10일. "兵曹判書 朴文秀疏曰 ……
   然彼安東 以士夫之淵藪 爲一道之樞紐 而其中多名臣後裔 自有世守之論."

32) 주 23) 참조.

33) 屛山書院은 풍산류씨의 교육기관인 豊岳書堂에서 비롯되었다. 선조 8년(1575)에
   현 위치로 이건하였고, 광해군 5년(1613)에 柳成龍家門의 후손들이 西厓 柳成龍
   (1542~1607)의 학문과 덕행을 추모하기 위해 尊德祠와 서원을 창건하고 위패를
   봉안하였다. 인조 7년(1629)에 修巖 柳袗(1582~1635)을 추향하였고, 철종 14년
   (1863)에 사액되었다. 이 서원은 고종 8년(1871) 9월의 서원철폐령에도 毁撤되지
   않은 47개 서원 중의 하나였다(『嶺南邑誌』奎 12174 8책, 安東 學校條).

34) 泗濱書院은 숙종 11년(1685)에 의성김씨 金璡家門의 자손들이 淸溪 金璡(1500~1580)
   과 그의 아들 金誠一(1538~1593) 형제의 유덕을 추모하기 위하여 敬德祠와 서원을
   창건하고 위패를 봉안하였다. 숙종 35년(1709)에 동구 밖 사수가로 옮기고 '사빈서
   원'이라 하였고, 고종 8년(1871) 9월의 서원철폐령에 의하여 훼철되었다. 고종
   19년(1882)에 복건되었으나 1987년 임하댐 건설로 인해 임하면 사의리에서 현
   위치로 이건하였다.

7년(1666)까지는 도산서원을 받들었으나 숙부 李堣와 형 李瀣의 자손들은 자기 직계조상인 李埴·李堣와 李瀣를 따로 봉향해야 한다는 생각에서 顯宗 8년(1667)에 온계리에 淸溪書院을 건립하였다. 이와 같이 柳·金·李氏는 각기 동성촌락을 형성하여 족적 관계에 의한 세력기반을 확고히 가지고 있는 위에서, 또 학연에 의하여 상호간의 결속을 공고히 하였다. 즉, 안동부 안에는 이황을 主享으로 하고 류성룡·김성일을 배향하는 虎溪書院이 있었는데,[36] 이는 이황이 조선 성리학의 儒宗이요 류성룡·김성일은 그의 高弟로서 사제지간이기 때문이었다. 그 先祖들 사이의 이러한 학문적 연계는 후손들 사이의 관계에도 이어지고 있었던 것이다. 더구나 류성룡·김성일은 사림의 분열 이후 초기에는 동인, 그리고 뒤에는 남인으로서 동일한 정치적 입장을 취하였고, 진성이씨 또한 류성룡·김성일 양인에 의하여 퇴계가 남인의 유종으로 받들어짐에 따라 남인이 되었다. 따라서 그 명신후예들이 대대로 지켜왔다는 공론이란 이황의 학통을 계승한 유·김·이씨 가문들이 취했던 남인의 당론을 말하는 것이었다. 그리하여 이중환은 『擇里志』에서 안동지역을 다음과 같이 서술하였다.

> 禮安·安東·順興·榮川·醴泉 등의 고을은 二白(태백산과 소백산)의 남쪽에 위치하였는데, 여기는 신이 알려준 복된 지역이다. 태백산 밑은 산이 평평하고

---

35) 陶山書堂은 僧 法蓮·淨一의 주관 아래 이황(1551~1570)의 長子 寯과 長孫 安道가 이황의 문도였던 趙穆·琴蘭秀·琴輔·琴應夾·金富儀·鄭士誠 등의 협조를 얻어 명종 12년(1557)에 시공하고, 동왕 16년(1561)에 준공하였다. 이황의 사후 4년 뒤인 선조 7년(1574)에 長子 寯과 長孫 安道는 또 그 문도와 함께 도산서당 뒤쪽에 尙德祠와 도산서원을 건립하였고, 이듬해에 賜額받았다. 선조 9년(1576)에 이황을 入享하였고, 광해군 7년(1615)에 조목을 從享하였다. 고종 8년(1871) 9월의 서원철폐령에도 毁撤되지 않은 47개 서원 중의 하나였다(琴蘭秀, 『惺齋集』 권3, 陶山書堂 營建記事 ; 『嶺南邑誌』 奎 12174 8책, 安東 學校條).

36) 虎溪書院은 선조 8년(1575)에 李𪷷家와 이황의 문도들이 여산촌 오로봉 아래 백련사 절터에 건립하였다. 선조 38년(1605)에 대홍수로 유실되었으나 다시 지었다. 광해군 12년(1620)에 이황의 제자인 서애 류성룡과 학봉 김성일을 배향하였다. 숙종 2년(1676)에 '호계서원'으로 사액받았다. 대원군의 서원철폐령으로 훼철되었다가 현재 남아 있는 강당만 새로 지었다. 지금은 임하면 임하동으로 이건되었다(『嶺南邑誌』 奎 12174 8책, 安東 學校條).

들이 넓어 물이 맑고 깨끗하며 흰 모래와 단단한 토질이어서 기색이 완연히
한양과 같다. 예안은 퇴계 이황의 고향이고, 안동은 서애 류성룡의 고향으로
향인들이 이 두 분이 살던 곳에 모두 祠宇를 세워 제사한다. 그러므로
이 다섯 읍은 서로 가까이 있어서 사대부가 가장 많으며 모두 퇴계와
서애의 문인과 자손들이다.[37]

즉, 안동을 비롯한 예안·순흥·영천·예천 등 다섯 고을에는 퇴계·서애의
문인과 자손들로서 사대부들이 많이 나왔으며, 이들이 두 사람이 살던 곳에
사우를 지어 享祀했다는 것이다.

이처럼 안동 일대는 남인세력이 기호지방의 남인들과 함께 집권당인 서인정
권에 대립하는 본거지가 되고 있었다. 그러나 영남남인들은 단지 정치세력으로
존속하였을 뿐 '갑술옥사' 이후에는 중앙정계에서 거의 소외되어 있었다. 한편
영남에 거주하는 다른 명문세족으로서 안동김씨·안동권씨·남양홍씨·하동정
씨 가문 등은 혹은 서인세력과 연결되어 안동의 남인들과는 다른 입장에 서
있었으나 그 존재는 남인들에 비해 보잘 것 없었다. 이러한 사정을 英祖 14년(1738)
경상감사 尹陽來는 다음과 같이 上言하였다.

> 안동의 鄕權은 국가에서 억지로 빼앗고자 하여도 불가능합니다. 이른바
> 西人의 무리들은 향교에 발조차 들일 수 없으리만치 情迹이 서로 어긋나
> 따로 몸 맡길 곳을 세우고자 하여도 南人이 재산을 나누려 하지 않아 이
> 지경(즉 金尙憲書院 건립문제로 일어난 분쟁)에까지 이르렀습니다마는 그
> 가운데 사리를 분별하는 선비들로서 예컨대 權忠正公 자손 같은 이들은
> 모두 참여하지 않았습니다.[38]

---

37) 李重煥, 『擇里志』 권7, 慶尙道.
38) 『承政院日記』 876책(탈초본 48책), 영조 14년 7월 16일. "慶尙監司 尹陽來曰 ……
今於嶺南事 寬猛俱難矣 上教以爲官長使之云者 誠爲至當矣 嶺人亦有色目 南人多而西人少
矣 上曰 西人有之乎 陽來曰 亦不少矣. 李重庚曰 若干有之矣 陽來曰 世族子孫之稱以西人者
亦多矣 安東鄕權 自國家欲爲抑奪 而亦不能矣 所謂西人輩 不得接足於鄕校 情跡齟齬 欲別立
托身之所 而南人不欲分財 至於此境 其中有識之士 如權忠定公子孫 皆不參之矣."

즉, 유·김·이씨 가문 중심의 남인계가 안동의 향권을 장악하고 있는 바, 국가도 이를 빼앗을 수 없었다는 것, 또한 그들이 안동의 財力을 쥐고 있었기 때문에 서인들이 발을 들여놓을 수조차 없었다는 것을 말하고 있는 것이다. 이처럼 유·김·이씨 가문 중심의 남인계가 안동의 향권과 財力을 장악할 수 있었던 것은 동족적 기반이 확고한데다가 학연과 당색에 의한 유대관계가 견고했기 때문이었으며, 이러한 유대관계와 결속을 지속하게 했던 것의 하나가 상덕사·도산서원, 경덕사·사빈서원, 존덕사·병산서원 등의 院祠이었던 것이다.[39]

여기서 주목되는 것은 서인들이 안동에 향교나 서원을 세우려고 했으나 안동의 財力을 장악하고 있는 남인계가 '不欲分財'했기 때문에 어려웠다는 사실이다. 여기서 말하는 財力이란 무엇이었을까? 그것은 아마도 <표 2>의 원사들을 건립한 종가들과 각 원사 소속의 노비·전답 등으로 이루어진 재산을 말하는 것이었을 것이다.

3. 宗家地主의 地主經營 — 李滉家門의 地主經營 사례

여기서는 李滉(燕山君 7년, 1501~宣祖 3년, 1570)과 문인 趙穆(中宗 19년, 1524~宣祖 39년, 1606)을 제향했던 尙德祠·陶山書院을 예로 들어 이황가문의 종가와 도산서원의 지주경영을 살펴보고자 한다.

이황가문의 실질적인 起家者는 李子脩였다. 그는 현직 호장의 자제라는 처지에서 鄕貢擧人에 선발, 忠肅王 17년(1330)에 明書業이란 雜科에 급제하여 都染令同正을 시작으로 禑王 8년(1382)까지 내외요직을 역임한 끝에 判典儀寺事(通憲大夫, 종2품)에 올랐으며, 恭愍王 10년(1381) 홍건적 침입 때 개경을 수복한 공로로 2등 공신(松安君)에 책록되고 전 50結과 노비 5구를 賜與받음으로써 명실상부한

39) 鄭萬祚, 1997, 위의 책, 133~136쪽.

사족으로 성장하였다. 그는 고려말에 다시 上京從仕하였다가 퇴직하여 안동부 속현인 풍산현 上里에 정착하였고, 사후 그의 묘는 안동부 서쪽 沙里谷에 있었다. 그의 처계는 밝혀져 있지 않다. 그의 차자 云候가 안동부의 2대 토성인 안동김씨·안동권씨를 처가 또는 처외가로 한 데서 풍산현의 상리·마애리에 이거하게 되었고, 이를 계기로 뒷날 안동지방을 대표했던 권씨·김씨, 흥해배씨·경주이씨·풍산류씨·의성김씨·청주정씨·영양남씨 등 명문들과 중첩적인 인척관계를 맺게 되었다. 증조 李禎(한산군수·선산부사, 世祖의 원종공신 3등)은 풍산현을 떠나 안동부 북쪽 周村에 복거하였다. 이어 이정의 末子인 조부 繼陽은 父母兩邊의 재산보다는 부유한 從祖(李仲位)의 수양자가 됨으로써 받은 재산과 또한 娶妻와 동시에 처변의 재산을 기반으로 하여 예안현 동쪽에 있는 浮羅村에서 살았다. 이후 계양은 端宗 2년(1454) 봉화훈도로 부임차 예안현 서북쪽에 있는 溫溪(惠)里를 지나다가 그곳의 풍수가 좋은 것을 눈여겨 보았다가 이내 온계리로 이거하였다.[40] 마침 온계리는 진황지가 널려 있어서 어디든지 개간할 수 있었고, 수목이 무성하고 계곡이 깊어서 관개할 수 있는 물 또한 풍부하였다. 그리하여 그는 官界에 나아가는 것을 접고 40여 년 동안 진황지를 기경하여 良田 2, 3百頃을

---

40) 조선전기 예안의 주요 성관을 읍지 인물조(文科·逸薦·生進 대상)로 정리하면, 眞城李 9, 光山金 9, 奉化琴 8, 安東權 6, 永川李 4, 坡平尹 3, 禮安李 1, 英陽南 1, 義城金 3, 橫城趙 1, 豊泉任 1, 丹陽禹 2, 高敞吳 1명 등이었다. 이들 각 성씨들은 상호 중첩적인 혼인관계와 퇴계를 중심으로 하는 사우연원관계, 그리고 중소지주로서의 경제적 기반 위에서 예안의 지배사족으로서의 유대관계를 형성하고 있었다. 이들 재지사족 가문들이 예안의 향촌사회를 지배하게 되었던 것은 16세기 이후였다고 한다(李樹煥, 1991, 「陶山書院 院任職을 疏通을 둘러싼 嫡·庶간의 鄕戰」『민족문화논총』 제12집). 이수건은 16세기 이후 영남지방의 재지사족을 "김종직을 중심한 영남사림파와 16세기 회재·퇴계·남명을 중심한 영남학파의 가계는 크게 土姓士族과 경상도내 列邑에서 도내 타읍에 이주한 移住士族, 그리고 서울을 비롯한 타도에서 落南한 流寓士族으로 3대별 할 수 있다."고 하였는데, 이에 따르면 이황가문의 진보(진성)이 씨는 진보현의 5개 토성 중 하나로서 고려시대에 본관의 호장층에서 고려후기 또는 여말선초에 과거 또는 軍功으로 起家하여 사족으로 성장하였다. 그리고 조부 이계양이 예안현의 入鄕祖 됨으로써 그의 후손들은 진성이씨 예안파가 되었다(李樹健, 1991, 「退溪李滉家門의 財産유래와 그 所有形態」『歷史敎育論集』 第13·14輯, 643~646쪽).

마련함으로써 대지주가 되었던 것이다.[41]

조부 계양은 이처럼 온계리에 이주하고 진황지를 개간하여 대지주가 되었고, 자식으로 埴과 堣를 두었다. 埴은 7남·1녀를 두었는데 그 가운데 다섯째가 瀣였고,[42] 일곱째가 이황이었다. 이황은 김해허씨(진사 許瓚의 여) 사이에 寯(中宗 18년, 1523~?)과 寀, 그리고 측실에서 서자 寂을 두었다. 준은 3자를 두었는데, 安道(中宗 36년, 1541~宣祖 17년, 1584)·純道·詠道(明宗 14년, 1559~仁祖 15년, 1637)였다. 이들은 각각 上溪村의 上溪派·宜仁村의 宜仁派·下溪村의 下溪派의 파조가 되었다. 그리고 이후 이황의 현손을 기점으로 여러 지파가 형성되었다.[43]

이황의 장남 李寯夫妻가 3男(맏며느리 권씨·둘째 며느리 김씨·3남 詠道)·2女(맏사위 박려·차녀 김용처)에게 분급한 和會文記(宣祖 19년, 1586)에 의하면, 李寯家는 이미 노비 367구(노 203구, 비 164구)와 전답 206石 4斗 7升落을 소유하고 있었음을 알 수 있다.[44] 이는 증조부 계양이 소유했던 전답 약 900여 石落보다

---

41) 『退溪先生續集』권8, 雜著 先祖考兵曹參判諱 繼陽 事蹟. "公娶英陽金氏 金氏家在禮安縣西村 公初居縣東浮羅村 爲奉化縣敎導 一日將往奉化 過溫溪 愛其泉石之勝 徘徊寓目而去 憩于新羅峴 遇一僧 亦自溫溪來同憩 語及溫溪風水之美 公喜符所見 遂攜僧返抵溫溪 陟降周覽 指示宅基日 居此當生貴子 公乃決意移居 時溪上 只有居民一戶 田疇閒廢 隨處可耕 樹木茂密 洞壑深窈 溪水淸甘多鱗魚 可引以漑田灌圃 公性恬靜閒遠 不務進取 以耕釣爲樂 敎子孫爲業 有終焉之志." ;『國朝人物考』. "甲戌(중종 9, 1514)秋 卜築于宜城(禮安) 治北龍豆山之南 兜溪之谷 樂其幽深 棲之四十餘年 以泉石自娛 宅邊有水 慨良田數百頃以自瞻." 여기서 1頃은 3等田을 기준으로 계산할 때 약 1.8結이 되므로 數百頃(2, 3백경)은 360~540結(720~1,080石落)이 되는 셈이다.

42) 이황의 숙부 李堣와 다섯째 형 瀣의 자손들은 처음에는 도산서원을 받들었다. 그리고 瀣의 자손들 가운데는 도산서원 원장도 맡은 이도 있었다. 그러나 이들은 현종 7년(1667)에 李埴·李堣·李瀣를 따로 봉향하는 淸溪書院을 건립한 이후에는 도산서원의 원장을 맡지 않았던 것으로 보인다. 이 청계서원은 서원이라기보다는 鄕祠에 가까운 것이었다.

43) 한상우, 2014, 「조선후기 退溪 후손들의 陶山書院 院長職 취임양상과 친족집단의 역할」『대동문화연구』87권, 143쪽.

44) 李樹健은 이 화회문기를 분석하여 퇴계 당시의 재산규모를 밝혔다. 퇴계의 초년에는 다소 곤궁했지만 前後妻財를 分衿받고, 또 자신의 출사와 기존 재산의 증식, 寯의 監農 및 자신의 규모있는 治産理財로 인해 중년 이후부터는 수삼 채의 家舍, 150구 내외의 노비, 수천 斗落只의 전답을 확보했다고 했다. 이러한 재산규모는 당시 재지사족의 수준에서 본다면 중간수준이며, 퇴계를 전후한 당시의 재지사족, 예를

700여 石落이나 줄어든 것인데, 그동안 埴·塢代와 㴘·㴑代에 걸쳐서 두 차례 균분 상속되었기 때문인 것으로 보인다. 이 和會文記(宣祖 19년, 1586)에 실린 노비와 전답 현황은 아래와 같다.

〈표 3〉 李滉家門 和會文記(1586)에 실린 노비 현황[45] (단위 : 口)

	長故李安道妻權氏			次故朴櫚妻			次故李純道妻金氏			次金涌妻			次府使李詠道			합계		
	奴	婢	合	奴	婢	合	奴	婢	合	奴	婢	合	奴	婢	合	奴	婢	合
奉祀位	5	5	10	-	-	-	-	-	-	-	-	-	5	4	9	10	9	19
墓直(外邊來)	1	1	2	-	-	-	-	-	-	-	-	-	-	-	-	1	1	2
例得 內邊傳來	22	19	41	23	17	40	23	19	42	27	18	45	24	18	42	119	91	210
例得 外邊傳來	3	5	8	8	2	10	6	1	7	-	2	2	3	3	6	20	13	33
辛卯(1591) 追分秩	2	2	4	2	1	3	2	-	2	1	2	3	2	1	3	9	6	15
新奴婢秩	16	16	32	8	11	19	6	4	10	7	7	14	7	6	13	44	44	88
합계	49	48	97	41	31	72	37	24	61	35	29	64	41	32	73	203	164	367

* 자료 : 이수건, 1975, 『嶺南士林派의 形成』, 204쪽.
* 비고 : 新奴婢는 私家에서 자녀 결혼 때 분급하는 노비를 말한다.

〈표 4〉 李滉家門 和會文記(1586)에 실린 전답 현황[46] (단위 : 1石落=15斗落)

		장고이안도 처권씨	차고박려처	차고이순도 처김씨	차김용처	차부사이영도	합계
봉사위	답	2석 3두	-	-	-	-	2석 3두
	전	7석 3두	-	-	-	-	7석 3두
가사		온계 가사1좌	영천 가사1좌	온계 가사1좌	토계 가사1좌	동암 가사1좌	5좌
전답 예안	답	5석 3두	3석 12두	6석 6두	5석 14두	5석 14두	27석 4두
	전	13석 10두	13석 7두	12석 3두	7석 12두	12석 12두	59석 14두
봉화	답	1석 5두	1석 10두	10두	2석	1석 8두	7석 3두
	전	-	-	-	1석 5두	4석	5석 5두

들면 鳥川의 光山金氏, 河回의 豊山柳氏, 川田의 義城金氏, 幽谷·佳逸·松坡의 安東權氏, 慶州良佐洞의 慶州孫氏·驪州李氏, 寧海仁良의 載寧李氏, 元邱의 英陽南氏, 醴泉金堂谷의 醴泉權氏, 渚谷의 安東權氏 등은 퇴계가문보다 오히려 더 많은 토지를 보유했다는 것이다(李樹健, 1991, 「退溪李滉家門의 財産유래와 그 所有形態」『歷史教育論集』第13·14輯, 671쪽).

45) 李鎬澈, 1986, 『朝鮮前期 農業經濟史』, 426쪽의 '표 2 李滉家門 和會文記(1586)에 실린 노비의 수' 전재.

질령	영천	답	5석 1두	6석 4두	4석 10두	7두	3석 13두	20석 5두
		전	1석 7두	4석 10두	1석 2두	-	1석 2두	8석 6두
	의령	답	2석 10두 5승	2석 10두 5승	3석 12두	3석 11두 5승	5석 8두	18석 7두 5승
		전	5석 5두 5승	5석 9두	9석 5두 5승	8석 9두 2승	10석 10두	39석 9두 2승
	풍산	답	-	-	-	4석 7두	-	4석 7두
		전	-	-	-	5석 13두	-	5석 13두
합계		답	14석 4두 5승	14석 6두 5승	15석 8두	16석 9두 5승	16석 13두	77석 11두 5승
		전	20석 7두 5승	23석 11두	22석 10두 5승	23석 9두 2승	28석 9두	119석 2두 2승

* 자료 : 李樹健, 1975, 『영남사림파의 형성』, 205쪽.

이 화회문기가 작성된 것은 宣祖 19년(1586)인데, 이때는 이준 부처가 父
이황의 사후 4년 만에 그가 살아 있을 때에 강학했다고 하는 도산서당 뒤편에
상덕사·도산서원을 건립하고(宣祖 7년, 1574), 사액(宣祖 8년, 1575)을 받은
지 11년이 되는 시점이었다. 이때까지도 이준가는 노비 367구(노 203구, 비
164구)와 전답 206石 4斗 7升落只를 소유하고 있었던 것을 보면 도산서원은
이준가가 대지주로서의 경제력을 바탕으로 건립했었으리라는 것은 분명하
다고 보겠다.[47]

이제 이준가의 노비·전답의 상속 실태를 살펴보자.

우선 <표 3>에서, 이준가는 이미 죽은 장남 이안도의 처 권씨에게 奉祀位로
노비 10구와 墓直으로 노비 2구, 그리고 3남 李詠道에게 봉사위로 노비 9구와
묘직으로 2구를 분급하고 있다. 장남 이안도는 이미 죽었지만 종손이기 때문에,
그리고 장남과 차남 이순도가 이미 죽었기 때문에 당분간 봉사손이 될 수밖에
없었던 이영도는 봉사위·묘직으로 노비를 더 받고 있음을 볼 수 있다. 따라서
이안도가는 노비 97구, 장녀이자 故박려의 처는 72구, 차남 故이순도의 처
김씨는 61구, 차녀이자 김용의 처는 64구, 삼남 이영도는 73구씩을 분급 받고

---

46) 李鎬澈, 1986, 『朝鮮前期 農業經濟史』, 427쪽의 '표 3 李滉家門 和會文記(1586)에 실린
    所有田畓數' 전재.
47) 泗濱書院도 숙종 11년(1685)에 의성김씨 金璡家門의 자손들이 건립한 것이었는데,
    이 서원에 주향되어 있는 김진도 만년에 영양 청기로 이주하고, 이곳의 진황지를
    개간하여 대지주가 되었던 것으로 보인다.

있다. 봉사위·묘직 분을 제외한다면 비교적 고르게 分給받고 있었다고 볼 수 있겠다. 아직은 균분상속이 관행이었던 것이다.

그리고 <표 4>에서, 이준가의 전답은 본가가 있는 예안(62石 3斗落)과 처가가 있는 의령(58石 1斗落)에 많이 있고, 이외 봉화(12石 8斗落)·영천(28石 11斗落)·풍산(10石 5斗落) 등에 산재해 있었음을 볼 수 있다.[48] 이준가의 전답이 이처럼 여러 곳에 있었던 것은 본가전래(內邊傳來)의 전답 외에 外邊傳來, 즉 조모·모·처 등이 상속받아 온 전답이 있었고 이외 新田이나 매득 전답 등이 있었기 때문이었을 것이다. 종가인 이안도가는 봉사위로 9石 6斗落을 포함하여 모두 전답 44石 2斗 5升落, 장녀이자 故박려의 처는 38石 1斗 5升落, 차남 故이순도의 처 김씨는 37石 13斗 5升落, 차녀이자 김용의 처는 42石 3斗 7升落, 그리고 삼남 이영도는 45石 7斗落을 각각 分給받고 있다.

이상의 이준가의 노비와 전답의 상속에서 확인되고 있는 사실은 종손과 봉사손이 봉사위로 노비와 전답을 더 많이 분급 받고 있었다는 점이다. 이 화회문기가 작성된 것은 宣祖 19년(1586)인데, 당시에 장남 이안도와 2남 이순도는 이미 죽었고, 따라서 3남 이영도(明宗 14년, 1559~仁祖 15년, 1637)가 봉사손이 되고 있었다. 이 때문에 당시 청송부사로 있던 그는 봉사위로 노비 9구를 받았고, 전답(45石 7斗落)도 가장 많이 받고 있음을 볼 수 있다.

그렇다면 진보이씨 이준가가 대지주로서의 경제력을 기반으로 하여 건립한 상덕사·도산서원은 어떻게 운영되고 관리되었을까? 그리고 이 사원의 창건주이자 소유주인 이준가를 이어 전답 40여 石落과 노비 70여 구씩을 소유하게 됨으로써 중소지주로 전락했던 이준가의 자손들은 이 사원의 운영과 관리에 어떻게 관여했을까? 이하 조선후기 약 300년 동안의 도산서원 원장의 구성에 대한 우인수와 한상우의 분석을 바탕으로 이준의 자손들과 도산서원 원장의 관계를 살펴보자.[49]

---

48) 예안현 소재 전답이 있었던 지역은 옛 宜仁縣 지역으로 조선후기에는 宜東·宜西面, 현재는 陶山面 지역을 크게 벗어나지 않는다.

49) 우인수, 2013, 「조선후기 도산서원 원장의 구성과 그 특징」『퇴계학과 유교문화』

도산서원 원장의 구성과 변동을 알려주는 자료로 도산서원 소장의 고문서 「前任案」과 「傳掌記」가 있다. 「전임안」에는 宣祖 9년(1576)부터 1975년까지의 院任이 上(上有司)과 齋(齋有司)로 나뉘어 기재되어 있다. 여기서 상유사는 院長이었고 재유사는 齋任이었다.[50] 도산서원에서는 院規를 별도로 작성하지 않았던 것 같고, 따라서 이황이 풍기군수 시절에 지은 伊山書院의 원규를 준용했던 것으로 추측되고 있다. 원장의 책임과 역할 가운데 본고와 관련하여 주목되는 것은 1870년에 작성된 것으로 추정되는 「完議」에 서원의 도서나 물건, 토지·노비 등 재산에 대한 관리의 책임이 원장에게 있음이 강조되고 있었다는 점이다. 이 「완의」는 수령이 원장을 겸임하게 한 정부의 명령에 따른 예안현감에 대한 후속조치의 일환으로 작성되었던 것이긴 하지만 이전의 원장의 책임도 이와 크게 다르지 않았을 것이었다.[51] 즉 원장은 서원의 운영과 재산 관리에 전적으로 책임을 지는 직책이었던 것이다.

「前任案」과 「傳掌記」의 분석에 따르면, 17세기(宣祖 29년, 1596~肅宗 21년, 1695)에 총 38명의 원장이 확인된다.[52] 이 원장들의 성관은 대부분 예안현의 세족가문인 광산김씨, 진성이씨, 봉화금씨였다. 성관별로 보면 광산김씨 14명(36.8%), 진성이씨 11명(28.9%), 봉화금씨 6명(15.8) 등이었다. 진성이씨 11명 가운데

53, 경북대 퇴계연구소, 123~134쪽 ; 한상우, 2014, 「조선후기 퇴계(退溪) 후손들의 도산서원(陶山書院) 원장직(院長職) 취임양상과 친족집단의 역할」『대동문화연구』87권, 123~155쪽.

50) 도산서원의 경우는 '상유사'가 서원을 대표하는 직임으로 사용되었고, 원장이라는 직임은 사용되지 않았다. 다만 1870년 도산서원 원장 李某에 의해 작성된 것으로 추정되는 「完議」에는 원임이 원장과 재임으로 구분되어 있다('재임이 원장에게 모든 것을 보고한 후 처리한다'). 물론 그 이후에도 도산서원은 상유사라는 용어를 계속 사용하고 있었다. 1916년(병진)에 작성된 것으로 추정되는 「陶山書院 儀節草」에는 '상하유사'는 '院長齋任'을 의미한다는 세주가 있다. 이로 미루어 볼 때 19세기 후반부터는 상유사를 원장으로, 하유사를 재임으로 간주했던 것으로 보인다.

51) 우인수, 2013, 앞의 논문, 94~95쪽.

52) 현존하는 「전임안」에는 선조 8년(1577)~효종 3년(1652), 현종 10년(1669)~숙종 9년(1683), 숙종 22년(1696)~숙종 31년(1705), 숙종 34년(1708)·숙종 35년(1709)·영조 5년(1720) 등의 원임 기록이 결락되어 있다. 이 공백의 원임은 「傳掌記」로 어느 정도 보완된다.

5명은 바로 寓의 자손들인데, 여기에 이황의 종손은 없고, 寓의 2남 순도의 손자 英哲과 奉祀孫 詠道(前 府使)와 이의 손자 希哲(前 察訪)·克哲(前 主簿) 형제가 들어 있다. 특히 영도는 5번(1616, 1618, 1622, 1633, 1634), 영철은 3번(1661, 1667, 1677), 희철은 3번(1685, 1687, 1692), 그리고 극철은 4번(1684, 1685, 1688, 1694)씩 원장을 역임하고 있다.

이어서 18세기(肅宗 32년, 1706~正祖 24년, 1800)에는 총 159명의 원장이 확인된다. 159명 가운데 진성이씨가 60명(37.7%), 광산김씨가 23명(14.5%), 의성김씨가 9명(5.7%), 안동권씨가 6명(3.8%), 봉화금씨가 3명(1.9%) 등이었다. 이때는 진성이씨가 가장 많이 원장을 배출하고 있는데, 진성이씨 출신 60명 가운데 이황가의 本孫이 무려 57명(95%)에 이르고 있다.

다음으로 19세기의 원장의 구성과 특징을 살펴보자. 19세기 조선사회는 소수의 세도가문에 의해 국정이 농단되었던 '세도정치기'였다. 대다수의 양반가문이 정치에서 소외되는 가운데 영남 남인 역시 이미 17세기 말엽부터 중앙정계에서 배제되었고, 이제는 단지 향촌세력으로 존속할 뿐이었다. 한편, 향촌사회는 17세기 후반 이래 난립되기 시작한 원사들이 19세기에도 경쟁적으로 濫設·猥享되는 가운데 여러 가지 사회적 폐단을 낳고 있었다. 그리하여 이렇게 남설된 서원은 高宗 1년(1864)의 미사액서원의 철폐에 이어 高宗 8년(1871) 9월의 사액서원 전체에 대한 철폐령에 따라 49개소만 제외되고 모두 철폐되고 말았다.

영남지역이나 도산서원도 그러한 상황에서 완전히 벗어나 있을 수는 없었다. 19세기에 들어서서 舊鄕 간의 갈등, 舊鄕과 新鄕 간의 鄕戰이 도산서원에서도 일어나고 있었다. 純祖 12년(1812) 이후 안동과 인근 지역의 유력 양반가문들 사이에서 벌어진 '屛虎是非論'으로 인해 虎論 측의 의성김씨는 金誠一의 종손인 宗壽가 純祖 12년(1812)에 원장을 맡은 이후로 더 이상 원장을 배출하지 않았던 반면, 屛論 측의 풍산류씨는 이후로도 꾸준히 원장 직에 올라 진성이씨 다음으로 원장을 많이 배출하였다. 또한 이황과 金富弼의 諡號를 놓고 진성이씨와 광산김씨 사이에서 벌어진 갈등으로 인해 純祖 20년(1820) 이후 광산김씨는 더 이상 원장에 오르지 않았다. 그리고 이황의 학문을 李賢輔가 전수했다고 주장한 것으로 인해 영천이씨는 도산서원 儒案에서 삭제되기도 하였다.[53] 高宗 21년 (1884)에는 도산서원의 疏通을 둘러싸고 嫡庶 간에 심각한 향전이 전개되기도 하였다.[54] 따라서 이들 향전은 도산서원의 원임 구성에 직접적인 영향을 미치고 있었는데, 그것은 진성이씨, 그 가운데서도 이황가문의 본손들이 원장을 독점해 가는 것으로 나타나고 있었다. 이러한 현상은 19세기(純祖 1년, 1801~高宗 32년, 1895)의 「전임안」에 그대로 나타나고 있음을 볼 수 있다.

19세기에는 총 203명의 원장이 확인된다. 203명 가운데 진성이씨가 129명 (63.5%), 풍산류씨 11명(14.5%), 봉화금씨 7명(5.7%), 광산김씨 5명(3.8%) 등이었다. 18세기에 진성이씨가 차지했던 비중이 60명(37.1%)이었던 것과 비교하면 26% 이상 급격히 높아졌음을 볼 수 있다. 18세기에 두 번째였던 광산김씨는 23명 (14.5%)에서 5명(3.8%)로 줄어들었고, 의성김씨는 1명도 보이지 않는다. 반면에

---

53) 우인수, 2013, 위의 논문, 115쪽.

54) 李樹煥, 1991,「陶山書院 院任職 疏通을 둘러싼 嫡·庶간의 鄕戰 −1884年 《庶類事變時日記》를 中心으로−」『民族文化論叢』12 : 19세기 영남지방의 향전은 향임·교임·원임을 둘러싸고 벌어지는 것이 일반적인 양상이었다. 1884년 11월부터 1886년 12월까지 도산서원에서 원임직 소통 문제를 둘러싸고 嫡·庶간에 격심한 분쟁이 일어났다. 직접적인 계기는 慶州進士 李能模(1834~1887, 옥산서원 제향자인 李彦迪의 庶孫)의 상소로 옥산서원에서 庶流들에 대한 원임직 소통이 허락된 것이었다. 이는 영남지방 서원 전체에 영향을 미쳤다. 이능모의 상소가 있은 지 2개월 후인 1884년 11월에 도산서원에도 庶流疏通 關文이 왔다. 이를 계기로 12월 12일 汾川(永川 李) 이규섭·月厓(橫城 趙) 조양식·丹砂(眞城 李) 이만홍이 도산서원에 입래하여 관문에 따라 분임을 요구하였다. 이에 서원측이 옥산과 도산은 사체가 같지 않다 하여 거절하자 서류들이 폭력을 행사함으로써 사건이 확대되었다. 여기에 예안·순흥 및 임북·풍산 등 안동의 대부분의 서류들이 참가하면서 상호간의 공방전이 치열하게 전개되었다. 이에 대해 이씨문중에서는 두 차례의 門會를 열어 서원완의·종당절목을 제정하고 이 사건의 주동자 가운데 本孫庶流들에게 宗法으로 체벌을 가하는 등 강경하게 대처하였다. 서원측의 강경한 입장과 서류들의 폭력이 문제가 되면서 서류들 사이에 분열이 일어났고, 지방관들은 서류들의 폭력을 문제 삼아 서원·구향 쪽으로 기울었다. 그러나 1885년 5월 안동진사 金晉祜의 상소를 계기로 조정에 알려지면서 서류측에 유리한 분위기가 조성되었고, 1886년 12월에는 감사의 장계가 조정에 보고되어 결국 서류들의 요구가 관철됨으로써 사건이 마무리되었다. 예안이 다른 어느 지역보다도 사족지배체제가 견고하였고, 도산서원 또한 영남지방의 모범이었다는 점에서 보면 이 사건은 조선중기 이후의 사족지배체제의 완전한 붕괴를 의미하는 상징적인 사건이었다.

풍산류씨는 4명에서 11명(14.5%)으로 늘어났음을 볼 수 있다(<표 5>).

〈표 5〉 17~19세기 도산서원 원장을 배출한 주요 성관(단위 : 名)

17세기	18세기	19세기
광산김씨 14 진성이씨 11 봉화금씨 6 안동김씨 등 각 1 7	진성이씨 59 광산김씨 23 의성김씨 9 안동권씨 6 전주류씨 5	진성이씨 129 풍산류씨 11 봉화금씨 7 광산김씨 5 예안김씨 4 진주강씨 4
계 38	계 159	계 203

* 출전 : 한상우, 2014, 위의 논문의 '<표 1> 각 시기 도산서원 원장을 배출한 주요 성관'을
  전재함(이 <표 1>은 우인수, 2013, 위의 논문의 <표 1>·<표 3>·<표 4>를 토대로
  작성된 것임).
* 비고 : 각 시기 원장을 배출한 성관들 가운데 상위 5위에 해당하는 성관들까지만 표시함.

여기서 가장 두드러진 현상은 이미 18세기에도 드러났지만, 진성이씨 129명
가운데 무려 111명(86%)이 이황가문의 본손들이라는 사실이다. 더욱이 19세기
후반으로 갈수록 이황가문의 본손들이 거의 매년 원장을 맡고 있음을 볼 수
있다.[55] 17세기 말엽 이래 서원은 '右文興道之策'의 실현 기관으로서의 존립
의의를 잃고 京鄕 어디에서나 유력한 세족가문·문벌가문의 사우로 변질되어
가고 있었다. 19세기에 들어서서는 서원의 건립과 배향에서 당론이 배제되는
대신 그 후손들의 관여가 현저해짐으로써 서원의 濫設·猥享은 더욱 심해지고
있었다. 이런 상황에서 도산서원도 예외일 수는 없었던 것이다. 도산서원도
19세기에 이황가문의 사우로 변질되는 한편, 서원의 재산과 노비·전답도 그
본손들에 의해서 사유화되어 가고 있었던 것이다.

우선 도산서원의 재산의 변동을 노비와 토지를 중심으로 살펴보자.[56]

먼저 도산서원의 현존하는 서원노비안을 살펴보자. 초기(宣祖 24년, 1591년

---

55) 우인수, 2013, 위의 논문의 '<표 4> 19세기 도산서원 원장의 연도별 명단' 참조.
56) 이하 내용은 李樹煥, 1982, 「嶺南地方 書院의 經濟的 基盤—紹修·玉山·陶山書院을 中心
으로—」『民族文化論叢』 2·3 합집, 273~309쪽에서 도산서원과 관련된 부분을 요약
정리한 것임.

전후)의 것으로 추측되는 노비문서를 정리해 보면, 노비는 '鄭侯所送의 奴婢 각 1구, 張銀守免役所納의 노 1구, 書院買得의 비 3구, 吳延壽陳告願納의 비 2구, 贖公來屬의 노 1구, 出生의 비 2구'로 노 3구 비 8구, 도합 11구로 나타났다. 이 자료는 초기에 서원이 노비를 어떤 방법으로 확보했는지를 잘 보여주고 있다. 즉 서원은 인근 지방관의 지원과 공노비 이속, 매득, 투탁, 役贖願納 등 방법을 통해서 노비를 확보하고 있었던 것이다. 이 노비 11구는 院直이 따로 있다 하여도 서원의 守直과 각종 사역의 일을 담당하기에는 부족한 것이었 다. 그러나 도산서원은 문묘종사제현을 봉사하는 서원으로서 '서원의 募入者를 勿侵한다'는 정부의 방침에 따라 정부로부터 많은 혜택을 받았을 것이었다.[57] 그것은 시기별 서원 소속 奴婢·良丁의 변동을 통해서 확인할 수 있다.

우선 光海君 11년(1619)의 서원 소속 노비·양정의 현황을 살펴보자.

〈표 6〉 광해군 11년(1619) 노비·양정 현황(단위 : 名)

	奴婢秩	他官居 奴婢秩	私奴秩	院中差役	仰屬庶孼秩		良人秩	匠人秩	合
奴	43	19	6	29	良 人	20	25	47	
婢	49 (미상 2)	21 (미상 1)							
合	94	41	6	29	20		25	47	262

* 전거 : 李樹煥, 1982, 위의 논문의 '<표 7>'

여기서 良丁인 仰屬庶孼秩·良人秩·匠人秩을 빼고 奴婢秩만을 계산하면 170구 이다. 이를 앞의 도산서원 초기 노비안과 비교해 보면 약 30년 사이에 160구 정도가 증가한 것이다. 노비질의 94구 가운데는 救活奴婢 7구, 良妻幷産 5구, 매득 5구가 포함되어 있다.

다음 '他官奴婢秩'의 타관 노비는 예안 밖의 지역에 거주하는 자들, 즉 他官外居

---

57) 『書院謄錄』 권1, 丙辰(1664) 11월조. "今十一月初十日夜對時 …… 文廟從祀諸賢則有功百 世 建立書院 實出於右文興道之意 設有些少弊端 有不足爲念者 …… 從祀諸賢平生所經過處 皆立書院 雖不可一一皆用特典 而至若禮安之陶山書院 慶州之玉山書院 玄風之道東書院 安 陰之龍門書院 揚州之道峰書院 迎日之烏川書院 則曾所募入者仍存 勿侵似當矣."

奴婢이었을 것으로 보인다. 그 분포지역은 안동을 중심으로 하는 현 경상북도에 한정되어 있는데, 영천(노 1구, 비 1구)·감천(노 2구, 비 1구)·예천(노 1구)·풍산(비 1구)·상주(노 2구, 비 2구)·의성(노 3구, 비 1구)·안동(노 2구, 비 3구(미상 1))·창녕 (노 1구, 비 3구)·영양(노 2구, 비 3구)·영해(노 5구, 비 5구) 등이었다.[58] 여기서 영해의 노비 10구는 시어·칭어를 서원에 상납하고 있다. 이외 노비들은 身貢으로 木(綿布)을 1戶당 2疋, 경우에 따라서는 1疋, 혹은 3疋을 납부했다. 창녕 노비 4구는 木을 공납하는 것 외에 乾柿子를 각 2첩씩 공납하였다. 이것을 합계하면 총 39疋이 된다. 私奴秩 6명 가운데 5명은 각 木 1.5필을 납부하여 총 7.5필이 되었다. 이 가운데 白丁 김화지는 원중에 소용되는 柳器를 납부하고 있다. 院中差役者 29명은 각각 서원의 役務를 담당하고 급료로 춘추에 米(각 7斗5升~1石) 를 받았다. 서원 인근지역에 산재해 있던 仰屬庶擘秩 20명 가운데 19명은 각각 木을 2疋, 혹은 3필을 납부하여 총 48필이 되었다. 이 가운데 이몽건은 춘추향사의 所用之穀으로 松峴伏에 있는 답 6斗落을 납부함으로써 서원의 역을 영구히 면제받고 있었다. 역시 서원 인근지역에 산재해 있던 良人秩 25명 또한 木 2필, 혹은 3필을 납부하여 총 53필이 되었다. 匠人秩의 장인 47명은 科谷匠人 18명, 狸谷匠人 9명, 伊坪匠人 10명 등이다. 이들 도산서원 소속 3店의 장인들은 서원소용 현물, 즉 각색 甕器·沙器·沙鉢·大貼·燒木·炭·鷄雉·鷄卵·菜物·西果 등을 조달하고 있었다. 또한 도산서원은 과곡·이곡 2店에 米醬太 6石을 매년 정월에 分授하여 2월 내 收捧하고, 또 眞麥 4石을 분수하여 每斗에 眞米 5升 其火 1斗를 수봉하였다.

다음으로 景宗 3년(1723)의 노비안을 살펴보자.

이 노비안에 따르면, 노비는 예안현에 거주했던 院底 노비 109구, 타관거주 외거노비 547구, 총 656구이다. 외거노비 547구를 光海君 11년(1619)의 他官居奴婢秩 의 노비 41구와 비교하면 100여 년 사이에 약 500여 구가 증가한 것이다. 이처럼 노비가 많이 증가한 것은 주로 출생에 의한 자연증가가 주 원인이었을 것이다.

---

58) 李樹煥, 1982, 위의 논문의 '<표 8>' 참조.

〈표 7〉 경종 3년(1723) 도산서원 노비의 거주지별 현황(단위 : 口)

	院底	禮安	榮川	安東	奉化	豊基	呂泉	順興	英陽	大邱	寧海	平海
奴	56	2	44	44	7	13	6	9	32	-	54	4
婢	51 (미상2)		27 (미상3)	45	14	5	5	12	21 (미상1)	1	55	3
합	109	2	74	89	21	18	11	21	54	1	109	7

	眞寶	義城	盈德	淸河	慶州	蔚山	江陵	義興	醴泉	거주지 미상	합계
奴	12	7	19	10	-	1	4	1	3	12 (故3 포함)	350
婢	7	6	20	6	3	1	4	-	2	8 (미상 4)	296 (미상 10)
합	19	13	39	16	3	2	8	1	5	24	656 (故3포함)

* 전거 : 李樹煥, 1982, 위의 논문의 '<표 10>'
* 비고 : 노비안의 첫 장은 파손되어 있어 통계에 넣지 않았음.

그러나 이 노비안으로는 알 수 없으나 매득노비, 관아로부터의 이속노비도 상당수 있었을 것이다. 그리고 전술했듯이 肅宗代 이래 남설된 사우·서원들이 노비·양정의 '逋逃之淵藪'가 되고 있었다는 것이 심각한 사회적 문제로 제기되어 英祖 17년(1741)에 '祠院毁撤令'이 집행되었던 것을 감안하면, 도산서원도 양인 빈농들이 군역·잡역을 피역하기 위하여 投托해 온 투탁 노비, 도산서원과 관련 있는 양반들이 서원의 면세·면역의 특권을 이용하여 자가 소유의 노비를 투속시 킨 투속 노비 등을 상당수 보유했었을 것이다. 따라서 도산서원이 실제로 소유했던 노비 수는 656구에 미치지 못했을 것이다.

他官奴婢의 거주지역은 영천(노비 74구)·안동(노비 89구)·영양(노비 54구)·영 해(노비 109구)·영덕(노비 39구) 등이 중심이 되고 있다. 즉, 외거노비는 여전히 안동지역 일대에 집중적으로 분포되어 있음을 볼 수 있다. 여기서 영해 노비 109구, 영덕 39구, 청하 16구, 평해 7구 등은 서원소용의 魚鹽의 供饌를 맡고 있었다. 이들 타관노비들은 거주지 수령의 명령으로 그곳 관아로부터 군포·잡역 을 면제받는 대신 도산서원에 공물을 바치고 있다.[59] 바로 이것이 이름나거나

59) 陶山書院「完文」. "右完文爲本院奴婢居在各邑者 軍布雜役 依前例勿侵事 完文成給事 丙寅 三月日 兼巡察使. 安東 禮安 榮川 奉化 豊基 順興 醴泉 尙州 英陽 眞寶 靑松 寧海 盈德

문벌가문의 사원들이 노비·양정의 '逋逃之淵藪'가 되고 있었던 이유이기도 하였다.

그 동안 도산서원으로의 관노비의 이속 실태를 살펴보면 다음과 같다. ① 임란 이후 본관의 조치로 관노비 14구를 移屬받았다. ② 仁祖 27년(1649) 還推의 슈이 있었으나 그때 方伯이 특별히 속공노비 14구를 관아에 代給시켰다. ③ 顯宗 4년(1663) 다시 환추의 슈이 있어 본관에서 원노비 40여 구를 일일이 색출하여 官案에 등록시켰는데 肅宗 30년(1704) 서원유생들의 상소로 환급받았다.[60] 이처럼 두 번의 '還推之擧'가 '官隷之訴'로 취소되었다는 사실을 감안해 볼 때, '붕당정치기'에 도산서원은 사액서원이자 남인 당론의 발원지로서 확고한 위상을 가지고 있었던 것으로 보인다.

다음으로 正祖 19년(1795) 도산서원 노비안을 노비의 거주지별로 분석, 정리하면 다음과 같다.

〈표 8〉 정조 19년(1795) 도산서원 노비의 거주지별 현황(단위 : 口)

		奉化	佳仕里	上溪里	北面	西面	宜東面	院抵	합
奴婢		68	46 (미상 13)	158 (미상 1)	7	94	142 (미상 4)	187 (미상 2)	702 (미상 20)
未推	新未推	37	26	-	68	-	106	-	342
	舊未推	40	65						
今故		32	44	61	22	25	60	62	306
逃亡		1	1	6	3	6	13	12	42
합		178	195	226	100	125	325	263	1412
未推+逃亡		78	92	6	71	6	119	12	384

* 전거 : 李樹煥, 1982, 위의 논문의 '<표 11>'
* 비고 : 新未推는 이 노비안 작성시 未推된 것이고, 舊未推는 前 노비안 작성시 未推된 것일 것이다.

淸河 興海 慶州 義興 義城 (手決)."

60) 『書院謄錄』 권4, 甲申(1704) 8월 27일. "(陶山書院儒生 李友白等上訴) 文純公李滉歿後 遠近多士立廟而俎豆之 朝家宜額而竊獎之 第以兵火之餘 不成模樣 其時太守 除出官奴婢並 其子孫永屬本院 逮至己丑 卒有還推之擧 其時方伯 特以屬公奴婢十四口 代給官家 而在院奴婢永屬勿推事文案尚在 癸卯年 本官悉取院奴婢四十餘口 載之官案 …… 而今該道 前後代給 文書詳査後 屬院奴婢永勿撓奪(啓依允)."

이 노비안의 노비는 총 1,412구이다. 이를 景宗 3년(1723)의 노비안과 비교하면 총액에서는 70여 년 사이에 756구가 늘어났다. 그러나 서원이 실제로 소유하고 있는 노비 수에서는 70여 구정도 늘어났을 뿐이다. 그 동안에 사망(306구)·未推 (342구)·도망(42구) 등 많은 사고노비가 발생했기 때문이다. 따라서 이 무렵 서원이 실제로 소유하고 있는 노비는 총 1,412구에서 사망 노비 306구와 도망 노비 42구, 그리고 도망하여 타관에 거주하고 있지만 추쇄되지 못하고 있는 未推 노비 342구를 제외한 722구라고 볼 수 있다. 이는 院底奴婢 등 縣內 居住 노비 654구와 봉화거주 외거노비 68구로 이루어지고 있다. 현내 거주 노비는 545구가 늘어난 반면, 외거노비는 496구나 줄었다. 도망 노비와 이와 다름없는 미추 노비가 많았기 때문이다. 이는 당시에 노비의 도망이 광범위하게 일어나고 있었음에도 불구하고 도산서원의 운영과 재산 관리의 책임을 지고 있던 원장이 노비 추쇄에서 다른 지방관들의 지원과 협조를 받지 못했기 때문이었을 것이다. 전술했듯이 전·현직 관료들이 원장 직임을 맡았던 것은 서원의 운영과 관련해서 인근 지방관들의 경제적 지원을 얻는 데에 유리했기 때문이었다. 그런데 英祖代 이래로 도산서원 원장들 가운데 급제자나 관직자가 급격하게 줄어들고 있었 다.[61] 다만 여기서 주목되는 것은 院任이 서원의 雜事나 서원전의 경작에 직접 使役시킬 수 있었던 院底 노비가 景宗 3년(1723) 109구에서 正祖 19년(1795)에는 189구로 2배 정도 늘었다는 것이다. 즉 이처럼 증가한 원저 노비들은 서원전의 농장 경영에 사역되었을 것이었다.

다음으로 도산서원의 전답 규모와 경작 실태를 살펴보자.

도산서원 초기의 것으로 추측되는 토지문서를 요약해 보면 다음과 같다. 相換田 8卜 3束, 寺社位田 1結 64卜 7束·畓 55卜 1束, 願入田 27卜 5束·畓 49卜 4束, 免役田 90卜 3束여, 買得田 41卜 4束·畓 46卜 5束 1斗落, 屬公田 1結 5卜 1束·畓 35卜 3束, 합계 田 4結 29卜여, 畓 1結 86卜 3束 1斗落, 총 6結 15卜 3束여와 1斗落이었다. 이는 네 종류로 나누어진다. 첫째는 본관이 면세전으로 획급해 준 상환전·사사

61) 한상우, 2014, 앞의 논문, 142쪽의 '<그림 1> 퇴계 후손 도산서원 원장들의 자격 조건 변화' 참조.

위전·속공전이고, 둘째는 광산김씨의 김부필·김부의·김부륜, 봉화금씨의 금보·금응협, 그리고 이완 등이 기증한 원입전이며, 셋째는 양인농민들이 피역하기 위하여 투탁한 면역전, 그리고 넷째는 서원이 매득한 매득전이다. 이 가운데 영남지역에서 도산서원이 갖는 상징적인 위상 때문에 다른 어떤 전답보다도 면세전·면역전이 늘어날 것이 예상된다.[62] 앞서 노비의 증가에서 보았듯이 서원전도 전체적으로 그에 비례하여 증대되었을 것이다.

이어서 光海君 11년(1619)의 도산서원전답안에 의하면, 총 규모는 12結 15卜 3束·35斗落只(田 9結 12卜 1束·15斗落只, 畓 3結 3卜 2束·20斗落只)였다.[63] 약 30년 사이에 매득전(속전답 포함)은 87卜 9束·1斗落只에서 7結 58卜 1束·2斗落只로 6結 70卜 2束·1斗落只가 늘어났고, 면역전은 90卜 3束여에서 1結 31卜 6束·2斗落只로 41卜 3束·10斗落只가 늘어났다. 따라서 총 전결수도 6結 15卜 3束여·1斗落只에서 12結 15卜 3束·35斗落只로 약 2배 가까이 증가하였다. 특히 여기에서는 매득전이 7結 58卜 1束·2斗落只로 총 전결수의 50~60%를 차지함으로써 매득이 서원전 확대에서 큰 비중을 차지했음을 알 수 있다. 이 매득전은 대체로 서원 주위의 座首宅, 察訪宅, 判事家, 忠順衛家 등 양반가의 전답을 매득한 것이었고, 면역전은 匠人으로 추측되는 科谷店의 李仲道·季道가 서원의 면역 특권을 이용해 力役의 면제를 꾀하기 위해서 원납한 것이었다. 한편 이때의 도산서원 전답의 대부분은 예안현 의동면 서원 근처에 있었던 것으로 나타나고 있다. 이는 서원 주위의 양반가의 전답을 매득했기 때문으로 보인다.

이어서 18세기의 서원전답안은 확인되지 않아서 그 전답 규모를 알 수 없다. 다만 純祖 19년(1819)의 전답안에 의하면, 그것은 약 30結 정도였음을 확인할 수 있다.

---

62) 주 67) 참조 ; 閔丙河, 1968,「朝鮮書院의 經濟構造」『大東文化硏究』5, 75~204쪽 ; 李泰鎭, 1989,『朝鮮儒敎社會史論』, 206쪽.
63) 李樹煥, 1982, 앞의 논문의 '<표 15>'.

〈표 9〉 순조 19년(1819) 도산서원 전답안(단위 : 結-負-束)

	宜東面	邑內面	西面	北面	宜西面	上溪里
전	9-86-6	0-2-2	0-23-2	0-11-5	1-68-4	1-77-9
답	3-18-1	1-16-5	0-54-5	0-60-4	0-23-3	0-20-7
합	13-4-7	1-18-7	0-77-7	0-71-9	1-91-7	1-98-6

	奉化	下里	安東	月川	別庫田畓秩	합
전	1-96-9 3斗落只				0-2-9	15-69-6 3斗落只
답	1-26-6 7斗5升落只	0-3-7	0-46-0	0-9-1 3斗落只	4-72-4	12-51-3 10斗5升落只
합	3-23-5 10斗落5升落只	0-3-7	0-46-0	0-9-1 3斗落只	4-75-3	28-20-9 13斗5升落只

* 전거 : 李樹煥, 1982, 위의 논문의 주 91) '<1819年 陶山書院 田畓案>'

여기서 전답 분포지역을 보면, 총 28結 20負 9束·13斗 5升落只 가운데서 봉화·안동의 3結 69負 6束·10斗 5升落只를 제외한 24結 51負 3束·3斗落只가 예안현에 있었음을 알 수 있다. 또한 예안현 안에서의 전답은 도산서원이 있던 의동면(13結 4負 7束), 이황의 후손들 안에서 종가(安道)가 거주했던 上溪里(1結 98負 6束), 그리고 繼陽의 옛 거주지였던 온계리의 의서면(1結 91負 7束) 등을 중심으로 분포되어 있다. 그리고 別庫田畓은 일종의 民庫田畓인데 이것도 서원 근처에 있었을 것이다. 따라서 도산서원의 전답은 대부분 서원 주위('院底')와 先祖와 본손들의 거주지에 분포되어 있었던 것이다.

이는 앞서 보았듯이 18세기 후반 이래 원장 직을 독점해 갔던 이황가문의 본손들이 <표 7>에서 보듯이 타관에 거주하고 있던 많은 외거노비들이 납부하고 있던 錢文과 공물을 자본으로 삼아 가능한 한 서원 주위와 자기 마을의 전답을 매득해 갔기 때문이었을 것이다.[64] 그런 과정에서 본손들 가운데 전·현직

---

64) 숙종 31년(1705)의 도서서원노비안에 의하면, 공납노비는 총 노비 1,034구 가운데 459구(44.4%)를 차지하고 있다. 그리고 이들이 바치는 공물은 錢文·眞荏·眞麥·大米·小米·太·眞荏·乾柿·水·糖·木·布·鷄·豆·魚物 등으로 錢文은 1人당 1~2兩, 혹은 3~4兩, 小米·大米는 5斗, 太는 5斗~10斗를 납부하고 있다. 또한 院屬 僧奴들은 서원 소용의 장지·백지를 납부하였다. 이때의 공납 총액은 錢文 510兩8戔, 대미 6石2斗8升, 소미 19石8斗4升, 태 6石14斗, 진임 11斗, 적두 2石2斗1升, 건시 11貼, 생포 3필, 생문어 3尾 등이었다. 즉 1년의 공납 총액은 錢文만으로도 500兩이 넘고 있는데, 만일

관료가 원장이라도 맡게 되면 그는 인근 고을의 수령이나 감사·병사의 지원을 받으면서 더욱 많은 전답을 확보할 수 있었을 것이다.

한편, 이 전답안을 <표 8>과 대조해 보면, 해당 면의 전답 규모와 노비 수가 어느 정도 비례관계에 있음을 볼 수 있다. 즉 서원 전답이 많이 있었던 의동면의 서원 근처와 상계리에 노비도 역시 그만큼 많이 거주하고 있음을 볼 수 있다. 즉 도산서원을 중심으로 그 주위에 거주하고 있었던 院底노비들의 대부분은 農奴와 作介奴이었을 것이며, 일부는 幹奴로서 농감이 되어 收租·收貢·監打 등의 일을 맡아 했을 것이다. 그리고 봉화에 거주했던 외거노비들은 역시 농노·작개노·전작노들이었거나, 그 일부는 숨音·庫直·墓直 등에 종사했을 것이고, 또한 일정한 身貢을 상납했을 것이다.

서원전의 기본 형태는 買得地였다. 그리고 18세기 이후에는 권세 있는 서원의 권위를 빌어 자기 가문의 지위 유지를 꾀하려는 목적에서 그 서원에 토지를 기증함으로써 원납전이 큰 비중을 차지하게 되었다. 이러한 서원전의 경영은 서원 솔하의 노비, 그리고 노비적 존재였던 庫直·使令과 募入民 및 서원촌민에 의한 농장 경영이 일반적이었다. 그러나 이러한 농장 경영은 서원 소속의 노비·예속민들이 도망가고 정부의 지원이 끊기면서 제향인의 후손들 가운데서 빈농의 후손들과 인근의 전호농민들에 의한 병작경영으로 전환되기도 하였다.[65] 도산서원의 서원전 경영 역시 이러한 추세에서 벗어나지 않았을 것이다.

18세기 이후에 대부분의 문중서원들이 그렇듯이 도산서원도 이황가문의 본손들이 원장을 차지해 가는 한편, 서원 재산의 운영과 관리를 주관하면서 여러 가지 문제를 야기하고 있었다. 여기서 서원 자체의 문제는 본손들이 서원의 수입, 즉 서원전으로부터의 收租, 외거노비로부터의 收貢, 額外院生·院保·書院村民들로부터의 현물 수입 등을 가로챔으로써 1년에 두 차례의 향사를 치를 비용도 마련할 수 없을 정도로 서원 자체의 재정이 악화되고 있는 것이었다.

이를 전답을 매득하는 데에 썼다면 몇 년 안 가더라도 대토지를 소유할 수 있었을 것이다(이수환, 1982, 위의 논문, 291쪽).

65) 崔元奎, 1988,「朝鮮後期 書院田의 구조와 경영」『孫寶基박사 정년기념사학논총』.

이러한 사정은 '丁卯年'에 작성된 「完議」에 잘 나타나고 있다. 이 「완의」는 도산서원의 '凋殘之弊 莫此爲甚'하여 몇 년 못가서 향사도 지내기 어려울 것이라는 위기감에서 작성된 것으로 院任이 이행해야 할 서원운영 지침 10개 조항을 上有司 李某 명의로 정하고 있다.[66] 서원의 재정과 관련된 조항만 들면 다음과 같다.

1. 본원의 전토에 대한 봄가을 收稅는 일일이 찾아서 거둬들인 후 首任이 직접 斗量을 점검하고 入庫할 것.
1. 본원의 전토 가운데 本孫이 경작하는 것은 院奴에게 모두 移作시키고 그들로 하여금 支保하도록 할 것.
1. 본원에서 판매한 전토는 모두 還退할 것.
1. 본원의 노비로서 本孫에게 仰役하는 자들은 모두 관례에 따라 공물을 거두고 한 사람도 누락되어 남는 일이 없도록 할 것.
1. 院奴를 使喚으로 부리는 일은 院任 각 宅 외에는 시행하지 않도록 할 것.
1. 본원에서 각각 상환 받지 못한 옛날 부채는 일일이 본래의 약조대로 거두어들일 것.

즉, 이 조항들은 이황가문의 本孫(宗孫)들이 서원의 노비·전답 등의 자산의 운용과 관리에 관여함으로써 야기되고 있던 여러 가지 폐단을 시정하고자 하는 것들이다. 여기서 그 폐단으로 지적될 수 있는 것은 本孫들이 서원전을 임의로 매각한다는 것, 서원전을 경작하고 있다는 것, 서원의 노비들을 자가의 노비·사환으로 使役하고 있다는 것 등이다. 즉, 이황가문의 본손(종손)들이 이미 진성이씨 문중의 사원으로 변질되어 버린 도산서원의 전답·노비를 사유화함으로써 서원의 재정이 악화되고, 따라서 도산서원은 서원 자체로서 유지되기

---

66) 우인수, 2013, 앞의 논문, 115쪽. 필자는 「完議」(한국국학진흥원 소장, 도산서원고문서)의 작성연대인 '丁卯'년을 1807년 또는 1867년으로 추정하고 있다. 이 글에서는 1867년으로 추정하고자 한다. 그리고 1867년의 상유사(원장)는 예안의 진성이씨 李彙寅과 충청도 예산의 현감출신 한산이씨 李在顯이었다. 여기서는 이황가문의 본손인 이휘인으로 보고자 한다.

가 어렵게 된 것이었다.

한편, 高宗 5년(1868) 9월에 高宗은 사액서원의 폐단으로 3가지를 들고, 그것의 釐正을 명령하였다. 그 3가지 폐단은 첫째, 서원은 양정들이 군역을 면피하기 위해서 院生으로 冒托하는 것을 받아들임으로써 族徵·隣徵의 폐단을 야기하고 있다는 것, 둘째, 제향에 쓰이는 제수물품을 이미 관가로부터 지원받고 있음에도 불구하고 면세지를 劃給받고 있다는 것, 셋째, 公卿과 宰相 등의 현직관료가 원장을 맡아서는 원무를 제대로 집행할 수 없을 뿐더러 齋生들이 그들의 위세를 빙자하여 활용할 단서가 된다는 것 등이었다. 이 가운데서 앞의 두 가지 폐단은 서원이 군정·전정 문란의 또 하나의 진원지가 되고 있었음을 말하는 것이었다. 따라서 이에 대한 이정책은 冒托院生을 簽丁한다는 것, 면세지를 출세지로 바꾼다는 것, 본 고을의 수령이 서원의 사무를 주관한다는 것 등이었다. 그리고 高宗은 이를 법제화하도록 하였다.[67]

그런데 이 이정책이 제대로 집행되지 않아서였던지 高宗 7년(1870) 9월에 高宗은 2년 전의 대원군의 분부를 환기시키면서 "서원의 사무를 本孫이 주관하고, 朋黨을 주도하면서 小民들에게 폐해를 끼치는 서원들을 헐어버리고 신주를 묻어버리라."고 전교하였다.[68] 따라서 도산서원이 조정의 이러한 명령에 따라 시급히 이정해야 했던 것은 '본손이 원장을 대대로 맡아 왔다'는 사실이었을 것이다. 그리하여 조정의 명령이 내려진 지 한 달 뒤인 高宗 7년(1870) 10월에

---

67) 『高宗實錄』 5권, 고종 5년 9월 3일. "教曰 節義道學之俎豆崇報 寔出尊慕矜式之意 而末流之 弊 駸駸至於小民難支之境 設院宣額之義 豈容若是 齋生之元額外 冒托之類 一一簽丁事 自兵曹知委 旣有享需之官封 則結數劃給 甚是無謂 自今年 令戶惠廳一竝出稅添入槪狀 如有 前輩長德之可以腏享者 切勿新創各建 只許追配於已賜額書院 而雖以院長言之 卿宰之遙執 院務 非徒行之不得者也 亦不無齋儒怙勢之端 從今院長以本倅爲之 主管院中事務 而以此意 著爲金石之典 今其釐正 爲國經遠之謨也 分付禮曹 使之行會各道.";『日省錄』 고종 5년 9월 3일. "命書院之疊設者 禮判稟定于大院君前 可以杖屨妥靈之所外 竝爲撤之."

68) 『高宗實錄』 7권, 고종 7년 9월 10일. "教曰 向以賜額書院院長 使本倅主之事 有所下敎矣 大抵儒賢之俎豆其享 卽朝家之崇奬也 士林之尊奉也 所以賜其美額 而近聞每院之事務 本孫 主之 各主朋黨 害又及於小民者多云 此若以先朝已賜之額院 存而勿論 則非但國體之解弛 亦足爲干和之一端也 如有此等之院 雖是賜額 不可仍置 撤院埋主之節 一遵大院君分付擧行 事 令該曹行會於八道四都."

曾經院長 통덕랑 李某 등 13명은 원장을 맡게 될 예안현 현감의 통제와 지시를 따를 것을 명시한 「完議」를 작성하였다.[69] 무려 21개 조항에 달하는 절목은 원장을 겸직하게 되는 예안현감의 서원 운영과 재산 관리에 대한 권한으로 채워져 있다.[70] 이 21개 조항 가운데서 서원의 전답·노비를 중심으로 한 재산의 운용과 관리에 관한 조항은 다음과 같다.

1. 서원의 위토가 있는 곳 및 字號와 斗落을 소상히 기록하고 前年의 책자에 도장을 찍으면서 憑考하도록 할 것.
1. 서원의 토지에서 수세하는 것 가운데 전부터 아직 거두지 못한 것은 서원의 장부에 기재하고 일일이 찾아내서, 아직 바치지 않은 作人과 주관하는 재임의 성명을 기록하고 남김없이 독촉하여 받을 것.
1. 서원의 천민으로서 아직 역을 때우지 않은 자는 久近과 多少를 막론하고 일일이 이름을 적고 날짜에 맞추어 독촉해서 받을 것.
1. 서원에서 거두는 金錢으로 아직 걷지 못한 것과 사용할 金錢으로 아직 지출하지 않은 것을 장부에 기록하고(金錢出納簿) 재임은 달마다 수정하면서 원장의 도장을 받을 것.
1. 院屬은 私隷가 아닌데 어떻게 班家가 임의로 사역하여 누구 때문이냐는 怨謗을 사게 할 수 있는가. 어느 집인가를 물론하고 사적인 일에 院屬을 부리는 폐단은 일절 禁斷할 것.
1. 본손 및 경내의 사부가를 물론하고 만약 院屬을 借用할 수밖에 없는 일이 있으면 재임은 원장에게 품의한 후 일정 수의 차용을 허락할 것.
1. 서원의 노비 가운데는 仰役者가 많은데, 이들을 家傳奴婢처럼 보는 것은 법리에 없다. 일일이 조사하여 방금 仰役者가 된 자는 放還해서 貢物을 거두도록 하고, 이후에 따로 규정을 세워서 일절 막도록 한다. 혹 은닉하고

---

69) 「完議」(한국국학진흥원 소장, 도산서원고문서)의 前文은 다음과 같다 : "完議今奉朝令 院長之任 本官主管 毋使本孫干涉事務 則凡屬院務 有不可不講定於曾經院長及齋任後行之故 齊會爛議 另定節目 開錄揭壁 勿替遵行事 庚午十月日官(押) 曾經院長 通德郞李(押) 前參議李(押) 前參議李(押) 前正言李(押) 副護軍李(押) 曾經齋任 幼學任(押) 前監役李(押) 幼學李(押) 李(押) 李(押) 進士李(押) 幼學李(押) 崔(押) 後."
70) 우인수, 2013, 앞의 논문, 127쪽.

있다가 추후에 발각되는 자가 있을 때는 먼저 재임과 首奴부터 감영에
보고하고 論罪할 것.
  1. 노비로부터 공물을 거두는 시기에 재임은 착실하게 검거하여 유명무실한
  일이 없도록 할 것.
  1. 훼철된 각 서원의 전토와 노비 가운데 본원에서 이거한 자들은 지금 귀속되지
  못하고 私物로 치부되고 있으니 매우 잘못된 것이다. 모두 본원으로 還推하고
  후일의 처분을 기다리며, 추수는 본원에서 看檢하고 수납할 것.

이 「완의」도 '정묘년(1867)에 작성되었던 「완의」와 마찬가지로 그 기조는
본손들이 서원의 노비·토지를 家産化하는 것을 차단하기 위한 것이었음을
알 수 있다. 다만 이 「완의」는 현감이 원장을 맡게 됨으로써 서원의 모든
업무와 재산 관리의 권한이 수령에게로 넘어가고 있다는 것이다. 그런데 이
「완의」의 절목이 실제로 잘 준수되었었는지는 의문이다. 그것은 1870년 이래로
예안현감들은 원장을 역임하지 않았기 때문이다. 1870년 전반기 鄭基曾, 1871년
5명의 원장 가운데서 洪在錫, 1876년 전반기 李徽應, 1879년 전반기 南德熙, 1889년
후반기 鄭萬燮, 1893년 9명의 원장 가운데서 趙元稙·李萬胤, 1894년 4명의 원장
가운데서 柳寅睦, 1895년 7명의 원장 가운데서 李晩稙 등만이 현감으로서 원장을
역임하였고, 그 외에는 같은 기간(1870~1895)에 79명의 원장 가운데서 이만직·이
만윤을 포함한 54명이 본손이었던 것이다. 그리고 54명의 원장 가운데는 본손으
로서 전직 관료나 문과급제자 11명이 포함되어 있다.[71] 물론 이들은 서원 자체의
필요성에서 원장을 맡았을 것이었다. 결국 高宗 7년(1870) 9월의 조정의 명령은
도산서원에는 관철되지 않고 있었던 것이다. 그럼에도 불구하고 도산서원은
高宗 8년(1871) 9월의 사액서원 전체에 대한 철폐령을 피하고 존속하였다.[72]
따라서 이황가문의 본손들은 도산서원을 건립한 직후부터, 특히 正祖대 이후에

---

71) 우인수, 2013, 위의 논문, 116~123쪽의 '<표 4> 19세기 도산서원 원장의 연도별
    명단' 참조.
72) 『日省錄』 고종 8년 3월 9일. 이 사액서원 철폐령에도 불구하고 다만 도학에 공이
    큰 문묘종사자와 충절지사에 대해서는 '一人一院'의 원칙에 따라 47개소는 철폐를
    면하게 되었다. 따라서 도산서원도 철폐를 면했던 것이다.

는 원장직을 독점해 가면서 서원의 운영과 관리를 주관하는 한편, 서원의 재산과 노비·전답을 가산화해 갔었다고 볼 수 있겠다.

이제 이황가문의 '종가지주'의 지주제경영을 정리해 보자. 진성이씨 예안파의 起家者는 이황의 5대조 여주이씨 李子脩였다. 그는 고려후기에 여주의 토성이족으로 잡과에 급제한 이후 내외요직을 역임하였고, 홍건적 침입 때 개경을 수복한 공로로 宋安君에 封祿되었으며, 따라서 고려말에는 명실상부한 사족으로 성장하였다. 그는 퇴임 이후에는 본관을 떠나 안동부 풍산현에 流寓하였고, 이어 云候·禎代에는 안동부 주촌에 정착하였으며 당시 안동지방을 대표했던 안동권씨·안동김씨, 풍산류씨·의성김씨·영양남씨 등 명문들과 중첩적인 인척관계를 맺었다. 이후 이정의 末子 조부 繼陽은 처가를 따라 예안현에 寓居하게 되었다. 그는 다시 옛 의인현성인 온계리(溫惠洞)에 복거하고 그곳의 진황지를 대대적으로 개간하여 良田 2, 3百頃을 확보함으로써 禮安入郷祖로서 진성이씨 예안파의 경제적 기반을 확립시켜 놓았다. 이후 이황·이준 부자대의 재산은 부모와 前後妻邊 및 子婦邊에서 상속 또는 전계한 것에다 퇴계의 규모 있는 治産理財에 의하여 집적, 증식되어 갔다.[73] 당시에 집적된 재산은 노비 367구(노 203구, 비 164구)와 전답 206石4斗7升落只에 달했고, 이를 기반으로 李寯은 父 이황의 사후 4년째에 父가 살아 있을 때에 강학했다고 하는 도산서당 뒤편에 상덕사·도산서원을 건립하고(宣祖 7년, 1574), 이듬해에 사액을 받았다. 그리고 이준가는 宣祖 9년(1576)에 이황을 入享하였고, 光海君 7년(1615)에는 趙穆을 從享하였다. 이후 이황의 本孫(宗孫)들은 장자우대상속에 따른 장손의 分衿과 장손외의 자녀들에 대한 分衿으로 인하여 줄어드는 재산을 이미 선대에 안동지방 일대의 명문들과 맺고 있었던 인척관계를 대대로 지속시키면서 妻·子婦邊의 재산으로 보충해 가는 한편, 도산서원의 전답·노비 또한 증식시키고 家産化하면서 이미 이황·이준 父子代에 확립되었던 대지주의 경제력을 19세기 말까지 거의 그대로 유지해 갔던 것으로 보인다.

---

73) 李樹健, 1991,「退溪李滉家門의 財産유래와 그 所有形態」『歷史教育論集』第13·14輯, 680쪽.

조선시대에 지주계층의 지주경영은 그들이 소유했던 기본 농업노동력인 노비·노비적 농민(비부·고공·협호)이 줄어듦에 따라 16세기까지의 가작경영· 작개제경영은 17세기 중엽 이후의 병작제경영으로 점차 바뀌어 가고 있었다. 그런데 이황가문의 '종가지주'처럼 대지주의 경제력을 바탕으로 서원을 건립 하고 그 재산의 운영과 관리를 주관했던 문벌가문의 '종가지주'들은 서원 소속의 노비·예속민들이 死亡·逃亡·未推에도 불구하고 자연생산으로 유지되 거나 증가함에 따라 16세기의 가작·작개제경영을 계속할 수 있었던 것으로 보인다.[74]

---

74) 李樹健, 1991, 위의 논문, 675~677쪽. 여기서 필자가 퇴계의 治産理財의 실례를 보여주기 위해서 『陶山全書』4, 遺集 내편과 외편 및 響山宗家 소장 퇴계의 家書 가운데 퇴계가 30대 말에서 60대 말에 걸쳐 그 장자 寯에게 與答한 사찰에서 인용한 기사 가운데서 가작제·작개제 경영과 관련된 기사를 발췌하면 다음과 같다 : "汝今棄來 則家無幹奴 全廢耕農 歸當何恃." ; "連山·佛非每年陳其所受之田 至爲過 甚 須論罰 而自來年佛非 不給作介爲可." ; "正當農月 奴子二人 遠行廢耘 必田疇盡荒 且種木 麥之時 黃石不須來此 …… 除草方急 恐無暇爲之." ; "其處農事等 不可只付奴輩." ; "但農奴 多故 除草失時 …… 宜寧收麥四石有餘云 須與其家互換 爲來年種子事 圖之爲可." ; "吾意 順孫速移居于此 使之幹事 綿花作介 亦使此奴則可也." ; "聞奴婢等 率皆怠慢不事 至爲過甚 擇其尤甚者 撻而警之可也." ; "兩處頑奴 非杏所能制 農月且近 奈何." ; "汝率二奴而來 農奴 無之 奈何." ; "聞汝此處田畓 此奴皆受分半云 是則此奴(苐叱山) 不無所利 故不以任汝事爲憚 乎 如是則稱可矣." ; "榮川秋麥 想已熟矣 連同奴不可全付監打 明日暫往監收而來爲可." ; "此奴(苐叱山)乃曾經行者者 大抵行者放役 通國皆然 今此奴雖有過甚之事 然不可以此 遂違 通國之例也 汝於此奴 凡事專爲 無異作介 苦役之奴 武奈未安乎."

晦齋 李彦迪家門의 宗家地主의 地主經營 사례

　　회재 이언적(成宗 22년, 1491~明宗 8년, 1553)의 선대는 다른 군현의 토성이족과 마찬가지로 고려후기까지 여주의 戸長職(李直才, 혹은 李磧)을 세습했다가 고려말에 李世貞이 鄕貢進士로 上京從仕하면서 여주를 떠났고, 이어 왕조교체기에 영일지방으로 낙향한 것으로 보인다. 회재의 행장과 비문에서, 그 선대가 '中移于迎日 復遷于慶州良佐村'이라고 했는데, 그 증조 崇禮의 묘가 영일에 있고, 그 조부 壽會가 世宗 13년(1431)에 영일에서 출생했으니 그 증조대부터는 영일지방에서 산 것이 확인되지만 고조 權의 거주지는 확인되지 않고 있다. 그러나 고조모가 李良佐(진사)의 딸이라는 사실과 또 회재의 족보에 의하면 그 고조 형제들의 내외손이 안강현 일대에 살고 있었음을 볼 때 역시 落南 초기에는 영일지역을 크게 벗어나지 않았던 것이다. 그런데 영일에서 생장한 조부 壽會(武科參軍)가 경주인 李點(생원)의 사위가 되어 그 처가가 있는 경주의 내동면에서 살게 되면서부터 회재가문은 영일지방에서 경주지방으로 그 기반을 옮기게 되었다. 그리고 회재가문이 경주지방에 확고한 재지적 기반을 갖게 된 계기는 그의 부 蕃(1463~1500)이 당시 경주지방의 대표적 사족인 경주손씨 孫昭의 사위가 되면서부터이며 이로 인해 그 처가 소재지인 양좌촌은 마침내 孫李兩氏家門의 世居村이 되었다. 따라서 회재는 바로 외가의 사회·경제적 기반 위에서 성장하였다.

　　회재는 中宗 3년(1508)에 고려말 이래 의성에 세거해 온 함양박씨 朴崇阜(訓導)의 딸을 부인으로 맞아들였다. 박숭부는 世宗초 左軍摠制를 역임한 박성양의 손자였다. 이 가문은 회재 당대에는 族勢가 매우 번창하여 그의 처부는 11남매 중 제6자에 해당되며 妻 朴氏는 남매로서 나중에 그의 친정 종손녀를 繼後子의 처로 삼았다. 이 가문은 회재의 선대부터 일찍이 진출하여 京鄕에 세력기반을 가졌기 때문에 회재의 출사와 경제생활에 도움을 줄 수 있었다. 이 가문은 의성을 중심으로 그곳의 대표적인 명문인 영천이씨·여흥민씨·광주이씨 등과 인척관계에 있었고, 그로 인해 회재의 손자 李宜潛은 영천이씨 李山岳(居義城)의 사위가 되어 많은 妻財를 받게 되었다.

그런데 회재는 박부인과의 사이에 자식이 없었다. 그런 가운데 그는 中宗 10년(1515)에 경주 州學의 교관으로 부임하면서 관비 출신의 石氏를 만났고,[75] 익년 7월에 全仁을 낳았다. 따라서 全仁이 계후자가 될 것이었다. 그러나 회재는 죽기 2년 전인 明宗 6년(1551)에 全仁이 있음에도 불구하고 그가 庶出이라 家格의 저하를 염려한 나머지 서둘러 양좌촌 쪽과 상의하여 從弟의 支子인 應仁(15세)을 입양하여 계후자로 삼고(良佐派), 곧 이어 박부인의 의견에 따라 친정 종손녀를 자부로 맞이하였다. 그리고 회재는 부모로부터 傳係받은 양좌촌 터전과 박부인 쪽 재산을 應仁에게 상속하였다. 이러한 조치에 대해 가장 불만을 가진 쪽은 全仁이었을 것이다. 당시의 법제상 '嫡妾俱無子'에 限해 입양이 가능한 것이었는 데 비록 서출이라도 엄연한 친자인 자기를 배제시킨 것에 대해 강한 불만을 가졌을 것이었다(『關西問答錄』 明宗 4년 12월 26일조). 이를 회재가 모를 리 없었다. 따라서 그는 應仁에게 양좌촌의 家舍와 田民을 전계시킨 다음 그 2년 뒤인 明宗 8년(1553) 8월 6일, 죽기 3개월 전에 全仁에게 상속시킬 허여문기를 손수 작성하였는데 증인에 계후자 응인과 외족인 손광호가 수결했고, 상속재산

---

75) 石氏의 父系는 명실상부한 사족인데 반해 그 母系는 본래 慶州官婢였다. 중종 10년 (1515)의 掌隷院立案文記에 실린 石貴童의 所志에 의하면, '자기(석귀동)가 前日 甘浦萬 戶로 재직 때 경주 官婢인 足非를 作妾하여 그 소생인 石非(石氏)를 産長하고 父邊傳來婢 莫德의 4所生 一金 年丁巳(연산군 3년, 1497)생을 代納하고 石非를 贖身한다'는 내용이 있다. 따라서 석씨는 중종 10년부터 관비의 신분에서 벗어났던 것이다. 그러나 그의 母는 경주관비였기 때문에 속신 후에도 경주읍내에서 살고 있었다. 이때에 회재가 경주 교관으로 부임해서 만났던 것이다.

은 정혜동(옥산) 소재 家舍 1座와 노비 9구, 답 80斗落只와 전 60斗落只, 明宗 원년(1545)에 이미 全仁母石氏에게 허여한 노비 4구와 전 3石落只(柳里 소재)·답 1石落只(石橋 소재)였다. 그리고 朴夫人은 회재의 삼년상을 마친 다음 全仁에게 자기 쪽 노비 2구를 별급했는데, 전인의 자손들은 이 노비를 특별 관리하여 宗子宗孫에게만 전급하였다. 또한 회재에게는 全仁 외에 또 庶女가 하나 있었다. 이 서녀의 母는 姜林氏였는데, 회재가 明宗 2년(1547)에 강계부에 안치되어 있을 때 전인과 함께 시봉하면서 한 딸을 낳게 되었던 것이다. 회재는 이 임씨모녀에게 도 노비 12구, 전답 8石 7斗落(전 4石 18斗落只, 답 69斗落只)을 허여했는데, 임씨는 宣祖 28년(1598)에 이 재산을 양좌동·옥산동계의 諸孫子女에게 분급하였다. 이리 하여 全仁系는 옥산동을 중심으로 안강, 죽장, 북안곡 등지에까지 경제기반을 확대시켜 나갔던 것이다.

이처럼 옥산파의 파조격인 이전인은 회재부처와 생모 석씨, 그리고 임씨로부 터 옥산동(정혜) 소재 가사 1좌와 상당한 전민을 分衿받고, 또 妻 河氏邊으로부터 재산을 分衿받기도 했지만, 처변은 한미했기 때문에 그 수량은 적었다. 明宗 21년(1566)에 작성된 전인의 嫡庶子息에 허여한 문기에는 全仁夫妻의 전 재산이 망라되었는데, 그 내역을 보면 ① 奉祀位條에 답 50卜 6束, 전 28卜 2束, ② 長子 浚衿에 노비 24구, 전 105斗落 5升落只와 27卜 9束, 답 1結 7卜 8束, 가사 1좌, ③ 次子 淳衿에 노비 22구, 전 1結 29卜 9束, 답 1結 82卜 6束, 기타 鍮器와 가산은 형제 2인이 균집하며, ④ 孼子 夢虎衿에 노비 9구, 전 16卜 5束, 마전 2斗 5升落只, 답 72卜 5束과 7斗落, 雌黃牛 1척, 鍮盆 1좌, 鍮周鉢 5좌, 鍮錚盤 1, 鍮中沙容 1, 一斗鼎 1, ⑤ 墓位田畓에 14卜 1束, 墓直奴는 잡역을 면제하고 제사 때만 사환하며, ⑥ 婢 代伊·秀玉·桂香과 그 後所生은 모두 방역한다는 것이었다. 이어 李全仁·浚 父子의 兩代에 걸쳐 집적한 재산은 이준과 妻 鄭氏의 노비·전답분 금문기에서 그 규모를 살필 수 있다. 宣祖 34년(1601) 이준이 봉사위, 嫡子孫 및 첩자녀들에게 분금한 것과 仁祖 2년(1624) 처 정씨가 남편이 초안한 유의에 따라 분금한 문기에 의하면, 獨樂堂을 비롯한 宗宅은 宗孫에 세전되었고 李全仁이 분금했던 次子 淳衿은 無子하여 형 浚의 차자 容을 입양했기 때문에 全仁이 집적한 재산은 2嫡1庶에 전계되었다. 따라서 李全仁으로부터 李浚代까지 집적한 재산은 獨樂亭·溪亭·正惠洞 家舍 1좌, 노비 91구, 전 2,246斗落只, 답 1,130斗落只였다. 이러한 전답의 분포지는 회재가 개창한 정혜(옥산)동을 중심으로 안강현 서부, 양좌동 남쪽의 江東·江西坪, 북쪽의 神光·竹長(部曲), 서쪽의 北安谷(部曲)까지 걸쳐 있었다. 또한 이러한 전답에는 麻田·木棉田·菌草畓·楮田·瓮匠墓田 등이 포함되어 있었다.

이처럼 옥산파는 회재의 玉山別業을 독점 세수했을 뿐만 아니라 全仁 이래 治産理財에도 힘써서 노비 91구와 전답 3,376斗落只를 소유한 대지주의 경제력을 기반으로 해서 宣祖 5년(1572)에 옥산서원을 건립하였고, 이후 옥산서원의 운영과 관리를 주관하였다. 특히 李浚은 옥산서원의 전민 확보에 노력한 결과 그에 의해 원속전답이 8結이나 되었으며 그것은 주로 경산·청도·밀양 등지에 있었다. 이후에도 院屬田畓은 계속 증가하였는데, 1694년의 「전답안」에 의하면 그 규모는 19結 24卜 4束이나 되었고, 그 소재지는 옥산·양좌·유금·사방·보문·안강·영일 등지였다. 英祖 34년(1758) 옥산파 이희근 등의 소지에 의하면, 洞口 일대의 水田만 하더라도 약 2,000斗落에 달했고, 주민의 구성은 옥산이씨가 10여 호, 常漢이 42명, 노속이 41명이며, 여기에서 全仁의 후예들을 제외하면 나머지 양천민들은 거의가 옥산서원과 독락동에 예속되어 있었다고 했다. 즉 옥산동 일대는 회재가 개창한 이래 회재의 후손들에 의해서 계속 개발되어 갔던 것이다(李樹健, 1991, 「晦齋李彦迪家門의 社會·經濟的 基盤」『民族文化論叢』 제12집).

제4장 兩班土豪地主의 地主經營

1. 兩班土豪地主의 農業勞動力 : 挾戶

17세기 후반기에 이르러 농업기술과 농법의 발달, 이에 따라 토지생산성과 농업생산력이 급격히 향상되어 가는 한편, 노비 인구가 감소하고, '作介制'에 대한 노비들의 저항이 심해지면서 조선전기의 '농장제'의 '家作制'·'作介制' 경영은 양반지주층의 '竝作半收制' 경영으로 대체되어 가고 있었다. 따라서 18세기 이후에는 [양반·서민 지주─전호농민] 관계 아래의 '병작반수제' 경영이 지배적인 경영형태가 되고 있었다.

현지 지주로서 양반토호지주는 佃作·時作농민과 더불어 병작을 하면서도 본가 가까이 있는 일부 전답은 奴婢와 農奴(婢夫·挾戶['戶底집'·'호지집']·雇工)의 노동력을 이용하여 '家作'·'作介'경영을 하고 있었다.[1] 이 가운데 노비는 신분제가 유지되는 한 양반신분의 토호지주가 직접 보유하면서 사역시킬 수 있는 노동력인 셈이었다. 그러나 17세기 전반기 이래 신분제의 변동과 해체과정에서 노비·비부의 존재 비중은 감소되어 가고 있었다. 이에 비하여 고공은 17세기 후반 이후 농민층 분화과정에서 年雇·季節雇·日雇 등 다양한 노동력으로서

---

1) 협호의 존재와 그 성격에 대해서는 다음 두 논문이 참고된다. ① 金容燮, 1976, 「韓末 日帝下의 地主制─事例 3 : 羅州李氏家의 地主로의 成長과 農場經營」『眞檀學報』 42 ; ② 李榮薰, 1988, 『朝鮮後期社會經濟史』 제3부 제4장 朝鮮後期 農民經營에서 主戶─挾戶關係.

존재하면서 증가하고 있었다.

여기서는 먼저 '挾戶'('戶底집'·'호지집')의 발생을 국가와 농민의 관계 및 토호와 농민의 관계에서 살펴보고, 이어서 이러한 협호의 雇役勞動을 이용했던 양반토호지주의 지주경영 실태를 살펴보고자 한다.

고대·중세사회에서 稅와 役은 어느 것을 막론하고 토지와 호구에 부과되고 있었다. 따라서 조선봉건국가의 부세체계는 양전과 호구 파악이 필수의 전제조건이 되고 있었다. 특히 호구는 그 자체가 농민경영의 주체가 되고 있었던 만큼 농민경영의 안정과 호구의 정확한 파악은 국가 재정을 충실히 할 수 있는 요체가 되고 있었다.

17세기 후반 이래의 급속한 농업생산력의 발달을 바탕으로 하여 추진되었던 대동법을 비롯한 일련의 부세제도 개편은 군역과 직역 및 요역을 田稅化하는 것이었다. 그리하여 호구를 단위로 하여 군역과 직역 및 요역을 징발하는 국가의 농민에 대한 인신지배는 米納·布納 등의 현물납, 그리고 부분적으로 金納으로 전환되면서 해소되어 가고는 있었지만 신분제가 여전히 유지되고 있는 한에서는 계속되고 있었다. 국가의 농민에 대한 전형적인 인신지배는 부세체계 가운데서 잡역 부과와 군역제로 실현되고 있었고, 호구를 매개로 실현되었던 데서 협호의 발생과 관련되고 있었다.

대동법 실시 이후 대동·전세 외의 일체의 잡역은 호에 부과되었던 데서 '煙戶之役'으로 불리고 있었다. 그런데 그 출역의 기준이 명확하게 규정되지 않았기 때문에 '煙戶不均之弊'를 야기하고 있었다.[2] 즉, 戶의 크고 작음과 상관없이 각 호는 수시로 징발되는 잡역을 똑같이 부담하고 있었던 것이다. 양반과

---

2) 『承政院日記』277책(탈초본 14책) 숙종 6년 6월 11일. "同知事李敏敍所啓 煙戶之弊 旣已發端 故敢達所懷矣 大同立法 民結則科外出役者 防禁至嚴 故一應雜役 皆萃於煙戶 雖以畿甸言之 田結之役 則不過大同田稅 而煙戶之役則倍蓰於本役 民不能支堪 且臣曾前受任南方時 目見煙戶不均之弊 蓋煙戶 以戶出役 故不問戶之大小殘盛 一體出役 兩班土豪等 雖有奴婢數十口 挾戶數十家 只出一戶之役 女戶單丁 人口只二三者 亦出一戶之役 其爲不均 莫此爲甚 若不及變通 則民間形勢 必有難保之患 不可不別作事目 嚴立科條 俾爲均役之地矣 上曰 後日大臣登對時 稟定可也."

토호들은 노비 수십 구와 협호 수십 호를 보유하고 있으면서도 1호의 잡역만을 부담하였고, 女戶單丁의 인구 2, 3人의 호도 역시 1호의 잡역을 부담하고 있었던 데서 호 사이에 잡역 부담의 不均이 초래되었고, 따라서 小殘戶는 그만큼 잡역 부담이 버거웠던 것이다. 그리하여 호의 크기와 殘盛에 따라 차등을 두어 잡역을 부담하게 하는 변통책이 강구되기도 하였으나 중앙정부의 차원에서는 늘 논의에 그쳤을 뿐이었다.[3] 이후 잡역은 전반적인 부세제도 운영의 문란 속에서 지방 관청과 민인들이 협의하여 煙戶들이 공동부담하는 民庫制를 실시하는 것으로 개선되기도 하였으나, 이 민고제가 給債殖利의 고리대와 民庫田의 지주경영으로 운영되었던 데서 연호들의 잡역 부담은 더욱 가중될 뿐이었다.[4]

특히 軍役制가 軍額制와 軍摠制로 운영되었던 데서 호 단위 역 부담의 불균과 이에 따른 농민경영의 몰락이 촉진되고 있었다. 英祖 28년(1752) 균역법 제정의 실무자였던 병조판서 洪啓禧는 그의 『均役事實冊子』에서, 당시 삼남·해서·관동 6도의 實戶 62만 호 가운데서 군역을 지는 호가 10여만 호밖에 안 되며, 그들이 이전에 50만 호가 지고 있었던 군역을 부담하려면 1호당 4~5丁도 부족하며, 더욱이 그들 대부분은 시작·전작농민이어서 1호당 軍布 4~5疋價인 20여 냥을 마련할 수가 없어서 죽지 못하면 도망칠 수밖에 없었을 것이라고 말하고 있었다.[5] 따라서 양인 농민의 처지에서는 어떻게 해서든지 避役하려고 했고, 그 결과 '軍多民小' 현상은 더욱 심화되었다. 그리하여 피역하지 못한 빈한한 소수의 양인 농민들은 闕額된 군액을 충당해야 했기 때문에 疊徵·族徵·隣徵을 피할 수 없었다. 이 때문에 그들은 군역 부담의 가중을 피하기 위해서 원천적으로 호적과 軍案에서 빠지고자 했는데, 그것은 바로 '挾戶'가 되는 것이었다. 그것은

---

3) 『英祖實錄』 59권, 영조 20년 4월 2일. "持平任珣上疏 論十條 …… 其論徵戶布 略曰 毋論尊卑貴賤 一以人口爲準 定爲大中小殘戶 而限五口爲殘戶 限十口爲小戶 限十五口爲中戶 限二十口爲大戶 而又分中大戶爲二等 各徵戶調 而如一等大戶 徵布三四疋 其餘中小殘戶 皆以此遞減 而鰥寡孤獨之類 悉皆蠲免 則貧民庶類罕有過小戶者 其爲役甚輕 中戶以上率多有田宅臧獲 雖應二疋三疋之役 亦無不堪之患也."

4) 金容燮, 1980, 「朝鮮後期의 民庫와 民庫田」 『東方學志』 23·24 合輯.

5) 『英祖實錄』 75권, 영조 28년 1월 13일.

「政要抄」의 다음과 같은 기사를 통해서 알 수 있다.

> 최근에 漏戶가 또한 많다. 삼남지방은 더욱 심하다. 토호양반과 집권향소의
> 호 아래에 사는 자들이 무리를 이루고 있고, 入籍하는 자들은 매우 적다.6)

여기서 보듯이, 漏戶의 대부분은 토호양반과 향임의 戶下民, 즉 협호였던
것이다. 이미 군역제의 문란상에서 보았듯이 빈한한 양인 농민들은 군역을
면하고자 토호양반가에 투탁하여 협호가 됨으로써 피역민이 되고 있었다.

> 양반의 使喚과 奴 및 廊底에 사는 사람들의 수는 매우 많으나 한결같이
> 역을 지는 일은 없다. …… 이것은 豪勢를 부리는 양반이 任掌을 위협해서
> 함부로 역을 차출하지 못하게 하기 때문인데, 마침내 되풀이 되면서 관습이
> 되어 버렸다.7)

> 경기도 암행어사 朴齊寬이 별도의 보고서를 올리기를, …… 군역의 폐단은
> 그 유래가 오래되었다. 洞布는 원래 법의 취지에도 맞지 않고, 또한 균등하지
> 못하다는 흠이 있다. 양반호의 廊屬으로 投屬하는 자들은 군역에 응하지
> 않는 즉, 그 나머지 貧殘者들에게 偏重되는 고통이 있다.8)

또한 양반토호들은 다른 집의 良丁을 雇工이나 婢夫라고 모칭하여 率下民으로
冒錄함으로써 '主戶'를 이루지 못하게 하였다.

> 豪强의 무단을 저지르는 자들로서, 다른 호의 壯丁을 혹은 雇工이라 부르거나,
> 혹은 婢夫라고 부르면서 모두 率下로 등록하여 主戶를 만들어 주지 않고
> 戶役을 피하게 하려는 자들을 철저하게 찾아내야 할 것이다.9)

---

6) 「政要抄」『朝鮮民政資料』, 140쪽.

7) 「麿事摠要」『朝鮮民政資料』, 305~306쪽.

8) 『日省錄』고종 4년 9월 17일. "京畿暗行御史 朴齊寬進書啓別單 …… 別單以爲 一軍役之弊
   其來久矣 洞布元非法意而亦有不均之歎 班戶廊屬投托者 不爲應納則其餘貧殘有偏重之苦."

또한 양반토호들은 군역을 감당할 만한 良人들을 심지어 奴僕으로 가칭하여 '蘺下民'으로 影占하고 있었다. 그러므로 그들이 거주하고 있는 마을은 대부분 '避役之民'과 '逋戶'의 소굴이 되고 있었다.

> 마을의 토호배들은 그의 奴를 容護하고 있을 뿐만 아니라 軍役을 져야 할 사람까지 끌어들여 老僕이라고 부르면서 집 울타리 안에서 살도록 한다.10)

> 협호로 말하자면 마을의 奸細한 무리들과 연줄이 있는 勢家들이 혹은 奴僕이라고 부르고, 혹은 婢夫라고 부르면서 한 울타리 안을 도망하여 숨은 호들의 소굴로 만들어 버린다.11)

이처럼 良人들을 영점, 은닉하고 노복과 비부라고 모칭했던 것은 대부분 양반토호였던 것이다. 그리고 그들의 위세와 영향력에 비례하여 그들에게 隱匿曲護되었던 협호의 수는 차이가 나고 있었다. 또한 그들의 거주 지역에 따라 협호의 규모도 차이가 나고 있었다. 이를테면 英祖 8년(1732) 우의정 徐命均은 삼남지방의 양반토호들의 良丁 隱匿 실상을 다음과 같이 말하고 있다.

> 우의정 徐命均이 아뢰기를, "삼남 토호들의 武斷의 폐해는 극도에 이르렀습니다. 호서지방에서는 양반이 자기 집 울타리 안에 사는 사람이라고 일컫는 것이 혹은 수십 호에 이르고, 적어도 10여 호를 내려가지 않습니다. 감춰 숨기고 몰래 거느림으로써 良役에 充定할 수 없게 합니다. 기타 동내 민인들을 山役하게 하고, 농사 때 使役시키는 것을 노복과 다름없이 합니다. 수령은 감히 누구냐고 묻지도 못하고, 방백은 비록 알지라도 모두가 親舊士夫이기 때문에 아는 처지라 처치할 수 없습니다."12)

---

9) 한성부 편, 『戶籍事目』(奎 12317).

10) 『備邊司謄錄』88책, 영조 6년 9월 25일.

11) 『玉山文牒』「戶籍事傳令各面」.

12) 『備邊司謄錄』92책, 영조 8년 9월 7일. "右議政 徐命均所啓 三南土豪武斷之弊 罔有紀極 至於湖西 則兩班稱以蘺下居民 或至累十戶 小不下十餘戶 隱匿曲護 使不得充定良役 其他洞內民人等山役 農作時使役 無異奴僕 守令不敢誰何 方伯雖或知之 皆是親舊士夫 拘於顏情

여기서 보듯이, 호서지방의 토호들의 '離下民', 즉 협호는 적어도 10여 호에서 20, 30호에 달했던 것이다. 그런데 그 토호들은 호서지방에 寓居하고 있던 과거의 서울 사대부들이기 때문에 수령은 물론 감사도 처치할 수 없었다는 것이다. 양남지방도 호서지방과 다름없었을 것이다.

삼남지방 이외의 몇 사례를 들어보자. 황해도 평산현감 丁彦黃은 한 토호의 집안에서 무려 80여 명의 隱丁을 수괄하고 있었다.[13] 英祖 24년(1728) '戊申亂'의 반란군에는 상당수의 토호들이 가담했는데, 그 가운데 驪州 後浦의 辛胤祖라는 토호는 70호 가까운 협호를 보유하고 있었다. 역시 반란군의 군복을 지었던 토호 金廷賢의 경우, '葛院酒幕人 半是廷賢之奴 雖非其奴 皆是離下人'이라 했듯이 갈원 주막인들은 모두 그의 노가 아니면 협호들이었던 것이다.[14]

이처럼 향촌의 양반토호들이 戶役과 軍役을 져야 하는 良人·良丁들을 離下로 끌어들이거나, 避役하려고 투탁해 오는 그들을 離下에 은닉했던 까닭은 무엇이 었을까? 그것은 토호들에게 그들이 마음대로 부려먹을 수 있는 노동력이 필요했기 때문이었다고 英祖는 다음과 같이 말하고 있다.

> 우부승지 南泰溫이 호적에 대한 자신의 所懷를 아뢰기를, "외방의 의지할 데 없는 많은 민인들이 良役을 厭避하려고 鄕品官의 率戶로 投入하고, 무단토호들은 그들을 離下로 隱接함으로써 공공연하게 漏籍시키고 마침내는 자기의 奴僕으로 만들고 있으니, 이것은 실로 민간의 좀(蠹)입니다. 수령된 자는 비록 적발하려고 해도 그 위세를 막을 수 없고, 良丁이 점점 줄어드는 것 역시 이것 때문입니다." 임금이 말하기를, "말한 것이 옳다. 이 일은 그 근본을 따져보면 참으로 슬프다. 가난하고 몰락하는 민인들이 토호에 의탁하고, 토호는 부려먹기가 좋기 때문에 그 투탁을 받아들인다. 때문에 이미 들어간 이후에는 끝내 벗어날 수 없으며 이내 토호가의 노복이 되어버린다. 이는 각별히 엄금할 수밖에 없다."[15]

不能處置."

13) 『譯註 牧民心書』 II(創批新書 25, 1979) 兵典 六條 第一條 簽丁.

14) 李種範, 1985, 「1728년 戊申亂의 性格」 『朝鮮時代 政治史의 再照明』, 218쪽.

17세기 전반기 이래 노비 인구가 감소하고 있었고, 더구나 '奴婢從母法'이 실시되고 있던 마당에 노비를 잃어 가고 있던 班戶들이 노비 대신 예속적 노동력을 확보하고자 '壓良爲賤'을 마다하지 않던 상황에서 토호들에게 貧殘한 양인농민들의 투탁은 매우 환영할 만한 일이었다. 때문에 토호들은 그들의 투탁을 받아들이는 데에 그치지 않고, 그들을 적극적으로 籬下로 끌어들이고 漏籍시켰으며, 마침내는 자기의 奴僕으로 만들고 있었던 것이다.

閑丁으로서 누락된 자들은 간혹 양반가의 廊底에 들어가 있는데, 面任은 물러나서 감히 한 발자국도 들이지 못하고, 관리는 머리 숙이고 감히 한 마디도 내지 못한다. 대대로 鄕權을 쥐고 있는 가문이 있고, 法禁을 어기고 있는 가문이 있으며, 농사에 민인들을 노복과 사환처럼 부려먹는 가문이 있다. 이러한 가문들은 반드시 대부분 閑丁을 몰래 감추고 있는 집들이다. 역시 일일이 찾아내어 누락되는 폐단이 없도록 해야 할 것이다.[16]

즉, '閑丁을 몰래 감추고 있는 집'들은 대대로 鄕權을 쥐고 있었고, 法禁을 어기고 있었으며, 농사에 민인들을 노복과 사환처럼 부려먹고 있었다는 것이다. 여기서 '閑丁을 몰래 감추고 있는 집', 즉 閑丁을 廊底人, 즉 협호로 影占, 隱匿하고 있었던 양반가가 바로 土豪家였던 것이다. 앞서 보았듯이, 호서지방의 토호들은 협호 수십 호를 은닉하고 양역에 充定시키지 못하게 함은 물론 그들과 심지어 마을의 민인들까지도 山役과 農作에 사역시키고 있었던 것이다.

그렇다면 이러한 협호의 성격은 무엇이었을까?

첫째, 협호는 그 신분으로 말하자면 '半良半賤'이었다. 즉 법적으로는 양인

---

15) 『承政院日記』840책(탈초본 46책), 영조 13년 1월 2일. "右副承旨 南泰溫曰 今因戶籍事 亦有所懷 故敢達矣 外方無依之民 厭避良役 多有投入於鄕品官率戶而土豪之武斷者隱接籬 下 公然漏籍 終作自己之奴僕 此實民間之蠹也 爲守令者 雖欲摘發 其勢末由 良丁之漸耗 亦由於此 似當有各別嚴飭之道矣 上曰 所達是矣 此事究其本 則誠可惻然 貧殘之民 依托土豪 爲土豪者 喜於役使 受其投托 故旣入之後 終不得免 仍爲其家之奴僕 此不可不各別嚴禁 出擧條 申飭可也."

16) 『烏山文牒』「己卯 十一月 十二日 軍政節目傳令」.

신분이었지만 실질적으로는 천민이나 다름없었다. 양반토호들은 '貧殘之民'·'無依之民'들을 협호로 影占·隱匿하고, 婢夫·雇工 등으로 冒錄·冒稱하면서 奴屬·奴婢·使喚이나 다름없이 사역시키고 있었다. 즉 협호는 양인농민들이 양반토호에 의해서 '壓良爲賤'되어 '賤人'으로 사역되고 있었던 것이다. 그렇다고 협호가 노비가 된 것은 아니었고, 따라서 협호와 양반토호의 관계는 '노비-양반'관계는 아니었다.

둘째, 협호는 양반토호의 雇役的 노동력이었다. 조선후기 지주제의 발달에 따른 농민층분화 과정에서 대부분의 농민들은 無田農民이 되고 있었고, 이내 시작·전작농민이 되거나 '날품팔이'로 전전하고 있었으며, 그것도 안 되면 流民으로 전락하고 있었다.[17] 또한 시작·전작농민으로서도 자립적인 소농경영을 지속하지 못하는 가운데 혹 흉년이라도 들면 곧 유민으로 전락하고 있었던 것이다. 이들 유민들은 '傭雇之類'로서 일할 곳을 찾았지만 도시 중심의 상공업이나 浦口 등의 일부 고용시장 외에 고용시장의 전반적인 미성숙으로 인하여 항상적으로 고용되지 못하고, 그 대부분은 다시 시작·전작농민으로 복귀하거나 머슴·날품팔이가 되고 있었다. 여기서 자립적인 소농경리를 영위하지 못하면서 가중되는 부역 부담을 피하려는 시작·전호농민들과 貧殘之民들, 그리고 유민들이 양반토호가에 투탁하여 그들의 고역적 시작·전작농민이 될 가능성을 보게 된다. 실제로 정부는 그러한 유민들을 시작·전작농민으로 정착하도록 촉구하고 있었다.

새로 들어오는 민인들을 安接하라는 傳令

······ 민인들을 모으는 일(募民)은 관가가 성심껏 불러오게 하는 것만이 아니라 頭民과 富民의 협력과 찬성이 있어야 가능하다. 근래에 새로 들어오는 민인들은 대부분 境內로 들어오는데도 집과 농토를 빌리기가 어려워 방황하고 서로 뒤틀리는 한심스런 일이 없지 않다. 이 지방의 풍속은 流民을

---

17) 李大圭, 『農圃問答』 均田制. "其富者 地大業廣 連接阡陌 驅役貧民 有若奴僕 不耕不穫 而坐享富豪之樂 其貧者 無立錐之地 只質富人之田 竭力耕耘而僅得其半 不然則傭作傭耘 計日取値而已 又不然則無可質之田 無可質之家 而或丐乞焉 或流産焉."

받아들이는 것이 혹 나중에 그 이주민으로 인하여 피해를 당하는 폐단이 있지 않을까 걱정한다. 올해 이후부터는 새로 들어온 민인들은 10년 동안 役을 면제해 주고, 진전을 개간하면 3년 동안 면세해 주는 것을 이미 節目으로 정해 놓은 즉, 이러한 우려가 없을 뿐만 아니라 객지 땅에 들어와 만약 주인의 도움과 원조가 없으면 장차 어떻게 발붙이고 살 수 있겠는가. 각 마을 가운데 혹 빈 집이나 사리(俠室)가 있으면 바로 들어가 살도록 하고, 富民 가운데 농토가 유족한 자로 하여금 半作을 주도록 하며, 農糧이 여유가 있는 자는 반드시 보태 주도록 하며, 농우와 농기구는 서로 사용함으로써 모두가 살면서 생업에 종사할 수 있도록 하라.[18]

이 기사는 강계지방에 새로 들어오는 많은 유민들을 정착시키기 위해서 府使가 경내의 부민들로 하여금 그들에게 가옥, 농토, 농량, 농우, 농구 등을 제공해 줄 것을 권유하는 내용의 전령이다. 여기서 부민과 유민 사이에 '주호-협호'관계가 이루어질 수 있고, 나아가 이러한 관계는 곧 '지주-시작·전작'관계로 전환될 수 있음을 알 수 있다. 그러므로 강원도 강릉지방에서는 협호가 '入耕'으로 불리고 있었다. 또한 『朝鮮の小作慣行』(上卷)의 '종속소작관행'에 관한 보고서에 의하면, 협호는 '從屬小作人'으로 불리고 있으며, 그리고 그러한 다수의 종속소작인을 가진 지주는 문벌가의 양반토호들이었다는 것이다. 양반토호들의 협호가 종속소작인으로 불렸던 것은 농경지는 물론 농우, 농구, 비료, 종자 등을 대여 받고, 그 대가로 저렴한 소작료를 바치고 主家인 양반토호지주가의 농경, 연료 채취, 퇴비 제조, 기타 여러 잡일에 동원되었기 때문이었다.[19] 그러므

---

18) 『江州文蹟』, 「新來民安接事 傳令」.
19) 『조선의 소작관행』(상권), 816~817쪽. "…… 조선에 있어서 소작인 중에는 지주 소작 간의 古來의 종속적 관습에 의거하여 지주의 가택의 일부에, 혹은 지주가 구축한 독립 가옥에 무료(근년에는 드물게 有料) 거주, 소작하며 동시에 지주의 사용인이 되는 풍습이 있으니, 즉 農幕人, 挾幕人, 行廊人, 次戶 등의 명칭을 갖는 부류로서, 그 정확한 실수는 모르지만 약 4만 내외로 추산된다. 이러한 종속소작인은 서북지방과 중부이남의 경우 그 거주관계에 따라 다소 차이를 보인다. 중부이남의 종속소작인에 대해서 보면, 이들은 주로 행랑인, 협방인, 次戶(강원도 강릉지방에서는 入耕으로 불린다) 등으로 불리며, 지주의 가택의 일부에 거주하거나 지주가 가택을 중심으로 해서 부근에 가택을 지어 주어 소작시키는 것을 보통으로 한다.

로 양반토호의 협호는 借地·借家의 시작·전작농민이면서 主家로부터 고역적 노동을 강요받고 있었다.[20]

이러한 협호는 아래의 <표 1>과 같이 지역에 따라, 그리고 거주 형태에 따라 다양한 명칭으로 일컬어지고 있었다. 토호 저택에 거주하는 협호는 行廊人·挾房人·廊屬·廊底人 등으로 불리고 있었고, 토호가 지어 준 독립가옥에 거주하는 협호는 農幕人·庫直·墓直 등으로 불리고 있었다.

〈표 1〉 협호의 명칭

지역	지주의 家宅에 居住하는 小作人	農幕에 居住하는 小作人
경기	行廊人, 挾房人	庫直, 農直
충북	行廊人, 挾房人	農幕人
충남	行廊(人)(사리), 廊屬, 挾戶, 附戶	農幕, 庫直

한 지주의 종속소작인수는 지주의 가택의 일부에 거주하는 자는 1호를 보통으로 하고, 드물게는 2, 3호의 예가 있다. 독립의 가택을 지주가 지급한 경우에는 적게는 1, 2호 또는 數戶도 있으며, 많을 경우에는 20~30호 내지 70~80호의 경우도 있다. 舊時에는 이를 가진 지주와 소작인은 한층 많았던 것 같다. 이렇게 다수의 종속소작인을 가진 지주는 문벌가인 소위 양반토호들로서 그 취락형태는 기와로 된 豪大한 지주의 가택(내지 一族의 가택)을 중심으로 하여 그 주위에 草家 집의 群居的 거주를 이룬다. 부근의 일대 경지는 대부분 그 지주가 소유하는 것으로서 이를 소작시킴을 보통으로 한다. 이들 종속소작인은 舊時에는 특히 그 主家인 지주가에 종속적 관계를 가지며, 남자는 지주가의 농경, 연료 채취, 퇴비 제조, 기타 諸勞作에 종사할 뿐 아니라, 지주가 외출할 때 지주의 요구에 의해 수반하거나 가마를 메고 마부노릇을 한다. 女는 물긷기, 세탁, 취사에 종사하는 경우도 있다. 따라서 그 소작지에 있어서 소작료는 대개 저렴하며 소작료 대신에 勞力을 제공하는 예가 많다. 소작지는 대부분 良地이며 근년에 점차 소멸되어 가며, 최근에 이르러서는 점차 소작계약도 일반소작관계로 전화해 가며, 소작인은 일반소작인과 다를 바 없지만 여전히 일반 소작에 비해서 소작료가 저렴하고 전속소작을 특징으로 하며, 또 지주의 농경, 제반 무료 취역에 종사한다. 이들 소작인은 일반 소작인에 비해 지주로부터 채소밭, 耕牛 등을 무료로 대여 받고, 농구, 비료, 종자 혹은 식료의 일부를 급여받거나 또 좋은 조건으로 대부받는 등 지주의 보호를 받는다."

20) 허종호, 1965, 『조선봉건말기의 소작제연구』, 53~59쪽. "협호노동의 성격은 협호가 노비와 같은 예속신분이 아니며, 농민층 분화결과 몰락농민으로서 자기의 도구를 가지고 일부분은 현물보수에 대한 대가로서 지주의 토지를 경작해 준다는 점, 토지·역축·농구를 대여받은 농민으로서 궁핍에 억눌리어 노역을 강요받는다는 점에서 고역적 노동의 성격을 띠고 있다."

전북	行廊人(사리直), 挾戶, 狹房사리, 狹室人, 家丁, 戶底(사리), 廊사리, 廊底, 廳直	農場直, 水內直, 食庫直
전남	挾房(戶), 行廊, 戶邱, 戶第	次戶, 呼人, 番手人
경북	挾房(사리), 挾戶(사리), 行廊(사리)	農幕直, 墓直, 農幕人, 穀主人, 庫主, 舍音
경남	行廊直, 狹房(狹作), 庫貰人(庫直)	農幕直(人)
황해	狹房作人, 行廊行人, 狹戶作人	農幕直伊, 農幕人, 農所人(直)
평남	狹房자리, 狹幕人, 幕間사리, 幕下人, 率人, 幕間作人	農幕直, 庫直, 農幕사리, 農幕軍
평북	挾房人, 挾幕人, 幕間人, 挾作人, 挾人, 舍廊人, 幕定(下)人, 寄定人, 旁作人	農幕人, 挾幕人, 幕下人, 幕人, 利(立)軍
강원	行廊, 狹房(사리), 攝戶, 接房(사리)	農幕人(主), 庫房사리
함남	자리農軍, 舍廊사리, 作嫁人, 까작인(狹作人), 接間사리, 脇間사리	農幕直, 農幕軍, 作嫁人, 家垈作人軍
함북	舍廊사리, 舍廊作人, 舍廊사리軍, 디우리	農幕軍, 農幕사리, 農幕사리軍, 農幕軍, 農幕人

* 典據：『朝鮮の小作慣行』(上卷), 818~821쪽.

셋째, 협호는 장기임노동자로서 고공의 성격을 가지고 있었다. 토지소유와 차경에서 배제되었던 많은 농민들은 유민이 되어 '傭雇之類'가 되고 있었다. 유민들 가운데 일부는 '협호=시작·전작농민'으로 정착하고도 있었지만 富戶의 雇工으로 服役하도록 장려되고 있었다.[21] 이를테면 英祖 10년(1745) 상주군 내북면 낙원리에서 양인 남봉학이 살해당한 사건의 경우, 이 사건의 供招 가운데,

> 주인 驛吏 이진만(35세)이 진술하기를, "…… 위의 남봉학은 어디서 온 사람인지 알지 못합니다. 그 어머니를 데리고 이 마을에 와서 나의 집 울타리 안의 사리(挾家)에 살면서, 혹은 驛의 일을 하거나, 혹은 머슴 일을 하면서 근근이 連命하고 있었습니다."[22]

---

21) 『英祖實錄』 77권, 영조 28년 8월 27일. "判決事尹彬上書略曰 臣待罪本職 今四箇月 而民訴之最可矜惻者 卽良人之願賣其身也 或爲父死不葬 或爲母飢垂死也 京城如此 則外方 可知 …… 如傷之化 雖洽於一世 滯穗之利 猶阻於伊賽 致令可哀之民爲奴爲婢 顧今秋成已屆 蕩柝之民 庶有安集之望 而至若賣身者 受人覊絆不得自由 買取者亦不可公然見失 自今一依 雇工例 姑爲服役 十年後則許其除本價 自退宜矣 辛亥大殺後 良民之自鬻者 其直不過五六斗 米三四貫錢 而生子生女支屬繁殖之後 雖納倍價 乞退不得 國家法意 寧有是理 臣謂道路遺棄 兒呈官收養者 及賑政方張時受賑廳立案者外 十歲後買得者 畢賑後呈官 幷以雇傭施行爲宜 至於奴良妻所生 自辛亥從母爲良事定式 而猶有恣意侵暴者 亦宜隨現重繩焉 王世子答曰 令 廟堂稟處."

에서 보듯이, 남봉학은 이른바 유민으로서 낙원리의 역리 이진만의 협호가
되어 고공으로 근근이 살아가고 있었음을 알 수 있다. 또한 哲宗 2년(1852)
전주부 조촌면 구사리에서 林召史가 맞아 죽은 살인사건이 있어났을 때 범인으
로 지목되었던 李士三에 대한 심문 내용에 의하면, 그는 李時化家의 郎舍에
거주하고 있었던 고공이었다.23)

한편, 협호 가운데는 날품팔이로 노동력을 팔아 생계를 유지해야만 했던
순전한 임노동자로 존재했던 자들도 있었다.

> 邑은 근본이 되는 곳이니 마땅히 優恤해야 하는데, 洞弊가 이미 오래되어
> 民役이 번거롭고 무거울 뿐만 아니라, 멀고 가까운 데서 이주해 온 사람들이
> 자리도 잡지 못했는데 煙役을 부과하여 받아내기 때문에 감당할 수가 없어서
> 곧 다른 곳으로 가버린다고 한다. …… 지금 이주해 온 사람들은 役을
> 면제해 주고 보호하여 살 계책이 확고해진 후에 차차 역을 부과한다. ……
> 元戶 가운데 鰥寡孤獨과 率丁이 없는 자들은 마땅히 보호하고, 다른 사람의
> 사리를 빌어 傭役으로 자생하는 자들에 이르기까지 혼동하여 역을 부과하면
> 역시 지탱하기 어려우니 當否를 구별해서 그들로 하여금 편안히 살도록
> 해주어야 한다.24)

여기서 협호는 다른 사람의 협실에서 살면서 토지가 없어 농사는 짓지
못하고 傭役으로 살아가는 말하자면 임노동자인 셈이다. 또한 19세기 말엽의
것으로 보이는 「花嶺里稧員洞約節目」 제7조를 보면,

> 農作規則이니 洞人小作田畓을 無相奪耕하고 雇價는 一洞이 開會酌定하되 時勢
> 에 依하여 公平歸正後에는 雖節晚人難時라도 一二戔을 不得加給이고 挾戶不農
> 者가 本洞耕種之役을 磨勘前에는 他洞에 出雇를 一禁하고 雇夫가 雇價에 歇小함
> 을 稱託하고 汗漫廢役者는 洞中에 接趾를 不許하고 ……25)

---

22) 『尙山錄 坤』(奎古 5120-42),「尙州內北面洛原里致死良人南奉學殺獄文案」.
23) 『檢案』(전라감영 편, 奎古 5125-31),「全州府助村面九思里被打致死女人林召史」.
24) 『南原縣公事』(韓國學中央研究院所藏),「勸農節目各坊」.

에서 협호는 '不農者'로서 雇錢을 받고 農作에 고용되는 날품팔이다. 비록 洞約이라는 공동체규약에 의해 제약을 받고는 있었지만 主家와는 예속관계를 맺고 있지 않은 자유로운 임노동자인 것이다.

이상에서 협호는 양역제의 문란과 지주제의 발달에 따른 양인농민층의 분화 과정에서 발생하고 있었음을 볼 수 있다. 협호는 양반토호와 '협호−주호' 관계를 가지면서 주호인 양반토호의 고역적 노동력으로서, 혹은 예속적 전작농민으로서 존재하고 있었다. 물론 '주호−협호'관계가 '지주−전호'관계와 반드시 일치하는 것은 아니었다. 협호이면서 주호·주가가 아닌 다른 지주의 전작농민이기도 하였다. 또한 협호 가운데는 주호·주가와 예속관계를 갖고 있지 않은 임노동자도 있었다. 따라서 우리는 협호를 통해서 조선봉건시대 말기에 두 가지 노동형태, 즉 고역노동·채무노동과 임노동이 발생하고 있었음을 알 수 있다.

그러면 18세기 이후의 협호의 존재 비중을 몇몇 사례를 통해서 살펴보자.

이미 살펴보았듯이 '貧殘之民'·'無依之民'·流民들을 招納하여 협호로 影占·隱匿하였던 것은 양반토호들이었기 때문에 협호의 존재 양태는 양반토호의 그것과 직결될 것이었다. 양반토호는 2가지 형태가 있었다. 하나는 '留鄕品官'·'鄕中士類'였고, 또 하나는 이르게는 '士禍期' 이후에, 늦게는 '換局期' 이후에, 本貫이나 삼남지방으로 落鄕·寓居하였던 사대부 출신들이었다. 전자는 어느 지방에나 있었고, 후자는 양남지방과 특히 기호지방에 많았던 것으로 보인다.

최근에 발굴된 언양현 호적은 군 전체를 포괄하고 있고, 또 그 작성시기가 연속되고 있기 때문에 협호의 지역적 분포 양상과 그 시기적 변동 추이를 보여줄 수 있는 기초자료인 만큼 언양현의 양안 분석과 함께 앞으로의 연구에 주목할 필요가 있겠다.[26]

먼저 正祖 14년(1789)에 작성된 언양현 호적에 대한 박용숙의 분석에 의하면,

---

25) 金容燮, 1984,『朝鮮後期農業史研究Ⅱ−農業變動·農學思潮−』, 189쪽의 주 125) 참조.

26) 金錫禧, 1983,「朝鮮後期 慶尙道彦陽縣戶籍臺帳에 關하여」『釜大史學』 7, 97~116쪽에 최근에 발견된 언양현 호적의 전모가 소개되어 있다.

언양현 총 인구 10,200명 가운데 挾人은 1,758명으로 17.2%를 차지하고 있다. 이 협인은 당시 언양현의 노비나 고공보다 훨씬 많았던 것으로 나타나고 있다. 그리고 이 협인을 보유하고 있는 호, 즉 主戶의 신분 구성을 보면 양반층과 준양반층이 약 63%를 차지하고 있다. 즉, 협인의 대부분은 양반층이 보유하고 있었으며, 그들은 노비와 고공을 대체하고 있는 것이었다.[27]

純祖 13년(1813)에 작성된 언양현 호적에 대한 李榮薰의 사례 분석에 의하면, 1813년 당시 언양현의 일부 3개 면에 있어서 총 자연호 1,212호 가운데 협호 334호(27.6%)가 '非血緣關係挾戶'로 나타나고 있다. 여기에서도 주호의 대부분은 양반층과 준양반층이며, 주호 617호 가운데 협호를 1호 이상 보유한 주호는 231호(37.4%)이며, 그 가운데 협호 1호만을 보유한 주호는 166호(26.9%)이었다. 한편, 신분별 주호의 '비혈연관계협호'의 보유상황을 보면, 협호를 1호 이상 보유한 231호 가운데 양반주호의 비중은 108호(46.8%)로서 전체 주호에서 양반주호의 비중 367호(59.5%)보다 낮다. 반면에 '無挾口'의 364호에서 양반주호의 비중은 245호(67.3%)로서 전체 주호의 비중보다 높게 나타나고 있다.[28] 이러한 사실은 양반이 비혈연관계협호의 보유에 있어서 상대적으로 열세에 있음을 의미하고, 이 점은 지금까지 살펴온 바, 협호의 주포섭자가 양반 신분이었다는 사실과 모순된다. 그러나 그 이유는 언양현에 있어서 戶摠과 口摠의 괴리라는 특수한 상황, 그리고 그 때문에 호총만으로 주어진 구총을 충당할 수 없어서 협인이라는 형태로 인위적인 편제가 이루어졌을 가능성을 고려한다면 문제되지 않는 것으로 지적되고 있다. 특히 박용숙의 분석에서도 엿볼 수 있었지만, 노비·고공과 비혈연협호가 상호 보완관계에 있으며, 이것은 노비·고공을 사역하는 양반지주 경영과 협호의 고역적·예속적 노동에 기초하여 성립한 주호경영이 동질적인 것임을 의미함과 동시에 후자가 전자를 대체하고 있다는 점에서 주목된다.

---

27) 朴容淑, 1983, 「18, 19세기의 雇工-경상도언양현 호적의 분석-」『釜大史學』7, 130~133쪽.

28) 李榮薰, 1988,『朝鮮後期社會經濟史』제3부 제4장 朝鮮後期 農民經營에서 主戶-挾戶關係.

여기서 이른바 양반지주경영 또는 복합대가족경영을 포괄하는 보다 광의의 주호경영의 범주가 제기되고 있다고 한 점은 양반토호지주경영의 범주 설정에 시사적이라고 할 수 있다.[29]

시기적으로 늦지만 협호의 광범위한 존재 비중을 보여주는 또 하나의 기초자료는 1900~1901년 광무양전 결과 작성된 '광무양안'이다. 여게에는 '공공건물과 民家를 모두 측량하고 家主의 성명과 家屋의 間數를 기재한다'라는 양전사목에 의하여 垈田과 가옥, 그리고 垈主와 家主가 함께 기록되어 있다.[30] 광무양안 가운데 이것을 확인할 수 있는 양안으로 충청남도 7개 군(文義郡, 扶餘郡, 石城郡, 連山郡, 定山郡, 鎭岑郡, 韓山郡)의 양안이 있다. 거기서 家戶는 '원호'와 '협호'로 구분되어 각 字號·面별로 조사현황이 집계되어 있다. 이 7개 군의 협호 비중은 평균 33.9%를 차지하고 있다.

〈표 2〉 광무양안상의 충청남도 7개 군의 협호 현황(단위 : 호수)

	居民戶(A)	原戶(B)	挾戶(C)	C/A
문의군	4,465	2,650	1,815	40.6%
부여군	3,576	1,705	1,871	52.3%
석성군	1,738	1,139	599	34.5%
연산군	4,290	3,528	762	17.8%
정산군	3,182	1,954	1,228	38.6%
진잠군	2,253	1,272	981	43.5%
한산군	3,912	3,221	691	17.7%
계	23,416	15,469	7,947	33.9%

* 『忠淸南道文義郡量案』(奎 17674), 『忠淸南道定山郡量案』(奎 17677), 『忠淸南道扶餘郡量案』(奎 17663), 『忠淸南道鎭岑郡量案』(奎 17676), 『忠淸南道石城郡量案』(奎 17670), 『忠淸南道韓山郡量案』(奎 17671), 『忠淸南道連山郡量案』(奎 17673).

그런데 그러한 협호 가운데는 주호와 관계를 갖지 않은 협호가 있다. 즉, 스스로 家垈를 소유하고 家主가 되어 있는, 실제로는 원호와 다름없는 협호가 있다. 또 그 노비나 혈연관계의 협호도 포함되어 있을 것으로 보아 실제로

29) 주 28) 참조.
30) 『增補文獻備考』 田賦考 2, 中卷 645쪽.

협호의 존재 비중은 다소 낮아질 것으로 생각된다.

이상에서 현재 이용할 수 있는 호적이나 양안 등의 분석 결과이지만, 조선후기에 있어서 협호의 존재 비중을 전국적으로 약 20~30% 정도로 추정해도 무리가 없을 것으로 본다. 또한 이만한 정도의 협호라면 당시의 사회구조와 양반토호지주의 농업경영의 성격을 규정함에 있어서도 그 역사성은 무시될 수 없을 것이다.

2. 兩班土豪地主의 地主經營

지금까지 논의의 결과로서, 양반토호가 지주적 존재이면서 동시에 광농·광작의 주체이며, 협호의 주된 포섭자였다라는 점에 유의하여 여기에서는 토호지주의 농업경영을 하나의 범주로 제기해 보고 그 실재를 확인하고자 한다.

현지 지주로서 양반토호지주는 佃作·時作농민과 더불어 병작을 하면서도 본가 가까이 있는 일부 전답은 奴婢와 농노[婢夫, '戶底집'(호지집), 雇工]을 이용하여 家作·作介경영을 하고 있었다.

이러한 양반토호지주의 지주경영의 범주가 성립될 때 문제되는 것은 가작경영의 구체적 모습이라 할 것이다. 그런 의미에서 우하영의 「畿甸」 가운데 다음 기사를 주목할 필요가 있겠다.

> 한강 이남의 평야지대 민인들은 크고 작은 公私의 생활필수품들을 전적으로 1년 농사의 곡물에 의존한다. 때문에 만일 흉년과 의외의 사고를 당하면 완전히 파멸해 버린다. 또 이른바 班族들은 직접 맡아 할 겨를이 없어서 奴屬과 雇人들의 손에 맡긴다. 밭 갈고 씨 뿌리고 김매기 하고 수확하는 방법은 농민들이 자력으로 하는 것만 못하다. 때문에 거두어들이는 것 역시 常賤이 직접 手辦한 것보다 적다. 이런 까닭으로 점차 빈궁해져서 죽는 것을 차마 눈뜨고 보지 못한다.[31]

---

31) 『千一錄』 建都 附山川風土關扼 畿甸.

이것은 우하영이 18세기 말엽부터 19세기 초반까지의 기전지방을 총평하는 가운데 한강 이남의 농민들에게 상업적 농업을 권장하는 한편, 양반들의 적극적인 농업경영과 노동생산성의 제고를 촉구하는 내용의 일부이다. 즉, 양반사족들은 농사에 직접 힘쓰지 않고 奴屬과 雇人들에게만 맡겨둠으로써 경작하고 수확하는 방법이 자영농만 못하고 수확 또한 농민들보다 적기 때문에 점차 빈궁해지고 있었다는 것이다. 여기서 우리는 양반들이 노속·고공을 부려서 가작경영을 하고 있었음을 엿볼 수 있다. 그리고 이러한 가작경영에서 노속·고공의 노동생산성이 자영농의 그것에 비해 낮기 때문에 농업소득 또한 농민들보다 떨어지고 있었다는 것을 지적하고 있다. 이러한 양반들의 가작경영은 그들이 보유하고 있었던 노속·고공의 재생산, 그리고 그들의 일정한 노동생산성이 보장되지 않는 한 병작반수의 고율지대가 보장되었던 병작경영으로 전환되어 갈 것이라는 점도 쉽게 추론할 수 있다. 그런 의미에서 조선전기에 지배적이었던 솔하노비에 의한 농장의 노비경영이 17세기 후반 이래 농업생산력의 발달에 따른 토지생산성의 향상으로 인하여 '순수한 경제적 병작형태'의 지주경영으로 전환되었고, 이후에는 이 병작경영이 지배적인 우클라드로 정착되었다고 파악하는 것은 타당성이 있다고 할 것이다.[32]

그러면 토호지주들의 노속·협호·고공 등의 노동과 일고들의 고용노동을 이용하는 지주경영 사례들을 들어보자.

① 江西縣 擧巖坊 地主 韓景攎 : 지주 한경린은 고공으로 한광록과 최봉일 등 2명, 그리고 협인으로 박사덕을 보유하고 있었다. 그는 이 고을에서 재지유력자이고 또한 부자였기 때문에 이웃사람들은 그의 債人이 아니면 모두 佃夫였다. 고공 최봉일이 致死 당시 지주 한경린은 그의 고공과 협인 외에 日雇로서 김이상, 김성옥, 이극배 등을 고용하여 粟田에서 수확을 감독하고 있었다.[33]

32) 李鎬澈, 1986, 『朝鮮前期農業經濟史』, 736~751쪽.
33) 『檢案審理跋辭』(평안 평양 편, 奎古 5125-16) 「江西縣擧巖坊致死人崔奉一獄事四査跋尾」.

② 경상도 함양군 지주 某氏 : 지주 모씨는 私奴로 仍三, 고공으로 한영손, 김여옥
  등을 보유하고 있었다. 한영손 치사 당시 그는 打租를 위해 日雇로서 이복돌,
  이춘이 등을 고용하였다. 또한 그는 농우 한 마리도 소유하고 있었다.
  이 고을에서는 이모작이 널리 행해지고 있었다.34)

③ 古阜 지주 幼學 李興祚 : 유학 이흥조는 鄕班으로서 직접 농업경영에 종사하고
  있었으며, 畓 除草時에 日雇로 오인철, 이하신·춘신·홍신 등의 종형제, 권성인,
  정유복 등을 고용하고 있었다. 이들이 집단고용되고 있었던 모습은 '作伴赴
  役'으로 표현되었다.35)

이상의 사례 ①에서 전형적인 양반토호지주의 지주경영을 확인할 수 있다.
즉, 노속·협호(협인)·고공의 노동력, 그리고 이의 보완노동력으로서 日雇들을
고용한 가작경영과 이웃사람들을 佃夫로 삼고 이들에게 병작을 주는 '지주-전
부'경영이 그것이다.36) 사례 ② 역시 향반지주의 가작경영의 구체적인 모습을
보여주고 있고, 사례 ③은 당시 농번기에 日雇들을 고용하는 농업경영의 관행을
보여주는 것이라고 하겠다. 농사는 그 일정상 파종·제초·수확 등의 작업과정에
서 일시에 집중적인 노동력 투입을 필요로 하기 때문에 부농이든 빈농이든
雇錢을 목적으로 하는 雇夫·日雇 등을 고용하거나, 아니면 품앗이하는 것이
농업관행이었다. 그런데 당시 임노동자인 장·단기 고공과 일고들은 雇價의
높고 낮음에 따라 이동하고 있었기 때문에 지역과 마을별로 그들의 雇價를
일정하게 규제하기도 하였다.37) 따라서 그러한 傭軍들을 제때에 고용하여 농업

---

34) 『訟案』(奎古 5120) 「咸陽-正犯金汝玉逃 致死韓英孫實因被打」.
35) 『全羅監司啓錄』제1책(奎古 15095) 「古阜-罪人李興臣以了杖毆打吳彦坤小腹第四日致死
    丁亥閏五月二十六日受刑三十九次」.
36) 金容燮, 2007, 『신정 증보판 朝鮮後期農業史硏究Ⅲ-農業과 農業論의 變動-』, 282~291
    쪽(『東方學志』 64, 1989. 12. 揭載, 2005. 追補).
37) 『南原縣公事』 "二月二十八日 傳令阿山勸農 爲惕念擧行事 頃日勸農節目中 備陳飭勤警惰各
    別勸勉之意 遊衣遊食之輩 亦皆驅入農群 無使一人閑遊 日日備役之價 無過斗租費 各別分付
    矣 卽聞雇工傭役之人 怠頑特甚 日日酒食三時給租一斗 而猶不肯赴役 許多防川去沙拘於人
    力之不逮 不得擧役是如爲臥乎所 …… 所謂傭軍之索高價浪遊之類 日日指名成冊修正上官

경영을 유지함에 있어서는 일반 농민들보다는 지주가 단연 유리하였을 것이고 그런 의미에서 ③의 지주 유학 이흥조는 토호지주의 지주경영의 전형적인 예로 들 수 있을 것이었다.

한편, 양반토호지주의 적극적인 농업경영은 필수의 생산수단의 하나인 농우와 수리에 대한 관심에서 엿볼 수 있다. 일반 농민들 가운데 농우를 소유한 농민은 극히 소수였는데,[38] 양반토호들은 그들의 농우마저 임의로, 혹은 고리대로 늑탈하고 있었으며,[39] 畏養을 주어 牛睹를 받는 경우에도 농번기에는 우선적으로 자기들의 전답을 일구도록 하고 있었다. 그리고 이앙법의 보급과 더불어 논농사에서 소홀히 할 수 없는 것이 수리·관개문제였던 만큼 어디에서나 '물싸움'이 빈번하게 일어나고 있었다.[40] 그런데 물싸움은 대개 토호지주나 勢家들이 모내기철에 수리, 관개를 독점함으로써 야기되고 있었던 것이었다.[41]

이러한 양반토호지주의 지주경영이 당시의 지주경영 가운데서 차지하는 비중과 그 실재를 확인하기 위해서는 그들의 토지소유를 보여주는 양안과 그들이 포섭, 보유하고 있었던 협호의 양적·질적 규모를 보여주는 호적에 대한 공시적·통시적 분석과 아울러 개개 토호지주의 농업경영에 대한 사례를 살펴 보아야 할 것이다.[42]

後 使之盡赴農役 而役價則一依節目 一斗之外勿爲加給爲旀."

38) 『英祖實錄』108권, 영조 43년 2월 28일. "左議政韓翼謩 以民間農牛甚貴 貧民有牛者少 請使有牛者許借 使之通功易事 有無相濟."

39) 『烏山文牒』, "三月十七日 傳令 爲一一知委事 節到付戶曹關據 巡使道關內 時當農務 各邑土豪輩 憑藉朝令 勒奪殘民之牛隻 先自耕市 而至若窮民之無牛無糧者 莫敢相資於土豪輩 則法上弊生反爲窮民難支之患 自該邑各別詳探報來爲㫆 無牛者使之相資 無糧者自官助給 俾無廢農之患宜當向事."; 『嘉林報草』(奎 12352), "戊午 十月二十二日 各面下帖 爲知委痛禁事 卽到因京畿暗行御史別單書啓 備邊司啓下關 巡使道關內 外方之豪强兩班作弊民間 不一而足 以給債言之 錢則以月利捧之 穀則以甲利捧之 而奪牛馬而不足 甚至於勒奪田畓而後已 因此而小民不能支保 終之於流散之境 此等勒奪之弊 不可不痛治."

40) 『日省錄』, 정조 22년 2월 11일.

41) 『烏山文牒』, "庚辰 五月二十日 傳令 爲知委事 山林川澤 與民共之 豈可恃其勢力 都呑其利 使疲殘之民不得下手乎 當此大旱 旣移之畓 決水灌下 使在下未移之畓 得使以揷秧 乃是農家之常例 隣里厚風是去乙 近來呈訴 皆是爭水 而稱以兩班 成喝小民 毆打摔曳 先失其道而末乃 以凌辱兩班爲罪 至於呈訴 騷擾官庭 豈有如許道理乎."

그러나 현재로서는 자료의 한계로 말미암아 불가능하다. 앞으로의 과제로 남겨두고, 1900~1901년의 광무양안 가운데서 『忠淸南道扶餘郡縣內面量案』(奎 17663)을 자료로 하여 분석하였다. 앞서 소개한 바와 같이 협호가 조사되어 있는 충청남도 7개 군의 양안 전체를 분석하고자 했으나 너무 많은 시간이

42) 약간 뒤늦은 시기이지만, 개항 전후부터 일제시기에 이르기까지 양반지주경영을 규명하려는 지주제 사례연구로는 다음과 같은 논문이 참고된다 : 「江華 金氏家의 地主經營과 그 盛衰」; 「羅州 李氏家의 地主經營의 成長과 變動」; 「古阜 金氏家의 地主經營과 資本轉換」(이상의 논문은 金容燮, 1992, 『韓國近現代農業史硏究 ─ 韓末·日帝下의 地主制와 農業問題 ─』, 52~255쪽에 所收) ; 홍성찬, 1981, 「韓末日帝下의 地主制硏究 ─ 江華 洪氏家의 秋收記와 賭冊分析을 中心으로 ─」『韓國史硏究』33 ; 崔元奎, 1985, 「韓末 日帝下의 農業經營에 관한 硏究 ─ 海南尹氏의 例 ─」『韓國史硏究』50·51 合輯. 이 가운데 최원규의 논문은 19세기 중업 이후 재지양반지주의 지주경영에 있어서 가작경영의 규모 변동을 보여주고 있다. 아래 표는 윤씨가의 1872년부터 1929년까지 전체 토지소유면적에서 차지하는 가작지의 규모와 그 변동을 보여주고 있다.

〈가작지 규모변동〉(단위 : 結-負-束)

연도	총 농지소유면적(a)	가작지(직영지)(b)		b/a(%)
1872	18-40-2(1871)	56斗落	3-4-4	16.5
1878	18-80-0	64斗落	3-38-3	18.0
1882	19-29-5	54.5斗落	2-88-8	15.0
1885	18-34-2	56斗落	2-95-9	16.1
1889	21-22-5	60斗落	3-16-8	15.0
1890	21-11-9	58斗落	3-6-8	14.5
1893	-	91.5斗落	4-85-8	-
1894	-	120.8斗落	6-40-2	29.9
1895	21-44-0	-	-	-
1919	36-32-0	49斗落	2-59-7	7.1
1929	-	11斗落	-	-

* ① 1872년의 총 농지소유면적은 1871년도의 것임.
② 1894년의 비율은 1895년도를 기준으로 함.
③ 가작지 결부수는 '斗落×5負 3束'으로 환산함.

여기서 윤씨가의 가작·작개경영에 동원된 노동력은 수 명의 雇工과 戶外집노동('호외집임노동'의 개념은 재검토해 보아야 할 것으로 생각된다), 그리고 그 밖의 임노동층이었다는 것, 이 가운데서도 주된 노동력은 '호외집'의 노동력이었다는 것이다. 그리고 이러한 '호외집'의 규모는 한말에 20여 호에 이르고 있었다고 하였다. 1895년 당시 윤씨가의 호구구성원은 가족 9명, 협호 3호, 하인 4명, 고공 3명으로 이루어지고 있었다. 尹泳善(1905~)의 술회에 의하면, "이 호집들은 집과 전답을 제공받고 宗家의 농사일에 우선적으로 동원되고 있었는데, 夫婦와 자식이 함께 노동력을 제공했다."고 하였다.

소요되어 縣內面量案만을 분석하였다. 그리고 다행히도 이영훈에 의한『忠淸南道石城郡瓶村面量案』(奎 17670)에 대한 분석이 있어서 보완될 수 있었다.[43]

이 양안을 선택한 이유는 그 지역이 금강유역의 평야지대에 연한 곳으로서 당시 강경포구를 중심으로 발달한 상품경제를 배경으로 다른 지역에 비해 상대적으로 지주제가 발달하고 있었으며, 특히 양반세력의 근거지로서 양반지주가 우세했던 곳이었기 때문이다.

〈충청남도 부여군 현내면 양안 분석 사례〉

분석에 앞서 다음과 같은 전제가 필요하였다.

첫째, 현내면의 居住戶만을 대상으로 분석하였다. 그 이유는 종전의 양안분석에서 제기되었던 起主와 時作의 성격에 관한 문제 때문이다. 일반적으로 기주와 시작은 그 지역 거주호의 2, 3배로 나타나고 있다. 현내면의 경우, 기주와 시작은 모두 1,053명인 데 비해 거주호는 324호이다. 이러한 기주와 시작을 실제의 독립적인 소유주체나 경영주체로 보기에는 곤란함이 있다. 거주호보다 기주와 시작이 이렇게 많은 이유는 이웃한 군과 면에 거주하면서 현내면의 토지를 소유한 지주나 경작하는 시작의 移入이 있고, 또 하나의 경영주체인 호 안의 다수인이 양안상에 기주 혹은 시작으로 分産謄錄되었기 때문이었다. 때문에 '無家屋'경영자의 대부분은 原戶로 조정되어야 할 존재들이다. 그럴 경우 실제 기주호의 호당 토지소유규모와 경작규모는 상향조정될 것이고, 반면에 양안상의 거주호만을 대상으로 할 경우에는 실제보다 하향조정될 것이다. 거주호 324호의 총 토지소유규모와 경영규모는 각각 전체 토지면적 214여 結의 50% 미만에 머무르고 있다. 그런데 앞서 본 바와 같이 협호는 독립적인 소유주체나 경영주체가 될 수 없는 존재라는 것은 거주호만을 대상으로 분석할 경우 더욱 분명해진다.

둘째, 양반토호를 포함한 주호와 협호의 관계에 있어서 협호의 성격을 좀

---

43) 李榮薰, 1988,『朝鮮後期社會經濟史』'제5장 主戶－挾戶의 土地所有와 經營 忠淸南道 光武量案을 중심으로' 참조.

더 분명히 하기 위해서 협호를 협호a와 협호b로 구분하였다. 垈田의 소유 여부가 원호, 협호의 구분기준이 되지는 않는다. 無家垈有家戶의 경우, 타인의 垈田을 빌었어도 양안 상에는 원호로 표기되었다. 또 협호a는 垈田을 소유한 家主이면서도 협호로 표기되었다. 그런데 협호a는 원호·협호의 면별 집계에서 원호로 파악되고 있다(<표 3> 참조). 한편 협호b의 경우, 타인의 垈田을 빌리고 있으며 垈主와 인접하여 거주하는 데서 垈主를 주호로 하는 '주호-협호'관계가 상정된다. 따라서 여기에서는 협호를 협호b로 국한하였다.

〈표 3〉 부여군 각 면의 原戶·挾戶 구성현황(단위 : 戶)

면명	居住戶(A)	原戶(B)	挾戶b(C)	C/A(%)
縣內面	336	273	63	18.8
大坊面	354	190	164	46.3
草村面	357	136	221	61.9
蒙上面	320	120	200	62.5
蒙下面	246	100	146	59.3
道城面	363	138	225	62.0
公洞面	366	142	224	61.2
方生面	308	113	195	63.3
加佐面	275	115	160	58.2
松堂面	246	94	152	61.8
乙上面	146	106	40	27.4
乙下面	259	178	81	31.3
계	3,576	1,705	1,871	52.3

* 전거 :『忠淸南道扶餘郡量案』(奎 17663)

이상의 전제 아래서 원호·협호 전체 324호를 대상으로 양안 상의 소유분화와 경영분화의 실태를 살펴보고, 이어서 '주호-협호'관계를 추출하여 주호의 지주경영 실태를 확인해 보자.

〈표 4〉 縣內面 量案上의 所有分化 現況(면적단위 : 結-負-束)

	原戶		無家垈有家戶		挾戶a		挾戶b		계	
	호수	면적	호수	면적	호수	면적	호수	면적	호수	면적
300~	4	30-56-2	-	-	-	-	-	-	4	30-56-2
200~300	3	7-14-3	1	2-17-8	-	-	-	-	4	9-32-1
100~200	5	6-68-4	-	-	3	3-42-3	-	-	8	10-10-7

75~100	2	1-75-7	2	1-74-5	2	1-77-4	-	-	6	5-27-6
50~75	8	5-8-8	3	1-97-5	4	2-57-7	1	50-8	16	10-14-8
25~50	19	7-14-5	5	1-75-8	2	71-8	2	71-5	28	10-33-6
0~25負	63	5-88-7	32	1-16-0	96	6-11-6	67	1-69-9	258	14-86-2
계	104	64-26-6	43	8-81-6	107	14-62-8	70	2-92-2	324	90-61-2
평균 소유면적	61-8		20-5		13-6		4-2		27-9	

* 垈田은 소유지에 포함시켰음. 이하 경영분화 표에서도 마찬가지임.

이상의 <표 4>는 전체 거주호 324호의 토지소유분화 현황이다. 전체 거주호 324호 가운데 2結 이상의 8호(2.5%)는 전체 토지의 44%를 차지하고 있고, 25負 미만의 영세소유자 286호(88.2%)는 27.8%의 토지를 소유하고 있다. 원호(104호)는 64結 26負 6束(70.9%), 무가대유가호(43호)와 협호a(96호)는 23結 42負 4束(25.9%), 협호b(70호)는 2結 92負 2束(3.2%)을 각각 소유하고 있다. 원호 104호의 평균토지소유규모는 61負 8束이다. 협호b 70호의 평균토지소유규모는 4負 2束인데, 여기서 家垈를 제외하면 실제의 소유지는 무시해도 좋을 정도이다. 특히 2結 이상의 토지소유자는 모두 원호이며, 반면에 협호 70호 가운데 50호(70%)는 비소유자이다. 따라서 원호의 토지소유는 협호에 비해 압도적으로 우세하고, 협호의 대부분은 독립적인 토지소유주체가 되지 못하고 있음을 볼 수 있다.

다음 <표 5>는 경영분화현황이다. 원호 104호의 경작지는 49結 40負(51.5%), 협호 70호의 경작지는 10結 74負 9束(11.2%)이다. 원호의 평균 경작지는 47負 5束, 협호의 그것은 15負 4束이다. 역시 원호의 경작지는 협호에 비해 우세하며, 특히 협호의 평균 경작지는 15負 4束이지만 가대지를 제외한다면 실제 경작지는 없는 것이나 다름없다.

〈표 5〉 縣內面 量案上의 經營分化 現況(면적단위 : 結-負-束)

	原戶		無家垈有家戶		挾戶a		挾戶b		계	
	호수	면적	호수	면적	호수	면적	호수	면적	호수	면적
300~	1	3-52-1	-	-	-	-	-	-	1	3-52-1
200~300	3	7-84-3	1	2-03-8	-	-	-	-	4	9-88-1
100~200	6	8-58-8	2	2-37-6	3	4-12-6	-	-	11	15-19-0
75~100	9	7-66-1	3	2-44-2	3	3-28-3	1	85-1	16	14-23-7

50~75	10	6-19-9	7	4-22-4	3	1-98-7	5	2-83-3	25	15-24-3
25~50	28	10-37-0	11	3-71-2	16	5-16-6	11	3-84-8	66	23-9-6
0~25負	47	5-21-8	19	1-19-7	82	5-20-5	53	3-21-7	201	14-83-7
계	104	49-40-0	43	15-98-9	107	19-76-7	70	10-74-9	324	95-90-5
평균 경작면적	47-5		37-2		18-5		15-4		29-6	

* 총면적 95結-90負-5束은 <표 4>의 총 면적 90結-61負-2束보다 5結-29負-3束이 늘어난 것인데, 이는 관둔전 등이 추가되었기 때문이다.

〈표 6〉 현내면 양안상의 중소지주들의 지주경영 현황(단위 : 結-負-束)

	성명	소유지	대여지	가작지	보유 협호수
1	金顯光	12-40-6	9-45-5	2-86-1	3
2	金淵鍾	2-15-1	1-23-1	92-0	-
3	嚴大永	5-17-7	1-65-6	3-52-1	1
4	尹相玉	2-93-5	27-3	2-66-2	1
5	鄭淳應	2-05-7	31-2	1-74-5	1
6	李道宰	9-47-8	9-22-9	24-9	1
7	尹相玭	2-17-8	14-0	2-03-8	-
8	崔潤鼎	2-83-2	1-60-6	1-22-6	1

<표 6>은 2結 이상의 토지를 소유하는 호주 8명(원호 7명, 무가대유가호 1명)의 경영현황을 적은 것이다. 여기서 보듯이, 그들의 가작지 경영은 협호의 보유와 상관성이 있음을 알 수 있다. 즉 그들은 협호의 고역적 노동을 자신의 가작지 경영에 동원하고 있었던 것이다. 특히 그 가운데서 7의 윤상필은 무가대유가호주로서 협호를 보유하고 있지 않지만 2結 3負 8束을 가작하고 있다. 그러나 1의 김현광과 6의 이도재를 제외한 나머지 7명은 지주적 존재라기보다는 자작상농층의 범주에 속한다고 볼 수 있겠다. 6의 이도재는 광무양전시의 양무위원으로 서울에서 사는 부재지주인 셈이고, 따라서 소유지 9結 47負 8束 가운데 9結 22負 9束을 대여하고 있으며, 그의 협호 1호는 그의 瓦家 22間과 9結 22負 9束의 병작경영을 관리하면서 그 대가로 24負 9束을 佃作하고 있다.

<표 6>에서 주목해야 할 자는 1의 김현광이다. 그는 현내면의 대지주로서 협호 3호를 보유하고 2結 86負 1束을 가작하고 있다. 그리고 이들 협호 3호는 김현광과 '주호－협호'관계에 있음은 <표 7>의 현내면 쌍구동평 양안의 일부에서 확인된다. <표 7>의 27, 30, 31은 김현광의 垈田을 빌린 협호로서 草家 7間의

<表 7> 縣內面 雙九洞坪 量案 一部

地番	田·畓	結-負-束	垈主·時主	家主·時作	협호 표시	家屋間數
11	畓	4-8	時主 金顯光	時作 金顯光		
12	畓	15-7	時主 金顯光	時作 金顯光		
13	畓	27-4	時主 閔啓鎬	時作 孫士集		
14	畓	6-9	時主 閔啓鎬	時作 元君三		
15	畓	14-7	時主 徐應五	時作 徐應五		
16	畓	12-5	時主 李汝眞	時作 李汝眞		
17	畓	13-7	時主 金顯光	時作 金顯光		
18	畓	18-8	時主 韓贊敎	時作 韓贊敎		
19	畓	13-7	時主 金顯光	時作 金顯光		
20	畓	6-3	時主 閔致駿	時作 張敬化		
21	田	9-5	時主 皐蘭寺	時作 徐敬錄		
22	田	2-7	時主 金顯光	時作 金顯光		
23	畓	3-6	時主 閔進鎬	時作 張模晉		
24	畓	34-8	時主 金顯光	時作 金顯光		
25	田	3-0	時主 金顯光	時作 金顯光		
26	田	7-3	垈主 金顯光	家主 金顯光		草 7間
27	田	3-7	垈主 金顯光	家主 柳德三	夾	草 3間
28	田	1-1	時主 崔敬七	時作 崔敬七		
29	田	1-9	垈主 元君三	家主 元君三		草 3間
30	田	3-0	垈主 金顯光	家主 韓永甫	夾	草 3間
31	田	1-6	垈主 金顯光	家主 金成五	夾	草 4間
32	田	2-2	垈主 廣 屯	家主 嚴鍾學	夾	草 3間
33	田	2-0	垈主 宋 賢	家主 宋 賢		草 4間
34	田	1-5	垈主 禹天汝	家主 崔敬七		草 4間
35	田	1-1	垈主 鄭啓先	家主 鄭啓先	夾	草 2間
36	田	1-0	垈主 禹天汝	家主 禹天汝	夾	草 3間
37	田	1-1	垈主 金敬先	家主 金敬先	夾	草 2間
38	田	0-8	垈主 趙元三	家主 趙元三		草 3間
39	田	1-3	垈主 姜春晚	家主 姜春晚		草 3間
40	田	3-6	垈主 金明叔	家主 金明叔	夾	草 2間
41	田	18-5	時主 金顯光	時作 金顯光		
42	田	3-7	垈主 孫士集	家主 孫士集		草 5間
43	田	1-0	垈主 金鶴西	家主 金鶴西		草 4間
44	田	2-4	垈主 尹滋翊	家主 金儀伯		草 4間
45	田	2-4	時主 安順澤	家主 安順澤	夾	草 2間
46	田	5-5	時主 尹滋翊	時作 尹滋翊		
47	田	27-4	時主 尹滋翊	時作 宋舜賢		

김현광가의 주변에 거주하고 있다. 양안상의 四標에 의하면 김현광가의 동쪽에 27의 협호 柳德三, 북쪽에 30의 韓永甫, 31의 金成五가 각각 거주하고 있다. 한편 이들 협호 3호의 경영내역을 보면, 그들은 모두 토지를 소유하지 못하고 있으며, 특히 김성오는 主家로부터 임대하지도 못하는 비경영상태에서 노동력

제공자로서만 존재하고 있으며, 한영보는 13負 5束을 모두 김현광으로부터 차지하고 있다. 유덕삼은 김현광으로부터 家垈만을 빌리고, 6負 9束의 경작지는 다른 지주로부터 빌리고 있음을 볼 수 있다. 이로 보면, 이 협호들은 고역적 노동과 借地·借家의 전작농민('종속소작인')으로서 주호인 김현광의 가작·작개 경영에 동원되고 있었다고 볼 수 있을 것이다.

한편 김현광과 같은 존재로서 석성군 병촌면의 풍양조씨 趙均夏와 趙觀夏를 들 수 있다.[44] 양안에 나타난 26여 結을 보유한 병촌면 최대지주인 조균하·조동시 부자는 일찍이 청주방어사·군위군수를 역임한 전직관료출신이며, 같은 조씨문중의 조관하 역시 병촌면에서 13여 結을 보유한 자로서 조균하 다음의 대지주이다. 조관하는 관계에 나가지 않은 전형적인 鄕班이다. 두 조씨가는 그들의 저택(조균하 초가 15간, 조관하 와가 8간)을 중심으로 群居的 거주형태를 취하고 있는 15호의 협호를 거느리고 있다. 그들 가운데 9호는 토지를 전혀 소유하지 못하고 있다. 그 가운데 3호는 주가로부터 차지도 못한 비경영상태에서 노동력 제공자로만 존재하고 있다. 물론 다른 협호들의 차지는 모두 주가로부터 나온 것이다. 4호는 조관하로부터, 또 4호는 조균하로부터, 그리고 1호는 양자로부터 각각 차지하고 있다. 이들 협호들의 차경지는 영세한 규모를 면치 못하고 있다. 조관하·조균하 두 지주의 협호들에 대한 경지대여는 지대 수입에 목적이 있다기보다는 낮은 지대 대신에 가작경영에 필요한 노동력을 확보하는 데 있었다. 그리하여 두 지주는 각각 2結 76負 3束, 2結 13負 8束을 가작하고 있는 것이다. 조관하의 손자 趙文久씨의 전언에 의하면, "협호가 지어 주었다"고 하였다. 협호는 주가에 부속된 고역노동자였던 것이다. 즉, "딸린 식구처럼 전속되어 집안의 모든 일을 하고", 나아가 "다른 집에 일 나갈 때는 허락을 받아야 했던" 존재들이었다. 그리고 "일의 능률이 적어 차라리 품을 사는 것이 나았다."라는 말에서 그들 협호노동의 성격이 순전한 임노동의 범주로는 성립되지 않았음을 의미한다. 때문에 주호의 가작경영은 협호의 고역적 노동을 보충,

---

44) 李榮薰, 1988, 『朝鮮後期社會經濟史』, 346~351쪽.

보완할 수 있는 日雇 등의 임노동이 필요했을 것이다.

이상에서 우리는 자료가 가지고 있는 통시적·공시적 제약성을 무릅쓰고 현내면과 병촌면의 양안 분석에서 양반토호지주의 지주경영에 있어서 가작경영의 실재를 확인할 수 있었다. 현내면의 김현광가와 병촌면의 두 조씨가는 향반으로서 각각 면내의 최대 지주였다. 그들은 '지주─시작·전작농민'관계의 병작경영과 아울러 협호의 고역노동을 이용하여 가작경영을 병행하고 있었던 것이다.

3. 맺음말

양반토호지주의 지주경영은 이앙법 등에 의한 노동력 절감과 토지생산성의 향상, 노속·협호·고공 등의 농업노동력을 보유함으로써 廣耕·廣作으로 나가고 있었다. 그들의 광경은 시작·전작농민과의 병작경영과 함께 가작경영을 확대하는 것이었다. 특히 그들이 가작경영을 영위할 수 있었던 것은 거기에 使役할 수 있는 노동력으로서 협호를 보유하고 있었기 때문이었다. 협호는 지주제의 발달에 따라 토지소유와 차지경쟁에서 배제되어 가고 있던 몰락농민들이 부세제도의 문란으로 인한 조세중압 아래서 자립적인 소농경리를 잃고 양반토호가에 투탁·투속하고, 양반토호들은 그들을 影占·招納·冒入함으로써 생성되고 있었다. 이러한 협호들은 양반토호와의 관계에 있어서 첫째, 예속적 노동력(奴僕)으로서, 둘째, 고역적 노동을 강요받는 시작·전호농민, 즉 종속소작인으로서, 셋째, 主戶·主家와의 관계에서 자유로운 임노동자로서 존재하고 있었다. 당시 이러한 임노동자로서는 年雇·季節雇·日雇 등이 있었다. 그리하여 양반토호들은 협호의 예속적 노동과 고역적 노동, 그리고 고공이나 날품팔이들의 고용에 의하여 가작경영을 영위할 수 있었던 것이다. 따라서 양반토호지주의 지주경영은 병작반수에 의한 '지주─시작·전호농민'관계의 지주제 경영과 '주호─노비·농노(婢夫·挾戶['戶底집'·'호지집']·雇工)'관계의 가작경영을 병행시킴으로써 안정적으로 높은 수익이 보장되는 지주경영을 유지할 수 있었던 것이다.

제5부

朝鮮時代 土地改革論의 推移

1. 머리말

조선시대에 儒者들과 사대부들은 토지소유론·토지개혁론을 제론할 때 대체로 朱熹(1130~1200)의 토지론을 자기 입론의 근거로 삼았다. 주지하다시피 주자는 孔孟 이래의 최대의 유학자·철학자이자 또한 그 학문·사상을 실현하고자 했던 經世家이기도 했다. 특히 그는 경세가로서 주로 향촌사회와 농업·토지의 문제에 관심을 가지면서 구체적인 정책을 제시하고 또한 시행하기도 했다. 조선 국가는 주자학을 國定敎學으로 삼아서 개국한 나라였다. 따라서 주자의 학문·사상과 경세학은 조선봉건사회와 조선 유자들에 있어서 '지배적인 것'이 되고 있었다.

주자는 唐 중기 이후 均田制가 붕괴되는 가운데 전개되었던 대토지소유자들의 토지겸병과 자영농민층의 몰락, 그리고 그로 인해서 농민항쟁이 빈발했던 남송대의 가장 큰 문제는 토지문제라고 생각하고 荀悅의 토지소유론을 인용하여 자기 토지론을 다음과 같이 피력하였다.

무릇 토지라는 것은 천하의 근본이다. 春秋의 뜻은 諸侯는 封土를 독점해서는 안 되고 大夫는 토지를 독점해서는 안 된다는 것이다. 지금 豪民이 토지를 점유한 것이 혹은 수백 수천 頃에 이르러서 그 富가 王侯를 뛰어 넘으니 이는 자신이 봉토를 독점하고 있기 때문이다. 매매가 자기로부터 비롯되고

있으니 이는 자신이 그 토지를 독점하고 있기 때문이다.[1]

이어서 그는 이 같은 豪勢家와 관료지배층의 토지겸병의 문제를 해결하기 위한 방안을 다음과 같이 제언하였다.

마땅히 口數에 따라 토지를 점유케 하되, 그 한도를 정하여 모든 민들이 耕種할 수 있도록 한다. 매매를 하지 못하게 함으로써, 貧弱者를 넉넉하게 하고 겸병을 막는다. 또 제도를 두어 시행한다면 좋지 않겠는가.

이는 '計口授田'인 것으로서 民人들로 하여금 口數, 즉 각자가 보유하고 있는 식구 수에 따라 토지를 점유케 하되 그 한도를 두자는 것으로, 이는 限田的인 均田制가 되는 것이었다. 따라서 주자는 井田의 이념을 지닌 均田制(井田類說)가 시행된다면 당시의 농업문제, 즉 토지소유의 극심한 불균등 문제가 해결되리라고 보는 셈이었다. 그것은 三代의 理想政治를 추구하던 유자들이라면 누구나 제안함직한 토지개혁론이었다.

그러나 그는 이 같은 고대의 토지제도가 당대에 실현될 수 있을 것이라고는 생각하지 않았다. 그는 聖王의 제도이자 법인 정전제를 부정하려는 것은 아니지만 당대에는 그것을 실행하기가 어렵고, 설사 실행한다 하더라도 '意外의 病弊만 낳아서 以前만 같지 못함으로써 수습하기 어려울 것'('意外別生弊病 反不如前 則難收拾')이라고 보고 있었다.[2] 더욱이 그는 그 실행을 싫어하고 저지하려는

---

1) 주자가 인용하고 있는 荀悅(148~209)의 이 토지소유론은 『前漢紀』 권8, 「前漢孝文皇帝기」 下에 수록되어 있다. 여기서 荀悅은 莊園·地主制의 문제를 개혁하지 않고 세금과 요역을 경감하는 정책은 결국 호강부호들을 도와주는 것일 뿐이라고 다음과 같이 비판하고 있다. "이제 漢의 백성은 100분의 1의 세금을 내니 가히 적다고 할 수 있을 것이다. 그러나 豪强富豪가 점차 많은 토지를 점유하게 되어 그 부세의 태반을 거두어들인다. 관에서 100분의 1의 세금을 거둔다고 하나 호강들이 태반의 부세를 거두고 있고, 관의 은혜가 三代보다 낫다고 하나 호강의 포학함이 망한 秦보다 심하다. 이는 군주의 은혜가 아래로 통하지 않고 威福이 호강에게 나누어졌기 때문이다. 이제 그 근본을 바로잡지 않고 조세를 없애는 데 힘쓰는 것은 부강한 자를 도와주는 것이다."

세력, 즉 대토지를 소유한 豪勢家와 관료지배층이 '怨心을 품고 紛亂을 일으킬 것'을 염려하기도 하였다. 그리하여 그는 役法도 개정하지 못하는 형편에서 '況於田如何'라고 하여 토지개혁의 어려움을 말하는데 그치지 않고, 孟子(B.C. 372?~289?)의 井田論을 '擾亂之道'라든가[3] 蘇東坡(1037~1101)의 限田論을 '只是亂 說'이라고 혹평하기까지 했다. 주자는 이처럼 당시에는 정전제·균전제와 같은 토지개혁이 어렵다고 보고 있었지만, 그러나 그것도 '大亂을 겪은 뒤에 천하에 사람이 없고 토지가 모두 관에 귀속되었을 때'에는 시행될 수 있을 것이라고 보았다. 다만 그가 살고 있던 남송대는 그 시기가 아니라는 것이었다. 결국 주자는 송체제가 유지되는 동안에는 토지개혁은 할 수 없다고 판단하는 것이었 지만, 사실은 송체제가 유지되어야 한다는 입장에서 토지개혁을 반대하는 것이었다. 그렇지만 그는 토지개혁을 할 수 없는 상황에서는 經界推行을 통해 정확한 토지대장을 작성하고 이를 바탕으로 賦稅不均을 釐正하는 것이 절대 필요하다고 보았으며, 이로써 古人의 '制民之産'의 뜻을 살릴 수 있다고 생각하였 다.[4]

---

2) 『朱子語類』 권108, 論治道. "封建井田 乃聖王之制 公天下之法 豈敢以爲不然 但在今日恐難 下手 設使强做得成 亦恐意外別生弊病 反不如前 則難收拾耳."

3) 주자는 맹자가 말한 三代의 井田制('夏后五十而貢 殷人七十而助 周人百畝而徹')는 불합 리('恐無是理')한 것인데, 만일에 그렇게 했다면 그것은 '非三代田制 乃王莽之制'였을 것이라고 했다. 왕망(B.C. 45~A.D. 23)은 前漢 말에 '新'왕조(8~24)의 건국자로서 토지와 노비 문제에 대해 『周禮』에 附會하여 '托古改制'를 추진했다. 그는 始國元年 (A.D. 9)에 조서를 내려 "강자는 수천의 토지를 가지고 있으나 약자는 송곳을 꽂을 토지조차 없으며, 또 노비시장을 두어 소와 말과 같이 백성들이 사고팔며 마음대로 생명을 다룬다."라고 겸병의 폐해를 말한 후 다음과 같이 선포했다. "천하의 토지를 王田으로, 노비를 私屬으로 이름을 바꾸며, 왕전과 사속은 모두 매매할 수 없다. 남자의 수가 8명이 안되면서 토지가 1井이 넘는 자는 나머지 토지를 9족 혹은 인근 鄕黨에 주도록 하라." 그러나 이것은 정전제의 부활이나 토지사유제의 폐지는 아니었다. 다만 토지겸병이 계속 진행되는 것을 막고 대지주의 일부의 토지를 농민에게 주어 그들을 자경농으로 육성하자는 것이었다. 그러나 이마저도 관료지주의 극렬한 반대로 좌절되었다.

4) 金容燮, 2007, 『신정 증보판 朝鮮後期農業史硏究Ⅲ-農業과 農業論의 變動-』, 524~562 쪽(「朱子의 土地論과 朝鮮後期 儒者-地主制와 小農經濟의 問題」『延世論叢』21, 1985. 5. 揭載. 1988. 5. 補, 2005. 追補).

2. 鄭道傳의 私田改革論과 韓明澮의 豪富論

한편, 조선초기에 주자와 같은 토지개혁론을 구상한 이는 三峰 鄭道傳이었던 것 같다. 고려말기에 權門勢族·附元輩·寺院의 토지겸병과 농민층 몰락, 이에 따른 농민항쟁과 사회혼란은 이성계일파가 조선을 개국하는 과정에서 수습해야 했던 시급하고도 절박한 과제였다. 이때 삼봉은 조준 등과 함께 토지문제를 '私田改革'으로 제기하고 추진하였다. 우선 그는 고대 중국의 토지제도를 다음과 같이 정리하였다.

> 옛날에는 토지가 官에 있어서 관이 토지를 民에게 나누어 주었다. 民이 경작하는 토지는 모두가 관에서 나누어 준 것이었다. 천하의 민은 토지를 받지 않은 사람이 없었고, 경작하지 않는 사람이 없었다. 때문에 貧富와 强弱이 서로 심하게 차이가 없었으며, 그 토지에서의 所出은 모두 公家에 들어가서 나라가 또한 부유하였다. 田制가 무너지면서부터 豪强者가 겸병하게 됨으로써 부자의 토지는 논두렁 밭두렁이 끝없이 이어지고 있지만, 貧者는 송곳을 꽂을 땅도 없게 되어 부자의 토지를 借耕하는데 일년 내내 노력하고 고생해도 식량도 도리어 부족하고, 부자는 편안히 앉아서 농사일을 하지 않으면서 傭田人을 役使하여 그 수입의 太半을 먹었다. 公家(국가)에서는 두 손을 모은 체 구경만 하고 그 利를 얻지 못했으니 민은 더욱 고통스러웠고 나라는 더욱 가난해졌다. 이에 限田論과 均田論이 일어났다. 이는 姑息之計에 지나지 않았다. 그러므로 역시 민을 다스리는 토지는 나누어주어서 경작하게 할 뿐이었다. 唐나라의 永業田·口分田 역시 口數에 따라 토지를 나누어 주어서 自耕하게 하고, 그 田租로써 公家(국가)의 財用으로 했다. 그러나 識者들은 그 전제가 바르지 않다고 비난했다.[5]

---

5) 鄭道傳, 『朝鮮經國典』上, 經理. "古者 田在於官而授之民 民之所耕者 皆其所受之田 天下之民 無不受田者 無不耕者 故貧富強弱 不甚相過 而其田之所出 皆入於公家 而國亦富 自田制之壞 豪强得以兼竝 而富者田連阡陌 貧者無立錐之地 借耕富人之田 終歲勤苦而食反不足 富者安坐不耕 役使傭佃之人 而食其太半之入 公家拱手環視而莫得其利 民益苦而國益貧 於是限田均田之說興焉 是則不過姑息之計 然亦不治民之田 授以耕之耳 唐營業口分之田 亦計口授田 使自耕之 以其租爲公家之用 然識者譏其田制之未正也."

여기서 말하는 '옛날의 田制'는 곧 주나라 文王이 岐周를 다스릴 때에 시행했다고 하는 井田制였다. 그런데 秦·漢나라시대 이래 이 정전제가 무너지면서부터 호강자들이 토지를 겸병함으로써 민들은 토지를 잃고 佃作農·傭田人으로 전락했고, 국가 또한 수세가 이루어지지 않음으로써 가난해졌다는 것이다. 이에 한전론·균전론 등의 토지개혁론이 제기되었으나 그러나 그것으로는 호강자들의 토지겸병을 막고 자경농을 살림으로써 국가 재정을 확보할 수 없었다는 것, 따라서 그것은 '姑息之計'에 지나지 않았다는 것이다. 이에 반해 정전제의 이념을 실현했던 토지제도는 역시 민들에게 '計口授田'하여 자경하게 하고, 그 전조를 국가에 바치게 했던 당나라의 營業田·口分田이었다고 보고 있다. 이어서 그는 고려말에 당의 토지제도를 모방한 토지제도, 즉 전시과제도가 '勢力之家'들의 互相兼幷으로 무너지고 '力多者'와 '勢强者'들의 사유지 겸병으로 인한 격심한 토지소유의 不均이 일어난 상황에서 太祖로 즉위하기 전 이성계가 私田改革을 시도했는데, 그것은 토지소유권을 국가에 귀속시키고 '計民授田'함으로써 정전제의 이념을 실현하려는 것이었다고 말하고 있다. 물론 그 사전개혁론은 실제로는 이성계가 아닌 조준과 정도전 등이 구상했던 것이었다.

그러나 주자가 정전제는 대토지겸병자였던 豪勢家와 관료지배층의 반발과 저지로 실행될 수 없었다고 말했듯이, 그도 결과적으로 선초의 사전개혁도 '舊家世族', 즉 고려말의 '權門世族'의 반대에 부딪쳐 좌절되고 말았다고 분석하고 있다. 물론 실제로도 정도전이 처음 구상했던 사전개혁은 이루어지지 않았다.[6] 그러나 '一田七八主'의 私田 문제는 전시과제도를 복구한 '一田一主'의 과전법으로 개선되었고, 다만 사유지 겸병에 따른 농장의 발달에서 드러났던 '民田不均'의 문제는 여전히 해결되지 못하고 조선시대로 이어졌다.[7] 여기서 주자와

---

6) 鄭道傳, 『朝鮮經國典』上, 經理. "民之所耕 則聽其自墾自占 而官不之治 力多者墾之廣 勢强者占之多 而弱者 又從强有力者借之耕 分其所出之半 是耕之者一而食之者二 …… 及其法壞之益甚 勢力之家 互相兼幷 一人所耕之田 其主或之於七八 …… 殿下在潛邸 親見其弊 慨然以革私田爲己任 蓋欲盡取境內之田 屬之公家 計民授田 以復古者田制之正 而當時舊家世族 以其不便於己 交口謗毀 多方沮毀 而使斯民不得蒙至治之澤 可勝歎哉."

7) 李景植, 1986, 『朝鮮前期土地制度硏究』, 56~96쪽.

정도전 사이에 다른 점이 있다면, 그것은 주자는 처음부터 남송 말의 '計口授田'의 토지개혁의 실행 가능성을 의심하고 결국은 반대했었다는 점이고, 정도전은 '復古者田制之正', 즉 정전제의 이념을 실현할 수 있는 사전개혁을 시도하다가 私田改善論者들에게 밀려 실패했다는 점이었다.

이처럼 麗末鮮初의 사전개혁이 철저히 실행되지 못한 결과 고려말의 일부의 권문세족의 농장은 여전히 존속되었고, 이에 더하여 조선전기의 정국을 주도했던 훈구파 관료들의 토지겸병에 따라 농장도 늘어갔다. 본디 관직을 가진 자들에게 토지와 녹봉을 지급했던 것은 사대부라면 반드시 지켜야 했던 '禮義廉恥'를 장려하기 위한 것이었는데, 하물며 이미 많은 사전과 후한 녹봉을 받고 있던 재상들과 심지어 大臣들까지도 '禮義廉恥'를 버리고 뇌물과 長利 등의 부정한 수단을 이용하여 토지를 겸병해서 농장을 조성해 가고 있었던 것이다[8] 그러면서 그들은 도리어 '禮義廉恥'를 갖기 위해서는 豪富가 있어야 한다고 역설하면서 富者가 되는 것을 '命分'으로 정당화하고 있었다. 이를테면 정인지의 '殖貨致富'를 변호했던 한명회의 '命分=豪富'論이 그것이었다. 成宗 9년(1478)에 임금이 정인지를 三老로 삼으려고 하자, 대간들은 그가 이웃사람들에게 장리를 주었다가 갚지 못하면 그들의 재산을 勒買하는 수법으로 재산을 늘렸다는 것, 즉 '專以殖貨致富'했다고 하여 일제히 반대하고 나섰다.[9] 이에 한명회는 정인지를 다음과 같이 변호했다.

---

8) 『成宗實錄』20권, 성종 3년 7월 29일 ; 『成宗實錄』44권, 성종 5년 윤6월 21일. "司憲府大司憲李恕長等上疏曰 …… 世宗朝宰相之有長利以富稱者蓋寡 今則高官厚祿者 皆有長利以益其富 園田遍山野 蓄積佐州縣 乘富貴之力 分遣豪奴悍僕 侵刻小民 民安得不至於貧歉 …… 內需司長利 久爲民病 比聞下敎申嚴禁戢 然其弊猶未祛也 王者之富 藏於民 州縣蓄積 皆其所有 安用私儲爲也 上有好者 下必有甚焉 內需司有長利 大臣之爭利 勢所然也 臣等請以內需司長利 皆屬州郡義倉 二品以上居官食祿者 不得蓄長利以爲民蠹 其所有蓄積過一千石者 許納州郡 朝廷別行酬賞."

9) 『成宗實錄』89권, 성종 9년 2월 19일. "掌令朴叔達啓曰 今以鄭麟趾爲三老 麟趾起自寒微 專以殖貨致富 古云 爲富不仁 麟趾豈無緣致富乎 三老將以爲王師 如此人其可爲耶 成均館儒生聞以麟趾爲三老 群議藉藉 欲上疏論之."

한명회가 대답하기를, "다만 정인지가 장리한다는 것을 들었을 뿐이고, 재산을 불린다는 것은 듣지 못하였습니다. 만일 長利하는 것을 재산 불리는 것이라고 하면, 지금의 朝土로서 누가 재산을 불리는 자가 아니겠습니까. 또 그 이웃집은 각각 자기의 소원대로 스스로 서로 매매하였는데, 무슨 불가함이 있겠습니까. …… 정인지가 재산 불린 것은, 신은 자세히 알지 못합니다. 신이 듣건대, 정인지가 예전에 병조판서가 되었을 때에 황보인과 김종서가 권세를 마음대로 하여 일을 처리하였는데, 다른 사람은 다 의지하여 따라도 정인지는 뭇사람에 뛰어나서 굴하지 않았으므로, 김종서 등이 심히 미워해서 곧 벼슬을 교체하였으니, 그 지조가 가상합니다. 이로 말미암아 세조께서 매우 의지하여 중히 여기셨으며, 또 자신이 여러 조정을 섬기었고 또한 큰 과실이 없었으니, 부자가 된 것은 命이 있기 때문입니다. 지금 市井 사람은 조그마한 이익도 계산하여 미치지 못할세라 낮에도 헤아리고 밤에도 생각하나, 혹 가난함을 면하지 못하는 자가 있는 것은 命이 없기 때문입니다. 정인지는 여러 조정에 벼슬하여서 벼슬이 높고 녹이 두터웠으니, 그 富 또한 당연하지 않겠습니까."10)

당시 정인지가 장리하여 재산을 불렸다는 것은 누구나 다 알고 있는 사실임에도 불구하고 한명회는 당시 長利하지 않는 朝土는 없다는 것, 그러나 그들은 長利하여 致富하지는 않는다는 것, 따라서 정인지도 장리해서 부자가 된 것이 아니라 世祖代 이래 여러 조정에 걸쳐서 '官高祿厚'했기 때문에 부자가 되었다는 것, 그리고 정인지가 이처럼 부자가 된 것은 이미 그리 될 '命分'을 타고 났기 때문이라고 그를 변호하고 있는 것이다. 이에 비해 시정인들이 아무리 노력해도 가난을 면치 못하는 것은 부자가 될 '命分'을 타고 나지 않았기 때문이라고 주장함으로써 정인지의 치부를 합리화하고 있다. 조선전기에 과전법·직전법 등의 토지제도를 시행하여 職役을 가진 자들에게 私田과 노비, 그리고 녹봉 등을 지급했던 것은 그들이 민인들과 利를 다투지 않도록 하고, 또한 그들의 '禮義廉恥'를 장려하기 위해서였는데,11) 이처럼 사대부들이 장리와 늑매 등을

10) 『成宗實錄』 89권, 성종 9년 2월 20일.
11) 『成宗實錄』 75권, 성종 8년 1월 13일.

이용하여 민인들의 이익을 빼앗아 致富하는 것은 비리로 지적되었거니와 심하면 贓律에 의해 처벌받고 있던 터에 하물며 정인지가 실제로 '管利致富'했다면 三老가 될 수는 없는 일이었다. 그래서 한명회도 정인지가 장리와 늑매가 아니라 '仕宦累朝 官高祿厚'했기 때문에 부자가 된 것이라고 반박하고 있는 것이다. 여기서 한명회가 말하고자 했던 것은 조선사회는 '命分'이 정치적 권력과 경제력을 결정하는 신분제사회라는 것이었다. 따라서 이러한 '命分論'이 지배하는 조선봉건사회에서는 '양반대지주' 혹은 '양반농장주'의 존재가 당연하게 받아들여질 것이었다. 그리하여 실제로 16세기에는 사전 지급이 제대로 이행되지 않음으로써 양반관료층·향반유력자들의 토지겸병과 집적이 성행함에 따라 농장이 '遍于列邑山野'하는 가운데 토지소유관계는 '富者田連阡陌 貧者無立錐之地',[12] '田無限制 而貧富懸絶'하는 상황이 전개되고 있었다.

그런데 이처럼 16세기에 권세가·양반관료층과 향반토호들의 토지겸병과 집적으로 인한 토지소유의 양극 분화는 농촌의 토지문제 차원을 넘어서 심각한 사회문제로 제기되고 있었다. 몰락하고 파산하는 농민들의 항거와 항쟁이 빈번하게 일어나고 있었던 것이다. 권농정책만으로는 이러한 상황을 타개할 수 없었다. 보다 근본적인 대책은 토지겸병과 그 폐해를 제거하는 것이 되지 않을 수 없었다. 그것은 다름 아닌 토지개혁이었다. 中宗 10년(1515)~13년(1518)에 걸쳐 여러 관료들은 唐虞三代의 '仁政論', 『書經』의 '民本論', 『孟子』의 '經界論' 등의 유교정치의 기본이념에 입각하여 井田制·均田制·限田制 등을 제안하였다. 물론 이러한 토지개혁안을 제안한 관료들은 주로 사림출신의 간관들이었다. 그럼에도 불구하고 그들마저 대부분은 정전제나 균전제는 당시 토지겸병을 주도하고 있던 농장주와 지주층의 반발로 실행되기 어렵다고 판단하였다. 심지어 한전제 시행에 대해서도 반대론자가 많아 논란이 계속되었다. 물론 훈구관료들의 대부분은 스스로가 당시 토지겸병의 당사자였던 만큼 그러한 토지개혁안에 찬성할 리가 없었던 것이다. 국왕의 결단이 필요했다. 中宗 13년

---

12) 『中宗實錄』 32권, 중종 13년 2월 21일 ; 『中宗實錄』 33권, 중종 13년 5월 27일.

5월, 국왕은 申用漑·朴遂良·柳成春·權撥 등의 한전제 시행 건의를 받아들이고 大臣들과 논의한 후 마침내 한전제 시행을 명령했다. 한전제 시행 방침은 두 가지였다. 하나는 앞으로 본인의 토지소유 상한을 50結로 한다는 것, 또 하나는 逃亡·絶戶한 자의 토지를 경작하는 자에게는 稅役만 부과하고 逋債는 징수하지 않으며, 진황지 起耕을 장려하고 隨起收稅함으로써 無田農民들이 토지를 소유할 수 있도록 한다는 것이었다. 그러나 이 방침은 현재의 토지소유관계에 어떠한 변혁도 가하지 않은 체, 따라서 현재의 농장제나 지주제를 전제한 위에서 지주층 내부의 이해관계를 조정한 것일 따름이었다. 따라서 이러한 한전제 시행으로는 토지겸병을 억제하고 무전농·빈농층을 자작형 소농으로 육성한다는 목표는 이미 달성할 수 없는 것이었다.[13] 中宗 14년(1519) 11월에 '己卯士禍'가 일어났다. 이는 농장주·지주층이었던 훈구사대부세력이 무전농·빈농층을 자작형 소농으로 육성하기 위하여 한전제 시행을 추진했던 사림세력을 패퇴시킨 것이었다. 따라서 이후 양반관료층·향반유력자들의 토지겸병은 '兼竝成弊'라 할 정도로 거대한 조류가 되었음에도 불구하고 토지개혁론은 재론되지 않았다.[14]

그런데 16세기 전반기에 훈구·사림 세력이 정전제와 균전제, 심지어는 한전제도도 실행되기 어렵다고 판단했을 때 그 근거로 인용한 것은 한명회의 '命分論'이나 주자의 토지소유론이 아니었다. 조선 주자학의 성숙도로 보아 아직 그것이 문제될 시기가 아니었다. 조선의 유자들이 二程子와 주자 및 그 후배들을 통하여 공맹사상에 대한 나름대로의 이해체계를 갖게 되었던 것은 退溪(1501~1570)·栗谷(1536~1584) 단계에 이르러서였다. 退溪는 『四書釋義』·『三經釋義』를 냈고, 『朱子書節要』를 작성했으며, 『宋季元明理學通錄』을 정리하였다. 이를 통하여 공맹사상에 대한 주자 및 그 후계자들의 이해방식을 파악할 수 있었다. 栗谷도 『四書諺解』와 『小學諸家集註』 등을 내면서 주자를 통하여 공맹사상을 이해하고 있었다. 이 시기에 이들을 포함하여 유자들이 토지문제에 관심으로 갖게 되는 계기는

---

13) 李景植, 『朝鮮前期土地制度研究[II]-農業經營과 地主制-』, 461~498쪽.

14) 『明宗實錄』 7권, 명종 3년 3월 26일.

箕子와 箕子井田에 주목하면서부터였다. 箕子傳說을 사실로서 인정하려는 경향은 이미 오래 전부터의 일이었지만,[15] 이때에도 대학자·대정치인들에 의해서도 그것이 재확인되었다. 金誠一(1538~1593)은 기자가 정전제를 시행하려 했고 그것이 자손에 의해서 천여 년이나 전해지고 있음을 강조했다. 尹斗壽(1533~1601)와 율곡은 기자에 관한 전기적 사실을 편찬 서술함으로써 그것을 역사적 사실로서 재확인하였다. 이는 정전제의 복구를 인정하려는 경향과 통하는 것이었다. 생계를 녹봉에만 의존했던 율곡은 기자·기자정전을 인정하는 가운데(『箕子實記』), '三代之治'를 복구할 수 있을 것이라고 생각하기도 했다.

3. 宋時烈과 韓元震의 土地改革論

조선후기에 주자의 토지개혁론이 본격적으로 표면화되기 시작하는 것은 17세기 후반부터였다. 이 시기에는 전후에 파괴된 농업생산기반이 거의 임란 이전의 수준으로 회복된 상태에서 지주층의 토지겸병이 시작되면서 이미 일각에서는 토지개혁론이 제기되기 시작했고, 학계·정계에서는 주자학이 퇴계·율곡 단계의 이해 수준을 넘어서서 '조선성리학'으로 정착, 발전함과 동시에 이미 여러 방향으로 分岐하고 있기도 했다. 그 가운데서도 큰 흐름의 하나는 주자학을 여전히 '지배적인 것'으로 인정하면서 더욱 확고하게 지키려고 했던 서인·노론 중심의 '守주자학파'였고, 또 하나는 이에 반대하는 동인과 남인의 실학파 중심의 '反(脫)주자학파'였다. 이런 흐름은 곧 농업·토지문제를 둘러싸고도 나타나고 있었는데, 전자는 대체로 주자의 토지소유론을 근거로 지주제와 봉건체제를 유지하자는 입장이었고, 후자는 주자의 토지소유론을 반대할 뿐만 아니라 지주제를 자영농 중심의 소농경제체제로 변혁하자는 것이었다. 그러나 학파·당파가 여러 현실문제와 대안모색에서 대체로 그 경향을 같이 하는 가운데

---

15) 朴光用, 1980,「箕子朝鮮에 대한 認識의 변천」『韓國史論』6.

서도, 경제·농업문제에서는 지주제가 발달하고 토지문제를 중심으로 한 사회모순이 심화되는 데 따라 주자의 토지소유론에 대한 찬반이 갈리는 가운데 같은 당파 안에서뿐만 아니라 당파를 넘어서 토지개혁론은 다양하게 제기되고 또 확산되고 있었다. 그러나 19세기에 이르러서 민란과 동학농민전쟁이 일어남에 미쳐서는 어느 당파를 막론하고 봉건체제의 위기를 의식했던 집권관료지배층은 지주제를 유지하고 보호하자는 입장을 취했고, 농민계층은 '耕者有田'의 원리와 小農主義 농정이념에 기초하여 자작형 소농제의 사회로 나아가고자 했다.

퇴계·율곡 단계 이후 그동안의 주자학에 대한 작업을 종합하고 이를 더욱 심화시킨 중심인물은 노론의 尤庵 宋時烈(1607~1689)이었다. 그는 二程子의 저술을 『程書分類』로서 정리하였고, 『心經附註』를 율곡 철학을 가지고 주해하여 『心經釋疑』를 냈으며, 백과사전격인 『朱子大典』을 재구성하여 『節酌通編』을 편찬했다. 그리고 이어서 『朱子分類』와 『朱子言論同異攷』의 편찬을 계획했으나 완성하지는 못했다. 후자는 韓元震(1682~1751)에 의해서, 그리고 전자는 좀 더 뒤에 姜浩溥에 의해서 완성되었다. 특히 중요한 것은 英祖 연간의 경연에서 율곡의 『聖學輯要』와 우암의 『心經釋疑』·『節酌通編』이 강연되면서 현안문제 해결의 지침이 되었다는 것이다.

주자학을 거의 교조적으로 수용하고 있던 서인·노론은 당시에 주자학 내부에서 반주자학적인 학풍이 일고 있었고, 토지문제에 관해서는 箕田論까지 제기되고 있었기 때문에 『朱子言論同異攷』를 편찬하여 주자의 본심과 사상을 선명하게 제시함으로써 반주자학적 흐름을 근원적으로 차단할 필요가 있었다. 그리하여 그 같은 작업을 통해서 주자의 토지소유론을 定論으로 세우고자 하였다. 앞서 보았듯이, 토지개혁에 대한 주자의 본심은 '井田不可行'이었으므로 이를 토지문제의 정론으로 규정할 필요가 있었던 것이다. 그러므로 우암은 조선에서의 정전제의 시행 문제를 다음과 같이 정리했다.

후세에는 인구가 더욱 번성해서 토지는 적은데 사람은 많아서 아마도 정전제를 실행하기가 어려웠을 것이다. 때문에 주자는 일찍이 반드시 兵亂을 겪고서 인구가 적어진 이후에나 정전을 실행할 수 있었을 뿐이라고 생각했다.[16]

즉, 三代 이후에는 정전제는 실행될 수 없었다는 주자의 '井田難行說'을 그대로 따르고 있는 것이다. 우암의 이러한 입장은 당시의 지주제를 그대로 인정하려는 것이었다고 볼 수밖에 없다. 그는 지주제를 인정하는 가운데 여러 가지 문제를 조정하려고 했는데, 이 점도 주자와 흡사했다. 또한 朱子의 「勸農文」을 조선후기의 기본농서였던 『農家集成』에 포함시켜 향촌사회에 보급시킴으로써 지주와 전호의 상호협조를 촉구하려고도 하였다.

우암을 조술했던 南塘 韓元震도 '井田難行說'을 주자 토지소유론의 정론으로 규정하였다.

> 井田을 논함에 있어서 (이를) 실행할 수 있다고 말하고, 또 大亂을 겪은 이후가 아니면 실행할 수 없다고도 말한다. 앞의 견해는 『孟子集註』에 나오는 張子의 견해이고, 뒤의 견해는 『語類』의 民財門에 나오는 荀悅의 견해이다. …… 일의 이치로 헤아려보건대 井田은 갑자기 실행하기는 어렵다. …… 뒤의 견해를 아마도 모두가 정론으로 해야 할 것 같다.[17]

즉, 三代 이후에 정전제를 실행할 수 있는지에 대해 두 가지 견해가 있는데, 하나는 長子의 견해를 지지, 인용하고 있는 맹자의 견해로서 '실행할 수 있다'는 것이고, 다른 하나는 荀悅의 견해를 자기 견해로 제기하고 있는 것으로서 주자의 '難行說'이었다는 것이다. 이 가운데서 남당은 후자를 정론으로 해야 할 것이라고 주장하고 있다.

이어서 남당은 조선의 토지는 평평한 들판이 적고 山澤이 半을 차지하고 있으므로 '井'字로 구획할 수 없고, 또 풍속에 兩班과 常漢의 구별이 있기 때문에

---

16) 『宋子大典』 附錄 권17, 語錄 20장.
17) 『朱子言論同異攷』 권5, 治道.

토지를 균등하게 소유하는 토지제도('均授之制')로서 정전제나 균전제는 시행할 수 없다고 주장하고 있다. 그리고 양반은 田主이고 常漢은 佃作者인데, 전주는 전세가 가벼워서 부담이 없고 無田者는 佃作하여 소득을 얻고서도 전세를 내지 않기 때문에 충분히 자급하고 있는 '지주-전호'제에 이미 '均田之意'가 실현되고 있다는 데서 지주제를 유지해야 한다고 보고 있었다.[18] 물론 그도 토지겸병의 폐단을 익히 알고 있었으며 그러한 폐단은 제거되어야 할 것으로 보고 있었다. 그러나 그럴 경우에도 어디까지나 현재의 지주제를 유지하는 가운데 일정하게 제한을 가함으로써 토지겸병을 억제하면 될 것으로 생각하였다. 그리하여 그는 그 대안을 다음과 같이 제안하였다.

> 우리나라는 山澤이 半이 넘어서 '井'자로 구획하는 제도는 결코 행할 수 없다. 어찌 토지를 구별하고 상하의 등수가 없을 수 있겠으며, 풍흉에 따라 세금을 가감하지 않을 수 있겠는가. 지금의 제도를 따르되 약간의 제한을 두면 겸병을 억제할 수 있다. 士大夫는 10結 이상, 小民은 5結 이상의 토지를 소유하지 못하게 하고, (그 이상의 나머지 토지는) 貧族에게 나누어주도록 해야 한다.[19]

즉, 신분별 토지소유에 상한을 두고 그 이상의 토지는 각자의 가난한 친족에게 나누어주게 하는 限田策을 쓰자는 것이었다. 이는 토지겸병을 억제하는 가운데 중소지주를 보호하고 지주제를 유지하자는 입장인 것이다. 그는 지주제를 유지하는 입장에서 부세제도를 이정함으로써 균전의 이념을 실현하고 사회적 모순을 해결하려는 것이었다.[20]

---

18) 『南塘集』 권38, 雜識 外篇(下).

19) 『南塘集』 권38, 雜識 外篇(上).

20) 이상의 주자의 토지소유론과 관련해서는 金容燮, 2005, 『朝鮮後期農業史研究[III]-農業과 農業論의 變動-』: 朱子의 土地論과 朝鮮後期 儒者-地主制와 小農經濟의 問題, 524~562쪽의 내용을 요약 정리한 것이다.

4. 柳馨遠·李瀷·鄭尙驥의 土地改革論

한편, 우암·남당과 같은 시기에 남인계에 속했던 磻溪 柳馨遠(1622~1673)과 星湖 李瀷(1681~1763)의 토지개혁론을 살펴보자.[21]

반계는 우암·남당이 지주제 유지 입장에서 농업·토지 문제 해결을 구상한 것과는 달리 소농경제를 안정, 보호하고, 조선봉건체제를 재건해야 한다는 입장에서 토지개혁을 구상하고 있었다. 그는 『磻溪隨錄』(顯宗 즉위년, 1659~顯宗 4년, 1662)에서 양란 이후 위기에 처하게 된 조선봉건체제를 재건하기 위한 첫 번째이자 근본적인 대책을 당시의 토지문제를 해결하는 데서 찾고 있었다.[22] 그는 당시에 조선봉건체제가 유지되기 어려웠던 첫 번째 원인으로 국가 재정의 고갈을 꼽고 있었다. 조선개국과 함께 수립된 과전법·직전법이 붕괴되는 이면에서는 이미 왕실·종친·양반관료층과 향반토호층의 토지겸병에 따라 토지소유 분화가 양극화되는 가운데, 한편에서는 이들 지주층의 대토지는 隱結('免稅地'·'脫稅地')로 변해 가고 있었고, 다른 한편에서는 자영농민들이 零細農·無田農·佃作農으로 전락하면서 부세 부담의 과중으로 마침내는 도산·몰락하고 있었다. 이에 더하여 양란으로 진황지가 급격히 늘어남에 따라 수세지는 더욱 줄어들었고, 따라서 전체적으로 稅收가 이루어지지 않음으로써 반계가 살았던 시기에

---

21) 천관우, 1952, 「磻溪 柳馨遠 研究」上·下 『歷史學報』 2·3 ; 鄭求福, 1970, 「磻溪 柳馨遠의 社會改革思想」『歷史學報』 45 ; 金容燮, 1989, 「朝鮮後期 土地改革論의 推移」『東方學志』 62 ; 이헌창, 1999, 「磻溪 柳馨遠의 經濟思想에 관한 연구」『朝鮮時代史學報』 10 ; 최윤오, 2001, 「반계 유형원의 정전법과 공전제」『역사와 현실』 42 ; 이정철, 2009, 「반계 유형원의 田制改革論과 그 함의」『역사와 현실』 74.

22) 『磻溪隨錄』이 간행된 것은 영조 45년(1769)으로 반계가 죽은 지 96년만이었다. 그간의 사정을 살펴보면, 숙종 4년(1678)에 친구 裵尙瑜가 수록 가운데 7개 조를 들어 시행을 건의했지만 채택되지 않았으며, 다시 숙종 20년(1694)에 盧思孝 등 경외의 유생과 진사들이 수록 1질을 왕에게 올리고 '補於治道'할 것을 아뢰었으나 또한 받아들여지지 않았다. 영조 17년(1741) 前承旨 梁得中이 반계의 후손이 호남 부안과 경기 과천에 있다고 상소하자 왕은 수령에게 取進하도록 하였다. 그리고 영조 45년에 왕은 수록을 간행하여 남한산과 사고에 수장하도록 하고, 반계의 증손 發을 오위장에 제수하는 영전을 내렸다.

이르러서는 국가 재정은 최악의 상태를 맞고 있었던 것이다. 따라서 조선봉건국가를 재건하기 위해서는 무엇보다도 우선 국가 재정이 확보되어야 했다. 여기서 반계는 '正經界'를 첫 번째 과제로 제기하였는데, 그것은 토지를 측량하고 경작지를 나누고 도랑과 둑을 쌓고 나무를 심어서 그 경계를 분명히 함으로써 토지소유관계와 전정의 문란을 바로잡을 수 있다는 것이었다. 그리하여 그는 三代부터 당나라까지의 전제와 고려·조선의 전제를 考究하여 前文과 節目으로 구성된 토지개혁안을 제안하였다. 그 前文은 다음과 같다.

옛날의 정전법은 지극히 훌륭한 것이었다. 經界가 한번 바르게 되니 모든 일이 제대로 이루어졌다. 민들은 굳건한 恒業을 갖게 되었고, 兵은 수괄하는 폐단이 없게 되었다. 貴賤과 上下는 각각 그 직역을 얻지 못함이 없었다. 이 때문에 인심은 안정되었고 풍속은 敦厚해졌다. 옛날이 수백천년 동안 견고하게 유지되고 禮樂이 흥행한 것은 이러한 根基가 있기 때문이었다. 후세에 전제가 무너지고 私占하는 것이 끝이 없게 되자 모든 일이 모두 피폐해졌고 일체가 어그러졌다. 비록 정치를 원하는 군주가 있을지라도 만약 田制를 바르게 하지 않은 즉 民産은 끝내 항속적일 수 없고, 부역은 끝내 균등할 수 없고, 호구는 끝내 밝혀질 수 없고, 軍伍는 끝내 정돈될 수 없고, 사송은 끝내 중지될 수 없고, 형벌은 끝내 줄어들 수 없고, 수뢰는 끝내 막을 수 없고, 풍속은 끝내 순후해질 수 없다. 이러고도 政治와 敎化를 할 수 있는 자는 아직 없었다. 이와 같이 되는 것은 무엇 때문인가. 토지는 천하의 큰 근본이다. 큰 근본이 이미 잘 다스려지면 백 가지의 제도가 좋아서 하나라도 마땅함을 얻지 않는 것이 없다. 큰 근본이 이미 문란한 즉 백 가지의 제도가 좋아서 하나라도 마땅함을 잃지 않은 것이 없다. 참으로 깊이 알고 근본을 다스리는 자가 아니라면 또한 天理와 人事의 득실과 이해가 여기에 이르고 만다는 것을 어찌 알겠는가. 그런데 후세에 뜻을 가진 자들은 그것을 실행하려고 하였는데 산과 계천이 있는 땅으로는 井界('井'字로 구획하는 것)하는 것이 어렵고, 公田과 采地는 설치하기가 곤란하여 실시되기가 어려웠다. 당나라의 균전제는 역시 古意(정전법의 취지)에 가까웠다. 고려 태조는 균전제를 시행해서 부강하게 되었다. 그러나 그 법은 토지를 중심으로 삼지 않고 사람을 근본으로 삼았기 때문에 戶籍에 올라있는 장정에게 토지를 분급하는데 科에 따라 단계가 많았고, 토지를 분급할 때에 사람은 많은데 토지는 적거나 토지는 많은데 사람은 적거나 하는 폐단이 없지 않았다. 이미 분급한 후에는 또한 지금은 남지만 후에는 부족함이 있거나 지금은 부족하지만 후에는 남거나 하는 폐단이 없지 않았다. 이것이 난처한 점이었고 후에 반드시 무너지고 파괴되었던 까닭이었다. 참으로 지금의 실정에 맞도록 하고 옛날의 법의 취지를 참작하여 실행하려면 법이 있어야 할 것이다. 地形은 반드시 넓지 않아도 제도에 맞추어 행할 수 있고, 公田은 반드시 두지 않고서도 1/10 세법을 행할 수 있으며, 采地를 반드시 주지 않고서도 관리의 생활을 부양할 수 있다. 그 제도는 자연의 이치에 부합하고, 오늘날에 실행하기가 쉽고, 모든 백성이 다 잘 살 수 있으며, 따라서 모든 제도가 순리대로 될 것이니 비록 구획하여 井形이 되지 않더라도 井田法의 實이 모두 그 가운데 들어 있을 것이다. 그리고 당나라와 고려에서 균전제에서와 같은 결함도 제거될 것이니 극히 공평하고 정당하여 오래토록 시행될 수 있고, 지극히 간결하고 요령이 있어서 어느 곳에서나 실행할 수 있다. 구체적인 방안은 條例를 들어 아래에 쓰겠다.[23]

여기서 반계는 고대중국의 三代時代에 시행되었던 정전법이 무너진 후에 그것이 다시 실행될 수 없었던 정치사회구조와 지형과 경지의 변화가 일어나는 가운데서도 당나라 때에 정전제의 이념과 실효를 거두면서 실행되었다고 본 均田制와, 그리고 이를 모방한 고려와 조선의 科田制度가 가졌던 문제점을 해소할 수 있는 토지개혁안을 구상하고 있다. 그것은 '조선에서 실행될 수 있는 정전제', 즉 '公田制'였다. 이는 토지 사유와 거래를 금지하고, 민인들은 자신들의 직역과 신분에 상응하는 토지를 지급받고, 세금은 토지 소출의 1/10을 내는 것이었다. 그리고 그 공전제는 첫째, 地形이 넓지 않아도 시행할 수 있고, 둘째, 公田을 두지 않더라도 1/10세를 시행할 수 있으며, 셋째, 采地를 두지 않더라도 관리를 부양할 수 있다는 것이었다.

그렇다면 이 공전제는 어떻게 하면 실행될 수 있을까. 춘추전국시대 이래

---

23) 『磻溪隨錄』 권1, 田制 上.

정계·학계에서 토지개혁안이 논의될 때마다 정전제 실행 여부는 늘 첨예한 논쟁거리가 되고 있었다. 이미 토지 사유제와 지주제가 발달해 가고 있던 상황에서 지주제를 고수하려는 자들이나 지주제 개혁론자들 사이에서도 대체로 동의되고 있던 '井田制難行'의 주요 원인으로 네 가지가 거론되었다. 그것은 첫째, '豪富'·'富民'인 지주계급이 사유지의 공유지·국유지화를 저지하기 위하여 '作亂'할 것이라는 점, 둘째, 이미 지형과 토지가 변하여 모든 토지를 '井'字로 구획할 수 없다는 점, 셋째, 토지에 비해서 인구가 많기 때문에 분급하는 토지의 규모가 일정하지 않거나 줄어든다는 점, 넷째, 신분과 직역에 따른 차등적 토지분급과 분급 받은 토지의 세습으로 공전제는 지속될 수 없을 것이라는 점 등이었다. 그러므로 반계는 前文에 이어 절목에서 이상의 네 가지 문제점을 해결할 수 있는 방안을 제시하고, 「田制雜議」·「田制攷說」 등에서는 '公田制難行說'을 반박하면서 공전제를 실행할 수 있다고 주장하고 있다.

우선 첫 번째 문제는 공전제를 실행하기 위해서는 반드시 먼저 해결해야 할 과제였다. 그것은 '豪富'·'富民'들이 그동안 여러 가지 방법으로 겸병하여 소유하고 있던 대토지를 공전으로 수용하고 이후부터는 국가가 모든 토지에 대한 소유권과 처분권을 갖는 것이었다. 따라서 당연히 대토지소유자들의 반발, 심지어는 '作亂'이 예상될 수 있는 것이었다. 물론 三代 이후 華夷를 勿論하고 정전제 실행을 앞두고 호부·부민들이 반란을 일으킨 적은 없었다. 이는 국가권력을 장악하고 있던 권세가와 관료지배층이 바로 호부·부민들이었기 때문이었다. 그들은 집권세력으로서 지주제와 체제를 유지하려고 했기 때문에 토지소유의 양극분화와 농민층의 몰락이 사회문제로 제기되고 있을 때에도 정전제는 물론 균전제 같은 토지개혁안을 제안하지 않았을 뿐만 아니라 혹 그러한 급진적인 토지개혁안이 제기될 때에는 '호부·부민들이 怨心을 품고 紛亂을 일으킬 것'이라는 이른바 '호부·부민들의 作亂說'을 유포하여 토지개혁 논의 자체를 봉쇄하곤 했던 것이다. 그렇지만 반계는 호부들의 반란을 예상하면서 공전제 시행을 위해서는 '덕이 밝은' 왕의 결단이 필요함을 역설하고 있다.

혹은 이 법은 반기는 자는 많으나 호부들은 이득을 빼앗길 것이기 때문에 그들이 난을 일으키는 빌미가 되지 않겠는가라고 말한다. 이런 일은 없어야 할 것이다. 만약 군주의 덕이 밝지 못하고 신하들이 모두 일신의 이익만 도모한다면 이런 일만이 일어나지 않을 것이다. 모든 일에 희망이 없고 社稷 또한 보존하기 어려울 것이다. 진실로 위로는 군주는 밝고 신하들이 협심해서 나라를 위한 즉 성공하게 되고 모두가 성심으로 기뻐할 것이다. 설사 奸濫專利者가 있어 혹 원한을 품더라도 장차 누가 더불어 난을 일으키겠으며, 설사 作亂者가 있더라도 스스로 伏誅하고 말 것이다. 어찌 이것이 나라의 근심거리가 되겠는가. 옛날부터 난을 불러일으키는 자는 대체로 자기의 욕심만을 채우고 淫昏을 일삼았다. 지성으로 仁政을 실행함에도 난을 불러일으키는 자가 있다는 것을 듣지 못했다. …… 하물며 우리 민들은 공전법을 실행하게 하고 공전법을 따르게 하면 大小와 貴賤이 각각 그 分를 얻게 되어 마치 塗炭을 탈출하여 요 자리 위에 오르게 됨과 같을 것이다. 다만 人君이 一身의 私를 버리고 그 마음의 德을 밝게 할 수 없을까를 걱정할 일이지 부민들의 作亂은 염려할 바가 아니다.[24]

즉, 대다수의 민인들이 '조선정전제', 즉 공전제에 찬동하고 있고, 왕과 신하들이 '存天理 遏人慾'하고 협심해서 공전제를 단행하여 '仁政'을 펴고 있는 마당에 豪富·'奸濫專利者'들의 반란에 누가 동조할 것이며, 혹 '作亂者'가 있을 지라도 그들은 스스로 伏誅하고 말 것이기 때문에 우려할 필요가 없다고 단언하고 있다. 따라서 '去—己之私 明—心之德'하는 군주가 있어서 그가 단행한다면 공전제는 실행될 수 있을 것이라고 강조하고 있다.[25]

---

24) 『磻溪隧錄』 권2, 田制 下, 田制雜議附.
25) 그런데 유형원은 그의 공전제는 국가가 다른 사람들, 이를테면 지주들의 토지를 빼앗아 민들에게 분급하는 것은 아니라고 말하고 있다('非官奪人田計民分給'). 이는 '分田定稅節目'에서 확인되고 있는 바, 토지를 받을 자격이 있는 자들은 각각의 거주지를 중심으로 해서 자기 소유지이든지 無主地이든지를 받기를 희망하여 관에 신고하고 科(규정)에 따라 정해진 자기 몫을 받게 되는 것이고 국가가 토지를 마련하여 그들에게 분급하는 방식이 아니라고 생각했기 때문이었던 것 같다. 절목에 의하면 지주들 가운데는 본인이 指望하거나 가족이나 친인척들로 하여금 지망하게 하여 자기 소유지의 대부분을, 혹은 그 일부분을 분급 받아 차지하는

다음으로 두 번째와 세 번째의 문제는 일단 확보된 공전을 분급하는 과정에서 생길 수 있는 기술적인 문제였다. 三代에 정전제가 실행되고 있던 당시에는 '井形'으로 구획할 수 있는 개활지의 토지가 넓고 많았기 때문에 이를 정형으로 구획한 일정 면적의 토지를 모든 농가에게 분급해 줄 수 있었다. 그러나 삼대 이후 후세에는 정형으로 구획할 수 있는 개활지의 토지보다 농가수가 늘어났기 때문에 개활지 토지 외의 산천과 계곡 등을 끼고 있는 지형과 토지까지도 정형으로 구획할 수밖에 없었으나, 이는 물리적으로 불가능한 일이었기 때문에 정전제를 실행할 수 없다는 것이었다. 이 때문에 많은 사람들은 정전제는 兵亂이나 大亂을 겪은 뒤에 인구가 줄어들었을 때에나 실행될 수 있다고 지적하면서 정전제 실행은 현실적으로 불가능하다고 했던 것이다.

그런데 이 문제에 대한 반계의 생각은 달랐다. 그는 어차피 三代의 정전제가 그대로는 실행될 수 없는 실정에서 정전제의 이념을 살리면서('酌古之意') 당시의 현실에서 실행될 수 있는('因今之宜') 토지제도, 곧 '공전제'는 실행될 수 있다고 생각하였다. 정전제의 이념은 모든 농민들에게 '恒産'을 분급해 주는 것인데, 당시의 실정에서 그가 생각한 '恒産'은 1夫의 농가가 가족 노동력과 자가의 農資를 가지고 경작하고 公賦에 응하면서 가계를 유지할 수 있을 정도의 경지였다. 그리하여 먼저 종래의 '結負法'을 실제 면적 기준의 '頃畝法'으로 바꾸고, 당시 전국의 모든 경작 가능한 토지를 '畫方成頃'하여 1夫의 농가 1호당 1頃씩을 분급해 줄 것을 제안하고 있다.[26] 여기서 말하는 '畫方成頃'의 방법은

자도 있을 것이었다. 그리고 그들의 토지 매매나 겸병을 제한하면 시간이 지나면서 그들의 토지는 자손들에게 상속을 통하여 분배될 수도 있을 것이다. 이것은 임훈이 말하는 한전제를 통해서 균전을 이루겠다는 것과 다름없는 것이 되어 버린다. 그러나 한전제는 어디까지나 사유제를 전제로 하고 있는 것이다. 따라서 반계는 그의 공전제 아래서 無田·영세한 농민들에게 '恒産'을 마련해 주기 위해서 어떻게 그리고 어떤 경로로 공유지·국유지를 확보할 것인지에 대해서 분명하게 말하고 있지 않은 것이다. 이는 그가 '호부·부민들의 作亂'을 예상하면서 공전제는 자기 당대에 실현될 것으로 생각하지 않았기 때문이었던 것 같다. 그래서 李瀷은 우리나라에 실무를 아는 자로 꼽을 수 있는 사람은 율곡과 반계인데, 율곡의 주장은 태반이 실행 가능하지만 반계의 것은 뜻은 커도 실행할 수 없는 것이 많다고 말했던 것이다(鄭求福, 1970, 「磻溪 柳馨遠의 社會改革思想」『歷史學報』 45).

모든 토지를 네모꼴로 頃을 만들되, 다만 산 옆이나 물가에 있는 토지로서 지형이 뾰족하거나 한쪽으로 기울어져서 네모꼴로 그을 수가 없는 곳은 그 지형대로 좇아서 긴 곳은 꺾고 짧은 곳은 보태는 식으로 하여 頃을 이루게 하고, 이렇게도 頃을 이루지 못하는 곳의 나머지 수십 畝 혹은 1, 2畝는 餘田으로 처리하는 것이었다('開方法'). 그리고 각 頃의 경계는 연접해 있는 도로나 하천을 사용하고, 그것이 없을 때에는 농한기를 이용하여 '封土開溝'하여 경계를 짓는다는 것이었다.

한편, 1頃을 분급 받은 1夫(20~59세)의 농가는 公賦(수확량의 1/10)도 납부해야 하지만 동시에 병역도 이행해야 했다. 그런데 이렇게 되면 1夫의 농가는 병역을 지는 동안에는 기본 소농으로서의 지위를 유지할 수 없을 것이었다. 반계는 이 문제를 해결하기 위한 방안으로 '一佃一兵'을 제안하였다. 이는 '一夫一頃 四頃一兵'한다는 것인데, 20세 이상의 농민 1夫당 1頃=100畝를 기준으로 분급하되, '四夫四頃'을 1佃으로 하고 그 가운데 건장한 1夫가 1兵이 되고, 나머지 3夫는 保(1兵의 비용을 부담하는 助役者)가 되게 하는 것이었다. 그리고 1兵은 60세가 되면 병역에서 면제되고 토지는 나라에 반납해야 했다. 이처럼 1夫의 농가는 '一佃一兵'制에 의해 병역 부담을 해소함으로써 안정적인 소농으로 존속할 수 있을 것이었다.

그러나 여전히 남는 문제가 있다. 그것은 세 번째 문제로서 시기적으로 그리고 지역적으로 토지 대비 인구의 비율이 일정하지 않게 되기 때문에 분급

---

26) 1夫란 食口 5~8口를 가진 농가를 말하며, 부모와 처자를 거느린 것을 기준으로 하여 1頃(周尺 6尺=1步, 廣 1步 長 100步=1畝, 100畝=1頃, 1頃=40斗落只)을 받는데 만약 남자가 많으면 16세가 된 자로부터 餘田을 받았다가 그가 성년이 되어 결혼한 후에는 1頃을 받는다. 그러나 16세 이상이 된 자가 1頃을 모두 받기를 청하면 들어 준다. 1頃 100畝는 당시의 民力(노동력)을 헤아리고 산업을 계획하며 地利(관개 수리와 비옥도 등)와 人事(관혼상제 등)를 참작하여 정한 것이다. 水田으로는 약 40斗落의 면적이며, 旱田으로는 4日耕이다. 旱田의 경우 경기·영남 지방은 소 1마리로 경작하기 때문에 4일갈이를 하며, 소 2마리가 끄는 전남·충청은 3일갈이가 된다. 遼東 지방은 1畝마다 3畝이 있기에 시간이 걸려서 6일갈이가 된다(『磻溪隧錄』 권1, 田制 上 分田定稅節目).

받는 토지의 규모가 어쩔 수 없이 줄어들거나 지역적으로 차이가 생길 것이라는 점이었다. 반계도 지적했듯이 전체적으로 보면 '토지는 적은데 토지를 분급받을 사람은 많아지는 상태를 면할 수 없을 것'이라는 것이었다. 그러나 그는 다음과 같이 반박하고 있다.

사람이 땅에서 사는 것은 고기가 물에서 사는 것과 마찬가지인데, 고기가 너무 많아 물이 모자란다는 말은 아직 듣지 못하였다. 설사 토지가 적다고 하자. 지금처럼 한 사람이 많은 토지를 겸병하고, 많은 농민은 토지를 갖지 못하고 있는 것은 걱정되지 않고, 많은 농민이 다 고루 토지를 분급받은 뒤에 혹 사람이 토지에 비하여 상대적으로 많지 않을까 하는 것만이 걱정되는가. 대저 사유제일 때나 공전제일 때를 막론하고, 그 토지와 그 사람은 그대로 있는 것이지 별다른 세상이 전개되는 것은 아니다. 단지 공전제를 실시하면 공정하고 고르게 되고, 사유제를 실시하면 사욕이 판을 치고 빈부의 차이가 벌어질 따름이다. 공전제를 실시하면 만민이 항속적인 산업을 가지게 되고 인심이 안정되고 교육과 덕화가 이루어지고 풍속이 두터워져서 만사가 모두 그 바탕을 얻게 된다. 사유제를 실시하면 모든 것이 이와는 상반될 뿐이다.[27]

즉, 공전제의 목적은 당시의 사유제에 바탕한 지주제를 개혁하여 균전을 실현하는 것임을 천명하고 있다. 물론 공전제를 실행하더라도 토지 증대보다 인구 증가가 더 빠를 것이기 때문에 개개 농민의 토지소유 규모가 줄어드는 상황이 일어날 수도 있지만 이보다 더 중요한 것은 농민들의 균등한 토지소유, 즉 균전을 이루는 것이고, 또한 농민들이 항속적인 산업, 즉 '恒産'을 소유하고 또 유지하는 것이었다. 그리하여 궁극적으로는 공전제에 기초한 평등사회를

---

27) 『磻溪隧錄』 권2, 田制 下 田制雜議附. "或又謂若行此法 未免地少人多 是亦不然 天地造化
却無如此之理 人生於地 有如魚生於水 未聞魚多而水不勝也 果使地少也 今之一人兼幷而衆
人無田 爲不足憂 而兆人均分之後 或有餘人之爲可憂耶 大抵無論公田與私田 俱一般此地
此人 元非別基局 只公田則公而均 私田則私而偏 公則民産有恒 人心有定 敎化可成 風俗可厚
萬事無不各得其分 私則一切反是耳."

이룰 것이라고 확신하고 있는 것이다.

　마지막으로 네 번째 문제는 일단 시행된 공전제가 무너지지 않고 지속되게 하기 위해서 해결해야 할 것이었다. 三代 이래 역대의 토지제도가 일정 시간이 지난 뒤에 무너졌던 이유는 초창기의 그 토지제도의 이념이나 취지, 토지분급의 절차나 방식, 토지의 차등분급이나 규모 등에 문제가 있기 때문은 아니었다. 그것은 첫째로 관료지배층은 권력과 신분을 이용하고, 호부층은 경제력을 바탕으로 하여 토지를 겸병해서 세습했기 때문이었고, 둘째는 현재 수세를 위한 자료로 이용되고 양안으로는 토지와 토지소유주의 실재와 변동 등을 파악할 수 없기 때문이었다. 그러므로 반계는 이러한 문제점들을 정확하게 파악하고, 공전제의 붕괴를 막기 위한 두 가지 방안을 제안하고 있다.

　하나는 공전을 신분과 직역에 따라 차등적으로 受田하도록 하되, 그 受田者들이 직역으로부터 해제되거나 사망했을 때에는 그 토지를 반납하게 함으로써 세습을 원천적으로 차단시킨다는 것이었다. 軍士는 60세가 되면 병역이 면제되고 그 토지는 나라에 반납하며, 관리·노비 등 관가에 종사하는 모든 사람은 60세에 이르면 除籍을 허락받고 토지를 반납해야 하며, 의지할 자손이 없는 자는 규정에 따라 口分田을 받지만 죽으면 이것 역시 반납해야 한다. 현직 관료는 벼슬을 그만두더라도 그 받은 토지로써 생계를 삼지만 본인이 죽으면 자손에게 체전하거나 아니면 반납해야 한다. 이처럼 모든 受田者는 죽으면 그 토지를 나라에 반납하도록 하고, 다만 그 자손이 있어서 父祖의 토지를 遞田하여 傳受받기를 원하면 규정에 따라 정해진 몫만 받도록 하고 그 이외의 것은 다른 사람이 받는 것을 허락함으로써 본인이 받은 토지를 세습하지 못하게 하는 것이었다.

　그러나 이런 규정만으로는 세습을 막지 못할 것이었다. 토지 자체의 변화와 수전자, 수전자의 호구의 변동 등을 실재대로 파악할 수 있는 장부가 구비되어야만 했다. 그리하여 반계는 종래의 양안을 대체하는 새로운 田籍을 제안하고 있다. 그에 의하면, 지금까지의 양전은 민간에 잦은 소요를 일으킨다는 이유로 『經國大典』에 20년마다 한 번씩 실시하는 것으로 규정되어 있고, 양안은 다만 수세를 위한 자료일 뿐인데도 명확하지 않기 때문에 그 폐해가 심했다는 것, 하물며 공전제는 모든 것을 토지를 기본으로 하고 있는데 전적이 확실하지 않으면 모든 일에 법도가 없을 것이기 때문에 3년(辰·戌·丑·未年)마다 수정하지 않을 수 없다는 것, 그리고 등재되어 있는 토지의 경계가 문란해지기 전에 理髮하듯이 다스리면 煩擾 또한 줄일 수 있다고 분석하고 있다. 따라서 새로운 전적은 종전의 5結 대신에 16경(4佃)마다 천자문의 字號를 붙이고, 일련의 지번에 따라 1頃마다 현용의 양안처럼 田形·登第(田分9等 年分3等)·長廣·四標 등을 쓰고, 이어서 작년의 세액을 기재하며('上年田幾斛幾斗 ; 畓幾斛幾斗'), 受田者는 '騎兵則曰騎兵某 步兵則曰步兵某 士以上則曰學生某戶奴某 大夫則某官某戶奴某 至王子亦係某君房奴某'처럼 쓰는데, 즉 병역을 지는 양인으로부터 왕자에 이르기까지 각각의 직역 아래 이름을 쓰고, 士·大夫·王子는 戶奴와 房奴까지 기재하도록 했다. 또 각 필지의 遞受者는 몇 년 몇 월에 누가 遞受했는지를 쓰게 했다. 그리고 이러한 전적은 3년마다 更審해서 3件을 작성하여 1건은 本邑에 두고, 1건은 本道에, 1건은 호조에 보내도록 했다. 다만 新墾地 및 陳災는 매년 파악, 기재하는 장부를 두도록 했다. 따라서 새로운 전적의 특징은 양안과는 달리 신분과 직역을 막론하고 수전자·체수자의 이름과 토지를 분급 받은 年·月을 쓰게 한 점, 이 전적을 원본으로 하여 수전자·체수자에게 '公卷', 즉 토지문기를 발급해 준다는 점,[28] 따라서 이 전적은 수세대장이 아닌 토지대장의 성격을 가지고 있다는 점, 호적처럼 3년마다 改修成籍함으로써 토지의 수전자·체수자의 변동을 파악할 수 있게 했다는 점 등이었다. 그러므로 반계는 이 새로운 전적이 제대로 작성되고 관리되기만 한다면 분급 받은 토지의 세습과 사유제로의 발전을 막을 수 있을 것으로 생각했던 것이다.

그런데 이처럼 사유제·지주제를 개혁하고 '均賦均稅'를 이룸으로써 농민에게는 '恒業'·'恒産'을 보장하여 국가 재정을 재건하려고 했던 '조선정전제', 즉

---

28) 『磻溪隨錄』 권1, 田制 上 分田定稅節目. "凡受田者受公卷 凡受田者 各於其官 準田籍具字數 成券 士大夫陞品加受新作公文者 繳連原券 合爲一通 凡遞田者 原券納官 凡受公券者 自備其 紙半張而已 若官司受作紙 胥吏阻搪索賄者 分文以上 皆繩以重律."

반계의 공전제는 실행 가능한 경제정책으로 채택되지 않은 이유는 무엇이었을까? 『磻溪隨錄』이 간행되어 온전히 알려지게 된 것은 반계 사후 96년만인 英祖 45년(1769)이었지만 그 전에도 부분적으로 알려졌다. 그의 친구 裵尚瑜는 肅宗 4년(1678)에 『磻溪隨錄』 가운데 7개 조를 뽑아서 시행을 건의했지만 채택되지 않았으며, 이어 肅宗 20년(1694)에는 盧思孝 등 京外의 유생과 진사들이 『磻溪隨錄』 1질을 왕에게 올리고 '補於治道'할 것을 아뢰었으나 또한 받아들여지지 않았다. 그러다가 英祖 17년(1741)에 前承旨 梁得中이 반계의 후손이 호남 부안과 경기 과천에 있다고 상소하자 英祖는 수령에게 取進하도록 하였고, 이후 한참 뒤인 英祖 45년(1769)에 수록을 간행하여 남한산과 사고에 수장하도록 하고, 반계의 증손 發을 오위장에 제수하는 영전을 내렸을 뿐이었다.

이렇듯 『磻溪隨錄』의 공전제는 17세기 후반부터 18세기 중반에 걸쳐서 '重民勤國'의 시무책으로서 학계에도 알려지고 조정에도 건의되었지만 나라의 정책으로서는 받아들여지지 않았던 것이다. 그것은 바로 당시의 사정에서 기인하는 것이었다. 당시는 양란 이후 파괴된 농업생산 기반을 복구하는 것이 가장 시급한 과제였다. 무엇보다도 절급한 것은 양란으로 황폐화된 경지를 起耕하여 경작지를 늘리는 것이었다.[29] 이에 봉건정부는 陳田 기경을 장려하기 위하여 두 가지 시혜적 조치를 취했다. 하나는 기경자를 그 기경지의 소유주로 법인하는 것이었고, 또 하나는 기경지에 대해 일정기간 면세 내지 감세의 혜택을 주는 것이었다. 無主陳田은 누구나 告官하여 立案을 받아 기경할 수 있었고, 有主陳田도 3년 이상 진전으로 남아있을 때는 누구나 고관하고 기경할 수 있었다. 여기서 입안법의 본래 취지는 민인들로 하여금 무주진전을 고관하고 입안을 발급받아 기경, 耕食하게 하려는 것이었다. 그런데 실제로 무주진전을 입안 받는 것은 無田·零細한 농민들이 아닌 이미 토지겸병을 주도해 왔던 宮家·權勢家·士大夫 등의 지주계급이었다.[30] 실제로 이들은 기경에 필요한 노동력이나 재력 면에서

---

29) 『增補文獻備考』 田賦考 8. 광해군 3년(1611) 호조판서 黃愼. "八道現在田結 僅過平時全羅道田結之數."; 인조 12년(1634) 三南甲戌量田：三南元結數 895,856結, 陳田結數 333,993結(37.3%), 時起結數 561,863結(62.7%).

민인들보다 우세했기 때문에 진전 기경을 주도할 수밖에 없었고, 따라서 국가도 이를 용인할 수밖에 없었다. 달리 말하자면 국가는 현실적으로 지주계급을 중심으로 진전기경정책을 실시한 것이 되고 말았던 것이다.[31] 그리고 그 정책의 효과는 이미 반계의 말년쯤에 나타났는데, 이 무렵에는 개활지의 진전은 물론 산골짜기나 바닷가의 '寸土尺地'도 모두 기경되어서 이제는 어디에도 버려진 땅이 없다고 할 정도로 경지가 늘어나 있었던 것이다.[32] 이제 이들 宮家·權勢家·士大夫 등의 지주층은 새로운 경지의 소유권을 확보함으로써 대지주계급으로 거듭 났고,[33] 이후부터는 주로 토지매매를 통해서 토지겸병에 나서고 있었다. 그리고 『磻溪隨錄』이 시무책으로 건의되었던 英祖 연간 중반기에 조선후기의 지주제는 체제적으로 확립되기에 이르렀다. 따라서 사유제에 기반한 지주제를 개혁하여 모든 무전·영세한 농민들에게 公田을 균분함으로써 자영소농경제를 토대로 하여 조선봉건체제를 재건하고자 했던 반계의 공전제는 당시의 사회경제적 문제를 해결할 수 있는 실행 가능한 토지제도로서 결코 채택될 수 없었던 것이다.

한편, 肅宗·英祖 연간에 우암·남당의 짝 반대편에는 반계·성호의 짝이 있었다. 반계에 이어서 노론의 한원진과 같은 시대에 살면서 그와는 다른 당파, 즉 남인의 입장에 서있던 星湖 李瀷(肅宗 7년, 1681~英祖 39년, 1763)이 있었다. 반계의 공전제를 계승하면서도 그것의 현실성을 의심했던 성호의 토지소유론을 살펴보자.[34]

---

30) 『承政院日記』131책(탈초본 7책), 효종 5년 6월 19일(정축) ; 『承政院日記』178책(탈초본 9책), 현종 4년 4월 1일(무술). "司憲府啓 …… 山田海澤無主陳荒之處 許民耕食 乃是國法 而近來形勢之家 稱以無主 廣占橫侵 罔有紀極 有主之田 太半見奪 民將無以爲生 國將無以爲國 不可不痛革其弊 以爲小民安保之地請諸宮家·各衙門·士大夫 山田海澤陳荒立案處 害及生民之弊 詢問諸道 盡爲革罷 自今以後 新設庄土之處 無論諸宮家·各衙門·士大夫 竝令嚴禁斷."

31) 본 책의 제1부 제2장 참조.

32) 『備邊司謄錄』42책, 숙종 14년 4월 15일. "山峽之間 海澤之濱 寸土尺地 皆已起耕 實無一畝 閑曠之地."

33) 『續大典』권二, 戶典 田宅 "凡閑曠處 以起耕者爲主 其或預出立案 不自起耕而憑藉據奪者及 以其立案私相賣買者 依侵占田宅律論."

성호도 반계처럼 일생의 대부분을 농촌에서 학자로서, 그리고 몰락해 가는 농민과 다름없이 살았기 때문에 누구보다도 당시의 농업·농촌·농민 문제를 잘 파악하고 있었다. 그 역시 당시의 현실에 대한 인식은 반계와 같이 했다. 지주층의 토지겸병에 따른 토지소유의 불평등이 심화되는 가운데 지주층은 隱結을 빙자하여 탈세하고 佃作農을 수탈함으로써 더욱 부자가 되어 갔던 반면에 대부분의 농민들은 零細農·無田農·佃作農으로 전락해 가면서 부세 부담의 과중과 부호들의 고리대에 의한 수탈로 마침내는 파산·몰락하고 있었다. 이에 더하여 治山治水와 堤堰의 不備로 많은 농지가 황폐화됨으로써 課稅地는 계속 줄어들고 있었다. 더구나 이처럼 증가하고 있는 隱結·陳田과 時起田·災田을 가려내고, 또한 그것들의 토지소유관계를 覈實해야 하는 양전이 정기적으로 실시되지 못함에 따라 점점 심해지는 田政紊亂으로 균부균세는 물론 전체적으로 稅收가 이루어지지 않음으로써 조선봉건국가도 유지되기가 어렵게 되어 가고 있었다. 이에 성호는 농민을 살리고 또 '平治國家'할 수 있는 근본적인 대책은

---

34) 李瀷(숙종 7년, 1681~영조 39년, 1763)은 대대로 남인 가문(증조 의정부찬성 李毅, 조부 사헌부지평 李志安 , 부 사헌부대사헌 李夏鎭)의 출신이었다. 그는 庚申大黜陟(숙종 6년, 1680)으로 남인의 영수 許穆(1595~1682)의 하야와 함께 부친 李夏鎭(인조 6년, 1628~숙종 8년, 1682)이 진주목사로 좌천되고, 이듬해에 평안도 운산군 靈山으로 귀양 갔던 해에 태어났다. 이듬해에 부친이 별세하였고, 남인이 다시 甲戌換局(숙종 20년, 1694)으로 정계에서 축출됨에 따라 노론 일당이 정국을 주도했던 시기인 그의 나이 25세(숙종 31, 1705)에 증광초시에 응시하여 합격했으나 錄名이 격식에 어긋났다는 이유로 회시에는 응시하지 못했다. 다음 해인 26세 때 그의 중형이자 스승이었던 李潛(현종 1년, 1660~숙종 32년, 1706)이 집권당 노론을 공격하는 상소를 올렸다가 국문 끝에 사망한 사건이 일어났다. 이 사건의 충격으로 그는 출사하는 것을 단념하고 셋째 형 玉洞과 사촌 형 素隱을 좇아 학문에만 전념하게 되었다. 35세(숙종 41년, 1715)에 모친상을 당하였다. 이때에 노비와 家藏什器 일체를 종가에 돌려보냄으로써 생계가 궁핍해졌다. 3년 상을 마친 후 그는 생계유지도 어렵게 되자 후진교육에 나섰다. 이때의 그의 곤궁함은 '우리 같은 사람들은 窮餓가 날로 심하여 송곳을 꽂을 땅도 없는 지경이 되었다'고 할 정도로 당시 몰락해 가는 농민들의 처지와 다름없었다. 47세(영조 3년, 1727)에 조정에서 그를 繕工監假監役으로 불렀으나 사양하였다. 83세(영조 39년, 1763)에 첨지중추부사로 임명되었으나 이해 12월 17일에 별세하였다. 이로 보면, 그는 26세 이후 60여 년 동안을 경기도 광주부(안산) 瞻星里에서 재야학자이자 빈농으로 살았다.

경계를 바르게 하고 영업전을 기준으로 하여 균전을 이루는 것이라고 생각하고, 균전을 이루기 위한 방안으로서 '한전법'을 제안하였다.

성호는 중국과 우리나라의 역대의 토지제도를 그 치폐과정과 특히 그것이 폐지되었던 원인에 초점을 맞추어서 일관하고 있다. 먼저 정전제는 널리 시행되었던 것이 아니라고 단정하고 있다. 그 근거로 商鞅(B.C. 390~?)이 정전의 두둑을 헐어버린 곳은 과거 주나라 영토의 일부인 秦나라(B.C. 770~207)영토뿐이었다는 것이다. 또 藤나라(?~B.C. 414)도 과거 주나라 영토의 한 가운데 있었는데 맹자(?~B.C. 289)도 정전의 경계가 있었는지를 잘 알지 못했다는 것이다. 따라서 三代에도 정전제가 널리 시행되지 않았음이 분명하다는 것이었다. 그런데도 정전제가 널리 시행되었을 뿐만 아니라 정전제에 대한 부정적인 인식이 유포되었던 것은 王莽(B.C. 45~A.D. 23)이 '천하의 토지는 王田(公田)'이라면서 권세가와 호족의 토지를 빼앗아서 가난한 자들에게 나누어주자 이들이 왕망을 비방하고 분란을 일으켰으며, 결국 왕망의 개혁이 실패로 돌아갔기 때문이었다는 것이다. 그러나 성호는 토지제도로는 정전제보다 더 좋은 것이 없다는 것,[35] 천하의 토지는 어디까지나 왕전이라는 것,[36] 왕망의 토지개혁은 의의가 있었다는 것, 따라서 권세가와 호족의 대토지소유를 방치해서는 안 된다는 생각을 피력하고 있다.[37] 그러면서 봉건제와 공전제가 이미 무너진 이후 사유제가 발달해 가고 있던 현실에서 '지주계층의 뜻을 크게 거스르지 않고' 균전을 이룰 수 있는 방안은 무엇일까를 고민했던 것이었다.

---

35) 『星湖僿說』제10권 人事門 田制. "人無貴賤所賴者財 財出於田 故政莫大於田制 田制莫良於井 井可復歟 曰否."

36) 『星湖僿說』제7권 人事門 均田. "무릇 천하의 토지는 모두 임금의 땅이다. 백성들이 각각 그 田地를 자기 명의로 하고 있는 것은, 임금의 땅을 한때 强占하고 있는 것에 불과한 것이니, 原主人은 아니다. 비유하건대, 아버지의 什器를 자식들이 나누어 점유하여 많이 가지기도 하고 적게 가지기도 하지만, 아버지가 고루 나누어 가지라고 명하는 데 이르러서는 감히 그대로 점유하지 못하는 것과 같다."

37) 『星湖僿說』제7권 人事門 均田. "천하를 다스리는 임금은 모든 백성을 한결같이 갓난아이로 여겨야 하는 것이니, 그 고루 나누어 주려는 마음을 그만두어서는 안 되는 것인데, 어떻게 할 수 없다는 것으로 방치할 따름이라면 되겠는가."

앞서 반계도 三代의 정전제는 그대로 복구될 수 없다는 것을 잘 알고 있었기 때문에 정전제의 취지를 살리면서 당대의 현실에서 실행 가능한 토지제도로서 '조선정전제', 즉 공전제를 제안했던 것이다. 그러나 반계도 지주계층의 사유지를 '빼앗는 것은 아니라'고 말할 뿐 그것을 공유지·국유지로 확보하는 경로나 방안에 대해서는 구체적으로 언급하지 않고 있었다. 성호는 이런 반계의 공전제가 시행되지 못한 것을 한탄하면서도 정작 그것의 실행 가능성에 대해서는 부정적이었다.[38] 한마디로 '현실성'이 없다는 것이었다. 당시에 정계·학계에서 정전법이나 한전법이 논의될 때 반대 측의 논거는 지주계층의 사유지를 '白奪'할 수도 없고, 국가가 '買得'할 수도 없다는 것이었다.[39] 바로 이것 때문에 성호는 三代의 정전제가 복구될 수 없고, 반계의 공전제도 실행될 수 없었다고 단언했던 것이다.

이처럼 공전제와 사유제·지주제 사이에서 고심하고 있던 성호에게 있어서 개혁적이면서도 현실성 있는 토지개혁안은 무엇이었을까? 여기서 성호가 착안한 것은 漢末의 '限民名田法'이었고, 이를 통해서 균전을 이루겠다는 것이었다.

한나라 말기에 限民名田法이 있었다. 井地(정전제)와 비교하면 조금은 쉽게 시행할 수 있었다. 역시 權貴에 속박되어 중지되었다. 蘇洵은 토지를 줄이는 것은 나무라지 않고 많이 차지하는 것을 금지하려고 했다. 그러나 토지는 대부분 한도를 넘어서 이미 재화가 쌓인 것을 줄일 수 없었고 많이 차지하는 자만 금지시킴으로써 막을 수 없었다. 나는 일찍이 곰곰이 생각하여 하나의 방안을 얻었다. 평범한 것일 뿐이었다. 그러나 의도한 대로 시행하고 오랫동안 폐지되지 않는다면 혹 分寸의 효과가 있을 것이다. 나라가 마땅히 一家의 재산을 헤아려서 토지 몇 負를 한도로 정하여 1호의 永業田으로 삼는데 당나라의 租制처럼 하는 것이다. 한도가 넘는 자의 것을 減奪하지 않고 미치지 못하는 자에게 더 주지 않는다. 돈이 있어서 사려고 하는 자는 비록 천백 결이라도 모두 허용하고, 토지가 많아 팔려고 하는 자는 다만

38) 주 25) 참조.
39) 『英祖實錄』 51권, 영조 16년 2월 13일.

영업전 몇 負 외에 한해서만 역시 허용한다. 많아도 팔기를 원하지 않는 자는 강요하지 않는다. 부족해도 사들일 수 없는 자는 재촉하지 않는다. 오직 영업전 몇 부 안에서 매매가 있는 것을 覺察하는 바, 사들인 자는 다른 사람의 토지를 빼앗은 죄로 다스리고, 판 자는 숨겨서 판 죄로 다스린다. 그리고 사들인 자는 가격을 따지지 않고 돌려준다. 또한 전주로 하여금 스스로 관에 신고하게 하여 免罪해주고, 자기 토지를 되돌려 받도록 한다. 모든 매매는 반드시 관에 신고하게 한 후에 이루어지도록 한다. 관 역시 田案을 살펴서 확인한 후에 문권을 작성하여 준다. 官印이 없는 문권은 소송을 허락하지 않는다. 그런 즉 비록 당장의 효과는 없을지라도 반드시 길게는 이득이 있음을 보게 될 것이다. 왜 그런가? 내가 한 마을을 관찰했기 때문이다. 작년에 몇 호가 파산했다. 금년에 몇 호가 또 파산했다. 파산한 자는 토지를 많이 가지고 있다가, 적게 가지게 되고, 마침내는 갖지 못하고 말았다. 어떻게 하면 파산하지 않겠는가. 민의 재산을 관리한다는 것이 비록 이 사람한테 빼앗아서 저 사람에게 줄 수는 없을지라도 만약 貧民이 현재 가지고 있는 토지를 항상 보존하여 생업의 물건으로 간직하게 한다면 어찌 조금이라도 이익이 되는 길이 아니겠는가? 대체로 토지를 파는 자들은 반드시 빈민들일 것이다. 지금 猾吏와 豪商들은 천만의 재산을 가지고 하루아침에 많은 빈민들의 토지를 모아들여 차지하고서 素封의 즐거움을 누리고 있다. 그런데 눈앞에 破戶者들이 많을 뿐만 아니라 피해가 그치지 않고 있지 않는가. 빈민으로 하여금 토지를 팔지 못하게 하면 파는 자가 드물어질 것이다. 이 때문에 겸병도 줄어들 것이다. 빈민이 혹 智力이 있어서 尺寸의 토지를 모아들이고 나가지 않게 할 수 있으면 쉽게 일어날 것이다. 富民은 토지가 비록 많더라도 혹 많은 자식들이 나누어 점유하고, 不肖의 자식은 破落하게 되면 여러 세대가 지나지 않아서 平民들과 같아 질 것이다. 이와 같이 한다면 빨리 균전제를 완성할 수 있을 것이다. 貧戶는 눈앞의 傾竭의 우려를 면할 것인 즉 貧人들은 진실로 기뻐할 것이다. 富戶들은 비록 破敗하게 되더라도 영업전이 있은 즉 富人 가운데 후일을 염려하는 자도 역시 기뻐할 것이다. 이와 같이 하면 시행하기도 쉽고 효과도 반드시 있을 것이다. 이것이 그 大槪이다. 혹 길흉사 비용 때문에 팔 수밖에 없는 자가 있어서 다 팔아버리면 토지가 없게 될 것이라고 의심한다. 장차 어떻게 해야 하는가. 정전을 주었던 시대를 생각한다면 매매할 수 없을 것이다. 이는 깨우칠

수 있다. 무릇 손해와 이익이 같다면 시행하는 것이다.[40]

내가 前日에 균전론을 지었는데, 그 대략을 말하자면, 전지 몇 畝로 한도를 정하여 一夫의 영업전으로 삼되, 전지가 많은 자는 줄이지 않으며, 없는 자는 나무라지 않으며, 몇 畝 이외에는 마음대로 사고팔게 한다. 단 많이 가진 자는, 그 전지 가운데 남의 몇 畝의 영업전이 들어 있으면, 文卷을 취하여 불사르고 돌려준다. 다만 官에서 田籍을 보관하여 함부로 팔 수 없게 하면, 없는 자들이 혹 조금씩 전지를 얻을 수 있게 될 것이다. 영업전의 한계에 들어 있는 것만 위의 例와 같이 하되, 나머지는 묻지 않는다. 이와 같이 할 따름이다. 무릇 파는 자는 반드시 가난한 집(貧實)인데, 가난해도 팔 수 없으면 兼并하는 자도 살 수 없을 것이다. 영업전 안에서 늘기만 하고 줄지 않으면 가난한 집은 蕩産하지 않을 것이다. 전지가 많은 자에게는 팔기를 허락한다면 여러 자식들이 나누어 점유하거나, 혹은 못난 자식들은 전지를 팔게 되어, 점점 전지가 모든 사람에게 고루 나누어지게 될 것이다. 따로 논한 것이 있으므로 그 대략만 기록하였다. 후에 宋나라 林勳의 本政書를 보니, 이것과 대략 서로 맞았는데, 先儒들이 인정한 것이다. 이는 富强한 자들의 마음을 크게 거스르지 않을 뿐더러, 오늘 행하면 내일 반드시 그 혜택을 받게 될 것이다. 사람들이 말하기를, 영업전을 팔지 못하게 하면 그 喪事나 葬事를 당하여 매우 부득이한 경우에는 어떻게 조처하겠는가? 이는 반드시 시행되지 못할 것이라고 했는데, 나는 이 말이 통달하지 못한 데서 나온 잘못이라고 말하겠다. …… 옛날에 민들이 모두 전지를 받았으되, 사사로이 파는 전지는 있지 않았으니, 그 당시에 喪事나 葬事를 어떻게 치루었겠는가. 오늘날 매우 가난하여 전지가 없는 자들은 상사나 장사를 당하면 또 어떻게 하고 있는가. 이미 결단하여 영업전을 만들었으니 바로 이것이 옛날의 정전법인 것이니 마음대로 팔 수 있겠는가. 영업전은 公田을 기준으로 만든 것이니, 이를 벗어나면 곧 전지가 없는 집이라는 것을 이로 미루어 알 수 있다.[41]

---

40) 『星湖先生全集』 권45, 雜著 論均田.
41) 『星湖僿說』 제7권, 人事門 均田.

이상의 성호의 균전론을 정리하면 다음과 같다.

첫째, 성호는 자기의 균전론이 漢末의 '限民名田法'과 宋나라 임훈의 '限田法'에서 시사 받은 것임을 밝히고 있다.[42]

둘째, 모든 토지는 公田('王土')임을 전제로 한 위에서 개인의 사적인 점유('一時强占')가 용인되고 있다.[43] 따라서 국가는 私人이 자기 점유지를 소유·처분·이용하는 것을 제어할 수 있는 절대적인 권한을 가지고 있다.

셋째, 당시 1夫의 농가(戶)가 법정의 부세를 부담하면서 자급자족할 수 있는 경지 1頃을 '永業田'으로 한다.[44]

넷째, 富者(富戶·富民·富人·富强者·豪富·權貴)에게는 영업전 이상의 점유지에 한해서 파는 것을 허용하고, 다른 사람의 영업전을 사는 것은 법으로 금지한다. 만약 이들이 사들인 전지 가운데 다른 사람의 영업전 일부가 들어 있으면, 불법 거래로 단정하여 토지문권을 불사르고 해당 토지를 還退하도록 하며, 동시에 이들은 다른 사람의 영업전을 빼앗은 죄로 다스린다. 그러면 이들의 대토지는 매매나 몇 세대에 걸친 상속을 통해서 영업전의 규모에 이르게 될 것이다.

다섯째, 貧者(貧戶·貧民·貧人)는 영업전에 미치지 못하는 토지를 점유하고 있으므로 파는 것을 법으로 금지한다. 그럼에도 불구하고 이들이 자기의 전지를 팔았을 경우에는 숨겨서 판 죄로 다스린다. 다만 이들이 자진 신고하는 경우에는 免罪해 주고 판 토지는 되돌려 받도록 한다. 또한 이들이 喪事나 葬事 같은 일을 당하여 부득이 몇 畝라도 팔 수밖에 없을 경우에도 鄕里에서 救助해 주거나 관부에서 진휼을 베풀어서라도 팔지 못하게 한다.[45] 그러면 이들은

---

42) 그러나 성호는, 임훈의 한전법은 지주들이 買田하지 못하게 한 것을 원치 않고, 正田(50 畝)이상의 羨田을 隷農(無田農)에게 나누어 주어 경작하게 하고 賭租를 받아먹게 한 것도 원치 않았기 때문에 실행될 수 없었다고 말하고 있다.

43) 주 36) 참조.

44) 『星湖先生全集』 권47, 雜著 論田制. "限者 何也 無者不責其有 過者不責其減 各以一頃爲永業 貧者一頃之內 有入而無出 則貧不得賣田 而兼竝不售 富必有分除 而稍漸均平矣."

45) 『星湖先生全集』 권47, 雜著 論括田. "曰法制旣定 亦無奈何 古者井牧之時 其必如此 況今都闕一畝 而過死亡 將何以哉 鄕里有救助之俗 官府有塡屍之政 如是可免溝壑矣 若因此而毁之

'智力'으로 토지를 조금씩 사들여서 시간이 걸리더라도 마침내는 영업전을 확보하게 될 것이다.

여섯째, 국가는 토지매매와 관련한 법제를 제정하여 모든 토지거래를 監察한다. 따라서 모든 토지거래는 관에 신고해야만 하고, 관에서는 田案을 考證한 후 文券을 발급해 줌으로써 토지매매와 소송의 법적 보증이 되게 한다.[46]

일곱째, 토지제도의 문란이 전안(量案)의 부실에서 비롯되기 때문에 전안의 부실을 보완하기 위하여 魚鱗圖(地籍圖)를 작성한다.[47]

즉, 당시의 토지소유(성호의 표현에 의하면, '田地占有')의 심한 양극분화 상태에서 '富强한 자들의 마음을 크게 거스르지 않으면서', 즉 지주계층의 대토지를 빼앗거나 매득하지 않으면서 장기에 걸친 상속과 관 통제 아래서의 매매를 통해서 영업전을 기준으로 하여 균전을 이룰 수 있다는 것이다.[48]

則法將不行."

46) 여기서 文券이란 '立案'을 말하는 것 같다. 입안은 관에서 발급하는 문서로서, 개인의 청원에 따라 어떤 사실(賣買·讓渡·決訟·立後 등)을 확인하여 이를 認證(公證)해 주는 문서이다. 예를 들면 토지·가옥·노비 등의 매매·양도 등의 사유가 발생할 때에 대개 취득자가 관에 입안을 신청(所志)하면, 관에서는 財主와 증인·筆執, 또는 관계인의 진술(招辭)을 받아 확인한 후 입안을 성급해 주었다. 입안제도는 고려시대에도 있었고 조선시대에도 법제적으로는 계속되는 것으로 되어 있으나, 토지매매의 경우는 실제로는 실시초기부터 제대로 준행되지 못했다(崔承熙, 1985, 『韓國古文書硏究』, 212쪽).

47) 『星湖僿說』 제11권, 人事門 魚鱗圖. "나라의 강토가 비록 크다고 하지마는 오늘날 나라에는 各道가 있고, 도에는 各郡이 있으며, 군에는 各面이 있고, 면에는 各洞과 各坪이 있어 작은 것은 큰 데에 통속되었다. 큰 곳은 全圖를 만들고 작은 곳은 各圖를 만들고, 洞과 坪이 만약 큰 곳이 있으면 여러 곳으로 나누어 각도를 만들어 오직 순편함을 좇으며, 丘陵·墳衍·川澤 등의 경작하지 못할 땅과 陳荒地 등의 개간하지 않은 곳도 모두 빠뜨리지 말고 算法에 의하여 전답·천택·진황 등 각종의 넓고 좁으며 길고 짧은 것을 소상히 기록한다. 또 總圖 위에 어디에서 어디까지의 거리가 몇 尺임을 기록하며, 그 사이에 있는 여러 전답과 경작하지 못할 땅도 그 長短에 따라 소상히 기록하여 서로 대조하여 差錯이 없게 하고, 또 동서남북 사방의 경계에 이르러서도 반드시 무슨 筆地에 해당하는 전답, 혹은 林野, 혹은 시내를 자세히 기록하여 모두 규례와 같이 할 것이니, 이같이 한다면 어찌 다시 숨기고 누락될 염려가 있겠는가?"

48) 『星湖先生全集』 권47, 雜著 論田制. "愚謂縱不革今制 若擧限田之法 亦可稍稍均其貧富."

그리고 과거에 정전제나 균전제가 무너졌던 원인의 하나인 지주계층의 토지겸
병은 佃作農이나 영세소유자인 '貧者'들로 하여금 토지를 팔지 못하게 함으로써
저지할 수 있다는 것이다.

그런데 성호가 그의 균전론에서 분명하게 설명하고 있지 않는 것들이 있다.
하나는 빈농과 영세농민들이 영업전을 확보하는 동력과 방법, 그리고 그 과정에
대한 충분한 설명이 없다는 점이다. 성호도 당대를 토지소유의 양극분화와
함께 지주제 경영이 점점 강화되어 가는 추세 속에서 빈농과 영세농민들이
마침내는 한 뙈기의 땅까지 팔고서 無田農·佃作農으로, 그리고 이앙법의 발달로
佃作地도 빌리지 못하여 無佃農으로까지 전락해 가고 있다고 파악하고 있었다.[49]
그러므로 그는 대부분의 "佃作農民들이 지주계층의 과도한 지대수취로 인해
貧民으로 전락하기 때문에 이를 제거한다면 부자가 되지 않을 이치가 없다."고
말하고 있는 것이었다.[50] 그러므로 그는 이러한 지주계층의 병작제경영을
제거하는 근본적인 방안으로 균전론을 제안하였던 것이고, 그 핵심은 빈농들이
영업전을 확보하는 것이었다. 그리고 그 영업전은 빈농이 '혹 智力이 있어서'
자기의 토지는 팔지 않고 이미 영업전 이상의 대토지를 점유하고 있는 富者들의
'토지를 조금씩 계속 사들임으로써 확보할 수 있다'는 것이었다. 그런데 여기서
말하는 빈농의 '智力'이란 무엇이었을까? 그는 '智力'을 '節儉과 지혜로써 스스로
부지런히 농사를 잘 한다'는 정도의 의미로 말하고 있을 뿐 그에 대한 구체적인
설명은 하지 않고 있다.[51] 이로 보면, 성호는 반계의 공전제 자체가 '현실성'이

---

49) 『星湖僿說』 제7권, 人事門 本政書.

50) 『星湖僿說』 제16권, 人事門 民貧. "古云國家之惠優於三代 私室之虐甚於亡秦 此言何謂也
惟正之制 或不及什一而兼幷者必奪其半 舊時田主猶出公賦及種穀 今三南之地 皆令耕者需
之 又或奪其藁徵其賄者有之 及其盡輸則蓋藏枵然 此而不變 其終可想."

51) 『星湖全集』 제52권, 序 三豆會詩序. "財者原於地成於力。非地力亦無所措."; 『星湖僿說』
제7권, 人事門 利害仁富. "땅을 개간하여 힘써 농사지으면 財貨가 저축되고, 많이
배워서 높은 벼슬에 오르면 후한 祿을 받아서 부자가 되는 것은, 으레 그런 것인데
어찌하여 仁에 장애가 된다는 말인가. …… 부자는 財가 많다는 말이다. 財는 業을
좇아서 나며 業은 사람의 노동에서 일어나는 것이다."; 『星湖僿說』 제16권, 人事門
民貧. "대개 우리나라는 변란이 드물고 토지가 줄어드는 것도 아닌데, 토지는
날로 거칠어지고 백성은 날로 빈곤해지는 것은 반드시 그 원인이 있는 것이니

없다고 비판했지만, 마찬가지로 그의 균전론도 당시에 빈농들이 영업전을 확보하는 것은 거의 불가능했다는 점에서 역시 '현실성'이 없었던 것은 아니었을까 생각된다.

둘째, 그의 균전론 자체의 '개혁성' 有無 문제이다. 이는 한전법을 통하여 균전을 이룸에 있어서 당시의 지주계층의 토지겸병과 대토지소유를 전제로 할 것인가 말 것인가의 문제이다. 성호는 반계의 공전제가 그것을 부정했다는 점에서 '현실성'이 없는 '이상론'에 불과했다고 비판했다. 반면에 그는 '富強한 자들의 마음을 크게 거스르지 않고'도 균전을 이룰 수 있다는 점에서 그의 한전법의 '현실성'을 강조하고 있다. 따라서 당시의 지주제의 발달을 전제로 한 위에서 토지소유의 불균등이 장기간에 걸쳐서 영업전을 기준으로 균전 상태에 이르게 되는 경로를 제시했던 것이다. 우선 영업전 외의 토지의 거래는 제한 없이 허용하되 그러나 지주제의 강화 속에서 토지를 팔수밖에 없는 貧者들이라도 토지를 팔지 못하도록 강제함으로써 부자들의 토지겸병을 막을 수 있다는 것이었고, 또 하나는 富者들의 대토지는 상속을 통해서 후손들이 '分占'하거나, 혹 '不肖'한 후손들이 사치와 소비생활로 인해 매각함으로써 수 세대가 지나면서 영업전의 규모로 축소 均田化되리라는 것이었다. 따라서 부자들에 대해서는 貧者들의 영업전을 매득하지 못하게 할 뿐 그 외의 다른 특별한 강제적인 조치를 취하는 것은 아니었다. 이처럼 그의 균전론은 기존의 지주제가 온존되는 가운데 장기간에 걸쳐서 상속과 매매를 통하여 점진적으로 균전이 이루어지고 안정적인 소농이 확립되리라는 것을 기대하는 것이었다. 그럼에도 불구하고 그는 권력을 가진 지주계층들이 한전법의 실행을 저지하여 균전을

자취를 따라 근원을 추구해 보면 어찌 알지 못할 이치가 있겠는가? "백성이 이미 번성하거든 富하게 하라."는 것은 성인의 훈계이니, 富하게 한다는 것은 재물을 주는 것이 아니라, 백성로 하여금 부지런히 일하여 재물을 축적하게 하고 나라에서 탐학하지 않는 것을 말한 것이다. 비유컨대 하늘에 밝은 빛이 있으면 백성의 어두운 것을 근심할 것이 없다. 백성들이 스스로 창문을 내어 밝은 빛을 취할 것이요, 땅에 財物될 것이 있으면 백성의 빈곤함을 근심할 것이 없다. 백성들이 스스로 나무를 베고 풀을 베어 부하게 되는 것과 같다."

이루지 못하게 하지 않을까를 우려하였다.[52] 실제로 그의 우려는 현실이 되어 버렸다.[53] 이런 점에서 그의 균전론은 토지개혁론으로서는 처음부터 너무 '현실적'인 나머지 철저하지 못했던 것으로 생각된다.

셋째, 대지주 가문들이 상속을 통하여 親屬들 간에 균전을 이룬다는 것을 통제하고 관리할 수 있는가의 문제이다. 과거의 한전법이 토지소유의 상한선만을 설정한 데 비해 성호의 균전론은 영업전을 기준으로 토지소유의 상·하한선을 설정하여 매매와 상속을 통하여 균전을 기한다는 것이었다.

> 전지가 많으면 힘이 세어지고, 힘이 세면 법을 무너뜨린다. 비록 가난한 백성에게 팔거나 나누어주려 하나 그들의 위세가 마을에 뻗치는데 누가 감히 사겠는가. 더구나 형제와 子姪은 모두 親屬들이니 명목은 나눠주었다 하나 그 利를 남모르게 주관하는 것을 어떻게 살피겠는가.[54]

이는 한나라 때에 董仲舒가 武帝에게, 그리고 師丹이 哀帝에게 그 시행을 건의한 한전법에 대해 비판한 글의 일부이다. 그런데 이와 같은 비판은 성호의 균전론에도 적용되는 것 같다. 성호의 균전에 따르면, 관에서 모든 민인들의 田籍을 보관하고, 토지거래 허가제를 실시하되, 대토지소유자에게는 영업전 이상의 토지만 팔도록 허용한다는 것인데, 설사 이들이 판다고 해도 이들의

---

52) 『星湖僿說』제3권, 天地門 限民名田. "토지가 많으면 권력이 강하고 권력이 강하면 법을 무시한다. …… 내가 일찍이 均田論을 저술했는데, 이것도 또한 遲緩하여 오랜 세월이 흐른 뒤에야 효과를 발생할 수 있기 때문에 그 사이에 반드시 방해하는 자가 있을 것이니, 그 시행하지 못하는 것은 마침내 일반이다. 그러나 사람들이 혹 이를 준수하여 변경하지 않는다면 반드시 도움이 될 수 있는 방법이다."

53) 『星湖全集』 부록 제2권, 祭文 門人 尹東奎. "하늘은 어찌하여 선생에게 발군의 영특한 재주와 심오하고 광대한 학문을 부여해 놓고도 타고난 壽만 편안히 다 누리게 하는 것으로 그쳤단 말입니까. 그리하여 義를 행하고 道를 행하려는 뜻으로 하여금 가려서 펴지 못하고 막혀서 시행되지 못하게 하고 세상에 전수할 수 없는 것까지 그대로 지닌 채 돌아가시게 하였으니, 소자가 크나큰 천지에 서운한 마음이 없을 수 없습니다."

54) 『星湖僿說』제7권, 人事門 均田. "田多則力强 力强則敗法 雖欲賣與貧民 彼威行閭里 誰敢買 之 況兄弟子姪 皆其親屬 名爲分與 而陰主其利. 何以察識."

위세 때문에 누구도 사지 못할 것이었다. 또한 그들은 친속들에게 팔거나 상속함으로써 모두가 균전을 이룬다는 것인데, 매매문기와 분여문기 상에는 소유자 명의가 바뀌었더라도 대토지소유자가 여전히 실제로 그 토지의 소유자인 것을 관에서는 감찰하지 못할 것이었다. 따라서 명목상으로는 균전을 이루었다 할지라도 실질적인 토지소유의 불평등은 여전할 것이었다. 그러므로 한전법이 시행될 수 없었듯이 그의 균전론도 시행되기 어려웠을 것이다. 그래서 훗날 다산은 "균전법은 예부터 여러 번 시행되었다가 여러 번 폐지되었다. 밤낮으로 생각하여 천 가지 방법, 백 가지 계책을 세웠지만 마침내 무너지고 말았을 뿐이었다. 오직 영웅 같은 특출한 임금만이 우리나라 임진왜란 같은 큰 난리를 겪은 후 텅 빈 세상이 된 때를 당하여 주인 없는 전지를 모두 장부에 올려 정전으로 구획함으로써 古法을 행할 수 있을 것이다"라고 하여 토지소유자의 토지사유권이 행사되는 한 균전제는 무너질 수밖에 없었다고 분석하였던 것이다.[55]

그런데 임란 이후 150여 년이 지난 당시에는 그동안 국가가 지주계층을 중심으로 토지개발과 농업정책을 추진한 결과 지주제가 조선봉건체제의 기본적인 경제구조로서 확립된 때였다. 그동안 농업경제는 계속 성장하였고 稅收도 증대되어 이 무렵에는 國富가 거의 정점에 이르고 있었다. 그러나 다른 한편으로는 지주계층인 권세가·사대부와 토호들이 고리대를 이용하여 대대적으로 토지겸병에 나섬으로써 無田·佃作농민들이 발생하기 시작하고, 또한 그들이 병작제 경영을 강화하여 佃作빈농들을 수탈함으로써 無田無佃농민들이 발생하기 시작하는 때이기도 했다. 즉, 民富는 오히려 줄어들기 시작했던 것이다. 따라서 아직은 농민층의 몰락이 사회문제로 제기되고 있지는 않았던 때였다. 그러나 이 시기에 일생의 대부분을 빈농이나 다름없이 농촌에서 살면서 지주계층의 토지겸병과 지주경영의 강화로 인한 농민층의 몰락을 목도하고 있었던 반계와

---

55) 『經世遺表』 제6권, 地官修制 田制4. "臣謹案 均田之法 自古屢行而屢廢 雖晝思夜度 設之爲 千方百計 終於潰裂而後已 惟英雄特起之君 當大亂虛曠之世 如吾東壬辰之後 盡籍無主之田 畫之爲井田 以行古法."

성호 등은 이미 봉건적인 지주제를 해체시키기 위한 토지개혁안을 저술하고 있었다. 물론 그들의 저서와 토지개혁안은 정계에서 논의된 적이 없었다. 반면에 그 대부분이 지주계층에 속했던 양반관료지배층은 이 시기의 지주제의 문제를 토지개혁 차원의 의제로 취급하지 않았을 뿐만 아니라 또 그럴 리도 없었다. 다만 정계에서는 지주제 확대의 단초였던 지주계층의 토지겸병을 차단하는 방안으로서 한전법이 간간히 제안되고 논의되었을 뿐이었다. 따라서 이러한 한전법은 그 목적이 균전과 소농경제의 안정에 있었던 것이라고 말할 수 없을 것 같다. 現存하는 기록을 보건대, 성호의 생존 기간(1681~1763)에 정계에서 한전법에 대한 논의가 있었던 것은 두 차례뿐이었던 것 같다.

> 檢討官 徐命臣이 말하기를, "…… 정전법은 비록 시행하지 못하더라도 만약 한나라 때의 限田法을 시행하면 貧民들은 보존할 수 있을 것 같습니다. 모름지기 우리나라 전답은 원래 일정한 제한이 없기 때문에 부자들이 혹 한 지역(一境)을 차지하므로 貧者들은 한 홉이라도 파종할 땅이 없습니다. 만약 한전법을 시행해서 널리 차지하지 못하게 하면 부자들의 겸병에 대한 근심은 없을 것이고, 빈자들에게는 생업을 잃는 폐단이 없을 것입니다." 임금이 말하기를, "전답을 널리 차지하는 폐단은 그 유래가 오래되었다. 비록 한전법을 시행한다고 할지라도 부민들의 한도 외의 토지는 이미 白奪하여 빈민들에게 줄 수 없고, 또한 公家(국가)가 모두 사서 줄 수 없는 즉, 저 빈민들은 무슨 수로 스스로 살 수 있겠는가. 겸병의 우환은 비록 다하여 고칠 수 있을지라도 또한 갑자기 개혁할 수는 없다. 또 겸병은 토호들뿐 아니라 士大夫도 역시 하고 있다. 내가 日前에 交河에 陵幸했을 때 앞들이 심히 넓은 것을 보고 승지한데 물은 즉, 모두 양반가의 것이라고 말했다. 8도의 田地도 이로 미루어 알 수 있다. 小民의 생애가 심히 불쌍할 수밖에 없다." 명신이 말하기를, "무릇 이러한 좋은 정치는 임금의 마음속(宸衷)으로 단행되는 것인 즉, 어찌 시행할 수 없을 리가 있겠습니까?"[56]

---

56) 『承政院日記』 906책(탈초본 49책), 영조 16년 2월 14일. "檢討官 徐命臣曰 孟子言仁政 必自經界始 我朝八道量田 久未擧行 故其中亦有奸弊矣 廷潤曰 量田之錯誤難辨 多在於山田 矣 上曰 俄者所言諸事 亦是昔年仁政 而至有如許之弊 量田亦豈無奸僞也 故曾於先朝 有所下

이 기사는 英祖 16년(1740) 2월에 승정원에서 英祖와 검토관 서명신(소론)이
한전법 시행 여부를 놓고 논의했던 기록이다.[57] 당시 농민들의 생존을 위태롭게
하는 것은 두 가지였다. 하나는 정기적인 양전의 未實施와 세리들의 농간에
따른 전정문란으로 인한 賦稅苛斂이었고, 또 하나는 보다 근본적인 문제로서
지주계층의 토지겸병으로 인하여 자영 소농들이 토지를 잃고 영세농·전작농·
무전농으로 전락하는 것이었다. 따라서 전자의 해결책으로는 양전 실시가
늘 건의되었고, 후자의 그것으로는 정전제·균전제·한전제 등의 시행이 제안되
었다. 여기서 서명신도 '庚子量田'(肅宗 46년, 1720) 이후 삼남을 제외한 나머지
지방, 특히 양서지방이 오랫동안 양전을 하지 않고 있기 때문에 아전들의
농간으로 농민들의 피해가 심하다고 말한데 이어 지주계층의 '田畓廣占'을
막기 위해서는 정전법은 시행할 수는 없더라도 한전법이라도 시행하자고 건의

教 而仍爲量田矣 命臣曰 三南則因庚子年下教量田 故其弊不至大段 而兩西之弊 則尤甚矣
上曰 量田久不爲之 則在民還便乎 命臣曰 兩西則增減損益 惟在吏手 田畓所賦 逐年不同
民甚不便矣 上曰 似然矣 命臣曰 井田法 雖不能行之 而若行漢時限田法 則貧民似可保存矣
蓋我國田畓 本無定制 故富者或盡占一境 貧者則無一合種之地 若行限田法 而使不得廣占
則富者無兼竝之患 貧者無失業之弊矣 上曰 田畓廣占之弊 其來已久 雖欲行限田之法 富民限
外之田 旣不可白奪 以給貧民 亦不得盡自公家買給 則彼貧民 何以自買耶 兼竝之患 雖極可救
而亦不可猝然改革 且兼竝 非但土豪也 士大夫亦然 予於前日交河陵幸時 見其前郊甚廣 問于
承旨 則以爲皆是兩班家物云 八道田地 推此可知 小民之生涯 甚可哀憐也 命臣曰 凡此好政
斷自宸衷 則豈有不可行之理也."

57) 영조 16년(1740)은 성호가 60세 되던 해였다. 그의 학문의 結晶이라고도 볼 수
있는 『僿說』은 그가 처음부터 저작으로 집필했던 것은 아니었다. 『僿說』은 그가
40세(숙종 46년, 1720) 전후해서부터 '時務 數條에는 혹 理가 있을 듯싶다'고 할
만큼 시무에 관심을 가지고 '보는 데 따라 생각나고 의심나는 것을 적어두고는
다시 펼쳐 보지도 않았던 것'을 그의 만년에 그의 族子 이병휴가 謄傳한 것이었다.
따라서 『僿說』의 「人事門」과 「雜著」에는 시무에 관한 것으로 그의 토지개혁론의
핵심인 「均田」·「本政書」·「田制」 등의 글들만이 아니라 經史·禮數·曆算·地理·官制·經
濟·軍制·西學·詩文에 이르기까지 광범한 분야에 걸친 글들이 수록되어 있다. 그러나
그의 토지개혁론은 그 무렵이나 그 이후에도 당시의 학계·정계에 알려지지 않았던
것 같다. 그는 47세(영조 3년, 1727)에 繕工監假監役으로 발탁되었는데 이내 사절했기
때문에 그에게는 토지개혁론을 시무책으로 건의할 기회도 없었던 것 같다. 따라서
그가 광주부(안산) 첨성리에서 환갑을 맞은 이때까지도 정계에서는 그의 토지개혁
론에 특별한 관심을 가지거나 주목하지 않았던 것으로 보인다.

하고 있었던 것이다. 그리고 그러한 토지개혁안이 지주계층, 특히 사대부지주들의 반발에 부딪혀 좌절되고 마는 것을 익히 알고 있었던 그는 반계가 자기의 공전제는 결국은 왕의 결심으로 실행될 수밖에 없다고 강조했던 것처럼 英祖 임금의 결심과 단행을 촉구하고 있는 것이었다. 이에 대해 英祖는 부민들 가운데 토호들의 토지겸병은 앞으로는 막을 수 있을지 모르겠지만 기존의 권문세가와 사대부계층의 대토지는 갑자기 빼앗거나 매득할 수는 없는 일이라면서 한전법 시행에 대해서 부정적인 입장을 취하고 있다. 그것은 한전법 시행이 단순히 토지개혁에 그치는 문제가 아니었기 때문이었다. 성전법은 물론 한전법도 사실은 정치개혁, 즉 기존의 양반관료지배계층의 변혁이 선행되어야만 실행될 수 있는 것이었다. 그런데 당시 자신이 주도하고 있었던 탕평정치로 정권이 안정 단계에 들어선 마당에 英祖는 굳이 정치개혁을 단행할 명분과 이유가 없었던 것이었다. 역사적으로 보건대 정치개혁과 토지개혁은 하나였던 것이다.

이로부터 무려 23년 뒤인 英祖 39년(1763)에 또 한 번의 한전법 시행 논의가 있었다. 헌납 玄光宇는 小民, 즉 농민이 困悴하게 된 네 가지 원인의 하나로 '富民의 兼竝'을 들고,[58] 이를 제거할 수 있는 '制産之法'으로는 조선의 地勢로 보건대 夏나라 貢法을 시행하는 것이 적절하겠지만 그러나 그것도 시행할 수 없다면 한전법을 시행하는 것이 가장 유리할 것이라고 주장하였다. 이때 그는 董仲舒(B.C. 179~B.C. 104)와 師丹(미상~A.D. 3)의 한전법을 참조했던 것 같은데, 위로는 三公·六卿으로부터 아래로는 守令·胥吏에 이르기까지, 그리고

---

58) 『承政院日記』 1216책(탈초본 68책), 영조 39년 3월 3일. "獻納玄光宇疏曰 …… 今之民事 可謂急矣 若論受困之由 則殆難毛擧 而撮其最甚者言之 則其目有四 一則困於賦斂之重也 一則困於一族之徵也 一則困於糴糶之不便也 一則困於富民之兼竝也." 현광우는 당시 농민을 困悴하게 만드는 것으로 네 가지를 들고 있다. 전정의 문란으로 인하여 과중해지는 賦斂, 還穀·軍布·官吏逋欠을 거두는 데서의 族徵, 還政의 문란 등의 부세제도 운영의 문란과 '富民의 兼竝'이 그것이었다. 즉 농민은 국가와 지주계층으로부터 이중적으로 수탈되고 있었던 것이다. 이 네 가지 가운데서 가장 근본적인 문제는 '부민의 겸병'으로 인하여 농민들이 토지를 잃어 감으로써 자영소농의 지위를 유지해 갈 수 없었다는 것이었다.

故家 居室로부터 鄕里의 富民에 이르기까지 차례로 등급을 매기고 그 등급마다 토지소유의 상한선을 두며, 貧戶에게는 하한선을 두자는 것이었다. 즉, 일괄적으로 토지소유의 상한선을 두는 것이 아니라 신분과 권력, 그리고 지주계층의 소유토지규모에 따라 차등적으로 상한선을 두고, 貧者에게는 하한선을 두자는 것이었다. 그렇게 되면 富者들이 과다하게 소유하는 폐단도 없어질 것이고, 貧者들 또한 과소하게 소유하게 되는 우려도 없어질 것이며, 따라서 겸병의 폐해와 곤궁해지는 폐단 모두 제거될 수 있으리라는 것이었다. 역시 부민들의 반발과 원망 때문에 한전법 또한 시행하기 어려울 것이라고 하지만, 富者라고 公心이 없지 않을 것이며, 만약 仁君은 모든 백성들을 똑같이 생각한다는 것을 받든다면 그들도 원망하지 않을 것이라고 반박하고 있다. 또한 이미 國恩을 입고 있는 權門世家(勳戚)들도 나라를 위하고 민인들을 염려하는 마음이 없지 않을 것인 즉, 걱정할 것이 못된다고 주장하고 있다. 물론 현광우의 한전법 역시 받아들여지지 않았다. 그의 한전법은 확인할 수는 없지만 王莽의 한전법을 염두에 두고 건의했던 서명신의 한전법보다 더 보수적임에도 불구하고 그의 상소 이후 조정에서는 후속 논의나 조치가 없었던 것 같다.[59]

그런데 현광우의 한전법은 조선봉건체제의 토대로서 확립된 지주제의 현실을 정확하게 반영하고 있었다는 점에서 매우 중요한 의미를 지니고 있었던 것 같다. 그는 지주계층을 '富者'・'富人'으로 통칭하면서 두 계열로 정리하는

---

59) 『承政院日記』 1216책(탈초본 68책), 영조 39년 3월 3일. "獻納玄光宇疏曰 …… 自秦以後 始有兼並之患 故西漢之時 乃有限民田之議 限田之法 亦是制産之一道也 至于元魏 又有均田之法 節目雖繁 而猶出於制産之意 則亦不可以夷狄之法而卑之也 我國地勢 旣難行井田之制 而夏時貢法 最與我國相近 因其相近者而倣行之 以爲一夫幾畝之規 則民産可均矣 此若不可行 則惟限田之法 行之甚便 而其制已見於董仲舒師丹之說 今上自三公六卿 下至守令百執事 與夫故家巨室鄕里富民 皆以次第等級 限其田土 卿相占田 無過幾結 士大夫無過幾結 鄕曲富人 無過幾結 雖貧戶亦不下幾結 則富者無過多之弊 貧者無過少之患 兼並之害可祛 而受困之弊可除矣 難之者以富民之怨爲憂 而此則有大不然者 夫富民之見削 何如 貧者之無田 富民之不悅 何如 貧者之呼冤 況富者亦未必全無公心 若體仁君一視之意 則亦豈至於生怨乎 此制若行 百弊可祛 臣雖家貧 若有一畝過限者 則尙欲先自請削 與人共之 而況故家巨室 世受國恩者 其爲國慮民之心 又不啻如臣者乎 此則非所憂者也 行此之後 又嚴濫債之禁 錢債則只許其倍於公債 穀債則勿以錢償 惟以穀償 而其殖無過子母之規 則私債受困之患 亦可以救得矣."

가운데 '富民'지주, 즉 '庶民'지주의 존재를 확인해 주고 있다는 것이다. 즉, 한쪽은 양반관료지주계층인데, 이들을 官階(權力)의 지위에 따라 상위의 三公·六卿으로부터 하위의 수령·서리까지 구분하여 서열화하고 있고, 다른 한쪽은 신분의 지위에 따라 양반지주와 당시에 새로 성장하여 지주계층의 일원이 되고 있었던 서민지주로 구분하고 있는 것이다.[60] 그러나 그의 한전법은 토지개혁안으로서는 분명한 한계를 안고 있었다. 그것은 당시의 지주제의 현실을 전제한 위에서 다만 지주계층의 더 이상의 토지겸병을 막기 위해서 지주계급별로 토지소유의 상한선을 설정하는 것이었을 뿐 자영소농의 육성과 안정을 기하기 위한 경로와 방법에 대해서는 아무런 대안을 제시하지 못하고 있기 때문이다. 지주계층의 토지를 수용하거나 그 소유를 제한하는 것도 어려운 일이었지만 하한선 이하의 토지를 소유하고 있거나 계속 토지를 잃어가고 있는 빈호·빈농들이 그 이상의 토지를 소유하고 유지하는 것은 더더욱 어려운 것이 당시의 현실이었던 것이다. 그는 단지 한전법을 시행한 이후 그들의 소유지가 고리의 사채로 인해 勒買당하는 것을 막기 위해서 錢債의 이자율을 公債의 2배로 제한할 것과 穀債는 돈이 아니라 곡물로 환상할 것 등을 제안하고 있을 뿐이었다. 그러나 사채에 대한 규제를 말하기 전에 사채를 쓸 수밖에 없는 貧戶·貧者들이 하한선 이상의 토지를 확보할 수 있는 방안을 제시해야 할 것이었다.

이상에서 재야의 반계와 성호, 그리고 정계의 서명신과 현광우 등이 토지개혁론을 제기한 것은 사대부지주와 토호지주, 그리고 서민지주의 토지겸병을 막고 자영소농을 육성하고 안정시킴으로써 자영소농을 토대로 하는 봉건체제를 유지하려는 데 그 목적이 있었다. 그 방안으로서 제기된 공전론·균전론·한전론 등처럼 매우 개혁적인 것부터 개량적·보수적인 것까지 있지만 그 어느 것도 실행되지 못했다. 그것들이 안고 있는 문제와 한계 때문이라기보다는 지주계층의 토지를 수용하거나 토지소유를 제한하기가 어려웠기 때문이었다.

---

60) 본 책, 제3부 제3장 조선후기 서민지주의 성장 참조.

그러는 사이에 지주계층의 토지겸병은 계속되었고 그에 따라 그 이면에서는 佃作소농이 양산됨으로써 이미 지주제가 지배적인 토지소유관계·생산관계로 자리 잡고 있었던 것이다. 그리하여 이제 기간농민은 자영소농이 아니라 전작소농이 되고 있었던 것이다. 따라서 이제부터는 전작소농을 육성하고 안정시키는 것이 봉건체제를 유지시키기 위한 당면 과제가 되고 있었다. 여기서 전작소농을 육성하고 안정시키기 위하여 제기된 것이 '均耕均作論'이었다.

균경균작론은 農圃子 鄭尙驥(肅宗 4년, 1678~英祖 28년, 1752)에 의해서 제론되었다.[61] 그는 그것이 정전론만은 못하지만, 그러나 빈부를 비교적 고르게 할 수 있고 전작농민을 안정시킬 수 있다고 보고 제론하고 있었다. 그 기본 골격은 다음과 같았다.

A. 지금 하나의 법이 있다. …… 여러 宮家·각 衙門·각 司·각 驛·각 官 및 다른 공인과 개인의 토지를 논할 것 없이 나라의 토지를 모두 계산하여 민인들에게 나누어 주되 그 지역의 넓음과 좁음 및 민인들의 많고 적음에 따라서 혹은 1結을 주고, 혹은 70·80負를 주고, 혹은 50·60負를 준다. 또 그 토지의 척박함을 살펴서 또한 그 결수를 가감한다.

B. 농민은 20세에 일정면적을 受田하고 60세에 還田한다. 집에 15세의 餘夫가

---

61) 鄭尙驥(숙종 4년, 1678~영조 28년, 1752). 본관은 河東, 字는 汝逸, 號는 農圃子이다. 鄭麟趾의 후손이며, 李瀷의 문인이었다. 7세 때 아버지를 여의었다. 여러 번 향시를 보았으나 합격하지 못했으며, 또 병에 걸려 과거 공부를 그만 둔 뒤에는 학문에만 전념했다. 중년 이후에는 저작에 힘썼는데, 연구 주제는 정치·경제·재정·국방(병사)·병술·의약·기계·산업(농업) 등 여러 분야에 걸쳐 있었고, 그러한 문제와 사항들을 개선·실용적인 측면에서 다루었다. 셋째 아들 恒齡이 시종신의 반열에 들자 그 은혜로 첨지중추부사에 제수되었다. 특히 그는 오랫동안 전국을 답사하여 역대 국경 변천에 대한 역사지리학적인 연구 성과를 남겼다. 주요 저서로『人子備鑑』·『農圃問答』·『深衣說』·『韜鈐篇』·『鄕居要覽』·『治郡要覽』 등이 있다. 그의『農圃問答』역시 星湖의『星湖僿說』과 마찬가지로 백과사전의 성격을 띠고 있는데, 이에 대해 성호는 그가 여러 가지 문제와 사항에 대해서 '옛날 聞見에 얽매이지 않고' 비판·개혁적이면서 또한 새로운 구상과 견해를 제시하고 있는 바, 그러한 것들이 현실에서 실현되고 소용되기를 바라고 있었다(『星湖僿說』제15권, 人事門 車缸).

있으면 20負를 더 주되 그가 장년이 되어 가정을 이루기를 기다렸다가 비로소 1夫의 토지를 준다. 土로서 스스로 경작할 수 없는 자 같으면 농부 경작지의 2배를 준다. 末利를 쫓는 工商人은 농민경작지의 반으로 減한다. 조정에서 벼슬을 하여 녹봉이 있는 자 및 軍卒과 皂隷 등 녹봉을 받는 자는 주지 않는다. 오랫동안 농업을 한 자가 아니기 때문이다. 鰥寡로 자식이 없는 자는 20負를 준다. 廢疾로 아내가 있는 자는 25負를 준다. 流離乞食者 및 양반이 사역하는 奴子에게는 주지 않는다.

C. 무릇 다른 사람의 토지를 경작하는 자는 10분의 5를 취하고 나머지 5는 田主에게 바친다. 田主로서 그 토지를 自耕하는 자 역시 농민 1夫가 받은 토지를 넘어서는 안 되고, 비록 여분의 토지가 있더라도 함부로 경작할 수 없으며, 다만 佃夫가 바치는 稅(지대)만 받아먹는다. 민인으로서 농사를 하지 않겠다면 그만이다. 만약 농사를 하겠다면 寸地尺土라도 관으로부터 받지 못하면 감히 경작하지 못할 것이다.[62]

이에 의하면, 그의 균경균작론은 전국의 모든 토지에 대하여 토지소유권은 종전과 마찬가지로 그 소유주의 것으로 그대로 인정하되, 그 관리권을 국가가 장악함으로써, 지역단위로 그 지역의 경작권을 그 지역 농민에게 균등하게 배분하자는 것이었다. 그리고 그 농지의 균분방법은, 농민은 20세에 50·60負~1結 을 受田하고 60세에 還田하되, 15세의 餘夫가 있으면 20負를 더 받고, 이 餘夫가 20세가 되어 가호를 이루면 농민 1夫의 토지를 受田한다는 것, 양반사대부는 농민 경작지의 2배, 工商人은 농민경작지의 반, 鰥寡로 자식이 없으면 20負, 병자로 아내가 있으면 25負를 준다는 것, 관인·군졸·조예 등 녹봉을 받는 자, 유리걸식자나 양반집 노복에게는 농지를 주지 않는다는 것 등이었다. 그리고 이같이 경지를 배분했을 때, 남의 토지를 경작하는 전작농민은 지주에게 10분의 5를 稅(지대)로서 바쳐야 하고, 그 대신 지주는 자기 토지를 자경할 경우에도 농민 1夫의 소경면적을 초과할 수 없고, 그 외의 나머지 농지는 모두 전작농민에

---

62) 『農圃問答』 均田制.

게 경작시켜야 한다는 것이었다.

농포자의 이 균경균작론은 토지개혁론이라기보다는 토지경영론·농업경영론인 것으로서 네 가지 점을 말해주고 있다. 첫째, 국가경제는 농업·공업·상업으로 분업화되어야 한다는 것이다. 이는 농지를 철저히 농업노동력을 기준으로 하여 배분하는 데서 확인할 수 있다. 즉, 노비를 보유하고 있을 양반사대부를 예외로 한다면, 15~19세의 장정과 鰥寡·병자 등 기준 이하의 노동력을 가진 자와 관인·군졸·조예 등 녹봉을 받는 자, 그리고 공상인·유리걸식자·양반집의 노복 등 非農者에게는 경작지를 제한적으로 주거나 아예 주지 않고 있다. 그럼으로써 20~59세의 1夫의 농가가 표준농가가 되어 전업으로 50·60負~1結의 농지를 경작하도록 하고 있다. 둘째, 사대부지주와 양반지주, 그리고 서민지주 등의 지주계층 외에 궁가와 各司·各衙門을 대토지소유자로 지목하고 있다. 셋째, 대토지소유자들에게 병작제 경영을 권장하고 있다. 넷째, 전작농민으로 하여금 전주에게 10분의 5의 정률 지대를 납부하도록 하고 있다.

농포자의 이 토지론은 말하자면 지주제를 그대로 인정하고, 경작권만을 정부 관리 아래 균분하려는 것으로서, 엄격히 말하면 토지개혁론으로 간주될 수 있는 견해가 아니다. 그러나 이것은 지주계층의 토지겸병이 계속됨에 따라 전작농민이 양산되는 이면에, 당시에 노동력을 절약할 수 있는 이앙법 등의 농법이 보급되는 가운데 지주계층이 직영지를 넓히거나 전작농민이 廣作함에 따라 전작농민 가운데는 시작지의 차경에서조차 배제됨으로써 零細農·無田農·佃作農·無佃農이 양산되고 있었던 상황에서 無田無佃농민을 전작소농으로 육성하는 한편, 전체 전작소농의 경제를 안정시키려는 방략이었다는 점에서 중요한 의미를 가졌다고 할 것이다. 특히 50·60負~1結의 농지를 경작하는 20~59세의 1夫와 몇 명의 餘夫를 가진 농가를 전업농가로 설정하고 있었다는 점에 유의해야 할 것으로 생각된다. 결국, 농포자의 이 균경균작론은 자영소농이 아닌 佃作小農經濟를 토대로 하여 조선봉건체제를 유지하고자 했던 농업정책·농업경영론이었다고 보겠다.[63]

5. 朴趾源·禹夏永·丁若鏞의 토지개혁론

18세기 중엽 이후 농업기술·농업생산력과 상품화폐경제가 한층 더 발달하는
가운데, 지주계층의 토지겸병과 지주경영에 따른 토지소유분화와 부농층의
광작현상에 따른 경영분화가 더욱더 현저해지고 있었다. 이에 더하여 三政의
구조적 모순과 운영의 문란이 한층 심화되어 소농경제를 위협하고 있었다.
그리하여 이 시기에는 농촌사회의 분해가 이전에 비하여 더 촉진되었고, 빈농·
몰락농민들도 더욱 증가하면서 이들은 19세기에 들어서면서부터 반봉건농민항
쟁에 가담하기 시작했다. 그러므로 이 무렵에는 이처럼 토지·농민문제가 사회적
문제로 제기됨에 따라 정파와 재야의 지식인들을 불문하고 토지문제에 관심을
갖는 자들이 더욱 많아지고 있었다. 그리고 그들의 토지문제 해결방안은 지주제
를 인정하는 보수적인 것부터 반지주제적인 급진개혁적인 것까지 다양하게
분화되어 나타나고 있었다.

한편, 18세기 말엽 정부는 당시의 농업사정의 변동과 관련하여 발생하고
있는 농업문제를 타개하기 위하여 새로운 농서의 편찬을 계획하였다. 그것은
正祖 22년(1798) 11월 국왕이 '勸農政求農書綸音'을 반포하는 것으로서 시작되었
다. 이에 따라 正祖 22~23년에 걸쳐서 이러한 윤음에 응지하여 전국의 지식인들
과 지방관들이 많은 농서를 제출하였다. 이른바 正祖末年의『應旨進農書』로
불리는 농서들이었다. 규장각은 이러한 농서들을 검토하고 종합해서 새로운
농서를 편찬하려고 했다. 이 계획은 결실을 맺지 못했지만, 이때 제출되어·
검토된 농서들의 요지는 현존하고 있다.[64]

---

63) 金容燮, 2007,『신정 증보판 朝鮮後期農業史研究[II]－農業과 農業論의 변동－』,
    580~582쪽(「朝鮮後期 土地改革論의 推移」『東方學志』62, 1989. 6. 揭載, 2005. 8.
    追補).

64)『日省錄』정조 22년 11월 30일~동 23년 6월 2일(『農書』8, 應旨進農書 2(1978 한국근세
    사회경제사료총서, 아세아문화사)) ;『正祖實錄』권50, 정조 22년 11월 30일 ;『農書』
    7, 應旨進農書 1 ; 金容燮, 1968,「朝鮮後期의 農業問題－正祖末年의 應旨進農書의 分析」
    『韓國史研究』2(2005,『증보판 朝鮮後期農業史研究[I]－農村經濟·社會變動－』所收) ;
    1988,「18세기말 정부의 농서편찬계획과 두 농학사상의 대립」『朝鮮後期農學史研究』,

여기서는 실학자로서 朴齊家(英祖 26년, 1750~?)·朴趾源(英祖 13년, 1737~純祖 5년, 1805)·丁若鏞(英祖 38년, 1762~憲宗 2년, 1836)·徐有榘(1764~1845) 등이 당시 지방관으로 있으면서 진소한 농서 가운데 박지원의『課農小抄』에 첨부된「限民名田議」의 토지소유론을 살펴보고자 한다.[65]

연암 박지원은 63세(1799)로 면천군수로 있을 때,[66] 1년 전에 正祖가 내린

276~364쪽.

65) 박제가는 정조 2년(1778)에 入燕使節 蔡濟恭을 따라 청나라에 다녀와서 청의 문물제도의 뛰어남을 보고 우리나라에서 개선해야 할 점을 기술했는데, 그것이『北學議』였다. 정조 22년에「求農書綸音」에 應旨하여『北學議』가운데서 농업문제에 관련된 것만을 초록, 첨삭하고, 거기에다 몇 가지 문제를 더 보충하여 바친 것이『進疏本北學議』였다. 이는 농업기술이나 농법을 설명한 종래의 농서와는 달리, 농업·상업·수공업 등 전경제기구의 원활한 운영 속에서 농업경제의 안정과 농업경영의 합리적인 개선을 통해서 생산성을 높이고 국가 재정이나 경제질서의 안정을 기하려는 것이었다. 따라서 거기에서는 농업경영에서 늘 문제가 되었던 토지소유문제 같은 것은 의제가 되지 않았다(金容燮, 1988,『朝鮮後期農學史硏究』, 290~301쪽).

66) 박지원은 영조 13년(1737) 음력 2월 5일에 서울 반송방(서소문 밖)에서 태어났고, 순조 5년(1805) 음력 10월 20일 가회방 재동에서 죽었다. 그는 일찍이 宣祖駙馬 錦陽尉 朴瀰의 후손으로 조부는 知敦寧府事를 지낸 弼均이었고, 父는 師愈, 母는 李輔天의 딸인 咸平李氏였다. 그와 같은 집안의 三從兄 朴明源(1725~1790)은 英祖駙馬가 되었고, 朴胤源(1734~1799)은 노론의 산림이었으며, 그 친동생 朴準源의 딸은 뒤에 純祖를 낳는 등 이 집안은 그 자신이 '華胄顯閥'이라고 말했듯이 노론의 潘南朴氏 문벌 출신이었다. 그는 16세에 魚有鳳의 高弟이며 사위인 李輔天(1714~1777)의 사위가 되어 그를 추종하였는데, 妻家 역시 노론 문벌집안이었다(유봉학, 1995, 『연암일파 북학사상 연구』). 이처럼 이 집안은 조선의 대표적인 문벌가문이었음에도 불구하고 연암 집안은 경제적으로는 매우 가난했던 것 같다. 그가 어려서부터 함께 살았던 조부 章簡公 弼均은 말년에 경기도 감사, 병조참판, 대사헌, 지중추원사 등을 거치는 동안 청렴한 관료로 일관했고, 지돈녕부사로 죽을 때(연암 24세)에는 장례를 치를 비용도 없었다(『英祖實錄』96권, 영조 36년 8월 2일(계유)). 23세에 모친상을 당하고, 31세에는 부친상을 당했으며, 이후 50세(1786)에 선공감 감역에 음서로 서용될 때까지 집 한 칸 없이 남의 집을 전전했었다. 부친인 師愈가 벼슬하지 못했던 데다가 그 자신도 34세에 監試에는 합격했으나 會試에 불응한 이후 별다른 생계수단이 없게 되자 귀농할 생각을 했었던 것 같다. 그러다가 42세(1778)에 홍국영의 견제를 피해 가족을 이끌고 황해도 金川 燕巖峽으로 이사가서 은거하였다. 물론 이곳에서의 생활도 매우 곤궁했는데, 그를 위해 개성 유수로 자원해 왔던 친우 兪彦鎬의 도움으로 겨우 생계를 유지해 나갈 수 있었다. 44세에 서울로 돌아왔다. 정조 4년(1780) 5월 三從兄 錦城都尉 朴明源이 進賀使로 중국에 갈 때 燕行使節을 수행했다. 45세, 박제가가 쓴『北學議』에 서문을 썼다. 50세가 되어 유언호의 추천으

「勸農政求農書綸音」(正祖 22년 11월 30일)에 應旨하여 이미 오래 전부터 마련되어
있던『課農小抄』초고에 按設을 붙이고 「限民名田議」를 첨부하여 進疏하였다.

연암은 '華胄顯閥'의 배경을 가진 노론 출신으로서 학문적으로는 金昌協
(1651~1708)·金昌翁(1653~1722) 이래의 老論洛論係와 밀접한 관계를 맺고 있으면
서도 기존의 禮論과 心性論 위주의 朱子主義的 義理之學風을 비판하는 가운데
새로운 華夷論과 北學思想을 제시하는 한편,[67] 선비(士)가 性命만을 논하는 고답
적 태도를 취해 '經濟'에 어둡고, 따라서 政事를 제대로 시행하지 못하는 '陋儒'가
되어버렸다고 비판함으로써, 士로서의 자기 위치와 책임을 각성할 것을 촉구하
였다. 그에 의하면, 조선의 농업·공업·상업이 발달하지 못하고 산업이 침체된
까닭은 士가 실학을 도외시한 데서 비롯되었고, 또한 조선의 농학이 荒한
것도 ① 士가 性命만을 논하고 경제를 도외시하거나 詞華만을 空尙하고 政事를
제대로 시행하지 못하고, ② 富者는 따뜻하고 배부른 것에만 안주하고 衣食의
생산과정을 모르며, ③ 貧者는 농업을 배우려 해도 자기의 토지가 없기 때문이라
고 지적하였다. 따라서 士는 농업·공업·상업의 이치를 아울러 터득해야 하고,
그것들의 발달은 오직 士의 '實學'에 의해서만 가능한 것이라고 생각하고 있었
다.[68]

로 蔭敍로 繕工監監役에 임명되면서 그의 첫 사환생활이 시작되었다. 이후 司僕寺主簿
·義禁府都事·齊陵令·한성부판관을 거쳐 정조 15년(1791) 55세에 안의현감이 되었는
데, 이 5년 동안이 그의 생애 중에서 가장 안정된 시기였다. 이 해 국왕 정조가
『熱河日記』를 보고 그 문체가 순정하지 못하다고 규장각직각 남공철을 통해 순정한
문장을 지어 속죄할 것을 명했다. 60세에 잠시 벼슬을 그만두었다가, 이듬해에
면천군수에 임명되었다. 정조가 윤음을 내려 농서를 구할 때『課農小抄』에「限民名田
議」를 첨부하여 올림으로써 求農書綸音에 답했다(63세). 이듬해에 양양부사로 승진
했는데, 정조가 죽자 칭병사직하고 다시 연암골로 돌아가 저술활동에 전념했다(金血
祚, 1984,「過庭錄을 통해 본 燕巖 형상」『민족문화논총』제6집 ; 崔洪奎, 1987,『國譯
課農小抄』해제 ; 김명호『열하일기연구』).

67) 유봉학, 1995,『燕巖一派 北學思想 硏究』.
68) 유봉학, 1995,『燕巖一派 北學思想 硏究』, 110~111쪽 ;『課農小抄』「諸家總論」. "臣謹按
古之爲民者四 曰士農工賈 士之爲業尙矣 農工商賈之事 其始亦出於聖人之耳目心思 繼世傳
習莫不各有其學 …… 然而士之學 實兼包農工賈之理 而三者之業 必待士而後成 夫所謂明農
也通商而惠工也 其所以明之通之惠之者 非士而誰也 故臣竊以爲後世農工賈之失業 卽士無

그리하여 그는 실제로 '實學'의 하나인 농학에 관심을 가지게 되었는데, 末年에 『課農小抄』를 올리면서 그것이 저술된 경위를 다음과 같이 말하고 있었다.

신의 집안은 청빈하고 본래 田園이 없었습니다. 서울에서 자랐기 때문에 菽麥을 가리지 못했습니다. 신의 조부가 亞卿 벼슬을 하고 있던 때인 어린 시절에 紅腐(변질된 곡식) 한 움큼을 정원에 심고 싹트기를 기다린 적이 있었습니다. 조금 성장해서 儒士들과 가까이 지내기까지는 일찍이 野人이나 농민(佃客)들과 서로 접촉한 적이 없었습니다. 中年에 불우한 환경에 처하게 되면서('中歲落拓') 비로소 歸農할 생각을 가지고 농서들을 구하여 베껴두었 습니다. 그러나 농사를 지을 땅이 없었기 때문에 다만 농서를 읽고 쓸 뿐이었습니다. 자주 성밖에 나가 농사짓는 법을 보았는데 대부분 古書의 농법과 달랐습니다. 간혹 趙過·賈思勰 등의 농법을 설명해 주었습니다만 농부들과 마을 노인들의 웃음거리가 되지 않은 적이 없었습니다.[69]

이에 의하면, 그가 귀농할 생각을 가지고 농학을 연구하기 시작한 것은 그의 일생 가운데서 가장 불우했던 30代에 들어서면서부터였던 것 같다.[70] 그러나 그에게는 직접 농사지을 만한 농토가 없었기 때문에 귀농의 꿈은 이루지 못하고 있었다. 그런 가운데 正祖 1년(1777) 홍국영이 정권을 잡자 그의 견제를 피해 7년 전(35세)에 이덕무·백동수 등과 송도·평양을 거쳐 천마산·묘향산·속리 산 등 명승지를 유람하면서 눈여겨보아 두었던 황해도 금천 연암골로 伯氏 박희원의 가족과 함께 移居하였다(42세). 이곳에서 초가삼간을 장만하고 손수 뽕나무·밤나무·배나무 등을 심었으나 산골이라 농토가 없어서 농사를 지어 생계를 유지할 수는 없었다. 여전히 그의 생활은 곤궁했지만, 다행히 그를

實學之過也."

69) 『燕巖集』 권16, 別集 『課農小抄』, 進課農小抄文.
70) 그의 나이 24세(1760)에 조부가 죽기 전까지는 집과 척박한 농토 몇 頃은 있었던 것 같다. 박종채 편, 『過庭錄』 권4. "吾家自古淸貧 雖食亞卿祿 屢空如寒士家 時家舍有頹圮 處 門下人欲爲之修葺 方始役而除拜畿伯 章簡公曰爲道伯而修其屋不可也 命止之 有薄田數 頃 在濱海處 海溢堰缺 門下人又欲爲之改築 及除外任 又曰爲守令而治農莊 又不可也."

위해 개성유수를 자원해 왔던 친구 유언호의 도움으로 겨우 생계를 유지해 나갈 수 있었다.

그런데 연암골에서의 그의 생활은 오래 가지 않았다. 홍국영이 실각하자 서울로 돌아와 처남 이재성의 집에 머물렀다. 한편, 고농서의 연구에서 시작한 그 동안의 농학연구는 새로운 전기를 맞고 있었다. 그 가운데서도 그의 농학연구가 진전될 수 있었던 계기는 세 차례 있었다. 첫째는 正祖 4년(1780) 5~10월에 三從兄 錦城都尉 朴明源의 燕行使節을 수행하여 청나라에 다녀온 일이었다(44세). 이를 계기로 그는 중국 농업의 현황을 직접 살필 수 있음으로써 농학연구의 새로운 안목을 얻었을 뿐 아니라 중국농학의 최근의 성과를 받아들일 수 있었다. 두 번째는 열하에서 돌아오자마자 『熱河日記』를 저술했는데, 여기서 그는 尊周大義·尊華攘夷의 주자학적 명분에 사로잡혀 청나라의 문명을 夷狄視하는 조선 유자들의 고루한 태도를 비판하고 과감히 '北學'할 것을 주장하는 한편, 조선보다 앞서 나가고 있던 청나라의 농학과 문물제도를 소개한 박제가의 『北學議』를 읽고 감명을 받아 서문을 쓴 일이었다(45세, 1791).[71] 이때 『北學議』를 숙독한

---

71) 『北學議』序. "…… 만약에 배우고 물으려고 한다면 중국을 내놓고 어디로 갈 것이냐? 그러나 그들 말로는 지금 중국을 통치하는 것이 오랑캐라 배우는 것도 부끄럽다고 하면서 중국에서 전래해 오는 법까지 비루한 것으로 보아 버리고 있다. …… 만약에 법이 좋고 제도가 훌륭한 것이라면 오랑캐라도 받들어서 선생으로 모셔야 하거늘. …… 우리를 저 사람들과 비교할 때 애초부터 한 치의 장점도 없으면서 단지 한 줌의 상투 튼 것으로 천하에 뽐내면서 말하기를 '오늘의 중국은 옛날의 중국이 아니다.' 한다. 그래서 산천을 비린내와 누린내가 난다고 헐뜯고, 백성을 개나 양이라고 욕하고, 그들의 말을 되놈의 말이라고 비방하면서 중국 고유의 좋은 법과 아름다운 제도까지 아울러 배척하고 있다. 그러나 장차 어디를 본떠서 일을 하려는가? 내가 연경에 돌아오자 재선(박제가)이 자기가 쓴 『북학의』 내외 두 편을 보여주었다. 대개 재선은 나보다 먼저 연경을 다녀온 사람이다. 그는 농사짓고 누에 치고 집짐승을 기르고 성을 쌓고 집을 짓고 배와 수레를 만드는 일에서 기와를 굽고 삿자리를 짜고 붓과 자를 만드는 데까지 무엇이나 눈여겨보고 마음속으로 우리나라 것과 비교하지 않은 것이 없다. 눈에 띄지 않는 것은 반드시 물어보고 마음에 의심스러운 것은 반드시 배웠다. 첫 장을 들추면서부터 내 일기에 적은 것과 조금도 어긋나지 않아서 마치 한 사람 손으로 쓴 것과 같다. 이러니까 그도 즐겨서 나에게 보여주는 것이며 나도 기쁘게 받아서 사흘째 읽어도 싫은 줄 모르겠다."

것은『課農小抄』를 저술하는데 크게 도움이 되었던 것이다. 그리고 세 번째는 늦은 나이에 관계에 진출하여 수령으로 안의현감(55~60세, 1791~1796), 면천군수 (61~63세, 1797~1799), 양양부사(64~65세, 1800~1801)로 나갔던 일이었다. 이 10여 년 동안의 지방관으로서의 생활은 조선 농업의 현실을 직접 관찰하고, 그것을 그가 연구한 농학과 비교할 수 있게 하였다. 그리하여 그는 이처럼 오랜 세월을 두고 진행되었던 연구를 바탕으로 말년에 이르러서는 성숙하고 체계화된『課農 小抄』를 저술할 수 있었던 것이다.

이처럼 연암은 30대 이래로 農學을 시작했고 말년에 지방관으로 나가 있으면 서 그것을 더욱 심화시키고 체계화하였다. 그 과정에서 그는 조선 농학의 주류를 이루고 있던『農家集成』과『增補山林經濟』등을 검토하면서 특히 수리문 제·전무제도·농구문제·토지문제 등에 관한 연구가 불충분하거나 결여되어 있음을 발견하였다. 그리고 그것을 중국의『農政全書』나 그 밖의 농서를 배우고 참고함으로써 해결하려고 했다. 이를테면 수리문제·전무제도·농구문제는『농 정전서』의 기술내용을 그대로 전재하거나 인용했으며, 토지문제는『농정전서』 田制에서 田制編은 이를 그대로 취하고, 井田論은 箕田論과 限田論으로 대체했 다.72)

이와 같이 해서 저술된『課農小抄』의 경제사상에 대해서는 그 대체가 파악되 었고,73) 또한 조선 농학의 발달과정이라는 관점에서 그것이 당시의 농학이나 농업현황을 개선·개혁하기 위해서 제시한 농지경영론과 토지개혁론을 중점적 으로 살펴본 연구도 있다.74) 여기서는 후자의 연구 성과를 바탕으로 연암이 토지개혁론으로서「限民名田議」를 통하여 제안했던 균전론을 살펴보고자 한다.

연암은 오랜 기간 동안의 농학연구와 2년여에 걸친 연암골에서의 농촌생활, 그리고 10여 년 동안 지방관으로서 농민경제의 실태를 관찰한 위에서 토지개혁 론으로서 균전론을 제안하였다. 이는 농업경영의 개선만으로는 농민층의 빈곤

---

72) 金容燮, 1988,『朝鮮後期農學史研究』, 303~304쪽.
73) 宋柱永, 1967,「燕巖朴趾源의 經濟思想」『亞細亞研究』25.
74) 金容燮, 1988,『朝鮮後期農學史研究』, 304~321쪽.

문제를 해결할 수 있을 것으로 보지 않았기 때문이었다. 그는 근본적인 대책으로서 농민들에게는 그들이 농사짓고 살 수 있는 토지가 있어야만 한다고 생각하고 있었다. 농민에게 토지가 없는 것은 화가에게 종이나 비단과 같은 화선지가 없는 것에 비유되었다. 그리하여 그는 겸병자의 대토지소유에 제한을 가함으로써 그 토지가 농민들에게 돌아갈 수 있도록 하는 토지개혁론으로서 균전론을 제안했던 것이다. 그리고 그는 당시 수령으로 나가 있던 면천군을 사례로 택하여 균전론을 시행했을 경우의 상황을 가상해 보고 있다.

그는 '고대의 均田任地'의 제도, 즉 균전제를 가정하여 군내의 농가당 소유농지 면적을 계산해보고 있다. 당시 면천군의 원장부전답은 5,896結 4負 3束이었지만, '경자양전'(肅宗 46년, 1720)에 의하여 파악된 時起田은 2,824結 92負(旱田 1,121結, 水田 1,303結)였으며, 호구수는 4,139호와 13,508구(남 6,805구, 여 6,703구)였다. 그런데 그의 균전론은 자연호 4,139호를 대상으로 시기전 2,824結 92負를 분급하는 것이 아니고, 5인 가족의 民戶(1夫, 父·母, 妻·子)를 受田할 수 있는 기준호로 삼고, 이들 민호에 時起田을 분급한다는 것이었다. 그것은 5인 가족의 노동력을 갖춘 농가가 아니면 '糞田力作'할 수 없다고 생각하고 있었기 때문이었다. 따라서 면천군의 인구 13,508구를 5인 가족의 기준호로 환산하면 2,701호가 되고, 이들 민호는 각각 1結 2負 8束(旱田 42負 5束, 水田 60負 3束)씩 받게 되는 것이었다.

또한 그의 균전론은 토지 분급에 차등을 둔다는 것이었다. 이처럼 시기전을 5인 가족의 민호들에게 분급하면서도 그 민호의 호주의 신분에 따라 차등을 두어 분급한다는 것이었다. 즉, 면천군 안에도 士大夫·世家·功臣의 후손들, 즉 양반호가 없을 수 없는 바, 이들 양반호에게는 '厚給'해야 한다는 것이었다. 그렇게 되면 '평민(호)들이 均給 받는 농지는 1結이 되지 않을 수도 있을 것'이라고 말하고 있다.[75] 이렇게 보면 연암의 균전론은 신분에 따라 토지분급의 규모가 조정되는 균전론이었다고 할 수 있을 것이다.

그런데 당시 면천군의 생산력 수준에서는 한 농가가 1結 2負 8束을 自耕力農했

---

75) 『課農小抄』「限民名田議」, "況一境之內 不能無士大夫焉 不能無世嫡及有親有蔭之類 所在當厚者 則平民所均又將不滿一結."

을 경우라도 그 소출로는 살기가 어렵다고 보고 있었다. 그의 농업수지 계산에 따르면, 1結 2負 8束의 총 수확량은 39石 12斗 5升에 지나지 않았는데, 군내의 대부분의 농가는 전세를 부담하는 佃戶農이었기 때문에 전세 1/10과 賭租 5/10, 합 6/10을 제한 나머지 4/10인 16石 정도가 전호농의 몫이 된다는 것이었다. 그러나 그것으로는 薪蘇·鹽醬의 비용, 여름과 겨울의 옷 값, 婚嫁·喪制에 소용되는 材具의 비용, 향촌의 講信을 위한 추렴전이나 토속 신에 대한 제수비용, 砲保의 身役代穀 등과 농우 사육에 드는 비용, 그리고 혹 윤년이나 수재·한재를 당했을 때 드는 비상비용 등을 감당할 수 없다는 것이었다. 따라서 1結여의 전작농민은 '끝내 流離하고 굶어죽는 지경에 이르고 만다'고 보고 있었다.

이처럼 농민들이 몰락하는 것은 왕족·귀척·사대부들이 빈농들에게 고리의 사채를 대부해주었다가 상환 받지 못할 때 그들의 토지를 勒買兼並하거나 영세소농과 빈농들이 스스로 궁박 판매하는 토지를 買得兼並함으로써 이들이 토지를 잃고 이내 전호농으로 전락해서는 고율의 지대를 수탈당하기 때문이라는 것이었다. 즉, 근본적인 원인은 호부층의 토지겸병에 있다고 보는 것이었다. 그리하여 어디에서나 '千古志士'들은 豪富의 兼並을 痛恨으로 여기지 않은 자가 없었다는 것이었다.

그런데 周代의 정전제가 붕괴된 이래 겸병자들, 즉 호부층은 고의적으로 빈민을 못살게 굴고 나라의 정치를 방해하려고 했던 것은 아니라는 것, 따라서 근본을 다스리고자 하는 사람이라면 그들 호부층을 深罪할 것이 아니라 관계법제가 제대로 수립되지 못함을 걱정해야 한다는 것, 따라서 연암 자신도 먼저 그 "大本을 세우기 위해서 '先王至均至公之制'가 당시 조선에 시행될 수 있는지 없는지를 살펴보았다."고 말하고 있다. 중국의 역대 토지제도를 살펴보는 가운데, 그가 맨 먼저 생각한 '先王至均至公之制'는 당연히 중국고대의 정전제였다. 그리고 그는 일찍이 평양외성의 箕田을 관찰하고 箕子田記를 쓰고 있었으며, 거기서 정전제의 유제를 볼 수 있는 것을 감탄하고 있었다. 그리고 그는 중국의 역대 토지제도를 고찰하고, 또한 당시 조선의 농촌현실을 관찰한 결과를 다음과 같이 정리하고 있었다.

1. 漢나라의 董仲舒(B.C. 176~B.C. 104)는 武帝에게 秦나라 때에 훼파된 畛涂溝洫과 착란된 경계를 복구하는 데에 오랜 시간과 공력이 필요하기 때문에 정전제를 갑자기 시행하기가 어렵다고 보고 정전제보다 시행하기가 용이하면서도 토지소유의 균등을 달성할 수 있는 한전제 시행을 건의했다.

2. 漢나라 建平(B.C. 6~B.C. 3) 초년에 師丹은 限田法을 건의했고, 이어서 孔光과 何武도 이를 거듭 건의하여 청하기를, 여러 王侯·公主·吏民의 소유토지를 3년을 기한으로 하여 30頃을 넘지 못하도록 하되 이 기한이 넘도록 30頃을 초과하여 소유하고 있는 자의 토지는 관에서 몰수하도록 하였다.

3. 隋나라 開皇(581~600) 연간의 통계로는 墾田이 1,940,4267頃이고, 호수가 총 8,907,536호였으므로 호마다 배당될 토지는 2頃 남짓에 불과했다. 그럼에도 불구하고 역사에서는 文帝가 사방에 사자를 파견하여 천하의 토지를 균분케 했는데, 그 가운데 狹鄕의 경우 丁마다 겨우 20畝가 배당되었고 노인이나 소년에게는 더욱 적게 배당된 것으로 기록되어 있었다. 이것은 필시 호부층의 토지소유가 제한되지 않았고, 또한 관리들이 법을 시행하는 과정에서 감추는 것이 있었기 때문이었다.

4. 당나라 天寶(742~755) 연간에 토지를 호구수로 나누면 호당 1頃 60여 畝가 되었는데, 高祖 때의 定制에는 "천하의 모든 장정에게 토지 1경씩 분급하고, 廢疾者 및 寡妻에게는 口分田을 분급하되 차등을 둔다."고 규정되어 있으나, 鋸室이 넘어서는 안 되는 소유한도는 정해지지 않았다.

5. 한나라 武帝 때 主父偃은 당시 강성한 제후의 세력을 약화시키고, 중앙정부의 세력을 강화시키기 위하여 제후들로 하여금 그들 자제들에게 私恩으로 그들 자신의 봉토를 나누어 봉해 주도록 하자는 내용의 推恩策을 武帝에게 직언하였다. 마침내 이 추은책이 시행되기에 이르자 모든 제후들은 순순하게 봉토를 그들 자제들에게 나누어 줄 수밖에 없었다.76)

---

76) 主父偃의 推恩策 : 주부언은 漢 武帝 때의 사람으로, 당시 강성한 제후의 세력을 약화시키고 중앙정부의 세력을 강화하기 위하여 제후들로 하여금 그들 자제들에게 私恩으로 그들 자신의 封土를 나누어 봉해 주도록 하자는 내용의 추은책을 무제에게

6. 조선에서 호부층의 겸병의 추세를 볼 때, 소위 호부겸병자로서 두려울 정도로 기세가 등등하여 제어할 수 없는 자는 없다.

7. 조선의 상속과 매매의 추세를 보건대, 父祖의 田業을 그대로 지킬 수 있어서 다른 사람에게 팔지 않는 자는 5/10이었고, 해마다 토지를 떼어 파는 자는 10에 7~8 정도였다. 이로 미루어 보건대, 남아도는 재산(贏餘)을 축적하여 토지소유를 늘이는 자의 수효도 대략 짐작할 수 있다.

이처럼 중국의 역대 토지제도사의 고찰과 조선의 농촌현실에 대한 관찰 위에서 그는 儒者로서 토지제도에 대한 기본 입장과 원칙을 제시하고 있다. 첫째, 모든 인민들은 帝王이 전국토의 주인이라는 인식을 분명히 가져야 한다는 것, 둘째, 역사적으로 보건대 인구수에 비해 토지가 적었던 적은 없었다는 것, 셋째, 균등한 토지소유가 이루어지지 못했던 것은 법제가 미진했거나 그 법제가 제대로 집행되지 못했기 때문이었다는 것, 넷째, 儒者가 천하 국가를 위한 계책을 세울 때, 그 계책의 시행 가능 여부를 논하지 말고 다만 그것이 옛 성왕의 이념과 뜻에 부합되는가 그렇지 아니한가를 따져서 세워야 한다는 것 등이었다. 그리하여 그는 古聖王의 이념을 실현할 수 있고 토지소유의 균등을 달성할 수 있는 토지법제로서 다음과 같은 限田制를 제안하였다.[77]

1. 限田令이 발효되는 모년 모월 이후 한도 이상으로 가지고 있는 자는 加占하지 못한다.
2. 限田令이 시행되기 이전의 것은 비록 阡陌의 토지라도 따지지 않는다. 아무리 광대한 면적의 것이라 할지라도 不問에 붙인다. 이렇게 하면 수십 년 안에 國中의 농지 소유가 균등해질 것이다.
3. 多田者가 자손으로 支子·庶子가 있어서 그들에게 분여해 주고자 한다면

건의하였다.

77) 『課農小抄』 「限民名田議」. "立爲限制曰 自某年某月以後 多此限者 無得有加 其在令前者 雖連阡跨陌 不問也 其子孫有支庶而分之者聽 其或隱不以實 及令後加占過限者 民發之與民 官發之沒官 如此不數十年而國中之田 可均."

허락한다.

4. 限田令 이전에 소유한 농지 규모를 감춘 채 한전령 이후에 그 이상으로 농지를 소유한 자는 민인이 고발하면 그 한도 이상의 농지를 그에게 주고, 관이 발각하면 관에서 몰수한다.

이 한전제의 골자는 일단 법령을 공포한 이후에는 토지소유에 있어서 그 한도를 넘지 못하게 하려는 것이었으며, 그 이전부터 소유하고 있었던 호부층의 대토지는 20, 30년이 지난 후에는 상속·매매 등으로 자연스럽게 균분이 될 것이라는 점이었다. 이 한전제는 특히 主父偃의 推恩策에서 크게 시사 받았던 것으로 보이는데, 따라서 이를 시행하면 여러 세대의 시간은 걸리겠지만 무엇보다도 호부층의 큰 반발을 일으키지 않고도 토지균분의 취지를 자연스럽게 실현할 수 있을 것으로 생각하고 있었던 같다. 그리고 그는 이 한전제 시행의 실효성을 宋 蘇老泉(蘇洵, 1008~1065)의 글을 인용하여 뒷받침하고 있다.

조정에 단정히 앉아서 천하에 법령을 내리되 인민들을 놀라게 하지도 않고, 대중을 동요시키지도 않고, 그리고 정전제를 실시하지 않으면서도 정전제의 이점을 얻는 것이므로 비록 周代의 정전제라 하더라도 이보다 월등하게 나을 수 없다.[78]

이어서 그는 왕조체제 유지 문제와 관련하여 한전제의 필요성을 역설하고 있다. 중국의 경우, 漢代에서 明代에 이르기까지 역대 왕조체제의 온갖 폐단과 민란 등의 사회 혼란, 그리고 이어지는 왕조 교체의 근원은 '兵不寓農', 즉 군인·군대가 농민·농업에 기초하지 못했던 것이었다고 보았다. 하나의 왕조체제가 유지되기 위해서는 외침을 막아낼 수 있는 군인·군대와 이러한 군인·군대로 차출되는 안정적인 소농경영의 농민이 있어야 했다. 그런데 이러한 '兵不寓農'이 무너진 이후에는 군주와 신하들은 국가 재정의 대부분을 기울여 군인·군대는

---

78) 『課農小抄』「限民名田議」. "端坐於朝廷 下令於天下 不驚民不動衆 不用井田之制而獲井田之利 雖周之井田 無以遠過於此者."

유지시키려고 하면서도 정작 병력과 재정의 기초가 되고 있었던 농민·농업은 치지도외함으로써 그 동안에 호부층의 토지겸병으로 토지를 잃고 의지할 데 없게 된 인민들이 마침내는 반란군에 가담했다는 것이었다. 예를 들면, 漢代의 黃巾과 赤眉의 亂, 唐代의 龐勛과 黃巢의 亂 등이 그것이었다. 그것은 호부층의 토지겸병으로 농민·농업이 붕괴됨에 따라 인민들로 하여금 그 뜻을 두어야 할 곳을 갖지 못하게 하고 모두 요행만을 바라게 만들었기 때문이라는 것이었다. 따라서 하나의 왕조체제가 유지되는 것은 '求治之志'와 '制治之本'의 확립 여부에 달려 있는 것인데, 그것은 곧 농민·농업을 살리는 길뿐이라는 것이었다.

그러므로 그는 당시 토지겸병이 성행하고 있는 상황 아래서 농민에게 토지를 줄 수 있는 방법을 구상하게 되었고, 그 방법의 하나로 한전제를 제안했던 것이다. 그것은 겸병자의 토지소유에 제한을 가함으로써 그 토지가 농민들에게 돌아갈 수 있도록 하자는 것이었다. 그리고 그의 한전제가 실시되면 소농·농민 경제가 안정될 것이고, 나라 또한 잘 다스려질 것이라고 확신하고 있었다.

> 그러므로 토지소유를 제한(限田)한 후에라야 겸병자가 없어지고, 겸병자가 없어진 후에라야 산업이 균등하게 될 것이고, 인민들이 모두 토착하여 각기 자기들의 토지를 경작하게 되고, 근면한 사람과 나태한 사람의 구별이 드러나게 될 것입니다. 근면한 사람과 나태한 사람의 구별이 드러나게 된 후에라야 농사를 권장할 수 있고 인민들을 가르쳐 인도할 수 있을 것입니다.[79]

즉, 겸병자의 토지소유에 제한을 가함으로써 그 토지가 농민들에게 골고루 돌아가게 하고, 그들이 각기 자기의 토지를 열심히 경작하도록 하는 권농책을 시행해야 한다는 것이다.

연암의 한전제의 골자는 한나라 哀帝 때에 孔光과 何武가 師丹의 한전법을

---

79) 『課農小抄』「限民名田議」. "故曰限田而後兼幷者息 兼幷者息然後産業均 産業均然後民皆土著各耕其地而勤(勤)惰者著矣 勤(勤)惰著而後 農可勸而民可訓矣."

시행하기를 건의하면서, 전지 30頃을 넘지 못하도록 하되 그 기한을 3년으로 정하고, 3년 이후에도 加占하고 있는 것은 관에서 몰수하기를 청했던 사실에서 취한 것임을 알 수 있다. 그러나 그는 소유토지의 상한선을 두지 않았고, 그 기한도 설정하지 않았으며, 다만 호부층의 대토지는 20, 30년이 지난 후에는 상속·매매 등으로 자연스럽게 균분이 될 것이라고 전망하고 있었다.

그런데 연암의 한전제가 시행되어 균전을 이루기 위해서는 호부층은 한도 이상의 토지를 팔고 그 대부분이 전작농인 빈농들은 그 토지를 사들여야 했을 것이었다. 그러나 그도 "해마다 토지를 떼어 파는 자는 10에 7~8 정도였다."고 지적했듯이, 여기서 토지를 파는 자는 호부층이 아니고 10에 7~8을 차지하고 있던 빈농들이었고, 호부층은 이들의 토지를 매득하여 겸병하고 있었던 것이 당시의 현실이었다. 그렇다면 빈농들이 토지를 파는 것은 금지하는 반면에 사들일 수 있는 방안과 계책을 구체적으로 제시했어야 할 것인데도 그의 한전제에는 그것이 보이지 않는다. 그리고 훗날 성호 이익이 "호부층은 힘이 세고, 힘이 세니 법을 무너뜨린다. 비록 가난한 자에게 팔거나 나누어주려 하지만 그들의 威勢가 마을에 뻗치고 있는데 누가 감히 사겠는가."라고 지적했듯이, 빈농들은 그들의 토지를 살 수 없었을 것이다. 또한 법정 시한이 지났는데도 호부층이 여전히 加占하고 있는 토지는 혹 관에서는 적발하여 몰수할 수도 있겠지만 빈농들 가운데는 누구도 적발하여 차지할 수 없었을 것이다.

그리고 호부층은 20~30년이 지난 후에는 형제와 자질 등 친속에게 상속할 것이기 때문에 그들의 대토지가 친속 간에는 균전이 이루어질 수도 있을 것이다. 그런데 분여문기 상에는 소유자의 명의가 형제와 자질로 바뀌어 기재되었을 수도 있겠지만, 호부층의 각 가문으로 본다면 그들은 여전히 大地主家門으로서의 지위를 유지할 수 있었을 것이다. 실제로 17세기 후반 이후에는 장자우대상속이 일반화되는 가운데 '兩班宗家地主'가 나타나고 있었던 것이다.

이렇게 본다면 연암의 한전제는 호부층의 더 이상의 겸병은 막을 수 있었을지 모르지만, 그러나 그들의 대토지가 빈농들에게 돌아가서 전체적으로 소농경제가 안정되기는 어려웠을 것이었다. 성호는 董仲舒와 師丹의 한전법을 비판하면서 그것이 시행될 수 없었던 근원을 "국가가 백성에게 혜택을 내림은 三代 때보다 넉넉한데 豪覇한 자의 貪虐함은 秦나라 때보다 심하니 이것이 천하가 다시 다스려지지 않는 이유다."라고 하여 호부층의 탐학을 꼽았다. 그렇다면 대지주계층의 탐학을 근절시킬 수 있는 방책은 무엇이었을까. 그것은 봉건지배층인 양반지주계급을 타도하는 것일 수밖에 없었을 것이다. 그러나 이 무렵 토지개혁을 제안했던 儒者들 가운데 어느 누구도 그것까지 말하는 자는 없었다. 지주제의 모순이 더욱 심화되고 빈농층의 계급의식이 성숙되기를 더 기다리는 수밖에 없을 것이었다.

한편, 18세기 후반에 수원 유생 우하영은 당시의 시무책 전반 또는 이와 관련되는 여러 문제를 논하여 『天一錄』을 편찬하였다.[80] 이 저작 안에서 그는 자기의 농업생산에 대한 경험, 전국의 농업 실태와 농업 관행에 대한 조사, 그리고 『農家集成』에 대한 면밀한 검토 위에서 농업문제를 기술하였다. 따라서 이를 종합하면 하나의 특이한 농업론이 되는 것이었다. 그러나 그것은 간행되지 않았으며, 따라서 널리 보급된 것도 아니었다. 다만 그는 그것을 기반으로 正祖 20년과 純祖 4년에 시무책을 應旨上疏한 바 있으므로 정부와 소수의 관료·지식층에게만 알려졌을 뿐이었다.[81] 그럼에도 불구하고 그의 농업론은 당시의 농업실태와 농업관행을 조사한 위에서 나온 것이었기 때문에 그는 누구보다도 농업·농촌·농민 문제를 잘 파악하고 있었던 셈이었다.

---

80) 禹夏永(영조 17년, 1741~순조 12년, 1812) : 본관은 丹陽, 字는 大猷, 號는 醉石室이었다. 수원부 호매절면 어량천리(현 화성군 매송면 어천리)에서 태어났다. 조선중기 이황의 고제이자 남인의 영수로 활약한 禹性傳(1542~1593)의 7대 孫이었다. 명문가 출신임에도 불구하고 그의 증조부터 벼슬하지 못했고, 그 자신도 몇 차례 과거에 떨어지자 경제적 궁핍 속에서 經世濟民의 공부에 전념하였다. 정조 20년(1796)과 순조 4년(1804)에 『천일록』을 기반으로 시무책을 應旨上疏했다. 고향에서 별세했다.

81) 金容燮, 1988, 『朝鮮後期農學史研究』, 331~332쪽(1986, 「天一錄의 農業論」 『東方學志』 50). 『天一錄』에 관해서는 다음의 논고들이 있다. 鄭昌烈, 1973, 「禹夏永의 天一錄」 『실학연구입문』, 일조각 ; 宮嶋博史, 1977, 「李朝後期 農書의 研究」 『人文學報』 43, 京都大 인문과학연구소 ; 朴花珍, 1981, 「千一錄에 나타난 禹夏永의 農業技術論」 『역사와 세계』 5, 효원사학회. 여기서는 그의 농업론 가운데서 간간히 언급하고 있는 토지소유론을 살펴보고자 한다.

그는 전국을 畿甸·北關·西關·海西·關東·湖西·嶺南·湖南·耽羅 등으로 나누어 각 지방의 자연환경과 농업·농촌 및 국방치안과 設守문제 등을 조사하고 검토하였다. 농업·농촌과 관련해서는 어느 지방에 관해서나 '序·民俗·農業·生利·結' 등의 항목으로 나누어 기술하였다. 序에서는 대체로 토지의 肥瘠, 절기의 早晩을 다루었고, 민속에서는 주민의 勤惰여부와 농업생산에 대한 이해요인과 관습 등을 기술했다. 농업 항에서는 主穀재배와 관련하여 전·답의 다과여부, 파종법, 耕田, 除草, 施肥 상황을 다루었으며, 生利에서는 농업 외의 농외수입을 다루었다. 그리고 「魚樵問答」에서는 당시에 세간에서 제론되고 있었던 정전제가 당시에는 왜 시행될 수 없는지를 진단하고 나아가 정전제를 시행할 수 없는 시세에서 소농경제를 안정시켜서 '小康社會'로 갈 수 있는 방략이 무엇인지를 논하고 있다.

따라서 여기에서는 그의 농업에 관한 기술 가운데서 당시의 토지소유실태와 농민의 농업관행, 그리고 농민경제안정 방략에 대해 논의한 부분을 중심으로 그의 토지개혁에 대한 입장과 농업론을 살펴보겠다.

A. 경기도 상황을 총괄적으로 논하자면, 동쪽은 산골짜기에 가까우므로 峽田이 많아서 메마르고 자갈이 많아 수확이 적다. 서쪽은 바닷가이므로 해안에 갯벌이 많아서 수확이 적다. 밭 1日耕의 수확량은 기껏해야 4, 5石에 불과하고, 논에 1斗를 뿌려 얻은 수확량은 많아봐야 20~30斗에 지나지 않는다. 그리고 전답은 또한 모두 京城의 士夫와 閭巷의 大小諸家들이 차지하고 있다. 농민들은 고생스럽게 애써 경작하여도 畓主와 절반으로 나누어서 얻는 것이 거의 없는데, 還穀·身布·官納과 아전들의 토색을 그 가운데서 마련해야 한다. 이것이 畿甸의 백성들이 팔도에서 가장 곤궁한 까닭이다.82)

B. (호서) 또 畿甸과 경계를 접하고 있으니 수로와 육로가 모두 편리하므로

---

82) 『天一錄』(1982 比峰出版社 刊), 26쪽. "統論一道 則東近於峽 故峽田多磽确而小收 西濱于海 故海岸多斥鹵 而小收田耕 一日所穫 多不過四五石 畓種一斗所穫 多不過數三十斗 而田畓又 皆京城士夫閭巷大小諸家之所占有 故農民艱辛力作 與畓主分半 所得無幾 而還穀身布官納 吏索 皆從其中而辦出 此所以畿民之窮困 最甚於八路者也."

京華의 世族居室이 각기 鄕庄과 墳山을 두고 근거를 굳건히 하여 마음대로
휘두르니 鄕邑의 가난하고 세력이 없는 사람들은 그 사이에서 버틸 수가
없다. 奸民들과 遊手들이 세력 있는 사람들에게 투탁하여 軍保를 면할 것을
도모하므로 軍丁들은 극히 힘들어도 호소할 데가 없고 가난한 민인들은
여러 가지 役을 겸하고 있다. 世族과 마을사람은 태반이 놀고먹는 사람들이었
고 수령이 일단 폐단을 바로 잡고자 하면 積廢가 사방에서 일어나서 끝내
낭패함에 이르렀다. 그러므로 옛날 그대로 고수하는 일이 많아 민인들에게
는 폐단이 고쳐질 날이 없었다. 還穀과 田賦는 양반(大民)들 때문에 폐단이
생겼다. 生利와 凡節이 팔도에서 가장 좋은 곳이지만 민인들과 고을의 갖가지
폐단도 팔도에서 가장 심했다.[83]

C. 옛날에 1夫는 각각 100畝의 토지를 받아서 일년 내내 勤苦하여 上農夫는
 9사람을 먹였고 下農夫는 5사람을 먹였다. 지금 우리나라 토지제도에 비추어
 보면, 옛날의 100무는 오늘날의 1結에 해당한다. 8도의 총 호수는 160~170만
 호를 내려가지 않고, 또 각도의 총 時起結數는 80만여 結에 지나지 않는다.
 호마다 균분하더라도 1호가 받는 것은 50여 負에도 미치지 못한다. 하물며
 그 가운데는 부자는 그 토지가 끝없이 이어져 있고 빈자는 송곳을 꽂을
 토지도 없다.[84]

D. 農政으로 말한다면, 우리나라 1등전 1結의 땅은 옛날 정전제가 시행될 때
 1夫가 받은 100畝에 미치지 못한다. 따라서 지금 비록 戶마다 1등전 1結이
 있어서 사람들이 모두 힘써 경작하더라도 한 집이 자생하는 데에 부족할

---

83) 『天一錄』(1982 比峰出版社 刊), 74쪽. "大抵一路山川 雖曰峽而無峻絶之峽 雖曰野而無曠漠
 之野 泉深土肥 尠被水旱之災 人民殷盛 且與畿甸接界 水陸便利 故京華世族巨室 各置鄕庄墳
 山 而盤據權傾 鄕邑貧殘無勢之類 不能支堪於其間 奸民遊手 投托勢路 圖免軍保 故軍丁極艱
 無告 窮民身兼數役 而世族村閭太半閑遊 爲守宰者 一欲摘弊 則積毁四起 終至狼貝 故專以因
 循姑息爲事 民無蘇弊之日 還穀田賦 無不因大民而生弊 生理凡節 雖是八路中最宜 民邑百弊
 亦爲八路之最甚."
84) 『天一錄』(1981 亞細亞文化社 刊, 『農書』10), 628쪽. 「漁樵問答」. "古者一夫各受百畝之地
 終歲勤苦 上農夫食九人 下農夫食五人 今以我國田制言之 古者百畝 可方今之一結地 而通計
 八路民 摠旣不下一百六十七萬戶 又計各道時起摠數 則不過爲八十萬餘結 雖逐戶均分 一戶
 所受 猶不滿五十餘負 況於其中富者田連阡陌 貧者曾無立錐之地."

것이라는 것을 대개 알 수 있다. 하물며 지금 농민의 경작지는 태반이 다른 사람의 전토이고 또한 그것도 1結 미만이다. 더욱이 경작자는 모두 게으른 농민인 즉 민인들이 어찌 빈궁하지 않을 수 있겠는가.85)

E. 수원 민인 가운데 처음부터 토지가 없는 자는 역시 서울 사람의 토지로 명맥을 잇는 자가 반드시 많다. 다만 근래 민심을 보건대 처음부터 열심히 농사지을 계획을 가지지 않고 오로지 廣作하는 것을 능사로 삼는다. 때문에 식구가 많은 집은 수십 마지기의 논을 경작한다. 이 때문에 이미 땅을 기름지게 하지 못하고 또 힘써 김매지도 않음으로써 畓主로 하여금 이득을 얻지 못하게 하지만 자기는 그 광작으로 인하여 자못 이득을 얻는다. 이것이 실로 요즈음의 고질적인 폐단이다.86)

F. 옛날부터 聖王의 정치는 田賦를 우선하지 않은 적이 없었으므로 뒤에 治道를 말했던 자들은 모두 정전제를 말했는데, 그 가운데 우리나라에서는 실행할 수 없다고 말했던 사람들은 '우리나라의 지형은 산이 많고 들이 적어서 정전제를 시행하기 어렵다'고 말했을 뿐, 古今의 時宜가 다르다는 것을 전혀 알지 못했던 것이니 이것이 어찌 아는 사람(識者)의 논의이겠는가. 만일 시의를 헤아리지 않고 단지 산천으로써만 본다면 西周의 邠과 岐는 지형이 가파르고 막혔으니 그곳이 어찌 모두 평야였는가. …… 上世 때에는 풍속이 순후하여 聖人이 정전의 제도를 한번 정하여 교화하면 복종하고 명령하면 따랐기 때문에 나머지 夫들과 1명의 夫가 교대로 井田의 하나인 私田을 받을 때나 옮겨가거나 사망하여 서로 바꿀 때에도 분쟁이 일어나는 법이 없었다. 그런데 오늘날 정전제를 시행한다면 吏民들의 간악한 꾀와 訟事의 단서들이 측량하여 세금을 부과하는 제도보다 반드시 장차 백배나 될 것이니 이것이 정전제를 후세에 시행할 수 없는 까닭이다. 어떤 사람은

---

85) 『天一錄』(1981 亞細亞文化社 刊, 『農書』 10), 505쪽. 「田制」 附農政 "以農政言之 我國一等 田一結之地 猶不滿古者井田之時一夫百畝之制 今雖逐戶有一等一結之田 人皆力耕 而勤作 其不足於一室 資生概可知矣 況今農民之所耕太半他人之田土 而又不滿一結 其所耕者 亦皆 懶農 則民何以不貧窮乎."

86) 『天一錄』 4책, 「觀水漫錄」 廣屯奠民之策. "本土(水原)民人之元無田土者 亦以京人田土爲命 脈者必多矣 第近來民心 元無力穑勤農之計 專以廣作爲能事 故數口之家 皆作數石之畓 以此 之故 旣不糞田 又不力耘 使畓主失利 而渠則因其廣作 頗獲贏利 此實近日之痼弊也."

정전제가 폐지되고 겸병이 일어나서 부자는 더욱 부자가 되고 가난한 사람은 더욱 가난해졌으니 만일 정전제로 하여금 지금까지 여전히 있게 했다면 이러한 폐단은 없어졌을 것이라고 말하는데 이것은 오히려 통용되지 못하는 논리다. …… 무릇 三代 이래로 世道가 무너지고 풍속이 어지럽혀졌으며, 법이 해이해지고 염치가 없어짐으로써 民生의 利慾과 巧智가 良知와 다름없게 되어버렸다. 때문에 진실로 요순의 덕이 없다면 좋은 세상으로 바꾸지 못할 것이다. …… 앞으로 몇 년 후에나 다시 三代의 정치가 있어서 정전제를 다시 행할 수 있을지 모르겠다. 오늘날의 세상에는 오늘날의 정치를 행하는 것인 즉, 풍속에 근거해서 다스리는 것('因俗制治')만 못할 것이다.[87]

G. 왕정이 먼저 해야 할 일은 민인을 기르는데 있고('養民'), 민인을 기르는 근본은 농업을 권유하는('勸農')하는 데 있으며, 농업을 권유하는 근본은 근검('勤儉')에 힘쓰고 사치('浮文')를 제거하는 데에 있으며, 그것을 실행하기 위한 방법은 사람(人才)을 얻는 데 있다.[88]

H. 兼幷하여 廣作하는 사람들을 굳이 力農者라고 말할 수 있을지 모르겠지만, 그들이 민인들과 나라에 끼치는 해는 실로 많다. 왜냐하면 그들 겸병자들은 1호로서 2, 3호의 경작지를 병탈하여 2, 3호의 가난한 민인들로 하여금 경작하지 못하게 하기 때문이다. 만약 한 고을 안에서 겸병자 100호가 있다면 窮民 200~300호는 장차 이 때문에 失業하지 않을 수 없을 것이다. 이것을 전국적으로 넓혀 생각해 보면 그것이 끼치는 해를 쉬이 알 수 있다. 또 이른바 광작하는 자는 경작지가 넓기 때문에 밭두둑을 다듬고 거름을 주는 일에 온 힘을 쓸 수가 없다. 다만 옛날 하던 대로 갈고 김맴으로써 풍년이 드는 요행을 바랄 뿐이다. 비록 풍년이 들더라도 수확량은 열심히 일한 사람에 미치지 못하게 될 것이다. 하물며 혹 흉년이라도 들게 되면 얕게 갈고 거름을 주지 않았기 때문에 매우 혹독하게 재해를 입어서 수확량은 더욱 줄어들 것이다. 또한 열심히 갈고 거름을 주지 않았기 때문에 비옥한 토지는 점차 척박한 토지로 변할 것이다. 이러한 害가 알지도 모르고 깨닫지

---

87) 『天一錄』(1981 亞細亞文化社 刊, 『農書』 10), 623~633쪽. 「漁樵問答」.

88) 『天一錄』(1981 亞細亞文化社 刊, 『農書』 10), 623~633쪽. 「漁樵問答」. "王政之所先 在於養民 養民之本 在於勸農 勸農之本 在於務勤 儉祛浮文 而其所以行之之道 則在於得人."

도 모르는 사이에 생기므로 온 나라에서 줄어든 곡식을 총합하면 그 해가 어찌 작은 손실에 불과할 것인가.[89]

이상을 정리하면 다음과 같다.

우하영은 전국의 농업실태와 농업관행에 대한 조사에 기초하여 당대의 지배적인 토지소유관계와 생산관계는 역시 지주제와 병작제였음을 분명히 지적하고 있다. 그는 태어나서 죽을 때까지 수원부의 한 농촌마을(현 화성군 매송면 어천리)에서 산 셈이어서 누구보다도 경기도의 농업실태와 농민의 형편을 잘 알고 있었다. 경기도는 전체적으로 농업환경이 좋지 않은데다가 경성의 사대부와 여러 토착가문이 전답을 다 차지하고 타작제로 경영함으로써 이곳의 농민들은 지대와 조세 부담, 그리고 아전들의 토색으로 소득이 거의 없게 되어 전국에서 가장 곤궁하다는 것이었다(A). 이처럼 농민들이 곤궁하기는 호서지방에서도 마찬가지였다. 이곳의 토지도 京華의 世族巨室과 土着世族들이 다 차지하고 농장을 조성하여 경영함으로써 농민들의 노역을 착취하는 한편, 자기들의 위세를 믿고 투탁해 오는 奸民·遊手들을 避役시켜 주고 있었기 때문에 나머지 민인들이 군역을 비롯한 각종 역과 피역민들의 역까지 대신 지게 됨으로써 전체적으로 이곳의 농민들도 생계를 유지하기가 힘들었다고 보고 있다(B). 이처럼 농민들이 곤궁하게 되었던 근본적인 원인은 역시 토지문제였다. 그것은 대부분의 농민들이 토지를 잃고 영세한 佃作농민으로 전락하는 것이었다. 당시 전국의 총 호수는 160~170만여 호, 전체 時起結數(경작지)는 80만여 結로서, 따라서 단순히 계산해서 호마다 균분한다면 1호당 50負가 채 안 되는 것이었지만, 실제로는 지주계층의 토지집적 때문에 대부분의 농민들은 이미 無田農이 되어

---

89) 『天一錄』(1981 亞細亞文化社 刊, 『農書』 10), 623~633쪽. 「漁樵問答」. "兼幷廣作之類 固可謂之力農 而其爲民國之害則實多 何則彼所謂兼幷者 以一戶而幷奪數三戶可耕之地 致 使數三戶窮民無所耕作 若於一邑之內 有兼幷者百戶 則窮民數三百戶 勢將因此而失業 以此 推之於八域之內 則其所爲害 蓋可知矣 且所謂廣作者 由其所作之廣 故不能致力於治畦糞田 之功 但自依樣耕鋤以冀 僥倖有秋 雖値豐穰 所穫己不及於極致人功者 況一或値歉 則由其淺 耕不翼之故 而被災旣酷 所穫尤減 又因不勤於耕糞之功 黃壤赤埴之沃土腴田 漸成瘠地 此等 爲害 自在於不知不覺之中 而總計減穀之數於通國之內 則其害豈止於小小災損而已哉."

있었고, 이내 지주들의 토지를 차경하는 전작농으로 전락해 있었으며, 이들의 전작지는 자작농이 자급자족하는 데에 필요했던 1結에도 미치지 못하고 있었으므로 농민들이 빈궁할 수밖에 없었다고 분석하고 있었던 것이다(C, D, E).

그런데 그는 이처럼 양반지주들의 토지집중과 병작제 경영이 농민 빈곤의 근본적인 원인이 되고 있었다는 것을 잘 알면서도 그 대책으로 당시에 여러 사람들에 의해서 거론되고 있었던 균전론·한전론 등의 토지개혁론은 물론 균경균작론·감조론 등조차도 제론하지 않았다. 하물며 정전제를 제안할 리는 더더욱 없을 것이었다. 그러면서 그는 정전제는 당대에는 시행될 수 없는 것이라고 단정하고 있었는데, 그 진단은 남다른 것이었다. 당시에 많은 識者들이 '井田難行'의 이유로 조선의 산천지형을 들고 있었던 것과는 달리 그는 '古今의 時宜가 달라졌다'는 것을 그 이유로 들고 있었던 것이다. 三代에는 정치가 잘 이루어져 풍속과 인심이 순후했기 때문에 정전제가 시행될 수 있었지만, 지금은 三代이래로 世道가 무너지고 풍속이 어지러워졌으며, 법이 해이해지고 염치가 없어짐으로써 세상 사람들이 詐心과 利慾에 가득 차 있기 때문에 정전제는 결코 시행될 수 없다는 것이었다.[90] 설사 정전제를 시행한다 하더라도 公卿大夫들이 다른 사람의 토지를 '借名潛買'하거나 '幻名圖占'함으로써 그 폐단이 더욱 巧密해지고, 또한 '吏民들의 간사한 꾀와 訟事의 단서'들이 빈발함으로써

---

90) 우하영의 '時宜論'을 정약용은 다음과 같이 반박하고 있다(『經世遺表』 제6권, 地官修制 田制 5).

"지금 세상 사람은 堯舜과 禹稷은, 아득한 옛날 肫肫하고 仁厚한 풍속에 따라 이 정전법을 세웠다고 말하나, 그 당시에도 간사한 거짓으로 속이고 숨기는 폐단이 이미 성했고, 분쟁과 송사의 환란이 날로 일어났다. 세밀하게 살필수록 藪竇는 더욱 깊어지고, 엄밀하게 따질수록 脫漏는 더욱 많아졌으므로, 聖人이 조용하게 생각하고 변론하며 商議하였는데, 그때 마침 황하에 수해가 크게 일어나서 홍수가 하늘에 넘칠 듯했다. 성인이 이때를 틈타 땅을 구획하여 井으로 만들고, 溝와 遂를 파서 洫에 이르게 하며, 洫과 澮를 소통시켜서 川에 이르게 하여 18년 만에 이 일이 이루어져 땅을 갈라 9州로 만들고, 전지를 9等으로 정했으며, 賦稅를 9등으로 정하고, 법을 九疇로 만들고, 樂을 九韶로 만들어 천하를 9라는 숫자 안에 묶어서 한 시대 제왕의 典章을 이룩한 것이지 과연 아득한 시대, 순순한 풍속 때문에 정전법을 세운 것은 아니었다는 것을 알지 못한다."

그 폐단은 지금의 田制에서보다 더할 것이라고 파악하고 있었다. 즉, 三代의
정치와 順厚한 인심이 있었기 때문에 정전제가 시행될 수 있었다는 것이었다.
따라서 정전제의 遺制도 시행될 수 없는 時勢에서 三代를 공연히 이야기하면서
아무 것도 하지 않기 보다는 차라리 당시의 토지제도와 그 운영에서 비롯되는
폐단을 고쳐나감으로써 소강의 세상('小康之世')을 만드는 데 힘쓰는 것이 낫다
고 생각하였다.[91]

그리하여 그는 '오늘날의 세상에서는 오늘날의 정치를 해야 하는 것'인
바, 지금의 정치가 먼저 해야 할 일은 '養民'하는 것이고, 이는 농민들로 하여금
'勤儉節用'하면서 열심히 농사짓게 하는 것('勸農')이라고 하였다(F, G). 그러기
위해서는 무엇보다도 먼저 지방수령들이 농정·권농에 성의를 다하지 않을
수 없도록 제도적 조치를 취해야 한다고 생각했다. 그는 그것을 유명무실화된
'守領七事'의 제도를 복구하고, 수령의 업적평가 기준을 勤慢여부에 둠으로써
수령들로 하여금 農桑장려의 임무를 제대로 수행할 수 있도록 하자는 것이었다.
그리고 아울러 권농관의 설치를 제안했다. 이는 수령의 지휘 아래 직접 농민을
지도 감독하고 권농책을 펴나가게 될 관원이었다. 농관도 국초부터 있었던
제도인데 그동안 폐지되어 있었으므로 이를 복구하자는 것이었다.[92] 이처럼
그는 토지개혁이나 균경균작을 통한 '耕者有田'의 원칙에서가 아니라 守令七事

---

91) 『禮記』「禮運」: 小康社會.
92) 金容燮, 1988, 『朝鮮後期農學史研究』, 331~332쪽. 農官은 各坊各洞의 士族 중에서
   地閥과 風力있는 解事人으로서 선출 임명하되, 그 대우는 校院齋任과 같이하고 그
   운영은 '農官運營節目'에 따르도록 하였다. 그 요점은 ① 농사가 시작되는 歲初에
   수령은 농관들을 객사정청에 邀致하여 設酌하고 권농조건을 제시한다. ② 농촌은
   3통을 1隣(15호)으로 조직하고 隣長을 두어 통솔케 하며 患難憂故時에는 隣人이
   農牛·種子·耕耘 등을 돕는다. ③ 隣에 해결할 수 없을 경우에는 농관이 副任으로
   하여금 관에 보고한다. ④ 농관은 始農에서 畢農까지의 作農形止와 農戶勤慢을 살펴
   매 10일마다 관에 보고한다. ⑤ 秋成 후에는 수령이 객사정정에 농관을 요치하여
   設酌酬勞하고 그 성과에 따라 상벌을 내린다. ⑥ 이때 농관은 미리 작성한 一洞農形各
   戶作農形止成冊을 제출하며, 관은 이 같은 상황을 감영에 보고한다. ⑦ 조정에서는
   道臣이나 繡衣에 지시하여 각도농관 중에서 권농의 효과가 가장 뚜렷하고 才行이
   있는 사람 1, 2인을 薦用한다는 것 등이었다.

의 복구와 권농관 설치 등 농정기구를 개선하여 농민들로 하여금 '勤儉力穡'하게 함으로써 소농경제와 농민경제를 안정시키고, 나아가 국가 재정을 충실히 하자는 것이었다.

그리고 그는 권농의 직접적인 대상으로 '遊食人'과 '懶農'을 지목하였다. 당시 농촌에서는 토지소유분화와 경영분화가 점점 더 심해짐에 따라 전체 농민들의 대부분을 차지하게 된 전작농민들 가운데서 새로이 두 부류가 나타나고 있었다. 이미 자소작농·소자작농·순전작농 등으로 분화된 상태에서 그들 사이에는 전작지를 조금이라도 더 많이 확보하려는 차지경쟁이 일어나고 있는 가운데 한편에서는 '兼立廣作農'이 나타나고 있었고, 또 다른 한편에서는 차지경쟁에서 탈락하여 '無田無佃農', 즉 우하영이 보기로는 이미 농민이 아닌 '遊食人'이 나타나고 있었던 것이다.

이들 遊食人들은 지방에 따라 차이가 있었지만, 많은 경우는 '百室之村 農業與遊食者相半'이라거나, 또는 '今一村之中 農之家不居其半 而雖曰作農之家 於其家中 作之者又不能居半'이라고도 하였다. 물론 이러한 遊食人들 가운데는 실제로는 상공업을 포함하여 농업외의 여러 가지 직업을 가지거나, 혹은 임노동자로, 혹은 그것도 안 되면 '丐乞人'으로 생계를 유지해 가고는 있었다.[93] 그런데 그는 이들을 '耗財蠹國之病根'이라고 보고 있었다. 그것은 그들이 농민이기를 그만두고, 그러나 동시에 여전히 농산물의 소비자로 남게 됨으로써 전체적으로 농업생산을 위축시키고 있고, 또한 그들 가운데는 상업에 종사하여 쉽게 얻은 이득을 사치하는 데에 낭비함으로써 농업보다는 貨殖에 힘쓰고 낭비하고 사치하는 분위기를 조장하여 역시 농업을 소홀히 하게 하고 있기 때문이라는 것이었다. 따라서 그는 이러한 遊食人들을 '勸課之方'을 통해서 '勤儉節用'하고 力穡하는 농민으로 교도시켜야 할 필요가 있다고 생각했던 것이다. 또한 그들을 철저하게 단속 통제할 수 있는 법적 조치도 구상하였다.

---

93) 李大圭, 『農圃問答』均田制. "其富者 地大業廣 連接阡陌 驅役貧民 有若奴僕 不耕不穫而坐享 富豪之樂 其貧者 無入錐之地 只賃富人之田 竭力耕耘而僅得其半 不然則傭作備耘 計日取直 而已 又不然則無可賃之田 無可賃之家 而或丐乞焉 或流散焉."

그런데 이들 遊食人들 가운데는 자진해서 혹은 점점 심해지는 농민층 분화 속에서 離農·離家하여 이미 농업 외의 상공업에 종사하거나 傭賃으로 살아가는 자들도 있었다. 물론 이들은 歸農 대상이 아니었다. 주된 귀농 대상은 '業'이 없이 京鄕을 떠돌아다니면서 遊食하는 자들이었다. 문제는 그들이 경작할 수 있는 토지가 없는데 어떻게 귀농시킬 수 있는가라는 반론이 제기될 수 있었다. 여기서 그는 新田을 개간해서 '可耕之土'를 마련할 것을 제안하고 있다. 이는 소유지나 전작지의 재분배를 생각하고 있지 않았던 그로서는 마땅히 제시할 수밖에 없는 방안이었다. 그런데 당시에 '有主陳田'·'無主陳田'이나 蘆田·海澤·山林·廢堤堰·廢牧場 등 無主陳荒處·空閑地 등도 이미 개간되어 新田이 되어 있었고, 따라서 토지소유권의 이전은 주로 매매나 상속에 의해서 이루어지고 있었던 상황에서 그것이 대안이 될 수 있었을지는 의문이다. 그는 그 이상 논의를 진전시키지 않았다.

한편, 그는 농업생산에 투입하는 노동력의 다과를 기준으로 '力農'과 '懶農'으로 구분하고, 농업생산의 전 과정에서 드러나고 있던 懶農현상에 대해 언급하고 있다. 그러한 가운데서도 그가 가장 큰 문제로 지적했던 것은 懶農들의 兼竝廣作이었다. 겸병광작은 논과 밭, 직파를 하는 곳이든 이앙을 하는 곳이든 어디에서나 일어나고 있었지만, 특히 논의 경우에 그것은 더욱 심했다. 당시에 이앙법이 전국적으로 보급되는 가운데 농민들 가운데는 注秧·移秧을 하면 특히 김매기 노동력이 절약되므로 광작하는 자가 점점 늘어가고 있었다. 즉, 이앙법을 이용하면 기존의 가족노동력으로도 더 많은 규모의 논을 경작할 수 있었기 때문이었다.

그런데 그는 경기지방에서의 광작농민을 나농으로 보고 있었다. 그는 경기지방의 농업관행에서 나농들의 여러 가지 행태를 말하고 있는데, 즉 ① 수원부의 농민들은 京人의 전작농이 많은데, 이들은 광작만을 일삼고 糞田力耘하지 않음으로써 답주에게 손실을 입히고 있고⑮, ② 한남지역의 농민들은 대부분 나농들로서 始農이 늦고 除草를 제대로 안 하고 이앙광작만 일삼으며,[94] ③ 지금 민인들은

---

94) 『天一錄』(1982, 比峰出版社 刊), 13쪽. 畿旬.

모두 나농으로 광작만 일삼고 직파를 해야 할 곳도 역시 모두 주앙을 함으로써 혹 못비가 늦어지면 모두 陳廢케 하고 있다95)는 것 등이었다. 이처럼 경기지방의 나농들의 광작은 말할 것도 없지만, 어디서나 광작을 하게 되면 경작지가 이미 넓기 때문에 '治畦糞田'에 온 힘을 쓸 수 없고 다만 옛날 하던 대로 갈고 제초함으로써 풍년이 들기를 바랄 뿐인데 비록 풍년이 들더라도 수확량은 力農에 미치지 못한다는 것, 하물며 흉년이라도 든다면 淺耕하고 糞田하지 않았기 때문에 혹독하게 재해를 입어서 수확량은 더욱 줄어들 것이라고 말하고 있다. 또한 열심히 '深耕糞田'하지 않았기 때문에 비옥한 토지는 점차 척박한 토지로 변함으로써 수확량은 계속 줄어들 것이라고 지적하고 있다. 특히 광작농민들이 야기하는 가장 큰 문제는 다른 농민들의 전작지를 병탈함으로써 그들로 하여금 실업하지 않을 수 없게 한다는 것이었다. 이처럼 나농들의 겸병광작은 그 해의 농사뿐만 아니라 이후에도 계속해서 수확량이 체감할 것이므로 그들 자신에게나 전체 농민경제, 나아가서 나라경제에 끼치는 피해가 너무나 크다는 것이었다. 그리하여 그는 이러한 광작만을 능사로 여기는 나농들을 '勤儉力穡'하는 농민으로 교도하는 한편, 이들로 하여금 소토지에서 勤儉力穡함으로써 흉년에도 재해를 피할 수 있는 집약화된 소농경영을 하도록 권유하는 것이 바람직하다고 생각하고 있었다.

조선후기에 이르러 농기구와 시비법의 발달, 이앙법·견종법 등 파종법의 개량, 이모작·윤작 등 작부법의 발달로 인하여 토지생산성이 노동생산성을 앞질러감에 따라 지주계층의 토지겸병은 더욱 심해졌고96) 농민들 사이에서는 차지경쟁이 일어나는 가운데 '兼竝廣作'·'兼竝多作'하는 자들이 점점 늘어가고

---

95) 『天一錄』(1981, 亞細亞文化社 刊, 『農書』 10), 505쪽. 「田制」 附農政.

96) 李鎬澈, 1986, 『朝鮮前期農業經濟史』, 748~751쪽. 토지생산성은 17세기 후반부터 노동생산성을 앞지르고 있다(<그림 3>). 그에 의하면, 조선시대 농업발전의 방향이 종래에는 水田으로 이용될 수 없는 旱田과 荒地를 수전으로 점차 개간해나가는 것이었기 때문에 비록 水稻作 기술의 발전이 있었다 하더라도 최저 토지생산력에는 큰 변화가 없었으나 18세기 초반부터는 집약농법의 발전으로 최우등지의 농업생산력은 급격히 향상되고 있었다는 것이다(<그림 2>).

있었다. 우하영은 농업관행 조사에서 호서에서는 '農無廣作'한다고 하거나, 호남지방과 영남지방, 그리고 해서지방에서는 아예 언급도 하지 않음으로써 마치 광작은 경기지방에만 있었던 것처럼 말하고 있지만, 그러나 실제로 광작현 상은 거의 전국적인 것이었다. 이처럼 어디에서나 광작이 일어나고 있었던 近因은 이앙법의 보급이었다. 그러므로 당시 농법의 개량문제에서 가장 논란이 되었던 것은 이앙법이었다. 이앙법을 이용하면 노동력이 절약되기도 하고, 所出이 늘어나기도 하며, 또 水田種麥, 즉 稻·麥二毛作을 행할 수 있다는 점에서 부종법보다 훨씬 유리한 것이었다. 그러나 이앙법은 한반도의 기후조건상 주앙·이종 때에 늘 旱魃이 들었기 때문에 失農의 가능성이 부종법에 비하여 높았으므로 늘 경계의 대상이 되고 있었다. 그러므로 세간의 여론은 이앙법을 금지하고 付種法으로 돌아가자는 쪽과 이앙법은 농민들이 모두 선호하고 있기 때문에 흉작을 당하지 않도록 水源이 풍부하거나 수리시설이 충분한 곳에서만 허용하고, 그렇지 않은 곳에서는 금지하거나 정부가 수리시설을 보수하고 확충해야 한다고 주장하는 쪽으로 나누어졌었다.[97] 나라에서는 정책적으로는 禁秧의 입장을 취하면서도 실제로 이앙법이 가능한 곳에서는 굳이 금지할 필요가 없었다.

그런데 이앙법을 이용한 광작의 유·불리는 누구보다도 농민들 당사자가 잘 알고 있었다. 문제는 노동력과 비옥한 토지의 有無에 달려 있었다. 이앙법이 가능한 곳은 물론이지만 그것이 불가능한 곳이라도 이미 가족노동력과 농우, 그리고 고용노동력을 충분히 확보하고 있거나 동원할 수 있는 부농들은 비가 왔을 때 失期하지 않고 주앙·이종할 수 있기 때문에 이앙광작의 효과를 최대한 얻을 수 있었고, 혹 한발이 들었을 때라도 비옥한 토지를 많이 가지고 있기 때문에 심한 재해를 입지는 않고 있었다.[98] 따라서 실제로 그들 가운데 自·佃作上

---

97) 『日省錄』 정조 22년 12월 20일. "副護軍卜台鎭疏陳農務諸條賜批 疏略曰 …… 移秧之法盖 於鋤耘之力少勝於播種 故氓俗無知徒知廣作之爲務 不識척망之貽害 臣請明曉州縣之吏分 巡原野 除其水根洞畓之外 高燥平野之處 待雨種稻者 嚴禁其移秧 皆使早春乾播 不遵敎令者 論以當律不給年災 則痼弊庶可矯而天災亦可免矣."

98) 『日省錄』 정조 22년 12월 16일. "洪州幼學申在亨疏陳農務諸條賜批 疏略曰 …… 我國多水

農들은 이앙법 등의 발달에 따른 토지생산력의 향상에 힘입어 廣作·大農경영을 함으로써 중·소지주나 서민지주로 성장해 가고 있었던 것이다. 그러나 빈약한 노동력 때문에 이미 차지경쟁에서 부농들에게 밀려서 '艱得耕作'할 수밖에 없었던 '貧殘之民' 즉, 빈농들은 광작할 수 없었을 뿐더러 설사 광작하더라도 주앙·이종을 가장 늦게 하게 되고, 혹 한발이 들어 흉작이라도 당하면 생계를 유지할 수 없었다. 더욱이 빈농들이 주앙·이앙을 할 수 없는 곳에서 광작함으로써 '治畦糞田'하지 못하면서 비가 오기만을 기다리다가 한발이 들어 혹심한 재해를 입는 경우가 일어나고 있었는데, 바로 경기지방의 이러한 빈농들을 우하영은 '懶農'으로 규정했던 것이다. 그러므로 그는 "지금 민인들은 모두 나농으로 광작만 일삼고 직파를 해야 할 곳도 역시 모두 주앙을 함으로써 혹 비가 늦어지면 모두 陳廢케 하고 있다."고 말했던 것이다.[99] 그리하여 그의

田者也 禾稼之所務也 粳稻之所種也 而一遇亢旱 農民束手 此曷故焉有注秧移種之法而然也 …… 自中年始有移秧之法 諺傳自龍蛇之變始有此法 雖未知其必研而此法一行 民之廢農者 多矣 何者民之農時當穀雨 始爲注秧 自注秧之時 若遇流行之災以致旱暵 則臨近於農者每瞻 雲漢 及其節晚之後 始得注秧 而雖注秧之後 天不沛然 則太半枯損 及其端陽夏至之節 可以移 種 而天於此時每爲斬需 一失其時則稼穡之事已盡廢矣 移種之害一至此哉 至於付種則冬雪 之所融 春雨之所霈 早稻早播晚稻晚播 乾處乾畓水處水畓 種已生矣 苗已立矣 旱不能爲災 水不能爲損 而但春以耘夏以耘老小殫力 移種者則鋤不過數次 付種者則耘不下三四次 而富 民兼並多作 小而三四石 大而六七石 一時注秧以省其力 一時移種以除其勞 雖或遇旱多有美 畓 所收夥然 貧殘之民他人田之艱得耕作 注秧移種最爲居後 遇旱值歉糊口無路 此所謂富益 富貧益貧 貧者事由於此也."

99) 『千一錄』(1981, 亞細亞文化社 刊, 『農書』10), 611~614쪽. 「移秧禁秧利害說」: 여기서 그는 수전을 水源·水根의 유무를 기준으로 네 가지로 분류했다. 즉, ① 水源이 충분한 논으로서 직파를 하거나 이앙을 하거나 문제될 것이 없는 곳, ② 水源이 전혀 없는 天水畓으로서 주앙·이앙을 안 하면 논을 버리게 되므로 禁秧해서 논을 진폐케 하니 보다는 차라리 주앙을 하고 비를 기다렸다가 이앙을 하는 것이 좋은 곳, ③ 水源이 충분치 않은 곳으로서 그래도 직파를 하면 농사를 전폐하는 데까지는 이르지 않는데, 나농들이 광작할 욕심으로 주앙을 했다가 비가 안 오면 이앙을 못하고 논을 진폐하게 하는 곳, ④ 水源이 淺短해서 직파를 해도 곧 논이 마르고, 잡초가 무성하고 묘가 약해서 인력을 배나 들여도 제초하기가 어려운 곳인데, 이런 곳은 주앙을 했다가 비가 오면 아침에 이앙하면 저녁에 서므로 事半功倍하고 수확 역시 직파한 것보다 온전하므로 이앙하는 것이 유리한 곳 등이 그것이었다. 그는 이 가운데서 이앙해서는 안 되는 논으로 ③만을 지적하고 있지만, ②, ④의 논들도 주앙·이앙 때에 비가 오지 않는다면 진폐되는 것은 마찬가지였을

농업론의 핵심은 이앙광작하는 빈농들로 하여금 적은 전작지에서라도 '勤儉力穡'함으로써 흉년에도 재해를 피할 수 있는 집약적 소농경영을 권유하는 것이었다. 그러나 그의 농업론은 일차적으로 경기지방의 농업관행에서 도출된 것이었기 때문에 이를 당시의 농업생산 전체에 적용하는 데는 한계가 있을 것이었다. 이를테면 삼남지방에 국한하더라도 농업생산력이 제고되고 있다는 견지에서 보면, 부농들의 광작경영은 실제로 확산되고도 있었지만 더욱 장려되어야 할 것이었기 때문이다.[100]

이상에서 우하영은 지주계층의 토지겸병과 병작제 경영, 즉 지주제가 당시 농민의 빈곤과 빈농층의 양산, 나아가서 농민층의 몰락의 궁극적인 원인이 되고 있었다는 것을 잘 알면서도 그 대책으로 당시에 여러 사람들에 의해서 거론되고 있었던 정전론·균전론·한전론 등의 토지개혁론은 물론 균경균작론·감조론 등조차도 제안하지 않았다. 이는 그가 역대의 토지제도와 토지소유관계는 각각 그 시대의 '時宜', 즉 풍속과 인심에 상응해서 역사적으로 성립되었던 것이라고 인식했기 때문이었다. 말하자면 '時勢論'·'時宜論'의 관점에서 역대의 토지제도의 변화와 발전을 파악하는 것이었다. 조선후기의 지주제 역시 당시의 '순후하지 못한 풍속'과 '詐心과 利慾에 가득 찬 인심'에 상응해서 이미 확립된 토지제도라는 것이었다. 그러므로 그 '역사적' 지주제를 세간에서 거론되고 있었던 정전제·균전제·한전제 등으로 바꿀 수 없다는 것이었다. 즉, 그에게는 토지개혁·토지재분배나 지주제개혁은 있을 수 없는 일이었다. 다만 지주제의 폐단을 개선·개량하여 소농경제를 안정시킴으로써 농민의 빈곤 문제를 해결하자는 것이었다.

그는 지주제의 폐단을 한마디로 佃作농민들이 게으르고 사치하면서 농사에 전력을 기울이지 않고 있는 것이라고 분석하고 있었다. 따라서 이의 개선책은

것이다. 이 때문에 당시 세간에서는 이앙을 금지하자는 여론이 지배적이었다. 그러나 이앙법이 전국적으로 확산되는 추세였고, 부농들은 이앙법의 이점을 충분히 살리고 있었기 때문에 또 다른 한편에서는 정부에게 堤·堰·洑 등 수리관계시설을 확충할 것('興水功')을 건의하고 있었다.

100) 『天一錄』(1981, 亞細亞文化社 刊, 『農書』 10), 505쪽. 「田制」.

정치적으로는 敎化와 刑政을 통하여 게으름과 사치를 좋아하는 풍속을 근면과 검소함을 존숭하는 풍속으로 바꿈으로써 '사기와 이욕에 가득 찬' 인심을 '私'보다는 '公'을 우선하고 勤儉節用을 몸소 실천하는 농민으로 인도하는 것이었고, 경제적으로는 권농정책을 세워서 懶農들의 광작경영을 집약적 소농경영으로 유도함으로써 소농경제를 안정화시키자는 것이었다. 그리고 이러한 권농정책은 두 방향으로 추진되어야 할 것으로 생각하였다. 우선 정부가 농업지침서를 편찬하여 보급함으로써 농민의 農作을 지도하고, 지방관·농관 등의 권농기구를 수복, 개선함으로써 懶農과 遊食人들을 勤儉力穡하는 농민으로 敎導하며, 사회정책으로는 모든 농민을 隣·統의 향촌조직에 긴박시킴으로써 농업생산을 강제화해야 한다는 것 등이었다. 이 경우 문제되는 것은 농지였는데, 이는 두 가지 방법으로 해결하고자 했다. 하나는 新田을 개발하는 것이었고, 또 하나는 나농의 광작경영을 집약적 소농경영으로 전환시킴으로써 그 농지가 자연적으로 無田농민에게 돌아가도록 하자는 것이었다.[101]

그런데 이처럼 지주제의 폐단의 개선방안으로 나온 그의 농업론은 세 가지 문제점이 있는 것으로 보인다. 첫째, 그것이 경기지방을 배경으로 하여 도출되었다는 점에서 지역적 한계성을 가지고 있다는 것이고, 둘째, 어디에서나 빈농은 이미 신전개발의 주체가 될 수 없었으며, 셋째, 당시 대세였던 부농들의 광작경영에 밀려서 빈농들은 불가피하게 집약적 소농경영을 하지 않을 수 없었는데 광작나농의 농지 일부를 遊食人·無田농민에게 돌아가게 한다는 것 또한 거의 현실성이 없었을 것이라는 점 등이다.

이상에서 『천일록』에 나타나 있는 우하영의 농업론의 핵심은 지주제를 인정하는 현실 속에서 빈농들의 광작경영을 집약적 소농경영으로 유도하여 소농경제·농민경제를 안정화시키고 아울러 國富도 달성하려는 것이었다. 그런데 그는 당시의 지주제를 토지제도와 토지소유관계 발전의 時勢('時宜')로서 인식하면서도 농업생산력이 향상되고 지주제가 발달하는 가운데 농민층의

---

101) 金容燮, 1988, 『朝鮮後期農學史硏究』, 363~364쪽.

분화·분해의 實狀, 이를테면 부농들의 광작경영과 함께 빈농들 또한 광작경영으로 갈 수밖에 없었던 현실, 농민층의 분화·분해가 가속화되는 가운데 無田無佃농민들이 양산됨과 동시에 그들이 농업 외의 공·상업으로 진출하거나 傭賃層을 이루어가고 있던 현실 등은 또한 시세로서 인식하지 않는 역사적 인식의 양면성을 보여주고 있는 것으로 보인다.

그리고 그의 '懶農'이나 '遊食人'이라는 표현에서 드러났듯이, 그는 농민들의 빈곤을 그들의 '근검하지 못하고 사치하는' 人心·人性으로 돌리는데서 구조적 인식의 부재를 보여주고 있다고 생각된다. 물론 이러한 인식론은 우하영만 가지고 있었던 것은 아니었다. 조선시대의 유자들과 사대부들은 개인과 사회, 그리고 체제의 모순과 문제는 '人性'에서 비롯되고 있고, 따라서 그 해결책도 '人性'에서부터 출발해야 한다고 생각하고 있었다. 즉, 그들의 개인과 사회구조에 대한 인식은 기본적으로 人性論·人才論에 기초하고 있었던 것이다. 그가 『天一錄』의 요지를 '王政之所先 在於養民 養民之本 在於勸農 勸農之本 在於務勤儉祛浮文 而其所以行之之道 則在於得人'이라고 정리한 데서도 볼 수 있듯이, 그의 농업론을 실행하기 위한 경로 역시 '得人'으로부터 시작하고 있음을 볼 수 있는 것이다.

결국 우하영은 초야의 가난한 유생이었으면서도 양반지주계급의 입장을 취했고, 나아가서 그의 농업론도 전작농민들의 집약적 소농경영을 전제로 한 지주제를 토대로 하여 조선봉건체제를 유지하겠다는 것이었다고 볼 수 있겠다.

이어서 우하영 만큼은 아닐지라도 2년여 동안의 수령 생활과 18년여 동안의 유배 생활을 통해서 역시 농촌·농민의 실상을 치밀하게 분석하고 파악했던 茶山 丁若鏞(英祖 38년, 1762~憲宗 2년, 1836)의 농업론을 토지소유관계를 중심으로 살펴보자.

다산의 「農策」(正祖 14년)이나 「應旨論農政疏」(正祖 22년)에서 보이는 그의 초기 농업론은 주로 농업기술의 개량을 통해서 농업생산력을 발전시키고 重農的인 여러 정책을 수행함으로써 농민들의 생산의욕을 고취할 것을 목표로 내세운 것이었다. 이는 18세기의 여러 농업론과 비교해 볼 때 특출한 견해는 아니었으며, 19세기의 농업체제의 모순의 격화와도 관련하여 제기된 농업론으로서의 의미도 크지 않은 것이었다. 즉, 농업개혁의 문제가 토지 문제를 중심으로 하는 사회개혁의 문제로까지 나가지 않은 것이었다. 그러나 그는 농정소를 진소한 다음 해인 正祖 23년(1799)에 작성한 「田論」에서는 당시의 농업체제를 근본적으로 변혁하려는 농업론을 제기하였다.[102]

다음은 「田論」 1~7의 내용을 요약, 정리한 것이다.

1. 「田論」 1 : 토지 소유의 극심한 不均等은 牧民官의 잘못에서 비롯되고 있다. 지금 나라의 토지(경작지)는 대략 80만 結(英祖 45년 : 논 34만 3천 結, 밭 45만 7천 8백 結)이고, 인구는 대략 800만 口(英祖 29년 : 경외 인구 약 730만, 누락 인구 약 70만)이다. 10구를 1호로 친다면 1호당 1結씩을 얻게 될 것이다. 그런데 지금 文官·武官 등의 貴臣과 閭巷의 富人들 가운데는 1호당 수천 석을 수납하는 자가 매우 많은데, 그들의 소유 토지를 계산해 보면 100結을 내려가지 않는다. 이것은 990인, 즉 99호의 생명을 희생하여 1호를 살찌우는 것이다. 또 영남의 崔氏와 호남의 王氏 같은 이는 '萬石君'으로 그 토지는 400結을 내려가지 않을 것이다. 이것은 3,990인, 즉 399호의 생명을 희생하여 1호를 살찌우는 것이다. 그런데 조정의 관료들('朝廷之上')은 부자의 것을 덜어내어 가난한 자에게 보태주고 그 재산을 均制하는 데에 힘써야 함에도 불구하고 팔짱낀 채 누구인지를 보면서도 인민들 서로가 攻奪倂呑하는 것을 막지 못함으로써 强壯者는 더욱 많이 차지하고 弱子는 떠밀려서 넘어져 죽고 있으니, 이는 목민관으로서 군주를 섬기는 것이 아니다.

---

102) 金容燮은 다산이 「農策」이나 「應旨論農政疏」에서 미처 해명하지 못했던 토지소유관계의 문제에 대한 대안을 그 직후에 저술한 「田論」에서 '閭田論'으로 제기하고 있다는 점, 그리고 그의 만년의 저작인 「井田論」을 수록한 『經世遺表』의 저술동기를 『牧民心書』·『欽欽新書』와 더불어 봉건국가체제를 유지하기 위한 모든 법과 제도를 갖추기 위한 것이라고 말하고 있는 점 등을 고려하여 「田論」이 「井田論」보다 먼저 저술되었던 것으로 보고 있다(金容燮, 2004, 『신정 증보판 韓國近代農業史研究[I]-農業改革論·農業政策(1)-』, 94~99쪽(「18, 19世紀의 農業實情과 새로운 農業經營論」 『大東文化研究』 9, 1972. 12 揭載).

2. 「田論」2 : 정전제·균전제·한전제 등은 시행될 수 없으며, 농민만이 토지를 가져야 한다('農者得田').

井田은 畟田을 구획한 것이었는데, 지금은 水利가 발달하여 水田의 이득을 이미 보고 있고(찹쌀과 멥쌀이 이미 맛이 있다), 또한 井田은 平田을 구획한 것이었는데, 지금은 산골짜기까지 이미 개간되어 농지로 이용되고 있으므로 정전제를 시행할 수 없다. 균전이란 토지면적과 호구수를 계산하여 토지를 균분하는 것인데, 호구의 增損은 연월별로 달라서 이를 해마다 정확하게 파악하기 어렵고, 또 토지마다 비척이 있어서 이를 면적(頃畝)으로만 가를 수 없으므로 균분하기 어렵다. 그리고 限田이란 토지를 사고 팔 때에 한도를 넘지 못하게 함으로써 토지소유의 균등을 기하려는 것인데, 다른 사람의 이름을 빌어서 賣買한다면 그것을 누구도 알 수 없으니 한전제 역시 시행할 수 없다.

그리고 천하의 모든 사람들이 농사만 짓지는 않는다. 그러나 農者만 토지를 갖게 해야 하고, 不爲農者는 토지를 갖지 못하도록 해야 한다. 그런데 均田과 限田은 장차 農者도 토지를 갖게 하고, 不爲農者도 토지를 갖게 하며, 공업과 상업을 하지 않는 자도 토지를 갖게 하고, 공업과 상업을 하는 자도 토지를 갖게 하는 것이니, 이는 천하의 모든 사람들에게 놀기를 가르치는 것과 같다. 이런 법은 대단히 잘못된 것이다.

3. 「田論」3 : 閭田法이란 향촌사회를 閭 단위로 개편하고, 閭의 농가들이 그 閭의 토지를 공동으로 경영하는 것이다.

무엇을 閭田이라 하는가. 산골짜기와 川原의 형세에 따라 경계 짓고, 그 경계 안을 閭라고 부른다.[103] 閭에는 閭長을 두고, 閭 소속의 농가들로 하여금 그 閭의 토지를 함께 경작하도록 하되 서로 疆界가 없도록 하며, 오직 閭長의 명령만을 따르도록 한다. 매일 閭長은 각 농가의 식구들이

---

103) 周나라 제도에 25家를 1閭라 했는데, 이제 그 이름을 빌려 1閭를 약 30家로 정한다. 일정하게 정할 필요는 없다. 3閭를 1里로 한다. 『風俗通』에 의하면, 50家를 1里로 했는데, 여기서는 반드시 50家로 제한할 필요는 없다. 5里를 1坊으로 한다. 坊은 邑里의 이름이다. 漢나라 때에 九子坊이 있었는데, 우리나라 풍속에도 또한 이것이 있다. 5坊을 1邑으로 한다. 周나라 제도에 4井을 1邑으로 했는데, 지금은 郡·縣의 治所를 邑이라 한다(細註).

일한 日數를 冊簿에 기록하여 둔다. 추수 때에 五穀의 곡물을 여장의 집에 옮겨서 나누되, 먼저 公家(國家)의 稅를 바치고, 다음으로 閭長에게 祿을 지급하며, 그 나머지를 가지고 冊簿에 기록된 日數에 따라 분배한다. 가령 수확한 곡식이 千斛(1斛=10斗)일 경우, 그 장부에 기록된 日數가 2만 日이면 하루마다 5升을 분배한다. 어떤 농가의 경우, 그 夫婦와 아들·며느리가 일한 日數가 모두 8백 日이면 그 분배량은 40斛이 되고, 또 어떤 농가의 경우, 일한 日數가 10 日이면 그 분배량은 4斗가 된다. 노력을 많이 한 사람은 양곡을 많이 받고, 노력이 적은 사람은 적게 받을 것이니 노력을 많이 하여 많은 양곡을 받으려고 하지 않을 자가 있겠는가. 사람들이 그 노동력을 다 들임으로써 토지의 이익을 다 얻게 될 것이다. 토지의 이익이 커지면 재산이 富해지고, 인민의 재산이 富해지면 풍속이 순후해지며, 孝·悌가 행해지게 될 것이니, 이것이 토지를 다스리는 가장 좋은 방법이다.

4. 「田論」 4 : 閭의 토지면적과 농가 호수, 그리고 각 농가마다의 職事는 자율적으로 조정되고, 이에 따라 閭民들의 宅里·田地·貧富도 균등해질 것이다. 처음에 하나의 閭에는 일정한 토지면적과 수확량, 일정한 농가수와 농가마다 정해진 職事가 있다. 그러나 농가와 인구의 이동이 있을 것이고, 이에 따라 일시적인 괴리와 차질이 생길 수 있겠지만 위로부터 어떤 명령이 없어도 閭民들의 宅里·田地·貧富 등은 고르게 될 것이다. 나라 전체로 보아도, 많은 사람의 거주 이동이 있겠지만 8, 9년이 지나지 않아서 나라 안의 閭마다의 농가수와 토지면적도 균등해질 것이다. 閭의 농가수가 고르게 된 후에 호적을 만들어서 그 居宅을 등록시키고, 文券을 만들어서 그 遷徙를 관리하되, 한 사람의 왕래에도 제한과 절차가 있어야 한다. 토지는 많으나 사람이 적은 곳은 오는 사람을 받아들이고, 사람은 적은데 수확량이 많은 곳도 오는 사람을 받아들이며, 토지는 적으나 사람이 많은 곳은 移居하는 것을 허가해 주고, 사람은 많으나 수확량이 적은 곳도 移居하는 것을 허가해 준다.

5. 「田論」 5 : 농사를 짓는 자만이 토지와 곡식을 가져야 한다.
농사를 짓는 자만이 전지를 가져야 한다. 농사를 짓는 자만이 곡식을 가져야 한다. 공업을 하는 자는 그의 器具로 곡식을 바꾸고, 상업을 하는 사람은 그의 貨物로 곡식을 바꾸니 걱정할 것이 없다. 그런데 선비(士)는 열 손가락이 모두 유약하여 힘들여 일을 할 수 없다. 논밭을 갈 수 있는가? 김을 맬 수 있는가? 논밭을 일굴 수 있는가? 거름을 줄 수 있는가? 이름이 冊簿에 올라있지 않은 즉 가을에 곡식을 분배받지 못할 것이다. 내가 여전법을 만든 목적은 바로 이것 때문이다. 선비란 어떤 사람인가? 선비는 무엇 때문에 손발을 놀리면서 다른 사람의 토지를 빼앗아 차지하고 다른 사람의 힘으로 먹고 사는가? 무릇 노는 선비가 있기 때문에 地利가 다 개발되지 못하고, 놀고서는 곡식을 얻을 수 없음을 안다면 또한 장차 직업을 바꾸어 농사를 짓게 될 것이다. 선비가 직업을 바꾸어 농사일을 하게 되면 지리가 개발되고, 선비가 농사일을 하게 되면 풍속이 순후해지고, 선비가 농사일을 하게 되면 亂民이 없어질 것이다. 그런데 선비 가운데에 반드시 농사일을 할 수 없는 사람이 있다면 어찌하겠는가. 공업이나 상업을 하는 자도 있을 것이고, 아침에 나가서 농사일을 하고 밤에 돌아와서 독서를 하는 자도 있을 것이며, 富民의 자제를 가르쳐주고 생활하는 자도 있을 것이다. 또한 實理를 강구하고, 토성을 분별하고 수리를 일으키며, 농기구를 만들어서 노동력을 절약하게 하며, 樹藝와 목축을 가르쳐 줌으로써 농민을 돕는 자도 있을 것이다. 이와 같은 선비들의 功을 팔을 걷어 올리고 힘들여 노동하는 사람과 비교할 수 있겠는가. 1일의 노동일을 10일로 기록하고, 10일의 노동일을 100일로 기록하여 그들에게 양곡을 분배해주어야 한다.

6. 「田論」 6 : 閭의 연 평균생산량을 계산하여 이를 閭의 연 총생산량으로 정하고, 이의 1/10을 매년 국가에 납세한다(定額制). 이러한 정액제를 실시하면 閭民은 1/10의 公稅만 부담하게 되고, 국가는 매년 일정액의 세수로 재정이 배로 늘어날 것이다. 또한 국가는 倍增된 재정으로 관료들의 녹봉을 올려 줌으로써 그들이 앞으로 토지겸병에 나서는 것을 막을 수 있다.

지금 곡식 100斗를 거두는 토지는 公家에 바치는 세액이 5斗에 지나지 않으니 세율이 1/20이고, 私家의 세액은 50斗이니 1/2이다. 그러므로 나라는 가난하여 지탱하지 못하고, 인민은 궁핍하여 자급자족하지 못한다. '兼竝之家'를 혁파하고 1/10의 세법을 시행한다면 나라와 인민들이 모두 부유해질 것이다. 그러나 1/10의 세법은 쉽게 말할 수 없다. 장차 1년 농사의 豊儉을 가려 그 세를 올리고 내릴 것인가. 이는 오직 井田만이 할 수 있고 閭田은

할 수 없다. 따라서 여전법 아래서는 토지의 肥瘠을 살피고 수확의 多寡을 헤아려서 몇 해 동안의 평균생산액을 총액으로 삼아 加減하지 못하도록 하고, 그의 1/10을 바친다. 다만 큰 흉년에는 그 세를 임시로 빌려 주었다가 큰 풍년을 만나면 賠補하게 한다. 그러면 나라는 일정한 수입이 있고, 인민들은 일정하게 供納하게 되므로 모든 紊亂이 함께 정리될 것이다.

공가의 세율이 1/10이고, 나라의 財用이 이미 倍增되었으니, 녹봉을 후하게 주지 않을 수 없다. 이제 이미 私家의 '兼竝之田'이 없어졌는데도 불구하고 그 녹봉을 薄하게 준다면 관리가 될 사람이 없어질 것이다. 그들로 하여금 위로는 부모를 섬길 수 있고, 아래로는 처자를 키울 수 있으며, 또 族黨을 구휼하고 賓客을 접대하며 奴僕을 양육하고 第宅을 높게 짓고 의복과 말을 화려하게 치장할 수 있도록 한 다음에야 조정에서 벼슬하기를 원하는 사람이 있을 것이다.

7. 「田論」7 : 여전법을 시행한다면 '兵農一致'('寓兵於農')를 이룰 수 있으므로 군사·군대를 양성하는 일도 더욱 잘 될 수 있다.

옛날에는 兵農一致('寓兵於農')가 이루어졌는데, 지금 여전법을 시행한다면 군사를 양성하는 것이 더욱 잘 될 것이다. 나라의 제도에 군사는 두 가지의 용도가 있는데, 하나는 隊伍를 편성하여 변경의 變을 대비하는 것이고, 또 하나는 군포를 거두어서 경성의 군사를 양성하는 것이니 이 두 가지는 없앨 수 없는 것이다.

지금 閭에 閭長을 두어 그를 哨官으로 삼고, 里에는 里長을 두어 그를 把摠으로 삼으며, 坊에는 坊長을 두어 그를 千摠으로 삼으며(여장은 이장을 겸임하고, 방장은 이장 가운데서 현명한 자를 뽑아 겸임하게 하되, 녹봉은 이중으로 받지 못한다), 邑에는 縣令을 두어서 그로 하여금 통제하게 한다면 兵農一致가 이루어질 것이다. 자영농이라면 각자가 자기의 일을 사사로이 처리하기 때문에 기강이 서지 않고 명령이 집행되지 않는다. 지금 10명의 식구의 생명이 閭長에게 달려 있고, 일년 내내 奔走하면서 여장의 節制를 받게 되니 그들로 군사를 삼으면 進退가 軍律을 따르는 것처럼 될 것이다. 왜 그러냐 하면 평소에 가르치고 익혔기 때문이다.

대략 1閭의 인민을 셋으로 나누어서, 그 한 부분은 戶丁을 내어 隊伍를 편성하는 데 응하게 하고, 나머지 두 부분은 戶布를 내어 軍需에 응하게 하되, 役丁의 多寡를 기준으로 호포를 加減하면 따로 壯丁을 수괄하여 充軍시키는 폐단은 없어질 것이다. 여전법을 시행하여 孝悌의 의리를 신장하고, 庠序의 교육을 규율화함으로써 인민들로 하여금 부모를 친애하고 어른을 어른으로 섬기도록 한다면 戶布法은 저절로 시행될 것이다.

먼저 다산이 규정하고 있는 '閭-里(3閭)'에 대해서 살펴볼 필요가 있겠다. 그는 주나라의 지방제도였던 '鄕遂制'의 '比(5戶)-閭(5比)-族(4閭)-黨(5族)-州(5黨)-鄕(5州)'[104]편제에서 '閭'의 이름과 호수의 비례별 증가수를 기준으로 위계적으로 조직을 구성하는 편제원리를 취하여 '산골짜기와 川原의 형세에 따라 구획된 영역'을 위계적으로 편제했던 조선의 '統(5호)-里(洞)(5統)-面(坊)-郡·縣'의 편제를 '閭(약 30호)-里(3閭)-坊(5里)-邑(5坊)'의 편제로 바꾸었다. 여기서 약 30호 상하로 이루어지는 '閭'는 그 생성과정과 구조로 볼 때 '자연촌락'에 가까운 것이었다. 농촌공동체사회가 형성된 이래 자연촌락은 '산골짜기와 川原의 형세에 따라 구획된 일정한 영역'으로서 일정한 주거지와 경작지를 끼고 있는 주민들의 집단조직이었다. 이러한 자연촌락의 발전은 안으로 인구의 증가와 생산력의 발달과 경작지의 증대, 그리고 밖으로 몇몇 촌락이 교통하고 있는 場市圈과 결정적으로는 국가 권력의 개입과 통제에 의해 영향을 받고 있었다. 조선왕조 역시 이전 시기부터의 지방제도 아래서 변동을 거듭해 온 자연촌락을 일정 호수로 나누거나 묶어서 '統-里(洞)-面(坊)'으로 위계적으로 편제하여 지방행정조직의 최하단위인 郡縣에 소속시켰다. 15세기 중엽에 정부는 '『經國大典』 체제'의 확립에 따라 "5호를 1統으로 하여 統主를 두고, 5統(25호)을 1里로 하여 里正을 두었으며, 그리고 수 개의 里로 이루어지는 面에 권농관을

---

104) 『周禮』地官에 의하면, 王城 안을 6鄕이라 하고, 성 밖 근교를 6遂(遂 : 50리 이내)라고 했다. 100리 안쪽은 遠郊(遠郊 : 遂의 바깥)라 했고, 200리 안쪽을 邦甸(公邑)이라 했으며, 300리 안쪽은 家稍(大夫의 采邑)라 했다. 400리 안쪽은 邦縣(작은 도읍)이라 했고, 500리 안쪽을 邦都(큰 도읍)라 했다. 1鄕(12,500호)은 '比(5호)-閭(5比)-族(4閭)-黨(5族)-州(5黨)-鄕(5州)'의 편제를 가졌다. 또한 1遂(12,500호)는 '隣(5호)-里(5隣)-酇(4里)-鄙(5酇)-縣(5鄙)-遂(5縣)'의 편제를 가졌다(『十三經注疏』「周禮注疏」 권9 地官 司徒, 권10 大司徒, 권11 小司徒).

둠으로써" 五家統組織과 그것의 확대 편제로서 面里制를 수립했다.[105] 그러나 17세기 이전의 洞·里는 계열화된 행정조직편제라기 보다는 대체로 수개의 小村이 大村에 흡수되거나 병합되어 광역의 洞·里를 이루었다. 兩亂 이후에 자연촌의 발전은 잠시 둔화되기도 했으나 이내 정부의 對民安集策 실시로 인해 顯宗·肅宗 연간에 이르러서는 다시 복구·회복되었다. 이 과정에서 大村은 분해되어 개별적인 小村인 里로서 확정되거나, 여전히 독자적인 생활권을 형성하지 못한 小村은 大村에 병합되어 里로 편제되어 갔다. 즉, 양란 직후의 洞·里들은 인구의 증가, 개간·간척에 따른 경작지의 확대와 생산력의 발달에 따라 다산이 살았던 시기에는 행정조직 말단의 독립된 촌락으로 성장할 수 있었던 것이다.[106] 따라서 다산은 이러한 자연촌락의 洞·里를 '閭'로 설정하고, 호수의 비례별 증가수를 기준으로 '閭(약 30호)—里(3閭)—坊(5里)—邑(5坊)(郡·縣)'의 편제를 구상했던 것이다.[107]

이처럼 다산이 향촌사회조직의 기초단위로 설정했던 '閭', 즉 당시 지방제도

---

105) 『經國大典』 권2, 戶典 戶籍.

106) 오영교, 1994, 「17世紀 鄕村對策과 面里制의 運營」 『東方學志』 85권, 123~200쪽.

107) 양란 이후 지배층 내부에서는 '『經國大典』 체제'의 복구 차원에서 다양한 '鄕政論'을 제시하였는데, 그것들은 周나라의 지방제도였던 '鄕遂制'를 조선의 현실에 맞추어서 실시하자는 것이었다. 그 가운데 다산이 여전법을 구상하면서 참고했던 것은 유형원의 '鄕里制'와 안정복의 '鄕社法'이었던 것 같다. 유형원의 鄕里制에 따르면, 五家作統制를 근간으로 하되 10統=1里(50家), 10里=1鄕(坊)(500家)으로 편제하고, 이 500家 700頃의 鄕(坊)을 생산·행정의 기본 단위로 삼은 것이었다. 그리고 鄕職으로는 '統長—里正—鄕正(坊正)'으로 위계화하고 특히 鄕正은 士類로 임용하자는 것이었다. 안정복은 향촌통제와 隣保組織의 정비를 목적으로 한 향사법을 제시하였다. 그는 "鄕社法은 옛적 鄕遂制의 遺意이다. …… 이 제도가 성립한 뒤에야 生養을 이룰 수 있고 敎令을 행할 수 있으며, 風俗을 동일하게 하고 獄訟을 그치게 할 수 있을 것이다. 또한 도적을 없애고 외적을 방어할 수 있는 것이니 가히 聖王의 정치를 부흥시킬 수 있을 것이다."라고 말했다. 그리고 "우리나라의 面이 옛적 鄕 같은 것인데 古法처럼 人戶로써 설정하지 않고 지역을 구획해서 정하게 되었다. 그렇기 때문에 各面 人戶의 多寡가 같지 않다."라고 하고 戶數에 의해 구분되지 않는 조선의 향리제도 때문에 古法의 전면적 시행은 불가능하다고 지적했다. 향사법은 '統(5家)—甲(2統)—社(10統, 社正)—鄕(面, 鄕師)'의 편제로 면리제에 대응했다. 邑에는 面의 風憲이 官令의 봉행과 문서검찰을 맡고, 향사는 사족신분으로 임용하여 敎化·爭訟에 관한 일체의 사무를 맡도록 하자는 것이었다.

였던 '面里制'의 '里'의 구조는 대개는 同姓村을 이루고 있던 30여 호의 가옥·택지·부속지와 이 마을 주위로 펼쳐진 토지, 그리고 본 마을과 다른 마을과의 경계를 짓고 있는 하천과 산으로 에워싸여 있었다.[108] 여기서 각 마을에 딸린 토지가 바로 閭田이 되는 것이었는데, 이는 조선의 지형·지세로 볼 때 어느 것이나 平田만인 경우는 드물었고 대개는 논과 밭을 아우르고 있었다. 이 때문에 다산은 하나의 閭田은 물론, 8도의 토지를 대상으로 해서도 정전제는 시행할 수 없다고 판단했던 것이다. 또한 균전제 역시 시행할 수 없다고 판단하고 있었다. 균전은 토지면적을 계산하고 호구수를 파악해서 호구별로 균분하자는 것인데, 호구의 增損은 年月日별로 달라서 이를 정확하게 파악하기 어렵고, 또 토지마다 비척이 있고 이 또한 시간이 지나면서 변하는데 이를 면적으로만 나눌 수 없는 것이므로 아무리 균분하려고 해도 실질적으로 균분하는 것은 어렵다는 것이었다. 그리고 토지소유에 제한을 가하는 한전제도 시행될 수 없다고 보았다. 한전이란 토지를 사고 팔 때에 한도를 넘지 못하게 함으로써 토지소유의 균등을 기하려는 것이지만, 다른 사람의 이름을 빌어서 매매한다면 이는 분간하기도 어렵고 막을 수도 없는 것이기 때문에 한전제 역시 시행할 수 없다고 생각하였다(2. 「전론」 2).

이처럼 토지소유의 극심한 불균등을 타개하기 위한 균산방안으로 제안되고 있던 균전제·한전제 등에 대해서 다산은 또 다른 근본적인 의문을 제기하고 있는데, 그것들은 결국 누구를 위한 균산인가 하는 점이었다. 그는 균산은

---

108) 한국역사연구회 토지대장연구반, 2011, 『일제의 창원군 토지조사와 장부』, 36~40쪽. 조선후기 洞里의 실상은 일제가 토지조사사업을 실시할 때 작성되었던 「連絡圖」을 통해서 확인할 수 있다. 「課稅地見取圖」는 토지조사사업에서 작성한 地籍原圖의 전신에 해당하는 도면으로 은결 누결의 색출 등 과세지의 전모와 소유자를 현장에서 한 눈으로 파악할 목적으로 만든 지도였다. 이는 하나의 洞里를 종이 한 장에 기재하되 구역이 광활할 경우 적당히 나누어 여러 장에 그리고, 이들의 상호관계를 나타낸 「連絡圖」를 작성하였다. 따라서 「連絡圖」에는 하나의 洞里의 지형, 산과 하천, 다리, 井, 도로, 마을, 陳 등 지형지물, 이웃 마을과의 경계선, 마을 내부의 구획선 등이 표기되어 있다. 연락도의 여백에는 제작일, 종사원 某, 里長 某, 結數·筆數·新墾結·總計結 등을 기록했다.

기본적으로 '農者得田'의 원칙에 입각하여 농민을 위한 균산이어야 한다고 생각하였다. 그런데 균전제와 한전제는 농민 이외의 者, 즉 농업에 종사하지 않는 양반층이나 상공업자 등도 토지를 갖게 함으로써 정작 농민들은 그 균전의 규모가 축소되거나 심지어는 無田農이 되어 버릴 수도 있었다. 따라서 균전제·한 전제의 시행은 천하의 모든 사람들에게 놀기를 가르치는 것과 다름없는 것이므로 매우 불합리한 것이라고 보고 있었다(2.「전론」2).

다산은 정전제·균전제·한전제 등이 궁극적으로는 독립자영소농의 양성을 위한 토지재분배론에 불과하다고 생각하고 있었다. 정전제·균전제는 위정자들이나 전국의 지식인·지방관들이 지적하고 있듯이, 우선 재분배할 토지를 확보하는 것부터가 어려운 일이기 때문에 시행될 수 없고('井田難行說'), 그 역시 조선에서 정전제는 토지의 지목과 지형적 제약 조건 때문에 시행될 수 없고, 균전제·한전제 등도 '農者得田'의 원칙에 어긋날 뿐 아니라 토지분배 방법의 기술적인 한계 때문에 시행되기 어렵다고 판단하고 있었다. 특히 당시에 가장 현실적이고 개량적인 균전방안으로 제안되고 있었던 한전제는 토지의 借名去來로 인하여 균산의 실효를 얻을 수 없을 것이라는 그의 지적은 매우 정확한 것이었다. 또한 한전론자들은 대지주가문들의 토지는 수세대에 걸친 상속으로 친족과 후손들 사이에 자연스럽게 균등분배가 이루어질 것이라고 주장했지만, 이는 17세기 후반 이래 장자우대상속이 관례화되면서 이른바 宗家地主層이 형성되고 있었고, 이들을 포함한 대지주가문들은 대토지를 중심으로 한 재산과 가옥들을 代錄·分錄 등의 방법으로 분산시키는 한편, 通婚·相續을 통하여 그들 각 가문의 토지규모를 계속 보존·유지하고 있었던 실정과는 거리가 먼 것이었다. 그러나 이러한 토지재분배책이 시행되어서 대부분의 전작농민들이 그 경작지를 자기 소유지로 확보한다 하더라도 그들은 자립적이고 안정적인 자영소농으로서의 지위를 계속 유지할 수는 없었을 것이다. 그것은 대부분의 자영소농들이 水利·農糧·農種·農牛·勞動力 등의 경영자본 면에서의 부족과 열악함으로 인하여 이미 전작소농·빈농이나 무전농민·임노동자로 분화되고 있었기 때문이다. 따라서 그들이 경영자본의 열악함에서 비롯되는 항상적인 소농의 위기를 극복할 수 있는 길은 공동경영일 수밖에 없었다. 여기서 다산은 토지문제만이 아니라 농업생산·농업경영의 문제까지도 함께 해결할 수 있는 새로운 농업론을 구상하였던 것인데, 그것은 향촌사회를 '閭'단위로 개편하고 그 '閭'를 하나의 농업공동체로 개조하는 것이었다. 즉, 그가 「田論」에서 말하고 있는 '閭田法'은 閭田의 사적소유관계를 혁파하고 閭民으로 하여금 그 閭田을 공동소유·공동경영하게 하자는 것이었다. 종래의 정전론·균전론·한전론 등이 자영소농의 양성을 위한 토지재분배에만 초점을 두고 있음에 반하여 '閭田法'은 토지소유관계와 농업생산·농업경영 전반을 개혁하려고 했다는 점에서 가히 혁명적인 농업론이었던 것이다(3. 「전론」).

다산은 이러한 '閭'의 농업공동체가 정착하는 데에 8, 9년이 걸릴 것이라고 말하고 있다. 그가 구상했던 閭는 산골짜기와 川原의 지세에 따라 구획된 향촌사회조직의 최하의 단위로서, 30호 上下의 농가수를 기준으로 하는 것이었다. 이는 당시 지방제도였던 面里制 아래의 '里'(5통 25호)의 구조·규모와 큰 차이가 없는 것이었다. 따라서 이 '里'의 농가호수를 다소 조정하여 '閭'로 전환시키면 되는 것이었다. 그러나 나라 전체로 보아도 많은 농가의 거주 이동이 있을 것이고, 閭 間에도 또한 농가와 인구의 이동이 있을 것이었다. 그러나 8, 9년이 지나서 閭마다의 농가수가 고르게 되어 閭가 안정되었을 때에 비로소 호적을 작성해서 그 居宅을 등록시키고, 文券을 만들어서 閭田과 수확량 대비 농가수를 고려하여 그 移來·移去를 관리한다는 것이었다(4. 「전론」).

그리고 각 閭는 일정한 농가수와 함께 '閭田'이 확보되어야 할 것이었다. 그것은 이미 '兼竝之家'나 里民들의 사유지였을지도 모르는 현재의 '里田'을 閭田으로 수용하는 것이었다. 당시 토지소유구조를 볼 때 里田의 대부분은 아마도 '兼竝之家'의 사유지였을 것이다. 종래의 토지개혁론이 제안했던 균전 방안으로는 두 가지 견해가 있었다. 하나는 '兼竝之家'의 사유지를 몰수하여 국유지로 확보하고 이를 국가가 계획적으로 재분배한다는 견해였고, 또 하나는 국가가 그것을 매수하여 無償 또는 有償으로 재분배한다는 것이었다. 그런데 「田論」에서는 그에 대한 구체적인 언급이 없다. 다만 '君主와 牧民官'이라면 인민들이 그 산업을 골고루 갖도록 하여('均制其産') 다 함께 살도록 해야 함에도 불구하고 그들이 서로 攻奪倂呑하는 것을 방관함으로써 强壯者는 더 차지하고 약자는 떠밀려서 넘어져 죽도록 하고 있다'는 것, 즉 군주와 수령들이 사대부와 토호층('文武貴臣·閭巷富人')의 토지겸병을 막지 못함으로써 그들 가운데는 '數千石君' 혹은 '萬石君' 지주가 '甚衆'했다(1.「전론」)고 하거나, 국가와 농민들이 모두 부유해질 수 있는 길은 '罷兼竝之家 而行什一之稅'라고 하여, 겸병을 혁파함으로써 折半分益의 私稅(地代)를 없애고 앞으로는 다만 국가가 받을 公稅의 세율을 國法으로써 현재의 20분의 1을 10분의 1로 更定해야 한다(6.「전론」)라고 한데서, 군주가 전국의 토지를 소유하고 주관하는 主라고 보고, 따라서 전국의 토지는 원래 군주에 의해서 수수되어야 할 것으로 봄으로써, 국가가 지주계층의 사유지의 수용 주체임을 명시하고 있다. 그러나 그 구체적인 수용 방법에 대해서는 어디에서도 언급하지 않고 있다.

그리하여 閭의 농가 호수가 관리되고, 里田이 閭田으로 확보되어 하나의 농업공동체가 정착되고 안정되면 그 閭田은 閭長의 지휘 아래 閭民의 공동노동으로 경작되고 경영되도록 하려는 것이 바로「田論」의 구상이었다. 閭마다 閭長을 두는데, 그는 모든 작업계획을 세우고 이를 집행하는 자였다. 그는 閭民들로 하여금 閭田을 내 땅 네 땅의 구별 없이 공동으로 경작하도록 하되, 농가별로 이미 정해진 職事에 따라 분업하도록 했는데, 즉 농가들을 나누어 각각 갈이·김매기·거름 주는 일 등을 분담하도록 했고, 閭民들의 노동일수를 장부에 기록했다. 그리고 추수 후에는 수확한 곡물을 閭長의 집에 옮기고, 먼저 정부에 전세를 납부하고, 다음으로 閭長에게 祿을 지급하며, 그 나머지를 가지고 여민들에게 장부에 기록된 그들 각각의 노동일수에 따라 분배하였다. 따라서 閭의 농가들의 소득의 다과는 '노력을 많이 한 사람은 양곡을 많이 받고, 노력이 적은 사람은 적게 받는다'라고 했듯이 오직 노동량의 다과에 따라서 결정되는 것이었다(3.「전론」).

이처럼 閭 농업공동체에서는 농업노동을 하는 閭民만이 생산물의 분배에 참여할 수 있는 것이었지만, 여민 가운데는 농업노동을 하지 않거나 할 수 없는 자도 있었다. 전자는 상·공업인이었다. 그러나 상인은 그들이 거래하는 貨物로 곡식을 바꾸고, 工人은 그들이 제조한 器具·農具 등으로 곡식을 바꾸게 하면 문제될 것이 없었다. 문제는 후자였다. 즉, 열 손가락이 유약해서 농사를 할 수 없는 선비(士人)들이었다. 다산은 평소에 선비들을 '遊食人'이라고 비난했었는데, 즉 그들은 토지를 겸병하여 지주가 되어서는 전작농민들의 노동을 착취하거나 '無爲徒食'하고 있기 때문에 地利가 개발되지 않는다는 것이었다. 따라서 그들로 하여금 놀고서는 살 수 없다는 것을 알게 하여 농업으로 轉業하게 하고, 그러면 地利가 개발되고 풍속이 순해지며 亂民이 없어지리라는 것이었다. 그리고 농사일을 직접 할 수 없는 선비들은 여민들의 자제들을 교육하거나 농학을 연구하여 土宜를 판별하고, 水利를 일으키고, 농기구를 개량·제작하여 노동력을 절약하게 하며, 농업기술과 목축을 가르치는 일 등의 지적노동으로 농업생산에 참여하게 하자는 것이었다. 그리고 이들에게는 육체노동을 하는 농민들보다 더 많은 보수로 대우해야 한다고 하였다. 이는 농촌사회의 선비들로 하여금 농민들을 착취하거나 遊食人으로 처신하는 대신 이제부터는 실용적인 학문, 즉 농학을 탐구함으로써 농업생산력의 발달에 기여할 것을 촉구하려는 것이기도 했다(5. 「전론」).

그리고 다산은 이러한 농업공동체로서의 閭를 부세수취의 기본 단위로 삼게 되면 倍增된 세수를 통해 국가 재정도 안정시킬 수 있다고 생각하였다. 「여전법」을 시행한 지 8, 9년이 지나 전국적으로 모든 閭마다의 농가수와 閭田이 확보되고, 士人계층을 포함한 閭民 모두가 농업생산에 참여하는 농업공동체가 확립되면 당연히 閭마다의 농업생산력의 항상적인 수준도 확보될 것이고, 이의 일정한 세수로 나라의 재정도 안정되리라는 것이었다. 즉, 閭田의 肥瘠을 살피고 수확의 다과를 헤아려서 몇 해 동안의 평균생산액을 연 총액으로 삼아 加減하지 못하도록 하고, 이의 1/10의 定額을 매년 정부에 납세하도록 하는 것이었다. 다만 큰 흉년에는 정부가 그 세를 면제해 주는 것이 아니라 閭에 대여해 주는 것으로 처리하고, 큰 풍년이 들면 그것을 상환하도록 하는 것이었다. 그러면 나라에는 매년 일정한 수입이 있게 되고, 여민들은 일정하게 供納하게 되므로 세제를 둘러싼 奸僞와 紊亂이 일어나지 않을 것이라고 생각하였다. 그리고 그동안의 1/20의 세율이 1/10로 되고, 따라서 세수가 倍增되어 나라의 재정 또한 배증됨으로써 나라는 사대부들에게 녹봉을 후하게 줄 수 있기 때문에 그들이 앞으로 토지겸병에 나서는 것을 막을 수 있으리라는 것이었다. 종래의 여러 토지개혁론을 포함한 농업론은 그 배경이 되었던 양반관료층의 토지겸병을 차단할 수 있는 구체적인 방안을 제시하지 못했음에 반하여 다산은 호부가들의 토지겸병을 막을 수 있는 구체적인 방안을 제시하고 있는 셈이었다(6.「전론」).

조선후기에 양반계층의 토지겸병과 전정·군정의 문란으로 인한 농민층의 빈곤과 몰락은 '兵農一致制'('寓兵於農')를 무너뜨림으로써 양란 이후 또다시 국방력의 쇠퇴를 불러일으키고 있었다. 따라서 전정·군정의 이정책은 농민을 살리고 이를 기반으로 하여 兵力을 키우는 것, 즉 '兵農一致'를 회복하는 것이 아닐 수 없었다. 이 문제는 18세기 중반의 균역법 개정이후에도 해결되지 못하고 있었다. 여기서 다산은 농업공동체인 閭를 기초단위로 하는 '閭(약 30호)－里(3閭)－坊(5里)－邑(5坊)(郡·縣)'의 향촌사회조직을 군대조직으로 전환시킴으로써 병력의 문제 또한 해결하고자 하였다. 그래서 '閭長－里長－坊長'(閭長은 里長을 겸임하고, 坊長은 이장 가운데서 현명한 자로 뽑아 겸임한다)의 조직을 '哨官－把摠－千摠'의 조직으로 전환시키고 이를 현령이 통제하도록 하였다. 그렇게 되면 농장을 관리하는 閭長이 동시에 哨官으로서 공동체성원의 군역도 관장하게 되는 것이었다. 구체적으로는 閭의 농가를 세 등분하여 1/3은 戶丁을 내어 隊伍을 편성하는 데에, 그리고 2/3는 戶布를 내어 軍需에 응하게 하되 役丁의 다과를 기준으로 戶布를 가감하면 따로 壯丁을 수괄하여 充軍시키는 폐단은 없어지리라는 것이었다. 자영농이라면 각자가 자기의 일을 사사로이 처리하기 때문에 기강이 서지 않고 따라서 초관의 명령이 집행되지 않겠지만, 지금 10명의 식구들의 생명이 초관이 되는 여장에게 달려 있고, 일년 내내 奔走하면서 여장의 통제를 받기 때문에 그들로 군사를 삼으면 그 진퇴가 군율을 따르는 것처럼 될 것이리라는 것이었다(7.「전론」).

이상「田論」이 보여주고 있는 농업론은 향촌사회를 '閭'단위로 개편하고 그 '閭'를 하나의 농업공동체로 개조하려는 것이었다. 즉, 다산이 「田論」에서 말하고 있는 '閭田法'은 閭田의 사적소유관계를 혁파하고 閭民으로 하여금 그 閭田을 공동소유·공동경영하게 하자는 것으로서 토지의 소유와 경영 문제를 동시에 해결하려는 것이었다(6. 「전론」). 종래의 정전론·균전론·한전론 등이 자영소농의 양성을 위한 토지재분배에만 초점을 두고 있는데 비하여 '閭田法'은 里田에 성립되어 있던 사적소유관계를 혁파하고 그것의 소유와 경영을 共産化하려고 한 점에서 이전의 여러 농업론과는 입론의 근거를 달리하는 혁명적인 농업개혁론이었다. 문제는 이와 같은 농업공동체론을 당시의 현실에서 어떻게 실현시킬 수 있을까라는 점이었다.

여기서 가장 어려운 점이자 선결적인 과제는 '里田'에 성립되어 있는 사적소유 관계를 혁파하고 '里田'을 閭民들의 공동소유지인 '閭田'으로 확보하는 것이었다. 물론 다산은 「田論」 어디에서도 閭田의 확보 방법이나 경로에 대해서는 언급하지 않고 있다. 다만 '兼竝之家'의 토지가 이미 없어졌다('今旣無兼竝之田')고 말하고 있을 뿐이다(6. 「田論」). 그런데 이는 당시 향촌사회에서 농민(民戶)들이 '軍役田'을 설치하고 운영했던 것으로 비추어 보면 사실 어려운 문제가 아닐 수 있었다. 이 무렵 해서지방의 경우, 面·里民들은 여러 가지 방법을 사용해서 군역전을 마련하고 운영하여 그 수익으로 軍丁闕額時에 그 稅를 부담하고 있었던 것이다. 그리고 군역전을 마련하기 위하여 어디에서나 널리 이용되고 있던 방법으로는 ① 移去者의 納土, ② 無亡人 재산의 收斂 買置, ③ 避役·免賤者의 納土, ④ 面·里民의 鳩財買置 등 네 가지가 있었다.[109] 이 가운데서 閭田을 확보하기 위하여 준용할 수 있는 방법은 ②·④ 등이었다. 따라서 그것은 里民, 즉 閭民들이 일정한 基金을 공동으로 출자하여 里田 전체를 매득하여 공동으로 소유하는 것이었다. 또 里民들 가운데는 이미 里田의 일부로 있었던 자기 소유지를 출자금에 준하여 納土할 수도 있을 것이다. 물론 無亡人의 토지는 無償으로 閭田으로 수용할 수 있을 것이다. 다산은 面·里民들이 이처럼 군역전을 설치하듯이 閭田도 마련할

---

109) 金容燮, 2004, 『신정 증보판 韓國近代農業史研究[I]—農業改革論·農業政策(1)—』, 94~99
   쪽(「18, 19世紀의 農業實情과 새로운 農業經營論」『大東文化研究』9, 1972. 12 揭載).

수 있을 것이라고 생각하고 있었던 것 같다. 특히 지주제가 발달하지 않은 지역에서는 閭田을 어렵지 않게 마련할 수 있을 것이었다. 그리고 그 閭田을 확보하기까지는 대체로 8, 9년이 걸릴 것이라고 말하고 있다.

이「田論」의 농업공동체론 이전의 여러 농업론들은 조선봉건체제를 유지시켜야 한다는 점에서는 입장을 같이 하고 있었지만, 그러나 어떤 경제적 토대 위에서 체제를 유지시켜야 할 것인가에 대해서는 둘로 나뉘었다. 하나는 지주제를 타도하고 토지재분배를 통해 자영소농제를 구축해서 이를 토대로 하여 봉건체제를 존속시킨다는 것이었고, 또 하나는 농업환경을 개량하고, 권농정책을 통하여 전작농민들을 집약적 소농경영으로 유도하여 농업생산력을 향상시킴으로써 기존 지주제를 토대로 하여 봉건체제를 유지시킨다는 것이었다. 그런데 전자의 정전론·균전론이나 심지어는 한전론 등의 토지재분배론이 제기되었을 때 국왕과 정부대신들은 으레 사유지의 국유화를 그 전제로 내세워놓고는 사대부·토호층 등 토지겸병자들의 사유지를 정당한 값을 주고 매수할 수 없을뿐더러 더구나 無償으로 몰수할 수도 없기 때문에 그것들은 시행될 수 없다고 一笑에 붙여 버림으로써 그것들을 언제나 탁상공론으로 그치게 하고 말았다.110) 이는 어느 국왕보다도 民生을 보살피려고 했던 英祖·正祖도 그러했지

---

110) 『正祖實錄』 43권, 정조 19년 11월 24일. "僉知梁周翊上疏曰……方今國計民憂之可一者有十二 一曰貧富咸一 …… 批曰 …… 第一貧富咸一條 限田名田 固好 今之疇塍 異於古之井畝 所以橫渠說之只傳於紙上 予每日 我國職田之制 推廣於士庶 則三代可四云 治不俟志 任非其人 徒發中朝之嘆 爾能說及於欲說未說之說 益覺人才之不係於京鄕 而與其擾民而蔑效 不若不擾之爲得"; 『日省錄』 정조 23년 2월 11일. "公州幼學林博儒冊子 有草記之命矣 今此所陳十四條中十條與公州生員柳鎭穆所陳冊子大同小異 別無可以稟處 其中定立限田也 分還合等也……限田則言非不是 有難遽議."; 정조 23년 5월 1일. "備局啓言 洪川幼學李光漢農書冊子批旨內 有令廟堂逐條稟覆之命矣 觀其冊子 則其一貸田法 富家之田畓 量宜分排於貧者 竝以賭地例酌定而常年依公結卜數收稅 凶年視災結加減收稅 仍成節目 一置官家 一置該洞 至於均田事 誠欲行之 不無經綸事也 以土配民 王政之本 井地遺意之可行於後世者 惟有均田一事 然而我國事勢之猝難容議 向者聖敎剖析無餘 今此貸田之論 豈不是貧富相資之道而民能樂從則實爲美俗 官若强行則必有後弊硬定科條恐非因勢利導之方."; 정조 23년 5월 22일. "備局啓言 靈光進士李大圭所陳農書冊子 有粘連回啓之命矣 觀此冊子 則設爲問答之辭 備陳農圃之理而首言修人事待天時之道 次言理隄防濬瀆 禁火田行均田勸付種等……均田事 先王美制 豈有過此而苟非大更張大變通 猝難容議."; "備局啓言 光州進士李昌佑所陳農

만 국왕과 집권대신들은 처음부터 그것들을 시행하려는 의사를 갖고 있지 않았기 때문이었다. 다산은 이러한 조정의 분위기를 진즉부터 익히 알고 있었기 때문에 '農政疏'(正祖 22년)에서 굳이 또 사유제와 지주제를 정면으로 부정하는 정전론·균전론 등과 같은 토지개혁론을 진소할 필요를 느끼지 않았던 것이었다. 대신 그는 봉건지배층·양반지주계급과 부딪치지 않으면서 無田·佃作 農民層이나 零細土地所有者層이 토지를 소유할 수 있는 방안을 모색했던 것 같고, 이때에 착안했던 것이 지난 곡산부사 시절에 보아 두었던 군역전의 설치와 운영 실태였던 것 같다. 즉 군역전을 설치하듯이 閭田을 마련하면 되는 것이라고 생각했던 것이다. 물론 그는 이에 대해서는 구체적인 언급을 하지 않고, 다만 閭에는 '兼竝之家'의 토지가 이미 혁파되었다고 말하고 있다(6.「전론」). 그리고 또 그는 당시 영세토지소유자층이나 전작농민층이 자립적이고 안정적인 소농으로 일어설 수 없는 농업환경에서 많은 농촌지식인들이 농정소로 進疏하고 있던 농업협동론과 농업생산력 증진론을 받아들여 공동경영론으로 발전시켰던 것으로 보인다.[111] 그리하여 토지분배의 이론과 농업협동의 이론이 하나의 논리 속에 종합된 것이「田論」의 농업공동체론이었던 것이다.[112] 따라서 그의 농업론은 無田·佃作農民層이나 零細土地所有者層의 처지에서 토지소유와 농업 경영의 문제를 동시에 해결하려는 것이었고, 따라서 이들 閭民들을 토지 소유와

書冊子 有粘連回啓之命矣 觀此冊子 …… 則其一農夫困乏 以其貧富之不齊 富者買土以十石 爲限 過限者分與其窮族隣親 而貧民之未及移秧耘草者 同里合力 水利不逮者 使堤洑之主均 水分沃事也 上項三條亦已屢煩論列 而官牛設置易生別弊 富人買土之無過十石 雖是限田之 遺意 以今事勢 遽難容議."

111) 다산은 곡산부사(정조 21년 윤 6월~정조 23년 1월)로서 農政疏를 進疏한 후에 서울로 돌아와 병조 참지(정조 23년 4월), 동부승지(정조 23년 5월 4일), 형조 참의(정조 23년 5월 5일)가 되어 중앙정부에 참여하였다. 이때는 농촌지식인들과 지방관들의 농정소가 올라오고 있을 때였고, 또 이를 종합하여 새로운 농서를 편찬하기 위하여 비변사에서 이를 점검하고 규장각으로 넘기는 때였으므로, 정부요 직에 있었던 그는 그들의 농업론을 살펴보면서 공동경영을 구상했을 것으로 추측된 다(金容燮, 2004,『신정 증보판 韓國近代農業史硏究[I]-農業改革論·農業政策(1)-』, 97 쪽(「18, 19世紀의 農業實情과 새로운 農業經營論」『大東文化硏究』9, 1972. 12 揭載)).

112) 金容燮, 2004,『신정 증보판 韓國近代農業史硏究[I]-農業改革論·農業政策(1)-』, 97쪽 (「18, 19世紀의 農業實情과 새로운 農業經營論」『大東文化硏究』9, 1972. 12 揭載).

생산·경영의 주체로 삼는 가장 현실적이면서도 또 가장 이상적인 농업개혁론이었던 것이다. 그러므로 「전론」의 농업개혁론은 앞의 두 입장과는 다른 제3의 것으로서, 당시의 지배적인 경제구조였던 지주제('국가-[지주-전호농민]')를 '국가-농업공동체(閭)' 관계로 개혁함으로써 농업공동체를 토대로 하는 조선봉건체제를 존속시켜야 한다는 입장을 취했던 것이 아니었을까 생각된다.

그러나 이처럼 閭民들이 스스로 주체가 되어 閭田을 매득하고 이를 기반으로 농업공동체를 수립하려고 할 때에 그들에게는 넘지 못할 장애가 없었던 것은 아니었다. 그것은 閭民들이 향촌사회의 일부 지역에서만이 아니라 나라의 모든 지역에서 새로운 '時宜'를 이루면서 閭 단위의 농업공동체를 수립한다는 것은 지주제를 토대로 하고 있던 조선봉건체제에 대한 정면 도전이 아닐 수 없었기 때문이다. 우선 閭民 가운데 혹 끼어 있을 수 있는 班戶지주들이나 自時作上農의 부농층은 새로 조직된 閭에 자진해서 納土하지 않았을 것임은 물론이고, 共同出資하여 閭田을 購買하는 데에도 동참하지 않았을 것이었다. 또한 班戶지주나 부농을 제외한 無田·佃作農民層·零細土地所有者層의 民戶들이 양반지주들의 사유지를 구매하려고 할 때, 양반지주 개인으로서는 자신의 소유지를 그들에게 매각할 수도 있었을 것이다. 그러나 지주제를 통한 농민수탈에 기반하고 있었던 봉건지배층과 양반지주계급의 일원으로서는 閭民들에게 결코 소유지를 매각하지 않았을 것이다. 그것은 그들이 빈농의 여민들에게 소유지를 매각한다는 것은 봉건지배층과 양반지주계급으로서의 지위를 스스로 포기하는 것이 될 것이고, 또한 그들의 경제기반을 스스로 잃어버리는 것이 되었을 것이기 때문이다. 종전에 정전론·균전론이나 심지어는 한전론 등의 토지재분배론이 제기되었을 때 국왕과 정부대신들은 여러 가지 구실을 대면서 그것들이 시행될 수 없다고 一笑에 붙여 버리곤 했지만 기실은 그 하나라도 시행할 의사를 가지고 있지 않았던 것이다. 따라서 閭民들은 閭田을 마련하는 데서부터 난관에 부딪칠 수밖에 없었을 것이다. 물론 한수이북지방처럼 빈농들이 실제로 군역전을 마련하고 경영하고 있었던 경우에 비추어 보면, 지주제가 발달하지 않은 지역에서는 閭田도 어렵지 않게 확보할 수 있었을 것이기 때문에 閭田制는 전국적으로 실시되기는 어려웠을지 모르지만 지역적으로는 쉬이 실시될 수도 있었을 것이다. 그런 의미에서 「田論」의 농업공동체론은 여느 농업개혁론보다도 토지 확보 측면에서는 가장 현실적인 농업개혁론이었다고 볼 수도 있을 것이다.

그런데 「전론」은 농업개혁론이자 또한 향촌사회조직 개혁론이었기 때문에 閭의 농업공동체를 수립함에 있어서 또 다른 난제를 안고 있었다. 그것은 군역제와 관련된 문제였다. 閭의 농업공동체는 향촌사회조직의 개편을 전제로 하고 있었고, 향촌사회조직의 개편은 향촌사회의 권력구조 개편과 맞물려 있었다. 여기서 문제가 되고 있었던 것은 향촌사회의 권력을 실질적으로 장악하고 있었던 재지사족층이 자기 주도의 향촌지배구조를 수립하면서 군역 면제와 같은 기존의 특권을 포기할 수 있었을까라는 점이다.

조선후기에 정부의 향촌지배정책은 기존의 守令 중심의 군현제를 面里制('面·坊―里·洞―統')로 정비하고 강화하는 방향으로 바꾸고, 이를 통해 재지사족의 토호적 성향을 억제하여 그들의 농민에 대한 사적 수탈과 지배를 배제해 가는 한편, 그들을 面里任으로 포섭하려는 것이었다. 이 시기 면리임은 鄕所(鄕廳)에 예속되어 감독을 받는 한편, 守令·吏胥들에 의해 갖가지 행태의 침학을 받고 있었다. 반면 재지사족들은 군·현 단위의 鄕會(鄕所, 鄕廳), 면 단위의 鄕約(風憲―約正)을 통해 수령을 견제하고 향촌과 농민을 장악하는 한편, 班常間의 차별론을 내세우면서 면리임직을 계속 謀避하고 있었다.[113] 따라서 국가권력(수령권)과 재지사족층은 면리제 운영과 면리임직을 둘러싸고 첨예하게 대립·충돌하고

---

113) 士族들의 謀避에 대한 정부 차원의 대응책으로 숙종 원년 「五家統事目」 안에 功能있는 面任에 대한 논상 규정과, 동 37년의 「良役變通節目」에서 士族 上尊位와 中庶民 下尊位로 구분하고, 하존위는 각종 실무를 맡도록 하며, 상존위는 이를 총괄 감독하게 함으로써 사족의 명분을 살려주는 방안이 제시되었다. 정조 연간 洪良浩의 「什伍相聯之制」(『牧民大方』, 정조 16년)에서도 勸農官兼風憲은 제반 업무를 총괄할 뿐이고 里監·里正이 文敎·風化·禁令·勸農·檢納·差役·推捉 등의 실무를 담당하는 것으로 구분되어 있다. 그러나 사족층이 면임을 계속 모피해서였던지 18세기 후반, 삼남·경기지방에서는 수령이 鄕廳의 望報에 의해 良民 가운데서 부유한 자를 면임으로 擇出하고 있었다(「南原縣牒報移文成冊」 正月 16日 大同事傳令 南原縣勸農節目 各坊).

있었다.[114]

조선후기에 앞에서 본 것처럼 농업론을 제안한 사람들 가운데는 그것과 함께 향촌사회조직개혁론도 제안하고 있었는데,[115] 유형원이 그 대표적인 인물이었다. 그는 향촌조직으로 鄕里制를 제안하였다. 이에 따르면 五家作統制를 근간으로 하되 10統을 1里로, 10里를 1鄕(坊)으로 명명하여 최하부의 행정단위로 삼도록 하였다. 그리고 500家 700頃 규모의 鄕(坊)을 생산·행정의 기본단위로 규정하였다. 이때 鄕(坊)의 직임은 '鄕正(坊正)—里正—統長'으로 계열화하고, 특히 재지사족을 鄕正에 임용할 것을 강조하고 常祿·伺候를 덧붙여서 실질적인 권한을 담보해주고자 했다. 또한 재지사족의 향촌운영에의 참여를 유도하기 위하여 '鄕所—鄕約—洞契'의 재지기구를 보다 활성화시키도록 하였다. 이 鄕里制의 핵심은 鄕正(坊正)에 士族을 임용하고, 鄕(坊)을 행정과 생산의 기본단위로 삼는다는 것이었다. 또한 安鼎福도 향촌통제와 隣保조직의 정비를 목적으로 하는 鄕社法을 제안하였다. 이는 기존의 '面—里—統' 조직 대신 '鄕(10社, 鄕師)—社 (5甲, 社正)—甲(2統)—統(5家)' 조직을 편성, 대비시킨 것이었다. 그리고 기존의 面의 風憲이 官令의 奉行과 文書檢察을 맡고, 사족신분의 '齒德俱優者'인 鄕師가 敎化·爭訟에 관한 일체의 실무를 맡도록 하는 것이었다. 이와 함께 그는 토지제도

---

114) 면리제와 면리임직을 둘러싸고 국가권력과 재지사족층이 대립·충돌하고 있었던 배경에는 班戶(大民)와 民戶(小民) 사이의 조세부담 문제와 향촌지배의 주도권 다툼 문제가 놓여 있었다. 예를 들면, 정조 15년 1월, 광주부 관할 2개 면(一用面·松洞面)의 수원부로의 移屬 문제를 놓고 벌어지고 있었던 조정의 논의에서 이를 확인할 수 있다. 정조 13년 7월 수원부가 留守營으로 승격되면서 顯隆園의 奉役을 위하여 광주부 倂石面의 梨目洞·泉川里를 수원부로 이속시키기로 결정했다. 그러자 '班戶가 많고 民戶가 적은 一用面'(광주부)은 '民戶가 많고 班戶가 적은 梨目洞·泉川里'를 일용면에 合附하려고 했다. 이를 두고 좌의정 蔡濟恭은 일용면의 '班戶가 民戶를 사역하고자 하는 계략'이라고 지적했다. 또한 수원 前府使 趙心泰는 '班戶가 많고 民戶가 적은 一用面이 民戶가 많고 班戶가 적은 梨目洞·泉川里를 合附하여 民戶들의 下契를 접수하고 궁극적으로 자신들의 향촌지배를 확고히 하려는 것'이라고 규정했다. 기존의 일용 면의 사족층이 각종 부세의 감면과 군역 면제와 같은 기존의 특권을 계속 누리고자 하는 의도를 드러내고 있음을 지적하는 것이었다(『備邊司謄錄』178책, 정조 15년 1월 24일).

115) 오영교, 1994, 「17世紀 鄕村對策과 面里制의 運營」『東方學志』85권 1호, 134~138쪽.

개혁안으로 明나라 丘濬(1420~1495)의 '配丁田法'을 제안했다.[116] 아무튼 이 두
사람의 견해는 기존의 면리제 대신에 면임에 준하는 직임(鄕正 ; 鄕師)을 사족층
이 맡는 향관제도를 제안한 점에 있어서 일치하고 있었다. 말하자면 수령
아래의 면리제를 개혁하여 재지사족 주도의 향촌지배구조를 수립하자는 것이
었다.

이렇게 보면, 「전론」에서 말하는 '閭(약 30호)－里(3閭)－坊(5里)－邑(5坊)(郡·縣)'
의 향촌조직개편안은 그 기본구조에 있어서 유형원·안정복의 그것과 거의
차이가 없음을 알 수 있다. 이 두 사람은 기존의 면임에 해당되는 鄕正(坊正)·鄕師
직임을 사족이 맡도록 하였고, 다산도 "閭에는 閭長을 두고, 큰 閭의 閭長이
里長을 겸임하고, 坊長은 里長 가운데서 賢者를 택해서 겸임하게 한다."(閭置閭長
里置里長 里長 以大閭之長兼之 坊長 擇里長之賢者兼之)라고 하여 坊長은 里長 가운
데서 '賢者'가 맡도록 하였는데, 이 '賢者'를 '士'로 본다면 坊長은 물론 里長·閭長
까지도 사족이 맡게 될 가능성이 높은 것이었다(7. 「전론」). 따라서 이들은
모두 정부가 면리제를 강화하여 재지사족을 통제하려는 향촌지배정책에 대응
하여 재지사족 주도의 향촌지배구조를 구상했던 것이다. 이는 향촌에서 '班戶'로
서 실재하고 있었던 사족층이 각종 부세의 감면과 군역 면제와 같은 기존의
특권을 계속 누리고자 하는 의도를 드러내고 있는 셈이었다.

그런데 「田論」에 따르면, 閭民을 3分하여, 1/3은 戶丁을 내어 隊伍을 편성하는
데에, 그리고 2/3는 戶布를 내어 軍需에 응하게 하되, 役丁의 다과를 기준으로
戶布를 加減한다는 것으로서, 말하자면 호포법을 시행한다는 것이었다. 그리고
이러한 호포법은 閭田法을 시행하여 閭民의 생업을 안정시키고, 학교제도를
정비하여 孝悌의 義理를 교육(인륜교육)한다면 저절로 시행될 것이라는 것이었
다.[117] 이는 閭民·里民·坊民 가운데 있는 사족의 班戶들도 이제는 신분에 따른

---

116) 丘濬의 '配丁田法'(『制民之産』)의 기본 내용은 ① 丁마다 토지 1頃을 점유할 수 있도록
   하되 이를 구매를 통하여 취득하도록 했고, ② 이미 1頃 이상을 점유한 것에 대해서는
   '100頃까지는 관부에서 역시 묻지 않는다'는 것이었고, 다만 앞으로 다시 구매하는
   것은 허용하지 않는다는 것이었다. 그러나 이 '配丁田法'은 토지집중의 문제를
   해결하는데 도움이 되지 않았다고 평가되었다.

특권을 포기하고 군역을 직접 지거나 출포해야 한다는 것인데, 이것이 당시 班常制가 엄연한 현실에서 과연 가능했을지에 대해서는 의문을 가질 수밖에 없다. 당시에 조정 안팎에서는 軍政의 폐단을 제거하기 위하여 군역제 변통책의 하나로 戶布論이 제기되고 있었다. 그것은 위로는 王子大君·公卿大夫로부터 아래로는 常民·賤民에 이르기까지 軍役稅를 모두 호포의 이름으로 받자는 것이었다. 특히 肅宗 초에는 이 같은 호포법을 제도화하는 문제가 정부에서 대대적으로 논의되었다. 그러나 결국은 제도화에 실패했는데, 그것은 양반층의 강경한 '戶布不可論' 때문이었다. 그 반대 이유 가운데 하나는 호포는 귀천을 막론하고 출포해야 하는 데서 '大均之道'인 듯하나 자연의 이치, 상하관계의 질서, 즉 班常制를 부정하는 점에서 명분에 어긋나므로 실은 '大不均之道'라는 것이었다.118) 그리하여 호포론은 그 의의는 인정되었지만 실제로 시행되지 못했다가 대원군의 집권기에 가서야 재론되어 부분적으로 시행되었던 것이다. 따라서 재지사족의 반호들이 각종 부세의 감면과 군역 면제와 같은 기존의 특권을 포기하면서까지 閭의 농업공동체에 참여하지는 않았을 것이었다. 따라서 조선 봉건체제의 기축이 되고 있었던 班常制가 유지되는 한 「田論」의 농업공동체론은 시행되기 어려웠을 것이라고 생각된다.119)

---

117) 『茶山詩文集』 제11권, 論 田論 7. "行閭田之法 而申之以孝弟之義 律之以庠序之敎 使民親其親長其長 則戶布自行矣."(『孟子』 梁惠王 上. "謹庠序之敎 申之以孝悌之義 頒白者不負戴於道路矣.")

118) 『肅宗實錄』 11권, 숙종 7년 4월 3일. "大司憲李端夏上疏 略曰 戶布之議 發於先朝甲寅年間 而擧世騷然 論議逕庭 終不得歸一而罷 欲行此法者以爲 上自公卿 下至庶賤 無一戶不出布 此爲大均之道 人誰敢怨尤 而逃故兒弱隣族之弊 可以掃除 此說似矣 有未能深思者 物之不齊 物之情也 貴賤厚薄大小輕重 有萬不同 是以聖王之治天下國家 必因其情之不齊 貴者貴之 賤者賤之 厚者厚之 薄者薄之 大小輕重 莫不皆然 使各得其所而無敢踰其分 今者無論貴賤 皆出戶布 朝紳則爲國家危亡之勢 雖勉强出而無所憚 若以士子言之 平生勤苦讀書者 與不讀一字者 同出其布 不亦冤乎 臣以爲此法近於孟子所斥大屨小屨同價之說也."

119) 李榮薰은 여전제는 사유지를 국유지 또는 공유지로 전환하는 구체적인 방안이 없고, 지지해 줄 세력이 부재하다는 점을 들어 시행 가능성이 전혀 없었으며, 따라서 20세기 사회주의의 집단농장에서나 그 모습을 찾아 볼 수 있는 공상적인 것이었다고 평가하였다(1996, 「茶山의 井田制改革論과 王土主義」 『民族文化』 19). 이에 반해 신용하는 두레라는 농민의 공동노동조직을 근거로 여전제는 시행될

이처럼 無田·佃作·零細土地所有者層의 民戶들을 주체로 하는 농업공동체론은 가장 혁명적이면서도 또한 가장 현실성 있는 농업개혁론이었지만, 막상 그것을 실천에 옮기는 데는 현실의 지주제와 신분제를 혁파해야만 하는 난제가 가로놓여 있었다. 다산이 「전론」의 농업공동체론의 한계를 인식하고 또 다른 농업개혁론을 제기한 것은『經世遺表』의 「田制」에서였다.[120] 따라서 이하에서도 역시 토지소유관계 문제에 초점을 맞추어서 「전제」를 살펴보고자 한다.[121] 우선 다산의 당시 현실에 대한 인식은 여러 토지·농업개혁론을

수 있었다고 보고 있다(1997, 「정약용의 여전제 토지개혁사상」『조선후기 실학파의 사회사상연구』).

120) 다산의 玄孫 丁奎英이 「俟菴先生年譜」에서 1817년(순조 17) 다산이 56세 되는 해에 "『邦禮初本』을 저술하기 시작했는데 끝내지는 못하였다. 살피건대 이 책은 또한 『經世遺表』라고도 한다."라고 서술했던 것을 보면, 『經世遺表』의 처음의 제명은 『방례초본』이었던 것 같다. 다산은 「邦禮初本序」(『경세유표』의 서문인 「引」의 내용과 일치한다)에서 '주공이 주나라를 경영하기 위해서『周禮』를 제정했듯이 자신은 조선을 경영하기 위해서 「방례」를 논한다'고 한 데서『방례초본』을『周禮』에 견주었던 것 같다. 그는 해배된 뒤 환갑이 되는 1822년(순조 22, 壬午)에 「自撰墓誌銘」을 지었는데, 거기에서 "『경세유표』48권은 未卒業이고, 『牧民心書』는 48권이며 『欽欽心書』는 30권이다."라고 하여『방례초본』의 제명을『經世遺表』로 바꾸어 썼다. 그리고 같은 묘지명에서 '經世'의 뜻을 스스로 풀이했는데, "經世라는 것은 무엇을 말함인가. 官制·郡縣制·田制·賦役·貢市·倉儲·軍制·科擧制·海稅·商稅·馬政·船法 등 나라를 경영하는 모든 제도에 대해서 현재의 운용에 구애받음이 없이 기본 골격을 세우고 요목을 베풀어 그것으로써 우리 舊邦을 새롭게 해보겠다는 것"이라고 풀이하였다. 즉,『經世遺表』는 하나의 사회개혁론이었던 것이다. 그리고 '죽은 뒤에 혹시 (임금에게) 아뢰게 될' 개혁론이라는 뜻을 부쳐서『經世遺表』로 개명했다. 그리고 '一表二書'에 대해서 그는 "성인의 경전에 근본을 두고 時宜에 알맞도록 힘써 서술해 두었으니, 없어져버리지 않는다면 혹 이를 취해 쓸 자가 있을 것이다."라고 하여, 언젠가는 세상에 널리 이용되기를 기대하는 심정을 토로하였다(해제).『經世遺表』제5~9권의 내용을 보면, 「전제」1~3에서는 古經典의 정전제에 대한 이해와 해석을 개괄하고 있고, 「전제」4~12에서는 중국과 조선의 역대 토지제도와 전세제도를 고찰하여 정전제 시행의 구체적인 방책을 제안하고 있으며, 「田制別考」에서는 結負制와 魚鱗圖에 대해서 강론하고 있다. 따라서 「전제」는 토지제도·부세제도의 개혁론이라고 볼 수 있다.

121) 다산의 「정전론」을 면밀히 분석한 김용섭은 농업개혁의 방향이 「전론」의 '공동농장적 농업경영론'에서 「정전론」의 '독립자영농적인 농업경영론'으로 바뀌게 되었던 원인으로 세 가지를 꼽았다. 첫째는 강진으로 귀양 가 유배생활을 하는 동안 (1801~1818)에 당시의 농업생산의 실상과 농촌현실을 정확히 관찰한 위에서 농업

제기한 사람들의 그것과 크게 다르지 않았다. 그것은 한마디로 말하자면 농민층의 빈곤과 몰락, 그리고 세수의 감소에 따른 국가 재정의 고갈이었다. 다산은 그 원인으로 첫째, 지주계층의 토지 집적과 전호농민의 수탈, 둘째, 陳田 冒稱의 隱結·漏結의 증가, 셋째, 經界의 문란과 量田의 未實施, 넷째, 結負制에 의한 토지 파악과 불공정한 과세, 다섯째, 吏胥輩들의 苛斂과 중간 착복 등을 지적하였다. 一言하자면, 전정의 문란과 지주제였다. 그리하여 그는 국가의 가장 시급한 과제를 전정의 개혁이라고 보고, 그 전정의 개혁안으로 정전제에 착목하게 되었다.

생각컨대, 오늘날 국가에 가장 긴급한 것은 田政이다. 오랜 시일을 田野에 살면서 전정의 문란을 目見하고, 정말로 눈물을 흘리고 싶을 때가 많았다. (강진현과 해남현을 예로 들어 전정의 문란상을 설명) 위로는 나라를 깎고 아래로는 民人을 벗겨내면서 그 가운데서 살찌는 자는 貪官과 猾吏이니 어찌 원통하지 않은가. 옛날 성인은 그렇게 될 것을 알고 정전법을 제정해서 그 간사함을 미리 막았던 것이다. 그런데 지금 사람들은 정전법을 말하는 자가 있으면 迂濶해서 事情의 맥을 짚지 못한다고 지목한다. 그렇다면 옛날

개혁의 시급함을 절실히 느끼고 그 방향을 모색했다는 것이었다. 둘째, 역시 유배기간에 유교경전에 대한 깊은 연구를 통하여 많은 새로운 사실을 깨달았는데, 특히 정전제에 대해서는 종래의 諸家의 註釋이나 그 자신의 이해가 잘못되었다는 것과 정전제 본래의 의의를 파악할 수 있었다는 것이었다. 셋째, 다산은 젊은 시절의 이상적인 공동농장적인 농업경영론만을 주장할 수는 없다는 것을 알았고, 따라서 봉건지배층·양반지주계층과 농민층 모두가 수긍할 수 있는 절충안을 생각하게 되었다는 것이었다. 그리하여 다산은 정전제에 대한 새로운 이해를 바탕으로 「정전론」의 독립자영농적인 농업경영론을 제기하게 되었다는 것이다(金容燮, 1972, 「18, 19世紀의 農業實情과 새로운 農業經營論」『大東文化研究』9(2004, 『韓國近代農業史研究[I] 所收).

이후에 나온 주요 논고들을 소개하면 다음과 같다. 朴贊勝, 1986, 「丁若鏞의 井田制論考察-『經世遺表』「田制」를 중심으로-」『歷史學報』110 ; 成大慶, 1987, 「다산의 농업개혁론」『大同文化研究』21 ; 姜萬吉, 1990, 「다산의 토지소유관」『다산의 정치경제사상』, 창작과 비평사 ; 李榮薰, 1996, 「茶山의 井田制改革論과 王土主義」『民族文化』19 ; 愼鏞廈, 1997, 「정약용의 여전제 토지개혁사상」『조선후기 실학파의 사회사상연구』 ; 金泰永, 2012, 「茶山의 井田制論」『다산 정약용 연구』, 사람과 무늬 ; 이정철, 2012, 「정약용 전제개혁론의 역사적 맥락」『한국사학보』47.

성인은 오활하고 지금 사람은 지혜가 많으며, 옛날 성인은 사정에 어둡고 지금 사람은 識務하다는 것인데, 어찌 그런 이치가 있겠는가. 다만 옛적에는 밭뿐이었는데 지금은 논이 많으며, 또 우리나라(我邦)의 지세는 山林이 많고 原濕이 적으니 정전은 진실로 할 수가 없다. 그러나 한 가지 방법이 있다. 정전의 모양은 없지만 정전의 실효는 거둘 수 있으니 어찌 좋지 않겠는가. 전지 10結마다 1結을 公田으로 삼고 부근의 9結은 私田으로 삼은 다음, 9結을 받은 佃夫가 공전 1結을 함께 경작해서 王稅에 충당하도록 하고, 私田 9結에는 賦稅를 없애서 모두 자기 집에 들이도록 하다면, 이것이 바로 정전이다.[122]

여기서 다산은 정전제를 새롭게 이해하고 있다. 즉, 九一稅法(井勘法)으로 이해하고 있는 것이다. 당시 전정이 문란해지는 가운데 특히 貪官과 猾吏들의 苛斂과 착복으로 나라와 민인들이 곤핍해져 가고 있는 바, 이를 막을 수 있는 방법은 정전법이고, 정전을 구획할 수 없더라도 九一稅의 助法('勘法')을 시행할 수 있다면 정전제의 실효를 거둘 수 있다는 것이다.

그리하여 그는 유배기간 동안에 『堯典』·『皐陶謨』·『禹貢』 3편과 『周禮』 6편, 그리고 이에 대한 先儒들의 注解·註釋을 치밀하게 고찰하고 재해석함으로써 정전법의 본질과 이념을 새롭게 파악하였고,[123] 田政 개혁안으로서의 정전법에 대한 믿음을 확고하게 갖게 되었다.

---

122) 『經世遺表』 제1권, 地官戶曹 敎官之屬. "臣謹案今日國家最急者 卽田政也 臣久處田間 目見 田政之紊亂。誠欲流涕者屢矣……上而削國 下而剝民 於其中央所肥者 貪官猾吏 嗟呼 豈不 冤哉 古之聖人 知其然也 制井田之法 逆杜其奸 今人有言 井田之法者 指爲迂闊 不切事情 然則聖人迂闊 而今人多智 聖人昧事 而今人識務 豈理也哉 但古唯旱田 今多水田 又我邦地勢 山林多而原濕少 井田誠不可爲也 然有一法焉 無井田之形 而有井田之實 不亦善乎 每田十結 以其一結爲公田 以附近九結 爲私田 令九結佃夫 同治公田一結 以當王稅 其私田九結 不稅不 賦 悉入其家 則於是乎井田也."

123) 『經世遺表』 제7권, 地官修制 田制9 井田議1. "古法之存於今者 唯有堯典 皐陶謨 禹貢 三篇及周禮六篇而已 臣於此九篇 研精覃思 蓋有年所 其考績奏績之法 正土平賦之制 種種條 例 嚴酷栗烈 綜核縝密 一滴不漏 一髮不差 不似後世之法敧傾散漫 贅疣潰裂 其精義妙旨 不可勝言."

정전이라는 것은 성인의 經法이다. 經法이란 예전이나 지금이나 통하는 것인데, 예전에는 시행하기 편리했지만 지금에는 불편하다는 것은 필시 그 법을 분명히 알지 못하기 때문이다. 천하의 이치는 예전과 지금에 있어서 다름이 있을 수 없다. 지금 정전이 불편하다고 말하는 자들은 크게 두 가지를 들고 있는데, 하나는 地勢가 불편하다는 것이고, 또 하나는 인구수가 일정하지 않다는 것인데, 이는 모두 先王의 제도를 깊이 고찰해 보지도 않고 나름대로 말하는 것이다.[124]

즉, 정전제는 천하의 이치고 성인의 법이기 때문에 언제 어디에서도 시행될 수 있다는 것이었다. 그런데 정전제가 무너진 秦·漢 이래 중국에서나 조선에서 정전제가 복설되지 못했던 것은 고대 정전에 대한 후대 정치가들이나 학자들의 이해가 잘못되거나 부족한 데서 비롯되었다는 것이다. 특히 정전제가 복설될 수 없다고 주장하는 자들이 제기했던 두 가지 견해야말로 전적으로 迂儒들의 잘못된 주석과 속설에서 비롯되었다는 것이었다. 따라서 다산은 여러 經書에 대한 先儒들의 주석과 해석을 반박할 뿐만 아니라 심지어 자신의 오해도 수정함으로써 두 가지 견해를 일축하고 있다. 그리고 그는 자신의 정전제개혁론이 본디 '先王之本法'이기 때문에 經文을 잘 검토해서 시행하기만 하면 된다고 생각하였다.[125]

그러면 다산이 「전제」에서 파악했던 고법 정전제의 본질과 이념, 그리고 당시 조선의 사정과 현실에 맞게 시행하려고 했던 정전제 시행 방안은 무엇이었는지를 살펴보자.

---

124) 『經世遺表』 제5권, 地官修制 田制1 井田論1. "井田者 聖人之經法也 經法 可通於古今 利行於古而不便於今者 必其法有所不明而然 非天下之理 有古今之殊也 今言井田不便者 其 大端有二 其一曰地勢不便 其一曰民數無恒 斯皆不深考乎先王之制而贐爲之說者也."

125) 『經世遺表』 제5권, 地官修制 田制1 井田論1. "及 觀聖經諸文 乃臣之所欲參酌而變通之者 原是先王之本法 但當表章經文 按而行之 不必鑿鑿然裁損修潤也."

1. 정전제의 본질

1) 井田은 어떻게 해서 만들었는가. 정전이라는 것은 九一稅의 본보기다. 천하의
   전지는 본래 길기도, 짧기도, 비스듬하기도, 타원형이기도, 뾰족하기도,
   뭉툭하기도, 조각나기도, 비뚤어지기도 한 것이다. 수리에 정묘한 자가
   句股法·冪積法을 써서 升除折補하여 그 실적을 파악했다. 이에 佃夫를 불러서
   말하기를, "私田은 8이고 公田은 1이니 여덟 佃夫가 公田 하나를 농사지어서
   관(公)에 바치라."고 했다. 민인들이 두려워하며 물러가서 의논하기를, "내
   땅은 적지 않는가? 네 땅은 크지 않는가? 공전은 혹 너무 크지 않는가?"
   하며 의심하고 다투며, 원망하고 저주하여 대대로 평온할 수가 없었다.
   이 때문에 井田이 생기게 되었는데, 평평한 땅을 골라서 구획하여 井을
   만들었다. 그리고 法式을 만들었는데, 6尺을 1步, 100步를 1畝(세로 가로가
   각각 10步), 100畝를 1夫(세로 가로가 각각 10畝), 3夫를 1屋(3간 집과 같다),
   3屋을 1井으로 했다(그 모양이 井字와 같다). 이에 바라보니 4角이 平直하고,
   間架가 均正했다. 갑의 100畝가 을의 100畝와 다르지 않았고, 을의 100畝가
   公田의 100畝와 다르지 않았다. 그리고 佃夫를 불러서 말하기를, "네가
   이 井을 보고 비율을 헤아려 본 다음 돌아가서 네 땅을 보고 9분의 1이
   되는지를 시험해 보라."고 했다. 성인이 規矩로써 方圓을 바르게 하고, 6律로
   써 5音을 바르게 하며, 井田으로써 9분의 1을 취하는 것을 바르게 했다.
   이것을 楷·模·型·範으로 하고 佃夫들에게 그 땅을 측량한 것이 법식에 맞게
   했음을 알도록 한 것일 뿐이었지 어찌 반드시 산을 무너뜨려서 구렁을
   메우고, 고개를 깎아 늪을 메워서, 천하의 땅을 모두 井으로 만들었겠는가.
   井을 만들 수 있는 곳은 井을 만들었다. 井을 만들 수 없는 곳인 規·町·萊·酋
   등은 정전을 만드는 비율을 적용해서, 더 붙이고, 덜어 내고, 끊고 보태고
   하여 정전의 총면적으로 묶었다. 각각에다 10을 곱해서, 10井을 1通, 10통을
   1成, 10성을 1終, 10종을 1同으로 했다. 이를 기준으로 벼와 꼴을 거두고(賦),
   이를 기준으로 車乘을 차출하고, 이를 기준으로 都鄙를 만들고, 이를 기준으
   로 侯(侯爵)를 封하고, 이를 기준으로 伯(伯爵)을 세웠으니, 이것이 堯·舜과
   三王의 법이었다(정전론 2).[126]

---

126) 『經世遺表』 제5권, 地官修制 田制1 井田論2.

2) 9분의 1세는 天地方圓의 바른 이치로, 이보다 무거우면 인민이 지탱하지 못하고, 이보다 가벼우면 나라가 넉넉할 수 없다. 옛적에는 9분의 1로 하여 上下가 다 편했는데, 漢나라 이래로 9분의 1보다 가볍게 했다. 그러나 부역을 번거롭게 일으키고 徵斂하는 것이 한정이 없어서 豪猾한 자가 兼並하니 농부가 가난해져서 수지를 계산하면 10에서 7, 8을 바치지 않는 자가 드물었다. 진실로 9분의 1로 하는 법을 회복하고, 9분의 1세외에 생기는 여러 가지 해를 모두 제거할 것 같으면 인민으로서 춤추지 않을 자가 있겠는가? 9분의 1의 법을 시행하고자 한다면 반드시 평평한 들판, 기름진 땅에 정전을 구획하되 正方을 矩로 잰 것처럼 하고 經緯를 棋局과 같이 한 다음에 만민에게 보이면서, "9분의 1의 세율이 이와 같다."라고 말한다. 드디어 이 九一稅를 黃鐘으로 삼아서 여러 세율을 바로잡고, 무릇 모진 것, 타원형인 것, 뾰족한 것, 굽은 것 등에 대해서도 적용했으니, 이것이 바로 정전을 만들었던 까닭이다. 그 본뜻을 궁구하면 10里 또는 5里에 오직 1井을 설치해도 可하였다. 또 정전하는 법이 매우 좋은 까닭에 그 편평하고 광활한 땅을 모두 정전으로 구획하였으니, 이것이 정전이 넓어지게 된 까닭이었다.[127]

3) 정전이라는 것은 規矩·律呂와 같은 것으로서 여러 토지를 계산하는 範率이 되었다. 그러므로 요순과 삼왕 때에도 오직 평평하고 기름진 땅에만 정전을 만들었고, 山陵과 川澤을 포괄한 천하의 전지를 다 정전으로 했던 것은 아니었다. 그리고 비뚤어지고 기울어져 평평하지 못한 땅으로 모진 것, 타원형인 것, 뾰족한 것, 굽은 것은 그 실제 면적을 셈해서 몇 무(畝)로 계산하던 것은 지금 법과 같았다. 이미 이와 같은데 어찌해서 정전 제도를 회복할 수 없다고 하는가?[128]

---

127) 『經世遺表』제7권, 地官修制 田制9 井田議1. "九一者 天地方圓之正理 多於九一民不可支也 輕於九一 國不可給也 古者九一 上下咸安 自漢以來 輕於九一 然賦役繁興 徵斂無藝 豪猾兼幷 農夫憔悴 悉計所入 其不爲什七八者 鮮矣 誠若九一是復 而九一之外 雜害悉除 民有不蹈舞者 乎 欲行九一之法 則必於平原衍沃之地 畫爲井田 正方如絜矩 經緯如棋局 明示萬民曰 九一之 率如此 遂以此率立爲黃鍾 以正諸率 凡圖者橢者圭者句者 一以是率之 此井田之所以作也 原其本意 唯十里五里 置一井焉 可也 又緣井田之法 仍然美好 其平廣之地 遂皆畫井 此井田之 所以廣也."

128) 『經世遺表』제7권, 地官修制 田制9 井田議1. "臣竊伏念 井田者 所以立均出度 以率諸田者也

4) 정전제는 여러 經書에 여기 저기 보이나, 先儒의 주석은 통하지 않는 곳이 많다. 이번에 여러 경서에서 요긴한 대목만 뽑아서 정리하면 다음과 같다.[129]

(1) 오직 평평하고 기름진 땅만 정전을 만들었다. 原防의 땅은 조각마다 이랑을 만들었다. 이랑 등의 면적을 계산해서 많으면 덜어내어 적은 데에 보태서 100畝를 만들고, 9개를 묶어 1井으로 했다. 그런 다음 평지 井田과 합쳐서 10井을 1通으로 하고, 10通을 1成으로 하였다. 이것이 古井田의 법이었다.

(2) 높고 건조한 땅과 낮고 습한 땅도 농사지을 수 있는 땅이다. 밭이랑과 목초지도 모두 전지의 이름이다. 이러한 땅은 실적을 계산해서 100畝로 묶고, 일반적인 井田과 通計해야 한다.

(3) (정현이 『周禮』를 주석하면서 그릇된 것이 많은데, 이 篇이 그중에서도 가장 심하다) 주나라 제도에 王城 안을 6鄕이라 하고, 성 밖 근교를 6遂(遂: 50리 이내)라고 했다. 100리 안쪽은 遠郊(遠郊: 遂의 바깥)라 했고, 200리 안쪽을 邦甸(公邑)이라 했으며, 300리 안쪽은 家稍(大夫의 采邑)라 했다. 400리 안쪽은 邦縣(작은 도읍)이라 했고, 500리 안쪽을 邦都(큰 도읍)이라 했다. …… 정전과 목장을 마련한 것은 안으로 원교에서 밖으로 방도에 달했다. …… 주나라 법은 오직 6遂에서만 什一稅를 썼고, 원교 밖에는 모두 九一稅를 썼다. …… 九一稅는 천하에 공통되는 법이었고, 오직 6遂 안에서만 什一稅를 적용했으니 뒤섞어서는 안 된다.

(4) 정전법은 오직 평평하고 기름진 땅에다 때로 1井을 구획하고, 법식과 비율을 정해서 만민에게 보이고, 9분의 1로 하는 큰 법을 정했을 뿐이었다. 혹 1井이 따로 있기도 하고, 혹 여러 井이 서로 잇따라서 있기도 했다. 혹 平原 廣野에는 10井이 서로 잇달아 있을 수도 있었다. 그러나 소위 10井이 1通이 되고, 100井이 1成이 된다는 것은 평탄한 곳에 흩어져 있는 1井, 2井 등을 합계해서, 그 수효에 충당했던 것이다. 이뿐 아니라 웅덩이진 땅, 묵은 땅, 집 곁의 공터 등의 한 고랑 되는 땅이라도, 비뚤어진 것, 타원형인 것, 뾰족한 것, 뭉툭한 것 등을 긴 것은 끊고 짧은 것은 보태고

___

故堯舜三王之時 亦唯衍沃之地 乃作井田 非包山陵括川澤 盡天下之田而爲之井也 其敧斜不平之地 圓橢圭句 算其實積 計爲幾畝 與今法同也."

129) 『經世遺表』 제5권, 地官修制 田制1 井田論 3.

해서 100畝로 묶기도 했다. 그리하여 100畝가 아홉 개가 되면 묶어서 1井으로 했고, 10井이 되면 묶어서 1通으로 했으며, 10通이 되면 묶어서 1成으로 했다. 사리로 미루어보아도 반드시 그러하며 經文을 숙독해도 깨달을 수 있다.

즉, 井田을 만든 까닭은 평평한 곳에 900畝를 1井(公田 1區 100畝, 私田 8區 800畝)으로 하는 '井'字型의 토지, 즉 정전으로 구획하고 9區 가운데 私田 100畝씩을 경작하는 8夫가 중앙의 公田 1區를 함께 경작하여 그 소출을 국가(公家)에 바치는 것이 9분의 1('九一之率')을 납부하는 것이 된다는 것을 증명해 보이기 위해서였다는 것이다. 그렇기는 하지만 '劃方成井'하여 정전을 만들면 經界가 바르고 九一稅를 수취하는 것이 확연하기 때문에 평평한 곳에서는 정전을 구획하여 넓혔고, 평평하지 못한 곳에서는 당시 사용하고 있던 면적계산법인 句股法·冪積法 등으로 '升除折補'하여 산출한 실적 100畝 9개씩을 1井으로 묶음으로써 전체 토지를 정전 총면적(100畝 1夫, 9夫 1井, 10井 1通, 10通 1成, 10成 1終, 10終 1同)으로 파악했다는 것이었다. 그리고 이 전체 토지에 대해서 井田별로 '井勘制'를 실시하는 井田制를 시행했다는 것이다.

그리고 정전제의 '九一稅法'은 '井勘制'였다는 것을 분명히 하고 있다. 즉, 九一稅라는 것은 1井의 9夫가 각각 100畝씩 경작하고 각각 바치는 稅粟이 아니고, '주나라에서는 助法을 시행했다'는 표현에서 알 수 있듯이 1井의 8夫가 각각 私田 100畝씩을 경작하여 그 소출은 자기 몫으로 하고, 가운데 公田 1區는 '함께 경작하여 그 소출을 정부에 바치는 것'을 말한다는 것이었다.[130] 또한 정전을 구획할 수 없는 곳에서는 開方法이 아닌 句股法·冪積法 등으로 '升除折補'하여 산출한 실적 100畝 9개씩을 묶어 1井을 만든 곳에서 9區 가운데 1區를 公田으로 삼고 이를 8夫가 함께 경작하여 그 소출을 바치게 하는 것도 '井勘法'이라는 것이었다. 특히 이는 조선은 地勢가 다르고 논이 많기 때문에 정전제를 복설할

---

[130] 『經世遺表』 제6권, 地官修制 田制4. "臣謹案 勘者 助也 助者 以八而助一也 若九夫各作百畝 各納其一夫之稅 則何得有勘名乎 周之助法 其文若是赫然 猶謂之九夫相助 豈不拗乎."

수 없다는 주장을 일축하는 정전제 운영의 원리가 되고 있었다. 이를테면,

> 다만 옛적에는 밭뿐이었는데 지금은 논이 많다. 또 우리나라 지세는 산림이
> 많고 原濕이 적으니 정전을 진실로 할 수가 없다. 그러나 한 가지 방법이
> 있으니, 정전 모양은 없으나 정전의 실효는 거둘 수 있으니 어찌 좋지
> 않겠는가. 전지 10結마다 1結을 公田으로 삼고 부근의 9結은 私田으로 삼은
> 다음, 9結을 받은 佃夫가 공전 1結을 함께 경작해서 王稅에 충당하도록
> 하고, 私田 9結에는 부세를 없애서 모두 자기 집에 들이도록 하다면, 이것이
> 바로 정전이다[131]

라고 했듯이, 정전을 구획할 수 없는 조선에서도 井耡制를 시행할 수 있고,
그 세율은 9분의 1이며, 따라서 정서제를 시행하는 것이 곧 정전제를 시행하는
것이 된다고 이해하고 있는 것이다.

이처럼 다산은 정전제를 均田·均産이 아니라 賦稅를 均稅化하려는 것, 즉
九一稅, 혹은 什一稅의 '井耡制'를 시행함으로써 均稅를 실현하는 데에 그 목표가
있는 것으로 이해했기 때문에 古法 정전제는 언제 어디에서나 시행될 수 있고[132]
따라서 당시 조선에서도 반드시 復設되지 않으면 안 된다고 생각했던 것이다.

2. 정전제의 이념

1) 누가 인구를 헤아려서 전지를 분배했다고 했는가? 천하에 인류가 생긴
   지 오래이다. 그 성하고 쇠함과 늘어나고 줄어드는 것이 날로 다르고 달로
   같지 않은데 어찌 그 총수를 잡아서 기준을 세우고 고르게 분배해서 기울어짐

---

131) 『經世遺表』 제1권, 地官戶曹 敎官之屬. "但古唯旱田 今多水田 又我邦地勢 山林多而原濕少
    井田誠不可爲也 然有一法焉 無井田之形 而有井田之實 不亦善乎 每田十結 以其一結爲公田
    以附近九結 爲私田 令九結佃夫 同治公田一結 以當王稅 其私田九結 不稅不賦 悉入其家
    則於是乎井田也."
132) 『經世遺表』 제6권, 地官修制 田制5. "堯禹之所以畫田爲井者 非爲均民之産業 乃爲正國之租
    賦." ; 『經世遺表』 제1권, 地官戶曹 敎官之屬. "井田九一 而此云什一 何也 九一卽什一也
    義見孟子說 過於什一者 桀之道也 不及什一者 貊之道也 什一者 天下之中也."

이 없도록 할 수 있겠는가? 工人·商人·虞人·牧者·嬪人 등은 모두 농사를 지을 수 없었다. 농사를 지을 수 없는 즉, 전지를 주어서는 안 되었다. 그런데 인구수를 헤아리고 비율을 정해서 전지를 나누어주었다('計口而分田)니 어찌 이런 이치가 있을 수 있겠는가?

전지는 천자와 제후의 것이었다. 천자와 제후는 이 전지를 農夫에게 나누어주었다. 지금 富人이 전지를 가지고 이를 佃夫에게 나누어주는 것과 같다. 富人이 佃夫에게 전지를 줄 때에는 반드시 건장하고 부지런한 자로 婦·子·傭·奴 등이 있어서 그의 농사일을 도울 수 있는 자를 택해서 주었다. 천자와 제후가 전지를 나누어준 것이 이것과 무엇이 달랐겠는가? 家宰가 9職을 萬民에게 맡겼는데 오직 농사할만한 자에게 농사를 맡겼다. 그러므로 9직 가운데 농사도 한몫을 차지했을 뿐이었다. 지금 정전을 논의하는 자는 반드시 먼저 온 나라의 田結을 계산하고 또 온 나라 인민의 수효를 계산한 다음, 비율을 정해서 고르게 분배하면서, "전결이 부족하다.", "인구가 항상 넘친다."라고 말하고, "상고 시대에는 땅은 넓은데 사람이 적어서 정전을 할 수 있었으나 후세에는 인구가 날로 번성해서, 정전제도는 다시 회복할 수가 없다."라고 말한다. 아아! 그 또한 깊이 생각하지 못했을 뿐이다. 農夫를 기록해두고(籍農夫) 전지를 분배했던 것은 卒伍를 기록해두고(籍卒伍) 軍에 배속하는 것과 같았다. 어찌 일찍이 천하의 모든 黔首가 100畝 되는 전지를 얻어서 각자 먹을 것을 도모하도록 했겠는가? 그러므로 정전법은 오늘날에도 회복될 수 있는 것이다. 다만 아득하게 생각하고 마음을 급히 하여, 唐·虞 시대와 같게 하기는 기대하기 어렵다고 개탄해서는 안 된다(정전론 3).[133]

2) 대개 口數가 7口 以上이면서 壯丁이 半數 以上이 되는 집에는 上等 전지를 주었고, 口數가 6구 이상이면서 壯丁이 半數 이상이 되는 집에는 中等 전지를 주었고, 口數가 5구 이상이면서 壯丁이 半數 이상이 되는 집에는 下等 전지를 주었다.[134] 무릇 1夫와 1婦로써 겨우 夫家를 이룬 자는 餘夫라 하여 100畝의

---

133) 『經世遺表』 제5권, 地官修制 田制1 井田論3.
134) 다산은 이런 분전법을 시행한 곳은 遠郊 밖으로부터 邦畿지역까지였다고 했다. 그리고 上地는 正田 혹은 不易田, 中地는 一易田, 下地는 再易田으로 파악하였다(臣謂此遠郊以外 外達邦畿之法也 上地不易 中地一易 下地再易).

4분의 1을 주었으니, 이로 말미암아 본다면 '分田之法'은 '重在治田 不在制産'이었는데, 누가 인구수를 헤아려서 전지를 주었다고 하는가? 部隊의 行伍같이 편성하고, 굳센 兵卒을 선발하듯 하여 그 인원의 많고 적음과, 그 힘의 강하고 약함을 헤아려서 강한 자에게 상등 전지를 주었고, 약한 자에게는 하등 전지를 주었는데, 누가 인구수를 헤아려서 전지를 주었다('計口而分田')고 하는가? 다만 '制産'에 뜻이 있었다면, 으레 식구가 적고 힘도 약한 자가 상등 전지를 얻어서 그 노고를 적게 들이도록 하고, 식구가 많고 힘도 강한 자가 하등 전지를 얻어서 그 근로를 나누도록 함이 마땅할 것인데, 지금 그 법이 이와 같이 서로 반대로 행해지고 있으니 원래의 의도가 '治田에 있었지 制産에 있지 않았다'('在治田 不在制産')는 것이 분명하지 않은가? 지금 富人들이 전지를 佃夫에게 나누어 줄 때 반드시 장정이 많고 소도 있는 자를 택해서 沃壤을 주고, 쇠약하여 힘이 없는 자는 棄地를 주니, 先王이 인민을 택해서 전지를 준 것과 무엇이 다르겠는가? '計口分田'했다는 것은 迂儒들의 말이었다(井田을 시행하도록 감히 다시 논의하지 못한 것은 오로지 '計口分田' 네 글자에서 비롯된 것이다). 생각건대, 先王이 힘을 요량해서 전지를 주었다는 것('先王之量力以授田')은 재능을 요량해서 관직을 除授한 것과 같다. 부모·처자와 봉양할 식구가 많더라도 진실로 재능이 없다면 이 관직을 제수할 수 없으며, 부모·처자와 봉양할 식구가 비록 많더라도 진실로 强力이 없다면 이 전지를 줄 수 없는 것이다. 농부가 있는데, 부모·처자·형제·자매가 열 사람을 넘더라도 모두 쇠약하고 병들어서 농사에 힘쓸 수 없다면, 小司徒가 상등 전지를 주려 했겠는가? 양육할 식솔의 많고 적음은 先王이 묻는 바가 아니었다. 적당한 사람을 얻어서 전지를 맡겨, 그가 힘을 다해서 농사하면 곡식 소출이 많아질 것이다. 곡식 소출이 많아지면 인민이 먹을 것이 풍족해지고, 인민이 먹을 것이 풍족하면, 疲者·病者·衰者·穉者·工者·商者·虞者·衡者·牧者·圃者·嬪者들도 모두 그 가운데서 먹을 것을 얻게 된다. 이것이 바로 聖人의 뜻이었다. 정전법은 먼저 全總(토지 총면적)을 계산하고 强力者를 嚴選하여 '計畝而授之'했는데, 전지가 다 되면 그것으로 그쳤다. 이것이 堯·舜과 三王의 법이었는데, 지금에 정전을 논의하는 자들은 매양 "사람은 많고 전지는 적다."고 하니, 이것은 사리에 아주 어두운 말이니 타파하지 않을 수 없다.[135]

3) 정전은 어떻게 해서 만들었는가. 정전이라는 것은 농가의 陣法이었다. 주나라는 '兵農合一' 제도를 시행했으니 천하의 전지가 모두 軍田이기도 했다. 소위 한 집에 세 사람, 두 집에 다섯 사람, 한 집에 두 사람이라 말한 것은 다만 佃夫의 額數이자 軍丁의 액수이기도 했다. 兵이란 죽는 곳이니 목숨을 기르는 이점('養生之利')을 주어서 죽음을 회피하려는 마음을 돌리도록 한 것이니, 이것이 성인의 微權이다. 兵으로 나갈만한 자는 전지를 얻었고, 그렇지 않은 자는 전지를 얻지 못했다. 力士를 많이 키운 자는 상등 전지를 얻었고, 力士를 적게 키운 자는 하등 전지를 얻었다. 인민은 兵이 되는 것을 벼슬(官)로 여겼고, 전지를 祿으로 여겼다. 그러므로 그 勇力을 스스로 바쳐 군대(軍額)에 참여하기를 바라지 않는 자가 없었으니, 이것은 王者의 큰 권한이었다. 田地는 王田이었다. 생명을 왕의 田地에다 걸고 있으니 왕의 일에 감히 死力을 다하지 않았겠는가. 지금은 칼자루가 거꾸로 되어 전지는 民田이 되었다. 인민이 자기 전지를 농사지어 먹고 있는데 왕이 까닭 없이 편히 살고 있는 인민을 잡아다가 화살과 돌이 날아드는 전쟁터로 몰아넣으려 하면 인민이 받아들이려 하겠는가? 먹는 것은 삶을 기르는 것이고 兵은 죽음을 막는 것이다. 성인이 그 전지로써 이 두 가지 일(農·兵)을 하는 데에 오히려 날마다 충분하지 못함을 걱정했는데, 식구수를 헤아려서 전지를 준다('計口分田')는 이런 이치가 있었겠는가?[136]

---

135) 『經世遺表』 제6권, 地官修制 田制4. "臣謹案 生齒衰殖 月異而歲變 安得束定如是 七人六人者 其最少之限也 凡人未滿七 而丁不居半者 不授上地 凡人未滿六 而丁不居半者 不授中地 凡人不滿五 而丁不居半者 不授下地 凡過於此數者勿拘 凡一夫一婦 僅成夫家者 謂之餘夫 授百畝四分之一 由是觀之 分田之法 重在治田 不在制産 孰云計口而分田乎 編之如部伍 選之如勁卒 計其額之多寡 程其力之强弱 强者得上地 弱者得下地 孰云計口而分田乎 苟徒以制産爲心 人少力弱者 宜得上地 以省其勞 人多力强者 宜得下地 以分其勤 今其法若是相反 則意在治田 不在制産 不旣明乎 今富人分佃者 必選多丁而有牛者 以授其沃壤 其罷殘無力者 授以棄地 先王之選民以授田何異 是計口分田者 迂儒之說也 井田之不敢復議 專由計口分田四字 …… 臣謹案 先王之量力以授田 如量能以授官 父母妻子所養者雖衆 苟無才能 不可以授此官也 父母妻子所養者雖衆 苟無强力 不可以授此田也 有眇焉 父母妻子兄弟姊妹 恰過十人 皆罷癃殘疾 不可力田 小司徒其肯以上地授之乎 養之衆寡 非先王之攸問也 得人以任之 盡力而治之 則出穀多 出穀多則民食足 民食足則疲者病者衰者羸者工者商者虞者衡者牧者圃者嬪者 皆得怡怡然得食於其中 此聖人之志也 井田之法 當先算田總 於是嚴選强力者 計畝以授之 田盡而止 不復爲意 此堯舜三王之法也 今之議井田者 每云 人多而田少 此大蔀也 不可以不破也."；"夏官大司馬 凡令賦 以地與民制之 上地食者參之二 其民可用者家三人 中地食者半 其民可用者二家五人 下地食者參之一 其民可用者家二人."

이상에서 다산은 고대 정전제의 '分田法'은 '計口分田', 즉 전체 인구수에 비례해서 토지를 分田하여 인민의 '均田·均産'('均民之産業')을 기하려는 데에 있었던 것이 아니라 농가(農者)의 노동력(壯丁의 수)에 따라 分田함으로써 '治田', 즉 개개 농가의 농업생산력의 향상과 농민경제의 안정에 있었다는 것을 분명히 하면서 그 '分田之法'은 세 가지였다고 말하고 있다.

　　첫째는 토지는 농부('農者')에게만 分田했다는 것이었다. 즉, 先王의 법은 9職을 만민에게 맡겼는데 9職 가운데 농업이 한 몫을 차지해서 농사하는 자에게만 토지를 주었고, 농사하지 않는 자에게는 토지를 주지 않았다는 것이다('農者授田 不農者不授田'). 그러므로 工人·商人·虞人·牧者·嬪人이나 篤疾·廢疾者와 과부에게 토지를 주지 않은 것은 당연한 것이었다. 또한 선왕의 뜻은 농부가 가장 많았으므로 농업을 중요하게 여긴 것뿐이었고, 모든 인민으로 하여금 농부가 되도록 한 것도 아니었으며, 또 모든 인민에게 分田하려던 것도 아니었다는 것이다('農者得田 不爲農者不得田').[137] 다만 농사를 짓지 않으면서 受田한 자는 士뿐이었는데, 그러나 그것은 士가 그 토지에서 생산된 곡식의 9분의 1을 거두어 먹을 수 있는 권리, 즉 九一稅의 收租權을 받았다는 것이지 그 토지 자체를 받았던 것은 아니라는 것이었다. 따라서 국가로부터 受田한 자는 농부('農者')뿐이었고, 天子·諸侯·卿·大夫·士로부터 府史·胥徒에 이르기까지 이들이 實地로 토지를 받은 적은 없었다는 것이었다. 이처럼 '農者得田'의 分田法을 따를 것 같으면 정전제 아래서는 농사를 짓지 않으면서 토지를 소유하는 지주계층은 있을 수 없을 것이었다.

---

136) 『經世遺表』 제6권, 地官修制 田制4. "周制兵農合一 天下之田 皆軍田也 其所謂家三人 二家五人 家二人 不但爲佃額 兼之爲軍額 故大司馬敎鍊之法 其論分田任力之制 一如此經 見下文 此非軍額之明文乎 兵者 死地也 授之以養生之利 得回其避死之心 此聖人之微權也 力可以隷兵者得田 力不可以隷兵者 不得田 養力士多者 得上地 養力士少者 得下地 民視兵爲 官 視田爲祿 莫不自薦其勇力 以乞其與於軍額 此王者之大權也 田者 王田也 寄生理於王田 敢不致死力於王事乎 今也太阿倒柄 田爲民田 則民自食其田 而王無故執安居之民 驅而納之 於矢石爭死之場 民其肯之乎 食以養生 兵以禦死 聖人以其田地 治此二務 猶患其日不暇給 計口分田 有是理乎."

137) 『經世遺表』 제6권, 地官修制 田制5.

둘째, 토지는 농가의 노동력을 기준으로 分田했다는 것이었다. 先王이 '量力'하여 수전했다는 것('先王之量力以授田')은 농가를 단위로 수전하되 그 농가의 노동력(口數·質)을 가려서 수전했다는 것이었다. 따라서 한 농부의 부모·처자·형제·자매가 비록 열 사람을 넘더라도 그들이 모두 쇠약하고 병들어서 농사일을 할 수 없다면 그런 농부에게는 授田하지 않았다는 것이다. 실제로 주나라에서는 劃方成井한 지역에서 分田할 때 上等地는 그 농부의 7식구(전체 8인) 가운데 농사일을 할 수 있는 자, 즉 壯丁으로서 勞役을 감당할 수 있는 사람('丁强任力役之事者')이 3人(본인을 포함하면 4인이 된다)인 농부에게 주었고, 中等地는 6식구 가운데 壯丁이 두 농가를 아울러서 5人인 농부에게 주었으며, 下等地는 5식구 가운데 壯丁이 2人인 농부에게 주었다는 것이다. 그리고 1夫·1婦로써 夫家를 이루고 있던 餘夫의 농부에게는 100畝의 1/4인 25畝를 주고 있었다는 것이다.

다산은 이러한 토지분배 사정을 당시 농촌에서 富人(지주)이 농업노동력을 충분히 구비하고 있는 佃夫(전호농민)를 택해서 佃作地를 주고 있었던 실정과 같은 것으로 이해하였다. 즉, 그 佃夫는 반드시 건장하고 부지런한 자로서, 그의 집에 자기의 농사일을 도울 수 있는 노동력으로 부인·자식·머슴·종 등이 있어야만 차지경쟁에서 유리했기 때문에 富人으로부터 전작지를 쉬이 받을 수 있었던 것이다. 이들은 이른바 上農 8口의 농가로 불리고 있었다. 그리고 1농가의 8구 가운데 농업노동력을 가진 자로 5, 6인 또는 3, 4인을 가진 농부를 '原夫'라고 부르고, 이 농가에 井田 9區 가운데 1區 100畝를 주었고, 1夫·1婦로써 夫家를 이루고 있는 '餘夫'에게는 100畝의 1/4인 25畝를 주었다고 이해하고 있었던 것이다.[138]

셋째, 토지는 농가의 軍丁을 기준으로 수전했다는 것이었다. 주나라는 '兵農合一'('寓兵於農')의 제도를 시행하고 있었으므로 모든 토지 또한 軍田이었던 셈이

---

138) 『經世遺表』 제5권, 地官修制 田制3. 다산은 100畝의 농지를 '百畝爲一負 九負爲一井'에서 一負이며, '一負之田 大約可種四十斗'라고 하여 100畝=1負=40斗落으로 파악하였다. 그리고 호남지방의 경우에 一負는 薄田으로 40斗落(1結) 中田으로 20斗落(1結)으로 파악하였다(『經世遺表』 제8권, 地官修制 田制10 井田議2).

다. 1농가의 8식구 가운데 농사를 할 만한 자, 즉 壯丁으로서 勞役을 감당할 수 있는 사람('丁强任力役之事者')이 3人, 두 농가에 5人, 한 농가에 2人이라고 말하는 壯丁의 수는 곧 軍額이기도 했던 것이다. 따라서 정전제의 목표는 '計口分田', 즉 均田에 있었던 것이 아니라 힘 있는 남자, 즉 壯丁을 엄선하여 王田을 농사짓게 함과 동시에 王卒, 즉 나라의 군병이 되도록 하는 데에 있었다는 것이다.[139] 그러므로 農夫 8명씩 묶어 1夫를 만들고 100畝를 경작하도록 했는데, 8명이 1夫가 된 것을 1伍라고도 했으며, 3伍를 1隊(24명), 3隊를 1旗(64명)로 했으며, 이것이 1井이자 1旗였다. 그리고 1夫·1婦의 餘夫에게는 25畝를 주고 奇兵을 내도록 했는데, 4餘夫를 합치면 또한 1伍가 되는 것이었다. 이와 같이 해서 8伍가 1旗, 10旗가 1哨, 10哨가 1司, 10司가 1部, 10部가 1營이 되었다. 즉, '夫－井(8夫)－通(10井)－成(10通)－終(10成)－同(10終)'의 농촌사회조직은 '伍－旗(8伍)－哨(10旗)－司(10哨)－部(10司)－營(10部)'의 군대조직이기도 했던 것이다. 따라서 고법의 정전제는 농가의 陳法이기도 했으며, 이를 기준으로 부세를 내고, 이를 기준으로 軍旅를 동원했다는 것이다.

이상에서 보듯이, 다산은 주나라에서 정전제를 시행하게 된 근본 동기는 '王田'을 전체 인구수에 비례해서 분배함으로써('計口分田') 인민의 均産·均田('均民之産業')을 기하려는 데에 있었던 것이 아니라 부세를 바르게 하려는 데('正國之賦稅')에 있었고, 이처럼 부세제도를 바르게 하기 위해서 정전제를 시행했다고 이해하고 있었다. 말하자면, 九一稅의 均稅를 실현하기 위해서 정전제를 시행했다는 것이었다.

그러므로 정전제 아래서 전국의 토지는 井을 기본 단위로 하여 파악되었는데, 평평한 곳에서 '劃方成井'하여 만들어진 정전들과 평지가 아닌 곳에서 현재 사용하고 있는 면적계산법인 句股法·冪積法 등으로 '升除折補'하여 산출한 실적 100畝 9개씩을 묶어 1井을 이루고 있는 정전들을 通計하여 정전 총면적(900畝 1井, 10井 1通, 10通 1成, 10成 1終, 10終 1同)이 산출되었다. 그리고 이를 '1壯丁'('軍丁')

---

139) 『經世遺表』제6권, 地官修制 田制4. "臣謹案 均田 非先王之法 先王之時 普天莫非王土 王土莫非王田 於是嚴選有力之男 使治王田 以作王卒 非均田也."

당 25畝'를 기준으로 하여 세 가지 '分田之法'에 따라 분배하였다. 첫째, 農夫(農家)에게만 授田하였다('農者得田'). 둘째, 농가의 농업노동력에 따라 수전하였다('量力以授田'). 이를테면, 위로는 壯丁(軍丁) 4인 이상을 포함하여 식구 8구 이상이 되는 농가('原夫')에게는 正田 100畝를 주었고, 아래로는 1夫·1婦의 餘夫에게는 正田 25畝를 주었던 것이다. 셋째, 軍丁을 기준으로 授田하였다. 이때 軍丁은 곧 農丁이었으므로 농촌사회조직은 또한 군대조직이기도 했다. 그럼으로써 '兵農合一'이 이루어지고 있었다. 그리하여 정전의 1夫이든 非정전의 1夫이든 간에 受田한 토지가 井으로 묶인 8夫의 농부들은 井 안의 公田 100畝를 함께 경작하여 그 소출을 국가에 바쳤던 것이다(井耡制). 이것이 바로 다산이 이해한 고법 정전제였던 것이다.

소결하면, 다산은 고법 정전제를 '전국의 모든 토지를 井으로 묶어 파악하고, 이 정전을 壯丁 중심의 노동력을 갖춘 농부만이 소유하게 하며, 그리고 정전마다 井耡法을 실시하여 9분의 1의 세를 징수하는 것'으로 이해하였다.

3. 정전제 시행 방안

그런데 이처럼 다산이 經典·經書 연구를 통하여 이해한 고법 정전제가 이미 사적인 토지소유가 인정되고 지주제가 발달하고 있던 당시 조선에서 실행되기 위해서는 반드시 선결되어야만 했던 최대의 난제가 있었다. 그는 그것이 토지의 사유화에 따른 지주제를 혁파하고 그 사유지를 국유지로 수용하는 것이라는 것을 분명히 인식하고 있었다. 이를 그는 중국에서 정전제를 회복하는 과정으로 다음과 같이 설명하고 있다.

> 걱정되는 것이 한 가지 있는데, 옛날에는 천자와 제후가 田主였는데, 지금에는 온 백성이 田主가 되어 있으니 이것이 도모하기 어려운 점이다. 반드시 수백 년을 두고 흔들리지 않으면서 차츰차츰 회수하고 차례대로 시행한 후에라야 先王의 古法을 회복할 수 있을 것이다. 그 처음에는 限田·名田·均田法

을 시행하다가, 오랜 세월이 흐른 뒤에 太阿의 자루를 돌려 잡으면(모든 民田이 王田으로 되돌려지면) 병에 담긴 물이 쏟아져 흐르는 것처럼 거의 막힘이 없을 것이다.[140)

천하의 전지를 다 빼앗아서 농부에게 나누어준다면 이것은 옛 법이고, 만약 그렇게 할 수 없다면 천하의 전지를 다 계산하여 우선 9분의 1을 취해서 公田으로 만드는 것도 옛 법의 半은 따르는 것이 된다. 계획을 여기에서 내지 않고 먼저 下民의 산업을 엿보고 부유한 자의 것을 덜어서 가난한 자에게 보태고자 했으니, 이것은 유익함이 없는 헛된 일이다. 농사짓지 않는 民人 가운데 한 사람이라도 혹 전지를 가졌다면 벌써 옛 법이 아닌데 고르게 해서 무슨 소용이 있겠는가? 비록 크게 고르게 되었다 하더라도 농사하지 않는 자는 앉아서 10분의 5를 거두어들이고 직접 耕農하는 자는 그대로 10분의 6을 바치고 있으니 선왕의 법이 진실로 이와 같았던가?[141)

즉, 모든 토지가 천자와 제후의 토지였을 때에는 정전제가 쉬이 시행될 수 있었지만, 지금은 모든 토지가 온 백성의 소유지, 즉 民田이 되어 있기 때문에 정전제가 시행되기 어렵다는 것이다. 따라서 정전제를 시행하기 위해서는 오랜 시간을 두고 절차에 따라 民田을 천자의 토지, 즉 '王田'으로 회수해야 하는데,[142) 처음에는 限田·名田·均田法 등을 시행하여 균전을 이루고, 그러나 거기에 그쳐서는 안 되고 한 사람의 私田까지도 회수되어야만 정전제가 시행될 수 있으리라는 것이었다. 이는 균전제라도 사적인 토지소유가 용인되는 한에서는 지주층의 시작농민층에 대한 5/10의 수탈이 계속될 것이기 때문이었다.

---

140) 『經世遺表』 제5권, 地官修制 田制1 井田論3. "若其所憂則有一焉 古者 天子諸侯爲田主 今也 羣黎百姓爲田主 斯其所難圖也 必待之數百年不撓 收之有漸 行之有序而後乃可以復先 古之法 其始也 爲限田 爲名田 爲均田 及其久也 還太阿之柄 瀉建瓴之水 庶乎其沛然無關矣."

141) 『經世遺表』 제6권, 地官修制 田制5. "盡天下而奪之田 以頒農夫則古法也 如不能然 盡天下而 算其田 姑取九分之一 以作公田 亦古法之半也 不出於此 而先窺下民之産業 欲損富而益貧者 是無益之虛務也 使不農之民 一或有田則已非古法 均之將何爲哉 雖得大均 不農者 坐收十五 躬耕者 乃輸十六 先王之法 誠如是乎."

142) 주 140) 참조.

따라서 다산은 정전제가 시행되기 위해서는 私人의 토지는 모두 王田, 즉 국유지로 수용되어야 할 것임을 분명히 말하고 있는 것이다.

그런데 사유제와 지주제를 혁파하는 일은 간단한 일이 아니었다. 앞서 보았듯이 여러 농업개혁론 등은 결국은 지주제를 혁파할 수 있는 방안이나 경로를 제시하지 못함으로써 시도되지도 못하고 폐기되어 버렸던 것이다. 다산 역시 그것이 쉽지 않은 일이고, 또한 정전제개혁이 일거에 성취되리라고는 생각하지 않고 있었다. 그래서 그는 장차 정전제가 시행되기 위해서는 지주제가 혁파되어야 하겠지만, 그러나 '천하의 토지를 모두 王田으로 수용해서 농부에게 分田'할 수 없던 당시의 상황에서 '井田之實', 즉 정전제의 실효를 거둘 수 있는 방안이 무엇일까를 고민하였고, 그리하여 "우선 천하의 전지의 9분의 1을 취해서 이를 公田으로 만드는 것도 옛 법(정전제)의 半은 따르는 것이 된다."라는 생각에서 정전제 시행 방안으로 네 가지를 제시하고 있다.[143]

첫째, 정부에서 일정 지역의 전체 私田(民田)의 10분의 1을 사들여서 이를 公田으로 삼고, 이 公田에서의 수입만으로 그 지역의 부세 총액을 충당한다는 것이었다. 이를테면, 公府와 軍門 및 지방의 관아에 封置해둔 자금으로 원장부에 등재되어 있는 사전 면적이 400結인 지역에서는 40結, 500結인 지역에서는 50結씩을 사들여서 이를 공전으로 삼고,[144] 이 공전에서의 수입으로 그 지역의 부세

---

143) 다산은 「田制」를 저술하면서 古法 井田制의 본질을 '九一稅 賦稅制度'로 이해하고 있었고, 따라서 그는 당시의 문란한 田政을 개혁해야 한다는 의도에서 정전제개혁론을 제안하고 있었다(『經世遺表』제1권, 地官戶曹 敎官之屬. "臣謹案 今日國家最急者 卽田政也 臣久處田間 目見田政之紊亂 誠欲流涕者屢矣 …… 國制凡一結收田稅四斗 三手米二斗二升 大同米十二斗 船價出於其中 一結所收不過十八斗二升 及其太倉之班祿 宣惠廳之頒貢價也 其所云十五斗 以至小之斗 不過爲十一二斗 則一結所收之當國用者 極不過十五斗 而方其斂之於民間也 以如斛之斗 斂三十四斗 解之以京主 則小不下四十五斗 是又民輸者三 而公受其一也 上而削國 下而剝民 於其中央所肥者 貪官猾吏 嗟呼 豈不冤哉 古之聖人 知其然也 制井田之法 逆杜其奸 今人有言 井田之法者 指爲迂闊 不切事情 然則聖人迂闊 而今人多智 聖人昧事 而今人識務 豈理也哉 但古唯旱田 今多水田 又我邦地勢 山林多而原濕少 井田誠不可爲也 然有一法焉 無井田之形 而有井田之實 不亦善乎 每田十結 以其一結爲公田 以附近九結 爲私田 令九結佃夫 同治公田一結 以當王稅 其私田九結 不稅不賦 悉入其家 則於是乎井田也.").

144) 다산은 公田을 매수하기 위한 자금으로 세 가지를 생각하였다. 하나는 정부의

798 제5부 朝鮮時代 土地改革論의 推移

총액을 충당한다는 것이었다.[145)

둘째, 한 지주의 토지의 9분의 1을 獻田받아 이를 公田으로 삼고, 그의 佃夫 8夫로 하여금 이 공전을 함께 농사짓도록 하며, 그들로부터 剳粟을 거두어서 이것으로써 그의 전체 토지에 대한 부세를 충당하게 한다는 것이었다.

다산은 이 방안을 막연하게 제안하는 것은 아니었다. 그동안 가난한 민인들이 無法한 徵斂 때문에 살아가기가 힘들었고, 더욱이 기사년(1809)·갑술년(1814)의 흉년 이후에는 거의 다 죽어서 民戶가 감소한 탓에 살아남은 자들에게는 요역이 갑절이나 무거워져 쌓인 원망과 깊은 슬픔에 가슴이 답답할 때에, 정부가 조정의 德意를 曉諭하고 9분의 1의 세법을 밝히면서 정전제를 실시한다는 사실을 널리 알린다면 토지를 많이 가진 土民 가운데는 반드시 감격해서 獻田하는 자가 있을 것이라는 확신을 가지고 이러한 방안을 제언하고 있었던 것이다.

이를테면 정부에서 "자네의 비옥한 토지는 이미 阡陌을 연달아 있으니, 9점지기(苫落只)(180斗落只)에 1점지기(20斗落只)씩을 獻田하여 公田으로 삼고, 8佃夫로 하여금 이 공전을 함께 농사짓도록 하면서, 너는 田監이 되어 그 剳粟을 거두어서 漕倉에 바치면 돈 한 푼, 곡식 한 톨도 다시는 徵斂하는 일이 없을 것이다."라고 말하면 그는 感奮해서 뿐만 아니라 정부의 苛斂·濫徵이 계속될 것이 예상되고 있는 상황에서 여러 모로 損益을 따져본 다음 이익을 기대하면서 흔쾌히 獻田할 것이라는 것이었다.[146)

각 아문이나 군부 및 지방의 관아에 留庫되어 있는 자금이었고, 둘은 중앙정부와 지방의 將臣·藩臣·帥臣·牧臣 등 厚祿者들의 각각의 俸錢 가운데서 2/10을 제외한 액수의 총액이었으며, 그리고 셋은 국가가 여러 道의 金鑛·銀鑛의 채굴권을 직접 관장하고 경영함으로써 얻는 수입금 등이었다(『經世遺表』제7권, 地官修制 田制9 井田議 1. "欲作井田 先慮財用 乃召大臣 欽定厥議 一中外留庫之錢 悉算其額 一中外將臣藩臣 帥臣牧臣 算其俸錢 法與非法 悉陳無諱 存其什二 餘助斬役 一諸路金銀鑛穴 已試有驗者 悉遣差官 監其採鑄 別遣御史 嚴察奸惡.").

145) 『經世遺表』제1권, 地官戶曹 敎官之屬. "於是盡出公府軍門及諸道封留之錢 買取私田 以爲 公田 原帳四百結則買四十結 原帳五百結則買五十結 什一之法 於是乎建立 斯獨非井田乎 井田九一 而此云什一 何也 九一卽什一也 義見孟子說 過於什一者 桀之道也 不及什一者 貊之道也 什一者 天下之中也 春秋傳."

146) 『經世遺表』제7권, 地官修制 田制9 井田議 1. "若自朝廷 修明九一之法 如此如此 子之腴田

그런데 이처럼 헌납하는 자들은 반드시 지주들만은 아니라는 것이었다.
당시 다산이 파악한 여론에 따르면, 그동안 전정의 문란과 아전들의 苛斂·濫徵에
시달려온 중소지주들 가운데서도 자기 토지의 1/9을 공전으로 헌납했을 경우에
얻게 되는 득실을 따져보고 獻田하려는 자들이 적지 않으리라는 것이었다.
그래서 다산은 民田을 獻納받아 公田을 확보할 때 일정한 式例가 있어야 할
것으로 생각하였다. 그리고 그 식례에 따라서 9점지기(苫落只)(1苫 20斗) 가진
자는 1점지기를 바쳐서 공전으로 만드는 것을 허가하고, 9섬지기(石落只)(1石
15斗) 가진 자는 1섬지기를 바쳐서 공전으로 만드는 것을 허가하며, 9곡지기(斛落
只)(1斛 10斗) 가진 자는 1곡지기를 바쳐서 공전으로 만드는 것을 허가하자는
것이었다. 그리고 9곡지기 미만을 가진 자는 獻田하는 것을 허가하지 않으나
혹 그 토지를 꼭 公田으로 만들어야 할 필요가 있다면 官에서 매수하되 그들의
소원에 따라 厚한 값으로 매수하는 것을 식례로 하자는 것이었다.

셋째, 정부가 '劃方成井'할 수 있는 곳이면 어디에서든지 먼저 '井'으로 구획한
다음에 가운데 1구를 후한 값으로 매수하여 公田으로 확보하고(공전 값은 그
고을에서 마련한다), 이 公田 1區와 私田(民田) 8區로 이루어지는 井田을 井耡制로
경영한다는 것이었다.

○ 지금 나라 안 田地는 私田 아닌 것이 없으니 장차 이를 어떻게 하겠는가?
   큰일을 하려고 하는데 어찌 자잘한 절차를 돌아보겠는가. 무릇 정전으로
   할 만한 곳은 해도 되는지의 여부를 묻지 말고 井으로 구획한 다음에,
   이내 공전 1區의 값을 관에서 정하는데 대략 후한 쪽을 따르고, 私田 8區는
   時占에게 묻는다(모든 전지는 王田이니 私主를 田主라 할 수 없으므로 時占이
   라 부르는 것이다). 만약 그 8區가 모두 한 집 전지로 되어 있으면 또한
   예전대로 해서 갈라 쪼개는 일이 없도록 하고, 다만 時占으로 하여금 8夫를
   엄선해서 8區를 갈라주도록 하며, 1夫가 佃地 2區를 얻지 못하도록 하면

既連阡陌 九苫之落 一百八十斗所種 納一苫落 以作公田 遂以八佃 治此公田 自作田監 收其耡
粟 納于漕倉 一錢一粒 無復徵索 其有徵索 邦有常刑 子將若之何 其人欣然擊節曰 誠如是也
奚但一苫 雖納三苫 有不樂從者 曾犬豕之不若也 補國姑捨 縣吏藪破 其雪恥抒憤 不亦藥乎."

이것이 井田이다. 이에 8夫로 하여금 公田을 함께 농사짓도록 하는 것을 하나같이 옛 법대로 한다. 가을이 되면 公田의 곡속을 수확해서 바칠 뿐이고, 다시 租稅와 雜徭로써 이 8夫를 침해함이 없다면, 이것이 바로 9분의 1로 하는 것이다. ○ 만약 8區의 전지가 본디 여러 사람의 것으로 되어있어서 정전을 구획할 때에 혹은 한 귀퉁이가 井에 들어가거나, 혹은 한 귀퉁이에 모자람이 있는 것은 팔도록 하여 正方으로 만들고 매입해서 완전한 區로 만들되, 公議해서 값을 정하는데 대략 평균을 따른다. ○ 만약 1區 안에 반은 갑의 전지이고 반은 을의 전지인데 갑, 을이 모두 가난해서 아무도 사서 합치지 못하는 것은 두 사람이 함께 경농하도록 허가한다. ○ 무릇 이 8夫는 그 집에 반드시 壯男 세 사람이 있어야 전지를 받을 수 있다. 두 집마다 犁牛 1頭가 있으면 짝을 이루게 한다. 혹 한 집이 한 마리를 기르는 것은 제한받지 않는다. 혹 犁牛가 없는 자는 관에서 소를 사서 주고 별도로 그 세를 거둔다.[147]

이상에서 보듯이, 관에서 먼저 평평한 곳의 토지를 井田으로 구획하고, 公田 1區 외에 私田 8區를 확정하여 정전제를 실행하는 데는 2가지 경로가 있음을 알 수 있다. 첫 번째, 구획된 井田의 토지가 모두 時占者 1家의 것일 경우이다. 이 경우에는 그 時占者, 즉 대토지소유자로 하여금 壯男 3명 이상을 거느리고 있는 8夫(8佃夫)를 엄선해서 정전 내의 私田 8區를 그들에게 각각 한 區씩 나누어 주되 1夫가 佃地 2區를 얻지 못하게 하고, 이렇게 해서 획정된 정전을 井耡制에 따라 경영하도록 하며, 다시 租稅와 雜徭로써 8夫(8佃夫)를 침해함이 없도록

---

147) 『經世遺表』 제7권, 地官修制 田制9 井田議1. "今國中之田 無非私田 將若之何 將大有爲 奚顧細節 凡可井之地 不問其肯與不肯 畫之爲井 然後乃問其價 其公田一區 官出其價 大約從 厚 其私田八區 問其時占 凡此皆王田也 私主不可謂之田主 故名之曰時占 下皆倣此 覽者詳之 若其八區 都係一家之田 亦令仍舊 無使分裂 但使時占嚴選八夫 分授八區 毋使一夫得佃二區 於是乎井田也 於是以此八夫 共治公田 一如古法 及秋而穫公田之粟 以之輸公 不復有租稅雜 徭 侵此八夫 於是乎九一也 若八區之田 本係多人所占 而其畫井之時 或一角入井 或一角有欠 者 令賣之使成方 買之爲完區 公議定價 大約從平 若一區之內 半爲甲田 半爲乙田 而甲乙皆貧 皆不能買而合之者 許兩人竝耕 凡此八夫 必其家有壯男三人 然後乃得授田 每二家有犁牛一 頭 然後乃得合耦 其或一家 各畜一頭者 在所不禁 其或無牛者 官買牛給之 別收其稅 凡作井之 役 役其佃夫不足役其鄰田之佃 凡田役 皆霜降後起功 春分前輟役 如有未了留待來秋."

한다는 것이었다. 이 경우 時占者는 자가의 토지에 부과되는 부세를 公田의 소출로 충당하게 될 것이고, 8夫(8佃夫)로부터 1區마다 5/10를 收租하는 지주제경영을 당분간은 유지하게 될 것이었다. 말하자면, 국가는 時占者, 즉 대토지소유자로 하여금 정전제를 시행하게 하는 것이고, 時占者는 여전히 지주제경영을 유지할 것이며, 8夫(8佃夫)들은 公田 1區를 함께 경작하여 그 소출을 바침으로써 9분의 1세를 납부하게 될 것이겠지만 그러나 여전히 지주의 수탈로부터 벗어나지는 못할 것이었다.

두 번째, 8區의 토지가 여러 사람의 소유지인 경우이다. 이 경우에는 劃井할 때에 혹 한 귀퉁이(角)가 井에 들어온 것은 팔도록 하여 正方으로 만들고, 혹 한 귀퉁이에 모자람이 있을 경우에는 매입해서 완전한 區를 만들되, 公議해서 가격을 정할 때 대략 평균가격을 따른다는 것이었다. 또 1區 안에 半은 甲의 토지이고 半은 乙의 토지일 때, 갑·을이 모두 가난해서 사고팔고 해서 한 사람의 것으로 합치지 못하는 것은 두 사람이 함께 경작하도록 허가한다는 것이었다. 이렇게 해서 劃井이 완료된 정전은 자영농 8夫에 의해서 井勸制로 경영될 것이었다.

넷째, 王室이 소유하고 있던 '有土' 宮房田이나 정부의 各司·各衙門이 소유하고 있던 官田은 정전제로 개편되어야 한다는 것이었다.

다산은 당시 궁방전을 다음과 같이 파악하고 있었다.

살펴건대 궁방 면세전은 총괄해서 3가지가 있었는데, 혹 原帳에 기록된 田地의 몇 結을 賜給한 것이 있고('有土免稅地'), 혹 原田의 稅를 몇 결 하사한 것('無土免稅地'), 혹 황무지를 개간하고 둑을 쌓아서 영구히 宮田으로 만든 것이 있었다('宮屯土'). 총괄하자면 宮에 들어가는 稅米는 열에 하나도 못되면서 이른바 宮差와 導掌이 긁어내고 속이는 짓은 이르지 않는 곳이 없다. 이 때문에 인민이 흩어지고, 이 때문에 전지가 황폐해졌다.[148]

---

148) 『經世遺表』제8권, 地官修制 田制12 井田議4. "臣竊觀宮房免稅之田 總有三樣 或以原帳之田 賜以幾結 即有土免稅 或以原田之稅 賜以幾結 即無土免稅 或開荒築堰 永作宮田 即所謂宮屯 總之 稅米之入於宮者 十能不一 而所謂宮差導掌 剝割欺蔽 無所不至 民以之散亡 田以之荒

즉, 정부에 세금을 내지 않는 궁방전은 3가지가 있었는데, 이 가운데 첫 번째와 세 번째 것은 궁방이 소유권을 가지고 있는 이른바 '有土宮房田'이었고, 두 번째 것은 民結에 대한 수조권을 賜給한 이른바 '無土宮房田'('民結免稅地')이었다. 당시 전자는 지주제로 경영되면서 免稅의 혜택을 받고 있었고, 후자는 궁방이 정부를 대신하여 民田에 대해 직접 수세함으로써 免稅되고 있는 것이었다. 이에 대해 다산은 '一天之下 義無獨殊 亦束之爲井 收其九一'이라고 하여 궁방전에도 정전제를 시행하여 九一稅를 징수해야 하고, 또 그래야만 궁차와 도장의 간폐를 막을 수 있다고 생각하였다. 그리하여 궁방전별로 구체적인 정전제 시행 방안을 다음과 같이 제안하고 있다.

> 여러 섬의 토지를 折受받은 궁방은 그 토지를 모두 정전으로 묶고 '九一之耡'를 거두어서 京師(호조)로 輸送한다. 그리고 여러 궁에 절수하는 것('無土免稅地')은 해마다 여러 고을에 옮겨서 획급하는데, 금년에 함평에서 획급했으면 명년에는 무안에서 획급하고, 내명년에는 영암에서 획급한다. 耡粟 가운데서 몇 斛을 덜어내서 某宮에 주되 그 宮으로 하여금 家人을 보내어 사사롭게 輸漕하도록 한다. ○ 황무지를 개간하고 둑을 쌓아서 영구히 宮田으로 만든 宮屯土 역시 정전으로 묶어 九一稅를 거두고 私租(궁방에서 받아들이는 賭租)는 10분의 5로 한다.[149]

즉, 그동안 免稅받고 있었던 세 종류의 궁방전은 이제부터는 그것이 '有土'이든 '無土'이든 간에 '束之爲井 收其九一'하거나 '束井地 唯納九一'해야 한다는 것이다. 즉, 島嶼의 절수지이거나 宮屯土처럼 '有土'인 경우에는 그 토지를 한 개 혹은 몇 개의 정전으로 구획하고 8個夫를 모집한 다음, 각 정전별로 공전 1區는

頓."

149) 『經世遺表』 제8권, 地官修制 田制12 井田議4. "臣謂海內之田 皆束爲井 收其九一之耡 以輸京師 而諸宮折受者 逐年移書於諸縣 今年書之於咸平 明年書之於務安 又明年書之於靈 巖 使於耡粟之中 除出幾斛 以給某宮 乃使本宮 遣其家人 私自輸漕 則國不加費 民無二屬 徭役大均 侵虐無所 法之簡便 莫此若也 ○ 其或開荒築堰 永作宮土者 一天之下 義無獨殊 亦束之爲井 收其九一 而其私租什五."

8佃夫의 井耡制로 경영하여 耡粟을 거두어서 이를 九一稅로 납부하고, 나머지 8區는 地主制로 경영하여 8佃夫 각각으로부터 10분의 5를 수조하는 것이었다. 또한 '無土免稅地'의 경우에는 民田(民結)을 井田으로 구획하게 되는데, 역시 이를 井耡制로 경영하여 耡粟을 거두어서 이 가운데 일부는 九一稅로 납부하고 일부는 本宮에 지급한다는 것이었다.

또한 정부의 各司·各衙門이 소유하고 있던 官田도 井耡制로 경영하고 그 耡粟을 九一稅로 납부해야 한다는 것이었다. 조선초기에 과전법이 시행되고 있었을 때에는 각사·각아문과 지방관청에 九一稅의 收租權을 사급했었는데('賜其九一之耡粟'), 조선후기에는 토지 자체를 사급하고 이를 각자 경작하여 그 관청의 재정과 비용을 충당하고, 정부에 조세를 납부하지 않아도 되었다.[150] 그러나 다산은 이러한 토지는 '王田'이기 때문에 모두 마땅히 정전제를 시행해야 하고 9분의 1을 징수해야 한다고 생각하였다. 그리고 그것들의 井田 구획방식을 구체적으로 제안하고 있다.

> 여러 관청의 菜田과 內需司田, 惠民署田 같은 것은 모두 王田이다. 王者가 토지를 사서 민인들을 모아 경작케 하고 10분의 5를 거두는 것은 禮가 아니다. 마땅히 이런 토지는 모두 100畝로 구획하고(세로 10畝, 가로 10畝) 부근에 있는 민전 800畝를 취해서 그 佃夫들에게 이 100畝를 경작하게 하면 이것이 정전제이니, 9분의 1을 징수해서 내수사에 납부하면 또한 마땅하지 않겠는가? ○ 衙祿이라는 것은 縣令의 廩田이고, 公須라는 것은 縣令의 廚田이다. 이것 역시 100畝로 구획하고 부근의 民田 800畝를 취하여 묶어서 이 토지를 함께 경작하게 하고 9분의 1을 징수하여 이를 官廩으로 삼는다. 또한 모름지기 실제로 먹는 것을 계산해서 이에 相當하게 할 것이며, 각자 세를 거두고 그 10분의 5를 먹게 하는 것은 단연코 안 된다.[151]

---

150) 『經國大典』戶典 諸田 ○ 馬田 院田 津夫田 氷夫田 守陵軍田 則自耕無稅 ○ 諸司菜田 內需司田 惠民署種藥田 竝無稅 ○ 寺田 衙祿田 公須田 渡田 急走田 則各自收稅 ;『經世遺表』 제7권, 地官修制 田制8. "臣謹案 周禮牧田賈田之類 皆非賜田 乃賜其九一之耡粟也 今直以田 地賜之 乃使之自耕無稅非制也 若行井耡之法 則此等諸田 悉宜束之於九畎之中 收其九一 以爲王稅 加給田地 以充其缺 不可使自耕而無稅也."

즉, '自耕無稅地' 혹은 '各自收稅地'로서 '王田'이나 다름없는 官田은 그동안 지주제로 경영되어 왔는데, 이제부터는 그 토지 자체를 公田으로 삼고 주변의 8夫의 民田과 묶어 정전으로 개편하고 井耡制로 경영하여 9분의 1의 세를 납부하도록 해야 한다는 것이었다.

이처럼 다산은 궁방이 개간·매득하여 소유하거나, 토지 자체를 折受받아 소유하고 있었던 '有土'궁방전과 각사·각아문이 역시 토지 자체를 折受받아 소유하고 있었던 官田은 '王田' 혹은 '王土', 말하자면 국가가 田主나 다름없으므로 굳이 獻納받거나 買收하여 公田을 확보하지 않고도 바로 정전제로 개편하여 井耡制로 경영될 수 있다고 보고, 그 방안으로 두 가지를 제안하고 있다. 하나는 그 토지를 한 개 혹은 몇 개의 정전으로 구획하고 각 정전별로 8佃夫를 모집한 다음, 公田 1區는 8佃夫의 井耡制로 경영하여 耡粟을 거두어서 이를 九一稅로 납부하고, 나머지 私田 8區는 地主制로 경영하여 8佃夫 각각으로부터 10분의 5를 수조한다는 것이다. 또 하나는 그 토지 자체를 公田으로 삼고 부근의 8夫의 民田과 묶어 정전제로 개편해서 역시 정서제로 경영하여 거둔 耡粟 가운데서 일부는 정부에 바치고 또 나머지 일부로는 본궁과 관아의 재정과 비용을 충당한다는 것이었다. 어느 방식이든가에 궁방전·관전도 정전제 시행에서 예외일 수 없다는 것, 즉 '九一之耡粟'을 정부에 납부해야 한다는 것이었다. 더욱이 궁방전·관전 등의 庄土는 당시의 봉건지주층의 소유지 가운데서도 가장 규모가 크고, 또 봉건지주로서의 권세도 막강했으므로 정전제로의 개편이 그만큼 어려울 것이겠지만, 국가가 농업개혁을 하려고 한다면 '왕토'나 다름없는 이 장토에서 솔선해서 정전제가 시행되어야 한다는 것이 다산의 생각이었다.

이상에서, 다산의 정전제개혁론은 고법 정전제의 이념과 방법을 빌어서 조선후기의 지배적인 토지 소유·생산관계였던 '국가-[지주-전호농민]' 관

---

151) 『經世遺表』 제7권, 地官修制 田制8. "○ 又如諸司菜田及內需田 惠民田 皆王田也 王者買田 募民耕作 收其什五 非禮也 宜以此田 悉畫爲百畝 長十畝 廣十畝 取附近民田八百畝 使其佃夫 治此百畝 於是乎井田也 收其九一 以納于內需司 不亦宜乎 ○ 廩祿者 縣令之廩田也 公須者 縣令之廚田也 此亦當畫之爲百畝 取附近民田八百畝 助治此田 收其九一 以爲官廩 又須算其 實食 使之相當 各自收稅 食其什五 斷不可也."

계를 '국가—자영농민('정전농민')' 관계로 개혁함으로써 농민경제를 안정시키고 국가 재정을 충실히 하려는 것이었다. 따라서 이 개혁과정에서 선결과제는 현상적으로는 농민층을 수탈하고 있던 봉건지주층과 지주제를 타파하는 것이었고, 근본적으로는 私人의 토지소유(私有地)를 國王의 토지소유(王有地)로 전환시키는 것이었다. 그런데 당시 봉건지주층, 즉 토지겸병자들이 소유하고 있던 토지를 '王土'(국유지)로 수용하는 일은 '富民不服而易生亂也'라 했듯이 결국은 그들의 反亂으로 이어지리라는 것을 국왕과 위정자들뿐만 아니라 다산을 포함한 많은 농업개혁론자들은 익히 알고 있었다. 그래서 다산은 그 일은 수백 년을 두고 점진적으로 또 차례대로 수행되어야 한다고 생각했고, 따라서 지주제가 여전히 존속하는 기간에 가장 현실성 있고 가능한 방안으로 국가에서 '私主'·'時占者', 즉 대토지소유자들의 토지의 일부를 매수하거나 헌납 받아 公田으로 삼고 여기에다 私田 8區를 부쳐서 1정전으로 묶은 다음, 이를 대상으로 井耡法을 시행하는 방안을 제안하였던 것이다. 그리고 이미 '王土'인 궁방과 관청이 소유하고 있던 이른바 '有土'의 宮房田·官田 등은 당장에라도 정전제를 시행할 수 있는 것으로 생각하였다.

이상에서 다산은 고대 정전제의 이념을 '計口分田'하여 '均民之産業', 즉 인민들의 토지소유를 균등하게 하려는 데에 있었던 것이 아니라 '전국의 모든 토지를 井으로 묶어 파악하고, 이 정전을 壯丁 중심의 노동력을 갖춘 농부만이 소유하게 하며, 그리고 정전마다 井耡法을 실시하여 9분의 1의 세를 징수하는 것'('束之爲井 收其九一')으로 이해하였다. 즉 그는 周나라가 시행했던 정전제의 목적은 '均田'을 期하려는 데에 있었던 것이 아니라 '均稅'를 실현하는 데에 있었다고 파악하였다.

그리하여 그는 당시에 고법 정전제를 그대로 재현할 수 없는 상황에서 '井田之實'을 취할 수 있는 몇 가지 정전제 시행방안을 제안하였다. 그것은 첫째, 정부에서 일정 지역의 전체 私田(民田)의 10분의 1을 사들여서 이를 公田으로 삼고, 이 公田의 수입으로 그 지역의 부세 총액을 충당한다는 것, 둘째, 한 지주의 토지의 9분의 1을 獻納받아 이를 公田으로 삼고, 이 공전 1區는 그가

엄선한 8個夫가 井耡制로 경영하여 그의 전체 토지에 대한 부세를 충당하게
하고, 나머지 8區는 지주제로 경영하게 한다는 것, 셋째, 정부가 '劃方成井'할
수 있는 곳이면 어디든지 먼저 '井'으로 구획한 다음에 가운데 1구를 매수하여
公田으로 확보하고, 이 公田 1區와 私田(民田) 8區로 이루어지는 井田을 井耡制로
경영한다는 것, 넷째, 궁방이 개간하거나 매득하여 소유하거나 토지 자체를
折受받아 소유하고 있었던 '유토'궁방전과 각사·각아문이 역시 토지 자체를
折受받아 소유하고 있었던 官田은 정전제로 개편되어야 하는데, 그 개편방식의
하나는 그 토지를 한 개 혹은 몇 개의 정전으로 구획하고 각 정전별로 井耡制와
地主制 경영을 병행하는 것이고, 또 하나는 그 토지 자체를 公田으로 삼고
이 공전과 부근의 8夫의 民田을 묶어 정전으로 개편해서 井耡制로 경영하는
것이었다. 따라서 정전제가 이러한 시행방안대로 정전제 개혁이 이루어졌다면
거기에는 토지소유형태로는 사유제와 국유제가, 그리고 생산관계로는 地主制
와 井耡制가 병존하게 되는 것이었다. 따라서 다산의 생각대로 오랜 시간을
두고 점진적으로 사유제와 지주제가 제거되었을 때 비로소 그의 정전제개혁론
이 궁극적 목표로 삼았던 '국가-자영농민'관계가 수립될 것이었다.

그렇다면 다산은 이러한 정전제 개혁을 누가 어떻게 추진해야 한다고 생각했
을까? 그는 기본적으로 '田皆王田也 私主不可謂之田主'('王土主義'), 즉 '國王=田主'
라는 입장을 취하고 있었기 때문에 이미 私人의 소유지, 즉 '民田'의 존재 자체를
부인하고 있었고, 따라서 그가 구상했던 정전제는 이미 실제로 시행되고 있었던
것이나 다름없었다. 그러나 그것은 어디까지나 이념일 뿐 현실은 아니었다.
국왕의 이념적 토지소유 아래 私人의 실질적 토지소유를 부인할 수는 없었다.
그러므로 그는 '民田'을 '王田'으로 처분할 수 없는 현실에서 민전의 일부를
'公田'으로 확보하는 데서 정전제 개혁의 단서를 찾았던 것이다. 그러나 이것부
터 '私主'들의 반발에 부딪칠 것이라고 예상하고 있었다.

바야흐로 공전을 創立함에 미쳐서는 온 나라가 소란해질 것이다. 愚民은
성공을 함께 누릴 수는 있지만 처음 계획에는 함께 할 수 없는 것이니

온 나라가 시끄럽게 될 것이다. 그러나 人主의 一心은 만 가지 교화의 근본이니, 진실로 聖上의 결단이 英祖가 균역법을 제정했을 때와 같이 赫然하다면 성공하지 못할 것을 어찌 걱정하겠는가. 영조가 이르기를, "나라가 비록 亡할지라도 균역법을 세우지 않을 수 없다." 하였으니, 아아! 이것이 임금의 正大한 말이었다. 舜이 말하기를, "능히 힘을 분발해서 임금의 일을 밝히는 자가 있거든 총재(百揆)자리에 앉혀서 모든 일을 밝히고 온 백성을 사랑하도록 하라."고 하였다. 그런데 奮이란 奮發하는 것이고 奮迅하는 것인데, 닭이 뛰어나게 힘센 것을 奮이라 하고, 羊이 뛰어나게 힘센 것을 奮이라 하는 것이니(『爾雅』에 있다), 아래에 있는 신하로서 능히 분발하고 協贊함이 있은 다음이라야 公田法을 세울 수가 있다. 그리고 規模와 節目은 모름지기 세밀하여 조리가 분명하게 한 다음이라야 이에 폐단이 없이 시행할 수가 있을 것이다.152)

즉, 정전제 개혁을 추진하기 위해서는 무엇보다도 먼저 국왕의 확고한 의지와 결단이 있어야 한다는 것이다. 그동안 크고 작은 개혁사업이 三司 관원들의 논쟁과 반대에도 불구하고 성공한 경우는 국왕의 뜻이 확고했을 때였다는 것이다.153) 이를테면 英祖 26년(1750)에 균역법을 제정할 때에 英祖의 결단을 예로 들고 있다. 조선후기의 良役制는 肅宗朝 후반에 이르러 그 개선책이 양역변통론으로 발의된 이래 무려 60여 년 동안 논의되어 오다가 마침내 英祖의 결단에 따라 균역법 제정으로 마무리되었던 것이다. 따라서 이번 정전제 개혁에도 국왕의 확고한 의지와 결단이 있어야 한다는 것이었다.

그리고 이처럼 國運이 달려 있는 중차대한 改革事業에 대한 국왕의 결단은 반드시 절차에 따라 온 나라에 선포되어야 할 필요가 있다고 말하고 있다. 정전제 개혁을 두고 말하자면, 먼저 한 두 大臣과 그 동안의 논의를 欽定하고,

---

152) 『經世遺表』 제1권, 地官戶曹 敎官之屬. "方公田之創立也 一國其騷騷矣 愚民可與享成 不可與慮始 一國其騷騷矣 然人主一心 爲萬化之本 誠使聖斷 赫然如英考之於均役 則何患不成 英考之言曰 國雖亡 均役不可不爲 嗚呼 此王者之大言也 帝曰 有能奮庸 熙帝之載 使宅百揆 亮采惠疇 奮者 奮發也 奮迅也 雞絶有力曰奮 羊絶有力曰奮 爾雅文 在下之臣有能奮發 協贊而後 公田之法可立也 其規模節目 尚須細密 使條理森爽 然後乃可以行之無弊."

153) 『經世遺表』 제7권, 地官修制 田制9 井田議1.

다음으로 太廟에 들어가 列聖先王에게 告하길, "장차 經界를 다스려서 위로는 왕도를 준수하고, 아래로는 민생을 편하게 하며, 만세를 위해서 經法을 세우고 紀律을 베풀겠습니다."라고 하며, 다음에는 돈화문에 나아가 文武百官과 六部八道의 민인들에게 큰 호령으로 포고하기를, "내가 너희의 슬픔을 없앨 것이니 너희는 두려워하지 말라."라고 해야 한다는 것이다. 국왕이 이러한 절차를 거치는 것은 국왕 자신의 개혁에 대한 확고한 의지와 이 개혁사업이 반드시 시행될 것이라는 것을 모든 신민들에게 알리기 위해서라는 것이다.154) 또한 이처럼 개혁 의지가 확고한 국왕과 능력 있고 실무에 밝은 신료들의 協贊 아래 公田法, 즉 井田法이 제정되어야 하고, 이에 따른 치밀하고 조리가 분명한 「事目」·「節目」 등의 규정이 있을 때에만 정전제는 폐단 없이 시행될 수 있으리라 는 것이었다.

그리고 과거에 균역법을 집행했던 均役廳이 있었듯이, 정전제를 專管하는 관청이 있어야 했다. 이에 다산은 그러한 관청으로 經田司의 설립을 제안했다.

이에 별도로 한 관청을 세워서 經田司라 하고, 오로지 이 일을 관장한다. 그 提調에는 卿 1인, 中大夫 2인, 下大夫 2인을, 副正에는 上士 2인과 主事·中士 4인을 둔다. 文理를 정밀하게 살피는 사람을 엄격하게 선발하여 經界를 바르게 하도록 한다. 提調 3員은 호조의 3大夫로 삼고, 2員은 綜明한 사람을 별도로 뽑는다. 副正 2員은 玉堂에서 가려 보내는데 외방에 나가면 經田御史가 된다. 주사 4인은 일찍이 수령을 지냈고, 成績이 있었던 자로써 삼는다.155)

이러한 職制를 갖는 經田司는 다만 정전제 시행 초기에는 이 常設職에 더하여

154) 『經世遺表』 제7권, 地官修制 田制 9 井田議 1. "宜與一二大臣 欽定厥議 三日齋戒 乃入太廟 昭告我太祖太宗世宗祖 列聖先王曰 將理經界 上遵王道 下安民生 爲萬世經經陳紀 乃御敦 化門 集文武百官六部八道之民 布告大號曰 予罔汝恫 汝其無恐."

155) 『經世遺表』 제7권, 地官修制 田制 9 井田議 1. "於是別建一司 名之曰經田司 專掌是事 其提調卿一人 中大夫二人 下大夫二人 副正上士二人 主事中士四人 極選文理密察之士 俾正 經界 ○ 其提調三員 戶曹之三大夫爲之 其二員別選綜明之人 副正二人 以玉堂擇差出 則爲經 田御史 其主事四人 以曾經守令有聲績者 爲之."

都提調와 員外郎 등을 더 差任하자고 했다. 都提調는 三公으로 하고, 원외랑은 몇 자리를 더 두되 그 職品에 따라 혹은 主事, 혹은 監役, 혹은 參軍이라고 하며, 이들은 정전이 구획되고 經界(畛·涂·溝·洫)가 완성되는 대로 감원한다는 것이었다.

그리고 이 경전사의 주 업무는 표준이 되는 井田('黃鐘之井')을 구획하고 이에 因緣해서 정전을 확대하는 것이었다. 경전사는 郎官(員外郎)을 외방에 經田御使로 파견하여 다만 표준이 되는 정전만 구획하게 했고(官當壓之), 정전제 개혁의 본령이라고 할 수 있는 정전을 확대하는 일('推廣之政')은 다음과 같이 추진하려고 했다.

> 그 평평하고 넓은 들로서 더 구획할 수 있는 곳은 혹은 4정을 만들고, 혹은 9정을 만들기도 하며, 혹은 16정을 만들거나 25정을 만들기도 한다. 특별히 재간이 있는 선비('材幹之士')를 뽑아서 그 일(劃井)을 맡도록 하고, 경계가 구획되면 初仕를 제수하고 陞進·遷職에 차등을 둔다.[156)]

즉, 정전을 확대하는 일(推廣之政)은 '材幹之士'를 특별히 선임해서 맡긴다는 것인데, 그들은 아래에서 보는 바와 같이 본인이나 본인의 가문이 재지사족으로 서 지주적 경제력을 가진, 말하자면 향반지주계층이었을 것으로 보인다. 그리고 그들이 구획한 井田 수에 따라 褒賞授職한다는 것이다.

> 확대되는 정전은 반드시 '高貲幹局之人'을 선임해서 이를 만들도록 하되, 貴族으로서 글 솜씨가 있는 자는 東班 벼슬을 주고, 冷族으로서 글 솜씨가 없는 자는 西班 벼슬을 주되, 처음에는 반드시 경전사의 監役·參軍(9品 初仕職) 으로 임용한다. 이후 이들은 本地에서 일정 기간 監穫(4정을 만든 자는 6년, 9정 5년, 16정 4년, 25정 3년)을 하게 한 후 中士로 승진하여 京司에서 근무하게 하고, 만기가 되면 4정을 만든 자는 외방으로 나가 찰방·변장이

---

156) 『經世遺表』 제7권, 地官修制 田制 9 井田議 1. "其平原廣野 可以加畫者 或作四井 或作九井 或作十六井 或作二十五井 別選材幹之士 使掌其事 經界旣畫 授以初仕 各陞遷有差."

되고, 9정을 만든 자는 현령이 되며, 16정과 25정을 만든 자는 현령에서 승진시켜 군수와 목사로 임용한다.157)

재산이 많지 않더라도 그 사람의 德望과 威權이 족히 한 고을을 화목하게 할 수 있는 자(재물을 소비해야 할 일이 있으면 그 친척과 벗 가운데 반드시 서로 도와서 그 일을 이루어주는 자가 있을 것이다)를 선임하여 그 일을 맡긴다.158)

이처럼 정전을 확대하는 정사는 한결같이 이들 '高貲幹局之人'이나 '有德望威權者'에게 맡기고, 이들로 하여금 정전을 획정할 때에 드는 노동력과 비용 등도 마련하도록 하며, 經界의 일을 마치는 대로 처음에는 9品 初仕職인 監役·參軍으로 임용하고, 이후 현지에서 일정 기간 監農·監穫의 직무를 수행하게 한 뒤 구획한 정전 수에 따라 陞進·遷職시킨다는 것이다. 그리고 관에서는 公田 가격을 지급하는 것 외에 전혀 관여하지 않는다는 것이었다.

또한 정전을 확대하는 일은 전·현직 관료들에게도 맡기자는 것이었다.

군·현에서 혹 文武朝官으로 있다가 落職하여 한가롭게 사는 자('落職閒居者') 는 경전사에서 천거하여 그 일을 맡긴다. 그가 현재 조정에서 벼슬하고 있거나(時仕在朝), 혹 수령으로 나갔더라도 9정 이상을 만들 만한 땅이 본

---

157) 『經世遺表』 제7권, 地官修制 田制9 井田議1. "推廣之井 民若不肯 不必强之 宜選高貲幹局之人 使作此井 貴族續文者 賞之以東班之仕 冷族無文者 賞之以西班之仕 不必授以他職 直於經田司 加置監役幾窠 參軍幾窠 勿限員額 爲九品初仕之窠 以待其人 凡作四井者 卽授敎旨 竣事之後 仍於本地 察其田事 六年監穫 乃陞中士 如今之出六 爲諸司直長 入仕于京司 四井者 二二開方也 其田共三千六百畝 凡作九井者 卽授敎旨 竣事之後 仍於本地 察其田事 五年監穫 乃陞中士 入仕于京司 九井者 三三開方也 其田共八千一百畝 凡作十六井者 如上例 四年監穫 乃陞中士 十六井者 四四開方也 其田共一萬四千四百畝 凡作二十五井者 如上例 三年監穫 乃陞中士 二十五井者 五五開方也 其田共二萬二千五百畝 其作四井者 仕滿出而爲察訪邊將 其作九井者 仕滿出而爲縣令 其作十六井二十五井者 不唯其勤勞可錄 抑其才局力量 可屬大事 自縣令陞而爲郡守牧使."

158) 『經世遺表』 제7권, 地官修制 田制9 井田議1. "雖不高貲 其德望威權 有足以和輯一鄕者 宜任是職 其有財費 必其親戚朋友 有相助以成其美者也."

고을에 있는 자는 경전사에서 啓請하여 내려 보내서 토지에 관한 일(田事)을 다스리도록 한다.[159]

즉, 경전사에서 전직 관료나 현직 관료와 수령 가운데서 추천한 자에게 推廣之政을 맡기자는 것이다. 우선 經界는 국가의 大政인 만큼 마땅히 '耳目之臣'이나 현지의 수령에게 그 일을 맡겨야 함에도 불구하고 '落職閑居者'나 '草茅寒士'를 추천하는 까닭은 이들이 농촌의 사정을 숙지하고 있을 뿐만 아니라 중앙 관료가 맡았을 경우에 드는 체류 비용을 들이지 않아도 되고, 또 아전들의 受賂作奸을 사전에 차단할 수 있기 때문이라는 것이었다. 또한 현직 관료 가운데서는 현명하기 보다는 財力이 있는 자를 선임해야 하고, 材略이 짧고 權力도 미약하면서 다만 希功望賞하는 자가 그 일을 맡는 것은 엄금해야 한다는 것이었다. 그리고 추천된 자로서 大夫에게는 經田副使, 上士·中士에게는 經田司員外郎, 下士에게는 監役·參軍의 職牒을 각각 준다는 것이었다. 또한 현직 관료는 그 본직을 경전사직으로 바꿔주고, 무른 朝官으로서 推廣之政을 맡은 자들은 그 일을 마치는 대로 京官으로 옮겨서 특별 서용한다는 것이었다.

그리고 이상의 4정·9정·16정·25정 등을 구획한 곳 밖이나 주변에 1정을 구획할 만한 곳은 또한 그 고을에서 사람을 뽑아 구획하게 하고 일이 끝나면 시상하는데, 鄕官을 제수하거나, 혹은 土校, 혹은 將官(天摠·把摠)을 제수한다는 것이었다.

그 밖에 실제로 정전을 확대하는 일을 추진할 때에 준수해야 規模·節目을 두었는데, 그것은 공전 값은 본 고을에게 지급한다는 것, 기타 잡비는 감역과 참군이 스스로 마련하도록 한다는 것, 감역과 참군의 祿米·大斗는 품계가 승진하여 上京할 때까지는 그 고을의 儲置米로써 달마다 지급한다는 것, 그리고 감역과 참군에 率屬이 있어야 하는데, 本里에서 書史 1명·皂隷 2명을 뽑아서 충원한다는

---

159) 『經世遺表』 제7권, 地官修制 田制9 井田議1. "凡厥郡縣 或有文武朝官 落職閑居者 自經田司 薦授其事 其或時仕在朝 或出爲守令 如有九井以上 可以作井者 在其本鄕 自經田司 啓請下送 以治田事."

것 등이었다.

이상에서 정전제 시행의 실무자로 지목되고 있었던 자들, 즉 '材幹之士'·'高貲幹局之人'·'有德望威權者'·'落職閒居者'·'草茅寒士' 등과 전직 지방관들은 모두 사족출신이고, 또한 이들은 본인이든 그의 가문이든 간에 재물·재화를 많이 축적하고 있었던 재력가로서, 말하자면 지주계층이었음을 알 수 있다. 한마디로 그들은 정치·경제적인 면에서 향촌의 유력자들이었던 것이다.

그런데 다산이 이러한 '향촌의 유력자'들을 정전제 시행의 추진세력으로 끌어들이려는 데는 몇 가지 이유가 있었던 것 같다. 첫째, 정전제 시행에 대한 향반지주계층의 저항과 반발을 최소화하겠다는 것이었다. 사실 이는 정전제 개혁의 성공 여부와 관련된 중대한 문제였다. 앞서 살펴보았듯이 정전론과 균전론, 심지어는 한전론마저 시도조차 되지 못했던 것은 바로 봉건지주계층의 반발 때문이었다. 다산은 자신의 정전제 개혁론을 기존의 지주제가 온존되는 가운데서도 시행될 수 있는 것으로 제안하고 있으면서도 당시까지의 정전제에 대한 세간의 잘못된 이해로 인하여 '공전을 創立함에 미쳐서는 온 나라가 소란해질 것이다'라고 말했듯이 이미 지주계층의 반발을 예상하고 있었다. 그리하여 도리어 그들에게 정전을 확대하는 일을 맡기고, 그 일을 추진하는 과정에서 그들이 들인 노력과 비용을 보상하는 방법으로 9품 관직을 줌으로써 그들을 정전제 개혁의 동반세력으로 끌어들이는 한편, 정전제 시행에 저항하고 반발하는 '私主'·'時占者'들에 대해서는 '大義와 公論을 따르지 않는다'는 혐의를 씌워 무거운 형률로 처벌하리라는 것을 공표함으로써 결국은 이들도 정전제 시행에 동참하지 않을 수 없게 하려는 것이었다.

다만 井地를 時占한 사람 중에 公議을 따르지 않고 오로지 私慾에만 매여서 강경하게 막으며 大事를 沮戲하는 자는 감역과 참군이 어사에게 論報하여 嚴刑한 다음 멀리 귀양 보내고, 혹 조정을 비방해서 萬世의 利를 막는 자에게는 바로 極律을 적용한다. 감역이나 참군으로서 공론을 어기고 私情에 매여서(背公殉私) 비용을 아끼고 위력을 행사해서 민원을 일으키는 자는 어사가 경고하

며, 죄가 큰 자는 논계해서 파직시킨다.[160]

여기서 井地를 時占한 사람이란 곧 정전을 구획할 수 있는 평평한 곳의 넓은 땅을 소유하고 있는 대토지소유자를 말하는 것이었다. 경전사에서 이렇게 평평하고 넓은 토지, 즉 정전을 구획할 만한 토지는 그 時占者를 불문하고 먼저 '井'으로 구획한 다음에, 공전 1區는 후한 값으로 매수하고, 私田 8區가 모두 한 時占者의 것이라면 그로 하여금 8夫를 엄선해서 1區씩 나누어주도록 함으로써 1정전을 구획하는 것이 정전제 시행방안의 하나였던 것이다. 이때 시점자 가운데는 자기의 소유지가 정전으로 구획되는 것에 저항하고 반발하거나 나아가서는 조정을 비방하는 자가 있을 것이었다. 그런데 바로 이들을 귀양 보내거나 極律로 처벌한다고 할 경우에 이를 감수할 시점자는 없을 것이었다. 따라서 정전제 개혁이 국책사업으로 추진될 때 이에 동참하지 않은 사주·시점자는 거의 없었을 것이다. 또한 여기서는 향촌의 유력자 가운데서 이미 감역·참군으로 서용되어 정전을 확대하는 일을 수행하면서 비용을 아끼거나 위력을 행사하는 자는 경전어사로 하여금 懲治하게 함으로써 그들에 대한 民怨이 정전제 시행에 대한 民怨으로 비화되는 것을 막으려고 했다.

둘째, 중앙의 재정부서와 지방 관아의 재정 지출을 최소화하겠다는 것이었다. 전술했듯이 다산의 정전제 개혁의 전략은 당시 국가 재정의 고갈과 대지주들의 반발 때문에 전면적인 정전제 개혁은 미루고 우선 사유지의 일부만이라도 공전으로 확보하여 井勤制를 실시하겠다는 것이었다. 그런데 공전을 마련하기 위한 재정을 확보하는 것도 어려운 상황에서 정전을 구획하고 경계를 구축하는 데에 소요되는 제반 비용을 부담할 수 있는 누군가가 필요했고, 그들이 바로 지주적 경제기반을 가진 향촌의 유력자들이었던 것이다. 물론 그들에게만 비용을 부담시킬 수는 없었다. 정전을 확대하는 것이 그들에게도 실익이 있어야

---

160) 『經世遺表』 제7권, 地官修制 田制9 井田議1. "唯井地時占之人 有不循公議 專憑私慾 强梗橫挐 沮戲大事者 監役參軍 得論報御史 嚴刑遠配 或謗訕朝廷 以沮萬世之利者 直用極律 其監役參軍 有背公殉私 惜費使威 以招民怨者 御史提警 大者論罷."

했다. 실제로 그들은 官界에 진출할 수 있다는 가장 큰 이점뿐만 아니라 여러 가지 실익을 얻을 수 있었다. 만일 그들이 최소한 1井 이상의 소유주(私主·時占者)였다면 우선 관으로부터 공전 1區의 값을 후하게 지급받을 것이고, 공전 외의 私田 8區는 모두 예전 그대로 차지하게 될 것이며, 佃夫 또한 자기의 役屬이 많아질 것이었다.[161] 그리고 다산이 "鄕里豪族이 일단 그 일(경계를 구축하는 일을)을 맡게 되면 자기 일같이 할 것이기 때문에 그 쓰임새가 헤프지 않아서 가산을 탕진할 걱정이 없다."고 했듯이 그들은 기타 제반 비용을 최대한 절약할 것이었다. 또한 그들은 初仕職으로 감역·참군으로 있다가 품계가 올라가서 上京할 때까지는 祿米·大斗는 그 고을의 儲置米로써 달마다 지급받게 됨으로써 자기 비용도 또한 줄일 수도 있었던 것이다. 그들은 무엇보다도 향반지주로서의 지위를 계속 유지할 수 있었을 뿐만 아니라 이를 바탕으로 관계에 진출할 수 있었기 때문에 정전제 시행의 추진세력으로 동참하는 것을 굳이 마다할 이유가 없었을 것이다.

다만 다산이 의식했던 것은 '爵祿의 名分이 무너진다'는 조야의 여론이었다. 즉, 향촌의 유력자들의 貲財를 보고 推廣之政을 맡기고, 그 공로에 대한 보상으로 그들을 모두 入仕시키면 王政은 賣職의 혐의를 받을 뿐만 아니라 名器가 헤퍼지고 체면이 구차해진다는 것이었다. 이에 대해 다산은 공자가 王政을 논하면서 '먼저 富하게 한 다음에 가르친다'고 하였고, 맹자도 王道를 논하면서 '먼저 百畝를 말한 다음에 孝悌를 말했다'는 것은 무릇 五敎가 급한 것이기는 하지만 이를 田政보다 뒤에 한 것인 즉, 왕정은 경계하는 일보다 더 큰 것이 없다는 것을 말하는 것이고, 따라서 왕정 가운데 가장 큰 일인 경계하는 일을 하자는데 변변치 못한 9품 관직을 아낄 것이 있겠는가라고 반박하고 있다. 또한 이 경계하는 일은 위로는 나라의 운수를 길게 하고, 아래로는 민인의 부역을 고르게 하는 것인 만큼 名器를 삼갈 이유가 없다는 것이었다.

---

161) 『經世遺表』 제7권, 地官修制 田制9 井田議1. "凡作井之役 役其佃夫 不足 役其鄰田之佃.", 즉 정전을 구획할 때 기존의 자기의 佃夫를 부리고, 부족하면 이웃한 토지의 전부도 부리라는 것이었다.

셋째, 정전을 확대하는 일의 효율성을 높이려는 것이었다. 세간에서는 경계하는 일이 나라의 가장 큰 정사라면 당연히 중앙의 '耳目之臣'에게 그 일을 맡기는 것이 마땅하고, 또 그 지방의 주인이나 다름없는 수령들로 하여금 그 일을 監董하게 하면 기강도 설 것인데, 그렇지 않고 지금 '草野寒士'에게 하루아침에 그 일을 맡기면 결국 그르치지 않겠는가라는 문제가 제기될 수 있었다. 이에 대해 다산은 다음과 같이 반박함으로써 정전을 확대하는 일은 향촌의 유력자가 맡아야 할 것임을 정당화하고 있다.

> 농사일은 마땅히 奴에게 물어야 하고, 베 짜는 일은 마땅히 婢에게 물어야 한다. 조정의 일은 貴臣이 알지만, 草野의 일은 寒士라야 알 것이니, 이는 배우고 익힌 바가 같지 않기 때문이다. 廚傳하며 체류하니 公費를 감당하기 어렵고, 物情이 막혀서 민원을 살피기 어려우며, 지위가 존엄하여 役丁의 부지런함과 게으름을 다스리기가 어렵다. 하물며 수령에게 한번이라도 혹 간여하도록 하면, 간활한 아전이 그 사이에 끼어들어서, 뇌물을 받고 간사함을 꾸며서 제 마음대로 넓히기도 좁히기도 할 것이다.[162]

즉, 국왕의 측근대신이 推廣之政事를 맡을 경우, 향촌에 머무르는 기간의 체류비용이 너무 많이 들고, 현지의 物情을 모르기 때문에 民怨을 해결하기 어려우며, 동원되는 役丁과 佃夫들의 노동력을 적절하게 통제하기 어려울 것이라는 점에서 그는 '耳目之臣'들이 그 일의 책임자가 되어서는 안 된다는 것이었다. 그리고 현지의 물정과 민원을 나름대로 파악하고 있는 수령이 책임자가 될 경우에도 실제로 일은 아전들이 하는데 이들이 뇌물을 받고 간계를 꾸며서 규정대로 劃方成井하지 않음으로써 결국은 成事되지 못할 것이라는 것이다. 이에 비해 '草野寒士', 즉 향촌의 유력자에게 그 일을 맡긴다면, 그는 그 일을 '사삿일같이 할 것'이라는 것이다. 그러므로 그는 그 비용을 아끼려고 하겠지만

---

162) 『經世遺表』 제7권, 地官修制 田制9 井田議1. "耕當問奴 織當問婢 朝廷之事 貴臣知之 草野之事 寒士知之 所學習不同也 廚傳留滯 公費難當也 物情壅隔 民怨難察也 地位尊嚴 役丁之勤惰難齊也 況使守令一或干預 奸吏猾胥 得以其間 受賄作奸 操縱闊狹."

헤프게도 쓰지 않으면서 事功을 이룰 것이고, 이미 德望과 威權을 지니고 있기 때문에 향촌민들의 怨望과 갈등을 조정하여 화합을 이룰 것이며, 자기 소유의 노복들과 佃夫들, 그리고 필요하다면 이웃 지주의 佃夫들을 適時適所에 동원함으로써 노동력 문제를 해결할 것이며, 무엇보다도 전정문란의 주범인 奸吏猾胥의 收賂作奸을 배제할 수 있기 때문에 法式대로 劃方成井할 수 있으리라는 것이었다.

이처럼 다산은 정전을 확대하는 일은 현재 그 고을에 거주하고 있는 '材幹之士'·'高貲幹局之人'·'有德望權威者'·'落職閒居者'·'草茅寒士' 등과 원임 수령 등, 즉 그 고을의 유력자가 책임자가 되어 추진해야 할 것임을 주장하고 있다. 당시 향촌에서 정전을 확대해 가는 데에 있어서 난제이면서도 반드시 해결해야 했던 것은 '私主'·'時占者', 즉 향반지주층의 사유지(私田)를 정전으로 확보하는 것이었다. 여기서 고안된 방법이 그들에게 오랜 동안 갈구해 왔던 出仕의 기회를 주는 대신에 그들 스스로가 제반 비용과 奴僕·佃夫의 노동력을 들여서 그들의 소유지를 정전으로 구획하고 井勸法을 시행하게 함과 함께 기존의 지주제경영도 유지할 수 있게 하자는 것이었다. 그럼으로써 향반지주층의 저항과 반발을 사전에 차단할 수 있고, 公田 값과 이들의 급여도 지방관아가 지불하게 함으로써 중앙정부는 일체의 비용을 지출하지 않아도 되며, 정전을 구획할 때에 야기될 수 있는 향촌민들 간의 이해 대립과 갈등을 조정하여 화합을 이루고 法式대로 劃方成井할 수 있으리라는 것이었다. 그리고 이렇게 확대된 정전들과 劃井이 불가능하지만 '井'으로 묶인 경사진 곳의 토지를 대상으로 魚鱗圖를 작성해야만 전정문란을 근절시킬 수 있다는 것이었다.

결론지어 보자. 다산은 辛酉邪獄으로 유배되기 전까지는 正祖가 구축한 탕평 정계의 한 복판에서 이가환·이승훈 등과 함께 서학·서교에의 탐닉문제로 인하여 노론·소론의 끊임없는 견제를 받으면서도 正祖의 특별한 후원으로 정치생명을 이어가는 가운데, 실학자로서는 「農策」(正祖 14년)·「應旨論農政疏」(正祖 22년)를 進疏하고, 또한 「田論」(正祖 23년)을 저술하는 한편, 많은 농촌지식인들의 農書·農政疏를 살펴봄으로써 당시의 농민·농업·농촌 문제의 전모를 파악하고 있었다. 그럼으로써 국가 재정의 고갈과 농민층 몰락의 기본 모순은 토지소유의 양극분화와 지주층의 지주제경영에 의한 농민수탈이고, 따라서 토지개혁만이 궁극적인 해결책이라는 것을 인식하는 한편, 그 주요 모순은 부세제도를 위요한 봉건국가의 농민지배체계 내에서 발생하고 있다는 것도 인식하고 있었다. 그리고 봉건지배층·지주계급은 토지개혁에 반대하면서 부세제도의 시정과 개선을 통해서 봉건체제를 고수하려고 했고, 이들의 입장이 時勢를 지배하고 있었다는 것도 분명히 인식하고 있었다.

그런데 正祖가 구축했던 탕평정치 질서는 正祖의 서거와 辛酉邪獄으로 일거에 와해되었다. 이후 노론 척족가문들에 의한 세도정치가 시작되었다. 다산도 신유사옥으로 정계에서 축출되어 무려 18년 동안의 긴 유배생활에 들어갔다. 그러나 이 기간은 그에게 매우 중요하고 의미 있는 시기였다. 강진현·해남현의 농민들이 전정문란 속에서 貪官과 猾吏의 苛斂誅求로 인하여 피폐한 삶을 사는 것을 직접 目睹하면서 농업개혁의 절실함을 느끼는 한편, 古聖人이 일찍이 貪官과 猾吏들의 奸計와 苛斂을 막기 위해서 시행했던 정전법에 주목하고, 古經典들과 이에 대한 先儒들의 注解·註釋을 치밀하게 고찰하고 재해석함으로써 정전법의 본질과 이념을 새롭게 파악하여 「전제」를 집필하였다. 여기서 그는 "堯禹가 전지를 구획해서 정전을 만든 것은 민인들의 産業(소유지)을 균등하게 하려고 했던 것이 아니라 나라의 租賦를 바르게 하기 위한 것이었다."고 이해하였다.163) 즉, 고대 정전제의 본질을 '王土'를 '計口分田'하여 '均田·均産'하려는 것, 즉 국유지를 모든 인민들에게 균배하려고 했던 것이 아니라 '나라의 모든 토지를 井으로 묶어 파악하고, 이 井田을 壯丁 중심의 노동력을 갖춘 농부만이 경작하게 하며, 그리고 井田 단위로 井耡法을 실시하여 9분의 1의 세를 징수하는 것'('束之爲井 收其九一'), 즉 '九一稅의 均稅法'으로 이해했던 것이다.

그러나 이러한 古法井田制는 당시 사유제·지주제가 발달해 있던 상황에서 그대로 시행될 수는 없었다. 그래서 지주제가 존속되는 가운데 그가 제안한 과도기적인 정전제 시행 방안은 정부가 '私主'·'時占者', 즉 지주계층의 토지를

---

163) 『經世遺表』 제6권, 地官修制 田制5. "堯禹之所以畫田爲井者 非爲均民之産業 乃爲正國之租賦."

먼저 '井'으로 구획한 다음, 가운데 1구를 獻納받거나 매수하여 公田으로 확보하고, 그들로 하여금 각각 壯丁 3명 이상을 거느리고 있는 8夫를 엄선해서 정전 내의 私田 8區를 그들에게 각 한 區씩 貸田하되 1夫가 私田 2區를 얻지 못하게 하고 지주제경영을 유지하도록 하며, 그렇게 해서 획정된 정전을 井鋤法으로 경영하게 한다는 것이었다. 그리고 8夫에게는 鋤粟 외의 租稅와 雜徭를 다시 부과하지 않는다는 것이었다. 따라서 만일 이러한 정전제가 시행된다면, 다산이 살았던 시기에 전체 농민의 70% 이상을 차지하고 있던 時作農民(佃戶)들은 1結씩을 均耕·均作하는 시작농민들로 바뀔 것이고, 장차 사유제가 오랜 시간을 두고 점진적으로 폐지된다면 1結씩을 自耕·自作하는 자영농민들로 성장할 것이었다. 그리하여 그의 정전제개혁론이 궁극적 목표로 삼았던 바, 조선후기의 지배적인 토지소유·생산관계였던 '국가-[지주-전호농민]'관계는 '국가-자영농민'('정전농민')관계로 전환될 것이었다. 그리고 다산은 자신의 정전제 개혁이 실행되기 위해서는 3가지가 필수적이라고 역설하고 있다. 첫째는 국왕의 확고한 개혁 의지와 결단이었다. 둘째, 현명하고 실무능력을 갖춘 신료가 있어야 한다는 것이었다. 셋째, 향반지주계층을 개혁의 추진세력으로 세워야 한다는 것이었다.

이렇게 보면, 다산의 정전제 개혁론은 우선은 '井鋤法' 개혁을 통해서 均耕·均作하는 시작소농을 안정화시켜서 '지주-균경·균작소농'관계의 지주제를 토대로 하는 왕정체제를, 그리고 다음으로는 점진적으로 사유제·지주제를 폐지시킴으로써 균경·균작의 소농을 자영소농으로 육성하고, 이를 토대로 하는 '국가-자영소농'관계를 토대로 하여 왕정체제를 존속시키겠다는 것이었다고 볼 수 있겠다. 따라서 이 역시 유학사상이 이상사회로 생각하는 3代의 사회를 지향하고 있었다는 점에서 종전의 정전론·균전론과 마찬가지로 복고주의·상고주의에 속하는 것이었다는 한계를 안고 있었다고 볼 수도 있을 것이다.

그런데 다산의 정전제 개혁론이 이처럼 봉건지배층·지주계층의 입장을 수용했고, 또 지주계층을 정전제 개혁의 추진세력으로 세웠음에도 불구하고 그들에게 외면당했던 이유는 무엇이었을까? 하나는 경제적인 이유 때문이었다.

다산의 정전제 개혁이 성공하고, 이후 그것이 온전하게 실행되기 위해서는 반드시 魚鱗圖가 작성되어 있어야 했다. 전정 문란의 기본 요인은 경계가 바르지 않은 것이었다. 그런데 조선후기에 어린도 제작은 고사하고 양전마저 정기적으로 실시되지 못했던 것은 隱結·漏結로 탈세하고 있던 지주계층의 반발 때문이었다. 이제 어린도가 작성되면 그들의 고의적인 隱結·漏結에 의한 탈세 실상도 드러날 수밖에 없을 것이었다.그리고 정전제가 시행된다면 그들은 이미 그들의 대토지를 잃어버렸을 것이었다. 바로 이것들이 지주계층이 그의 정전제 개혁에 동조할 수 없었던 가장 큰 이유였을 것이다.

또 하나는 다산이 취하고 있던 정치적 입장(黨色)과 조선사회의 지배적인 사상이었던 유학사상을 정면으로 부정하고 있던 西學과의 관련 때문이었던 것 같다. 그는 유배 중 56세가 되던 해(純祖 17년, 1817)에『邦禮草本』의 서문인 '序'(『經世遺表』의 서문인 '引'으로 재수록)에서 「전제」등에 대해 자긍심을 가지면서 그것이 수십 년 동안 시행되고, 또 거듭 수정·보완되면서 장차 하나의 正典으로 자리잡기를 희망하고 있다.

> 군자(공자)는 "그 직위에 있지 않거든 그 정사를 논하지 마라." 했으니,
> 죄에 연루된 신하로서 감히 나라의 법[邦禮]을 논하겠는가. 그렇기는 하다.
> 그러나 磻溪 柳馨遠이 법을 고치자고 논했어도 죄를 받지 않았고, 그의
> 글도 나라 안에서 간행되었으나 다만 이용되지 않았을 뿐이었으며, 그가
> 말한 것은 죄가 되지 않았다. …… 혹 수십 년 동안 시행하여 편리한가
> 못한가를 실험한 다음, 이에 金石같이 굳은 법전을 만들어서 후세에 전해주
> 면, 이것이 또한 지극한 소원이며 큰 즐거움이 아니겠는가.[164]

그러나 그는 해배된 뒤 환갑이 되던 해(純祖 22, 1822)에「自撰墓誌銘」(壙中本)을 지었는데, 여기에서는 雜纂 200권(典章과 문물제도 등에 관한 논저)에 대해서

---

164)『經世遺表』邦禮草本引. "君子曰 不在其位 不謀其政 罪累之臣 其又敢議邦禮乎 曰然 雖然
磻溪柳馨遠 議政法而無罪 其書刊行於國中 寧適不用 其言之者無罪也 …… 或行之數十年
以驗其便否焉 於是作爲金石之典 以垂後世 斯不亦至願大樂哉."

"모두 성인의 경전에 근본을 두고 時宜에 맞도록 힘써 서술해 두었으니, 없어져버리지 않는다면 혹 이를 취해 쓸 자가 있을 것이다."라고 하여, 그 논저들이 언젠가는 세상에 널리 쓰이기를 기대하는 심정을 토로하고 있다. 그러나 壙中本보다 상세한 「自撰墓誌銘」(集中本)에서는 유배기간에 저술한 모든 저작을 요약, 소개하면서 다음과 같이 비감한 심정을 토로하고 있다.

> 『經世遺表』48권은 편찬을 마치지 못하였고, 『牧民心書』는 48권, 『欽欽新書』는 30권이다. 『我邦備禦考』는 30권인데 완성하지 못하였고, …… 이를 통틀어 文集이라 하니, 모두 2백60여 권이다. …… 六經과 四書로써 修己하고, 一表二書로써 천하·국가를 다스리고자 했으니 本末이 구비되었다고 할 것이다. 그러나 알아주는 이는 이미 적고 나무라는 이는 많으니, 만약 天命이 인정해 주지 않는다면 비록 한 횃불로 태워버려도 좋다.165)

즉, '一表二書'에 인민과 나라를 다스리는데 필요한 제반 법과 제도를 갖추어 서술해 놓았다는 것, 특히 『經世遺表』에는 '나라를 개혁해야겠다'('新我之舊邦')는 생각에서 당시의 官制·郡縣制·田制·賦役制·貢市·倉儲·軍制·科制·海稅·商稅·馬政·船法 등을 개혁하여 새로이 經法과 紀律을 갖추어서 규정해 놓았다는 것, 그렇지만 이를 알아주기는커녕 도리어 꾸짖는 자들이 많고, 그나마 국왕만이라도 인정해줄 것을 기대해 보지만 이 역시 난망한 일일 것이라는 원망어린 심정을 토로하고 있다. 다산은 지난 18년의 억류 기간에 개인적으로는 현실과 경전연구를 결합시켜 실학을 최고의 수준으로 끌어올린 학문적 성과를 이루었지만, 그러나 억류생활을 마치고 19년 만에 고향에 돌아와 보니 반겨주는 사람은 없었고, 더구나 西學徒로서 逆變의 혐의로 定配되었던 죄인이었으며, 더욱이 당시는 노론척족이 주도하는 세도정국이었던 만큼 정계에서는 누구도

---

165) 『茶山詩文集』 제16권, 墓誌銘 自撰墓誌銘(集中本). "經世遺表 四十八卷 未卒業牧民心書 四十八卷 欽欽新書 三十卷 我邦備禦考 三十卷未成 …… 總謂之文集 共二百六十餘卷 …… 六經四書 以之修己 一表二書 以之爲天下國家 所以備本末也 然知者旣寡 嗔者以衆 若天命不 允 雖一炬以焚之可也."

감히 가까이 하려고 하지 않았을 것이었다. 西學의 南人은 이미 발붙일 세상이 아니었던 것이다.[166] 그가 살아있는 동안 '一表二書'가 태워진 적은 없었지만 그렇다고 그의 바람대로 세상을 위해 쓰인 적도 없었다.

6. 兪吉濬·李沂의 土地改革論

한편, 19세기 후반에 이르러 조선봉건사회는 위기를 맞고 있었다. 척족가문의 세도정치로 인한 公論에 기초해 온 사족정치의 파탄, 지주제의 발달과 부세제도의 문란과 붕괴, 그리고 중세의 신분제적 질서의 해체 속에서 봉건사회의 모순은 '民亂'으로 분출되고 있었다. 純祖 11년(1811)의 평안도 농민항쟁과 哲宗 13년(1862)의 삼남지방의 농민항쟁, 그리고 1894년의 갑오농민전쟁은 봉건적 모순의 심화와 폭발이었다. 다른 한편, 밖으로부터는 서구의 제국주의국가들은 문호개방을 강요하였다. 즉, 제국주의국가들의 식민침략이 시작되었다. 서구의 제국주의국가들은 세계의 여러 지역에서 약소국가·미개지역을 식민지화하고, 이제 동아시아지역을 침략대상으로 겨냥했으며, 중국과 일본을 개항시킨 후 조선에도 압력을 가하고 있었다. 조선은 처음에 쇄국·양이정책을 취했지만 마침내는 일본에게 개항하였으며, 이어서 서구의 열강들에게도 문호를 개방하고 국교를 확대하지 않을 수 없었다. 이는 조선봉건사회가 중세적 봉건체제를 벗어나 근대의 세계자본주의체제 속에 흡수, 편입되는 것을 의미하는 것이었다.

조선봉건사회가 이 같은 봉건체제와 왕정국가의 위기 속에서 살아남을 수 있는 길은 '세계－체제'에 적응하고 대응할 수 있는 자본주의체제·근대국가를 수립하는 일이었다. 이는 反封建體制·反帝國主義의 근대화개혁의 문제였다. 봉건지배층과 지주계급은 개항 이전에는 지주제를 토대로 한 봉건체제의 유지

---

166) 『茶山詩文集』 제16권, 墓誌銘 自撰墓誌銘(集中本). "及還鄕計之 自庚申流落 又十九年也 人生否泰 可曰無定命乎 旣還徐龍輔方屛居西鄰 遣人勞慰 致款曲 己卯春 再入相府 去來皆慰 問殷勤 冬朝議欲復用鏞以經田 論旣定 龍輔力沮之."

를 전제로 하여 부세제도 중심의 사회개혁안을 내고 있었고, 또 이를 시행하기도 하였으며('壬戌改革'), 개항 이후에는 지주제·지주적 상품생산을 바탕으로 근대 자본주의 개혁으로까지 나아가고 있었다('甲申政變' ; '甲午改革'). 이에 반해 농민층과 농민적 입장에서의 개혁은 지주제를 타도하는 가운데 농민경제·농민적 상품경제의 안정과 근대화를 추구하는 것이었다('갑오농민전쟁').

이러한 양쪽의 입장을 토지개혁론으로 좁혀 보면, 농민적 입장에서의 토지개혁론은 이전부터 제론되어 왔던 정전론·균전론·한전론이나 절충론으로서의 다산의 정전제개혁론·감조론 등이었다. 물론 이것들은 봉건국가와 지배층에 의해서 전혀 받아들여질 수 없었고, 또 실제로 수렴되지도 않았다. 그런데 이러한 토지개혁론을 제론하는 자들은 공통적으로 유교사상의 틀 속에서 儒者들이 이상사회로 생각하는 3代의 사회에 시행되었다고 하는 정전론·균전론 등이 재현되기를 희망하고 있었다는 점에서 복고적·상고적이었다. 그들은 사유제·지주제의 발달을 중세 농업사회의 말기에 나타나는 역사발전의 한 현상으로 인식하기보다는 정전제가 붕괴된 이래 그로 인해 '民産의 不均'이 최악의 상태에 이른 것, 심지어는 '殺人之道'라고까지 인식하고 있었다. 이러한 점에서 그들의 토지개혁론은 유교사상 자체까지도 포함한 현실사회 전체를 변혁하지 않으면 안 되는 근대화의 개혁론이 되기는 어려웠다.[167] 이에 반해

---

167) 金容燮, 1984,「韓末 高宗朝의 土地改革論」『東方學志』41(2004,『신정 증보판 韓國近代農業史硏究[II] –農業改革論·農業政策–』所收). 필자는 이 논문에서 고종 연간에 살았던 대학자·정치인·향촌유생·농민 등 63인의 정전론·균전론·한전론·감조론 등의 토지개혁론을 분석하고 다음과 같이 결론지었다. "이 시기의 토지개혁론은 유교의 복고사상·상고주의를 바탕으로 한 것이었다. 그러나 그것은 단순한 이상론으로서의 복고나 상고가 아니라, 구체적 사실로서의 현실 문제를 타개하기 위해서 원용 제론되고 있는 개혁론이었다. …… 그리고 그 개혁론은 본시는 중세사회 내에서의 소농경제의 안정을 목표로 제론되어 온 것이지만, 이 시기에는 시대상황, 즉 근대화를 위한 개혁의 추이와 관련하여, 결국 근대적 변혁사상으로도 전환하고 있었다. 그들은 그들의 토지개혁론에 서구의 근대정치사상을 도입 접합시킴으로써, 종래의 토지개혁론을 새롭게 전환시키고 있는 것이었다. …… 이 시기에는 농민전쟁이 패하는 가운데 농민적 입장의 변혁은 좌절되고, 따라서 그같이 많은 논자들이 제론했던 토지개혁론도 무위로 돌아가지 않을 수 없었다." 그런데 63인 가운데서 그의 토지개혁론을 근대적 변혁사상으로까지 전환하고 있는 자는 4인 정도에

봉건지배층과 지주계급, 이 가운데서도 1884년 갑신정변과 1894년 갑오개혁을 주도함으로써 조선봉건사회의 근대화개혁을 추진했던 開化派의 토지개혁론은 사유제·지주제의 발달을 근대자본주의체제로 이행하는 과정에서 나타나는 '자본의 본원적 축적'으로 인식하였다. 이는 개혁의 이념과 방향 측면에서 이전의 실학파의 농업론이나 「三政釐整策」으로 대변되었던 부세제도 개혁론과 는 전면적으로 대치되는 것이었다. 개화파는 봉건적인 지주제를 그대로 유지하는 것은 말할 것도 없고, 이를 중심한 농업체제를 적극 옹호하고 그것을 토대로 함으로써, 그들이 목표하는 근대국가를 수립하려는 것이었다.[168] 이러한 개화파의 토지개혁론을 대표하는 이는 개화사상의 이론가로서 김홍집·김윤식 등과 더불어 갑오개혁을 주도했던 유길준이었다.[169]

불과했다는 것을 지적해 두어야 할 것 같다. 이들은 근대화·개화를 인정한 위에서 토지개혁을 주장하였으며, 또 토지개혁을 함으로써 근대화·개화가 제대로 될 것임을 강조하고 있었던 것이다. 이를테면, 減租論을 주장했던 자는 토지개혁을 함으로써 지주가 토지투자에서 이익을 얻지 못하게 되면, 그 자본이 자연적으로 상업으로 전환되고, 따라서 토지개혁과 근대화·개화가 쉽게 성취되리라는 것이었다.

168) 金容燮, 1992, 「近代化過程에서의 農業改革의 두 方向」 『韓國近現代農業史研究─韓末·日帝下의 地主制와 農業問題』, 10~34쪽.

169) 유길준(1856~1914, 字 聖武, 號 矩堂)은 철종 9년(1856) 9월에 서울 계동에서 兪鎭壽 (1826~1898)의 2男으로 태어났다. 집은 가난했으나 학문적이고 武挾인 가풍이었 다고 한다. 청소년기에 外祖父 李敬植과 父 兪鎭壽로부터 漢學을 수학했다. 과거를 준비하는 가운데 20세 되던 해(고종 12년, 1875)에 桂洞 본가의 이웃에 살고 있던 개화파의 遠祖인 朴珪壽(1807~1877)를 찾아가 金玉均(1851~1894)·朴泳孝 (1861~1939)·徐光範(1859~1897)·金允植(1835~1922) 등과 함께 그의 지도를 받았 다. 1880년부터 개화운동이 본격적으로 전개되는 가운데 그는 1881년에 魚允中 (1848~1896)이 인솔하는 紳士遊覽團의 수행원으로 일본에 파견되었다. 東京에 도착 한 지 2주일 뒤에 柳定秀와 함께 당시 문명개화론자로서 이름을 떨치고 있던 福澤諭吉 (1835~1901)의 집에 기거하면서 그가 경영하는 慶應義塾에 입학하여 주로 정치·경 제학을 공부하는 한편, 福澤諭吉의 『西洋事情』·『學問의 勸奬』 등과 서양의 근대사상가 들의 저서들을 섭렵함으로써 근대 학문과 지식을 습득하였다(1881년 6월 14일자 郵便報知新聞, 「朝鮮의 二秀才 慶應義塾에 入學」). 여기서 福澤諭吉의 文明開化·富國强兵論 은 그의 개화사상 형성에 결정적인 영향을 끼쳤다. 한편, 1882년 6월 渡日한 김옥균· 서광범·강위 등과 함께 「興亞會」(1880년 3월 일본의 학자와 정치가가 중심이 되어, 동양 3국이 합심하여 서양인들로부터의 모욕을 없애자는 데에 목적을 두고 설립한 단체)의 친목회에서 일본·중국의 학자·정치가들과 교류하였다. 1882년 7월 壬午軍亂

유길준이 『西遊見聞』(1889)과 「地制議」(1891)를 저술했던 당시는 안으로 봉건지배층·지주계층과 농민층 간의 계급모순, 그리고 밖으로는 서구 제국주의국가·일제와 조선봉건국가 간의 민족모순이 한층 심화되어 농민층의 반봉건·반제국주의 항쟁이 더욱 고조되어 감으로써 바야흐로 갑오농민전쟁을 예고하고 있던 시기였다. 그는 이러한 상황에 대한 진단과 대책을 다음과 같이 말하고 있었다.

나라를 스스로 지키는 방법은 內地의 暴亂과 외국의 侵伐을 생각하지 않을 수 없기 때문에 예비하는 길을 마련하여 예측할 수 없는 인심을 제어하는 것이 정부가 취해야 할 길이다. 학식으로 근본을 삼고 원대한 방책을 도모하

이 일어났다. 1983년 1월 초에 일본에 파견되었던 수신사 박영효 일행을 따라 귀국하였다. 통리교섭통상사무아문의 주사로 임명되어 외교사무를 돕는 한편, 한성판윤 박영효가 주관하던 漢城旬報 발간사업에도 주력했으나 보수파의 반대로 신문발간은 중단되었다. 이에 주사를 사직하고 집에 은거 중이던 1883년 7월, 閔泳翊(1860~1914)에 의해 報聘使節團圓으로 발탁되어 미국에 파견되었다(28세). 일행은 40일간의 공식일정을 마치고 귀국하였는데, 그는 민영익의 배려로 국비장학생이 되어 미국에 남았다. 일본에 있을 때 수강생으로서 친분을 쌓았던 Morse 교수(Edward S. Morse, 1838~1925 ; 東京大學의 초빙교수로 있을 때 일본에 처음으로 다윈의 진화론을 소개했다)를 찾아가 10개월 동안 修學하고, 그의 주선으로 Dummer Academy에 입학했다. 그러나 1884년에 甲申政變이 일어나자 4개월 만에 학업을 중단하고 귀국해야만 했다. 귀국 도중에 1년여 동안 유럽諸國을 순방하고, 1885년 12월 중순에 귀국했다. 서울에 도착하자마자 김옥균과의 인연 때문에 체포되어, 처음에는 포도대장 한규설(?~1930)의 집에, 뒤에는 민영익의 별장이었던 白鹿洞 翠雲亭에 연금되었다(1885년 말~1892). 이 연금기간에 일본에 유학했을 때부터 써 두었던 원고와 福澤諭吉의 『西洋事情』 가운데 발췌한 일부를 편집하여 『西遊見聞』을 저술하였다(1889년 늦봄, 34세). 또한 연금기간 중인 1891년에 「稅制議」·「地制議」 등의 논문을 썼다. 1892년에 미국인 페인이 헐값으로 電氣應用利權을 매수하려는 것을 막은 공로로 연금에서 해제되었다. 1894년 민씨정권이 붕괴되고 개화파정권이 수립되자 군국기무처의 위원이 되어 갑오개혁을 주도하였다. 그리고 1895년에 訪日하고 福澤諭吉과 협의하여 『西遊見聞』을 발간하였다(交詢社, 1895 ; 당초 『西遊見聞』의 원고는 출간되기 5년 전에 한규설을 통해 고종에게 진헌되었다). 1896년 俄館播遷으로 갑오정권이 붕괴되자 일본으로 망명했다가 1907년에 귀국하였다. 이후 광범한 사회·경제·교육활동과 저술로 일관했다. 1910년 대한제국정부로부터 <勳一等太極大綬章>을 받았다. 한일합병이 된 후 일제가 주는 男爵의 작위를 거부하였다. 그는 1914년에 자택에서 59세를 일기로 별세하였다(金泳鎬, 1968, 「兪吉濬의 開化思想」 『창작과 비평』 3(3), 476~492쪽 ; 李光麟, 1969, 『韓國開化史研究』).

고 힘껏 시세를 따라야 피폐한 기색을 없게 할 수 있다.[170]

즉, 정부가 해야 할 일은 나라 안의 민란을 수습하고 제국주의국가의 식민침략을 막을 수 있는 방책을 마련해야 한다는 것, 그리고 그 방책은 '學識', 즉 서구의 근대적 학문과 지식을 바탕으로 해서 세워야만 제국주의시대에 살아남을 수 있을 것이리라는 것이었다. 즉, 조선봉건사회가 봉건체제·국가적 위기 속에서 살아남을 수 있는 길은 '세계-체제'에 적응하고 대응할 수 있는 자본주의를 토대로 하는 근대국가를 수립하는 일이라는 것이었다. 이는 곧 反封建·反帝國 主義의 근대화개혁의 문제였다.

그리고 그는 근대화개혁이란 구체적으로 말하면 근대적인 법률과 제도를 갖추는 것인데, 그 개혁과정은 혁명적이기보다는 점진적·개량적이어야 함을 근대화개혁에서 가장 성공한 나라로 영국을 예로 들면서 다음과 같이 말하고 있다.

> 영국의 이와 같은 공평한 정치와 법률은 하루아침의 騷亂으로 인하여 그 체제를 변경한 것이 아니고, 천여 년의 古風과 舊例를 잃지 않고 이를 謹守하며 또 謹愼히 개정하여 성취한 것이다. …… 지금 (영국의) 인민들이 자유롭고 얽매이지 않는 제도를 보유하게 된 것은 古來의 습관을 審愼하여 折衷調和시키고 차례로 나쁜 것은 버려서 올바른 데로 돌아오게 했기 때문이요 일시적인 暴擧를 자행하여 全壁한 보물을 探取한 것이 아니다. 오늘날 영국 정부를 考究하여 1500년간의 景像을 되돌아 본 즉, 前後의 異同이 구름과 땅이 떨어져 있는 것과 같은데, 높은 곳을 오르기 위해 낮은 곳부터 차츰 다가간 步趨가 실로 옛사람보다 뛰어나다. 이를 통해 보건대 한나라의 인민이 공평한 정치와 교화에 沾沐되어 일을 처리하기를 기다린다면 輕擧와 暴動이 일어나지 않고 자연스럽게 그 관습을 改正하여 極善한 경지에 이른다는 것이 분명하니 영국 정부의 沿革이 當世의 龜鑑이라고 말할 수 있다.[171]

---

170)『西遊見聞』제8편,「정부의 民稅費用하는 事務」.
171)『西遊見聞』제10편,「法律의 公道」.

즉, 영국의 역사를 보건대, 근대 영국의 공평하고 좋은 정치와 법률·제도는 舊例와 관습이 '일시적인 輕擧와 暴動', 즉 혁명에 의해서 완전히 폐기된 위에서 새로 수립된 것이 아니고 구례와 관습들이 오랜 시간을 두고 계속적으로 취사선택되고 개선됨으로써 수립된 것이라는 사실을 확인할 수 있다는 것이다. 이런 점에서 근대화개혁에서 영국을 본받을 만하다고 말하고 있다.172) 그리하여 그의 근대화개혁의 목표는 근대 영국을 모델로 하여 근대자본주의적 산업을 토대로 하는 입헌군주제국가를 수립하는 것이었다.173)

한편, 유길준은 근대자본주의적 산업의 발달을 위해서 먼저 근대적 경제제도를 수립할 것을 주장하고 있다. 이를테면, 근대적 토지제도(「地制議」)·조세제도 (「稅制議」 ; 「수세하는 법규」174))·재정제도(「財政改革」175))·화폐제도(「貨幣整理方案」176)) 등을 수립하는 것이었다. 다만 여기서는 본고와 관련하여 「지제의」· 「稅制議」·「재정개혁」 등을 중심으로 그의 근대적 토지제도·지세제도의 수립구상을 살펴보고자 한다.

그는 다른 개화파 인사들과 함께 朴珪壽를 통해서 실학사상·서구사상을 받아들일 수 있었다. 그러한 점에서는 그의 농업론의 핵심은 실학파의 그것과 같을 수 있었지만, 실제로는 그렇지 않았다. 이 점은 김윤식도 마찬가지였다. 김윤식은 농민대중의 반봉건항쟁이 고조되고 있는 상황에서도 농민경제의

---

172) 『西遊見聞』 제10편, 「法律의 公道」 : 유길준은 프랑스를 근대화개혁에서 실패한 나라로 보고 있다. "영국 정부는 전 국민이 익숙해져 있는 누대의 구습에 따라 정령과 제도를 개정함으로써 국민들을 보호하고 이들에게 자주적 권리를 보장해 주었던 것에 반해 프랑스는 법률을 자주 변경하여 국민들의 자주적인 권리와 재산을 고르게 하는 제도를 신설하였지만 그 취지를 살리지 못했고, 게다가 정부 위에 군림하여 자기 뜻을 성취하려는 임금이 많아 실패했다."는 것이었다.

173) 『西遊見聞』 제5편, 「政府의 始初」 : 유길준은 19세기 후반기 각 나라별 정치체제를 왕정제·입헌군주제·공화제 등 3유형으로 구분하고, 조선·중국·일본 등 아시아 여러 나라에는 왕정제가 많고, 유럽 여러 나라에는 입헌군주제가 많으며, 남·북아메리카 여러 나라에는 공화제가 많다고 분류하고 있다.

174) 『西遊見聞』 제7편, 「수세하는 법규」.

175) 遺稿 『雜文集』 所收.

176) 遺稿 『雜文集』 所收.

균산화, 빈부의 균산화는 부당하다고 생각하고 있었다. 그는 시대가 달라지면 토지소유관계도 달라진다는 역사관으로써 지주제를 정당·합리화하였고, 갑신·갑오 개혁기에는 '護富論'으로써 지주제와 부자·빈자의 계급적 존재형태를 적극 옹호하기에 이르렀다. 이는 구래의 실학파의 균산화론과 토지재분배론을 정면으로 부정하는 것이었다. 그리고 이와 같은 입장은 개항 이후 자본주의경제 사상이 들어오게 되면서부터는 이를 통해서 지주층의 존재의의를 더욱 합리화 하고 강조하기에 이르렀다. 이는 현실적으로는 개항 후의 대일무역을 통해서, 즉 미곡무역의 호경기를 배경으로 급속하게 성장하고 있던 지주층이 그들 자신의 財富 축적에 자신을 가지게 되었고, 따라서 그들 스스로가 근대화개혁의 주체가 될 것임을 주장하는 것이기도 했다. 이러한 개화파의 농업론은 유길준에 게서 더욱 체계적으로 다듬어지고 있었다.[177)]

유길준의 토지개혁론은 토지재분배론을 반박하는데 그치지 않고 기존의 봉건적인 '시주−시작농민'관계를 근대법상의 '지주−차지농민'관계로 전환시 키자는 것이었다.

官民이 모두 토지를 받아야 한다는 의론은 비록 옛날을 흠모하는 뜻에서 나왔다 할지라도, 그러나 후세의 정치에는 합당치 않은 것이다. 3代 이전에는 토지는 넓은데 인구는 희소하고, 습속은 순박한데 물화는 넘쳐나서, 民은 自足하는데 안주하고 부자가 된다는 것을 알지 못했다. 때문에 정전제를 시행하여 均産을 이루었다. 오늘날은 그렇지 못한다. 民이 利를 좋아하는 것이 善을 좋아하는 것보다 심하다. 그러므로 富者의 토지는 연이어 있지만 貧者에게는 송곳을 꽂을 땅도 없다. 진실로 國家의 政令으로써 부자의 토지를 빼앗아 貧者에게 주는 것은 仁政의 一端이 되는 것이므로 하지 못할 바도 아니지만, 그러나 그 근원을 따져 보면 그것은 장차 인민을 병들게 하는 길이 되고, 도리어 大害를 낳을 것이므로 인민을 그대로 이끌어감으로써 全國의 田制를 명확하게 하느니만 못한 것이다.[178)]

---

177) 金容燮, 1974,「甲申·甲午改革期 開化派의 農業論」『東方學志』15(2004,『신정 증보판 韓國近代農業史研究[II]−農業改革論·農業政策−』所收).

즉, 중국고대사회에서 시행되었던 정전제·균전제 등의 均田制는 토지소유의 양극분화가 극심한 상태에 이르게 된 現今의 토지문제에 대한 대책이 될 수 없다는 것, 그러나 국가의 법령으로라면 富者의 토지를 수용하여 貧者에게 均給하는 것도 가능하다는 것, 그러나 그렇게 하는 것은 앞으로 인민을 병들게 하는 바가 되어, 도리어 '大害'를 초래하게 되리라는 것이다. 즉, 富者들로부터 수용한 토지를 인민들에게 均給하는 것은 농민들의 '倖心'만을 키워주는 바가 되어, 그로 말미암아 장차 농민들의 '輕擧와 暴動'이 일어날 수도 있다는 것이며, 또한 富者들, 즉 지주계층의 토지를 빼앗음으로써 그들의 원망을 사게 되리라는 것이었다.[179] 따라서 그는 '爲治者'들이 富者들의 토지를 빼앗는 법령을 세우는 것을 경계하는 한편, 現今의 토지문제의 해결책은 구래의 토지의 소유관계·생산관계인 지주제를 그대로 인정하고 이를 개선하는 방향으로 가야 할 것이라고 말하고 있다('因之爲導 以明全國之田制'). 이는 곧 근대적인 토지제도·지세제도의 수립이었는데, 먼저 양전을 실시하여 토지의 소유관계를 가린 다음, 지주에게 소유권자와 지가가 기입된 지권을 발급해 줌으로써 지주에게 토지에 대한 사적소유권을 주는 것과 동시에 기존의 봉건적 토지소유·생산관계였던 '시주—시작농민'관계를 근대법상의 '지주—차지농민'관계로 구축하고, 결부법 대신에 지권에 기입된 지가를 기준으로 지세를 부과함으로써 근대적인 토지제도·지세제도를 수립하자는 것이었다.

그는 우선 '인민의 권리'에서 '인민'을 새롭게 정의하고 있다. 중세봉건사회에서 그 지위와 권리가 정치와 신분에 의해서 규정되었던 중세사회의 '臣民'은 이제는 그것으로부터 완전히 분리·해방되어 등질적인 권리능력을 갖는 법적인 격자(인)로서 근대사회의 '시민'으로 서야 한다는 것이었다.[180] 그리고 이러한

---

178) 『兪吉濬全書』IV,「地制議」.

179) 『兪吉濬全書』IV,「地制議」. "窃嘗思之 均田之意 出於天道之至公 而誠爲仁政之本 然今日之 爲治者 不必規規然謨奪富者之田 以來怨讟 而啓民之倖心也."

180) 『西遊見聞』제4편,「人民의 權利」. "인민의 권리라는 것은 자유와 通義를 말한다. …… 자유와 통의의 권리는 천하에 살고 있는 모든 사람들이 다 같이 가지고 있으며, 다 같이 누리고 있다. 각 사람마다 제 한 몸에 가지고 있는 권리는 태어날

'시민'은 먼저 자기 身命에 아무런 구애도 받지 않고 속박도 받지 않으며, 자기의 생명과 지체를 정직한 방법으로 보존하여 안락한 상태를 유지하는 자유와 通義, 즉 권리를 가지는 것이었다(제1항 身命의 權利). 나아가서 이 '시민'은 재산에 대해 '사적소유권'을 갖는 것이었다(제2항 財産의 권리).

재산의 자유와 통의 : 이는 재산에 관한 권리를 말한다. 재산의 자유란 각자가 소유하고 있는 재산을 이용하거나 처분하는 데 있어서 정직한 방법으로 할 때에는 금지하는 자가 없으며 조종하는 자도 없어서 스스로 편리한 방법을 따르도록 맡기는 것을 말한다. 재산의 통의란 자기가 소유한 재산을 잘 간수하여 무리하게 탈취당하지 않고 자기 혼자서 처리할 수 있는 실세를 보전하는 것을 말한다. …… 재산의 권리에 대하여 살펴 보건데, 역시 人生의 一大 緊重한 일이니 各人이 각각 자기가 소유한 재산을 保守하여 한 개라도 다른 사람에게 주지 않든지, 千金으로 그 心志의 즐거움을 다 하든지, 나라의 법률을 어기지 않는 때에는 禁抑할 수 없고, 또 혹시 폭도의 침탈이 있은 즉, 법률의 公道에 의뢰하여 그 護守하는 힘을 받을 수 있다. 모름지기 사람이 사유한 물건을 국법으로 보수케 하는 것은 지대한 혜택이다. 방해를 하지 않는 데에 그치지 않고 극진히 보호하여 추호도 침범함이 있어서는 안 된다. 전국 인민에게 다 같이 커다란 이익을 줄 만한 일이 있더라도 한 사람의 사유물을 해치게 되면 감히 시행할 수가 없다. 가령 여기에 한 줄기 새로운 길을 내려는데, 한 사람의 사유지를 거쳐야만 할 때는 이 일이 비록 公衆을 위하여 크게 편리하다고 하더라도 주인의 허락을 받지 못하면 그 땅을 침범할 수가 없다. 이럴 때에는 국법으로 처리할 수 있는 방법을 찾아야 하는데, 그 사람으로 하여금 至當한 가격으로 방매하기를 명령하되 결단코 위력을 행사하지 말아야 하며 삼가고 조심해야 하니, 이 引喩는 그 한 가지 예를 들어 보인 것이다. 千事萬物이 각인의 사유에 속하는 것은 국법의 보호가 至愼至密하여 귀중하지 않은 것이 없으니 千金子의 여우 가죽옷과 乞人의 一弊衣가 물품의 高下는 크게 차이가 나나 각 한 사람의 사유물이라는 데에는 같은 즉, 국법의 보호를 받는 데에는

때부터 함께 생겨나, 어디에도 얽매이지 않고 독립하는 정신을 발전하여, 무리한 속박을 받지 않고 불공평한 방해를 받지 않는다."

차등을 두어서는 안 된다. 그러므로 재산의 권리는 국가의 법률에 어긋나지 않는 한 萬乘의 위엄으로도 이를 빼앗을 수 없으며 萬人의 敵이라도 이를 감히 움직이지 못한다. 주고 빼앗는 권리가 법에 있고 사람에 있지 않으니 이는 公權으로 私物을 保守하는 大道이다.[181]

즉, '등질적인 권리능력을 갖는 법적인격자(인)'로서의 모든 인민은 각종의 동산·부동산 형태의 재산을 소유하고 보수하는 것을 오직 법률에 의해서만 보장되고 보호받게 된다는 것이다. 더 구체적으로 말하자면, 재산에 대한 사용권·수익권·처분권은 법률 또는 타인의 권리에 저촉되지 않는 범위 내에서—고·중세사회에서는 '萬乘의 위엄'(황제나 국왕)이나 다수의 폭력(인민들의 '輕擧와 暴動')에 의해서 적몰되거나 침탈당했다는 것이다— 누구에 의해서도 수용되거나 침탈되어서는 안 되는 것임을 그는 강조하고 있는 것이다. 그러므로 '私物을 保守하는 大道'는 오직 '公權'뿐이라는 것, 즉 국가로부터 재산에 대한 사적소유를 法認받음으로써 구축되는 '사적소유권'이라는 것이었다.

그러면 토지에 대한 사적소유권은 어떻게 구축되는가? 유길준이 「地制議」(1891)를 저술했던 당시까지만 해도 지주의 토지에 대한 사용·수익·처분이 국가에 의해서 法認되어 사적소유권으로서 확립된 것은 아니었다. 다산의 표현에 따르면, 지주는 국왕이 '田主'인 王土의 '私主'·'時占者'·'時主'일 따름이었다. 그러므로 국왕의 의지와 결단만 있다면 '私主'·'時占者'의 占有地는 언제든지 국유지로 수용될 수 있었다. 또한 유길준의 표현에 따르면, 부자들의 토지는 '倖心', 즉 경제적 평등(均田)에 대한 기대와 희망을 가진 인민들의 '輕擧와 暴動'에 의해서 언제 어디서라도 빼앗길 수도 있는 것이었다. 따라서 현재의

---

181) 『西遊見聞』 제4편, 「人民의 權利」. "무릇 通義와 自由는 그 조목을 두기가 極難하나 인간과 관계있는 사물에 의거하여 그 懸明한 것만 畧擧하건되, 一曰 身命의 自由 및 通義이다. …… 二曰 재산의 자유 및 통의이다. 이는 재산의 권리를 말한다. 재산의 자유는 각인이 私有한 재산을 이용하거나 처분하는데 있어서 정직한 방법으로 할 때에는 금제하는 자가 없으며 조종하는 자도 없어서 스스로 편한 방법을 따르도록 맡기는 것을 말한다. 재산의 통의는 자기가 持有한 재산을 護守하여 무리한 횡탈을 받지 않고 獨操한 實勢를 보존하는 것을 말한다."

'時主'·'私主'·'時占者'가 농업생산의 현실에 의해서 생긴 토지에 대한 지배를 계속 유지하기 위해서는 그의 토지에 대한 사용·수익·처분이 근대 법의 이념과 원리인 '一物一權主義'에 의거해서 法認되어 토지에 대한 사적소유권으로서 그에게 부여되어야 했다. 이처럼 현재의 '時主'('私主'·'時占者')에게 토지에 대한 사적소유권을 부여하는 것은 土地立法 가운데 초기적 형태인 地券發行이었다.

그런데 유길준이 지권발행에 착목하는 데에 결정적인 영향을 끼친 것은 일본 明治政府의 地券制度와「地租改正」이었다. 宮川 澄은 지권제도의 의미를 다음과 같이 말하고 있다.

> 명치유신 이후, 토지관계에서도 舊慣이 承繼되었다. 그리고 농업에 있어서 상품=화폐경제의 진전에 의해서 생긴 사실상의 토지에 대한 사적소유가 법적권리로서 법제도상에서 확립되었다. 그것은 1872년(명치 5년) 2월의 「地所永代賣買의 解禁」과 이것에 기초한 1872년 2월 24일의 「地所賣買讓渡에 따른 地券渡方規則」(1872년 7월 4일, 「一般의 地所에의 地券交付」)에 의한 地券의 교부에 의해서였다. 적어도 지권교부에 의해서 외형적·법형식적으로 토지에 대한 사적소유권은 완성되었다고 할 것이었다. 그런데 이 지권제도 아래서 지권은 어떤 법적 의미를 가졌던 것이었을까. 토지에 대한 소유권의 법인은 명치정부에 의해서 승계되고, 승인되었던 沽券狀을 1872년 2월의 「地所永代賣買의 解禁」에 기초한 지권제도의 지권으로 대체되는 것에 의해서 이루어졌다. 그리고 지금까지 沽券狀이 가진 사실상의 土地取引의 公認과 公証이라는 성격으로부터 토지에 대한 사적소유권의 公証이라는 성격으로 전화되었다. 명치초년의 지권에 대해서는 이러한 토지에 대한 사적소유권의 公証이라는 법적성격을 인정하는 것이 가능하다. 이는 명치유신 이후의 토지관계의 실제를 반영한 것으로서 표현되고 있다고 생각한다. 농업에 상품화폐경제가 침투하는 것에 의해서 '지주-소작인'관계라는 경영형태가 보편화되었다. 더구나 이 '지주-소작인'관계는 지금까지의 역사적인 사회·경제적 조건에 규제되어 여러 가지 잡다한 형태를 띠고 나타났다. 이것은 토지관계를 복잡한 것으로 만들었다. …… 이러한 복잡한 소작관계를 수반한 토지관계를 근거로 하여 지권을 누구에게 교부할 것인가라는 중대한

문제가 제기된다. 지권이 지주에게 교부되는 것은 농민이 가진 지금까지의 耕作權=所持가 유지될 것인가 어떨까에 중대한 영향을 미치게 된다.

즉, 명치유신 이후, 상품화폐경제가 발달하는 가운데 토지도 상품화되면서 토지에 대한 사적소유가 발생했다는 것, 이러한 토지에 대한 사적소유가 法認되어 법적권리로서 확립되는 것, 즉 토지에 대한 사적소유권이 완성되는 것은 토지매매문권인 沽券狀을 계승한 地券의 교부에 의해서였다는 것, 따라서 지권은 토지에 대한 사적소유권의 公証이라는 법적 성격을 갖게 되었다는 것이다. 그리고 이러한 지권은 여러 가지 복잡한 형태로 나타났던 '지주-소작인'관계에 근거해서 지주에게 교부됨으로써 현실의 지주에게 토지에 대한 사적소유권을 부여함과 동시에 지주를 지조부담자로 확정하는 것이었다는 것이다. 또한 지권발행을 법적 관점으로부터 본다면, 토지를 占有·用益해 온-토지에 대한 소유의 하나의 형태였던 농민의 사실상의 용익-농민의 토지에 대한 권리(소작권)를 부정하는 것이었다. 따라서 명치초년의 지권제도는 '지주-소작인'관계를 권리-의무관계로서 법적으로 구축하는, 단순한 법적 외피로서의 역할을 한 것에 지나지 않았다는 것이었다. 따라서 '지주-소작인'관계는 근대법상의 권리-의무관계로서 현실에 정착하게 되었고, 소작인 측에 있어서는 지금까지의 의무(복종)가 동시에 권리로 전화하는 것으로 되었다는 것이다.[182]

---

182) 宮川 證, 『日本에 있어서 近代的所有權의 形成－明治初年의 土地所有權과 近代的所有權
－』, 128~140쪽 : 여기서 宮川 證은 地券制度와 「地租改正」의 의미를 다음과 같이
정리하고 있다. 첫째, 명치초년의 지권은 토지에 대한 사적소유권의 공증이라는
법적성격을 가졌다. 둘째, 지권발행은 지주에게 사적소유권을 부여하고, 동시에
현실의 '지주-소작인'관계를 법제화하는 한편, 토지를 사실상 占有·用益해 온
농민의 권리(소작권)를 부정하는 것이었다. 셋째, 지권발행은 地租負擔者를 확정하
는 것이었다. 이는 직접생산자인 농민에게 공조의무를 부담시키고, 지조확정을
위해 地價를 인위적으로 확정하여 지조수입을 증대시키는 것이었다. 넷째, 지권제도
는 토지관계를 권리=의무관계로서 법적으로 구축하는, 단순한 법적 외피로서
역할을 한 것에 지나지 않았다. 즉, '지주-소작인'관계가 근대법상의 권리=의무관
계로서 현실에 정착하게 된 것, 소작인 측에 있어서 지금까지의 의무(복종)가
동시에 권리로 전화한 것이었다. 다섯째, 「지조개정」은 농민으로부터 지조를 增收하
고, 이를 식산흥업에 투자한다는 자본의 본원적 축적을 통해서 일본자본주의의

유길준은 이러한 일본의 「지조개정」을 조선의 토지제도개혁에 적용하고자
했는데, 그의 그러한 구상은 「地制議」·「稅制議」·「財政改革」 등을 통해서 살펴
볼 수 있다.

1) 각 군의 面에 長을 두게 하고, 일본의 村制에서와 같이 面內에 속해 있는
   田·山林·空地의 地簿(土地臺帳)를 調製하고, 엄중한 법규를 세워서 은폐하지
   못하게 한다. 그 방법은 따로 둔다. 이와 같이 한 후에 비로소 전국 田地의
   전체 규모를 알 수 있다. 반드시 地券을 먼저 발급해 주고, 田主로 하여금
   모두 舊券과 교환하게 하며, 면장 사무소에 가서 증명을 받아 그 면내
   地簿에 登記하게 한다. 무릇 地簿에 등재되지 않은 것은 모두 관에서 몰수해
   들인다. 토지조사방법은 우선은 大手段을 사용하지 말고, 다만 각 면으로
   하여금 면내의 토지를 기재하게 한다. 그리고 이러한 가운데 은폐된 것을
   발각하는 기술이 있을 것이다. 이는 따로 법규를 둔다. 이와 같이 한다면
   地租가 비록 적을 지라도 천만 원을 넘길 수 있을 것이다.[183]

2) 인민의 권리라고 하는 것은 자유와 通義를 말한다. …… 통의를 한마디로
   설명하자면, 당연한 正理라고 할 수 있다. 이제 몇 가지 예를 들어보자.
   …… 錢財를 남에게 假貸한 사람이 그 갚기로 약속한 利息을 討求하는 것과
   田土를 남에게 假借한 사람이 그 수확을 나누어 달라고 요구(要問)하는 것도
   역시 또한 당연한 正理니 천사만물에 그 당연한 道를 좇아서 常經을 잃지
   않고, 相稱한 職分을 自守하는 것이 곧 통의의 권리라.[184]

3) 균전의 뜻은 천도의 지극히 공평함에서 비롯되었고 진실로 仁政의 근본이지

발전의 조건을 作出한 것이었다. 이의 전제로서 지권발행이 실시되었다.

183) 『兪吉濬全書』 IV, 財政改革1 地租. "使各郡之面 置長 如日本村制 調製其面內伏在田地山林
    及空地之簿 而立嚴重法規 毋令隱蔽 其法另有 如此然後 始可知全國田地之總數 宜先發地券
    使地主 盡用新券換舊 至面長事務所 得其訂明 且登記于其面內地簿 凡不載此簿者 皆當沒入
    于官 土地調查方法 姑勿用大手段 唯使各面 記其面內所有 而此中發隱之術 另有法規 若是
    則地租雖少 可越千萬元." : 토지조사(양전)에 관한 별도의 규정, 소유권사정과 등기에
    관한 별도의 절차나 규정은 보이지 않는다.
184) 『西遊見聞』 제4편, 「人民의 權利」.

만, 오늘날의 治者된 자는 소소하게 부자의 田土를 빼앗아 그들의 원망을 초래하고 인민들의 요행심을 조장할 필요가 없다. 당연히 먼저 寬鄕(농민에 비해 토지가 많은 고을)인지 狹鄕(농민에 비해 토지가 적은 고을)인지를 살펴 인구와 토지가 균등하게 하는 데 힘써 서로 넘치지 않게 해야 한다(토지는 적고 농민이 많은 경우를 人滿이라고 하고, 농민은 적고 토지가 많은 경우를 地滿이라고 한다). 富人의 토지는 수확량에 관계없이 賭租法을 써서 10분의 3을 받게 하고, 관에서는 공정한 세율로 10분의 1세를 수취하는데, 主客이 각각 그 半(주객은 田主와 作人을 이름, 그 半은 稅錢의 半을 이름)을 부담하게 하면, 貧者는 거의 10분의 7을 얻을 것이며, 富者도 역시 손해나는 바가 없을 것이니, 비록 균전법을 시행하지 않을 지라도 民力이 조금은 펴질 수 있을 것이다.185)

4) 전지는 등급을 나누어 세금을 거둘 필요가 없고, 地價를 기준으로 세율을 정하며, 흉년에 재해를 입은 논밭의 세금을 감해 주는 것은 별도의 규정을 둔다(이에 대한 논의는 「稅制議」를 보라).186)

이상에서, 유길준이 구상한 지조개정은 일본의 村制에서와 같이 먼저 양전하여 토지소유관계를 명확히 가린 다음 새로이 토지대장을 작성하고, 지주에게 소유주와 지가가 기입된 지권을 발급해 주며, 이 지권과 그가 소지해 오고 있던 매매문기·상속문기·분재기·화해문기 등의 舊券과 대조·사정하여 소유권자를 확정한 이후 다시 면내의 토지대장에 登記하게 한다는 것이다. 그리하여 '근대적 토지소유권'이 확립되는 것이었다. 그런데 현실의 時主-時作農民관계 가운데는 그 토지의 형성과정에서 특별한 역사적·사회적 조건·사정으로 인하여 다소 복잡한 토지소유관계도 있었다. 이를테면, 宮房이 진황처를 折受받아 농민들을 동원하여 개간한 궁방전에는 '宮房-中畓主-時作農民'관계나 '宮房-永代時作農民'관계가 성립되어 있기도 했던 것이다. 그러나 이처럼 소유주가 중첩·중복된 토지소유관계가 성립되어 있는 궁방전은 전체 궁방전 가운데서도

---

185) 『兪吉濬全書』 IV, 地制議.
186) 『兪吉濬全書』 IV, 地制議.

드물었고, 그리고 일반 민전에서의 대부분의 토지소유관계는 소유(권)와 경작(권)이 확연히 분리된 단순한 것이었다. 그러므로 지권은 현실의 '사주－시작농민'관계에 근거해서 현재의 지주에게 교부됨으로써 지주에게 토지에 대한 사적소유권을 부여함과 동시에 당시의 봉건적인 '사주－시작농민'관계를 그대로 고정시켜서 근대법상의 '지주－차지농민'관계, 즉 '임대차관계'로 전화시키는 법적 외피의 역할을 하는 셈이었다. 그리고 이를 시작농민 측에서 보자면, 지권은 지금까지 토지를 사실상 占有·用益해 왔던 그들의 토지에 대한 경작권 소지를 法認하지 않게 되는 것이었다. 또한 지권발행은 지조개정에 의해서 지세수입을 확보하기 위한 것이었기 때문에 지주가 갖는 경제적 지위에 착안해서 현실의 지주를 지세부담자로 확보하는 것이었다(1). 이로써 근대적인 토지제도·지세제도가 수립되는 것이었다.

그리하여 이제부터는 '田土를 남에게 假借한 사람이 그 수확을 나누어 달라고 요구(要問)하는 것은 당연한 正理'가 될 것이었다. 즉, 토지소유권자인 지주는 그 토지의 사용권 및 수익권을 차지농민에게 대여하고 借賃, 즉 일정액의 지대를 요구하는 권리를 갖게 되는 것이었고, 차지농민 측에 있어서는 일정액의 借賃을 지주에게 지불해야 하는 의무를 이행해야 할 것이었다(2). 여기서 유길준은 지주가 賭租法을 써서 차지농민으로부터 지대로 수확량의 10분의 3을 받는 것과 지세로 수확량의 10분의 1(지권에 기입된 地價의 1/100[187])의 半, 즉 100분의 5를 정부에 납부하는 것, 그리고 동시에 차지농민도 지세로 수확량의 100분의

---

187) 金容燮, 1974, 「甲申·甲午改革期 開化派의 農業論」 『東方學志』 15(2004, 『신정 증보판 韓國近代農業史研究[II]－農業改革論·農業政策－』 所收) : 일본의 지조개정은 地價를 기준으로 세를 부과하는 것이었고, 그 세율은 처음에는 100분의 3이었으나 후에 「地租條例」에서는 100분의 1로 개정하였다. 유길준은 地價의 100分의 1税는 '地租雖 少'라 하여 지극히 輕率이었다고 말하고 있다(『兪吉濬全書』 IV. 「税制議」. "凡田地税 量土價 百取一可也."). 그러나 그는 그것을 그 토지에서 1년 소출의 10분의 1로 계산하고 있어서 실제로 그것은 결코 輕率의 세가 아니었다. 10분의 1세는 이 시기의 토지개혁론이나 세제개혁론에서 三政의 세를 통합했을 때의 이상적인 세율로 간주되는 것이었으며, 三政의 세를 합한 것보다는 적었으나 세율 그 자체로서는 결코 낮은 것이 아니었다. 그래서 金允植은 什一税를 고율의 세로 보고 현금에는 그 세율을 더 낮추어야 한다고 주장하였다.

5를 정부에 납부하는 것을 법제화할 것을 제안하고 있다(3, 4). 이로써 구래의
봉건적 지주제는 '근대적 지주제'로 전환되는 것이었다.

그런데 이처럼 그가 구상했던 '근대적 지주제' 아래서는 지대의 輕減이 전제되
고 있기는 하지만, 토지소유권자인 지주가 지세를 부담해야 한다는 원칙에서는
벗어나고 있다. 그러나 이를 구래의 지주제 경영의 관행에 비추어 보면, 차지농민
보다는 지주 측에게 일정한 수익의 감소가 있게 될 것이었다. 구래의 지주제
경영의 관행에서는 지주는 打租法을 써서 시작농민으로부터 지대로 수확량의
10분의 5를 收租하면서 자기가 부담해야 할 지세 전액을 시작농민에게 전가하고
있었기 때문이다. 따라서 구래의 지주층에 기반하고 있었던 봉건지배층이
그의 이러한 지조개정안을 농업정책으로 채택했을 지는 의문이 아닐 수 없다.

한편, 그는 또한 「地制議」·「稅制議」·「財政改革」 등에서 농업진흥책을 제안하
고 있는데, 그것은 농업생산력을 향상시키고 상업을 발달시키자는 것이었다.
즉, 국가와 지주계층이 주도하여 농업생산력을 제고하고, 이를 전제로 상업발달
을 통하여 부국강병을 달성하자는 것이었다.

1) 전 국토를 대상으로 1평방리=1田統(9頃 1統, 10統 1面, 10面 1區, 10區 1郡,
   10郡 1鎭, 4鎭 1州)을 단위로 획정하고 田統圖를 작성한다. 田地는 먼저 경계를
   정한 다음에 頃畝法을 논해야 한다. 만일 먼저 경무법을 써서 경계를 정한다면
   전제의 문란함이 결부제의 문란함과 같지는 않을 지라도 명료하게 쉽게
   알기가 어렵게 된다. 田尺은 토지의 비옥도에 구애받지 말고 모두 周尺
   1척을 기준으로 삼는다. 1평방리는 3백 24만 평방척이 되며, 이를 9등분하면
   36만 평방척(1頃)이 된다.[188] 頃별로 人戶·田畓·果園·山林·城市·村閭·海濱·沮
   洳·沙石·荒蕪地 등과 頃내에 존재하는 모든 사물을 등재한다.[189] 그리고

---

188) 1평방리의 田統式 : 1畦(周尺 기준, 길이 6척 너비 5척)의 實積은 30평방척이고,
    100畦가 1畝가 된다(1畝 3천 평방척, 100畝 1頃 ; 1頃 30만 평방척, 9頃 1統 ; 1統
    2백 70만 평방척). 1頃마다 剩土(徑壟·溝洫·溪磵·道路) 6만 평방척씩을 추가하면
    잉토의 총합이 54만 평방척이 된다. 그런즉 1頃의 땅은 36만 평방척이 된다.
189) 田統마다 각각 字號를 매기는데, 이전의 5字1結씩과 같다. 頃마다 각각 第號(地番)를
    매기는데 제1호에서 제9호까지 있다. 이 田統圖는 전 국토를 '井'을 단위로 하여

각 구역별로 圖本(統圖·面圖·區圖·郡圖·鎭圖·州圖)를 비치하고, 특히 鎭에는 각 郡·區 이하의 諸圖를 모두 비치하며 아울러 토산물과 생산물을 모두 기록한다. 각 州는 鎭 이하의 諸圖를 구비하여 비치한다. 각 州는 그 州의 戶統과 地統을 戶部에 올리며, 호부에서는 戶籍司를 설치하여 전국의 호통을 관장하고, 地籍司를 두어 전국의 지통을 관장한다. 따라서 州에서부터 統에 이르기까지의 諸圖를 각각 종류별로 모아 종합하면 전국의 人戶와 田土 및 모든 사물, 그리고 토산물과 생산물을 모두 파악할 수 있을 것이다.

2) 州와 鎭의 측량관은 그 관내 郡·區의 관원과 面·統의 직원을 통솔하여 각각의 도본을 제작하여 담당 관서에 비치토록 한다. 이후에는 面長이 해마다 面內를 순시하여 산림의 斫伐, 田土의 破落, 新田의 起闢과 翻墾 등을 頃별로 기재하여 區에 올린다(區→ 郡→ 鎭→ 州). 州는 5년마다 圖本을 改作하여 戶部에 올린다. 호부에서는 10년마다 전국의 地統의 도본을 개작한다.

3) 민간에서 築堰하여 경지를 만들려고 하는데 경비가 부족한 경우에는 官財로 써 보조하고(관에서 재원을 보조해주는 법은 성공할 가능성을 보아 허가해 야 한다. 보조해 준 재원의 상환은 토지의 생산량을 계산하여 해마다 그 3분의 1 한도 내에서 청산하게 하고 이자는 받지 말아야 한다). 공사가 끝났음을 告하면 立旨를 成給하며, 그 自墾한 땅은 竝作을 주거나, 혹은 賭租로 수세를 하더라도 일체를 편의대로 하도록 하고 拘碍하지 말아야 한다.

4) 農理黌(농업학교)을 세워 자제들을 가르치고, 각 州에 農務場(농업시험장)을 설치해서 선진 농법을 수입하여 보급하고, 풍토에 맞는 품종을 가려내며, 농기구를 개량하고, 시비법을 개선해서 인민들에게 모범을 보이고, 이를 본받아 시행하도록 한다.

5) 상업적 농업(과일·귤·차)·양잠업·목축업(소·말·양) 등을 장려한다.190)

작성한 魚鱗圖와 같은 것이었다.

190) 『兪吉濬全書』IV, 地制議. "중국과 일본은 蠶農이 매우 盛해서 해마다 수출하는 繭絲가 나라 안의 여러 산물과 비교해 최대 액수를 차지한다고 한다. 그런데 우리나라

여기서 유길준은 농업진흥책으로 세 가지를 제안하고 있다.

첫째, 전정 문란의 根因인 經界의 不正을 근절시키기 위해서 토지조사(양전)를 실시하고 田統圖(魚鱗圖 ; 地籍圖)를 작성하자는 것이었다. 그의 현실 인식은 거의 다산과 같이 하고 있었다. 그것은 한마디로 말하자면 농민층의 빈곤과 몰락, 그리고 세수의 감소에 따른 국가 재정의 고갈이었다. 따라서 농민경제를 안정시키고 국가 재정을 확충하는 것이 전제·세제개혁의 당면 과제였으며, 후자를 그는 더욱 시급하고도 중대한 과제로 생각하고 있었다. 그는 농민경제의 파탄과 국가 재정의 위기의 원인으로 다음과 같은 것들을 들고 있었다. 첫째, 늘어난 陳田이 여전히 개간되고 있지 않다는 것, 둘째, 농업생산력의 저하로 곡물의 생산량이 증가되고 있지 않다는 것, 셋째, 吏胥輩들의 弄奸·苛斂과 중간 착복, 그리고 결정적인 원인으로 經界의 문란과 結負制에 의한 토지 파악과 불공정한 과세 등을 지적하였다. 따라서 이에 대한 대책은 '改定田制'하거나 '明全國之田制'한다는 것이었다. 그리하여 먼저 전 국토를 1평방리=1統을 단위로 하여 경계를 획정한 다음, 토지조사(양전)를 실시하고 결부제 대신에 頃畝法을 써서 田統圖(魚鱗圖 ; 地籍圖)를 작성해야 한다는 것이었다. 그리고 이전에는 20년마다 양전하고 양안을 작성한 데 비해 앞으로는 5년마다 田統圖를 改作함으로써 여기에 그 동안의 소유주와 경지의 변동 상태를 實在대로 반영하자는 것이었다. 특히 전통도에는 농지뿐만 아니라 稅源으로서 人戶와 모든 사물, 그리고 토산물과 생산물까지 조사하여 등재한다는 것이었다.

둘째, 국가는 官財로써 민간의 築堰開墾과 陳田開墾을 적극적으로 지원하고, 근대적인 회사로서 농상회사를 설립하여 토지를 개발하자는 것이었다. 정부는 농업진흥책의 일환으로 徵稅·富民借貸·國債 등의 방법으로 자금을 마련하여 민간의 築堰開墾과 陳田開墾을 적극적으로 지원하고, 개간지마다 즉시 立旨를

는 일찍이 1근도 팔아 본 적이 없으니, 이는 실 뽑는 데 법도가 없어 사용하기에 적합하지 못하므로 그들이 구매하려 하지 않기 때문이다. 양잠술을 강구하고 뽕나무 심는 법을 課定하며, 실 뽑는 법을 익혀 전수하는 것이 진실로 우리나라의 금일의 급무이며 전국적인 理財의 大政과도 연결되는 것이다."

발급해 줌으로써 토지 개발을 장려하자는 것이었다. 또한 근대적인 회사로서 농상회사를 설립하고, 이를 중심으로 토지를 개발하자는 것이었다.

김옥균·박영효·유길준 등의 개화파들은 경제정책의 기조를 여전히 重農에 두었고, 농지개발과 농업생산력 향상을 農政의 최우선 과제로 삼고 있었다. 그리고 농지개발은 京城農桑會社(「京城農桑會章程」 1885. 2)와 지방별 農桑會社(「交河農桑會社」 등)를 설립하여 이를 중심으로 추진하려고 하였으며, 이 농상회사의 설립과 운영에 종소지주층 이상의 재력가들로 하여금 참여하도록 권장하였다.[191]

셋째, 권농정책을 통하여 농업생산력을 제고시키고, 상업적 농업·잠업·가축업·목축업 등을 진흥시켜 농민경제를 안정시키자는 것이었다.

여전히 주산업인 곡물농업의 경우, 農理黌(농업학교)을 세워서 영농후계자를 육성하고, 각 州에는 農務場(농업시험장)을 설치해서 풍토에 맞는 품종을 가려내고, 선진 농법을 수입하여 보급하며, 농기구를 개량하고, 施肥法을 개선해서 인민들에게 모범을 보이고, 이를 본받아 시행하도록 함으로써 농업생산력을 향상시키자는 것이었다. 또한 '興利厚生'의 상업적 농업을 권장하고 있다. 즉, 시장의 발달과 더불어 상품성을 고려하면서 토양과 풍토에 맞는 작물, 이를 들면 제수·접대용 과일 외에도 밤·대추·귤(제주)·茶(경상도) 등을 재배하는 상업적 농업을 권장하고 있다. 또한 당시 중국·일본에 비해서 한참 뒤떨어져 있던 蠶農을 진흥시키고 絹絲를 수출하여 이득을 얻는 것이 '理財大政'의 시급한 農政이라고 강조하고 있다. 그리고 家畜業(돼지·닭·거위·오리 등)은 물론, '山谷

191) 金容燮, 2004, 『신정 증보판 韓國近代農業史研究[II] - 農業改革論·農業政策-』, 85쪽(「甲申·甲午改革期 開化派의 農業論」 『東方學志』 15, 1974. 12 揭載). 농지개발회사로서의 농상회사의 운영주체는 "그 회원의 出資(股錢) 정도로 보아 중소지주층 이상의 富力이 있는 계층이었을 것이며, 과거급제자의 慶賀를 약속하고 있는 것으로 보아 양반층이 중심이었을 것으로 생각된다. 말하자면 이 회사의 설립자들은 양반지주층을 중심으로 平民·賤民 가운데서 지주 및 부농층을 흡수하면서, 구래의 鄕約이나 契를 바탕으로 하여 영리단체로서의 회사를 설치하고 농지개발을 통한 富의 축적을 꾀한 것이라 하겠다. 그리고 이때 그들이 개발한 농지를 경영하면서는 토지소유권자로서의 지주경영이나 혹은 농장 경영을 하기도 하고, 자본가로서의 차지경영을 하기도 하였으므로, 그 영리추구의 방법은 다양하고 그 경영방식은 자본가적인 경영을 지향하는 것이었다고 하겠다."

사이의 낮고 습한 지역에 물이 맑고 풍부하여 충분이 良田이 될 만한 곳'일지라도 거기에 목축장을 설치하여 牧畜業(소·말·양 등)을 진흥시킬 것을 권장하고 있다.

한편, 그는 이러한 농업의 발달을 전제로 상업 발달의 방안을 제언하고 있다.

그는 '現今의 歐米諸邦이 군사력을 증강시켜 세계를 횡행하면서 從慾耽視'할 수 있는 기반은 바로 상업의 발달('商道成興')에 있고, 이는 '衆人合本'하여 철도회사·선박회사·제조회사·우편회사 등 여러 會社를 설립·운영함으로써 가능했다고 판단하였다. 그리하여 그는 「地制議」(1892)에 앞서 「商會規則」·「會社規則」(1882)을 마련하여 근대적인 회사의 설립·운영을 촉구하였다. 다만 조선은 당시 제국주의 열강이 군사력과 우세한 경제력을 앞세워 통상을 요구하는 상황에 놓여 있기 때문에 조선의 회사들은 먼저 '조선의 상권 확립'을 목표로 설립·운영되어야 함을 강조하고, 그러한 회사들은 구미에서처럼 '表紙'(주식 ; 채권)의 판매에 의해서 자본을 모아 설립되며, 반드시 정부의 허가(허가·세칙준수·국기 사용 등)를 받아서 운영되어야 할 것임을 제안하고 있다.192) 이 무렵 실제로 민간인들 가운데는 合資해서 長通社(1883)·煙務局(1883)·保嬰社(1884)·惠商局(1884)·長春社(1883)·廣印社(1883) 등의 회사를 설립하고 있었던 것을 보면, 이미 「會社規則」(1882)이 시행되고 있었던 것으로 보인다. 그런데 이들 회사는,

그러나 이상의 여러 회사는 모두 貴富家가 合資해서 설립했고, 貧人과 役夫들에 있어서도 그들 자신이 共濟할 수 있는 길을 마련해야 할 것인데, 그 소식은 끝내 듣지 못하여 안타까운 일이 되고 있다.193)

---

192) 『西遊見聞』 제8편, 「會社」 ; 『兪吉濬全書』 IV, 「商會規則」·「會社規則」(1882).

193) 『漢城旬報』 第15號, 朝鮮開國四百九十三年甲申二月二十一日. 國內私報 本國會社. "京城裏 向育長通社及煙務局 皆日有起色 而近又聞有保嬰社專業種痘 亦有惠商局負商及褓商所共設 也 不但有益於會員要之貴重於有益民生終之以富強國家亦今日之急務也 然上項諸社 皆貴 富家合資而設 至於貧人役夫亦宜有自謨共濟之策 而終無聞焉 亦一可惜 玆譯英德兩國會社 專係貧人役夫創設者列錄下方 庶覽者詳悉其故而取則焉可矣 …… 長春社 城內若干人合本 錢趙釀美酒販賣內外 …… 廣印社 城內又有廣印社 各合錢財另設一社 將次板出書籍以之規 圖商利裨益昌明矣." ; 『독립신문』 광무 3년 5월 31일, "이 날짜 독립신문에 褓負商

라고 했듯이, 모두 '貴富家'들이 합자해서 설립한 것이었다고 『한성순보』는 보도하고 있다. 그런데 이들 '귀부가'들뿐만 아니라 이후 광무연간까지 설립된 회사의 설립자들은 대부분이 전·현직 관료이거나 상인들이었고, 따라서 그들 가운데는 당시까지만 해도 부자·재력가라면 여전히 지주들이었을 텐데 이들은 거의 보이지 않는다.[194] 유길준 또한 「會社規則」(1882)과 「지제의」(1891), 그리고 다른 어디에서도 지주층으로 하여금 토지를 자본으로 전환하여 회사 설립에 주주로서 참여하기를 권장하지 않고 있으며, 또한 그들이 농업이외의 산업에 투자하는 것에 대해서도 언급하지 않고 있다. 이는 그가 개화파가 지향하는 상업입국을 달성하기 위해서는 농업의 발달이 전제되지 않으면 안 된다는 인식을 가지고 있었고, 또한 지주들 역시 어느 회사이든지 간에 회사의 설립과 경영에 투자해서 얻는 수익이 지주제경영으로 확보되고 있던 고율에 의한 지대수입과, 이에 더하여 개항 이후 더욱 확대되고 있던 곡물시장에서 얻고 있던 이익에 훨씬 미치지 못했기 때문에 회사의 설립과 운영에 적극적으로 투자하지 않으려고 했기 때문이었을 것이다. 그러므로 그는 지주들로 하여금 농업이외의 산업에 투자하기 보다는 농지개발과 농업생산력 향상을 통한 農業振興에 더욱 힘쓸 것을 권장했던 것 같다.

이상에서 보듯이, 유길준의 토지개혁론은 실학파 농업론의 기조인 토지재분배를 통한 농민경제의 균산화·안정화에 반대하고, 또 '爲治者'들이 富者들의 토지를 빼앗는 법령을 세우는 것을 경계하면서 구래의 지주제를 유지한 채, 다만 이의 폐단을 개선하자는 것이었다. 이는 곧 지주제의 유지라는 대전제 위에서 근대적인 토지제도·지세제도의 수립이었다. 즉, 먼저 양전을 실시하여 토지의 소유관계를 가린 다음, 지주에게 소유권자와 지가가 기입된 지권을

數千名이 鷺梁津에 모여 惠商局을 復設하여 줄 것을 請하였음을 報道하다." ; "○ 혜상국 복설. 부샹들이 일전 브터 로량 건너편에 슈쳔명이 만히 모혓ᄂᆞᆫ디 그 닉평인 즉 젼 혜샹국 惠商局의 녯 젼례를 복셜ᄒᆞ야 들나ᄂᆞᆫ 쥬의인 고로 히 당쟝 졔씨가 그 쇼원디로 ᄒᆞ여 줌아고 혼 고로 부샹들이 어졋긔 三三 五五식 서울노 들어 왓다고 젼셜이 잇다더라."

194) 『회사기업가연표』.

발급해 줌으로써 지주에게 토지에 대한 사적소유권을 부여함과 동시에 기존의 봉건적 토지생산관계였던 '시주-시작농민'관계를 근대법상의 '지주-차지농민'관계로 전환시키고, 결부법 대신에 지권에 기입된 지가를 기준으로 지주에게 지세를 부과함으로써 근대적인 토지제도·지세제도를 수립한다는 것이었다.

그런데 당시는 농민전쟁의 전야로서 봉건사회의 사회경제적 모순이 점점 심화되고, 따라서 농민층의 봉건지주층·지배층과 봉건국가에 대한 항쟁이 점차 고조되어 가고 있었던 시기였던 만큼 농민경제의 안정화라는 문제를 도외시할 수만은 없었다. 그리하여 이에 대해서 그는 均耕·均作論과 地租減租論, 그리고 지세를 지주와 차지농민이 각각 半씩 부담하는 방안을 그 대책으로 제안하였다. 즉, 지역별 토지 대 농민인구의 비율을 고려해서 농민들에게 차경지가 均配되어서 가능한 한 모든 시작농민들이 균경·균작할 수 있도록 하고, 지대는 打租制를 폐지하고 賭租制로 하되 그 법정 收租率을 수확량의 10분의 3으로 하며, 地稅는 수확량의 10분의 1로 하되 지주와 시작농민이 각각 半씩 부담하도록 한다는 것이었다. 그렇게 되면 단위면적당 수확량의 분배는 국가 100분의 10, 지주 100분의 25, 차지인 100분의 65가 되는데, 이를 이전의 타조제 아래서의 수확량 분배, 즉 국가 100분의 10, 지주 100분의 50, 시작농민 100분의 40과 비교하면 농민의 몫이 조금은 더 많아지고, 따라서 전체적으로 농민경제도 안정되리라는 것이었다. 여기서 주목되는 것은 지대의 수조율을 10분의 3으로 낮춘 것인데, 그러나 이는 지주층의 일정한 양보를 통해서 궁극적으로는 여전히 지주제를 유지하겠다는 의도인 것이었다. 이러한 점에서 그의 토지개혁론은 봉건적 지주제를 타파할 것을 목표로 제론되었던 정전제·균전제 등의 토지재분배론이나 지주제개혁론에 근본적으로 반대했던 것이라고 볼 수 있다.[195]

이렇게 보면, 유길준의 토지개혁론은 구래의 지주제를 均耕·均作하는 시작농민(小農)의 자립과 안정을 바탕으로 하는 '근대적 지주제'로 개조하려는 것이었다. 그러나 그 개조의 방법에 있어서는 이전의 토지개혁론과 비교할 때 획기적인

---

195) 金容燮, 2004, 『신정 증보판 韓國近代農業史研究[II]-農業改革論·農業政策-』, 56쪽(「甲申·甲午改革期 開化派의 農業論」『東方學志』15, 1974. 12 揭載).

점이 있었는데, 즉 토지조사, 지권발급, 등기 등을 통한 근대적 토지소유권의 성립을 전제로 하여 구래의 봉건적인 '시주-시작농민'관계를 근대법상의 '지주-차지농민'관계로 전환시키려는 것이었다. 이 점에서 그의 토지개혁론은 토지소유권 개념사의 관점에서 본다면, 고대·중세시기의 토지소유권 개념이 근대시기의 그것으로 바뀌고 있다는 점에서 획기적인 의미를 갖는 것이었고, 따라서 근대적인 토지제도 수립의 기초를 마련한 것이었다. 다만 지주제는 존속되어야 한다는 그의 분명한 입장 때문에 지권발급과 등기 등의 토지입법은 구래의 봉건적인 '시주-시작농민'관계를 그대로 法認하는 데에 그치고 말았다. 그러면서도 그는 당시 농민층의 反봉건체제 항쟁이 고조되어 갔던 시점에서 농민층의 입장을 고려하지 않을 수 없었기 때문에 지대·지세의 부담 측면에서 지주층의 일정한 희생과 양보 위에서 농민경제의 안정을 도모하려고도 하였다. 물론 그의 이러한 地租減租策은 궁극적으로는 여전히 지주제를 토대로 한 봉건체제를 유지하고자 했던 봉건지배층의 위기의식과 의도에서 나온 것이었고, 따라서 농민항쟁을 무마하기 위한 고육책에 불과한 것이었다.[196] 따라서

---

196) 유길준의 '근대적 지주제'에 대해서는 지주층·시작농민층 모두 반발했을 것으로 생각된다. 우선 지주층의 반대가 심할 것이었다. 그 이유는 두 가지였을 것이다. 하나는 그들이 지주제경영에서 얻는 소득이 크게 줄어들 것이라는 점이었다. 그들은 지권을 받음으로써 기존의 점유지에 대한 근대적소유권을 부여받음과 동시에 기존의 '지주-시작농민'관계 또한 法認받음으로써 근대법상의 지주제('근대적 지주제')경영을 유지할 수 있었겠지만, 여기서 얻는 그들의 전체 소득은 구래의 지주제 경영에 비해 크게 줄어들었을 것이라는 점이다. 구래의 지주제 경영에서 지대 형태는 지주가 정하기에 달려 있었는데, 지주 측에서는 대체로 타조제를 선호하고 있었으므로 타조제가 관행으로 정착되어 있었다. 타조제의 경우, 지세는 마땅히 지주가 부담해야 했지만 실제로는 모두 시작농민에게 전가되고 있었다. 또한 지주와 시작농민의 관계가 친·인척 등 특별한 관계이거나, 혹은 時作地가 지주가로부터 멀리 떨어져 있거나, 혹은 시작지의 비옥도가 평균수준 이하이거나, 혹은 자연재해가 장기간 계속되고 있었던 시기이거나, 혹은 농민의 항조투쟁이 심했던 지역이나 시기에는 지주층은 도조제를 취하고도 있었다. 이러한 도조제 아래서는 시작농민이 지세를 부담하는 것이 관례였다. 그러나 이처럼 지주층이 도조제를 취했던 것은 지주제경영상 여러 가지 예외적이고 불리한 여건 아래서도 어디까지나 일정한 소득을 안정적으로 확보하기 위해서였던 것이다. 따라서 그의 토지개혁론을 지주제경영의 측면에서 보자면, 지주층은 지대 수입의

그것은 봉건적인 토지소유·생산관계였던 지주제가 안고 있었던 지주층 대 농민층간의 기본모순과 전정 문란으로 표출되고 있던 봉건국가 대 농민층간의 주요모순의 근본적 해결책이 될 수 없었던 것이다.

한편, 이전의 농업론·토지개혁론을 제안했던 사람들과는 달리 유길준에게는 자신의 토지개혁론을 농업정책에 반영하여 실행에 옮길 수 있는 절호의 기회가 주어졌었다. 즉, 그는 갑오개혁이 추진되고 있었던 시기에 친일정권의 김홍집 내각(1894. 7. 15~1896. 2. 10)에서 궁내부협판, 내무대신 등을 역임하면서 개혁사업의 실무를 담당하고 있었던 것이다.

이 시기는 봉건적인 농업체제가 안고 있었던 모순이 마침내 '農民叛亂'으로 폭발하고 있었던 때였다. 갑오정권의 개화파관료들은 어떻게 해서든지 이

감소와 함께 지세의 일부까지 부담하게 되는 것이었기 때문에 그들의 전체 소득이 줄어들 것이라는 점은 분명한 것이었다. 또 하나는 지주층과 자영농민층이 지세납부 자로 法定化됨으로써 이제는 이들이 국가의 직접적인 수탈대상이 되었을 것이라는 점이다. 명치정부의 지조개정에서 보았듯이, 국가가 지조개정을 시행하려 했던 중요한 목적 가운데 하나는 지주층과 자영농민층의 경제력이 시작농민층의 그것보 다 우세한 데에 근거하여 이들을 지세납부자로 법제화함으로써 稅收를 안정화시키 고 국가 재정 또한 안정적으로 확보하려는 것이었다. 유길준의 지조개정안도 마찬가지였다. 따라서 그의 토지개혁론을 지세제도의 측면에서 보면, 지주층·자영 농민층은 이제 지세부담자로 법제화됨으로써 국가 주도의 자본의 본원적 축적대상 이 되어 제도적으로 수탈될 것이었다.

한편, 농민층 또한 반발했을 것이었다. 전술했듯이, 지권은 현실의 '지주─시작농민' 관계에 근거해서 현실의 지주에게 교부됨으로써 그에게 토지에 대한 사적소유권을 부여함과 동시에 기존의 봉건적인 '지주─시작농민'관계를 그대로 고정시켜서 장차 근대 민법상의 '지주─차지농민'관계, 즉 '임대차관계'로 전환시키는 것이었 다. 물론 그의 지조개정안 단계에서는 시작농민의 경작권까지 등기되어 그것이 하나의 물권으로서 '임차권'으로 성립되는 것은 아니었다. 그러므로 이 단계에서 지주에게 지권을 발급해 주는 것은 지금까지 토지를 사실상 占有·用益해 왔던─토지 에 대한 소유의 하나의 형태였던 농민의 사실상의 용익─시작농민의 토지에 대한 경작권만을 박탈하게 되는 것이었다. 따라서 종전의 경작권마저 빼앗기게 된 농민층은 지주로부터 借地하는 것부터가 어려웠을 뿐만 아니라 설사 借耕하고 있을지라도 종전의 병작관행이 여전히 계속되고 있는 동안에는 거의 무방비 상태에 서 지주에게 수탈당하게 될 것이었다. 그러므로 도조제와 지세의 일부를 납부하는 것을 법제화한다는 것은 均耕均作은커녕 차지하는 것부터가 어려웠을 대다수의 시작농민층에게 큰 의미가 없었을 뿐만 아니라 이로 인해 그들의 경제적 형편이 좀 나아지리라고 기대하는 것도 어려운 일이었을 것이다.

'농민반란'을 수습해야만 했고, 따라서 이에 대한 수습대책을 두 가지 방향에서 논의하였다.

하나는 量田論이었다. 물론 이것은 군국기무처의 1차 개혁과제에는 들어가 있지도 않았고, 2차 농민전쟁이 끝나갈 무렵인 高宗 31년(1894) 12월에 가서야 정책으로 채택되었다. 당시 영남선무사였던 李重夏가 경상도지방에 내려와서 극심한 전정문란 실태를 목도하고 영남지방의 양전을 내각에 건의했고, 이를 12월 27일에 총리대신 김홍집·내무대신 박영효·탁지부대신 어윤중 등이 검토한 뒤 영남지방뿐만 아니라 전국 8道의 양전을 품달하여 高宗의 재결을 받음으로써 전국적으로 改量하는 것으로 결정되었던 것이다.[197] 이에 따라 1895년 2월 19일 내무아문은 8도에 모두 12명의 視察委員을 파견하였다.[198] 그런데 이 시찰위원들은 미처 예상하지 못했던 문제점과 폐단에 직면하여 실제로 양전을 추진하지 못하고 있었던 것으로 보인다. 이는 高宗 32년(1895) 6월 27일, 당시 내부협판이었던 유길준이 몇 가지 개혁과제를 내각에 제출해서 심의해주기를 요청하는 「비밀회의를 구하는 청의서」(91호)로서 확인된다.[199] 즉, 여기서 그는 高宗 31년

---

197) 『承政院日記』 3053책(탈초본 139책), 고종 31년 12월 27일. "摠理大臣·內務大臣·度支大臣奏 卽見慶尙道慰撫使李重夏別單條陳者 俱係躬行採訪 確鑿有據 當此更張之會 亟宜矯正 臣等公同核閱 謹將合行事件 開列如左 伏候聖裁 一 田政 先從最急處 次第改量事也 二十年一改量 自是邦典 而廢墜不擧 已過百年 田政紊亂 莫近日若 此非特嶠南一省爲然 請令內務衙門 待明春派員八道 履勘田制 妥籌改量爲宜."

198) 『承政院日記』 3053책(탈초본 139책), 고종 32년 2월 19일. "內務衙門 各道視察委員 京畿金禹用 忠淸左道金貞澤 右道車學模 慶尙左道洪建祖 右道李秉輝 全羅左道權明勳 右道曹協承 黃海道安宗洙 江原道金一河 咸鏡道全恒基 平安南道權相文 北道金洛龜."

199) 內閣編錄課편, 『內部請議書』(奎 17721) 제2책, 「국가개혁을 위한 내각비밀회의 소집에 대한 청의서」 제91호. "1876년 일본과 조약을 체결하여 문호를 열고, 1881년 이후 미국 및 유럽제국과의 조약을 체결하여 이후 화평국면으로 更張事業을 행하였으나 당시 보필을 맡은 諸公들이 시무에 통달하지 못했기에 1882년 병란과 1884년의 난이 일어났다. …… 公卿諸人들이 낡은 방식을 버리지 않고 잠에서 깨어나지 못하여 팔짱을 끼고 느릿느릿하다가 끝내 동학의 憂患을 자초하여 외래세력을 끌어들이니, 1894년에 일본군이 와서 결국 개혁정치 시행이 불가피하게 되었다. 세계 각국의 정치개혁 경위를 보면, 모두 자신들의 動力을 사용하였지 다른 동력으로 성취했다고 하는 경우는 없는 즉, 한 나라의 臣民으로서 그 나라의 정치개혁을 자신의 동력으로 실행하지 못하면 세 가지 치욕이 생기니, 첫 번째는 전국 인민에 대한 치욕이고,

(1894) 7월부터 갑오개혁을 시작한 이래 1년 동안의 성과라면 官名을 바꾼 것(관제 개혁)뿐이고 國勢의 위태로운 상황은 이전보다 배나 심해진 비상한 시국인 만큼 비상한 조치를 취하지 않으면 안 된다는 것과 몇 가지 긴요한 안건과 함께 '田地改量의 폐단을 없애기 위한 방안'도 제출하고 있음을 볼 수 있다. 그 방안의 구체적인 내용은 확인되지 않고 있다. 그런데 이 회의에서는 8道 양전사업 건은 논의되지 않았고, 다만 외부대신 김윤식이 제기한 '漢城內 外國人 居留地 設定案'만이 심의되었다. 이는 외국인의 토지소유금지정책과 연결되는 것이었다. 결국 7월 10일 각의에서 그 안건은 한성내 외국인의 거류지를 제한하는 방향으로 의결되었다. 이러한 방침은 1893년부터 기존의 토지소유를 추인하는 형식으로 진행된 家契發給制度를 근간으로 이루어졌다는 점에서 토지소유제도의 근본적인 개혁을 의미하는 것은 아니었다.[200] 한편, 전국적인 양전사업은 高宗 32년(1895) 8월 '을미사변'으로 중단되었던 것 같고, 光武 2년(1898) 5월(양력 7월)에 가서야 高宗이 양전을 담당할 아문(양지아문)과 그 처무규정을 마련하라는 조칙을 내림으로써 이른바 '광무양전사업'으로 재개되었다.[201] 결국, 이때의

두 번째는 세계 만국에 대한 치욕이며, 세 번째는 후세의 자손들에 대한 치욕이다. 개혁의 길에 上下가 합심해야 그 치욕의 만분의 일이라도 메울 것이다. …… 지금 우리나라의 위기가 매우 촌각을 다투는 상황이기에, 조선국 臣民의 大義務와 大職分은 조종의 종사와 강토를 지키는 것이 최우선 문제로, 이것만 해결된다면 斷髮도 무방할 것이다. …… 사실 改革事務가 현재 전혀 성과가 없으며, 우리나라의 상황이 안전하지 못하다는 것은 大臣閣下들도 인정하고 밤낮으로 걱정하는 바일 것이다. 1894년 7월 이후 현재까지 1년 동안 개혁사무라고 하는 것은 官名의 변경뿐이고 國勢의 위태로운 상황은 이전보다 오히려 더 심해지니, 지금 이렇게 비상한 때를 만나 비상한 功을 이루려 한즉 비상한 일을 행하여 비상한 活化 수단을 인민에게 보여주지 못하면 신속한 성취가 어려울 것으로, 그렇기에 감히 제1 및 제2의 비상한 案을 올려 각 大臣閣下의 열람을 청하며, 또 제3 및 제4의 긴요한 안을 제시하여 각 대신합하의 評議를 청하니, 함께 열람 및 평의하는 것에 그치지 말고 반드시 채용하여 大君主陛下께 품달해서 시행하기를 요청합니다. …… 아울러 目下의 田地改量의 폐단을 없애고 국내 인민의 교육의 大道를 세우기 위해 제3 및 제4의 안을 제출하는 것입니다(1895년 6월 27일)."

200) 金容燮敎授停年記念 韓國史學論叢刊行委員會, 1997, 『韓國近現代의 民族問題와 新國家建設』, 지식산업사, 153~156쪽.
201) 『日省錄』 광무2년(1898) 5월 14일(양력 7월 2일) ; 한국역사연구회 근대사분과 토지

'농민반란'이 양전사업만으로 수습될 것도 아니었겠지만, 갑오개혁을 주도했던 개화파관료들은 이 양전사업조차도 실행에 옮기지 못했던 것이다.

또 하나는 토지개혁론이었다. 전국적인 양전사업이 논의되고 있는 가운데 이때 제기되었던 토지개혁론은 1894년 농민군의 '平均分作論'(토지는 평균으로 분작게 할 사),[202] 1895년 2월 前執義 金禹用의 '屯田經營論',[203] 3월 前正字 鄭錫五의

대장연구반, 1995, 『대한제국의 토지조사사업』, 민음사 ; 한국역사연구회 토지대장 연구반 편, 2010, 『대한제국의 토지제도와 근대』, 혜안.

202) 오지영, 『東學史』(초고본)(국사편찬위원회 소장본) 4. 義軍首領全瑓準等 京城에 잡혀 가 ; 이영호, 2004, 『동학과 농민전쟁』, 혜안, 214~216쪽. 이영호는 '平均分作'에 대한 그동안의 해석을 다섯 가지로 정리하였다. (1) 토지소유의 균등분배로 보는 견해(정창렬, 1982, 「한말 변혁운동의 정치·경제적 성격」 『한국민족주의론』 1, 창작과 비평사 ; 박찬승, 1985, 「동학농민전쟁의 사회·경제적 지향」 『한국민족주의 론』 3, 창작과 비평사 ; 신용하, 1987, 「갑오농민전쟁과 두레와 집강소의 폐정개혁 − 농민군 편성, 집강소의 토지정책, 다산의 여전제·정전제 및 '두레'의 관련을 중심으 로」 『한국사회사연구회논문집』 8, 문학과 지성사 ; 김용섭, 1988, 「근대화과정에서 의 농업개혁의 두 방향」 『한국자본주의 성격논쟁』, 대왕사 ; 정창렬, 1991, 『갑오농 민전쟁−전봉준의 사상과 행동을 중심으로』, 연세대 박사학위논문 ; 신용하, 1994, 「다산 정약용의 토지개혁안과 동학농민군의 토지개혁안」 『이기백선생고희기념한 국사학논총』, 일조각 ; 이영호, 위의 책, 215~216쪽), (2) 소작지의 균등분배, 즉 均作論으로 이해하는 견해(정창렬, 1991 논문), (3) 토지소유의 개혁 및 경영의 개혁을 추구한 것으로 보는 견해(신용하, 1987·1994 논문) 등이다. (4) 『동학사』의 사료적 신빙성을 의심하는 연구자들로 농민군의 토지개혁 의지를 인정하지 않는 견해(유영익, 1994, 「전봉준 義擧論−갑오농민봉기에 대한 통설 비판」 『이기백선생 고희기념한국사학논총』), (5) 평균분작의 의미를 왕토사상에 입각한 토지개혁론으 로 해석하여 근대화와는 거리가 있는 것으로 보는 견해(배항섭, 1994, 「1894년 동학농민전쟁에 나타난 토지개혁구상−'평균분작' 문제를 중심으로」 『史叢』 43) 등이다.

203) 내각편, 고종 32년(1895) 『上疏存案』(奎 17232의 2), 前執義 金禹用 上疏. "臣竊伏念 彼我分界便 則白頭山上有大池 東流爲豆滿江 西流爲鴨綠江 分爲彼我之界 而自鴨綠江邊 初邑甲山府歷三水厚慈等十邑至于義州 則其沿江上下爲一千五百餘里也 自豆滿江初邑茂山 歷會寧鍾城等五邑至于慶興 則其沿江上下爲七百餘里也 若以重兵嚴守西北 則可使我國爲萬 年天塹之地 而或者以爲其餉料之巨款莫可支放 臣愚則願圖上方略 伏乞垂察焉 …… 以臣愚 見 今用全家給田計戶作隊之屯制以防剿掠 則此實省費而實邊也 今此自甲山至義州鴨綠江邊 一千五百餘里 自茂山至慶興豆滿江邊七百餘里 擇其要害膏沃之地 限數三十處買其田土 以 爲屯田守禦 而雖非屯田民戶 輕徭薄賦於該邑 計戶作隊 使其頭嘗爲統長里長 農隙閱武以爲 兵寓於農竝爲助防其剿掠 則西北沿江數千里邊塞之民 各安其業 更無渙散之慮 豈不美哉."

'均耕均作自營論',204) 그리고 李沂의 「田制妄言」205) 등이었다.206) 여기서는 정석오·이기의 토지개혁론이 당시 내각에서 어떻게 처리되었는지를 살펴보기로 한다.

高宗 32년(1895) 3월 22일, 정석오는 그의 토지개혁론을 上疏로 제안하였다. 그는 농민전쟁을 수습하기 위해서는 '廣置兼竝者', 즉 대지주의 토지를 '無田失農之民'과 '有田自耕之民'의 호구수를 계산해서 이들에게 均配하여 均耕均作하는 자영농이 되게 해야 한다고 했다. 그들 가운데는 대부분이 時作農民이었을 것이므로 이들로 하여금 가을에 지대를 토지가격을 기준으로 1兩당 100분의 7을 田主가 원하는 대로 錢으로나 穀으로 지불하게 하고, 또 田稅도 납부하게 하자는 것이었다. 이렇게 하면 실업자는 得業하고 遊食者는 歸農하게 됨으로써 變亂이 또다시 일어나지 않으리라는 것이었다. 즉, 국가에 지세를 납부하는 대신 지주에게는 지대를 덜 지불하는 균경균작하는 소농을 토대로 하는 지주제와 자영농제를 확립하자는 것이었다. 이에 대해 高宗은 상소를 보고 잘 알았다고 批答했다.207)

---

204) 내각편, 고종 32년(1895)『上疏存案』(奎 17232의 2), 前正字 鄭錫五 上疏. "臣竊伏聞民惟邦本 本固邦寧 顧今固本安邦之策 莫如制民之産 夫兼幷作而小民失業理之固也 且民無恒産放辟邪侈無不爲矣 而向者廊廟諸臣方伯守宰 不思報答之責 專肆肥己之慾 加以重斂 繼以暴虐 奪之非義 刑之無名 富者不能自保 貧者未免流離 使我祖宗廟五百餘年培養之赤子 有非上之心 無生世之樂 於是乎或托名東徒 或假稱南學 一夫奮呼 萬人同聲 豈不危哉 豈不痛哉 …… 方今之急務莫先於制民之産 民産急務莫先於務農 而以幷兼之弊 貧者雖欲耕作 旣無田土 又乏資糧 所以駸駸於遊食 不能振作也 爲今之計 使無田失農之民 與有田自耕之民 逐戶計口 使廣置兼幷者分田均排 俾爲各自務農 則一邑之田可資一邑之食 無田而受人田者 依其田價每兩頭以七釐邊 待秋成計給於田主 而於穀於錢 從田主之所好 其田結則勿責田主 使受田之民辦納 則無論貧富 均有良田自可勤業 則失業者得業 遊食者歸農 擧致鼓腹之資 何他變之敢圖."

205) 李沂,『海鶴遺書』권1,「田制妄言」. "仁政必自經界始 田制 固宰時者之所當先也 近日更張無事不周 獨於田制斂手熟視 莫知所조何歟 私憂之至 謹具其目如左."

206) 한말 고종조의 토지개혁론은 이 시기에 간행된 저술을 통해서 제기되거나, 이때에는 간행되지 못하고 후대에 가서야 공간되었던 것, 따라서 이 시기를 살펴던 사람들의 견해로서 제기되기도 했다. 그러나 그 가운데서도 정부에 직접 제안되었던 것은 농민군과 金禹用·鄭錫五·李沂 등의 토지개혁론뿐이었던 것 같다(金容燮, 1984, 「韓末高宗朝의 土地改革論」『東方學志』41(金容燮, 2004,『신정 증보판 韓國近代農業史硏究[II] ―農業改革論·農業政策―』所收).

207)『高宗實錄』33권, 고종 32년(1895) 3월 22일.

한편, 李沂(1848~1909)는 그의 토지개혁론을 당시 탁지부대신 魚允中에게
서신으로 보내서 농민반란과 외세의 개입으로 동요하고 있는 국가의 위기를
타개하는 대책으로 채택되기를 바랐다. 그의 토지개혁론은 「田制妄言」에
집약되어 있는데,[208] 그는 여기서 기존의 田結制를 개혁해야만 국가 재정과
농민경제의 안정을 기할 수 있다고 하였다. 그리고 그는 「田制妄言」의 서두에서
정부가 개혁사업을 여러 가지 방면에 걸쳐서 전개하면서도 田制, 즉 토지문제에
대해서만은 배려하지 않고 있음을 크게 우려하고, 개혁사업이 소기의 성과를
거두려면 국가 재정의 기반인 토지제도를 개혁하지 않으면 안 된다는 것을
강조하였다. 이는 두 가지 이유에서였다. 하나는 更張之制에 부족한 재정을
농민에게 加賦하여 보충하면 虐政을 면할 수 없어 결국 농민반란의 수습책이
될 수 없다는 것, 또 하나는 차관으로써 보충한다면 결국 그것을 보상하느라고
나라가 망하리라는 것이었다. 따라서 이러한 두 가지 방안은 택할 것이 못되며,
가장 좋은 방안은 그 자신이 제기하고 있는 토지제도개혁안에 있는 것으로
확신하면서 토지제도개혁의 방향과 과제를 다음과 같이 제안하였다.

1. 현재의 토지를 정확하게 파악하기 위해서 量田法을 개선해야 한다. 당분간은
   양전의 토지단위는 結負束을 그대로 사용하되, 그 대신 田品을 정확하게
   규정하기 위해서 민간의 斗落制, 전답의 형태를 좀 더 구체적으로 다양하게
   파악하기 위해서 網尺制, 즉 方田法 등을 竝用한다.

2. 개선된 양전법으로 양전하여 새로운 田案을 작성한다. 이 田案에는 地籍圖(魚
   鱗圖)上의 전답 圖形과 田主의 변동을 기입한 田籍이 함께 있어야 한다.
   지적도는 한 面을 몇 구역으로 나누고 구역별로 작성한다. 田籍의 田主
   성명은 그 전주가 교체될 때마다 改書하고, 時作의 성명도 別紙로써 전주와
   더불어 기입하는데, 이도 역시 移作을 따라 改書湖付한다. 그리고 전주로
   하여금 그 토지의 소유관계를 官에 보고하게 하고, 관에서는 그에 대하여
   立案·公案·公券(地契 : 所有權證書)을 발행한다.

---

208) 李沂, 『海鶴遺書』 권5, 「田制妄言」.

3. 지금은 농지의 개간이 늘어날 가망이 없으니, 현재의 상태에서 '量地處民'하는 것만 같지 못하며, 無田之民을 없게 하고 등급을 살펴 稅를 내게 하되 九一稅를 넘지 않게 하면, 형식상 井田은 아니더라도 정전의 뜻이 그 가운데 있는 것이니, 번거로이 토지제도를 개정하여 정전법에 입각한 '頃畝法'이나 '開方說'을 만들 필요는 없다.

4. 公稅의 세율은 歇하여 국가 재정이 빈곤하고 중간수탈이 가중하기 때문에 그것은 인상해야 하고, 私稅의 세율은 10분의 5 또는 3분의 1씩이나 됨으로써 시작농민들의 농가경제가 파탄되고 있으므로 이것은 인하하여 公稅(金納)와 私稅(地代)을 합하여 九一稅가 되도록 한다. 이 九一稅로써 半은 지주에게, 半은 국가에 바친다('民出九之一 官取十八之一也').

5. 公田制를 수립한다. 정부에서 모든 私田을 買入하여 國有, 즉 公田으로 해야 하고, 賣買와 兼竝의 단서가 되고 있는 賜田은 엄금해야 한다.

이상에서 李沂는 당장의 위기를 타개하기 위한 개혁안으로 구래의 양전법의 개선과 '私稅(地代)의 인하를 전제로 한 지주제', 그리고 장차는 모든 사전을 매입하여 국유, 즉 공전으로 수용해서 공전제를 수립할 것을 제안하고 있다. 그는 당시 부농층이나 지주층에 의한 토지겸병이 성행하고 지대 또한 고율이기 때문에 대부분의 시작농민의 농가경제가 파탄나고 있고, 公稅(田稅)의 세율이 헐한데도 고율의 지대로 인하여 파산하고 있는 시작농민으로부터 稅收가 되지 않기 때문에 국가 또한 항상적인 재정위기에 처할 수밖에 없다고 인식하였고, 따라서 公稅(金納)와 私稅(地代)를 합하여 九一稅가 되도록 개정함으로써 영세소 농층의 안정 위에서 국가 재정의 안정을 도모하려는 것이었다(3, 4). 그리고 전답 도형과 田籍으로 田案(근대적 토지대장의 前身)을 작성하고, 그 田案上의 田畓主에게 立案(地券의 前身)을 발급해 줌으로써 민간의 토지소유관계를 파악, 관리하자는 것이었다(1, 2). 그러나 그는 임시방편적으로 私稅를 인하하는데 만족하지 않고 궁극적으로는 국가가 모든 私田을 매입하여 국유지로 만들고, 이를 국가가 농민들에게 재분배해야 할 것으로 생각하였다(5).[209]

이상의 유길준·정석오·이기 등의 토지개혁론의 핵심은 (1) 농민반란의 재발을 막고 개혁사업에 필요한 재정을 확보하기 위해서 농민(소농)경제를 안정시켜야 한다는 것, (2) 근대적 토지소유권을 확립하고, 구래의 지주제경영에서 고율의 지대를 인하하여 농민의 부담을 줄임으로써 자립·안정적인 소농을 토대로 하는 '근대적 지주제'로 개혁해야 한다는 것, (3) 개혁사업에 소요되는 재정을 확보하기 위해서 지가를 기준으로 지세를 산정하고, 이를 지주층·부농층에게도 부과하는 지세제도를 수립해야 한다는 것 등이었다.

그렇다면 개화파정권의 정부대신들은 이러한 토지개혁론을 어떻게 처리했을까? 당시 지주제에 대한 보수지배층의 입장은 두 가지였는데, 하나는 김윤식으로 대표되는 보수우파의 '地主制維持論'이었고, 또 하나는 유길준·이기 등으로 대표되는 보수좌파의 '근대적 지주제'였다. 이는 구래의 봉건적 지주제를 개량하여 근대법으로 法認한 것으로서 근대적인 토지소유권을 전제로 지대 인하와 지주와 시작농민의 지세 분담을 법제화하는 것이었다. 그러나 이러한 두 노선은 농민경제와 국가 재정의 안정, 그리고 개혁사업의 경비의 확보라는 당면한 문제에 대한 대책을 강구하고 조처함에 있어서는 입장을 같이 하고 있었다. 우선 그 대책으로서 전국적인 양전사업이 국정과제로 채택되어 추진되었으나 지주층의 반발과 양전경비 부족, 그리고 '을미사변'으로 중단되고 말았다. 또 하나로 제안되었던 것은 정석오·이기 등의 토지개혁론이었다. 이러한 토지개혁론이 제안되고 있었던 무렵에 유길준은 내부협판으로서 개혁실무를 맡고 있었고, 그 자신도 이미 토지제도·조세제도의 개혁방안으로서 '근대적 지주제'를 제안했었던 당사자이기기도 했으므로 그것을 내각회의의 안건으로라도 채택하여 심의하게 했을 법한데 그렇지 않았던 것 같다. 기본적으로 지주층의 계급적 입장을 취하고 있었던 그들로서는 지주층의 희생을 요구하는 그러한 토지개혁론을 용납할 수 없었을 것이었다.

농민군이 패퇴한 뒤 농민경제의 안정이라는 과제가 폐기된 마당에 개화파

---

209) 金容燮, 2004,『신정 증보판 韓國近代農業史硏究[II] -農業改革論·農業政策 -』, 247~265쪽(「光武年間의 量田·地契事業」『亞細亞硏究』 31, 1968. 9 揭載).

정부대신들이 택할 수 있었던 방안은 두 가지였다. 하나는 가능한 한 많은 세원을 찾고 증수하기 위하여 세제개혁과 재정개혁을 추진하는 일이었다. 그러나 농업이외의 다른 산업이 아직 발달하지 못한 상황에서 농업 밖의 다른 많은 세원이 있을 수 없었다. 토지제도를 개혁하여 지주층에게 加賦하지 않고서는 국가 재정을 충당할 수는 없었다. 또 하나는 일본으로부터 차관을 얻는 것이었다. 李沂는 자신의 토지개혁안이 재정난의 타개책이 되기를 바라는 한편, 친일정권의 정부대신들이 일본의 경제적 지원으로 재정난을 타개하려는 것은 결국 나라를 망하게 하는 길이 될 것이라고 경고하고 있었다. 그런데 그의 이러한 우려는 현실이 되고 말았다. 정부에서는 을미년 3월 5일 탁지부대신 어윤중과 일본제국 일본은행 총재대리 鶴原定吉 사이에 체결한 차관조약으로, 삼백만의 자금을 얻어 개혁사업의 경비로 충당하려 하였다. 이때의 차관조약은 조선정부의 재정적 기반인 조세수입과 해관세를 담보로 삼고 있는 것이었으며, 조선정부가 계약조건을 이행하지 못했을 때에는 일제는 조선의 재정문제에 직접 개입할 수 있는 것이었다. 따라서 조선정부대신들은 이것만으로도 일본제국이 조선정치에 개입할 수 있는 근거를 충분히 마련해 준 셈이었다. 이처럼 차관에 의한 개혁은 이기가 예견한 대로 결국 일제에 나라를 빼앗기게 하고 말았던 것이다('抑或借債於隣邦耶 則不免割地而償之 其勢必至於人亡地盡而後已').[210] 즉, 조선봉건국가의 지배층과 지주층은 그들의 권력과 재력을 保守하려고 했다가 결국 일제에 조선국가마저 빼앗기게 하고 말았던 것이었다.

한편, 유길준이 「지제의」·「세제의」·「재정개혁」 등의 글에서 주장했던 지조개정론은 光武 2년(1898)부터 시작된 양전사업과 光武 5년(1901)에 이에 첨가된 지계사업에 승계되어 추진되었다가 光武 8년(1904) 4월 19일(양력)에 地契衙門이 탁지부 양지국으로 개편되면서 중단되었다. 그리고 이러한 양전지계사업은 한일합병 이후 일제의 토지조사사업(1908~1918)으로 인계되었다.

---

210) 金容燮, 2004, 『신정 증보판 韓國近代農業史研究[II]—農業改革論·農業政策—』, 245~247쪽(「光武年間의 量田·地契事業」『亞細亞研究』31, 1968. 9 揭載).

7. 맺음말

　조선후기부터 한말개혁기에 이르는 동안에 토지·농업개혁론을 제시한 유자·사대부들의 당시의 토지·농업·농정 문제에 대한 인식과 진단은 크게 다르지 않았다. 그것은 지주제의 발달과 모순의 심화에 따른 농민층의 빈곤과 몰락, 그리고 이러한 농민층에 대한 국가의 수조권적 토지지배가 관철되지 못함에 따른 稅收의 감소로 인한 국가 재정의 고갈이었다. 다산은 구체적으로 그 원인을 지적하였는데, 첫째, 지주계층의 토지 겸병과 전호농민의 수탈, 둘째, 陳田 冒稱의 隱結·漏結의 증가, 셋째, 經界의 문란과 量田의 未實施, 넷째, 結負制에 의한 토지 파악과 불공정한 과세, 다섯째, 吏胥輩들의 苛斂과 중간 착복 등이었다. 한마디로 말하자면 지주제의 발달과 모순의 심화로 인한 농민층의 몰락, 그리고 전정의 문란으로 인한 국가 재정의 고갈과 이에 의해 촉발되고 있었던 왕정제와 조선봉건사회의 위기였다.

　이처럼 그들은 당면한 조선봉건사회의 위기의 근원적 배경을 지주제와 전정의 문란에서 찾으면서도 어떤 경제적 토대 위에서 왕정제와 조선봉건체제를 존속시켜야 할 것인가라는 그들의 토지·농업개혁론은 대략 세 가지로 나뉘었다. 첫째는 실학파 지식인들의 농민적 입장에서의 토지개혁론이었다. 그것은 16세기 중반부터 계속 제론되어 왔던 정전론·균전론·한전론과 19세기 초의 다산의 정전제론, 그리고 농민군의 '平均分排論' 등으로서, 지주제를 타도하고 토지재분배를 통하여 자영소농제를 구축해서 이를 토대로 하여 왕정제와 봉건체제를 존속시키자는 것이었다. 특히 다산의 정전제론은 우선은 자신이 살았던 시기에 전체 농민의 70% 이상을 차지하고 있던 時作농민(佃戶)들을 1結(40斗落只, 1.91~4.03정보)씩 均耕·均作하는 시작소농들로 안정화시키고, 이어서 오랜 시간을 두고 점진적으로 사유제·지주제를 폐지시킴으로써 이제는 그들을 1結씩을 自耕·自作하는 자영소농으로 육성하자는 것이었다. 즉 조선후기의 지배적인 토지소유·생산관계였던 '국가—[지주계층—시작농민(전호)]'관계를 '국가—자영농민('井田농민')' 관계로 전환시켜서 자영소농제를 구축하고, 이를 토대로 하는 왕정제·봉건체제, 말하자면 3代의 봉건체제를 유지시키자는 것이었다. 이처럼 정전론·균전론·한전론 등의 토지재분배론을 제론하는 자들은 공통적으로 유학사상의 틀 속에서 儒者들이 이상사회로 생각하고 있던 3代의 사회에 시행되었다고 하는 정전론·균전론, 그리고 평양의 箕子井田制 등이 다시 시행되기를 희망하고 있었던 것이다. 이런 점에서 그것들은 복고적·상고적이었다고 말할 수 있을 것이다. 이는 그들이 사유제·지주제의 발달을 중세 농업사회의 말기에 나타나는 농업생산력과 이에 따른 소유·생산관계 발전의 '역사적' 현상으로 인식하기보다는 그것을 周代의 정전제가 붕괴된 이래 그로 인하여 '民産'의 不均이 최악의 상태에 이른 것, 심지어는 '殺人之道'라고까지 인식하고 있었기 때문이었다. 이러한 점에서 정전론·균전론·한전론·'평균분배론' 등의 토지개혁론은 비록 그 내용면에 있어서는 비판적이고 혁명적인 의미를 가졌을지라도 현실적으로는 유학사상 자체까지도 포함하여 조선봉건체제를 전면적으로 변혁하겠다고 하는 근대화 개혁론이 되기는 어려웠다.

둘째, '均耕均作論'이었다. 이는 토지개혁론이라기보다는 토지경영론·농업경영론인 것으로서, 肅宗 연간 이래 지주계층의 토지겸병이 심해짐에 따라 시작농민이 양산되는 이면에, 노동력을 절감할 수 있는 이앙법 등의 농법이 보급되는 가운데 지주계층이 家作地·作介地를 늘리거나 自時作농민이 廣作에 나섬에 따라 시작농민 가운데는 시작지의 차경에서조차 배제됨으로써 영세한 시작농민과 無佃농민이 양산되고 있었던 상황에서 이들을 均耕均作하는 時作소농으로 육성함으로써 전체 시작소농경제를 안정시키자는 것이었다. 결국, 이 '均耕均作論'는 사유제·지주제를 폐지하거나 타도할 수 없는 현실에서 '自營小農制'가 아닌 '時作小農制'를 토대로 하여 왕정제·봉건체제를 존속시키자는 것이었다.

셋째는 근대화 토지개혁론이었다. 조선 말기의 지주제에 대한 보수지배층의 입장은 두 가지였다. 하나는 김윤식으로 대표되는 보수우파의 '지주제유지론'이었고, 또 하나는 유길준·이기 등으로 대표되는 보수좌파의 '근대적 지주제'였다. 후자 가운데 주목되었던 것은 유길준의 근대화 개혁론이었다. 그는 안으로 봉건지배층·지주계층과 농민층 간의 계급모순, 그리고 밖으로는 서구 제국주의

국가·일제와 조선봉건국가 간의 민족모순이 한층 심화되어 농민층의 反封建·反
帝國主義 항쟁이 더욱 고조되어 감으로써 왕정제와 봉건체제가 위기를 맞게
된 조선봉건사회가 살아남을 수 있는 길은 세계자본주의체제에 적응하고 대응
할 수 있는 자본주의를 토대로 하는 근대국가를 수립하는 것이라고 판단하였다.
그리고 그는 그 목표를 달성하기 위해서는 우선 당시의 토지 문제부터 해결해야
할 것으로 보았다. 그것은 구래의 지주제를 그대로 인정한 채, 먼저 양전을
실시하여 토지의 소유관계를 査定한 다음, 지주에게 소유권자와 지가가 기입된
지권을 발급해 줌으로써 지주('시주'·'시점자'·'사주')에게 토지에 대한 사적소
유권을 주는 것과 동시에 기존의 봉건적 토지생산관계였던 '時主－時作農民'관
계를 근대법상의 '지주－차지농민'관계로 전환시키고, 결부법 대신에 지권에
기입된 지가를 기준으로 지세를 부과함으로써 근대적인 토지제도·지세제도를
수립하자는 것이었다.

　이러한 유길준의 근대화 토지개혁론은 토지소유권 개념사의 관점에서 본다
면, 고대·중세시기의 토지소유권 개념이 근대시기의 그것으로 바뀌고 있다는
점에서 획기적인 의미를 갖는 것이었고, 따라서 근대적인 토지제도 수립의
기초를 마련하는 것이었다. 다만 지주제는 존속되어야 한다는 그의 분명한
입장 때문에 지권발급과 등기 등의 토지입법은 구래의 봉건적인 '時主－時作農
民'관계를 근대법으로 法認하는 데에 그칠 것이었고, 따라서 구래의 지주제가
안고 있던 지주계층 대 농민층 간의 기본 모순과 전정 문란으로 표출되고
있던 봉건국가 대 농민층 간의 부차적 모순도 해결되지 못할 것이었다.

　이상의 세 가지 토지·농업개혁론의 결말을 지금의 시점에서 평가해 본다면,
첫 번째의 토지개혁론은 갑오농민전쟁에서의 농민군의 패퇴와 함께 그 실현가
능성을 잃어 버렸고, 두 번째의 것은 해방 직후 북한의 토지개혁에 수렴됨으로써
18, 19세기의 지주제와 일제의 식민지 지주제가 '국가=지주' 아래 '국가－소작농
민'관계로 대체되었으며, 세 번째의 유길준의 토지개혁론은 뒤이은 광무양전지
계사업으로 계승되었고, 해방 이후에는 남한의 농지개혁으로 수렴되었다고
볼 수 있을 것이다.

Ⅰ. 史書·法典·資料·個人全集

1. 史書

『高麗史』『高麗史節要』『朝鮮王朝實錄』『備邊司謄錄』『承政院日記』『日省錄』『代聽時日錄』『燃藜室記述』

2. 法典

『周禮』『朝鮮經國典』『經國大典』『經國大典註解』『經國大典硏究』『大典續錄』『各司受敎』『受敎輯錄』『新補受敎輯錄』『大典通編』『續大典』『大典會通』『決訟類聚補』『譯註 經國大典』(飜譯編/註釋編)

3. 資料

『東國輿地勝覽』『慶尙道續撰地理志』『書院謄錄』『書院可攷』『俎豆錄』『東國院宇錄』『列邑院宇事蹟』『增補文獻備考』『度支志』『度支田賦考』『擇里志』『輿地圖書』『萬機要覽』『朝鮮民政資料』『戶籍事目』『玉山文牒』『烏山文牒』『江州文蹟』『尙山錄』『嘉林報草』『嶺南邑誌』『南原縣公事』『錦營啓錄』『全羅監司啓錄』『黃海道各郡報告』『黃海道各郡訴狀』『公文編案』『內需司及各宮房田畓摠結與奴婢摠口都案』『京畿各邑堤堰都結成冊』『慶尙道內各邑堤堰防洑庫數成冊』『檢案』『檢案審理跋辭』『訟案』『忠州救荒切要』『賑恤謄錄』『賑簿』『賑恤謄錄』『賑簿』『惠政年表』『忠淸道甘結報草謄書冊』『公忠道各邑補賑人等居住姓名及所納錢穀成冊』『湖南賑飢錄』『公忠道各邑補賑人等居住姓名及所納錢穀數爻成冊』『訓令總謄』『忠淸道甘結報草謄書冊』『農書』『量田謄錄』(毓祥宮)田案改修正(冊)』(毓祥宮田案)改修正(冊)』『忠淸南道文義郡量案』『忠淸南道定山郡量案』『忠淸南道扶餘郡量案』『忠淸南道鎭岑郡量案』『忠淸南道石城郡量案』『忠淸南道韓山郡量案』『忠淸南道連山郡量案』『忠淸南道扶餘郡量案』『賜與元結及買得折受田畓案』『賜與元結及買得折受田畓案』『昌原府龍洞宮屯田畓灾陳物故作者石數懸錄成冊』『慶尙道昌原府所在龍洞宮田畓改打量成冊』『忠勳府謄錄』『內需司庄土文績』『慶尙南道昌原郡各面公土成冊』『奎章閣韓國本圖書解題—史部 2』『宮房量案』『全羅道長興龍興宮屬田畓量案』『黃海道金川郡所在龍洞宮屬靑龍浦等江陰七浦折受成冊』『乾隆二年六月日黃海道殷栗縣龍洞宮折受內所在鹽盆及魚箭與犯標境界開錄成冊』『龍洞宮謄錄』『內需司黃海道庄土文績』『載寧郡伏在壽進宮泥生

處打量成冊』『壽進宮謄錄』『壽進宮上下冊』『壽進宮圖署冊』『明禮宮量案』『明禮宮啓下節目』『載寧餘勿坪所在壽進宮堰畓各筒結卜及支定分排成冊』『載寧餘勿坪壽進宮中賭租收捧成冊』『載寧堰畓節目』『載寧餘勿坪明禮宮中賭租折半收捧成冊』『黃海道各郡所在田畓等不動産調査表』『前整理所指令諸案』『驛屯土實地調査槪要』『結戶貨法稅則』『臨時財産整理局事務要綱』『帝室債務整理之現況』『各處商民等請願書』『內部請議書』『韓國內國稅出入表』『漢城旬報』『上疏存案』『朝鮮의 聚落』『朝鮮の小作慣行』

4. 個人全集

『朱子語類』『朱子大典』『朱子言論同異攷』『朱子語類』『孟子集註』『益齋亂藁』『三峰集』『四佳文集』『秋江集』『衿陽雜錄』『陶山全書』『退溪集』『退溪先生續集』『浦渚集』『慵齋叢話』『南塘集』『宋子大全』『磻溪隨錄』『星湖僿說』『星湖先生全集』『農圃問答』『燕巖集』『熱河日記』『課農小抄』『過庭錄』『千一錄』『牧民心書』『譯註 牧民心書』『經世遺表』『與猶堂全書』『丁茶山全書』『茶山詩文集』『擬上經界策』『林園經濟志』『海石日錄』『錦厓文集』『恒齋集』『太古齋文集』『蕙田集』『古歡堂收艸』『惺齋集』『晩休全集』『海史集』『臨齋集』『柏谷軒遺集』『西遊見聞』『兪吉濬全書』『海鶴遺書』『蕉泉遺稿』『雲樵漫錄』『重菴先生文集』

II. 연구 논저

1. 단행본

吳知泳, 『東學史』/『동학사상자료집』 2, 아세아문화사 영인본.
和田一郎, 1920, 『朝鮮土地地稅制度調査報告書』, 조선총독부 간.
李相伯, 1949, 『李朝建國의 硏究』, 을유문화사.
金錫亨, 1957, 『朝鮮封建時代 農民의 階級構成』, 北韓과학원출판사(1993, 국내 復刊本, 신서원).
허종호, 1965, 『조선봉건말기의 소작제연구』, 사회과학출판사.
李光麟, 1969, 『韓國開化史硏究』, 일조각.
朴秉濠, 1972, 『傳統的 法體系와 法意識』, 서울대학교 한국문화연구소.
朴秉濠, 1974, 『韓國法制史攷』, 법문사.
宮川 證, 1978, 『日本에 있어서 近代的所有權의 形成 — 明治初年의 土地所有權과 近代的所有權』, 御茶의 水書房.
李樹健, 1979, 『嶺南士林派의 形成』, 영남대학교 민족문화연구소.
李成茂, 1980, 『朝鮮初期 兩班硏究』, 일조각.
金鴻植, 1981, 『朝鮮時代 封建社會의 基本構造』, 박영사.
韓永愚, 1983, 『朝鮮前期社會經濟硏究』, 을유문화사.
金泰永, 1983, 『朝鮮前期土地制度史硏究』, 지식산업사.
金容燮, 1984, 『朝鮮後期農業史硏究 — 農業變動·農學思潮 —』[II], 지식산업사.
李鎬澈, 1986, 『朝鮮前期農業經濟史』, 한길사.

崔承熙, 1985,『韓國古文書研究』, 한국정신문화연구원.

李泰鎭 編, 1985,『朝鮮時代 政治史의 再照明』, 범조사.

李景植, 1986,『朝鮮前期土地制度研究－土地分給制와 農民支配』[I], 지식산업사.

李泰鎭, 1986,『韓國社會史研究』, 지식산업사.

宋俊浩, 1987『朝鮮社會史研究－朝鮮社會의 構造와 性格 및 그 變遷에 관한 연구－』, 일조각.

劉承源, 1987,『朝鮮初期身分制研究』, 을유문화사.

李榮薰, 1988,『朝鮮後期社會經濟史』, 한길사.

李泰鎭, 1989,『朝鮮儒敎社會史論』, 지식산업사.

閔成基, 1988,『朝鮮農業史研究』, 일조각.

宮嶋博史, 1990,『朝鮮土地調査事業史の研究』, 東京大學校東洋文化研究所報告.

李樹健 編, 1991,『慶北地方古文書集成』, 영남대학교 출판부.

金容燮, 1992,『韓國近現代農業史研究－韓末·日帝下의 地主制와 農業問題－』, 지식산업사.

金容燮, 2005,『增補版 朝鮮後期農業史研究－農村經濟·社會變動－』[I], 지식산업사.

한국역사연구회 근대사분과 토지대장연구반, 1995,『대한제국의 토지조사사업』, 민음사.

鄭萬祚, 1997,『朝鮮時代 書院研究』, 집문당.

愼鏞廈, 1997,『朝鮮後期 實學派의 社會思想研究』, 지식산업사.

金容燮敎授停年記念韓國史學論叢刊行委員會, 1997,『韓國近現代의 民族問題와 新國家建設』, 지식산업사.

李景植, 1998,『朝鮮前期土地制度研究－農業經營과 地主制－』[II], 지식산업사.

이세영, 2001,『朝鮮後期 政治經濟史』, 혜안.

김성우, 2001,『조선중기 국가와 사족』, 역사비평사.

文勇植, 2001,『朝鮮後期 賑政과 還穀運營』, 경인문화사.

염정섭, 2002,『조선시대 농법 발달 연구』, 태학사.

김건태, 2004,『조선시대 양반가의 농업경영』, 역사비평사.

이영호, 2004,『동학과 농민전쟁』, 혜안.

오영교 편, 2005,『조선후기 체제변동과 속대전』, 혜안.

李澤厚 지음, 정병석 옮김, 2005,『中國古代思想史論』, 한길사.

이종범, 2006,『사림열전』1, 아침이슬.

고영진, 2007,『호남사림의 학맥과 사상』, 혜안.

金容燮, 2007,『신정 증보판 朝鮮後期農業史研究－農業과 農業論의 變動－』[III], 지식산업사.

한국역사연구회 토지대장연구반 편, 2010,『대한제국의 토지제도와 근대』, 혜안.

한국역사연구회 토지대장연구반, 2011,『일제의 창원군 토지조사와 장부』, 선인.

유봉학, 2013,『실학과 진경문화』, 신구문화사.

2. 연구논문

周藤吉之, 1934,「麗末鮮初에 있어서 農莊에 대하여」『靑丘學叢』 제17호.

深谷敏鐵, 1940,「科田法에서 職田法으로」『史學雜誌』 51-9·10.

千寬宇, 1952,「磻溪 柳馨遠 研究」上·下『歷史學報』2·3.

旗田魏, 1957,「高麗時代에 있어서 土地의 嫡長子相續과 奴婢의 子女均分相續」『東洋文化』 22.

旗田魏, 1959,「新羅의 村落」『歷史學研究』226·227.

李佑成, 1964,「高麗朝의 '夷'에 對하여」『歷史學報』23.

李佑成, 1965,「新羅의 王土思想과 公田」『趙明基回甲佛教史學論叢』.

李佑成, 1965,「高麗의 永業田」『歷史學報』28.

金容燮, 1965,「司宮庄土에서의 時作農民의 經濟와 그 成長－載寧餘物坪庄土를 중심으로」 『亞細亞研究』19(2005,『增補版 朝鮮後期農業史研究－農村經濟·社會變動－』[I] 所收).

有井智德, 1967,「朝鮮初期의 私的 土地所有關係－民田의 所有·經營·收租關係를 중심으로」 『朝鮮學報』74.

宋柱永, 1967,「燕巖朴趾源의 經濟思想」『亞細亞研究』25.

閔丙河, 1968,「朝鮮書院의 經濟構造」『大東文化研究』5.

金泳鎬, 1968,「兪吉濬의 開化思想」『創作과 批評』3(3).

韓永愚, 1969,「太宗·世宗朝의 對私田施策」『韓國史研究』3.

鄭求福, 1970,「磻溪 柳馨遠의 社會改革思想」『歷史學報』45.

韓永愚, 1971,「朝鮮初期의 上級胥吏 成衆官」『東亞文化』10.

金容燮, 1972,「18, 19世紀의 農業實情과 새로운 農業經營論」『大東文化研究』9.

李成茂, 1973,「十五世紀 兩班論」『創作과 批評』1973년 여름호.

李景植, 1973,「17世紀 農地開墾과 地主制의 展開」『韓國史研究』9.

鄭昌烈, 1973,「禹夏永의 天一錄」『實學研究入門』, 일조각.

金鴻植, 1974,「朝鮮初期에 있어서 幷作制 成立의 歷史的 條件－주로 奴婢制에서 佃戶制로 移行問題와 關聯하여－」『東洋史研究』33-2·4.

閔賢九, 1974,「高麗後期 權門勢族의 成立」『湖南文化研究』6.

金容燮, 1976,「韓末 日帝下의 地主制－事例 3: 羅州李氏家의 地主로의 成長과 農場經營」 『震檀學報』42.

李泰鎭, 1976,「15世紀 後半期의 '鉅族'과 名族意識－『東國輿地勝覽』人物條의 分析을 통하여－」『韓國史論』3.

浜中昇, 1976,「高麗末期의 田制改革에 대해서」『朝鮮史研究會論文集』13.

宮嶋博史, 1977,「李朝後期 農書의 研究」『人文學報』43(京都大 인문과학연구소).

韓永愚, 1978,「조선전기 사회계층과 사회이동에 관한 시론」『東洋學』8.

李景植, 1978,「朝鮮初期 屯田의 設置와 經營」『韓國史研究』21·22 합집.

金容燮, 1980,「朝鮮後期의 民庫와 民庫田」『東方學志』23·24 合輯.

朴光用, 1980,「箕子朝鮮에 대한 認識의 변천」『韓國史論』6.

閔賢九, 1980,「整治都監의 性格」『東方學志』23·24 합집.

姜晉哲, 1980,「高麗의 農莊에 대한 일 연구－民田의 占奪에 의해 형성된 權力型農莊의 實體」『史叢』24.

閔成基, 1980,「朝鮮前期의 麥作技術考－『農事直說』의 種麥法 分析」『釜大史學』제4집.

朴花珍, 1981, 「千一錄에 나타난 禹夏永의 農業技術論」『역사와 세계』 5.

홍성찬, 1981, 「韓末日帝下의 地主制研究-江華 洪氏家의 秋收記와 長冊分析을 中心으로-」 『韓國史研究』 33.

金鴻植, 1981, 「封建的 小農民經營의 成立」『朝鮮時代 封建社會의 基本構造』, 박영사.

李樹煥, 1982, 「嶺南地方 書院의 經濟的 基盤-紹修·玉山·陶山書院을 中心으로-」『民族文化論叢』 2·3 합집.

鄭昌烈, 1982, 「한말 변혁운동의 정치·경제적 성격」『한국민족주의론』 1, 창작과 비평사.

金錫禧, 1983, 「朝鮮後期 慶尙道彦陽縣戶籍臺帳에 關하여」『釜大史學』 7.

朴·容淑, 1983, 「18, 19세기의 雇工-경상도언양현 호적의 분석-」『釜大史學』 7

金泰永, 1983, 「朝鮮前期 小農民經營의 추이」『朝鮮前期土地制度史研究』, 지식산업사.

宋俊浩, 1983, 「朝鮮兩班考-朝鮮朝 社會의 階級構造에 관한 한 試論-」『韓國史學』 4.

李泰鎭, 1983, 「16世紀 沿海地域의 堰田 개발」『金哲埈博士華甲紀念韓國史學論叢』.

金容燮, 1984, 「韓末 高宗朝의 土地改革論」『東方學志』 41.

朴準成, 1984, 「17·18세기 宮房田의 확대와 所有形態의 변화」『韓國史論』 11.

최원규, 1985, 「韓末 日帝下의 農業經營에 관한 研究-海南尹氏의 例-」『韓國史研究』 50·51 合輯.

李成茂, 1984, 「조선초기 신분사연구의 문제점」『歷史學報』 102.

金血祚, 1984, 「過庭錄을 통해 본 燕巖 형상」『民族文化論叢』 제6집.

박찬승, 1985, 「동학농민전쟁의 사회·경제적 지향」『한국민족주의론』 3, 창작과 비평사.

韓永愚, 1985, 「조선초기 사회계층 연구에 대한 재론-이성무 교수의 「조선초기 신분사연구의 문제점」 및 송준호 교수의 「朝鮮兩班考에 답함」 『韓國史論』 12.

閔成基, 1985, 「『農家月令』과 16세기 農法」『釜大史學』 제9집.

都珍淳, 1985, 「19세기 宮庄土에서의 中畓主와 抗租-載寧 餘物坪庄土를 중심으로-」『韓國史論』 13.

李種範, 1985, 「1728년 戊申亂의 性格」『朝鮮時代 政治史의 再照明』, 범조사.

朴贊勝, 1986, 「丁若鏞의 井田制論 考察-『經世遺表』 「田制」를 중심으로-」『歷史學報』 110.

愼鏞廈, 1987, 「갑오농민전쟁과 두레와 집강소의 폐정개혁-농민군 편성, 집강소의 토지정책, 다산의 여전제·정전제 및 '두레'의 관련을 중심으로」『한국사회사연구회논문집』 8, 문학과 지성사.

成大慶, 1987, 「다산의 농업개혁론」『大同文化研究』 21.

李鎬澈, 1986, 「小農民經營의 존재형태」『朝鮮前期農業經濟史』, 한길사.

金容燮, 1986, 「天一錄의 農業論」『東方學志』 50.

崔洪奎, 1987, 『國譯 課農小抄』 해제; 김명호 『熱河日記研究』.

李榮薰, 1987, 「古文書를 통해 본 朝鮮前期 奴婢의 經濟的 性格」『韓國史學』 9.

李樹健, 1987, 「古文書를 통해 본 朝鮮朝社會史의 一研究」『한국사학』 9.

宋俊浩, 1987, 「朝鮮의 兩班制를 어떻게 이해할 것인가」『朝鮮社會史研究』, 일조각.

金容燮, 1988, 「근대화과정에서의 농업개혁의 두 방향」『한국자본주의 성격논쟁』, 대왕사.

李景植, 1988, 「朝鮮前期의 土地改革論議」『韓國史研究』 61·62 合輯.

李榮薰, 1988,「朝鮮封建論의 批判的 檢討－朝鮮社會의 私的 大土地所有의 存在形態를 中心으로－」『韓國資本主義性格論爭』.

李榮薰, 1988,「朝鮮後期 農民經營에서 主戶－挾戶關係」『朝鮮後期社會經濟史』, 한길사.

崔元奎, 1988,「朝鮮後期 書院田의 구조와 경영」『孫寶基博士停年紀念韓國史學論叢』.

李載龒, 1989,「朝鮮前期의 農莊」『國史館論叢』 6.

金容燮, 1989,「朝鮮後期 土地改革論의 推移」『東方學志』 62.

金塘澤, 1989,「忠烈王의 復位 과정을 통해 본 賤係 출신 관료와 '士族' 출신 관료의 정치적 갈등－'사대부'의 개념에 대한 검토」,『東亞研究』 17.

鄭昌烈, 1991,『갑오농민전쟁－전봉준의 사상과 행동을 중심으로』, 연세대 사학과 대학원 박사학위논문.

姜万吉, 1990,「다산의 토지소유관」『다산의 정치경제 사상』, 창작과 비평사.

金塘澤, 1991,「忠宣王 卽位敎書에 보이는 '宰相之宗'에 대하여－소위 '權門世族'의 구성분자와 관련하여」『歷史學報』 131.

李樹煥, 1991,「陶山書院 院任職 疏通을 둘러싼 嫡·庶간의 鄕戰－1884年 ≪庶類事變時日記≫를 中心으로－」『民族文化論叢』 12.

李樹健, 1991,「晦齋李彦迪家門의 社會·經濟的 基盤」『民族文化論叢』 제12집.

李樹健, 1991,「退溪李滉家門의 財産유래와 그 所有形態」『歷史教育論集』 第13·14輯.

李榮薰, 1991,「<太祖賜給芳雨土地文書>考」『古文書研究』 1, 韓國古文書研究會.

鄭杜熙, 1992,「朝鮮 世祖～成宗朝의 功臣研究」『震檀學報』 51.

金容燮, 1992,「載寧 東拓農場의 成立과 地主經營 强化」『韓國近現代農業史研究－韓末·日帝下의 地主制와 農業問題』, 일조각.

金容燮, 1992,「근대화과정에서의 농업개혁의 두 방향」『韓國近現代農業史研究』, 일조각.

김건태, 1992,「16世紀 在地士族의 農莊經營에 대하여－안동지방을 중심으로」『成大史林』 제7집.

金容燮, 1992,「載寧 東拓農場의 成立과 地主經營 强化」『韓國近現代農業史研究－韓末·日帝下의 地主制와 農業問題』, 일조각.

安承俊, 1992,「1554년 在京士族의 農業經營文書」『季刊書誌學報』 8.

李景植, 1992,「朝鮮前期 農莊研究論」『國史館論叢』 32.

김건태, 1993,「16세기 양반가의 '작개제'」『역사와 현실』 9.

安秉佑, 1993,「고려후기 농업생산력의 발달과 농장」『14세기 고려의 정치와 사회』.

愼鏞廈, 1994,「다산 정약용의 토지개혁안과 동학농민군의 토지개혁안」『이기백선생고희기념한국사학논총』, 일조각.

林學成, 1994,「조선 후기 '反畓'의 성행과 그 배경」『仁荷史學』 第2輯.

오영교, 1994,「17世紀 鄕村對策과 面里制의 運營」『東方學志』 85.

유영익, 1994,「전봉준 義擧論－갑오농민봉기에 대한 통설 비판」『李基白先生古稀紀念韓國史學論叢』, 일조각.

배항섭, 1994,「1894년 동학농민전쟁에 나타난 토지개혁구상－'평균분작' 문제를 중심으로」『史叢』 43.

李成妊, 1995,「朝鮮中期 어느 兩班家門의 農地經營과 奴婢使喚: 柳希春의『眉巖日記』를 중심으로」『震檀學報』80.

李敏雄, 1995,「18세기 江華島 守備體制의 强化」『韓國史論』34.

李景植, 1996,「朝鮮前期 兩班의 土地所有와 農莊」『東方學志』94.

李榮薰, 1996,「茶山의 井田制改革論과 王土主義」『民族文化』19.

愼鏞廈, 1997,「정약용의 여전제 토지개혁사상」『朝鮮後期 實學派의 社會思想研究』, 지식산업사.

金泰永, 1997,「朝鮮前期 小農民經營論」『韓國 古代·中世의 支配體制와 農民』, 金容燮教授停年紀念韓國史學論叢刊行委員會.

趙圭煥, 1997,「16세기 還穀 運營과 賑資調達方式의 변화」『韓國史論』37.

김성우, 1997,「17세기의 위기와 肅宗 대 사회상」『역사와 현실』제25호.

정형지, 1997,「肅宗대 진휼정책의 성격」『역사와 현실』제25호.

李榮薰, 1998,「한국사에 있어서 奴婢制의 추이와 성격」『노비·농노·노예 — 예속민의 비교사 —』, 역사학회 편.

이헌창, 1999,「磻溪 柳馨遠의 經濟思想에 관한 연구」『朝鮮時代史學報』10.

김건태, 2001,「조선후기 호적대장의 인구기재 양상 — 단성호적을 중심으로 —」『단성호적대장연구』.

최윤오, 2001,「반계 유형원의 정전법과 공전제」『역사와 현실』42.

전경목, 2003,「조선후기 品官과 그들의 생활상 — 문화 콘텐츠로서의 고문서 발굴과 활용을 위하여 —」『인문콘텐츠』창간호.

崔元奎, 2005,「일제 초기 조선부동산증명령의 시행과 역사성」『河炫綱教授停年紀念韓國史學論叢』, 河炫綱教授停年紀念韓國史學論叢刊行委員會.

趙映俊, 2008,「조선후기 궁방(宮房)의 실체」『정신문화연구』가을호 제31권 제3호(통권112호).

趙映俊, 2008,「18世紀後半~20世紀初 宮房田의 規模, 分布 및 變動」『朝鮮時代史學報』44.

趙映俊, 2008,「宮房 會計帳簿의 體系와 性格」『古文書研究』32.

李賢珍, 2008,「영·정조대 육상궁의 조성과 운영」『震檀學報』107.

이정철, 2009,「반계 유형원의 田制改革論과 그 함의」『역사와 현실』74.

염정섭, 2010,「조선후기 대동강 하류 河中島의 개간과 宮房田의 성립 및 변천」『奎章閣』37.

이세영, 2011,「조선전기의 陳荒處 開墾과 土地所有權」『역사문화연구』第40輯.

이영호, 2011,「근대전환기 궁장토 소유권의 향방 — 경상도 창원 용동궁전답 '永作宮屯=租200斗型'의 사례」『한국학연구』24.

이영호, 2012,「조선후기 '영작궁둔' 궁장토의 구조와 창원 모델」『지역과 역사』30.

金泰永, 2012,「茶山의 井田論」『다산 정약용 연구』, 사람과 무늬.

이정철, 2012,「정약용 전제개혁론의 역사적 맥락」『한국사학보』47.

이세영, 2013,「조선전기의 '農莊的 地主制' — '私田型'·'開墾型' 農莊을 중심으로 —」『역사문화연구』第45輯.

임성수, 2013,「『度支田賦考』를 통해 본 호조의 재원파악 방식과 재정구조 변화」『통계로 보는 조선후기 국가경제－18~19세기 재정자료의 기초적 분석』.

우인수, 2013, 「조선후기 도산서원 원장의 구성과 그 특징」『퇴계학과 유교문화』 53.

한상우, 2014, 「조선후기 퇴계(退溪) 후손들의 도산서원(陶山書院) 원장직(院長職) 취임양상과 친족집단의 역할」『大同文化研究』 87권.

安光鎬, 2016, 「朝鮮 後期 品官 집안과 그들의 삶－전라도 萬頃縣의 豐川任氏와 興陽縣의 水原白氏를 중심으로－」『古文書研究』 제48호.

찾아보기

이세영 李世永

진도 출생(1954)
서울대학교 국사학과 및 동 대학원 졸업(석사, 박사과정)
한신대학교 한국사학과 교수(1986~현재)
한국역사연구회 회장(1998~1999)
학술단체협의회 상임공동대표(2004~2005)

저서

『한국사연구와 과학성』(1997), 『朝鮮後期 政治經濟史』(2001), 『역사적 유물론을 위한 변명』(2004. Bryan Douglas Palmer, 1990, 『Descent into Discourse』의 譯書), 『80년대 한국인문사회과학의 현단계와 전망』(공저, 1988), 『대한제국의 토지조사사업』(공저, 1995), 『진경시대』(공저, 1998), 『추사와 그의 시대』(공저, 2002), 『우리안의 보편성』(공저, 2006), 『조선후기 경자양전 연구』(공저, 2008), 『대한제국의 토지제도와 근대』(공저, 2010), 『일제의 창원군 토지조사와 장부』(공저, 2011), 『일제의 창원군 토지조사사업』(공저, 2013)

조선시대 지주제 연구

이세영 지음

초판 1쇄 발행 2018년 1월 15일

펴낸이 오일주
펴낸곳 도서출판 혜안

등록번호 제22-471호
등록일자 1993년 7월 30일

주 소 ㉾ 04052 서울시 마포구 와우산로 35길 3(서교동) 102호
전 화 3141-3711~2
팩 스 3141-3710
이메일 hyeanpub@hanmail.net

ISBN 978-89-8494-595-1 93910

값 48,000 원